Kohlhammer

Kohlhammer Standards Psychologie

Heinz Walter Krohne
Michael Hock

Psychologische Diagnostik

Grundlagen und Anwendungsfelder

2., überarbeitete und aktualisierte Auflage

Verlag W. Kohlhammer

2., überarbeitete und aktualisierte Auflage 2015

Umschlag: Gestaltungskonzept Peter Horlacher
Gesamtherstellung:
W. Kohlhammer GmbH, Stuttgart

Print:
ISBN 978-3-17-025255-4

E-Book-Formate:
pdf: ISBN 978-3-17-025256-1
epub: ISBN 978-3-17-025257-8
kindle: ISBN 978-3-17-025258-5

Inhaltsverzeichnis

Vorwort und Organisation des Buches

Dieser Band behandelt mit der für ein Lehrbuch gebotenen Differenziertheit die Konzepte, methodischen Grundlagen, Vorgehensweisen und Materialien der Psychologischen Diagnostik. Wie in jedem anwendungsorientierten Text liegt der Schwerpunkt auf den Methoden und Verfahren. Die Theorien des Diagnostizierens sowie die Konzepte, die mit psychologischer Diagnostik verbunden sind, werden aber ebenfalls eingehend behandelt.

Leserkreis

Das Buch wendet sich an Studierende der Psychologie sowie der Nachbardisziplinen, insbesondere der Erziehungs-, Sozial- und Wirtschaftswissenschaften. Bei der Konzeption der Inhalte war für uns ausschlaggebend, alle grundlegenden Themen der Diagnostik zu behandeln, die für Bachelor- und Masterstudierende der Psychologie wichtig sind.

Darüber hinaus wendet sich das Buch auch an Personen, die berufsmäßig psychologische Untersuchungen durchführen, und an Menschen, die aufgrund ihrer beruflichen Position mit den Ergebnissen derartiger Untersuchungen befasst sind. Schließlich ist dieses Buch auch für alle diejenigen geschrieben, die allgemein an Fragen der Diagnose menschlicher Eigenschaften, Fähigkeiten sowie Erlebens- und Verhaltensweisen interessiert sind.

Studierende und Personen, die beruflich psychologische Diagnostik ausüben, interessieren sich natürlich in besonderem Maße für die Konstruktion, Auswahl, Darbietung und Interpretation psychologischer Tests. Aber Diagnostik beschränkt sich nicht auf diesen Bereich. Auch Fragen der Planung und Durchführung einer Untersuchung, der Gewinnung diagnostischer Information ohne die Darbietung von Tests (z. B. über Interviews, Verhaltensbeobachtung und -beurteilung oder die Auswertung biographischer Daten) sowie der Integration dieser Informationen in Form eines Gutachtens sind für diese Personen wichtig und werden entsprechend in diesem Buch ausführlich behandelt.

Die zweite Gruppe umfasst viele Berufe: Erzieher und Ärzte müssen sich häufig mit psychologischen Befunden befassen und diese angemessen bewerten können. Vor Gericht spielen die Ergebnisse psychologischer Untersuchungen bei der Anklage, Verteidigung und schließlich Urteilsfindung eine zunehmend bedeutsame Rolle. Dementsprechend müssen die Verfahrensbeteiligten in die Lage versetzt werden, den Weg nachzuvollziehen, auf dem die ihnen vorgelegten Befunde zustande gekommen sind. In der Wirtschaft schließlich basieren immer mehr personen- wie auch arbeits- und organisationsbezogene Entscheidungen auch auf den Ergebnissen psychologisch-diagnostischer Untersuchungen.

Die dritte Gruppe schließlich besteht aus Menschen, die erkannt haben, dass die Ergebnisse diagnostischer Untersuchungen ihr eigenes Leben (z. B. als Bewerber um eine Stelle) wie auch das der sie umgebenden sozialen Institutionen (z. B. Schulen, Kliniken) beeinflussen. Sie wollen deshalb in der Lage sein, sich ein eigenes Urteil zu bilden, wenn etwa in der Öffentlichkeit Kontroversen ausgetragen werden über den Einsatz bestimmter diagnostischer Methoden, z. B. zur Eignungsfeststellung.

Organisation und Überblick

Die hier skizzierten und viele weitere Themen werden in diesem Lehrbuch behandelt. Der Band gliedert sich dabei in fünf Teile, die im Folgenden kurz vorgestellt werden sollen.

Der *erste Teil* des Buchs befasst sich mit der Systematik der Psychologischen Diagnostik und ihrer Entwicklung bis hin zum heutigen Stand. In ▶ **Kap. 1** werden zunächst die Merkmale der Diagnostik beschrieben. Hierbei werden als erstes diejenigen Aspekte vorgestellt, die für die traditionelle, in der Differentiellen Psychologie fundierten, Diagnostik gültig waren. Moderne Diagnostik dient jedoch zunehmend Zielsetzungen, die sich aus veränderungsbezogenen Interventionen, z. B. im Rahmen einer Therapie, ergeben. Diese Umorientierung hat auch das Merkmalsprofil der Diagnostik beeinflusst. Auf der Grundlage dieser veränderten Praxisanforderungen an die Diagnostik werden deshalb im zweiten Teil des Kapitels die Beziehungen der Diagnostik zu anderen Feldern der Psychologie herausgearbeitet.

Das ▶ **Kap. 2** skizziert die Entwicklung der Diagnostik von ihren Anfängen im Altertum bis zur Etablierung der modernen Diagnostik in den ersten Jahrzehnten des 20. Jahrhunderts. Dabei werden zwei Entwicklungslinien aufgezeigt: Eine erste Linie entstammt den Labors der Experimentalpsychologen. Ihre Vertreter (u. a. Galton, McKeen Cattell) fassten psychologisches Testen als einen Spezialfall des psychologischen Experimentierens auf. Eine zweite Linie hatte ihren Ursprung in den Anforderungen der (insbesondere psychiatrischen und pädagogischen) Praxis. Ihre Vertreter (u. a. Ebbinghaus, Binet für die Intelligenzdiagnostik; Woodworth für die Persönlichkeitsdiagnostik) bemühten sich um eine möglichst praxisnahe Gestaltung des diagnostischen Instrumentariums.

Psychologische Tests liefern einen wesentlichen Teil der Information, auf die sich die diagnostische Tätigkeit stützt. Im *zweiten Teil* des Buches werden daher die Grundlagen der *Konstruktion und Überprüfung* von Testverfahren erläutert. Dabei beschreiben wir in ▶ **Kap. 3** zunächst die wichtigsten allgemeinen Eigenschaften sowie die zentralen Gütekriterien (Objektivität, Reliabilität und Validität) psychologischer Tests. Darüber hinaus werden die wichtigsten Gesichtspunkte für die Zusammenstellung von Testaufgaben und -fragen (sog. Items), zentrale Begriffe der Item- und Testanalyse sowie Bezugssysteme zur Einordnung und Interpretation von Testergebnissen behandelt. Die Darstellung orientiert sich dabei an Konzepten, die im Rahmen der sog. *Klassischen Testtheorie* ausgearbeitet wurden, welche die Grundlage für die Konstruktion der meisten psychologischen Tests liefert.

In ▶ **Kap. 4** werden neuere Ansätze des Testens beschrieben. *Faktorenanalytische Modelle* sind besonders zur Untersuchung der Struktur eines Tests geeignet. Mit ihrer Hilfe lassen sich z. B. Items in homogene (jeweils ein Merkmal erfassende) Gruppen ordnen. Außerdem können sie zur Bestimmung der Messpräzision eines Verfahrens eingesetzt werden. Anschließend skizzieren wir basale Modelle der *Item-Response-Theorie*. Die Item-Response-Theorie stellt gewissermaßen den „state of the art" der Testkonstruktion dar. Mit ihrer Hilfe ist es möglich, den Zusammenhang zwischen psychologischen Merkmalen und Antworten auf die Items eines Tests genauer zu beschreiben als dies im Rahmen der Klassischen Testtheorie möglich ist. Die Item-Response-Theorie liefert die Grundlage für viele fortgeschrittene diagnostische Methoden, z. B. das adaptive Testen, bei dem die Auswahl der Aufgaben an das Fähigkeitsniveau einer Person angepasst wird.

Im *dritten Teil* wird der Prozess analysiert, in dem diagnostische Urteile und Entscheidungen gewonnen werden. Der Urteilsprozess in der Diagnostik lässt sich als eine Leistung beschreiben, die aus der Gewinnung von Daten, deren Bewertung im Einzelnen, ihrer Kombination bzw. Integration sowie einer Entscheidung aufgrund der so gewonnenen Ergebnisse besteht. Diagnostische Daten sind Informationen, die mit psychologischen Untersuchungsmethoden über Personen, Gruppen oder Organisationen sowie Situationen gewonnen werden. Diese Informationen müssen derart bewertet werden, dass eine zusammenhängende Aussage, also ein *Urteil* möglich ist. Auf dessen Grundlage werden dann *Entscheidungen* getroffen. Dies kann sowohl zum Zwecke der psychologischen Beratung und Behandlung im Einzelfall geschehen, etwa bei der Indikationsstellung und der Evaluation im Rahmen modifikatorischer Interventionen, als auch im Rahmen institutioneller Entscheidungen, z. B. bei der Personalauslese.

Die Folgen diagnostischer Entscheidungen sind für betroffene Personen wie auch Institutionen oft sehr schwerwiegend. Deshalb ist es wichtig, sich mit den Variablen, die einen Einfluss auf den diagnostischen Prozess besitzen, sowie mit dem Ablauf dieses Prozesses zu befassen. Das Interesse diagnostischer Forschung war zunächst auf Qualitätsmerkmale diagnostischer Urteile gerichtet, also auf die Aspekte Richtigkeit bzw. Genauigkeit einer Diagnose oder Prognose. Ein Beispiel hierfür ist die Kontroverse über die Frage, ob sog. „klinische" oder „statistische" Urteile bessere Vorhersagen liefern. In ▶ **Kap. 5** werden Überlegungen und Argumente aus dieser Kontroverse dargestellt. Im Zentrum stehen hier zwei Arten der Datenkombination, die bei professionellen Diagnosen benutzt werden. Diese Kontroverse führte u. a. zur Formulierung paramorpher Modelle der Urteilsbildung, mit deren Hilfe sich die Beziehung zwischen diagnostischen Daten und Entscheidungen in formeller Weise repräsentieren lässt.

In der nächsten Phase wurde versucht, anstelle der Isolierung von Einzelkomponenten allgemeine Modelle der diagnostischen Beurteilung zu erarbeiten. Grundlage für derartige Modelle bildeten Ergebnisse der Konflikt-, Entscheidungs- und Problemlöseforschung sowie handlungstheoretische Vorstellungen. Diese Ansätze werden in ▶ **Kap. 6** (*Entscheidungstheorie*) und ▶ **Kap. 7** (*Handlungstheorie*) dargestellt.

Im *vierten Teil* wird ein Überblick über verschiedene Ansätze und Verfahren zur Beschaffung diagnostischer Information gegeben. In ▶ **Kap. 8** wird das *Interview* besprochen, bei dem eine Vielzahl von Daten, wenn auch häufig in nicht sehr standardisierter Form, aus unterschiedlichen Quellen (Selbstauskünfte, Verhaltensbeobachtung) gewonnen werden. Die weiteren Methoden werden nach den beiden großen Klassen der Verfahren zur Erfassung typischen Verhaltens bzw. zur Messung maximaler Leistung differenziert. Dabei wird bei der Erfassung typischen Verhaltens noch einmal nach Verfahren zur Erhebung von Beobachtungsdaten, Selbstauskünften und objektiven Testdaten unterschieden.

In ▶ **Kap. 9** werden Verfahren zur Beschaffung sog. *L-Daten* (life record data) vorgestellt. Im Zentrum stehen hier die Methoden der *Verhaltensbeobachtung und -beurteilung*. Diese Methoden besitzen nicht nur erhebliche Relevanz für die Forschung, sondern werden in zunehmendem Maße auch von der psychologischen Praxis (speziell der Klinischen, Schul- und Organisationspsychologie) als wichtige Quellen der Gewinnung diagnostischer Information angesehen. Der Schwerpunkt der Darstellung liegt dabei auf der systematischen Verhaltensbeobachtung, deren Systeme und Methoden der Quantifizierung beschrieben werden.

► **Kap. 10** stellt die verschiedenen Tests zur Erfassung von *Q-Daten* (questionnaire data) vor. Im Zentrum dieses Zugangs zur Erhebung subjektiver diagnostischer Information steht der *Fragebogen*. Nach einer Übersicht über unterschiedliche Konstruktionsprinzipien werden Fragebogen zur Messung von Persönlichkeitsmerkmalen, Interessen, Einstellungen und Zuständen beschrieben. Ausführlich wird abschließend über mögliche verzerrende Einflüsse auf das Antwortverhalten bei Selbstberichten eingegangen.

Die Verfahren zur Erfassung von *T-Daten* (test data) bilden eine sehr heterogene Gruppe. ► **Kap. 11** stellt zunächst die klassischen *objektiven Testbatterien* dar. Anschließend werden Tests zur Erfassung verschiedener kognitiver Stile, projektive Verfahren sowie neuere – auf kognitiv-experimentellen Paradigmen basierende – Ansätze besprochen. Während dabei die projektiven Verfahren hinsichtlich ihrer Brauchbarkeit für praktisch-diagnostische Zwecke eher als unzulänglich eingeordnet werden, wird in neueren sog. „impliziten" Ansätzen (etwa dem *Impliziten Assoziationstest*) eine vielversprechende Ergänzung zur Erhebung von Merkmalen über Selbstberichte gesehen.

Thema von ► **Kap. 12** ist die Fähigkeits- und Leistungsdiagnostik. Hier werden nicht nur der derzeitige Entwicklungsstand der „klassischen" Intelligenztests dokumentiert, sondern auch Neuentwicklungen wie das Adaptive Intelligenz Diagnostikum oder der Berliner Intelligenzstruktur-Test vorgestellt. Ein weiterer Schwerpunkt der Darstellung liegt auf der Messung der *Konzentrationsleistung*.

Das diesen Teil abschließende ► **Kap. 13** beschreibt, über welche Schritte und nach welchen Regeln die mit Hilfe diagnostischer Verfahren erhobenen Daten zu einem *Gutachten* integriert werden.

Im *fünften Teil* werden die wesentlichen Anwendungsfelder der psychologischen Diagnostik vorgestellt. Diese Übersicht konzentriert sich auf die Felder der arbeits- und organisationspsychologischen Diagnostik einerseits und der klinischen, gesundheitspsychologischen sowie pädagogisch-psychologischen Diagnostik andererseits. Diese Differenzierung folgt der Überlegung, dass die Diagnostik innerhalb der Arbeitswelt stärker als etwa eine klinisch-psychologische Diagnostik die Aspekte des Kontextes, also des Arbeitsplatzes und der Organisation, bei der Datenerhebung mit zu berücksichtigen hat. Ausgeklammert bleiben enger umschriebene Felder der Diagnostik wie etwa die forensische oder die verkehrspsychologische Diagnostik.

Gegenstand der in ► **Kap. 14** behandelten *arbeits- und organisationspsychologischen Diagnostik* ist das Erleben und Verhalten von Menschen in Arbeit, Beruf und Organisation. Charakteristisch für dieses Feld der Diagnostik ist die Verschränkung von diagnoserelevanten Merkmalen der Situation und korrespondierenden Eigenschaften der Person. Diesen unterschiedlichen Perspektiven folgend beginnt das Kapitel mit der Analyse von Anforderungen, die durch Arbeitsaufgabe und Arbeitsplatz an Personen gestellt werden. Darauf folgt eine Darstellung der Methoden für die Diagnostik bei der Person. Im Zentrum steht dabei die *Eignungsdiagnostik* für Zwecke der Personalauswahl. Hieran schließt sich die Beurteilung der Leistungen an, die Mitarbeiter in den Organisationen erbracht haben. Nach der Einzelperson werden größere Einheiten hinsichtlich ihrer diagnostischen Möglichkeiten betrachtet: die Arbeitsgruppe, die Führung und – als umfassendste Einheit – die Organisation selbst.

► **Kap. 15** beschreibt Ansätze und Verfahren im Rahmen der *klinischen* und der *gesundheitspsychologischen Diagnostik*. Klinisch-psychologische Diagnostik hat dabei die folgenden Aufgaben: Sie beschreibt psychische Störungen qualitativ und quantitativ, ordnet sie ggf. zum Zweck der Indikation bestimmten Klassen zu, klärt ihre Entstehungsgeschichte und die Bedingungen ihres aktuellen Auftretens, gibt Empfehlungen für den Therapieverlauf, begleitet diesen und liefert schließlich Information über den Behandlungserfolg.

Im Zentrum gesundheitspsychologischer Diagnostik stehen demgegenüber Persönlichkeitsmerkmale, Kognitionen und Verhaltensweisen, die sich auf den physischen Gesundheitsstatus bzw. körperliche Erkrankungen beziehen. Diagnostisch interessieren hier etwa Kognitionen über Gesundheit und Krankheit, Lebensstile, Gesundheitspraktiken und Gesundheitsverhalten, relevante Persönlichkeitsmerkmale (z. B. Typ A), psychische Prozesse während Erkrankung, Erholung und Rehabilitation sowie die Nutzung von Gesundheitsinformationen und -diensten.

Im abschließenden ▶ **Kap. 16** werden Verfahren behandelt, die für *pädagogische* und *erziehungspsychologische* Fragen relevant sind. Wir konzentrieren uns dabei auf die Bereiche des schulischen Lernens und der familialen Erziehung. Behandelt werden die Diagnostik individueller Merkmale, die für schulisches Lernen bedeutsam sind, die Erfassung von Lernresultaten sowie die Feststellung von Umwelt- und Systemmerkmalen (z. B. Beziehungen unter den Schülern). Schließlich werden Methoden zur Beschreibung des Erziehungsverhaltens und der Beziehungen unter den Mitgliedern einer Familie an Beispielen illustriert.

Hinweise zum Lesen des Buches

Dezimalpunkt. In der psychologischen Literatur ist es üblich, für die Kennzeichnung der Dezimalstelle einer Zahl einen Punkt (kein Komma) zu verwenden. Außerdem wird bei Kennwerten, die nur zwischen -1 und $+1$ variieren können (z. B. Korrelation), die führende Null häufig weggelassen. Diese Konventionen behalten wir hier bei.

Statistische Kennwerte. In den Kapiteln 3 und 4, in denen Grundlagen der Testtheorie behandelt werden, benutzen wir für statistische Kennwerte eine ausführliche Notation, schreiben also z. B. $\text{Kor}(X,Y)$ für die Korrelationen zweier Variablen X und Y. Wir denken, dass dies die Darstellung leichter nachvollziehbar macht. Die folgende Aufstellung zeigt die wichtigsten Abkürzungen und gängige Alternativen.

Erwartungswert:	$\text{Erw}(\text{X})$, M_X
Varianz:	$\text{Var}(X)$, s_X^2
Standardabweichung:	$\text{Std}(X)$, SD_X, s_X
Kovarianz:	$\text{Cov}(X,Y)$, s_{XY}
Korrelation:	$\text{Kor}(X,Y)$, r_{XY}

Geschlechtsbezogener Sprachgebrauch. Um den Text einfacher lesbar zu halten, verzichten wir darauf, weibliche *und* männliche Personbezeichnungen zu benutzen. Statt dessen verwenden wir durchgängig die männliche Form, die hier generisch gemeint ist.

Danksagung

Die Autoren haben vielen für ihren Beitrag zur Fertigstellung des Buches zu danken. Oliver Daum, Boris Egloff, Johannes Heer, Simone Henn, Volker Hodapp, Carl-Walter Kohlmann, Lothar Laux, Jan Hendrik Peters, Andrea Retzbach, Paul Schaffner, Stefan Schmukle, Andreas Schwerdtfeger und Natalie Steinbrecher haben zu einzelnen Kapiteln kritische Rückmeldungen und wichtige Anregungen gegeben. An der technischen Bearbeitung des Textes haben Sabine Otte und Viktoria Staab wesentlich mitgewirkt. Ihnen allen sei an dieser Stelle herzlich gedankt.

Mainz und Bamberg, im Februar 2015

Heinz Walter Krohne
Michael Hock

I Allgemeine Grundlagen

1 Definition der Psychologischen Diagnostik

1.1 Merkmale der Diagnostik

Psychologische Diagnostik ist eine *Methodenlehre* innerhalb der Psychologie, bildet damit also einen Bereich z. B. mit der Statistik oder der Versuchsplanung. Anders als diese beiden Disziplinen stellt sie jedoch primär ein *System von Verfahrensweisen im Dienste der Angewandten Psychologie* dar. Neben dieser primären Funktion erfüllt Diagnostik aber auch Aufgaben für die Grundlagendisziplinen der Psychologie, insbesondere die Differentielle Psychologie.

Beim psychologischen Diagnostizieren geht es damit also nicht, wie der psychologische Laie vielleicht meinen könnte, um das Erkennen des „Wesens" eines Menschen, sondern um das Erfüllen eines praktischen (und damit *eingegrenzten* Auftrags). Tatsächlich ist Diagnostizieren nicht primär ein Erkenntnisvorgang (im Alltagsverständnis dieses Begriffs), sondern, wie wir noch genauer zeigen werden (▶ **Kap. 6** und **7**), ein Handlungs- und Entscheidungsprozess (Hörmann, 1964; Kaminski, 1970). In einen Entscheidungsprozess mündende Aufträge könnten etwa darin bestehen, unter mehreren Bewerbern den für eine bestimmte Position geeignetsten herauszufinden, Eltern hinsichtlich des für ihr Kind passenden Schulzweigs zu beraten, gesundheitsrelevante Einstellungen einer Person zu erheben, um evtl. ein Programm zur Modifikation ungünstiger Einstellungen einzuleiten, oder zu bestimmen, ob bei einem Klienten eine behandlungsbedürftige Ausprägung von Depression vorliegt (▶ **Kap. 13**).

Diagnostizieren als eine von der alltäglich ablaufenden Menschenbeurteilung abgehobene wissenschaftliche Tätigkeit ist Qualitätskriterien unterworfen, insbesondere auch dem der Objektivität (▶ **Kap. 3**). Diese wissenschaftliche Tätigkeit hat sich herausgebildet, als Personen, die wichtige Entscheidungen hinsichtlich anderer Menschen zu treffen hatten, erkannten, dass die von der Praxis geforderten Urteile ohne die Zuhilfenahme diagnostischer Verfahren, also quasi nur mit dem „unbewaffneten Blick des Menschenkenners" (Hörmann, 1964), weder mit der erforderlichen Zuverlässigkeit noch mit der notwendigen Differenziertheit abgegeben werden konnten. Diagnostik als Wissenschaft etablierte sich, als man begann, diagnostische Aussagen an der Realität zu überprüfen.

Der Einsatz diagnostischer Verfahren zur Lösung praktischer Probleme hat eine lange Tradition. Auf diese Vorgeschichte der Diagnostik wird im nächsten Kapitel näher eingegangen. Was die Entwicklung der wissenschaftlichen Diagnostik betrifft, so hatte der Wundt-Schüler James McKeen Cattell am Ende des 19. Jahrhunderts nicht nur den Begriff „mental test" geprägt, sondern auch, basierend auf experimentellen Studien, ein Paradigma für die Entwicklung der Psychologischen Diagnostik vorgestellt (Cattell, 1890):

> Die Bestimmung der individuellen psychischen Eigenart durch exakte Beobachtung und Messung interindividueller Differenzen in psychologischen Merkmalen.

Diese Begründung der Diagnostik in der Differentiellen Psychologie war bis in die zweite Hälfte des 20. Jahrhunderts unangefochten und wurde erst in den 1970er Jahren in Frage gestellt, und zwar zunächst durch die Klinische Psychologie mit ihrer zentralen Aufgabe der Messung intraindividueller Veränderungen als Folge von Interventionen (vgl. u. a. Cronbach & Furby, 1970; Schulte, 1976). Solange die Diagnostik ausschließlich in der Differentiellen Psychologie fundiert war, konnte sie nur eine Art praktischer Fragen beantworten: „Worin und in welchem Grad unterscheidet sich dieser Mensch von anderen?" (Hörmann, 1964). Die traditionelle, in der Differentiellen Psychologie fundierte, Diagnostik befasste sich also mit der *Feststellung der individuellen Eigenart von Personen bezüglich bestimmter Merkmale.*

Diese Bestimmung beruht auf der Voraussetzung, dass sich Menschen habituell unterscheiden, und dass diese Unterschiede feststellbar sind. Die theoretische und empirische Sicherung dieser Voraussetzung ist jedoch nicht Problem der Diagnostik, sondern Gegenstand der Differentiellen Psychologie und Persönlichkeitsforschung. Ziel der traditionellen Diagnostik war es dagegen immer, ganz praktisch zu erfahren, worin und in welchem Ausmaß sich ein bestimmter Mensch von anderen unterscheidet. Beispiele für derartige Zielsetzungen der Diagnostik lassen sich, wie schon angedeutet, in den vielen Praxisfeldern der Angewandten Psychologie finden, etwa in der Klinischen Psychologie, der Gesundheitspsychologie, der Forensischen Psychologie oder der Organisations-, Arbeits- oder Schulpsychologie.

Zur Erreichung der genannten Zielsetzung stehen der Diagnostik verschiedene Methoden offen: Alle Methoden implizieren eine Interpretation, oder genauer: den Schluss von einem Index auf etwas Indiziertes. Hiermit ist gemeint, dass von einem begrenzten manifesten Kennzeichen (dem Index) auf ein umfassenderes latentes Merkmal (das Indizierte) geschlossen wird. Man bezeichnet diesen Schluss als den *diagnostischen Schluss.*

Die Idee des Schließens impliziert, dass beim psychologischen Diagnostizieren *über die unmittelbar verfügbare Information hinausgegangen wird* (Hörmann, 1964). Damit kommen wir zu einem weiteren Merkmal der traditionellen Diagnostik: Aufgrund eines relativ kleinen Verhaltensausschnitts, einer Verhaltensstichprobe (das können verbale oder motorische Reaktionen wie auch physiologische Daten sein), wird auf das umfassendere Verhalten oder Befinden (z. B. die momentane Zustandsangst) bzw. auf grundlegendere Eigenschaften (z. B. den Grad der Ängstlichkeit) einer Person rückgeschlossen. Hieraus wird deutlich, dass die Güte eines diagnostischen Schlusses immer auch ein Stichprobenproblem ist.

Wir können somit anhand der bisher genannten Merkmale die traditionelle Diagnostik, wie sie bis vor wenigen Jahrzehnten fast ausschließlich betrieben wurde, wie folgt bestimmen (Hörmann, 1964, S. 8):

> Diagnostizieren steht primär im Dienste der Angewandten Psychologie, ist aber auch ein Forschungsmittel der Differentiellen Psychologie. Es richtet sich auf Unterschie-

de zwischen Menschen und involviert ein Hinausgehen über die unmittelbar gegebene Information.

Diese Merkmale haben die Methodenentwicklung in der Psychologischen Diagnostik wesentlich bestimmt. Der Methodenentwicklung lag dabei der generelle Anspruch zugrunde, systematische interindividuelle Differenzen in möglichst vielen Verhaltensbereichen immer genauer metrisch zu beschreiben (▶ **Kap. 3** und **4**). Im Einzelnen wurden anhand der genannten Merkmale drei diagnostische Leitziele für die Methodenentwicklung innerhalb der traditionellen Diagnostik formuliert (Pawlik, 1988, S. 148):

1. *Das Eigenschaftsmodell:* Diagnostik ist auf (manifeste oder latente) Merkmale gerichtet, in denen sich systematische interindividuelle Unterschiede im Erleben oder Verhalten abbilden. Diese Unterschiede sollen relativ zeit- und situationsstabil sein. Pawlik (1976) nennt diese Zielsetzung *Statusdiagnostik*.
2. *Die Varianzausschöpfung:* Eine diagnostische Variable ist unter sonst gleichen Bedingungen praktisch um so brauchbarer, je mehr interindividuelle Varianz sie ausschöpft und je größer ihre Kovarianz mit interessierenden Kriterien ist. Dies ist die dem Reliabilitäts- und Validitätskonzept der Klassischen Testtheorie zugrunde liegende Idee (▶ **Kap. 3**).
3. *Das Stichprobenmodell:* Zur Konstruktion eines diagnostischen Verfahrens wird eine Stichprobe von Verhaltenselementen (Items) erstellt, um die interessierende Gesamtheit individueller Verhaltensweisen repräsentativ abzubilden.

Die Kritik an den Leitzielen der traditionellen Diagnostik wurde insbesondere von zwei Seiten vorgetragen, von der Klinischen Psychologie und der Organisationspsychologie. Von Seiten der Klinischen Psychologie wurde auf die praktische Notwendigkeit hingewiesen, nicht nur etwas über Unterschiede zwischen Menschen (also über den sog. „Status" von Individuen) zu erfahren, sondern auch Veränderungen an einem Individuum über die Zeit (z. B. als Konsequenz einer Therapie) reliabel und valide zu messen (▶ **Kap. 15**). Von der Organisationspsychologie wurde besonders der Entscheidungscharakter des Diagnostizierens (etwa bei der Personalauswahl) betont (▶ **Kap. 14**). Diagnostische Verfahren dürfen hiernach nicht nur im Hinblick auf eine möglichst hohe Reliabilität und Validität optimiert werden, sondern müssen auch hinsichtlich des, nicht in diesen beiden Testgütekriterien aufgehenden, Kriteriums der Entscheidungsgüte ausgewiesen sein (Cronbach & Gleser, 1965; ▶ **Kap. 6**). Dieser erweiterte Anspruch an die Diagnostik hat zur Formulierung dreier alternativer Leitziele des Diagnostizierens geführt (Pawlik, 1988, S. 148):

1. *Das Modifikationsmodell:* Diagnostik ist auf (manifeste oder latente) Variablen gerichtet, die mit der Indikation (d. h. Angemessenheit) und Evaluation (Effizienz) modifikatorischer Interventionen im Einzelfall zusammenhängen. Pawlik (1976) nennt diese Zielsetzung *Prozessdiagnostik*.
2. *Die Entscheidungsrelevanz:* Eine diagnostische Variable ist unter sonst gleichen Bedingungen um so brauchbarer, je nützlicher sie für Indikations- und Evaluationsentscheidungen im Rahmen psychologischer Interventionen ist.
3. *Das Ausschöpfungsmodell:* Die Erstellung einer Stichprobe von Items zur Konstruktion eines diagnostischen Verfahrens muss darauf zielen, das Universum von Merkmalen auszuschöpfen, in denen sich der Interventionsbedarf eines Individuums und das Interventionsziel abbilden.

Die Spannweite des modernen Diagnostizierens lässt sich damit anhand dieser drei alternativen Leitziele bestimmen:

- Eigenschaftsmodell vs. Modifikationsmodell,

- Varianzausschöpfung vs. Entscheidungsrelevanz,
- Stichprobenmodell vs. Ausschöpfungsmodell.

Aus der Ortsbestimmung der traditionellen wie auch aus den Leitzielen der modernen Diagnostik haben wir gesehen, dass die Entwicklung in der Psychologischen Diagnostik eng zusammenhängt mit der Entwicklung in anderen Bereichen der Psychologie. So haben, wie erwähnt, Veränderungen der Aufgabenstellungen in den verschiedenen Feldern der *Angewandten Psychologie* die Diagnostik immer wieder zur Entwicklung neuer methodischer Ansätze veranlasst. Theoriebildung und empirische Ergebnisse der *Differentiellen Psychologie und Persönlichkeitsforschung* wiederum lieferten zunächst die wissenschaftlichen Voraussetzungen für eine am Eigenschaftsmodell ausgerichtete diagnostische Tätigkeit (Cattell, 1950; Eysenck, 1947).

In den letzten Jahrzehnten wurden diese eigenschaftszentrierten Ansätze durch Modelle der sog. Person x Situations-Interaktion ergänzt (siehe u. a. Endler & Magnusson, 1976). Diese Ansätze haben eine systematische Unterscheidung von relativ zeitstabilen Eigenschaften (Traits) und zeitlich eher variablen Zuständen (States) eingeführt und teststatistische Verfahren zur separaten Bestimmung stabiler bzw. variabler Merkmale entwickelt (Steyer, Schmitt & Eid, 1999). Im Rahmen dieser interaktiven Betrachtung erhob sich dann auch die Forderung, Parameter zu bestimmen und diagnostisch umzusetzen, auf denen Situationen variieren, die Veränderungen von Zuständen beeinflussen. Ein in diesem Zusammenhang häufig untersuchtes Merkmal ist der Stressgehalt einer Situation (etwa im Hinblick auf die Auslösung emotionaler Erregung). Pawlik (1988) spricht bei einer am Eigenschaftsmodell orientierten Diagnostik von *strukturbezogenen* bzw. *psychometrischen* Fragestellungen und Anwendungen. Theoretische Konzepte und empirische Befunde der *Allgemeinen Psychologie* haben demgegenüber die Voraussetzungen für eine eher am Modifikationsmodell orientierte Diagnostik geschaffen. Pawlik (1988) nennt diese Fragestellungen und Anwendungen *prozessbezogen* bzw. *systemanalytisch*.

1.2 Beziehungen zu anderen Feldern der Psychologie

Die Beziehungen zwischen der Diagnostik und den Feldern der Allgemeinen, der Differentiellen und der Angewandten Psychologie sind im Sinne einer reziproken Beeinflussung zu sehen. Der Fortschritt in jedem dieser Bereiche hängt auch von den Fortschritten der Konzeptbildung in den anderen Feldern ab. So ist beispielsweise der Fortschritt der Differentiellen Psychologie und Persönlichkeitsforschung (etwa fort vom reinen Eigenschaftsmodell hin zu interaktionistischen Modellen) auch mit determiniert worden von veränderten Fragestellungen der Praxis und von den jeweiligen Methoden, die die Diagnostik zu deren Beantwortung entwickelt hat.

Psychologische Diagnostik kann in ihren Grundannahmen (z. B. den Annahmen der Klassischen Testtheorie; ▶ **Kap. 3**) also nicht verstanden werden, wenn man nicht auch etwas über die Grundannahmen der anderen genannten Bereiche weiß. Wir wollen uns deshalb unter diesem Aspekt zunächst einige zentrale Annahmen der Angewandten Psychologie anschauen.

Angewandte Psychologie ist über weite Strecken gleichbedeutend mit dem Bemühen um eine Optimierung praktischer Problemlösungen im Hinblick auf psychologische Kriterien für die Angemessenheit derartiger Lösungen (Pawlik, 1976). Psychologische Kriterien der Lösungsangemessenheit wären beispielsweise psychische Gesundheit, sicheres Verkehrsverhalten, schulische und berufliche Leistung

Tab. 1.1 Formen praktischer Intervention

	Interventionsstrategie	
Interventionsrichtung	Auswahl	Modifikation
Person	Personenauswahl	Verhaltensmodifikation
Situation	Bedingungsauswahl	Bedingungsmodifikation

oder Arbeitszufriedenheit. (Ein nichtpsychologisches Kriterium für eine praktische Problemlösung wäre dagegen beispielsweise die Erreichung bestimmter ökonomischer Vorgaben bei betrieblichen Rationalisierungsmaßnahmen.)

Die angewandt-psychologischen Aufgabenstellungen unterscheiden sich u. a. nach der Strategie, über die jeweils eine Optimierung der Problemlösung bzw. eine Entscheidungsoptimierung angestrebt wird. Da praktisches Handeln immer auch Eingreifen bedeutet, spricht man hier von *Interventionsstrategien*.

Die verschiedenen Strategien lassen sich auf einem Kontinuum von der reinen Auswahl- zur reinen Modifikationsstrategie anordnen. Derartige Strategien können sich entweder auf Personen beziehen, unter denen ausgewählt bzw. die verändert werden sollen, oder auf Bedingungen, denen diese Personen ausgesetzt sind (▶ **Tab. 1.1**).

Bei einer *Auswahlstrategie* wird die Optimierung gesucht durch Selektion von geeigneten Personen oder Bedingungen. Ziel ist es, für jede Person jene Bedingung zu finden (z. B. einen bestimmten Arbeitsplatz), in der das gewählte Optimierungskriterium (z. B. berufliche Leistung) den für sie höchstmöglichen Wert erreicht. Mit Pawlik (1976) lassen sich nach der Richtung der Implementierung von Auswahlstrategien zwei Formen unterscheiden:

1. *Personenauswahl:* Hier sind Bedingungen vorgegeben, z. B. das Qualifikationsmerkmal, und die Personen werden danach ausgewählt, ob sie der Bedingung entsprechen oder nicht. Beispiele hierfür wären die Personalauswahl oder die pädagogische Selektion in Form einer Aufnahmeprüfung.
2. *Bedingungsauswahl:* Hier sind Personen vorgegeben, z. B. Schulabgänger, und es wird für jede Person nach der geeigneten Bedingung im Hinblick auf ein Optimierungskriterium, z. B. beruflichen Erfolg, gesucht. Beispiele hierfür wären die Berufsberatung oder die Beratung hinsichtlich der Kurswahl in der gymnasialen Oberstufe.

Bei einer *Modifikationsstrategie* wird die Optimierung gesucht durch Veränderung des Erlebens und Verhaltens oder der Bedingungen. Ziel ist hier also die Veränderung im Hinblick auf das gewählte Optimierungskriterium (z. B. berufliche Leistung). Auch hier lassen sich wieder je nach Implementierungsrichtung zwei Formen unterscheiden:

1. *Verhaltensmodifikation:* Hier wird die Optimierung durch Veränderungen an der Person gesucht, etwa indem man sie einem Ausbildungsprogramm oder einer Psychotherapie unterzieht.
2. *Bedingungsmodifikation:* Hier wird eine Optimierung durch Veränderungen der Bedingungen, denen eine Person ausgesetzt ist, angestrebt, etwa indem der Arbeitsplatz neu gestaltet oder neue didaktische Maßnahmen und Materialien entwickelt werden.

In der Praxis kommen reine Auswahl- oder Modifikationsstrategien nur selten vor, in der Regel finden wir vielmehr Mischstrategien. So werden z. B. häufig Personen nach einem bestimmten Auswahlkriterium platziert, dann jedoch einem individuell angepassten Schulungsprogramm unterzogen.

Beide Strategieformen gehen von impliziten Annahmen über die Natur des Problems aus, für das die Lösungsoptimierung gesucht wird (Pawlik 1976). Für Auswahlstrategien wird vorausgesetzt, dass die geeigneten Personen bzw. die geeigneten Bedingungen, denen die vorgegebenen Bedingungen bzw. Personen zugeordnet werden sollen, bereits vorliegen. Es geht also nur noch um die Zuordnung. Deshalb ist hier auch nur der Einsatz geeigneter diagnostischer Verfahren gefordert. Für Modifikationsstrategien wird vorausgesetzt, dass die Methoden der Verhaltens- bzw. Bedingungsmodifikation für alle behandelten Personen bzw. Bedingungen die jeweils bestmögliche Lösung liefern. So wird etwa erwartet, dass nach Abschluss einer bestimmten Therapie jede behandelte Person weniger Angst hat. Derartige Interventionen setzen also sowohl den Einsatz diagnostischer Verfahren (für die Indikationsstellung, die Überprüfung des Modifikationsverlaufs und die Evaluation des Modifikationserfolgs) als auch von Techniken der Modifikation voraus.

Wenn man einmal analysiert, wie sich die Entwicklung in der Diagnostik auf die in der Angewandten Psychologie bezieht, so stellt man fest, dass zunächst praktische Aufgaben der Auswahl und damit des Einsatzes entsprechender diagnostischer Verfahren vorherrschten. So gingen die auf den Arbeiten Binets beruhende Intelligenzdiagnostik ebenso wie die frühe Persönlichkeitsdiagnostik von praktischen Auswahlproblemen aus (► **Kap. 2**). Die Rückwirkungen dieser Aufgabenstellungen auf die Diagnostik lagen aber nicht nur in der Entwicklung bestimmter Testverfahren (etwa des Binet-Intelligenztests oder einzelner Fragebogen), sondern auch in der Herausarbeitung zentraler Bestimmungsstücke einer Diagnostiktheorie. Die Gütekriterien der Klassischen Testtheorie, z. B. das der Stabilität (► **Kap. 3**), gehen von einem statischen Eigenschaftsbegriff aus, d. h. von der relativen Dauerhaftigkeit von Persönlichkeitsmerkmalen. Eine solche Annahme war für die genannten praktischen Aufgaben auch notwendig, da eine Auswahl von Personen im Hinblick auf ein Optimierungskriterium natürlich nur anhand relativ zeitstabiler Merkmale sinnvoll ist.

Theoretische Voraussetzungen für die Annahme der Stabilität von Persönlichkeitsmerkmalen wurden in der traditionellen Persönlichkeitsforschung bzw. Differentiellen Psychologie geschaffen. Deren Grundannahme war, dass interindividuelle Unterschiede im Verhalten und Erleben auf eine begrenzte Anzahl von zeitlich stabilen, latenten Variablen, die Persönlichkeitseigenschaften, zurückgehen, z. B. Intelligenzfaktoren (► **Kap. 12**), Persönlichkeitsdimensionen, Motive (► **Kap. 10**) usw. Diese Grundannahme fand ihre Umsetzung in der Entwicklung sehr einflussreicher Strukturtheorien der Persönlichkeit, wie sie etwa von Cattell, Guilford, Thurstone, Eysenck oder in neuerer Zeit mit dem Fünf-Faktoren-Modell vorgelegt wurden (für Übersichten vgl. u. a. Stemmler, Hagemann, Amelang & Bartussek, 2011; ► **Kap. 10** und **12**).

Diese strukturanalytischen Grundannahmen der traditionellen Persönlichkeitsforschung waren Ausgangspunkt der Kriterien der Klassischen Testtheorie (► **Kap. 3**). Für das Kriterium der Reliabilität (Zuverlässigkeit) lassen sich alle Koeffizienten, die auf dem Konzept der Paralleltestung aufbauen (also Trennschärfe, interne Konsistenz, Split-half- oder Paralleltest-Reliabilität) auf die Vorstellung der transsituativen (also situationsübergreifenden) Konsistenz eigenschaftsbezogenen Verhaltens zurückführen. Das Verhalten in einer Situation (auf ein Item hin) sollte ebenso Indikator eines latenten Persönlichkeitsmerkmals (z. B. Ängstlichkeit) sein, wie das Verhalten auf eine andere Situation (ein weiteres Item) hin. Demgegenüber basiert das Konzept der Retest-Reliabilität auf der Vorstellung der zeitlichen Stabilität eigenschaftsbezogenen Verhaltens.

Für die Bestimmung der Validität (Gültigkeit) gingen die meisten Verfahren sowohl von Vorstellungen der transsituativen als auch der transtemporalen Konsistenz des Verhaltens aus. Die Validität eines Verfahrens wird in der Regel über das Eintreffen einer Vorhersage bestimmt. Entsprechend galt lange Zeit der Satz „jede Diagnose ist eine Prognose". Es wurde also erwartet, dass ein Merkmal nicht nur zeitlich stabil ist, sondern sich auch in unterschiedlichen Situationen manifestiert, da die Diagnose- bzw. Prognosesituation ja in der Regel nicht identisch ist mit der Kriteriumssituation. So ist z. B. die Situation der Diagnose der Berufseignung im Allgemeinen nicht identisch mit Situationen, in denen sich diese Eignung dann tatsächlich manifestieren soll.

In jüngster Zeit sind jedoch, wie bereits angedeutet, aus der Angewandten Psychologie Aufgaben an die Diagnostik herangetragen worden, die stärker von Problemen der Modifikation ausgehen. Derartige Interventionen erfordern andersartige grundwissenschaftliche Fundierungen als Selektionsaufgaben. Neben Veränderungen im Bereich persönlichkeitspsychologischer Konzepte, fort von rein eigenschaftszentrierten Vorstellungen hin zu Modellen, die Wechselwirkungen (auch reziproker Natur) zwischen Person und Situation thematisieren, wird hier zusätzlich eine allgemeinpsychologisch fundierte Diagnostik gefordert. Für den Bereich der Diagnostiktheorie folgt daraus die Notwendigkeit, die mit der Erfassung von Veränderungen verbundenen besonderen Messprobleme zu lösen (Rost, 2004).

Anders als bei der am persönlichkeitspsychologischen Eigenschaftsmodell und an der praktisch-psychologischen Aufgabe der Auswahl orientierten Strukturanalyse geht es bei der auf die Lösung von Modifikationsproblemen gerichteten Prozessanalyse des Verhaltens darum, Elemente, sog. „Prozesskomponenten", zu ermitteln, die für das Zustandekommen eines bestimmten aktuellen Verhaltens kritisch sind (Pawlik, 1988). Wenn beispielsweise das Stressbewältigungsverhalten eines prüfungsängstlichen Studenten verändert werden soll, so muss man wissen, über welches Repertoire von Verhaltensstrategien und -akten ein Mensch verfügen muss, um mit einer Prüfungssituation relativ angstfrei umgehen zu können. Eine derartige Zielsetzung erfordert eine verstärkte Hinwendung zu allgemeinpsychologischen Konzepten.

Eine Fundierung der Diagnostik in der Allgemeinen Psychologie wurde vor allem im Hinblick auf den Bereich des Problemlösens gefordert (Spada & Reimann, 1988). Dieser Ansatz stützt sich auf Prozessmodelle von Denkvorgängen (d. h. auf Modelle der Informationsverarbeitung; vgl. u. a. Dörner, 1987) und könnte für die Diagnose von Fähigkeiten eine Alternative, zumindest aber eine Ergänzung, zu den klassischen strukturanalytisch orientierten Verfahren der Intelligenzdiagnostik bilden (► **Kap. 12**). Ein in dieser Hinsicht wichtiges neueres Intelligenzmodell stellt die Komponenten-Subtheorie im Rahmen der triarchischen Intelligenztheorie Sternbergs (1984, 1998) dar. Auch für die Erfassung der Veränderung psychischer Probleme (etwa als Folge einer Therapie) ist eine Fundierung in allgemeinpsychologischen Konzepten gefordert, hier insbesondere in Ansätzen aus den Bereichen der Emotionspsychologie (z. B. bei der Erfassung von Veränderungen der emotionalen Erregung bei der Konfrontation mit bestimmten Stressoren; Krohne, 2010) und der Kognitionsforschung (etwa für die Veränderung von Gedankeninhalten und -prozessen als Konsequenz einer kognitiv orientierten Depressionstherapie; ► **Kap. 15**).

In stärkerem Maße als bei den eher statisch ausgerichteten Strukturanalysen ergibt sich aus Prozessanalyse die Forderung, Variationen des Erlebens und Verhaltens nicht nur unter testmäßig standardisierten Bedingungen, sondern in alltäglichen, sog. „natürlichen" Lebenssituationen zu untersuchen („Ambulantes Assessment"; Fahrenberg, Myrtek, Pawlik &

Tab. 1.2 Objekte und Sachverhalte des Diagnostizierens

	Sachverhalte		
Objekte	Stabile Merkmale	Zustände	Veränderungen
Individuen	1	4	7
Gruppen	2	5	8
Situationen	3	6	9

Anmerkung. 1, 2, ... Beispiele siehe Text.

Perrez, 2007). Hier müssten also die traditionellen allgemein- und persönlichkeitspsychologischen Vorstellungen, die ja weitgehend auf Ergebnissen der Laborforschung beruhen, um eine ökopsychologische Perspektive erweitert werden (Kaminski, 1988).

1.3 Objekte und Sachverhalte

Objekt diagnostischer Intervention ist in der Mehrzahl der Fälle die Einzelperson. Allerdings ist auch die Diagnose von Gruppen und sozialen Systemen sowie von Situationen eine wichtige Aufgabe der Diagnostik. Dies ist insbesondere bei der arbeits- und organisationspsychologischen sowie der pädagogischen und Erziehungsdiagnostik offenkundig (► **Kap. 14** und **16**). An diesen Objekten können stabile Merkmale, Zustände und aktuelle Prozesse sowie Veränderungen zeitlich länger erstreckter Merkmale registriert werden. Kreuzklassifiziert man diese beiden Aspekte, so kommt man zu neun unterschiedlichen Aufgabenstellungen (► **Tab. 1.2**):

(1) Ein Beispiel für die Registrierung eines stabilen Merkmals am Individuum wäre die Intelligenzdiagnostik. (2) Stabile Beziehungsmerkmale in sozialen Systemen lassen sich etwa in Familien erheben. (3) Stabile Situationsmerkmale finden sich etwa am betrieblichen Arbeitsplatz, aber auch im Klassenraum. (4) Zustände und aktuelle Prozesse am Individuum (z. B. Emotionen) sind besonders für die klinische Diagnostik interessant. (5) Ein Beispiel für aktuelle Prozesse bei Gruppen und sozialen Systemen ist die Analyse der Kommunikation zwischen Vorgesetzten und Mitarbeitern in einer Organisation. (6) Auf Situationen bezogen könnte hier etwa die Analyse von Stressoren am Arbeitsplatz, z. B. Lärm, von Interesse sein. Die Registrierung von Veränderungen zeitlich länger erstreckter Merkmale spielt überall dort eine Rolle, wo Programme zur Modifikation dieser Merkmale eingesetzt werden, also etwa (7) im Rahmen der Psychotherapie, (8) der Organisationsentwicklung, z. B. Erhöhung der Arbeitszufriedenheit, oder (9) der Beseitigung ungünstiger Arbeitsbedingungen.

Weiterführende Literatur

Wichtige Überlegungen zur Ortsbestimmung der Psychologischen Diagnostik finden sich in Hörmann (1964) sowie Pawlik (1976, 1988).

Fragen zur Wissenskontrolle

1. Wie lässt sich nach Hörmann (1964) der Ort der traditionellen Diagnostik bestimmen?
2. Anhand welcher alternativer Leitziele beschreibt Pawlik (1988) die Spannweite der modernen Diagnostik?
3. Über welche Interventionsstrategien werden in der Psychologie praktische Problemlösungen angestrebt?

4. Welche Formen diagnostisch abzusichernder Interventionen resultieren, wenn man Interventionsstrategien entweder auf Personen oder auf Situationen bezieht?
5. Geben Sie ein Beispiel für die Diagnose eines stabilen Merkmals in einem sozialen System.

2 Entwicklungslinien des wissenschaftlichen Diagnostizierens

Psychologische Diagnostik erhält ihre Aufgabenstellung weitgehend aus der Angewandten Psychologie. Am Anfang der Entwicklung diagnostischer Verfahren steht also das Bemühen um eine Optimierung *praktischer Problemlösungen* im Hinblick auf psychologische Kriterien der Lösungsangemessenheit.

Gewöhnlich wird der Anfang der Psychologischen Diagnostik in den Testentwicklungen experimentell arbeitender Psychologen am Ausgang des 19. Jahrhunderts gesehen, insbesondere in den Arbeiten von Galton und Ebbinghaus. Diese Auffassung ist jedoch unzutreffend. Am Beginn der Entwicklung standen praktische Fragen der Eignungsdiagnose. Dabei ging es darum, das Verhalten in Bewährungssituationen vorherzusagen, für welche die im Alltag anfallenden Beobachtungsmöglichkeiten nicht ausreichten. Vor derartigen Fragestellungen standen schon die Menschen des Altertums, wobei als Bewährungssituationen in erster Linie der militärische Einsatz und die Ausübung eines wichtigen öffentlichen Amtes in Frage kamen.

2.1 Frühe Überlegungen und praktische Lösungen

Das erste ausgearbeitete Testprogramm für die Aufnahme in den öffentlichen Dienst wie auch für regelmäßige Leistungskontrollen wurde in China um das Jahr 300 v. u. Z. eingeführt, geht aber auf Vorläufer zurück, die vor etwa 3000 bis 4000 Jahren entwickelt wurden. Es wurde im Laufe der Jahrhunderte mehrmals modifiziert, blieb aber in seiner Grundstruktur bis zum Jahr 1905 im Gebrauch. Es wurden Leistungsprüfungen vorgenommen, um Bewerber für gehobene Posten auszuwählen. Das Programm bestand aus einem schriftlichen Teil, in dem Aufgaben aus den Bereichen Recht, militärische Angelegenheiten, Landwirtschaft, Finanzen, Geographie und Literatur sowie Rechnen gestellt wurden. Ein zweiter, handlungsbezogener, Teil erhob Verhaltensstichproben aus den Feldern Reiten, Musizieren und Bogenschießen. Ab dem 7. Jahrhundert unserer Zeit und dann insbesondere während der Song-Dynastie (960–1279) und der Ming-Dynastie (1368–1644) wurde daraus ein objektives, mehrstufiges, landesweit durchgeführtes Selektionsprogramm entwickelt. Die Bewerber wurden zunächst lokal in eigens dafür eingerichteten Testzentren geprüft. Etwa 4 % der Kandidaten wurden anschließend in die Provinzhauptstadt geschickt und dort Tests einer höheren Schwierigkeitsstufe unterzogen. Die ca. 5 % besten Kandidaten dieser Stufe wurden sodann in der Hauptstadt nochmals getestet. Etwa 3 % dieser letzten Stufe wurden zum öffentlichen Dienst zugelassen.

Den Chinesen war dabei die Notwendigkeit einer objektiven Auswertung der Testdaten bereits bewusst. Deshalb wurden alle schriftlichen Produkte der Kandidaten kopiert und von zwei unabhängigen Beurteilern bewertet. Das chinesische Testsystem wurde im 19. Jahrhundert von den Engländern für die Auswahl von Mitarbeitern für die East India Company übernommen. Von dort wurde es mit Modifikationen ins Heimatland gebracht und führte 1855 zur Einführung eines kompetitiven Prüfungssystems für den öffentlichen Dienst in Großbritannien. Dieses System diente Deutschen, Franzosen und Amerikanern als Vorbild für die Entwicklung ähnlicher Prüfungssysteme (DuBois, 1970).

Auch im Alten Testament und in der griechischen Antike finden sich Hinweise auf eine elaboriertere Eignungsdiagnostik. So wird im Buch der Richter (7. Kapitel, 1–8) eine durchaus modern anmutende *sequenzielle Strategie* zur Auswahl geeigneter Krieger aus einer großen Anzahl von Rekruten vorgestellt. Am Anfang der Sequenz stand zunächst eine Selbsteinschätzung hinsichtlich Intelligenz und Tapferkeit. („Wer blöde und verzagt ist, der kehre um ...“.) Die verbliebenen Rekruten wurden sodann einer Verhaltensbeobachtung in einer definierten Situation hinsichtlich bestimmter Verhaltensmerkmale unterzogen, wobei diese Merkmale Aufschluss über Eigenschaften wie Selbstbeherrschung und Aufmerksamkeit liefern sollten, von denen ihrerseits angenommen wurde, dass sie zur militärischen Eignung in Beziehung ständen. Bemerkenswert ist dabei, dass die diagnostische Situation nicht identisch war mit der späteren Bewährungssituation. (Für die Beschreibung moderner sequenzieller Strategien zur Personalauslese ► **Kap. 6** und **14**.)

Im antiken Griechenland hatte Plato bereits feste Vorstellungen über interindividuelle Differenzen, wobei er zu deren Registrierung insbesondere Beobachtungsverfahren vorschlug. Aus seinen Überlegungen zog er die praktische Schlussfolgerung, dass sich für bestimmte Berufe nur Menschen mit je spezifischen Eigenschaften eignen. In seinem Dialog Politeia (vom Staat, III. Buch) schlug er deshalb ein Testprogramm für eine selektive Zuweisung von Menschen zu verschiedenen Funktionen vor. Als diagnostisches Vorgehen empfahl er dabei die *Verhaltensbeobachtung in kritischen Situationen*, Menschen sollten also in Situationen beobachtet werden, in denen Merkmale realisiert werden mussten, die für eine bestimmte Funktion als wesentlich erachtet wurden. So sollten Wächter beispielsweise in Situationen beobachtet werden, in denen Mut, Selbstdisziplin und Unbestechlichkeit relevant sind.

Dieses Wissen ist mit dem Untergang der antiken Welt weitgehend verschüttet worden und hat deshalb nicht zur Entwicklung einer ausgearbeiteten Diagnostik geführt. Das christliche Mittelalter und hier insbesondere die scholastische Tradition kannte kaum die Vorstellung individueller Differenzen. Die scholastischen Philosophen interessierten nicht Differenzen innerhalb einer Art, sondern, wenn überhaupt, Unterschiede zwischen den Arten. Diese Unterschiede wurden jedoch *teleologisch* durch Rückgriff auf einen Schöpfergott erklärt, der die Lebewesen jeder Art für die spezifischen Anforderungen ihrer Umwelt zweckmäßig ausgerüstet haben sollte. In einer solchen Sichtweise entzieht sich das Individuum weitgehend einer theoretischen wie auch diagnostischen Erfassung. Aber selbst wenn die einzelne Person betrachtet wurde, so wurde sie weniger als Individuum bestimmt, sondern nahezu vollständig in Begriffen der Gruppe beschrieben, der sie angehörte (z. B. Stand, Zunft und natürlich vor allem die kirchliche Gemeinde).

Erneut aufgegriffen wurden die Überlegungen und Erkenntnisse der Antike dann in der Renaissance. So gab der spanische Arzt Juan Huarte (1520–1598) in seinem Buch „Prüfung der Köpfe zu den Wissenschaften" (Huarte, 1575/1968) Eltern Ratschläge für die Studien- und Berufswahl ihrer Söhne, wobei er sich an der antiken Temperamentenlehre des Hippokrates orientierte. Eine starke Blüte erlebten persönlichkeitspsychologische und diagnostische Betrachtungen dann im 18. Jahrhundert. Als wichtigste Vertreter sind dabei Lavater, Gall, Tetens und Knigge zu nennen (Lück & Guski-Leinwand, 2014).

Während die persönlichkeitspsychologischen und diagnostischen Aussagen dieser Autoren jedoch stark spekulativ und wissenschaftlich überwiegend unbegründet waren, verdankt die heutige Idee interindividueller Differenzen ihre wissenschaftliche Ausarbeitung den in den letzten Jahrhunderten aufblühenden Naturwissenschaften. Physik, Mathematik und Physiologie lieferten die ersten *Messmodelle*, die Biologie, und hier besonders die *Evolutionstheorie* Charles Darwins (1809–1882), stellte den Begriff der Unterschiede zwischen Organismen ins Zentrum der Betrachtung. Für den in Darwins Evolutionstheorie zentralen Gedanken der *Selektion* ist die Vorstellung individueller Differenzen eine unverzichtbare Voraussetzung, da individuelle Differenzen innerhalb einer Art das einzige Material darstellen, an dem die Selektion systematisch ansetzen kann. Durch Einführung des Prinzips der Selektion kann Darwin die Vielfalt der Arten, ihre Angepasstheit und Entwicklungsfähigkeit ohne Rückgriff auf einen Schöpfergott erklären (Merz, 1984).

2.2 Die allgemeine Messung psychischer Merkmale

Am Anfang der Entwicklung der modernen Diagnostik standen jedoch nicht Versuche zur Erfassung interindividueller Differenzen, sondern Bemühungen um die *generelle Messung psychischer Merkmale*. Man suchte also nicht nach Unterschieden zwischen Menschen, sondern nach allgemeinen Gesetzmäßigkeiten. Bahnbrechend ist hier Fechners Werk „Elemente der Psychophysik" aus dem Jahr 1860. Aufbauend auf den Arbeiten des Physiologen Weber aus dem Jahr 1846, beeinflusst auch durch den Physiologen Johannes Müller und den Physiker Helmholtz, zeigte Fechner, wie man seelische Größen messen kann und wie sich psychische Größen zu physikalischen verhalten. Resultat war die bekannte „Fundamentalformel", $S = k \cdot \log R$. Die Sinnesempfindung S ist eine logarithmische Funktion der Reizstärke R, d. h. nimmt die Reizstärke linear zu, so steigt die Empfindung nur analog zum Logarithmus der Reizstärke.

Das Aufstellen und empirische Begründen dieser Formel war insofern eine herausragende wissenschaftliche Leistung, als über der gesamten Psychologie des frühen 19. Jahrhunderts das Verdikt Kants stand, dass Psychologie niemals Wissenschaft werden könne, da Wissenschaft Experiment und Messung erfordere, psychische Vorgänge aber nicht quantifizierbar seien (Kant, 1786/1963). Der Widerlegung dieser bei Laien auch heute noch populären Auffassung war ein wesentlicher Teil der Arbeiten der Psychologen des 19. Jahrhunderts gewidmet, ausgehend von Herbart über Fechner zu Wundt. Sie konnten sich dabei in ihren Bemühungen auf den großen Naturwissenschaftler Galilei berufen, der bereits etwa 250 Jahre vor ihnen gefordert hatte: „Miss das Messbare und versuche, das Nicht-Messbare messbar zu machen" (vgl. hierzu auch Hörmann, 1964). Entsprechend der physikalischen bzw. physiologischen Orientierung von Forschern wie Fechner oder Wundt arbeitete man dabei zunächst mit sehr einfachen Untersuchungsparadigmen, insbesondere Reaktionszeitmessungen.

2.3 Galton und die 1. Periode der Diagnostik

Der Beginn der Erforschung von systematischen Unterschieden zwischen Menschen ist in den Arbeiten Francis Galtons (1822–1911) in seinem anthropometrischen Laboratorium zu sehen. Galton, ein Verwandter Darwins, stand weniger der Physik und Physiologie als vielmehr der Biologie nahe und war dabei insbesondere von der Evolutionstheorie beeinflusst. Entsprechend der zentralen Idee Darwins, dass es die Unterschiede zwischen Individuen sind, die nach dem Prinzip vom „Überleben des Angepasstesten" die Entwicklung der Arten vorangetrieben haben, interessierte sich Galton besonders für die Erfassung der *Fähigkeiten* des Menschen. 1869 schrieb er sein Buch „Hereditary genius", das als Beginn der systematischen Erforschung interindividueller Unterschiede angesehen werden kann.

Wie nach seiner biologischen Orientierung zu erwarten, ging Galton davon aus, dass Intelligenz zu einem hohen Anteil vererbt ist. Zugleich, und auch dies wird durch die biologische Begründung von Fähigkeiten nahegelegt, favorisierte er das Konzept der Intelligenz als einer *allgemeinen kognitiven Fähigkeit*, die den Erfolg eines Individuums bei nahezu jeder Art kognitiver Aufgaben bestimmt.

Galtons Untersuchungen über die Unterschiede zwischen Menschen hinsichtlich verschiedener Fähigkeiten dienten dabei der Klärung der Frage nach den Gesetzmäßigkeiten der Vererbung dieser allgemeinen kognitiven Fähigkeit. Diese Intention erforderte die Entwicklung von Methoden zur Erfassung von Unterschieden. Dementsprechend entwickelte Galton eine Vielzahl psychometrischer Verfahren. Dabei sah er die Psychometrie nur als Spezialfall der von ihm professionell betriebenen Anthropometrie an.

Der Idee einer biologischen Fundierung kognitiver Fähigkeiten folgend, verwandte Galton sehr elementare Maße zur Bestimmung der Intelligenz, insbesondere Reaktionszeitmessungen. Darüber hinaus waren für ihn Schärfe und Unterscheidungsfähigkeit der Sinne ein Indikator kognitiver Fähigkeit. So entwickelte er Tests zur Prüfung des Farbsehens, zur Feststellung der Diskriminationsfähigkeit im visuellen, akustischen und kinästhetischen Bereich, außerdem Gedächtnistests und Fragebogen zur Messung individueller Ausprägungen von Vorstellungsbildern (Galton, 1883). Um die Ergebnisse seiner Messungen weiterzuverarbeiten, entwickelte Galton einen „Index of Correlation", der später (1896) von seinem Schüler Karl Pearson zum Korrelationskoeffizienten und zur Regressionsrechnung erweitert wurde. Korrelation und Regression stellen wohl die wichtigsten Erträge dieser frühen Phase der Differentiellen Psychologie und Diagnostik dar.

Bereits 1809 hatte Gauß (1777–1855) die mathematische Gleichung für die Normalverteilung hergeleitet, d. h. für die Verteilung der Messfehler, wenn viele Messungen durchgeführt werden und der Gegenstand der Messung von vielen zufälligen, voneinander unabhängigen und additiv wirkenden Faktoren bestimmt ist. Im Jahr 1835 hatte der belgische Mathematiker Quételet diese Normalverteilung auf biologische Sachverhalte wie Größe oder Körpergewicht angewandt. Entsprechend seiner Grundannahme, dass psychische Merkmale eine biologische Grundlage haben, nahm Galton diese Verteilung auch für kognitive Fähigkeiten an. Dabei konnte er zeigen, dass sich intellektuelle Hochleistungen sowie Spezialbegabungen überzufällig häufig auf bestimmte Familien konzentrieren, was für ihn ein Beleg der Vererbbarkeit der Intelligenz war. Galtons Arbeit ist ein Beispiel für die *Entwicklung der Diagnostik aus einer experimentell betriebenen Differentiellen Psychologie*. Er hat dabei dem Experiment in der Psychologie die spezielle Wendung der Testform gegeben.

Ähnliche Wege wie Galton ging der Wundt-Schüler James McKeen Cattell, der sich bereits in seiner Dissertation mit individuellen Unterschieden der Reaktionszeit befasste. Er behandelte dabei aber individuelle Differenzen zunächst, ganz im Sinne der Wundtschen Tradition, als Störfaktoren. Später untersuchte er sie dann systematisch. Er war es auch, der 1890 das Wort „Mental Test" einführte. Cattell schuf, ähnlich wie Galton, Testbatterien, bestehend aus zehn Einzeltests, die von sog. „Physical Tests" zur Prüfung einfachster Funktionen (z. B. Ermittlung der physischen Kraft mittels eines Dynamometers) bis zur „Mental Tests" zur Prüfung höherer geistiger Fähigkeiten reichten (z. B. Reaktionszeiten, Größenbeurteilungen, Reproduktion einer Anzahl von Buchstaben nach einmaligen Hören). Cattell stellte auch als erster die Forderung nach Vergleichbarkeit der Testergebnisse auf, die er durch genaue Einhaltung der Untersuchungssituation, also durch Standardisierung, erfüllen wollte.

Mit McKeen Cattell endet die sog. „erste Periode" der Testentwicklung (Hylla, 1927). Nachdem bereits in den 1890er Jahren des 19. Jahrhunderts Zweifel an der Brauchbarkeit der „Mental Tests" zur Erfassung der Intelligenz geäußert worden waren (Binet & Henri, 1895), beendete eine umfassende Korrelationsstudie Wisslers aus dem Jahr 1901 diese Periode. Diese Studie zeigte, dass die sog. Mental Tests nur geringe Interkorrelationen aufwiesen, die Physical Tests zwar gute Interkorrelationen zeigten, jedoch nicht mit den Mental Tests korrelierten und schließlich die Mental Tests nicht mit Außenkriterien der Intelligenz wie Zeugnisnoten und Lehrerbeurteilungen, die aber hoch untereinander korrelierten, assoziiert waren.

Nach Wisslers Studie hat man die von Galton vorgezeichnete Linie der Entwicklung von Intelligenztests vielleicht etwas zu früh verlassen. Was Wissler bei seinen Berechnungen u. a. nicht berücksichtigt hatte, war die geringe Zuverlässigkeit der Mental Tests. Die Möglichkeit, die Zuverlässigkeit von Tests zu bestimmen, wurde erst 1910 von Spearman geschaffen. Hätte man die Zuverlässigkeit verbessert, so wären die Korrelationskoeffizienten für die Mental Tests wahrscheinlich höher ausgefallen. Eysenck und Eysenck (1985) haben darüber hinaus Wisslers Studie weitere gravierende methodische Fehler nachgewiesen. So wurde das individuelle Reaktionszeitmaß nicht durch Mittelung sehr vieler (etwa 100) Messungen gebildet, sondern basierte nur auf drei bis fünf Messungen, war damit also höchst instabil. Ferner wurden die Mental Tests überhaupt nicht mit anderen (damals bereits ansatzweise vorliegenden) Intelligenztests korreliert, sondern mit Lehrerurteilen und Zeugnisnoten, also eher schwachen Indikatoren kognitiver Fähigkeiten. Schließlich dienten als Probanden nur Studenten einer renommierten amerikanischen Privatuniversität, was die Varianz der einzelnen Intelligenzvariablen natürlich stark einschränkte.

Eysenck und Eysenck (1985) fragen sich, wie eine einzige und zudem methodisch fehlerhafte Arbeit eine ganze, bereits über ein Vierteljahrhundert intensiv betriebene, Forschungsrichtung ins Abseits stellen konnte. Sie machen hierfür den insbesondere seinerzeit in den Vereinigten Staaten herrschenden „Zeitgeist" verantwortlich, der einer biologischen Interpretation individueller Intelligenzunterschiede ablehnend gegenüberstand.

Wenn diese erste Periode auch wenig zur Entwicklung brauchbarer Tests beigetragen hat, so schuf sie doch wesentliche Voraussetzungen für die systematische Behandlung individueller Differenzen, insbesondere für die statistische Berechnung von Testergebnissen. Dabei ist besonders Galtons Leistung hervorzuheben, da er als erster eine Klassifikation der Intelligenz anhand der Normalverteilung vornahm. Nach ihm liegen „Idioten" soweit unter dem Durchschnitt der Verteilung wie „Genies" darüber. Als entscheidende Rechengröße erkannte er dabei die Abweichung eines individuellen Messwertes vom Mittelwert der Verteilung. Dies bildete die Voraussetzung für die Korrelationsrechnung und führte direkt zur Entwicklung der Faktorenanalyse durch Charles Spearman (1904). Tatsächlich war es dann Spearman, welcher der Diagnostik die spezifisch mathematisch-statistische Form gab, die wir heute als selbstverständlich ansehen.

2.4 Die 2. Periode der Diagnostik: Ebbinghaus, Binet

Entwickelte sich die Psychologische Diagnostik der ersten Phase in den Forschungslabors der Experimentalpsychologen, d. h. auch in einer relativ großen Ferne zur Problemen des Anwendungsbereichs, so standen am Beginn der 2. Periode der Diagnostik eher praktische Problemstellungen, insbesondere aus der Psychiatrie und der Pädagogik. So wie die Diagnostik der 1. Periode in Francis Galton ihre überragende Gestalt besaß, hat die eher praktisch orientierte Diagnostik der 2. Periode ihren hervorragenden Vertreter in Alfred Binet. Auch Binet hatte, ähnlich wie Galton, frühe Vorläufer, insbesondere Psychiater, die sich mit dem Problem der Messung verschiedener Grade des „Schwachsinns", also der intellektuellen Minderleistung, befassten.

Bereits in der ersten Hälfte des 19. Jahrhunderts hatten der französische Psychiater Esquirol und sein Schüler Séguin verschiedene Grade der intellektuellen Minderleistung unterschieden. Esquirol differenzierte dabei zwischen angeborener Idiotie und erworbener Demenz. Nach Esquirol (1838) sollten sich die Unterschiede der intellektuellen Minderleistung in einer unterschiedlichen Beherrschung der Sprache manifestieren. Man kann dies als den Beginn der auch heute noch in der Intelligenzforschung wichtigen Wortschatztests ansehen. Esquirols Leistung liegt darin, dass er bereits Gradunterschiede der Intelligenz kannte und Methoden vorschlug, diese an bestimmten Leistungen zu erkennen. Erst ein halbes Jahrhundert später wurden ähnliche Ansätze in der deutschen Psychiatrie durch Rieger (1888), Kraepelin (1896) und Ziehen (1897) entwickelt. Ziehen reduzierte dabei die bis dahin sehr umfangreichen Untersuchungsprogramme auf die Erfassung des Gedächtnisses, der Abstraktion sowie kombinatorischer Fähigkeiten. Von ihm wurden auch bereits erste Überlegungen zum Konzept der Trennschärfe (► **Kap. 3.3.3**) von Items angestellt, ohne dass jedoch Vorschläge für deren Berechnung gemacht wurden. Immerhin zeigten alle diese Tests eine wesentlich größere Nähe zu praktischen Erfordernissen als die Tests Galtons oder McKeen Cattells.

Auch Ebbinghaus (1850–1909), Experimentalpsychologe wie Wundt und berühmt geworden durch seine Gedächtnisuntersuchungen (1885), entwickelte seinen bekannten Intelligenztest, den Lückentest (1897), aus einer praktischen Problemstellung heraus. Er hatte von der Stadt Breslau den Auftrag erhalten, zu bestimmen, ob der Vor- oder der Nachmittagsunterricht mit einer größeren Ermüdung der Schüler verbunden sei. Er führte zur Beantwortung dieser Frage u. a. in den verschiedenen Stufen des Gymnasiums Gruppen-Intelligenzuntersuchungen durch mit einer Rechenmethode, einer Gedächtnismethode (Zahlen reproduzieren) und einer Kombinationsmethode (dem Lückentest) und registrierte dabei eine deutliche Steigerung der Leistungen mit dem Alter sowie eine positive Beziehung zwischen Test- und Schulleistung. Nach Galton und noch vor Binet waren dies wohl die ersten praktisch verwendbaren Tests, die dem Problem der Quantifizierung der Intelligenz sehr nahe kamen (Groffmann, 1983; vgl. auch Wiersma, 1902). Die Arbeiten hatten einen direkten Einfluss auf Binet, der verschiedene Ebbinghaus-Aufgaben für seinen Intelligenztest übernahm.

Der französische Mediziner und Pädagoge Alfred Binet (1857–1911) hatte schon relativ früh Versuche kritisiert, Intelligenz über die Messung einfacher sensorischer Funktionen zu erfassen (Binet & Henri, 1895). Für ihn spielten sich die entscheidenden geistigen Prozesse, wie sie für das Problemlösen im Alltag von Bedeutung sind, z. B. Beurteilen oder Schlussfolgern, auf einem höheren Komplexitätsniveau ab als die bislang untersuchten Sinnesfunktionen; entsprechend hatten auch die Intelligenztests komplexer und vielfältiger zu sein.

In seinen frühen Forschungen arbeitete er mit durch Fremdbeurteilung gebildeten Extremgruppen als hoch bzw. niedrig intelligent eingeschätzter Kinder und versuchte herauszufinden, in welchen verschiedenen intellektuellen Bereichen sich diese Gruppenunterschiede manifestierten. Er fand dabei, dass die einfachen Funktionstests in der Tradition Galtons nicht sehr gut zwischen den Gruppen trennten. Stattdessen erwiesen sich komplexere („lebensechtere“) Aufgaben wie Rechnen, moralische Beurteilung oder Schlussfolgern als trennscharf.

Im Jahr 1904 erhielt Binet die Chance, seine Forschungen im großen Stil praktisch anzuwenden. Den Schulbehörden war der hohe Prozentsatz langsam oder nicht lernender Schüler in den Volksschulen aufgefallen. Eine Kommission des französischen Unterrichtsministeriums beschloss deshalb, für diese Schüler Sonderschulen einzurichten. Damit war eine Platzierungsaufgabe (► **Kap. 1**) gegeben, deren Lösung jedoch nicht den Lehrern überlassen werden sollte. Man strebte einerseits an, dass wirklich nur die sehr gering Leistungsfähigen ausgesucht würden, nicht aber auch die „schwierigen“ Schüler, welche die Lehrer gern abgegeben hätten. Andererseits wollte man aber auch möglichst alle schlechten Lerner erfassen, d. h. auch die Stillen und Unauffälligen oder die Kinder aus wohlhabenderen Familien. Ferner wollte man innerhalb der schlechten Lerner nochmals diejenigen auslesen, die im Grunde nicht schulfähig waren. Binet erhielt den Auftrag, entsprechende Auswahlmethoden zu entwickeln. Seine Aufgabe war es dabei, eine präzise Klassifikation der Intelligenz, zumindest im unteren Bereich, zu erreichen.

Aufbauend auf seinen Vorarbeiten und in Zusammenarbeit mit dem Arzt Théophile Simon konnte er bereits ein Jahr später einen brauchbaren Intelligenztest vorlegen (Binet & Simon, 1905, 1908). Das Jahr 1905 stellt also mit der Veröffentlichung dieses Tests einen Meilenstein in der Entwicklung der Psychologischen Diagnostik dar. Von diesem Test wurde bereits sechs Jahre später eine deutsche Version von Bobertag (1911) vorgelegt. Wenige Jahre später wurde der Test von Terman in Stanford in den USA überarbeitet, so dass er auch auf normal- und überdurchschnittlich intelligente Kinder sowie Erwachsene anwendbar war (Terman, 1916). Dieser Stanford-Binet-Test bildete für ein halbes Jahrhundert die Grundlage der Intelligenzdiagnostik. In den Jahren 1911 und 1912 legte William Stern mehrere Veröffentlichungen vor, in denen er eine Systematisierung der Forschungen zur Intelligenzmessung und als Maßeinheit der Intelligenz den Intelligenzquotienten (IQ) vorschlug (Stern, 1912; zusammenfassend Stern, 1920).

Anders als Galton legte Binet seinen Arbeiten keine bestimmte Theorie der Intelligenz zugrunde, sondern ging von unbestreitbaren Beobachtungen alltäglichen Problemlösens bei Kindern aus. Die zentrale Beobachtung, die

Ebbinghaus bereits zuvor empirisch gesichert hatte, war, dass Kinder mit zunehmendem Alter immer schwierigere Aufgaben lösen können und über ein immer größeres Wissen verfügen. Daraus schloss Binet, dass die Intelligenzleistung mit dem Alter steigt. Auf individuelle Differenzen bezogen bedeutet diese Beobachtung, dass ein Kind umso intelligenter ist, je früher es derartige Problemlöse- und Wissensaufgaben richtig beantwortet. Die aktuelle kognitive Leistung ist für Binet also durch zwei Größen bestimmt, die individuelle Intelligenz und das Lebensalter.

Diese Beobachtungen führten Binet zu der seinerzeit bahnbrechenden Überlegung, Intelligenz dadurch messbar zu machen, dass verschieden schwierige Aufgaben konstruiert und nach steigender Schwierigkeit angeordnet werden. Die erste derartige „metrische Intelligenzleiter" (échelle métrique de l'intelligence) bestand aus 30 Aufgaben (Binet & Simon, 1905). Indem bestimmt werden konnte, welcher Schwierigkeitsgrad von jeder Altersgruppe im Durchschnitt gemeistert wird, ließ sich für einzelne Kinder feststellen, ob diese das Durchschnittsniveau ihrer Altersgenossen übertreffen (also überdurchschnittlich intelligent sind), diesem Niveau entsprechen oder es unterschreiten.

Eine erste Modifikation dieses Testformats wurde von Binet und Simon 1908 vorgenommen. Die Anzahl der Aufgaben wurde auf 49 erhöht, der Bereich der erfassten Altersstufen auf 3 bis 13 Jahre erweitert. Darüber hinaus wurden, als wichtigste Neuerung, für jede Altersstufe systematisch mehrere Aufgaben konstruiert. Aufgaben aus der Reihe für Achtjährige bestanden beispielsweise darin, den Unterschied zwischen Schmetterling und Fliege zu nennen oder in einer Vorlage Bilderlücken zu ergänzen. Zwölfj1ährige sollten etwa abstrakte Wörter definieren oder bestimmte Wörter zu einem korrekten Satz ordnen. (Für eine detaillierte Beschreibung der Intelligenzmessung ► **Kap. 12**.)

Obwohl die Anzahl der Aufgaben pro Altersstufe (noch) nicht gleich war, wurde mit dieser Anordnung das *Intelligenzalter* als Maß der Intelligenz formal eingeführt. Die Altersstufe, bis zu der alle Aufgaben (mit der Toleranz einer Aufgabe) gelöst wurden, bestimmte das Grundalter der Intelligenz. Für jeweils fünf zusätzlich gelöste Aufgaben wurde ein weiteres Jahr hinzugefügt. Diese noch vergleichsweise grobe Einschätzung der Intelligenz wurde dann in einer weiteren Revision (Binet & Simon, 1911) dadurch verfeinert und formalisiert, dass pro Altersstufe (außer für die Vierjährigen) fünf Aufgaben vorgelegt wurden.

Relativ vage blieb Binet bei der Antwort auf die Frage, wie denn die Altersangemessenheit einer Aufgabe zu bestimmen sei. (Tatsächlich wurden einzelne Aufgaben in den verschiedenen Revisionen auch unterschiedlichen Altersstufen zugeordnet.) Durchgesetzt hat sich schließlich der Vorschlag Bobertags (1911), eine Aufgabe als altersgemäß zu definieren, wenn sie von 75 % der betreffenden Altersgruppe gelöst wurde. Eine empirische Bestimmung der Altersangemessenheit leitet sich natürlich aus einem Vergleich von Intelligenz- und Lebensalter ab. Über eine größere Zufallsstichprobe von Kindern müssen beide Werte gleich sein. Ist dies nicht der Fall, dann sind die Aufgaben im Durchschnitt entweder zu leicht oder zu schwierig.

Eine weitere Schwierigkeit des Binetschen Ansatzes ist im Konzept des Intelligenzalters begründet. Da gleiche Abstände zum Lebensalter auf unterschiedlichen Altersstufen nicht dasselbe bedeuten, lassen sich mit diesem Maß Kinder verschiedenen Alters nur schwer vergleichen. (So ist beispielsweise ein Zwölfjähriger mit einem Intelligenzalter von 10 weniger „zurückgeblieben" als ein Sechsjähriger mit einem Intelligenzalter von 4.) Um das Intelligenzniveau von Menschen verschiedenen Alters miteinander zu vergleichen, also ein altersunabhängiges Intelligenzmaß zu gewinnen, schlug Stern (1912) vor, Intelligenzalter und

Lebensalter zueinander ins Verhältnis zu setzen. Multipliziert man diesen Quotienten mit 100, so erhält man den *Intelligenzquotienten* (IQ).

Der Vorschlag Sterns ist auf den ersten Blick überzeugend. Dementsprechend wurde das Intelligenzniveau, nachdem Terman (1916) diesen IQ in seinem *Stanford-Binet-Test* erstmals verwendet hatte, lange Zeit in der von Stern vorgeschlagenen Weise berechnet. Dennoch enthält dieser Ansatz eine gravierende Schwierigkeit, die dazu geführt hat, dass das Maß, welches heutzutage als „IQ" bezeichnet wird, nichts mehr mit dem von Stern vorgeschlagenen Quotienten zu tun hat. Soll nämlich der IQ eines Menschen, wie im Konzept der Intelligenz impliziert, über die Lebensspanne einigermaßen stabil bleiben, so muss in etwa ein linearer Zusammenhang zwischen Alters- und Leistungszunahme bestehen. Tatsächlich findet sich zwischen beiden Variablen jedoch eine negativ beschleunigte Funktion, wie sie auch für andere Wachstumsprozesse typisch ist. Zunächst zeigt sich eine starke Zunahme der Leistungsfähigkeit mit dem Alter; mit voranschreitendem Alter wird diese Zunahme immer geringer, bis – etwa bei 16 Jahren – ein Plateau erreicht wird, also kein weiteres Wachstum stattfindet. Das bedeutet, dass Sechzehnjährige im Prinzip alle Aufgaben lösen können, die auch ältere Personen lösen. Um die Intelligenz von Erwachsenen trotzdem mittels des IQ auszudrücken, setzte Terman (1916) für ältere Personen konstant ein Lebensalter von 16 fest.

Diese vergleichsweise unelegante Hilfskonstruktion wurde von Wechsler (1939) in seinem neukonstruierten Test durch einen sog. „Abweichungsquotienten" ersetzt. Dieser neue IQ ist tatsächlich kein Quotient, sondern ein *linear transformierter z-Wert*, also ein Standardwert, der das Intelligenzniveau jedes Individuums durch seine Position in der Verteilung einer Referenzgruppe ausdrückt (▶ **Kap. 3**). Das von Wechsler vorgeschlagene Vorgehen liegt heute den meisten Intelligenzbestimmungen zugrunde.

Angesichts der Tatsache, dass die Intelligenztests dieser Periode besonders zur Auslese in Schulen eingesetzt wurden, erwiesen sich Erhebungen mittels der auf die Einzelfalldiagnostik ausgelegten Verfahren in der Tradition Binets als recht zeitaufwändig. Deshalb experimentierten Pädagogen und Psychologen schon recht bald nach Erscheinen des Binet-Tests mit verschiedenen Formen von Gruppen-Intelligenztests (Übersicht bei Hylla, 1927). Keiner dieser Ansätze wurde jedoch bis zur Testreife weitergeführt. Der erste brauchbare und über mehrere Jahrzehnte eingesetzte Gruppen-Intelligenztest (*Group Examination* mit den Formen *Alpha* und *Beta*) wurde stattdessen während des 1. Weltkrieges in den USA zur Prüfung von Angehörigen des Militärs entwickelt (Yoakum & Yerkes, 1920).

Mit Binet beginnt die „zweite Periode" der Testentwicklung, die sich von der vorhergehenden Periode, für die die Namen Galton und McKeen Cattell stehen, durch folgende Merkmale unterscheidet:

1. Statt sehr einfacher Aufgaben mit vermutlich nur schwacher Beziehung zum zu diagnostizierenden Merkmal (also zur Intelligenz) finden sich komplexere Aufgaben mit engerer Beziehung zu diesem Merkmal.
2. Die Erfassung komplexerer Vorgänge, auch wenn diese mit einer geringeren Zuverlässigkeit erkauft wird, ist auch praktisch brauchbarer (z. B. für die Platzierung) als das Messen einfacher Qualitäten im Sinne von Galton oder Cattell.
3. Die individuelle Leistung wird nicht mehr, wie bei einigen der Galton-Tests, isoliert mit Hilfe physikalischer Skalen (cm, Hz etc.) gemessen, sondern es wird die Beziehung einer Leistung zu den Leistungen einer Vergleichsgruppe (ausgedrückt in der Anzahl gelöster Aufgaben) erfasst. Es findet also

ein Rekurs auf Normen, in der Regel Altersnormen, statt. Dies impliziert z. B., dass der Wert 0 nicht eine Null-Ausprägung, z. B. eine „Null"-Intelligenz, bezeichnet. Bei Binet heißt dieser an Normen orientierte Wert „Intelligenzalter", bei Stern „IQ". Bei Wechsler wird daraus dann ein Standardwert.

4. Ein weiterer Vorzug der Tests Binets ist die Einteilung in viele kleine Aufgaben, von denen jede einzelne im Hinblick auf die Erfordernisse des Ganzen geprüft wird. Demgegenüber erfasste Galton Intelligenz jeweils über eine Einzelaufgabe. Bei Binet liegen also die Anfänge der Itemanalyse, da er seine Items bereits empirisch auf ihre Brauchbarkeit hin überprüfte.
5. Der Verwendung sehr elementarer Tests liegt bei Galton die Vorstellung zugrunde, dass Intelligenzunterschiede eine biologische Grundlage haben. Demgegenüber reflektieren die komplexen, stark praxisorientierten Aufgaben Binets dessen Auffassung, dass Intelligenzunterschiede eher auf Umwelteinflüsse zurückzuführen sind.
6. Obwohl Binet nicht das Galtonsche Konzept der Intelligenz als einer allgemeinen kognitiven Fähigkeit vertrat, nahm er andererseits auch keine speziellen Bereiche kognitiver Fähigkeiten an und versuchte dementsprechend auch keine Binnendifferenzierung innerhalb der Aufgaben einer Altersreihe. In das von Binet verwendete Maß der Intelligenz, das „Intelligenzalter", gehen vielmehr die Lösungen aller vom Probanden bearbeiteten Aufgaben gleichgewichtig ein. Dieses Maß lässt sich deshalb am ehesten als Ausdruck der *mittleren intellektuellen Leistungsfähigkeit* einer Person auffassen.

Die wissenschaftliche Psychologie der 2. Hälfte des 19. Jahrhunderts und damit auch die sich aus ihr entwickelnde Diagnostik der sog. 1. Periode waren stark am streng kontrollierten Laborexperiment orientiert. Unglücklicherweise hatten jedoch diejenigen psychischen Merkmale, die sich gut kontrolliert im Labor untersuchen ließen, meist nur eine schwache Beziehung zu den psychologischen Aufgabenstellungen außerhalb des Labors. Diejenigen Aspekte menschlichen Verhaltens, welche die Gesellschaft am meisten interessierten, waren zugleich auch am schwierigsten kontrolliert zu untersuchen und wurden deshalb häufig nicht weiter erforscht. Bezeichnenderweise waren es deshalb auch nicht Experimentalpsychologen, sondern in erster Linie Ärzte und Pädagogen, also Menschen, die in ihrer Praxis häufig mit konkreten psychologischen Problemen konfrontiert wurden, welche die 2. Periode der Diagnostik einleiteten.

Dieser Umstand wird noch deutlicher, wenn man von der Geschichte der Fähigkeits- und Leistungsdiagnostik übergeht zur Entwicklung der Persönlichkeitsdiagnostik i. e. S., die sich auf emotionale und motivationale Eigenschaften sowie Werte und Einstellungen von Personen richtet. Zwar gehören auch Fähigkeiten, einschließlich der Intelligenz, zu den Persönlichkeitsmerkmalen, die typische Zielsetzung von Leistungs- und Fähigkeitstests ist jedoch eine andere als die von Persönlichkeitstests i. e. S. Während die ersten nach Cronbach (1990) die „maximale Leistung" erfassen sollen, zielen letztere meist auf die Registrierung des „typischen Verhaltens" (▶ **Kap. 3**).

2.5 Der Beginn der Persönlichkeitsdiagnostik

Noch mehr als die Intelligenzdiagnostik der 2. Periode wurde die beginnende Persönlichkeitsdiagnostik von den Erfordernissen der Praxis, insbesondere der psychiatrischen Praxis, geprägt. Deshalb stehen am Beginn der Persönlichkeitsdiagnostik, der etwa 25 Jahre später als der der Intelligenzdiagnostik anzusetzen ist, durchweg die Namen von Ärzten.

Wichtige Vertreter sind die französischen Psychiater Charcot und Janet, der deutsche Psychiater Kraepelin, ferner Freud und Jung sowie der britische, später in Amerika lebende, Mediziner McDougall.

Entsprechend der psychiatrischen Orientierung der frühen Persönlichkeitsdiagnostik wurde dabei neben objektiv beobachtbarem Verhalten verstärkt Gewicht auf die subjektive Erfahrung des Klienten als Mittel der Diagnose gelegt. Viele Probleme einer Person entstehen ja erst durch deren subjektive Sichtweise. Deshalb interessieren derartige Stellungnahmen manchmal mehr als objektiv registrierbare Reaktionen. Die klassischen Zugangsmittel zu subjektiven Erfahrungen sind natürlich Interview und Fragebogen. Es ist deshalb verständlich, dass diese Formen der Datenerhebung auch am Beginn der Persönlichkeitsdiagnostik stehen.

Wie schon erwähnt, hatte Galton 1883 im Rahmen seiner sensorischen Tests auch einen Fragebogen zur Prüfung von Vorstellungsbildern entwickelt. Wenn dies wohl auch der erste bekannt gewordene Fragebogen sein dürfte, so war seine Zielsetzung doch eine andere als die späterer Fragebogen. Während bei den späteren Fragebogen aus den Antworten auf viele Fragen ein Summenscore gebildet wurde, der dann Index für die Ausprägung eines bestimmten „latenten" Persönlichkeitsmerkmals, z. B. „neurotische Tendenz" sein sollte, wertete Galton seine Fragen einzeln aus und zog dann Schlüsse auf in der Person ablaufende Prozesse. Sein Fragebogen ähnelte in Aufbau und Auswertung also mehr heutigen Fragelisten bei bestimmten medizinischen Untersuchungen als modernen psychologischen Fragebogen. Wenig später legte der Wundt-Schüler G. Stanley Hall in den USA einen Fragebogen vor, der aber noch nicht speziell auf die Erfassung interindividueller Differenzen zielte, sondern auf die Untersuchung von Entwicklungsverläufen, speziell bei Jugendlichen (Hall, 1891).

Auf Galton geht nicht nur die Anregung zur Konstruktion von Fragebogen zurück, sondern auch die Idee, einen „psycholexikalischen" Ansatz zur Bestimmung zentraler Persönlichkeitsdimensionen zu verfolgen (Galton, 1884). Galton argumentierte, dass zentrale Dimensionen menschlichen Verhaltens in der natürlichen Sprache gespeichert sind. Entsprechend sollten von einer systematischen Analyse dieser Sprache auch wesentliche Impulse zur Aufdeckung dieser Dimensionen ausgehen.

Als erster ausgearbeiteter Persönlichkeitstest in Fragebogenform gilt allgemein die von Robert Woodworth erstellte *Personal Data Sheet* (Woodworth, 1918). Dies ist nicht ganz korrekt, denn bereits 1906 bis 1909 veröffentlichten die Holländer Heymans und Wiersma und 1915 der englische Spearman-Schüler Lankes Fragebogen zur Erfassung spezieller Persönlichkeitsmerkmale, z. B. der Perseverationstendenz oder der emotionalen Instabilität, wobei es sich bei Heymans und Wiersma allerdings um Ratingskalen zur Fremdbeurteilung handelte (vgl. u. a. Heymans & Wiersma, 1906). Da aber der Woodworth-Test als der Stammvater moderner Fragebogen bezeichnet werden kann, soll seine Geschichte kurz beschrieben werden.

Als Folge des Eintritts in den 1. Weltkrieg mussten in den USA Truppen zur Verschiffung nach Europa zusammengestellt werden. Dabei zeigte sich, dass viele Soldaten von ihrer psychischen Konstitution her dem Einsatz im Kampf offenbar nicht gewachsen waren. Es stellte sich also eine Selektionsaufgabe, wie wir sie schon aus der erwähnten Episode aus dem Alten Testament kennen. Psychiatrische Einzelinterviews erwiesen sich dabei bald angesichts der anstehenden Personenzahlen als unpraktikabel. Das brachte Woodworth auf den Gedanken, Interviews schriftlich statt mündlich und gleich einer großen Gruppe statt Einzelpersonen darzubieten. Er sammelte dazu die von den Psychiatern standardmäßig gestellten Fragen, z. B. „haben Sie häufig Tagträume?", und bildete daraus eine aus 116 Items bestehende Frageliste, die der Proband mit „ja" oder „nein" zu beantworten hatte. Von diesem ersten Fragebogen wurden andere abgeleitet, darunter auch der bekannteste Fragebogen überhaupt, das *Minnesota Multiphasic Personality Inventory* (MMPI; Hathaway & McKinley, 1943; ▶ **Kap. 10**).

Mehr noch als Fragebogen gelten, besonders bei psychologisch interessierten Laien, die projektiven Verfahren als *die* Tests der Persönlichkeit schlechthin. Unter diesen Verfahren ist zweifellos der *Rorschach-Test*, der später (▶ **Kap. 11**) noch genauer dargestellt wird, der bekannteste. Mit einer kurzen Darstellung seiner Entwicklung soll deshalb dieses Kapitel abgeschlossen werden.

Der Schweizer Psychiater Hermann Rorschach (1884–1922) war Schüler von Carl Gustav Jung (1875–1961), der zunächst ein Anhänger und Vertrauter und später ein Gegner Sigmund Freuds war. Jung führte den Wortassoziationstest zur Registrierung emotionaler Reaktionen in die Psychologie ein (Jung, 1910). In diesem Test wird dem Probanden eine Standardliste von Wörtern nacheinander vorgelesen. Der Proband soll dabei mit dem ersten Wort, das ihm einfällt, antworten. Dabei interessiert den Auswerter nicht nur der Inhalt der Assoziation, sondern auch die Zeit bis zur Abgabe der Antwort sowie das Ausmaß emotionaler Reaktionen während der Darbietung bestimmter Wörter. Dieses Paradigma bildete auch die Grundlage der nach dem 2. Weltkrieg etablierten und seinerzeit sehr populären Forschung zur sog. „Wahrnehmungsabwehr" (perceptual defense; vgl. u. a. Bruner & Postman, 1947; siehe auch Krohne, 2010).

Für Jung war die Wortassoziation ein Weg zu den „Komplexen" einer Person, d. h. einer Konstellation unbewusster Gedanken, Erinnerungen und Gefühle. So würde nach Jung z. B. ein Zögern auf das Reizwort „Mutter", vielleicht verbunden mit erhöhter Herzrate und vermehrtem Schwitzen, auf einen „Mutter-Komplex" hinweisen (Jung, 1919). Die Grundidee dieses Assoziationsverfahrens besteht also darin, einen Reiz vorzugeben, auf den „Normal"-Probanden unauffällig reagieren, der aber vermutlich von einigen Personen problembezogen erlebt wird. Nach der Art ihres Reagierens (im Wesentlichen über verlängerte Reaktionszeiten) soll man dann diese Personen identifizieren können. Allerdings fällt es mit Hilfe dieser Assoziationsmethode schwer, inhaltliche Aussagen über die Art des Erlebens eines Reizes zu machen.

Rorschach griff bei seinem 1921 veröffentlichten Test deshalb auf ein Verfahren zurück, das sowohl als Gesellschaftsspiel, Mittel zur künstlerischen Anregung als auch als diagnostisches Instrument bereits gut bekannt war. Die Provozierung von Reaktionen durch Vorgabe unstrukturierten Materials, in diesem Fall beinahe symmetrischer Tintenkleckse, hatten vor Rorschach bereits Alfred Binet (Binet & Henri, 1895) und der Amerikaner Dearborn (1897) zur Prüfung der Phantasie vorgenommen. Dearborn hatte dabei auch bereits nach Schwierigkeit abgestufte Serien von Tintenklecksen und genaue Auswertungsanleitungen erarbeitet.

Es ist das Verdienst Rorschachs, diese Serie auf wenige Reize, nämlich zehn Tafeln, verkürzt und dabei auch mehrfarbige Vorlagen aufgenommen zu haben. Darüber hinaus stellte er ein formales Auswertungsschema auf, nach welchem die Gesamtzahl aller Deutungen für jede Figur, die Zahl der Ganz- und Detailantworten, der Form-, Farb- und Bewegungsantworten und schließlich die Arten der Deutungsinhalte (Menschen, Tiere, Körperteile usw.) statistisch ausgewertet und zu einzelnen Persönlichkeitsmerkmalen in Beziehung gesetzt werden können.

Die Vielzahl der Auswertungsmöglichkeiten (in der Rorschach-Terminologie „Signierungen" genannt) und deren relativ „lose" Anbindung an einzelne Persönlichkeitsdispositionen, damit aber auch die „Offenheit" für die Aufdeckung neuer Zusammenhänge, haben zweifellos zur enormen Popularität dieses Verfahrens beigetragen. Rorschach selbst hat seinen Test nicht als projektiven, sondern als Wahrnehmungstest bzw. -experiment bezeichnet. Er vertrat dabei Auffassungen über den Wahrnehmungsvorgang, die durchaus im Sinne der funktionalistischen Wahrnehmungstheorie zu sehen waren, die Bruner und Mitarbeiter etwa 25 Jahre später unter dem Namen Hypothesen-Informationstheorie (bzw. populärer „New look") vorlegten und etwa im Rahmen von Experimenten zur „sozialen Wahrnehmung" („going beyond the information given") überprüften (Bruner, 1951).

Der Name „projektiv" für dieses und scheinbar ähnliche Verfahren wurde erst nach dem frühen Tod Rorschachs durch Horowitz und Murphy (1938) eingeführt und anschließend durch den amerikanischen Psychiater Frank (1948) popularisiert. Damit wurde das Verfahren aus dem Kontext und dem Fortschreiten der experimentellen Wahrnehmungs- und Kognitionsforschung herausgelöst und in einen umstrittenen theoretischen Begründungszusammenhang gestellt, zentriert um das im Grunde wissenschaftlich wenig fruchtbare Konzept der „Projektion". (Zur Kritik des Projektionsbegriffs siehe u. a. Erdelyi, 1985; Holmes, 1968; Hörmann, 1982.) Entsprechend basieren die meisten der inzwischen zigtausend Arbeiten zum Rorschach-Test weniger auf einem theoretisch und empirisch einigermaßen abgesicherten Fundament als auf nicht belegten Behauptungen. Auf diese Probleme wird noch gesondert in ► **Kap. 11.5** eingegangen.

Weiterführende Literatur

Ausführlichere Darstellungen zur Geschichte der Diagnostik finden sich in DuBois (1970), zur Geschichte der Psychologie insgesamt in Lück und Guski-Leinwand (2014).

Fragen zur Wissenskontrolle

1. Welche Ergebnisse fand Wissler bei einer kritischen Analyse der Brauchbarkeit sog. „Mental Tests" und was lässt sich wiederum an der Studie Wisslers kritisieren?
2. Welches Maß führte Binet zur Bestimmung der Intelligenz bei Kindern ein? Was ist am Vorgehen Binets kritisch und wie versuchte Stern dieses Problem zu beheben?
3. Wie bestimmte Wechsler, ausgehend von den Vorschlägen Sterns und Termans, die Intelligenz?
4. Durch welche Merkmale unterscheiden sich die Ansätze Galtons und Binets bei der Intelligenzmessung?
5. Wie ist der erste ausgearbeitete Persönlichkeitsfragebogen entstanden?
6. Von welchen Vorstellungen ging Rorschach bei der Konstruktion seines Testverfahrens aus?

II Konstruktion und Überprüfung von Testverfahren

3 Merkmale und Gütekriterien psychologischer Tests

Psychologische Diagnostik stützt sich zu einem großen Teil auf Information aus Testverfahren. Für die sachgerechte Bewertung dieser Information ist das Verständnis grundlegender Prinzipien des Testaufbaus sehr hilfreich. Im vorliegenden Kapitel charakterisieren wir daher zunächst die zentralen allgemeinen Eigenschaften psychologischer Testverfahren. Wir werden sehen, dass psychometrische Tests relativ strikten Gütekriterien, insbesondere Objektivität, Reliabilität und Validität genügen müssen.

Im zweiten Abschnitt des Kapitels werden Gesichtspunkte für die Zusammenstellung von Items, also Aufgaben bzw. Fragen, aus denen sich Tests zusammensetzen, behandelt. Im Anschluss stellen wir wichtige Aspekte der statistischen Item- und Testanalyse und deren Grundlagen dar. Von zentraler Bedeutung sind dabei die Konzepte Reliabilität und Validität, die im Rahmen der sog. Klassischen Testtheorie ausgearbeitet wurden. Schließlich werden Bezugssysteme zur Einordnung und Interpretation von Testergebnissen vorgestellt, wobei besonders auf Möglichkeiten zur Normierung von Testverfahren eingegangen wird. Ein Ausblick auf weitere Gesichtspunkte zur Bewertung von Tests beschließt das Kapitel.

3.1 Merkmale psychologischer Testverfahren

3.1.1 Definition von Tests

Der Begriff Test wird in der Literatur unterschiedlich weit gefasst. Wir gehen im Folgenden von Cronbachs (1990, S. 32) relativ weiter Definition aus.

Definition Test

Psychologische Tests sind Instrumente, die der systematischen Beobachtung und Beschreibung von Erleben und Verhalten mit Hilfe von Skalen (numerische Beschreibung) oder Kategorien (klassifizierende Beschreibung) dienen.

Das wichtigste Charakteristikum von Tests steckt hier im Wort *systematisch* und meint, dass alle Personen, die den Test absolvieren, mit den gleichen Anforderungen konfrontiert werden, also z. B. dieselben Aufgaben bearbeiten. Im Hinblick auf Art und Komplexität der Anforderung sowie der jeweils verlangten Antwort oder Reaktion ist diese Definition vollkommen offen: Es kann sich um das Ankreuzen von Antwortoptionen in einem Fragebogen, die Lösung von Dreisatzaufgaben, das Schreiben eines Essays zu einem vorgegebenen Thema, das Drücken einer Taste auf ein vereinbartes Signals hin, das Sortieren eines Stapels von Briefen nach Dringlichkeit oder das Rückwärts-Einparken in eine enge Lücke handeln.

Das zweite wesentliche Charakteristikum von Tests besteht darin, dass die anfallenden Beobachtungen mit Hilfe von Skalen oder Kategorien beschrieben werden. *Numerische Skalen* erlauben quantitative Aussagen über den interessierenden Verhaltensaspekt, z. B. Persönlichkeitsmerkmale. Die Merkmale werden mit Zahlen beschrieben, welche die Stärke der Merkmalsausprägung reflektieren. Das bekannteste Beispiel hierfür dürfte der Intelligenzquotient sein. Mit anderen Tests werden die beobachteten Verhaltensaspekte in definierte *Kategorien* eingeordnet, also klassifiziert. Kategorien- oder Klassifikationssysteme finden z. B. in der klinisch-psychologischen Diagnostik breite Anwendung. Hier geht es etwa um die Frage, ob ein beobachtetes Verhaltensmuster als Anzeichen einer Angststörung oder einer Depression zu werten ist.

Mit Tests können nicht nur Person-, sondern auch Umweltmerkmale, also erlebens- und verhaltensrelevante situative Bedingungen, erfasst werden. Ein Beispiel hierfür wäre ein Test zur Erfassung der Beziehungsstruktur in

Familien. Man könnte diese Eigenschaft explizit in die Definition psychologischer Tests mit aufnehmen. Da hier jedoch meist ebenfalls Erlebens- und Verhaltensaspekte erfasst werden (etwa soziales Verhalten oder Merkmale von Interaktionsprozessen), erscheint uns Cronbachs Definition umfassend genug.

Tests sind nicht die einzige Form systematischer Beobachtung, in denen Zahlen oder Kategorien zur Beschreibung von Verhalten herangezogen werden. Kennzeichnend für das Testen ist es, dass die Untersuchungssituation und die Art der Reaktionsmöglichkeiten relativ stark vorstrukturiert sind. Bei anderen Formen der Beobachtung dagegen bleiben die Ausgestaltung der Situation und die Art der gezeigten Verhaltensweisen den beobachteten Personen selbst überlassen (etwa beim Interview oder der systematischen Verhaltensbeobachtung; ▶ **Kap. 8** und **9**). Die Beobachtung und Registrierung aggressiver Handlungen von Kindern während der Pause in einer Grundschule würde man beispielsweise nicht als Testen bezeichnen, auch wenn die Untersucher hierbei methodisch stringent vorgehen und genau definierte Kategorien und Skalen zur Verhaltensbeschreibung nutzen.

Da unsere von Cronbach (1990) übernommene Definition relativ weit ist, umfasst sie auch eine Reihe von Verfahren, mit denen wir im Alltag konfrontiert sind. In Schule und Hochschule bearbeiten wir Eingangs- und Zulassungstests, schreiben Klausuren und legen mündliche Prüfungen ab. Die meisten von uns haben den schriftlichen und praktischen Teil der Führerscheinprüfung absolviert, ein mehr oder weniger strukturiertes Bewerbungsgespräch geführt usw. Auch in Prüfungen und prüfungsanalogen Situationen werden Zahlen (z. B. Punkte in einer Klausur) oder Kategorien (bestanden/nicht bestanden) verwendet, um Leistungen oder andere Verhaltensaspekte zu bewerten oder zu klassifizieren. Obgleich diese Verfahren bestimmte Ausschnitte menschlichen Verhaltens erfassen, werden sie in engeren Definitionen nicht als Tests angesehen – zumindest nicht als psychometrische Tests. Man spricht hier von testähnlichen Verfahren oder informellen Tests. Hiermit wird angedeutet, dass diese Verfahren einige, aber nicht sämtliche Anforderungen an psychometrische Instrumente erfüllen. Diese Anforderungen, die als *Testgütekriterien* bezeichnet werden, beinhalten

1. Objektivität bei der Durchführung, Auswertung und Interpretation,
2. Reliabilität (Zuverlässigkeit, Messpräzision),
3. Validität (Gültigkeit; Erfassung des interessierenden Merkmals) und
4. Nutzen für Beurteilungen, Vorhersagen, Empfehlungen und Entscheidungen.

Objektivität. Die Forderung nach Objektivität zielt auf die Vergleichbarkeit der Testergebnisse verschiedener Personen. Ein Verfahren wird als *objektiv* bezeichnet, wenn die Testergebnisse sowie die aus den Ergebnissen gezogenen Schlussfolgerungen von den konkreten, jeweils variierenden Bedingungen der Testdurchführung und -auswertung unabhängig sind. Zu diesen Bedingungen gehören ganz wesentlich die Personen, die den Test anwenden und auswerten: Für die Testergebnisse soll es unerheblich sein, wer den Test durchführt, auswertet oder die Testbefunde interpretiert.

Es ist üblich, bei der Objektivität zwischen den Aspekten der Durchführungs-, Auswertungs- und Interpretationsobjektivität zu unterscheiden. Diese Aspekte beziehen sich auf die Phasen, die im Rahmen einer diagnostischen Untersuchung zu durchlaufen sind. *Durchführungsobjektivität* wird durch Standardisierung der Testprozedur gesichert. In standardisierten Tests sind die Anleitungen, das Material, die Art der Testvorgabe sowie andere Merkmale der Testsituation, die für die Resultate relevant sind, genau fixiert. *Auswertungsobjektivität* bezieht sich auf die Registrierung der in einem Test anfallenden Daten und deren

Kombination bzw. Verrechnung zu Testwerten, *Interpretationsobjektivität* auf weitere Schlussfolgerungen, die auf der Grundlage der Testresultate gezogen werden. Tests, die diesen Anforderungen genügen, liefern exakte Regeln und Richtlinien für die Registrierung und Auswertung der Daten sowie die Interpretation der Testbefunde. Hiermit soll gewährleistet werden, dass verschiedene Auswerter, denen die gleichen Daten vorliegen, auch zu den gleichen Ergebnissen gelangen. Für die Sicherung der Objektivität ist es natürlich wichtig, dass die Vorgaben für Durchführung und Auswertung im Rahmen einer konkreten Testanwendung auch befolgt werden. Dies verlangt im Allgemeinen professionelle Anwender oder zumindest professionelle Supervision.

Reliabilität. Ein generelle Eigenschaft von Testverfahren besteht darin, dass immer nur bestimmte Ausschnitte aus dem interessierenden Verhaltensbereich betrachtet werden. Dies hat praktische Gründe: In einem Intelligenztest können z. B. nicht alle Aufgaben oder Aufgabenarten gegeben werden, die zur Erfassung der Merkmalsausprägung denkbar wären; im Rahmen einer Führerscheinprüfung kann das Rückwärts-Einparken nicht an allen möglichen Parklücken geprüft werden, die im Fahralltag frei sein könnten. Technisch gesprochen sind wir in Tests und Prüfungen darauf angewiesen, *Verhaltensstichproben* zu ziehen. Da diese Stichproben notwendigerweise limitiert sind, werden die auf ihrer Grundlage gezogenen Schlüsse nicht vollkommen fehlerfrei ausfallen.

Die Präzision, mit der ein Test das von ihm erfasste Merkmal misst, wird als *Reliabilität* oder *Zuverlässigkeit* bezeichnet. Ein reliabler Test führt zu reproduzierbaren Ergebnissen, wenn er unter identischen Ausgangsbedingungen wiederholt wird. Die Reliabilität stellt neben der Objektivität ein zweites zentrales Gütekriterium von Messungen und speziell von Tests dar. Ein wesentliches Anliegen der Testmodelle, mit denen wir uns noch beschäftigen werden, ist es, Grundlagen für die empirische Bestimmung der Reliabilität zu liefern.

Validität. In Tests, Prüfungen usw. werden quantitative oder klassifizierende Aussagen über einen Erlebens- und Verhaltensbereich gemacht. Mit diesen Aussagen wird das anvisierte Merkmal mehr oder weniger gut getroffen. Das Ausmaß, in dem die Testergebnisse das zu erfassende Merkmal treffen, heißt *Validität* oder *Gültigkeit*: Ein Test ist in dem Maße valide, als er das misst, was er messen soll. Valide Tests erlauben es also, von den Testergebnissen auf das interessierende Merkmal zu schließen.

Reliabilität vs. Validität

Reliabilität ist eine notwendige, aber keine hinreichende Bedingung für Validität. Hohe Reliabilität kann also mit niedriger Validität einhergehen. Dies ist häufig dann der Fall, wenn ein Test nur einen Teilaspekt des interessierenden Merkmals mit Fragen bzw. Aufgaben abdeckt. Ein Beispiel wäre ein Eignungstest für Dolmetscher, in dem allein passive Vokabelkenntnisse geprüft werden. Ein solcher Test könnte durchaus reliabel messen (reproduzierbare Resultate liefern), wäre aber hinsichtlich des eigentlich interessierenden Merkmals (Eignung zum Dolmetscher) vermutlich nicht sehr valide, da das faktisch gemessene Merkmal zu eng ist.

In vielen Anwendungskontexten soll mit Tests oder testähnlichen Verfahren künftiges Verhalten vorhergesagt werden. So interessiert etwa bei der Führerscheinprüfung die Frage, ob die Kandidaten in der Lage sein werden, alltägliche Verkehrssituationen sicher zu bewältigen, bei Stellenbewerbern, die einen Eignungstest absolvieren, die spätere Bewährung auf der freien Position. Die Genauigkeit von Vorhersagen wird als zentraler Teilaspekt der Validität betrachtet und als prädiktive oder prognostische Validität bezeichnet. Die Validität stellt das wichtigste Kriterium für die Bewertung der Güte eines Verfahrens dar. Zur Feststellung und Sicherung der Validität muss empirisch belegt werden, was ein Test erfasst und was er nicht erfasst (▶ **Kap. 3.5.3**).

Nutzen. Objektivität, Reliabilität und Validität gelten als Hauptgütekriterien von Tests und stehen entsprechend seit langer Zeit im Zentrum der Testentwicklung. Das Kriterium des *Nutzens* rückte erst später ins Blickfeld. Mit dem Einsatz eines Tests soll ein demonstrierbarer Nutzen im Hinblick auf Beurteilungen, Prognosen und darauf aufbauenden Empfehlungen und Entscheidungen verbunden sein. Die Bewertung eines Tests unter Nutzengesichtspunkten hängt teilweise von seiner prädiktiven Validität ab. Wegen dieser Überlappung sprechen einige Autoren auch vom prädiktiven Nutzen eines Tests (McDonald, 1999). Das Nutzenkonzept bringt jedoch auch eigenständige Gesichtspunkte ins Spiel. Hierher gehören z. B. die mit seiner Durchführung anfallenden personellen, zeitlichen und finanziellen Kosten. Tatsächlich kann ein Test mit moderater Validität unter Nutzenaspekten manchmal besser abschneiden als ein Test höherer Validität (▶ **Kap. 6**).

Wie wir noch sehen werden, lassen sich die genannten Gütekriterien teilweise quantitativ beschreiben. Mit der Kennzeichnung eines Instruments als psychologisches oder psychometrisches Testverfahren wird die Erwartung verbunden, dass die Gütekriterien dokumentiert und in einem für den Einsatzzweck des Verfahrens hinreichendem Maße erfüllt sind. Die Konstruktion eines psychometrischen Verfahrens setzt entsprechend umfangreiche empirische Untersuchungen zu den messtechnischen Qualitäten des Tests und den Korrelaten der Testergebnisse voraus. Bei veröffentlichten Routineverfahren werden diese Untersuchungen und ihre Ergebnisse meist in einem dem Test beiliegenden Handbuch, dem *Testmanual*, dargestellt oder zusammengefasst. Das Testmanual enthält darüber hinaus alle Angaben, die zur objektiven Durchführung und Auswertung des Tests sowie zur Interpretation der Testergebnisse durch professionelle Anwender notwendig sind.

3.1.2 Aktuelles Verhalten und Persönlichkeitsmerkmale

Psychologische Tests werden zur Untersuchung von Fragestellungen eingesetzt, die das Erleben und Verhalten von Menschen betreffen, inklusive seiner Veränderungen und Bedingungen. Wir konzentrieren uns im Folgenden auf Instrumente, die sich auf Aspekte des *individuellen* Erlebens und Verhaltens richten, da diese den größten Teil psychometrischer Testverfahren ausmachen. Verfahren zur Analyse situativer oder systemischer Bedingungen menschlichen Verhaltens werden später dargestellt (▶ **Kap. 14** und **16**).

Die mit Tests zu erfassenden Erlebens- und Verhaltensaspekte sind in psychologischen Modellen als *theoretische Begriffe* oder – wie man auch sagt – theoretische *Konstrukte* verankert. Mit der Bezeichnung „Konstrukt" wird hervorgehoben, das es sich hierbei um Konstruktionen handelt, die dem Zweck dienen, unser Wissen über einen Verhaltensbereich zu organisieren. Intelligenz, Prüfungsangst, Interferenzneigung oder kognitive Vermeidung sind Beispiele für solche Konstrukte. Wie man sieht, sind einige dieser Begriffe auch in unserem Alltagswissen verankert. Im Rahmen psychologischer Modelle und Theorien haben solche Begriffe allerdings eine schärfere, manchmal auch eine inhaltlich andere Bedeutung als die entsprechenden Alltagskonzepte.

Da sich Konstrukte auf Merkmale bzw. Variablen beziehen, die nicht direkt beobachtbar sind, spricht man auch von *latenten* Merkmalen bzw. Variablen. Um die Ausprägung einer latenten Variablen (z. B. Intelligenz) schätzen zu können, werden beobachtbare Indikatoren der Variablen benötigt (z. B. Anzahl der gelösten Aufgaben in einem Intelligenztest). Die beobachtbaren Indikatoren einer latenten Variablen werden *manifeste* Variablen genannt. Testresultate liefern empirische Indikatoren von Konstrukten bzw. latenten Variablen. Sie werden auf Grundlage der Antworten bzw. Reaktionen auf einzelne Fragen oder Aufgaben, aus denen sich ein Test zusammensetzt, bestimmt.

Psychologische Konstrukte können sich auf relativ kurzfristige, variable oder auf längerfristig stabile Erlebens- und Verhaltensmuster beziehen. Mit dieser Unterscheidung sind gleichzeitig zwei große Zielbereiche von Testverfahren angesprochen.

Der eine Zielbereich liegt in der Bestimmung *vorübergehender Erlebens- und Verhaltensmuster*. Im Englischen spricht man hier von *States*, also „Zuständen". Beispiele für Zustände, die im Rahmen diagnostischer Untersuchungen interessieren können, sind die gegenwärtige Stimmungs- und Affektlage einer Person, ihre Bereitschaft schnelle oder riskante Entscheidungen zu fällen, ihr aktuelles Konzentrationsvermögen oder ihre Kapazität, komplexe Probleme zu lösen. Meist ist man dabei nicht an den Zuständen „an sich", sondern an deren Veränderung unter bestimmten situativen Bedingungen interessiert. So könnte beispielsweise im Rahmen einer psychopharmakologischen Untersuchung interessieren, wie sich die Stimmung, das Konzentrationsvermögen oder die Problemlösefähigkeit einer Person unter dem Einfluss einer bestimmten Droge verändert.

Der zweite große Zielbereich liegt in der Bestimmung *längerfristig stabiler Erlebens- und Verhaltensmerkmale*, die im Englischen *Traits* genannt werden. Es geht hier um die Erfassung von Persönlichkeitsmerkmalen, -eigenschaften oder -dispositionen, die mit Hilfe von Persönlichkeitskonstrukten beschrieben werden.

Definition Persönlichkeitsmerkmal

Unter *Persönlichkeitsmerkmalen (Traits)* werden mittel- oder langfristig stabile interne (nichtsituative) Faktoren verstanden, die das Verhalten eines Menschen konsistent und von dem anderer Menschen unterscheidbar machen (Child, 1968, S. 83).

Betrachten wir die Schlüsselbegriffe der Definition etwas genauer.

Interne Faktoren. Zunächst werden Persönlichkeitsmerkmale als interne Faktoren bestimmt. Diese Qualifikation soll hervorheben, dass Persönlichkeitskonstrukte nichtsituative Determinanten des Erlebens und Verhaltens thematisieren. Natürlich existieren auch stabile externe (situative) Einflüsse, die konsistente Verhaltensunterschiede bewirken können. Hierher gehören etwa der Freundeskreis eines Menschen, seine berufliche Situation oder seine Wohnverhältnisse. Es ist offensichtlich, dass die Trennung situativer von nichtsituativen Verhaltensdeterminanten für viele diagnostische Entscheidungen von zentraler Bedeutung ist.

Stabilität. Persönlichkeitsmerkmale sind zeitlich längerfristig stabil. Hiermit sind Zeiträume von Monaten, Jahren oder Jahrzehnten gemeint. Nur kurzfristig wirksame interne Faktoren (etwa der Kater am Morgen nach einer durchzechten Nacht) werden nicht als Persönlichkeitsmerkmale angesprochen. Es gibt hier natürlich einen „State-Trait-Übergangsbereich", der insbesondere für die klinisch-psychologische Diagnostik wichtig ist. Man denke hier z. B. an Alkoholprobleme oder psycho-soziale Belastungen (▶ **Kap. 15**).

Konsistenz. Persönlichkeitsmerkmale beziehen sich auf konsistente Erlebens- und Verhaltensaspekte. Konsistenz liegt vor, wenn eine Person in ähnlichen Situationen ähnliche Erlebens- und Verhaltensmuster zeigt. Welche Situationen und welche Erlebens- und Verhaltensmuster dabei als ähnlich zu werten sind, hängt vom betrachteten Merkmal und dem zugrunde gelegten Modell des Merkmals ab. Beispielsweise manifestiert sich einem bekannten psychologischen Angstmodell zufolge das Persönlichkeitsmerkmal Ängstlichkeit in der Stärke der Angstreaktion bei der Konfrontation mit selbstwertbedrohlichen Situationen (Spielberger, 1975). Personen mit hoher Merkmalsausprägung manifestieren in selbstwertbedrohlichen Situationen unterschiedlicher Art jeweils sehr markante Angstreaktionen. Bei Personen mit niedriger Merkmalsausprägung fällt die Angstreaktion in solchen Situationen dagegen geringer aus. Bei beiden Gruppen liegen also konsistente Verhaltensmuster vor.

Interindividuelle Unterschiede. Schließlich wird nur dann von Persönlichkeitsmerkmalen gesprochen, wenn sich Menschen in den konstruktrelevanten Erlebens- und Verhaltensaspekten unterscheiden. Dieser Gesichtspunkt war uns bereits im Rahmen der traditionellen Definition des Gegenstands der Diagnostik durch James McKeen Cattell begegnet (► **Kap. 1**). Universelle Eigenschaften, also Eigenschaften, die von allen oder doch nahezu allen Menschen geteilt werden, sind dieser Bestimmung nach nicht als Persönlichkeitsmerkmale anzusehen. So ist z. B. die Fähigkeit, mit sprachlichen Symbolen umzugehen, eine universelle Eigenschaft von Menschen, also kein Persönlichkeitsmerkmal. Sprachlicher Ausdruck und Sprachstil können dagegen als Persönlichkeitsmerkmale betrachtet werden.

Die Begriffe Persönlichkeitsmerkmal, -eigenschaft und -disposition werden im Allgemeinen als austauschbar behandelt. Der Begriff Disposition akzentuiert den Sachverhalt, dass die entsprechenden Faktoren als Verhaltens*tendenzen* verstanden werden können, die im Zusammenspiel mit situativen Faktoren das aktuelle Erleben und Verhalten einer Person determinieren.

Viele Verhaltensweisen lassen sich unter Zustands- *und* Dispositionsgesichtspunkten analysieren. Angst ist hierfür ein prominentes Beispiel. Sie kann als aktuelles Erlebens- und Verhaltensmuster betrachtet werden, das eine konkrete Person in einer konkreten Situation manifestiert, wie auch als Persönlichkeitsmerkmal, d. h. als längerfristig stabile Tendenz einer Person, in bedrohlichen Situationen mehr oder weniger intensiv mit Angst zu reagieren (Krohne, 2010). In unserer Umgangssprache trennen wir nicht immer deutlich zwischen beiden Perspektiven. Im Rahmen psychologischer und speziell diagnostischer Fragestellungen ist es jedoch essenziell, beide Gesichtspunkte strikt auseinanderzuhalten. Regelmäßigkeiten, die für Zustände gelten, können nämlich für die entsprechenden Persönlichkeitsmerkmale ungültig sein und umgekehrt (Asendorpf & Neyer, 2012).

So sind z. B. Freude und Trauer auf der Ebene aktuellen Verhaltens weitgehend antagonistisch; das eine schließt das andere im Allgemeinen aus. Wenn wir wissen, dass eine Person im Moment wegen eines bestimmten Vorfalls sehr traurig gestimmt ist, wissen wir gleichzeitig, dass sie nicht freudig gestimmt ist. Auf der Ebene von Persönlichkeitsmerkmalen wäre ein solcher Schluss inkorrekt. Tatsächlich sind die Dispositionen, Freude bzw. Trauer (oder allgemeiner: positive oder negative Affekte) zu manifestieren, relativ unabhängig. Es ist also keineswegs so, dass Personen, die zu Trauer oder anderen negativen Affekten neigen, Freude oder andere positive Affekte *selten* manifestieren (Watson, Clark & Tellegen, 1988). Freude oder Trauer als aktuelle Emotionen und Freude oder Trauer als stabile Verhaltenstendenzen beziehen sich also auf unterschiedliche Sachverhalte und dürfen nicht miteinander vermengt werden. Aus diesem Grund führt man spezielle Termini ein, aus denen ersichtlich ist, welcher Aspekt jeweils gemeint ist. In der deutschen Literatur reserviert man z. B. den Begriff *Ängstlichkeit* für das Persönlichkeitsmerkmal, mit *Angst* oder *Zustandsangst* bezeichnet man das aktuelle Erleben und Verhalten. Im Englischen spricht man hier von *trait anxiety* und *state anxiety*.

Als längerfristig stabile Faktoren machen Persönlichkeitsmerkmale das Erleben und Verhalten eines Menschen vorhersagbar – zumindest bis zu einem gewissen Grad. Auf diese Vorhersagbarkeit stützt sich nicht nur ein substanzieller Teil der sozialen Interaktion im Alltag, sie liefert auch die Grundlage für einen weiten Bereich diagnostischer Anwendungen von Testverfahren. Wie wir bereits bemerkt hatten, besteht ein zentrales Ziel der Anwendung von Tests und anderer diagnostischer Instrumente darin, Vorhersagen künftigen Verhaltens zu ermöglichen bzw. zu verbessern. Von diesem Anliegen her ist es verständlich, dass sich die Diagnostik bereits sehr früh auf die Messung stabiler Persönlichkeitsmerkmale konzentrierte (▶ **Kap. 1** und **2**).

Ob ein Test ein stabiles Persönlichkeitsmerkmal oder einen vorübergehenden Zustand misst, lässt sich dem Verfahren selbst nicht direkt entnehmen. Die Aufforderung in einem Fragebogen, anzugeben, wie man sich im Allgemeinen verhalte, bietet allein noch keine Garantie dafür, dass tatsächlich ein Persönlichkeitsmerkmal erfasst wird. Die Testwerte reflektieren ja immer zunächst einmal ein bestimmtes *aktuelles* Verhalten. Die Stabilität der gemessenen Verhaltensaspekte muss in empirischen Untersuchungen daher eigens geprüft werden.

3.1.3 Typisches und „maximales" Verhalten

Im Rahmen der Diagnostik von Persönlichkeitsmerkmalen wird zwischen zwei großen Domänen unterschieden, nämlich einer Persönlichkeitsdomäne i. e. S. und einer Fähigkeits- und Leistungsdomäne. Persönlichkeitsdiagnostik i. e. S. beschäftigt sich mit emotionalen und motivationalen Merkmalen, also z. B. Temperamentseigenschaften, Motiven, Interessen, zentralen Einstellungen oder Werten. Im Leistungsbereich geht es um Merkmale wie Intelligenz, Kreativität oder Konzentrationsvermögen.

Auf der Seite der Testverfahren entspricht diese Differenzierung der von Cronbach (1990) geprägten Unterscheidung zwischen Tests des typischen und Tests des maximalen Verhaltens (im Englischen *tests of typical response* und *tests of maximum performance*). Die Bezeichnungen besagen, dass wir im einen Bereich an der typischen, normalen Ausprägung bestimmter Erlebens- und Verhaltensmuster interessiert sind (etwa am zu erwartenden Angstniveau einer Person in Prüfungen), im anderen an der maximal möglichen Ausprägung von Leistungen (z. B. Konzentration).

Die Unterscheidung betrifft nicht nur die Art der Aufgaben und Fragen, die in einem Test zu bearbeiten sind, sondern bereits die Anleitung (Instruktion) der Probanden. In Tests des maximalen Verhalten werden die Personen gebeten, „ihr Bestes zu geben", z. B. möglichst viele Aufgaben zu lösen oder so genau und/oder schnell wie möglich zu reagieren. Welche Reaktionen jeweils als positiv gewertet werden, wird ihnen anhand von Beispielen und Übungsaufgaben erklärt; manchmal werden sie auch auf mögliche Fehler hingewiesen.

Darüber hinaus versucht man bei Leistungstests, eine kontinuierliche Anstrengungsbereitschaft sicherzustellen. Dies kann durch die Instruktion, die Gestaltung der Aufgaben, die Herstellung einer abwechslungsreichen Abfolge von Aufgabenarten, manchmal auch durch testexterne Anreize erreicht werden. In Tests des typischen Verhaltens gibt es dagegen normalerweise keine richtigen oder falschen Antworten, worauf die Probanden häufig auch hingewiesen werden. Um offene Antworten zu erhalten, hebt man hier meist die Anonymität der Befragung hervor (sofern sie gegeben ist) und vermeidet jeden leistungsthematischen Anstrich der Testsituation.

Allerdings gibt es eine Reihe von Verfahren zur Messung von Einstellungen und anderen Persönlichkeitsmerkmalen i. e. S., die aus der Sicht der Testpersonen einen klaren leistungsthematischen Charakter besitzen. Diese Tests sehen so aus wie Tests des maximalen Verhaltens, zielen in Wirklichkeit aber auf die Erfassung des typischen Verhaltens.

Beispiel

In einem solchen Test könnten beispielsweise etwa gleich lange, schräg nebeneinander stehende Linienpaare gezeigt werden, wobei anzugeben ist, welche der beiden Linien jeweils die längere ist. Bestimmt wird die Zahl der innerhalb der vorgegebenen Zeit beurteilten Linienpaare, wobei die Korrektheit der Antworten gar nicht berücksichtigt wird. Was aus der Sicht der Testpersonen wie eine Wahrnehmungsprüfung aussieht, liefert in Wirklichkeit einen Indikator für die Tendenz, riskante Entscheidungen schnell zu treffen. Wir werden derartige Verfahren in ▶ **Kap. 11** noch eingehender besprechen.

Zu beachten ist, dass die Unterscheidung zwischen typischem und maximalem Verhalten die Sichtweise der Testkonstrukteure und Testanwender, nicht die der Probanden reflektiert (vgl. Kaminski, 1970). Legen wir z. B. einer Person einen Konzentrationstest mit der Bitte vor, möglichst schnell und genau zu reagieren, so ist es natürlich keineswegs gesagt, dass sie der Aufforderung nach „maximalem Verhalten" auch nachkommt. Besitzen die Testergebnisse keine weiteren Konsequenzen für die Person, wird sie vielleicht ihr typisches Verhalten zeigen, das eventuell weit unter ihrem maximalen Niveau liegt. Man bezeichnet dieses Problem als *Kompetenz-Performanz-Problem*: Die Performanz (das faktische Verhalten) spiegelt nicht immer die anvisierte Kompetenz wider.

3.1.4 Illustrative Beispiele

Betrachten wir zur Illustration eine Reihe von Tests zur Erfassung von Persönlichkeitsmerkmalen. Es handelt sich um erfundene Miniaturversionen realer Tests, an denen sich einige zentrale Punkte in einfacher Weise verdeutlichen lassen. Wir beginnen mit dem Fähigkeits- und Leistungsbereich.

Ein typisches Beispiel für Aufgaben, die sich in Intelligenztests finden, sind Zahlenreihen, die nach bestimmten Regeln aufgebaut sind (▶ **Kap. 12**). Aufgabe der Testpersonen ist es, die jeweilige Regel zu erkennen und die Reihe entsprechend der Regel fortzusetzen. Aufgabenreihen dieser Art werden in Intelligenztests zur Messung bestimmter Aspekte des induktiven Denkens verwendet. Induktives Denken ermöglicht es, Regelmäßigkeiten in Ereignisfolgen zu erkennen und auf dieser Grundlage weitere Ereignisse vorherzusagen. Diese Fähigkeit ist ein wesentlicher Bestandteil der menschlichen Intelligenz.

Den Aufgaben wird üblicherweise eine kurze Anleitung vorangestellt, in der die Fragestellung erläutert und ggf. mit einem oder zwei einfachen Beispielen illustriert wird. Hiermit soll das Verständnis der Aufgabenstellung bei allen Testpersonen gesichert werden. In unserem Beispiel würde sich etwa die Aufgabe

2 4 6 8 10 12 __

eignen. Den Testpersonen wird erklärt, dass 14 als die korrekte Lösung zu notieren ist, da sich die nachfolgenden Zahlen jeweils durch

Addition von 2 auf die Vorgängerzahl ergeben. Wird ein Aufgabenblock unter Zeitbegrenzung vorgelegt, so werden die Testpersonen zusätzlich darauf hingewiesen, sich nicht zu lange bei einer Aufgabe aufzuhalten und ggf. zur nächsten Aufgabe überzugehen. Mit dieser Maßnahme soll erreicht werden, dass Personen nicht bei der Bearbeitung einer spezifischen Aufgabe hängen bleiben, obwohl sie nachfolgende Aufgaben eventuell noch lösen könnten. Dies würde zu einer Unterschätzung ihrer Fähigkeitsausprägung führen.

Eine entsprechende Aufgabenreihe könnte etwa folgendermaßen aussehen:

Aufgaben zum induktiven Denken

(1)	3	7	11	15	19	23
(2)	25	24	22	19	15	10
(3)	10	5	8	4	7	3
(4)	1	3	5	15	17	51
(5)	10	24	14	12	18	6
(6)	2	4	3	9	7	49

Für die Bestimmung interindividueller Unterschiede im induktiven Denken mit Zahlen würde es sich anbieten, den Test Personen mit einer Zeitbegrenzung vorzulegen und die Anzahl korrekt gelöster Aufgaben auszuzählen. Die Anzahl korrekter Lösungen liefert den Testwert. In unserem Minitest könnten die Testwerte prinzipiell zwischen 0 und 6 gelösten Aufgaben streuen, was natürlich nur eine sehr grobe Schätzung der Merkmalsausprägung ermöglicht. Deshalb würden in einem realen Tests sehr viel mehr Aufgaben vorgelegt werden. Die einzelnen Aufgaben oder Fragen eines Tests werden – auch im Deutschen – zumeist als *Items* bezeichnet. Die erreichten Leistungen oder Punkte einzelner Personen in einem Test nennt man auch *Scores*.

Der Minitest veranschaulicht einige Gesichtspunkte, nach denen viele Verfahren zur Messung intellektueller Fähigkeiten aufgebaut sind. Zunächst ist ersichtlich, dass sich die Items in ihrer *Schwierigkeit* deutlich unterscheiden. Viele Personen werden die Lösung von Item 1 auf den ersten Blick erkennen. Demgegenüber erfordert die Lösung von Item 6 einiges Nachdenken. Tatsächlich ist das Item 1 als „Aufwärmaufgabe" zu verstehen. In manchen Tests werden mehrere solcher Aufgaben (oft mit Rückmeldung) gegeben. Hiermit soll gewährleistet werden, dass allen Testpersonen das Aufgabenprinzip klar geworden ist, bevor die eigentliche Messung beginnt.

Durch die Aufnahme leichter, mittelschwieriger und schwieriger Aufgaben kann erreicht werden, dass die Testwerte gut zwischen Personen mit unterschiedlichen Ausprägungen der angesprochenen Fähigkeit differenzieren. Hierzu trägt auch eine dem Schwierigkeitsniveau der Aufgaben angemessene Zeitbegrenzung bei. In unserem Beispiel wäre vermutlich ein bis zwei Minuten eine geeignete Begrenzung. Würde man mehr Zeit geben, würden sehr viele Personen alle Aufgaben lösen, so dass die Testwerte Unterschiede zwischen den Personen nicht mehr differenziert widerspiegeln würden. Man spricht in diesem Fall bildlich von einer zu niedrigen „Testdecke" (der Test ist zu einfach). Ein analoges Problem kann sich natürlich auch bei einem zu eng bemessenen Zeitrahmen ergeben.

Um dem Problem einer zu niedrigen Testdecke zu begegnen, werden Fähigkeitstests meist so konstruiert, dass die Lösung *aller* Aufgaben unmöglich oder doch sehr unwahrscheinlich ist. Da dieses Konstruktionsprinzip bei einigen Testpersonen zu Irritationen führen könnte, ist es zweckmäßig, die Personen hierüber aufzuklären. In der Instruktion wird also hervorgehoben, dass einige Aufgaben sehr schwierig sind und innerhalb des gegebenen Zeitrahmens nicht alle Aufgaben gelöst werden können.

Ein zweiter wichtiger Gesichtspunkt betrifft die *Anordnung* der Aufgaben. Die Aufgaben eines Tests werden im Allgemeinen nach ihrer Schwierigkeit gestaffelt. Leichte Aufgaben werden also an den Anfang, schwierige Aufgaben ans Ende des Tests gestellt. Die leichten Aufgaben am Anfang sollen günstige kognitive und motivationale Bedingungen für die Aufgabenbearbeitung herstellen. Würde man hier bereits schwierige Aufgaben stellen, ergäbe sich das Risiko, dass einige Personen nachfolgende Aufgaben, die sie eventuell lösen könnten, nicht in Angriff nehmen.

Wir hatten bereits angesprochen, dass reale Tests zur Erfassung des induktiven Denkens weitaus mehr Items umfassen als unsere Beispiel-Aufgabenreihe. Darüber hinaus würde ein realer Test nicht nur einen einzigen Aufgabentyp enthalten. Vielmehr ist es sinnvoll, eine Reihe verschiedener Aufgabentypen zum induktiven Denken zu konstruieren, z. B. auch figurale oder verbale Aufgaben (für ein Beispiel siehe S. 372). Es wäre ja denkbar, dass eine Person Regelmäßigkeiten in Abfolgen im Allgemeinen sehr gut erkennen kann, aber gewisse Probleme im Umgang mit Zahlen hat. Diese Person würde in unserem Test, der nur *einen* Aufgabentyp enthält, daher unter ihrem generellen Niveau abschneiden. Ihre allgemeine Fähigkeit zum induktiven Denken würde also unterschätzt werden. Durch die Aufnahme unterschiedlicher Aufgabentypen in einen Test kann diese Unterschätzung korrigiert werden.

Umfassende Intelligenztests enthalten neben Aufgaben zum induktiven Denken eine Vielzahl weiterer Aufgaben, die andere Facetten der Intelligenz abdecken sollen. So werden z. B. andere Aspekte des logischen Denkens, verbale Fähigkeiten oder das räumliche Vorstellungsvermögen über eigene Untertests geprüft. Verfahren, die mehrere Tests zur Prüfung spezifischer Aspekte eines komplexen Merkmals umfassen, nennt man auch *Testbatterien* oder *Profile*. Solche Testbatterien erlauben es nicht nur, das in Rede stehende komplexe Merkmal besser zu erfassen als Einzeltests, bei geeigneter Zusammenstellung der Untertests ist es darüber hinaus möglich, ein differenziertes Bild der Stärken und Schwächen einer Person in verschiedenen Intelligenzbereichen (ein Intelligenzprofil) zu erstellen (Lienert & Raatz, 1994; ▶ **Kap. 12**).

Aus unserem Alltag sind wir es gewohnt, dass Testsituationen (z. B. Prüfungen) so gestaltet sind, dass sich relativ direkte Möglichkeiten ergeben, das jeweils interessierende Verhalten zu beobachten. Im Unterschied hierzu weisen psychometrische Tests jedoch manchmal keinen offensichtlichen Bezug zum zu messenden Merkmal auf. In Fähigkeitstests werden die Testanforderungen z. B. häufig so gestaltet, dass diejenigen mentalen Prozesse abgedeckt werden, die für das interessierende Merkmal essenziell sind. Sie heben sich daher von entsprechenden „realen" Anforderungen deutlich ab. Dies hat im Wesentlichen zwei Gründe: Erstens sollen die Tests selbst von Vorkenntnissen und Übung im Umgang mit spezifischen Materialien frei sein. Das Testmaterial soll also für alle Probanden gleichermaßen neuartig sein. Zweitens soll eine breite Anwendbarkeit des Tests sichergestellt werden. Die Durchführung und Auswertung des Tests soll ökonomischer sein als eine unter Umständen recht aufwändige direkte Prüfung der relevanten Leistung.

In unserem Beispiel lässt sich das Merkmal, das der Test messen soll, relativ einfach aus dem Inhalt der Aufgaben erschließen – zumindest näherungsweise. Eine solche Transparenz liegt nicht immer vor. Dies kann einerseits daran liegen, dass ein anderer Verhaltensaspekt registriert wird, als es der Test auf den ersten Blick nahe legt, andererseits daran, dass Merkmale gemessen werden, die in unserer Alltagssprache gar keinen Begriff besitzen. Ein berühmtes Beispiel hierfür ist der von Stroop (1935) entwickelte Farb-Wort-Interferenztest, kurz Stroop-Test genannt. In diesem Test wird den Testpersonen eine lange Liste von Farbnamen vorgelegt, „rot blau grün gelb blau ...". Die Farbnamen sind farbig gedruckt und zwar in zu den Farbnamen

Im folgenden Fragebogen finden Sie eine Reihe von Feststellungen, mit denen man sich selbst beschreiben kann. Bitte lesen Sie jede Feststellung durch und wählen Sie aus den vier Antwortmöglichkeiten diejenige aus, die am besten beschreibt, wie Sie sich *im Allgemeinen* fühlen.

Markieren Sie bitte

- die 0, wenn die Feststellung *sehr selten oder nie* auf Sie zutrifft,
- die 1, wenn die Feststellung *gelegentlich* auf Sie zutrifft,
- die 2, wenn die Feststellung *ziemlich häufig* auf Sie zutrifft,
- die 3, wenn die Feststellung *sehr häufig oder fast immer* auf Sie zutrifft.

(1) Ich liebe es, mit anderen Menschen zusammen zu sein.	0	1	2	3
(2) Mir fehlt es an Selbstvertrauen.	0	1	2	3
(3) Ich stehe gern im Zentrum des Geschehens.	0	1	2	3
(4) Ich neige dazu, alles schwer zu nehmen.	0	1	2	3
(5) Ich bin leicht zum Lachen zu bringen.	0	1	2	3
(6) Ich fühle mich niedergeschlagen.	0	1	2	3

Abb. 3.1 Ein Miniatur-Persönlichkeitsinventar

inkongruenten Farben; so ist z. B. „blau“ in roter Farbe gedruckt, „grün“ in gelber usw. Die Aufgabe besteht darin, die Farbbezeichnung zu ignorieren, und stattdessen die Farbe, in der das Wort gedruckt ist, möglichst rasch zu benennen. Gemessen wird die Zeit, die die Testperson für das Abarbeiten der ganzen Liste benötigt.

Im Stroop-Test scheint es um die Geschwindigkeit zu gehen, mit der Personen Farben benennen können. Zumindest scheint das zu messende Merkmal irgendetwas mit dem Erkennen von Farben und ihren Bezeichnungen zu tun zu haben. Beide Vermutungen sind falsch. Tatsächlich misst der Test die Fähigkeit einer Person, den störenden Einfluss aufdringlicher, aber aufgabenirrelevanter Reizaspekte auf Verarbeitungsprozesse effektiv zu hemmen (▶ **Kap. 11**).

Als drittes Beispiel für einen Test betrachten wir die Miniaturversion eines Verfahrens zur Messung von Persönlichkeitsmerkmalen i. e. S. (▶ **Abb. 3.1**). Solche Tests bestehen häufig aus einer Sammlung von Fragen oder Feststellungen, die sich auf die zu bestimmenden Merkmale beziehen. Sie heißen deshalb *Persönlichkeitsinventare* oder *-fragebogen* (▶ **Kap. 12**). Auch hier wird eine kurze Instruktion vorangestellt, die erklärt, wie auf die Fragen oder Feststellungen zu antworten ist. In unserem Beispiel werden die Testpersonen gebeten, für jede der Feststellungen anzugeben, wie gut sie ihr eigenes Erleben und Verhalten beschreibt.

Unser Miniaturtest formuliert Fragen zu zwei Merkmalen. Die Feststellungen (1), (3) und (5) sind einem Test zur Messung der Extraversion entnommen, die Feststellungen (2), (4) und (6) einem Test zur Messung angstbezogener Verhaltensprobleme („Neurotizismus“). Beide Tests zielen auf die Erfassung stabiler Persönlichkeitseigenschaften. Dies ist aus der Aufforderung ersichtlich, anzugeben, wie man sich *im Allgemeinen* fühle. Auch die Feststellungen selbst sprechen eher Sachverhalte an, in denen sich längerfristig stabile Merkmale einer Person manifestieren. Eine Ausnahme ist die Feststellung (6), die sich in gleicher Formulierung auch in einem Verfahren zur Messung der aktuellen Stimmung finden könnte. Wir hatten bereits bemerkt, dass der Nachweis der Stabilität eigene empirische Untersuchungen erfordert. Die Formulierung der Instruktion und der Items alleine sind hierfür nicht zureichend.

In unserem Test sind den Zustimmungsgraden zu den einzelnen Feststellungen die Zahlen 0 bis 3 zugeordnet. Für die Gewinnung von Werten für die Ausprägung von Extraversion und angstbezogenen Problemen bietet es sich deshalb an, die drei jeweils zu einem der beiden Merkmale gehörenden Antworten einfach zu summieren. Eine Person, die Feststellung (1) mit 3, Feststellung (3) mit 2 und Feststellung (5) mit 3 beantwortet hat, erhielte also z. B. einen Extraversionswert von 8. Aufgrund der vierstufigen Antwortskala können die Extraversions- und Ängstlichkeitswerte, die sich in unserem Test ergeben, prinzipiell zwischen 0 und und 9 streuen. Auch hier wäre durch Hinzunahme weiterer Items eine differenziertere Messung möglich.

3.1.5 Testwerte

Im Testwert werden die zuvor kodierten (in Zahlen umgesetzten) Antworten auf mehrere Items summiert oder gemittelt. Diese (intuitiv wahrscheinlich einleuchtende) Kombination hat drei Effekte, die im Allgemeinen erwünscht sind. In Stichworten sind dies:

1. feinere Differenzierung zwischen Personen,
2. genauere Messung,
3. Erfassung eines abstrakteren Merkmals.

Differenzierung. Der erste Punkt ist offensichtlich: Mit einem Item lassen sich maximal so viele Persongruppen voneinander differenzieren, wie Antwortoptionen vorhanden sind. Durch Hinzunahme weiterer Items werden immer feinere Einteilungen möglich. Je mehr Items ein Test enthält, desto differenzierter kann ein Merkmal durch den Summen- oder Mittelwert erfasst werden.

Genauere Messung. Einzelne Items messen ein Merkmal nur relativ ungenau. Dies liegt im Wesentlichen daran, dass Items nicht nur konstruktrelevante Merkmale reflektieren, sondern zum Teil auch konstruktirrelevante Merkmale miterfassen. Betrachten wir einige Items aus einem Fragebogen zur Bestimmung von Extraversion:

1. Ich gehe gern auf Parties ...
2. Ich liebe es, viele Leute um mich herum zu haben ...
3. Ich ziehe es gewöhnlich vor, Dinge allein zu tun ...

Dem ersten Item werden Extravertierte aufgrund ihrer ausgeprägten Geselligkeit häufig zustimmen. Es wird jedoch auch eine Reihe introvertierter Personen geben, die das erste Item bejahen, z. B. weil sie kaltes Büfett und Freibier mögen. Mit dem ersten Item alleine würden solche Introvertierte falsch klassifiziert werden. Diese Fehlklassifikation wird durch Hinzunahme weiterer Items (zumindest partiell) korrigiert, da Introvertierte das zweite Item eher ablehnen und dem dritten Item eher zustimmen werden. Die Korrektur wird umso besser ausfallen, je mehr Items ein Test umfasst. Die Messung wird durch Hinzunahme von Items also nicht nur differenzierter, sondern auch genauer, da sich die mit einzelnen Items verbundenen Fehler bis zu einem gewissen Grad wechselseitig egalisieren (► **Kap. 3.4**).

Abstraktes Merkmal. Der dritte Effekt der Summierung besteht darin, dass das mit dem Testwert erfasste Merkmal abstrakter ist als Merkmale, die mit einzelnen Items gemessen werden. Im Beispiel interessiert uns die Ausprägung der Extraversion, nicht die der Präferenz für Parties. (Wenn uns letztere interessierte, würden wir auch mehrere, allerdings spezifischere, Items formulieren.) Entsprechend interessiert bei einer Bewerberin für den Journalistenberuf die verbale Flüssigkeit, bei einem Techniker für Überwachungsaufgaben in einem Atomkraftwerk das Konzentrationsvermögen, bei einem Schulkind die Beherrschung der Grundrechenarten usw. Diese Kompetenzen sind allgemeiner als die Aufgaben, die wir uns zur ihrer Erfassung ausdenken, oder Einzelbeobachtungen, die wir im konkreten Fall anstellen oder heranziehen können. Von Bedeutung ist, was Itemantworten (Aufgaben, Beobachtungen) gemeinsam haben, nicht ihr spezifischer Inhalt. Dieses Gemeinsame lässt sich über Summierung oder Mittelung (allgemein: durch Aggregierung über Items) gewissermaßen herausfiltern.

Definition Aggregierung

Aggregierung meint die Zusammenfassung von Item-, gelegentlich auch von Testwerten, zu einem neuen Score. Im Allgemeinen handelt es sich dabei einfach um die Bildung der Summe oder des Mittelwerts aus den Ausgangswerten. Manchmal werden die Ausgangswerte zuvor transformiert (z. B. z-transformiert, um sie auf die gleiche Skala zu bringen, ▶ **Kap. 3.6.1**) oder – je nach ihrer Bedeutung für den zu bildenden neuen Score – unterschiedlich gewichtet.

Durch Aggregierung werden im Testwert nichtrelevante Anteile der Items teilweise unterdrückt (Wittmann & Matt, 1986). Der Test reflektiert damit ein allgemeineres Merkmal als die einzelnen Items.

3.2 Zusammenstellung von Items

Die Testkonstruktion ist ein mehrstufiger Prozess, der die Konstruktdefinition, die Erstellung einer vorläufigen Itemmenge zur empirischen Erfassung des Konstrukts, deren Erprobung, Analyse, Bewertung und Revision umfasst. Sobald eine geeignete Itemmenge identifiziert ist, wird der Test als Ganzes validiert und eventuell normiert. ▶ **Abb. 3.2** gibt einen Überblick der einzelnen Phasen der Testkonstruktion und deren Verknüpfung. Die Darstellung ist in mehrfacher Hinsicht vereinfacht und dient lediglich dem Zweck, eine erste Orientierung über den Prozess der Testkonstruktion zu liefern. Wie wir später noch sehen werden, lassen sich z. B. bestimmte Aspekte der Validierung bereits in die Erprobungsphase eines Tests einbauen (▶ **Kap. 10**). Darüber hinaus hat der Prozess in vielen Fällen auch Rückwirkungen auf die Spezifizierung des zu erfassenden theoretischen Konstrukts, was in der Abbildung durch die gestrichelten Linien angedeutet ist.

3.2.1 Konstruktdefinition

Ausgangspunkt der Testkonstruktion ist eine möglichst genaue Definition des zu messenden Konstrukts. Im Idealfall kann man sich dabei auf ein ausformuliertes psychologisches Modell des interessierenden Merkmals stützen, aus dem sich Kriterien für die Formulierung von Items in direkter Weise ableiten lassen. Häufiger jedoch wird man sich mit vorläufigen Explikationen und Arbeitsdefinitionen des Merkmals begnügen müssen, die sich erst im Rahmen weiterer Forschung hinreichend präzisieren lassen. Zu dieser Forschung gehören natürlich auch die im Rahmen der Testkonstruktion durchgeführten Untersuchungen, die wesentlich zur Begriffsklärung beitragen können. So kann es sich z. B. als notwendig erweisen, ein zunächst einheitlich konzipiertes Konstrukt in verschiedene Facetten aufzuspalten, für welche die Entwicklung separater Skalen sinnvoll ist.

Ein bekanntes Beispiel hierfür ist die Aufspaltung der Zustandsangst in eine kognitive und

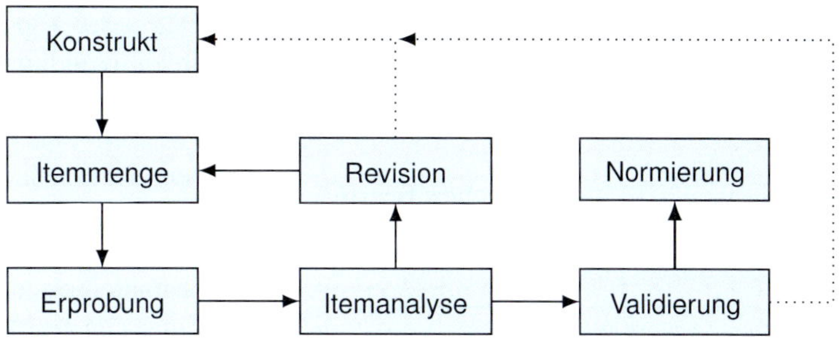

Abb. 3.2 Phasen der Testkonstruktion

eine emotionale Komponente, wie sie von Liebert und Morris (1967) in die Prüfungsangstforschung eingeführt wurde. Hier werden zwei *Reaktions*komponenten differenziert (kognitive Komponente: Besorgnis und Gedanken an mögliches Versagen; emotionale Komponente: wahrgenommene körperliche Aufgeregtheit).

Ein weiteres Beispiel ist die Differenzierung nach *situativen Bedingungen*, die zur Angstauslösung führen. Es hat sich z. B. als sinnvoll erwiesen, Angst in selbstwertbedrohlichen Situationen (z. B. einer mündlichen Prüfung) und Angst in physisch bedrohlichen Situationen (etwa einem schwerwiegenden chirurgischen Eingriff) getrennt zu erfassen, da die beiden Reaktionstendenzen nur vergleichsweise schwach miteinander zusammenhängen (Krohne, 2010).

Im Rahmen der Testkonstruktion werden zur Klärung solcher Fragen meist Faktorenanalysen oder andere statistische Klassifikationsverfahren eingesetzt (▶ **Kap. 4**). Darüber hinaus können Analysen des zeitlichen Verlaufs und Untersuchungen der externen Korrelate des Testverhaltens eine differenziertere Bestimmung des Konstrukts nahelegen.

Im Verlauf der Annäherung an eine Prüfung steigt die körperliche Aufgeregtheit z. B. steiler an als die Besorgnis. Sie fällt nach der Prüfung auch schneller wieder ab. Außerdem ist Besorgnis stärker mit schlechten Prüfungsleistungen (externes Korrelat) assoziiert als die Aufgeregtheit. Beide Sachverhalte liefern weitere Evidenz dafür, dass es sinnvoll ist, mindestens zwei Angstkomponenten zu unterscheiden (Laux, Hock, Bergner-Köther, Hodapp & Renner, 2013; Morris, Davis & Hutchings, 1981).

3.2.2 Erstellung der Itemmenge

Der zweite Schritt der Testkonstruktion besteht in der Zusammenstellung einer vorläufigen Itemmenge. Hier werden Items formuliert, die das in Rede stehende Konstrukt operationalisieren sollen und somit als empirische Indikatoren des Konstrukts dienen. In ihrer Gesamtheit sollen die Items das Konstrukt und seine Facetten möglichst genau repräsentieren.

Definition Item

Unter Items werden Fragen, Aufgaben oder kurze Feststellungen verstanden, die von den Testpersonen beantwortet bzw. bearbeitet werden sollen. Zu einem Item gehören ein Itemstamm und ein bestimmtes Antwortformat. Im *Itemstamm* wird die Frage, Aufgabe oder Feststellung formuliert, im Rahmen eines Wissenstests z. B.

Was ist ein Axiom?

Das *Antwortformat* kann entweder offen oder gebunden sein. Beim offenen Antwortformat formuliert die Testperson die Antwort selbst. Beim gebundenen Antwortformat werden dagegen mehrere Antwortoptionen vorgegeben, zwischen denen die Person wählt, im Beispiel etwa

(a) eine grundlegende Aussage einer Theorie,
(b) die exakte Bestimmung eines Begriffs,
(c) ein lateinisches Fremdwort,
(d) der Fortsatz einer Nervenzelle.

Für die Erprobungsphase sollten mehr Items formuliert werden als für den endgültigen Test geplant sind, da sich eine Reihe von Items in den nachfolgenden Schritten der Itemanalyse und -bewertung als ungeeignet herausstellen können. „Mehr" ist hier also besser als „weniger". Wieviele Items formuliert werden sollten, hängt von einer Reihe von Faktoren ab. Unter allgemeinen Gesichtspunkten sind hier vor allem die Repräsentativität der Items, die Reliabilität des Tests, die Ökonomie der Messung sowie die Testmotivation zu beachten.

Die Forderung, dass die Items das zu erfassende Merkmal möglichst gut repräsentieren sollen, wird mit vielen Items eher zu erfüllen sein als mit wenigen. Gleiches gilt für die Forderung nach einer hohen Reliabilität, die generell für eine höhere Itemzahl spricht. Unter sonst gleichen Bedingungen kann ein Merkmal umso genauer gemessen werden, je mehr Items ein Test umfasst (▶ **Kap. 3.4.3**).

Die Messpräzision der Tests ist ihrerseits eine Funktion der messtechnischen Qualität der einzelnen Items. Je höher diese ist, desto weniger Items werden für das Erreichen einer vorgegebenen Messpräzision der Gesamtskala benötigt. Hierüber besitzt man zu Beginn des Konstruktionsvorgangs natürlich noch keine genauen Vorstellungen, weshalb sich zu diesem Zeitpunkt nur ungefähre Angaben über die anzustrebende Zahl von Items machen lassen. Über genauere Information verfügt man, wenn man die in Abbildung 3.2 dargestellte Schleife mindestens einmal durchlaufen hat.

Nicht für jeden Einsatzzweck müssen allerdings Idealforderungen an die Reliabilität gestellt werden. Wichtig ist hier primär die *intendierte* bzw. für eine bestimmte Fragestellung *notwendige* Präzision der endgültigen Skala. Wird ein Test im Rahmen eines bestimmten Projekts beispielsweise nur für Vergleiche von Gruppenmittelwerten benötigt, lassen sich Anforderungen an die Messpräzision geringer ansetzen als dies für individualdiagnostische Fragestellungen der Fall ist.

Während Repräsentativität und Messpräzision eher eine hohe Itemzahl nahelegen, sprechen Ökonomie und Testmotivation für kurze Tests. Hier muss abgewogen werden zwischen wissenschaftlichen Ansprüchen einerseits, den im Rahmen eines konkreten Projekts realisierbaren und für die Testpersonen zumutbaren Bedingungen andererseits. Es ist klar, dass sich unter Gesichtspunkten einer für die Bearbeitung der Fragen und Aufgaben günstigen Testmotivation die Testlänge nicht beliebig erhöhen lässt, zumal bei diagnostischen Untersuchungen meist mehrere Testverfahren durchgeführt werden müssen.

In gängigen Persönlichkeitstests werden für die Messung eines Merkmals in der Regel zwischen 10 und 30 Items eingesetzt. Nimmt man in die initiale Itemmenge etwa die doppelte Zahl von Items auf, dürfte dies für viele Zwecke ausreichen. Dies ist allerdings nur ein grober und keinesfalls allgemein gültiger Richtwert. Für die zuverlässige Messung eines weiten Merkmals, etwa allgemeine Intelligenz, wird ein Vielfaches dieses Richtwerts benötigt. Auf der anderen Seite können ungefähre Schätzungen der Ausprägung von Persönlichkeitseigenschaften wie Neurotizismus oder Extraversion-Introversion bereits mit kürzeren Skalen gewonnen werden.

3.2.3 Itemformulierung

Für die Itemformulierung sind primär Theorien und Modelle des anvisierten Merkmals ausschlaggebend. Daneben existieren eine Reihe von formalen Gesichtspunkten, die bei der Konstruktion von Items beachtet werden sollten. In diesem und dem folgenden Unterabschnitt werden dabei generelle Gesichtspunkte dargestellt. Sachverhalte, die primär einzelne Zugangsweisen zur Erhebung diagnostischer Daten betreffen, werden in Teil IV diskutiert.

Bei verbalen Items besteht der wichtigste Gesichtspunkt in der Anpassung der Formulierung an das Sprachniveau der anvisierten Zielgruppen. Die folgende Liste enthält die wichtigsten Richtlinien, von denen einige sinngemäß auch auf nichtverbale Aufgaben (z. B. Bildvorlagen oder Computeranimationen) übertragbar sind.

Verständlichkeit. Items sollten unmittelbar verständlich sein. Dies impliziert kurze, prägnante und eindeutige Formulierungen. Darüber hinaus sollten Fremdwörter, Fachbegriffe oder regionale Eigenheiten vermieden werden. Schwer verständliche oder mehrdeutige Formulierungen erzeugen Unsicherheit und verleiten zu Zufallsantworten.

Negative Formulierungen. Auch Verneinungen sollten nach Möglichkeit vermieden werden, da sie leicht überlesen werden oder Unsicherheiten erzeugen können. Wenn negative Formulierungen notwendig sind, sollten sie deutlich hervorgehoben werden, etwa durch Fettdruck oder Unterstreichung. Doppelte Verneinungen sollten auf keinen Fall verwendet werden.

Eindeutigkeit. Pro Item sollte immer nur *genau ein* Sachverhalt angesprochen werden. Ansonsten bleibt unklar, auf welchen Teil der Feststellung die Testpersonen jeweils reagieren. Items, die „und" bzw. „oder" beinhalten, sprechen meist mehrere Sachverhalte an und sollten deshalb vereinfacht werden. (Ausnahmen sind hier feststehende Redewendungen, wie etwa „ruhig und gelassen".)

Konditionalsätze. Konditionalsätze („Wenn ..., dann ...") sind häufig ebenfalls Kandidaten für Umformulierungen, da hier bei Personen, auf die der Wenn-Teil nicht zutrifft, Unsicherheit erzeugt und damit die Antwort mehrdeutig wird. Ausnahmen sind hier Bedingungen, die für jede Person zutreffen oder zumindest leicht vorstellbar sind.

Passung von Itemstamm und Antwortformat. Besonders zu beachten ist die Beziehung zwischen Itemstamm und Antwortformat. Es ist für jedes Item zu prüfen, ob der Itemstamm zum verwendeten Antwortformat passt. Wenn dies nicht der Fall ist, wird man den Itemstamm umformulieren. Auf die ebenfalls mögliche Anpassung des Antwortformats für einzelne Items verzichtet man meist, da ein einheitliches Antwortformat die Bearbeitung des Tests und die Analyse der Items vereinfacht.

Um Klarheit und Eindeutigkeit der Items zu gewährleisten, empfiehlt es sich, die Items in der Erprobungsphase von Mitgliedern der Zielgruppe mündlich beantworten und kommentieren zu lassen. Hier erfährt man nicht nur einiges über die Interpretation der Items durch die Testpersonen, man erhält darüber hinaus auch Anregungen für alternative und ggf. besser geeignete Formulierungen. Dies ist besonders wichtig, wenn der Test in Zielgruppen eingesetzt werden soll, denen die Testkonstrukteure selbst nicht angehören, etwa bei Kindern.

Neben diesen formalen Aspekten sind natürlich auch inhaltliche Gesichtspunkte bei der Itemformulierung maßgebend. Es ist klar, dass sexistische, rassistische oder andere möglicherweise verletzende Formulierungen unterbleiben. Ein heikles Thema sind Items, in denen Sachverhalte aus der Privatsphäre der Testpersonen angesprochen werden (siehe Zier, 2002). Solche Items sind in vielen psychologischen Anwendungen, besonders etwa im Bereich der klinischen Diagnostik, jedoch unverzichtbar.

Ein Teil der Problematik „intimer" Items rührt daher, dass Laien zu der falschen Annahme tendieren, die Auswertung und Interpretation von Tests erfolge auf Grundlage einer Inspektion der Antworten auf einzelne Items (so wie wir unser Verhalten in Gesprächen ja auch auf einzelne Äußerungen abstellen). Dass dies jedoch bei den meisten Testverfahren gerade *nicht* der Fall ist, dürfte Laien schwer zu vermitteln sein. Antworten auf einzelne Items interessieren hier nur insoweit, als sie in die Bildung von Testwerten eingehen. Bei rechnergesteuerter Testdarbietung bzw. -auswertung werden die einzelnen Antworten häufig gar nicht einmal betrachtet. Dessen ungeachtet ist auf die Laienperspektive in jeder konkreten Testanwendung Rücksicht zu nehmen. Dabei liegt es in der Verantwortung der Testanwender (nicht der Testkonstrukteure), die Angemessenheit der Itemformulierungen im aktuellen Kontext zu prüfen und ggf. auf ein anderes Verfahren auszuweichen.

3.2.4 Antwortformate

Das Antwortformat der Items kann den Charakter des Tests und damit auch die Reaktionen der getesteten Personen stark beeinflussen (Schwarz, 1999; ▶ **Kap. 10**). Auch die Bestimmung der psychometrischen Kennwerte der Items und des Tests hängen zum Teil vom Antwortformat ab. Es ist deshalb wichtig, ein für den Anwendungszweck des Verfahrens optimal geeignetes Format zu wählen. Im Folgenden schildern wir die gängigsten Antwortformate und geben an, wie die Antworten im Hinblick auf ihre anschließende Verrechnung im Testwert kodiert werden können.

Wie bereits angedeutet wurde, kann man grundsätzlich zwischen einem offenen und einem gebundenen Antwortformat unterscheiden. Beim *offenen* Format generieren die Testpersonen die Antwort selbst. Demgegenüber wählen sie beim *gebundenen* Format aus zwei oder mehr vorgegebenen Antwortmöglichkeiten die ihrer Meinung nach korrekte oder für sie zutreffende Option aus. Im obigen Beispiel („Was ist ein Axiom?") wurde ein gebundenes Antwortformat verwendet, da von vier Antwortoptionen eine als korrekt zu identifizieren war. Bei Verwendung eines offenen Antwortformats würde man die Personen die Definition selbst formulieren lassen und anschließend als korrekt oder inkorrekt klassifizieren. Korrekte Antworten kodiert man dabei mit 1, inkorrekte mit 0. Bei einigen Leistungstests mit offenem Format werden manchmal auch differenziertere Abstufungen verwendet. So könnte man hier z. B. zwei Punkte für eine optimal treffende Antwort geben, einen Punkt für eine teilweise akzeptable. Diese Praxis ist allerdings im Hinblick auf die Auswertungsobjektivität nicht ganz unproblematisch.

Offenes Antwortformat. Verfahren mit *offenem Format* lassen sich u. a. nach dem Antwortmodus (verbal, schriftlich, zeichnerisch usw.) und nach dem Grad der Vorstrukturierung der Antworten unterteilen. Ein nichtverbales Antwortformat findet sich häufig bei Fähigkeits- und Leistungstests. So müssen sich die Probanden in einem bekannten Gedächtnistest zunächst den auf einem Stadtplan eingezeichneten Weg von einem Start- zu einem Zielort einprägen und in einer anschließenden Erinnerungsphase auf einem neuen Stadtplan nachzeichnen (Bäumler, 1974). In diesem Beispiel sind die Antwortmöglichkeiten durch den vorgegebenen Stadtplan bis zu einem gewissen Grad vorstrukturiert. Freiere Antwortmöglichkeiten haben die Testpersonen bei sog. projektiven Verfahren wie dem *Thematischen Apperzeptionstest*, in dem die Personen Geschichten zu vorgegebenen Bildern erfinden sollen. Die gelieferten Geschichten werden dann nach verschiedenen, zum Teil recht komplizierten Richtlinien kodiert und verrechnet (▶ **Kap. 11**).

Gebundenes Antwortformat. Auch beim *gebundenen Antwortformat* existieren eine Reihe von Varianten. Bei Verfahren zur Messung von Persönlichkeitseigenschaften i. e. S., Einstellungen oder aktuellen Emotionen wird häufig entweder ein dichotomes (zweiwertiges) Format oder ein Format mit mehreren geordneten Antwortkategorien eingesetzt. Ein *dichotomes Format* bietet zwei Antwortoptionen (z. B. *trifft zu* und *trifft nicht zu*), wobei die Antworten generell im Sinne des zu erfassenden Merkmals kodiert werden. Bei *Items mit mehreren geordneten Antwortkategorien*, sog. Rating- (Einstufungs-) oder Likert-Skalen, werden drei oder mehr Antwortoptionen formuliert, die nach Häufigkeiten, Intensitäten oder Zustimmungsgraden geordnet sind, wie in unserem Beispiel in ▶ **Abb. 3.1** (S. 38).

Das Ratingformat wird dem dichotomen Format meist vorgezogen, da es eine differenziertere Bestimmung des in Rede stehenden Merkmals erlaubt. Neben Häufigkeiten bzw. Wahrscheinlichkeiten und Zustimmungs- bzw. Ablehnungsgraden werden zur verbalen Etikettierung der Antwortoptionen auch Prozentzahlen, Intensitäten oder Zeitintervalle verwendet. Die Antworten werden mit gleichabständigen ganzzahligen Werten verrechnet. Nicht immer werden dabei alle Antwortoptionen verbal verankert. Manchmal begnügt man sich mit einer Beschreibung der Extremausprägungen der Skala und kennzeichnet Zwischenstufen mit Zahlen oder Symbolen, also etwa

trifft überhaupt nicht zu ⓪ ① ② ③ ④ trifft sehr zu

wobei die Testpersonen in der Instruktion mit der Verwendung der Skala vertraut gemacht werden. Eine Variante sind *graphische Ratingskalen*, in denen die Personen nicht zwischen diskreten Optionen wählen, sondern ihr Urteil durch Markierung einer Stelle auf einem Kontinuum abgeben:

trifft überhaupt nicht zu  trifft sehr zu

Sofern die Testvorgabe bzw. -auswertung nicht computergestützt bzw. maschinell erfolgt, ist dieses Antwortformat etwas unpraktisch, da die Markierungen hier vermessen werden müssen.

Die bisher gezeigten Beispiele verwendeten unipolare Skalen, die von einer Null- bis zu einer maximalen Ausprägung reichen. Eine Alternative besteht im Einsatz bipolarer Skalen, die von einem Pol über einen neutralen oder indifferenten Punkt zu einem Gegenpol reichen, etwa

Im Moment fühle ich mich ...

traurig ② ① ⓪ ① ② glücklich

angespannt ② ① ⓪ ① ② gelöst

Als Vorteil bipolarer Skalen wird geltend gemacht, dass sich die Begriffspaare gegenseitig erläutern und damit den erfragten Sachverhalt verdeutlichen können. Dabei muss allerdings sichergestellt sein, dass die Anker von allen Testpersonen als Gegenpole aufgefasst werden, was sicher nicht immer gewährleistet ist.

Tatsächlich sind bipolare Skalen unipolaren keineswegs generell vorzuziehen. Die beiden Beispiele beziehen sich auf aktuelle Affekte, die im Allgemeinen nicht gleichzeitig vorliegen; hier kann die Verwendung einer bipolaren Skala durchaus Sinn machen. Ist man dagegen an längerfristigen Verhaltensaspekten interessiert, beispielsweise an der „Affektlage" von Personen während der letzten Woche, wird man die Items in jeweils zwei Fragen mit unipolarem Antwortformat aufspalten. Der Grund hierfür liegt im sog. *Ambivalenz-Indifferenzproblem*, das mit bipolaren Skalen verknüpft sein kann. Während extreme Antworten auf bipolar formulierte Items eine klar umrissene Bedeutung besitzen (die Person war überwiegend traurig oder überwiegend glücklich), sind Antworten im Mittelbereich mehrdeutig. Solche Antworten können einerseits indizieren, dass die Stimmung der Person in der letzten Woche ausgeglichen war und im „normalen Bereich“ lag (Indifferenz). Sie können aber auch bedeuten, dass beide Affekte (Trauer und Freude, Angespanntheit und Gelöstheit) vorlagen (Ambivalenz). Durch Verwendung unipolarer Items, in denen Trauer, Freude, Angespanntheit und Gelöstheit separat erfasst werden, lassen sich diese Möglichkeiten differenzieren.

Zwei wichtige Fragen beim Einsatz des Ratingformats, die uni- und bipolare Skalen betreffen, beziehen sich auf die Anzahl der Antwortoptionen und die Verwendung einer „neutralen“ mittleren Kategorie.

Die Wahl der Anzahl der Antwortoptionen bzw. -stufen hängt davon ab, wie gut die Probanden in dem in Rede stehenden Bereich differenzieren können. Wird die Differenzierungsfähigkeit der Probanden überschritten, gewinnt man mit feineren Skalen nicht wirklich mehr Information als mit gröberen, da die Feinabstufungen von den Testpersonen dann entweder nicht oder in unsystematischer Weise genutzt werden. In gängigen Persönlichkeits-, Interessen- und Einstellungstests werden im Allgemeinen zwischen vier und elf Antwortstufen verwendet, wobei vier bis sechs Optionen am häufigsten sind. Bei Kindern werden meist weniger differenzierte Antwortformate eingesetzt. Häufig beschränkt man sich hier auf ein dichotomes Antwortformat, dessen Nutzung Kindern leichter fallen sollte.

Von der Verwendung einer mittleren Antwortkategorie (und damit einer ungeraden Zahl von Antwortoptionen) wird häufig abgeraten, da Probanden, welche die Items oberflächlich beantworten oder nicht bereit sind, Information über sich preiszugeben, diese Kategorie bevorzugen könnten. Verzichtet man auf eine Mittelkategorie, verwendet also eine gerade Zahl von Antwortmöglichkeiten, werden die Personen gezwungen, zumindest eine Tendenz erkennen zu lassen. Natürlich sind auch hier letztlich inhaltliche und konzeptuelle Gesichtspunkte ausschlaggebend. Für manche Fragestellungen ist die Vorgabe eines neutralen Ankerwerts durchaus sinnvoll oder sogar notwendig, z. B. bei der Erfassung ästhetischer oder affektiver Bewertungen, bei denen gerade auch indifferente Urteile interessieren. Sofern solche Gesichtspunkte keine Rolle spielen, wird man jedoch eine gerade Antwortzahl favorisieren.

Seltener verwendet werden *Checklisten*, wie etwa

Welche der folgenden Affekte haben Sie heute erlebt?

❑ Angst ❑ Ärger ❑ Freude ❑ Scham
❑ Stolz ❑ Trauer

Bei Checklisten steht es den Personen frei, keine, eine oder mehrere der aufgeführten Optionen anzukreuzen. Hier könnte man z. B. die Anzahl angegebener negativer Emotionen auszählen.

Anders ist dies bei sog. *Zwangswahlitems* (engl. *forced-choice items*). Bei solchen Items werden mehrere miteinander unvereinbare Itemstämme vorgegeben, zwischen denen sich die Probanden entscheiden müssen. So gibt es etwa im Fragebogen zur internalen/externalen Kontrollüberzeugung von Rotter (1966; ► **Kap. 10.3.1**) das folgende Item:

(a) Auf lange Sicht wird jeder so angesehen, wie er es verdient.

(b) Unglücklicherweise wird der Wert eines Menschen oft nicht bemerkt, egal, wieviel Mühe er sich gibt.

Im Beispielfall würde die Wahl der Alternative (a) einen Punkt in Richtung internale Kontrollüberzeugung ergeben. Das Forced-Choice-Format wird besonders häufig verwendet, wenn es um das Diagnostizieren unterschiedlicher Interessen, beispielsweise Berufsinteressen, geht (► **Kap. 10.4**).

Bei Wissens-, Fähigkeits- und Leistungstests findet man häufig das Mehrfach-Wahl- (multiple choice) und Zuordnungsformat. Beim *Multiple-Choice-Format* (MC-Format) werden mehrere mögliche Antworten vorgegeben, von denen jeweils eine als korrekt zu identifizieren ist. Ein Beispiel hatten wir oben bereits kennengelernt („Was ist ein Axiom"). Die inkorrekten Antwortoptionen werden als Distraktoren bezeichnet. Sie sollen für Personen, welche die richtige Antwort nicht kennen, ansprechend, andererseits jedoch eindeutig falsch sein. Die Kunst, geeignete MC-Items zu formulieren, besteht deshalb primär in der Konstruktion guter Distraktoren, die ein Erraten der korrekten Option unwahrscheinlich machen. Auf die Verwendung eines dichotomen Formats (eine korrekte Option, ein Distraktor) verzichtet man deshalb (außer man hat die Möglichkeit, sehr viele Items zu geben). Im Allgemeinen werden zwischen vier und zehn Antwortoptionen formuliert. Es ist klar, dass sich unter sonst gleichen Bedingungen Ratetendenzen umso weniger bemerkbar machen können, je mehr Distraktoren formuliert werden.

In einer Variante von MC-Items kann mehr als eine der Antwortoptionen korrekt sein, evtl. können sogar alle zutreffen. (Das Format wird manchmal als *Multiple-Choice-Multiple-Response-Format* angesprochen und damit vom üblicheren *Multiple-Choice-Single-Format* abgehoben.) Dies macht ein Erraten noch schwieriger, da einem vollständig korrekten Antwortmuster bei k Optionen in diesem Fall $2^k - 2$ inkorrekte Antwortmuster gegenüber stehen, bei einem Item mit vier Antwortoptionen also z. B. bereits 14 anstelle von nur drei. Derartige Items werden allerdings von den Probanden häufig als unfair empfunden. Darüber hinaus stellen sie sehr hohe Anforderungen an die Formulierung der Distraktoren. Während bei der normalen Vorgabe ein etwas mehrdeutig formulierter Distraktor, der evtl. als richtig aufgefasst werden könnte, wenig ausmacht, sofern die als korrekt definierte Option eindeutig besser trifft, ist dies in der Multiple-Response-Variante fatal und schafft auch bei Personen, welche die korrekte Antwort kennen, Unsicherheit. Üblicherweise wird beim MC-Format eine korrekte Antwort mit 1, eine inkorrekte oder fehlende Antwort mit 0 verrechnet.

Bei *Zuordnungsverfahren* (engl. *matching*) werden zwei Listen von Gegenständen oder Konzepten konstruiert, zwischen denen eine Korrespondenz herzustellen ist, z. B.

Ordnen Sie jeder der folgenden Personen die ihr zugeschriebene Erfindung zu. Schreiben Sie den Buchstaben in das frei gelassene Feld.

James Watt	___	(a) Telefon
Philipp Reis	___	(b) Computer
Konrad Zuse	___	(c) Blitzableiter
O. H. v. Mayenburg	___	(d) Dampfmaschine
Benjamin Franklin	___	(e) Glühbirne
		(f) Zahnpasta

Wie ersichtlich, sind die beiden Listen unterschiedlich lang. Hierdurch wird vermieden, dass die letzte (im Beispiel die fünfte) Zuordnung aufgrund der anderen Zuordnungen bereits festgelegt ist. Für die Verrechnung kann man die Anzahl der korrekten Zuordnungen zählen und evtl. hiervon die Zahl der inkorrekten Zuordnungen subtrahieren.

Offenes oder gebundenes Format? Bei der Entscheidung zwischen offenem und gebundenem Antwortformat sind eine Reihe von Vor- und Nachteilen zu bedenken. Der beim offenen Format gegebene große Antwortspielraum kann diagnostisch sehr aufschlussreich sein. Für die Erfassung einer Reihe von Verhaltensaspekten, z. B. kreativer Leistungen, sind freie Antworten unabdingbar.

Tests mit offenem Antwortformat verlangen eine Kategorisierung, ggf. auch eine darüber hinausgehende Bewertung der Antworten, während die Antworten beim gebundenen Format gewissermaßen automatisch kategorisiert werden. Die Auswertung offener Items ist also mit höherem Aufwand verbunden als die gebundener Items. Unter dem Gesichtspunkt der *Auswertungsökonomie* ist das gebundene Format daher zu präferieren.

Auch die *Auswertungsobjektivität* spricht für die Verwendung des gebundenen Antwortformats. Sie kann beim offenen Format problematisch sein. Dies ist beispielsweise der Fall, wenn die Antworten hinsichtlich bestimmter Qualitätsaspekte bewertet werden müssen. Die von einer Testperson gegebene Definition des Begriffs Axiom im obigen Beispiel kann etwa mehr oder weniger treffend sein, so dass sich hier bei der Bewertung gewisse Spielräume ergeben.

Die Testmanuale enthalten zwar meist relativ detaillierte Auswertungsrichtlinien, können aber naturgemäß nicht alle möglichen Reaktionen der Probanden antizipieren. Besonders offensichtlich ist dies etwa bei Kreativitätstests, in denen bei einer Reihe von Items die Originalität der Antworten eingeschätzt werden muss. In solchen Fällen muss die Auswertungsobjektivität der Skalen eigens bestimmt werden. Bei gebundenen Format ist dies nicht erforderlich. Hier können Fehler allein bei der Übertragung der Werte unterlaufen, was sich relativ leicht kontrollieren und ggf. korrigieren lässt. Die Auswertungsobjektivität ist hier zumeist optimal.

Bei Aufgaben, deren Beantwortung als richtig oder falsch klassifiziert werden kann, liegt ein Vorteil des offenen Formats darin, dass Ratetendenzen meist nur eine vernachlässigbar geringe Rolle spielen. Beim gebundenen Format können individuelle Unterschiede in der Bereitschaft, bei Nichtwissen oder nur partiellem Wissen zu raten (eine der Antwortoptionen anzukreuzen), die Testresultate ggf. verzerren. Dem kann aber durch geeignete Instruktionen, evtl. auch durch technische Korrekturen entgegengewirkt werden (Lienert & Raatz, 1998).

3.3 Itemkennwerte und Testwertverteilung

In der Erprobungsphase werden die für die Itembewertung und -auswahl notwendigen empirischen Daten erhoben. Hierfür wird die erstellte Vorform des Tests einer Stichprobe aus der Zielpopulation vorgelegt. Dabei wird es aus praktischen Gründen häufig nicht möglich sein, eine repräsentative Stichprobe zu ziehen – obwohl dies natürlich der Idealfall wäre. In jedem Fall sollte man sich darum bemühen, dass die Verteilung der jeweils interessierenden Merkmale in der Stichprobe deren Verteilung in der Zielpopulation nahe kommt. Insbesondere ist darauf zu achten, dass die Merkmalsstreuung in der Stichprobe möglichst breit und nicht etwa durch die Auswahl der Personen eingeschränkt ist. Man spricht in diesem Fall von *spezifischer Repräsentativität*; gemeint ist, dass die Verteilung der *interessierenden* Merkmale (etwa Gewissenhaftigkeit) repräsentativ ist, nicht aber notwendigerweise die Verteilung anderer Merkmale (etwa räumliches Vorstellungsvermögen). Für die Konstruktion eines Intelligenztests für Erwachsene wäre es z. B. unangebracht, die notwendigen Voruntersuchungen an Studierenden vorzunehmen, für die nicht nur höhere Merkmalsausprägungen, sondern auch eine geringere Streuung des Merkmals zu erwarten ist als in der Zielpopulation. In diesem Fall würden die Stichprobenkennwerte die Verhältnisse in der Population nicht genau reflektieren, eventuell sogar ein stark verzerrtes Bild liefern.

Im Rahmen der Item- und Testanalyse werden die Items im Hinblick auf ihre psychometrischen Eigenschaften analysiert und bewertet. Ziel ist es dabei, in messtechnischer Hinsicht angemessene Items für die zu erstellende Testendform auszuwählen. Items, die sich als ungeeignet erweisen, werden eliminiert oder modifiziert. Darüber hinaus kann es sich manchmal als notwendig erweisen, neue Items zu formulieren. Modifikationen des Tests erfordern natürlich auch eine erneute Erprobung. Auf der Grundlage der Ergebnisse der Itemanalysen wird eine revidierte Form des Tests erstellt. Die revidierte Testform wird anschließend einer zweiten Stichprobe vorgelegt und erneut analysiert. Diese Schleife wird so lange durchlaufen, bis die optimal geeigneten Items identifiziert sind. Diese gehen in die Endform des Tests ein.

Wie wir bereits sahen, werden für die Itemanalyse den Antworten der Personen Zahlen zugeordnet. In einigen Anwendungen dienen diese Zahlen lediglich als Kategorien, die verschiedene Antworten oder Antwortklassen voneinander differenzieren sollen. In diesem Fall könnten auch Buchstaben oder verbale Kennzeichnungen verwendet werden. Meist werden die Antworten jedoch als Indikatoren eines zugrunde liegenden kontinuierlich variierenden Merkmals aufgefasst, dessen Ausprägung quantitativ beschrieben werden soll. Hierfür werden numerische Werte benötigt.

Bei Aufgaben, die als richtig oder falsch bewertet werden können, wählt man dabei am besten den Wert 1 für korrekte und den Wert 0 für inkorrekte Antworten. In analoger Weise geht man bei Items mit dichotomen Antwortformat vor: Hier ordnet man 1 einer Antwort zu, die im Sinne des zu erfassenden Merkmals gerichtet ist, 0 einer Antwort, die nicht im Sinne des Merkmals gerichtet ist. Andere Zuordnungen wären hier möglich, diese Art der Kodierung vereinfacht jedoch einige der anzustellenden Berechnungen. Items, bei denen die Antworten mit nur zwei Werten kodiert werden, heißen *binäre Items*. Werden mehr als zwei Stufen verwendet, spricht man dagegen von *quantitativen Items* (vgl. McDonald, 1999). Quantitative Itemwerte erhält man beispielsweise beim Zuordnungsformat, indem man die Zahl der korrekten Zuordnungen auszählt, oder beim Ratingformat, indem man die einzelnen Antwortkategorien mit ganzzahligen Werten kodiert. Im Allgemeinen zählt man dabei entweder von 1 bis zur Anzahl der Antwortoptionen oder von 0 bis zur Kategorienanzahl minus 1. Auch hier ist es natürlich wichtig, auf die einheitliche Polung der Kodierung zu achten. Die Zuordnung muss *in Schlüsselrichtung* erfolgen, wie man sagt. Quantitative Itemwerte ergeben sich auch dann, wenn die Antworten hinsichtlich bestimmter Aspekte bewertet werden (z. B. hinsichtlich ihrer Originalität in einem Kreativitätstest).

Testwerte werden durch Summierung oder Mittelung der Itemwerte gebildet, wie wir bereits sahen. Bei binären Items kennzeichnet der Testwert dann die Zahl bzw. die relative Häufigkeit korrekter Antworten oder die Zahl bzw. relative Häufigkeit von Antworten, die im Sinne des Merkmals abgegeben wurden.

Der Testwert ist das, was uns eigentlich interessiert. Er liefert den Indikator des zu erfassenden Merkmals. Es ist klar, dass der Testwert diese Indikatorfunktion nur erfüllen kann, wenn auch die Items, auf deren Grundlage er gebildet wird, das Merkmal erfassen. Daher muss man sich bei der Testkonstruktion und -analyse mit den Eigenschaften einzelner Items auseinandersetzen. Die drei wichtigsten Eigenschaften von Items sind Schwierigkeit, Streuung und Trennschärfe, auf die wir in den folgenden Abschnitten eingehen.

3.3.1 Schwierigkeit

Items werden mehr oder weniger häufig gelöst bzw. mehr oder weniger häufig in Schlüsselrichtung beantwortet. Das Mehr oder Weniger bestimmt die Schwierigkeit eines Items. Der entsprechende statistische Kennwert heißt *Schwierigkeitsindex* und wird durch die relative Häufigkeit korrekter Antworten in einer Personstichprobe bestimmt. Diese relative Häufigkeit kürzt man im Allgemeinen mit p_j ab, wobei der Index j für ein konkretes Item (die

Itemnummer) steht. Der Index schätzt die Lösungswahrscheinlichkeit p (engl. *probability*) einer zufällig ausgewählten Person.

Der Schwierigkeitsindex lässt sich also durch

$$p_j = n_j/n$$

berechnen. Hierbei steht n_j für die Zahl der Personen, die das Item j gelöst haben, n für die Gesamtzahl der Personen in der Stichprobe. Ein Item, das 180 von 200 Testpersonen lösen, erhielte also einen Schwierigkeitsindex von 0.9; ein Item, das 100 Personen lösen, einen Schwierigkeitsindex von 0.5. Dabei ist zu beachten, dass leichte Items (also Items, die von vielen Personen gelöst werden) einen hohen Indexwert erhalten, schwierige Items (Items, die nur wenige Personen lösen) entsprechend einen niedrigen Indexwert. Diese Polung ist kontraintuitiv, hat sich aber so eingebürgert. Der Vorschlag, den Index in „Leichtigkeitsindex" umzutaufen, konnte sich nicht durchsetzen. (Bei der adjektivischen Verwendung behält man die intuitive Polung jedoch bei, ein „schwieriges" Item wird also selten gelöst.)

Items, deren Beantwortung nicht als richtig oder falsch bewertet werden kann (z. B. „Ich esse gern Schokoladeneis"), werden ebenfalls als mehr oder weniger schwierig bzw. leicht bezeichnet. Die Anwendung des Begriffs Schwierigkeit auf solche Items mag überraschen. Sie ist einfach eine technische Konvention, die keine Aussage darüber macht, ob die Beantwortung eines Items auch subjektiv als schwierig oder leicht empfunden wird. Bei binären Items gibt der Index den Anteil der Personen an, die das Item im Sinne des Merkmals beantwortet haben. Auch hier muss man sich daran gewöhnen, dass Items, die generell eher im Sinne des Merkmals beantwortet werden, einen hohen Indexwert erhalten. Das Beispielitem würde bei Kindern vermutlich einen hohen Schwierigkeitsindex erhalten (sofern es in Richtung Eispräferenz kodiert wird). Um die Konnotation mit Leistungen zu vermeiden, ersetzt man den Begriff „Schwierigkeit" hier manchmal durch den der „Popularität".

Bei quantitativen Items wird die Schwierigkeit durch das arithmetische Mittel der Itemwerte über die Personen bestimmt:

$$\bar{x}_j = \frac{1}{n}\sum_{i=1}^{n} x_{ij}.$$

Wir reservieren im Folgenden den Buchstaben X für Itemvariablen, wobei wir Personen immer mit i, Items mit j indizieren. (Für Testwerte verwenden wir den Buchstaben Y.) Bei der beschriebenen Form der Itemkodierung (1 für korrekt bzw. im Sinne des Merkmals, sonst 0) ist der Schwierigkeitsindex eines binären Items identisch mit dem arithmetischen Mittel der Itemwerte über alle n Personen, wie man sich leicht veranschaulichen kann. Die letzte Formel deckt also binäre *und* quantitative Items ab. Wie aus der Definition des Schwierigkeitsindex ersichtlich ist, streuen die Indices im selben Bereich wie die Itemwerte, bei binären Items also zwischen 0 und 1, bei quantitativen Items zwischen 1 (bzw. 0) und der Anzahl der Antwortkategorien (minus 1, je nach Kodierung).

Schwierigkeiten werden aus zwei Gründen, die wir bereits bereits in ▶ **Kap. 3.1.4** angesprochen hatten, betrachtet: Erstens ist es in Fähigkeits- und Leistungstests zweckmäßig, die Aufgaben hinsichtlich ihrer Schwierigkeit anzuordnen, also leichte Aufgaben an den Anfang, schwierige Aufgaben an das Ende des Tests zu stellen. Die Schwierigkeitsindices liefern uns die hierfür benötigte Information. Zweitens sollten sich die Items hinsichtlich ihrer Schwierigkeit unterscheiden, es sollten also leichte, mittelschwierige und schwierige Items in einen Test aufgenommen werden. Dieser Gesichtspunkt betrifft im Prinzip alle Testarten, insbesondere jedoch solche Tests, in denen inhaltlich sehr homogene (gleichartige) Aufgaben (z. B. nur Zahlenreihen) zu bearbeiten sind. Sehr homogene Testaufgaben finden sich eher in Fähigkeits- und Leistungstests als in Tests zur Erfassung von Persönlichkeitsmerkmalen i. e. S. Durch die Aufnahme von Items unterschiedlicher Schwierigkeit soll gewährleistet werden, dass die Testwerte in allen Bereichen des Merkmalskontinuums gut zwischen Personen differenzieren. Enthielte ein homogener Test z. B. nur Aufgaben gleicher Schwierigkeit, würden die Testwerte lediglich zwei Gruppen gut voneinander differenzieren, nämlich Personen, die Aufgaben dieser Schwierigkeit lösen, und Personen, die Aufgaben dieser Schwierigkeit nicht lösen können.

Durch die Aufnahme von Items unterschiedlicher Schwierigkeit kann ein solcher Defekt vermieden werden. Für Tests oder Skalen mit homogenen binären Items wird deshalb empfohlen, die Items so zusammenzustellen, dass die Schwierigkeiten mindestens einen Bereich von 0.2 bis 0.8 abdecken. Bei Fähigkeitstests, mit denen auch in Extrembereichen des zu erfassenden Merkmals noch gut differenziert werden soll, wird man dieses Intervall noch breiter ansetzen. Generell sollten die Itemschwierigkeiten so streuen, dass die Testwerte den jeweils interessierenden Ausschnitt des Merkmalskontinuums möglichst gut reflektieren. In besonders interessierenden Ausschnitten sollten sich auch die Itemschwierigkeiten konzentrieren. Dies ist häufig der Mittelbereich, in dem die meisten Personen liegen (siehe Lienert & Raatz, 1998, für eine detaillierte Diskussion). Genauere Hinweise zum optimalen „Schwierigkeitsmix" der Items lassen sich mit Hilfe der Item-Response-Theorie gewinnen (► **Kap. 4.2.8**).

Außerhalb des Fähigkeits- und Leistungsbereichs sind die Aufgaben meist heterogener, so dass sich ähnliche Itemschwierigkeiten nicht so extrem auswirken wie im Beispiel. Darüber hinaus werden hier meist quantitative Items verwendet, die von vornherein eine stärkere Differenzierung zwischen Personen ermöglichen als binäre Items. Einer breiten Streuung der Itemschwierigkeiten kommt hier deshalb eine geringere Bedeutung zu als bei homogenen binären Items.

3.3.2 Streuung

Auch die Variation einzelner Items sollte bei der Aufgabenselektion und -zusammenstellung berücksichtigt werden. Es ist einleuchtend, dass die Antworten auf ein Item zwischen den Personen streuen sollten. Ein Item, auf das alle Personen die gleiche Antwort geben, liefert keine Information über die interessierenden interindividuellen Unterschiede und kann deshalb eliminiert werden. Prinzipiell besitzen Items mit starker Streuung bessere Voraussetzungen zur Differenzierung unterschiedlicher Ausprägungen des anvisierten Merkmals als Items mit geringer Streuung.

Streuungsmaße, also Varianzen bzw. Standardabweichungen, müssen nur bei quantitativen Items berechnet werden. Bei binären Items genügt die Betrachtung der Itemschwierigkeit, da hier Schwierigkeit und Streuung direkt miteinander gekoppelt sind. Die Varianz binärer Items ergibt sich nämlich einfach aus $p \cdot (1-p)$, wie sich aus der Definition der Varianz ableiten lässt. Sie wird bei mittlerer Itemschwierigkeit ($p = 0.5$) maximal (0.25): Hier ist die Unterschiedlichkeit der Antworten am größten, da die Hälfte der Personen das Item löst bzw. bejaht, die andere Hälfte das Item nicht löst bzw. verneint. Mit zunehmender Schwierigkeit bzw. Leichtigkeit nähert sich die Streuung dem Wert 0, der erreicht wird, wenn alle oder keine der Personen das Item lösen.

Auch bei quantitativen Items sind Schwierigkeiten und Varianzen voneinander abhängig, wobei die Schwierigkeit die Varianz allerdings nicht mehr vollständig festlegt. Die Anzahl der Kategorien bestimmt die maximal mögliche Varianz eines Items. Je mehr Antwortkategorien verwendet werden, desto höher wird die mögliche Varianz und desto geringer fällt deren Abhängigkeit von der Schwierigkeit aus.

Wir hatten oben bemerkt, dass man bei homogenen Tests, die aus binären Items bestehen, auf die Aufnahme leichter, mittelschwieriger und schwieriger Items achten sollte. Leichte und schwierige Items besitzen aber von vornherein eine relativ geringe Varianz, was den Gedanken nahelegen könnte, sie auszuscheiden oder durch Items mittlerer Schwierigkeit (und entsprechend höherer Varianz) zu ersetzen. Ein solches Vorgehen wäre jedoch nicht zielführend. Eine breite Streuung der Schwierigkeiten *zwischen Items* ist bei homogenen Tests, die wir besonders im Leistungsbereich finden, wichtiger als eine breite Streuung einzelner Items *zwischen Personen*. Mit Ausnahme von Extremwerten liefert die Streuung eines Items allein kein hinreichendes Argument, es zu eliminieren oder durch ein anderes Item zu ersetzen. Generell stellen Streuungsmaße eher ergänzende Kennwerte für die Beurteilung von Items dar.

3.3.3 Trennschärfe

Die Antworten auf die einzelnen Items sollen von einem gemeinsamen Merkmal abhängen, dessen Ausprägungen durch die Testwerte indiziert werden. Entsprechend müssen die Korrelationen zwischen den Item- und Testwerten jeweils substanziell und positiv ausfallen. In der klassischen Itemanalyse gilt die Item-Test-Korrelation $\text{Kor}(X_j, Y)$ als zentrales Gütekriterium eines Items; sie wird als *Trennschärfe* des Items (englisch *item discrimination power*) bezeichnet. Der Ausdruck „Trennschärfe" rührt daher, dass Items, die deutlich mit den Testwerten assoziiert sind, gut zwischen Personen mit hohen und niedrigen Testwerten trennen. Items mit niedriger Trennschärfe diskriminieren schlechter oder – im Extremfall – überhaupt nicht zwischen beiden Gruppen. Von geeigneten Items wird eine Trennschärfe erwartet, die deutlich über Null liegt. Für einen ungefähren Anhaltspunkt kann man Item-Test-Korrelationen ab .30 als untere Grenze ansetzen. Items mit niedrigeren Trennschärfen sind „Streichkandidaten". Korrelationen in der Höhe von .50 oder .60 kennzeichnen „gute" Items.

Neben Item-Test-Korrelationen werden als Trennschärfeindices auch Item-Test-Kovarianzen sowie einige weitere Größen betrachtet, die in bestimmten Anwendungen Vorteile gegenüber Korrelationen aufweisen können (für eine Übersicht siehe McDonald, 1999, Kap. 11). Die aufgrund ihrer Anschaulichkeit und einfacheren Vergleichbarkeit bevorzugt betrachteten korrelativen Indices liefern jedoch nahezu äquivalente Information.

In Tests, die relativ wenige Items umfassen, werden Item-Test-Korrelationen artifiziell in die Höhe getrieben, da das Item, dessen Zusammenhang mit dem Testwert beurteilt werden soll, ja Teil des Testwerts ist und daher eine algebraische (Teil-Ganzes-) Abhängigkeit besteht. Die Trennschärfeindices werden den Zusammenhang mit dem Merkmal also etwas überschätzen. Um diesem Effekt zu begegnen, kann man Korrelationen der Items mit „Rest-Testwerten" $Y - X_j$ berechnen, in denen das jeweils betrachtete Item *j nicht* berücksichtigt wird. Die Item-Rest-Korrelation wird als *korrigierte Trennschärfe* bezeichnet. Die Korrektur beseitigt zwar die Abhängigkeit, führt allerdings auch dazu, dass die Items an jeweils unterschiedlichen Kriterien gemessen werden. Darüber hinaus lässt sich zeigen, dass die so berechneten Kennwerte die Zusammenhänge mit dem zugrunde liegenden Merkmal leicht unterschätzen (siehe McDonald, 1999; ► **Kap. 4**). Die verschiedenen Kennwerte (korrigierte und unkorrigierte Korrelationen) ergeben jedoch meist identische oder sehr ähnliche Itemrangreihen. Dies ist nicht erstaunlich, da ihre Berechnung nur marginal differiert. Bei der Itemselektion ist es zweckmäßig, die Items mit den höchsten *korrigierten* Trennschärfen beizubehalten.

Wir hatten bemerkt, dass der Trennschärfe im Rahmen der klassischen Itemanalyse eine zentrale Rolle beigemessen wird. Die Trennschärfe gilt besonders bei Fragebogen mit mehrstufigen Antwortoptionen als wichtigstes Gütekriterium eines Items. Bei binären Items sollten die Aufgaben jedoch nicht allein auf der Basis ihrer Trennschärfen selektiert werden. Hier ist es besonders wichtig, immer auch eine breite Streuung der Itemschwierigkeiten im Auge zu behalten. Man wird also ggf. schwierige und leichte Items im Test belassen, auch wenn sie niedrigere Trennschärfen aufweisen als Items mit mittlerer Schwierigkeit.

Hinter der Betrachtung der Trennschärfe steht die Idee, dass Items, die gute Indikatoren des mit dem Test erfassten Merkmals sind, substanzielle Zusammenhänge mit den Testwerten aufweisen müssen. Hierbei wird der Testwert – auch wenn er auf einer noch *revisionsbedürftigen Vorform* des Tests basiert – als Kriterium herangezogen, an dem die Items beurteilt werden. Dieses Kriterium kann natürlich nur funktionieren, wenn die meisten Items, aus denen sich die Vorform zusammensetzt, zur Messung des Merkmals geeignet sind. Gerade das weiß man bei einer Testvorform jedoch noch nicht. Methoden, mit denen sich diese kritische Voraussetzung prüfen lässt, stellen wir im folgenden Kapitel dar. Die dort behandelten Testmodelle liefern auch Techniken, die besser zur Itemselektion geeignet sind als die klassischen Trennschärfeindices.

3.3.4 Verteilung der Testwerte

In der Erprobungsphase eines Tests sollte man immer auch einen Blick auf die *Verteilung der Testwerte* werfen, insbesondere dann, wenn bestimmte Verteilungen erwartet oder erwünscht sind. Diese Verteilung gibt wichtige Hinweise auf die Angemessenheit der Zusammenstellung und Reihung der Items sowie auf die Zusammensetzung der herangezogenen Personenstichprobe.

Häufig werden symmetrische, näherungsweise normalverteilte Testwerte erwartet, wie in ► **Abb. 3.3**, Beispiel A. Abweichungen von der Normalverteilung können u. a. zurückgehen auf

- eine heterogene Zusammensetzung der Stichprobe,
- eine unangemessene Auswahl, Reihung oder Verrechnung der Items oder
- das Vorliegen eines nichtnormalverteilten Merkmals.

Stichprobenheterogenität liegt vor, wenn mehrere Untergruppen existieren, die sich hinsichtlich ihrer Mittelwerte und/oder Streuungen deutlich unterscheiden. So können z. B. bimodale Verteilungen daher rühren, dass sich die Stichprobe aus zwei Gruppen zusammensetzt, deren Mittelwerte sehr weit auseinander liegen (Beispiel B), wie es in der Abbildung durch die gepunkteten Linien angedeutet ist. Sind die beiden Gruppen in etwa gleich groß und rücken ihre Mittelwerte aneinander, so kann eine breitgipflige Verteilung resultieren, wie sie in Beispiel C gezeigt ist. Schmalgipfelige Verteilungen resultieren bei Gruppen mit ähnlichen Mittelwerten, aber sehr unterschiedlichen Streuungen (Beispiel D). Schiefe Verteilung (Beispiele E und F) deuten auf unterschiedlich große Gruppen mit weiter auseinander liegenden Mittelwerten hin.

Auch eine unangemessene *Itemauswahl und -zusammenstellung* kann anomale Verteilungen bedingen. So kann eine rechtsschiefe Verteilung der Testwerte (Beispiel E) Anzeichen dafür sein, dass die gewählten Aufgaben zu schwierig für die getesteten Personen sind. Entsprechend deutet eine linksschiefe Verteilung (F) auf einen möglicherweise zu geringen Schwierigkeitsgrad des Tests hin. Eine detaillierte Diskussion abweichender Verteilungsformen findet sich in Lienert und Raatz (1998).

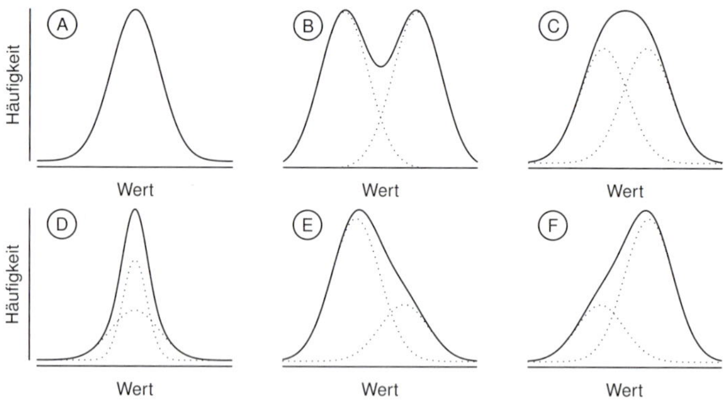

Abb. 3.3 Beispiele für Verteilungsformen von Testwerten

Nicht immer sind deutliche Abweichungen von der Normalverteilung jedoch Besonderheiten der erhobenen Stichprobe oder einer inadäquaten Itemzusammenstellung anzulasten. Auch nichtnormalverteilte Variablen können die zu messende Eigenschaft in angemessener Weise reflektieren. So wird man z. B. für Verfahren zur Messung der Intensität aktueller Emotionen, etwa Angst oder Ärger, von vornherein keine symmetrisch verteilten Messwerte erwarten, wenn die Emotionsausprägung bei einer unausgelesenen Stichprobe in einer Alltagssituation erhoben wird. Für die meisten Personen werden sich hier niedrige Skalenwerte ergeben, so dass eine rechtsschiefe Verteilung resultiert.

3.4 Reliabilität

Jede Messung ist mit einem mehr oder weniger großen Fehler behaftet. Im Rahmen der Klassischen Testtheorie, die in ihrem Kern ein Messfehlermodell darstellt, wird versucht, die Genauigkeit bzw. Ungenauigkeit psychologischer Messungen numerisch zu bestimmen. Im Zentrum steht hier das Konzept der Reliabilität, das die Zuverlässigkeit oder Präzision der Messung beschreibt.

Information über die Reliabilität ist in allen Kontexten von essenzieller Bedeutung, in denen Tests eingesetzt werden. In der Forschung ist es z. B. wichtig, die Höhe von Zusammenhängen zwischen Konstrukten beurteilen zu können, die mit diversen und daher auch unterschiedlich reliablen Indikatoren erfasst werden. In der Praxis entsteht die Frage, ob ein gegebener Messfehler für den konkreten Einsatzzweck des Tests noch toleriert werden kann. Darüber hinaus muss der Messfehler bei Empfehlungen und Entscheidungen auf der Grundlage von Testergebnissen berücksichtigt werden (► **Kap. 13**).

Die klassischen Verfahren zur Bestimmung der Reliabilität eines Tests beruhen auf der Idee, die Messung mit dem gleichen oder einem äquivalenten (parallelen) Verfahren zu wiederholen und das Ausmaß der Übereinstimmung beider Messungen zu prüfen. Liefern die Messungen identische oder doch sehr ähnliche Werte, schließt man, dass der Messfehler gering, das Verfahren also reliabel ist. Divergieren die Werte deutlich, ist das Verfahren mit einem hohen Messfehler behaftet, also unreliabel. Bevor die grundlegenden praktischen Methoden zur Reliabilitätsbestimmung vorgestellt werden, ist es sinnvoll, die diesen Methoden zugrunde liegenden Modellvorstellungen zu skizzieren. Hierzu erläutern wir zunächst die für die Klassische Testtheorie fundamentalen Begriffe „wahrer Wert" und „Fehler". Anschließend stellen wir die Definition und die Ableitung einer Schätzgröße der Reliabilität aus der Korrelation paralleler Tests vor.

3.4.1 Wahrer Wert und Fehler

Ein wesentliches Anliegen der Klassischen Testtheorie ist es, zu einer praktikablen Abschätzung der Messpräzision eines Tests zu kommen. Ziel ist es dabei, die Genauigkeit bzw. Fehlerbehaftetheit einer Messung *numerisch* zu bestimmen. Zu diesem Zweck werden die Begriffe „wahrer Wert" (engl. *true score; T*) und „Fehler" (*error; E*) eingeführt, auf deren Basis Kennwerte der Messpräzision definiert werden können.

Für das Verständnis der Begriffe wahrer Wert und Fehler ist es nützlich, zunächst eine physikalische Messung zu betrachten. Nehmen wir als Beispiel eine ältere elektronische Küchenwaage, deren Messgenauigkeit wir untersuchen wollen. Wir greifen uns einen festen Gegenstand heraus, legen ihn wiederholt auf die Waage und notieren die Messwerte. Die Werte werden mehr oder weniger stark variieren, z. B. 100, 102, 98, 101 g usw. Da wir den gleichen Gegenstand verwenden (von dem wir annehmen, dass er sein Gewicht im Lauf der Messung behält), kann die Streuung der beobachteten Werte nur auf die Messung zurückgehen. Als Maß der Ungenauigkeit können wir nun ein Streuungsmaß, z. B. die Standardabweichung der Messwerte, berechnen. Diese Standardabweichung heißt auch *Standardfehler der Messung* oder kurz *Fehlerstreuung*.

Solange wir lediglich einen Gegenstand verwenden, beschreibt die Fehlerstreuung natürlich zunächst einmal nur die Ungenauigkeit für einen bestimmten Gewichtsbereich, streng genommen sogar nur für ein spezifisches Objekt. Wir werden deshalb das Experiment mit weiteren Gegenständen wiederholen, wodurch wir ein Profil der Fehlerstreuungen in verschiedenen Gewichtsbereichen gewinnen. Wir sehen dann, ob die Fehlerstreuung ungefähr konstant ist oder ob sie sich je nach Gewicht verändert.

Wenn die Waage für ein Objekt unterschiedliche Werte liefert, kann man versuchen, die Messung zu verbessern, indem man die Werte mittelt. Man schätzt damit den sog. Erwartungswert der Messungen. Von *Erwartungswerten* spricht man bei Variablen, deren Werte nicht festliegen (bzw. bereits bekannt sind), sondern bestimmten Wahrscheinlichkeiten folgen. Bei uns betrifft dies die Resultate der einzelnen Messungen. Aus Stichprobendaten wird der Erwartungswert einer Variablen durch das arithmetische Mittel vieler Messungen bestimmt (siehe Steyer & Eid, 1993, Anhang F, für eine genauere Darstellung). Zu beachten ist, dass eine solche Mittelung den „konstanten Fehler", wie er z. B. bei einer verstellten Waage vorliegt, nicht beseitigt. Verbessert werden aber Vergleiche verschiedener Objekte, die mit derselben Waage vorgenommen werden.

Auch in der Testtheorie ist die Idee der Messwiederholung bei einer Person Ausgangspunkt der Überlegungen. Wenn wir die Messung mit einem Test mehrfach wiederholen, erhalten wir eine Messwertvariable Y, deren einzelne Werte, wie im Gewichtsbeispiel, mehr oder weniger stark streuen werden. Jede Messung wird nun in zwei Komponenten zerlegt, nämlich (a) den Erwartungswert von Y, der als „wahrer Wert" bezeichnet wird, und (b) einen Fehlerwert, der sich aus der Differenz zwischen dem beobachteten und dem wahren Wert ergibt. Wahrer Wert und Fehler sind also wie folgt definiert:

$$T = \mathrm{Erw}(Y),$$
$$E = Y - T.$$

Durch Umstellen der Definition der Fehlervariablen erhält man

$$Y = T + E,$$

einen Ausdruck, der oft als grundlegende Gleichung der Klassischen Testtheorie bezeichnet wird. Bei der Anwendung dieser Gleichung auf eine Person ergeben sich die Messwerte aus konstanten wahren Werten und zwischen den Messungen streuenden Fehlerwerten. Der wahre Wert wird also als fixe Größe betrachtet: Er vertritt die zu messende Personeigenschaft, die über die Messgelegenheiten stabil bleibt. Die Fehlerwerte dagegen fluktuieren unsystematisch von einer Messung zur anderen. Das Ausmaß der Fluktuation, also die Streuung der Fehlerwerte über die Messungen, wird als Eigenschaft des Messinstruments angesehen.

Eine bemerkenswerte Konsequenz der Definitionen von wahrer Wert und Fehler besteht darin, das der Erwartungswert des Fehlers Null ist:

$$\mathrm{Erw}(E) = \mathrm{Erw}(Y - T) = \mathrm{Erw}(Y) - \mathrm{Erw}(T) = T - T = 0.$$

Die Konsequenz verdeutlicht, dass der konstante Fehler hier ignoriert wird. Dies ist für psychologische Tests (im Gegensatz zur Gewichts- oder Längenmessung) deshalb unproblematisch, weil nur die relativen Positionen von Personen bedeutsam sind. Die Testwertskala kann um eine beliebige Konstante verschoben werden, ohne die Aussagen, die wir über die getesteten Personen machen können, zu verändern.

Wie im Gewichtsbeispiel können wir nun die Fehlerstreuung bei einer Person berechnen. Darüber hinaus können wir weitere Personen wiederholt testen, um ein Bild der Fehlerstreuung bei verschiedenen Personen und in verschiedenen Bereichen der Testwertskala zu erhalten. Wir könnten auch einen Durchschnittswert über alle Personen berechnen, der das generelle Funktionieren des Tests in der Zielpopulation beschreibt.

Die Vorstellung einer häufigen Wiederholung der Messung unter identischen Bedingungen, von der wir bislang ausgegangen sind, ist für physikalische Messungen plausibel, für psychologische Tests aber unrealistisch. Die Personen werden sich an ihre Antworten bei früheren Testungen erinnern, es werden sich Lern- und Übungseffekte einstellen, die Testmotivation wird sinken usw. Solche Faktoren werden die Antworten und Leistungen bei späteren Testungen erheblich beeinflussen. Darüber hinaus ist natürlich auch daran zu denken, dass sich das zu messende Merkmal über die Zeit verändert, was generell bei Verfahren zur Messung aktueller Zustände der Fall sein wird.

Die Idee der Messwiederholung alleine liefert also noch keine brauchbare Ausgangsbasis für die Schätzung des Messfehlers. Um eine solche Ausgangsbasis zu erhalten, geht die Klassische Testtheorie von einer (mindestens) zweimaligen Messung mit „parallelen" bzw. „äquivalenten" Varianten eines Verfahren aus. Parallel oder äquivalent sind Tests, die das gleiche Merkmal mit ähnlichen Items erfassen. Hierfür müssen die Items bestimmte inhaltliche und statistische Anforderungen erfüllen, auf die wir unten noch genauer eingehen werden (S. 63ff).

3.4.2 Reliabilität und Standardfehler der Messung

Für die Bestimmung der Messgenauigkeit eines Verfahrens wird eine repräsentative Stichprobe aus Personen der Zielpopulation zweimal getestet. Man erhält zwei Testwertvariablen, die wir im Folgenden mit Y (erster Test) und Y' (Paralleltest) notieren. Zu beachten ist, dass Y hier Messungen an mehreren (im Allgemeinen sehr vielen) Personen repräsentiert. Gleiches gilt für die Variable Y', deren Werte die bei jeder Person wiederholte Messung darstellen.

Das „Grundgerüst" der Klassischen Testtheorie bilden zwei Modellannahmen:

$$Y = T + E \tag{3.1}$$

$$\mathrm{Cov}(T, E) = 0 \tag{3.2}$$

Die erste kennen wir bereits: Die Testwerte setzen sich aus einem messfehlerfreien Teil T, den wahren Werten, sowie „Restwerten" (Residuen) $E = Y - T$ zusammen, die den Messfehler vertreten. Im Unterschied zur Messung bei einer Person repräsentiert T jetzt die von Person zu Person variierenden Ausprägungen der wahren Werte. Man spricht daher auch von der True-Score-Variablen. Die zweite Annahme besagt, dass wahre Werte und Fehlerwerte unkorreliert sind. Insgesamt wird die Testwertvariable Y also in eine Summe zweier voneinander unabhängiger Komponenten zerlegt, die True-Score-Variable T und die Fehlervariable E.

Definition der Reliabilität

Zur Definition der Reliabilität wird der Beitrag beider Komponenten zur Varianz der Testwerte betrachtet. Da T und E unkorreliert sind (Gleichung 3.2), ist die Varianz der Testvariablen gleich der Summe aus wahrer und Fehlervarianz:[1]

$$\begin{aligned}\text{Var}(Y) &= \text{Var}(T+E)\\ &= \text{Var}(T) + \text{Var}(E) + 2\,\text{Cov}(T,E)\\ &= \text{Var}(T) + \text{Var}(E).\end{aligned}$$

Hieraus (und aus der Tatsache, dass Varianzen nicht kleiner als Null werden können) ergibt sich, dass wahre und Fehlervarianz jeweils kleiner oder gleich der Testwertvarianz sind, also

$$\begin{aligned}\text{Var}(T) &\leq \text{Var}(Y) \text{ und}\\ \text{Var}(E) &\leq \text{Var}(Y),\end{aligned}$$

woraus sich wiederum herleitet, dass das Verhältnis von wahrer Varianz und Testwertvarianz zwischen Null und Eins liegen muss:

$$0 \leq \frac{\text{Var}(T)}{\text{Var}(Y)} = \frac{\text{Var}(T)}{\text{Var}(T) + Var(E)} \leq 1.$$

Dieses Varianzverhältnis wird benutzt, um den Reliabilitätskoeffizienten Rel(Y) zu definieren:

$$\begin{aligned}\text{Rel}(Y) &= \frac{\text{Var}(T)}{\text{Var}(Y)}\\ &= \frac{\text{Var}(T)}{\text{Var}(T) + \text{Var}(E)}.\end{aligned} \tag{3.3}$$

Der Reliabilitätskoeffizient stellt eine der wichtigsten Größen der Klassischen Testtheorie dar. Er gibt den Anteil der wahren an der Gesamtvarianz einer Testvariablen an. Der Reliabilitätskoeffizient wird Null, wenn die Testvariable keine wahre Varianz (sondern nur Fehlervarianz) beinhaltet und Eins, wenn der Test vollkommen messfehlerfrei ist.

Empirische Schätzung der Reliabilität

Für die empirische Schätzung der Reliabilität reichen die bislang eingeführten Modellannahmen und die Definition der Reliabilität nicht aus. Wir kennen weder die wahre noch die Fehlervarianz. Wie bereits erwähnt, wird (mindestens) eine weitere Messung an den gleichen Personen benötigt. Es liegt dann eine zweite Testwertvariable Y' vor, die in gleicher Weise zerlegt werden kann wie die erste:

$$\begin{aligned}Y' &= T' + E' \text{ und}\\ \text{Cov}(T', E') &= 0.\end{aligned}$$

Nehmen wir nun der Einfachheit halber an, dass die wahren Komponenten der beiden Testvariablen sowie ihre Fehlervarianzen gleich sind, also

$$\begin{aligned}T &= T' \text{ und}\\ \text{Var}(E) &= \text{Var}(E').\end{aligned}$$

[1] Generell ergibt sich die Varianz einer Summenvariablen aus den Varianzen der Einzelvariablen plus zweimal der Kovarianz der Variablen:

$$\text{Var}(X_1 + X_2) = \text{Var}(X_1) + \text{Var}(X_2) + 2 \cdot \text{Cov}(X_1, X_2).$$

Ist die Kovarianz (und damit auch die Korrelation) der Variablen Null, wie in unserem Fall, lassen sich die Einzelvarianzen einfach addieren.

Diese beiden Annahmen sind recht restriktiv, können jedoch, wie wir später sehen werden (▶ **Kap. 4**), aufgelockert werden. Entscheidend für die Reliabilitätsbestimmung ist eine dritte Zusatzannahme, welche die Unkorreliertheit der Fehlerkomponenten fordert:

$$\mathrm{Cov}(E,E') = 0. \tag{3.4}$$

Aus der Gleichheit der wahren Werte ergibt sich jetzt für die zweite Messung

$$Y' = T + E' \text{ sowie}$$
$$\mathrm{Cov}(T,E') = 0. \tag{3.5}$$

Die zweite Testvariable setzt sich also aus den gleichen wahren Werten, aber unterschiedlichen Fehlerwerten zusammen. (Die Fehlervariablen haben nur die gleiche Varianz, die einzelnen Werte können sich unterscheiden.)

Die angenommene Gleichheit der Fehlervarianzen von E und E' hat zur Folge, dass auch die Varianzen der Testwerte (die sich ja aus der Summe von wahrer und Fehlervarianz ergeben) identisch sind, d. h.

$$\mathrm{Var}(Y) = \mathrm{Var}(Y'). \tag{3.6}$$

Die Annahme, dass beide Fehlervariablen unkorreliert sind (Gleichung 3.4), ermöglicht es nun, den Reliabilitätskoeffizienten durch einen empirisch zu ermittelnden Kennwert zu bestimmen. Hierzu betrachten wir zunächst die Kovarianz der beiden Testvariablen, die sich aus der Summe der gemeinsamen wahren Anteile und der jeweils spezifischen Fehleranteile ergeben:

$$\mathrm{Cov}(Y,Y') = \mathrm{Cov}(T+E, T+E').$$

Zerlegt man den rechten Ausdruck, so ergibt sich:[2]

$$\mathrm{Cov}(Y,Y') = \mathrm{Cov}(T,T) + \mathrm{Cov}(T,E) + \mathrm{Cov}(T,E') + \mathrm{Cov}(E,E').$$

Da die drei letzten Terme aufgrund der Gleichungen (3.2), (3.4) und (3.5) jeweils 0 sind, vereinfacht sich dieser Ausdruck zu $\mathrm{Cov}(T,T)$, was nichts anderes ist als die Varianz der True-Score-Variablen. Unter den gemachten Annahmen ist die Kovarianz der Testvariablen also identisch mit der Varianz der wahren Werte:

$$\mathrm{Cov}(Y,Y') = \mathrm{Var}(T).$$

Setzt man dies in die Definition der Reliabilität ein (Gleichung 3.3), erhält man

$$\mathrm{Rel}(Y) = \frac{\mathrm{Var}(T)}{\mathrm{Var}(Y)} = \frac{\mathrm{Cov}(Y,Y')}{\mathrm{Var}(Y)}.$$

Wegen der Gleichheit der Varianzen der Testvariablen (Gleichung 3.6), lässt sich für deren Korrelation schreiben[3]

$$\mathrm{Kor}(Y,Y') = \frac{\mathrm{Cov}(Y,Y')}{\mathrm{Std}(Y)\cdot\mathrm{Std}(Y')} =$$
$$\frac{\mathrm{Cov}(Y,Y')}{\mathrm{Var}(Y)} = \frac{\mathrm{Cov}(Y,Y')}{\mathrm{Var}(Y')} =$$
$$\mathrm{Rel}(Y) = \mathrm{Rel}(Y').$$

Unter den angegebenen Bedingungen (Gleichheit der True-Score-Variablen und Fehlervarianzen, Unkorreliertheit der Fehlervariablen) ergibt sich also die Reliabilität der Testvariablen einfach durch deren Korrelation,

$$\mathrm{Rel}(Y) = \mathrm{Rel}(Y') = \mathrm{Kor}(Y,Y').$$

Das wesentliche Ergebnis dieser Ableitung ist, dass sich die Reliabilität aus empirisch zu gewinnenden Testwerten schätzen lässt.

[2] Die Kovarianzen zweier Summenvariablen mit m und p Summanden lassen sich ermitteln, indem man die $m \cdot p$ Kovarianzen der Summanden addiert. Formell ausgedrückt, gilt für zwei Summenvariablen $Y_1 = X_{11} + X_{12} + \ldots + X_{1m}$ und $Y_2 = X_{21} + X_{22} + \ldots + X_{2p}$:

$$\mathrm{Cov}(Y_1,Y_2) = \sum_j^m \sum_k^p \mathrm{Cov}(X_{1j},X_{2k}).$$

Darüber hinaus ist die Kovarianz einer Variablen „mit sich selbst“ gleich ihrer Varianz, also $\mathrm{Cov}(X,X) = \mathrm{Var}(X)$.

[3] Die Korrelation zweier Variablen ergibt sich durch Division der Kovarianz durch das Produkt der Standardabweichungen der beiden Variablen.

Standardfehler der Messung

Darüber hinaus kann man durch Umstellen der Definition der Reliabilität auch die Fehlervarianz berechnen:

$$\text{Var}(E) = \text{Var}(Y) \cdot [1 - \text{Rel}(Y)].$$

Die Wurzel aus der Fehlervarianz ist der *Standardfehler der Messung* (auch Standardmessfehler oder einfach Fehlerstreuung, engl. *standard error of measurement*, abgekürzt SEM):

$$\begin{aligned} \text{SEM}(Y) &= \sqrt{\text{Var}(E)} \\ &= \sqrt{\text{Var}(Y) \cdot [1 - \text{Rel}(Y)]} \qquad (3.7) \\ &= \text{Std}(Y) \cdot \sqrt{1 - \text{Rel}(Y)}. \end{aligned}$$

Der Standardmessfehler charakterisiert die Streuung (Standardabweichung) der beobachteten um die wahren Werte und stellt die grundlegende und am einfachsten zu interpretierende Kenngröße für den mit einem Verfahren verbundenen Messfehler dar. Sind die Fehler normalverteilt, wovon ausgegangen wird, liegen die beobachteten Werte mit einer Wahrscheinlichkeit von 68 Prozent in dem Bereich $T \pm \text{SEM}$ um die wahren Werte.

Das Konzept der Fehlerstreuung hatten wir bei der Einführung der Reliabilität bereits kennengelernt (▶ **Kap. 3.4.2**). Es handelt sich um eine globale Größe, die gewissermaßen das „durchschnittliche Funktionieren" eines Tests über das ganze Messwertkontinuum beschreibt. Methoden, mit denen sich das Ausmaß des Fehlers für einzelne Testwertbereiche darstellen lässt, werden wir im folgenden Kapitel noch diskutieren.

In Anwendungen, in denen ein konkreter Testwert bestimmt wurde, interessiert, in welchem Bereich um den beobachteten Wert der wahre Wert vermutlich liegt. Dies ist die umgekehrte Fragerichtung. Der Bereich hängt einerseits von der Höhe des SEM ab, andererseits davon, wie groß die Wahrscheinlichkeit dafür sein soll, dass der wahre Wert tatsächlich in dem Intervall enthalten ist. Es muss also eine konkrete Festlegung hinsichtlich der Wahrscheinlichkeit getroffen werden, mit der das Intervall den wahren Wert einschließt. Solche Intervalle heißen Konfidenz- oder Vertrauensintervalle und werden mit einer Wahrscheinlichkeitsangabe qualifiziert, welche die Breite des Intervalls mitbestimmt. Je sicherer der wahre Wert von dem Konfidenzintervall eingeschlossen werden soll, um so breiter wird dieses Intervall.

Ein Bereich von $Y \pm \text{SEM}$ würde einem 68-Prozent-Konfidenzintervall entsprechen. Dieses Intervall wird also den wahren Wert in fast einem Drittel der Fälle verfehlen. Um bezüglich der korrekten Eingrenzung des wahren Werts sicherer zu sein, werden üblicherweise 90- oder 95-Prozent-Konfidenzintervalle zugrunde gelegt. Ein 90-Prozent-Konfidenzintervall lässt sich durch $Y \pm 1.64 \cdot \text{SEM}$, ein 95-Prozent-Konfidenzintervall durch $Y \pm 1.96 \cdot \text{SEM}$ schätzen.[4] Multiplikatoren für andere Konfidenzintervalle lassen sich in Tabellen zur Standardnormalverteilung nachschlagen.

Konfidenzintervalle werden beim Berichten von Testergebnissen, z. B. in einem psychologischen Gutachten, mit angegeben. Für die Festlegung eines adäquaten Konfidenzintervalls muss dabei ein Kompromiss gefunden werden zwischen der Sicherheit, den wahren Wert einzuschließen, und dem Informationsgehalt der resultierenden Aussage. Konfidenzintervalle, die einen großen Teil des möglichen Wertebereichs einer Testvariablen einschließen, sind zwar sicher, naturgemäß aber wenig informativ. In den meisten Anwendungsfällen dürften 90- oder 95-Prozent-Konfidenzintervalle angemessen sein.

Obwohl Standardmessfehler die anschaulicheren Kennwerte liefern, begnügt man sich

[4] Für diese Schätzungen werden große Stichproben vorausgesetzt, wie sie im Rahmen der Testkonstruktion im Allgemeinen vorliegen.

bei der Darstellung von Tests häufig mit dem Berichten von Reliabilitätskoeffizienten. Dies liegt daran, dass Reliabilitätskoeffizienten einen raschen Vergleich der Messgenauigkeit *verschiedener* Verfahren vereinfachen. Sie liefern *einheitenfreie* Maße der Messgenauigkeit. Demgegenüber kennzeichnet der Standardmessfehler die Messungenauigkeit in Einheiten der Testwertvariablen, also auf deren Skala. Diese Skala unterscheidet sich jedoch von Test zu Test, so dass die Standardmessfehler verschiedener Verfahren nicht direkt miteinander verglichen werden können. In jedem Fall lassen sich die anschaulicheren Standardmessfehler in einfacher Weise berechnen, sofern Reliabilität und Streuung der Testwerte bekannt sind.

Wir hatten den Standardmessfehler gerade als grundlegenden Kennwert der Messgenauigkeit bezeichnet. Tatsächlich ist dieser Kennwert in manchen Fällen besser zur Charakterisierung der Messfehlerbehaftetheit eines Verfahrens geeignet als der Reliabilitätskoeffizient. Der Grund hierfür liegt darin, dass der Reliabilitätskoeffizient von der Streuung der wahren Werte innerhalb einer Population abhängt. Dies lässt sich direkt der Definition der Reliabilität als Varianzverhältnis entnehmen. Bei konstanter Fehlerstreuung wird dieser Wert in einer Population mit starker Variation der wahren Werte höher ausfallen als in einer Population mit geringer Streuung der wahren Werte. Gleiches gilt natürlich auch für die entsprechenden Schätzungen aus Stichproben. So wird z. B. ein Test zur Messung der numerischen Intelligenz in einer unausgelesenen (und damit heterogenen) Erwachsenenstichprobe eine höhere Reliabilität erreichen als in einer (hinsichtlich ihrer numerischen Fähigkeiten relativ homogenen) Stichprobe von Mathematikstudierenden.

Die hinter der Berechnung des Reliabilitätskoeffizienten stehende Intention ist es, die Messpräzision eines Verfahrens, also eine *Testeigenschaft*, beschreiben zu können. Bereits die Definition der Reliabilität als Varianzverhältnis macht aber klar, dass Reliabilitätskoeffizienten auch von Eigenschaften der gemessenen Personen abhängen. Der Reliabilitätskoeffizient charakterisiert eine Testeigenschaft also lediglich im Hinblick auf eine definierte (bzw. zu definierende) Referenzpopulation. Dagegen ist der Standardmessfehler gegenüber Streuungsdifferenzen der wahren Werte in verschiedenen Populationen invariant.

Möglicherweise klingt die letzte Feststellung zunächst kontraintuitiv, da die Reliabilität ja in die Berechnung des Standardmessfehlers eingeht. Man kann diesen Sachverhalt jedoch leicht illustrieren. Nehmen wir an, die wahre Varianz betrage in einer Population A 12, in einer Population B dagegen 24. Die Varianz der Fehler sei in beiden Populationen 8. Die Varianz der Testwerte ist dann in Population A 20, in Population B 32. Hieraus errechnen sich Reliabilitätskoeffizienten von 12 / 20 = 0.6 (für A) und 24 / 32 = 0.75 (für B). Diese Koeffizienten unterscheiden sich also recht deutlich. Die aus diesen Reliabilitätskoeffizienten und den Streuungen der Testwerte berechneten Standardmessfehler dagegen bleiben identisch. Wir erhalten für Population A einen Wert von $\sqrt{20 \cdot (1-0.6)} = 2.82$, für Population B einen Wert von $\sqrt{32 \cdot (1-.75)} = 2.82$. Die Multiplikation mit der Varianz der Testwerte egalisiert die Abhängigkeit des Reliabilitätskoeffizienten von der Testwertevarianz.

Betrachten wir ein noch extremeres Beispiel und nehmen an, der wahre Wert einer Testvariablen sei für alle Personen gleich. In diesem Fall wäre die Varianz der wahren Werte Null. Der Reliabilitätskoeffizient würde deshalb auch dann Null werden, wenn der Test diese Konstante nahezu perfekt reflektiert. Der Standardmessfehler, der hier identisch mit der Streuung der Testwerte ist, wäre auch in diesem Fall noch ein sinnvoller Kennwert der Fehlerbehaftetheit der Messung (Steyer & Eid, 1993).

3.4.3 Verfahren zur Reliabilitätsbestimmung

Um auf der Basis des dargestellten Modells zu einer praktischen Schätzung der Messgenauigkeit zu gelangen, bieten sich zwei Methoden an, die Testwiederholungsmethode und die Paralleltestmethode. Darüber hinaus kann die Reliabilität auch auf der Basis von Testteilen geschätzt werden.

Bei der *Testwiederholungsmethode* wird die Messung nach einem gewissen Zeitraum wiederholt, der Test also zweimal der gleichen Stichprobe vorgelegt. Es ergeben sich zwei Testwerte für jeden Probanden. Der Reliabilitätskoeffizient wird dann durch die Korrelation der beiden Variablen, die sog. *Test-Retest-* oder kurz *Retest-Korrelation*, geschätzt. Den korrespondierenden Standardmessfehler erhält man durch Anwendung von Gleichung (3.7).

Bei der Testwiederholungsmethode wird das gleiche Verfahren zu unterschiedlichen Zeitpunkten verwendet. Demgegenüber werden bei der *Paralleltestmethode* zwei Varianten des Verfahrens, die unterschiedliche Items enthalten, zu *einer* Messgelegenheit vorgegeben. Diese Methode wird häufig auch als *Äquivalenzprüfung* bezeichnet. Die Bezeichnungen rühren daher, dass die beiden Varianten das Gleiche auf unterschiedliche Art messen und in diesem (später noch zu präzisierenden) Sinn äquivalent (gleichwertig) bzw. parallel, aber nicht identisch sind. Auch hier erhalten wir zwei Messwertvariablen, aus deren Korrelation Reliabilität und Fehlerstreuung geschätzt werden können.

Aus anwendungspraktischer Sicht weisen beide Methoden spezifische Vor- und Nachteile auf. Der Vorteil der Testwiederholungsmethode besteht darin, dass nur *ein* Verfahren benötigt wird. Die Notwendigkeit, eine parallele Variante zu erstellen, entfällt also. Ihr Nachteil ist, dass zwei Messgelegenheiten realisiert werden müssen, an denen dieselben Personen getestet werden. Hierbei werden in der Praxis immer Ausfälle entstehen, weil nicht alle Personen bereit oder in der Lage sind, zum zweiten Termin zu erscheinen. Wenn diese Ausfälle systematisch sind, also z. B. bei einem Leistungstest diejenigen Personen nicht mehr erscheinen, die beim ersten Termin schlecht abgeschnitten hatten, erhält man verzerrte Schätzungen der interessierenden Kennwerte. Solche Ausfälle werden bei der Paralleltestmethode natürlich kaum vorkommen. Diesem Vorzug steht jedoch der mit der Konstruktion zweier paralleler Varianten verbundene höhere Aufwand gegenüber.

Ein dritter Zugang beruht auf einer ähnlichen Idee wie die Paralleltestung, zieht aber lediglich Information heran, die bereits nach Vorgabe *eines* Test vorliegen. Hier werden Zusammenhänge zwischen *Testteilen*, also Items oder „Itembündeln", zur Reliabilitätsschätzung genutzt. Unter ökonomischen Gesichtspunkten ist dieser Zugang am vorteilhaftesten.

Für die Bewertung der Aussagekraft der Methoden sind praktische Erwägungen allerdings weniger ausschlaggebend. Hierfür muss man sich das Ziel der Reliabilitätsbestimmung vor Augen halten, das darin besteht, die *Messpräzision* eines Verfahrens durch *einen* handlichen Kennwert zu beschreiben. Im Folgenden diskutieren wir die drei Zugangsweisen unter dieser Zielsetzung genauer.

Testwiederholung

Betrachten wir zunächst die Testwiederholungsmethode. Die zentrale Schwierigkeit liegt hier darin, den geeigneten zeitlichen Abstand zwischen beiden Messgelegenheiten zu definieren. Sollten es Stunden, Tage, Wochen, Monate oder Jahre sein? Für eine vernünftige Wahl des zeitlichen Abstands sind zwei Gesichtspunkte maßgebend, die zu gegensätzlichen Empfehlungen führen.

Der erste Gesichtspunkt ist recht offensichtlich: Die Korrelation der Messwerte liefert nur dann einen guten Schätzwert für die Messpräzision, wenn die wahren Werte der Personen zwischen den beiden Messgelegenheiten stabil bleiben. Gefordert ist dabei nicht unbedingt absolute Konstanz, wohl aber relative Stabilität: Die relativen Positionen der Personen auf der Skala sollten die gleichen bleiben. Andernfalls unterschätzt die Korrelation der Variablen die Messpräzision des Verfahrens, da dann die Fehlervarianz um die Varianz wahrer Veränderungen aufgebläht ist. Dieser Gesichtspunkt spricht dafür, den zeitlichen Abstand der beiden Messungen relativ kurz zu halten, zumindest so kurz, dass Veränderungen des zu messenden Merkmals unwahrscheinlich sind. Im Rahmen der Testwiederholungsmethode ist es jedoch nicht möglich, die Existenz solcher wahrer Veränderungen festzustellen. Eine niedrige Korrelation der Messungen kann daher auf eine geringe Präzision des Verfahrens, auf mangelnde Stabilität des gemessenen Merkmals oder auf beides zurückgehen.

Der zweite Gesichtspunkt ist weniger offensichtlich, aber genauso wichtig. Wie oben erläutert wurde, wird für die Schätzung der Reliabilität die Unkorreliertheit der Fehlerkomponenten vorausgesetzt. Ohne diese Bedingung kann die Korrelation zweier Messwerte nicht als Schätzung der Reliabilität gelten. Die Annahme wird jedoch umso eher verletzt sein, je enger Test und Retest beieinander liegen. Im Allgemeinen werden die Fehlerkomponenten bei kurzen Intervallen positiv korreliert sein, da sich die Probanden beim Retest an ihre Antworten bei der ersten Testung erinnern. Bei Persönlichkeits- oder Einstellungsfragebogen werden die Personen z. B. die Antwortoptionen favorisieren, für die sie sich bereits bei der ersten Testvorgabe entschieden hatten. Entsprechend wird die Korrelation der Werte die Messpräzision überschätzen. Dieser zweite Gesichtspunkt würde für sich betrachtet zur Empfehlung führen, die zeitliche Distanz zwischen den beiden Messgelegenheiten so groß wie nur eben möglich zu machen.

Die Voraussetzungen der Merkmalsstabilität und die unabhängiger Fehler führen also zu einem Dilemma, wenn man die Schätzung der Messpräzision eines Tests über wiederholte Messungen mit dem gleichen Verfahren anstrebt. Dieses Dilemma ist deshalb schwerwiegend, weil die beiden Voraussetzungen bei Vorliegen nur zweier Messungen nicht empirisch prüfbar ist. Die Tatsache, dass die Schätzung der *Messpräzision* über Testwiederholung problematisch ist, sollte allerdings nicht zu dem Schluss führen, dass solche Untersuchungen wertlos sind. Im Gegenteil: Sie liefern essenzielle Information über ein Verfahren und das mit ihm gemessene Merkmal. Nur bezieht sich diese Information zunächst auf die relative *Stabilität* der Messwerte; über die Präzision einer Messung sagt sie dagegen unter Umständen recht wenig aus.

Neben dem geschilderten Dilemma gibt es noch einen zweiten Grund, die Schätzung der Messpräzision über Stabilitätsbestimmungen mit Vorbehalten zu betrachten. Stabilitätskoeffizienten sinken mit zunehmender zeitlicher Distanz der Messungen, da sich Menschen im Lauf ihrer Entwicklung in unterschiedlicher Weise verändern. Dies aber bedeutet, dass wir Stabilitätskoeffizienten mit einem Index für das zugrunde gelegte Zeitintervall versehen müssen. Wir können also zwar von einer Drei-Tages-, Zwei-Wochen oder Ein-Jahresstabilität, nicht aber von *der* Stabilität einer Messung sprechen. Würde man die Stabilität als Schätzung der Messpräzision auffassen, wäre man gezwungen, diese ebenso zu indizieren. Dann aber wäre das Ziel, die Messpräzision durch einen Kennwert zu beschreiben, der primär das Verfahren (und nicht die getesteten Personen) charakterisiert, verfehlt. Stabilitätskoeffizienten können dies nicht leisten, da sie nicht nur von der Messgenauigkeit, sondern auch von der Konstanz des gemessenen Merkmals abhängen. Sofern mit deutlichen

Fluktuationen im zu messenden Merkmal gerechnet werden muss, etwa bei der Erfassung kurz erstreckter emotionaler oder motivationaler Zustände, scheiden Stabilitätskoeffizienten als Schätzungen der Reliabilität von vornherein aus.

Mit Analysen auf der Basis der Latent-State-Trait-Theorie kann man den genannten Problemen begegnen. Bei dieser von Steyer und Kollegen (z. B. Steyer, Ferring & Schmitt, 1992; Steyer, Schmitt & Eid, 1999) entwickelten Erweiterung der Klassischen Testtheorie wird der wahre Wert in eine zeitlich stabile und eine zeitlich variable Komponente zerlegt. Für beide Komponenten lassen sich dann mit Hilfe von Längsschnittdaten separate Varianzschätzungen vornehmen, durch die es möglich ist, wahre stabile (Konsistenz) und wahre variable (Situationsspezifität) Anteile an der Gesamtvarianz der Testwerte zu separieren (Deinzer et al., 1995). Beide Varianzanteile addieren sich zur Reliabilität und ermöglichen Aussagen darüber, ob ein Test eher ein stabiles Merkmal (einen „Trait") oder eher einen über die Zeit fluktuierenden Zustand („State") reflektiert. Eine einführende Darstellung der Theorie geben Kelava und Schermelleh-Engel (2008).

Paralleltestung

Betrachten wir nun die Paralleltestmethode unter Gesichtspunkten der Messpräzision. Solange wir davon ausgehen, dass sich das zu messende Merkmal nicht während der oder sogar durch die Messung verändert, können wir das gerade diskutierte Stabilitätsproblem für diese Vorgehensweise vernachlässigen. Auch die vorausgesetzte Unabhängigkeit der Fehlerkomponenten ist hier eher gegeben als bei Messwiederholungen, da sich die beiden Verfahren in ihren Inhalten unterscheiden, also verschiedene Items aufweisen. Die Qualifizierung „eher" ist deshalb angebracht, weil auch bei der Paralleltestung eine positive Korrelation der Fehlerkomponenten nicht völlig auszuschließen ist. Analog zu Erinnerungseffekten bei der Testwiederholung können solche Abhängigkeiten z. B. dann entstehen, wenn ein Teil der Probanden versucht, sich auf der Grundlage von Vermutungen über das gemessene Merkmal in konsistenter Weise zu verhalten (▶ **Kap. 10**). Eine solche Vereinheitlichung des Antwortverhaltens würde wiederum zu einer Überschätzung der Messpräzision führen.

Diese Gefahr ist besonders dann gegeben, wenn das Verfahren sehr transparent, die Messintention also für die Probanden leicht durchschaubar ist. Manchmal versucht man, diesem Problem durch Einstreuung sog. *Füllitems* bzw. *Distraktoren* zu begegnen. Hierunter versteht man Items, die nicht in die Messung eingehen und deren einzige Funktion darin besteht, von der eigentlichen Messintention abzulenken. Ob dies in jedem Fall zielführend ist, bleibt allerdings fraglich.

Die eigentliche Schwierigkeit oder, wenn man so will, Herausforderung der Methode besteht jedoch in der Zusammenstellung paralleler Varianten. Parallelität hat dabei sowohl inhaltliche als auch statistische Aspekte. Unter *inhaltlichen Aspekten* lassen sich die Items der beiden Testvarianten nach zwei Prinzipien zusammenstellen: Das erste führt zu inhaltsäquivalenten, das zweite zu inhaltsparallelisierten Testformen.

Bei *inhaltsäquivalenten* Verfahren werden die Items der beiden Tests aus *einer* Menge zusammengestellt, die homogene, also im Hinblick auf das zu untersuchende Merkmal gleichartige, Items enthält, z. B. Dreisatzaufgaben oder zu übersetzende Vokabeln. Parallele Formen ließen sich in diesen Beispielen recht einfach erstellen, da es hinreichen würde, jeweils zufällig Aufgaben aus der Menge zu ziehen. In anderen Fällen, insbesondere außerhalb des

Leistungsbereichs, ist die Erstellung äquivalenter Formen nicht ganz so einfach. Betrachten wir dies an einem Fragebogen zur Bestimmung der Aufgeregtheitskomponente der Zustandsangst. Wie erwähnt, bezieht sich diese Komponente auf die bei Angstzuständen gegebene Wahrnehmung unspezifischer körperlicher Erregungssymptome, die von der betroffenen Person als unangenehm erlebt werden (▶ **Kap. 10**). Eine vorläufige Itemmenge könnte z. B. die folgenden Formulierungen beinhalten:

> Ich bin nervös. Ich bin angespannt. Ich bin verkrampft. Ich bin aufgeregt. Ich habe ein flaues Gefühl im Magen. Mir zittern die Hände.

Es ist klar, dass die Beurteilung der Homogenität dieser Items ein gewisses Maß an Subjektivität beinhaltet. Man könnte z. B. diskutieren, ob das Item „aufgeregt" wirklich geeignet ist – man kann ja auch in angenehmer Weise aufgeregt sein – oder ob das Zittern der Hände wirklich noch als unspezifisches Erregungssymptom gelten kann usw. Offenbar kann die Frage, ob die Items das Gleiche messen, ohne identisch zu sein, auf der Basis inhaltlicher Überlegungen nicht immer ganz eindeutig beantwortet werden. Die Tatsache, dass die Items ähnlich sein müssen, aber nicht zu ähnlich sein dürfen, macht hier die „Herausforderung" aus. Dabei spielen semantische Überlegungen eine zentrale Rolle, die natürlich immer einen gewissen Vagheitsspielraum aufweisen.

Gleiches gilt für das zweite Prinzip, das in einer Item-für-Item-Parallelisierung der Testvarianten besteht. Dieses Prinzip führt zu sog. *inhaltsparallelisierten* Testformen. Angenommen, wir wollen ein globales Angstmaß gewinnen, das auch die Besorgniskomponente der Zustandsangst berücksichtigt. Hierfür erweitern wir die Itemmenge um Feststellungen, welche die Besorgniskomponente der Zustandsangst ansprechen:

> Ich bin nervös; ... verkrampft; ... besorgt; ... beunruhigt.

Bei der Zusammenstellung paralleler Tests zur Bestimmung der Zustandsangst, wird man hier keine zufällige Zuordnung vornehmen, sondern Aufgeregtheits- und Besorgnisitems paaren, z. B. wie folgt:

Variante A	**Variante B**
nervös	verkrampft
besorgt	beunruhigt

Hier sind nicht alle Items der zugrunde gelegten Itemmenge homogen, vielmehr wird Homogenität nur zwischen Itempaaren hergestellt.

Auch statistische Gesichtspunkte, insbesondere Schwierigkeiten und Trennschärfen der Items, sollten bei der Zusammenstellung paralleler Testformen berücksichtigt werden. Die Parallelisierung nach Schwierigkeiten ist besonders für Fähigkeits- und Leistungstests sehr wichtig, um die Testvarianten hinsichtlich ihrer kognitiven Anforderungen zu balancieren. Generell wird man also versuchen, für jedes Item der einen Testform einen „Zwilling" zu finden, der den gleichen Verhaltensaspekt anspricht und ähnliche statistische Kennwerte aufweist. Es ist klar, dass dies nicht immer einfach und ohne „Kompromisse" möglich ist.

Unter statistischen Gesichtspunkten existieren verschieden strenge Fassungen der Parallelität, die unterschiedliche Messmodelle definieren. In den im vorhergehenden Abschnitt beschriebenen Ableitungen wurde von einem dieser Modelle ausgegangen, in dem sehr strikte Anforderungen gestellt werden: Wir hatten vorausgesetzt, dass die wahren Werte sowie die Fehlervarianzen der beiden Messungen identisch sind. Für die Testwerte folgt aus diesen Voraussetzungen, dass sie (bis auf kleine Differenzen, die sich aus ihrer Schätzung anhand von Stichprobendaten ergeben) gleiche Mittelwerte und Streuungen aufweisen müssen. Wenn dies nicht der Fall ist, muss die Annahme strikter Parallelität der Testvarianten verworfen werden. Andere Modelle mit weniger strengen Anforderungen werden wir in ▶ **Kap. 4** noch behandeln.

Die Korrelationen zweier paralleler Tests werden auch *Äquivalenzkoeffizienten* genannt. Sie beschreiben das Ausmaß, in dem zwei Testvarianten als gleichwertig gelten können. Prinzipiell könnte man auch für diese Koeffizienten geltend machen, dass sie nicht zu *einer* Schätzung der Messpräzision führen, da sich parallele Verfahren offensichtlich auf unterschiedliche Weise konstruieren lassen. Zu jedem gegebenen Test lassen sich viele parallele Formen denken, die nicht immer zu den gleichen Reliabilitätsschätzungen führen müssen. Allerdings dürften in praktischen Kontexten solche Unterschiede doch weitaus geringer ausfallen als bei wiederholten Messungen. Tatsächlich besteht weitgehende Einigkeit darüber, dass Äquivalenzprüfungen die Messpräzision besser schätzen als Testwiederholungen (McDonald, 1999).

Stabilitäts- und Äquivalenzkoeffizienten können deutlich voneinander differieren. Dies ergibt sich allein schon aus der Tatsache, dass Stabilitätskoeffizienten mit unterschiedlichem Zeitindex variieren können. Insbesondere können hohe Äquivalenzkoeffizienten mit niedrigen Stabilitätskoeffizienten einhergehen. Dies ist allgemein bei Verfahren zur Messung von Zuständen zu erwarten. Aber auch der umgekehrte Fall, hohe Stabilität bei niedriger Äquivalenz, ist denkbar, z. B. wenn sehr deutliche Erinnerungseffekte vorliegen.

Testteilung

Bei der Testteilungsmethode wird „testinterne" Information, die den Varianzen und Kovarianzen der Items entnommen werden kann, zur Reliabilitätsschätzung herangezogen. Hier werden also weder wiederholte Messungen noch parallele Tests benötigt.

Eine Möglichkeit besteht darin, den Test in zwei gleich große Teile zu zerlegen. Diese Variante der Testteilung wird als *Testhalbierungsmethode* bezeichnet. Bei der Zusammenstellung der Testhälften ist es sinnvoll, die Items nach inhaltlichen und statistischen Aspekten möglichst weitgehend zu parallelisieren, so dass man zwei ungefähr gleich genaue Messungen erhält. Die Summenwerte der Testteile, Y_A und Y_B werden dann miteinander korreliert.

Die Korrelation $\text{Kor}(Y_A, Y_B)$ entspricht der Reliabilität (Äquivalenz) eines Tests, der die Hälfte der Items des Gesamttests umfasst, also $\text{Rel}(Y_A)$ bzw. $\text{Rel}(Y_B)$. Intuitiv kann man erwarten, dass die Reliabilität des Gesamttests höher ausfällt als die der beiden Teile, da durch deren Zusammenfassung (Aggregierung) ein „Fehlerausgleich" stattfinden wird (▶ **Kap. 3.1.5**). Tatsächlich lässt sich aus den Annahmen der Klassischen Testtheorie ableiten, dass sich die wahre Varianz in diesem Fall vervierfacht, während sich die Fehlervarianz nur verdoppelt. (Entscheidend hierfür die ist Unabhängigkeit der Fehler.) Um einen Schätzer für die Reliabilität des gesamten Tests auf der Basis der Reliabilitäten der beiden Testteile zu erhalten, muss der Koeffizient also „aufgewertet" werden. Die Formel für die Aufwertung heißt *Spearman-Brown-Formel*. Für den speziellen Fall zweier Testhälften ergibt sich nach dieser Formel die Reliabilität der Gesamttestwerte $Y = Y_A + Y_B$ aus

$$\text{Rel}(Y) = \frac{2 \cdot \text{Kor}(Y_A, Y_B)}{1 + \text{Kor}(Y_A, Y_B)}.$$

Mit Hilfe der Spearman-Brown-Formel lässt sich aus der Korrelation zweier paralleler Testteile die Reliabilität des Gesamttests schätzen. Beträgt die Korrelation der Testteile z. B. .50, so ergibt sich für den Gesamttest eine Reliabilität von

$$2 \cdot 0.50/(1 + 0.50) = .67.$$

Die Spearman-Brown-Formel kann auf beliebige Verlängerungsfaktoren k verallgemeinert werden. Die allgemeine Formel gilt dabei nicht nur für Verlängerungen, sondern auch für Verkürzungen des Tests um einen bestimmten Faktor. Ist $\text{Rel}(Y)$ die Reliabilität des Ausgangstests, so gilt für den um den Faktor k verlängerten bzw. verkürzten Test Y^*:

$$\text{Rel}(Y^*) = \frac{k \cdot \text{Rel}(Y)}{1 + (k-1) \cdot \text{Rel}(Y)}.$$

Die Formel für Testhälften ist ein Spezialfall der allgemeinen Formel mit $k = 2$.

Die Spearman-Brown-Formel wird angewendet, um abschätzen zu können, um wieviele Items ein Test verlängert werden muss, um ein akzeptables Niveau der Reliabilität zu erreichen oder um wieviele Items ein Test gekürzt werden kann, ohne ein noch ausreichendes Niveau der Reliabilität zu unterschreiten. Für einen aus 20 Items bestehenden Tests mit einer Reliabilität von .90, der auf 15 Items gekürzt werden soll, ergibt sich für k

$$k = 15/20 = 0.75$$

und für die geschätzte Reliabilität des verkürzten Tests

$$\frac{0.75 \cdot 0.9}{1 + (-0.25) \cdot 0.9} = 0.87.$$

Im Allgemeinen wird es für einen Test mehrere Möglichkeiten geben, in sinnvoller Weise Testhälften zu bilden. Die entsprechenden Reliabilitätsschätzungen werden sich mehr oder weniger stark unterscheiden.

In einem zweiten Verfahren, das wie die Testhalbierung ebenfalls auf testinterner Information aufbaut, wird diese Schwierigkeit vermieden. Hier werden Itemvarianzen und -kovarianzen benutzt und in *einer* Kenngröße, der sog. *internen Konsistenz*, gebündelt. Die Eigenschaften dieser Größe wurden von Cronbach (1951) herausgearbeitet; sie wird daher auch als Cronbachs α bezeichnet. Cronbachs α ergibt sich aus

$$\alpha = \frac{m^2 \cdot \overline{\text{Cov}}}{\text{Var}(Y)}. \quad (3.8)$$

Dabei ist m die Zahl der Items, $\overline{\text{Cov}}$ der Mittelwert aller Kovarianzen zwischen den Items, und $\text{Var}(Y)$ die Gesamtvarianz der Testwerte.

Die Kovarianzen gehen nicht nur in den Zähler, sondern (implizit) auch in den Nenner der Formel ein, da sich die Gesamtvarianz der Testwerte aus der Summe aller Itemvarianzen und der doppelten Summe aller Kovarianzen zwischen den Items ergibt. (Die Gesamtvarianz lässt sich aus der Summe aller Elemente der Varianz-Kovarianzmatrix der Items berechnen.) Wie aus der Formel ersichtlich ist, geht α gegen 0, wenn die Kovarianzen zwischen den Items relativ zur Gesamtvarianz (bzw. den Itemvarianzen) klein werden. Mit steigendem Anteil der Kovarianzen an der Gesamtvarianz nähert sich α dagegen dem Wert 1.

Die interne Konsistenz steht in enger Beziehung zur Spearman-Brown-Formel. Sind die Streuungen aller Items gleich, was künstlich durch Standardisierung (► S. 76) der Items erreicht werden könnte, lässt sich α nämlich auch über die Spearman-Brown-Formel berechnen. Hierfür wird die Reliabilität des Ausgangstests in der Spearman-Brown-Formel, $\text{Rel}(Y)$, durch die mittlere Korrelation zwischen den Items, $\bar{r}$ ersetzt; der Verlängerungsfaktor besteht nun in der Anzahl der Items (m):

$$\alpha_{\text{SB}} = \frac{m \cdot \bar{r}}{1 + (m-1) \cdot \bar{r}}.$$

Die Formel verdeutlicht die Beziehung zwischen α und der Spearman-Brown-Formel: Man kann α als Reliabilitätsschätzer ansehen, der jedes Item als „Minitest" verwendet. Die Interkorrelationen der Items werden dann nach der Spearman-Brown-Formel auf den ganzen Test „hochgerechnet". Die Formel zeigt auch, dass die interne Konsistenz monoton mit der mittleren Interkorrelation der Items steigt.

Cronbachs α entspricht im Allgemeinen recht genau dem Durchschnitt aller möglichen Testhalbierungskoeffizienten. Unter bestimmten Bedingungen, auf die wir im folgenden Kapitel noch eingehen (▶ **Kap. 4.1.2**), liefert α ein akkurates Maß der Messpräzision. Entsprechend handelt es sich um einen sehr populären Schätzer der Reliabilität psychologischer Messverfahren. Für Reliabilitätsschätzungen und Berechnungen der Fehlerstreuung sollte dabei die allgemeine Formel (3.8) und nicht die Formel für α_{SB} benutzt werden, da die Streuungen der Items ja mehr oder weniger deutlich differieren werden.

Die Tatsache, dass α auf den Varianzen und Kovarianzen der einzelnen Items eines Tests beruht, macht es auch zu einem Kandidaten für die *Itemselektion*. Die Überlegung dahinter ist, diejenigen Items beizubehalten, die einen großen Beitrag zur Konsistenz des Verfahrens liefern und diejenigen Items auszuscheiden, deren Beitrag gering ausfällt oder die die Konsistenz sogar erniedrigen. Um den Beitrag eines Items zur Konsistenz abzuschätzen, eliminiert man das betreffende Item temporär, berechnet also den Konsistenzkoeffizienten, der sich für die $m-1$ restlichen Items ergibt. Bei Items mit einem positiven Beitrag sinkt der „Restkoeffizient" mehr oder weniger deutlich ab. Ein steigender Restkoeffizient liefert ein starkes Argument dafür, das Item aus dem Test auszuscheiden, da das gekürzte Verfahren nicht nur ökonomischer ist, sondern auch eine höhere Reliabilität erwarten lässt.

Quellen von Messfehlern

In praktischen Anwendungen liefern die besprochenen Methoden zur Reliabilitätsbestimmung nicht genau die gleichen Kennwerte. Tatsächlich sprechen sie auf unterschiedliche Einflüsse an, die unsystematische Variation in die Antworten einbringen und damit den Messfehler erhöhen (vgl. Cronbach, 1990).

Eine fundamentale Quelle unsystematischer Variation hatten wir eingangs dieses Kapitels bereits angesprochen: Die Messungen, die wir mit Tests, Testteilen oder einzelnen Items vornehmen, liefern immer nur Verhaltensstichproben. Die Messresultate variieren deshalb je nach Auswahl und Zusammenstellung der Items. Die jeweils *spezifische Auswahl und Anordnung der Items* beeinflusst den Messfehler bei der Schätzung über parallele Tests und Testteilung (Testhalbierung, interne Konsistenz), nicht aber bei der Testwiederholungsmethode (hier werden ja die gleichen Items verwendet).

Eine zweite Quelle unsystematischer Variation stellen Faktoren dar, welche die *Beantwortung einzelner Items* betreffen, wie z. B. momentane Unaufmerksamkeit (eine Frage missverstehen, eine der vorgegebenen Antwortalternativen versehentlich falsch markieren), Rateglück oder Ratepech. Diese und ähnliche, nur temporär wirksame Faktoren beeinträchtigen die Reliabilitätskennwerte bei allen Schätzmethoden.

Die dritte Faktorengruppe betrifft eine *ganze Testsitzung*. Hierzu zählen die physische Verfassung einer Person (z. B. Müdigkeit), ihre Stimmung und Motivation (z. B. Anstrengungsbereitschaft), ihre Konzentriertheit sowie situative Bedingungen der Testdurchführung, die derartige Zustände beeinflussen. Solche Faktoren sind bei einer Testgelegenheit im Allgemeinen konstant, fluktuieren aber zwischen den Sitzungen. Sie reduzieren daher Reliabilitätsschätzungen bei der Testwiederholungsmethode, aber nicht bei der Paralleltestung und der Testteilung.

Viertens kann unsystematische Variation auf *differenzielle Veränderungen* im zu messenden Merkmal zurückgehen, die sich z. B. durch unterschiedliche Übungs- und Lernmöglichkeiten einstellen können. Auch diese Quelle mindert die Reliabilitätsschätzung für die Testwiederholungsmethode, während sie Paralleltestung und Testteilung kaum betrifft.

Schließlich können auch Unterschiede in den *Durchführungsbedingungen* oder der *Auswertung* von Tests zu unsystematischen Effekten beitragen. Wir hatten bereits gesehen, dass bei psychologischen Testverfahren angestrebt wird, diese Fehlerquelle durch Standardisierung der Testprozedur und -auswertung möglichst weitgehend auszuschalten.

3.4.4 Bewertung der Reliabilität

Die Bewertung der Reliabilität eines Tests hängt eng mit seinem Einsatzzweck zusammen. Wie erwähnt, ist es für manche Zwecke gerechtfertigt, kleinere Reliabilitätsmängel in Kauf zu nehmen, wenn hiermit Ökonomiegewinne erzielt werden können oder die Tests nur zur Bestimmung von Gruppenmittelwerten eingesetzt werden. Unabhängig vom Einsatzzweck lassen sich nur ungefähre Orientierungswerte angeben. Reliabilitäten um .70 oder weniger gelten als unbefriedigend und sind für die Einzelfalldiagnostik nicht geeignet. Ab Werten von .80 kann man von einer für die Einzelfalldiagnostik akzeptablen Reliabilität sprechen. Tests zur Messung von Einstellungen und Persönlichkeitsmerkmalen erreichen mit etwa 20 Items im Allgemeinen interne Konsistenzen zwischen .85 und .90, wenn ein quantitatives Itemformat verwendet wird. Die Gesamtwerte größerer Intelligenztests besitzen oft Reliabilitäten, die deutlich über .90 liegen.

3.5 Validität

In der einführenden Darstellung zentraler Testgütekriterien in Abschnitt 3.1.1 hatten wir Validität als das Ausmaß bezeichnet, in dem Testergebnisse Rückschlüsse auf das jeweils interessierende Merkmal zulassen. Einer seit langem etablierten Kurzformel zufolge ist ein Test in dem Maße valide, als er das misst, was er messen soll. Validität bezieht sich also auf die Bedeutung von Testwerten. Der Prozess der Validierung eines Tests beinhaltet entsprechend konzeptuelle Analysen und empirische Untersuchungen, die Aufschluss über die Bedeutung von Testwerten liefern.

Validität ist ein sehr umfassendes Konzept. Im Unterschied zur Reliabilität existiert für die Validität eines Verfahrens deshalb im Allgemeinen kein einzelner Kennwert. Um den Anwendungsbereich des Konzepts zu umschreiben, werden traditionellerweise drei Validitätsarten unterschieden, nämlich (a) Inhaltsvalidität, (b) Kriteriumsvalidität und (c) Konstruktvalidität. Sie beziehen sich auf verschiedene Quellen, aus denen Information über die Bedeutung der Testwerte gewonnen werden kann. *Inhaltsvalidität* meint dabei die Relevanz und Repräsentativität der Items für das zu messende Merkmal. Wichtigste Informationsquelle hierfür sind die Items eines Tests selbst. Die Beurteilung der Inhaltsvalidität stützt sich also primär auf testinterne Information. *Kriteriumsvalidität* bezeichnet die Enge des Zusammenhangs zwischen Testwerten und Sachverhalten, auf die mit Hilfe des Verfahrens geschlossen werden soll, den Kriterien. Information hierfür liefern empirische Untersuchungen über externe Korrelate der Testwerte. *Konstruktvalidität* bezieht sich auf die Bewährung des Tests im Hinblick auf theoretische Annahmen, die mit einem Merkmal oder Merkmalsbereich verbunden sind. Für die Bewertung der Konstruktvalidität wird sowohl testinterne als auch testexterne Information genutzt.

3.5.1 Inhaltsvalidität

Es ist offensichtlich, dass die Bedeutung von Testergebnissen von der Formulierung und

Zusammenstellung der Items abhängt. Inhaltsvalidität wird einem Verfahren zugesprochen, wenn seine Items für den zu messenden Erlebens- bzw. Verhaltensbereich relevant und in ihrer Gesamtheit repräsentativ sind. Sie wird primär auf der Basis einer konzeptuellen Analyse der Iteminhalte und -zusammenstellung beurteilt.

Drei Fragen sind für die Bestimmung der Inhaltsvalidität eines Verfahrens entscheidend (McDonald, 1999):

1. Wurden alle essenziellen Aspekte des in Rede stehenden Merkmals identifiziert?
2. Sind die Items für die Erfassung dieser Aspekte angemessen? Angemessenheit betrifft dabei in erster Linie den Inhalt der Items, ggf. aber auch deren Schwierigkeit.
3. Besitzen die einzelnen Aspekte eine balancierte, theoretisch nachvollziehbare und ggf. auch empirisch begründbare Repräsentation im Test?

Natürlich wird man diese Fragen bereits bei der Formulierung der Items und deren Zusammenstellung zugrunde legen. Inhaltsvalidität kann generell umso leichter realisiert und demonstriert werden, je elaborierter die konzeptuelle Grundlage eines Verfahrens ist und je klarer entsprechend die Aspekte, Facetten oder Komponenten eines Merkmals oder Verhaltensbereichs definiert sind.

In einigen Fällen lassen sich die mit dem Test erfassten Verhaltensweisen selbst bereits als Bestandteile des zu bestimmenden Kriteriums auffassen. Dies würde etwa für einen Englisch-Vokabeltest gelten, mit dem die Kenntnis des im Rahmen einer Unterrichtseinheit durchgenommenen Wortschatzes geprüft werden soll. Hier stellt das Testverhalten in sehr direkter Weise eine Stichprobe des Kriteriums dar. Ein ähnlich direkter Bezug zwischen Test- und Kriteriumsverhalten liegt bei Arbeitsproben zur Diagnose berufsbezogener Qualifikationen vor, mit denen Kenntnisse und Fertigkeiten anhand von Aufgaben geprüft werden, die auch für die entsprechenden Berufsanforderungen typisch sind. Bei derartigen Verfahren muss etwa ein Diktat aufgenommen, ein Brief mit einem Textverarbeitungssystem erstellt und formatiert, Rechnungen geprüft oder der Posteingang nach Wichtigkeit sortiert werden. Auch hier repräsentiert das Testverhalten gewissermaßen einen Teil oder Ausschnitt des Kriteriums. Solchen Verfahren, in denen die „Bewährungssituation" in der einen oder anderen Weise simuliert wird, würde man deshalb Inhaltsvalidität zusprechen, sofern die drei genannten Fragen positiv beantwortet werden können.

Auch die Abschätzung der Inhaltsvalidität von Verfahren zur Messung von Persönlichkeitskonstrukten wie Ängstlichkeit oder Intelligenz beruht zum großen Teil auf konzeptuellen Überlegungen. Für diese Abschätzung muss das kontemporäre Wissen über ein Konzept herangezogen werden. Für einen Test zur Messung der allgemeinen Intelligenz wären etwa die Ergebnisse der psychometrischen Intelligenzforschung relevant. Ein allgemeiner Intelligenztest, dessen Items primär sprachliche und bildungsabhängige Aufgaben umfasst, andere Intelligenzaspekte wie logisches Denken oder räumliches Vorstellungsvermögen aber vernachlässigt, könnte nicht als inhaltsvalide angesehen werden.

In manchen älteren Darstellungen der Diagnostik wurde die Inhaltsvalidität für Persönlichkeits- und Fähigkeitstests als weniger wichtig, manchmal sogar als irrelevant eingestuft. Dies hängt damit zusammen, dass für die Abschätzung der inhaltlichen Validität keine allgemeinen und zugleich objektiven Maßstäbe existieren. Tatsächlich sind konzeptuelle, theoretische Überlegungen, auf denen die Abschätzung der Inhaltsvalidität beruht, manchmal kontrovers. Für psychometrische Tests wurde deshalb empfohlen, sich primär auf empirisch gesicherte Zusammenhänge unter den Items, zwischen Tests bzw. zwischen Tests und Kriterien zu verlassen.

Es ist jedoch wichtig zu sehen, dass inhaltliche Überlegungen auch in empirisch gestützten Validierungsprogrammen oft das „letzte Wort" besitzen und besitzen müssen (McDonald, 1999; siehe auch Cronbach, 1990). So dürften z. B. Items zur Erfassung mathematischer Fähigkeiten, mathematischen Wissens und mathematischer Interessen untereinander sehr hoch korreliert sein. Möglicherweise bilden sie im Rahmen einer spezifischen Testbatterie *einen* varianzstarken Faktor. Wenn wir uns allein auf die empirischen Zusammenhänge stützen würden oder könnten, müssten wir sagen, dass Fähigkeiten, Wissen und Interessen im mathematischen Bereich „dasselbe" sind (ein Merkmal reflektieren), was konzeptuell natürlich nicht sonderlich viel Sinn machen würde.

Inhaltsvalidität spielt besonders bei sog. kriteriumsorientierten Verfahren (▶ **Kap. 3.6.2** sowie **16.2.3**) eine zentrale Rolle. Mit kriteriumsorientierten Tests soll das Erreichen oder Verfehlen eines bestimmten Verhaltenskriteriums bzw. -ziels (z. B. eines Lehrziels bei einem Schüler) festgestellt werden. In diesem Fall liefern inhaltliche Überlegungen meist die wichtigste Quelle zur angemessenen Interpretation der Testwerte. In solchen Tests wird ein Kriterium inhaltlich bestimmt und anschließend in Form von Testitems umgesetzt. Im Geographie-Unterricht einer bestimmten Klassenstufe könnte ein derartiges Ziel beispielsweise die Kenntnis wichtiger geographischer Gegebenheiten der näheren Umgebung sein. Im Rahmen eines Selbstsicherheitstrainings könnte ein Ziel im Erlernen der Fertigkeit bestehen, in sozialen Konfliktsituationen seine Rechte zu behaupten. Die Testitems werden dabei durch Experten, die mit dem Inhalt eines Lehr- oder Verhaltensziels vertraut sind (z. B. Geographie-Lehrer oder Therapeuten), auf ihre Tauglichkeit zur Abbildung des Kriteriums hin überprüft.

Die Analyse der inhaltlichen Validität kriteriumsorientierter Tests besteht in der Bestimmung der Relevanz und Repräsentativität der Testitems bzw. Aufgaben für den Inhalt des Lehr- oder Modifikationsziels. Es wird also geprüft, wieweit ein Test das definierte Kriterium erfasst und ausschöpft.

Beispiel

Nehmen wir an, Ziel eines mehrjährigen Englisch-Unterrichts auf dem Gymnasium sei der Erwerb des Grund- und Aufbauwortschatzes, die korrekte Rechtschreibung dieser Wörter, flüssiger, idiomatisch angemessener und grammatisch richtiger Satzbau, Unterscheidung von Sprachebenen sowie korrekte Aussprache. Von einem entsprechenden lehrzielorientierten Test muss gefordert werden, dass er diese Inhalte möglichst umfassend, angemessen gewichtet und auf dem adäquaten Schwierigkeitsniveau operationalisiert. Dagegen wäre Inhaltsvalidität des Tests problematisch, wenn etwa wesentliche Inhalte des Lehrziels nicht vertreten sind (hier liegt eine zu enge Operationalisierung der Lehrziele vor), bestimmte Inhalte unangemessen gewichtet werden (z. B. essenzielle Aspekte des Lehrziels im Test unterrepräsentiert sind) oder die Testdecke zu niedrig oder zu hoch ist (die Items angesichts des Lehrziels zu leicht oder schwierig sind).

Werden kriteriumsorientierte Verfahren zur Bestimmung der Erreichung eines Lehr- oder anderen Interventionsziels eingesetzt, steht man manchmal vor dem Problem, dass durch ein Modifikationsprogramm Verhaltensänderungen bewirkt werden, die nicht Teil des Interventionsziels sind. Nehmen wir als Beispiel ein Lehrprogramm, durch das ein Schüler die Fähigkeit zum logischen Denken erwerben soll. Lange Zeit hat man diese Wirkung etwa dem Latein-Unterricht zugeschrieben. Würde man nun einen entsprechenden lehrzielorientierten Test (etwa mit Aufgaben, deren Lösung logisches Denken erfordert) konstruieren, so würde man vermutlich eine weitgehende Wirkungslosigkeit des Latein-Unterrichts feststellen. Tatsächlich führt dieser Unterricht zu anderen Kompetenzen, etwa Verständnis für grammatische Strukturen, Kenntnis der Wortstämme vieler Wörter der romanischen und germanischen Sprachen usw. Dieses Beispiel verdeutlicht, dass die sinnvolle Festlegung von Lehrzielen und deren Operationalisierung immer auch Information darüber erfordert, was eine bestimmte Intervention tatsächlich bewirkt. Die Konsequenzen von Interventionen müssen empirisch untersucht werden. Entsprechend wird es dann auch stark von empirischen Analysen abhängen, in welcher Breite, mit welcher Gewichtung und auf welchem Niveau die Einzelaspekte eines Zieles in kriteriumsorientierten Tests operationalisiert werden.

3.5.2 Kriteriumsvalidität

Evidenz zur Inhaltsvalidität eines Tests beruht primär auf testinterner Information. Dagegen bezieht sich der Begriff *Kriteriumsvalidität* auf testexterne Sachverhalte (Kriterien), auf die mit Hilfe des Tests geschlossen werden soll. Zur Bestimmung der Kriteriumsvalidität werden Zusammenhänge zwischen Test- und Kriteriumsvariablen untersucht. Ein Test ist valide hinsichtlich eines Kriteriums, wenn der Zusammenhang stark genug ist, um auf Grundlage der Testwerte praktisch brauchbare Aussagen hinsichtlich der Ausprägung des Kriteriums zu machen.

Je nachdem, ob das Kriterium nahezu gleichzeitig mit dem betreffenden Test oder erst nach einem längeren Zeitintervall erhoben wird, unterscheidet man hier zwischen konkurrenter und prädiktiver Kriteriumsvalidität. Die *konkurrente* oder *Übereinstimmungsvalidität* eines Studieneignungstests könnte man z. B. erfassen, indem man die Testwerte mit Indikatoren des gegenwärtigen Studienerfolgs, etwa den Klausurnoten im laufenden oder letzten Semester, korreliert. Seine *prädiktive* oder *Vorhersagevalidität* könnte bestimmt werden, indem die Testwerte vor Studieneintritt mit Maßen des späteren Studienerfolgs korreliert werden. Die Bewährung eines Instruments an externen Kriterien des zu diagnostizierenden Merkmals, und ganz besonders die Vorhersage solcher Kriterien, gilt als ein zentraler Prüfstein für dessen Validität. In unserem Beispiel würde man deutliche prädiktive Zusammenhänge sicherlich als stärkere Evidenz für die Validität des Tests bewerten als deutliche konkurrente Assoziationen.

Es ist offensichtlich, dass für einen Test im Allgemeinen mehrere, manchmal sogar sehr viele Kriterien in Frage kommen, für die sich auch recht unterschiedliche Zusammenhänge einstellen können. Dabei sind nicht immer sehr hohe Korrelationen zu erwarten. Dies liegt zum Teil daran, dass die Kriterien im Allgemeinen mehrfach determiniert sind, also außer von dem durch den Test erfassten Merkmal noch von vielen weiteren Einflüssen abhängen. Die Höhe der Korrelation zwischen einem Test und einem Kriterium ist darüber hinaus immer auch eine Frage der Reliabilität der Kriteriumsmessung. Reliabilitätsmängel der Kriteriumsvariablen drücken die Korrelation im Allgemeinen nach unten.

Aus der oben dargestellten Reliabilitätstheorie lässt sich eine Formel ableiten, durch die sich der „messfehlerbereinigte" Zusammenhang zweier Variablen schätzen lässt, wenn deren Reliabilitäten bekannt sind. Sie heißt Formel zur *Minderungskorrektur* und liefert einen Schätzwert für den Zusammenhang der wahren (messfehlerfreien) Werte T_X und T_Y zweier Variablen X und Y:

$$\text{Kor}(T_X, T_Y) = \frac{\text{Kor}(X, Y)}{\sqrt{\text{Rel}(X)} \cdot \sqrt{\text{Rel}(Y)}}.$$

Die Formel macht auch ersichtlich, dass der Zusammenhang zweier Variablen durch deren Reliabilitäten begrenzt wird. Die im Nenner auftauchenden Wurzeln aus den Reliabilitäten der Variablen stellen Schätzungen der Korrelationen zwischen den beobachteten und den wahren Werten der jeweiligen Variablen dar. Da (unter der Annahme unkorrelierter Fehlereinflüsse) eine Variable nicht höher mit einer anderen Variablen korrelieren kann als mit ihren eigenen wahren Werten, stellt die Wurzel aus der Reliabilität eine theoretische Obergrenze für deren Korrelation mit anderen Variablen dar.

Mit der angegebenen Formel wird eine *doppelte* Minderungskorrektur durchgeführt, da sowohl die Reliabilität der Testwerte X als auch die der Kriterienwerte Y berücksichtigt wird. Mit ihrer Hilfe lässt sich schätzen, wie weit man die Validität durch Erhöhung der Reliabilitäten von Test und Kriterium maximal steigern kann. Nehmen wir an, die prädiktive Validität eines Eignungstests für ein Maß des beruflichen Erfolgs betrage .40. Der Eignungstest weise eine Reliabilität von .80, das Maß des Berufserfolgs eine Reliabilität von .60 auf. Setzen wir diese Werte in die Formel ein, erhalten wir

$$\frac{0.40}{\sqrt{0.80 \cdot 0.60}} = 0.58.$$

Der Wert von .58 repräsentiert die maximal zu erreichende Validität, wenn man sowohl den Test als auch das Kriterium so optimieren könnte, dass sie eine Reliabilität von Eins erreichen. Doppelte Minderungskorrekturen werden häufig durchgeführt, um Zusammenhänge zwischen Variablengruppen, die in unterschiedlichem Ausmaß fehlerbehaftet sind, einfacher miteinander vergleichen zu können.

Soll lediglich für die Unreliabilität einer der beiden Variablen korrigiert werden (sog. *einfache* Minderungskorrektur), setzt man die Reliabilität der anderen Variablen einfach auf Eins, wodurch der entsprechende Wurzelausdruck im Nenner herausfällt. Die Formel kann beispielsweise angewendet werden, um zu beurteilen, inwieweit eine Erhöhung des Test-Kriteriums-Zusammenhangs durch Verbesserung der Reliabilität des Verfahrens erreicht werden kann. In diesem Fall würde man nur für die Unreliabilität der Testwerte korrigieren und entsprechend die Korrelation der wahren Testwerte mit den messfehlerbehafteten Kriteriumswerten, $\text{Kor}(T_X, Y)$, erhalten. In unserem Beispiel würden wir eine geschätzte Korrelation von

$$\frac{0.40}{\sqrt{0.80}} = 0.45$$

erhalten, die wir theoretisch erreichen können, wenn die Reliabilität des Tests, aber nicht die des Kriteriums, auf Eins verbessert wird.

3.5.3 Konstruktvalidität

Konstruktvalidität ist der weiteste Begriff der Trias. Wir hatten bereits gesehen, dass sich Konstrukte auf theoretisch postulierte latente Merkmale beziehen, von denen angenommen wird, dass sie sich im Testverhalten niederschlagen. Ein Test ist in dem Maß konstruktvalide, als er sich als Indikator des in Rede stehenden Merkmals eignet. Die Eignung wird daran beurteilt, wie gut sich ein Verfahren im Hinblick auf Hypothesen, die sich aus dem Modell des zu erfassenden Merkmals ableiten lassen, empirisch bewährt. Anhand theoretischer Überlegungen werden hier die Beziehungen eines zu validierenden empirischen Indikators (also eines Tests) zu weiteren Indikatoren dieses Merkmals wie auch zu Indikatoren anderer Merkmale bzw. Konstrukte festgelegt. Man postuliert also ein Netzwerk aus positiven, negativen und Nullbeziehungen eines zu validierenden Verfahrens mit anderen empirischen Indikatoren und überprüft, ob sich das vorhergesagte Muster empirisch nachweisen lässt.

Der Begriff der Konstruktvalidität wurde ursprünglich eingeführt, um Prozeduren zur Validierung für Testverfahren zu begründen, für die keine einzelnen, klar geschnittenen externen Kriterien existieren. Cronbach und Meehl (1955) definieren Konstruktvalidität als das Ausmaß, in dem das Testverhalten ein hypothetisches (latentes) Merkmal oder Attribut reflektiert, mit dem sich Personen beschreiben lassen. Als relevante Prozeduren hierfür wurden u. a. Untersuchungen von Gruppenunterschieden, Faktoren- und Itemanalysen, Experimente sowie Verlaufsstudien betrachtet. Der Begriff ist damit soweit gefasst, dass er nicht nur Kriteriums- und Inhaltsvalidität, sondern auch Teile der Reliabilität als spezielle Aspekte beinhaltet. Es wurden jedoch auch Konzepte eingeführt, die über diese Aspekte hinausweisen.

Von zentraler Bedeutung sind hier die Begriffe der *konvergenten* und *diskriminanten Validität*. Etwas vereinfacht formuliert, steht hinter diesen Begriffen die Idee, dass im Rahmen der Validierung eines Tests nicht nur gezeigt werden muss, was der Test misst, sondern auch, was er *nicht* misst. Die Begriffe der konvergenten und diskriminanten Validität wurden von Campbell und Fiske (1959) als Möglichkeit der Präzisierung des Begriffs der Konstruktvalidität eingeführt. Der Konzeption von Campbell und Fiske zufolge besitzen mehrere Indikatoren *eines* Konstrukts *konvergente* Validität, wenn sie hoch korreliert sind; sie besitzen *diskriminante* Validität, wenn sie nur niedrige Korrelationen mit Indikatoren anderer Konstrukte aufweisen.

Ein Ansatz zur Untersuchung der konvergenten und diskriminanten Validität ist die Multitrait-Multimethod-Analyse, anhand derer Campbell und Fiske (1959) ihre Begriffe entwickelten. Multitrait-Multimethod-Analysen gelten als eine der überzeugendsten Zugangsweisen zur Untermauerung der Konstruktvalidität eines Testverfahrens. Sie sind besonders geeignet, um den Einfluss der zur Erfassung eines Merkmals verwendeten Methode auf die Messergebnisse abschätzen zu können. Solche Methodeneffekte sind meist unerwünscht – im Allgemeinen wird erwartet (oder erhofft), dass Untersuchungsresultate über verschiedene methodische Zugänge generalisierbar sind. In der Praxis sind Methodeneffekte jedoch unvermeidbar, so dass es darauf ankommt, ihr Ausmaß abschätzen zu können.

Campbell und Fiske (1959) sprechen Tests als „trait-method units" an. Gemeint ist, dass die Testwerte gewissermaßen ein Amalgam aus Merkmals- und Methodeneinflüssen darstellen. Korrelationen zwischen verschiedenen Verfahren, die ähnliche Methoden verwenden, können deshalb im Prinzip auf (a) geteilten Merkmals- oder (b) auf geteilten Methodeneffekten beruhen. Wie gerade erwähnt, sind starke Methodeneffekte allgemein unerwünscht. Ein Verdacht auf Methodeneffekte wäre z. B. gegeben, wenn zwei Fragebogenverfahren zur Erfassung aggressiver Verhaltenstendenzen hoch korreliert wären (gleiche Methode), aber nur gering mit Beobachtungsindikatoren aggressiven Verhaltens zusammenhängen würden (unterschiedliche Methoden). Methodeneffekte stellen bei Fragebogenverfahren eine lange bekannte und diskutierte Quelle möglicher Artefakte dar (▶ **Kap. 10**). Das Ausmaß solcher Methodeneffekte kann mit Multitrait-Multimethod-Analysen geprüft werden.

Multitrait-Multimethod-Analysen erfordern recht umfangreiche Untersuchungen, da mehrere Merkmale mit mehreren methodischen Zugängen bei denselben Personen erhoben werden müssen. Zur Illustration der Grundidee des Verfahrens betrachten wir ein einfaches Beispiel mit zwei Merkmalen und zwei Methoden. Nehmen wir einen Intelligenztest, der die getrennte Erfassung numerischer und verbaler Fähigkeiten ermöglichen soll. Die Autoren des Tests gehen davon aus, dass es sich hier um zwei zwar korrelierte, aber separierbare Facetten der Intelligenz handelt. Der Test soll sowohl als Papier-und-Bleistift-Verfahren als auch computergestützt durchgeführt werden können. Numerische und verbale Fähigkeiten vertreten in diesem Beispiel die Merkmale (Traits), die beiden Vorgabemodalitäten (Papier und Computer) die Methoden. Für praktische Zwecke ist es wünschenswert, dass die Vorgabemodalität für die Ergebnisse des Tests irrelevant ist, so dass beide Erhebungsmethoden als austauschbar betrachtet werden können.

Um dies zu prüfen, müssen beide Inhaltsbereiche mit beiden Methoden getestet werden. Für jede Person werden also vier Werte erhoben, in abgekürzter Schreibweise: „numerisch-Papier", „verbal-Papier", „numerisch-Computer" und „verbal-Computer". In unserem speziellen Anwendungsfall würden wir in einem ersten Schritt die Mittelwerte und Streuungen der entsprechenden Papier- und Testverfahren auf Gleichheit prüfen. Die Gleichheit der Verteilungskennwerte über Methoden ist allerdings nicht in allen Anwendungen der Multitrait-Multimethod-Analyse von Interesse.

Generell liefern die sechs Korrelationen der vier Testwerte, zusammen mit deren Reliabilitäten, die zur Bestimmung der Methodeneffekte benötigte Information. Sie werden in einer Multitrait-Multimethod-Matrix organisiert, wie sie ▶ **Tab. 3.1** veranschaulicht.

In die Diagonale der Matrix werden die Reliabilitäten (R) für jede der vier Merkmals-Methoden-Kombinationen eingetragen. Die Reliabilitäten liefern Referenzwerte, an denen die Höhe der anderen Koeffizienten der Tabelle gemessen wird. Wir hatten ja bereits gesehen, dass die Reliabilitäten eine (theoretische) Obergrenze für die Korrelation zweier verschiedener Tests festlegen. Die Testautoren würden sich natürlich wünschen, dass die Reliabilitäten für jede der Merkmals-Methoden-Kombinationen hoch ist. In unserem speziellen Beispiel wäre darüber hinaus zu erwarten, dass die Höhe der Reliabilität nicht oder nur in geringem Maße von der Methode abhängt: R_1 und R_3 sowie R_2 und R_4 sollten also jeweils ungefähr gleich sein. Würden sie hier deutliche Divergenzen ergeben, wären Papier- und Computerversion nicht äquivalent. Diese Forderung wird allerdings nicht in allen Anwendungen des Multitrait-Multimethod-Ansatzes erhoben.

Die Zellen außerhalb der Diagonalen enthalten die Korrelationen *zwischen* den vier Variablen. Je nach gemessenem Merkmal und eingesetzter Methode spricht man dabei von *Monotrait-Heteromethod-Korrelationen* (MH, das gleiche Merkmal wird mit verschiedenen Methoden erfasst), *Heterotrait-Monomethod-Korrelationen* (HM, verschiedene Merkmale werden mit der gleichen Methode erfasst) und *Heterotrait-Heteromethod-Korrelationen* (HH, verschiedene Merkmale werden mit verschiedenen Methoden erfasst). Wie aus der Tabelle ersichtlich ist, wird in unserem Beispiel jede der drei Zusammenhangsarten durch jeweils zwei Korrelationen repräsentiert.

Für konstruktvalide Verfahren haben Campbell und Fiske (1959) generelle Erwartungen formuliert, deren Erfüllung zusammengenommen konvergente und diskriminante Validität anzeigt. Die drei wichtigsten lauten:[5]

1. Die MH-Korrelationen (im Beispiel numerisch-Papier/numerisch-Computer und verbal-Papier/verbal-Computer) sind deutlich größer als Null.
2. Die MH-Korrelationen sind höher als die HH-Korrelationen (numerisch-Papier/verbal-Computer und numerisch-Computer/verbal-Papier).
3. Die MH-Korrelationen sind höher als die HM-Korrelationen (numerisch-Papier/verbal-Papier und numerisch-Computer/verbal-Computer).

[5] Eine vierte Erwartung, die wir hier ausklammern, bezieht sich auf Relationen unter den Korrelationen verschiedener Merkmale: Das Korrelationsmuster zwischen Indikatoren verschiedener Merkmale innerhalb einer Methode ist über die Methoden ähnlich.

Tab. 3.1
Multitrait-Multimethod-Matrix. R = Reliabilitäten, MH = Monotrait-Heteromethod-Korrelationen, HM = Heterotrait-Monomethod-Korrelationen, HH = Heterotrait-Heteromethod-Korrelationen. A und B sind verschiedene Merkmale.

	Methode 1		Methode 2	
	A	B	A	B
Methode 1				
A	R_1			
B	HM	R_2		
Methode 2				
A	MH	HH	R_3	
B	HH	MH	HM	R_4

Die Erfüllung der beiden ersten Bedingungen spricht für konvergente Validität, die der dritten indiziert diskriminante Validität.

In unserem Beispiel würde man eine sehr deutliche Konvergenz der einander entsprechenden Computer- und Papierversionen der Tests fordern. Wenn die Indikatoren im Wesentlichen die zu messenden Intelligenzmerkmale reflektieren, sollten sich die MH-Korrelationen den Reliabilitäten der Tests nähern. In anderen Anwendungen des Multitrait-Multimethod-Ansatzes ist eine solche Forderung allerdings nicht zu erfüllen. Werden z. B. Selbstbericht, Fremdbericht oder Verhaltensbeobachtung als Methoden eingesetzt, werden die MH-Korrelationen niedriger ausfallen.

Die Forderung, dass die MH-Korrelationen höher ausfallen als die HH- und HM-Korrelationen, bedeutet nicht unbedingt, dass für letztere Koeffizienten um Null erwartet werden. In unserem Fall würden wir z. B. von vornherein positive Korrelationen erwarten, da verbale und numerische Fähigkeiten von der allgemeinen Intelligenz abhängen.

Ein markanter Einfluss der Methode auf die Ergebnisse würde sich darin bemerkbar machen, dass Korrelationen zwischen Indikatoren, die mit der gleichen Methode gewonnen wurden, relativ hoch und Korrelationen zwischen Indikatoren, die mit unterschiedlichen Methoden gewonnen wurden, relativ niedrig ausfallen. Methodeneffekte inflationieren die Korrelationen zwischen Merkmalen, die mit der gleichen Methode gemessen werden. Im Beispielfall würden wir realistischerweise mit einem gewissen Methodeneinfluss auf die Ergebnisse rechnen, da Personen, die häufig mit Computern arbeiten, in den beiden Computerversionen vermutlich leichte Vorteile gegenüber anderen Personen besitzen werden.

Als *Traits* wurden in unserem Beispiel Fähigkeitsmerkmale betrachtet, als *Methods* zwei Vorgabemodalitäten der Tests. Dies sollte nicht darüber hinwegtäuschen, dass der Ansatz sehr allgemein ist. An die Stelle von Traits könnten z. B. aktuelle Zustände treten. Methoden könnten z. B. auch verschiedene Beobachter oder Beurteiler sein. Die Multitrait-Multimethod-Analyse, wie sie hier in ihrer einfachsten Form skizziert wurde, stellt ein heuristisches Verfahren zur Abschätzung der konvergenten und diskriminanten Validität von Messungen dar. Die Idee des Ansatzes wird zur Zeit auf der Basis konfirmatorischer Faktorenanalysen und komplexerer Verfahren zur Analyse von Kovarianzstrukturen weiterentwickelt (Nussbeck, Eid, Geiser, Courvoisier & Cole, 2008; Schermelleh-Engel & Schweizer, 2008).

3.6 Normen und Bezugssysteme

Testwerte können mit Hilfe verschiedener Bezugssysteme interpretiert werden. Diese Bezugssysteme liefern Maßstäbe oder Standards, die helfen, einen konkreten Testwert sinnvoll einzuordnen. Bei vielen Testverfahren wird ein *normorientiertes* Bezugssystem verwendet. Hier werden Testresultate an der Verteilung der Ergebnisse in einer Bezugsgruppe gemessen. Bei einem *kriteriumsorientierten* Bezugssystem werden die Testergebnisse dagegen mit inhaltlich definierten Zielen verglichen. Wie gut eine Person im Vergleich zu Anderen abgeschnitten hat, ist dabei irrelevant. Die Interpretation von Testwerten kann sich schließlich auch an *individuellen* Bezugsgrößen orientieren: Hier interessieren meist Veränderungen im Erleben und Verhalten einer Person über verschiedene Zeitpunkte, etwa vor und nach einer therapeutischen Intervention. Eine Variante sind *ipsative* Vergleiche, die sich auf *verschiedene* Variablen (z. B. Interessen für diverse Gebiete) bei einer Person beziehen.

3.6.1 Normorientierte Vergleiche

Erfahren wir, dass eine Person in einem Wissenstest 45 von 50 Aufgaben gelöst hat, könnten wir geneigt sein, von einer guten Leistung zu sprechen. Unsere Interpretation wird sich allerdings ändern, wenn wir wissen, dass der Test sehr leicht war und 90 Prozent der Personen mehr als 45 Aufgaben korrekt bearbeitet haben. Tatsächlich sind die von einem Test zunächst gelieferten Werte, die *Rohwerte* genannt werden, für sich genommen nicht sonderlich informativ. Um informativere Werte zu gewinnen, werden Tests normiert (geeicht). Hierfür wird der Test einer großen und möglichst repräsentativen Stichprobe der Zielpopulation, der Normierungs- oder Eichstichprobe, vorgelegt. An Größe und Repräsentativität dieser Stichprobe werden strengere Kriterien angelegt als an Stichproben, die in der Erprobungsphase eines Tests gewählt werden. Die Verteilung der Rohwerte in der Normierungsstichprobe liefert dann den Maßstab, der an individuelle Testwerte angelegt wird. Wir erhalten ein *normorientiertes Bezugssystem* für die Interpretation von Testwerten. Der zentrale Zweck des gewonnenen Bezugssytems besteht darin, künftige Testergebnisse anderer Personen relativ zur Normierungsstichprobe einordnen zu können.

Für die Erstellung von Normen bestehen verschiedene Möglichkeiten. Am häufigsten finden sich

- Standardnormen (Abweichungs-, Variabilitätsnormen),
- Prozentränge (Perzentilränge),
- Standardnormäquivalente sowie
- Alters- und Klassenäquivalente,

die im Folgenden besprochen werden.

Standardnormen

Standardnormen werden in den meisten psychologischen Testverfahren berichtet. Sie liefern Werte auf einer Skala, aus der die Position einer Person relativ zum Mittelwert und der Streuung der Bezugsgruppe in direkter Weise ersichtlich ist. Basis sind standardisierte (z-transformierte) Werte, woher der Name der Normen rührt. Andere gängige Bezeichnungen für diese Normen sind Variabilitäts- oder Abweichungsnorm.

Standardnormen werden erstellt, indem für jeden möglichen Rohwert eines Tests der zugehörige z-Wert berechnet wird. Hierfür benötigt man lediglich den Mittelwert und die Standardabweichung der Rohwerte in der Normierungsstichprobe. Die z-Transformation wird durchgeführt, indem von jedem Wert einer Variablen ihr Mittelwert abgezogen und die resultierende Differenz durch die Standardabweichung der Variablen geteilt wird:

$$z_i = \frac{x_i - \bar{x}}{\text{Std}(X)}.$$

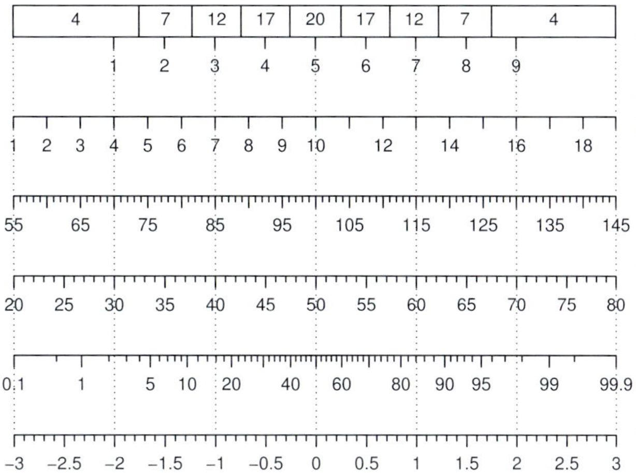

Abb. 3.4
Gebräuchliche Skalen

Beträgt dieser Mittelwert z. B. 15, die Standardabweichung 5, würden wir für einen Rohwert von 10 einen z-Wert von

$$\frac{10-15}{5} = -1$$

erhalten. Rohwerte und zugehörige Standardwerte werden üblicherweise im Anhang des Testmanuals tabelliert. Die z-Transformation liefert eine neue Variable mit einem Mittelwert von 0 und einer Standardabweichung von 1; z-Werte geben also an, um wieviele Standardabweichungen der Testwert einer Person vom Mittelwert der Normierungsstichprobe abweicht. Approximiert die Rohwerteverteilung eine Normalverteilung, lassen sich aus den z-transformierten Werten zudem in einfacher Weise Aussagen über den prozentualen Anteil von Personen in der Vergleichsgruppe machen, die höhere oder niedrigere Werte erreichen. Eine Abschätzung ist auch mit den beiden unteren Skalen in ▶ **Abb. 3.4** möglich. Für normalverteilte Variablen erhält man den Anteil der Personen, die unter einem gegebenen z-Wert liegen (unterste Skala) durch Ablesen des entsprechenden Prozentrangs (PR) auf der darüber liegenden Skala. Für einen z-Wert von -1 erhalten wir beispielsweise ein Prozentrang von 16. Prozentränge werden im nächsten Abschnitt genauer besprochen.

Teilweise aus historischen, teilweise aus praktischen Gründen werden anstelle von z-transformierten Werten meist andere lineare Transformationen der Rohwerte verwendet. Sie unterscheiden sich von z-Werten durch die Festlegung anderer Mittelwerte und Standardabweichungen. Das bekannteste Beispiel ist die IQ-Skala, deren Mittelwert auf 100 und deren Standardabweichung auf 15 fixiert ist. IQ-Werte können aus z-Werten über die Transformation

$$\mathrm{IQ} = 100 + 15z$$

gewonnen werden. Die Verwendung dieser Skala ist historisch bedingt: Der von Stern (1912) definierte Intelligenzquotient (100 · Intelligenzalter/Lebensalter) wies bei Kindern innerhalb einer bestimmten Altersspanne in etwa eine Standardabweichung von 15 auf. In der Neufestlegung der IQ-Skala durch Wechsler (1939) wurde dies übernommen (▶ **Kap. 12**).

Eine zweite beliebte Skala sind T-Werte, die einen Mittelwert von 50 und eine Standardabweichung von 10 aufweisen. Man erhält sie aus z-Werten über

$$\mathrm{T} = 50 + 10z.$$

IQ- und T-Werte werden üblicherweise auf ganze Zahlen gerundet. Ihre Verwendung wird damit begründet, dass sie kein Hantieren mit negativen Zahlen oder mehreren Dezimalstellen erforderlich machen.

Leser von Testmanualen werden mit einer großen Zahl weiterer Skalen konfrontiert. Wie IQ- und T-Werte lassen sie sich aus *z*-Werten durch Multiplikation mit der Standardabweichung der Skala und anschließender Addition ihres Mittelwerts gewinnen. Erstaunlicherweise benutzen einige dieser Skalen recht undifferenzierte Einteilungen. In der sog. Stanine-Skala (gesprochen: *standard nine*), deren Mittelwert 5 und deren Standardabweichung auf 2 festgelegt ist, werden z. B. nur ganzzahlige Werte von 1 bis 9 vergeben. Solche Skalen werden gerne verwendet, wenn die Testwerte selbst, etwa aufgrund einer geringen Itemanzahl, nur innerhalb eines engen Bereichs streuen. Mit der Verwendung einer einfacheren Skala will man es vermeiden, einen Differenzierungsgrad der Messung vorzuspiegeln, der gar nicht existiert.

Bei Tests für Merkmale, die altersbezogenen Veränderungen unterworfen sind, also etwa bei Fähigkeits- und Leistungstests, werden altersspezifische Normen erstellt. Die Normen werden hier also separat für altershomogene Gruppen berechnet, so dass etwa die Leistung eines 9-jährigen Kindes mit der Leistung anderer 9-jähriger Kinder verglichen wird. Neben dem Alter kommen auch andere Einteilungsgesichtspunkte in Betracht. Manche Tests enthalten z. B. zusätzlich separate Normen für Kinder aus Hauptschulen, Realschulen und Gymnasien. Dies ermöglicht es, Leistungen relativ zum besuchten Schultyp zu lokalisieren. Auch geschlechtsspezifische Normen werden in einigen Tests verwendet.

Mit gruppenspezifischen Normwerten ist es natürlich unmöglich, Aussagen über die „absolute“ Leistung einer Person zu machen. Diese sind vielmehr immer auf die Bezugsgruppe zu relativieren. Ein 9-jähriges Kind, das in einem Wissenstest einen altersspezifischen T-Wert von 70 erreicht hat, liegt weit über dem Durchschnitt anderer 9-jähriger Kinder, weiß aber in dem geprüften Bereich möglicherweise weniger als ein 11-jähriges Kind mit einem altersspezifischen T-Wert von 50.

Will man Testwerte (etwa für ein Gutachten) verbal etikettieren, bietet es sich an, Werte, die innerhalb eines Bereichs von einer Standardabweichung um dem Mittelwert liegen, als durchschnittlich zu bezeichnen, Werte außerhalb dieses Bereichs entsprechend als unter- oder überdurchschnittlich. Für T-Werte würde der Durchschnittsbereich beispielsweise zwischen 40 und 60 liegen, für IQ-Werte zwischen 85 und 115. Werte, die niedriger ausfallen als 2 Standardabweichungen unter dem Durchschnitt oder höher als 2 Standardabweichungen über dem Durchschnitt können entsprechend als weit unter- bzw. überdurchschnittlich beschrieben werden.

Möchte man den Messfehler in die verbale Ettikettierung inkorporieren, so umschreibt man den Testwert entsprechend der unteren und oberen Grenze des Konfidenzintervalls (► **Kap. 3.4.2**). Hat sich für einen Testwert z. B. eine untere Grenze des Konfidenzintervalls von T = 36 und eine obere Grenze von T = 44 ergeben, so würde man von einer „unterdurchschnittlichen bis durchschnittlichen“ Ausprägung des gemessenen Merkmals sprechen. Bühner (2011) schlägt zusätzlich vor, einen Testwert in jedem Fall als „durchschnittlich“ zu charakterisieren, wenn das Konfidenzintervall den Mittelwert der Normstichprobe (bei T-Werten also z. B. 50) überdeckt. Die bei der Berechnung des Konfidenzintervalls zugrunde gelegte Wahrscheinlichkeit sollte in jedem Fall mit angegeben werden.

Eine einheitliche Konvention für verbale Umschreibungen existiert nicht. Die in manchen älteren Manualen angebotenen deutlich wertenden Kategorien (z. B. „schwachsinnig“

oder „genial") sind unangemessen und sollten vermieden werden (▶ **Kap. 12**).

Prozentränge

Prozentränge (PR) oder Perzentilränge sind sehr einfach zu interpretierende Kennwerte. Sie geben an, wieviel Prozent der Referenzgruppe geringere oder maximal gleiche Ausprägungen auf dem gemessenen Merkmal aufweisen. Ein Prozentrang von 60 besagt also, dass 60 Prozent der Referenzgruppe niedrigere Ausprägungen aufweisen, 40 Prozent dagegen höhere.

Für die empirische Bestimmung von Prozenträngen gibt es verschiedene Konventionen, die bei einer geringen Zahl von Skalenabstufungen zu etwas unterschiedlichen Werten führen können. In der psychometrischen Literatur ist es üblich, von den kumulierten prozentualen Häufigkeiten der Testwerte auszugehen und diese jeweils zwischen den einzelnen Stufen (Testwerten) zu mitteln.

▶ **Tab. 3.2** illustriert das Vorgehen an einem sehr einfachen Beispiel eines Tests mit vier Aufgaben, der Werte (Lösungshäufigkeiten) von 0 bis 4 liefert. Für die Bestimmung von Prozenträngen zählt man zunächst die Häufigkeiten aus, mit der die einzelnen Testwerte vorkommen. Im Beispiel haben 20 Personen der insgesamt 200 Personen keine der Aufgaben gelöst, 60 haben eine Aufgabe gelöst usw. Die entsprechenden prozentualen Häufigkeiten werden anschließend kumuliert, d. h. sukzessive addiert. Sie geben den prozentualen Anteil der Personen an, die einen bestimmten Testwert erreicht haben oder darunter lagen.

Prozentränge werden dann gebildet, indem die kumulierte prozentuale Häufigkeit einer Stufe (Testwertkategorie) mit der kumulierten prozentualen Häufigkeit der vorhergehenden Stufe gemittelt wird, wobei man für die niedrigste Stufe 0 als vorhergehenden Wert ansetzt. Für den Testwert 3 errechnet man z. B. einen Prozentrang $(90+70)/2 = 80$. Prozentränge ordnen damit den Personen Werte zu, die der mittleren kumulierten prozentualen Häufigkeit innerhalb jeder Stufe entsprechen.

Eine alternative Prozedur besteht darin, den auftretenden Testwerten Ränge zuzuordnen, die von 1 bis zur Anzahl der Personen (n) reichen. Der niedrigste Testwert erhält dabei den Rang 1, der höchste den Rang n. Wenn sich mehrere Testwerte den gleichen Rangplatz teilen, werden die entsprechenden Ränge gemittelt. Prozentränge für jede Kategorie k werden dann nach

$$PR(k) = 100 \cdot \frac{R(k) - 0.5}{n}$$

berechnet, wobei für $R(k)$ die (mittleren) Rangplätze der Wertekategorien einzusetzen sind. Personen mit dem Testwert 1 teilen sich in unserem Beispiel die Ränge 21 bis 80, im Mittel also 50.5, so dass sich für $PR(1)$ wiederum 25 ergibt.

Prozentränge sind einfach verständliche Normen, die sich gut für die Kommunikation mit Personen ohne testtheoretische Vorbildung eignen. Sie können deshalb insbesondere in Gutachten, soweit angebracht, verwendet werden (▶ **Kap. 13**).

Bei ihrer Interpretation muss jedoch beachtet werden, dass es sich um eine nichtlineare Transformation der Ausgangswerte handelt. Die Skaleneigenschaften der Rohwerte gehen dabei verloren. So entspricht etwa eine z-Wert-Differenz von 1 im Mittelbereich der Skala größeren Prozentrang-Differenzen als dies im hohen und niedrigen Bereich der Fall ist (▶ **Abb. 3.4**). Intervallen auf der Rohwert- oder Standardskala entsprechen auf der Prozentrangskala also ganz andere Intervalle. Weitere Berechnungen, etwa die Bestimmung von Gruppenmittelwerten, sollten mit Prozenträngen deshalb nicht angestellt werden. Hierfür greift man auf die Rohwerte zurück.

Tab. 3.2
Berechnung von Prozenträngen

Kennwert	Testwert 0	1	2	3	4
Häufigkeit	20	60	60	40	20
Prozentuale Häufigkeit	10	30	30	20	10
Kumulierte prozentuale Häufigkeit	10	40	70	90	100
Prozentrang	5	25	55	80	95

Standardnormäquivalente

Standardnormäquivalente stellen eine weitere Form der Normierung dar. Auch hier werden die Rohwerte nichtlinear transformiert und zwar so, dass sich die transformierten Werte normal verteilen. Man spricht hier auch von einer Normalisierung der Werte: Nichtnormalverteilte Werte werden in normalverteilte überführt.

Für die Normalisierung ordnet man den Rohwerten zunächst Prozentränge zu, wie gerade beschrieben. Diese Prozentränge werden anschließend in diejenigen z-Werte zurückübersetzt, die sich bei einer Normalverteilung der Werte ergeben hätten. Für eine grobe Näherung kann man wiederum die beiden unteren Skalen der ► **Abb. 3.4** verwenden. Einem Prozentrang von 80 würde also ein normalisierter z-Wert von 0.8 zugeordnet werden, einem Prozentrang von 50 ein z-Wert von 0 usw. Dies sind die Standardnormäquivalente. Andere Standardnormäquivalente lassen sich gewinnen, indem die z-Werte in T-Werte oder andere Skalen umgerechnet werden, wie oben beschrieben wurde. Stanine-Werte werden praktisch immer mittels dieses Vorgehens gebildet. Wie im oberen Teil der ► **Abb. 3.4** angedeutet ist, werden hier den 4 % niedrigsten Werten eine Stanine von 1, den 7 % nächst höheren Werten eine Stanine 2 zugeordnet usw. (Mit diesem Vorgehen erhält man einen Mittelwert von 5 und eine Standardabweichung von 2.)

Ein Vorteil solcher Standardnormäquivalente wird in der direkten Korrespondenz zu Prozenträngen gesehen. Rohwerte und standardisierte Werte sind im Allgemeinen nicht exakt normalverteilt. Eine nachträgliche Normalisierung von Variablen, die markant von der Normalverteilung abweichen, obwohl eine Normalverteilung erwartet wird, ist jedoch problematisch. Wird nämlich angenommen, dass das zu erfassende Merkmal in der Population normalverteilt ist, verweisen nichtnormalverteilte Werte darauf, dass die Aufgabenzusammenstellung suboptimal ist oder die Stichprobe die Population nicht gut repräsentiert (oder beides). Solange die Aufgabenzusammenstellung nicht optimal ist, besteht normalerweise kein Grund für eine Normierung des Tests. Wenn die Stichprobe die Population nicht gut repräsentiert, liefert auch die Normierung unangemessene Werte. Das Vorgehen ist primär geeignet, leichtere, stichprobenbedingte Abweichungen von der Normalverteilung gewissermaßen kosmetisch zu korrigieren. Da es sich auch hier wie bei Prozenträngen um eine nichtlineare Transformation handelt, bleiben Intervalle auf der Rohwertskala nicht erhalten. Bei kleineren Abweichungen von der Normalverteilung kann dies jedoch ignoriert werden.

Äquivalentnormen

Eine weitere Art von Normen sind sog. *Altersäquivalente*. Derartige Normen finden sich häufig in Fähigkeits- und Leistungstests für Kinder und Jugendliche. Mit Altersäquivalenten werden den Leistungen in einem Tests diejenigen Altersabschnitte zugeordnet, in denen sie typischerweise erbracht werden können.

Das klassische Beispiel für eine Altersäquivalentnorm ist das *Intelligenzalter*. Mit dieser Norm charakterisierten bereits Binet und Kollegen den intellektuellen Entwicklungsstand von Kindern (▶ **Kap. 2**). Wird einem Kind beispielsweise ein Intelligenzalter von 8 Jahren und 6 Monaten attestiert, so bedeutet dies, dass seine Leistung in dem absolvierten Test der typischen (durchschnittlichen) Leistung von Kindern entspricht, die achteinhalb Jahre alt sind. Die Leistung des Kindes hat ein Altersäquivalent von achteinhalb Jahren. Der Vergleich zwischen Intelligenzalter und Lebensalter ermöglicht Rückschlüsse über den kognitiven Entwicklungsstand des Kindes. Würde das Intelligenzalter von achteinhalb von einem siebenjährigen Kind erreicht werden, so könnte man dem Kind einen Entwicklungsvorsprung in dem geprüften Leistungsbereich bescheinigen.

Tab. 3.3 Beispieldaten zur Erstellung von Altersnormen

Altersgruppe	Mittlerer Rohwert
6	8
7	10
8	14
9	17
10	20
11	22
12	26

Die Erstellung von Altersnormäquivalenten ist möglich, solange deutliche altersbezogene Veränderungen innerhalb eines bestimmten Verhaltensbereichs vorliegen. Sie können relativ einfach gewonnen werden. Zunächst werden die Kinder in Altersgruppen eingeteilt. In dem in ▶ **Tab. 3.3** gezeigten Beispiel wurden alle Kinder, die älter als sechseinhalb und jünger als siebeneinhalb Jahre alt sind, der Altersgruppe 7 zugeordnet. Diese Art der Einteilung gewährleistet, dass der Altersmittelwert der Gruppe nahe bei 7.0 Jahren liegt. Anschließend berechnet man den Leistungsmittelwert oder -median getrennt für alle Altersgruppen. (Der Median entspricht dem Wert, den ein Kind erreicht, das genau in der Mitte der Rohwertverteilung liegt; er wird dem arithmetischen Mittelwert bei der Bildung von Altersnormen üblicherweise vorgezogen, da er die typische Leistung besser repräsentiert, wenn asymmetrische Verteilungen vorliegen.) Tabelliert man anschließend die Altersmittelwerte gegen die berechneten typischen Rohwerte, lassen sich für gegebene Rohwerte die entsprechenden Altersäquivalente ablesen. In unseren Beispieldaten entspricht etwa ein Rohwert von 14 einem Altersäquivalent von 8 Jahren. Bei Rohwerten, die nicht in der Tabelle vorkommen, kann man interpolieren, einem Rohwert von 12 z. B. ein Altersäquivalent von siebeneinhalb Jahren zuordnen.

Neben Altersäquivalenten gibt es noch eine zweite populäre Art von Äquivalentnormen, nämlich Klassenstufenäquivalente. Sie werden häufig in Tests berichtet, die im Schulkontext eingesetzt werden. An die Stelle von Altersabschnitten als Referenzwert treten hier Klassenstufen, in denen bestimmte Leistungen typischerweise gezeigt werden. Ein Kind mit einem Klassenstufenäquivalent von 5 in einem Rechentest erbringt in diesem Bereich also Leistungen, die einem durchschnittlichen Fünftklässler entsprechen.

Äquivalentnormen verdanken ihre Beliebtheit vor allem ihrer Anschaulichkeit; auch Laien können mit diesen Normen sofort etwas anfangen. In der diagnostischen Literatur sind sie jedoch sehr umstritten (siehe z. B. Cronbach, 1990). Der Grund hierfür liegt darin, dass die Leistung eines Kindes hier mit einer Bezugsgruppe verglichen wird, zu der es unter Umständen gar nicht gehört. Dies kann sehr leicht zu Fehlinterpretationen führen. Nehmen wir an, das Kind mit dem Klassenstufenäquivalent von 5 im Rechnen sei in der siebten Klasse. Man könnte dies als einen massiven

Leistungsrückstand im Rechnen interpretieren. Tatsächlich lässt sich jedoch ohne weitere Information nicht mehr sagen, als dass das Kind die durchschnittliche Leistung von Siebtklässlern nicht erreicht hat. Es könnte durchaus sein, dass ein Viertel der Klassenkameraden des Kindes nur ein Äquivalent von 5 oder weniger erreicht, was die Interpretation des Rückstands doch sehr relativieren würde. Ohne Streuungsangaben können Äquivalentnormen leicht zu unangemessenen Schlussfolgerungen Anlass geben. Standardnormen oder Prozentrangnormen, mit denen Kinder relativ zu *ihrer* Alters- oder Klassenstufe eingeordnet werden, ist deshalb der Vorzug zu geben.

Verwendung von Normen

Vor der Verwendung von Normen muss geprüft werden, ob diese für die zu testenden Personen überhaupt angemessen sind. Auf drei Fragen sollte dabei besonderes Augenmerk gerichtet werden:

1. Wie lange liegt die Normierung zurück?
2. Wie war die Eichstichprobe zusammengesetzt?
3. Können die für die Testbearbeitung essenziellen Bedingungen der Eichstichprobe in der konkreten Testanwendung realisiert werden?

Tests, deren Normierung längere Zeit zurückliegt, liefern unter Umständen keine angemessenen Bezugssysteme mehr. So werden z. B. bestimmte Intelligenztests, deren Normen veraltet sind, aufgrund des sog. Flynn-Effekts zu hohe IQ-Werte liefern.

Flynn-Effekt

Beim Flynn-Effekt handelt es sich um eine seit langem bekannte säkulare Zunahme der Leistungen in Intelligenztests, die durchschnittlich etwa drei IQ-Punkte pro Dekade beträgt und vor allem die Fähigkeit betrifft, Relationen zwischen abstrakten Symbolen zu erkennen (▶ **Kap. 12**). Die Ursachen des Anwachsens dieser Leistungen über die Generationen sind noch nicht geklärt. Der Effekt ist nach dem Autor benannt, der ihn als erster systematisch dokumentiert hat (Flynn, 1987; vgl. auch Dickens & Flynn, 2001; Neisser et al. 1996).

Geprüft werden muss auch, ob die Eichstichprobe für eine konkrete Testanwendung überhaupt sinnvolle Referenzwerte liefert. So ist z. B. die Interpretation von Leistungen ausländischer Kinder in einem Intelligenztest, der bei deutschen Kindern normiert wurde, problematisch. Wenn die für die Durchführung des Tests wichtigen Bedingungen in der Anwendung nicht hergestellt werden können, führen natürlich auch aktuelle und „passende" Normen in die Irre.

3.6.2 Kriteriumsorientierte Vergleiche

Normorientierte Interpretationen von Testwerten werden häufig mit kriteriumsorientierten Interpretationen kontrastiert. *Kriteriumsorientierte* Vergleiche liefern eine zweite grundlegende Möglichkeit der Interpretation von Testwerten. Hier ergibt sich die Bedeutung der Testwerte nicht durch die Position der Person relativ zu den Testwerten anderer Personen, sondern relativ zu einem definierten Kriterium, d. h. einem bestimmten Ziel oder einer bestimmten Anforderung. Solche Kriterien könnten etwa sein:

(a) Fähigkeit zum Lösen mathematischer Gleichungen mit einer Unbekannten,
(b) Beherrschung des englischen Grundwortschatzes,
(c) Fahreignung,
(d) Fähigkeit zur Reflexion eines kontroversen politischen Themas,
(e) Angstfreiheit in öffentlichen Redesituationen.

Wie die Beispiele illustrieren, sind Kriterien nicht immer klar umrissen; entsprechend können sie auch nicht immer vollständig in ein objektives Testformat umgesetzt werden. In den Fällen (a) und (b) wäre dies offensichtlich noch relativ einfach. Für die Prüfung von (b) könnte es etwa genügen, eine Stichprobe von Vokabeln zusammenzustellen, die die Schüler übersetzen sollen. Die einzige Komplikation ergibt sich hier in der Festsetzung eines Richtwerts, der angibt, ab wann das Kriterium als erreicht gelten soll. Bei (c) lassen sich zumindest wichtige Teilaspekte des Kriteriums, nämlich das erforderliche Wissen über Verkehrsregelungen, basale technische Kenntnisse usw. über Tests erfassen. Auch bei (d) werden bestimmte Wissensvoraussetzungen eine Rolle spielen, die man über Tests prüfen kann. (An dem, was wir hier intuitiv für besonders relevant erachten, würde ein Wissenstest aber vorbei laufen.) Kriterienorientierte Interpretationen können auch Verhaltens- und Erlebensmerkmale außerhalb des Leistungsbereichs betreffen, wie in Beispiel (e). Bei kriteriumsorientierten Interpretationen von Testwerten interessiert, ob oder inwieweit ein Ziel erreicht wurde. Dabei bezieht man sich auf Maßstäbe, die „in der Sache begründet“ sind, weshalb hier auch von *sachlichen* Bezugsnormen gesprochen wird (Rheinberg & Fries, 2010). Mit sachlichen Bezugsnormen wird der Grad der Zielerreichung spezifiziert.

Die Differenzierung zwischen Norm- und Kriteriumsorientierung betrifft das Bezugssystem, in das individuelle Testwerte eingeordnet werden, also die Interpretation von Testwerten. Prinzipiell können Testwerte in beiden Bezugssystemen lokalisiert werden, d. h. die gleiche Leistung kann sowohl normorientiert als auch kriteriumsorientiert interpretiert werden. Nach Durchführung eines Englisch-Vokabeltests können wir z. B. eine Person einerseits hinsichtlich ihrer Leistung relativ zu den anderen getesteten Personen charakterisieren (und damit normorientiert vorgehen), andererseits können wir sie im Hinblick auf die Erreichung eines festgelegten Richtwerts beurteilen (also kriteriumsorientiert vorgehen). Beide Bezugssysteme haben logisch wenig miteinander zu tun. Eine Person könnte normorientiert deutlich unter dem Durchschnitt der Leistungen anderer Personen liegen, das Kriterium aber dennoch klar erfüllen.

Manchmal spricht man von norm- bzw. kriteriumsorientierten Messungen oder sogar norm- bzw. kriteriumsorientierten Tests, was nahelegt, dass es sich hier um Eigenschaften von Messungen oder Tests handelt, nicht allein um mögliche Interpretationen von Testwerten. Dies ist deswegen gerechtfertigt, weil bei vielen Tests nur eines der beiden Bezugssysteme interessiert oder doch im Vordergrund steht, was sich in einem unterschiedlichen Aufbau der entsprechenden Verfahren niederschlagen kann. Normorientierte Tests zielen nämlich darauf ab, *Unterschiede zwischen Personen* (interindividuelle Differenzen) in einem Merkmal möglichst gut zu reflektieren. Dies kann zu einer anderen Zusammenstellung von Aufgaben führen als bei kriteriumsorientierten Tests, in der solche Unterschiede eventuell wenig oder gar nicht interessieren. Tatsächlich können kriteriumsorientierte Tests so konstruiert werden, dass sie zwar die relevante Anforderung gut erfassen, aber nur sehr grobe Information über die relativen Positionen von Personen liefern (► **Kap. 16.2.3**).

3.6.3 Individuelle und ipsative Vergleiche

Ein drittes Bezugssystem für die Interpretation von Testwerten liefert das frühere Verhalten einer Person. Der aktuelle Testwert einer Person wird hier in Relation zu einem oder mehreren in der Vergangenheit erhobenen Werten gesetzt. Da hier Veränderungen im Erleben und Verhalten einzelner Personen interessieren, spricht man von *individuellen* Bezugssystemen. Individuelle Bezugssysteme spielen in vielen Praxisfeldern der psychologischen Diagnostik eine zentrale Rolle. In pädagogischen Kontexten könnte etwa der Zuwachs an Wissen und Kompetenzen bei Schülern nach einer Unterrichtseinheit interessieren, in klinischen Kontexten der Abbau von Angst bei einer phobischen Person nach einer Verhaltenstherapie.

Eine Variante individueller Maßstäbe sind sog. *ipsative Vergleiche*. Auch hier orientiert sich das Bezugssystem zur Einordnung der Testwerte an der Person selbst (lateinisch *ipse*). Von ipsativen Vergleichen spricht man dabei, wenn zwei oder mehr Testwerte miteinander in Bezug gesetzt werden, die *unterschiedliche* Merkmale reflektieren. Sie werden häufig bei der Bestimmung von Präferenzen verwendet. In einem Berufsinteressentest könnten z. B. Präferenzen für naturwissenschaftlich-technische, künstlerische und sprachliche Themen geprüft werden. Diagnostisch relevant wären hier weniger die absoluten Ausprägungen der Interessenstärken für diese oder weitere Gebiete als vielmehr deren relatives Niveau (▶ **Kap. 10.4**).

Natürlich schließt die Einordnung von Testwerten in ein individuelles Bezugssystem die gleichzeitige Verwendung norm- oder kriteriumsorientierter Bezugssysteme nicht aus. In manchen Fällen ist es sinnvoll und wünschenswert, Testwerte in allen drei Bezugssystemen gleichzeitig zu lokalisieren. Wir erhalten dann Information über die Merkmalsausprägung (a) relativ zu anderen Personen, (b) einem definierten Kriterium und (c) früheren Ausprägungen des Merkmals bei der Person (Rheinberg & Fries, 2010).

3.7 Testbewertung

In diesem Kapitel wurden grundlegende Merkmale psychologischer Tests behandelt. Im Zentrum standen dabei die Begriffe Objektivität, Reliabilität und Validität, die als die Hauptgütekriterien von Tests betrachtet werden. Auch die Verfügbarkeit von Normen ist für viele Testanwendungen wichtig. Zentrale Gesichtspunkte für die Bewertung von Tests liefern darüber hinaus Nutzenanalysen, auf die wir im Rahmen der Darstellung entscheidungstheoretischer Modelle in ▶ **Kap. 6** näher eingehen werden.

Für die Bewertung von Tests existieren noch weitere Qualitätsmerkmale, die sich allerdings teilweise aus den Hauptgütekriterien ableiten oder doch mit ihnen überlappen. Sie werden häufig als *Nebengütekriterien* angesprochen, womit angedeutet wird, dass sie einen eher ergänzenden Charakter besitzen und nicht für alle Verfahren gleichermaßen bedeutsam sind. Hierher gehören die äußere Testgestaltung, die Zumutbarkeit des Verfahrens für die Probanden, die Störanfälligkeit und Verfälschbarkeit des Tests, die Bandbreite erfasster Merkmale, die Testökonomie sowie die Akzeptanz des Verfahrens durch die Probanden. Für letztere ist neben der Zumutbarkeit vor allem die sog. Augenscheinvalidität – die Gültigkeit (und damit auch die Fairness) eines Verfahrens in den Augen von Laien – verantwortlich (Testkuratorium der Föderation Deutscher Psychologenvereinigungen, 2009).

An Tests, die für praktisch folgenreiche Entscheidungen eingesetzt werden, müssen hohe Qualitätsanforderungen gestellt werden. Zur Sicherung und Unterstützung dieser Anforderungen wurden in einigen Ländern standardisierte Systeme zur Testinformation und -beurteilung eingerichtet. Auch im deutschen Sprachraum existieren Initiativen, ein einheitliches System zu etablieren. Kersting (2006) diskutiert verschiedene existierende Systeme.

Wie wir sahen, lassen sich Gütemerkmale von Items (z. B. deren Trennschärfe) und Tests (z. B. Reliabilität) teilweise numerisch beschreiben. An manchen Stellen hatten wir angegeben, ab welchem Wert solche Indices als „ausreichend“ oder „gut“ angesehen werden. Derartige Werte sind jedoch lediglich als Orientierungspunkte zu verstehen. Fixe, anwendungsübergreifende Grenzen lassen sich sachlich nicht begründen. Der Wert eines Tests muss vielmehr im Kontext einer konkreten Anwendung beurteilt werden. Interessieren im Rahmen einer Untersuchung z. B. nur Gruppenmittelwerte, können Reliabilitätsanforderungen niedriger angesetzt werden als bei individualdiagnostischen Entscheidungen, die für die betroffenen Personen gravierende Konsequenzen besitzen.

Überdies muss bedacht werden, dass sich nicht alle Idealforderungen an Tests gleichzeitig erfüllen lassen, da sie teilweise konfligieren. Ein kurzer und für die Probanden wenig belastender Test ist z. B. meist weniger zuverlässig und valide als ein längeres Verfahren. Schließlich lassen sich essenzielle Gütemerkmale, insbesondere solche, welche die Inhalts- und Konstruktvalidität betreffen, nicht zu handlichen numerischen Kennwerten bündeln. Hier müssen die Angemessenheit der konzeptuellen Grundlagen sowie Umfang, Qualität und Resultate der empirischen Untersuchungen zum Test berücksichtigt werden.

Weiterführende Literatur

Weiterführende Darstellungen der Testtheorie und -konstruktion finden sich in den Büchern von Bühner (2011), Eid und Schmidt (2014) sowie Moosbrugger und Kelava (2008). Die mathematischen Grundlagen der Klassischen Testtheorie werden ausführlich von McDonald (1999) sowie Steyer und Eid (1993) dargelegt.

Fragen zur Wissenskontrolle

1. Welche Hauptgütekriterien werden an psychologische Tests angelegt?
2. Was beinhaltet Cronbachs Unterscheidung zwischen „tests of maximum performance“ und „tests of typical response“?
3. Wie ist die Trennschärfe eines Items definiert?
4. Welche grundlegenden Zugangsweisen zur Schätzung der Reliabilität gibt es?
5. Was versteht man unter konvergenter und diskriminanter Validität?
6. Welche Bezugssysteme zur Einordnung von Testwerten lassen sich differenzieren?

4 Modelle psychologischen Testens

Die Klassische Testtheorie, deren Konzepte und analytisches Instrumentarium im letzten Kapitel dargestellt wurden, ist in erster Linie auf ganze Tests abgestimmt. Wie Fischer (1974) bemerkt, geht die Klassische Testtheorie von gegebenen Messungen aus – im Allgemeinen Summenwerten – und fragt, wie reliabel und valide diese Messungen sind. Wie die Messung selbst begründet werden kann, wird dagegen nicht thematisiert. So bleibt zum Beispiel unklar, inwiefern es eigentlich legitim ist, einen Testwert als Indikator der Ausprägung eines psychologischen Merkmals anzusehen.

Zur Rechtfertigung werden hier vor allem inhaltliche Überlegungen und pragmatische Argumente angeführt, die sich z. B. auf (nachträgliche) Untersuchungen der externen Korrelate einer Testvariablen berufen. Die Beziehungen zwischen dem Merkmal, den beobachteten Antworten und hieraus abgeleiteten Größen werden dagegen nicht expliziert.

Während die Klassische Testtheorie an „ganzen" Tests orientiert ist, setzen die im vorliegenden Kapitel behandelten Modelle eine Ebene tiefer an, nämlich an den Antworten auf einzelne Items. Die Antworten werden hier durch Einführung latenter Variablen, die sich auf Persönlichkeitseigenschaften oder aktuelle Zustände beziehen, mathematisch dargestellt und damit – in einem später noch zu präzisierenden Sinn – erklärt.

Das Kapitel gliedert sich in zwei größere Abschnitte. Im ersten Abschnitt werden faktorenanalytische Modelle behandelt. Solche Modelle sind für die Analyse der Struktur von

Tests, die quantitative Items beinhalten, geeignet. Faktorenanalytische Modelle, deren Grundlagen von Spearman (1927) und Thurstone (1947) ausgearbeitet wurden, haben sich für die Testkonstruktion und -evaluation als außerordentlich fruchtbar erwiesen. Die Begründer der Klassischen Testtheorie stützten sich stark auf die Ergebnisse Spearmans, so dass es ganz natürlich erscheint, die Faktorentheorie zur Optimierung der Item- und Testanalyse zu nutzen. Im zweiten Abschnitt des Kapitels werden drei grundlegende logistische Testmodelle dargestellt, die für die Analyse binärer Items konzipiert wurden. Diese Modelle werden zur Item-Response-Theorie gezählt, einem neueren Ansatz, der besonders durch die Pionierarbeiten von Rasch (1960) und Birnbaum (in Lord & Novick, 1968) geprägt wurde.

Die Entwicklung der Faktorentheorie und der Item-Response-Theorie wurde lange Zeit mehr oder weniger isoliert voneinander vorangetrieben. Manchmal wurden sie als konkurrierende Modelle des Testverhaltens aufgefasst. In neuerer Zeit setzt sich jedoch die Sichtweise durch, dass beide zusammengehören. Faktoren-Modelle sind angemessen, solange eine im Wesentlichen lineare Beziehung zwischen dem zu messenden Merkmal und den Itemantworten vorausgesetzt werden kann. Item-Response-Modelle sind dagegen angebracht, wenn diese vereinfachende Voraussetzung nicht gegeben ist, also nichtlineare Zusammenhänge zwischen Merkmal und Antworten angenommen werden müssen.[1]

4.1 Faktorenanalytische Modelle

Faktorenanalysen sind multivariate statistische Verfahren, mit denen Zusammenhangsstrukturen von Variablen untersucht werden können. Das generelle Ziel der Faktorenanalyse ist es, die Zusammenhänge einer Reihe manifester Variablen durch eine kleinere Zahl latenter Variablen zu beschreiben. *Manifeste Variablen* sind beobachtbare Größen, wie sie z. B. mit Item- oder Testwerten vorliegen. *Latente Variablen* beziehen sich auf Größen, die nicht direkt beobachtbar oder mit einfachen, etablierten Messoperationen zu erfassen sind (► **Kap. 3**). Die im Rahmen der Faktorenanalyse betrachteten latenten Variablen werden Faktoren genannt. In unserem Kontext repräsentieren Faktoren die Ausprägung von Personen auf bestimmten Merkmalen.

Faktorenanalytische Techniken werden in vielen Bereichen der Psychologie eingesetzt, um Variablen statistisch zu klassifizieren. Dabei sollen Gruppen von Variablen identifiziert werden, *innerhalb* derer *hohe* und *zwischen* denen *niedrige* Zusammenhänge bestehen. Durch geeignete Kombinationen der Variablen, die zur selben Gruppe gehören, lässt sich dann der mit den Variablen erfasste Merkmalsbereich einfacher darstellen. Anstatt ein Profil aus, sagen wir, zwanzig korrelierten Variablen zu betrachten, könnte es sich z. B. als hinreichend erweisen, Personen durch drei oder vier kombinierte Variablen zu charakterisieren, welche die mit den Ausgangsvariablen erfassten Unterschiede gut wiedergeben.

Im Rahmen der Item- und Testanalyse ist Variablenklassifikation nur *ein* Ziel, das mit Faktorenanalysen verfolgt wird. Tatsächlich steht dieses Ziel nicht immer im Vordergrund. Generell geht es darum, ein Modell des Zustandekommens von Antworten zu formulieren. Mit Hilfe eines solchen Modells kann z. B. geklärt werden, ob die Items eines Tests eine homogene Gruppe bilden, wie gut einzelne Items den Faktor reflektieren und wie genau der Test misst.

In diesem Abschnitt des Kapitels stellen wir zunächst Begriffe dar, die für das Verständnis

[1] Diese Grenzen zwischen beiden Modellfamilien verschwimmen. Inzwischen gibt es z. B. nichtlineare Varianten der Faktorenanalyse, die mit bestimmten Item-Response-Modellen identisch sind.

der Faktorenanalyse wichtig sind. Anschließend beschreiben wir die Prüfung der Homogenität und die Bestimmung der Reliabilität im Rahmen des Ein-Faktor-Modells. Im dritten Unterabschnitt skizzieren wir basale Anwendungen mehrfaktorieller Modelle bei der Testkonstruktion und -analyse.

4.1.1 Grundlegende Begriffe

Faktoren sind latente Variablen, die ein bestimmtes Zusammenhangsmuster unter manifesten Variablen stiften. Aus dem Zusammenhangsmuster, den Korrelationen oder Kovarianzen der manifesten Variablen, sollen (a) die Zahl der Faktoren und (b) deren Bedeutung für die einzelnen Variablen rekonstruiert werden.

Für das Verständnis der Faktorenanalyse ist hilfreich, zunächst ein Szenario zu betrachten, in dem wir Faktoren und manifeste Variablen selbst konstruieren. Wir bilden als erstes zwei Faktoren F_1 und F_2, indem wir mit einem Zufallsgenerator zwei große Zahlenreihen erzeugen, sagen wir jeweils 500 für jeden Faktor. Die Ziehung von Zufallszahlen repräsentiert hier die Erhebung einer Personenstichprobe. Die Zahlenpaare stellen die Ausprägungen zweier latenter Merkmale bei den Personen dar, deren *Faktorwerte*. Aufgrund ihrer Konstruktion durch Zufallsprozesse sind F_1 und F_2 in der Population unkorreliert. Wenn wir viele Zahlen generieren, gilt dies mit guter Näherung auch für die Stichprobe. Die beiden Faktoren werden standardisiert, so dass sich jeweils Mittelwerte von Null und Streuungen von Eins ergeben.

Im zweiten Schritt simulieren wir sechs manifeste Variablen X_1 bis X_6. Diese Variablen bilden wir so, dass sich unterschiedlich starke Zusammenhänge mit den Faktoren ergeben. Hierfür multiplizieren wir die Faktorwerte jeweils mit variablenspezifischen Gewichten λ_{j1} (Gewicht des ersten Faktors für die manifeste Variable j; λ ist der griechische Buchstabe Lambda) und λ_{j2} (Gewicht des zweiten Faktors). Der Einfachheit halber wählen wir für unser Beispiel die Gewichte so, dass die manifesten Variablen X_1 und X_2 nur von Faktor 1 abhängen – wir setzen also die Gewichte für Faktor 2 hier auf Null –, die Variablen X_3 und X_4 dagegen nur von Faktor 2 – hier werden die beiden Gewichte für Faktor 1 auf Null gesetzt. Für die beiden ersten Variablen wählen wir (willkürlich) Gewichte von 0.8 und 0.9, für die dritte und vierte Variable 0.4 und 0.7. Für X_5 und X_6 produzieren wir dagegen Abhängigkeiten von *beiden* Faktoren: Wir wählen Gewichte von $\lambda_{51} = 0.6$ und $\lambda_{52} = 0.2$ sowie $\lambda_{61} = 0.3$ und $\lambda_{62} = 0.7$. Die Variable X_5 wird also primär, aber nicht ausschließlich, durch den ersten Faktor, X_6 dagegen primär durch den zweiten Faktor bestimmt. Die Gewichte spielen in Faktorenmodellen eine zentrale Rolle und werden daher mit einem eigenen Namen belegt: Sie heißen *Faktorladungen* oder einfach *Ladungen*. Auf deren Bedeutung gehen wir gleich noch genauer ein.

Bislang sind die sechs manifesten Variablen durch die beiden Faktoren genau festgelegt. Im dritten Schritt heben wir dies auf, indem wir auf jeden der Werte eine Zufallszahl addieren. Die jeweils 500 Zufallszahlen pro Variable notieren wir mit E_j. Um die Zufallseinflüsse nicht allzu groß werden zu lassen, standardisieren wir diese Variablen und multiplizieren sie mit kleinen Werten. Für unser Beispiel wählen wir Multiplikatoren von 0.4 für die Variablen X_1 bis X_3 und 0.5 für die Variablen X_4 bis X_6. Die Multiplikatoren legen die Standardabweichungen der E-Variablen fest, ihre Varianzen betragen entsprechend 0.16 bzw. 0.25. Konstruktionsbedingt sind die E-Variablen weder untereinander noch mit den Faktoren korreliert. Die manifesten Variablen setzen sich nun wie in ► **Abb. 4.1** gezeigt zusammen.

Die sechs Variablen haben Anteile, die sie mit mindestens einer anderen Variable teilen – also *gemeinsame* Anteile, die hier durch die Teilausdrücke λF repräsentiert werden – und

$$
\begin{array}{lclclcll}
X_1 & = & 0.8 \cdot F_1 & + & 0 \cdot F_2 & + & E_1 & \text{mit Var}(E_1) = 0.16 \\
X_2 & = & 0.9 \cdot F_1 & + & 0 \cdot F_2 & + & E_2 & \text{mit Var}(E_2) = 0.16 \\
X_3 & = & 0 \cdot F_1 & + & 0.4 \cdot F_2 & + & E_3 & \text{mit Var}(E_3) = 0.16 \\
X_4 & = & 0 \cdot F_1 & + & 0.7 \cdot F_2 & + & E_4 & \text{mit Var}(E_4) = 0.25 \\
X_5 & = & 0.6 \cdot F_1 & + & 0.2 \cdot F_2 & + & E_5 & \text{mit Var}(E_5) = 0.25 \\
X_6 & = & 0.3 \cdot F_1 & + & 0.7 \cdot F_2 & + & E_6 & \text{mit Var}(E_6) = 0.25
\end{array}
$$

Abb. 4.1
Beispiel für ein Faktorenmodell.

spezifische Anteile, die durch die aufaddierten Zufallszahlen E dargestellt werden. Die Teilausdrücke $0 \cdot F$ könnte man natürlich herauslassen, sie illustrieren jedoch die Struktur unserer Konstruktion. Da die spezifischen Anteile weder untereinander noch mit den Faktoren korreliert sind, können die Zusammenhänge unter den manifesten Variablen nur auf die gemeinsamen Anteile zurückgehen. Ihre Varianzen hängen dagegen von gemeinsamen *und* spezifischen Anteilen ab. Dies sind die beiden essenziellen Punkte der Faktorenanalyse. Tatsächlich definieren die sechs Gleichungen zusammen ein Zwei-Faktoren-Modell der manifesten Variablen.

Unter den genannten Bedingungen (Standardisierung der Faktoren, Unkorreliertheit der Faktoren, Unkorreliertheit der Zufallseinflüsse, Unkorreliertheit der Zufallseinflüsse mit den gemeinsamen Faktoren) lassen sich Kovarianzen, Varianzen und damit auch die Korrelationen unter den X-Variablen in der Population in recht einfacher Weise bestimmen, wie sich algebraisch zeigen lässt (siehe z. B. McDonald, 1999).

Die *Kovarianz* zwischen zwei Variablen X_j und X_k kann bestimmt werden, indem man die Ladungen der diesen Variablen gemeinsamen Faktoren multipliziert. Für die Kovarianz von X_1 und X_2 ergibt sich z. B. $0.8 \cdot 0.9 = 0.72$, da diese Variablen nur vom ersten Faktor abhängen, für die Kovarianz zwischen X_1 und X_3 ergibt sich 0, da keine gemeinsame Einflussgröße vorliegt. Generell berechnet man die Ladungsprodukte für jeden Faktor und summiert die Produkte auf. Für zwei unabhängige Faktoren, wie in unserem Beispiel, gilt also

$$\text{Cov}(X_j, X_k) = \lambda_{j1}\lambda_{k1} + \lambda_{j2}\lambda_{k2}, \qquad (4.1)$$

so dass wir für die Kovarianz von X_5 und X_6 z. B. $0.6 \cdot 0.3 + 0.2 \cdot 0.7 = 0.32$ erhalten.

Die *Varianz* einer Variablen wird bestimmt, indem man die Quadrate ihrer Ladungen auf allen Faktoren summiert und hierauf die Varianz ihrer spezifischen Anteile addiert. In unserem Fall berechnet man also:

$$\text{Var}(X_j) = \lambda_{j1}^2 + \lambda_{j2}^2 + \text{Var}(E_j). \qquad (4.2)$$

Für die Variable X_5 ergibt sich z. B. eine Varianz von $0.6^2 + 0.2^2 + 0.25 = 0.65$ und eine Standardabweichung von $\sqrt{0.65} = 0.806$, für X_6 ergibt sich eine Varianz von $0.3^2 + 0.7^2 + 0.25 = 0.83$ und eine Standardabweichung von $\sqrt{0.83} = 0.911$.

Aus den Kovarianzen und Standardabweichungen lassen sich nun auch die *Korrelationen* berechnen, in dem man die Kovarianz durch das Produkt der Standardabweichungen teilt. Für die Korrelationen zwischen X_5 und X_6 erhalten wir z. B.

$$\begin{aligned}\text{Kor}(X_5, X_6) &= \frac{\text{Cov}(X_5, X_6)}{\text{Std}(X_5) \cdot \text{Std}(X_6)} \\ &= \frac{0.32}{0.806 \cdot 0.911} \\ &= 0.44.\end{aligned}$$

Wir können nun alle Kovarianzen bzw. Korrelationen zwischen den Variablen berechnen und in einer Tabelle zusammenfassen. In ▶ **Tab. 4.1** haben wir dies für die Korrelationen getan. Diese Korrelationen repräsentieren

Tab. 4.1
Korrelationen und korrelative Ladungen in der Population

	X_1	X_2	X_3	X_4	X_5	a_{j1}	a_{j2}
X_1	1					.89	0
X_2	.82	1				.91	0
X_3	0	0	1			0	.70
X_4	0	0	.58	1		0	.81
X_5	.67	.68	.18	.20	1	.74	.25
X_6	.29	.30	.54	.63	.44	.33	.77

die Zusammenhänge in der Population, wie sie sich durch unsere Konstruktion ergeben.

Wie gerade erwähnt, heißen die Gewichte (λ), mit deren Hilfe wir die Kovarianzen und Korrelationen berechnet haben, *Faktorladungen*. Ladungen geben an, wie bedeutsam der entsprechende Faktor für das Zustandekommen der jeweiligen Variable ist. Technisch handelt es sich um ein Regressionsgewicht: Eine um eine Einheit (Standardabweichung) erhöhter Faktorwert schlägt sich in der Variablen X_j durchschnittlich in einer Erhöhung von λ_j Einheiten (in deren Skala) nieder. Neben diesen sog. *unstandardisierten Ladungen* werden bei einer Faktorenanalyse auch standardisierte Ladungen betrachtet.

Standardisierte Ladungen erhält man, indem man die unstandardisierten Ladungen durch die Standardabweichung der jeweiligen Variable teilt. (Die Faktoren hatten wir bereits standardisiert, so dass deren Streuung hier nicht berücksichtigt werden muss.) Wir erhalten als standardisierte Ladung der Variable X_5 auf dem ersten Faktor z. B.

$$0.6/0.806 = .74.$$

Standardisierte Ladungen sind für die Bewertung der Bedeutung eines Faktors für eine Variable sehr nützlich, da sie (bei Modellen mit unabhängigen Faktoren wie in unserem Beispiel) Korrelationen zwischen dem Faktor und der Variablen darstellen. Standardisierte Ladungen werden daher auch als *korrelative Ladungen* bezeichnet. Sie geben den Effekt des Faktors in Standardabweichungen der X-Variablen an. Eine standardisierte Ladung von 0.5 besagt also, dass ein um eine Einheit erhöhter Faktorwert sich in der betreffenden manifesten Variablen in einer Erhöhung um 0.5 Standardabweichungen bemerkbar macht. Standardisierte Ladungen notieren wir im Folgenden mit a. ▶ **Tab. 4.1** enthält die standardisierten Ladungen für unser Beispiel in den beiden letzten Spalten.

Korrelationen sind spezielle Kovarianzen, nämlich Kovarianzen standardisierter Variablen. Betrachtet man standardisierte manifeste Variablen Z_j und Z_k, kann man die Gleichung 4.1 so schreiben:

$$\begin{aligned} \mathrm{Cov}(Z_j, Z_k) &= \mathrm{Kor}(X_j, X_k) \\ &= a_{j1}a_{k1} + a_{j2}a_{k2}. \end{aligned} \tag{4.3}$$

Aus den korrelativen Ladungen lassen sich die Interkorrelationen der X-Variablen also direkt berechnen. Für den spezifischen Anteil bei standardisierten Variablen ergibt sich dann nach 4.2:

$$\begin{aligned} 1 &= a_{j1}^2 + a_{j2}^2 + \mathrm{Var}(E_{Zj}), \\ \mathrm{Var}(E_{Zj}) &= 1 - (a_{j1}^2 + a_{j2}^2). \end{aligned} \tag{4.4}$$

Wir haben die spezifischen Anteile hier mit Z indiziert, um deutlich zu machen, dass sie sich auf standardisierte X-Variablen beziehen und daher nicht mit den spezifischen Anteilen der unstandardisierten Variablen identisch sind. Die spezifischen Anteile standardisierter Variablen lassen sich aus denen für unstandardisierte durch Division mit der Varianz der Variablen gewinnen,

$$\mathrm{Var}(E_{Zj}) = \mathrm{Var}(E_j)/\mathrm{Var}(X_j).$$

Tab. 4.2 Empirische Korrelationen sowie modellimplizierte Korrelationen (in Klammern) und korrelative Ladungen für ein Ein-Faktor-Modell

	X_1	X_2	X_3	X_4	X_5	a_{j1}
X_1						0.89
X_2	.81 (.80)					0.91
X_3	.03 (.09)	.05 (.09)				0.10
X_4	−.04 (.03)	−.03 (.03)	.56 (.00)			0.04
X_5	.66 (.67)	.68 (.69)	.21 (.08)	.19 (.03)		0.76
X_6	.32 (.36)	.34 (.37)	.55 (.04)	.60 (.02)	.47 (.31)	0.41

Sie geben den *Anteil* der Varianz einer Variablen an, die *nicht* durch Faktoren aufgeklärt wird.

In unserem Beispiel hatten wir die Ladungen mehr oder weniger willkürlich gewählt und daraus (unter Zugrundelegung unseres Wissens über das Zustandekommen der Variablen) die Korrelationsmatrix berechnet. Die Faktorenanalyse ist die umgekehrte Prozedur: Hier ist eine Kovarianzmatrix oder eine Korrelationsmatrix gegeben, aus der – wiederum unter Zugrundelegung bestimmter Annahmen – Faktorladungen, spezifische Anteile und einige weitere Kennwerte rekonstruiert werden sollen. Die zentralen Größen, die rekonstruiert werden sollen, sind dabei die Ladungen. Mit ihrer Hilfe können weitere interessierende Kennwerte berechnet werden.

Faktorenanalysen sind Suchprozeduren: Gesucht wird nach Ladungen, aus denen sich vorgegebene (im Allgemeinen: empirisch ermittelte) Kovarianzen (bzw. Korrelationen) gut reproduzieren lassen. Gut reproduzieren heißt dabei, dass die Diskrepanzen zwischen den aus den Ladungen berechneten Kovarianzen – den *modellimplizierten* Kovarianzen – und den *empirisch ermittelten* Kovarianzen minimal werden. Den Ladungssatz, der diesem Kriterium genügt – minimale Diskrepanz zwischen Modell und Empirie – präsentiert die Faktorenanalyse uns als wesentliches Ergebnis. Darüber hinaus erhalten wir auch Information darüber, wie hoch die Diskrepanz ist oder – umgekehrt formuliert – wie gut das Modell auf die Daten passt. Bei einem perfekt passenden Modell wären modellimplizierte und empirische Kovarianzen identisch, alle Diskrepanzen also Null.

Praktisch beginnt man mit einem Ein-Faktor-Modell: Man *extrahiert*, wie man auch sagt, einen Faktor aus den Zusammenhängen der Variablen. Ist die Passung dieses Modells nicht zufriedenstellend, extrahiert man einen zweiten Faktor, dann einen dritten usw., bis die Passung gut ausfällt. Die Festlegung der Zahl zu bildender Faktoren ist – neben der Angabe der zu verwendenden Daten- oder Kovarianzmatrix – die wesentliche Spezifikation bei der Durchführung einer Faktorenanalyse. Je mehr Faktoren ein Modell enthält, desto geringer wird die Diskrepanz zwischen Modell und Empirie. Die Kehrseite der Diskrepanzreduktion ist eine höhere Komplexität des Modells.

Zu Demonstrationszwecken bilden wir nun zunächst unsere „empirischen“ Daten, indem wir, wie oben besprochen, für jede X-Variable 500 Werte konstruieren. In einer realen Anwendung könnten die Variablen X_1 bis X_6 Antworten von 500 Personen auf die sechs Items eines kleinen Tests darstellen. Wir berechnen nun die Korrelationen zwischen den Variablen. (Wir verwenden hier Korrelationen, weil sie für eine Betrachtung von Diskrepanzen anschaulicher sind als Kovarianzen.) Diese Korrelationen sind in ▶ **Tab. 4.2** aufgeführt. Sie entsprechen den berechneten Populationsverhältnissen, die wir bereits kennen, recht gut, aber nicht genau (▶ **Tab. 4.1**). Die Abweichungen gehen darauf zurück, dass wir nur eine Stichprobe aus der Population ziehen können (sog. Stichprobenfehler).

Wir extrahieren aus der empirischen Matrix zunächst einmal nur *einen* Faktor – gewissermaßen wider besseres Wissen – und erhalten als Resultat der Analyse einen Ladungssatz. Der Ladungssatz (korrelative Ladungen) ist ebenfalls in ▶ **Tab. 4.2** aufgeführt. Aus den korrelativen Ladungen berechnen wir die modellimplizierten Korrelationen nach Gleichung (4.3). Da nur *ein* Faktor vorhanden ist, genügt es hier, die korrelativen Ladungen jeweils zweier Variablen zu multiplizieren. Für einen Faktor und korrelative Ladungen gilt also

$$\text{Kor}(X_j, X_k) = a_j \cdot a_k.$$

Die modellimplizierten Korrelationen sind in ▶ **Tab. 4.2** in Klammern neben den empirischen aufgeführt. Wie ersichtlich, lassen sich in unserem Beispiel mit einem Faktor nur die Korrelationen, in die die Variablen X_1 und X_2 eingehen, gut reproduzieren, die anderen Korrelationen dagegen nicht. Für eine gute Reproduktion gilt als Faustregel, dass alle korrelativen Diskrepanzen kleiner als 0.1 sein sollten. Dies ist für die Korrelationen zwischen den Variablen X_3 bis X_6 bei uns nicht der Fall. Insgesamt zeigt das Ein-Faktor-Modell also keine gute Passung.

Das ändert sich, wenn wir einen zweiten Faktor bilden. Die korrelativen Ladungen für das Zwei-Faktoren-Modell sind in ▶ **Tab. 4.3** zusammengestellt. Wie man durch Vergleich mit ▶ **Tab. 4.1** feststellen kann, entsprechen diese Ladungen sehr gut den korrelativen Ladungen in der Population. Die reproduzierten Korrelationen sind daher praktisch identisch mit den empirischen, die Diskrepanzen weisen nur noch Werte nahe Null auf. Das Zwei-Faktoren-Modell passt also nahezu perfekt auf die Daten, so dass wir keinen weiteren Faktor mehr extrahieren müssen.

Tab. 4.3 Resultate für das Zwei-Faktoren-Modell

Variable	a_{j1}	a_{j2}	$\text{Var}(E_{Zj})$
X_1	0.893	−0.002	0.202
X_2	0.910	0.016	0.172
X_3	0.035	0.700	0.509
X_4	−0.046	0.809	0.343
X_5	0.742	0.274	0.374
X_6	0.357	0.763	0.290
Eigenwert	2.308	1.802	
Varianz	0.385	0.300	

Die Ergebnisse einer Faktorenanalyse werden in der Ladungsmatrix festgehalten, welche die Faktorladungen der manifesten Variablen auf den extrahierten Faktoren wiedergibt. Mit Hilfe der Ladungsmatrix lassen sich weitere summarische Kennwerte berechnen, die bei der Interpretation der Ergebnisse einer Faktorenanalyse hilfreich sind und deshalb häufig mitangegeben werden.

Die *Kommunalität* (abgekürzt h^2) ist der Anteil der Varianz einer Variablen, die durch alle extrahierten Faktoren erklärt wird. Sie wird berechnet, indem man die korrelativen Ladungen der jeweiligen Variable quadriert und aufsummiert. Für X_6 ergibt sich z. B. eine Kommunalität von $0.357^2 + 0.763^2 = 0.71$. Es werden also 71 % der Varianz von X_6 durch die beiden Faktoren aufgeklärt. (Die einfache Summierung ist möglich, wenn die Faktoren unabhängig sind.) Zwischen Kommunalitäten und spezifischen Anteilen besteht die Beziehung $h^2 = 1 - \text{Var}(E_{Zj})$.

Summiert man die Quadrate aller korrelativen Ladungen, die zu einem Faktor gehören, erhält man den *Eigenwert* des Faktors. Der Eigenwert beschreibt die durch einen Faktor aufgeklärte Varianz der manifesten Variablen. Den Anteil der aufgeklärten Varianz erhält man, indem man den Eigenwert durch die Zahl der manifesten Variablen teilt. Für den ersten Faktor ergibt sich in unserem Beispiel $2.308/6 = 0.385$. Der Faktor klärt also ca. 39 % der Varianz aller Variablen auf. Der zweite Faktor erklärt bei uns weitere 30 % der Varianz, so dass durch beide Faktoren insgesamt ca. 69 % der Varianz erklärt werden. Eigenwerte zeigen mithin die Bedeutung der Faktoren für die Zusammenhänge unter den Variablen an.

Die Ladungen und die aus ihnen abgeleiteten Kennwerte bilden die Grundlage für die inhaltliche Interpretation der Faktoren. Dabei zieht man Variablen heran, die nur auf einem Faktor betragsmäßig hohe Ladungen aufweisen, auf den anderen Faktoren dagegen betragsmäßig niedrige. Variablen, die diesen Bedingungen genügen, werden als *Markiervariablen* des Faktors bezeichnet. Für die Beurteilung der Ladungen kann man die gleichen Orientierungswerte heranziehen wie für die Trennschärfen (vgl. S. 52): Ladungen, deren Betrag kleiner als .30 ist, werden als niedrig bzw. vernachlässigbar angesehen, ab .40 kann man von einer moderaten, ab .60 von einer hohen Ladung sprechen. In unserem Beispiel wird der erste Faktor durch die Variablen X_1, X_2 und X_5 markiert, der zweite durch die Variablen X_3 und X_4. Die Variable X_6 ist – diesen Kriterien zufolge – keine Markiervariable, da sie auf beiden Faktoren Ladungen größer als .30 zeigt.

Um die Faktoren zu interpretieren und ggf. mit einer griffigen Bezeichnung zu belegen, überlegt man nun, was Variablen, die zu einem Faktor gehören, gemeinsam haben und was Variablen, die zu verschiedenen Faktoren gehören, voneinander absetzt. Im Rahmen der Testanalyse stützt man sich dabei auf die Iteminhalte. Gesucht wird also nach der inhaltlichen Gemeinsamkeit der Markiervariablen (hier: Markieritems) eines Faktors.

Faktorenanalysen können weitgehend datengeleitet oder hypothesentestend eingesetzt werden. Im ersten Fall spricht man von einem explorativen, im zweiten von einem konfirmatorischen Vorgehen. In *explorativen* Faktorenanalysen überlässt man die Bestimmung der Anzahl von Faktoren sowie die ihrer Zusammenhänge allein statistischen Techniken und Kriterien. Abgesehen von einigen technischen Annahmen (siehe S. 107), welche die Faktorlösung und deren Interpretierbarkeit sichern sollen, wird bei diesem Vorgehen gewissermaßen nur die Minimalhypothese investiert, dass sich die Variablen überhaupt statistisch gruppieren lassen. In der gerade durchgeführten Beispielanalyse sind wir explorativ vorgegangen. Dies ist daran erkennbar, dass wir (a) Faktoren sukzessive extrahiert haben, bis sich eine gute Passung des Modells ergab und (b) alle Faktorladungen schätzen ließen.

In *konfirmatorischen* Analysen werden dagegen Modellannahmen in einem strikteren Sinne geprüft. Diese Annahmen können die Zahl der Faktoren, deren Zusammenhänge oder die Faktorladungen betreffen. In der Praxis werden mit konfirmatorischen Faktorenanalysen meist drei Arten von Hypothesen geprüft, nämlich erstens Hypothesen über die Anzahl von Faktoren, die für die Erklärung der Zusammenhänge unter den Variablen notwendig sind, zweitens Hypothesen über Zusammenhänge unter Faktoren und drittens Hypothesen über Zusammenhänge zwischen Faktoren und manifesten Variablen. Beispiele für solche Hypothesen sind: Die Zusammenhänge unter den Variablen lassen sich durch zwei Faktoren darstellen; die beiden Faktoren sind nicht korreliert; die manifeste Variable X_1 korreliert nur mit dem ersten Faktor, aber nicht mit dem zweiten; X_1 korreliert mit dem ersten Faktor genauso hoch wie die Variable X_2.

Die Unterscheidung explorativ vs. konfirmatorisch betrifft nicht die hinter dem Verfahren stehende Mathematik – die ist in beiden Fällen die gleiche –, sondern vielmehr die Verwendung des Verfahrens. In einigen Schritten der Testkonstruktion wird man eher explorativ, in anderen konfirmatorisch vorgehen. Explorativ werden Faktorenanalysen zum Beispiel eingesetzt, um aus einer anfänglichen Itemmenge diejenigen auszuwählen, die das zu messende Merkmal am besten repräsentieren. Mittels konfirmatorischer Analysen kann anschließend an einem *neuen* Datensatz geprüft werden, inwieweit sich die Zusammenstellung bewährt. Die Überprüfung eines zunächst explorativ erstellten Modells anhand einer unabhängigen Stichprobe wird als *Kreuzvalidierung* bezeichnet.

4.1.2 Ein-Faktor-Modell

Nachdem wir zentrale Begriffe der Faktorenanalyse dargestellt haben, diskutieren wir nun die Anwendung der Faktorenanalyse zur Untersuchung von Test- und Itemeigenschaften. Wir beschäftigen uns dabei zunächst mit dem einfachsten Modell der Familie, dem Ein-Faktor-Modell. Als Ausgangsvariablen betrachten wir hier quantitative Items.

Mit Hilfe des Ein-Faktor-Modells lassen sich die folgenden, für Test- und Itemanalysen zentralen, Fragen beantworten:

1. Reflektieren die Items (oder Testteile) das gleiche Merkmal, bilden sie eine (statistisch) homogene Gruppe?
2. Welche Items repräsentieren die mit dem Test gemessene Eigenschaft gut, welche weniger gut?
3. Wie reliabel ist der Test?

Wie in Kapitel 3 dargestellt wurde, hat Homogenität sowohl inhaltliche als auch statistische Aspekte. In konkreten Anwendungen stellt man die Items eines Tests zunächst nach theoretischen und inhaltlichen Gesichtspunkten zusammen. Faktorenanalysen werden anschließend zur Prüfung der Frage eingesetzt, inwieweit sich die inhaltlichen Überlegungen auch statistisch bewähren. Die Bewährungsprobe besteht in der Passung des Ein-Faktor-Modells. Tests, die diese Bewährungsprobe bestehen, werden als *faktoriell homogen* oder *faktoriell einfach* bezeichnet: Die Zusammenhänge unter den Items des Tests lassen sich dann auf *einen* Faktor zurückführen. (Andernfalls spricht man von einem *faktoriell komplexen* Test.) Wurde faktorielle Homogenität nachgewiesen, kann man auf der Basis des Modells die Güte einzelner Items und die Reliabilität des Tests bestimmen.

Annahmen

Bezeichnen wir die Itemvariablen mit $X_1, X_2, \ldots X_m$ und den ihnen zugrunde liegenden gemeinsamen Faktor mit F, so können wir das Modell folgendermaßen notieren:

$$X_j = \mu_j + \lambda_j F + E_j. \qquad (4.5)$$

Hierbei handelt es sich um eine abgekürzte Schreibweise für ein Gleichungssystem, dass m (Anzahl der Items) Gleichungen umfasst (für jedes Item eine Gleichung). Ausgeschrieben würden wir für einen Test mit vier Items vier Gleichungen erhalten, nämlich

$$\begin{aligned} X_1 &= \mu_1 + \lambda_1 F + E_1, \\ X_2 &= \mu_2 + \lambda_2 F + E_2, \\ X_3 &= \mu_3 + \lambda_3 F + E_3, \\ X_4 &= \mu_4 + \lambda_4 F + E_4. \end{aligned}$$

Die interessierende *Personeigenschaft* wird in den Gleichungen durch F vertreten. Es handelt sich um die Ausprägung der Person auf dem in Frage stehenden (durch die Items indizierten) Merkmal, den *gemeinsamen Faktor* (engl. *common factor*). Der Ausdruck „gemeinsam" besagt dabei, dass der Einfluss des Faktors von mehreren Variablen (Items) geteilt wird. Im Ein-Faktor-Modell ist es *ein* Faktor, der *allen* Items gemeinsam ist und die Korrelationen unter den Items stiftet. Bei der Wahl der Skala für

F ist man frei, so dass der Einfachheit halber eine Standardskala (Mittelwert 0, Standardabweichung 1) verwendet wird. Da sich in den Itemantworten nur ein Merkmal niederschlagen soll, muss der Faktor hier nicht indiziert werden.

μ_j und λ_j stehen für *Eigenschaften der Items*. Die μ-Werte repräsentieren dabei die Itemmittelwerte bzw. -schwierigkeiten. (Die konnten wir oben auslassen, weil sie konstruktionsbedingt Null waren.) Die λ-Werte stellen die bereits vorgestellten Faktorladungen dar. In unserem Kontext liefern die Faktorladungen ein Maß dafür, wie gut einzelne Items zwischen Personen mit hohen und niedrigen Ausprägungen auf dem Faktor trennen oder diskriminieren, also Kennwerte der Trennschärfe der Items (▶ **Kap. 3.3.3**).

Für die Interpretation der Ladungshöhe ist es hilfreich, neben den (unstandardisierten) Ladungen auch standardisierte oder korrelative Ladungen zu betrachten. Diese würde man direkt erhalten, wenn man anstelle der Itemrohwerte die Faktorenanalyse mit standardisierten Items durchführen würde. In Modellen mit einem Faktor sowie in Modellen mit mehreren unabhängigen Faktoren sind standardisierte Ladungen identisch mit der Korrelation zwischen Item und Faktor, wie wir bereits gesehen hatten.

Bei E_j handelt es sich um Restwerte (Residuen), die Einflüsse auf die Itemantworten repräsentieren, die *nicht* auf den gemeinsamen Faktor zurückgehen und daher jeweils nur *ein* Item betreffen. Im Kontext der Testanalyse stellen diese Einflüsse Fehler dar, im gleichen Sinne wie in der Klassischen Testtheorie. Hierher rührt die Abkürzung E (für *error*).

Die Gleichungen spezifizieren Regressionen der Items auf den Faktor, wobei μ das Interzept, λ das Regressionsgewicht und E das Residuum ist. Wie in der im vorhergehenden Kapitel dargestellten Fehlertheorie sind im Faktorenmodell diese spezifischen Komponenten voneinander unabhängig, d. h.

$$\mathrm{Cov}(E_j, E_k) = 0 \text{ für } j \neq k,$$

und nicht mit dem gemeinsamen Faktor korreliert,

$$\mathrm{Cov}(F, E_j) = 0.$$

Die Modellgleichung zusammen mit beiden Bedingungen definiert mathematisch, was unter einem Faktor verstanden wird.

Es ist an dieser Stelle sinnvoll, die Gemeinsamkeiten und Unterschiede zwischen dem in Kapitel 3 behandelten klassischen Modell und dem Faktorenmodell hervorzuheben. Wenden wir das klassische Modell paralleler Tests auf die einzelnen Items *eines* Tests an, erhalten wir als Modellgleichung

$$X_j = T + E_j, \tag{4.6}$$

wobei als Zusatzbedingungen Unkorreliertheit der wahren Werte (T) und Fehler sowie Unkorreliertheit der Fehler untereinander angenommen wird – wie im Faktorenmodell. Gegenüber dem Modell paralleler Items muss man im Faktorenmodell weniger restriktive *weitere* Annahmen machen. In den in Kapitel 3 dargestellten Ableitungen wurden Gleichheit der wahren Werte und der Fehlervarianzen der Messungen vorausgesetzt. Dies impliziert, dass die Messungen *gleiche Mittelwerte und Streuungen* aufweisen und die *wahren Werte gleich gut reflektieren*. Diese sehr strengen Voraussetzungen werden im Faktorenmodell nicht gemacht. Das Modell lässt es zu, dass Items unterschiedliche Mittelwerte und Streuungen aufweisen. Darüber hinaus wird auch zugelassen, dass Items unterschiedlich gute Indikatoren des Faktors sind. Die Flexibilität des Faktorenmodells rührt daher, dass hier Mittelwerte (Schwierigkeiten) und Ladungen (Trennschärfen) als zusätzliche Parameter vertreten sind, die von Item zu Item variieren können.

Wie wir bereits besprochen hatten, ist es bei der Testkonstruktion meist zweckmäßig, Items unterschiedlicher Schwierigkeit aufzunehmen, um eine breite Differenzierung der Probanden durch die Testvariable sicherzustellen (▶ **Kap. 3.3.1**). Aufgrund der bei Items gegebenen Abhängigkeit zwischen Schwierigkeit und Streuung werden damit aber auch die Streuungen zwischen den Items differieren. Darüber hinaus stellen in praktischen Anwendungen nicht alle Items gleich gute Indikatoren des zu erfassenden Merkmals dar. Einige Items werden etwas besser sein, andere schlechter. Während das Modell paralleler Messungen für ganze Tests zutreffen kann, ist es für Items eines Tests häufig zu restriktiv. Ein Faktorenmodell ist hier besser geeignet.

Die Anwendung der Faktorenanalyse im Rahmen der Testkonstruktion involviert zwei Schritte. Im ersten Schritt wird geprüft, ob die Kovarianzen der Items im Wesentlichen *ein* Merkmal reflektieren. Dies geschieht, indem die Passungsgüte des Ein-Faktor-Modells getestet wird. Sofern die Passung akzeptabel ist, kann man in einem zweiten Schritt die Reliabilität des Tests aus den Modellparametern – Ladungen und Fehlervarianzen – berechnen. Wir betrachten im Folgenden zunächst die beiden Schritte in allgemeiner Form. Anschließend illustrieren wir das Vorgehen an einem konkreten Beispiel.

Modelltest

Wir wollen prüfen, ob die Items eines Tests faktoriell homogen sind. Für die Prüfung dieser Hypothese sind deren Implikationen für die Kovarianzen und Varianzen der Items entscheidend, wie wir bereits sahen. Unter den Modellbedingungen können die *Kovarianzen* zwischen den Items allein von den Faktorladungen abhängen: Außer dem Faktor F trägt im Modell ja nichts zur gemeinsamen Varianz der Items bei. Entsprechend hängen die *Varianzen* der Items nur von den jeweiligen Faktorladungen plus den Varianzen der Fehlerkomponenten ab. Tatsächlich lässt sich aus den Modellbedingungen ableiten, dass zwei beliebige Kovarianzen zwischen Items identisch mit dem Produkt der zugehörigen Faktorladungen sein müssen,

$$\mathrm{Cov}(X_j, X_k) = \lambda_j \lambda_k, \qquad (4.7)$$

und dass sich die Varianz der Items aus der Summe der quadrierten Faktorladung eines Items sowie seiner spezifischen Varianz ergibt,

$$\mathrm{Var}(X_j) = \lambda_j^2 + \mathrm{Var}(E_j). \qquad (4.8)$$

Dies sind spezielle Versionen der Formeln (4.1) und (4.2), die für das Ein-Faktor-Modell gelten. Wie bereits beschrieben wurde, implizieren diese Gleichungen ein bestimmtes Muster aus Varianzen und Kovarianzen der Items, das genutzt werden kann, um die Passung des Modells zu bewerten.

Für die Durchführung einer Faktorenanalyse werden mindestens drei Items (bzw. Variablen) benötigt. Dieser „minimale Fall“ ist insofern speziell, als sich hier die Faktorladungen und damit auch die Fehlervarianzen direkt berechnen lassen, also nicht gesucht bzw. geschätzt werden müssen: Hier liegen drei (bekannte) Kovarianzen zwischen den Items vor, aus denen sich nach Gleichung (4.7) die drei (unbekannten) Faktorladungen direkt berechnen lassen. Sobald die Ladungen bekannt sind, lassen sich nach Gleichung (4.8) auch die Fehlervarianzen bestimmen. Die Passung eines Ein-Faktor-Modells, das nur drei manifeste Variablen beinhaltet, ist damit immer perfekt. Umgekehrt bedeutet dies allerdings auch, dass sich hier keine empirisch prüfbaren Folgerungen ergeben. Die Passung des Modells ist trivial. Erst ab mindestens vier Items können sich Diskrepanzen zwischen Modell und Empirie einstellen, so dass es Sinn macht, von einem Test des Modells zu sprechen.

Nachdem wir die Faktorenanalyse durchgeführt haben, können wir die modellimplizierten mit den empirisch ermittelten Korrelationen oder Varianzen und Kovarianzen vergleichen und die Passung des Modells beurteilen.

Wie erwähnt, wird erwartet, dass alle korrelativen Diskrepanzen betragsmäßig kleiner als 0.1 ausfallen. Darüber hinaus kann man summarische Kennwerte heranziehen, die von Programmen zur Durchführung von Faktorenanalysen mit ausgegeben werden. Summarische Kennwerte beschreiben die generelle Passung („Fit") oder Fehlanpassung („Misfit") eines bestimmten Modells bezüglich der Daten.

Faktorenanalysen werden meist über spezielle numerische Methoden berechnet, auf deren Basis statistische Prüfgrößen abgeleitet werden können, über die sich die Abweichung eines Modells von den Daten formell prüfen lässt. Bei der heute gebräuchlichen Maximum-Likelihood-Methode handelt sich um einen Chi-Quadrat-Wert, der bei guter Passung des Modells Werte nahe 0 annimmt und insignifikant ausfällt, bei schlechter Passung dagegen hohe positive Werte aufweist und signifikant wird. Diese Prüfgröße ist allerdings sehr sensitiv für den Stichprobenumfang: Bei großen Stichproben, wie sie im Rahmen der Testkonstruktion allgemein vorliegen, kann sie mangelnde Passung des Modells bereits bei vernachlässigbaren Abweichungen anzeigen. Umgekehrt reagiert sie bei kleinem Stichprobenumfang oft zu unempfindlich auf Abweichungen. Man hat daher versucht, alternative Kennwerte zu entwickeln, die dieses „Fehlverhalten" nicht zeigen. Zwei dieser Kennwerte sind das *SRMR* (Standardized Root Mean Square Residual) und der *RMSEA* (Root Mean Square Error of Approximation).

Beide Kennwerte sind Diskrepanzindices, die wie der χ^2-Wert gegen 0 gehen, wenn die Passung des Modells gut ist und hohe Werte annehmen, wenn die Passung schlecht ist.

SRMR

Der SRMR ist eine Funktion der mittleren Abweichung zwischen empirischer und modellimplizierter Korrelationsmatrix. Er wird berechnet nach

$$\text{SRMR} = \sqrt{\frac{\sum_{j=1}^{p}\sum_{k<j}^{p} r_{jk}^2}{p(p+1)/2}}, \quad \text{mit}$$

$$r_{jk} = \frac{s_{jk}}{\sqrt{s_{jj}}\sqrt{s_{kk}}} - \frac{\hat{\sigma}_{jk}}{\sqrt{\hat{\sigma}_{jj}}\sqrt{\hat{\sigma}_{kk}}}.$$

Dabei steht s für empirische Varianzen (wenn die Indices gleich sind) und Kovarianzen, $\hat{\sigma}$ für modellimplizierte Varianzen und Kovarianzen, p ist die Anzahl der Items. (Das Dach über einem Kennwert zeigt an, dass es sich um eine Schätzung auf der Grundlage eines Modells handelt.)

Die Komponenten r_{jk}, deren Quadrate in der Formel summiert werden, repräsentieren jeweils Differenzen zwischen empirischen und modellimplizierten Korrelationen, wie aus der Definition des Ausdrucks hervorgeht, es sind also die Restkorrelationen. Bei perfekter Passung würden alle Restkorrelationen und damit auch der SRMR 0 werden. Die Division durch $p(p+1)/2$ bewirkt, dass die Summe der quadrierten Restkorrelationen auf die Anzahl der nichtredundanten Elemente der Varianz-Kovarianz-Matrix bezogen wird, die anschließend gezogene Wurzel kompensiert die Quadrierung. Beim SRMR indizieren Werte kleiner als 0.08 eine akzeptable Passung.

RMSEA

In den RMSEA gehen neben dem χ^2-Wert dessen Freiheitsgrade (df) und der Stichprobenumfang (N) ein. Er lässt sich berechnen nach

$$\text{RMSEA} = \sqrt{\frac{\chi^2 - df}{df(N-1)}}.$$

Ist der χ^2-Wert kleiner als die Zahl der Freiheitsgrade, wird der RMSEA auf 0 gesetzt.

Da die Anzahl der Freiheitsgrade mit der Komplexität des Modells sinkt, „bevorzugt" der RMSEA einfache gegenüber komplexen Modellen. Darüber hinaus wird die Abweichung zwischen Empirie und Modell bei großen Stichproben geringer gewichtet als bei kleinen. In der Formel tauchen Abweichungen zwischen empirischen und modellimplizierten Kovarianzen nicht explizit auf, sie sind jedoch implizit im χ^2-Wert enthalten. Im Unterschied zu anderen Passungsindices kann für den RMSEA der Standardfehler und damit auch ein Konfidenzintervall berechnet werden. Üblicherweise wird dabei ein 90 %-Intervall zugrunde gelegt. Beim RMSEA werden für akzeptable bzw. gute Modellpassung Werte kleiner als 0.08 (dieser Grenzwert wird für kleinere Stichproben mit einem Umfang von $N < 250$ empfohlen) bzw. 0.06 (für größere Stichproben) gefordert.

Die beiden Indices sind für unterschiedliche Aspekte der Modellabweichung sensitiv und werden daher meist gemeinsam, zusätzlich zum χ^2-Test, betrachtet. Neben dem SRMR und dem RMSEA wurde eine Vielzahl weiterer Indices der Modellpassung vorgeschlagen. Welche dieser Indices – oder welche Kombination von Indices – für die Beurteilung der Passung optimal ist, lässt sich noch nicht sagen (für Übersichten und praktische Empfehlungen siehe Beauducel & Wittmann, 2005; Bühner, 2011; Eid, Gollwitzer & Schmitt, 2011; Hu & Bentler, 1999; Schermelleh-Engel, Moosbrugger & Müller, 2003).

Schätzung der Messpräzision

Wenn ein Ein-Faktor-Modell auf die Daten passt, lässt sich die Reliabilität des Tests aus den Ladungen und den Fehlervarianzen der Items bestimmen. Auf der Basis des Ein-Faktor-Modells ergibt sich der Testwert Y – also die Summe der Itemwerte – einer Person durch Summierung der Teilausdrücke der Modellgleichung (4.5). Wir erhalten

$$Y = \sum_j X_j = \sum_j \mu_j + (\sum_j \lambda_j)F + \sum_j E_j. \quad (4.9)$$

Der erste Summand (die Summe der Itemmittelwerte) ist dabei identisch mit dem Mittelwert von Y, μ_Y. Der zweite Summand repräsentiert den Teil von Y, der auf den gemeinsamen Faktor zurückgeht, der dritte Summand den Teil, der von spezifischen Eigenschaften der einzelnen Items verantwortet wird. Notiert man den gemeinsamen Teil in Analogie zum klassischen Fehlermodell mit T_Y, den spezifischen Teil mit E_Y, lässt sich die Gleichung (4.9) so schreiben:

$$Y = \mu_Y + T_Y + E_Y.$$

In Begriffen des Fehlermodells stellt T_Y den wahren und E_Y der Fehleranteil der mit Y gegebenen Messung dar. Für die Bestimmung der Reliabilität benötigen wir die Varianzen von T_Y und E_Y. Im Ein-Faktor-Modell ergeben sich diese Varianzen aus dem Quadrat der summierten Faktorenladungen und der Summe der Fehlervarianzen der einzelnen Items, d. h.

$$\begin{aligned} \text{Var}(Y) &= \text{Var}(T_Y) + \text{Var}(E_Y) \\ &= (\sum \lambda_j)^2 + \sum \text{Var}(E_j). \end{aligned}$$

Setzt man diese Ausdrücke in die Definition der Reliabilität („wahre Varianz geteilt durch Gesamtvarianz") ein, erhält man einen Reliabilitätskoeffizienten, der mit ω (Omega) bezeichnet wird:

$$\begin{aligned} \omega &= \frac{\text{Var}(T_Y)}{\text{Var}(Y)} \\ &= \frac{\text{Var}(T_Y)}{\text{Var}(T_Y) + \text{Var}(E_Y)} \\ &= \frac{(\sum \lambda_j)^2}{(\sum \lambda_j)^2 + \sum \text{Var}(E_j)}. \end{aligned} \quad (4.10)$$

Der Koeffizient gibt das Ausmaß an, in dem eine Testvariable von den Items geteilte Varianz reflektiert. Omega hat drei grundlegende

Eigenschaften (McDonald, 1999, S. 89f), die den Kennwert als Reliabilitätsschätzer prädestinieren:

1. Der Koeffizient ist identisch mit der Korrelation zweier Tests, deren Items aus einer homogenen Itemmenge stammen, und deren mittlere Ladungen und mittlere spezifische Varianzen gleich sind. Die Korrelation zweier paralleler Tests ist ein Spezialfall hiervon.
2. Die Wurzel aus ω ist die Korrelation zwischen der Testvariablen und dem gemeinsamen Faktor und liefert daher ein Maß der Präzision, mit dem der Test das von den Items gemeinsam erfasste Merkmal (den Faktor) misst.
3. Die Fehlerquelle, die sich in ω ausdrückt, besteht darin, dass aus einer potenziell unendlich großen, homogenen Itemmenge nur eine begrenzte, evtl. kleine Zahl von Items für die Messung des Merkmals verwendet wird. Der Koeffizient gibt an, wie gut man auf Grundlage der im Test verwendeten Items auf diese Menge schließen kann.

Omega liefert einen Schätzer der Reliabilität eines Tests, mit dessen Hilfe sich der Standardmessfehler, Effekte der Testverlängerung oder -verkürzung und weitere Größen, in die die Reliabilität eingeht, bestimmen lassen. Der Koeffizient weist eine enge Beziehung zu der in Kapitel 3 behandelten internen Konsistenz (Cronbachs α) auf. Ist ein Test faktoriell homogen und weisen zusätzlich alle Items des Tests die gleichen Faktorladungen auf, liefert die Formel für Cronbachs α dieselbe Reliabilitätsschätzung wie ω. Ist die zweite Bedingung (gleiche Ladungen) nicht erfüllt, wird die Reliabilität des Tests durch α unterschätzt. Es gilt also $\alpha \leq \omega$, so dass α eine untere Grenze für die Reliabilität eines homogenen Tests darstellt. Diese Beziehung gilt für faktoriell inhomogene Tests allerdings *nicht*: Hier kann α die Reliabilität durchaus überschätzen. Die Idee, die Reliabilität bzw. deren untere Grenze ohne den „Umweg" der Faktorenanalyse zu schätzen, ist also problematisch. Auch α kann nur dann sinnvoll als Reliabilitätskoeffizient interpretiert werden, wenn der Test faktoriell homogen ist. Die Homogenität eines Tests muss also vorab geprüft werden. Als Nebeneffekt dieser Prüfung erhält man gleichzeitig die für die Berechnung von ω benötigte Information.

Speziellere Modelle

Das Ein-Faktor-Modell stellt für sich genommen bereits relativ strikte Bedingungen an die Items eines Tests. Items oder generell Messungen, die faktoriell homogen sind, werden in der Literatur auch als *kongenerisch* bezeichnet. Weisen die Items eines Tests zusätzlich alle die gleichen Faktorladungen auf, sind sie *essenziell tau-äquivalent*. (Tau steht für den wahren Wert; essenziell tau-äquivalente Items reflektieren „im Wesentlichen", d. h. bis um eine Verschiebung um eine Konstante den gleichen wahren Wert.) Liegt essenzielle tau-Äquivalenz vor, liefert α eine genaue Schätzung der Reliabilität. Sind die Items essenziell tau-äquivalent und weisen zusätzlich die gleichen Fehlervarianzen auf, sind sie *parallel*. Parallele Items weisen gleiche Kovarianzen auf, reflektieren das zugrunde liegende Merkmal also mit gleicher Präzision. Besitzen die Items überdies noch die gleichen Mittelwerte, spricht man von *strikt parallelen* Items. Formelle Tests auf Äquivalenz bzw. Parallelität lassen sich vornehmen, indem man in Programmen zur Durchführung konfirmatorischer Faktorenanalysen die Ladungen bzw. zusätzlich die Fehlervarianzen als gleich spezifiziert. Es lässt sich dann prüfen, ob diese strikteren Modelle noch eine akzeptable Passung auf die Daten besitzen.

Tab. 4.4 Korrelationen und Varianzen (in der Diagonalen) der Items eines Angstfragebogens

Item	1	2	3	4	5	6	7
1	*0.529*						
2	.507	*0.381*					
3	.402	.558	*0.302*				
4	.562	.758	.543	*0.420*			
5	.175	.366	.283	.232	*0.341*		
6	.285	.429	.407	.371	.442	*0.313*	
7	.099	.326	.252	.252	.207	.482	*0.299*

Anmerkung. Items 1 bis 4 beziehen sich auf Emotionalität, Items 5 bis 7 auf Besorgnis.

Ein Beispiel

Um die Berechnung der Kennwerte zu illustrieren benutzen wir einen realen, wenn auch einfachen Datensatz. In einem psychologischen Experiment wurde den Teilnehmern zu Beginn der Untersuchung ein Fragebogen zu aktuellen Gefühlen vorlegt, der u. a. die folgenden vier Items zur Messung der Emotionalitätskomponente der Zustandsangst (Aufgeregtheit; ▶ **Kap. 10**) enthielt:

1. Ich fühle mich angespannt ...
2. Ich bin nervös ...
3. Ich bin verkrampft ...
4. Ich bin aufgeregt ...

Die Antwortoptionen und ihre Kodierung waren *gar nicht* (1), *ein wenig* (2), *ziemlich* (3) und *sehr* (4), so dass die Testsummenwerte, die als Indikator der Emotionalität verwendet werden sollen, prinzipiell zwischen 4 und 16 variieren können. ▶ **Tab. 4.4** zeigt die Korrelationen und Varianzen (in der Diagonale) der Items. Relevant sind zunächst nur die Items 1 bis 4. Auf die drei weiteren Items werden wir unten eingehen.

Da alle Items in gleicher Richtung gepolt sind, erwartet man hier deutlich positive Korrelationen, was im Beispiel der Fall ist. Es ist allerdings wichtig zu notieren, dass die Existenz substanzieller Korrelationen zwischen den Items noch nichts über die Homogenität des Tests aussagt. Die Anforderungen des Ein-Faktoren-Modells sind strenger. Wie dargestellt, müssen hierfür bestimmte Relationen zwischen den Itemkovarianzen bzw. -korrelationen erfüllt sein.

Die Homogenität der Skala soll getestet werden. Hierfür prüfen wir, ob sich die Zusammenhänge der Items mittels eines Ein-Faktor-Modells hinreichend gut beschreiben lassen. Die Spezifikation des Modells ist mit neuerer Software für die Berechnung konfirmatorischer Faktorenanalysen recht einfach. Im Wesentlichen übergibt man dem Programm die Daten oder die zu analysierende Kovarianzmatrix zusammen mit einer jeweils programmspezifischen Beschreibung des zu prüfenden Modells. Die Programmausgabe enthält im Allgemeinen eine Reihe von Passungs- bzw. Diskrepanzindices sowie die Ladungen und Fehlervarianzen für das angegebene Modell.

Im unserem Beispielfall weisen die Passungsindices auf einen sehr guten „Fit“ des Ein-Faktor-Modells hin. Der χ^2-Wert ist insignifikant, der SRMR beträgt 0.012, der RMSEA ist 0. Bei weniger guter Passung ist es sinnvoll, sich die Diskrepanzmatrix ausgeben zu lassen, da man hierdurch Hinweise auf die Ursachen für die mangelnde Passung des Modells erhalten kann. In unserem Fall sind die

Tab. 4.5 Ladungen und Fehlervarianzen der Items des Beispieldatensatzes

	Unstandardisiert		Standardisiert	
Item	Ladung	Fehlervarianz	Ladung	Fehlervarianz
1	0.450	0.326	0.618	0.617
2	0.528	0.102	0.855	0.269
3	0.348	0.181	0.632	0.600
4	0.574	0.091	0.885	0.216

Abweichungen nur gering; die maximale Abweichung zwischen der empirischen und der modellimplizierten Korrelationsmatrix beträgt 0.022, liegt also deutlich unter 0.1.

Zwischen empirisch ermittelten und modellimplizierten Kovarianzen bzw. Korrelationen sind immer Abweichungen zu erwarten und zwar allein aufgrund der Tatsache, dass die Daten an Stichproben gewonnen wurden. Wie andere Parameter auch, sind die ermittelten Kennwerte nur Schätzungen der Zusammenhänge in der Population und werden deshalb von Stichprobe zu Stichprobe variieren. Geringfügige Abweichungen zwischen „Theorie und Empirie" würden sich aufgrund des Stichprobenfehlers also auch dann ergeben, wenn ein Modell die Verhältnisse in der Population exakt widerspiegeln würde.

Da das Modell auf unsere Daten passt, können wir nun die Ladungen und Fehlervarianzen betrachten. ► **Tab. 4.5** führt die unstandardisierten Ladungen und die entsprechenden Fehlervarianzen auf. Zum Vergleich sind auch die standardisierten (korrelativen) Ladungen angegeben. Es ist ersichtlich, dass die Items 2 und 4 höhere Ladungen und geringere Fehlervarianzen aufweisen als die Items 1 und 3. Für die korrelativen Ladungen ergibt sich, wie zu erwarten ist, das gleiche Bild. „Nervös" und „aufgeregt" scheinen also etwas bessere Indikatoren des durch alle Items gemessenen Konstrukts zu sein als „angespannt" und „verkrampft". Die korrelativen Ladungen weisen jedoch alle Items als recht geeignet aus, da deren Werte jeweils sehr deutlich über 0.40 liegen.

Für die Berechnung der Reliabilität addieren wir zunächst die unstandardisierten Ladungen und quadrieren die resultierende Summe:

$$\begin{aligned}(\sum \lambda_j)^2 &= (0.450+0.528+0.348+0.574)^2\\ &= 3.608.\end{aligned}$$

Anschließend summieren wir die Fehlervarianzen:

$$\begin{aligned}\sum Var(E_j) &= 0.326+0.102+0.181+0.091\\ &= 0.701.\end{aligned}$$

Nach Einsetzen in die Formel zur Berechnung von ω erhalten wir als Reliabilitätsschätzung

$$3.608/(3.608+0.701) = 0.837.$$

Zu beachten ist dabei, dass ω auf der Basis der unstandardisierten Ladungen berechnet werden muss.

In Abschnitt 3.3.3 hatten wir bereits die Verwendung von Trennschärfen für die Itemselektion besprochen. Die Kennwerte des Faktorenmodells liefern hierfür jedoch geeignetere Größen. Für Zwecke der Itemselektion stützt man sich auf die Faktorladungen und Fehlervarianzen, nicht auf die Item-Testkorrelationen. In der Praxis orientiert man sich dabei meist an den standardisierten Ladungen. Werden die Testwerte (wie üblich) durch Summen- oder Mittelwertbildungen aus den Itemantworten gewonnen, liefern im Rahmen des Modells die Verhältnisse aus unstandardisierten Ladungen und Fehlervarianzen jedoch besser geeignete Kennwerte (siehe McDonald, 1999).

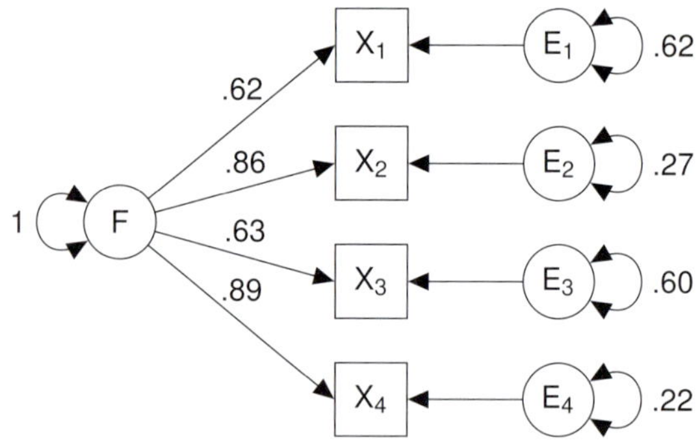

Abb. 4.2
Pfaddiagramm für ein Ein-Faktor-Modell.

Pfaddiagramme

Faktoren-Modelle lassen sich anschaulich in Form sog. Pfaddiagramme darstellen (▶ **Abb. 4.2**). In solchen Diagrammen werden alle Variablen eines Modells durch Rechtecke oder Ellipsen (bzw. Kreise) dargestellt. Rechtecke symbolisieren dabei manifeste Variablen, in unserem Beispielfall die vier Items des Fragebogens. Ellipsen stehen dagegen für latente Variablen, in unserem Fall den gebildeten Faktor sowie die Fehler.

Neben Rechtecken und Ellipsen werden in Pfaddiagrammen zwei Arten von Linien, sog. Pfade, verwendet. Gerade Linien mit einer Pfeilspitze, die zwei Variablen verknüpfen, heißen *gerichtete Pfade*. Hier wird in einem sehr allgemeinen Sinn ein Einfluss einer Variablen auf eine andere angenommen. Dabei kann es sich um kausale Zusammenhänge handeln, die in einem Modell postuliert werden, oder – wie in unserem Kontext – um Beziehungen zwischen Konstrukten (Faktoren) und ihren empirischen Indikatoren (Items). Die über den gerichteten Pfaden stehenden Werte heißen Pfadkoeffizienten. Die Koeffizienten über den vom Faktor ausgehenden Pfaden sind in unserem Fall die (standardisierten) Faktorladungen. Gebogene Linien mit zwei Pfeilspitzen repräsentieren *ungerichtete Pfade*. Ein ungerichteter Pfad einer Variablen auf sich selbst kennzeichnet dabei deren Varianz. Ungerichtete Pfade zwischen zwei verschiedenen Variablen repräsentieren Kovarianzen oder Korrelationen. Die Verwendung von zwei Pfeilspitzen soll dabei andeuten, dass hier keine Einflussrichtung spezifiziert wird. (Letztere kommen in unserem Modell nicht vor, wir werden sie aber später noch benötigen.)

Beim Lesen solcher Diagramme muss man beachten, dass das *Weglassen* möglicher Pfade zwischen verschiedenen Variablen von essenzieller Bedeutung ist. So meint z. B. das Fehlen eines Pfads zwischen F und E_1, dass zwischen den entsprechenden Variablen keine *direkten* Beziehungen (seien sie gerichtet oder ungerichtet) bestehen sollen. Das Weglassen eines solchen Pfads impliziert in diesem Beispiel Unkorreliertheit, da weder F noch E_1 von einer anderen Variablen im betrachteten System abhängt.

Für Variablen, die von einer oder mehreren anderen der im Modell thematisierten Größen beeinflusst werden, bedeutet das Weglassen von Pfaden dagegen nicht unbedingt Unkorreliertheit. In unserem Modell betrifft dies die Items X_j. Auch wenn zwischen diesen Variablen keine direkten Pfade eingezeichnet sind, so müssen sie doch (wenn das Modell zutrifft) korreliert sein. Diese Korrelationen gehen jedoch allein darauf zurück, dass alle Itemvariablen von dem gemeinsamen Faktor abhängen. Zwischen ihnen bestehen deshalb keine direkten Beziehungen; ihre Zusammenhänge gehen vielmehr auf den gemeinsamen Faktor zurück.

Die Modellgleichung und die Bedingungen des Modells (Unkorreliertheit der Fehlerkomponenten; Unkorreliertheit des Faktors und der Fehlerkomponenten; Standardisierung des gemeinsamen Faktors) werden in dem Pfaddiagramm also in übersichtlicher Weise repräsentiert. Für die Darstellung eines so einfachen Modells wie in unserem Beispiel sind Pfaddiagramme allerdings nicht unbedingt erforderlich. Nützlich sind sie besonders zur Darstellung komplexerer Modelle, die im folgenden Abschnitt skizziert werden.

4.1.3 Mehr-Faktoren-Modelle

Eine inakzeptable Passung des Ein-Faktor-Modells an die Daten weist darauf hin, dass *ein* Faktor nicht genügt, um die Variabilität im Antwortverhalten der Probanden hinreichend gut abzubilden. In diesem Fall kann man versuchen, die Passung des Modells auf die Daten zu verbessern, indem man Items eliminiert, die für die mangelnde Passung verantwortlich sind. Ziel ist es dabei, eine Untermenge von Items zu identifizieren, die zusammen einen homogenen Test ergeben. Hilfreich kann hier eine genaue Inspektion der Diskrepanzen zwischen den empirischen und den modellimplizierten Korrelationen sein. Manchmal sind es nur einzelne Items, die für die Abweichung verantwortlich sind. Diese werden dann aus dem Test entfernt oder umformuliert. Der revidierte Test wird dann anhand einer neuen Stichprobe auf Homogenität geprüft. Auch die Durchführung explorativer Faktorenanalysen kann zu diesem Zweck nützlich sein. Die Elimination oder Neuformulierung von Items wird man vor allem dann in Betracht ziehen, wenn die Erfassung eines eng umgrenzten Merkmals intendiert ist (z. B. die Emotionalitätskomponente der Zustandsangst).

Häufig hat man jedoch ein breiteres bzw. abstrakteres Merkmal im Auge, das sich in verschiedene Komponenten oder Facetten aufgliedern lässt (z. B. Zustandsangst). In diesem Fall wird man von vornherein mit einer multifaktoriellen Struktur rechnen und daher zwei oder mehr Faktoren bilden. Wie wir bereits sahen, reduziert die Einführung weiterer Faktoren die Diskrepanzen zwischen Modell und Daten.

Zur Illustration von Mehr-Faktoren-Modellen erweitern wir unseren Emotionalitätsfragebogen zu einem Angstfragebogen, indem wir ihn um die drei folgenden Items ergänzen, welche die Besorgniskomponente der Angst (► **Kap. 10**) ansprechen sollen:

5. Ich bin besorgt.
6. Ich denke an die Möglichkeit einer schlechten Bewertung meiner Leistung.
7. Ich habe das Gefühl, dass ich mit den Aufgaben nicht gut zurecht kommen werde.

Diese Items wurden den Probanden in der genannten Untersuchung zusammen mit den vier Emotionalitätsitems vorgelegt, nachdem sie kurz mit der bevorstehenden Aufgabe vertraut gemacht worden waren. Das Antwortformat war das gleiche wie bei den Emotionalitätsitems.

In unserem Fall sprechen die Items des Fragebogens zwei inhaltlich recht klar unterscheidbare Verhaltensmerkmale an, Emotionalität und Besorgnis, weshalb die Hypothese eines Zweifaktoren-Modells naheliegend ist. Um diese Hypothese zu untermauern, ist es sinnvoll, zunächst das sparsamere Ein-Faktor-Modell zu testen. Wenn wir dieses Modell verwerfen müssen, wissen wir, dass mindestens zwei Faktoren benötigt werden.

Wie eine Inspektion der Korrelationen in ► **Tab. 4.4** zeigt, sind die Zusammenhänge unter den drei Besorgnisitems im Mittel etwas geringer als die der Emotionalitätsitems.

Die Korrelationen zwischen den beiden Itemgruppen sind alle positiv, im Durchschnitt aber kleiner als die Korrelationen innerhalb der Gruppen. Ein derartiges Muster kann man für zwei korrelierte Facetten eines abstrakteren Merkmals erwarten. Erwartungsgemäß zeigt das Ein-Faktor-Modell eine schlechte Passung (hochsignifikanter χ^2-Wert, SRMR = 0.083, RMSEA = 0.131). Ein Blick auf die Diskrepanzen ergibt, dass besonders die Korrelationen unter den Besorgnisitems durch das Modell nicht gut aufgeklärt werden.

Betrachten wir, trotz der schlechten Passung des Modells, die Faktorladungen als Indikatoren der Trennschärfe für den ersten Faktor. Die korrelativen Ladungen betragen für die vier Emotionalitätsitems 0.60, 0.88, 0.65 und 0.84, sind also alle recht hoch. Die Ladungen der drei Besorgnisitems fallen demgegenüber ab. Sie betragen 0.39, 0.52 und 0.36. Beide Befunde könnten es nahelegen, Besorgnisitems (beginnend mit Item 7) sukzessive aus dem Fragebogen auszuscheiden und das Modell mit dem kleineren Itemsatz neu zu berechnen, um eine homogene und reliable Skala zu erhalten. Dieses Vorgehen ist möglich, nur muss man sich darüber im Klaren sein, dass man hiermit das mit dem Test indizierte Merkmal verändert. In unserem Beispiel würden nach einer solchen, gewissermaßen rein technischen, Itemselektion anhand von Ladungen oder Trennschärfen nur die Emotionalitätsitems übrig bleiben. Wir erhalten dann zwar eine homogene Skala, die aber ein enger umgrenztes Merkmal als das eigentlich intendierte erfasst und für letzteres vermutlich nicht valide wäre. Man spricht hier (etwas abfällig) von „bloated specifics“: Dies sind sehr ähnlich formulierte Items, die die Reliabilität eines Tests künstlich in die Höhe treiben, dessen Validität aber beeinträchtigen, da sie nur einen sehr spezifischen Teil des intendierten Merkmals ansprechen.

Gehen wir zu Zwei-Faktoren-Modellen über. Selbst in unserem sehr simplen Beispiel existieren hier mehrere spezielle Modelle, von denen ▶ **Abb. 4.3** einige aufführt. Modell A ist das sparsamste. Hier wird angenommen, dass den Antworten zwei *unkorrelierte* Faktoren zugrunde liegen. Der erste Faktor repräsentiert die Emotionalitäts-, der zweite die Besorgniskomponente der Angst. Die Unkorreliertheit der beiden Komponenten kommt in der graphischen Darstellung darin zum Ausdruck, dass zwischen den beiden Faktoren kein ungerichteter Pfad eingezeichnet ist. Die Passung des Modells ist schlecht (hochsignifikanter χ^2-Wert, SRMR = 0.199, RMSEA 0.130), was zu erwarten ist, da unkorrelierte Faktoren allein die Kovariationen *innerhalb* der beiden Gruppen, nicht aber die Kovariationen *zwischen* den Gruppen aufklären können. Für die Korrelationen *zwischen* den beiden Itemgruppen impliziert dieses Modell Nullwerte, die empirisch nicht vorliegen.

Modell B berücksichtigt die substanziellen Zusammenhänge zwischen den Itemgruppen. Dies geschieht dadurch, dass die Korrelation zwischen den beiden Faktoren explizit zugelassen und geschätzt wird. Deshalb ist in der graphischen Darstellung des Modells ein Kovarianz/Korrelationspfad zwischen den beiden Faktoren eingezeichnet. Inhaltlich drückt das Modell aus, dass zwei separate Itemgruppen (engl. *independent clusters*) angenommen werden, die unterschiedliche, aber mehr oder weniger stark korrelierte Merkmale reflektieren. Modelle dieser Art werden als Independent-Cluster-Modelle bezeichnet.

Eine solche Struktur ist in unserem Fall eine konzeptuell sehr plausible Hypothese. Das Modell zeigt insgesamt eine gute Passung. Der χ^2-Wert bleibt zwar signifikant, SRMR (= 0.044) und RMSEA (= 0.014) fallen aber deutlich unter die Grenzwerte von 0.08 bzw. 0.06, so dass wir die auf der Basis des Modells geschätzten Parameter verwenden können. Sie sind in ▶ **Abb. 4.3** B ebenfalls dargestellt (gezeigt sind standardisierte Kennwerte). Wie ersichtlich ist, sind alle korrelativen Ladungen substanziell. Wir können also davon ausgehen,

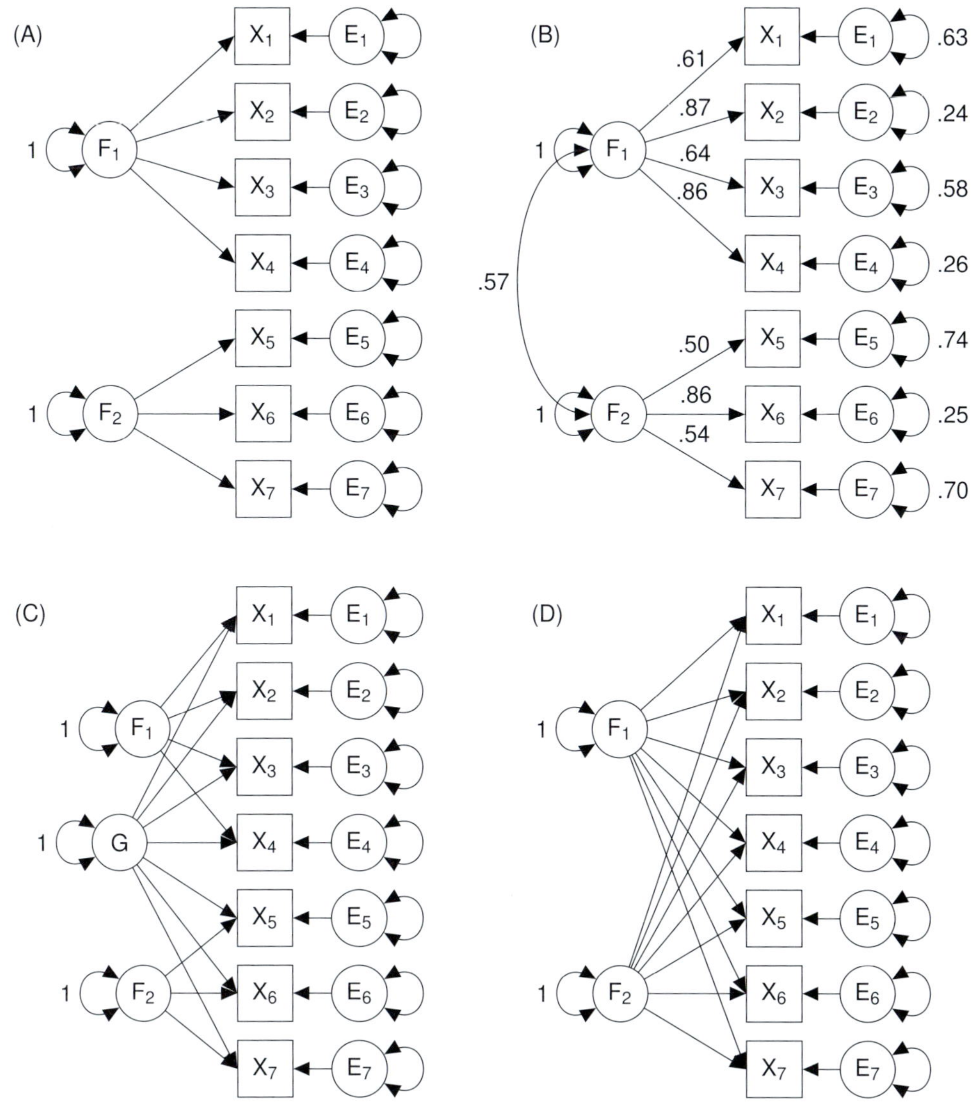

Abb. 4.3 Faktoren-Modelle: (A) zwei unabhängige Faktoren, (B) Independent-Cluster-Modell, (C) hierarchisches Modell, (D) explorative Faktorenanalyse.

dass die Items brauchbare Indikatoren der Faktoren darstellen.

Der jetzt interessante Kennwert ist die Korrelation der beiden Faktoren, die mit 0.57 ebenfalls recht hoch ausfällt. Diese Korrelation ist höher als die empirisch ermittelte Korrelation zwischen den Summenwerten der beiden Itemgruppen, die in unserem Fall 0.46 beträgt.

Der Grund hierfür liegt darin, dass Korrelationen zwischen Faktoren (und anderen latenten Variablen) frei von Messfehlern sind. Korrelationen zwischen Faktoren entsprechen (zumindest ungefähr) den Korrelationen zwischen messfehlerbereinigten Variablen, wie sie sich mit Hilfe der Formel zur Minderungskorrektur schätzen lassen, ▶ **Kap. 3.4.3**.

Für eine Reihe von Zwecken kann es nun sinnvoll sein, einen globalen Angstwert zu betrachten, den man durch Summierung oder Mittelung aller sieben Itemantworten gewinnt. In diesem Fall stellt sich die Frage, wie sich die Reliabilität der globalen Angstvariablen bestimmen lässt. Um die Frage zu beantworten, betrachten wir ein drittes Modell. Es handelt sich um ein sog. *hierarchisches* Modell, dessen Struktur in ▶ **Abb. 4.3** C dargestellt ist. Anstelle zweier korrelierter Faktoren werden in diesem Modell drei unkorrelierte Faktoren postuliert, die allerdings auf zwei miteinander verschachtelten Hierarchieebenen angesiedelt sind (daher der Name der Modellfamilie). Auf der unteren Ebene stehen die beiden Gruppenfaktoren, die jeweils nur Emotionalitäts- *oder* Besorgnisitems beeinflussen. Den Gruppenfaktoren übergeordnet ist ein allgemeiner Faktor (*general factor* oder kurz g-Faktor), von dem *alle* Items abhängen. Der g-Faktor repräsentiert den Teil der Antwortvariation, der den Items beider Gruppen gemeinsam ist. Er ist damit auf einem höheren Abstraktionsniveau angesiedelt. Solche Modelle, welche die Kovariationen von Items mit unabhängigen Faktoren unterschiedlicher Breite repräsentieren (ein g-Faktor; mehrere bereichsspezifische Faktoren) werden auch Bifaktoren-Modelle genannt (Gignac, 2008; Reise, 2012).

Die hinter hierarchischen Modellen stehende Algebra ist recht komplex. Für unsere Zwecke genügt es jedoch festzustellen, dass sich die Faktorladungen des hierarchischen Modells C aus dem Independent-Cluster-Modell B gewinnen lassen.[2] Die Ladungen auf dem g-Faktor erhält man durch Multiplikation der Ladungen des Independent-Cluster-Modells mit der Quadratwurzel der Faktorkorrelation. Für die korrelative Ladung von Item 1 erhalten wir zum Beispiel eine g-Ladung von $0.61 \cdot \sqrt{(0.57)} = 0.46$. Die Ladungen auf den hierarchischen Gruppenfaktoren lassen sich durch Multiplikation mit der Quadratwurzel des Gegenwerts (1 minus der Faktorkorrelation) berechnen; für Item 1 erhalten wir zum Beispiel $0.61 \cdot \sqrt{(1-0.57)} = 0.40$. Die Bestimmung der unstandardisierten Ladungen des hierarchischen Modells erfolgt in analoger Weise. Wie man sieht, werden die Ladungen aus dem Independent-Cluster-Modell im hierarchischen Modell auf den g-Faktor und jeweils einen Gruppenfaktor verteilt, wobei die jeweiligen „Portionen" von der Höhe der Faktorkorrelation abhängen. Je höher die Faktorkorrelation ist, desto größer fällt der Anteil des g-Faktors und desto geringer der des Gruppenfaktors aus.

Die globale Angstvariable wird im hierarchischen Modell durch den g-Faktor repräsentiert. Deren Reliabilität können wir nun auf der Basis der (unstandardisierten) g-Ladungen und der Varianz der Variablen nach Formel (4.10, S. 98) schätzen (Zinbarg, Revelle, Yovel & Li, 2005). In unserem Fall erhalten wir einen Reliabilitätskoeffizienten von $\omega = 0.60$, also einen nicht sonderlich hohen Wert. Für die Gewinnung einer reliableren Messung würde es hier notwendig sein, den Test zu verlängern.

Hierarchische Modelle können auch zur Beantwortung der Frage eingesetzt werden, ob es überhaupt lohnend ist, einen Test, der nicht ganz den Homogenitätsanforderungen des Ein-Faktor-Modells genügt, in mehrere Untertests aufzuspalten. Fallen die Ladungen auf den hierarchischen Gruppenfaktoren relativ gering, die auf dem g-Faktor relativ hoch aus, würde man diese Frage verneinen. In unserem Beispiel liegen alle g-Ladungen wie auch alle hier-

[2] Die Möglichkeit, Ladungen eines hierarchischen Modells indirekt (über ein Independent-Cluster-Modell) zu bestimmen ist instruktiv, jedoch nicht ganz identisch mit der direkten Berechnung, wenn hier nicht spezielle Restriktionen vorgenommen werden (Gignac, 2008; McDonald, 1999).

archischen Gruppenladungen über 0.30. Damit wäre sowohl die Bildung einer globalen Angstvariablen als auch die zweier separater Variablen, die Emotionalität und Besorgnis repräsentieren, zu rechtfertigen.

Besonders in den anfänglichen Phasen der Testkonstruktion können auch *explorative* Faktorenanalysen zur Strukturierung einer Itemmenge sehr nützlich sein. Im Unterschied zu den bislang dargestellten konfirmatorischen (hypothesentestenden) Modellen werden hier Faktorladungen *aller* Items auf *allen* Faktoren bestimmt, wie dies in ▶ **Abb. 4.3** D angedeutet ist. Wie wir in Abschnitt 4.1.1 erläutert hatten, geht man dabei so vor, dass man die Zahl der spezifizierten Faktoren, beginnend mit 1, sukzessive erhöht, bis eine akzeptable Passung des Modells erreicht ist. Das Ladungsmuster dieses Modells und die auf seiner Basis bestimmten Markieritems bilden die Grundlage für die Interpretation der Faktoren. Dabei sucht man für die Markieritems jedes Faktors gewissermaßen den gemeinsamen semantischen Nenner. Unter anderem wegen dieses „kreativen" Teils der Prozedur werden explorative Faktorenanalysen manchmal etwas kritisch betrachtet.

Es gibt darüber hinaus einige mathematische Schwierigkeiten, die darin gründen, dass für explorative Modelle mit zwei oder mehr Faktoren die Ladungen nicht genau identifizierbar sind; die Modellannahmen sind hierfür zu schwach. Dieser Sachverhalt wird als „Rotationsproblem" bezeichnet. Stellt man sich die Faktoren als Achsen in einem mehrdimensionalen Raum vor, die Variablen/Items als Punkte, deren Ladungen die Position im Raum bestimmen, so lassen sich in explorativen Analysen nur die *relativen* Positionen der Items zueinander festlegen, aber nicht ihre genauen Koordinatenwerte. Man kann die Achsen um ihren Ursprung drehen und wenden, wie man will, und erhält damit eine unendliche Zahl mathematisch gleichwertiger Lösungen für das Ladungsmuster. (Beim Ein-Faktor-Modell entsteht dieses Problem nicht, da wir hier nur eine Achse haben.)

Um dieser Schwierigkeit zu begegnen, wurden eine Reihe von Rotationskriterien erfunden, die eine interpretierbare Lösung sichern sollen. Häufig verwendet werden die Varimax- und die Promax-Rotation. Beide versuchen, die Achsen so zu legen, dass die Items auf jeweils nur einem Faktor betragsmäßig hohe Ladungen aufweisen, auf den anderen jeweils geringe. Hiervon erhofft man sich eine Vereinfachung der Faktoreninterpretation, da sich in diesem Fall eher distinkte Itemgruppen ergeben. Die Varimax-Rotation liefert unkorrelierte Faktoren (bildlich: orthogonale Achsen), ähnelt also unserem Modell A. In unserem einführenden Beispiel (▶ **Tab. 4.3**, S. 92) wurde diese Rotation verwendet, um die Faktorladungen für das Zwei-Faktoren-Modell zu bestimmen. Die Promax-Rotation liefert korrelierte Faktoren (schiefwinklig zueinander stehende Achsen), ähnelt also unserem Modell B.

Kein Rotationskriterium *garantiert* allerdings sinnvolle und interpretierbare Lösungen. Praktische Ratschläge zum Umgang mit diesen und weiteren Problemen im Rahmen psychometrischer Untersuchungen finden sich bei McDonald (1999). In unserem Beispieldatensatz würde ein exploratives Zwei-Faktoren-Modell mit schiefwinkliger Rotation zu nahezu identischen Ergebnissen führen wie das konfirmatorische Modell mit korrelierten Faktoren.

Für die Testkonstruktion sind konfirmatorische Analysen den explorativen vorzuziehen. Im Allgemeinen sollte man hier ja Hypothesen über die Struktur eines Datensatzes formulieren können. Der Einsatz explorativer Methoden kann jedoch hilfreich sein, wenn die Hypothesen (am Anfang eines Projekts) noch nicht sehr stark sind, sich plausible Alternativen formulieren lassen oder sich die theoretischen Annahmen empirisch nicht bewähren und man

Anhaltspunkte für eine geeignetere Strukturierung der Variablen gewinnen möchte.

4.2 Item-Response-Theorie

Die Item-Response-Theorie umfasst eine inzwischen sehr reiche Familie von Testmodellen, die ursprünglich für die Analyse binärer Items konzipiert wurden. Wie die Bezeichnung der Familie nahelegt, zielen die Modelle von vornherein auf die theoretische Behandlung der Antworten auf einzelne Items. Dies steht in Kontrast zur Klassischen Testtheorie, die, wie wir sahen, von ganzen Tests ausgeht. Mit Hilfe der Item-Response-Theorie lassen sich Antworten modellieren, für die nichtlineare Beziehungen zu latenten Merkmalen angenommen werden müssen. Die Modellierung nichtlinearer Zusammenhänge sowie die stärkere Anbindung der Item-Response-Theorie an fundamentale wissenschafts- und messtheoretische Konzepte bedingen einen im Vergleich zum klassischen Ansatz (und zur Faktorentheorie) erhöhten Aufwand an formalen Methoden. Der Aufwand lohnt jedoch, da sich eine Reihe zentraler Fragen der Testkonstruktion, -analyse und -anwendung erst auf der Basis von Item-Response-Modellen in adäquater Weise beantworten lassen.

Wie wir eingangs dieses Kapitels erwähnt hatten, ist die Item-Response-Theorie ein relativ junger Ansatz der Psychologischen Diagnostik. Pionierarbeiten wurden hier von dem Dänen Georg Rasch und dem Amerikaner Allan Birnbaum geleistet, nach deren Namen auch zwei grundlegende spezielle Item-Response-Modelle benannt werden. Diese Modelle, die für binäre Items geeignet sind, werden im Folgenden skizziert. Zuvor stellen wir dar, warum die Anwendung der Klassischen Testtheorie und ihrer Weiterentwicklungen in der Form der dargestellten faktorenanalytischen Modelle, die man als lineare Item-Response-Modelle ansehen kann (McDonald, 1999), hier Schwierigkeiten mit sich bringt.

4.2.1 Probleme linearer Modelle

Die Anwendung der Faktorenanalyse auf Variablen, die nur wenige diskrete Werte annehmen können, kann zu Problemen führen. Diese Probleme sind nicht auf binäre Items beschränkt, stellen sich hier allerdings besonders scharf, so dass wir sie an diesem Beispiel erläutern.

Schwierigkeitsfaktoren

Ein seit langem bekanntes Problem der Anwendung der Faktorenanalyse auf Itemebene wird unter dem Schlagwort „Schwierigkeitsfaktoren“ diskutiert. Etwas vereinfacht ausgedrückt, ist hiermit der Sachverhalt gemeint, dass Faktorenanalysen Items manchmal nicht nur nach den Personmerkmalen klassifizieren, die sich in den Antworten ausdrücken, sondern auch nach den Schwierigkeiten der Items. Es ergeben sich dann *mehr* Faktoren, als auf der Grundlage der Abhängigkeiten der Antworten von dem/den Personmerkmal/en zu erwarten sind, sog. „Schwierigkeitsfaktoren“. Das Problem kann resultieren, wenn (a) der Wertebereich der Antwortvariablen diskret ist und nur wenige Stufen umfasst und (b) ihre Verteilungen unterschiedlich ausfallen. Beides ist bei Itemvariablen normalerweise der Fall.

Es ist instruktiv, den Grund für das Auftauchen von Schwierigkeitsfaktoren etwas näher zu beleuchten. Generell können für zwei diskrete Variablen Kovarianz und Korrelation nur dann maximal werden, wenn die Verteilungsformen der Variablen gleich sind. Ist dies nicht der Fall, können sich die Wertepaare der Variablen nicht genau decken, entsprechend muss die Korrelation Werte kleiner als Eins annehmen. Die Beschränkung der maximal möglichen Korrelation ist umso deutlicher, je stärker die Abweichung der Verteilungsformen der beiden Variablen ist. Bei binären Items schlägt sich dies besonders stark nieder, da deren Verteilung durch die Schwierigkeit der Items vollständig festgelegt ist. Wenn nun in einem Test Gruppen von Items mit unterschiedlicher Schwierigkeit vorhanden sind, werden die Korrelationen innerhalb dieser Gruppen tendenziell höher ausfallen als zwischen den Gruppen; dieses Muster kann dann durch *einen* Faktor nicht mehr vollständig erklärt werden.

Zur Illustration der Effekte unterschiedlicher Itemschwierigkeiten auf die Ergebnisse von Faktorenanalysen betrachten wir einen simulierten Test, der aus drei leichten und drei schwierigen Aufgaben besteht. Wir gehen zunächst von normalverteilten quantitativen Itemvariablen Q_1 bis Q_6 aus, von denen wir annehmen, dass sie sich je zur Hälfte aus einem gemeinsamen Faktor und spezifischen Einflüssen erklären lassen. Hieraus ergibt sich, dass die Korrelationen aller Items jeweils 0.5 betragen. Eine Faktorenanalyse würde entsprechend eine perfekte Passung mit Ladungen von $\sqrt{.5} = .71$, spezifischen Anteilen von .5 und einer aufgeklärten Varianz von .5 ergeben.

Simulieren wir nun binäre Itemvariablen X_1 bis X_6. Hierfür dichotomisieren wir die quantitativen Items künstlich. Die drei leichten Items 1 bis 3 betrachten wir als gelöst, wenn die korrespondierenden standardisierten quantitativen Werte über einer Schwelle von -1 liegen; sie haben also Schwierigkeiten von etwa .84. Die schwierigen Items 4 bis 6 betrachten wir als gelöst, wenn eine Schwelle von 1 überschritten wird. Diese Items weisen damit Schwierigkeiten von etwa .16 auf. ▶ **Tab. 4.6** zeigt die Effekte hinsichtlich der Korrelationen.

Zwei Wirkungen fallen auf: Erstens sind alle Korrelationen deutlich niedriger als die der quantitativen Ausgangsvariablen Q. Dieser Effekt ist auf den Informationsverlust zurückzuführen, der von der Dichotomisierung der Ausgangsvariablen herrührt. Im Hinblick auf die *Anzahl* der Faktoren ist dieser Effekt jedoch nicht wichtig. Wichtig ist vielmehr, dass sich die beiden *Schwierigkeitsgruppen*, die die Items 1 bis 3 und 4 bis 6 umfassen, in den Korrelationen abzeichnen; die Korrelationen innerhalb der leichten und der schwierigen Items sind mit etwa .30 deutlich höher als die Korrelationen zwischen den Gruppen, die jeweils etwa .16 betragen. Ein Ein-Faktor-Modell zeigt entsprechend eine schlechte Passung. Erst ein Zwei-Faktoren-Modell zeigt eine gute Passung, mit hohen Ladungen der leichten Items auf dem einen und hohen Ladungen der schwierigen Items auf dem anderen Faktor. Hier wird eine falsche Schlussfolgerung über die Zahl der den Antworten zugrunde liegenden latenten Variablen nahegelegt.

Tab. 4.6 Korrelationen unter sechs dichotomisierten Itemvariablen.

	X_1	X_2	X_3	X_4	X_5	X_6
X_1	1					
X_2	.31	1				
X_3	.30	.29	1			
X_4	.16	.17	.16	1		
X_5	.16	.17	.16	.30	1	
X_6	.16	.17	.17	.28	.28	1

Bei der Anwendung der Faktorenanalyse auf binäre Antwortvariablen können sich also Faktoren ergeben, die als Artefakte unterschiedlicher Itemschwierigkeiten betrachtet werden müssen. Das gleiche Problem kann auch bei Items mit mehr als zwei Antwortkategorien auftreten. Allerdings handelt es sich hier nicht etwa um einen Defekt der Faktorenanalyse, sondern um das Ergebnis ihrer Anwendung auf Variablen, für die sie nicht gebaut ist. Die Faktorenanalyse ist für die Beschreibung der Struktur kontinuierlicher Variablen geeignet. Wendet man sie auf diskrete Variablen an, muss sichergestellt sein, dass die Ausprägun-

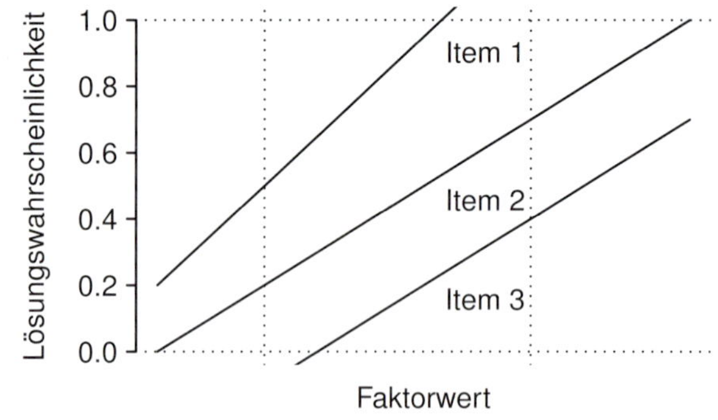

Abb. 4.4
Lineare Beziehungen zwischen Faktorwerten und Lösungswahrscheinlichkeiten für drei Items.

gen der Variablen einem Kontinuum hinreichend nahe kommen. Dies trifft für binäre Variablen nicht zu.

Modellierung von Lösungswahrscheinlichkeiten

Bei binären Items entsteht noch ein weiteres, schwerwiegenderes Problem: Es ist in der Beschränkung des Wertebereichs der Antwortvariablen auf Null und Eins in Verbindung mit der im Modell angenommenen Linearität der Beziehung zwischen Faktor und Antwortvariable begründet. Im Faktorenmodell erhalten wir für ein Item j bei Personen mit der Ausprägung f auf dem Faktor als Schätzwert

$$\hat{X}_j = \mu_j + \lambda_j f. \quad (4.11)$$

Wird das Faktorenmodell auf binäre Items angewendet, repräsentiert $\hat{X}_j$ die geschätzte Lösungswahrscheinlichkeit für Personen mit einem Faktorwert von f, μ_j die über Personen gemittelte Lösungswahrscheinlichkeit des Items und λ_j den erwarteten Anstieg der Lösungswahrscheinlichkeit bei Personen mit einem gegenüber f um eine Einheit (Standardabweichung) erhöhten Faktorwert.

Das Problem erkennt man am einfachsten, wenn man für mehrere Items eines Tests die erwarteten Lösungswahrscheinlichkeiten gegen die Faktorwerte aufträgt, wie dies in ► **Abb. 4.4** für mehrere Items unterschiedlicher Schwierigkeiten und Ladungen geschehen ist. Solche Funktionen heißen *Item-Response-Funktionen* oder *Itemcharakteristiken*; sie spezifizieren die Abhängigkeit der Antworten auf ein Item von dem zugrunde liegenden Merkmal.

Wie ersichtlich, ist es bei linearen Item-Response-Funktionen nicht ausgeschlossen, dass für Personen mit hohen Faktorwerten Schätzungen von Lösungswahrscheinlichkeiten resultieren, die größer als 1 sind. Umgekehrt können sich für Personen mit niedrigen Faktorwerten negative Lösungswahrscheinlichkeiten ergeben. In der Abbildung sind diese Möglichkeiten durch die vertikalen gestrichelten Linien angedeutet. Bei einer Person mit einem relativ hohen Faktorwert (rechte Linie) würde sich für Item 1 eine Lösungswahrscheinlichkeit größer als 1 ergeben, bei einer Person mit relativ niedrigem Faktorwert (linke Linie) würde bei Item 3 eine Lösungswahrscheinlichkeit unter 0 resultieren. Beides ist natürlich nicht sinnvoll, da Wahrscheinlichkeiten nur innerhalb des Intervalls von 0 und 1 variieren können. Je unterschiedlicher die Schwierigkeiten und Ladungen (Trennschärfen) der Items eines Tests sind, desto eher tritt das Problem auf.

Modelle, die lineare Beziehungen zwischen dem latenten Merkmal und den Itemantworten zugrunde legen, können für Variablen mit wenigen diskreten Stufen von vornherein nur

Näherungslösungen liefern. Die Näherung ist für quantitative Items (mit vier oder mehr von den Probanden genutzten Antwortoptionen) meist akzeptabel. Bei Tests, die aus binären Items bestehen, ist die Anwendung der Faktorenanalyse jedoch problematisch. Hier werden Modelle benötigt, die der kategorialen Natur der Antworten gerecht werden.

Bei Verfahren, die aus binären Items bestehen, werden für die Berechnung von Faktorenanalysen und hierauf aufbauender Kennwerte (etwa Reliabilitätsschätzungen) Items häufig nach inhaltlichen und/oder statistischen (Schwierigkeiten, Trennschärfen usw.) Gesichtspunkten zu Testteilen („Itembündeln") zusammengefasst, also summiert. Hierdurch werden Variablen gewonnen, die kontinuierlichen Messungen näherkommen und daher für Faktorenanalysen besser geeignet sind. Dieses Vorgehen ist sinnvoll, da es die beiden gerade besprochenen Probleme vermeidet. Der Nachteil der Bündelung besteht aber darin, dass Information über das Funktionieren einzelner Items verlorengeht: Die Faktorenanalyse wird hier nicht mehr als Item-Response-Modell eingesetzt.

4.2.2 Logistische Testmodelle

Im Folgenden werden drei grundlegende Item-Response-Modelle beschrieben, die für binäre Antwortvariablen konstruiert wurden. In diesen Modellen werden die Lösungswahrscheinlichkeiten der Items (bzw. die Wahrscheinlichkeiten für eine Antwort „in Schlüsselrichtung") als Funktion jeweils eines Personparameters und eines oder mehrerer Itemparameter beschrieben. Der Personparameter vertritt dabei die Ausprägung des zu messenden Merkmals. Er wird meist mit θ (dem griechischen Buchstaben Theta) notiert, was hier beibehalten wird. Die Itemparameter charakterisieren Eigenschaften der einzelnen Items eines Tests, nämlich ihre Schwierigkeiten (notiert mit b) und Trennschärfen bzw. Diskriminationen (a) sowie ihre Anfälligkeit gegenüber Ratetendenzen (c).

Allen hier behandelten Modellen sind zwei Eigenschaften gemeinsam. Erstens gehen die Modelle davon aus, dass das Antwortverhalten von nur *einer* latenten Variablen (einem Personmerkmal) beeinflusst wird, es handelt sich um *eindimensionale* Modelle. Wie im Ein-Faktor-Modell wird vorausgesetzt, dass die Zusammenhänge unter den Antwortvariablen durch genau ein Merkmal erklärt werden können. Wenn zwei oder mehr Variablen existieren, die das Antwortverhalten in unterschiedlicher Weise beeinflussen, sind die Modelle nicht angemessen.

Die zweite Gemeinsamkeit besteht in der Modellierung der Lösungswahrscheinlichkeiten. Als Itemcharakteristiken werden hier nicht Geraden, sondern S-förmige Kurven verwendet, die den Wert 0 nicht unter- und den Wert 1 nicht überschreiten können. Mit dem Einsatz solcher Itemcharakteristiken werden die gerade beschriebenen Probleme linearer Modelle vermieden.

Bei der Wahl des konkreten Funktionstyps stehen dabei verschiedene Möglichkeiten offen. Die in den folgenden Abschnitten dargestellten Modelle verwenden die (kumulative) logistische Funktion, um Lösungswahrscheinlichkeiten mit Person- und Itemparametern zu verknüpfen. Solche Modelle werden daher auch als logistische Testmodelle bezeichnet.

Die logistische Funktion ist allgemein durch

$$y = \frac{e^x}{1+e^x} = \frac{\exp(x)}{1+\exp(x)} \qquad (4.12)$$

definiert. Dabei steht e für die Basis des natürlichen Logarithmus, die ungefähr 2.718 beträgt. Der Ausdruck e^x wird auch häufig $\exp(x)$ geschrieben; er bezeichnet die Expontentialfunktion. Die logistische Funktion liefert Werte, die nur zwischen Null und Eins variieren können. In Item-Response-Modellen stehen an der Stelle von y die von den Person- und Itemparametern abhängigen Lösungswahrscheinlichkeiten. Der Exponent (x) wird durch eine für das jeweilige Modell spezifische Kombination von Person- und Itemparametern ersetzt. Die logistische Funktion wird anderen Möglichkeiten zur Spezifizierung S-förmiger Item-Response-Funktionen aufgrund ihrer bequemen mathematischen Behandlung vorgezogen.

Je nach Zahl der im Modell vorkommenden Itemparameter spricht man dabei vom Ein-, Zwei- oder Drei-Parameter Logistischen Modell. Gängige Abkürzungen hierfür sind 1PL-, 2PL- bzw. 3PL-Modell. Das einfachste Modell enthält nur einen Itemparameter, nämlich die Itemschwierigkeit. Es wird auch als Rasch-Modell bezeichnet. Das 2PL- oder Birnbaum-Modell beinhaltet darüber hinaus noch einen Diskriminationsparameter. Das 3PL-Modell, das keinen Zweitnamen besitzt, berücksichtigt neben Schwierigkeit und Diskrimination noch itemspezifische Ratetendenzen.

Die meisten Anwendungen dieser Modelle betreffen Fähigkeits- und Leistungstests, deren Items gelöst oder nicht gelöst werden. Modelliert werden in diesen Fällen die Lösungswahrscheinlichkeiten (oder Funktionen der Lösungswahrscheinlichkeiten). Die Modelle können jedoch auch außerhalb des Leistungsbereichs, also bei Persönlichkeits-, Einstellungs-, Interessentests usw. mit binärem Antwortformat eingesetzt werden. In diesen Fällen wird die Wahrscheinlichkeit von Antworten in Schlüsselrichtung modelliert. Um umständliche Formulierungen zu vermeiden, sprechen wir im Folgenden nur von Lösungswahrscheinlichkeiten; der Begriff ist hier also generisch gemeint und soll nicht implizieren, dass der Anwendungsbereich der Modelle auf Leistungstests beschränkt ist.

4.2.3 1PL-Modell

Modellgleichung und Itemcharakteristik

Im 1PL-Modell werden für die Beschreibung der Lösungswahrscheinlichkeiten eines Items ein Personparameter und ein Itemparameter, nämlich die Schwierigkeit des Items, verwendet. Wie gesagt, bezeichnen wir den Personparameter mit θ. Er steht für die den Itemantworten zugrunde liegende latente Personvariable, entspricht also F im Faktorenmodell. Den Schwierigkeitsparameter eines Items j notieren wir mit b_j. Der Ausdruck $P(X_j = 1 \mid \theta)$ beschreibt die bedingte Wahrscheinlichkeit, das Item j zu lösen als Funktion der Ausprägung der latenten Variablen θ. Wir notieren diese bedingten Wahrscheinlichkeiten auch kurz mit $P_j(\theta)$, die entsprechenden Gegenwahrscheinlichkeiten (Nichtlösung) $P(X_j = 0 \mid \theta)$ mit $Q_j(\theta)$. Korrekte Antworten kodieren wir mit 1, inkorrekte mit 0. Das 1PL-Modell (seine Itemcharakteristik) kann dann wie folgt geschrieben werden:

$$P(X_j = 1 \mid \theta) = \frac{\exp(\theta - b_j)}{1 + \exp(\theta - b_j)}. \qquad (4.13)$$

Für den Exponenten der logistischen Funktion in Gleichung (4.12) wird hier also die Differenz $\theta - b_j$ eingesetzt.

Betrachten wir zunächst die linke Seite der Gleichung. Hier stehen die personbedingten Lösungswahrscheinlichkeiten der Items. *Personbedingt* bringt zum Ausdruck, dass diese Wahrscheinlichkeiten von der Ausprägung des Personmerkmals abhängen. Für die Interpretation dieser Wahrscheinlichkeiten können wir uns für jeden Punkt auf dem Merkmalskontinuum Subpopulationen vorstellen, die jeweils die gleiche Ausprägung aufweisen. $P(X_j = 1 \mid \theta)$ ist dann die Wahrscheinlichkeit, dass ein zufällig gewähltes Mitglied einer solchen homogenen Subpopulation das jeweilige Item j löst. Ebenso möglich ist eine Interpretation in Begriffen des Anteils der Populationsmitglieder, die das Item korrekt beantworten. Wenn wir im Folgenden einfach von Lösungswahrscheinlichkeiten $P_j(\theta)$ sprechen, beziehen wir uns immer auf diese bedingten Wahrscheinlichkeiten.

► **Abb. 4.5** stellt die Funktion für drei Items unterschiedlicher Schwierigkeit dar. Die Funktion wird als Item-Response-Funktion, Itemfunktion oder Itemcharakteristik bezeichnet. Die graphische Darstellung heißt im Englischen *item characteristic curve*, kurz ICC. Die Itemcharakteristik gibt an, wie sich die Lösungswahrscheinlichkeit eines Items als Funktion des latenten Merkmals, dessen Indikator es ist, verändert.

Die Lösungswahrscheinlichkeiten hängen von der Differenz zwischen der Merkmalsausprägung und dem Schwierigkeitsparameter eines Items ab. Je höher die Merkmalsausprägung ist, desto höher ist auch die Lösungswahrscheinlichkeit. Je höher der Schwierigkeitsparameter eines Items ist, desto niedriger ist die Lösungswahrscheinlichkeit. Diese Verhältnisse entsprechen also genau dem, was man intuitiv erwarten würde. Zu beachten ist, dass die Polung des Schwierigkeitskennwerts der in der Klassischen Testtheorie üblichen Polung entgegengesetzt ist.

Sind Personwert und Schwierigkeitsparameter gleich ($\theta = b_j$), so ist die Lösungswahrscheinlichkeit 0.5. Ist der Personwert höher als der Schwierigkeitsparameter ($\theta > b_j$), steigt die Lösungswahrscheinlichkeit über 0.5 und nähert sich mit zunehmender Differenz asymptotisch dem Wert 1. Ist der Personwert niedriger als der Schwierigkeitsparameter ($\theta < b_j$), sinkt die Lösungswahrscheinlichkeit unter 0.5 und nähert sich mit zunehmender Differenz asymptotisch dem Wert 0.

Die Interpretation der θ-Werte hängt von der gewählten Normierung ab. Hierfür existieren unterschiedliche Möglichkeiten, auf die wir noch kurz zu sprechen kommen. Für das Verständnis des Folgenden genügt es zu wissen, dass diese Werte prinzipiell nach unten und oben offen sind, also zwischen $-\infty$ und $+\infty$ variieren können, in praktischen Anwendungen aber deutlich begrenzter ausfallen. In unseren Beispielen umfasst der Wertebereich von -4 bis $+4$ die meisten Personen; θ-Werte von 0 repräsentieren eine mittlere Ausprägung des Merkmals.

Die Abbildung veranschaulicht eine essenzielle Eigenschaft des 1PL-Modells: alle Itemcharakteristiken verlaufen parallel. Die Kurven können entsprechend durch eine Verschiebung entlang der Abszisse ineinander überführt werden. Die Tatsache, dass die Kurven parallel sind, sich mithin nicht kreuzen, hat eine wichtige Implikation: die Schwierigkeitsrangreihe der Items bleibt bei Personen mit unterschiedlicher Merkmalsausprägung immer die gleiche. Sie hängt nicht vom Personmerkmal ab. Intuitiv würde man dies von einem *eindimensionalen* Modell auch erwarten. Es ist jedoch wichtig zu notieren, dass nichtüberlappende Itemcharakteristiken weder im Ein-Faktor-Modell noch in den beiden weiter unten besprochenen Item-Response-Modellen garantiert sind. Wie man sich leicht veranschaulichen kann, können im Ein-Faktor-Modell solche Überlappungen immer dann auftreten, wenn unterschiedliche Ladungen (Steigungen, Trennschärfen) der Items zugelassen sind. Konsequenz ist, dass ein Item j, das für Personen mit niedrigen Faktorwerten schwieriger ist als ein anderes Item k, für Personen mit hohen Faktorwerten leichter sein kann als k.

Die Kurven besitzen ihren Wendepunkt bei θ-Werten, die den Schwierigkeitsparametern der Items entsprechen. Für Item 1 mit dem Schwierigkeitsparameter $b_1 = -2$ liegt der Wendepunkt zum Beispiel bei $\theta = -2$. Wie erwähnt, ergeben sich an diesen Stellen Lösungswahrscheinlichkeiten von 0.5. Gleichzeitig wirken sich hier Unterschiede in den Personmerkmalen stärker hinsichtlich der Lösungswahrscheinlichkeit aus als an den anderen Stellen, da die Kurven an ihrem Wende-

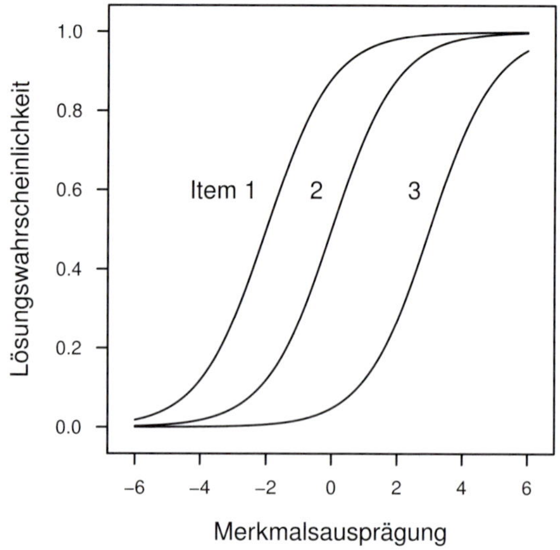

Abb. 4.5
Itemcharakteristiken des 1PL-Modells. Die Schwierigkeiten der Items sind −2 (Item 1), 0 (Item 2) und 3 (Item 3).

punkt am schnellsten steigen. Wie wir gleich noch darstellen werden, bedeutet dies, dass die Information, die wir durch ein Item über die Merkmalsausprägung gewinnen, an diesem Punkt am höchsten ist und mit zunehmender Distanz geringer wird.

Das 1PL-Modell kann um eine multiplikative Konstante a ergänzt werden, die steilere oder flachere Itemcharakteristiken als die in ▶ **Abb. 4.5** gezeigten zulässt. Das ergänzte Modell lautet

$$P(X_j = 1 \mid \theta) = \frac{\exp[a(\theta - b_j)]}{1 + \exp[a(\theta - b_j)]}. \quad (4.14)$$

Für $a = 1$ erhalten wir das ursprüngliche Modell (4.13). Für $a > 1$ resultieren steilere (schneller ansteigende) Kurven, für $a < 1$ entsprechend flachere (langsamer steigende). Diesen Steigungen korrespondieren im klassischen Modell die Trennschärfen, im Faktorenmodell die Ladungen der Items, die in der Item-Response-Theorie als Diskrimination bezeichnet werden. Das Rasch-Modell schreibt also keine *bestimmte* Diskrimination vor. Wesentlich ist jedoch, dass *alle* Itemdiskriminationen *gleich* sein müssen. Ist dies nicht der Fall, passt das Modell nicht auf die Daten.

Logit-Formulierung

Das 1PL-Modell lässt sich in einer anderen, mathematisch äquivalenten Form schreiben, in der nicht die Lösungswahrscheinlichkeiten, sondern bestimmte Transformationen der Lösungswahrscheinlichkeiten als abhängige Größen betrachtet werden. Verwendet wird die Logit-Transformation, die durch

$$\text{logit}(p) = \ln \frac{p}{1-p}$$

definiert ist. Dabei ist p ein Wahrscheinlichkeitswert und ln der natürliche Logarithmus.

Der Teilausdruck $p/(1-p)$ heißt Wettquotient (englisch *odds ratio*). In unserem Kontext gibt dieser Ausdruck an, wie hoch die Wahrscheinlichkeit, ein Item zu lösen, relativ zur Wahrscheinlichkeit, es nicht zu lösen, ausfällt. Für eine Lösungswahrscheinlichkeit von 0.75 ergibt sich zum Beispiel ein Wettquotient von 3 (die Chancen stehen hier 75:25 oder 3:1 für die Lösung). Dieser Teil der Transformation bewirkt, dass die nach unten und oben geschlossene Wahrscheinlichkeitsskala auf eine nach oben offene Skala gestreckt wird.

Tab. 4.7
Wettquotienten und Logits für ausgewählte Wahrscheinlichkeiten

Wahrscheinlichkeit	Wettquotient	Logit
0.01	0.01	−4.60
0.05	0.05	−2.94
0.10	0.11	−2.20
0.25	0.33	−1.10
0.50	1	0
0.75	3	1.10
0.90	9	2.20
0.95	19	2.94
0.99	99	4.60

Der zweite Teil der Transformation, die Logarithmierung, öffnet auch die untere Grenze, die beim Wettquotienten bei 0 liegt (für $p = 0$). Die Logit-Transformation liefert also eine nach oben *und* unten offene Skala, die für kleine Wahrscheinlichkeitswerte gegen $-\infty$, für große Werte gegen ∞ strebt. Bei $p = .5$ ergibt sich ein Wert von 0. ▶ **Tab. 4.7** zeigt die Wettquotienten und die Logits für einige ausgewählte Wahrscheinlichkeiten. Die Logit-Werte stellen monotone Transformationen der Wahrscheinlichkeitswerte dar. Am einfachsten denkt man hierbei an eine alternative Skala für die Beschreibung der Lösungswahrscheinlichkeiten. Wenn wir also sagen, dass die Lösungswahrscheinlichkeit für ein Item bei einer bestimmten Persongruppe .75 beträgt, können wir genauso gut sagen, dass der Logit-Wert des betreffenden Items für die Gruppe 1.1 beträgt. Die Information ist die gleiche. Logit-Werte sind um einen Wahrscheinlichkeitswert von 0.5 symmetrisch, wie man anhand der Tabelle erkennen kann. Im Schwierigkeitsbereich, der normalerweise für Testitems in Frage kommt (p zwischen .05 und .95), variieren die Logit-Werte ungefähr zwischen -3 und $+3$.

Warum in Logits anstatt in Wahrscheinlichkeiten denken? Die Antwort ist, dass diese kleine Komplikation die Betrachtung der Eigenschaften des Modells stark vereinfacht. Wenn wir nämlich die Logit-Transformation auf beide Seiten der Modellgleichungen (4.13) bzw. (4.14) anwenden, erhalten wir

$$\text{logit}[P(X_j = 1 \mid \theta)] = \theta - b_j \qquad (4.15)$$

bzw.

$$\text{logit}[P(X_j = 1 \mid \theta)] = a(\theta - b_j). \qquad (4.16)$$

Für die logit-transformierten Wahrscheinlichkeiten liefert das Rasch-Modell lineare Regressionen mit konstanten Steigungen. Die logit-transformierten Lösungswahrscheinlichkeiten werden als einfache Differenz von Personkennwert und Schwierigkeitskennwert beschrieben, evtl. gewichtet mit einem konstanten Steigungsparameter.

Es existieren also zwei äquivalente Wege, den Problemen bei der Anwendung des linearen Modells auf Wahrscheinlichkeiten zu entgehen: Der eine besteht in der Veränderung der Funktionsgleichung, was sicherstellt, dass ihr Wertebereich durch 0 und 1 begrenzt ist – siehe Gleichung (4.13) –, der andere in der Streckung der Wahrscheinlichkeitsskala auf einen Wertebereich, der nach beiden Seiten hin offen ist – Gleichung (4.15).

Im Rasch-Modell ist es die „Logit-Formulierung" (4.15), die den Ansatzpunkt für weitere Überlegungen liefert. Sie verdeutlicht, dass Personen und Items im Rasch-Modell auf einer gemeinsamen Skala lokalisiert werden, deren Einheiten logit-transformierte Wahrscheinlichkeiten darstellen.

Spezifische Objektivität

Eine besondere Eigenschaft von Items bzw. Tests, die dem Rasch-Modell genügen, liegt darin, dass *spezifisch objektive* Vergleiche ermöglicht werden.

> **Spezifische Objektivität**
>
> Allgemein gesprochen sind Messungen spezifisch objektiv, wenn
>
> - Vergleiche zwischen den gemessenen Objekten nicht davon abhängen, welche Instrumente zur Messung herangezogen werden und
> - Vergleiche zwischen Instrumenten nicht von den Objekten abhängen, die für den Vergleich verwendet werden.

Dieser Begriff der Objektivität ist nicht identisch mit dem in Kapitel 3 behandelten Testgütekriterium gleichen Namens; er bringt vielmehr einen neuen Aspekt ins Spiel. Spezifisch objektive Vergleiche sind invariant gegenüber Instrumenten (in unserem Kontext: Items bzw. Tests) und Objekten (in unserem Kontext: Personen). Rasch sah hierin ein wesentliches Prinzip wissenschaftlich begründeter Messungen (vgl. Fischer, 1988).

Betrachten wir zunächst die Vergleiche zwischen Personen. Spezifisch objektive Vergleiche zwischen Personen sind danach invariant gegenüber den Items, die zur Messung des Merkmals herangezogen werden. Dies bedeutet, dass Ergebnisse des Vergleichs zweier Personen mit den Merkmalsausprägungen θ_1 und θ_2 nicht von den Parametern der Items abhängen, mit denen der Vergleich vorgenommen wird. Gehen wir von einer rasch-homogenen Itemmenge aus, also Items, die zusammen die Gleichungen (4.13) bzw. (4.15) erfüllen. Für den Vergleich der beiden Personen ziehen wir ein beliebiges Item j aus dieser Menge heran. Für die Logitvariablen erhalten wir hier

$$\begin{aligned} \text{logit}(P_{1j}) &= \theta_1 - b_j \quad \text{für Person 1 und} \\ \text{logit}(P_{2j}) &= \theta_2 - b_j \quad \text{für Person 2.} \end{aligned}$$

Vergleicht man nun die transformierten Lösungswahrscheinlichkeiten der Personen durch Bildung des Differenzwerts,

$$\begin{aligned} \text{logit}(P_{1j}) - \text{logit}(P_{2j}) &= \theta_1 - b_j - \theta_2 + b_j \\ &= \theta_1 - \theta_2, \end{aligned}$$

so ist ersichtlich, dass der Schwierigkeitsparameter herausfällt. Die Differenz der transformierten Lösungswahrscheinlichkeiten zweier Personen für beliebige Items hängt also allein von der Differenz ihrer Merkmalsausprägungen ab. Welches besondere Item für die Messung eingesetzt wird, ist irrelevant.

Die zweite Invarianzeigenschaft, die Itemvergleiche betrifft, lässt sich in analoger Weise demonstrieren. Für den Vergleich des Funktionierens zweier Items mit den Schwierigkeitsparametern b_1 und b_2 betrachten wir wiederum die Differenz der Logit-Werte, diesmal jedoch bei „beliebigen" Personen mit der Merkmalsausprägung θ_i. Wir erhalten

$$\begin{aligned} \text{logit}(P_{i1}) &= \theta_i - b_1 \quad \text{für Item 1 und} \\ \text{logit}(P_{i2}) &= \theta_i - b_2 \quad \text{für Item 2.} \end{aligned}$$

Bildet man die Differenz, so ergibt sich $b_2 - b_1$; der Personparameter fällt also heraus. Für Itemvergleiche sind also die Personwerte irrelevant: Die Ergebnisse solcher Vergleiche hängen allein von den Schwierigkeitsparametern ab.

Im Ein-Faktor-Modell und den anderen noch zu besprechenden Item-Response-Modellen ist spezifische Objektivität nicht gewährleistet. Wie man sich anhand der entsprechenden Berechnungen für das Faktorenmodell verdeutlichen kann, hängen die Ergebnisse von Personvergleichen hier nicht nur von den Faktorwerten, sondern auch von der Ladung des jeweils herangezogenen Items ab (siehe Gleichung 4.11, S. 110); für die Differenz der Itemwerte zweier Personen ergibt sich $\lambda_j(f_1 - f_2)$. Für ein Item mit hoher Faktorladung resultieren also deutlichere Differenzen im Antwortverhalten als für ein Item mit niedriger Ladung. In analoger Weise hängen Itemvergleiche nicht allein von den Schwierigkeiten der Items ab. In Itemvergleiche gehen darüber hinaus ebenfalls die Ladungen, zusätzlich aber noch die Faktorwerte der herangezogenen Personen ein.

Die Tatsache, dass rasch-homogene Items bzw. Tests spezifisch objektive Vergleiche ermöglichen, liefert ein starkes Argument für den Einsatz des Modells in der Testkonstruktion. Im Hinblick auf die in diagnostischen Anwendungen besonders interessierenden Schätzungen der Personparameter bedeutet spezifische Objektivität, dass Aussagen über Merkmalsunterschiede zweier Personen unabhängig von der gewählten Normierung der Itemparameter (siehe Abschnitt 4.2.7), der Schwierigkeitsverteilung der Items sowie den Merkmalsausprägungen anderer Personen sind (siehe Rost, 2004). Diese Invarianzeigenschaften sind weder im klassischen noch im Faktorenmodell gewährleistet.

4.2.4 2PL-Modell

Die Voraussetzung konstanter Itemdiskriminationen im Rasch-Modell bringt vorteilhafte Eigenschaften mit sich. Sie macht das Modell einfach und sichert spezifische Objektivität der Messung. Andererseits wird sie für manche Tests zu restriktiv sein. Will man bei einem eindimensionalen Modell bleiben, steht man vor der Wahl, entweder Items, die für die mangelnde Passung des Modells verantwortlich sind, aus dem Test zu eliminieren und eventuell durch neue Items zu ersetzen, oder ein erweitertes Modell zu verwenden, das unterschiedliche Diskriminationen der Items zulässt. Die Elimination von Items kann unter Umständen zu einer substanziellen Reduktion der Itemzahl führen, was auch in Item-Response-Modellen mit einer entsprechenden Erniedrigung der Messpräzision einhergeht. Dies kann in einigen Anwendungen nicht akzeptabel sein. Auch die Ersetzung gestrichener Items durch modifizierte, von denen man sich eine bessere Modellpassung erhofft, ist manchmal schwer möglich, da die konzeptuell treffendsten Items bereits erschöpft sind. Mit der Verwendung eines erweiterten Modells dagegen werden einige wünschenswerte Eigenschaften des 1PL-Modells aufgegeben. Insbesondere genügt das 2PL-Modell nicht der Forderung nach spezifischer Objektivität, wie wir gleich sehen werden.

Das 2PL- oder Birnbaum-Modell stellt eine Generalisierung des 1PL-Modells dar, in dem unterschiedliche Itemdiskriminationen zugelassen sind. Die Lösungswahrscheinlichkeiten werden hier mit zwei Itemparametern modelliert, nämlich Schwierigkeit (b_j) und Diskrimination (a_j). Für die Formulierung als logistisches Modell lautet die Modellgleichung

$$P(X_j = 1 \mid \theta) = \frac{\exp[a_j(\theta - b_j)]}{1 + \exp[a_j(\theta - b_j)]}. \quad (4.17)$$

Für die Formulierung als Logit-Modell lautet sie

$$\text{logit}[P(X_j = 1 \mid \theta)] = a_j(\theta - b_j). \quad (4.18)$$

Im Unterschied zum Rasch-Modell ist die Diskrimination hier nicht konstant. Vielmehr kann sie von Item zu Item variieren. Das Rasch-Modell ist ein spezieller Fall des Birnbaum-Modells: Setzt man a_j auf einen konstanten Wert (etwa 1), geht das Birnbaum-Modell in das Rasch-Modell über.

► **Abb. 4.6** veranschaulicht die Effekte unterschiedlicher Diskriminationen auf die Itemcharakteristiken. Der Diskriminationsparameter gibt an, wie schnell sich die Lösungswahrscheinlichkeiten mit der Merkmalsausprägung

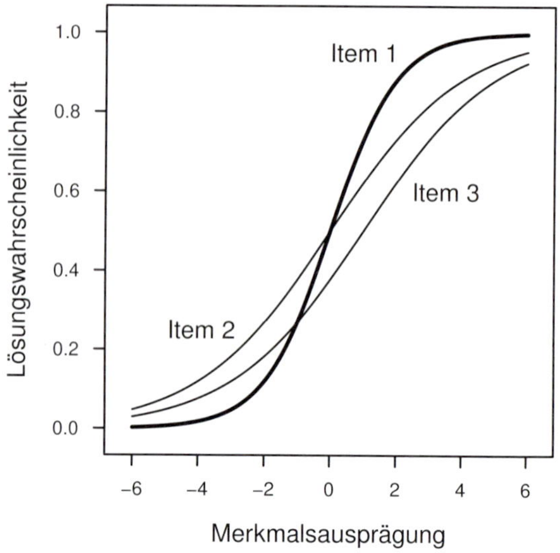

Abb. 4.6
Itemcharakteristiken des 2PL-Modells. Die Schwierigkeiten sind 0, 0 und 1, die Diskriminationen sind 1, 0.5 und 0.5 (jeweils in der Reihenfolge der Itemnummern).

verändern. Er ist ein Maß der Sensitivität eines Items für Merkmalsunterschiede, entspricht also den Trennschärfen bzw. Ladungen in linearen Modellen.

Mathematisch stellen die Itemdiskriminationen die Steigungen der Itemcharakteristiken an ihrem jeweiligen Wendepunkt b_j dar. Für ein Item mit dem Schwierigkeitsparameter $b_j = 1$ ist dies die Steigung am Punkt $\theta = 1$. Wie im 1PL-Modell ist dies gleichzeitig der Punkt im Merkmalskontinuum, an dem das Item am schärfsten zwischen Personen mit unterschiedlichen Ausprägungen der Personvariablen differenziert.

Eine bemerkenswerte Eigenschaft des 2PL-Modells, die es mit dem linearen Faktorenmodell teilt, besteht darin, dass sich Itemcharakteristiken mit unterschiedlichen Diskriminationen auch in nichtextremen Bereichen des Merkmalskontinuums überschneiden können. In den Beispielkurven betrifft dies Item 1 (fette Kurve), dessen Charakteristik sich mit der der beiden anderen Items kreuzt. Dies hat die Konsequenz, dass die Rangfolge der Lösungswahrscheinlichkeiten bei Personen mit unterschiedlicher Merkmalsausprägung differieren kann. In unserem Beispiel ist etwa die Rangfolge der Lösungswahrscheinlichkeiten bei Personen mit $\theta = 2$ für die drei Items $1 > 2 > 3$. Für Personen mit $\theta = -2$ dagegen ist sie $2 > 3 > 1$.

Ein derartiger Effekt ist intuitiv wenig plausibel und könnte als Defekt des 2PL-Modells (und des Faktorenmodells) angesehen werden. Natürlich wäre ein solcher Effekt praktisch irrelevant, wenn er erst bei θ-Werten auftritt, die außerhalb des normalen oder interessierenden Merkmalsbereichs liegen. Er illustriert jedoch, dass das 2PL-Modell keine spezifisch objektiven Messungen liefert. Vergleiche zwischen den Items hängen hier von den jeweils betrachteten Personen ab. Bei Personen mit $\theta < 0$ würde Item 2 leichter erscheinen als Item 1, bei Personen mit $\theta > 0$ wäre dies umgekehrt.

4.2.5 3PL-Modell

Im 1PL- und 2PL-Modell nähern sich die Lösungswahrscheinlichkeiten mit sinkender Merkmalsausprägung asymptotisch dem Wert 0. Diese Annahme wird bei manchen Tests nicht für alle Items realistisch sein. Bei

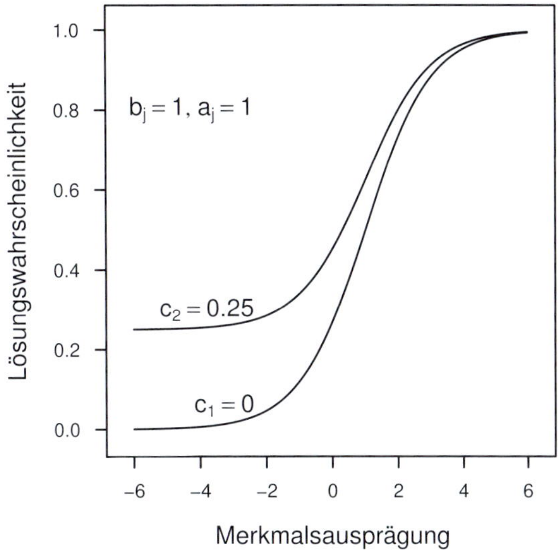

Abb. 4.7
Itemcharakteristiken des 3PL-Modells.

Fähigkeits- und Leistungstests, in denen ein Mehrfachwahlformat verwendet wird, besteht für Personen, welche die korrekte Antwort nicht kennen, eine gewisse Wahrscheinlichkeit, das Item durch Raten zu lösen. Dies macht sich darin bemerkbar, dass die untere Asymptote der Itemcharakteristik größer als 0 ausfällt: Sie wird ungefähr der Ratewahrscheinlichkeit entsprechen (1 / Anzahl der Antwortoptionen). Auch beim offenen Antwortformat können Ratetendenzen eine gewisse Rolle spielen. Im Allgemeinen wird man hier jedoch versuchen, die Items so zu formulieren, dass entsprechende Effekte zu vernachlässigen sind. In Tests zur Messung von motivationalen Persönlichkeitseigenschaften, Einstellungen usw. können sich im Prinzip ebenfalls Asymptoten größer als 0 ergeben. Sie spielen hier allerdings keine so große Rolle wie in Fähigkeitstests.

Um Ratetendenzen zu berücksichtigen, muss ein dritter Itemparameter c_i in die Modellgleichung eingeführt werden. Er wird Rateparameter oder Pseudo-Rateparameter genannt. Die Qualifikation „Pseudo“ soll andeuten, dass hier keine Annahmen über die Grundlage von Asymptoten größer Null im unteren Merkmalsbereich gemacht werden. Bei Fähigkeits- und Leistungstests wird es allerdings in der Regel tatsächlich so sein, dass Items in unterschiedlichem Maße für Raten anfällig sind. Die Grundgleichung des resultierenden 3PL-Modells lautet:

$$P(X_j = 1 \mid \theta) = c_i + (1 - c_i)\frac{\exp[a_i(\theta - b_i)]}{1 + \exp[a_i(\theta - b_i)]}. \qquad (4.19)$$

Wie ersichtlich, stellt dieses Modell eine Erweiterung der bislang skizzierten Modelle dar, das für $c_j = 0$ (bei keinem Item wird „geraten“) in das Birnbaum-Modell übergeht. Auch mit dem 3PL-Modell sind spezifisch objektive Vergleiche nicht gewährleistet.

▶ **Abb. 4.7** illustriert den Effekt des Rateparameters. Im Beispiel beträgt er für Item 2 $c_2 = 0.25$. Generell gibt er die asymptotische Lösungswahrscheinlichkeit an, die Personen mit niedriger Merkmalsausprägung erreichen. Ein Wert von 0.25 wäre für ein Multiple-Choice-Item mit vier Antwortoptionen zu erwarten, wenn (a) alle Optionen für Personen, die die Antwort nicht kennen, gleich attraktiv sind und (b) all diese Personen raten.

4.2.6 Lokale Unabhängigkeit

Bislang wurden einige der basalen Eigenschaften logistischer Testmodelle anhand ihrer Grundgleichungen beschrieben. Diese Grundgleichungen sind (ganz wie beim Faktorenmodell) nicht als Rechenformeln anzusehen, die man nach den interessierenden Person- und Itemparametern auflösen könnte. Vielmehr formulieren sie einschränkende Bedingungen für Items, die – im Sinne des jeweiligen Modells – homogen sind, also den in den Gleichungen formulierten Bedingungen genügen. Um Person- und Itemparameter in empirischen Anwendungen schätzen zu können, müssen weitere einschränkende Bedingungen (Restriktionen) formuliert werden. Die wichtigste ist die sog. lokale Unabhängigkeit.

Lokale Unabhängigkeit

Lokale Unabhängigkeit bedeutet, dass sich die Zusammenhänge unter den Items vollständig durch das Modell (seine Person- und Itemparameter) erklären lassen. Sie liegt vor, wenn innerhalb merkmalshomogener Subpopulationen keine Abhängigkeiten zwischen den Itemvariablen existieren.

Für das Verständnis des Konzepts ist ein Rückgriff auf das Faktorenmodell nützlich. Auch Faktoren klären die statistischen Zusammenhänge zwischen den Items eines Tests in dem Sinne auf, dass in Subpopulationen mit fixierten Faktorwerten die Kovarianzen zwischen den Items den Wert 0 annehmen. Dies klingt zunächst kontraintuitiv, da die Items in der Gesamtpopulation ja positiv miteinander korrelieren. Im Faktorenmodell werden die Zusammenhänge zwischen den Items auf gemeinsame Varianzquellen zurückgeführt. Diese Varianzquellen – die Faktoren – bedingen die Abhängigkeiten unter den Items. Betrachten wir nun merkmalshomogene Subpopulationen, so bedeutet dies, dass die Varianzquellen durch Konstanthalten ausgeschaltet werden: innerhalb dieser Populationen variieren die Faktoren nicht. Folglich müssen Abhängigkeiten zwischen den Items, die auf diese Quellen zurückgehen, verschwinden. Im Rahmen der Item-Response-Theorie ist es üblich, das „Verschwinden“ der Zusammenhänge unter den Items bei Konstanthalten der zugrunde liegenden Merkmale als lokale Unabhängigkeit oder genauer *lokale stochastische Unabhängigkeit* zu bezeichnen. Die Qualifikation „lokal“ meint dabei, dass Unabhängigkeit für jeden Ort in dem betrachteten latenten Merkmalsraum besteht.

Im Ein-Faktor-Modell wird nur *eine* Quelle angenommen, die für die Kovariation der Items verantwortlich ist; dies ist eine relativ strikte Annahme. Auch in den hier betrachteten Item-Response-Modellen wird diese Annahme gemacht: Es handelt sich um eindimensionale Modelle. Entsprechend bezieht sich lokale Unabhängigkeit auf die einzelnen Punkte in *einem* Merkmalskontinuum. Die Begriffe lokale Unabhängigkeit und Dimensionalität sind eng miteinander verknüpft.

Definition: Dimensionalität

Die Dimensionalität eines Tests ist die Zahl der den Antworten zugrunde liegenden latenten Merkmale, die angenommen werden müssen, um lokale Unabhängigkeit zu erreichen. Eindimensionale Modelle gehen davon aus, dass hierfür *ein* latentes Merkmal genügt.

Es existieren zwei unterschiedlich starke Formen der lokalen Unabhängigkeit. *Schwache* (oder *bivariate*) lokale Unabhängigkeit meint, dass in einer Subpopulation mit fixierten latenten Merkmalen die Items *paarweise* unabhängig sind. Diese Form liegt der Faktorenanalyse zugrunde. In ihr werden nur die bivariaten Zusammenhänge (also Kovarianzen oder Korrelationen) unter den Antwortvariablen erklärt und für die Schätzung der Modellparameter herangezogen. Die *starke* Form der lokalen Unabhängigkeit fordert dagegen nicht nur bivariate, sondern vielmehr *vollständige* Unabhängigkeit der Antwortvariablen in Subpopulationen mit fixierten latenten Merkmalen. Wird der Begriff lokale Unabhängigkeit ohne weitere Qualifikation verwendet, bezieht man sich dabei auf die starke Form.

Formal bedeutet die schwache Form der Unabhängigkeit, dass die Wahrscheinlichkeit für die Lösung zweier Items j und k in merkmalshomogenen Subpopulationen identisch ist mit dem Produkt ihrer Lösungswahrscheinlichkeiten. (Dies ist die Definition der Unabhängigkeit für zwei Ereignisse.) Notieren wir die Wahrscheinlichkeit, dass beide Items gelöst werden mit $P(X_j = 1, X_k = 1 \mid \theta)$, so muss für jedes Itempaar eines Tests gelten

$$P(X_j = 1, X_k = 1 \mid \theta) = P_j(\theta)P_k(\theta)$$

Für zwei Items mit den Lösungswahrscheinlichkeiten von 0.5 und 0.4 in einer merkmalshomogenen Gruppe muss zum Beispiel die Wahrscheinlichkeit, beide Items zu lösen, bei Unabhängigkeit 0.2 betragen. Gilt diese Beziehung nun für alle Itempaare und alle Orte auf dem Merkmalskontinuum, wäre die Bedingung schwacher lokaler Unabhängigkeit erfüllt.

Starke lokale Unabhängigkeit fordert mehr. Dies drückt sich darin aus, dass hier nicht nur die Lösungswahrscheinlichkeiten für Itempaare herangezogen werden müssen; vielmehr muss das ganze Antwortmuster betrachtet werden, also alle Kombinationen aus Lösungen und Nichtlösungen einzelner Items. Nehmen wir an, für einen spezifischen Ort auf dem Merkmalskontinuum betrügen die Lösungswahrscheinlichkeiten für einen aus drei Items bestehenden Test 0.2, 0.4 und 0.9. Bei Vorliegen der starken Form der lokalen Unabhängigkeit muss die Wahrscheinlichkeit, alle Items zu lösen, dort $0.2 \cdot 0.4 \cdot 0.9 = 0.072$ betragen, die Wahrscheinlichkeit, nur Item 3 zu lösen $(1 - 0.2) \cdot (1 - 0.4) \cdot 0.9 = 0.432$ usw.

Es ist deutlich, dass starke lokale Unabhängigkeit strengere Anforderungen stellt als die schwache. Liegt starke lokale Unabhängigkeit vor, ist immer auch die schwache erfüllt. Umgekehrt kann es jedoch prinzipiell sein, dass schwache lokale Unabhängigkeit gegeben, die starke jedoch verletzt ist. In diesem Fall müssten zur Erfüllung der starken Form mehr Merkmale (und damit Personparameter) eingeführt werden als zu der der schwachen.

Lokale Unabhängigkeit muss bei der Schätzung der Personparameter in Item-Response-Modellen vorausgesetzt werden. Einige Methoden zur Schätzung der Parameter nutzen dabei die ganze Information im Antwortmuster, wie es der starken Form der lokalen Unabhängigkeit entspricht. Sie heißen entsprechend *full information methods*. Andere Methoden stützen sich lediglich auf die bivariate Information, verwenden also die schwache Form der lokalen Unabhängigkeit. Hier wird argumentiert, dass es die Standardprozeduren für die Formulierung und Zusammenstellung von Testitems in realen Anwendungen ausgesprochen unwahrscheinlich machen, dass das schwache Prinzip erfüllt, das starke dagegen verletzt ist (McDonald, 1999).

In praktischen Anwendungen wird die Dimensionalität eines Tests oft über faktorenanalytische Techniken geprüft. Wie in Abschnitt 4.2.1 dargestellt wurde, führt dies bei binären Items jedoch zu dem Problem, dass die Ergebnisse einer Faktorenanalyse die Existenz von mehr latenten Variablen nahelegen kann, als zur Erklärung der Antworten wirklich benötigt werden („Schwierigkeitsfaktoren"). Diesem Problem kann man begegnen, indem man Faktorenanalysen nicht auf der Basis von Kovarianzen oder (Produkt-Moment-) Korrelationen berechnet, sondern auf der Grundlage sog. tetrachorischer Korrelationen. Tetrachorische Korrelationen ermöglichen es (unter bestimmten Annahmen), die Höhe der Korrelation zweier quantitativer Variablen zu schätzen, für die lediglich binäre Indikatoren verfügbar sind. Sie fallen generell höher aus als die entsprechenden Produkt-Moment-Korrelationen, insbesondere für Items unterschiedlicher Schwierigkeit. Mit diesem Vorgehen wird die schwache Form der lokalen Unabhängigkeit getestet.

Ist lokale Unabhängigkeit verletzt, so lassen sich die Antworten nicht auf *ein* latentes Merkmal zurückführen. Im Rahmen des Hauptanwendungsbereichs der Modelle, Fähigkeits- und Leistungstests, kann dies etwa bedeuten, dass

- die Lösung eines Items die eines anderen begünstigt oder sogar voraussetzt,
- sich im Testverlauf differenzielle Lern- oder Transfereffekte einstellen,
- der Test Itempaare oder -gruppen umfasst, die in sehr ähnlicher Weise formuliert sind,
- die Beantwortung einiger Items an Bedingungen geknüpft ist, die nicht bei allen Personen vorliegen.

Ein häufig genanntes Beispiel für den letzten Punkt ist ein für die Erfassung mathematischer Fähigkeiten konzipierter Test, der einige schwer verständliche Textaufgaben umfasst. In diesen Aufgaben würden neben mathematischen auch sprachliche Kompetenzen eine Rolle spielen, die eventuell nicht bei allen Personen vorausgesetzt werden können. Konsequenz ist, dass die Assoziationen unter den Items stärker ausfallen werden als unter Zugrundelegung nur *eines* latenten Merkmals zu erwarten ist.

4.2.7 Parameterschätzung

Item- und Personkennwerte lassen sich in Item-Response-Modellen nicht in direkter Weise berechnen, vielmehr müssen sie auf der Basis der Testdaten geschätzt werden. Bei diesen Schätzungen werden zwei Voraussetzungen gemacht. Erstens wird vorausgesetzt, dass die jeweils zugrunde gelegte Modellgleichung gültig ist, beim Rasch-Modell also die Gleichung 4.13, beim Birnbaum-Modell die Gleichung 4.17, beim 3PL-Modell die Gleichung 4.19. Zweitens wird vorausgesetzt, dass lokale Unabhängigkeit erfüllt ist. In diesem Abschnitt skizzieren wir, wie sich die interessierenden Kennwerte schätzen lassen, wenn beide Voraussetzungen erfüllt sind. Wir beziehen uns dabei auf das Rasch-Modell.

Itemparameter

In Abschnitt 4.2.3 wurde als eine bemerkenswerte Eigenschaft des Rasch-Modells der Sachverhalt herausgehoben, dass Itemvergleiche von den Personwerten unabhängig sind: Für die Differenz zweier Itemparameter macht es keinen Unterschied, welche Personen oder Persongruppen jeweils betrachtet werden. Aus dieser Invarianzeigenschaft (und lokaler Unabhängigkeit) lässt sich ableiten, dass die Differenz zweier Schwierigkeitsparameter der folgenden Bedingung genügt:

$$b_j - b_k = \ln \frac{P(X_j = 0,\ X_k = 1)}{P(X_j = 1,\ X_k = 0)}. \qquad (4.20)$$

Ist zum Beispiel die Wahrscheinlichkeit, dass Item k gelöst wird, Item j aber nicht, 0.20, die Wahrscheinlichkeit, dass Item j gelöst wird, Item k aber nicht, 0.10, ergibt sich hier eine positive Differenz von

$$b_j - b_k = \ln \frac{0.20}{0.10} = \ln(2) \approx 0.69.$$

Item j ist also schwieriger als Item k. Der Wert von 0.69 ist der horizontale Abstand der Itemcharakteristiken. Bei gleicher Schwierigkeit würden sich Werte von 0 ergeben. Wäre Item j leichter als Item k, würde ein negativer Wert resultieren.

Diese Berechnungen können wir paarweise für alle Items eines Tests anstellen. Um nun eine Skala für die Schwierigkeitsparameter zu gewinnen, kann man ein beliebiges Item herausgreifen und ihm den Schwierigkeitswert 0 zuordnen. Die Schwierigkeitsparameter der übrigen Items werden dann relativ zu diesem Item ausgedrückt. Die Wahl eines Items für die Normierung entspricht der Festlegung eines Ankerpunkts der Skala. Wenn wir im Beispiel Item j als Ankerpunkt wählen, ergibt sich für Item k ein Schwierigkeitsparameter von -0.69; wird Item k gewählt, resultiert für Item j ein Parameterwert von 0.69.

Man kann hier jede Konstante addieren oder subtrahieren, ohne dass sich die übrigen Skaleneigenschaften verändern. Häufig wählt man die Konstante so, dass die Summe aller Itemparameter den Wert 0 ergibt, $\sum b_j = 0$. Diese Art der Normierung heißt *Summennormierung*. Bei der Summennormierung erhält ein Item mit durchschnittlicher Lösungswahrscheinlichkeit (bezogen auf die anderen Items des Tests) den Schwierigkeitswert 0. Praktisch werden die in Gleichung (4.20) auftauchenden Wahrscheinlichkeiten durch die entsprechenden relativen Häufigkeiten geschätzt. Wir besitzen damit die Möglichkeit, die Itemparameter auf der Grundlage empirischer Daten zu bestimmen.

Hier entsteht allerdings das Problem, dass sich mehr Wahrscheinlichkeitsverhältnisse berechnen lassen als zur Etablierung der Skala benötigt werden. Würden nur die paarweisen Verhältnisse herangezogen, könnten entsprechend unterschiedliche Schätzwerte resultieren. Geeignete Schätzwerte lassen sich jedoch durch numerische Prozeduren finden. In Programmen zur Schätzung der Itemparameter werden hierzu, wie in der Faktorenanalyse, Varianten der Maximum-Likelihood-Schätzung verwendet. Auf eine Darstellung dieser komplexen Algorithmen verzichten wir hier. Ihr Prinzip soll aber anhand der Schätzung der Personparameter zumindest veranschaulicht werden.

Personwerte

Wenn die Itemparameter vorliegen, können die Personwerte auf der Basis der Antwortmuster geschätzt werden. Eine direkte Berechnung ist auch hier nicht möglich. Was jedoch berechnet werden kann, ist die Wahrscheinlichkeit, mit der ein gegebenes Antwortmuster bei Personen mit einem bestimmten Wert von θ vorkommt. Maximum-Likelihood-Methoden kann man sich als numerische Suchprozeduren vorstellen; sie suchen nach Parameterwerten, hier einem Wert θ, für den die Wahrscheinlichkeit eines Antwortmusters bei Geltung des Modells maximal wird. Derartige, nachträglich berechnete Wahrscheinlichkeiten heißen *Likelihoods* (im Unterschied zu *probabilities*, die sich auf Erwartungen künftiger Ereignisse beziehen). Der Wert mit der maximalen Wahrscheinlichkeit/Likelihood liefert den Schätzwert für Personen mit dem entsprechenden Antwortmuster.

Betrachten wir zur Verdeutlichung einen Test, der aus vier Items besteht. Es sei das 1PL-Modell zugrunde gelegt worden und die Schwierigkeitsparameter der Items seien geschätzt worden mit

$$\begin{aligned} b_1 &= -1, \\ b_2 &= 0, \\ b_3 &= 1 \text{ und} \\ b_4 &= 2. \end{aligned}$$

Wir wollen nun den Personkennwert für Personen mit dem Antwortmuster (1, 1, 0, 0) schätzen, d. h. die beiden ersten (leichten) Items wurden gelöst, die beiden letzten (schwierigen) dagegen nicht. Hierbei müssen wir von der Voraussetzung lokaler Unabhängigkeit ausgehen. Bei lokaler Unabhängigkeit können wir die Likelihood L dieses Antwortmusters für jeden beliebigen Wert von θ aus

$$L(\theta) = P_1(\theta)\, P_2(\theta)\, Q_3(\theta)\, Q_4(\theta) \quad (4.21)$$

errechnen. Wie bereits besprochen, vertreten $P_j(\theta)$ und $Q_j(\theta)$ die Wahrscheinlichkeiten für korrekte und inkorrekte Antworten. Die Werte $P_j(\theta)$ erhalten wir aus der Modellgleichung, indem wir dort die entsprechenden Itemparameter b_j und einen bestimmten Personkennwert einsetzen. $Q_j(\theta)$ ergibt sich aus $1-P_j(\theta)$. Dies funktioniert im 2PL- und 3PL-Modell in ganz analoger Weise, allerdings müssen hier im Unterschied zum Rasch-Modell natürlich auch für die Diskriminations- und Rateparameter Schätzwerte vorliegen.

Für die Berechnung der Likelihood des Antwortmusters setzen wir nun probeweise einen Personwert von 0 ein und berechnen die vier Antwortwahrscheinlichkeiten auf der Basis der Modellgleichung (4.13). Wir erhalten

$$\begin{aligned}
P_1 &= \exp(0-(-1)) \;/\; (1+\exp(0-(-1))) \\
&= 0.731, \\
P_2 &= \exp(0-0) \;/\; (1+\exp(0-0)) \\
&= 0.5, \\
Q_3 &= 1-\exp(0-1) \;/\; (1+\exp(0-1)) \\
&= 0.731, \\
Q_4 &= 1-\exp(0-2) \;/\; (1+\exp(0-2)) \\
&= 0.881.
\end{aligned}$$

Durch Multiplikation der vier Werte erhalten wir die Likelihood des Antwortmusters für den θ-Wert von 0, also $L(\theta=0)$. Sie beträgt hier 0.235. Um nun denjenigen θ-Wert zu ermitteln, bei dem die Likelihood ihren maximalen Wert erreicht, können wir probeweise weitere Personwerte einsetzen, die den Bereich abdecken, in dem der Parameterwert liegen kann. Dies würde es erlauben, das Maximum der Likelihood einzugrenzen. Wir würden dann verschiedene Werte der *Likelihood-Funktion* erhalten. Sie beschreibt die Likelihood eines Antwortmusters als Funktion der Personwerte. Für ▶ **Abb. 4.8** wurden diese Berechnungen für viele Werte in einem Bereich von $\theta=-1$ und $\theta=3$ durchgeführt. Die fette Linie stellt die Likelihood-Funktion unseres Beispielantwortmusters (1, 1, 0, 0) dar. Der Kurve ist zu entnehmen, dass die Likelihood bei einem θ-Wert von 0.5 ihre Maximum erreicht. Dieser Wert wäre in unserem Fall der gesuchte Schätzwert für Personen, die dieses Antwortmuster aufweisen.

Im Beispielfall hätten wir den Personwert in relativ einfacher Weise eingrenzen können. Hier wurden die beiden einfachen Items 1 und 2 gelöst, die beiden schwierigen Items 3 und 4 dagegen nicht. Da Person- und Itemparameter im Rasch-Modell auf der gleichen Skala lokalisiert werden, wissen wir also von vornherein, dass der dem Antwortmuster zuzuordnende Personwert zwischen dem Schwierigkeitskennwert von Item 2 ($b_2=0$) und Item 3 ($b_2=1$) liegen muss. Entsprechendes gilt auch für das Antwortmuster (1, 1, 1, 0), dessen Likelihood-Funktion ebenfalls in ▶ **Abb. 4.8** dargestellt ist.

Betrachten wir die dritte der in der Abbildung gezeigten Likelihood-Funktionen, die man für das Antwortmuster (1, 0, 1, 0) erhalten würde. Sie illustriert eine besondere Eigenschaft des Rasch-Modells. Wie im Anfangsbeispiel werden hier jeweils zwei Aufgaben gelöst, die Testsummenwerte sind also 2. Auch die Likelihood-Funktionen erreichen ihr Maximum an der gleichen Stelle; den beiden Antwortmustern wird also der gleiche Personwert von 0.5 als Schätzer zugeordnet. Es ist eine wesentliche Eigenschaft des Rasch-Modells, dass alle Antwortmuster, die den gleichen Testsummenwert ergeben, ihre maximale Likelihood an der gleichen Stelle besitzen. Für sie wird jeweils der gleiche Personwert geschätzt. Tatsächlich ist der Personwert eine monotone, leicht kurvilineare Funktion des Testsummenwerts. Technisch gesprochen liefert der Testsummenwert im Rasch-Modell eine *erschöpfende Statistik* für den Personwert. Dies meint, dass bei Gültigkeit des Modells der Summenwert die einzige Information ist, die wir aus dem Antwortmuster benötigen, um den Personwert bestimmen zu können. Welche spezifischen Items gelöst oder nicht ge-

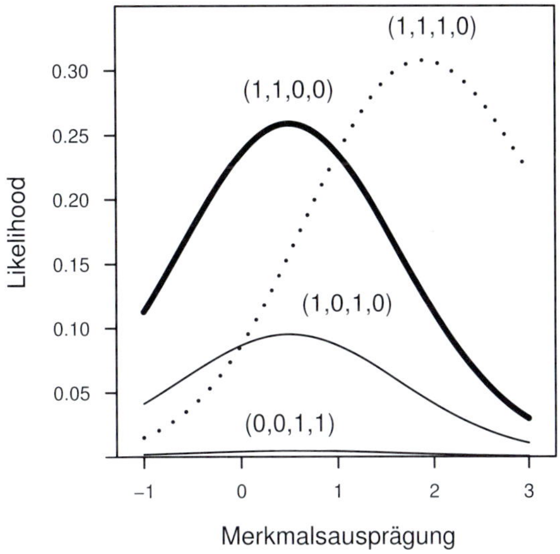

Abb. 4.8
Likelihood-Funktionen für vier Antwortmuster in einem Test.

löst wurden, ist für die Schätzung also irrelevant. Im 1-PL-Modell liefern die einfachen Testsummenwerte im Allgemeinen sehr gute Näherungen für die Personparameter. Im 2PL-Modell und im 3PL-Modell ist dies nicht der Fall: Hier müssen bei der Schätzung auch die Diskriminationen bzw. die Rateparameter der Items berücksichtigt werden.

Die Tatsache, dass die Information, die für die Schätzung der Personwerte benötigt wird, bereits im Testsummenwert steckt, ist neben der spezifischen Objektivität ein zweites zentrales Merkmal des Rasch-Modells. Zwei Punkte, die den Testsummenwert als erschöpfende Statistik betreffen, sollen kurz angesprochen werden (siehe Rost, 1999, für eine detaillierte Diskussion).

Der erste bezieht sich auf einen Einwand, der sich besonders bei der Anwendung des Rasch-Modells auf Leistungstests aufdrängen könnte: Personen mit den Antwortmustern (1, 1, 0, 0), (1, 0, 1, 0) und (0, 0, 1, 1) haben zwar die gleiche Zahl von Items gelöst; hierunter befinden sich aber bei den beiden letzten Gruppen schwierigere Items. Besonders das Muster (0, 0, 1, 1), in dem zwei schwierige Aufgaben gelöst werden, hätte intuitiv einen höheren Personparameter verdient als das Muster (1, 1, 0, 0), in dem allein die beiden leichten Aufgaben gelöst werden. Es ist für das Verständnis der behandelten Testmodelle essenziell nachzuvollziehen, weshalb die Intuition hier in die Irre führt.

Dies kann man sich am Verlauf der Likelihood-Funktion klarmachen. Die Likelihood-Werte liegen beim zweiten Muster generell deutlich unter den Werten des ersten Musters. Beim dritten Muster (0, 0, 1, 1), dessen Likelihood-Funktion unten in der Abbildung angedeutet ist, wird das noch deutlicher: das Maximum ist in der Abbildung kaum zu erkennen. Die beiden letzten Muster sind unter Zugrundelegung des Rasch-Modells also insgesamt weniger wahrscheinlich als das erste (vgl. die Flächenanteile unter den Kurven). Etwas salopp kann man sagen, dass das Rasch-Modell diese Muster zwar nicht verbietet, jedoch (und dies betrifft besonders das dritte Muster) ihr Auftreten nur mit geringer Wahrscheinlichkeit zulässt. Treten sie häufiger auf, sind die Modellannahmen verletzt. Es ist naheliegend, Antwortmuster, die dem dritten ähneln, damit zu erklären, dass einige sehr fähige Personen mit leichten Aufgaben unterfordert sind und ihnen hier manchmal Flüchtigkeitsfehler unterlaufen. Für den Test würde dies aber bedeuten, dass hier nicht nur *ein* Merkmal gemessen wird, die interessierende Fähigkeit, sondern mindestens *zwei*, also zum Beispiel zusätzlich Unachtsamkeit. Die Annahme *einer* latenten Dimension, die in den drei hier behandelten Modellen gemacht wird, wäre dann verletzt.

Der zweite Punkt betrifft den Sachverhalt, dass auch im klassischen Modell Testsummenwerte als Indikatoren der Ausprägung von Personmerkmalen verwendet werden. Wenn nun der Summenwert im Rasch-Modell für die Schätzung des Personwerts im Prinzip ausreicht, warum dann den mit dem Einsatz des Modells in der Testkonstruktion verbundenen erhöhten Aufwand in Kauf nehmen? Aus der Perspektive der Item-Response-Theorie kann man hier antworten, dass erst das Rasch-Modell eine strikte theoretische Begründung für die Verwendung von Summenwerten liefert. Im Rahmen des klassischen Ansatzes existieren hierfür primär intuitive (die Items korrelieren substanziell) oder pragmatische Argumente (die Summenwerten sagen bestimmte Kriterien vorher). In einer manchmal vorgebrachten schärferen Form lautet das Gegenargument, dass die Verwendung von Summenwerten allein bei Gültigkeit des Rasch-Modells legitim ist, man sich also den erhöhten Aufwand auf keinen Fall sparen darf. Dies ist jedoch nicht ganz unstrittig (siehe McDonald, 1999, für eine Gegenposition).

4.2.8 Informationsfunktion

Wie wir sahen, kann die Messpräzision eines Tests im Rahmen des Klassischen Testtheorie durch seinen Standardmessfehler charakterisiert werden: Je niedriger der Standardmessfehler, desto höher die Messpräzision. Das Pendant zum Standardmessfehler des Tests auf Itemebene ist die spezifische Varianz bzw. ihr Gegenstück, die Iteminformation. Letztere wird in Item-Response-Modellen zur Beschreibung der Messpräzision eines Items verwendet.

Iteminformation

Die Iteminformation beschreibt den Beitrag eines Items zur Messung des jeweils in Rede stehenden Merkmals. Items mit hohen Informationswerten tragen mehr zur Messung eines Merkmals bei – reduzieren den Messfehler des gesamten Tests stärker – als Items mit niedriger Information.

In der Klassischen Testtheorie und im Faktorenmodell werden Standardmessfehler bzw. Iteminformation als konstante, fixe Merkmale von Tests bzw. Items in bestimmten Populationen behandelt. In Item-Response-Modellen werden sie dagegen als Funktionen der Personkennwerte eingeführt. Hiermit wird berücksichtigt, dass Items und Tests in bestimmten Bereichen des Merkmalskontinuums mehr, in anderen dagegen weniger informativ sein können als andere Tests bzw. Items. Während die im klassischen Ansatz berechneten Kennwerte gewissermaßen „Durchschnittswerte" darstellen, die über das Merkmalsspektrum einer Stichprobe berechnet werden und damit die Präzision von Tests und Items „im Großen und Ganzen" beschreiben, sind die entsprechenden Größen in Item-Response-Modellen von vornherein spezifisch für bestimmte Bereiche aus dem Kontinuum.

Informationsfunktionen lassen sich für einzelne Items wie für ganze Tests bestimmen. Betrachten wir zunächst die Informationsfunktion für einzelne Items, die Item-Informationsfunktion $I_j(\theta)$. Im Rahmen des 1PL-Modells lässt sich diese Funktion in sehr einfacher Weise berechnen; es gilt nämlich:

$$I_j(\theta) = P_j(\theta) \cdot Q_j(\theta). \tag{4.22}$$

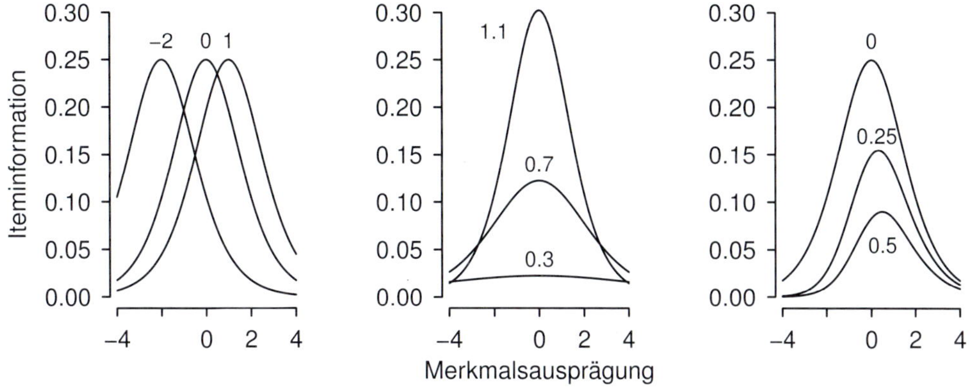

Abb. 4.9 Informationsfunktionen für drei Items mit unterschiedlichen Schwierigkeiten (links), Diskriminationsparametern (Mitte) und Pseudorateparametern (rechts).

Für die Bestimmung der Funktion ist hier für $P_j(\theta)$ bzw. $Q_j(\theta)$ wiederum die Modellgleichung zu verwenden.

▶ **Abb. 4.9** (linke Graphik) illustriert die Funktionen für drei Items unterschiedlicher Schwierigkeit ($b_j = -2$, 0, und 1). Im 1PL-Modell ergeben sich parallele Kurven, die sich nur hinsichtlich der Lokation ihres Maximums unterscheiden. Es ist ersichtlich, dass die Iteminformation jeweils dort ihr Maximum erreicht, wo sich Schwierigkeit und Merkmalsausprägung genau entsprechen. Ein Item liefert dann viel Information über das in Rede stehende Merkmal, wenn sich Schwierigkeitsparameter und Personwert die Waage halten. Für Personen mit $\theta = 1$ sind also Items mit Schwierigkeiten von $b = 1$ am informativsten, für Personen mit $\theta = -2$ dagegen Items mit Schwierigkeiten von $b = -2$. Dies sind Items mit mittlerer Schwierigkeit für die jeweiligen Persongruppen.

Für Tests mit stärkerer oder geringerer Diskrimination der Items errechnet sich die Iteminformation aus

$$I_j(\theta) = a^2 \cdot P_j(\theta) \cdot Q_j(\theta). \quad (4.23)$$

Hier ergeben sich wiederum parallele Kurvenverläufe, die jedoch steiler ($a > 1$) oder flacher ($a < 1$) verlaufen als die im linken Teil der ▶ **Abb. 4.9** gezeigten Kurven.

Im 2PL-Modell hängen die Informationsfunktionen der Items zusätzlich von den Diskriminationsparametern ab:

$$I_j(\theta) = a_j^2 \cdot P_j(\theta) \cdot Q_j(\theta). \quad (4.24)$$

Da sich die Diskriminationsparameter von Item zu Item unterscheiden können, sind die Verläufe der Informationsfunktion nicht mehr parallel, wie dies im mittleren Teil der ▶ **Abb. 4.9** für drei Items gleicher Schwierigkeit ($b = 0$), aber unterschiedlicher Diskriminationsparameter illustriert ist. Der Abbildung ist zu entnehmen, dass unterschiedliche Itemdiskriminationen zwei Effekte besitzen. Das trennschärfste Item ($a = 1.1$) liefert, wie man erwarten kann, über einen weiten Bereich des Merkmalskontinuums mehr Information als das weniger trennscharfe ($a = 0.7$). Entfernt man sich jedoch von dem Bereich, in dem die Items optimal diskriminieren, kippt das Bild, da sich die Kurven kreuzen. Für Personen mit sehr niedriger oder sehr hoher Merkmalsausprägung liefert das weniger trennscharfe Item auf einmal mehr Information. Ein wenig trennscharfes Item ($a = 0.3$) trägt dagegen generell kaum Information zur Merkmalsausprägung bei.

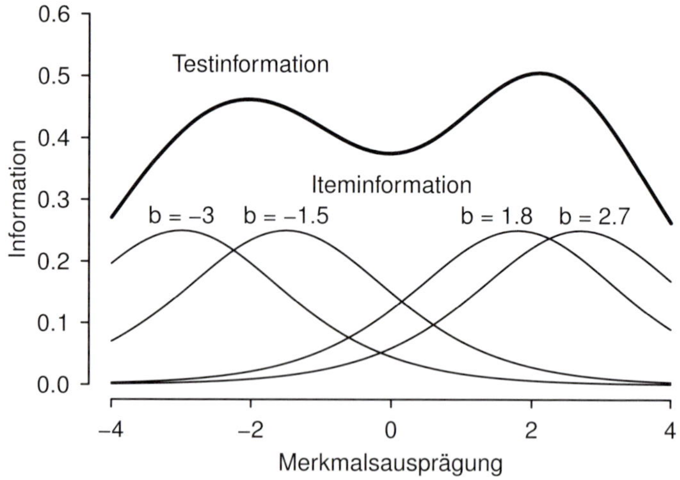

Abb. 4.10 Item- und Testinformationsfunktionen.

Die Informationsfunktionen der Items des 3PL-Modells ist etwas komplizierter, da zusätzlich der Rateparameter berücksichtigt werden muss. Die rechte Graphik der ► **Abb. 4.9** veranschaulicht dessen Effekte für drei Items mit gleichen Schwierigkeits- ($b = 0$) und Diskriminationsparametern ($a = 1$). Im Vergleich zum Item, in dem Raten keine Rolle spielt ($c = 0$), verlieren Items bei zunehmender Ratetendenz an Informationswert; darüber hinaus verschiebt sich der Punkt, an dem die Items die maximale Information liefern, leicht in Richtung höherer Merkmalsausprägungen.

Die Informationsfunktion eines Tests, $I(\theta)$ lässt sich durch Summierung aller Iteminformationsfunktionen gewinnen:

$$I(\theta) = \sum I_j(\theta). \qquad (4.25)$$

Die einfache Summierung ist möglich, da die Items aufgrund der lokalen Unabhängigkeit additive Beiträge zur Testinformation liefern. ► **Abb. 4.10** illustriert dies für einen Rasch-homogenen Test, der aus vier Items besteht. Da der Beispieltest aus zwei leichten und zwei schwierigen Items zusammengesetzt ist, ergibt sich hier für die Testinformation im Mittelbereich des Merkmalskontinuums ein Tal. Dort liefert der Test also weniger Information über die Merkmalsausprägung als in den extremeren Bereichen, die den Schwierigkeiten der Items korrespondieren. Soll der Test in diesem Bereich informativer sein, müssten Items aufgenommen werden, deren Schwierigkeiten dem θ-Wert der Talsohle entspricht. Generell erlauben es Informationsfunktionen, die Items exakt so zusammenzustellen, dass die Testwerte dort gut messen, wo dies für die konkrete Testanwendung am wichtigsten ist. Wie wir in Kapitel 3 sahen, existieren hierfür im klassischen Ansatz allenfalls ungefähre Faustregeln. Fragen der Itemselektion und -zusammenstellung lassen sich nur auf der Grundlage von Item-Response-Modellen in wirklich befriedigender Weise beantworten.

Die Fehlerbehaftetheit der Schätzung eines gegebenen Punkts im Merkmalskontinuum ist eine inverse Funktion der Testinformation. Sie wird als Standardschätzfehler bezeichnet und lautet

$$\mathrm{SE}(\hat{\theta}) = \frac{1}{\sqrt{I(\theta)}} \qquad (4.26)$$

Der Standardschätzfehler ist das Pendant zum Standardmessfehler (SEM) in der Klassischen Testtheorie. Im Unterschied zum SEM variiert er mit der Ausprägung des Merkmals, ist also keine „Durchschnittsgröße“, für die dann (unrealistischerweise) angenommen wird, dass sie für den ganzen Merkmalsbereich gilt. Bei hinreichend großer Itemanzahl lässt sich mit Hilfe des Standardmessfehlers ein Konfidenzintervall für den Personwert bestimmen. Für ein 95 %-Intervall berechnet man zum Beispiel $\theta \pm 1.96 \cdot \mathrm{SE}(\hat{\theta})$, ▶ **Kap. 3.4.2**. Auch summarische Schätzungen der Reliabilität sind auf der Basis der Informationsfunktion möglich (siehe Rost, 2004).

Informationsfunktionen besitzen eine Reihe wichtiger Anwendungen. Sie bieten z. B. die Möglichkeit, die Items eines Test so auszuwählen, dass sie dem Fähigkeitsniveau der zu testenden Personen in optimaler Weise angepasst sind. Dies geschieht beim adaptiven Testen (▶ **Kap. 6.7**). Eine zweite Anwendungsmöglichkeit ist die Zusammenstellung von Tests, die in bestimmten Bereichen des Merkmalskontinuums besonders gut zwischen den Probanden differenzieren. In diesem Fall würde man die Items so zusammenstellen, dass die Testinformation im interessierenden Bereich des Merkmalskontinuums besonders hoch ist. Für die nicht interessierenden Bereiche würde man dann weniger Items verwenden, so dass die Testökonomie erhöht und die Belastung der Probanden gesenkt werden könnte. Auch bei Erstellung paralleler Formen eines Testverfahrens ist die Verfügbarkeit von Informationsfunktionen sehr nützlich.

Weiterführende Literatur

Im ersten Abschnitt dieses Kapitels wurden basale Anwendungen faktorenanalytischer Techniken für psychometrische Zwecke vorgestellt. Wie wir sahen, stellen Faktorenanalysen Information bereit, die zur Bestimmung der Messpräzision eines Verfahrens benötigt werden. Darüberhinaus ermöglichen sie es, theoretische Annahmen über die Struktur eines Itemsatzes zu testen. Die Darstellung folgte in zentralen Teilen McDonald (1999), dessen Monographie sich auch sehr gut zur Vertiefung des Themas eignet. Speziellere Anwendungen faktorenanalytischer Modelle werden bei Eid, Gollwitzer und Schmitt (2011) sowie Moosbrugger und Kelava (2008) behandelt. Beaujean (2014) gibt eine praktisch orientierte, recht umfassende Darstellung von Faktoren- und anderen Strukturgleichungsmodellen und führt in deren Berechnung mit Hilfe des Statistiksystems R (http://www.r-project.org) ein.

Im zweiten Abschnitt wurden grundlegende Begriffe dreier eindimensionaler Item-Response-Modelle dargestellt. Wichtige technische Fragen, wie etwa Möglichkeiten der Normierung, der Modellkontrolle oder der Auswahl zwischen Testmodellen konnten hier nur angedeutet werden bzw. mussten ausgespart bleiben. Derartige Fragen werden z. B. in den Büchern von Eid und Schmidt (2014), Embretson und Reise (2000), McDonald (1999), Rost (2004) sowie Steyer und Eid (1993) behandelt. Strobl (2012) gibt eine kompakt gehaltene Einführung in das Rasch-Modell und wesentliche Erweiterungen, wobei sie auch die Berechnung der Modelle mit R erläutert.

Die Item-Response-Theorie verfügt inzwischen über ein sehr umfangreiches Modell- und Methodeninventar, deren Anwendungen weit über die hier besprochenen Möglichkeiten hinausgehen. So existieren etwa Modelle für mehr als zwei Antwortkategorien, Modelle, die mehr als ein latentes Merkmal zulassen, oder Modelle, die Messung und Klassifikation von Personen miteinander verbinden. Einführende Darstellungen dieser Themen liefern die Bücher von Eid und Schmidt (2014) sowie Rost (2004). Über spezifische Ansätze informieren die Herausgeberbände von Nering und Ostini (2010) sowie Rost und Langeheine (1997).

Fragen zur Wissenskontrolle

1. Welche allgemeinen Fragen der Item- und Testanalyse lassen sich mit faktorenanalytischen Modellen beantworten?
2. Was versteht man unter explorativen und konfirmatorischen Faktorenanalysen?
3. Wie ist ein Ein-Faktor-Modell mathematisch definiert? Für was stehen die Teilausdrücke des Modells?
4. Wie kann man die Güte der Passung eines Faktorenmodells beurteilen?
5. In welcher Beziehung steht der Reliabilitätskoeffizient ω zu Cronbachs α?
6. Mit welchen faktorenanalytischen Modellen lassen sich faktoriell komplexe Tests beschreiben?
7. Aus welchen Gründen führt die Anwendung linearer Modelle bei binären Items zu Problemen?
8. Was versteht man unter Item-Response-Funktionen (Itemcharakteristiken)?
9. Welche zentralen Eigenschaften besitzen die Itemcharakteristiken im Rasch-Modell?
10. Welche Bedingungen müssen erfüllt sein, damit von „spezifischer Objektivität" gesprochen werden kann?
11. Woran lässt sich erkennen, dass spezifische Objektivität im 2PL- und 3PL-Modell nicht gegeben ist?
12. In welcher Beziehung stehen lokale Unabhängigkeit und Dimensionalität?
13. Wofür sind Item- und Testinformationsfunktionen nützlich?

III Diagnostische Urteile und Entscheidungen

5 Der Prozess der diagnostischen Urteilsbildung

Diagnostische Urteile sind Aussagen, die auf der Basis vorliegender oder eigens erhobener psychologischer Daten über eine Person, eine Gruppe oder einen Sachverhalt getroffen werden. Beispiele für diagnostische Urteile sind: „Herr X leidet unter einer generalisierten Angststörung", „Die Arbeitsgruppe Y ist durch starkes Konkurrenzverhalten geprägt", oder „Therapie A hat bei Frau Z eine höhere Erfolgschance als Therapie B". Im Rahmen von Interventionen liefern diagnostische Urteile die Grundlage für Empfehlungen oder Entscheidungen.

Die Urteilsbildung ist Teil eines mehrstufigen und rückgekoppelten Vorgangs, der die erste Analyse sozusagen „von selbst eingehender" Daten, die Hypothesenbildung, die Herstellung von Untersuchungssituationen, die Auswahl geeigneter diagnostischer Verfahren, die Datensammlung und -erhebung, die Datenbewertung und -kombination im Hinblick auf die Hypothesen, die diagnostische Entscheidung sowie die Überprüfung der Folgen von Entscheidungen beinhaltet (► **Kap. 7**). Es ist klar, dass die einzelnen Schritte dieses Prozesses jeweils ein erhebliches Maß an Inferenz, also Schlussfolgerung, Gewichtung und Bewertung, verlangen.

Im vorliegenden Kapitel beschäftigen wir uns mit einer zentralen Komponente der Urteilsbildung, nämlich der Datenkombination oder -integration. Diesem Thema kann man sich unter drei Fragestellungen nähern:

1. Wie kommen diagnostische Urteile zustande?
2. Wie gültig sind diese Urteile?
3. Wie lässt sich deren Qualität sichern und gegebenenfalls optimieren?

Unser Ausgangspunkt ist die zweite Frage, in der die Validität der Urteilsbildung angesprochen ist. Die Validität von Diagnosen war Thema einer lang anhaltenden Diskussion um die Vor- und Nachteile *klinischer* (informeller) und *statistischer* (formeller) Methoden der Datenkombination. Wir stellen diese Diskussion und die hieraus zu ziehenden Schlussfolgerungen im ersten Abschnitt des Kapitels dar.

Der zweite Abschnitt widmet sich einem Teilaspekt der Frage nach dem Zustandekommen diagnostischer Urteile. Auch hier fokussieren wir die Gewichtung und die Kombination vorliegender Daten. Die Gewichtung und Kombination von Daten lässt sich mit Hilfe sog. *paramorpher Modelle* abbilden. Es handelt sich um Modelle, in denen die Datenkombination bei Diagnostikern in formeller Weise dargestellt wird. Mit derartigen Modellen wird die Urteilsbildung explizit beschrieben.

Paramorphe Modelle liefern auch Ansatzpunkte für die Optimierung des diagnostischen Vorgehens, die wir im dritten Abschnitt zusammenfassen. Im vierten Abschnitt des Kapitels wird eine Möglichkeit dargestellt, klinische und statistische Formen der Datenkombination miteinander zu verbinden, indem *klinische Inferenz im Rahmen formeller Prozeduren* genutzt wird. Auch hier geht es um die Optimierung der Qualität diagnostischer Urteile.

5.1 Klinische und statistische Urteilsbildung

5.1.1 Definitionen

Historisch gesehen wurde die diagnostische Urteilsbildung zunächst fast ausschließlich unter dem Gesichtspunkt ihrer Validität diskutiert. Wie gut treffen Diagnosen und Vorhersagen zu, die mittels unterschiedlicher Methoden gewonnen werden? Bereits in den 1920er Jahren kristallisierten sich zwei Positionen heraus, deren Vertreter scheinbar antagonistische Verfahren der Diagnosefindung favorisierten, nämlich „klinische“ oder „statistische“. Im Fokus standen dabei vor allem prognostische Fragestellungen, etwa die Erfolgschancen einer bestimmten Therapie bei einem Klienten, das Rückfallrisiko von Straftätern, der akademische Erfolg von Studienbewerbern oder der Ausgang schwerwiegender physischer Eingriffe zur Behandlung psychischer Störungen (Grove & Meehl, 1996). Aus diesem Grund wurde die Debatte unter dem Titel „klinische vs. statistische Vorhersage“ geführt. Sie betrifft jedoch nicht nur Prognosen, sondern vielmehr auch andere Arten diagnostischer Urteile unter Unsicherheit (z. B. Retrodiktionen, etwa wenn das Vorliegen von Kindesmissbrauch auf der Basis von Zeugenaussagen beurteilt werden soll).

Einen Meilenstein in der Kontroverse um die angemessene Art des Vorgehens stellt Paul Meehls (1954) inzwischen klassische Monographie „Clinical versus statistical prediction“ dar. Meehl, selbst praktizierender (psychoanalytisch orientierter) klinischer Psychologe, versuchte hier als einer der ersten, den Diagnoseprozess rational zu rekonstruieren, indem er die Argumente der klinischen und der statistischen Seite gegenüberstellte und auf die Ergebnisse bis dahin vorliegender empirischer Untersuchungen bezog.

Die *klinische Vorhersage* repräsentierte damals gewissermaßen das Standardmodell des diagnostischen Vorgehens. Ihr Fundament ist menschliche Beurteilung. Im Allgemeinen handelt es sich dabei um Beurteilungen durch Experten oder Expertengremien, in psychotherapeutischen Kontexten etwa einer Fallkonferenz. Charakteristisch für das Vorgehen ist eine deutliche Orientierung an den jeweiligen Besonderheiten des konkret vorliegenden Falls. Dies manifestiert sich sowohl in der Präferenz für individuumszentrierte („biographische“) Formen der Datenerhebung (Gespräch,

Anamnese, Interview usw.) als auch in der Art der Datenintegration. Letztere ist stark durch kasuistische Erwägungen geprägt: Diagnosen werden also durch Vergleich mit ähnlichen Fällen, die in der Vergangenheit auftraten und deren Ausgang bekannt ist, sowie der Bewertung der jeweiligen „spezifischen Differenzen" zum aktuellen Fall getroffen. Die klinische Vorhersage ist weitgehend erfahrungs- und – wie Kritiker hinzufügen würden – intuitionsgesteuert: Die Regeln, auf deren Grundlage Entscheidungen gefällt werden, sind häufig weder explizit noch gar empirisch validiert. Es wird erwartet, dass die mehrjährige Ausbildung, die Arbeitserfahrung, sowie die Fähigkeit, große Datenmengen in angemessener Weise zu integrieren, es klinischen Diagnostikern dennoch erlaubt, zu validen Vorhersagen zu gelangen (Wiggins, 1973). Zu beachten ist, dass sich die „klinische" Methode nicht nur in der klinisch-psychologischen Diagnostik, sondern vielmehr auch in anderen Bereichen der Angewandten Psychologie findet, z. B. in der Personalauslese (► **Kap. 14**). Ihr wesentliches Merkmal ist der Rekurs auf menschliche Beurteilung bei der Erhebung und Integration diagnostischer Information.

Das Alternativmodell der *statistischen Vorhersage* stützt sich allein auf empirisch gesicherte Regelmäßigkeiten in Daten, die für den vorliegenden Fall einschlägig sind. Man rekurriert hier also auf bereits festgestellte Zusammenhänge zwischen bestimmten Prädiktor- und Kriteriumsvariablen, die auf einen neuen Fall angewendet und damit in die Zukunft projiziert werden.

Prädiktorvariablen oder kurz Prädiktoren sind Variablen, deren Ausprägung bekannt ist und die zur Vorhersage eines noch nicht bekannten Kriteriumswerts – des Werts der interessierenden Variablen – genutzt werden. In einem Modell des Rückfallrisikos von Straftätern könnten z. B. die Schwere der Straftat, die Häufigkeit früherer Rückfälle und das Geschlecht Prädiktorvariablen sein, in einem Modell für den akademischen Erfolg beispielsweise die allgemeine Intelligenz und die Schulabschlussnote. Statistische Modelle sehen im einfachsten Fall so aus, dass ein interessierendes Kriterium (Rückfall, Ausmaß des Studienerfolgs) durch eine gewichtete Kombination von Prädiktoren vorhergesagt wird. Die hierfür optimalen Gewichte werden in empirischen Untersuchungen vorab geklärt. Die Regeln, nach denen eine Vorhersage erfolgt, sind also im Unterschied zur klinischen Urteilsbildung völlig explizit. Menschliche Beurteilung ist in die Datenkombination nicht involviert. Sie kann allein bei der Datenerhebung eine Rolle spielen, etwa wenn die Schwere einer Gewalttat durch Beurteiler eingestuft wird. Ein weiterer Unterschied zur klinischen Urteilsbildung betrifft die Tatsache, dass individuelle Besonderheiten nur insoweit berücksichtigt werden, als sie durch die ins Modell einbezogenen Prädiktorvariablen abgedeckt sind. Da die Menge der Prädiktorvariablen im Allgemeinen recht begrenzt ist, fallen viele Eigenheiten konkreter Fälle bei der statistischen Vorhersage „unter den Tisch", werden also *nicht* genutzt, obwohl sie vielleicht verfügbar sind.

Als Meehl (1954) sein Buch vorlegte, war bereits eine hitzige Debatte über die angemessene Vorgehensweise entbrannt. Empirische Untersuchungen zur Klärung der Frage, welche Vorgehensweise bessere Ergebnisse liefert, ließen allerdings noch keine allgemein akzeptierten Schlussfolgerungen zu.

Wichtig in Meehls Beitrag zur Klärung der Kontroverse war eine Unterscheidung, die, manchmal leicht modifiziert, in vielen nachfolgenden Untersuchungen übernommen wurde. Meehl differenzierte zwischen der Art der *Datenerhebung oder Messung* und der Art der *Kombination* der Daten für eine Vorhersage (► **Abb. 5.1**). Er wies darauf hin, dass beide Aspekte des diagnostischen Vorgehens oft nicht streng genug unterschieden worden seien. Damit seien sie meist auch in empirischen

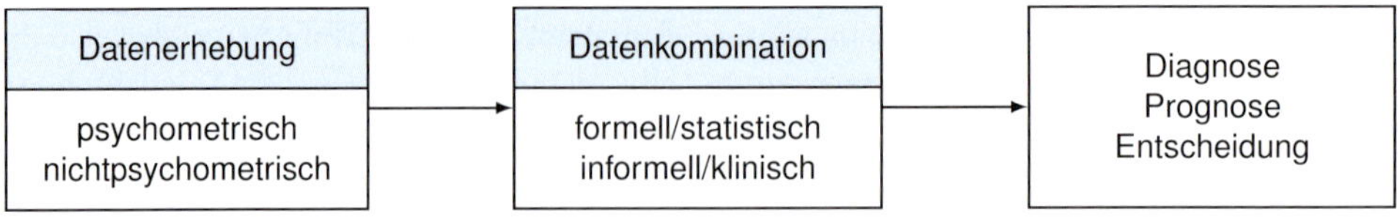

Abb. 5.1 Datenerhebung und Datenkombination.

Untersuchungen konfundiert gewesen. Erhebung und Kombination sind jedoch logisch getrennte Schritte. Wer die Leistungsfähigkeit einer diagnostischen Prozedur untersuchen will, muss beide Vorgänge also separat betrachten.

Auf der Seite der *Datenerhebung* unterscheidet Meehl zwischen zwei Informationsquellen, die für eine Vorhersage genutzt werden können, nämlich psychometrischen und nichtpsychometrischen. *Psychometrische Daten* werden von Tests und anderen Verfahren geliefert, für die eine standardisierte Vorgabe sowie eine einheitliche Klassifikation und Verrechnung der Reaktionen gewährleistet ist (▶ **Kap. 3**). Solche Daten sind von Ermessensentscheidungen der beurteilenden Person frei. Bei *nichtpsychometrischen Daten*, die Erleben und Verhalten von Menschen betreffen, ist dies nur selten der Fall. Ein Beispiel für nichtpsychometrische Daten sind die Eindrücke eines Diagnostikers, die er aus den Äußerungen einer Person während eines Interviews gewinnt. Hier fungiert der beurteilende Diagnostiker gewissermaßen selbst als Messinstrument.

Die Differenzierung zwischen psychometrischen und nichtpsychometrischen Daten ist übrigens nicht identisch mit der Unterscheidung zwischen quantitativen und qualitativen Daten. Auch nichtpsychometrische Verhaltensdaten können quantitativ sein, etwa dann, wenn der Diagnostiker Ratingskalen für die Aufzeichnung seiner Eindrücke einsetzt. Darüber hinaus sagt Meehls Unterscheidung im Prinzip nichts über die Objektivität oder Zuverlässigkeit der Messung aus. Auch trainierte Beurteiler können einen hohen Grad an Objektivität und Zuverlässigkeit erreichen.

Auf der Seite der *Datenkombination* differenziert Meehl ebenfalls zwei Methoden. Die Datenkombination kann entweder *formell* (alternative Ausdrücke sind: mechanisch, aktuarisch, algorithmisch, explizit) oder *informell* (beurteilend, intuitiv, holistisch, implizit) erfolgen. Entscheidend für die Qualifikation der Datenkombination als formell ist die Existenz angebbarer Regeln, wie sie z. B. bei statistischen Vorhersagemodellen (aber nicht allein hier) vorliegen.

Es ist wichtig zu notieren, dass die Art der Methode, formell oder informell, mit der Effektivität eines Vorhersagesystems logisch nichts zu tun hat. Ein formelles System würde z. B. auch dann vorliegen, wenn ein Personalauswahlgremium konsistent der Regel folgt „Wenn der Bewerber blaue Augen hat, zum Vorstellungstermin einen quergestreiften Pullover trägt und ‚Grüß Gott' als Begrüßung vermeidet, ist er für die Stelle geeignet, ansonsten nicht". Dieses System wäre formell, allerdings im Hinblick auf die Vorhersage der beruflichen Bewährung vermutlich nicht sonderlich valide.

Psychometrische und nichtpsychometrische Daten können formell oder informell integriert werden, was vier basale Möglichkeiten der Diagnosefindung liefert:

1. *nichtpsychometrische Daten werden informell kombiniert* (z. B. wird die Fahreignung eines alkoholauffälligen Verkehrsteilnehmers auf der Grundlage eines Interviews beurteilt),
2. *psychometrische Daten werden informell kombiniert* (z. B. werden die Ergebnisse von

Konzentrations-, Vigilanztests usw. herangezogen und intuitiv für die Diagnose genutzt),
3. *nichtpsychometrische Daten werden formell kombiniert* (es wird z. B. ein Interview durchgeführt, die dabei anfallenden Daten jedoch nach einem fixierten Regelsystem integriert),
4. *psychometrische Daten werden formell kombiniert* (es werden die Ergebnisse von Konzentrations-, Vigilanztests usw. herangezogen, die anschließend in eine Gleichung zur Bestimmung des Unfallrisikos eingesetzt werden).

Zwei weitere Möglichkeiten entstehen dadurch, dass psychometrische *und* nichtpsychometrische Daten vorliegen, die entweder formell oder informell kombiniert werden können (Sawyer, 1966). Die beiden letzten Fälle dürften in der diagnostischen Praxis die häufigsten sein, da im Allgemeinen Daten aus beiden Quellen vorliegen werden.

Die von Meehl monierte Konfundierung entsteht nun daraus, dass Befürworter formeller Methoden (statistische Vorgehensweise) häufig psychometrische (und andere „harte") Verhaltensdaten gegenüber nichtpsychometrischen („weichen") Daten bevorzugen, während Befürworter informeller Methoden (klinische Vorhersage) nichtpsychometrischen Daten einen vergleichsweise hohen Stellenwert einräumen. Unterschiede in der Validität klinischer und statistischer Vorhersagen können damit auf die Art der verwendeten Daten, die Methode der Datenkombination oder beides zurückgehen. Für eine adäquate Bewertung der Vorgehensweisen ist es notwendig, diese Konfundierung aufzuheben. Beiden Methoden der Datenkombination sollten also die gleichen Daten zur Verfügung stehen.

Bevor wir hierfür relevante Untersuchungen und deren Resultate schildern, ist es sinnvoll, die statistische Datenkombination etwas näher zu beleuchten.

5.1.2 Statistische Vorhersage

Wie erwähnt, stellt ein statistisches Vorgehen nicht die einzige Möglichkeit dar, Daten in formeller Weise miteinander zu kombinieren. Für Vorhersagezwecke ist dies jedoch sicherlich die naheliegenste Methode.

Ein häufig verwendetes Modell ist die multiple Regression. In der multiplen Regression wird die Variation einer quantitativen Kriteriumsvariablen durch eine additive und gewichtete Kombination mehrerer („multipler") quantitativer oder binärer Prädiktorvariablen beschrieben. Die einfache Regression ist ein Spezialfall dieses Modells, die nur *einen* Prädiktor umfasst. Kriterium könnte z. B. ein Maß des Berufserfolgs wie erreichte Gehaltsstufe, die Durchschnittsnote im Abschlusszeugnis eines akademischen Ausbildungsgangs oder ein Indikator der Lebenszufriedenheit nach einer psychotherapeutischen Behandlung sein. Relevante Prädiktoren könnten etwa Daten aus Fähigkeitstests, Interessentests oder Persönlichkeitsinventaren sein. Voraussetzung für die Anwendung eines regressionsanalytischen Vorhersagemodells ist, dass sich das Kriterium in *einem* quantitativen Wert ausdrücken lässt. Hierfür werden evtl. mehrere Variablen aggregiert (für die Messung des Berufserfolgs z. B. Beurteilungen von Vorgesetzten oder Maße der Arbeitsproduktivität).

Liegen Messungen für das Kriterium Y und die Prädiktoren $X_1, X_2, \ldots$ vor, so lässt sich ein multiples Regressionsmodell erstellen. Dieses Modell hat die Form

$$\hat{Y} = a + b_1 X_1 + b_2 X_2 \ldots + b_n X_n.$$

$\hat{Y}$ repräsentiert dabei die durch das Modell vorhergesagten Kriteriumswerte, a ist eine additive Konstante, die in psychologischen Untersuchungen meist ohne genuines Interesse ist, b_1 bis b_n sind die Gewichte, mit denen die Prädiktoren zur Vorhersage des Kriteriums beitragen. Sie werden Regressionsgewichte genannt und stellen die eigentlich interessierenden Parameter des Modells dar. In der Regressionsanalyse werden die Parameter (a und b_i) so festgelegt, dass eine mathematisch optimale Vorhersage der Kriteriumswerte erfolgt, also die (quadrierten) Abweichungen zwischen den durch das Modell prädizierten Kriteriumswerten $\hat{Y}$ und den faktischen Kriteriumswerten Y minimal werden.

Bei der Erstellung eines regressionsanalytischen Vorhersagemodells interessieren primär zwei Sachverhalte. Der erste betrifft die Vorhersagekraft des Modells: Wie genau lässt sich der faktische Kriteriumswert Y durch den vorhergesagten Kriteriumswert $\hat{Y}$ approximieren? Ein Maß hierfür liefert die Korrelation zwischen Y und $\hat{Y}$. Dieses Maß heißt multiple Korrelation und wird mit R symbolisiert. Die multiple Korrelation kennzeichnet die Stärke des Zusammenhangs zwischen mehreren Prädiktoren und einem Kriterium. Sie kann prinzipiell zwischen 0 und 1 variieren. Ein Wert nahe 0 bedeutet einen schwachen Zusammenhang zwischen Prädiktoren und Kriterium. Die Vorhersage ist in diesem Fall sehr fehlerbehaftet. Dagegen weist ein Wert von 1 auf einen perfekten Zusammenhang hin. In diesem Fall könnte das Kriterium fehlerfrei aus den Prädiktorvariablen vorhergesagt werden. Das Quadrat der multiplen Korrelation, R^2, gibt den Anteil der Varianz des Kriteriums an, das durch alle im Modell enthaltenen Prädiktoren aufgeklärt wird.

Wenn ein psychologisch bedeutsamer Zusammenhang zwischen Prädiktoren und Kriterium festgestellt werden konnte, ist die zweite interessierende Frage, welche Prädiktorvariablen mit welchem Gewicht zur Vorhersage beitragen. Hierfür werden die Regressionskoeffizienten (b-Gewichte) herangezogen. Sie geben an, um welchen Betrag das Kriterium dem Modell zufolge steigt oder sinkt, wenn die zugehörige Prädiktorvariable um *eine* Skaleneinheit erhöht und alle anderen Prädiktoren konstant gehalten werden.

Beispiel

Angenommen, als Kriterium sei der finanzielle Profit in 1000 € gemessen worden, den eine Person einer Organisation im Mittel jährlich einbringt. Erhält die Prädiktorvariable „numerische Intelligenz", gemessen auf einer IQ-Skala, ein b-Gewicht von 2 (2000 € pro IQ-Punkt), so bedeutet dies, dass eine Person mit einem IQ-Wert von 115 der Organisation im Mittel $15 \times 2 \times 1000$ € = 30 000 € mehr einbringt als eine Person mit einem IQ-Wert von 100 (Durchschnitt) und sonst gleichen Ausprägungen aller anderen in das Modell eingehenden Prädiktorvariablen.

Um die Bedeutung von Prädiktorvariablen, die auf unterschiedlichen Skalen (z. B. IQ-Werte, Rohwerte) gemessen wurden, einfacher vergleichen zu können, werden die Regressionsgewichte meist standardisiert, indem man sie mit der Standardabweichung ihrer zugehörigen Prädiktorvariablen multipliziert und durch die des Kriteriums teilt. Tatsächlich würde man standardisierte Koeffizienten direkt als Ergebnis der Regressionsanalyse erhalten, wenn man Kriterium und Prädiktoren zuvor z-transformiert. Diese standardisierten Gewichte werden in der psychologischen Literatur meist als β-Gewichte bezeichnet. Ihre Interpretation ist analog zu den unstandardisierten Gewichten, nur dass hier die Einheiten des Kriteriums und der Prädiktoren jeweils Standardabweichungen sind. Ein β-Gewicht von 0.5 würde beispielsweise bedeuten, das eine Erhöhung des zugehörigen Prädiktors um eine Standardabweichung im Mittel (sofern alle anderen Prädiktoren auf dem gleichen Wert fixiert werden) mit einer Erhöhung des vorhergesagten Kriteriums um eine halbe Standardabweichung einhergeht. Standardisierte Gewichte vereinfachen es, den relativen Beitrag verschiedener Variablen zur Vorhersage miteinander zu vergleichen, da sie sich analog zu Korrelationen interpretieren lassen: bei der einfachen (nicht aber bei der multiplen) Regression sind standardisierte Gewichte identisch mit der Korrelation zwischen Prädiktor und Kriterium.

Die Identifikation potenziell relevanter Prädiktoren wie auch die operationale Bestimmung des Kriteriums selbst verlangen umfangreiche konzeptuelle Vorarbeiten. Auch die empirischen Untersuchungen, die zur Formulierung eines geeigneten Modells führen, können sehr aufwändig sein und sind nicht immer von dem gewünschten Erfolg gekrönt. Die Erstellung eines Regressionsmodells auf der Basis vorliegender Daten ist demgegenüber relativ einfach und weitgehend standardisierbar. Die Prädiktorvariablen bzw. spezifische Kombinationen dieser Variablen werden schrittweise in das Modell aufgenommen (und evtl. wieder entfernt), wobei angestrebt wird, viel Varianz im Kriterium mit möglichst wenigen Prädiktoren bzw. Prädiktorkombinationen aufzuklären. Dies entspricht dem wissenschaftlichen Sparsamkeitsprinzip. Die Vorgehensweise favorisiert also einfache gegenüber komplexeren Modellen; Komplexität wird gewissermaßen nur dann akzeptiert, wenn sich hierdurch die Aufklärung des Kriteriums substanziell verbessern lässt. Auch für die Prüfung der Angemessenheit eines Modells existieren geeignete Prozeduren (siehe z. B. Cox & Wermuth, 1996).

Ist ein passendes Modell identifiziert, sollte eine *Kreuzvalidierung* vorgenommen werden, in der das Modell anhand neuer Daten auf seine Tauglichkeit zur Vorhersage geprüft wird. Die anhand einer Stichprobe A berechneten Gewichte werden dabei zur Vorhersage des Kriteriums bei einer zweiten Stichprobe B verwendet. Deren Daten dürfen *nicht* bereits in die Erstellung des Modells eingegangen sein. Auf diese Weise werden Überschätzungen der Güte eines Modells, die sich aus Spezifika der ursprünglichen Stichprobe A herleiten, vermieden. Die Anwendung des Modells auf Daten einer neuen Stichprobe führt im Allgemeinen zu einem geringeren, dafür aber realistischeren Schätzwert seiner Vorhersagekraft. Darüber hinaus wird geprüft, ob sich die Gewichte, die den einzelnen Variablen zugeordnet wurden, an der neuen Stichprobe bewähren.

Für den Vergleich zwischen klinischer und statistischer Vorhersage ist eine Eigenschaft des multiplen Regressionsmodells bemerkenswert: Es handelt sich um ein *additives* Modell; bei der Vorhersage werden die Prädiktoren also additiv kombiniert. Das bedeutet z. B., dass eine Person niedrige Werte auf einem Prädiktor durch hohe Werte auf einem anderen kompensieren kann.

Zu den Prädiktoren eines Kriteriums für beruflichen Erfolg als Flugzeugführer könnten z. B. das räumliche Vorstellungsvermögen und mathematische Fähigkeiten gehören. Kombiniert man die entsprechenden Daten für die Vorhersage nach dem Modell der multiplen Regression, so könnte der Fall eintreten, dass ein Bewerber niedrige Werte in Tests zum räumlichen Vorstellungsvermögen durch sehr hohe Werte in Tests mathematischer Fähigkeiten kompensiert und so immer noch einen Kriteriumswert erreicht, der zum Urteil „geeignet“ führt. Ob dies bei einem Flugzeugführer wünschenswert ist, erscheint fraglich. Wir werden später noch Möglichkeiten kennen lernen, wie sich solche Kompensationsmöglichkeiten begrenzen oder ganz ausschalten lassen, wenn sie sachlich nicht sinnvoll sind (▶ **Kap. 5.2.4**).

Für die Erstellung eines multiplen Regressionsmodells müssen quantitative Kriterien sowie quantitative oder binäre Prädiktoren vorliegen. Ist dies nicht der Fall, können andere statistische Modelle eingesetzt werden, die für die jeweilige Datenart angemessen sind. Für binäre Kriterien (z. B. die Klassifikation geeignet/nicht geeignet) kämen etwa die logistische Regression, für mehrstufige Kriterien die Diskriminanzanalyse oder andere Klassifikationsverfahren in Betracht.

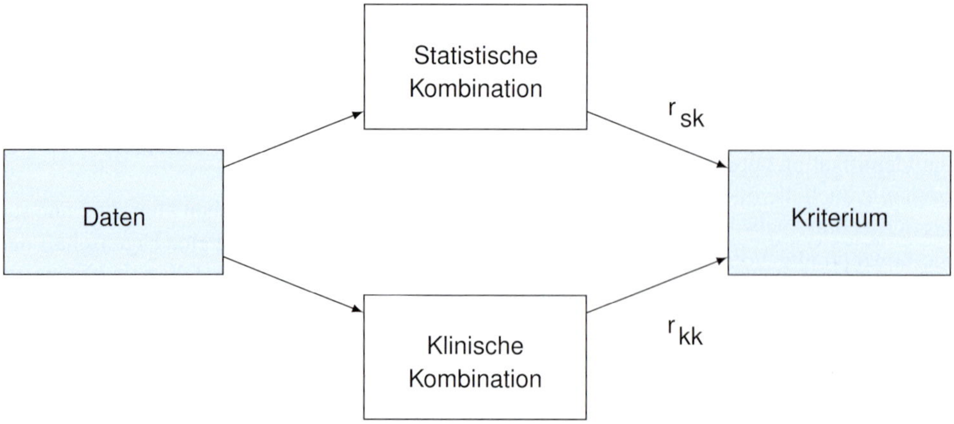

Abb. 5.2 Basisdesign zur Kontrastierung klinischer und statistischer Datenkombination.

5.1.3 Empirische Befunde

► **Abb. 5.2** zeigt das Basisdesign empirischer Studien zur Kontrastierung klinischer und statistischer Datenkombination. Ein oder mehrere Beurteiler erhalten Daten über eine Reihe von Personen, auf deren Grundlage sie eine Vorhersage über ein bestimmtes Kriterium treffen. Im Idealfall werden dieselben Daten als Eingabe eines statistischen Vorhersagesystems verwendet, das ebenfalls eine Prädiktion des Kriteriums liefert. Die Vorhersagen werden dann mit dem tatsächlichen Kriterium, das bekannt sein muss, korreliert. Es resultieren zwei Korrelationen, r_{kk} für die klinische Datenkombination, r_{sk} für die statistische Datenkombination, deren Höhe über die Validität der entsprechenden Vorhersagen Auskunft gibt.

Sind die Vorhersageleistungen der klinischen und der statistischen Datenkombination ungefähr gleich, kann die Validität kein Kriterium für die Wahl der einen oder anderen Methode sein. In diesem Fall werden besonders die mit den jeweiligen Verfahren verbundenen Kosten ausschlaggebende Gesichtspunkte liefern (► **Kap. 6**).

In empirischen Untersuchungen wurde dieses Design nicht immer in „reiner Form" realisiert. Abweichungen vom Idealfall begünstigten dabei im Allgemeinen die klinische Seite, der mehr Information zur Verfügung gestellt wurde als der statistischen. Dabei handelte es sich meist um Information aus Interviews der zu beurteilenden Personen.

Die Untersuchungen von Sarbin

Zentraler Streitpunkt in der Kontroverse war die Frage, ob die für eine Prognose vorliegende Evidenz klinisch oder statistisch kombiniert werden sollte. Systematische Untersuchungen dieser Frage wurden bereits in den vierziger Jahren des letzten Jahrhunderts von dem klinischen Psychologen Sarbin (1941, 1942, 1944) vorgelegt. Sarbin wollte dabei die Gültigkeit klinisch-diagnostischer Urteile demonstrieren. Wie viele andere Forscher, die in die Diskussion für die klinische oder die statistische Vorgehensweise votierten, ging er zunächst von der Erwartung aus, dass die professionelle Kompetenz klinischer Diagnostiker bessere Vorhersagen erlaube, als es auf der Basis einfacher mathematischer Formeln möglich ist. Auch die in Anwendungskontexten meist verfügbare Zusatzinformation, die in statistische Modelle nicht eingeht (etwa aus dem persönlichen Kontakt mit der zu beurteilenden Person), sowie die Berücksichtigung individueller Besonderheiten einzelner Fälle sollte der klinischen Vorhersage Vorteile verschaffen. Diese Erwartung erfüllte sich nicht.

In einer 1942 vorgelegten Studie verglich Sarbin die Vorhersagegenauigkeit einer Gruppe professioneller Studienberater, die den akademischen Erfolg von 162 Studienanfängern auf der Basis diverser Tests, biographischer Angaben und eines Interviews prädizieren sollten, mit der Vorhersagegenauigkeit einer einfachen linearen Gleichung, in der nur die Werte eines Eignungstests sowie die Abschlussnote der Schule (also zwei Variablen) eingingen. Die Werte des Eignungstests und die Schulabschlussnoten hatten sich in vorhergehenden Studien als relativ gute Prädiktoren der Studienleistung herausgestellt und waren auch den Beratern mitgeteilt worden. Die Beratergruppe verfügte darüber hinaus jedoch über weit mehr Information, die für die Prognose des Studienerfolgs als relevant erachtet werden kann. Hierzu gehörten unter anderem die Aufzeichnungen eines früheren Interviewers, die Ergebnisse eines Interessentests, die Resultate weiterer Fähigkeits- und Leistungstests sowie biographische Angaben der Studierenden. Überdies hatten die Berater die Studierenden vor Studienbeginn interviewt, kannten sie also aus persönlichem Kontakt. Die Berater schätzten auf der Basis dieser umfangreichen Information den Studienerfolg auf einer Acht-Punkte-Skala ein. Als Kriterium, mit der klinische und statistische Vorhersagen konfrontiert wurden, dienten Notenäquivalente, die die Studierenden im ersten Studienabschnitt erhielten.

► **Tab. 5.1** zeigt die Korrelationen der beiden Vorhersagen mit dem Indikator des Studienerfolgs getrennt für männliche und weibliche Studierende. Wie ersichtlich, fallen die Vorhersagen für Frauen mit beiden Methoden besser aus als für Männer. Wichtiger ist jedoch, dass beide Vorhersagen für Frauen etwa gleich genau waren, für Männer dagegen die einfache Zwei-Variablen-Gleichung der Vorhersage der Studienberater überlegen war. Die den Beratern verfügbare Zusatzinformation erhöhte deren Vorhersagegenauigkeit gegenüber der Formel also erstaunlicherweise nicht.

Tab. 5.1 Korrelationen klinischer und statistischer Vorhersagen mit dem Studienerfolg in der Untersuchung von Sarbin (1942)

Vorhersage	Männer	Frauen
Klinisch	.35	.69
Statistisch	.45	.70

Ergebnisse wie die von Sarbin (1942) favorisieren für den untersuchten Bereich das statistische Vorgehen – so jedenfalls sieht es die statistische Seite. Selbst wenn sich zwischen klinischer und statistischer Vorhersage (wie in Sarbins Fall bei Frauen) ein Patt ergebe, sei die statistische Vorhersage der klinischen im Allgemeinen allein aus ökonomischen Gründen vorzuziehen: Sieht man einmal von der Erstellung eines Vorhersagemodells ab – hierfür müssen entsprechende empirische Untersuchungen durchgeführt werden – benötigt das statistische Vorgehen weitaus weniger personelle, zeitliche und finanzielle Ressourcen als das klinische. Allerdings kann die Erstellung eines statistischen Modells mit hohen Kosten verbunden sein. Diesem Konter der klinischen Seite lässt sich allerdings entgegenhalten, dass auch die klinische Datenkombination „empirisch informiert" sein sollte; ein Verzicht auf (manchmal aufwändige) Untersuchungen unterminiert die rationale Basis diagnostischer Entscheidungen ganz unabhängig davon, wie die Daten integriert werden.

Es ist klar, dass Vertreter der klinischen Seite solchen Schlussfolgerungen nicht einhellig Beifall zollten. Tatsächlich lässt eine einzelne Studie meist mehr Fragen offen als sie beantworten kann. Zum Beispiel wurde bezweifelt, ob die Vorhersage von Indikatoren des Studienerfolgs wirklich zur Aufgabe von Studienberatern gehört oder inwieweit die Noten nach den ersten Semestern diesen Erfolg reflektieren. Wichtig ist auch die Frage nach interindividuellen Unterschieden der Vorhersagegenauigkeit zwischen den Beratern, zu der Sarbins Studie keine Antwort lieferte. Denkbar wäre ja, dass einzelne Studienberater deutlich besser abschnitten als die mathematische Gleichung.

Die Untersuchung von Goldberg

Eine sehr bekannt gewordene Untersuchung von Goldberg (1965) griff diese Punkte auf. Die Studie stützte sich auf Persönlichkeitsprofile von insgesamt 861 männlichen Patienten, deren psychiatrische Diagnose entweder „Psychose“ oder „Neurose“ lautete. Diese Diagnose diente als Kriterium, das auf der Basis klinischer und statistischer Datenkombination bestimmt werden sollte. Bei den Persönlichkeitsprofilen handelte es sich um Werte auf elf Skalen des *Minnesota Multiphasic Personality Inventory* (MMPI; Hathaway & McKinley, 1943), einem Testverfahren zur Diagnose unterschiedlicher Formen klinisch relevanter Persönlichkeitsmerkmale (▶ **Kap. 10.2.4**).

Zur Bestimmung der Genauigkeit der klinischen Datenkombination wurden die Profile 29 unabhängigen Beurteilern vorgelegt. Bei 13 der Beurteiler handelte es sich um erfahrene klinische Psychologen mit Doktorgrad, die übrigen 16 waren klinische Psychologen, die sich noch in der Ausbildung befanden. Die Aufgabe der Beurteiler war es, die Profile auf einer elfstufigen Skala, die sich von „neurotisch“ bis „psychotisch“ erstreckte, zu sortieren. Auf diese Weise wurden von jedem Beurteiler Einschätzungen gewonnen, die anschließend mit dem Kriterium, also der psychiatrischen Diagnose, verglichen werden konnten. Bei den Beurteilern konnte man einige Erfahrung im Umgang mit MMPI-Profilen voraussetzen, so dass man diesem Vorgehen einen gewissen Grad an „klinischem Realismus“ attestieren kann. Unter der Voraussetzung, dass die ursprüngliche psychiatrische Diagnose valide war, lässt sich die Genauigkeit der Datenkombination eines Beurteilers an der Höhe der Korrelation seiner Einschätzung mit den Kriteriumswerten ablesen.

Für die Bewertung der Genauigkeit der statistischen Kombination verwendete Goldberg eine Reihe von Indices, die teilweise empirisch abgeleitet worden waren, teilweise auf Vorschlägen von MMPI-Experten beruhten. Von besonderem Interesse ist ein sehr einfacher, rein empirisch gewonnener Index, der aus einer ungewichteten Kombination von fünf der elf MMPI-Skalen bestand:

$$(L + Pa + Sc) - (Hy + Pt).$$

L steht dabei für die Tendenz, sozial unerwünschte Verhaltensweisen abzustreiten (z. B. „Ich werde manchmal wütend“), Pa für gesteigerten Argwohn („Niemand scheint mich zu verstehen“), Sc für ungewöhnliche, bizarre Gedanken und Denkmuster („Ich habe Zeiten gehabt, in denen ich etwas tat, ohne später zu wissen, was ich getan hatte“). Diese Skalen gehen mit positivem Gewicht in den Index ein. Die beiden Skalen mit negativem Gewicht stehen für körperliche Beschwerden (Hy, „Meist wache ich am Morgen frisch und ausgeruht auf“; bei diesem Item zählt Verneinung im Sinne des Merkmals) sowie für angstassoziierte Gedanken und Verhaltensweisen (Pt, „Ich habe Angst, den Verstand zu verlieren“).

Der Index wurde auf Basis der Ergebnisse von Korrelations- und Regressionsanalysen an einer separaten Stichprobe von 402 klinischen Fällen gebildet, für die ebenfalls MMPI-Profile und psychiatrische Diagnosen vorlagen. Die fünf MMPI-Skalen, die Goldberg zur

Tab. 5.2 Validitätskoeffizienten (Korrelationen) und Trefferquoten (Prozentwerte) klinischer und statistischer Datenkombination in der Studie von Goldberg (1965)

Datenkombination	Validität	Treffer A	Treffer B[a]
Klinisch			
Spannweite	.14 bis .39	55 bis 67	60 bis 73
Durchschnitt	.28	62	66
Statistisch	.44	70	74

[a]Schwer entscheidbare Fälle wurden hier ausgeschlossen.

Bildung des Index verwendete, hatten in dieser Stichprobe sowohl einzeln als auch kombiniert die stärksten Gewichte erhalten, diskriminierten also am besten zwischen Neurotikern und Psychotikern. Wie sich aus der kurzen Beschreibung der Skalen bereits erraten lässt, sind hohe (positive) Werte des Index mit der Diagnose „Psychose" assoziiert, niedrige (negative) dagegen mit der Diagnose „Neurose".

► **Tab. 5.2** fasst die Ergebnisse der Studie in stark vereinfachter Form zusammen. Angegeben sind die Validitätskoeffizienten, also die Korrelationen zwischen den Angaben der Kliniker bzw. den Resultaten der statistischen Datenkombination und den psychiatrischen Diagnosen der zu beurteilenden Patienten sowie die diesen Koeffizienten entsprechenden Trefferquoten, d. h. die relativen Häufigkeiten korrekter Zuordnungen von Profilen und Diagnosen. Goldberg berechnete die Trefferquote sowohl für die Gesamtstichprobe aller 861 Profile als auch für eine Teilstichprobe, aus der nicht oder nur schwer klassifizierbare Profile (etwa 30 %) entfernt worden waren. Die Eliminierung dieser Profile sollte der Tatsache Rechnung tragen, dass die Beurteiler im Allgemeinen nicht alle Fälle mit gleicher Sicherheit zuordnen können, sie entspricht also der Aufnahme einer „Unentschieden"-Kategorie. Erwartet wurde, dass die Trefferquote nach Ausschluss dieser „Zweifelsfälle" höher ausfallen würde als die der Gesamtstichprobe aller Profile.

Die Validitätskoeffizienten und die ihnen entsprechenden Trefferquoten streuten, wie man erwarten konnte, erheblich zwischen den 29 Beurteilern. Bemerkenswerterweise waren die Leistungen der erfahrenen klinischen Psychologen nicht besser als die ihrer noch in Ausbildung befindlichen Kollegen. Die klinische Erfahrung wirkte sich in dieser Studie also nicht fördernd auf die Trefferquote aus, so dass die Ergebnisse beider Gruppen hier nicht getrennt betrachtet werden müssen. (Dieser Befund ist in der Literatur übrigens keineswegs ungewöhnlich; siehe Grove, Zald, Lebow, Snitz & Nelson, 2000.) Wie vermutet, stieg die Trefferquote nach Ausscheiden nicht oder schwer zu entscheidender Fälle an, wenn auch nicht in sehr starkem Maß, wobei auch die statistische Kombination vom Ausschluss schwer entscheidbarer Fälle profitierte.

Zentrales Anliegen war der Vergleich der Genauigkeit der klinischen und statistischen Datenkombination. Wie aus der Tabelle ersichtlich, war die einfache Linearkombination von fünf MMPI-Skalen der gemittelten Leistung der klinischen Psychologen deutlich überlegen. Betrachtet man die Spannweite der Genauigkeitswerte, so zeigt sich, dass kein einziger der 29 Psychologen die Leistung der statistischen Kombination übertreffen konnte. Der beste Kliniker erreichte eine Trefferquote von 73 %, was im Vergleich zur statistischen Kombination allenfalls als Patt gewertet werden kann.

Weitere Untersuchungen und Schlussfolgerungen

Die Ergebnisse von Sarbin (1942) und Goldberg (1965) sind repräsentativ für eine Vielzahl weiterer Studien, die durch Meehls Monographie angeregt worden waren. In diesen Studien wurden klinische und statistische Prognosen über ein breites Spektrum praktisch relevanter Kriterien geprüft, z. B. Ausbildungserfolg im akademischen und militärischen Bereich, Rückfallrisiko bei Bewährungsstrafen, Behandlungserfolg von Psychotherapien, Remission von psychotischen Störungen, Berufserfolg und Berufszufriedenheit. In den 51 Studien, auf die Meehl in seinem 1965 erschienenen Überblick zurückgreifen konnte, zeigten 33 eine Überlegenheit der statistischen Prognose, in 17 Studien erwiesen sich statistische und klinische Prognose als gleichwertig in ihrer Vorhersageleistung. Die einzige Studie, die auf eine Überlegenheit der klinischen Vorhersage hindeutete, wurde aufgrund methodischer Gesichtspunkte nachträglich als Patt klassifiziert.

Auch eine neuere umfassendere Meta-Analyse, in die insgesamt 136 Einzelstudien aus sehr disparaten diagnostischen Bereichen einging, bestätigt dieses Bild (Grove et al., 2000). In jeweils ungefähr der Hälfte der Studien war die formelle Datenkombination der informellen überlegen (63 Studien) oder gleichwertig (65 Studien). In nur acht Studien erbrachte die klinische Datenkombination bessere Vorhersagen als die statistische.

Die Autoren untersuchten eine Reihe von Designvariablen, die für die Unterschiede zwischen klinischer und statistischer Vorhersage verantwortlich sein können. Hierbei handelte es sich um das Veröffentlichungsdatum der Studie, die Stichprobengröße, die Art des Kriteriums, die verwendeten Prädiktoren, die berufliche Ausbildung der Beurteiler, deren Berufserfahrung, die Informationsmenge, die für klinische und statistische Vorhersagen zur Verfügung stand, sowie die Verwendung kreuzvalidierter (vs. nicht kreuzvalidierter) Gleichungen für die statistische Vorhersage. Keine dieser Variablen hatte einen markanten Einfluss auf das Ausmaß der Überlegenheit einer Methode. In den acht Studien, in denen die klinische Vorhersage überlegen war, stand für sie mehr Information zur Verfügung als für die statistische. Dies betraf allerdings auch viele andere Studien: In keiner der Untersuchungen ging in die statistische Vorhersage mehr Information ein als in die klinische. Grove und Meehl (1996) vermuten, dass die Resultate der acht vom allgemeinen Bild abweichenden Untersuchungen sich aus dem generellen Informationsvorsprung der Kliniker und zufälligen Stichprobenfluktuationen herleiten. Bemerkenswert ist, dass die Verfügbarkeit von Daten aus klinischen Interviews die generelle (über alle Studien bestimmte) Überlegenheit der statistischen Kombination nicht verringerte, sondern vielmehr verstärkte.

Zu ähnlichen Ergebnissen kommen Kuncel, Klieger, Conelly und Ones (2013) in einer weiteren Metaanalyse, die sich speziell auf Leistungen im akademischen und beruflichen Bereich konzentrierte. In den betrachteten 25 Studien erwies sich die statistische Vorhersage der klinischen im Mittel in allen betrachteten Leistungsbereichen als moderat bis deutlich überlegen (z. B. betrug die mittlere Korrelation bei beruflichen Leistungsindikatoren .44 für die statistische gegenüber .28 für die klinische Vorhersage; für akademische Leistungen betrugen die Koeffizienten .58 gegenüber .48).

Welches sind die Gründe für die Unterlegenheit der klinischen Datenkombination? Zunächst ist festzustellen, dass auch in professionelle Diagnosen menschliche Beurteilung eingeht. Prinzipiell können sich hier also die gleichen Verzerrungs- und Fehlertendenzen bemerkbar machen, welche die Personbeurteilung im Alltag bestimmen. Zumindest bei einem Teil der hier wirkenden Mechanismen handelt es sich um universelle Merkmale der menschlichen Informationsverarbeitung, denen auch professionelle Diagnostiker mehr oder weniger unterliegen. Bestimmte, diagnostisch relevante Hinweise bleiben unberücksichtigt, andere – vielleicht weniger relevante – werden überakzentuiert. Auch die Gewichtung einzelner diagnostischer Indikatoren wird nicht immer optimal sein. Es wäre naiv zu glauben, dass psychologisch-diagnostisches Wissen und Training gegenüber solchen Fehlern völlig immun macht.

Ein zweiter und wahrscheinlich noch wichtigerer Grund sind Inkonsistenzen bei der Verwendung diagnostischer Entscheidungsstrategien. Wie wir unten im Rahmen der Beschreibung paramorpher Modelle der Urteilsbildung noch darstellen werden, setzen Diagnostiker Entscheidungsregeln, denen sie implizit folgen, nicht konsistent ein, sondern wandeln sie von Fall zu Fall ab. In einer Reihe von Untersuchungen wurde belegt, dass Vorhersagen, die durch „rigide" Anwendung der bei einem Diagnostiker rekonstruierten Entscheidungsregeln gewonnen wurden, im Allgemeinen besser ausfallen, als die „flexiblen" Entscheidungen des Diagnostikers selbst (Wiggins, 1973). Das Zustandekommen derartiger Inkonsistenzen ist sehr verständlich, da sich bei der Betrachtung individueller Fälle häufig gewisse Besonderheiten aufdrängen, die als so wichtig erachtet werden, dass von der generell verfolgten Strategie abgewichen und gewissermaßen „eine Ausnahme" gemacht wird. Über viele Fälle betrachtet scheinen solche Abweichungen jedoch eher kontraproduktiv zu sein (Kuncel et al., 2013)

Drittens ist die manchmal nicht oder nur beschränkt realisierte Möglichkeit in Betracht zu ziehen, aus Rückmeldungen über die Diagnoserichtigkeit zu lernen (Holt, 1958). Dabei ist allerdings zu berücksichtigen, dass nicht bei allen diagnostischen Entscheidungen Rückmeldungen im eigentlich wünschenswerten Umfang eingeholt werden können. Dies betrifft etwa Selektionsentscheidungen, in denen es bei abgelehnten Bewerbern im Allgemeinen nicht möglich ist, die Güte der Entscheidung im Nachhinein zu überprüfen. In jedem Fall behindert die mangelnde Nutzung von Rückmeldungen natürlich die Korrektur ungünstiger Formen der Datenkombination. In kreuzvalidierte statistische Diagnosesysteme sind solche Rückmeldungen dagegen von vornherein eingebaut.

5.1.4 Kritik und Antikritik

Der Schlussfolgerung, dass formellen Methoden der Datenkombination der Vorzug zu geben sei, wurde von Vertreten der klinischen Seite vehement widersprochen. Betont wurde dabei besonders die jeweilige Einzigartigkeit der diagnostischen Entscheidungssituation und die damit zusammenhängende Notwendigkeit, die konkreten Bedingungen des jeweils vorliegenden Falls zu berücksichtigen. So notiert etwa Allport (1942, S. 156):

> Statistische Vorhersagemodelle sind irreführend, wenn sie auf einzelne Fälle anstatt auf Populationen angewendet werden. So folgt z. B. aus der Tatsache, dass 80 % der Delinquenten, die aus zerrütteten Familien stammen, rückfällig werden, nicht, dass *dieser* konkrete Delinquent, der aus einer zerrütteten Familie stammt, ein 80-prozentiges Risiko hat, rückfällig zu werden. [... Ob der Delinquent rückfällig wird] könnten wir exakt vorhersagen, wenn wir alle verursachenden Bedingungen und Umstände im konkreten Fall kennen würden. [...] Sein Rückfallrisiko wird durch das Muster *seiner* Lebensumstände determiniert, nicht durch relative Häufigkeiten in der Population als ganzer. Tatsächlich ist *psychologische Verursachung immer personell, niemals statistisch.*

Die klinische Diagnostik hat es hiernach mit Vorhersagen in einem Einzelfall zu tun, nicht mit statistischen Durchschnittswerten, Häufigkeiten oder Trends, die Gruppen von Personen betreffen.

Von Befürwortern formeller Methoden wird Allports Argument entgegnet, dass statistisch registrierte Häufigkeiten das Rückfallrisiko des Delinquenten natürlich nicht *determinieren*. Solche Häufigkeiten erlauben es aber, das Risiko einzelner Personen abzuschätzen, die bestimmten Gruppen zugehören (im Beispiel: Delinquenten mit zerrütteten Familienverhältnissen). Grundsätzlich ist jede Form der Diagnose oder Prognose probabilistisch. Ob die Vorhersagen einzelne Personen oder Gruppen von Personen betreffen, ist hierfür unerheblich. Darüber hinaus müssen statistische Modelle nicht notwendigerweise auf Gruppendaten basieren. Auch für die Modellierung von Regelmäßigkeiten, die einzelne Fälle betreffen, existiert ein reiches statistisches Methodenrepertoire. Einzelfallanalysen stellen kein statistisches, sondern eher ein praktisches Problem dar, da die Datengewinnung sehr viel aufwändiger ist als bei den üblichen Gruppenuntersuchungen.

Im Hinblick auf die Frage nach der Verursachung sind statistische Modelle indifferent. Tatsächlich impliziert Vorhersage nicht Verursachung. Beispielsweise bedeutet der Sachverhalt, dass das Rückfallrisiko bei zerrütteten Familienverhältnissen höher ist als bei normalen, keineswegs, dass die Familienverhältnisse als Ursache oder auch nur Mitursache des Rückfalls anzusehen sind (obwohl dies natürlich der Fall sein mag). Ob bestimmte Merkmale Ursache eines Kriteriums sind, ist eine Frage der Theoriebildung und der darauf aufbauenden empirischen Forschung. Statistische Modelle allein geben hierzu keine Auskunft. Mit ihnen werden vielmehr bescheidenere Ziele verfolgt: Auf der Basis gegebener Daten sollen die bestmöglichen Vorhersagen gemacht werden. Inwieweit diese Daten kausal wirksame Variablen beinhalten, ist eine andere Frage, die in diagnostischen Kontexten nicht immer relevant ist (z. B. wenn aus einem Symptom auf einen latenten Krankheitsprozess geschlossen werden kann).

Auch ein zweites häufig vorgebrachtes Argument bezieht sich auf individuelle Besonderheiten konkreter Fälle. Danach kann der Kliniker unter den Variablen einzigartige Muster von Merkmalen entdecken, die statistischen Modellen entgehen würden. So mag er bei einem Klienten ein bestimmtes Muster aus Test- und Verhaltensdaten beobachten, das er schon einmal bei einem anderen Klienten als Vorläufer eines Suizidversuchs registriert hat. Darüber hinaus wird vorgebracht, dass Kliniker meist noch über zusätzliche Information verfügen, z. B. aus dem unmittelbaren Kontakt mit dem Klienten oder aus Aussagen von Verwandten und Freunden, die in eine statistische Vorhersage ebenfalls nicht eingehen, obwohl sie evtl. Vorhersagewert besitzen.

Die „Statistiker" weisen demgegenüber darauf hin, dass es letztlich Sache der empirischen Forschung bleiben sollte, welche Variablen für eine Vorhersage genutzt werden. Grundsätzlich kann jedes Faktum in eine mathematische Vorhersagefunktion eingehen, auch ein seltenes Ereignis. Gleiches gilt für die Zusatzinformation aus Quellen, die in einem bestehenden Modell bislang nicht berücksichtigt wurden. Wenn diese Information brauchbar ist (die Genauigkeit der Vorhersage erhöht), sollte sie in die Gleichung aufgenommen werden. Erweist sie sich als unbrauchbar oder redundant, ist es unnötig, sie überhaupt zu erheben.

Im Rahmen der Debatte zwischen Vertreten formeller und informeller Methoden wurde eine Vielzahl weiterer Argumente und Gegenargumente vorgebracht (siehe Grove & Meehl, 1996, für eine ausführliche Darstellung). Was auch immer man für informelle Methoden vorbringen mag: Die Tatsache, dass es bislang nicht gelungen ist, Bedingungen ausfindig zu machen, unter denen sich die klinische Vorhersage der statistischen als überlegen erweist, scheint es müßig zu machen, nach Defiziten der formellen Datenkombination zu suchen, die klinisch kompensierbar wären. Aussichtsreicher ist es vielmehr, derartige Defizite durch die Weiterentwicklung formeller Methoden zu beheben.

Vieles spricht für die Forderung einer möglichst breiten Anwendung formeller Methoden zur Beantwortung diagnostischer Fragestellungen (Wiggins, 1973). Der vermehrten Nutzung formeller Methoden der Datenkombination steht allerdings die mangelnde Verfügbarkeit geeigneter Modelle gegenüber. Wo solche Modelle existieren, ist ihre Anwendbarkeit auf die jeweiligen lokalen Gegebenheiten fraglich. So lässt sich etwa ein in den USA entwickeltes Modell sicherlich nicht unbesehen auf deutsche Verhältnisse übertragen, auch wenn sich die jeweiligen Fragestellungen weitgehend decken. Hier ist zumindest eine erneute Erprobung, ggf. auch eine Modifikation oder sogar Neukonstruktion des Modells notwendig, was natürlich mit Kosten verbunden ist.

Grove und Meehl (1996) weisen jedoch darauf hin, dass die hier anfallenden Kosten hauptsächlich durch das systematische Verfolgen der Konsequenzen von Entscheidungen entstehen, die auf Grundlage des Modells gefällt werden. Es müssen also Rückmeldungen über die Gültigkeit der Diagnosen bzw. Prognosen eingeholt werden. Die Rückmeldungen geben nicht nur Auskunft über das Funktionieren des Systems, sie liefern auch wichtige Information für eine lokale Optimierung. Das Einholen und Verarbeiten solcher Rückmeldungen ist jedoch ein Teil der diagnostischen Tätigkeit, der in keinem Fall „eingespart“ werden sollte – auch nicht bei informeller Datenkombination. Will man wissenschaftlich begründet arbeiten, ist die periodische Prüfung des Funktionierens eines diagnostischen Systems ohnehin unabdingbar. Der Mehraufwand für die Adaptation eines bestehenden Systems dürfte nicht viel höher ausfallen.

Die Diskussion um die angemessene Methode der Datenkombination hält bis zur jüngsten Zeit an (siehe z. B. Grove & Meehl, 1996; Kuncel et al., 2013; Westen & Weinberger, 2004). Eine ihrer wichtigsten Konsequenzen bestand in dem Versuch, das Zustandekommen der klinischen Urteilsbildung transparenter zu machen. Dieser Versuch mündete in die Entwicklung paramorpher Modelle des Diagnostizierens.

5.2 Paramorphe Modelle des Diagnostizierens

5.2.1 Definition

Der Philosoph Hans Reichenbach (1938) hatte in einer vielbeachteten Arbeit zwischen dem „Kontext der Entdeckung“ und dem „Kontext der Rechtfertigung“ wissenschaftlicher Theorien unterschieden. Der *Kontext der Entdeckung* bezieht sich auf das „Wie“ des Zustandekommens einer wissenschaftlichen Hypothese, eines Modells oder einer Theorie. „Wie kam Einstein dazu, die spezielle Relativitätstheorie zu formulieren?“ wäre etwa eine Frage, die man in diesem Kontext stellen könnte. Im Kontext der Rechtfertigung geht es dagegen um die logische Analyse der Bewährung einer Theorie. Hierfür könnte man z. B. Vorhersagen der relativistischen mit entsprechenden Vorhersagen der klassischen Mechanik vergleichen.

Meehl (1954) wendet diese Unterscheidung auf den Prozess der klinischen Vorhersage an. Der Kontext der Rechtfertigung bezieht sich dabei auf die etablierten Vorgehensweisen bei der Überprüfung der Gültigkeit einer Diagnose bzw. Vorhersage. Diese Vorgehensweisen gelten in gleichem Maße für die klinische wie für die statistische Vorhersage. Die bislang geschilderten Untersuchungen und Überlegungen zum Vergleich formeller und informeller Methoden gehören in den Kontext der Rechtfertigung.

Eine ganz andere Frage ist es, wie Diagnostiker zu ihren Vorhersagen kommen. Hier befinden wir uns im Kontext der Entdeckung. Im Kontext der Entdeckung geht es nicht um die Validität eines Urteils, sondern vielmehr darum, auf welchem Wege es zustande kommt. Die Frage ist also: Welche Algorithmen und Heuristiken wendet ein Diagnostiker an, um auf der Grundlage gegebener Information zu einer Prädiktion zu gelangen?

Diese Frage lässt sich empirisch klären. Ein naheliegender Weg wäre es, Diagnostiker einfach zu befragen. Wir könnten einen Diagnostiker also bitten, sein Vorgehen bei mehreren konkreten Diagnosefällen zu erläutern und versuchen, die Regeln, nach denen er vorgeht, aus seinen Angaben zu rekonstruieren. Eine andere Möglichkeit bestünde darin, Diagnostiker während der Bearbeitung eines Falls „laut denken" zu lassen und die resultierenden Protokolle zu verwerten. Darüber hinaus kann man versuchen, die Input-Output-Relation zwischen Daten und Diagnosen mittels formeller Modelle zu beschreiben. Die genannten Vorgehensweisen lassen sich natürlich auch kombinieren und miteinander vergleichen. Sie führen zu *deskriptiven* (beschreibenden) Modellen des Diagnostizierens. In deskriptiven Modellen ist damit ein Diagnostiker gewissermaßen selbst Objekt psychologischer Modellbildung.

Wir konzentrieren uns im Folgenden auf formelle Repräsentationen der Beziehung zwischen Daten und Diagnosen. Solche formellen Repräsentationen sind von besonderem Interesse, weil es mit ihrer Hilfe in relativ einfacher Weise möglich ist, die Datenkombination bei einem Diagnostiker auf die eines formellen Vorhersagesystems zu beziehen.

Hoffman (1960, 1968) nennt formelle Repräsentationen des diagnostischen Entscheidungsverhaltens *paramorphe Modelle*. Die Bezeichnung „paramorph" soll betonen, dass solche Modelle nicht auf eine Abbildung der kognitiven Prozesse beim Diagnostiker zielen. Vielmehr sollen sie den Zusammenhang zwischen der Information, die ein Diagnostiker erhebt oder die ihm zur Verfügung steht, und seinen Entscheidungen reproduzieren. Ein bestimmtes paramorphes Modell stellt immer nur eine von mehreren möglichen Repräsentationen des Entscheidungsverhaltens dar – allerdings eines, das im Rahmen eines gegebenen Modelltyps optimal ist. Im Vordergrund steht hier die Auswahl, Gewichtung und Kombination von Daten im Hinblick auf Diagnosen. Es wird also versucht, durch ein formelles Modell darzustellen, welche Variablen ein Diagnostiker als relevant erachtet und welche Bedeutung er diesen Variablen für sein Urteil beimisst.

5.2.2 Erstellung

Bei der Erstellung paramorpher Modelle fungieren Diagnostiker als Probanden. Sie erhalten Daten über eine Reihe von Personen und geben auf der Grundlage dieser Information für jede Person eine jeweils spezifische Diagnose hinsichtlich eines Merkmals ab. Bei den Daten handelt es sich meist (aber nicht notwendigerweise nur) um Testdaten, etwa ein Intelligenzprofil oder die Ergebnisse von Persönlichkeits-, Interessentests usw., sowie um weitere Angaben, die für die Diagnose potenziell relevant sind (etwa Geschlecht und Alter). Die Daten sollten natürlich möglichst repräsentativ für die Entscheidungssituation sein. Wichtig ist auch, dass sie sich in einer für den jeweiligen Modelltyp geeigneten Weise symbolisch repräsentieren lassen (etwa durch Zahlen). Das gleiche gilt auch für das jeweils geforderte Urteil (etwa Eignung für eine Stelle, Vorliegen einer spezifischen Angststörung), was z. B. durch den Einsatz von Ratingskalen erreicht werden kann.

Für die Modellierung des Urteils bieten sich als erstes lineare Modelle an, etwa Regressionen der Entscheidung auf die Variablen, die Basis der Entscheidung sind. Anhand der abgegebenen Urteile wird errechnet, welches paramorphe Modell die Datenkombination eines Diagnostikers am besten repräsentiert. Neben linearen Modellen betrachten wir im Folgenden noch einen zweiten Modelltyp, nämlich Konfigurationsmodelle, bei deren Konstruktion stark von den Angaben des Diagnostikers über sein Vorgehen Gebrauch gemacht wird. Bei linearen Modell sind derartige Angaben nicht notwendig.

Es ist wichtig, sich klar zu machen, dass es in keinem der Modelle um die Bestimmung der „Richtigkeit" einer Diagnose geht. Vielmehr soll ein Algorithmus (im einfachsten Fall eine Gleichung) erstellt werden, der es ermöglicht, die Diagnose bei gegebenen Daten zu reproduzieren. Ein gutes paramorphes Modell liefert bei gleichen Daten die gleichen Vorhersagen wie der modellierte Diagnostiker. Ob diese Vorhersagen selbst valide sind oder nicht, ist eine andere Frage.

5.2.3 Lineare Modelle

Bausteine

In empirischen Untersuchungen mittels linearer Modelle ließen sich mehrere Typen paramorpher Repräsentationen finden: (a) Haupteffektmodelle, (b) Modelle, die kurvilineare Beziehungen beinhalten, und (c) Modelle, die Interaktionen unter den Prädiktoren berücksichtigen (Hoffman, 1960, 1968; Wiggins & Hoffman, 1968; die Begriffe „Haupteffekt" und „Interaktion" entstammen dem statistischen Modell der Varianzanalyse).

Um diese Grundtypen zu veranschaulichen, betrachten wir ein sehr einfaches fiktives Beispiel. Nehmen wir an, das zu diagnostizierende Kriterium Y sei das Auftreten schulischer Leistungsdefizite bei Grundschulkindern, das der Diagnostiker auf einer Ratingskala einschätzt. Als Prädiktoren betrachten wir nur zwei Variablen, nämlich das Ausmaß des Kontrollverhaltens beider Elternteile, jeweils gemessen auf einer Skala, die von „Laissez faire" bis zu extremer Einschränkung und Überwachung reicht. X_1 repräsentiere das Kontrollverhalten der Mutter, X_2 das Kontrollverhalten des Vaters.

Ein *Haupteffektmodell* zur Vorhersage einer Diagnose könnte so aussehen:

$$\hat{Y} = 0.6X_1 + 0.3X_2.$$

Dieses Modell würde aussagen, dass der Diagnostiker das Erziehungsverhalten von Mutter und Vater für die Vorhersage von Leistungsdefiziten als relevant erachtet: Je höher die Kontrolle beider Eltern ist, umso höher schätzt er das Risiko des Auftretens von Leistungsdefiziten ein. Dabei gibt er allerdings dem Verhalten der Mutter ein höheres Gewicht als dem Verhalten des Vaters. Das Ausmaß väterlicher Kontrolle wird vom Diagnostiker also als weniger bedeutsam eingeschätzt als das der Mutter.

Die allgemeine Form solcher Modelle hatten wir bereits kennengelernt: Es handelt sich um ein multiples Regressionsmodell, in dem zwei Prädiktoren additiv kombiniert werden. Dies impliziert, dass der Effekt hoher Kontrolle der Mutter durch niedrige Kontrolle des Vaters teilweise kompensiert werden kann und umgekehrt. Das Modell stellt gewissermaßen die mathematische Formulierung der (eventuell impliziten) Theorie des Diagnostikers über den Einfluss der beiden Erziehungsvariablen auf die betrachtete abhängige Variable dar.

Ein zweiter Diagnostiker könnte von einem ganz anderen Modell geleitet werden. Für ihn

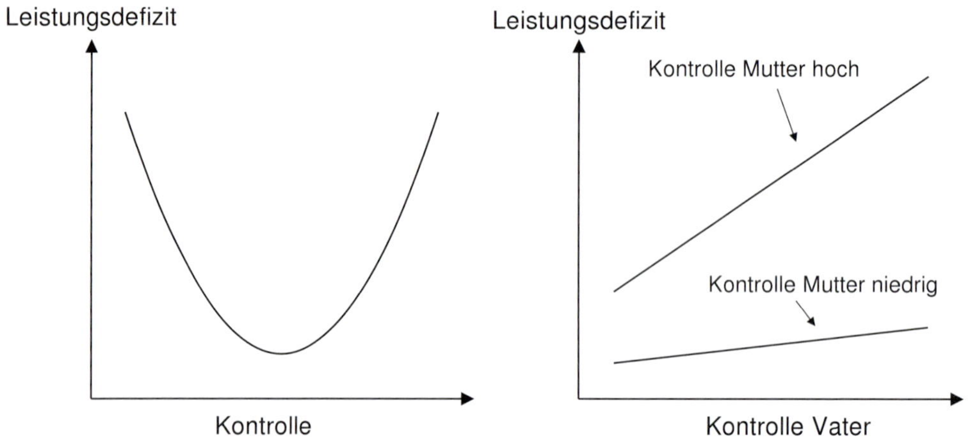

Abb. 5.3 Beispiele für kurvilineare (links) und interaktive (rechts) Beziehungen zwischen Prädiktoren und einem Kriterium.

sind starke Kontrolle, aber auch extreme Vernachlässigung für schulische Probleme verantwortlich. Optimal ist für ihn ein mittleres („ausgewogenes") Maß an Kontrolle. In seinem Modell würde deshalb eine *kurvilineare Beziehung* zwischen Kontrolle (X_1) und Leistungsdefiziten bestehen, wie sie im linken Teil von ▶ **Abb. 5.3** dargestellt ist: Das Risiko für Defizite ist bei mittlerer Kontrolle gering, bei extrem hoher und extrem niedriger Kontrolle dagegen groß. Auch dieses Modell lässt sich mathematisch darstellen: Es beinhaltet Quadrat-Terme für einzelne Prädiktoren, z. B.

$$\hat{Y} = 5 - 2X_1 + 0.2X_1^2.$$

Die sich ergebende Kurvilinearität erkennt man, indem man probeweise Werte zwischen 1 und 9 für X_1 einsetzt. Für den (mittleren) Wert 5 wird das vorhergesagte Kriterium minimal, mit zunehmenden Abweichungen von diesem Wert fällt es höher aus. Generell lassen sich mit kurvilinearen Modellen Diagnosen abbilden, in denen die einer Variablen beigemessene Bedeutung von deren Ausprägung abhängt und nicht – wie bei Haupteffektmodellen – konstant ist. Neben U-förmigen oder umgekehrt U-förmigen Beziehungen würde dies auch dann der Fall sein, wenn eine Prädiktorvariable, z. B. das Kontrollverhalten der Mutter, für die Diagnose umso bedeutsamer ist, je stärker sie ausgeprägt ist.

Ein dritter Diagnostiker könnte *Interaktionen* zwischen den beiden Prädiktorvariablen für die Vorhersage nutzen. Interaktive oder moderierende Beziehungen zwischen zwei Variablen liegen vor, wenn der Zusammenhang einer der beiden Variablen mit dem Kriterium von der Ausprägung der anderen Variablen abhängt. So könnte es z. B. sein, dass im Modell des Diagnostikers der väterlichen Kontrolle ein nur geringer Effekt beigemessen wird, wenn die mütterliche Kontrolle niedrig, dagegen ein deutlicher Effekt, wenn sie hoch ausgeprägt ist (siehe ▶ **Abb. 5.3**, rechter Teil). Interaktionen zwischen zwei Variablen können mathematisch dargestellt werden, indem man die Terme des Haupteffektmodells um Produktausdrücke (gewichtete Produkte der Variablen) ergänzt wie in

$$\hat{Y} = 0.4X_1 + 0.1X_2 + 0.2X_1X_2.$$

Die beiden ersten Terme repräsentieren hier die Haupteffekte, der dritte die Interaktion zwischen den beiden Erziehungsvariablen. Im Unterschied zum Haupteffektmodell hängt es in interaktiven Modellen vom Muster der Variablenausprägungen ab, welche Diagnose getroffen wird.

Aus diesen einfachen Grundbausteinen (Haupteffekte, Quadrate, Produkte) lassen sich durch Einführung weiterer Variablen bereits recht komplexe Modelle zusammenbauen, mit der sich eine Vielzahl diagnostisch relevanter Prädiktorkombinationen abdecken lassen.

Empirische Befunde

Empirische Untersuchungen zeigen, dass sich die Urteilsbildung bei Diagnostikern in vielen Bereichen bereits durch Haupteffektmodelle vergleichsweise gut repräsentieren lassen (Hoffman, 1960, 1968; Wiggins & Hoffman, 1968). Die Berücksichtigung kurvilinearer oder interaktiver Variablenbeziehungen verbessern die Anpassung der Modelle an das „Diagnoseverhalten" häufig nicht substanziell.

Dies steht in einem gewissen Kontrast zu den Angaben der Diagnostiker selbst. Wie bereits angedeutet, kann man Diagnostiker bitten, ihr Vorgehen bei der Kombination von Daten so genau wie möglich zu beschreiben. Anschließend kann man diese Beschreibung ebenfalls durch ein formelles Modell repräsentieren (ein konkretes Beispiel hierfür werden wir unten noch diskutieren). Man kann nun vergleichen, welches Modell der Diagnostiker anzuwenden glaubt und welches Modell seine aktuelle Datenkombination tatsächlich am besten repräsentiert.

Solche Vergleiche zeigen, dass manche Diagnostiker ihr Vorgehen für komplexer halten, als es faktisch ist. Sie geben z. B. an, nach einem quadratischen oder interaktiven Modell vorzugehen, wo schon ein einfaches Haupteffektmodell ihre Diagnosen gut abbildet. Hier ist allerdings zu bemerken, dass ein Haupteffektmodell auch manche nichtlineare Beziehung, die bei der Datenkombination verwendet wird, approximieren kann. Dies gilt etwa für viele monoton steigende oder fallende Funktionen. Hier ist der nichtlineare Anteil häufig zu gering ausgeprägt, um von der mathematischen Prozedur „entdeckt" werden zu können. Auch Einschränkungen des Wertebereichs einer Variablen können dazu führen, dass sich eigentlich nichtlineare Kombinationen durch ein Haupteffektmodell recht gut darstellen lassen. Im unserem Kontrollbeispiel könnte dieser Fall etwa eintreten, wenn für die Erstellung des paramorphen Modells nur Diagnosefälle vorliegen, in denen mittlere bis moderat hohe Kontrolle realisiert sind (Green, 1968).

Vergleichsstudien zeigen außerdem, dass Diagnostiker häufig die Gewichte, die sie einzelnen Variablen beimessen, anders einschätzen als „ihr" paramorphes Modell. Einige Variablen, die sie bei einer Diagnose für sehr wichtig halten, kommen in der aufgrund ihres tatsächlichen Diagnoseverhaltens aufgestellten Gleichung nur mit geringem Gewicht vor und umgekehrt. Darüber hinaus halten Diagnostiker oft mehr Variablen für relevant als zur Modellierung ihres Urteilsverhaltens benötigt werden. Insgesamt sind die subjektiv repräsentierten Regeln meist komplizierter als die paramorphen Modelle.

Dies ist allerdings insofern nicht erstaunlich, als die mathematischen Modelle, wie wir bereits bemerkt hatten, gewissermaßen auf Sparsamkeit getrimmt werden. Diagnostische Indikatoren, die im Allgemeinen redundant sind, werden aus den Modellen eliminiert. Immerhin lässt sich aus solchen Befunden der Verdacht ableiten, dass Diagnostiker zu viele Variablen benutzen, was eine Erhöhung der Kosten der Diagnostik, vermeidbare Belastung beim Klienten und eine Überlastung bei der Integration der Daten durch den Diagnostiker zur Folge haben kann (▶ **Kap. 7**).

Ein auf den ersten Blick überraschender Befund ist in die Literatur unter der Bezeichnung „Goldbergs Paradox“ eingegangen. Goldberg (1970) hatte gefunden, dass regressionsanalytische paramorphe Modelle von Klinikern das Kriterium „Vorliegen einer Psychose vs. Vorliegen einer Neurose“ besser diagnostizierten als die Kliniker selbst. (Die Daten waren die gleichen wie in der oben beschriebenen Studie von 1965.) Der Grund hierfür liegt offenbar darin, dass Diagnostiker ihre Gewichte von Fall zu Fall verändern – also in inkonsistenter Weise anwenden. Ein derartige fallspezifische Anpassung führt das paramorphe Modell nicht durch. Solche Befunde haben zu der Empfehlung geführt, gute Diagnostiker zu modellieren und Diagnosen auf der Basis ihrer paramorphen Modelle zu erstellen (Dudycha & Naylor, 1966; Wiggins, 1973).

Schließlich zeigte sich, dass viele Diagnostiker ihre Entscheidungsregeln nicht vollständig explizieren können. Offensichtlich sind sich Diagnostiker ihrer eigenen Kombinationsschritte nicht voll bewusst und können sie deshalb auch nicht ohne Weiteres verbal darstellen. Wottawa, Krumpholz und Mooshage (1982) bemerken, dass direktes Befragen von Diagnostikern häufig nur Lehrbuchwissen zu Tage fördert, das sich mit dem tatsächlichen Verhalten nicht immer deckt.

Obgleich lineare Modelle in der Regel gute Approximationen des Entscheidungsverhaltens von Diagnostikern liefern, werden sie von Diagnostikern häufig als artifiziell empfunden und nicht als angemessene Beschreibungen ihrer Urteilsbildung akzeptiert. Tatsächlich wäre es erstaunlich und darüber hinaus ineffizient, wenn ein Diagnostiker, der nicht von vornherein statistische Werkzeuge zur Vorhersage benutzt, relevante Prädiktorvariablen nach einem Regressionsmodell kombinieren würde, nur eben nicht rechnerisch, sondern intuitiv. Dies käme einem Wettstreit mit einem Computerprogramm gleich, den der Diagnostiker kaum gewinnen kann.

Im Selbstverständnis von Diagnostikern sind es meist *Ausprägungsmuster* von Variablen, die für Entscheidungen ausschlaggebend sind. Die Bedeutung einer Variablen hängt also davon ab, welche Ausprägungen auf anderen Variablen in einem konkreten Fall vorliegen. In paramorphen Modellen würde sich dies in spezifischen Interaktionen niederschlagen. Wie kurvilineare Beziehungen sind solche Interaktionen jedoch manchmal schwer aufzudecken, worunter die Akzeptanz des Modells leiden wird. Das Versagen des Aufdeckens von Interaktionen betrifft insbesondere Kompensationsmöglichkeiten unter den relevanten Prädiktorvariablen, die in linearen Modellen grundsätzlich zugelassen, in der Praxis aber manchmal nicht sinnvoll sind und deshalb vom Diagnostiker ausgeschlossen würden. So ist es offensichtlich, dass bei bestimmten Fragen der Eignungsdiagnose ein Defizit in einer kritischen Variablen durch keinen noch so hohen Wert in einer anderen Variable kompensiert werden kann. Hier sind Konfigurationsmodelle geeigneter, die – wie wir gleich sehen werden – Kompensationsmöglichkeiten nur dort zulassen, wo diese auch sachlich gerechtfertigt sind.

Noch kritischer für die Akzeptanz dürfte allerdings sein, dass der tatsächliche Entscheidungsablauf in den Modellen in keiner Weise repräsentiert ist. Diagnostische Entscheidungen bestehen in der Praxis nicht darin, dass man Variablenwerte, die man in einem Fall gewonnen hat, in eine Vorhersagegleichung einsetzt; derartige Entscheidungen stellen vielmehr *sequenziell organisierte* Prozesse dar. Diese wesentliche Eigenschaft wird in den bislang besprochenen paramorphen Modellen jedoch nicht berücksichtigt. Bestimmte Konfigurationsmodelle kommen dieser Eigenschaft näher, da sie es ermöglichen, die einzelnen Entscheidungsschritte, die zu einer Diagnose führen, in logischer Form abzubilden. Solche Modelle und deren Erstellung werden im Folgenden dargestellt.

5.2.4 Konfigurationsmodelle

Definition

Konfigurationsmodelle lassen sich als Flussdiagramme darstellen. In ihnen werden Entscheidungen in der Form einer Sequenz von Wenn-Dann-Regeln rekonstruiert, die bei einer Diagnose abgearbeitet werden. Die Modelle heißen deshalb konfigurational, weil die Personen ein bestimmtes Muster von Werten (eine Konfiguration) aufweisen müssen, damit eine bestimmte Diagnose, z. B. geeigneter Bewerber, depressiv, schulängstlich, gestellt wird. Zwischen den Variablen, auf denen die Diagnose basiert, können auch kompensatorische Beziehungen bestehen. Allerdings ergeben sich diese nicht, wie bei den linearen Modellen, zwangsläufig.

▶ **Abb. 5.4** (linker Teil) illustriert ein einfaches Konfigurationsmodell, in dem keine Kompensation zugelassen ist. In dem fiktiven Beispiel handelt es sich um eine Bewerbungssituation, in der drei Variablen für die Empfehlung zur Annahme oder Ablehnung relevant sind: Konzentrationsvermögen (K), emotionale Stabilität (E) und Gewissenhaftigkeit (G), jeweils gemessen in z-Werten. In Worten kann man dieses Modell so ausdrücken: „Wenn die Konzentration mindestens leicht überdurchschnittlich ausfällt ($z > 0.5$) *und* die emotionale Stabilität nicht deutlich unter dem Durchschnitt liegt ($z > -1$) *und* die Gewissenhaftigkeit überdurchschnittlich ausfällt ($z > 1$), empfehle Annahme, ansonsten empfehle Ablehnung.“ Es sind hier also bestimmte Konfigurationen von Variablenausprägungen, die vorliegen müssen, damit eine bestimmte Diagnose erfolgt.

Der rechte Teil von ▶ **Abb. 5.4** zeigt ein Modell, in dem niedrige Werte auf der Variablen K nicht sofort zu Ablehnung führen, sondern vielmehr durch hohe Werte auf der Variablen V (einem Vigilanztest) kompensiert werden können. Erreicht eine Person auf V überdurchschnittliche Werte bleibt sie im Verfahren, auch wenn sie das Kriterium für Test K nicht erfüllt. Kompensationsmöglichkeiten entsprechen damit logischen „oder“-Verknüpfungen von Aussagen. Im Beispiel muss der K-Wert größer als 0.5 *oder* der V-Wert größer als 1 sein, damit ein Bewerber nicht bereits ohne Ansehen des E-Werts abgelehnt wird.

Für die Erstellung und Prüfung solcher Modelle existieren statistische Prozeduren, die allerdings komplexer und rechnerisch aufwändiger sind als die Regressionsmodelle, die wir bislang behandelt haben. Um zu sinnvoll interpretierbaren Ergebnissen zu gelangen, ist hier menschliche Supervision und Intervention (etwa im Sinne des Einbaus von Wissens über den Gegenstandsbereich) in stärkerem Maße gefordert als dies bei Regressionsmodellen der Fall ist. Im folgenden Abschnitt betrachten wir ein konkretes Beispiel für das Vorgehen.

Hypothesenagglutinierung

Eine sehr elaborierte Form der Rekonstruktion der diagnostischen Urteilsbildung in Form konfigurationaler Modelle wurde von Wottawa und Kollegen unter der Bezeichnung *Hypothesenagglutinierung* (abgekürzt HYPAG) vorgestellt (Wottawa, 1987; Wottawa & Hossiep, 1987; Wottawa et al., 1982). Es handelt sich um ein Verfahren der schrittweisen Rekonstruktion diagnostischer Entscheidungen in der Form logisch miteinander verknüpfter („agglutinierter“) Hypothesen (Wenn-Dann-Regeln), die zu einer Diagnose führen. Ziel ist es dabei, die häufig nur impliziten Entscheidungsregeln von Diagnostikern im Rahmen eines Wechselspiels zwischen Befragung, Begründung, vorläufiger Regelformulierung und deren anschließender Modifikation explizit zu machen.

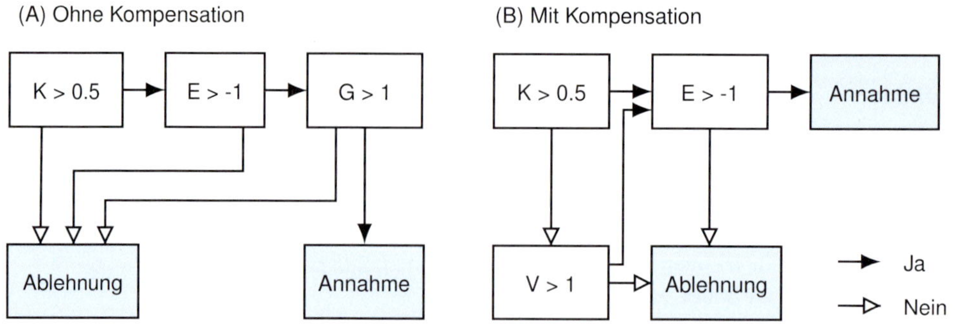

Abb. 5.4 Zwei einfache Konfigurationsmodelle.

Die Rekonstruktion der Entscheidungsregeln erfolgt in einem Dialog zwischen einem Interviewer und einem Diagnostiker und zwar anhand einer Reihe dokumentierter Fälle. Als Beispiel betrachten wir eine realistische Selektionsfragestellung (Wottawa & Echterhoff, 1982): Kann ein Bewerber für den Beruf des Metallfacharbeiters empfohlen werden oder nicht?

Der Interviewer legt dem Diagnostiker einen der Fälle vor und bittet ihn um eine Begründung seiner Entscheidung. Nehmen wir an, der Bewerber sei abgelehnt worden. Der Diagnostiker begründet seine Entscheidung damit, dass der Bewerber in einem Test des räumlichen Vorstellungsvermögens weit unterdurchschnittliche Leistungen manifestiert habe, was für den Beruf des Metallfacharbeiters ungünstig sei. Der Interviewer wird hier etwas nachhaken und den Diagnostiker fragen, wo er denn bei dem verwendeten Test zum räumlichen Vorstellungsvermögen den Trennwert (engl. *cutoff*) festsetzen würde. Der Diagnostiker antwortet, dass der entsprechende C-Wert für eine Empfehlung mindestens 4 betragen solle, dass aber natürlich weitere Variablen zu berücksichtigen seien. (C-Werte sind Standardnormen mit einem Mittelwert von 5 und einer Standardabweichung von 2.) Damit kann der Interviewer eine erste explizite Regel formulieren: Wenn der C-Wert im Test zum räumlichen Vorstellungsvermögen kleiner als 4 ist, wird der Bewerber abgelehnt, ansonsten bleibt er vorläufig im Verfahren. Wichtig ist, dass sich „Begründung" hier nicht auf die rationale Basis der Regel bezieht – etwa auf Fragen wie „Warum ist räumliches Vorstellungsvermögen hier relevant?" oder „Weshalb wurde für die Messung Test A und nicht Test B verwendet?" – sondern auf die Spezifikation der Ausprägung einer Indikatorvariablen.

Möglicherweise ist es bereits an dieser Stelle möglich, für weitere Variablen, die der Diagnostiker als relevant erachtet, entsprechende Regeln zu formulieren. Der Interviewer könnte etwa fortfahren: „Sie hatten erwähnt, dass noch andere Variablen für die Entscheidung wichtig waren." – „Ja, der Bewerber hatte z. B. eine fünf in Mathematik. Nun muss ein Metallfacharbeiter sicherlich kein Rechengenie sein, aber mindestens eine 4 im Abschlusszeugnis sollte man erwarten." Damit hat der Interviewer eine zweite Regel gewonnen. Die Regeln bilden einen Teil des vorläufigen Modells und werden in EDV-gerechter Form gespeichert. Anschließend wird zum nächsten Fall übergegangen, anhand dessen sich evtl. weitere Regeln, die der Diagnostiker für seine Entscheidung benutzt, aufdecken lassen. Das Modell wird anhand der bearbeiteten Fälle also sukzessive angereichert.

Sobald ein genügend angereichertes Modell vorliegt, wird dieses auf den jeweils bearbeiteten Entscheidungsfall angewendet. Diese Anwendung kann drei mögliche Resultate haben. Der Algorithmus des Modells kann zur gleichen Entscheidung gelangen wie der Diagnostiker. In diesem Fall liegt ein *Treffer* des Modells vor, woraufhin man direkt zum nächsten Fall übergehen kann.

Es kann zweitens sein, dass die Modellentscheidung anders ausfällt als die des Diagnostikers. Diese Diskrepanz wird als *Fehler* bezeichnet. Fehler können darauf zurückgehen, dass das Modell noch nicht perfekt ist und modifiziert werden muss. Sie können aber auch in einem inkonsistenten Vorgehen des Diagnostikers begründet sein. In jedem Fall werden Fehler dem Diagnostiker zurückgemeldet. Eventuell wird das Modell dann auf der Grundlage seiner Kommentare modifiziert.

Ein drittes Resultat besteht darin, dass das Modell keine Entscheidung treffen kann, weil seine „Wenn-Teile" im konkreten Fall nicht greifen: Der Fall ist durch das Modell (noch) *nicht entscheidbar*. In unserem Beispiel würde das alle Bewerber betreffen, deren C-Wert im Test zum räumlichen Vorstellungsvermögen mindestens 4 und deren Mathematiknote besser als 5 ist. Das Modell kann noch keine positive Entscheidung fällen und muss entsprechend elaboriert werden. Auch dies wird dem Diagnostiker rückgemeldet. Auf der Basis seiner Kommentare wird dann versucht, das Modell um weitere Regeln zu ergänzen, die eine Entscheidung im konkreten Fall ermöglichen.

Nach Modifikationen oder Ergänzungen des alten Modells wird das neue Modell an allen bereits abgearbeiteten Fällen geprüft. Hiermit soll sichergestellt werden, dass sich dessen Leistung durch die vorgenommenen Revisionen nicht verschlechtert: Die vorher bearbeiteten Fälle sollten also nach der Revision noch in gleicher Weise klassifiziert werden wie vor ihr. Zudem sollten alle vorher bearbeiteten Fälle auch durch das revidierte Modell noch entscheidbar sein. Auch die Ergebnisse dieses Modelltests können Modifikationen notwendig machen.

Die beschriebenen Schritte werden so lange iteriert, bis sich eine akzeptable Passung zwischen den Entscheidungen des Modells und den Entscheidungen des Diagnostikers einstellt. „Akzeptable Passung" könnte dabei etwa so festgelegt werden, dass Modell und Diagnostiker in mindestens 95 % der Fälle zur gleichen Entscheidung (positiv oder negativ) gelangen. Ist das Modell erstellt, wird in einem letzten Schritt eine Kreuzvalidierung an neuen (z. B. bislang zurückgehaltenen) Fällen vorgenommen. Die Trefferrate, die anhand der neuen Fälle gewonnen wird, liefert einen Indikator der Leistungsfähigkeit des Modells und stellt die eigentliche Bewährungsprobe des gesamten Verfahrens dar. Wir hatten bereits besprochen, dass Kreuzvalidierung hier nichts über die Validität der Diagnose selbst aussagt, sondern vielmehr die Güte betrifft, mit der die diagnostischen Urteile vorhersagt werden können.

▶ **Abb. 5.5** stellt das endgültige Modell dar, das von Wottawa und Echterhoff (1982) rekonstruiert wurde. Wie ersichtlich, wird hier zunächst geprüft, ob die Anwendung des Modells überhaupt sinnvoll ist. Ein Sonderfall, bei denen die Modellanwendung unangebracht ist, könnte z. B. bei einem Bewerber mit Sprachproblemen oder bei einem Schwerbehinderten vorliegen. Geprüft werden Aspekte des räumlichen Vorstellungsvermögens (LPS 8), das logische Denken (LPS 3+4; die Kriterien sind jeweils C-Werte), die längerfristige Konzentrationsfähigkeit (Pauli-Test) sowie die Zeugnisnoten im Grundrechnen und angewandten Rechnen (▶ **Kap. 12**). Im Modell besteht an einer Stelle eine Kompensationsmöglichkeit. In der Abbildung ist der letzte Schritt vor der Entscheidung die Prüfung der Note im angewandten Rechnen. Wer hier nicht mindestens ein „ausreichend" aufweist, scheidet nicht sofort aus, sondern kann dies durch seine Leistung in den Tests zum logischen Denken (LPS 3 und

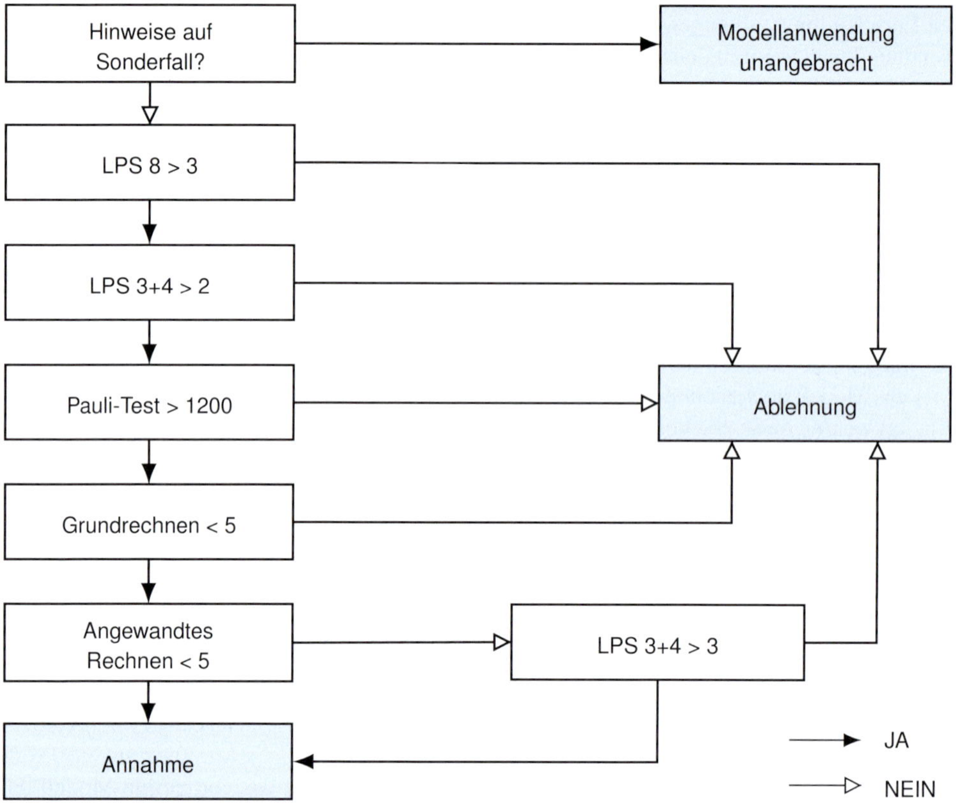

Abb. 5.5 Beispiel eines konfigurationalen Modells (nach Wottawa & Echterhoff, 1982).

4) eventuell kompensieren. Dieser Test war bereits in einem vorhergehenden Prüfschritt involviert, dort allerdings mit einem schwächeren Trennwert, nämlich 2.

Für die Erstellung eines Modells müssen ca. 200 bis 300 Fälle abgearbeitet werden. Die jeweils benötigte Zahl hängt allerdings sehr stark von der Komplexität der jeweiligen Entscheidungssituation ab. In Kreuzvalidierungen können häufig Trefferraten von mehr als 90 % erreicht werden. Modelle, die auf der Basis der Hypothesenagglutinierung erstellt werden, schneiden dabei manchmal deutlich besser ab als „automatische" Methoden auf der Basis linearer Modelle. Wie andere formelle Modelle können die erstellten Algorithmen zur Vereinfachung und Automatisierung der Entscheidungsfindung eingesetzt werden. Ein gut passendes konfigurationales Modell trifft bei gegebener Datenlage ja meist die gleichen Urteile wie der Diagnostiker. Die Erstellung eines kleinen Computerprogramms, das die jeweils relevanten Daten aufnimmt und entsprechend des rekonstruierten Regelsystems verarbeitet, ist nicht sonderlich aufwändig.

Wottawa und Hossiep (1987) berichten über eine Reihe interessanter Erfahrungen bei der Erstellung solcher Modelle. Zunächst fällt auf, dass eine gewisse fachliche Naivität des Interviewers in dem in Rede stehenden Anwendungsbereich günstig ist. Offenbar verhindert dies Diskussionen über die Angemessenheit des diagnostischen Vorgehens und schwächt eine beim Interviewer evtl. vorhandene Tendenz, eigene („bessere“) Regeln einzubringen. Die Rückmeldung von Fehlern, die ja manchmal auf Widersprüche und Inkonsistenzen in der Diagnosebegründung zurückgehen, verlangt ein gewisses gesprächstaktisches Geschick des Interviewers. Auch die Übersetzung der Aussagen des Diagnostikers in ein formelles Regelsystem stellt natürlich recht hohe Ansprüche.

Was die Akzeptanz der Modelle betrifft, werden Vorteile gegenüber rein statistischen Verfahren erwartet. Diese Erwartung gründet in der Nähe der Modelle zum diagnostischen Entscheidungsablauf sowie in der Tatsache, dass die Modellkonstruktion in „lebendiger Zusammenarbeit“ mit dem Diagnostiker erfolgt.

Die Akzeptanz scheint allerdings nicht in allen diagnostischen Anwendungsfeldern gleichmäßig hoch zu sein. Während etwa Diagnostiker im Bereich der Personalberatung und -auslese die Modelle gern zur Vereinfachung der eigenen Entscheidungsfindung einsetzen, sind Psychologen im klinischen Bereich teilweise überrascht, dass sich Entscheidungsprozesse überhaupt modellieren lassen und begegnen den Modellen (auch wenn es „ihre“ Modelle sind) manchmal mit einer gewissen Skepsis.

5.3 Vorteile expliziter Modelle

Formelle Methoden der Datenkombination, wie man sie auf der Basis der empirischen Untersuchung von Prädiktor-Kriteriumszusammenhängen, aber auch auf der Basis paramorpher Modelle gewinnen kann, besitzen eine Reihe gewichtiger Vorteile gegenüber informellen Vorgehensweisen. Wir hatten solche Vorteile in den vorhergehenden Abschnitten bereits an diversen Stellen besprochen und wollen sie hier noch einmal zusammenfassen.

Transparenz. Es werden explizite Regeln, Algorithmen oder Prozeduren formuliert, auf deren Grundlage Diagnosen und Prognosen erstellt werden. Das Zustandekommen der Entscheidung ist damit transparent und nachvollziehbar. Für die rationale Begründung eines Diagnosesystems ist Transparenz unabdingbar.

Optimierbarkeit. Explizite Regeln ermöglichen es darüber hinaus, ein System auf der Basis von Rückmeldungen zu verbessern. Bei impliziter Datenkombination kann man nur global feststellen, wie gut das System als Ganzes funktioniert. Allein explizite Systeme bieten spezifische Ansatzpunkte für notwendige Optimierungsbemühungen. Eine systematische, sinnvollerweise datenbankgestützte Falldokumentation ermöglicht es, die Konsequenzen von Modellmodifikationen an bereits bestehenden Datensätzen abzuschätzen. Hiermit wird gewährleistet, dass Eingriffe in das Modell dessen diagnostischen bzw. prognostischen Wert nicht mindern. Vergangene Erfahrungen können damit für die Weiterentwicklung diagnostischer Prozeduren genutzt werden. Die Verfügbarkeit leistungsfähiger und billiger Hardware, sowie einfach zu benutzender Software zur Falldokumentation und Datenanalyse hält den hierfür nötigen zeitlichen Aufwand in Grenzen, die den der traditionellen Archivierung nicht überschreiten.

Lernen und Erfahrungsaustausch. Das Erlernen der diagnostischen Praxis ist einfacher und für diagnostische Anfänger durchschaubarer. Wie Wottawa und Hossiep (1987) ausführen, ist die (manchmal noch geübte) Praxis des „Lernens am Modell“ – jüngere Kollegen beobachten ältere und lesen an deren Entscheidungen die „angemessene“ Vorgehensweise ab – recht ineffizient. Darüber hinaus ist sie gegenüber Innovationsvorschlägen naturgemäß nicht sehr offen. Auch die Kommunikation von Erfahrungen zwischen verschiedenen Diagnostikern, die an ähnlichen Fragestellungen arbeiten, wird durch explizite Regeln gefördert (Wottawa et al., 1982). Wichtig ist dies z. B. hinsichtlich einer wünschenswerten Vereinheitlichung des Vorgehens. Nur bei Vorliegen expliziter Regeln können Gemeinsamkeiten und Differenzen verschiedener Diagnostiker genau lokalisiert und im Hinblick auf mögliche Konsequenzen bewertet werden.

Entlastung. Bei der Erstellung paramorpher Modelle werden oft Redundanzen zwischen Indikatoren aufgedeckt, die eliminiert werden können. Die Reduktion der Zahl erhobener Variablen mindert nicht nur die Kosten der Diagnostik, sie verringert auch die Belastung der Klienten. Überdies können Teilaspekte der Entscheidungsfindung – insbesondere bei Routinefällen – automatisiert werden, was auch den Diagnostiker entlastet. Die Bereitstellung von Entscheidungshilfen, teilweise auch die computergestützte automatische Diagnose auf der Basis formeller Prozeduren sind vielversprechende Anwendungen paramorpher Modelle.

Konsistenz. Ein wesentliches Merkmal formeller Prozeduren liegt darin, dass sie konsistente Entscheidungen liefern. Sie sind damit – im Sinne des Testgütekriteriums – objektiv. Hinsichtlich der Fairness diagnostischer Entscheidungen, besonders solcher, die mit weitreichenden Konsequenzen für die beurteilten Personen verbunden sind, ist dies eine sehr wichtige Eigenschaft. Konsistenz allein gewährleistet natürlich noch keine Fairness; mangelnde Fairness kann auch in den Entscheidungsregeln begründet sein. Immerhin garantiert sie Gleichbehandlung aller Personen, was bei intuitiver Datenkombination nicht vorausgesetzt werden kann.

Validität. Die Frage der Validität war, wie wir sahen, Ausgangspunkt der Diskussion um die diagnostische Urteilsbildung. Wir hatten besprochen, dass Modelle, welche die Urteilsbildung selbst rekonstruieren (im Unterschied zu empirischen Vorhersagemodellen externer Kriterien), diese Frage offen lassen. Einiges spricht jedoch dafür, dass paramorphe Modelle mindestens genauso gut abschneiden wie die informellen Urteile von Diagnostikern, deren Verhalten sie abbilden. In jedem Fall erleichtern explizite Modelle die Identifikation von Regeln oder Teilregeln, die die Vorhersagegenauigkeit beeinträchtigen und machen diagnostische Prozeduren offen für empiriegeleitete Modifikationen, die deren Validität erhöhen. Die systematische Aufzeichnung und Verwertung des Erfolgs einzelner Diagnosen oder Prognosen ermöglicht es, Information zu gewinnen, die für eine Verbesserung künftiger Entscheidungen sehr hilfreich sein kann.

5.4 Nutzung der klinischen Inferenz

Wir kehren abschließend noch einmal zur Validität der informellen diagnostischen Urteilsbildung zurück. Eine wesentliche Datenquelle für diese Art der Urteilsbildung liefern verbale und nonverbale Äußerungen von Personen, die klinische Psychologen im Rahmen von Interviews und anderen mehr oder weniger vorstrukturierten Erhebungssituationen beobachten. Die bislang dargestellten Untersuchungsergebnisse und Überlegungen scheinen den Nutzen solcher Daten in Frage zu stellen – was natürlich in scharfem Kontrast zur Einschätzung vieler klinisch tätiger Psychologen steht.

Bereits Meehl (1959) hatte vermutet, dass Daten aus Interviews wertvolle Beiträge zur Vorhersage machen können, wenn sie in geeigneter Weise verwertet werden, etwa durch Benutzung eines testähnlichen Formats zu ihrer Registrierung (▶ **Kap. 8**). In Übereinstimmung hiermit fand Sawyer (1966) anhand einer Literaturanalyse Belege dafür, dass die statistische Vorhersage deutlich profitierte, wenn Daten aus Interviews bzw. freien Beobachtungen *und* psychometrische Daten (z. B. aus Tests) gleichzeitig berücksichtigt wurden. Er schlussfolgerte, dass informelle Beobachtungen, wie sie im persönlichen Kontakt zwischen Diagnostiker und Klient anfallen, die Validität von Diagnosen und Prognosen substanziell erhöhen können. Der wichtige Beitrag klinischer Diagnostiker liegt Sawyers Analyse zufolge nicht in der Vorhersage selbst, sondern vielmehr im Bereitstellen von Daten für die Vorhersage, die in formeller Weise erfolgen solle. Hierfür müssen die „klinischen Daten" allerdings in geeigneter Weise aufbereitet werden.

Dieser Gedanke wurde in jüngerer Zeit weitergeführt. Wie Westen und Weinberger (2004) hervorheben, ist es dabei entscheidend, die Beobachtungen so aufzuzeichnen, dass der potenzielle Nutzen klinischer Expertise maximiert wird. Shedler und Westen (z. B. Shedler & Westen, 1998) entwickelten hierfür z. B. ein Q-Sort-Verfahren zur Persönlichkeitsbeschreibung, das speziell auf den Einsatz durch klinische Experten abgestimmt ist (Shedler-Westen Assessment Procedure, SWAP-200).

Beim Q-Sort-Verfahren werden auf Karten gedruckte persönlichkeitsbeschreibende Adjektive oder Feststellungen in eine von mehreren vorgegebenen Kategorien sortiert. Die Kategorien benennen das Ausmaß, in dem das Adjektiv oder die Feststellung auf die zu beurteilende Person zutrifft. Das Verfahren eignet sich damit sehr gut zur Persönlichkeitsklassifikation und – wenn entsprechende empirische Studien durchgeführt wurden – auch zur Vorhersage mit den erfassten Merkmalen assoziierter Kriterien (▶ **Kap. 9**, S. 241f).

In einer Version des Verfahrens, die zur Zeit für die Klassifizierung von Persönlichkeitsstörungen bei Adoleszenten entwickelt wird (SWAP-200-A), sortiert ein klinischer Psychologe auf der Basis eines Interviews oder anderer Beobachtungen, die etwa während einer Therapie anfallen, 200 persönlichkeitsbeschreibende Feststellungen in insgesamt acht Kategorien ein (0 = *trifft nicht zu/ist nicht anwendbar*, 7 = *trifft sehr zu*). Die Feststellungen beschreiben zum Teil relativ verhaltensnahe Sachverhalte (z. B. „rennt von zu Hause weg"), zum Teil verlangen sie ein gewisses Maß an Inferenz (z. B. „glaubt, dass seine/ihre Probleme durch externe Faktoren bedingt sind").

Alle Items sind relativ einfach und ohne Anbindung an die Terminologie einer spezifischen therapeutischen Schule formuliert. Dies soll eine breite Anwendbarkeit des Verfahrens sichern. Die verwendeten Feststellungen wurden in Zusammenarbeit mit klinischen Psychologen auf ihre Brauchbarkeit geprüft. Darüber hinaus wurde das Verfahren mit den gängigen psychometrischen Methoden optimiert.

Westen et al. (2003) sammelten mit dem Verfahren professionelle Beurteilungen von mehreren hundert Adoleszenten, die als Patienten bei klinischen Psychologen oder Psychiatern in Behandlung waren. Mittels einer statistischen Klassifikation der von den Psychologen und Psychiatern vorgenommenen Q-Sortierungen konnten sie fünf prototypische Muster, also distinkte Gruppenprofile, ausmachen: antisozial-psychopathisch, emotional dysreguliert, vermeidend, narzisstisch und gehemmt-selbstkritisch. Bei den ersten vier handelt es sich um klinisch relevante Formen von Persönlichkeitsstörungen, bei der letzten um einen weniger kritischen Persönlichkeitsstil.

Das antisozial-psychopathische Bild etwa ist u. a. durch die folgenden Beschreibungen gekennzeichnet: rebellisch, aufsässig gegen Autoritätsfiguren, intensiver und situationsunangemessener Ärgerausdruck, Schuld für eigene Fehler bei anderen suchen, Wut und Erniedrigung als Reaktion auf Kritik, Unzuverlässigkeit und mangelnde Bereitschaft, Verantwortung zu übernehmen.

Die statistisch bestimmte Zugehörigkeit zu dieser Gruppe war mit einer Reihe externer Kriterien assoziiert. Hierher gehörten z. B.

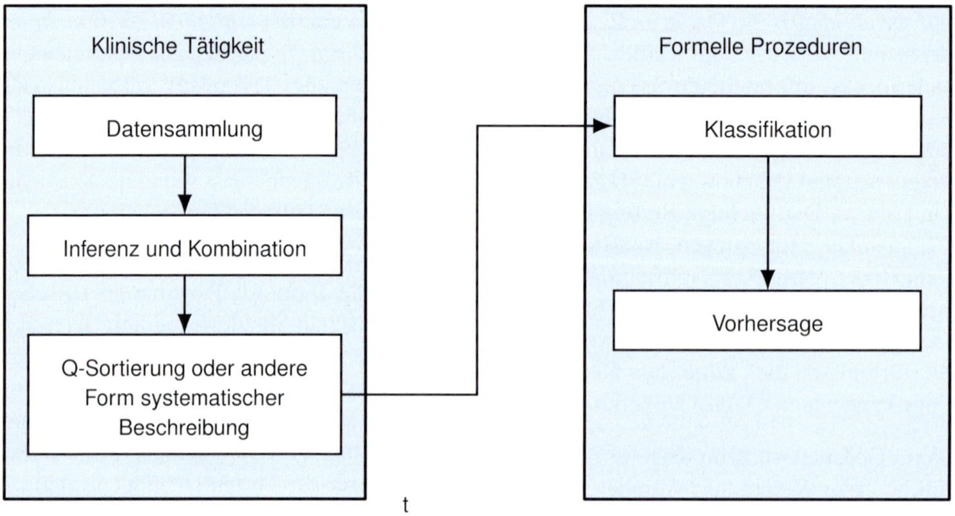

Abb. 5.6 Zusammenspiel klinischer und formeller Datenkombination nach dem Vorschlag von Westen und Weinberger (2004).

schlechte schulische Leistungen, Drogenmissbrauch, Kriminalität und Erfahrung physischer Gewalt in der Kindheit.

In dem von Westen et al. vorgeschlagenen Verfahren sind klinische und statistische Formen der Diagnosefindung integriert, allerdings in unterschiedlichen Rollen (▶ **Abb. 5.6**). Kliniker führen die *Datenerhebung* durch. Dabei kann Information aus sehr verschiedenen Quellen gesammelt werden (Interviews mit den zu beurteilenden Personen, Gespräche mit Bekannten, Aufzeichnungen von Kollegen, Beobachtungen im Rahmen einer Therapie usw.). Neben der Datensammlung obliegen auch *Inferenz* und *Integration* dem klinischen Psychologen. Den Klinikern wird dabei aber nicht abverlangt, Aussagen über die Wahrscheinlichkeit zu machen, mit der eine Person in den nächsten sechs Monaten mit dem Gesetz in Konflikt gerät, auf eine spezifische Therapieform anspricht oder ein Studium der Betriebswirtschaft innerhalb der Regelstudienzeit erfolgreich abschließt. Dies sind Aussagen, die besser auf der Basis formeller Datenkombination erbracht werden können. Ebensowenig wird eine klinische Klassifikation verlangt; auch diese wird formellen Prozeduren überlassen. Erforderlich ist dagegen eine Beschreibung der in Rede stehenden Person in Begriffen diagnostisch relevanter Aussagen, im Beispiel auf der Basis einer Q-Sortierung. Diese standardisierte Beschreibung liefert Daten, die von *formellen Prozeduren* für Klassifikations- und Vorhersagezwecke genutzt werden. Mit Hilfe formeller Prozeduren wird die Zuordnung des gewonnenen Profils zu einem empirisch ermittelten Prototyp sowie die Ableitung weiterer Aussagen vorgenommen, etwa auf der Basis empirisch ermittelter Assoziationen zwischen dem Prototyp und bestimmten Kriteriumsmerkmalen. Auf diese Weise lassen sich die Vorteile klinischer Inferenz und formeller Klassifikation miteinander verbinden.

Besonders im Rahmen der klinisch-psychologischen Diagnostik bestand eine Konsequenz der im vorliegenden Kapitel geschilderten Überlegungen in dem Bemühen, das diagnostische Prozedere möglichst weitgehend zu objektivieren. Dies schlug sich u. a. in der Formulierung detaillierter Richtlinien zur Bestimmung von Störungen in international gebräuchlichen Klassifikationssystemen nieder (► **Kap. 15**). Der Anteil subjektiver Momente, die Inkonsistenzen bei einem Diagnostiker (oder mangelnde Übereinstimmung zwischen Diagnostikern) bewirken, soll damit so weit wie möglich begrenzt werden. Wie Westen und Weinberger bemerken, besteht damit jedoch eine gewisse Gefahr, diagnostisch und prognostisch relevante Information zu opfern, die sich nicht vollständig objektivieren lässt (weil sie auf klinischer Inferenz beruht).

Die Perspektive des Ansatzes ist es, die Kenntnisse, Erfahrungen und die darauf basierenden Schlussfolgerungen klinischer Experten auszuschöpfen, ohne dabei Leistungen zu verlangen, für die die menschliche Informationsverarbeitung nicht gebaut ist und die sie nicht mit der Präzision formeller Prozeduren erbringen kann (Westen & Weinberger, 2004). Das Verfahren erlaubt es, Wissen (z. B. in Form begrifflicher Differenzierungen) zu nutzen, das Laien nicht aufweisen, und deshalb z. B. nicht bei der Formulierung der Items eines Persönlichkeitsfragebogens vorausgesetzt werden darf. Darüber hinaus sind die gewonnenen Daten von Antworttendenzen der beurteilten Personen weitgehend frei (► **Kap. 10**). Beide Sachverhalte lassen den Ansatz als wertvolle Ergänzung diagnostischer Prozeduren erscheinen, der nicht nur im Bereich der Klinischen Psychologie fruchtbar sein kann.

5.5 Ausblick

Die dargestellten Überlegungen und Modelle zur Urteilsbildung gehen im Wesentlichen davon aus, dass die Daten dem Diagnostiker bereits vorliegen oder er zumindest weiß, welche Daten zu erheben sind. Seine Aufgabe ist es also nur noch, diese Daten hinsichtlich einer Klassifikation oder Vorhersage optimal zu kombinieren, wofür er, wie wir sahen, auch formelle Modelle heranziehen sollte. Dieser Fall deckt jedoch nicht alle diagnostischen Entscheidungen ab. Zwar beginnt jeder diagnostische Prozess mit eingehenden Daten, doch reichen diese allein in der Regel nicht zu einer brauchbaren Diagnose aus. Tatsächlich sind die Modelle, die wir in den vorangegangenen Abschnitten kennengelernt haben, am ehesten für ein Diagnostizieren im Rahmen häufig wiederkehrender Klassifikations- oder Selektionsaufgaben mit gleicher oder doch sehr ähnlicher Struktur geeignet.

Diagnostizieren bei Modifikationsaufgaben hat demgegenüber eine komplexere Struktur. Hier muss psychologisches Wissen genutzt werden, um Hypothesen über verhaltenssteuernde Strukturen und Prozesse einer Person zu generieren, die anhand vorliegender oder noch zu erhebender Daten getestet werden. Aus einem hinreichend bewährten „Modell der Person" für einen interessierenden Verhaltensausschnitt werden Erwartungen abgeleitet, die einer erneuten Prüfung unterzogen werden. In diese Prüfphasen müssen dabei auch Informationen über den Verlauf einer Intervention einbezogen werden. Es handelt sich also um einen mehrfach rückgekoppelten Prozess, bei dem formelle Modelle lediglich Hilfen für die Beantwortung von Teilfragen bereitstellen können. Den Ablauf des Diagnostizierens im Rahmen derartiger Interventionen werden wir in ► **Kap. 7** noch näher beschreiben.

Eine wichtige Konsequenz der in diesem Kapitel geschilderten Diskussion bestand darin, ein Bewusstsein für die Vorzüge rationaler und empirisch begründeter Vorgehensweisen bei der diagnostischen Urteilsbildung geschaffen zu haben. Dies betrifft insbesondere die Verwendung expliziter und konsistenter Regeln, die Kontrolle der Richtigkeit bzw. Angemessenheit von Diagnosen und Prognosen sowie die Nutzung dieser Information für die Verbesserung der Entscheidungsfindung. Petermann (1995) spricht hier von Diagnostik als „kontrollierter Praxis".

Weiterführende Literatur

Neben der Monographie von Meehl (1954) sind zur Vertiefung der Themen dieses Kapitels das Buch von Wiggins (1973) sowie die Artikel von Grove und Meehl (1996), Wottawa (1987) sowie Westen und Weinberger (2004) geeignet.

Fragen zur Wissenskontrolle

1. Was versteht man unter klinischer und statistischer Vorhersage?
2. Wie geht man bei der Erstellung eines statistischen Vorhersagemodells vor?
3. Welche Ergebnisse zeigen empirische Studien zum Vergleich der Leistungsfähigkeit informeller und formeller Arten der Datenkombination?
4. Welche Arten paramorpher Modelle des Diagnostizierens lassen sich unterscheiden?
5. Was unterscheidet ein Design zur Erstellung eines Vorhersagemodells für ein diagnostisches Kriterium von einem Design zur Erstellung eines paramorphen Modells?
6. Inwieweit können paramorphe Modelle zur Verbesserung des Diagnostizierens beitragen?
7. Wie lassen sich klinische Inferenz und statistische Datenkombination miteinander verknüpfen?
8. Welche Vorteile verspricht man sich von einer solchen Verknüpfung?

6 Entscheidungstheoretische Modelle und antwortabhängiges Testen

In der im ersten Kapitel gegebenen Definition der Diagnostik hatten wir darauf hingewiesen, dass Diagnostizieren immer im Rahmen eines Auftrags erfolgt, in dem es um die Optimierung praktischer Problemlösungen geht. Mit dem Einsatz von Tests und anderen diagnostischen Verfahren wird die Erwartung verbunden, zu besseren Empfehlungen und Entscheidungen zu gelangen, als es ohne diese Verfahren möglich ist. Diagnostik soll also Entscheidungshilfen bei praktischen Problemen bereit stellen.

Der Gesichtspunkt der Diagnostik als Entscheidungshilfe wurde besonders von Cronbach und Gleser (1965) herausgearbeitet. Ihre Überlegungen, die auf Konzepten aus der Entscheidungstheorie aufbauen, rücken zwei Merkmale des Diagnostizierens in den Vordergrund: Diagnostizieren ist erstens ein sequenziell organisierter Prozess, in dem wiederholt aus unterschiedlichen Handlungsoptionen eine begründete Wahl getroffen werden muss. Zweitens sind Diagnosen mit Entscheidungen verbunden, deren Folgen für die Auftraggeber und andere Betroffene berücksichtigt werden müssen. Im Zentrum der Überlegungen von Cronbach und Gleser steht die Frage, wie nützlich diagnostische Verfahren für die Entscheidungsfindung sind.

Dieser Frage wurde vor Cronbach und Gleser (1965) in der diagnostischen Grundlagenforschung nur wenig Aufmerksamkeit geschenkt

(Boudreau, 1991). Man konzentrierte sich vielmehr auf Tests als Messinstrumente, deren Reliabilität und Validität man zu maximieren versuchte. Diagnostizieren sollte sich auf möglichst präzise und vorhersagekräftige Verfahren stützen. Die Forderung nach Verwendung reliabler und valider Verfahren ist sicherlich einsichtig. Aus entscheidungstheoretischer Perspektive sind diese Kriterien alleine jedoch unvollständig. Die Planung des diagnostischen Vorgehens sollte darüber hinaus Nutzenabschätzungen als zentrale Komponente beinhalten.

Dieses Kapitel gibt eine Einführung in grundlegende Anwendungen der Entscheidungstheorie in der Diagnostik. Hierzu skizzieren wir zunächst ein Rahmenmodell des diagnostischen Entscheidungsprozesses. Anschließend werden wichtige Einteilungsgesichtspunkte diagnostischer Entscheidungen im Überblick dargestellt. Diese Gesichtspunkte werden in den folgenden Abschnitten anhand konkreter Fragen vertieft. Hierbei geht es um Personalselektion, die Anordnung und Zusammenstellung von Tests (sequenzielle Strategien, Bandbreiten-Fidelitätsdilemma), sowie Fragen der Klassifikation und Platzierung von Personen (Aptitude-Treatment-Interaktion). Abschließend werden entscheidungstheoretische Gesichtspunkte für die Gestaltung einzelner Tests behandelt (antwortabhängiges Testen).

6.1 Ein Rahmenmodell des diagnostischen Entscheidungsprozesses

Entscheidungsprobleme lassen sich unter deskriptiven und normativen Gesichtspunkten analysieren (Stegmüller, 1973). Gegenstand der *deskriptiven Entscheidungstheorie* ist die Beschreibung und Erklärung des faktischen Entscheidungsverhaltens von Personen oder Institutionen. Sie ist ein Teilgebiet der psychologischen Grundlagenforschung (Jungermann, Pfister & Fischer, 2005). Die *normative Entscheidungstheorie* thematisiert dagegen die Frage, wie bei gegebenen Daten und Zielen optimal oder rational entschieden werden kann. Wie sich Personen, Gruppen oder Organisationen tatsächlich verhalten, interessiert hier nicht. Vielmehr werden Regeln formuliert, deren Einhaltung die Erfüllung bestimmter Optimalitätskriterien gewährleistet. Für diagnostische Anwendungen ist die normative Entscheidungstheorie die relevante Disziplin.

Entscheidungen benötigen eine Informationsgrundlage. Je nach Vollständigkeit dieser Grundlage lassen sich drei Arten von Entscheidungssituationen differenzieren. *Entscheidungen unter Sicherheit* liegen vor, wenn eine Person die Konsequenzen verschiedener Handlungsalternativen genau kennt oder zu kennen glaubt. Von *Entscheidungen unter Risiko* wird gesprochen, wenn die Folgen möglicher Handlungen zwar nicht genau vorherzusehen sind, ihnen jedoch Wahrscheinlichkeiten zugeordnet werden können. Entscheidungen unter Sicherheit kann man als Grenzfall des zweiten Typs auffassen, in denen die Wahrscheinlichkeiten gegen Eins streben. Beim dritten Typ, den *Entscheidungen unter Ungewissheit* ist die Informationsbasis so gering, dass nicht einmal eine „probabilistische Lagebeurteilung" möglich ist. Im Rahmen der diagnostischen Arbeit kommt Entscheidungen unter Risiko eine besonders wichtige Rolle zu. Wir konzentrieren uns deshalb im Folgenden auf diesen zweiten Entscheidungstyp.

▶ **Abb. 6.1** zeigt eine vereinfachte Darstellung des diagnostischen Entscheidungsprozesses, die von Cronbach und Gleser (1965) primär für Personalentscheidungen (▶ **Kap. 14**) entworfen wurde. Auch andere Entscheidungssituationen, etwa im Bereich der klinisch-psychologischen Diagnostik (▶ **Kap. 15**), folgen jedoch dieser Grundstruktur (vgl. Tack, 1976). Ausgangspunkt sind Informationen

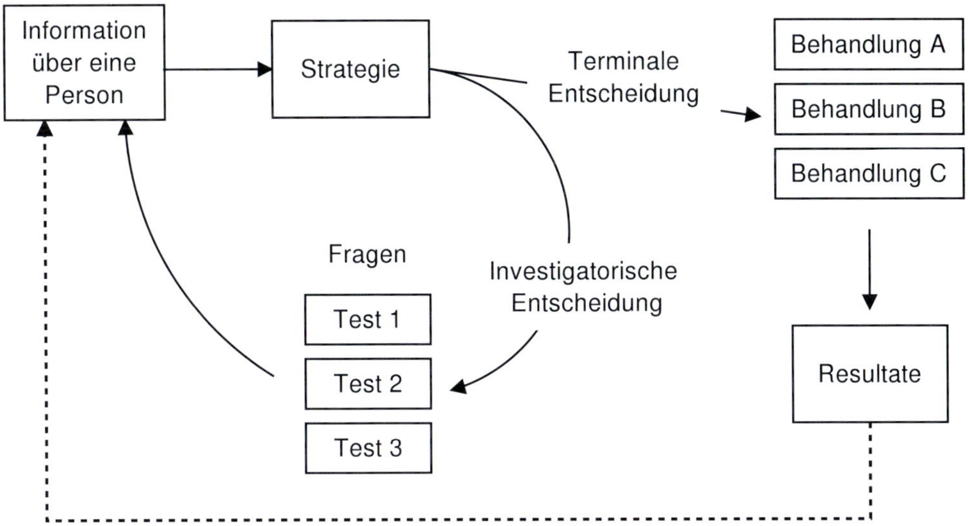

Abb. 6.1 Schematische Darstellung des diagnostischen Entscheidungsprozesses (nach Cronbach & Gleser, 1965, S. 18, sowie Tack, 1976, S. 105).

über Personen oder Bedingungen. Diese Informationen werden auf der Basis diagnostischer Strategien so ausgewertet, dass die jeweils anvisierten Ziele in effizienter Weise erreicht werden können. Strategien stehen im Zentrum des diagnostischen Prozesses. Eine *Strategie* besteht aus einer Menge von Regeln, die angeben, unter welcher Zielsetzung welche Informationen zu welchen Entscheidungen führen. Es handelt sich um Wenn-Dann-Regeln der Form „Falls die Person in Test 1 einen Wert größer als c aufweist, empfehle Behandlung A, ansonsten gebe Test 2". Strategien verknüpfen also Informationen mit Entscheidungen unter einer gegebenen Zielsetzung. Dabei kann je nach Zielsetzung die gleiche Information über eine Person zu unterschiedlichen Entscheidungen führen. Sind in einem Betrieb beispielsweise mehrere Stellen mit unterschiedlichem Anforderungsprofil zu besetzen, führt dies zu anderen diagnostischen Entscheidungen als bei Vorliegen nur einer Position.

Hinsichtlich ihrer Funktion im diagnostischen Prozess lassen sich terminale und investigatorische Entscheidungen differenzieren. *Terminale Entscheidungen* führen stets zu einer bestimmten „Behandlung". Unter *Behandlung* (engl. *treatment*) kann dabei sehr Verschiedenes verstanden werden, z. B. die Annahme oder Ablehnung eines Bewerbers, die Zuweisung zu einem bestimmten Arbeits- oder Ausbildungsplatz, die Empfehlung einer bestimmten Therapieform oder die Beurteilung eines Zeugen als glaubwürdig oder unglaubwürdig. Terminale Entscheidungen stützen sich auf die Wahrscheinlichkeiten, mit der in Frage kommende Behandlungen Resultate erwarten lassen, die unter einer gegebenen Zielsetzung als günstig zu bewerten sind.

Investigatorische Entscheidungen führen dagegen zu „Fragen", für deren Beantwortung weitere behandlungsrelevante Information über eine Person gewonnen werden muss. Hierbei kann man sich auf Tests (wie in der Abbildung angedeutet), aber auch auf Verhaltensbeobachtungen, biographische Angaben, Fremdbeurteilungen usw. stützen. Investigatorische Entscheidungen dienen der Optimierung der

Informationsbasis, auf der terminale Entscheidungen beruhen. Der Zyklus von investigatorischen Entscheidungen, Informationssammlung und Entscheidungsfindung wird so lange durchlaufen, bis eine terminale Entscheidung getroffen werden kann. Wann es zu investigatorischen, wann zu terminalen Entscheidungen kommt, hängt von der jeweiligen Zielsetzung und der im Einzelfall verfolgten Strategie ab. Einige Strategien werden wir in Abschnitt 6.4 noch genauer betrachten.

Wie in der Abbildung durch den Pfad „Resultate → Information" angedeutet ist, können die Ergebnisse von Behandlungen selbst wieder Daten liefern, die zu weiteren Fragen oder Behandlungen führen (Tack, 1976). So können z. B. Therapieresultate diagnostisch genutzt werden, um den Verlauf einer Modifikation zu optimieren. Auch die Effektivitätskontrolle von Interventionen stützt sich auf diese Information. Insgesamt wird Diagnostizieren nicht als einmalige Datenerhebung aufgefasst, sondern als ein durch Diagnoseziele moderierter und mehrfach rückgekoppelter Prozess. Dieser Gesichtspunkt, der für Diagnostizieren im Rahmen von Modifikationsaufgaben von essenzieller Bedeutung ist, wird in ▶ **Kap. 7** noch eingehend behandelt. Im vorliegenden Kapitel konzentrieren wir uns auf die Diagnostik im Rahmen von Klassifikations- und Selektionsentscheidungen.

6.2 Arten diagnostischer Entscheidungen

Cronbach und Gleser (1965) haben ein Kategoriensystem erarbeitet, mit dem sich die wichtigsten Parameter diagnostischer Entscheidungssituationen ordnen lassen (▶ **Tab. 6.1**). Ein grundlegender Gesichtspunkt ist die Häufigkeit, mit der sich gleichartige Entscheidungssituationen wiederholen. Cronbach und Gleser (1965) differenzieren hier zwischen individuellen und institutionellen Entscheidungen.

Individuelle Entscheidungen betreffen einmalige oder seltene Entscheidungen, die sich an den Werten, Präferenzen und Zielen einer einzelnen Person orientieren. Ein typisches Beispiel hierfür ist die diagnostisch gestützte Beratung bei der Wahl eines bestimmten beruflichen Bildungswegs. Da sich individuelle Entscheidungen an personspezifischen Werten orientieren, können sie nicht ohne Weiteres auf andere Fälle generalisiert werden.

Anders ist dies bei *institutionellen Entscheidungen*. Hier wird eine große Zahl vergleichbarer Entscheidungen getroffen, wobei ein über die einzelnen Entscheidungen konstant bleibendes Wertesystem zugrunde gelegt wird. Ein typisches Beispiel sind Selektionsentscheidungen, also etwa die Auswahl von Stellenbewerbern.

Individuelle und institutionelle Entscheidungen folgen häufig unterschiedlichen Entscheidungsprinzipien. Für institutionelle Entscheidungen ist es naheliegend, ein Entscheidungsprinzip zugrunde zu legen, das den erwarteten Nutzen über eine Serie ähnlicher Entscheidungen maximiert. Bei diesem sog. Erwartungswertprinzip werden Entscheidungen in der Weise getroffen, dass der Nutzen „im Durchschnitt" bzw. „auf lange Sicht" ein Optimum erreicht. Gemessen am Erwartungswertprinzip sind individuelle Entscheidungen manchmal risikoaversiv (z. B. beim Abschließen von Versicherungen), manchmal risikofreudig (bei vielen Glücksspielen, z. B. Lotto): In beiden Fällen ist die langfristig zu erwartende Auszahlung ja geringer als die Einzahlung. Dafür werden im ersten Beispiel die im ungünstigsten Fall entstehenden Kosten minimal (sog. Minimax-Prinzip: minimiere den maximal möglichen Verlust), während im zweiten Beispiel die im günstigsten Fall entstehenden Gewinne maximal werden (sog. Maximax-

Tab. 6.1
Wichtige Parameter diagnostischer Entscheidungen

Entscheidungsaspekt	Alternativen
Häufigkeit, Nutzen	individuell oder institutionell
Positionen	eine oder mehrere
Zurückweisung	möglich oder nicht möglich
Quote	fixiert oder variabel
Relevante Information	univariat oder multivariat
Diagnostische Strategie	einstufig oder mehrstufig (sequenziell)

Prinzip: Maximiere den maximal möglichen Gewinn).

Cronbach und Gleser (1965) fokussieren in ihren Überlegungen institutionelle Entscheidungen, die auf der Basis des Erwartungswertprinzips getroffen werden. Hier steht die „Auszahlung“ (engl. *payoff*), also der mit wiederkehrenden Entscheidungen verbundene Gewinn oder Verlust für eine Institution im Vordergrund. Die Anwendung des Prinzips erfordert es, dass den nutzenrelevanten Konsequenzen von Entscheidungen (z. B. ein tatsächlich geeigneter Bewerber wird eingestellt, ein ungeeigneter Bewerber wird eingestellt usw.) Wahrscheinlichkeiten zugeordnet werden können. Darüber hinaus müssen die mit den verschiedenen Entscheidungsfolgen verbunden Gewinne oder Verluste auf einer gemeinsamen quantitativen Skala bewertet werden können (z. B. in Geldeinheiten).

Institutionelle Entscheidungen werden unter verschiedenen Rahmenbedingungen getroffen. Zwei wichtige Bedingungen betreffen dabei die Anzahl zur Verfügung stehender Positionen oder Plätze sowie die Frage, ob Zurückweisung eine mögliche oder sinnvolle Maßnahme darstellt. Unterscheidet man für den ersten Gesichtspunkt der Einfachheit halber nur danach, ob eine oder mehrere Positionen zur Verfügung stehen, so lassen sich bei gleichzeitiger Berücksichtigung des zweiten Gesichtspunkts vier Arten institutioneller Entscheidungen differenzieren: Einfache Selektion, multiple Selektion, Akzeptanz sowie Klassifikation bzw. Platzierung (► **Tab. 6.2**).

Bei *Selektionsaufgaben* ist die Ablehnung von Bewerbern bzw. Klienten zulässig. *Einfache Selektion* liegt dabei vor, wenn nur eine Position zur Verfügung steht. Für eine Position (z. B. Referendar an einer Schule) können dabei durchaus mehrere Stellen offen sein. Sind mehrere Positionen verfügbar, spricht man von *multipler Selektion*. Ein Beispiel ist die Einrichtung einer neuen Abteilung in einer Organisation, in der funktional unterschiedliche Positionen zu besetzen sind.

In den beiden verbleibenden Fällen ist Zurückweisung nicht möglich. Ist dabei lediglich eine Position zu besetzen, werden alle Kandidaten *akzeptiert*. Die Kategorie „Akzeptanz“ scheint auf den ersten Blick etwas aus dem Rahmen zu fallen, da sie offenbar keine diagnostisch fundierte Entscheidung beinhaltet. Dennoch stellt Akzeptanz eine wichtige Handlungsoption dar. Wenn sich z. B. die Zahl der Bewerber und die der verfügbaren Stellen die Waage halten, kann es sinnvoll sein, überhaupt nicht zu diagnostizieren, sondern alle Bewerber zumindest vorläufig anzunehmen. Weitere Bedingungen hierfür lassen sich aus Nutzenberechnungen ableiten, die wir unten noch besprechen werden. Auch für die Gewinnung von Daten, auf denen solche Berechnungen basieren, wäre Akzeptanz, zumindest aus technischen Gründen, wünschenswert (► **Kap. 6.3.4**).

Sind dagegen mehrere Positionen verfügbar, werden die Bewerber klassifiziert oder platziert. Unter *Klassifikation* wird in diesem Kontext die Zuordnung von Personen zu qualitativ unterschiedlichen Bedingungen oder Behand-

Tab. 6.2
Selektion, Klassifikation und Platzierung

	Zurückweisung	
Positionen	möglich	nicht möglich
eine	Einfache Selektion	Akzeptanz
mehrere	Multiple Selektion	Klassifikation, Platzierung

lungen verstanden. Hierbei könnte es sich etwa um Trainingsmaßnahmen mit verschiedenen inhaltlichen Schwerpunkten handeln (z. B. betriebswirtschaftlich, statistisch, juristisch).

Stehen die Bedingungen in einer Rangreihe, spricht man von *Platzierung*. Dies wäre der Fall, wenn sich die Trainingsmaßnahmen auf das gleiche Gebiet beziehen, jedoch nach Vorkenntnissen gestaffelt sind, also z. B. ein Anfänger-, ein Fortgeschrittenen- und ein Expertenkurs angeboten wird. Bei Klassifikations- und Platzierungsaufgaben geht es meist darum, eine optimale Passung zwischen Person und Bedingung bzw. Behandlung herzustellen. Praktische Fragen dieser Art sind etwa: Welcher Ausbildungsgang entspricht den Fähigkeiten eines Schülers am besten? Welches ist die für einen Patienten erfolgversprechendste Therapieform?

Häufig ist die Zahl der für bestimmte Behandlungsoptionen zur Verfügung stehenden Plätze begrenzt. Es kann dann nur eine bestimmte *Quote* von Kandidaten angenommen oder bestimmten Bedingungen zugeordnet werden; die Quote ist *fixiert*. Liegen fixierte Quoten vor, sind die Entscheidungen über die einzelnen Personen voneinander abhängig. Dies kann zur Folge haben, dass Bewerber abgelehnt werden müssen, obwohl sie aufgrund der Einstellungsuntersuchung als qualifiziert erscheinen. Bei einer *variablen* Quote werden alle als geeignet angesehen Bewerber eingestellt. Quotierungen gehören, wie wir im folgenden Abschnitt darstellen, zu den wesentlichen Determinanten des Nutzens diagnostischer Verfahren.

Informationen, auf denen Entscheidungen aufbauen, können auf einer oder mehreren Dimensionen variieren. Bei *univariater Information* stützt sich die Entscheidung auf die Segmentierung *einer* Variablen. Dies wäre etwa der Fall, wenn nur ein einziger Test für eine Selektionsentscheidung verwendet würde. Wenn mehrere Tests oder andere Variablen zu einem Prädiktor kombiniert werden, etwa auf der Basis einer Regressionsgleichung zur Vorhersage des beruflichen Erfolgs, gründet die Entscheidung letztlich auch auf einer Variablen, obgleich die Informationsbasis hier multivariat ist. Sind für eine Entscheidung mehrere Dimensionen zu berücksichtigen, muss in jedem Fall *multivariate Information* erhoben werden. Entscheidungen nach Konfigurationsmodellen, die wir bereits kennen gelernt hatten, basieren auf multivariater Information (▶ **Kap. 5**). Hier wird das Ausprägungsmuster auf den einzelnen Dimensionen zur Entscheidung herangezogen. Die Zahl der Variablen bzw. Dimensionen, die für eine Entscheidung sinnvollerweise erhoben werden, hängt naturgemäß sehr stark von der konkreten diagnostischen Fragestellung ab. Bei Personalentscheidungen ist hier z. B. das jeweilige Anforderungsprofil einer Position ausschlaggebend. Je diverser die Anforderungen ausfallen, desto mehr diagnostische Variablen werden im Allgemeinen benötigt.

Vor Cronbach und Gleser (1965) ging man meist davon aus, dass eine terminale Entscheidung auf der Basis von Tests getroffen wird, die von allen Personen bearbeitet werden. Dies ist jedoch nur eine von mehreren diagnostischen Strategien. Cronbach und Gleser sprechen hier von einer nichtsequenziellen bzw. einstufigen (*single-stage*) Strategie. Dieser stellen sie die sequenziellen oder mehrstufigen (*multiple-stage*) Strategien gegenüber:

Hier kommt es, zumindest für einen Teil der Personen, zunächst zu einer investigatorischen, nach weiterer Informationssammlung dann zu einer terminalen Entscheidung (► **Kap. 6.4**).

Nachdem in diesem Abschnitt die wesentlichen Parameter von Entscheidungsproblemen im Überblick dargestellt wurden, wird im folgenden Abschnitt die Anwendung entscheidungstheoretischer Überlegungen an einem Beispiel genauer betrachtet. Wir greifen uns hierfür Selektionsentscheidungen heraus.

6.3 Selektionsentscheidungen

Selektionsaufgaben ergeben sich bei institutionellen Entscheidungen, wenn die Zahl der Bewerber bzw. Kandidaten die der verfügbaren Stellen bzw. Plätze übersteigt (z. B. bei Arbeits-, Therapie- oder Studienplätzen). Für die Diagnostik stellen sich hier drei Teilaufgaben:

1. Auswahl und Erhebung entscheidungsrelevanter Variablen (Prädiktoren).
2. Festlegung der Variablenkombination und kritischer Trennwerte.
3. Abschätzung der Entscheidungsgüte und des Entscheidungsnutzens der Prozedur.

6.3.1 Variablenauswahl

Die Auswahl relevanter Variablen stützt sich primär auf sachliche Überlegungen, die von den Anforderungen einer Stelle ausgehen, sowie auf empirische Information über die Zusammenhänge zwischen in Frage kommenden Prädiktoren (Tests) und dem jeweils in Rede stehenden Kriterium (z. B. Arbeitsproduktivität, Studien- oder Therapieerfolg). Daneben sind manchmal auch Kostenüberlegungen für die Auswahl einzelner Verfahren ausschlaggebend.

Sachliche Überlegungen, die die Erhebung einer Variablen notwendig machen, beziehen sich z. B. auf physische Voraussetzungen (etwa Sehtüchtigkeit, Schwindelfreiheit), die für die erfolgreiche Ausfüllung einer bestimmten Position unabdingbar sind. Auch für die Bestimmung entscheidungsrelevanter psychologischer Variablen sind sachliche Argumente essenziell. Konkrete Testvariablen werden dann auf der Grundlage ihrer Assoziation mit dem Kriterium ausgewählt. Dabei ist man im Allgemeinen bemüht, zunächst den besten Prädiktor zu wählen, also den Test mit der höchsten prädiktiven Validität für das Kriterium. Weitere Tests werden hinsichtlich des Zuwachses bewertet, den sie für die Eignungsvorhersage erwarten lassen (inkrementelle Validität). Hierbei handelt es sich nicht unbedingt um die Tests mit der höchsten Kriteriumskorrelation, sondern vielmehr um Tests, die nichtredundante Information zur Kriteriumsvorhersage beitragen. Dies sind meist Tests, die mit dem Kriterium zwar nur moderat assoziiert sind, dafür aber nur gering mit den bereits gewählten Prädiktoren zusammenhängen.

6.3.2 Variablenkombination

Im einfachsten Fall basiert die Selektion auf univariater Information. Hier ist also nur eine Prädiktorvariable (X) involviert. Da es sich dabei meist um eine quantitative Variable handelt, etwa Intelligenz oder Punktzahl im Abitur, wird ein kritischer Trennwert (c für engl. *cutoff*) auf der Variablen definiert, dessen Erreichen oder Verfehlen zu Annahme bzw. Ablehnung führt. Trennwerte, die nur eine einzelne Variable segmentieren, werden als *single cutoffs* bezeichnet. Liegt eine positive und monotone Beziehung zwischen Prädiktor und Kriterium vor, lautet die Entscheidungsregel dann:

Wenn $x \geq c$, akzeptiere den Kandidaten, andernfalls lehne ihn ab.

Bei variabler Quote und hinreichender Zahl geeigneter Bewerber kann der Trennwert so festgesetzt werden, dass akzeptierte Kandidaten sehr günstige Prognosen in den jeweiligen Kriteriumsvariablen aufweisen. Bei fixierter Quote ist der Trennwert bereits impliziert, da die Bewerber entsprechend ihrer Rangreihe auf der Prädiktorvariablen ausgewählt werden, bis die Quote ausgeschöpft ist.

Beruht die Selektion auf multivariater Information, stellt sich die Frage, wie die verschiedenen Prädiktoren (X_1, X_2 usw.) am besten kombiniert werden können. Eine Möglichkeit besteht darin, die Variablen linear zu kombinieren, wie in der multiplen Regression. Der entsprechende Trennwert wird daher auch als *multiple-regression cutoff* bezeichnet. Die Entscheidungsregel ist die gleiche wie oben, mit dem Unterschied, dass hier der Prädiktorwert eine gewichtete Kombination mehrerer Ausgangsvariablen (z. B. Intelligenz, Gewissenhaftigkeit) darstellt:

$$x = b_1 x_1 + b_2 x_2 \ldots + b_k x_k.$$

Die Gewichte, die den einzelnen Variablen zugeordnet werden, hängen von deren Bedeutung für das Kriterium sowie von deren Skala ab.

Wie bereits dargestellt wurde (▶ **Kap. 5**), erlauben lineare Kombinationen Kompensationsmöglichkeiten zwischen Variablen: Ein niedriger Wert auf einer Variablen (X_1, z. B. Punktzahl im Abitur) kann durch einen hohen Wert auf einer anderen Variablen (X_2; z. B. Eingangsprüfung) ausgeglichen werden und damit ggf. zur Annahme führen. Eine Alternative zur linearen Variablenkombination bieten konfigurale Selektionsregeln. Sie erlauben es, Kompensationsmöglichkeiten, die aus sachlichen Gründen unerwünscht sind, von vornherein auszuschließen. Angenommen wird hier z. B. nur, wer auf einer Variablen X_1 und zugleich auf weiteren Variablen X_2 usw. die jeweils festgelegten Trennwerte übertrifft. Die Entscheidungsregel besitzt hier die Form:

Wenn $(x_1 \geq c_1)$ und $(x_2 \geq c_2)$ und ... und $(x_n \geq c_n)$,
akzeptiere den Kandidaten, andernfalls lehne ihn ab.

Eine Entscheidungsregel, in der alle für die Annahme zu erfüllenden Bedingungen mit „und“ verknüpft sind, wird als *konjunktive Entscheidungsregel* bezeichnet. („Konjunktion“ ist in der Logik die Bezeichnung für die Und-Verknüpfung von Aussagen.) Da hier im Unterschied zu einer linearen Kombination mehrere Trennwerte involviert sind, spricht man auch von einem multiplen Trennwert (*multiple cutoff*).

Auch bei konfiguralen Regeln können Kompensationsmöglichkeiten zugelassen werden. Dies geschieht durch Einführung von Bedingungen, die mit „oder“ (anstatt mit „und“) verknüpft sind. Eine extreme Variante der Selektion mit Kompensationsmöglichkeiten liegt vor, wenn Personen akzeptiert werden, die auf mindestens *einer* der entscheidungsrelevanten Variablen hohe Werte erreichen. Eine solche Auswahlregel könnte z. B. lauten, alle Bewerber zu akzeptieren, die im Abitur mehr als 700 Punkte erreicht haben oder deren T-Wert im einem Eingangstest über 70 liegt. Bei sehr hoher Punktzahl wäre in diesem Fall das Abschneiden im Eingangstest vollkommen irrelevant (und umgekehrt). Man spricht in diesem Fall von einer *disjunktiven Selektionsregel*. („Disjunktion“ bezeichnet in der Logik die Oder-Verknüpfung von Aussagen.) Im Allgemeinen kommen in konfiguralen Entscheidungsregeln sowohl Konjunktionen als auch Disjunktionen vor (▶ **Kap. 5**).

Die Auswahl geeigneter Variablen, die Bestimmung ihrer optimalen Kombination sowie die Festlegung sinnvoller Trennwerte stützt sich auf empirische Untersuchungen, in denen Zusammenhänge zwischen den Prädiktoren und Kriterien bestimmt wurden. Die in diesen Schritten involvierten Festlegungen werden dabei so vorgenommen, dass die Entscheidungsgüte bzw. der Entscheidungsnutzen maximiert werden. Diesen Konzepten wenden wir uns nun zu.

6.3.3 Entscheidungsgüte

Die Güte diagnostischer Entscheidungen mit Hilfe von Tests wird wesentlich, aber nicht allein, durch deren prädiktive Validität determiniert. Wie wir bereits sahen, wird die prädiktive Validität durch die Korrelation zwischen Test und Kriterium bestimmt. Sie liefert ein Maß für die Genauigkeit der Vorhersage des Kriteriums durch den Test. Das Quadrat dieser Korrelation entspricht dem Anteil der Kriteriumsvarianz, die durch den Test aufgeklärt wird.

Kriteriumsvaliditäten einzelner Variablen überschreiten nur selten Marken von .3 oder .4 (Schmidt, Hunter & Pearlman, 1981). Solche, dem Augenschein nach niedrige, Koeffizienten werden manchmal kritisch gegen den Einsatz von Tests für diagnostische Entscheidungen eingebracht. So argumentierte z. B. bereits Hull (1928), dass Eignungstests, die nur 9 bis 16 % der beruflichen Leistungsvariation vorhersagen, als Grundlage für Selektionsentscheidungen wenig brauchbar seien.

Nun sind niedrige Korrelationen zwischen Tests und Kriterien nicht allein den Tests anzulasten. Kriterien weisen Reliabilitäts- und Validitätsdefizite auf, was deren Korrelation mit Prädiktoren mindert. Darüber hinaus können die Koeffizienten praktisch immer nur für akzeptierte Bewerber berechnet werden, da abgelehnte Bewerber im Allgemeinen ja keine Kriteriendaten liefern. Auch dies reduziert die Test-Kriteriums-Korrelation. Dennoch stellt die nur moderate Höhe der Validität sicherlich eine Herausforderung für die Diagnostik dar.

Einen wegweisenden Beitrag zur Bedeutung der Validität für Entscheidungen im Kontext der Personalselektion lieferten Taylor und Russell (1939). Die Autoren machten darauf aufmerksam, dass der Wert eines Tests für Selektionsverfahren an dessen Beitrag zur Entscheidungsgüte bemessen werden sollte. Die Frage ist also: Inwieweit kann mit dem Einsatz eines Tests der Anteil korrekter Entscheidungen erhöht werden? Taylor und Russell wiesen auf, dass dieser Beitrag nicht allein von der Validität abhängt und deshalb nicht nur anhand von Validitätskoeffizienten beurteilt werden sollte. Tatsächlich kann ein Test mit relativ geringer Validität für diagnostische Entscheidungen sehr wertvoll sein. Umgekehrt ist es jedoch auch möglich, dass ein Test mit hoher Validität diagnostische Entscheidungen *nicht* substanziell verbessert. Die Fokussierung auf Validitätskoeffizienten kann also in die Irre führen. Für die Bewertung der Entscheidungsgüte sind neben der Validität noch mindestens zwei weitere wichtige Größen zu beachten, nämlich die Basisquote und die Selektionsquote.

Basisquote und Selektionsquote

Unter *Basisquote* (engl. *base rate*) wird der Anteil der Personen in einer Population verstanden, die ein bestimmtes Merkmal oder eine bestimmte Merkmalskombination faktisch aufweisen. Im Rahmen der Personalauswahl bezeichnet die *Basisquote* den Anteil der tatsächlich Geeigneten unter den Bewerbern. Sind unter 50 Bewerbern 20 für eine ausgeschriebene Position geeignet, beträgt die Basisquote z. B. $20/50 = 0.4$. Die *Selektionsquote* ist dagegen der Anteil der Akzeptierten unter den Bewerbern. Sind z. B. zehn Stellen offen und werden entsprechend nur die zehn Testbesten ausgewählt, beträgt die Selektionsquote $10/50 = 0.2$.

Für die Bestimmung der Entscheidungsgüte werden die Häufigkeiten korrekter und inkorrekter Entscheidungen betrachtet, die mit einem Test oder einer Testbatterie getroffen werden. Hierzu müssen Vorhersagen auf der Basis der Testtrennwerte mit Kriteriumswerten verglichen werden. Die Vorhersage – und damit die Entscheidung über Akzeptanz oder Ablehnung – könnte z. B. mit einem Berufseignungstest erfolgen. Kriterium könnte ein Maß der Arbeitsproduktivität sein. Bei einem quantitativen Kriterium wie Arbeitsproduktivität wird – analog zu den Testwerten – ein Trennwert bestimmt, der Eignung bzw. Nichteignung definiert. Dieser Trennwert heißt *Kriteriumsstandard*. Der Kriteriumsstandard repräsentiert die Mindestanforderung, die eine Organisation an einen geeigneten Mitarbeiter stellt und wird entsprechend von der Organisation vorgegeben. Wie bei den Prädiktoren kann es sich auch beim Kriterium um eine einzelne Variable oder um eine aus mehreren Variablen zusammengesetzte Größe (z. B. ein Anforderungsprofil) handeln.

Kreuzklassifiziert man die Bewerber im Hinblick auf Erreichen oder Verfehlen von Testtrennwert und Kriteriumsstandard, lassen sich vier Ausgänge diagnostischer Entscheidungen differenzieren, die für die Bestimmung der Güte eines Auswahlverfahrens ausschlaggebend sind:

1. ein geeigneter Bewerber wird akzeptiert (valide positiv)
2. ein ungeeigneter Bewerber wird abgelehnt (valide negativ)
3. ein geeigneter Bewerber wird abgelehnt (falsch negativ)
4. ein ungeeigneter Bewerber wird akzeptiert (falsch positiv)

Die beiden ersten Ausgänge repräsentieren korrekte (valide) positive (Annahme) und negative (Ablehnung) Entscheidungen. Personen, deren Testwerte oberhalb des Testtrennwerts liegen, und die zugleich auch den Kriteriumsstandard erfüllen, werden entsprechend als *valide Positive* bezeichnet. Personen, die den Testtrennwert *und* den Kriteriumsstandard verfehlen, heißen *valide Negative*. Die beiden verbleibenden Ausgänge repräsentieren fehlerhafte Entscheidungen: *Falsch Negative* unterschreiten den Testtrennwert, obwohl sie den Kriteriumsstandard erfüllen, *falsch Positive* überschreiten zwar den Testtrennwert, erreichen den Kriteriumsstandard jedoch nicht. Die Häufigkeiten der vier Ausgänge kürzen wir mit VP (valide positiv), VN (valide negativ), FP (falsch positiv) und FN (falsch negativ) ab (▶ **Tab. 6.3**).

Wie beeinflussen nun Basis- und Selektionsquote die Entscheidungsgüte? Zur Beantwortung dieser Frage muss zunächst ein numerisches Maß der Entscheidungsgüte festgelegt werden. Ein plausibler Kandidat hierfür ist die relative Häufigkeit korrekter Entscheidungen, also der Anteil valide Positiver und valide Negativer an einer Bewerberstichprobe:

$$(VP + VN)/(VP + VN + FP + FN).$$

Aus praktischer Sicht ist dieses Maß jedoch mit einem Problem behaftet. Um nämlich den Anteil korrekter Entscheidungen, der mit einem Diagnosesystem erreicht wird, genau bestimmen zu können, müssten auch Kandidaten mit ungünstiger Prognose zunächst einmal akzeptiert werden. Ansonsten kann der Anteil valide Negativer ja nicht berechnet werden.

Die ideale Prozedur zur Bestimmung der Entscheidungsgüte für dieses Maß wäre eine Zufallswahl von Bewerbern bis zur Ausschöpfung der Selektionsquote. Es ist verständlich, dass Entscheidungsträger in Organisationen mit einem solchen Verfahren kaum einverstanden sind, da z. B. erniedrigte Produktivität oder erhöhte Trainingskosten zu befürchten wären. Auch ethische Gesichtspunkte, die die Einzustellenden betreffen, insbesondere die Folgen eines möglichen Versagens auf der Position, sprechen gegen eine Zufallsauswahl.

Ein alternatives Maß der Entscheidungsgüte liefert der Anteil der Geeigneten an den Akzeptierten. Dieses Maß wird als Erfolgsquote

Tab. 6.3
Mögliche Ausgänge von Entscheidungen

	Entscheidung	
Faktisch	Ablehnung	Akzeptanz
Geeignet	Falsch Negativ (FN)	Valide Positiv (VP)
Ungeeignet	Valide Negativ (VN)	Falsch Positiv (FP)

bezeichnet und berechnet sich nach:

$$\text{Erfolgsquote} = \text{VP}/(\text{VP} + \text{FP}).$$

Die Berechnung der Erfolgsquote stützt sich allein auf die Akzeptierten und kann daher einfacher bestimmt werden als der Anteil insgesamt korrekter Entscheidungen. Darüber hinaus kann aus der Sicht der Institution für dieses Maß geltend gemacht werden, dass die Bewährung der Eingestellten wichtiger ist als der Status abgelehnter Personen: Abgelehnte liefern ja keinen Beitrag zur weiteren Entwicklung der Organisation. Taylor und Russell (1939) legten ihren Überlegungen daher die Erfolgsquote zugrunde.

Aus sog. Taylor-Russell-Tabellen lassen sich die erwartete Erfolgsquote als Funktion der Basisquote, der Selektionsquote und der Validität des Auswahlverfahrens ablesen. ► **Tab. 6.4** zeigt einen kleinen Ausschnitt aus diesen Tabellen, die das Zusammenwirken der drei Parameter auf die Erfolgsquote illustrieren.

Betrachten wir zunächst die Rolle der *Basisquote*. Sie ist deshalb ein wichtiger Kennwert, weil sie eine Bezugsgröße für die Beurteilung der Erfolgsquote bereitstellt. Trifft man eine Zufallsauswahl unter den Bewerbern, ist die erwartete Erfolgsquote gleich der Basisquote. Die Differenz

$$\text{Erfolgsquote} - \text{Basisquote}$$

drückt mithin die Verbesserung der Entscheidung mittels des Tests gegenüber einem Losverfahren aus – oder, was gleichbedeutend ist: gegenüber einem Test mit einer Validität von Null. Von einem geeigneten Test muss natürlich gefordert werden, dass diese Verbesserung substanziell ausfällt.

Ein deutlicher Zuwachs der Erfolgs- gegenüber der Basisquote ist besonders dann möglich, wenn die Basisquote im mittleren Bereich (also um 0.5) liegt, wie ein Blick auf die ► **Tab. 6.4** erkennen lässt. Ist die Basisquote dagegen sehr hoch oder sehr niedrig, dann ist der Nutzen der Selektion mit Hilfe des Tests geringer. Im ersten Fall – sehr hohe Basisquote – bleibt wenig Raum für eine Verbesserung: auch mit einem validen Test kann nur ein geringer Zuwachs der Erfolgs- gegenüber der Basisquote erreicht werden. Der Einsatz eines evtl. teuren Auswahlverfahrens lohnt hier also nicht; eine Zufallsauswahl wäre fast genauso gut.

Im zweiten Fall – sehr niedrige Basisquote – hat auch ein valides Verfahren Schwierigkeiten, die „Nadel im Heuhaufen" zu finden. Betragen z. B. Basis- und Selektionsquote .10, so wird ein Test mit einer Validität von .40 die Erfolgsquote von .10 auf .27 erhöhen, also eine Verbesserung um 17 % erreichen. Bei mittlerer Basisquote ergibt sich hier dagegen ein Zuwachs um 27 % (.77 – .50). Liegen sehr niedrige Basisquoten vor, sollte man also versuchen, die Position für geeignete Bewerber attraktiver zu machen. Eine Erhöhung der Validität des Auswahlverfahrens verspricht hier weniger. Unter sonst gleichen Bedingungen ist also eine mittlere Basisquote für den Einsatz von Tests optimal.

Auch die *Selektionsquote* besitzt einen deutlichen Einfluss auf die Entscheidungsgüte: Je niedriger die Selektionsquote angesetzt wird, umso höher fällt der Anteil der Geeigneten unter den Akzeptierten aus. Mit strikter Selektion wird gewissermaßen die „Creme" unter den Bewerbern abgeschöpft. Allerdings wird

Tab. 6.4 Taylor-Russell-Tabellen (Auszug): Erfolgsquote als Funktion von Basisquote, Selektionsquote und Validität

Basisquote		.10			.50			.90		
Selektionsquote		.10	.50	.90	.10	.50	.90	.10	.50	.90
Validität	0	0.10	0.10	0.10	0.50	0.50	0.50	0.90	0.90	0.90
	0.2	0.17	0.13	0.11	0.64	0.56	0.52	0.95	0.93	0.91
	0.4	0.27	0.15	0.11	0.77	0.63	0.53	0.98	0.95	0.92
	0.6	0.39	0.18	0.11	0.90	0.70	0.54	1.00	0.98	0.93
	0.8	0.56	0.20	0.11	0.98	0.80	0.55	1.00	1.00	0.95
	0.9	0.69	0.20	0.11	1.00	0.86	0.56	1.00	1.00	0.97

– wie wir bereits bemerkt hatten – auch der Anteil falsch Negativer größer, der in der Erfolgsquote jedoch nicht berücksichtigt wird.

Mit steigender *Validität* steigt generell auch die Erfolgsquote. Die Validität macht sich dabei besonders bei niedrigen Selektionsquoten bemerkbar. Ist die Selektionsquote dagegen hoch, evtl. sogar höher als die Basisquote, verbessern Validitätsinkremente die Entscheidungsgüte praktisch nicht.

Insgesamt belegen die Überlegungen von Taylor und Russell, dass eine alleinige Betrachtung von Validitätskoeffizienten die Frage nach dem Nutzen von Tests für Selektionsentscheidungen unzulässig vereinfacht. Insbesondere zeigen sie, dass bei niedriger Selektionsquote bereits eine relativ geringe Validität des Tests ausreichen kann, um eine passable Erfolgsquote und einen substanziellen Zuwachs gegenüber der Basisquote zu erreichen.

6.3.4 Entscheidungsnutzen

Das Taylor-Russell-Modell betrachtet allein die Entscheidungsgüte und konzentriert sich dabei auf den Anteil der Geeigneten unter den Akzeptierten. Diese Beschränkung macht das Modell recht einfach und transparent, bringt jedoch den Nachteil mit sich, dass eine Reihe von Gesichtspunkten, die für die Bewertung einer Selektionsprozedur ebenfalls wichtig sind, ignoriert werden. Drei Gesichtspunkte, die die weitere Entwicklung entscheidungstheoretischer Modelle in der Diagnostik bestimmten, sind dabei essenziell:

1. Die Ergebnisse des Verfahrens sind mit Auszahlungen für die Institution verbunden. Die Einstellung valide Positiver wird für das Unternehmen Gewinne mit sich bringen, die Einstellung falsch Positiver dagegen kann evtl. Verluste verursachen.
2. Auf der Seite des Kriteriums wird im Taylor-Russell-Modell lediglich zwischen *geeignet* und *nicht geeignet* differenziert. Personen in beiden Gruppen können sich aber in ihren Leistungen und damit ihrem Beitrag zu Gewinnen oder Verlusten der Institution deutlich unterscheiden.
3. Die Etablierung, Durchführung und ggf. Weiterentwicklung einer diagnostischen Prozedur führt zu Kosten, die bei der Bewertung des Verfahrens berücksichtigt werden sollten.

Diese drei Gesichtspunkte wurden besonders von Brogden (1949) sowie von Cronbach und Gleser (1965) ausgearbeitet und formalisiert. Das Modell wird nach den Namen der Autoren kurz als BCG-Modell bezeichnet. Die originäre Zielsetzung des Modells besteht darin, den Nutzen einer diagnostischen Prozedur für eine Selektionsaufgabe in Geldeinheiten auszudrücken. Es soll also bestimmt werden, wie hoch der von dem Einsatz eines Verfahren zu erwartende finanzielle Gewinn oder Verlust ausfällt. Damit lässt sich prüfen, ob eine Prozedur überhaupt profitabel ist. Außerdem können verschiedene in Frage kommende Verfahren hinsichtlich ihres relativen Nutzens miteinander verglichen werden.

Die mit dem Modell zu schätzende Größe ist der *inkrementelle Nutzen* (*incremental utility*, ΔU) eines diagnostischen Verfahrens. Unter inkrementellem Nutzen versteht man den Nutzenzuwachs, der sich durch die Verwendung eines Tests oder einer Testbatterie ergibt. Es handelt sich also um die Differenz „Nutzen der Selektion bei Einsatz des Tests" minus „Nutzen der Selektion ohne Einsatz des Tests", also um einen „Nettonutzen". Die Vergleichsbasis kann dabei in einer Zufallsauswahl bestehen – hierauf konzentrieren wir uns hier–, aber auch in einem bereits etablierten Verfahren, dem der in Rede stehende Test hinzugefügt wird. Der Nettonutzen wird üblicherweise in Geldbeträgen ausgedrückt.

Berechnung des Nettonutzens im BCG-Modell

Der Nettonutzen lässt sich nach folgender Formel berechnen:

$$\Delta U = N_a \cdot T \cdot \overline{Z}_x \cdot r_{xy} \cdot SD_y - C \cdot N_b$$

Die Symbole bedeuten:

- ΔU Nettonutzen
- N_a Zahl akzeptierter Bewerber
- T mittlere Verweildauer (engl. *tenure*) der Akzeptierten in der Institution
- $\overline{Z}_x$ Mittlerer standardisierter Testwert der Akzeptierten
- r_{xy} Validität des Verfahrens in der Population der Bewerber
- SD_y Leistungsstreuung, Wert der Differenz einer Standardabweichung im Kriterium
- C Kosten des Verfahrens pro Bewerber
- N_b Zahl der Bewerber

Die drei Parameter in der Mitte der Formel ($\overline{Z}_x$, r_{xy}, SD_y) machen den Kern des Modells aus: Ihr Produkt (abzüglich der Kosten C) bestimmt den Nettonutzen pro ausgewähltem Bewerber. Wir betrachten diese Parameter deshalb als erste.

$\overline{Z}_x$ ist der mittlere standardisierte Testwert der Akzeptierten. Dieser Wert wird durch die Eignungsverteilung in der Bewerberstichprobe, die Validität des Tests und die Selektionsquote beeinflusst. (Je niedriger die Selektionsquote gewählt wird, desto höher fällt $\overline{Z}_x$ aus.) Für die Berechnung von $\overline{Z}_x$ müssen Mittelwert und Standardabweichung des Prädiktors in der Bewerberpopulation bekannt sein. Ist dies nicht der Fall, kann der Wert über (λ/Selektionsquote) geschätzt werden. λ ist dabei die Ordinate der Normalverteilung an dem durch die Selektionsquote bestimmten Testtrennwert. Diese Schätzung ist akkurat, sofern der Prädiktor normalverteilt ist und die Bewerber – wie üblich – entsprechend ihrer Rangreihe im Prädiktor selektiert werden.

r_{xy} repräsentiert die Validität des Verfahrens in der Bewerberpopulation. Bei der Bestimmung dieses Parameters stellt sich das gleiche Problem wie bei der Entscheidungsgüte: Für eine genaue Schätzung werden unselektierte Stichproben benötigt, die aber nur selten verfügbar sind. Die Korrelation wird daher meist anhand der Akzeptierten berechnet. Aufgrund der gegenüber einer unausgelesenen Stichprobe eingeschränkten Variation unter den Akzeptierten liefern solche Korrelationen allerdings zu konservative Schätzungen. Unter bestimmten Voraussetzungen ist es jedoch möglich, diese

Unterschätzung durch Verwendung von Formeln zur Selektionskorrektur rückgängig zu machen (siehe z. B. Olson & Becker, 1983).

Die Leistungsstreuung, SD_y, ist die Standardabweichung der erwarteten Leistung in der Bewerberpopulation, ausgedrückt in Geldäquivalenten. Es handelt es sich um den durchschnittlichen Gewinn für die Institution pro Person und Jahr, der mit einer Erhöhung des Kriteriums um eine Standardabweichung verbunden ist. Die Leistungsstreuung setzt Kriteriumsunterschiede in Geldwerte um.

Beispiel

Bringt eine Person mit durchschnittlichen Kriteriumsleistungen ($Z_y = 0$) einem Unternehmen z. B. 50 000 € pro Jahr ein, eine Person mit überdurchschnittlichen Kriteriumsleistungen ($Z_y = 1$) dagegen 70 000 €, so beträgt die Leistungsstreuung 20 000 € pro Jahr und Person. Je höher die Leistungsstreuung ausfällt, umso bedeutsamer sind individuelle Unterschiede im Kriterium für die Institution.

Die Leistungsstreuung wird auf der Grundlage objektiver Daten oder durch Schätzverfahren bestimmt. Da objektive Daten, z. B. Geldäquivalente von Verkaufszahlen oder geleisteter Produktionseinheiten, selten verfügbar sind, wurden Schätzmethoden entwickelt, die z. T. auf subjektiven Daten aufbauen. Einige dieser Methoden sind recht einfach anzuwenden, andere verlangen erheblichen Untersuchungsaufwand.

Zu den einfachen Methoden gehören sog. globale Schätzprozeduren und proportionale Regeln. Bei *globalen Schätzprozeduren* (engl. *global estimation procedure*; Schmidt, Hunter, McKenzie & Muldrow, 1979) liefern Experten (meist unmittelbare Vorgesetzte der Einzustellenden) Schätzungen des Geldwerts von Leistungen, die zwei oder mehr Prozenträngen entsprechen. Die Experten werden z. B. gebeten, den Geldwert von Leistungen am 50., 15. und 85. Perzentil einzuschätzen. Die Differenzen (50. Perzentil − 15. Perzentil) und (85. Perzentil − 50. Perzentil) entsprechen bei Normalverteilung der Werte jeweils ungefähr einer Standardabweichung. Zur Bestimmung der Leistungsstreuung werden diese Werte gemittelt.

Noch einfacher ist die Verwendung *proportionaler Regeln*. Diese Methode basiert auf empirischen Ergebnissen, die zeigen, dass die Leistungsstreuung im Allgemeinen zwischen 40 und 70 % des mittleren Gehalts variiert (Schmidt & Hunter, 1983). Proportionale Regeln werden in vielen Nutzenanalysen verwendet. 40 % des mittleren Gehalts gilt dabei als konservativer Schätzer der Leistungsstreuung. Erheblich aufwändiger sind *individuelle Schätzmethoden*, wie z. B. der CREPID-Ansatz (Cascio & Ramos, 1986), in denen einzelne Aktivitäten, die mit einer Position verbunden sind, hinsichtlich ihres Beitrags zur Produktivität bewertet werden.

Die Bestimmung der Leistungsstreuung wurde von Cronbach und Gleser (1965) als Achillesferse der Anwendung entscheidungstheoretischer Modelle bezeichnet. Tatsächlich führen verschiedene Schätzmethoden zu teilweise recht unterschiedlichen Ergebnissen. Die Genauigkeit der diversen Verfahren kann zur Zeit noch nicht abschließend beurteilt werden. Einige Autoren schlagen daher vor, nach Möglichkeit verschiedene Methoden einzusetzen, um etwaige Divergenzen bei den Schlussfolgerungen berücksichtigen zu können (Holling & Melles, 2004).

Das Produkt der drei bislang besprochenen Parameter liefert Nutzenwerte, die auf einen Akzeptierten und ein Jahr bezogen sind. Durch Multiplikation mit der Zahl der Akzeptierten (N_a) und deren durchschnittlicher Verweildauer in der Institution (T) erhält man ein Maß für den gesamten Nettonutzen des Auswahlverfahrens. Hiervon sind noch die Kosten, die durch die Anschaffung, Administration und Auswertung der Tests verursacht werden, abzuziehen. Diese Kosten hängen u. a. davon ab, wie viele Tests verwendet werden, wie teuer die einzelnen Tests sind und wie hoch der zeitliche und personelle Aufwand für Durchführung und Auswertung ist. Für sehr valide Verfahren sind im Allgemeinen höhere Kosten zu veranschlagen als für Verfahren geringerer Validität.

Das BCG-Modell gestattet die Berechnung des finanziellen Gewinns bzw. Verlusts, der bei der Durchführung einer bestimmten diagnostischen Prozedur zu erwarten ist. Eine wichtige Anwendung ist dabei der Nutzenvergleich verschiedener in Frage kommender Verfahren. Es lässt sich also beispielsweise abschätzen, inwieweit es lohnenswert ist, eine bestehende Prozedur durch Hinzunahme neuer Tests oder Streichung verwendeter Tests zu modifizieren.

Auch für die optimale Festlegung von Trennwerten bzw. Selektionsquoten liefert das Modell die geeignete Grundlage: Trennwerte lassen sich über mathematische Prozeduren so festsetzen, dass der Nutzen der Selektion maximiert wird. Das Modell liefert damit einen wertvollen Beitrag zur Evaluation und Optimierung von Auswahlentscheidungen. Darüber hinaus helfen die Berechnungen bei der Vermittlung und Begründung psychologischer Maßnahmen gegenüber „finanziell denkenden“ Verantwortlichen in Organisationen (Funke & Barthel, 1990).

Empirische Untersuchungen zeigen, dass selbst der Einsatz von Tests mit relativ geringer (inkrementeller) Validität zu einem erheblichen Gewinn führen kann. Sie belegen auch, dass sich Validitätssteigerungen einer Prozedur im Allgemeinen recht schnell amortisieren (für konkrete Anwendungen siehe z. B. Barthel & Schuler, 1989; Holling & Reiners, 1999). Neuere Entwicklungen auf der Basis des BCG-Modells inkorporieren weitere ökonomische Faktoren, z. B. Steuern oder Diskontierung, und erlauben damit verfeinerte Berechnungen des Nutzens einer Prozedur (siehe Boudreau, 1991; Holling & Melles, 2004; Roth, Bobko & Mabon, 2001).

6.3.5 Entscheidungen außerhalb der Personalselektion

Nutzenmodelle im Rahmen der Personalselektion konzentrieren sich auf die Eignung unter den Akzeptierten. Ein eventuell durch falsch Negative entstehender Verlust wird ignoriert bzw. als vernachlässigbar gering angesehen. Dies ist sicherlich nicht ganz unkritisch: Unter den Abgelehnten könnten sich exzellente Bewerber finden, die ihre Fähigkeiten bei einem Konkurrenzunternehmen unter Beweis stellen und damit der Organisation schaden. Auch die Reputation eines Unternehmens, das viele Geeignete ablehnt, könnte leiden (Wiggins, 1973).

Für Selektions- und Klassifikationsentscheidungen außerhalb des Kontexts der Personalauswahl ist ein Außerachtlassen der Abgelehnten bzw. – allgemeiner – „negativ Diagnostizierten“ meist nicht gerechtfertigt (Wiggins, 1973). So wäre es z. B. irreführend, ein medizinisches oder klinisch-psychologisches Diagnoseverfahren allein danach zu bewerten, wieviele positiv Diagnostizierte tatsächlich eine Krankheit oder Störung aufweisen. Für die Bewertung des Verfahrens ist vielmehr *auch* ausschlaggebend, wieviele negativ Diagnostizierte die Krankheit oder Störung *nicht* aufweisen.

Der Anteil positiv Diagnostizierter an den faktisch Positiven, VP / (VP + FN), wird in diesen Kontexten als *Sensitivität* bezeichnet. Ein Verfahren mit hoher Sensitivität identifiziert faktisch Positive also mit hoher Wahrscheinlichkeit. Der Anteil negativ Diagnostizierter an den faktisch Negativen, VN / (VN + FP), wird *Spezifität* genannt. Ein Verfahren mit hoher Spezifität identifiziert also faktisch Negative mit hoher Wahrscheinlichkeit.

Bei gegebener Validität eines Verfahrens muss dabei ein Abgleich zwischen Sensitivität und Spezifität hingenommen werden. Eine Erhöhung der Sensitivität durch Herabsetzen des Testtrennwerts hat notwendigerweise eine Reduktion der Spezifität zur Folge. Umgekehrt führt eine Erhöhung der Spezifität durch Erniedrigung des Testtrennwerts immer zu einer Reduktion der Sensitivität. Die Entscheidungstheorie kann hier dazu verwendet werden, einen angemessenen Kompromiss unter Berücksichtigung des Nutzens korrekter und des Schadens inkorrekter Klassifikationen zu finden.

Illustration

Hierfür werden die vier möglichen Ausgänge numerisch bewertet, wobei es allein auf die Relationen zwischen den Werten ankommt. Nehmen wir z. B. an, der durch einen falsch Negativen entstehende Schaden sei um einiges gravierender als der durch einen falsch Positiven entstehende Schaden. Dies wäre etwa bei einer unbedingt behandlungsbedürftigen Störung der Fall. Die vier Ausgänge könnten dann z. B. so bewertet werden:

$U(\text{VP}) = 1$, $U(\text{VN}) = 1$, $U(\text{FP}) = -0.5$, $U(\text{FN}) = -2$.

Der erwartete Nutzen (*expected utility*) für einen bestimmten Testtrennwert kann durch

$$EU = U(\text{VP})P(\text{VP}) + U(\text{VN})P(\text{VN}) + U(\text{FP})P(\text{FP}) + U(\text{FN})P(\text{FN})$$

berechnet werden. P notiert dabei die Wahrscheinlichkeiten der Ausgänge, die bei gegebener Validität durch den gewählten Trennwert festgelegt werden. Durch mathematische Prozeduren kann dann derjenige Trennwert bestimmt werden, der den erwarteten Nutzen maximiert.

Nutzenberechnungen sind also durchaus nicht auf Geldwerte oder -äquivalente beschränkt. Der Nutzen diagnostischer Entscheidungen kann sich z. B. auch daran bemessen, wie gut die Zuordnung von Klienten zu therapeutischen Programmen oder Schülern zu Förderungskursen gelingt. Der Nutzen wäre in diesen Fällen nicht monetär zu bestimmen, sondern vielmehr an Verhaltenskriterien (wie Angstreduktion, Kompetenzzuwachs, Effektivität usw.) festzumachen.

6.4 Sequenzielle Strategien

Wie bereits angedeutet wurde, lassen sich diagnostische Entscheidungsstrategien in nichtsequenzielle und sequenzielle Strategien einteilen. Bei *nichtsequenziellen* (oder einstufigen, engl. *single-stage*) Strategien wird ein Test oder eine Testbatterie allen Personen gegeben, über die eine Entscheidung getroffen werden soll. Die Entscheidung basiert im ersten Fall auf einem einzelnen Trennwert, im zweiten auf einem kombinierten oder multiplen Trennwert. In jedem Fall durchlaufen alle Personen gewissermaßen das „volle diagnostische Programm“, das dann in einem Schritt, also ohne (weitere) investigatorische Phasen, zur terminalen Entscheidung führt. *Sequenzielle* Strategien beinhalten demgegenüber mindestens eine (weitere) investigatorische Stufe. Nach jeder Stufe wird ein Teil der Bewerber (terminal) akzeptiert, ein zweiter Teil der Bewerber wird (terminal) zurückgewiesen, ein dritter Teil bleibt im Verfahren und absolviert die nächste Stufe. Dieses Vorgehen wird so lange fortgesetzt, bis über alle Bewerber terminal entschieden wurde. Bei sequenziellen

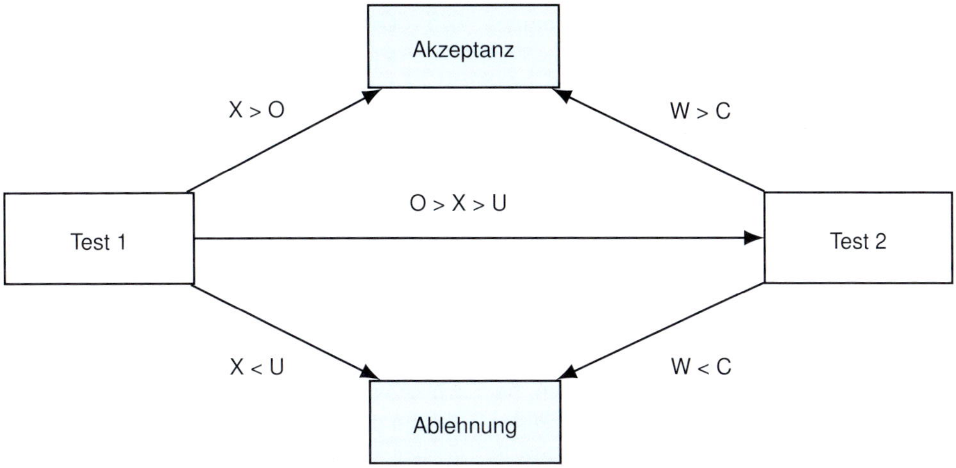

Abb. 6.2 Zweistufige sequenzielle Strategie. X und W sind Testwerte, O (oberer Trennwert, Akzeptanzgrenze), U (unterer Trennwert, Ablehnungsgrenze) und C sind Trennwerte.

Verfahren sind damit immer mehrere Trennwerte involviert.

Sequenzielle Strategien erlauben es, eine kostenintensive Prozedur so aufzuteilen, dass Ressourcen geschont werden, gleichzeitig jedoch ausreichend hohe Genauigkeit erhalten bleibt. Erreicht wird dies dadurch, dass nach der ersten und ggf. weiteren Stufen nur noch Kandidaten getestet werden, über die Unsicherheit besteht. Die für das Gesamtprogramm entstehenden Kosten fallen damit allein für Kandidaten in der letzten Stufe an. Bei allen anderen Kandidaten sind die Kosten der Diagnostik geringer.

Die einfachste Variante sequenzieller Strategien sind Zwei-Stufen-Pläne (*double stage*-Strategien), in denen – wie die Bezeichnung besagt – zweimal getestet wird. Man unterscheidet hier zwischen unvollständigen und vollständigen Strategien.

Unvollständige Strategien sind die pre-reject und die pre-accept-Strategie. Bei der *pre-reject*-Strategie wird zunächst ein kostengünstiges Verfahren mit allen Bewerbern durchgeführt. Mit diesem Verfahren werden Bewerber, die das Kriterium voraussichtlich nicht erfüllen, ausgesondert. Über die verbleibenden Bewerber wird dann nach Durchführung des in der Regel aufwändigeren zweiten Verfahrens entschieden. Für die terminale Entscheidung über die verbleibenden Bewerber werden dabei die Testwerte aus der ersten und zweiten Phase kombiniert. Die Kombination erhöht die Validität des gesamten Verfahrens. – Die *pre-accept*-Strategie ist das Spiegelbild der pre-reject-Strategie. Hier werden Bewerber, die das Kriterium mit hoher Wahrscheinlichkeit erfüllen, bereits nach der ersten Testung terminal akzeptiert, der Rest absolviert das zweite Verfahren. Danach wird über die verbleibenden Bewerber entschieden, wiederum auf der Basis der Ergebnisse in beiden Testverfahren.

Bei einer *vollständigen* Strategie werden für den Test der ersten Phase sowohl ein oberer wie ein unterer Trennwert definiert. Bewerber, die über bzw. unter diesen Trennwerten liegen, werden unmittelbar akzeptiert bzw. zurückgewiesen. Nur über Bewerber im Mittelbereich werden mittels des zweiten Verfahrens weitere Informationen eingeholt. ▶ **Abb. 6.2** illustriert das Prinzip des Vorgehens. Pre-reject- und pre-accept-Pläne sind gewissermaßen beschnittene Versionen der vollständigen Strategie. Die beiden unvollständigen Pläne involvieren für die erste Phase jeweils nur einen Trennwert, nämlich eine Ablehnungs- bzw. eine Akzeptanzgrenze, der vollständige Plan beinhaltet dagegen beide Grenzen.

Der Vorteil sequenzieller Strategien liegt darin, dass relativ teure Tests nur mit einem Teil der zu Diagnostizierenden durchgeführt werden müssen. In der ersten Phase wird nur eine relativ grobe Einteilung vorgenommen, für die ein einfaches und leicht durchzuführendes Verfahren ausreicht. Hierbei kann es sich z. B. um einen Test aus der gesamten im Rahmen der Prozedur geplanten Batterie handeln oder um eine Kurzversion mit repräsentativen Teilen aus mehreren oder allen Tests. Der erste Test allein ist für die endgültige Auswahl jedoch noch nicht valide genug. Daher werden hier auch Akzeptanz- bzw. Ablehnungsgrenzen relativ „liberal" festgelegt. Hinreichende Validität für die endgültige Entscheidung wird erst in Kombination mit dem zweiten und ggf. weiteren Verfahren erreicht.

Verglichen mit einstufigen Verfahren, in denen alle Bewerber alle Tests erhalten, müssen bei sequenziellen Verfahren Einbußen an Validität in Kauf genommen werden. Gemessen an den Kosten können diese Einbußen aber vernachlässigbar gering sein. Sequenzielle Strategien, insbesondere vollständige, sind meist um einiges effizienter als einstufige (Cronbach & Gleser, 1965; für Beispielrechnungen siehe auch Wiggins, 1973). Mit der Zahl der Stufen einer diagnostischen Prozedur steigt naturgemäß auch der Planungs- und Durchführungsaufwand. Zweistufiges Testen kann als eine in vielen Fällen geeignete Kompromisslösung angesehen werden. Hierdurch kann hohe Genauigkeit bei vergleichsweise geringem Testaufwand erreicht werden. Ein mehrstufiges Vorgehen ist dabei besonders dann anzuraten, wenn die Kosten der Diagnostik für terminale Entscheidungen relativ hoch sind.

6.5 Das Bandbreiten-Fidelitätsdilemma

Häufig stehen für die Diagnostik nur eingeschränkte zeitliche, personelle und finanzielle Ressourcen zur Verfügung. Diagnostiker sind damit bei der Planung ihrer Untersuchungen mit dem folgendem Dilemma konfrontiert: Sollen mit den begrenzten Mitteln nur wenige Variablen sehr genau gemessen werden oder sollen viele Variablen eher kursorisch erfasst werden? Cronbach und Gleser (1965) nennen dies (in Anlehnung an die Terminologie der Nachrichtentechnik) das Bandbreiten-Fidelitätsdilemma. „Bandbreite" steht für die Anzahl gemessener Merkmale, Fidelität für die Validität der einzelnen Messungen.

Unter den nahezu immer existierenden einschränkenden Bedingungen beim Diagnostizieren muss ein Kompromiss gefunden werden zwischen dem Einsatz sehr valider Verfahren, die aber diagnostische Relevanz für nur wenige Merkmale besitzen, und Verfahren, die weniger genau messen, dafür aber gleich mehrere Merkmale erfassen. Stehen für den Testteil einer Auswahldiagnostik z. B. 90 Minuten zur Verfügung, könnte die Frage entstehen, ob man für die Erfassung relevanter Merkmale die Kurzform eines Intelligenztests, einen Konzentrationstests und Skalen zur Bestimmung von Gewissenhaftigkeit, Verträglichkeit und Leistungsmotiviertheit gibt, oder ob man für die Bestimmung eines für die Position sehr wichtigen Intelligenzmerkmals, sagen wir räumliches Vorstellungsvermögen, mehr Zeit reserviert und dafür auf den Konzentrationstest oder die Persönlichkeitsskalen verzichtet. „Bandbreite" kann sich dabei sowohl auf ganze diagnostische Prozeduren (wie viele verschiedene Tests sollen eingesetzt werden?) als auch auf einzelne Tests innerhalb einer Prozedur beziehen (ein Test zur Erfassung verschiedener Intelligenzdimensionen hat größere Bandbreite als ein Test, der allein das räumliche Vorstellungsvermögens misst, ► **Kap. 12**).

Die jeweils angemessene Balance zwischen Bandbreite und Fidelität hängt wesentlich davon ab, wie viele unterschiedliche Entscheidungen auf der Basis der Diagnostik getroffen werden sollen. Breitbandprozeduren besitzen einen großen Anwendungsbereich und sind damit meist auch für mehr Entscheidungssituationen nützlich als Verfahren mit geringer Bandbreite. So könnte z. B. ein Verfahren mit hoher Bandbreite nicht nur für die Selektion, sondern auch für anschließende Platzierungsentscheidungen (etwa Zuordnung zu geeigneten Trainingsprogrammen) verwendet werden. Der Beitrag eines Verfahrens ist nach Cronbach und Gleser (1965) über *alle* Entscheidungen zu bewerten, die mit seiner Hilfe getroffen werden, nicht allein auf der Grundlage seines Beitrags für eine spezifische Entscheidung. Die Information, die ein sehr valides, aber spezifisches Verfahren liefert, beantwortet evtl. nur *eine* Frage sehr genau, lässt weitere Fragen dagegen unbeantwortet, so dass sein Nutzen insgesamt eher gering ausfallen kann.

Ihre Analysen bringen Cronbach und Gleser (1965) zu einer günstigen Bewertung von Breitbandverfahren. Die Autoren schließen dabei auch solche Zugangsweisen ein, die üblicherweise aufgrund geringer oder fraglicher Validität eher kritisch betrachtet werden, z. B. freie Interviews, projektive Tests oder Aufsatzprüfungen. Der potenzielle Wert solcher Verfahren liegt darin, dass sie bedeutsame Sachverhalte ans Tageslicht bringen können, die eine Reihe stark fokussierter Tests allein nicht aufdecken. Obgleich diese Sachverhalte mit hoher Unsicherheit behaftet sind, liefern sie doch Grundlagen für Hypothesen, die im Rahmen weiterer Untersuchungen geprüft, und dabei ggf. auch falsifiziert werden können. Cronbach und Gleser (1965) empfehlen daher, Breitbandverfahren nach Möglichkeit an den Anfang einer sequenziellen Prozedur zu stellen, die zu reversiblen (nichtterminalen) Entscheidungen führt.

6.6 Aptitude-Treatment-Interaktionen

Bislang haben wir den Nutzen von Tests bei Selektionsaufgaben betrachtet. Ein weitere Aufgabe, die von Cronbach und Gleser (1965) analysiert wird, stellen Platzierungen dar. Hier geht es darum, Personen auf der Basis diagnostischer Information der für sie optimalen Behandlung (z. B. Aus- oder Weiterbildungsprogrammen, Therapien) zuzuordnen. Nehmen wir an, die Behandlungsoptionen bestünden in drei Kursen A, B und C zum gleichen Thema, die jedoch unterschiedliche Vorkenntnisse voraussetzen oder unterschiedlich schnell vorgehen. Die diagnostische Aufgabe bestünde hier darin, mittels eines Wissens- oder Fähigkeitstests die Personen so platzieren, dass sie von den entsprechenden Kursen jeweils maximal profitieren.

Cronbach und Gleser argumentieren, dass hierfür nicht immer die Tests geeignet sind, für die sich im Durchschnitt über Behandlungen die größte Validität ergibt. Nützlich sind vielmehr solche Verfahren, für die sich deutliche *Interaktionen* zwischen Testwerten und Behandlung im Hinblick auf ein Kriterium (z. B. Lernerfolg im Kurs) sichern lassen. Cronbach (1957) hat hierfür den Begriff Aptitude-Treatment-Interaktion geprägt. Er bezog sich dabei vor allem auf pädagogisch-psychologische Fragen.

Mit dem Konzept *Aptitude-Treatment-Interaktion* wird der Sachverhalt bezeichnet, dass die Effektivität verschiedener Formen der Instruktion von Fähigkeiten, Eignungen und anderen Merkmalen der unterrichteten Personen abhängen. So fördert z. B. ein stark strukturierter und kontrollierender Unterricht den Lernerfolg bei Kindern mit geringen Fähigkeiten, während er das Lernen bei Kindern mit hoch ausgeprägten Fähigkeiten eher beeinträchtigt (Snow, 1989). Generell zielen Forschungen zu

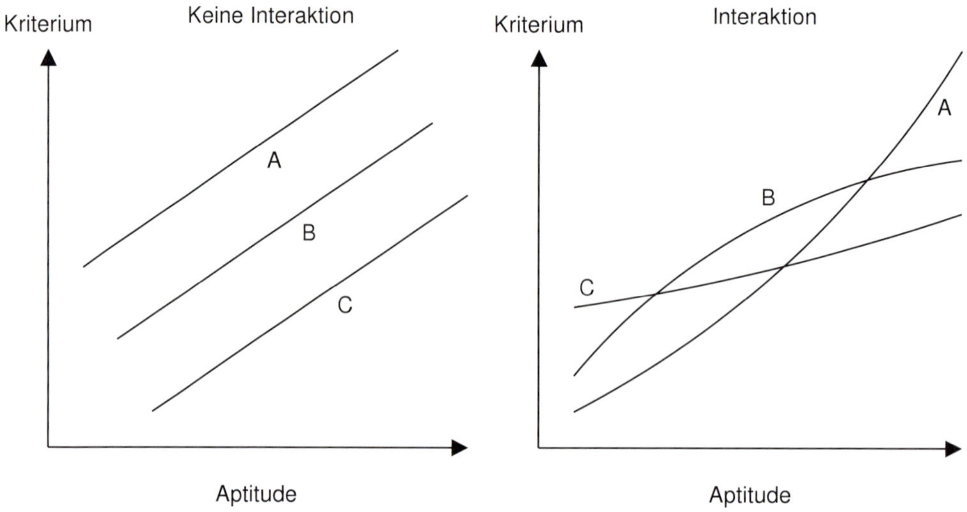

Abb. 6.3 Zusammenhänge zwischen Aptitude und Kriteriumswerten (z. B. Lernerfolg) bei drei Treatments (z. B. Kursen A bis C).

Aptitude-Treatment-Interaktionen darauf, Information bereitzustellen, mit deren Hilfe Behandlungen auf individuelle Merkmale oder Voraussetzungen abgestimmt werden können, im Beispiel also Unterrichtsformen auf Fähigkeitsmerkmale.

Interaktionen liegen dann vor, wenn Stärke und/oder Richtung des Zusammenhangs zwischen zwei Variablen (z. B. Fähigkeit und Lernerfolg), von der Ausprägung einer dritten Variable (z. B. Unterrichtsform) abhängen. ► **Abb. 6.3** zeigt zwei hypothetische Szenarios, in denen Beziehungen zwischen einem Kriterium (Lernerfolg) und Testwerten (z. B. zu Vorwissen oder Fähigkeiten) für jeweils drei Behandlungen (Kurse, z. B. A = Fortgeschrittene, B = Personen mit Vorkenntnissen, C = Einsteiger) untersucht wurden.

In beiden Szenarios und für alle Kurse bestehen positive Beziehungen zwischen Testwerten und Lernerfolg. Der linke Teil zeigt ein Szenario, in dem *keine Interaktion* zwischen der mit dem Test erfassten „Aptitude" und der Behandlung vorliegt: Die Kurven verlaufen parallel. Der Test sagt hier zwar den Lernerfolg vorher, liefert jedoch keine Anhaltspunkte für eine Platzierung der Personen. Alle Personen schneiden in Kurs A am besten ab, so dass man in diesem Fall nach Möglichkeit alle Personen auf Kurs A schicken sollte.

Beim Szenario im rechten Teil besteht dagegen eine *Interaktion*, da sich die Kurven kreuzen. Wie ersichtlich ist, profitieren Personen mit niedrigen Testwerten am meisten von Kurs C, Personen mit mittleren Werten am meisten von Kurs B und Personen mit hohen Werten am meisten von Kurs A. Wenn sich die Kurven kreuzen, ergeben sich unterschiedliche Platzierungsempfehlungen für verschiedene Personen. Personen mit hohen Merkmalsausprägungen (z. B. solche mit umfangreichem Vorwissen oder hohen bereichsspezifischen Fähigkeiten) lernen am besten in dem schnell voranschreitenden Kurs A. Von dem Einsteigerkurs C sind solche Personen unterfordert und nehmen hier entsprechend auch wenig mit. Personen mit niedrigen Testwerten lernen dagegen im Einsteigerkurs C wesentlich mehr als im Fortgeschrittenenkurs A, dessen Voraussetzungen sie nicht mitbringen.

Für Platzierungsempfehlungen ist Information über Aptitude-Treatment-Interaktionen von essenzieller Bedeutung. Tatsächlich wird die Existenz solcher Interaktionen immer vorausgesetzt, wenn Bedingungen oder Behandlungen auf individuelle Merkmale und Voraussetzungen einer Person abgestimmt werden sollen.

Zu beachten ist dabei, dass der Anwendungsbereich des Begriffs weiter ist, als die Bezeichnung „Aptitude-Treatment-Interaktion" nahelegt. Anstelle von Eignungs- bzw. Fähigkeitsmerkmalen können hier auch emotionale und motivationale Variablen, z. B. Ängstlichkeit, Leistungsmotivation oder Interessen betrachtet werden. Entsprechend kann sich „Behandlung" nicht nur auf Ausbildung, sondern auch auf verschiedene präventive oder kurative Interventionen beziehen. Schließlich kommen als Kriterien nicht nur Leistungsmerkmale, sondern auch Arbeitszufriedenheit, Angstfreiheit usw. in Betracht, also prinzipiell alles, was sich als Effekt einer Behandlung einstellen kann oder soll.

Die Forderung nach verstärkter Forschung zu Aptitude-Treatment-Interaktionen wurde besonders im Bereich der Pädagogischen Psychologie aufgegriffen, um Lehrmethoden und -inhalte besser an individuelle Lernvoraussetzungen von Schülern anpassen zu können. Leitfrage war hier, welche Effekte unterschiedliche Lehrmethoden oder -inhalte bei verschiedenen Schülern besitzen. Hier wurden neben Fähigkeitsmerkmalen auch nichtintellektuelle Eigenschaften betrachtet.

Ein Beispiel hierfür liefert die Studie von Dowaliby und Schumer (1973), die Auswirkungen unterschiedlicher Unterrichtsformen auf die Leistung hoch- und niedrigängstlicher Schüler untersuchten. Sie fanden, dass ein stark strukturierter, lehrerzentrierter Unterricht sich bei ängstlichen Schülern günstig auf die Leistung auswirkt. Demgegenüber profitieren niedrigängstliche Schüler stärker von einem schülerzentrierten Unterricht, der viel Freiraum für selbstständigen Wissenserwerb lässt. Für Ängstlichkeit zeigte sich hier also eine ähnliche Interaktion, wie sie häufig für Fähigkeiten festgestellt wurde.

Das Konzept hat eine Vielzahl von Untersuchungen angeregt. Trotz dieser Tatsache wird der Ertrag der Forschung in Übersichtsarbeiten eher nüchtern bewertet. Cronbach und Snow (1977) bemerken im Hinblick auf die häufig schwierige Replizierbarkeit von Befunden, keine Aptitude-Treatment-Interaktion sei so gut bestätigt, dass sie direkt als Richtlinie für die Gestaltung von Unterrichtsprozessen herangezogen werden könne. Dennoch resümieren sie: „Aptitude-treatment interactions exist. To assert the opposite is to assert that whichever educational procedure is best for Johnny is best for everyone else in Johnny's school" (p. 492; vgl. auch Snow, 1989).

In unserem Kursbeispiel ging es um die optimale Zuordnung von Personen zu *vorgegebenen* Behandlungen oder Bedingungen. Cronbach und Gleser sprechen hier von *fixierten Behandlungen*. Inhalt und Ablauf der Behandlungen stehen hier von vornherein fest. Unter *adaptiven Behandlungen* werden dagegen Interventionen verstanden, die sich auf Merkmale und Voraussetzungen der behandelten Personen einstellen.

Adaptive Behandlungen finden sich typischerweise bei therapeutischen Interventionen, deren Bausteine und Ablauf auf das spezifische Problem einer Person abgestimmt werden, oder in pädagogischen Kontexten, in denen Lehrinhalte und -methoden an die Voraussetzungen einer Klasse angepasst werden. Beim Unterrichten sind hier auch computergestützte Lehrsysteme zu nennen, in denen die vermittelte Information dem Wissensstand bzw. dem Lernfortschritt einer Person folgt (Leutner, 1992). Im Rahmen von Personalentscheidungen in Organisationen werden adaptive Behandlungen praktiziert, wenn die Arbeitsbedingungen oder -anforderungen nach der Einstellung von Bewerbern auf die jeweils spezifischen Stärken einzelner Personen zugeschnitten werden.

6.7 Antwortabhängiges Testen

Entscheidungstheoretische Prinzipien lassen sich nicht nur zur Auswahl und Anordnung von Tests oder anderen „ganzen" diagnostischen Verfahren einsetzen, sondern auch zur Auswahl und Anordnung der Items eines einzelnen Tests. Im ersten Fall spricht man von diagnostischen Makrostrategien, im zweiten dagegen von Mikrostrategien. In der Praxis werden entscheidungstheoretische Mikrostrategien meist bei Fähigkeits- und Leistungstests implementiert, ihr Anwendungsfeld ist jedoch nicht grundsätzlich auf diesen Bereich beschränkt. Die wichtigste Umsetzung entscheidungstheoretischer Mikrostrategien stellt das antwortabhängige Testen (Hornke, 1976, 1977) dar.

Antwortabhängiges Testen

Antwortabhängiges Testen (engl. *response contingent testing*) umfasst alle Verfahren, bei denen die gegebenen Antworten über den weiteren Verlauf des Testens entscheiden. Von konventionellen Tests heben sich antwortabhängige Verfahren durch eine flexible Strategie der Informationserhebung ab, die auf das mit der Testung angestrebte Ziel (z. B. Messung oder Klassifikation) und die im Rahmen der Prozedur notwendige Präzision der Diagnostik abgestimmt ist.

Wie in ▶ **Kap. 3** dargestellt wurde, wird beim konventionellen Testen eine fixierte Itemmenge gegeben: Jeder Proband bearbeitet die gleichen Items. Um genaue Messungen in allen Bereichen des Merkmalskontinuums zu erhalten, wird eine große Zahl von Items unterschiedlicher Schwierigkeit benötigt. Bei Fähigkeitstests werden die Items dabei im Allgemeinen nach ihrer Schwierigkeit gestaffelt, man beginnt also mit leichten Aufgaben und geht im Lauf der Testung sukzessive zu schwierigeren Aufgaben über.

Von diesem Grundaufbau wird beim konventionellen Testen nur manchmal aus ökonomischen Gründen und zur Sicherung einer günstigen Motivation der Probanden leicht abgewichen. Bei individuellen Intelligenzprüfungen ist es z. B. üblich, nach mehreren Fehlversuchen abzubrechen oder zu leichteren Aufgaben überzugehen. Auch die Einstiegsitems werden bei Intelligenztests manchmal an das (erwartete) Fähigkeitsniveau eines Probanden angepasst. Man verzichtet also z. B. bei intelligenten Probanden auf die Darbietung sehr leichter Items und beginnt gleich mit Items höherer Schwierigkeit. Dahinter steht die Überlegung, nur solche Items zu geben, die einen deutlichen Informationsgewinn versprechen. Diese, für das konventionelle Testen eher beiläufige Idee wird beim antwortabhängigen Testen systematisiert.

Antwortabhängige Verfahren lassen sich zwei Prototypen zuordnen, die mit unterschiedlichen diagnostischen Zielsetzungen eingesetzt werden. Bei *sequenziellen* antwortabhängigen Verfahren steht das Ziel einer Verkürzung der Testdauer im Vordergrund. Sequenzielle Verfahren werden zur Einordnung von Personen in zwei oder mehr vorab definierte Gruppen verwendet. Bei *adaptiven* antwortabhängigen Verfahren geht es demgegenüber primär um eine möglichst präzise quantitative Bestimmung eines zu diagnostizierenden Merkmals. Auch dies soll ökonomisch, also mit möglichst wenigen Items, erreicht werden.

6.7.1 Sequenzielle Verfahren

Mit sequenziellen Tests werden Personen in eine von mehreren diagnostisch interessierenden Gruppen eingeteilt. Sie können also bei Selektions- und Klassifikationsaufgaben eingesetzt werden. Diagnostische Fragen, die mit Hilfe sequenzieller Testung beantwortet werden können, wären etwa: Hat ein Kandidat die Prüfungsanforderungen erfüllt? Liegt bei einem Klienten eine Angststörung vor? Handelt es sich bei einem Schüler um ein „hochbegabtes" Kind?

In diesen Beispielen geht es um eine dichotome Klassifikation von Personen. Auch polytome Klassifikationen sind mit sequenziellen Verfahren möglich. Weitere quantitative Differenzierungen *innerhalb* der Klassen interessieren jedoch nicht. Der Grundgedanke sequenzieller Verfahren ist es, das Testen abzubrechen, sobald genügend Information für die Klassifikation vorliegt. Solche Verfahren können erheblich ökonomischer sein als konventionelle Tests, in denen eine möglichst genaue quantitative Bestimmung der Merkmalsausprägung angestrebt wird. Der Ökonomiegewinn sequenzieller Verfahren rührt daher, dass auf eine (quantitative) *Binnendifferenzierung* innerhalb der Klassen verzichtet wird.

Zu diesem Zweck müssen Entscheidungsregeln in die Testprozedur eingebaut werden. Generell wird bei sequenziellen Tests nach jedem investigatorischen Schritt (jeder Itemvorgabe) geprüft, ob die vorliegenden Daten (Antworten, Lösungen) bereits eine Klassifikation des Probanden erlauben, oder ob noch weitere investigatorische Schritte nötig sind. Konkret wird also gefragt, ob der bisherige Testverlauf für eine terminale Entscheidung ausreicht, oder ob noch mindestens ein weiteres Item vorgelegt werden muss.

Für die Entscheidung in jedem Schritt wurden spezifische statistische Prüfverfahren konzipiert, die ebenfalls als sequenzielle Tests bezeichnet werden (andere gebräuchliche Bezeichnungen sind Sequenzialtest oder Folgetest). Kennzeichnend für diese statistischen Verfahren ist der variable Stichprobenumfang. Im Unterschied zu vielen anderen statistischen Prüfverfahren wird dieser Umfang nicht vorab festgelegt, vielmehr wird nach jeder Beobachtung entschieden, ob die Datenlage für die Prüfung der Hypothesen schon ausreicht oder noch weitere Beobachtungen notwendig sind.

Zur Illustration des Vorgehens betrachten wir den *Sequential Probability Ratio Test* (SPRT; Wald, 1947). Für die Anwendung des SPRT müssen (mindestens) zwei Hypothesen, zusammen mit zugehörigen Irrtumswahrscheinlichkeiten, formuliert werden. Hypothesen und Irrtumswahrscheinlichkeiten erlauben dann die Bestimmung von Trennwerten für richtige bzw. falsche Antworten, bei deren Überschreiten das Testen abgebrochen und die terminale Entscheidung getroffen wird. Die Logik der Prozedur lässt sich am besten anhand eines konkreten Beispiels veranschaulichen.

Für die Abschlussprüfung eines Weiterbildungskurses liege eine große und (ungefähr) schwierigkeitshomogene Menge von Wissensfragen vor. Zur Einsparung des Prüfungsaufwands sollen die Items dieses Pools sequenziell gegeben werden. In der Prüfung werden hierfür zufällig Aufgaben aus dem Pool gezogen und den Kandidaten nacheinander vorgelegt.

Von erfolgreichen Teilnehmern werde erwartet, dass sie mindestens 80 % der Aufgaben des Pools korrekt beantworten. Teilnehmer, die weniger als 60 % der Aufgaben lösen können, gelten als nicht erfolgreich. Bezeichnet man die Lösungswahrscheinlichkeit eines Probanden mit dem Kenntnisniveau θ als $P(\theta)$, so lassen sich die beiden Hypothesen mit

$$H_0: P(\theta) < .6 \text{ und } H_1: P(\theta) \geq .8$$

notieren. Faktisch geprüft werden zunächst die Hypothesen

$$H_0 : P(\theta) = .6 \text{ und } H_1 : P(\theta) = .8.$$

Für die Entscheidung werden die Wahrscheinlichkeiten für ein vorliegendes Antwort- bzw. Lösungsmuster nach jedem Schritt (Item) k unter beiden Hypothesen miteinander in Beziehung gesetzt. Für eine Person, welche die drei ersten Aufgaben gelöst hat, ergibt sich bei Gültigkeit der Hypothese H_1 z. B. eine Wahrscheinlichkeit von

$$0.8 \cdot 0.8 \cdot 0.8 = 0.512,$$

bei Gültigkeit der Hypothese H_0 eine dagegen eine Wahrscheinlichkeit von

$$0.6 \cdot 0.6 \cdot 0.6 = 0.216.$$[1]

Unter H_1 sind drei richtige Lösungen also wahrscheinlicher als unter der H_0. Betrachtet wird nun das Wahrscheinlichkeitsverhältnis LR_k (*likelihood ratio*) unter beiden Hypothesen, das in unserem Fall

$$\mathrm{LR}_3 = 0.512/0.216 = 2.37$$

beträgt. Das Verhältnis gibt Auskunft darüber, welche der beiden Hypothesen nach den bereits vorliegenden Daten eher zutrifft. Es wird 1, wenn die Evidenz für bzw. gegen beide Hypothesen gleich groß ist. Werte größer 1 favorisieren die Hypothese H_1, Werte kleiner 1 die Hypothese H_0.

Es stellt sich nun die Frage, ob der LR-Wert von 2.37 bereits ausreicht, um Erfolg zu attestieren. Die Antwort hängt davon ab, welche Irrtumsrisiken man zu tolerieren bereit ist. Diese Risiken müssen vorab festgelegt werden. Mit dem Risiko erster Art (α) wird dabei die Wahrscheinlichkeit bezeichnet, die Hypothese H_0 fälschlicherweise abzulehnen, in unserem Beispiel also Erfolg zu attestieren, obgleich der Kandidat zur Gruppe der Nicht-Erfolgreichen gehört. Hier läge also eine falsch positive Entscheidung vor. Im Rahmen von Selektionsentscheidungen spricht man auch vom *Institutionenrisiko*, weil hier sozusagen die Institution das Risiko eingeht, einen ungeeigneten Bewerber aufzunehmen. Das Risiko zweiter Art (β) ist die Wahrscheinlichkeit, einen tatsächlich Erfolgreichen der Gruppe der Nicht-Erfolgreichen zuzuordnen. Bei Selektionsentscheidungen entspricht dieser Wahrscheinlichkeit das Risiko einer fälschlichen Ablehnung (falsch Negativer). Da dieses Risiko die getesteten Personen betrifft, wird es auch als *Personenrisiko* bezeichnet. Bei der konkreten Festlegung der Risiken orientiert man sich im Allgemeinen an der in der statistischen Hypothesenprüfung üblichen Festlegung auf relativ kleine Werte, z. B. 0.05. Je nach Bedeutung von Institutionen- oder Personenrisiko kann man einen oder beide Werte auch höher oder niedriger ansetzen.

Wurden α und β festgelegt, lassen sich in sehr einfacher Weise untere („nicht erfolgreich", Ablehnung) und obere Grenzen („erfolgreich", Annahme) für die Entscheidung in jedem Schritt festlegen. Die beiden Grenzen lassen sich nämlich durch $\beta/(1-\alpha)$ (Ablehnungsgrenze) und $(1-\beta)/\alpha$ (Akzeptanzgrenze) gut approximieren. Wie aus den Formeln für die beiden Grenzen ersichtlich ist, sind mit der Festlegung des Institutionenrisikos auf niedrigere Werte höhere Akzeptanzgrenzen, aber auch niedrigere Ablehnungsgrenzen verbunden. Für das Personenrisiko verhält sich dies umgekehrt.

Fixieren wir die beiden Risiken auf $\alpha = \beta = .05$, so ergibt sich in unserem Beispiel für die Ablehnungsgrenze ein Wert von 0.053 und für die Akzeptanzgrenze ein Wert von 19. Erreicht oder unterschreitet LR_k nun den Wert von 0.053, so wird die Diagnose „nicht erfolgreich" gestellt. Erreicht oder überschreitet LR_k

[1] Bei Nicht-Lösung ist hier jeweils die Gegenwahrscheinlichkeit zu verwenden. Wenn also z. B. das erste Item nicht gelöst wird, wohl aber die beiden folgenden, ergibt sich bei Gültigkeit der H_1 $0.2 \cdot 0.8 \cdot 0.8 = 0.128$, bei Gültigkeit der H_2 dagegen $0.4 \cdot 0.6 \cdot 0.6 = 0.144$.

den Wert von 19 wird dagegen die Diagnose „erfolgreich“ gestellt. In beiden Fällen wird das Testen beendet. So lange LR_k zwischen den beiden Grenzen – im sog. Indifferenzbereich – liegt, wird eine weitere Frage gestellt (ein weiteres Item vorgelegt).

Leistungsfähige und leistungsschwache Personen können mit sequentiellen Prozeduren relativ rasch klassifiziert werden. Interessanterweise lässt sich zeigen, dass der Indifferenzbereich in endlich vielen Schritten verlassen, das Testen also auch bei Personen mit θ-Werten zwischen den festgelegten Grenzen in jedem Fall beendet wird. In der Praxis setzt man jedoch vorab eine maximale Testlänge an, bei deren Erreichen ein Proband derjenigen Gruppe zugeordnet wird, der er mit höherer Wahrscheinlichkeit angehört (Spray & Reckase, 1996).

6.7.2 Adaptive Verfahren

Während es beim sequenziellen Testen um die Vereinfachung von Selektions- und Klassifikationsaufgaben geht, ist es das Ziel adaptiver Verfahren, die (quantitative) Messung von Personmerkmalen zu optimieren. Der Grundgedanke des adaptiven Testens ist es, einen individuellen Itemsatz für jeden Probanden zusammenzustellen und zwar so, dass die Items auf das Fähigkeitsniveau der zu untersuchenden Person passen.

Beim konventionellen Testen tragen manche Items nur wenig Information zur Messung bei. Personen mit hoher Merkmalsausprägung werden leichte Items mit Sicherheit lösen, Personen mit niedriger Merkmalsausprägung werden an schwierigen Items mit Sicherheit scheitern. Diagnostisch macht es wenig Sinn, Items zu geben, die ein Proband mit sehr hoher oder sehr geringer Wahrscheinlichkeit löst. Sie verbessern die Messung nicht. Gut geeignet und für die Messung informativ sind dagegen Items, die für die Person ein mittleres Schwierigkeitsniveau besitzen. Beim adaptiven Testen wird die Zahl informativer Items dadurch maximiert, dass die gegebenen Items während des Testverlaufs auf das Fähigkeitsniveau des Probanden abgestimmt werden. Dabei wird in jedem Schritt das für einen Probanden jeweils am besten geeignete nächste Item (oder die am besten geeignete Itemgruppe) ausgewählt. Das Rationale lässt sich am einfachsten anhand einer spezifischen Art adaptiver Verfahren illustrieren, die als *pyramidal verzweigte Tests* bezeichnet werden.

Die Itemvorgabe in jedem Schritt richtet sich hier nach einer pyramidenförmigen Anordnung, wie sie in ▶ **Abb. 6.4** dargestellt ist. Die Kreise symbolisieren die 21 Items des Tests. Die vertikale Achse der Itempyramide wird durch die Reihenfolge der Vorgabe, ihre horizontale Achse durch die Schwierigkeiten der Items festgelegt. Als erstes wird hier ein Item mittlerer Schwierigkeit vorgelegt (kein leichtes Item wie beim konventionellen Testen). Je nachdem, ob der Proband das Item löst (in der Abbildung angedeutet mit +) oder nicht löst (−), wird im zweiten Schritt auf ein leichteres Item (Nr. 2) oder ein schwierigeres Item (Nr. 3) verzweigt. In unserem Beispiel gibt der Proband auf Item 1 die falsche Antwort und landet im zweiten Schritt daher bei Item 2. Dieser Verzweigungsprozess wird nach jedem Item wiederholt, bis alle vorgesehenen Schritte (im Beispiel 6) durchlaufen sind.

Die Probanden pendeln sich während der Testprozedur auf ein Niveau der Itemschwierigkeit ein, das ihrem jeweiligen Fähigkeitsniveau entspricht (hervorgehobener Bereich in ▶ **Abb. 6.4**). Sie erhalten dann Items, die sie mit einer Wahrscheinlichkeit von ca. 0.5 lösen und damit, wie wir bereits sahen (▶ **Kap. 4**) den größten Informationszuwachs über die zu messende Dimension liefern. Bei längeren Tests werden die meisten Probanden etwa die Hälfte der vorgelegten Aufgaben lösen, die andere Hälfte nicht.

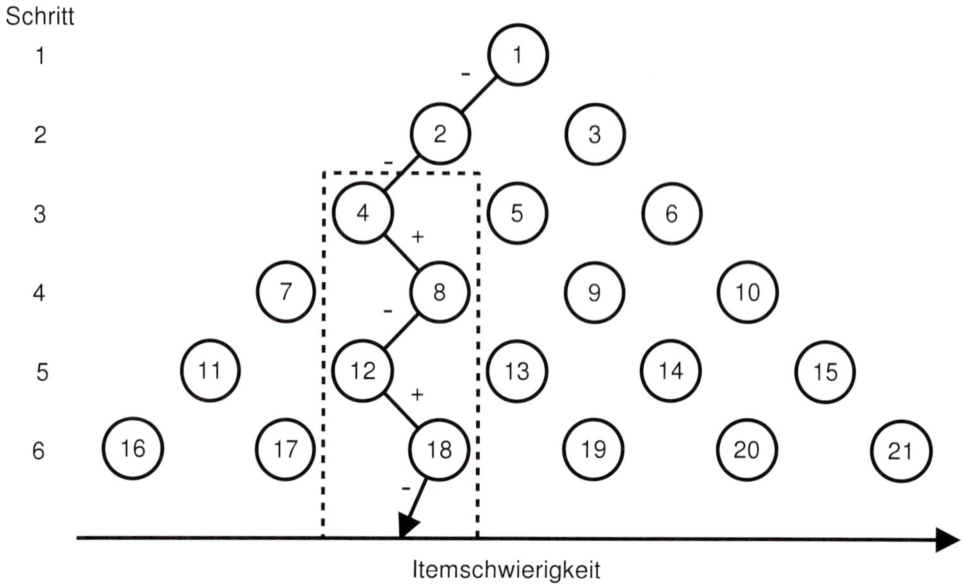

Abb. 6.4 Pyramidale Itemanordnung. (Nach Hornke, 1977, S. 6, Abbildung 4.1.)

Da es sich hierbei jeweils um Aufgaben unterschiedlicher Schwierigkeit handelt – Personen mit hoher Merkmalsausprägung bearbeiten Aufgaben hoher Schwierigkeit, Personen mit niedriger Merkmalsausprägung bearbeiten Aufgaben geringer Schwierigkeit – kann die *Zahl* der gelösten Aufgaben natürlich nicht als Indikator der zu messenden Dimension herangezogen werden. (Dies ist nur beim konventionellen Testen möglich.) Das Fähigkeitsniveau einer Person wird beim adaptiven Testen durch diejenige *Itemschwierigkeit* bestimmt, auf die sie sich im Testverlauf einpendelt. In ▶ **Abb. 6.4** ist dieses Niveau durch den Pfeil angedeutet. Wie bereits dargestellt wurde, lassen sich Person- und Itemkennwerte (Fähigkeit und Schwierigkeit) mit Hilfe von Item-Response-Modellen auf der gleichen Skala lokalisieren (▶ **Kap. 4**). Adaptive Verfahren werden daher auf der Grundlage der Item-Response-Theorie konstruiert.

Adaptive Tests lassen sich in fest verzweigte (engl. *branched*) und variable („maßgeschneiderte“, engl. *tailored*) Verfahren einteilen. Bei *fest verzweigten* Verfahren ist die Itemanordnung (und damit auch die Zahl der Schritte) von vornherein fixiert. Pyramidale Tests sind ein Beispiel hierfür. In anderen Varianten fest verzweigter Tests wird nicht nach einzelnen Items, sondern erst nach der Bearbeitung einer Aufgabengruppe auf schwierigere oder leichtere Aufgaben verzweigt. Ein Beispiel hierfür ist das *Adaptive Intelligenz Diagnostikum* (Kubinger & Wurst, 2000), das wir noch beschreiben werden (▶ **Kap. 12**). Fest verzweigte Verfahren lassen sich im Rahmen der traditionellen Individualtestung ohne weitere technische Hilfsmittel realisieren.

Variable Verfahren erfordern dagegen Computerunterstützung (▶ **Abb. 6.5**). Hier wird programmgesteuert nach jeder Itemvorgabe das Fähigkeitsniveau der Person (Personparameter) geschätzt. Anschließend wird aus einem großen Itempool dasjenige Item gesucht, das für das geschätzte Fähigkeitsniveau den höchsten Informationszuwachs erwarten lässt.

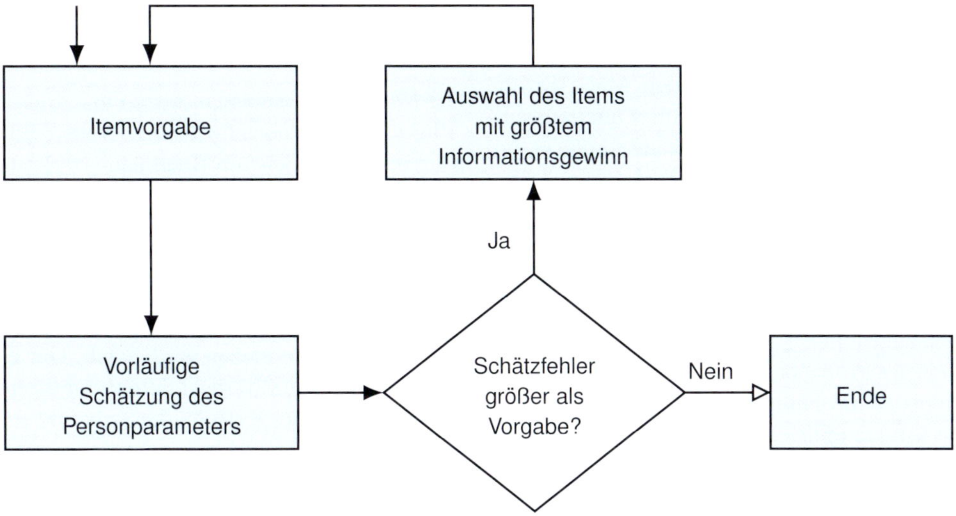

Abb. 6.5 Ablauf beim „tailored testing".

Nach der Beantwortung dieses Items kann auf Grundlage des hinzugekommenen Datums eine verbesserte Schätzung des Personkennwerts vorgenommen werden.

Zusammen mit dem Personkennwert wird auch der mit der Schätzung verbundene Fehler bestimmt. Die Schleife wird nun so lange durchlaufen, bis der Schätzfehler unter einem vorgegebenen Wert liegt, der je nach erwünschter Präzision der Messung vom Testanwender höher oder niedriger angesetzt werden kann. Die Prozedur verbindet damit die Idee des adaptiven (Anpassung an die Fähigkeit) mit der des sequenziellen Testens (Abbruch, wenn genügend Information vorliegt). Es ist offensichtlich, dass computerunterstütztes variables Testen die unter technischen und ökonomischen Gesichtspunkten optimale Form des adaptiven Testens darstellt.

Adaptive Verfahren verbinden hohe Messpräzision mit hoher Testökonomie. Eine mit konventionellen Tests vergleichbare Messpräzision kann mit geringerer Itemzahl erreicht werden. Umgekehrt wird bei gleicher Itemzahl genauer gemessen. Wesentlich ist dabei, dass die Messpräzision in allen Bereichen des Merkmalskontinuums gleich ist und sogar an die jeweiligen Anforderungen einer konkreten Testanwendung angepasst werden kann. Konventionelle Tests messen demgegenüber in den extremen Bereichen der Skala meist ungenauer als im Mittelbereich, da für diese Bereiche in der Regel nur relativ wenige Items vorgesehen sind.

Auch hinsichtlich der Testmotivation sollten adaptive Verfahren Vorteile gegenüber konventionellen Tests besitzen. Besonders im Hinblick auf Prüfungsangst und Leistungsmotivation ist es bei konventionellen Tests ungünstig, dass die Probanden je nach Fähigkeitsniveau in sehr unterschiedlichem Maße Erfolg und Misserfolg erleben. Personen mit geringen Fähigkeiten werden beim konventionellen Testen mit massierten „negativen Rückmeldungen" konfrontiert und könnten daher geneigt sein, sich mit ihrer Leistung (und ggf. dem Eindruck, den diese beim Testleiter hervorruft) anstatt mit den Aufgaben selbst zu beschäftigen. Evtl. werden sie sogar frustriert aufgeben oder sich „mental zurückziehen". Dies würde zu einer Unterschätzung ihrer Fähigkeit führen.

Beim adaptiven Testen erleben demgegenüber alle Probanden unabhängig von ihrem Fähigkeitsniveau in gleichem Maße Erfolg und Misserfolg. Dies eliminiert unerwünschte emotionale und motivationale Einflüsse auf die Leistung zwar nicht vollständig, schaltet aber zumindest eine Quelle systematischer Fehler aus. Allerdings sind die Vorteile des adaptiven Testens hinsichtlich der Testmotivation nicht ganz so eindeutig wie ursprünglich angenommen wurde. Zumindest für einen Teil der Probanden kann die Anpassung der Items an das Fähigkeitsniveau demotivierende Effekte mit sich bringen, da ja „nur" 50 % der Aufgaben erfolgreich bearbeitet werden (was vielleicht weit unter der Erwartung einer Person liegt) und vermehrte Anstrengung die Lösungswahrscheinlichkeit im Verlauf der Testsitzung nicht wahrnehmbar steigert (Frey, Hartig & Moosbrugger, 2009).

Die Konstruktion adaptiver Verfahren ist relativ aufwändig. Benötigt wird ein großer Itempool, der nach Prinzipien der Item-Response-Theorie (▶ **Kap. 4**) zusammengestellt ist. Da die Personen jeweils unterschiedliche Items bearbeiten, sind hier Testmodelle gefordert, in denen Personkennwerte unabhängig von den eingesetzten Items geschätzt werden können. Die Itemmenge muss recht strikten Homogenitätsanforderungen genügen, da ansonsten das Verzweigungsprinzip nicht optimal funktionieren kann. Inkorrekte Verzweigungen zu Beginn des Testens oder fehlerhafte anfängliche Fähigkeitsschätzungen können den Testverlauf gewissermaßen in die falsche Spur bringen. Eine entsprechende „Kurskorrektur" kann die Testökonomie erheblich beeinträchtigen. An die einzelnen Items eines adaptiven Tests sind daher hohe messtechnische Anforderungen zu stellen.

Weiterführende Literatur

Die Monographie von Cronbach und Gleser (1965) ist immer noch lesenswert. Neuere Entwicklungen werden von Boudreau (1991) sowie Roth, Bobko und Mabon (2001) behandelt. Holling und Melles (2004) geben einen Überblick über die Anwendung von Entscheidungs- und Nutzenkonzepten in der Organisationspsychologie, in dem auch die Bedeutung deskriptiver Ansätze beschrieben wird. Swets, Dawes und Monahan (2000) diskutieren praktische Anwendungen der Entscheidungstheorie für diagnostische Fragen. Antwortabhängiges Testen wird von Frey (2008) eingehender dargestellt, neuere Entwicklungen finden sich bei van der Linden und Glas (2010).

Fragen zur Wissenskontrolle

1. Was versteht man unter *individuellen* und *institutionellen* Entscheidungen?
2. Wie wirken Basisquote, Selektionsquote und Validität hinsichtlich der Entscheidungsgüte zusammen?
3. Welche zentralen Parameter enthält das BCG-Modell?
4. Welche Bedeutung besitzen Aptitude-Treatment-Interaktionen für diagnostische Entscheidungen?
5. Was sind die Unterschiede zwischen *sequenziellem* und *adaptivem* Testen? Erläutern Sie jeweils Zielsetzung und Vorgehensweise.

7 Handlungstheoretische Modelle

Innerhalb des entscheidungstheoretischen Ansatzes hatten wir als zentralen Begriff den der *Strategie* kennengelernt (▶ **Kap. 6**). Strategien sind an die Aktivierung von *Intentionen* und die Formulierung von *Zielen* gebunden. Sie legen fest, wie eine Handlung organisiert werden sollte, damit sich eine Intention auch tatsächlich erfüllt und ein angestrebter Zielzustand erreicht wird. Strategie, Intention und Ziel sind zentrale Begriffe der *Handlungstheorie* (Lenk, 1981, 1984). Im Folgenden sollen zunächst Grundbegriffe der Handlungstheorie und deren Verknüpfungen beschrieben werden. Sodann wird das Konzept der Handlung anhand eines konkreten Modells auf die Analyse des Prozesses der diagnostischen Tätigkeit angewendet.

7.1 Grundbegriffe der Handlungstheorie

Unter „Handeln" bzw. „Handlung" versteht man innerhalb der Psychologie eine *zielgerichtete* Tätigkeit. Der in der Psychologie lange Zeit üblichere Begriff des „Verhaltens" ist demgegenüber weiter gefasst. Er kann sich sowohl auf zielorientierte Aktivitäten beziehen als auch das reine Reagieren auf externe oder interne Stimulation bezeichnen. Neben der Zielorientiertheit ist als zweiter wichtiger Aspekt die *zeitliche Organisation* von Handlungen hervorzuheben. Handeln kann damit als ein zeitlich organisierter, zielorientierter Prozess bestimmt werden (Kaminski, 1981).

Handlungen werden in Gang gesetzt, indem eine Person eine bestimmte *Intention* bildet bzw. aktiviert und ein konkretes Ziel formuliert (▶ **Abb. 7.1**). Dieses Ziel muss am Beginn der Handlung bereits kognitiv repräsentiert sein, d. h. das Ziel muss *antizipiert*, als Antizipation *gespeichert* und während des Handelns *zugänglich gehalten* werden. Zur Erreichung eines Zieles muss die Person eine Reihe von *Mitteln* einsetzen. Der Einsatz dieser Mittel muss zuvor geplant und möglichst effektiv organisiert werden. Wir verwenden für Planung, Organisation und Einsatz von Mitteln im Fol-

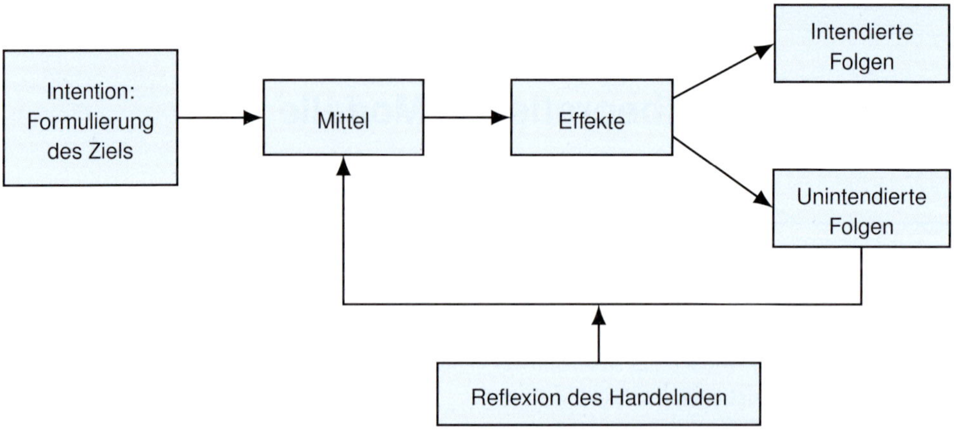

Abb. 7.1 Grundbegriffe der Handlungstheorie (nach Eckensberger & Reinshagen, 1979).

genden den Begriff *Tätigkeit*. Der Einsatz spezifischer Mittel führt zu bestimmten *Effekten*. Effekte einer Tätigkeit müssen wahrgenommen und im Hinblick auf das antizipierte Ziel beurteilt werden. Dies gilt auch, wenn Zwischenziele formuliert werden und damit Zwischenergebnisse vorliegen, wie es bei komplexen Handlungen die Regel ist.

Die Wahrnehmung und Beurteilung der Effekte führt dazu, dass die betreffende Person realisiert, welche konkreten *Folgen* die eigene Tätigkeit hatte. Wenn das eingangs formulierte Ziel erreicht wurde, so ist die Folge *intendiert*. Des öfteren führt die eigene Tätigkeit aber auch zu nicht beabsichtigten, meist nicht einmal antizipierten, Effekten, also zu einer *unintendierten Folgenmenge* (Eckensberger & Reinshagen, 1979).

Das Gewahrwerden einer nicht beabsichtigten Wirkung eingesetzter Mittel führt im Allgemeinen zu weiteren Beurteilungsprozessen (zu einer *Reflexion*) beim Handelnden. Inhalt dieser Prozesse ist zunächst die Abschätzung der Tolerierbarkeit der unintendierten Folgen. Sollte die Person dabei zu dem Schluss kommen, dass nicht alle Folgen tolerierbar sind, so wird hierdurch eine neue Handlung in Gang gesetzt. Ziel dieser Handlung ist jetzt die Reduzierung des Wirksamwerdens der unintendierten Folgen der ursprünglichen Tätigkeit.

Das Modell lässt sich am besten durch ein Beispiel aus dem Alltag verdeutlichen. Angenommen, eine Person habe die Intention gebildet, ihre körperliche Fitness zu verbessern. Als Mittel hierzu führt sie zweimal wöchentlich Waldläufe von jeweils einer Stunde Dauer durch. Als Effekt wird sie registrieren, dass sich nach einiger Zeit die Fitness erhöht. Die intendierte Folge ist eine steigende Zufriedenheit mit dem körperlichen Zustand und der Ansporn weiterzumachen. Allerdings könnten sich auch einige unintendierte Folgen einstellen, in erster Linie Zeitverlust und damit evtl. ein engerer Terminplan, darüber hinaus vermutlich eine stärkere Müdigkeit nach dem Waldlauf, die anschließende Leistungen erschwert.

7.2 Eine Handlungstheorie psychologischer Diagnostik

7.2.1 Ausgangspunkt

Wir hatten im Eingangskapitel dieses Buches eine naiv-realistische Vorstellung des Diagnostizierens kritisiert. Nach dieser bei vielen Laien – aber auch psychologischen Praktikern – herrschenden Vorstellung setzt sich der praktische Diagnostiker ein Arbeitsziel, das man als „Entdecken" umschreiben könnte. Dieser Vorstellung nach ist das Ziel der diagnostischen Tätigkeit erreicht, wenn soviel wie möglich von der „wahren Natur" eines Klienten „entdeckt" wurde.

Die moderne Diagnostik weist ein solches naiv-realistisches Modell zurück. Ging dieses Modell von der Frage aus „Wie ist dieser Klient?", so steht für die moderne Diagnostik, wie wir bereits zu Beginn von ▶ **Kap. 1** gesehen haben, das eingegrenzte Anforderungsbild eines speziellen Auftrags im Mittelpunkt. Ziel einer handlungstheoretischen Konzeption des Diagnostizierens ist es demnach auch, die Diagnostik aus dem Kontext des Entdeckens, in den sie naiv-realistische Vorstellungen gelegt hatten, in den des Planens, Veränderns, Entscheidens und Beurteilens zu bringen, also Zielsetzungen zu realisieren, wie sie zuvor auch bereits Cronbach und Gleser (1965; ▶ **Kap. 6**), allerdings speziell für institutionelle Entscheidungen und weniger für die Einzelfalldiagnostik, formuliert hatten (Hörmann, 1967).

Im vorangegangenen Kapitel war das Diagnostizieren anhand entscheidungstheoretischer und antwortabhängiger Verfahren insbesondere im Hinblick auf seinen Beitrag zur Verbesserung von Selektionsstrategien analysiert worden. In diesem Kapitel soll nun mit dem Ansatz von Kaminski (1970) ein Modell vorgestellt werden, das die Bedeutung des Diagnostizierens auch innerhalb des Rahmens modifikatorischer, speziell am Einzelfall orientierter, Interventionen deutlich macht. Kaminskis Modell zielt also nicht nur auf eine Beschreibung des engeren Prozesses der diagnostischen Urteilsbildung, d. h. des Stellens einer Diagnose anhand gegebener Daten, sondern umfasst den gesamten Ablauf interventionsbezogener psychologischer Arbeit.

Für Kaminski liegt diesem Ablauf ein durch kognitive *Mikrokomponenten* gesteuerter Beurteilungs- und Entscheidungsprozess zugrunde, der auf der Aktivierung spezifischer Wissensrepräsentationen basiert. Im Einzelnen sollen in diesem Kapitel folgende Punkte dieses Prozesses angesprochen werden:

1. Ein Modell des Arbeitsflusses in der diagnostischen Praxis,
2. Implikationen dieses Modells,
3. Konkretisierung des Modells an einem Beispiel,
4. Analyse spezifischer Aspekte des Modells.

7.2.2 Ein Modell des Arbeitsflusses in der diagnostischen Praxis

Kaminski stellt die diagnostische Urteilsbildung als einen sequenziellen Arbeitsprozess mit Rückmeldungsschleifen dar, der erst als abgeschlossen gilt, wenn ein zuvor definiertes Zielkriterium erreicht ist. Dieser Prozess ist gekennzeichnet durch eine enge Verflechtung von Auftrag, Diagnose und praktischer, z. B. modifikatorischer, Intervention. Integriert man diese Aspekte, so ergibt sich das in ▶ **Abb. 7.2** dargestellte Schema des Ablaufs der gesamten diagnostisch-praktischen Tätigkeit. Wie ersichtlich ist, wird hier im Sinne einer Grobgliederung von einer diagnostischen und einer praktischen Schleife gesprochen. Der Begriff der Schleife betont die Rückmeldungsprozesse innerhalb dieser Phasen.

Zunächst müssen in diesem Schema zwei Typen von Handlungen unterschieden werden: Arbeit i. e. S. (repräsentiert durch ungefüllte Rechtecke) und Kontrolle der Arbeit (repräsentiert durch gefüllte Rechtecke). Die einzelnen Komponenten sind wie folgt bestimmt:

Eingangsdaten und Datenbeschaffung. Die ersten Daten kommen gewissermaßen „von selbst". Es sind Fragestellungen von außen

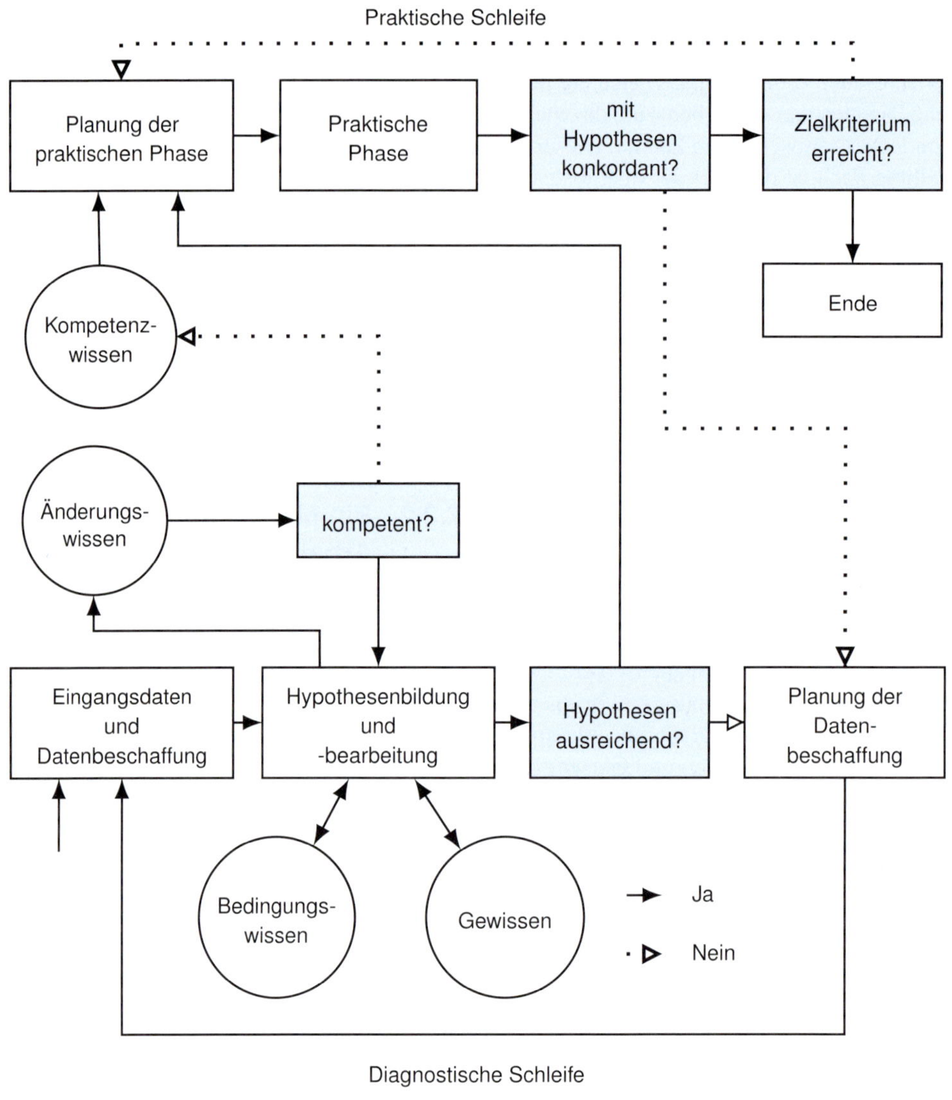

Abb. 7.2 Schema des Ablaufs der diagnostisch-praktischen Tätigkeit (nach Kaminski, 1970).

(z. B. Klagen oder Wünsche). Diese *Eingangsdaten* bilden zwar die Grundlage des Auftrags an den Psychologen, sind aber noch nicht der Auftrag selbst. So bildet etwa die Klage einer Mutter, dass ihr Sohn in der Schule in letzter Zeit nicht mehr mitkomme und auch keine rechte Lust mehr an der Schule habe, zwar den Anstoß für das Tätigwerden des Psychologen, welcher konkrete Auftrag sich daraus ableitet, ist damit aber noch nicht festgelegt.

Hypothesenbildung und -bearbeitung. Hypothesen werden anhand der Eingangsdaten gebildet und sind die Grundlage des weiteren diagnostischen und praktischen Tuns. Die *Hypothesenbildung* ist ein sehr komplizierter

Prozess der Bearbeitung von Daten; auf ihn wird später noch genauer eingegangen. Zunächst sei nur soviel erwähnt: Die Hypothesen beziehen sich auf

- eine psychologische Beschreibung des Eingangszustands des Klienten, *Z1*, und damit verbunden auf die *Ursachen dieses Zustands* sowie
- auf eine Definition des Zustands, auf den hin geändert werden soll, *Z2*, sowie des *Weges dorthin*.

Illustration

Konkretisieren wir das Konzept der Hypothese am bereits erwähnten Beispiel der Schulschwierigkeiten: Z1 könnte psychologisch als ein erlerntes Vermeidensverhalten beschrieben werden. Ursachen für Z1 könnten Misserfolgserfahrungen als Konsequenz spezifischer fehlender Kompetenzen verbunden mit einer erhöhten Furcht vor Misserfolg sein. Der Zielzustand Z2 wäre evtl. verringerte Schulunlust und erhöhte Kompetenzen zur Bewältigung schulischer Anforderungen. Der Weg dorthin könnte im Aufbau dieser Kompetenzen sowie in einem Modifikationsprogramm zur Beseitigung von Misserfolgserwartungen liegen, etwa durch eine sog. „Umattribuierung" der Zuschreibung von stabilen internalen Ursachen des Misserfolges (Attribuierung auf mangelnde Fähigkeiten) auf variable internale Ursachen (Attribuierung auf mangelnde Anstrengung; siehe hierzu Dweck, 1975; Dweck & Wortman, 1982). Denkbar wäre natürlich auch eine bei den Eltern einsetzende Modifikation, etwa eine Veränderung ihrer Leistungsansprüche an das Kind.

Schon jetzt wird anhand dieser knappen Skizze, die später noch ausgearbeitet wird, deutlich, dass psychologisches Grundlagenwissen bei der diagnostisch-praktischen Urteilsbildung eine wesentliche Rolle spielt.

Die in der 2. Phase gebildeten Hypothesen müssen also Antworten auf zwei Fragen geben: Erstens, wie ist der gegenwärtige Zustand des Klienten im Hinblick auf die Fragestellung von außen und wie ist es dazu gekommen? – Zweitens, auf welchen Zustand soll hingearbeitet werden und wie gelangt man dorthin?

Hypothesenbeurteilung. Oft können diese Fragen auf der Grundlage der Eingangsdaten nicht präzise beantwortet werden. In der psychologischen Praxis, z. B. der Erziehungsberatung, dürfte dies sogar der Regelfall sein. Entweder ist die erste Information so unspezifisch, dass überhaupt keine präzisen Hypothesen gebildet werden können (wenn die Mutter beispielsweise sagt: „mein Kind ist immer so unruhig"), oder die vorgegebene Information lässt verschiedene alternative Hypothesen zu. Für das Beispiel des Leistungsabfalls könnten sich diese etwa beziehen auf emotionale Ursachen (z. B. das Auftreten häuslicher Spannungen oder den Tod einer für das Kind zentralen Bezugsperson), intellektuelle Leistungsvoraussetzungen beim Kind oder das Vorliegen einer organischen Erkrankung.

Wie gut die Hypothesen sind, ob sich mit ihnen bereits praktisch arbeiten lässt, oder ob noch mehr Information benötigt wird, damit präzisere Hypothesen aufgestellt werden können, entscheidet sich in dieser Beurteilungsphase (▶ **Kap. 7.2.4** und **7.2.5**).

Planung der Datenbeschaffung. Angenommen, der Psychologe kommt zu dem Schluss, seine Hypothesen seien nicht ausreichend. Dann kann er nach den bisherigen Überlegungen natürlich auch noch nicht praktisch zu arbeiten beginnen, sondern muss zunächst weitere Daten beschaffen. Diese Daten werden allerdings nicht gleichsam mit einem „Schrotschuss" beschafft, sondern ganz ökonomisch so besorgt, dass es zu einer brauchbaren Arbeitshypothese kommt. Nehmen wir unser Beispiel mit den drei Alternativhypothesen zum Leistungsabfall wieder auf:

Die Hypothese 1 „häusliche Spannungen" oder „Tod einer Bezugsperson" müssten zunächst einmal Teil einer Modells sein, in dem spezifiziert wird, wie sich diese Ereignisse auf Schulleistungen auswirken. Information könnte dann über gezielte Fragen im Sinne einer Anamnese, über die Beobachtung der Interaktion von Familienmitgliedern und über spezifische Tests, z. B. Spieltests, besorgt werden. – Zur Hypothese 2 „intellektuelle Ursachen" könnte Information aus Intelligenz- und Schulleistungstests herangezogen werden. – Die Hypothese 3 „organische Ursache" würde die Beschaffung von Daten aus einer medizinischen, vielleicht internistischen oder neurologischen, Untersuchung bedeuten.

Wichtig ist, dass in dieser sog. *„diagnostischen Schleife"* die Hypothesenbildung und die Datenbeschaffung eng aufeinander bezogen sind. Wie es überhaupt zur Hypothesenbildung kommt, wird noch im Einzelnen dargestellt werden. In den bisher dargestellen Phasen finden wir die bereits in ▶ **Kap. 1** mehrfach erwähnte enge Verzahnung von psychologischem Grundlagenwissen (Allgemeine und Entwicklungspsychologie, Persönlichkeitsforschung) mit der diagnostischen Praxis.

Praktische Phase. Auch die praktische Phase wird geplant und basiert auf psychologischem Wissen darüber, wie Änderungen effizient und nachhaltig bewirkt werden können. Darüber hinaus enthält sie ebenfalls Prüfprozesse (▶ **Abb. 7.2**). Die praktische Phase selbst kann sehr vielfältig sein; neben therapeutischen Modifikationen kann die praktische Phase auch in einer Selektions- bzw. Klassifikationsempfehlung, einer Beratung oder in einem Gutachten bestehen.

Der erste Prüfprozess beantwortet die Frage, ob die Phase in Übereinstimmung mit den Hypothesen verläuft, auf die sich die Intervention gründet. Wann könnte diese Übereinstimmung verfehlt werden? Zum einen könnte eine bestimmte Behandlung geplant sein, der Klient verhält sich aber nicht so, wie erwartet wurde, zeigt etwa keine „Besserung". Das Verhalten des Klienten entspricht neuen Eingangsdaten. Die diagnostische Schleife muss dann nochmals durchlaufen werden. Es können sich aber auch Informationen über zwischenzeitlich eingetretene oder vorher nicht bekannte Bedingungen ergeben, z. B. dass der Sohn nicht nur einen Leistungsabfall zeigt, sondern neuerdings auch zu einer aggressiven Clique von Jugendlichen gehört.

In einem nächsten Schritt wird geprüft, ob das Zielkriterium erreicht wurde. Auch hier findet wieder eine, wenn auch verglichen mit der diagnostischen Schleife andersartige, diagnostische Tätigkeit statt, in welcher der Erfolg der Modifikation bewertet wird (▶ **Kap. 7.2.5**).

7.2.3 Implikationen des Modells

Aus der bisherigen Darstellung des Modells leiten sich die folgenden fünf essenziellen Schlussfolgerungen ab:

1. Alle diagnostischen Auswertungen von Daten haben den Charakter von Hypothesen bzw. hypothetischen Interpretationen. Diese werden auf der Basis der eingehenden Daten (und natürlich psychologischen Wissens) formuliert, zunächst provisorisch als gültig gesetzt, beurteilt, geprüft und schließlich beibehalten oder verworfen. Beim Diagnostizieren wird also nichts „entdeckt", sondern das jeweils zu Diagnostizierende wird immer nur im Rahmen eines bestimmten Denkmodells so bezeichnet (z. B. als erlerntes Vermeidensverhalten).
2. Jede Datenbeschaffung wird geplant und ist hypothesengeleitet. Auch das quasiautomatische Testen, z. B. das routinemäßige Durchführen eines Intelligenztests oder eines projektiven Verfahrens, folgt, wenn auch oft nur sehr vagen und nicht ausformulierten, Hypothesen.

3. Was für den Grad der Explizitheit des Hypothesenformulierens und Planens der Datenbeschaffung gesagt wurde, gilt auch für die Prüf- bzw. Entscheidungsprozesse, also für die Prüfung, ob die Hypothesen ausreichen, die praktische Phase mit den Hypothesen konkordant ist oder das Ziel erreicht wurde. Auch diese Prozesse können vom Diagnostiker mehr oder weniger bewusst vollzogen werden.
4. Ohne die Formulierung diagnostischer Hypothesen kann die praktische Phase nicht eingeleitet werden.
5. Die psychologische Arbeit muss stets von erreichbaren Zielkriterien gesteuert werden. Der Arbeitsprozess wird dann solange rückgekoppelt, bis das Zielkriterium erreicht ist.

Häufig beginnt der Psychologe, evtl. nach einem kurzen Gespräch (► **Kap. 8**), die Bearbeitung eines Falles mit der Darbietung einer Serie von Tests, z. B. indem er einen Intelligenztest gibt, ein projektives Verfahren einsetzt und evtl. noch einen mehrdimensionalen Persönlichkeitsfragebogen „mitlaufen" lässt. Hier wird die Hypothesenbildung weitgehend ausgeschaltet. In diesem Vorgehen sieht Kaminski zwei große Probleme.

Indem erst am Ende des Sammelns einer relativ großen Menge von Daten mit der Hypothesenbildung begonnen wird, steht der Psychologe *erstens* vor einem *Kapazitätsproblem*. Die hypothesenlos gewonnenen Daten führen zu einer Überlastung der Informationsverarbeitungskapazität, wodurch u. U. wertvolle Information verloren gehen kann.

Das *zweite* Problem hängt mit dem ersten zusammen. Überlastung bei der Integration kann zur *Informationsselektion* führen. Diese kann nun bei Anwendung von ganzen Testbatterien häufig durch den Wunsch nach „Stimmigkeit" der Ergebnisse geleitet werden. Bestimmte Testergebnisse bilden aufgrund der sie, zumindest nach der Vorstellung des auswertenden Psychologen, fundierenden Persönlichkeitstheorie ein bestimmtes Schema, an das die Information aus anderen Tests angeglichen wird. So mag etwa ein Psychologe zunächst einmal einen Persönlichkeitsfragebogen des Klienten auswerten und dabei hohe Werte für Introversion und Ängstlichkeit finden. Auf der Grundlage des so gebildeten Schemas wird der Psychologe dann vermutlich weitere Testinformation akzentuieren. Auf diese Weise mag, je nach Geschick des Psychologen, eine mehr oder weniger „stimmige" Beschreibung des Klienten resultieren, die dann vielleicht sogar in ein Gutachten eingeht; der Bezug zur Praxisphase dürfte aber sicherlich eher schwach sein.

Auch die therapeutische Tätigkeit lässt sich von der Position des Kaminski-Modells aus betrachten. Die soeben besprochene Arbeitsform, die Kaminski (1970) „reines Testen" nennt, war dadurch gekennzeichnet, dass zwar die Datenbeschaffung aktiv, dafür aber die Hypothesenbildungs- und -prüfungsinstanzen weitgehend inaktiv blieben. Entsprechend kam es auch nicht zu einer hypothesengeleiteten Planung der Datenbeschaffung.

Therapeutische Tätigkeit ist nun in vielen Fällen durch ein kurzschlüssiges Überspringen der diagnostischen Schleife insgesamt gekennzeichnet. Dies gilt insbesondere für jene Therapieformen, die auf einer Theorie basieren, die ein weitgehend einheitliches Ursachenmuster für Probleme und auch eine einheitliche Therapie für eine Vielzahl von Persönlichkeitsstörungen vorsieht. Die Annahme einheitlicher Ursachen, beispielsweise eines unbewältigten Ödipuskonflikts, enthebt den Psychologen vermeintlich einer Diagnose im Sinne der Feststellung von Z1 und seiner Ursachen. Die Annahme einer einheitlichen Therapie scheint dagegen die Indikationsfrage, d. h. die Bestimmung von Z2 und des Weges dorthin, aufzuheben.

Wenn bei derartigen therapeutischen Tätigkeiten diagnostiziert wird, dann weniger im

Rahmen der Datenbeschaffung der „diagnostischen Schleife“ als vielmehr innerhalb der Prüfoperationen der praktischen Phase. So wird zum einen sicherlich die Erreichung von Zielkriterien geprüft, wenn diese auch oft nur vage formuliert sind. Dies kann u. U. zu Modifikationen bei der Fortführung der Therapie führen. Zum anderen mag geprüft werden, ob die Therapie insgesamt so verläuft, wie die allgemeine Theorie der Therapie, die hier gewissermaßen die Formulierung spezifischer Hypothesen ersetzt, dies vorsieht. Im Diskrepanzfall mag es hier tatsächlich zu einer gewissen diagnostischen Tätigkeit kommen, wenn auch nicht ganz klar ist, wie sich diese ohne die Formulierung und Prüfung von Hypothesen vollziehen soll.

7.2.4 Konkretisierung des Modells

Nachdem die Grundstruktur des von Kaminski entwickelten Modells vorgestellt wurde, soll dieses Modell nun anhand eines Beispiels konkretisiert werden. Dabei werden wir als wesentliche Steuerungsinstanzen für diagnostische Planungs- und Entscheidungsprozesse die von Kaminski vorgeschlagenen Komponenten der Wissensrepräsentation einführen und somit eine Differenzierung innerhalb des Modells vornehmen. Als Beispiel betrachten wir wiederum den Fall der Mutter, die sich über eine neu aufgetretene Schulunlust ihres Sohnes verbunden mit einem schulischen Leistungsabfall beklagt.

Wie schon gesagt, wird diese Klage der Mutter als das erste (gewissermaßen von selbst) einkommende Datum im Arbeitsfluss behandelt. Es wird unter mindestens zwei Aspekten ausgewertet: Erstens, welche Zielsetzung für die Intervention ergibt sich aus der Klage der Mutter? Im vorliegenden Fall kann man davon ausgehen, dass es Ziel der Behandlung sein soll, Schulunlust und Leistungsdefizit zum Verschwinden zu bringen. – Zweitens, nachdem dieses Ziel, zumindest grob, formuliert worden ist, tritt als weiterer Aspekt die Frage auf, ob der Psychologe weiß, wie er diesen Zustand ändern kann.

Mit diesem zweiten Aspekt wird eine erste Differenzierung des Grundmodells notwendig. Ein Rückgriff auf Wissen kommt im Arbeitsfluss bisher nicht explizit vor. Kaminski (1970, S. 41ff) schlägt vor, die Gesamtheit des Wissens, das der Psychologe zur Bearbeitung eines Falles mitbringt und aktivieren kann, durch Speicher mit spezifischem, abrufbarem Inhalt zu repräsentieren (▶ **Abb. 7.2**, S. 194).

Ein erster Speicher (*Speicher 1*) soll Wissen darüber enthalten, auf welche Weise Menschen geändert werden können, oder präziser: von einem spezifischen als wenig erwünscht angesehenen Ausgangszustand in einen erwünschten Zielzustand gebracht werden können. Kaminski nennt dieses Wissen „Änderungswissen“.

Die Aktivierung des Speichers „Änderungswissen“ impliziert auch immer eine Kompetenzentscheidung des Psychologen. Es kann ja z. B. sein, dass er bestimmte Kenntnisse darüber hat, wie man einen unerwünschten Zustand ändert, dass er diese Änderung selbst aber nicht kompetent durchführen kann. Der Psychologe braucht also eine zweite Art von Wissen, die ihm sagt, angesichts welcher Daten welcher Fachmann (z. B. Internist, Neurologe, Heilpädagoge) für eine Änderung kompetent ist. Kaminski nennt diesen *zweiten Speicher* „Kompetenzwissen“.

Da ja bereits die ersten Daten zur Formulierung von Hypothesen führen sollen, werden wir hier häufiger den Fall einer vorläufigen Kompetenzabtretung vorfinden. Damit ist gemeint, dass ein Teil der Hypothesen sich auf Änderungsprozesse bezieht, die nicht in die Kompetenz des Psychologen fallen. Denken wir an die Hypothese, dass ein organischer

Prozess für den schulischen Leistungsabfall des Sohnes verantwortlich sein könnte. Ein derartiger Prozess kann von Psychologen weder mit der nötigen Zuverlässigkeit diagnostiziert noch gar verändert werden. Hier wird die Kompetenz aufgrund des in Speicher 2 vorliegenden Wissens vorläufig an einen Mediziner, etwa einen Internisten oder Neurologen, abgegeben. Für den Fall, dass sich die Hypothese dort bestätigt, wird die Kompetenz zumindest längerfristig abgegeben, andernfalls fällt sie an den Psychologen zurück.

Für den Fall, dass die Speicher 1 und 2 aussagen, nicht die Psychologie, sondern ein anderes Fach sei einschlägig, beschränkt sich die praktisch-psychologische Tätigkeit zunächst einmal auf eine organisatorische Beratung des Klienten bzw. seiner Angehörigen. Komplizierter liegt der Fall, wenn Kompetenzen nur teilweise abgegeben werden. So mögen im vorliegenden Beispiel bei Bestätigung der Hypothese „organischer Befund" Ärzte zwar die Hauptkompetenz für eine durchzuführende Änderung haben, dennoch kann es notwendig sein, diese medizinische Änderung durch ein spezifisches psychologisches Programm zu begleiten.

Nehmen wir jetzt den Fall an, dass der Speicher 1 psychologisches Änderungswissen zu einem vorgetragenen Problem bereitstellt. Aus diesem Wissen lassen sich grundsätzlich zwei Schlussfolgerungen hinsichtlich der Änderbarkeit des anstehenden Problems ziehen: Entweder das Problem kann mit psychologischen Mitteln gebessert werden oder nicht.

Wenn der Speicher 1 die Auskunft gibt, dass das Problem nicht gebessert werden kann (z. B. bei einem Kind mit Down-Syndrom), dann hat das natürlich unmittelbare Konsequenzen für die Formulierung der Zielsetzung. Wenn etwa ein Kind mit Down-Syndrom vorgestellt wird, so kann nicht länger dieses Kind das primäre Ziel einer Behandlung sein. (Obwohl auch hier bestimmte Ziele einer praktischen Tätigkeit formuliert werden können, etwa die Beeinflussung sekundärer Merkmale, z. B. im Rahmen eines Kompetenztrainings.) Primäres Ziel der psychologischen Änderungstätigkeit ist in diesem Fall vielmehr die Umwelt, insbesondere die Eltern, wobei es vermutlich darum gehen wird, die Einstellungen dieser Personen zum Problem des Kindes zu ändern.

Am wahrscheinlichsten wird es jedoch sein, dass der Speicher 1 die Auskunft gibt, das Problem könne mit psychologischen Mitteln geändert werden. In diesem Fall lassen sich wieder zwei Alternativen denken:

Erstens, der Speicher stellt Wissen darüber zur Verfügung, wie ein problematisches Verhalten *isoliert* geändert werden kann, d. h. ohne Bezug zu einem Bedingungshintergrund und evtl. weiteren daraus herrührenden Problemen. Denkbar wäre dies etwa für die verhaltenstherapeutische Modifikation einer Phobie. Die diagnostische Tätigkeit bestünde in diesem Fall im Wesentlichen darin, zu prüfen, ob alle für die Durchführung des Modifikationsprogramms notwendigen Umstände vorliegen bzw. ob und wie sie hergestellt werden können. Es müsste also beispielsweise erkundet werden, wie die Phobie im Einzelnen beschaffen ist, es müsste eine Hierarchie der Angstreize aufgestellt werden usw. (▶ **Kap. 15**). Danach könnte die praktisch-psychologische Tätigkeit beginnen, natürlich unter Einbeziehung der notwendigen Prüfprozesse.

Zweitens, der Speicher 1 informiert darüber, dass ein vorliegendes Problem *nicht isoliert* angegangen werden kann. In diesem Fall müssen die Bedingungen des Problems, z. B. der Schulunlust und des Leistungsabfalls, eruiert und – soweit das möglich ist – geändert werden. Diese Speicherauskunft wird vermutlich bei einer Vielzahl von psychologischen Problemen gegeben werden. Wahrscheinlicher ist dabei sogar noch eine etwas kompliziertere Auskunft: Für ein gegebenes Problem, z. B. Schulunlust, gibt es verschiedene mögliche

Bedingungen. Je nachdem, welche Bedingung im vorliegenden Fall zutrifft, muss das Modifikationsprogramm anders aussehen. In diesem Fall lassen sich über die Bedingungen von Z1 verschiedene Hypothesen formulieren. Das bedeutet nun aber, dass noch nicht mit der praktischen Tätigkeit begonnen werden kann. Vielmehr müssen die einzelnen Hypothesen zunächst geprüft werden.

Hierbei ist allerdings zu beachten, dass diagnostisch nur solche Hypothesen gegeneinander geprüft werden, die auf unterschiedliche Änderungsprozesse bezogen sind. Diagnostiziert wird also immer nur soviel (d. h. immer nur unter der Zielsetzung), dass sich eine Hypothese ergibt, mit der es möglich ist, in die praktische Phase einzutreten. Von all den möglichen Ursachen, die für ein Problem in Frage kommen, sind also nur diejenigen relevant, die auf ein bestimmtes Vorgehen zur Änderung des Problems verweisen.

In der Regel muss allerdings doch noch etwas mehr über die Bedingungshintergründe eines manifesten Problems in Erfahrung gebracht werden. Der Grund hierfür ist, dass eine der möglichen Bedingungen des Problems aus Umständen bestehen kann, die weitere, zum Teil vielleicht noch nicht einmal manifeste, Probleme verursachen können. So ließe sich etwa für die Schulunlust und den Leistungsabfall die Hypothese bilden, dass eine der möglichen Ursachen hierfür eine negative Haltung des Sohnes gegenüber den Eltern ist (vielleicht als Konsequenz erlebter strenger und zurückweisender Erziehung). Diese Haltung könnte sich später auch auf andere Menschen übertragen, die irgendeine Leistungsforderung an ihn stellen, und langfristig äußerst nachteilige Konsequenzen für die Person haben.

Wenn der Psychologe derartiges Wissen über mögliche Bedingungen für die Bearbeitung des Falls heranzieht, ergibt sich für ihn eine neue Aufgabe: Festzustellen, ob dieser Sachverhalt, z. B. eine negative Haltung gegenüber den Eltern, gegeben ist und, wenn ja, ihn und evtl. die Ursachen dafür zu ändern. Aus der ursprünglichen Zielsetzung, Schulunlust zu beseitigen, wäre dann eine neue Zielsetzung abgeleitet worden: Die negative Haltung des Kindes gegenüber seinen Eltern beseitigen.

Mit dieser neuen Aufgabe ist eine etwas andere Art aktivierten Wissens verbunden. Ging es bei den beiden ersten Aufgaben darum zu wissen, wie und durch wen ein bestimmtes problematisches Verhalten zum Verschwinden gebracht werden kann, so fordert die neue Aufgabe die Aktivierung von Wissen über mögliche Bedingungshintergründe problematischen Verhaltens und über mögliche Auswirkungen dieser Hintergründe. Kaminski reserviert hierfür einen *dritten Speicher*, genannt „Bedingungswissen“.

Mit der Einführung des Begriffs „Speicher“ weist Kaminski (1970, S. 44) darauf hin, dass es sich hier um anschaulich-didaktische Konstruktionen handelt, die nichts über die tatsächliche Organisation des Wissens beim Psychologen aussagen. Gemeint ist damit, dass die Bearbeitung von Daten durch den Psychologen stets die Aktivierung von Wissen voraussetzt. Dabei wird in verschiedenen Phasen des Arbeitsflusses der Rückgriff auf verschiedene Wissensarten notwendig. Dies wird an den entsprechenden Stellen des Flussdiagramms durch Pfeile zu verschiedenen Speichern repräsentiert (► **Abb. 7.2**, S. 194).

7.2.5 Analyse spezifischer Aspekte des Modells

Das Änderungswissen. Bei der Analyse spezifischer Aspekte des diagnostischen Arbeitsflusses beginnen wir mit dem Inhalt des Speichers 1, dem Änderungswissen, weil dieses das Verbindungsstück zwischen dem grundwissenschaftlichen und dem anwendungsbezogenen Bereich der Psychologie ist. Ausgangspunkt für die Analyse ist dabei die Frage, welche Anweisungen für das weitere Handeln des Diagnostikers aus dem Wissen des Speichers 1 folgen. Betrachten wir hierfür zunächst einmal die Struktur des Änderungswissens.

Der Speicher 1 soll Wissen darüber enthalten, durch Einführung welcher Änderungsumstände bestimmte Z1 in bestimmte Z2 überführt werden können. Nehmen wir wieder das Beispiel der mit einem Leistungsabfall verbundenen Schulunlust: Welche Umstände bringen das kritische Verhalten (Z1) effektiv zum Verschwinden (Z2)? – Dies könnte *erstens* Bestrafung sein, wenn das Kind wieder einmal die Schulaufgaben nicht gemacht oder eine schlechte Klassenarbeit geschrieben hat. Es könnte aber auch *zweitens* Belohnung sein, wenn das Kind schulische Interessen zeigt oder in der Schule besser als früher benotet wurde. *Drittens* könnte sowohl Bestrafung als auch Belohnung eingesetzt werden. Eventuell müssen aber auch, *viertens*, Änderungsumstände ganz anderer Art geschaffen werden, etwa indem das Kind lernt, schlechte Leistung nicht auf mangelnde Begabung, sondern auf mangelnde Anstrengung zu beziehen.

Nach einer Betrachtung der Grundstruktur stellt sich als nächstes die Frage, wodurch das Wissen des Speichers 1 begründet ist. Wir gehen davon aus, dass es die Intention jedes praktisch arbeitenden Psychologen ist, seine Tätigkeit soweit wie möglich auf grundwissenschaftlichen Erkenntnissen aufzubauen. Wenn der Psychologe also interveniert, dann wird er versuchen, dies auf der Basis eines empirisch überprüften Änderungsmodells zu tun. Warum ist das sinnvoll?

Änderungsmodelle sind, zumindest wenn sie ausgearbeitet und vielfach überprüft wurden, sehr differenziert und spezifisch. Sie beschreiben also genau, wie bestimmte Änderungen, z. B. bestimmte Arten von Belohnungen, aussehen müssen, damit sie einen bestimmten Effekt erzielen. Sie sagen zudem etwas darüber aus, bei Vorliegen welcher Bedingungen welche Effekte durch bestimmte Maßnahmen *nicht* erzielt werden. So ist es beispielsweise gesichert, dass Bestrafung allein, d. h. ohne gleichzeitiges Informieren über alternative, nicht zur Bestrafung führende Verhaltensmöglichkeiten, kein Verhalten aufbaut (Krohne & Hock, 1994; Walters & Grusec, 1977). Elaborierte grundwissenschaftliche Modelle informieren immer auch über den Geltungsbereich ihrer Aussagen.

Kein noch so häufig angewendetes Modell eines Praktikers kann dies leisten, da der Praktiker seine Annahmen nur unter sehr begrenzter Bedingungsvariation (hat er es doch häufig mit einander sehr ähnlichen Klienten und Problemen zu tun) und bei nur schlechter Kontrolle relevanter Einfluss- bzw. Störgrößen überprüfen kann. Mit anderen Worten: Wegen der sehr begrenzten Beobachtungsmöglichkeiten in der Praxis kann überhaupt nicht mit der nötigen Sicherheit gesagt werden, ob es tatsächlich die vom Praktiker vermuteten Umstände sind, z. B. eine bestimmte Therapieform, die eine Änderung von Z1 nach Z2 bewirken.

Ein großer Teil des Wissens des Speichers 1 ist also grund- bzw. erfahrungswissenschaftlich fundiert. Als nächstes stellt sich nun die Frage, wie der Praktiker verfahren sollte, wenn er für einen bestimmten Fall in seinem Speicher kein empirisch überprüftes Änderungswissen antrifft. Ein Beispiel wäre etwa die Behandlung eines Kindes mit autistischen Störungen. Nach dem derzeitigen Stand der Forschung gibt es für diesen Problembereich nämlich weder wissenschaftlich begründetes Bedingungs- noch Änderungswissen.[1] Der Psychologe könnte

[1] Es werden allerdings vereinzelte Erfolge medikamentöser (Bristol et al., 1996) wie auch verhaltenstherapeutischer (Lovaas, 1987) Behandlungen berichtet. Dabei scheint die Generalisierbarkeit des Erfolgs verhaltenstherapeutischer Interventionen auf die natürliche Le-

hier natürlich skrupulös sein und das Weiterarbeiten an diesem Fall ablehnen. Das scheint aber wenig sinnvoll zu sein. Wenn ein Klient ein wirklich belastendes Problem hat, so wird er immer versuchen, jemanden zu finden, der ihm hilft. Und dies wird, wenn der anspruchsvolle Psychologe ihn ablehnt, vermutlich ein weniger anspruchsvoller Praktiker sein.

Der praktisch arbeitende Psychologe wird also, statt auf empirisch begründetes Wissen zurückzugreifen, weniger gesichertes Änderungswissen heranziehen. Als Wissen dieser Kategorie stehen dem Psychologen in der Regel Erfahrungen aus seiner Berufsausbildung und -praxis sowie Wissen aus alltäglichen Erfahrungen zur Verfügung. Es ist offensichtlich, dass das alltägliche Wissen nochmals eine geringere Sicherheit besitzt als das beruflich begründete Wissen.

Das Heranziehen von Wissen mit geringerer wissenschaftlicher Absicherung bei der Bearbeitung eines Falles bringt natürlich eine Reihe von Schwierigkeiten mit sich. Diese liegen in erster Linie in der Subjektivität der Erfahrung, wobei in der Regel der Bereich der Geltung einer auf praktischen Erfahrungen basierenden Aussage weit überschätzt wird. Ferner ist mit dem Wirksamwerden von Faktoren zu rechnen, die aus der Personbeurteilung im Alltag bekannt sind, z. B. Tendenzen zur Ursachenzuschreibung, Selektion, Akzentuierung, Angleichung oder Wertung (vgl. u. a. Jones, 1990). Diese Schwierigkeiten sind beim auf Alltagserfahrungen basierenden Wissen natürlich noch ausgeprägter als bei der Berufserfahrung. Immerhin könnte die Anwendung von Änderungswissen, das auf Berufserfahrung basiert, auch gewisse Vorteile bieten. Dieses Wissen ist dem Psychologen in der Regel sehr konkret präsent, da er selbst an den Ereignissen, aus denen dieses Wissen stammt, beteiligt war. Außerdem sollte dieses Wissen zumindest mit determiniert sein durch Änderungswissen mit höherer wissenschaftlicher Absicherung.

Damit kommen wir zu einem weiteren Punkt bei der Analyse des Änderungswissens, nämlich einer *Systematik erfahrungswissenschaftlich überprüfter psychologischer Änderungsmodelle* (Kaminski, 1970, S. 48ff). Wenn wir uns erfahrungswissenschaftlich überprüften Änderungsmodellen zuwenden, so bedeutet dies im Grunde, ein Buch über den derzeitigen Stand des psychologischen Wissens zur Verhaltensänderung zu schreiben. Noch bis in die 1970er Jahre wäre dies weitgehend eine Bestandsaufnahme der behavioristischen Lernforschung gewesen, d. h. *empirisch überprüfte* Änderungsmodelle wären im Wesentlichen der reiz-reaktionstheoretischen Lernpsychologie entnommen worden (Übersicht bei Perrez & Zbinden, 1996). In neuerer Zeit ist das Bild jedoch sehr viel komplizierter geworden, weil die verschiedensten Richtungen und theoretischen Systeme der Psychologie Änderungsmodelle vorgelegt haben.

Aus der Sozialpsychologie kommen z. B. verschiedenartige Modelle zur Einstellungsänderung (Wood, 2000). – Die Motivationspsychologie hat unter dem Begriff Attributionstheorie Modelle zur Änderung leistungsthematischen Verhaltens vorgelegt (Försterling, 1985). – An der Schnittstelle von Emotions-, Motivations- und Persönlichkeitsforschung haben Theorien zum „Coping" Vorstellungen zur Änderung stressbezogener Wahrnehmungen, Einstellungen und Verhaltensweisen entwickelt (Lazarus, 1991). – In der kognitiven Lernpsychologie schließlich, um nur einen weiteren der vielen Ansätze zu nennen, haben etwa Forscher wie Bandura (1986), Mischel (Mischel & Shoda, 1995), Rotter (Rotter, Chance & Phares, 1972) oder Seligman (1975) Ansätze zur Veränderung selbst- und ereignisbezogener Erwartungen und sich daran anschließender Verhaltensweisen und Merkmale vorgestellt.

benssituation aber offenbar sehr begrenzt zu sein. Wie Zwillingsstudien gezeigt haben, ist eine starke Beteiligung genetischer Faktoren an der Entstehung des Autismus sehr wahrscheinlich (Bailey et al., 1995; Remschmidt & Kamp-Becker, 2005).

Im Folgenden soll nur auf einige wenige Konzepte eingegangen werden, die besondere Relevanz für die diagnostisch-modifikatorische Praxis haben. Erfahrungswissenschaftlich überprüfte Änderungsmodelle des Speichers 1 werden von Kaminski nach zwei Aspekten beschrieben:

1. Benennungen für *Dispositionen am Individuum*, die geändert werden sollen. Beispiele hierfür sind Gewohnheiten, Erwartungen, Kompetenzen, Einstellungen, Werte oder Ziele.
2. Benennungen für *Typen von Änderungsprozessen*, die sich an diesen Dispositionen abspielen. Beispiele für derartige Prozesse sind Üben, Extinktion, Beobachtungslernen, Rollenübernahme oder Differenzierung.

Dispositionen beziehen sich auf die notwendigen Operationalisierungen von Z1 und Z2. Wenn man beispielsweise Schulunlust und Schulleistung im Rahmen eines kognitiven Lernmodells (etwa der Theorie Banduras; Bandura, 1986) als ein System von Erwartungen (etwa geringe Selbstwirksamkeitserwartung) und Kompetenzen beschreibt, so verbindet man damit gewisse Möglichkeiten der Messung des Zustands 1 (hohe Schulunlust, geringe Schulleistung) und des Zustands 2.

Änderungsprozesse beziehen sich auf den Weg von Z1 zu Z2. Sie sind in je spezieller Weise auf Dispositionen bezogen, d. h. nicht jeder Änderungsprozess passt zu jeder Art von Disposition. So können beispielsweise bestimmte Kompetenzen (etwa Fertigkeiten) geübt werden; nicht üben kann man aber etwa Einstellungen, Werte oder Ziele. Dagegen kann man sich eine Veränderung durch Differenzierung sowohl bei Fertigkeiten wie bei Einstellungen vorstellen.

Die Anwendung von Wissen innerhalb der diagnostischen Schleife bedeutet die Herstellung einer Äquivalenzbeziehung zwischen einkommenden Daten und Bestandteilen eines Änderungsmodells (Kaminski, 1970, S. 52ff). In unserem Beispielfall (Schulunlust) wäre für die Herstellung einer Äquivalenzbeziehung zu entscheiden, welche Disposition, über die Änderungswissen verfügbar ist, zur Schulunlust passt. Die Schulunlust könnte beispielsweise als ein erlerntes Vermeidensverhalten klassifiziert werden. Damit ist natürlich auch eine bestimmte Konzeption hinsichtlich der Entstehung und möglichen Veränderung des Zustands 1 verbunden. – Eine völlig andere Sichtweise wäre etwa gegeben, wenn Schulunlust als Symptom für einen grundlegenden Konflikt, etwa zwischen Vater und Sohn, kategorisiert würde.

Die diagnostisch relevanten Daten kategorisieren sich also nicht von selbst, sondern es ist der Psychologe, der diese Kategorisierung vollzieht. Wie läuft nun diese Äquivalenzfeststellung im Einzelnen ab? Der Psychologe muss die konkrete Wirklichkeit seines individuellen Falles vergleichen mit den Sachverhalten, auf denen ein Änderungsmodell aufbaut. Was ist damit gemeint?

Angenommen, der Eingangszustand wird als erlerntes Vermeiden kategorisiert. Das entsprechende Änderungsmodell impliziert damit Sachverhalte wie Stimuli, Responses, Reinforcement, Bedürfnisse u. Ä. Der Psychologe wird dann im konkreten individuellen Fall prüfen, ob diese Merkmale im Verhalten des Kindes bzw. in den vorliegenden Umweltbedingungen realisiert sind. Er wird also fragen, wann das Verhalten auftritt, was die Mutter in diesem Fall tut, wie sich das Kind vorher und nachher fühlt u. Ä. Er wird ferner prüfen, ob die Bedingungen, die bei den empirisch untersuchten Änderungen von Vermeidensverhalten geherrscht haben, mit denen vergleichbar sind, die im vorliegenden konkreten Fall gegeben sind.

Nehmen wir an, der Psychologe habe das Modell des operanten Konditionierens als Änderungsmodell im Auge. Er wird dann also prüfen, ob die Anordnungen wesentlicher Experimente, auf denen das entsprechende Wissen basiert, mit den Umständen vergleichbar sind, die er für die Ausbildung eines Zustands 1 und für die Änderung von Z1 zu Z2 annehmen muss. Schließlich wird er prüfen, ob die Zustände 2, auf die hin in empirischen Untersuchungen konditionierte Verhaltensweisen geändert wurden, dem Z2 entsprechen, auf den hin er in seinem konkreten Fall einen Eingangszustand ändern will. Es könnte beispielsweise sein, dass in empirischen Untersuchungen durch operantes Konditionieren stets nur motorische Verhaltensketten verändert wurden, während es im konkreten Fall aber um „kognitive" Sachverhalte geht.

Die Bestimmung des Zielzustands. Die Bestimmung von Z2 ist vergleichsweise leicht, wenn sich alle Beteiligten über die grobe Richtung, welche die Veränderung zu nehmen hat, einig sind. Der Fall würde beispielsweise vorliegen, wenn ein Klient den Psychologen aufsucht und ihm berichtet, dass er bereits bei dem bloßen Gedanken an irgendeine Art von Prüfung derart starke Angst empfindet, dass es für ihn völlig ausgeschlossen ist, sich einer solchen Situation zu stellen. Problematischer wird es jedoch bei kontroversen Meinungen, beispielsweise wenn die Eltern wollen, dass ihr Kind eingeschult wird, die Schulleitung es aber noch nicht für „schulreif" hält; oder wenn die Eltern klagen, dass ihr Kind im Gymnasium nicht mehr mitkommt. Im letzten Fall ist es etwa keineswegs ausgemacht, dass der allein denkbare Zielzustand darin besteht, das Kind so zu ändern, dass es im Gymnasium wieder mitkommt. Eventuell könnte nämlich der Preis, den das Kind hierfür zu zahlen hat, zu hoch sein.

Wer bestimmt also die Zielsetzung? Machen wir das Problem nochmals an einem akzentuierten Beispiel deutlich. Ein Vater beklagt sich beim Psychologen, dass sein Sohn zu schüchtern und weichlich sei. Er wolle, dass sein Sohn sich anderen Kindern gegenüber durchzusetzen lerne, notfalls auch einmal bei einer richtigen Prügelei. Kann der Psychologe diese Zielsetzung übernehmen?

Um diese Frage beantworten zu können, braucht der Psychologe noch eine weitere Art von Wissen. Wie jedes Wissen im diagnostischen Prozess wird auch dieses Wissen von Kaminski in Form eines Speichers repräsentiert. Er nennt den Inhalt dieses *vierten Speichers* „Gewissen". Dieser Speicher informiert den Psychologen über Mindestanforderungen hinsichtlich der Zustände an Menschen, die unbedingt verwirklicht werden müssen bzw. deren Fortbestehen nicht toleriert werden kann.

Nehmen wir einmal an, der Zustand 2 und der Weg dorthin seien in Übereinstimmung mit dem Inhalt des „Gewissens"-Speichers eines Psychologen. Wie lässt sich nun der Zustand 2 genauer bestimmen? Wir erinnern uns, dass Z2 dem Zielzustand eines bestimmten Änderungsmodells äquivalent sein soll. Zielzustände in grundwissenschaftlichen Änderungsmodellen werden in einer operationalen Sprache beschrieben, z. B. wenn ein bestimmtes Lernkriterium Zielzustand ist. Entsprechend muss auch der Praktiker anstreben, den Z2 operational, d. h. unter Angabe konkreter Messoperationen zu präzisieren. Wir haben es also hier mit einem Fall kriteriumsorientierter Messung zu tun (► **Kap. 12** und **16**).

Für das bislang schon häufiger erwähnte Beispiel würde es also nicht genügen zu bestimmen, dass das Kind sich in der Schule wieder wohlfühlen und mehr leisten soll. Vielmehr müssten sowohl Wohlbefinden wie Leistung operationalisiert werden, etwa durch Selbst- und Fremdeinschätzungen, Beobachtungen, Leistungsmessungen u. Ä., wobei jeweils anzugeben wäre, welche Ausprägung der Erreichung des Zustands 2 entspricht. Dabei ist zu beachten, dass diese Ausprägungen in verschiedenen Erhebungsmodi (z. B. Selbstbericht oder Verhaltensbeobachtung) nicht zeitgleich auftreten müssen. Nur eine derartige operationale Definition gestattet eine objektive Entscheidung darüber, ob ein Ziel erreicht wurde. Andernfalls kann es zu vielfältigen Einflüssen auf die Beendigung der Modifikation sowohl von Seiten des Psychologen wie des Klienten kommen.

Bekannt geworden ist in diesem Zusammenhang etwa der „Hello-good-bye"-Effekt (Hathaway, 1948). Zu Beginn einer Therapie („hello") sind sich Therapeut und Klient im Allgemeinen darüber einig, dass es dem Klienten schlecht geht und mithin eine Therapie indiziert ist. Wenn nach einer Vielzahl (teurer und oft mühsamer) therapeutischer Sitzungen der Therapeut dann das Ende der Behandlung ankündigt („good bye"), so dürften sich beide wiederum ziemlich einig sein, dass es dem Klienten jetzt besser geht. Diese Einigkeit sagt aber natürlich noch nichts darüber aus, ob (mittel- oder langfristig) tatsächlich eine Besserung im Zustand des Klienten erreicht wurde.

7.2.6 Strategische und taktische Planung

Ein zentraler Aspekt der diagnostischen Tätigkeit besteht in der Planung der Datenbeschaffung. Diese Planung folgt auf die Formulierung von Hypothesen und steuert die Realisierung konkreter diagnostischer Untersuchungen. Dabei gilt, dass das Handeln in der Untersuchung durch die Planung vorentworfen wird. Die Planung der Untersuchung muss damit beginnen, dass der Psychologe sich explizit über seine Intentionen bei der Datenbeschaffung klar wird, d. h. er muss sich die Frage stellen: Warum will ich gerade diese Art von Information über den Klienten? Dabei muss auf das zentrale Problem der Datenbeschaffung hingewiesen werden: Der Untersucher muss jeweils abschätzen, in welchem Verhältnis die psychologische Untersuchungssituation zum alltäglichen Leben des Klienten steht. Schließlich soll es dem Diagnostiker ja nicht darum gehen, relativ abstrakte Urteile (etwa hinsichtlich Intelligenz oder emotionaler Stabilität) über einen Klienten zu formulieren, sondern gemäß festgelegter Aufträge tätig zu werden. Hieraus ergeben sich die zwei Grundfragen des Untersuchers: *Was* will er aus dem Leben des Klienten in Erfahrung bringen? *Wie* kommt er am besten an diese Information?

Die Planung der Datenbeschaffung vollzieht sich also unter zwei Grundaspekten, einem strategischen („was?") und einem taktischen („wie?"). Unter dem *strategischen Aspekt* bestimmt der Untersucher, auf welche Merkmale aus dem Leben eines Klienten seine Datenbeschaffung zielt. Unter *taktischem Aspekt* fragt er sich, wie er innerhalb der Untersuchungssituation an diese Information gelangen kann. Er muss dabei abschätzen, wie das Konzept aussieht, das sich der Klient von der Untersuchungssituation macht. Der Psychologe wird sich also fragen, wie der Klient die Untersuchungssituation kategorisieren müsste, damit die aus seinem Leben benötigte Information in ihr zum Vorschein kommt. So muss der Psychologe beispielsweise bei der Untersuchung eines Kindes zu klären versuchen, ob dieses die Teilnahme an der Untersuchung als freiwillig kategorisiert, als Spiel- oder Leistungssituation, ferner als Situation, in der es eher sozial erwünscht reagieren wird.

Strategische Planung. Die Zielsetzungen der strategischen Planung entstehen im Zusammenhang mit der Herausbildung des Arbeitsauftrags sowie der Bestimmung des Eingangszustands und seiner Bedingungen. Greifen wir zur Illustrierung dieses Sachverhalts wiederum das Beispiel der Mutter auf, die sich über Schulunlust und einen Leistungsabfall ihres Sohnes beklagt.

Der Untersucher kategorisiert dieses Verhalten des Kindes – hypothetisch – als erworbenes, schulbezogenes Vermeidensverhalten. Damit hat er die Möglichkeit, es an ein bestimmtes

Änderungsmodell, nämlich an ein lerntheoretisches, anzuschließen. Aus dieser Kategorisierung heraus ergibt sich für die strategische Planung die Zielsetzung, etwas über Sachverhalte im Leben des Sohnes zu erfahren, von denen eine, im weitesten Sinn, strafende Wirkung auf das Kind ausgehen könnte. Er wird also eine Reihe spezieller Hypothesen formulieren (z. B. das Kind wurde von den Eltern häufig für schulische Misserfolge bestraft). Für jede dieser Hypothesen, in denen jeweils das Vorhandensein einer speziellen Art von Sachverhalten (z. B. elterliche Strafen, Hänseleien durch Mitschüler, Verlust einer nahen Bezugsperson) behauptet wird, plant er dann eine spezielle Datenerhebung, um damit deren Gültigkeit zu überprüfen.

Taktische Planung. Die taktische Planung bekommt von der strategischen die Aufgabe gestellt. Ein wesentlicher Leitgedanke für die konkrete Ausgestaltung der Untersuchungssituation besteht in der Beantwortung der Frage, welches Konzept sich der Klient von der Untersuchungssituation macht. Dieses Konzept ist natürlich eng auf das bezogen, was der Untersucher als Situation realisiert. Es ist nun klar, dass das, was der Untersucher als Untersuchungssituation realisiert, stets nur innerhalb bestimmter Grenzen variieren kann.

Eine erste Einschränkung der Variationsmöglichkeiten besteht darin, dass der Psychologe die Untersuchung selbst durchführt. Damit wird der Untersucher, so wie er mit dem Klienten interagiert und von diesem entsprechend erlebt wird, selbst Teil der Untersuchungssituation. Dies muss natürlich bei der taktischen Planung berücksichtigt werden.

Am stärksten eingeschränkt ist der Spielraum des Psychologen, wenn er mit Tests arbeitet. In diesem Fall werden ihm von Seiten der Testkonstrukteure verbindliche Vorschriften für die taktische Planung gemacht. Der Grund für diese Vorschriften ist, dass jeder Test dem Untersucher ja gewisse (an einer Eichstichprobe gewonnenen) *Normen* zur Verfügung stellen soll. Anhand dieser Normen kann der Untersucher feststellen, wie sein Klient im Verhältnis zur Eichstichprobe abschneidet. Daraufhin kann er über die Gründe dieses relativen Abschneidens Hypothesen bilden. Weiteres essenzielles Wissen liefern ihm natürlich die Reliabilitäts- und Validitätsangaben zu einem Test.

Der wichtigste Schritt vor Anwendung eines Tests ist die Beantwortung der Äquivalenzfrage (Kaminski, 1970, S. 260): Entsprechen die Verhältnisse, die zur Gewinnung der im Manual berichteten Informationen geführt haben, denen, die in der Untersuchung des Klienten vorliegen? So sind mit jedem ausgearbeiteten Test spezifische Informationen verbunden (Normen, Art der Eichstichprobe, Ergebnisse von Reliabilitäts- und Validitätsstudien an speziellen Stichproben). Der Psychologe muss sich also fragen, ob sein Klient zu diesen Stichproben passt. Die primäre Grundlage für die Gewinnung derartiger Informationen ist die *Eichsituation*. Bei der taktischen Planung einer Testdurchführung muss der Untersucher also darauf abzielen, in der Untersuchung Verhältnisse zu realisieren, die denen der Eichsituation möglichst gut entsprechen. Auf folgende Aspekte ist dabei vordringlich zu achten:

- Instruktion,
- Testmaterial,
- Person des Testgebers in der Eichsituation,
- Eichpopulation.

Zum *Testmaterial* muss hier noch auf ein spezielles Problem hingewiesen werden: Insbesondere Intelligenz- und Leistungstests (aber nicht nur diese) bestehen häufig aus einer Reihe von Untertests (► **Kap. 12**). Dies verführt hin und wieder dazu, aus Gründen der Zeitersparnis nur einzelne Untertests zu geben und aus deren Ergebnissen, quasi per Extrapolation, auf den Gesamtwert des Klienten zu schließen. Hiervor muss gewarnt werden. Die bereitgestellte Testinformation bezieht sich meistens auf den Gesamttest. Dies gilt besonders für die Validitätsangaben. In Untertests gegliederte Intelligenztests sind in der Regel nicht über die Ergebnisse einzelner Untertests, sondern nur über den Score des Gesamttests validiert. Wenn der Untersucher schon Kurzformen heranziehen will, so dürfen diese keineswegs von ihm ad hoc selbst erstellt werden. Vielmehr muss er in diesem Fall nach Kurzformen Ausschau halten, die in gesonderten Untersuchungen bereits validiert wurden.

Nachdem der Psychologe also diese zentralen Aspekte der Testeichung berücksichtigt hat, muss er sich als nächstes Gedanken darüber machen, wie die Mitglieder der Eichstichproben die Testsituation kategorisiert haben. Er muss ja anstreben, entsprechende Kategorisierungen in der Untersuchungssituation zu realisieren.

Beispiel

Wenn wir es z. B. mit einem Intelligenztest für Kinder zu tun haben, so können wir fast sicher sein, dass die Testeichung nicht im Einzelversuch beim Schulpsychologen, sondern im Verband der Schulklasse durchgeführt wurde. Für die Kinder stand fast nichts auf dem Spiel, sie haben vielleicht nicht einmal ihren Namen nennen müssen. Es lag also keine Belastungssituation, sondern eher ein Spiel vor. Vergleicht man dies mit der Situation beim Schulpsychologen, zu dem ein Schüler mit Leistungsproblemen vielleicht auf Anraten eines Lehrers oder Drängen der Eltern kommt, so kann man abschätzen, welche Diskrepanz hier zunächst besteht.

Der Psychologe wird eine anfängliche Diskrepanz zwischen der Art, wie die Teilnehmer der Eichsituation – vermutlich – die Testdarbietung erlebt haben, und der entsprechenden Kategorisierung durch seinen Klienten oft nicht verhindern können. Er muss in diesem Fall eine psychologische Beurteilung dieser Diskrepanz versuchen und dann bestimmte Korrekturen vornehmen, um so das Verhalten seines Klienten doch noch mit dem Verhalten der Personen aus der Eichsituation vergleichen zu können. Die Basis dafür liefern ihm empirisch begründete Kenntnisse darüber, in welchem Sinne das in Tests vorkommende Verhalten jeweils abhängt vom Erleben der Testsituation. So gibt es beispielsweise empirisch gut gesichertes Wissen darüber, in welcher Weise ein erlebter Misserfolg in einer als ich-involvierend kognizierten Situation das anschließende Leistungsverhalten beeinträchtigt. Hieraus könnte der Psychologe vielleicht Hypothesen über eine vergleichsweise schlechte Leistung seines Klienten in entsprechenden Tests ableiten.

Bisher wurde die taktische Planung so verstanden, dass der Untersucher sich, unter Berücksichtigung der Situationskategorisierungen des Klienten, einen Plan macht und diesen dann in die Tat umzusetzen versucht. Tatsächlich ist dies jedoch zu einfach gedacht. Der Klient bringt ja auch einen bestimmten Zustand in die Untersuchungssituation ein, der erst noch, in bestimmten Grenzen, an die Zielsetzungen der Untersuchung angepasst werden muss. Taktische Planung einer Untersuchung heißt also nicht nur die Herstellung bestimmter geplanter Verhältnisse, sondern zugleich auch die Modifikation bereits bestehender Verhältnisse in Richtung auf die angestrebten (Kaminski, 1970, S. 269).

Der Untersucher muss also auch die jeweils in der Untersuchungssituation aktuell bestehenden Verhältnisse diagnostizieren und diese Diagnosen in Beziehungen setzen zu den Zielen der taktischen Planung. Im Sinne des formalen Schemas des Untersuchungsablaufs bedeutet dies, dass es bereits innerhalb der diagnostischen Schleife aktuelle Zustände 1 und aktuell angestrebte Zustände 2 gibt. Das bedeutet zugleich, dass bestimmte Formen von Änderungen bereits Bestandteil der diagnostischen Phase sind.

Beispiel

So mag der Psychologe an der Mutter, die sich bei ihm über die Schulunlust und den Leistungsabfall ihres Sohnes beklagt, eine gewisse Verschlossenheit ihm gegenüber bemerken. Dieser Z1 der Mutter verträgt sich nicht mit den Zielsetzungen seiner taktischen Planung, nämlich bestimmte Kognitionen der Mutter, z. B. hinsichtlich des Sohnes, des Vaters, ihrer selbst und der Schule, zu erheben. Er wird also zunächst einmal einen bestimmten Z2 der Mutter definieren (Abbau der Verschlossenheit) und auf diesen hin eine Änderung planen. Dazu muss er natürlich wiederum Hypothesen über den Bedingungshintergrund des Z1 der Mutter aufstellen, etwa: die Mutter kategorisiert die psychologische Praxis als eine Art Behörde, z. B. ein Schulamt, wobei sie den Vertretern derartiger Institutionen gegenüber, z. B. Lehrern, Direktoren, Schulräten, stets „auf der Hut" ist.

Wichtig ist, dass der Psychologe es bei den zu ändernden Sachverhalten nicht nur mit zeitlich länger erstreckten Dispositionen zu tun hat. Ob die taktische Planung erfolgreich realisiert wird, hängt wesentlich auch von der Berücksichtigung momentaner ungünstiger Zustände ab. Derartige Zustände, die der Zielsetzung entgegenstehen können, wären etwa eine momentane Verstimmung des Gesprächspartners, Verständnisschwierigkeiten bei Fragen oder aufkommende Angst und Unsicherheit. (Für eine genauere Beschreibung derartiger Einflüsse ▶ **Kap. 8**.)

Als letztes muss noch berücksichtigt werden, dass bei der taktischen Planung auch ethische Gesichtspunkte ins Spiel kommen. (Wie erwähnt, reserviert Kaminski hierfür den Speicher „Gewissen".) Eine psychologische Untersuchung stellt stets einen erheblichen Eingriff in das Leben eines anderen Menschen dar. Dies gilt besonders, wenn dieser Mensch aufgrund bestimmter Fragen zu Stellungnahmen über sich und andere Menschen aufgefordert wird. Befragt man beispielsweise ein Kind mittels eines Erziehungsstilfragebogens nach der erlebten Erziehung durch seine Eltern, so wird es, vielleicht zum ersten Mal in seinem Leben, über diese Erziehung nachdenken. Dies könnte u. U. Störungen in den Beziehungen zwischen Eltern und Kind induzieren. Der Psychologe hat dies also bei der taktischen Planung mit zu berücksichtigen.

7.2.7 Einzelfallorientierte und institutionelle Diagnostik

Aus Modellen des Diagnostizierens sollen sich unmittelbare Gesichtspunkte für die Planung und Organisation der Beschaffung diagnostischer Daten ableiten lassen. Während das im vorangegangenen Kapitel vorgestellte entscheidungstheoretische Modell von Cronbach und Gleser dabei in erster Linie für die Datenbeschaffung im Rahmen institutioneller Entscheidungen (Selektion und Klassifikation) relevant ist, liefert das Kaminski-Modell in besonderem Maße Richtlinien für die Planung speziell am Einzelfall orientierter diagnostischer Interventionen. Der Ansatz von Kaminski erhebt jedoch den Anspruch, ein *allgemeines*, also nicht nur auf die – in erster Linie auf nachfolgende Modifikationen zielende – Einzelfalldiagnostik passendes Modell diagnostischer Tätigkeit zu liefern.

Dieser Anspruch ruft zunächst einmal Erstaunen hervor. Auf den ersten Blick scheinen die Unterschiede zwischen der durch die Formulierung expliziter Hypothesen gesteuerten Datengewinnung nach den Vorstellungen Kaminskis und der auf die Maximierung des Entscheidungsnutzens zielenden Datenerhebung nach dem Ansatz von Cronbach und Gleser so groß zu sein, dass es schwerfällt, hier integrierende Gesichtspunkte zu gewinnen, nach denen beide (und noch weitere) Ansätze nur als Varianten ein und desselben diagnostischen Prozesses aufgefasst werden können.

Im Zentrum des Kaminski-Modells steht der Prozess des „Änderns", also der diagnostisch vorbereitete und gesteuerte Weg von einem Eingangszustand Z1 zu einem Zielzustand Z2. Nach Kaminski (1970, S. 66ff) können auch diagnostische Prozesse, die von Selektions- oder Klassifikationsaufgaben ausgehen, unter die allgemeinere Aufgabenstellung des Änderns subsumiert werden. Auch bei derartigen Tätigkeiten wird ein Z2 definiert (bei institutionellen Selektionsaufgaben etwa die – operational bestimmte – Bewährung am Arbeitsplatz) und es werden „Änderungsumstände" ins Auge gefasst (die Arbeitsaufgabe, die allgemeine Situation am Arbeitsplatz, angebotene Trainingsprogramme), denen eine Person auf dem Weg vom Eingangszustand (etwa während der Bewerbung) zum Zustand 2 ausgesetzt sein kann.

Nach der Logik des Kaminski-Modells folgt aus dieser Überlegung, dass die Erstellung einer Diagnose und deren Kommunikation an den Auftraggeber (also beispielsweise der durch diagnostische Tätigkeit begründete Vorschlag, einen Bewerber einzustellen) nicht den eigentlichen Abschluss der psychologischen Arbeit, sondern nur eine Zwischentätigkeit bildet. Der wirkliche Abschluss liegt bei derartigen Aufgabenstellungen weiter in der Zukunft, etwa beim Vergleich der tatsächlichen Arbeitsleistung des eingestellten Bewerbers mit den Anforderungen, die in einem Zielkriterium formuliert sind (► **Kap. 14**). Ein derartiger Vergleich ist ja auch im Modell von Cronbach und Gleser von zentraler Bedeutung im Hinblick auf die Bewertung einer diagnostisch begründeten Entscheidung (z. B. Akzeptieren vs. Ablehnen) als „valide" oder „falsch". Einzelfallorientierte und institutionelle diagnostische Tätigkeit stellen also nur Varianten desselben diagnostischen Prozesses dar. Beratungen, Empfehlungen und Gutachten (► **Kap. 13**), die zu Selektion oder ähnlichen Interventionen (Klassifikation, Platzierung) führen, sind also bloße Sonderformen des „Änderns". Die Grundstruktur des diagnostisch-praktischen Modells ist für verschiedene Interventionsformen mithin dieselbe.

7.3 Bewertung des Modells

Auf der Basis handlungsorientierter Konzepte hat Kaminski ein Modell des Diagnostizierens vorgelegt, in dem verschiedene Komponenten psychologischen Intervenierens integriert und im Sinne eines sequenziellen Vorgehens mit Rückkopplung prozesshaft organisiert sind. Er hat damit nicht nur herkömmliche Vorstellungen des Diagnostizierens als eines einmaligen „Erkenntnis"-Aktes überwunden, sondern zugleich den gesamten Arbeitsfluss des psychologischen Intervenierens, in dem das Stellen der Diagnose ja nur einen Teil ausmacht, nach dem Vorbild grundwissenschaftlicher Forschungsstrategien konzipiert (Hörmann, 1967). Jede Phase einer psychologischen Intervention wird hiernach durch präzise, operationalisierbare Hypothesen gesteuert, wobei das jeweilige Zwischenergebnis den weiteren Arbeitsablauf determiniert. In einer Erweiterung seines Modells des praktisch-psychologischen Arbeitsprozesses hat Kaminski (1976) eine Reihe von *Unterscheidungsdimensionen* entwickelt, deren Anwendung es erlaubt, unterschiedliche Varianten des Diagnostizierens taxonomisch zu klassifizieren.

Bei der Vorstellung seines Ansatzes hat Kaminski (1970, S. 18ff) eine Reihe von Defiziten beim praktisch arbeitenden Psychologen beschrieben, zu deren Behebung das von ihm konzipierte Modell einen Beitrag leisten kann.

So weist er darauf hin, dass der Praktiker *erstens* zwar sehr globale Arbeitseinheiten wie Interview, Test oder Gutachtenerstellung als voneinander unterschieden und jeweils sehr komplex erlebt, aber kaum klarer durchschaut, was sich innerhalb dieser Arbeitseinheiten abspielt und wie diese aufeinander bezogen sind. Ziel des Kaminski-Modells wäre es also hier, das Tätigkeitsfeld des Praktikers mit Hilfe grundwissenschaftlicher psychologischer Denkweisen transparent zu machen.

Zweitens sprechen verschiedene Praktiker (manchmal auch ein und derselbe Praktiker) unterschiedliche quasi-wissenschaftliche Sprachen (z. B. lerntheoretische, psychodynamische oder kognitionspsychologische), ohne sich darüber Gedanken zu machen, ob die Theorien, denen diese Sprache entstammen, überhaupt miteinander vereinbar sind. Ziel wäre es mithin hier, das erwähnte Durchschaubarmachen des Tätigkeitsfeldes im Rahmen einer einigermaßen konsistenten Theorie zu organisieren, etwa eines kognitiven, an Prozessen der Informationsverarbeitung und Problemlösung orientierten, Ansatzes. Ein Ansatz zu einer derartigen Integration wurde inzwischen von Grawe, Donati und Bernauer (1994) unter dem Begriff „Allgemeine Psychotherapie" vorgestellt.

Drittens weist Kaminski darauf hin, dass der Praktiker offenbar zu wenig darüber erfährt, was sich im grundwissenschaftlichen Fundament der Diagnostik abspielt. Durch Einführung des – in erster Linie als didaktische Hilfe gedachten – Konzepts des Speichers verweist Kaminski an entsprechenden Stellen der Darstellung des praktisch-psychologischen Arbeitsflusses auf die Notwendigkeit, diagnostische Tätigkeit hier entsprechend grundwissenschaftlich abzustützen.

Die Darstellung dieser heuristisch-didaktischen Zielsetzung macht deutlich, dass es sich bei dem Ansatz von Kaminski nicht um eine Theorie im engeren Sinne dieses Begriffs handelt, sondern um eine rationale Rekonstruktion des diagnostischen Prozesses. Im engeren Verständnis wird von einer Theorie eine deutlich *erklärende* Ausrichtung erwartet und damit auch die Möglichkeit, anhand von Ableitungen aus der Theorie Vorhersagen von Ereignissen zu treffen. Während diese Möglichkeit in dem zuvor dargestellten entscheidungstheoretischen Modell von Cronbach und Gleser (▶ **Kap. 6**), etwa mit Hilfe der dargestellten Nutzenfunktion, gegeben war, dominiert bei Kaminski eindeutig die beschreibende Orientierung.

Obwohl Kaminski bei seinem Ansatz selbst von einer Theorie spricht (und damit offenbar das weitere Verständnis dieses Begriffs zugrunde legt), ist er sich dieser Beschränkung auf die deskriptive (teilweise auch präskriptive) Ebene durchaus bewusst. Diese Beschränkung hat sich aber in dem vorgelegten Modell durchaus als Stärke erwiesen, wenn man sich eine vom Autor formulierte zentrale Zielsetzung seines Vorhabens vor Augen führt (Kaminski, 1970, S. 17): „Das Tätigkeitsfeld klinisch-psychologischer Praxis soll mit Hilfe grundwissenschaftlich-psychologischer Denkweisen möglichst grundlegend und vollständig durchschaubar werden. Es sollen von dieser Analyse alle Teilakte, die diese Art Tätigkeit einschließt, in ihrer wechselseitigen Beziehung erfasst werden, und es sollen dabei auch alle Varianten, in denen sich diese Tätigkeit verwirklichen kann, ungezwungene Berücksichtigung finden können."

Das Modell von Kaminski stellt somit in erster Linie eine, nach unserer Einschätzung sehr brauchbare, grundwissenschaftlich fundierte Anleitung für den praktisch arbeitenden

Psychologen dar. Im Sinne des eingeführten handlungstheoretischen Schemas (▶ **Abb. 7.1**, S. 192) informiert diese Anleitung den Praktiker darüber, wie er die verschiedenen Arbeitseinheiten einer Intervention, die ihm ja im Prinzip alle bekannt sind, so zu organisieren hat, dass ein zuvor operational definierter Zielzustand (also die intendierte Folge der eigenen Tätigkeit) optimal erreicht und dabei gleichzeitig die Menge unintendierter Folgen möglichst gering gehalten wird.

Weiterführende Literatur

Darstellungen zur Handlungstheorie finden sich in Eckensberger und Reinshagen (1979) sowie Lenk (1981). Das Modell wird ausführlich in Kaminski (1970) beschrieben, Ergänzungen hierzu in Kaminski (1976, 1981).

Fragen zur Wissenskontrolle

1. Welches sind die Grundbegriffe der Handlungstheorie und wie sind diese aufeinander bezogen?
2. Welches sind die Phasen des Modells von Kaminski?
3. Durch welche Faktoren wird die diagnostische Datenbeschaffung gesteuert?
4. Durch welche kognitiven Mikrokomponenten wird der diagnostische Beurteilungs- und Entscheidungsprozess gesteuert?
5. Welche diagnostischen Tätigkeiten sind in der praktischen Phase des Modells von Kaminski gefordert?
6. Welche beiden Aspekte enthalten erfahrungswissenschaftlich überprüfte Änderungsmodelle des Speichers 1?
7. Was versteht man unter strategischer Planung?
8. Was bedeutet taktische Planung der Datenerhebung?
9. Was ist bei der Bestimmung des Zielzustands zu beachten?

IV Beschaffung und Integration diagnostischer Daten

8 Das Interview

Beim Interview handelt es sich um eine mündliche Befragung eines einzelnen Menschen durch einen einzelnen Gesprächsführer mit dem Ziel der Gewinnung diagnostisch relevanter Information. Die Zwecke der Durchführung von Interviews sind vielfältig; es kann sich etwa um eine Befragung im Rahmen der Personalauslese handeln oder um die Abklärung der Entwicklung eines psychischen Problems. Neben der Gewinnung diagnostischer Daten kann das Interview aber auch lediglich das Ziel verfolgen, ein vertrauensvolles Verhältnis zwischen Untersucher und Klient zu schaffen, das sich dann günstig auf spätere (andersartige) Datenerhebungen auswirken kann.

8.1 Begriffsbestimmung

Weitere Begriffe, die in diesem Zusammenhang genannt werden, sind Exploration und Anamnese. Während Interview eine Methode (bzw. eine Klasse von Verfahren) zur Gewinnung diagnostischer Information bezeichnet, bezieht sich *Exploration* auf den aktuellen Vorgang der Befragung. Die *Anamnese* ist dagegen eines der Hauptanwendungsfelder des Interviews, insbesondere im klinischen Bereich. Anamnese bedeutet die Erhebung der Vorgeschichte eines Problems durch den Eigenbericht des Klienten bzw. den Bericht derjenigen Personen (z. B. Eltern), die dessen Vorstellung beim Psychologen oder Arzt veranlasst haben.

Beim Interview handelt es sich, jedenfalls nach dessen ursprünglicher Konzeption, um ein vergleichsweise *unstrukturiertes* Verfahren. Da aber gerade diese Unstrukturiertheit, wie noch gezeigt werden wird, erhebliche methodische Kritik auf sich gezogen hat, werden in zunehmendem Maße strukturierte Interviews erarbeitet (Übersicht u. a. bei Keßler, 1982; Westhoff & Strobel, 2011, 2013). Dabei bilden die *schriftlich* durchgeführten Befragungen den Übergang zu den in ▶ **Kap. 10** genauer dargestellten *subjektiven* Verfahren. Zur allgemeinen Analyse des diagnostischen Prozesses im Interview werden wir aber zunächst das „klassische“, d. h. vergleichsweise unstrukturiert und mündlich durchgeführte Vorgehen betrachten.

8.2 Der Prozess der Befragung

Verglichen mit einer Testsituation i. e. S. hat der Psychologe im Interview größere Freiheiten der taktischen Planung. Wir stellen uns also wieder die Frage, wie sich grundwissenschaftliche Kenntnisse auf Vorgänge im psychologischen Gespräch anwenden lassen. Wesentliches hierzu, das noch einmal ins Gedächtnis gerufen werden soll, hatten wir schon in ▶ **Kap. 7** kennengelernt (vgl. auch Kaminski, 1970).

Jede Art der Datenbeschaffung dient der Aufstellung und Prüfung verschiedener Arten von Hypothesen. Eine wesentliche Hypothese, von der vieles in der Untersuchungssituation abhängt, ist die Z2-Hypothese, d. h. die Definition des Zustands, auf den hin geändert werden soll. Maßgebend hierfür sind natürlich die Wünsche des Klienten bzw. anderer Beteiligter (z. B. der Eltern), wie sie sich etwa im Gespräch artikulieren. Deshalb sollte die Datenbeschaffung im Allgemeinen mit einer Exploration beginnen.

Wenn Menschen etwas über sich erzählen, dann werden dabei *Kognitionen* verschiedener Art übermittelt, z. B. Mitteilungen, Beurteilungen, Bewertungen (▶ **Abb. 8.1**). Diese Kognitionen beziehen sich jeweils auch auf verschiedene Personen und unterschiedliche Arten von Daten, nämlich auf Kognitionen, Verhalten und Umstände (Kaminski, 1970, S. 270). So mag ein Schüler etwa dem Psychologen mitteilen, dass der Lehrer ihn wohl für faul hält (eine Kognition über eine Kognition des Lehrers), dass ihn der Lehrer sehr selten „dran nimmt" (eine Kognition über Lehrerverhalten), und dass er täglich zwei Stunden im Zug verbringen muss (eine Kognition über Umstände).

Die (mündlich durchgeführte) Exploration besteht aber nicht nur aus der Übermittlung von Kognitionen; in ihr verhalten sich Menschen auch, liefern also *Verhaltensdaten*. Unter diesen nonverbalen Daten sind von besonderem Interesse die Körperhaltung, die Gestik, Blickbewegungen sowie das Sprechverhalten (Pausen, Versprecher, Sprechgeschwindigkeit u. Ä.). Diese Daten sind in zweifacher Hinsicht bedeutungsvoll: Sie liefern (hypothetisch) Aufschluss über den evtl. problematischen Ausgangszustand Z1 einer Person; ferner informieren sie (wiederum hypothetisch) darüber, was am Verhalten des Gesprächspartners im Leben draußen bedeutsam für andere Menschen sein kann, also deren auf die explorierte Person bezogene Kognitionen und Verhaltensweisen beeinflussen könnte. So mag sich beispielsweise ein Kind im Gespräch als sehr leicht ablenkbar erweisen. Es ist etwa sprunghaft und kann nicht beim Thema bleiben. Dieses Verhalten sagt einiges über den Zustand 1 des Kindes aus. Zugleich kann man vermuten, dass dieses Verhalten auch auf andere Personen wirkt, z. B. auf Eltern, Lehrer oder Freunde, und somit deren Kognitionen und Verhalten dem Kind gegenüber zumindest teilweise erklärt.

Wir wollen nun den Prozess der Interaktion von Klient und Befrager im Interview genauer betrachten. Wir orientieren uns dabei an Überlegungen, die Kaminski (1970, S. 271ff) im Rahmen seines handlungstheoretischen Modells angestellt hat, und beginnen mit dem *Klienten*.

Der Klient baut ein Konzept der Situation auf, das sein Verhalten in der Exploration steuert. Dieses Konzept basiert teilweise auf verhaltenssteuernden Systemen, die der Klient in seinem täglichen Leben entwickelt hat. Der Befrager muss dabei herauszufinden suchen, ob diese Systeme im Sinne der Zielsetzung der Untersuchung relevant sind. So mag der Klient etwa generell dazu tendieren, bei Gesprächen mit ihm unbekannten Personen, denen er eine gewisse Autorität zuschreibt, misstrauisch und verschlossen zu sein. Es ist naheliegend, dass

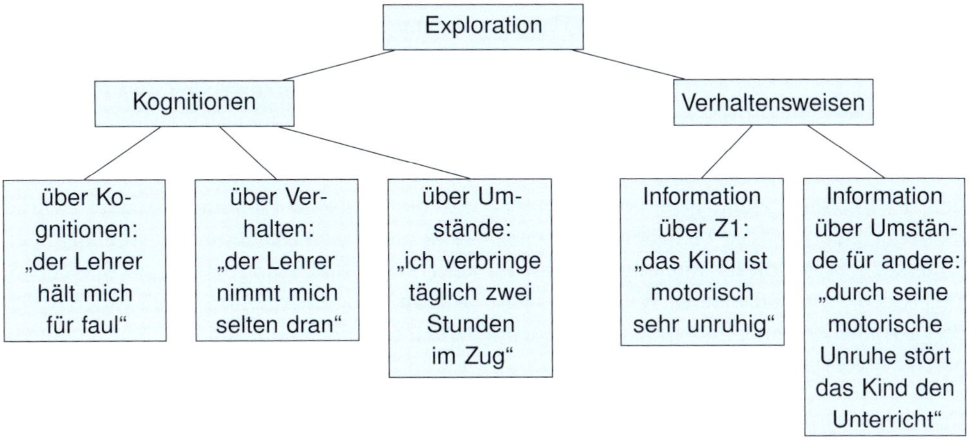

Abb. 8.1 Während eines Interviews übermittelte unterschiedliche Informationen.

er auch die Explorationssituation in diesem Sinne kogniziert und sich in ihr „entsprechend“ verhält.

Auch das Verhalten des Klienten im Gespräch kann man im Sinne eines Arbeitsflusses, analog dem besprochenen diagnostisch-praktischen Arbeitsfluss im Handlungsmodell Kaminskis (▶ **Abb. 7.2**, S. 194), auffassen. Der Klient bildet also ebenfalls eine Z2-Hypothese darüber aus, was der Untersucher wohl generell von ihm will und z. B. mit einer bestimmten Frage bezweckt. Diese Frage selbst kann man als Auftrag ansehen, sich in bestimmter Weise zu verhalten. Bevor der Klient dem Auftrag gemäß tätig wird, nämlich antwortet, wird er bestimmte Speicher befragen, z. B. den Speicher „Gewissen“, in dem seine Interessen gegenüber anderen, z. B. Psychologen, niedergelegt sind. Dieser Speicher hat starken Einfluss auf das Situationskonzept des Klienten.

Die ersten verbalen und nonverbalen Reaktionen, die der Klient unter dem Einfluss seines Konzepts von der Befragungssituation manifestiert, legen ihn im Hinblick auf sein weiteres Reagieren bis zu einem gewissen Maße fest. Will er nicht inkonsistent und damit unglaubwürdig erscheinen, so muss er bemüht sein, beispielsweise eine bestimmte Art des Verschweigens und Verfälschens oder der nonverbalen Selbstdarstellung während des Gesprächs durchzuhalten.

Als nächstes wollen wir uns anschauen, welche Anforderungen der *Untersucher* simultan oder kurz nacheinander in der Exploration zu bewältigen hat.

Er muss *erstens* die vom Gesprächspartner gelieferten Daten verschiedener Natur (▶ **Abb. 8.1**) verarbeiten im Hinblick auf seine Hypothesen zu Z2, den Änderungsumständen, zu Z1 und dessen Bedingungen sowie zum Situationskonzept beim Klienten. Dabei muss er Wissen aus verschiedenen Speichern (▶ **Kap. 7**) abrufen. Er muss ferner die Ergebnisse dieser Verarbeitung speichern.

Zweitens muss er sich entsprechend der taktischen Planung des Gesprächs gegenüber dem Klienten zweckmäßig verhalten.

Aus der jeweiligen Datenanalyse muss er *drittens* sofort Konsequenzen ziehen im Sinne der strategischen Planung der Gesprächsführung,

d. h. er muss den *Inhalt* der nächsten Fragen festlegen.

Neue Zielsetzungen, die aus dieser strategischen Planung hervorgehen, müssen *viertens* sofort in eine taktische Planung umgesetzt werden. Es müssen sodann geeignete Frageformulierungen und offene Verhaltensweisen des Untersuchers aus dieser Planung resultieren. Das bedeutet, dass dasjenige Wissen, das bei der taktischen Planung mitwirkte, stets präsent gehalten werden muss.

Der Untersucher muss *schließlich* sein offenes Verhalten ständig kontrollieren, also mit der taktischen Planung vergleichen.

Da hiermit natürlich sehr hohe Anforderungen an den Untersucher gestellt werden, kann es zu verschiedenen Möglichkeiten des Versagens kommen.

Der Befrager kommt *erstens* nicht mit bei der Datenverarbeitung, d. h. er kann das benötigte Wissen im Hinblick auf die Bildung von Hypothesen nicht rasch und vollständig genug abrufen. Dabei kann es auch passieren, dass bereits Ausgewertetes zumindest zeitweilig wieder verlorengeht.

Der Untersucher verhält sich *zweitens* nicht zweckmäßig. Er kann z. B. nach einer Frage nicht genügend abwarten, da er sich an den Zeitnormen orientiert, wie sie mit einer gewissen Variationsbreite für alltägliche Unterhaltungen gelten. Der Untersucher selbst hätte hier also die Explorationssituation falsch kogniziert.

Als Folge einer fehlenden strategischen Planung kommt es *drittens* zu einer mangelhaften taktischen Planung. Dem Untersucher fallen keine Fragen mehr ein oder er wiederholt sich, jedenfalls werden Pausen entstehen und die Exploration wird langsam in eine Unterhaltung übergleiten, wobei der Befrager evtl. sogar die Führung verliert. Als Rettung mag er sich vielleicht an schematisch vorformulierte Fragen halten. Auf Möglichkeiten und Probleme einer derartigen Strukturierung eines Interviews wird im folgenden Abschnitt näher eingegangen.

Es fehlt dem Untersucher *viertens* an Mitteln für die taktische Planung. So kann es ihm etwa an Wissen (Änderungswissen aus Speicher 1 oder Bedingungswissen aus Speicher 3; ► **Kap. 7**) darüber fehlen, durch welches Verhalten er im Klienten günstige bzw. ungünstige Einstellungen induzieren kann. Er wird sich vielleicht, ohne es zu wissen und zu wollen, zu sehr als Autorität darstellen. Als Folge davon wird sich der Klient sehr einseitig verhalten, was wiederum den Untersucher zu falschen Schlussfolgerungen verleitet. Der Untersucher kann die taktische Zielsetzung aber auch in seinem offenen Verhalten verfehlen, etwa weil er bestimmte notwendige Verhaltensweisen (z. B. zur Herstellung von Wärme und Vertrauen) nicht in seinem Repertoire hat.

Weil der Untersucher sich *fünftens* auf die Auswertung der vom Klienten produzierten Daten konzentriert, mag er keine freie Kapazität mehr für die Kontrolle eigenen Verhaltens haben.

Neben diesen spezifischen lassen sich noch einige *allgemeinere Gesprächsfehler* identifizieren, die sich jedoch durch ein Interviewer-Training vermeiden lassen (Moscoso, 2000).[1] Dabei muss jedoch einschränkend darauf hingewiesen werden, dass Fehler immer nur bezogen auf die jeweilige taktische Planung begangen werden können.

Der Interviewer widmet den generellen *Einstellungen und Erwartungen des Klienten* im Hinblick auf Untersuchungssituationen zu wenig Aufmerksamkeit (etwa einem durchgängig vorhandenen Misstrauen gegenüber allem, was irgendwie nach „Amt" aussieht). Damit kann

[1] Strobel und Westhoff (2009) haben in diesem Zusammenhang ein Instrument zur Erfassung der Interviewerkompetenz entwickelt.

es am Anfang des Gesprächs zu einem ungünstigen Situationskonzept beim Klienten kommen, das dann den gesamten weiteren Gang der Exploration negativ beeinflusst. Der Befrager sollte darüber hinaus auch wissen, wie er auf andere Menschen wirkt.

Der Untersucher schenkt der *Wirkung seines Ausdrucksverhaltens* zu wenig Beachtung. Hierzu gehört auch die Kontrolle sog. paraverbaler (hörbare nonverbale Signale, z. B. ein Räuspern) und nonverbaler Verhaltensaspekte (Blickkontakt, Körperhaltung, Mimik, Gestik; vgl. auch Keßler, 1982).

Da das aktuelle Verhalten des Klienten stark durch die *Fragen des Untersuchers* gesteuert wird, können hier allgemeinere Fehler auftreten (▶ **Kap. 10**):

- Die Fragen enthalten unklare und mehrdeutige Begriffe. Dies löst beim Klienten Abwehrprozesse aus („Angst vor Blamage") und führt zu nichtssagenden Antworten.
- Fragen werden zu lang und zu kompliziert formuliert, der Klient kann sie also nicht adäquat speichern.
- Es werden Suggestivfragen gestellt, durch welche die Antworten des Klienten im Wesentlichen schon festgelegt werden.
- Es werden „Warum"-Fragen gestellt, durch die beim Klienten meist nur oberflächliche Begründungen oder Rationalisierungen abgerufen werden.
- Es werden Fragen formuliert, auf die man nur mit „ja" oder „nein" antworten kann.
- Der Untersucher verzichtet darauf, nachzuprüfen, ob er eine Aussage des Befragten auch korrekt verstanden hat.

Ein allgemeiner Fehler in der Gesprächsführung wäre es auch, wenn der Untersucher die Antworten des Klienten mit *Kommentaren, persönlichen Stellungnahmen und Wertungen* versieht, oder er gar *Affekte kommuniziert*. In jedem Fall verlässt der Untersucher damit die Berufsrolle, die ja ein wesentlicher Bestandteil der taktischen Planung ist. Damit provoziert er ungünstige Kognizierungen durch den Klienten.

8.3 Strukturiertheitsgrad des Interviews

Als wesentlichen Unterschied zur Darbietung von etablierten Testverfahren und damit als bedeutenden Vorzug des Interviews hatten wir die größere Freiheit des Untersuchers bei der taktischen Planung hervorgehoben. Der Untersucher plant seine ersten Fragen in Übereinstimmung mit seinen Hypothesen, er wertet die Antworten des Klienten im Hinblick auf diese Hypothesen aus und formuliert entsprechend die jeweils folgenden Fragen.

Durch diese Flexibilität steht das Interview also formal auf einer Ebene mit einer gesamten – hypothesengeleitet organisierten – Datenerhebung, wie wir sie in ▶ **Kap. 7** im Rahmen der sog. „diagnostischen Schleife" kennengelernt hatten. Die Idee der flexiblen, d. h. hypothesengeleiteten Befragung steht freilich im Konflikt mit dem Vorgehen nach einem vorstrukturierten Fragenschematismus. Im Sinne des dargestellten handlungstheoretischen Modells des Diagnostizierens wäre also die *unstrukturierte* Variante des Interviews das Verfahren der Wahl.

Diesem Vorzug steht nun allerdings, wie wir in den folgenden Abschnitten noch genauer zeigen werden, als Mangel eine vergleichsweise geringe psychometrische Qualität des unstrukturierten Vorgehens beim Interview gegenüber. Diese Qualitätsmängel betreffen zunächst einmal die eingeschränkte *Objektivität* bei der Durchführung und Auswertung des Interviews. Da jeder Untersucher an einen spezifischen „Fall" natürlich mit etwas anderen Hypothesen herangeht, werden auch die Fragen und damit insgesamt die *Durchführung* der Exploration entsprechend variieren. Da ferner vermutlich auch die Antworten des Klienten, je nach Hypothesen, unterschiedlich ausgewertet werden, wird dementsprechend auch die *Auswertung* des Interviews von Untersucher zu Untersucher variieren. Eine geringe Objektivität bei der Durchführung und Auswertung einer Datenerhebung senkt aber wiederum die Werte für die beiden anderen zentralen Testgütekriterien der *Reliabilität* und *Validität* (▶ **Kap. 3**).

Zur Verbesserung der Qualität des Interviews wurden verschiedene Formen der Strukturierung entwickelt. Je nach Ebene unterscheidet Keßler (1982) zwischen Strukturiertheit der Befragung, des Antwortmodus und der Auswertung.

Hinsichtlich der *Befragung* wird dabei zwischen voll-, halb- und unstrukturiertem Vorgehen differenziert. Ferner kann sich der Grad der Strukturierung auf die Thematik oder auf die Abfolge der Fragen beziehen. Vollstrukturierte Interviews sind hinsichtlich Wortlaut und Abfolge der Fragen genau festgelegt. Das halbstrukturierte Vorgehen folgt stichwortartigen Vorgaben zu einzelnen Themen, während bei unstrukturierter Befragung höchstens einzelne Themen vorgegeben sind.

Der *Antwortmodus* sollte eigentlich, der Idee des Interviews folgend, „offen", d. h. hinsichtlich Art und Inhalt der Antwortformulierung nicht beschränkt sein. Allerdings existieren auch „geschlossene" Formen, bei denen nur kurze Bemerkungen möglich sind.

Eine *Auswertung*, die sich an zuvor formulierten Hypothesen orientiert, wäre in dem Sinne unstrukturiert, als die Gesichtspunkte, nach denen die Antworten im Hinblick auf weitere diagnostische oder praktische Entscheidungen bewertet werden, natürlich mit den jeweiligen Hypothesen variieren. In dem Maße, wie zur Auswertung bestimmte Kategorien, Checklisten oder Ratingskalen (▶ **Kap. 15**) vorgegeben werden, wird das Interview strukturierter, entfernt sich aber auch zugleich von der Vorstellung einer hypothesengeleiteten Durchführung.

Den stärksten Grad der Strukturierung auf allen Ebenen hat die Befragung durch Einführung des *Computer-Interviews* erfahren (siehe u. a. Farrell, 1993). Diese werden im klinischen Bereich, insbesondere für psychiatrische Diagnosen (vgl. u. a. Erdman, Klein & Greist, 1985), vorzugsweise aber zur Diagnostik in Organisationen (u. a. Rosenfeld, Doherty, Vicino, Kantor & Greaves, 1989) eingesetzt.

Neben dieser Orientierung an mehr formalen Gesichtspunkten lässt sich aber auch eine gewisse Strukturierung, die einer hypothesengeleiteten Befragung nicht unbedingt im Wege steht, erreichen, wenn der Untersucher bei seinem Vorgehen bestimmte Interviewtechniken (vgl. z. B. Hersen & van Hasselt, 1998) realisiert. So wird der Befrager das Gespräch etwa in bestimmte Phasen (Vorbereitung, Einleitung, themenbezogene Fragen, Abschluss) gliedern. Er sollte dabei generell vom Allgemeinen zum Speziellen und von eher neutralen zu persönlicheren Inhalten übergehen. Ein Beispiel für eine derartige Abfolge von teilweise standardisierten, teilweise frei geführten Gesprächsteilen stellt das *Multimodale Einstellungsinterview* von Schuler (1992) dar. Daneben führt natürlich auch das Vermeiden der im vorigen Abschnitt beschriebenen allgemeineren Gesprächsfehler zu einer besseren Strukturierung der Befragung und erhöht damit die Wahrscheinlichkeit, deren Validität zu erhöhen.

8.4 Gütekriterien des Interviews

Es ist offensichtlich, dass mit zunehmender Strukturierung des Interviews auch der Grad der *Objektivität* bei der Durchführung und Auswertung der Befragung steigt (Huffcutt & Culbertson, 2011). Damit erhöht sich natürlich auch die Reliabilität des Verfahrens. Dabei stellt sich allerdings die Frage, wie denn überhaupt die Reliabilität des Messinstruments Interview bestimmt werden soll.

Ein Vorschlag (z. B. Aiken, 1999) sieht vor, die *Reliabilität* dadurch zu bestimmen, dass die Auswertungen des Interviews (z. B. als Ratings) über mehrere Beurteiler miteinander verglichen werden. Die Übereinstimmung kann dabei Frage für Frage oder über das Gesamtgespräch bestimmt werden. Hier wird also Reliabilität als *Auswertungsobjektivität* (bzw. Beurteilerübereinstimmung) bestimmt. Die registrierten Werte hierzu sind allerdings nicht befriedigend. Selbst bei stark strukturierten Interviews, relativ spezifischen Fragen und gut trainierten Beurteilern werden kaum Übereinstimmungen erzielt, die über .80 liegen (Aiken, 1999).

Ferner wurde versucht, die Reliabilität als *Stabilität* zu bestimmen (Keßler, 1982). Hier haben wir es allerdings mit mindestens zwei Problemen zu tun. Zum einen muss gesichert werden, dass es sich bei dem Inhalt, auf den die Fragen zielen, um ein vergleichsweise stabiles Merkmal handelt. Zum anderen dürfte es bei einer lebensecht durchgeführten Befragung – mehr noch als bei einem schriftlichen Test – ziemlich schwer sein, den Befragten dazu zu motivieren, sich der gleichen – ja auch recht zeitaufwändigen – Exploration nochmals zu unterziehen und sich dabei auch einigermaßen konsistent mit seinem Verhalten im ersten Interview zu zeigen (zumal ihm ja die eigentliche Zielsetzung der zweiten Befragung, nämlich die Stabilitätsprüfung, nicht mitgeteilt werden darf). Eine weitere Form der Reliabilitätsprüfung, die Bestimmung der *internen Konsistenz*, verbietet sich für das Interview angesichts der notwendigen Heterogenität der Fragen und Interviewphasen.

Für die Bestimmung der Validität kann man zunächst zwischen exploration*sinterner* und *-externer* Überprüfung unterscheiden (Keßler, 1982). Eine interne Überprüfung befasst sich mit der Konsistenz (d. h. Widerspruchsfreiheit) der Aussagen innerhalb des Gesprächs sowie mit deren Plausibilität. Bei der externen Überprüfung werden weitere Daten zum angesprochenen Sachverhalt herangezogen. Hierzu können im Prinzip alle Vorgehensweisen gewählt werden, die zur Validitätsbestimmung von Messinstrumenten zur Verfügung stehen (▶ **Kap. 3**).

Im Hinblick auf die *prädiktive* Validität des Interviews berichtet etwa Clum (1975a) über Studien, bei denen im Interview erhobene Daten zu psychosozialen Merkmalen von Patienten (insbesondere der erlebten sozialen Unterstützung) zur Vorhersage ihrer Anpassung nach einem Krankenhausaufenthalt herangezogen wurden. Gardner und Williams (1973) verglichen in einer ausgedehnten Längsschnittuntersuchung die Bewährung von Marineangehörigen mit Daten aus deren Einstellungsinterviews. Die *konkurrente* Validität von Interviews lässt sich entsprechend durch die Korrelation der Interviewdaten mit aktuellen Leistungsdaten oder den Scores aus relevanten Testverfahren (z. B. Skalen des *MMPI*, ▶ **Kap. 10**) vergleichen (siehe u. a. Clum, 1975b).

Bei unstrukturierten Interviews wird man hier angesichts ihrer vergleichsweise niedrigen Auswertungsobjektivität keine sonderlich guten Validitätswerte erwarten dürfen (Reilly & Chao, 1982; Schuler, 2002). So führten beispielsweise Hunter und Hunter (1984, vgl. Tabelle 8) eine Metaanalyse von 15 Studien zur prädiktiven Validität von unstrukturierten Einstellungsinterviews durch und fanden für das Kriterium Vorgesetztenbeurteilung einen mittleren Zusammenhang von .14. Für andere Kriterien (z. B. Benotungen in Trainingskursen) waren die Werte noch niedriger (für eine kritische Überprüfung dieser Analyse s. Huffcutt und Arthur, 1994). Ähnlich unbedeutend ist die Validität von Interviews mit Studienbewerbern im Hinblick auf die spätere Studienleistung (Trost, 1986).

Für strukturierte Einstellungsinterviews fanden sich dagegen höhere Validitätskoeffizienten (zwischen .40 und .60; Huffcutt, Conway, Roth & Klehe, 2004; Latham & Sue-Chan, 1999; Salgado & Moscoso, 2002; Wiesner & Cronshaw, 1988; Übersichten u. a. bei Huffcutt & Culbertson, 2011; Westhoff & Strobel, 2011). Dabei hängt die Höhe der Validität allerdings von einer Reihe von Rahmenbedingungen ab, etwa der Art der Fragen (retrospektive, biografiebezogene Fragen haben eine höhere Validität als zukunftsorientierte Fragen, Huffcutt et al., 2004), der Komplexität des Kriteriums (Schuler, 2002) oder der Qualität der zu besetzenden Stelle (Sarges, 2013a).

8.5 Arten von Interviews

Grundsätzlich lassen sich zwei große Gruppen von Interviews unterscheiden: das klinische Interview und das Interview im Rahmen organisationeller Aufgabenstellungen, wobei hier das Einstellungsinterview (Schuler, 2002) dominiert.

Eine zentrale Einsatzmöglichkeit des *klinischen Interviews* liegt in der Anamnese, also der Erhebung der Vorgeschichte eines Problems. Daneben können Befragungen als sog. therapeutische Interviews aber auch prozessbegleitend eingesetzt werden. Im Sinne des in ▶ **Kap. 7** dargestellten diagnostischen Arbeitsflusses haben wir es hier also mit der diagnostischen Prüfung des Ablaufs der praktischen Phase zu tun (▶ **Abb. 7.2**, S. 194). Eine dritte Möglichkeit stellt schließlich das Endinterview zum Abschluss einer Modifikation dar. Im Endinterview wird geprüft, ob das Zielkriterium erreicht wurde. (Zu klinischen Interviews sowie zur klinischen Diagnostik allgemein ▶ **Kap. 15**.)

Interviews in Organisationen verfolgen die Ziele der Auswahl und Platzierung von Bewerbern, der Beratung und Beurteilung von Mitarbeitern, der Arbeitsanalyse, der Konfliktlösung sowie der Organisationsentwicklung. Einstellungsinterviews dienen dabei nicht nur der Personalauslese, sondern wollen Bewerber auch über das Unternehmen und die Arbeitstätigkeit (einschließlich Regeln, Pflichten und Entlohnung) informieren sowie deren Erwartungen an den Arbeitsplatz eruieren. Daneben lässt sich das Interview auch in Form der *Mitarbeiterbefragung* (Borg, 2000) zur strategischen und operativen Planung und Durchführung von Unternehmensprojekten einsetzen. (Zu Interviews in Organisationen sowie zur organisationspsychologischen Diagnostik allgemein ▶ **Kap. 14**.)

Inzwischen wurden für alle Bereiche, in denen Befragungen überhaupt durchgeführt werden können, mehr oder weniger strukturierte Interviews entwickelt. (Übersichten für die Klinische Psychologie finden sich in Strauß und Schumacher, 2005, für die Organisationspsychologie in Eder und Ferris, 1989, Sarges, 2013b, Westhoff, 2013, Westhoff & Strobel, 2011, sowie Schuler, 2002.) Keßler (1982) unterscheidet dabei die folgenden Formen der Strukturierung:

Beim *strukturierten Interview* sind die Fragen vorformuliert, die Antworten des Klienten sind meistens frei, gelegentlich ebenfalls strukturiert. Die Auswertungen können, müssen aber nicht bestimmten Vorgaben folgen.

Bei *Interviewleitfäden mit präkodierten Items* stellt der Untersucher die Fragen nach stichwortartigen oder völlig strukturierten Vorgaben und der Klient antwortet entweder frei, halbstrukturiert oder vollstrukturiert (z. B. mit „Ja“ oder „Nein“). Diese Antworten werden nach vorgegebenen Ratingskalen oder Antwortkategorien bewertet. Haupteinsatzgebiet dieser Befragungsform ist das klinische, insbesondere psychiatrische Interview.

Weniger strikten Vorgaben folgt das *unstrukturierte Interview mit Ratings*. Hier verläuft die eigentliche Befragung unstrukturiert, die anschließende Auswertung der erhaltenen Information erfolgt aber auf oft sehr detaillierten Ratingskalen.

Frageschemata sind teilstrukturierte Formen des Interviews. Leitfäden zu einzelnen Inhalten oder auch nur Themenbereichen bilden Gedächtnisstützen hinsichtlich der zu erfragenden Information. Dementsprechend ist die Abfolge der zu besprechenden Themen meist auch freigestellt.

Eines der ersten strukturierten, noch heute verwendeten Verfahren im Bereich der klinischen (speziell psychiatrischen) Interviews ist das *Present State Examination* (PSE; Wing, Cooper & Sartorius, 1974; deutsche Bearbeitung durch von Cranach, 1978). Die Fragen zielen u. a. auf die Bereiche körperliche Gesundheit, Konzentration, depressive Verstimmtheit, Wahnvorstellungen sowie Verhalten während der Befragung. Die erhaltenen Informationen werden nach sehr umfangreichen vorgegebenen Symptom-Checklisten ausgewertet.

Eher retrospektiv orientiert ist das *Biographical Personality Interview* (von Zerssen, Barthelmes et al., 1998; von Zerssen, Possl et al., 1998), das prämorbide Persönlichkeitsmerkmale (z. B. den „melancholischen Typ") erfassen soll. Eine Besonderheit dieses Verfahrens stellt die Art der Durchführung dar: Von zwei voneinander unabhängigen Untersuchern, die beide keine Vorkenntnisse über weitere Daten und Diagnosen des Klienten besitzen, führt einer das strukturierte Interview durch und fertigt das Protokoll an, während der andere die Auswertung nach deskriptiven Items vornimmt.

Auch zu speziellen klinischen Fragestellungen wurden, halb- oder vollstrukturierte, Interviews entwickelt. Viele dieser Interviews bauen auf Kategorien der beiden großen internationalen Systeme zur Klassifikation psychischer Störungen auf, dem *Diagnostic and Statistical Manual of Mental Disorders* (DSM; APA, 2000) bzw. der *International Statistical Classification of Diseases* (ICD; WHO, 1993a). Einzelheiten zu DSM und ICD sowie den darauf aufbauenden Verfahren werden in ▶ **Kap. 15** dargestellt.

8.6 Bewertung der Datenerhebungsmethode Interview

Bei der Bewertung der Interviewmethode muss man zunächst einmal zwischen strukturierten und unstrukturierten Vorgehensweisen unterscheiden. Unser kurzer Überblick hatte deutlich gemacht, dass die *unstrukturierte Befragung*, wenn man sie als eigenständige Datenerhebungsmethode betrachtet, auf die sich praktisches Handeln (z. B. eine Einstellungsentscheidung) gründen soll, eine unzureichende psychometrische Qualität aufweist.

Einen der wesentlichen Gründe hatten wir schon im Zusammenhang mit der Beschreibung des Prozesses der Befragung kennengelernt. Der Erfolg einer Exploration im Sinne der Gewinnung von Daten, die für die weitere Bearbeitung des „Falles" brauchbar sind, hängt ganz wesentlich von der Formulierung expliziter Hypothesen ab, die den Ablauf der Befragung steuern. Wenn man einmal unterstellt, dass viele Untersucher bei ihrer Befragung nur von relativ vagen Hypothesen ausgehen, dann wird man auch nur eine mangelhafte taktische Planung des Gesprächs als Folge des Fehlens einer strategischen Planung erwarten können. Mangelhafte Taktik führt aber zum Stellen vieler überflüssiger und u. U. auch zum Vergessen wichtiger Fragen.

In jedem Fall wird der Interviewer am Ende der Befragung vor der (kaum zu lösenden)

Aufgabe stehen, viele vergleichsweise theorielos gewonnene Informationseinheiten zu einem Gesamturteil zu integrieren. Es ist naheliegend, dass er hierbei auf die in ▶ **Kap. 5** dargestellte „klinische" Methode der Datenintegration mit ihrer weitgehend intuitiven Form der Kombination und Gewichtung zurückgreifen wird.

Hinzu kommt, dass bei Durchführung und Auswertung des Interviews auch mit dem (validitätsmindernden) Einfluss spezieller Faktoren gerechnet werden muss. In erster Linie wäre dabei mit den folgenden Einflussgrößen zu rechnen (vgl. auch Keßler, 1982): Vorinformationen des Befragers (z. B. zur Schichtzugehörigkeit oder zu klinischen Diagnosen), Kontrasteffekte (z. B. die Nachwirkung eines überdurchschnittlich kompetenten Bewerbers auf die Beurteilung eines „durchschnittlichen" Bewerbers im direkt darauf folgenden Interview), Sequenzeffekte (d. h. die Wirkung des „ersten Eindrucks" auf den weiteren Ablauf der Befragung), Halo-Effekt, Sympathieeffekte (z. B. bedingt durch die wahrgenommene Attraktivität des Interviewten) sowie Interviewerverhalten und -stil (z. B. Variationen auf den Dimensionen lenkend oder warm – kalt).

Das unstrukturiert durchgeführte Interview ist also nur dann ein brauchbares Instrument der Datengewinnung, wenn es *hypothesengeleitet* durchgeführt wird. Dabei wird es aber nicht in erster Linie der Gewinnung von Daten dienen können, aus denen sich dann bereits praktische Entscheidungen im Sinne der „praktischen Phase" des in ▶ **Kap. 7** beschriebenen Handlungsmodells herleiten lassen (etwa eine Personalauslese oder die Planung einer Modifikation). Vielmehr sollte die unstrukturierte Exploration im Sinne dieses Handlungsmodells in erster Linie eingesetzt werden, um Hypothesen, die auf Grund der bislang vorliegenden Daten formuliert wurden, zu prüfen und sodann die weitere, dann weitgehend testbasierte Datenerhebung zu planen.

Verglichen mit unstrukturierten Befragungen haben stärker *strukturiert* durchgeführte Interviews schon eher den Charakter eigenständiger Datenerhebungen, die u. a. direkt zu praktischen Entscheidungen führen können. Dementsprechend müssen sie sich auch an den Gütekriterien etablierter Testverfahren messen lassen. Hier weisen nun alle neueren kritischen Übersichten eine generell zufriedenstellende psychometrische Qualität nach. Es stellt sich jedoch die Frage, was eine hochstrukturierte Befragung eigentlich noch zu tun hat mit der ursprünglichen Idee des Interviews als einer sehr flexiblen Form der Datenerhebung, bei der der Untersucher seine nächstfolgende Frage direkt an der Auswertung der unmittelbar zuvor erhaltenen Information orientieren kann. Tatsächlich gleichen strukturierte Interviews eher normalen Testverfahren (insbesondere Fragebogen) zur Beschaffung von subjektiven Daten (▶ **Kap. 10**) als „traditionellen" Interviews.

Eine gewisse Wiederannäherung der stärker strukturierten Verfahren an die Zielsetzungen der unstrukturierten Befragung könnte sich evtl. durch die vermehrte Verwendung computergestützter Explorationsverfahren ergeben. Diese Verfahren folgen in der Regel dem Grundgedanken des *antwortabhängigen Testens* (▶ **Kap. 6**), d. h. sie realisieren Strategien des adaptiven und sequenziellen Testens, die flexibel am individuellen Fall orientiert sind (siehe z. B. Krieger, 1997).

Weiterführende Literatur

Eine Einführung in das Interview bietet Keßler (1982). Für die organisationspsychologische Diagnostik, speziell das Einstellungsinterview, geben Sarges (2013a), Schuler (2002) sowie Westhoff und Strobel (2011) praktische Hinweise, während das Handbuch von Eder und

Ferris (1989) einen Überblick über theoretische, forschungsbezogene und praktische Fragestellungen liefert. Verschiedene Interviews und Checklisten im Rahmen der klinischen Diagnostik werden in Strauß und Schumacher (2005) vorgestellt.

Fragen zur Wissenskontrolle

1. Welche Beziehungen bestehen zwischen den Begriffen Interview, Exploration und Anamnese?
2. Welche Aufgaben muss der Untersucher in einer Exploration bewältigen?
3. Welche allgemeinen Gesprächsfehler lassen sich identifizieren?
4. Welche Vor- und Nachteile bestehen bei einem unstrukturierten Interview?
5. Welche verschiedenen Formen der Strukturierung gibt es beim Interview?
6. Welches sind die Hauptanwendungsgebiete des Interviews?

9 Verfahren zur Beschaffung von L-Daten

Life record- oder kurz: L-Daten stammen im Wesentlichen aus zwei Quellen. Zum einen umfassen sie objektive Lebensdaten (etwa Geschwisterzahl, Beruf, Einkommen, Krankheiten während der letzten fünf Jahre), zum anderen resultieren sie aus Fremdbeobachtungen bzw. Fremdbeurteilungen (z. B. durch Psychologen, Lehrer, Vorgesetzte). In der Diagnostik interessiert in besonderem Maße die zweite Datenquelle, auf die wir uns im vorliegenden Kapitel konzentrieren.

Wir befassen uns dabei mit der Beobachtung als *eigenständiger* Zugangsweise zum Verhalten. Die Qualifikation „eigenständig" soll hervorheben, dass jede Form psychologischer Datenerhebung (etwa über Fragebogen, Test oder im Experiment) Beobachtung involviert. In Test und Experiment sind jedoch die situativen Bedingungen sowie die Reaktionsanforderungen und -möglichkeiten genau fixiert. Meist werden hier nur sehr kleine Verhaltensausschnitte aufgezeichnet (z. B. Reaktionszeiten auf bestimmte Reizkonfigurationen).

Bei der Verhaltensbeobachtung als eigenständigem Datenerhebungsverfahren besitzen die Probanden dagegen einen ausgesprochen großen Gestaltungsspielraum, was dazu führt, dass viele sehr verschiedenartige Verhaltensweisen auftreten und registriert werden können. Entsprechend sind hier die Anforderungen an die Beobachter deutlich höher als beim Testen oder Experimentieren.

Beobachtungsverfahren besitzen in der psychologischen Diagnostik wesentliche Funktionen. Zunächst versprechen Daten aus Beobachtungen einen *direkteren Zugang zum Verhalten* als Daten, die aus Befragungen (etwa Interview oder Fragebogen) stammen. Wie im vorhergehenden Kapitel betont wurde, basieren Auskünfte der Probanden häufig auf Kognitionen über Sachverhalte, die ihr Leben betreffen. Diesen Sachverhalten gegenüber nehmen sie nicht die Rolle eines distanzierten Außenstehenden ein. In ihren Wahrnehmungen und Aussagen spiegeln sich vielmehr die Perspektiven aktiv Beteiligter, die Information im Hinblick auf ihre Bedürfnisse und Ziele bewerten, selektieren und integrieren.

Auch die Mitteilungen in der diagnostischen Untersuchungssituation werden von den Probanden im Hinblick auf ihre jeweils aktuellen Anliegen und Ziele geplant und gesteuert (► **Kap. 7**). Hierbei geht es insbesondere um Strategien, die festlegen, was eine Person dem Untersucher über evtl. sehr intime Verhaltensbereiche anvertrauen will und was nicht. Es ist daher nicht erstaunlich, dass verschiedene Personen, die den gleichen Sachverhalt beschreiben sollen, häufig nicht sonderlich hoch übereinstimmen. Derartige Diskrepanzen findet man etwa für Eigenschafts- und Verhaltensbeschreibungen, die bei Partnern oder engen Bekannten erhoben werden, oder für die Beurteilung des Erziehungsverhaltens durch Eltern und Kinder (z. B. Helmke & Kischkel, 1980; Schwarz, Barton-Henry & Pruzinsky, 1985). Durch Verhaltensbeobachtung sollen Daten gewonnen werden, die von den spezifischen Wahrnehmungs-, Urteils- und Darstellungstendenzen der betroffenen Personen frei sind.

Die angesprochenen Divergenzen zwischen Selbst- und Fremdbeschreibung sind nur zu einem Teil als Ausdruck strategischer Selbstdarstellung zu verstehen. Viele manifeste Verhaltensweisen einer Person, die auf deren Interaktionspartner wirken, sind der Selbstbeobachtung und -reflexion nicht oder nur indirekt zugänglich. Dies drückt sich u. a. darin aus, dass viele Menschen mehr oder weniger überrascht sind, wenn sie mit einer längeren Videosequenz konfrontiert werden, die sie selbst „in Aktion“ zeigt. Die Diskrepanz zwischen Selbst- und Fremdperspektive ist ein zentrales Thema der psychologischen Grundlagenforschung (siehe z. B. Heckhausen, 1980).

Ein zweiter wichtiger Grund für den Einsatz der Beobachtungsmethode liegt in der Möglichkeit, über einen längeren Zeitraum hinweg viele verschiedene Verhaltensweisen, die auch von verschiedenen Personen ausgehen können, simultan zu erheben. Vor allem zur Analyse von *Interaktionen* zwischen Personen stellen Beobachtungsverfahren den Zugang der Wahl dar.

Der Schwerpunkt dieses Kapitels wird auf der *systematischen Verhaltensbeobachtung* als diagnostischer Methode liegen, die im ersten Abschnitt genauer beschrieben wird. L-Daten können auch durch *Verhaltensbeurteilung* gewonnen werden, auf die wir im zweiten Abschnitt eingehen. Im dritten Abschnitt werden Spezifika bei der Bestimmung und Bewertung der *Objektivität, Reliabilität* und *Validität* von Fremdbeobachtungen und -beurteilungen diskutiert. Zum Abschluss weisen wir auf den Beitrag von Beobachtungsverfahren zur Beantwortung praktisch-diagnostischer Fragen hin.

9.1 Verhaltensbeobachtung

Beobachten bedeutet, ausgewählte Ereignisse für einen bestimmten Zeitraum gezielt wahrzunehmen und in ihrem Ablauf zu verfolgen. In diesem weiten Sinn wird im Rahmen diagnostischer Untersuchungen fast kontinuierlich beobachtet. Viele Beobachtungen fallen dabei gewissermaßen „von selbst“ an, z. B. bei der Durchführung eines Intelligenztests. Obwohl solche Beobachtungen diagnostisch aufschlussreich sein können, etwa im Hinblick auf die Frage, wie eine Person mit einer selbstwertrelevanten Situation umgeht, besitzen sie doch einen eher informellen Charakter. Wir konzentrieren uns in diesem Kapitel auf Formen der Beobachtung, in denen Situationen zu Beobachtungszwecken gezielt aufgesucht oder hergestellt werden.

9.1.1 Einteilungsgesichtspunkte

Beobachtungsverfahren lassen sich nach einer Reihe von Kriterien einteilen. Wir beschreiben kurz vier fundamentale Klassifikationsgesichtspunkte:

1. freie vs. systematische Beobachtung,
2. Ausmaß der Kontrolle und Strukturierung,
3. Beobachtung in vivo vs. Beobachtung auf der Basis von Aufzeichnungen,
4. Grad der Teilnahme des Beobachters am aufzuzeichnenden Geschehen.

Die *freie* oder *unsystematische* Beobachtung gleicht der Alltagsbeobachtung. Sie unterscheidet sich von ihr primär im Ziel, das auf wissenschaftlichen Erkenntnisgewinn gerichtet ist. Freie Beobachtung wird häufig zur ersten Erkundung noch unbekannter Handlungsfelder eingesetzt. Eine Sozialpsychologin, die am Datingverhalten bayerischer Jugendlicher interessiert ist, und für ihre Forschung z. B. Tanzkurse, Open-Air-Konzerte, Badestrände und Biergärten aufsucht, würde zunächst einmal frei beobachten, um erste Hypothesen für eine geeignete Strukturierung ihres Gegenstands zu gewinnen. Freie Beobachtung wird häufig zur Vorbereitung systematischerer Formen der Datenerhebung eingesetzt.

Die *systematische* Beobachtung entfernt sich deutlich von der Beobachtung im Alltag. Aufzeichnung und Auswertung erfolgen hier nach einem genau bestimmten Plan. Es wird dabei vorab festgelegt, wo, wann, was beobachtet bzw. registriert wird und wie die anfallenden Daten anschließend auszuwerten sind. Darüber hinaus werden Maßnahmen ergriffen, die die Objektivität der Daten gewährleisten sollen. Die Güte der Datenerhebung wird kontrolliert. Schließlich wird meist eine quantifizierende Verhaltensbeschreibung angestrebt.

Ein zweiter wichtiger Einteilungsgesichtspunkt besteht im Ausmaß der *Kontrolle*, *Strukturierung* oder *Standardisierung* der Beobachtungssituation. In einem Extremfall wird keinerlei Kontrolle ausgeübt. Die Ereignisse werden hier vollständig ihrem „natürlichen Lauf" überlassen. Diese Form der Beobachtung heißt daher *naturalistische* Beobachtung. Sie wird typischerweise im normalen Umfeld der zu beobachtenden Personen durchgeführt (sog. *Feldbeobachtung*). Ihr Ziel ist es, ein möglichst realistisches, ökologisch valides Bild des Verhaltens und seines situativen Kontexts zu gewinnen. Auch hierfür liefert die gerade angeführte Sozialpsychologin ein Beispiel. Ein weiteres Beispiel wäre ein Erziehungsberater, der einen unangekündigten abendlichen Hausbesuch bei einem seiner Klienten macht, um einen Eindruck von der familialen Interaktion zu gewinnen.

Bei der reinen Form der naturalistischen Beobachtung werden weder die auftretenden Umweltereignisse noch die Verhaltensmöglichkeiten der zu beobachtenden Personen in irgendeiner Weise beeinflusst oder eingeschränkt. Anders ist dies bei der *kontrollierten* Verhaltensbeobachtung, wie man sie in ihrer ausgeprägtesten Form beim Experimentieren und Testen vorfindet. Kontrolle betrifft hier (a) die situativen Rahmenbedingungen, (b) die Art und Abfolge der Ereignisse (Reize, Items), mit denen die Personen konfrontiert werden, und (c) die Verhaltens- oder Antwortoptionen, die ihnen jeweils offen stehen.

Wird Verhaltensbeobachtung als eigenständige Methode eingesetzt, ist das Ausmaß realisierter Kontrolle sehr viel geringer als in Experiment oder Test. Häufig begnügt man sich damit, einen situativen Rahmen herzustellen, dessen konkrete Ausgestaltung dann den zu beobachtenden Personen überlassen bleibt. Derartige Beobachtungen werden üblicherweise im Forschungslabor oder in der psychologischen Praxis durchgeführt (*Laborbeobachtung*). Zur Erfassung manifester Angstreaktionen in potenziell selbstwertbedrohlichen Situationen könnte man z. B. Personen vor laufender Kamera einen freien Vortrag über ein schwieriges Thema halten lassen. Der Vorteil standardisierter Beobachtungssituationen gegenüber naturalistischen Feldbeobachtungen liegt darin, dass das Verhalten verschiedener Personen besser verglichen werden kann. Für die Analyse interindividueller Differenzen ist Standardisierung zentral. Dafür müssen jedoch Einbußen an Realitätsnähe in Kauf genommen werden.

Beobachtung und Registrierung können *in vivo* (also während sich die interessierenden Ereignisse aktuell abspielen) oder nachträglich auf der Basis von Audio- und Videoaufzeichnungen vorgenommen werden. In vivo-Beobachtung kann erhebliche Anforderungen an die Beobachter stellen, da Beobachtung und Registrierung fast simultan erfolgen müssen. Während des Registriervorgangs können evtl. interessierende Ereignisse unbemerkt bleiben. Dieses Problem kann gemildert werden, wenn mehrere Beobachter zur Verfügung stehen, die sich jeweils auf unterschiedliche, eng umgrenzte Aspekte konzentrieren.

Liegen *Videoaufzeichnungen* vor, lassen sich Beobachtung und Registrierung zeitlich separieren. Die Aufnahme kann hier bei Auftreten interessierender Ereignisse oder nach kurzen Intervallen angehalten werden, um den Beobachtern eine Pause für die Registrierung des Verhaltens zu geben. Zudem können Sequenzen bei Unklarheiten wiederholt abgespielt werden. Dies ist vor allem im Rahmen des Beobachtertrainings vorteilhaft. Schließlich können Beobachtungssysteme bzw. Kodierschemata relativ einfach und handhabbar gehalten werden, indem komplexere Verhaltensweisen in einzelne Bestandteile zerlegt werden, die in getrennten Durchläufen kodiert werden (siehe unten).

Ein vierter zentraler Gesichtspunkt ist die *Beteiligung der Beobachter* am aufzuzeichnenden Geschehen. Hier kann zwischen (a) aktiv-teilnehmender, (b) passiv-teilnehmender und (c) nichtteilnehmender Beobachtung unterschieden werden.

Bei der *aktiv-teilnehmenden* Beobachtung mischen sich die Beobachter direkt in das Geschehen ein. Sie sind ein Teil des Geschehens, interagieren also mit den zu beobachtenden Personen. Teilnehmende Beobachtung ist charakteristisch für das Interview; auch in sozialpsychologischen Experimenten wird sie gerne eingesetzt. Im Rahmen systematischer Beobachtung wird diese Form jedoch kaum verwendet, da der Ablauf des Geschehens stark vom Verhalten der jeweiligen Beobachter geprägt wird. Darüber hinaus dürfte die aktive Beteiligung die Objektivität der Verhaltensaufzeichnung beeinträchtigen, zumal die Registrierung zumeist retrospektiv („im Rückblick", also in mehr oder weniger großer zeitlicher Distanz zum Geschehen) vorgenommen werden muss. Als Vorteil aktiv-teilnehmender Beobachtung gilt die intime Sachkenntnis, die sich Beobachter über den interessierenden Verhaltensbereich verschaffen können.

In einer zweiten Form, der *passiv-teilnehmenden* Beobachtung, ist der Beobachter zwar anwesend, greift aber nicht aktiv in das Geschehen ein. Für die Wirkung auf das Verhalten der beobachteten Personen ist es dabei wichtig, ob sie über die Beobachtung informiert sind und ob die Aufzeichnung selbst für die Personen wahrnehmbar ist. Im ersten Fall werden sie sich (besonders am Anfang der Beobachtungsperiode) stärker zu kontrollieren versuchen, als wenn sie sich unbeobachtet fühlen. Im zweiten Fall werden sie evtl. kontinuierlich daran erinnert, dass sie beobachtet werden, was von vielen Personen als irritierend empfunden wird.

Aus diagnostischer Sicht stellt eine dritte Form, die *nichtteilnehmende, verdeckte* Beobachtung, die vollkommen ohne Wissen der beobachteten Personen vorgenommen wird, den Idealfall dar. Angesichts der zunehmenden Miniaturisierung der Video- und Audiotechnik lässt sich diese Form auch im Rahmen naturalistischer Beobachtung ohne Schwierigkeiten realisieren. Verdeckte Beobachtung kollidiert jedoch mit rechtlichen und forschungsethischen Normen, die eine informierte Einwilligung der Probanden fordern. Im Rahmen von Laboruntersuchungen erscheint es vertretbar, die Einwilligung *nach* der Aufzeichnung zu erbitten, verbunden mit der Option, die registrierten Daten sofort zu löschen. Im Rahmen von Feldbeobachtungen wird das Einholen einer nachträglichen Einwilligung nicht immer möglich sein.

9.1.2 Stichprobenplan und Beobachtungssystem

Durch systematische Beobachtung, auf die wir uns im Folgenden konzentrieren, kann Information über Art, Häufigkeit und zeitliche Erstreckung des Verhaltens von Personen oder Gruppen gewonnen werden. Darüber hinaus können Muster von Verhaltensabfolgen und situative Bedingungen des Verhaltens aufgedeckt werden.

Für die Gewinnung solcher Informationen müssen zunächst die äußeren Rahmenbedingungen der Beobachtung festgelegt werden. Hierfür wird ein *Stichprobenplan* aufgestellt. In ihm wird geregelt, wann Verhaltensstichproben gezogen werden. Dabei kann zwischen Zeit- und Ereignisstichproben differenziert werden (Pawlik & Buse, 1996).

Ein *Zeitstichprobenplan* spezifiziert die Protokolltermine (zu welchen Zeitpunkten wird beobachtet bzw. registriert?), die jeweilige Beobachtungsperiode (= Beobachtungsfenster; wie lange wird pro Termin beobachtet?) sowie die zeitlichen Intervalle (Pausen) zwischen zwei Protokollterminen. Damit ist dann auch der gesamte Beobachtungszeitraum festgelegt. Die Wahl dieser Größen muss jeweils an Art und Auftretenscharakteristik der interessierenden Verhaltensweisen angepasst werden.

In einem Zeitstichprobenplan wird vorab festgelegt, zu welchen Zeitpunkten Verhalten registriert wird. Bei einem *Ereignisstichprobenplan* sind diese Zeitpunkte dagegen variabel. Hier wird erst protokolliert, wenn ein vorher definiertes kritisches Ereignis eintritt, z. B. ein Streit in einer Kindergruppe. Dies setzt eine Dauerbeobachtung im Hinblick auf das Eintreten kritischer Ereignisse während des gesamten Beobachtungszeitraums voraus. Die Beobachtungsperiode kann hier zeitlich oder durch ein bestimmtes Ereignis (z. B. der Streit löst sich auf) definiert sein.

Zeitstichprobenpläne eignen sich besonders, wenn Verhalten relativ umfassend und repräsentativ aufgezeichnet werden soll. Sie werden vor allem für die Untersuchung grundwissenschaftlicher Forschungsfragen eingesetzt. Ereignisstichprobenpläne finden sich häufiger bei angewandten Fragestellungen, z. B. in der Klinischen Psychologie. Sie werden eingesetzt, wenn von vorneherein nur ausgewählte Verhaltensaspekte interessieren, die unter eng umgrenzten situativen Bedingungen auftreten.

Neben den Rahmenbedingungen muss die Art der Beobachtungsdurchführung festgelegt werden. Hierbei lassen sich zwei Vorgehensweisen unterscheiden (Mees, 1977). Bei der *isomorphen Beschreibung* wird versucht, das zu beobachtende Verhalten möglichst vollständig (isomorph, also um Sinne einer umkehrbar eindeutigen Abbildung) wiederzugeben. Ein Beispiel ist das Verlaufsprotokoll („specimen record"). Dabei soll der Beobachter alles, was er in einer bestimmten Periode an einer Person beobachtet, in der Alltagssprache beschreiben. Diese Beobachtung ist so detailliert, dass beispielsweise die Aufzeichnung eines einzigen

Tagesablaufs bei einem Jungen ein Buch füllt (Barker & Wright, 1951, „One boy's day"). Da hier eine freie Beschreibung des Verhaltens stattfindet, haben wir es nicht mit einer systematischen Verhaltensbeobachtung im oben definierten Sinne zu tun.

Bei den Verfahren der *reduktiven Beschreibung* wird dagegen kein Versuch unternommen, das Geschehen umfassend und vollständig zu protokollieren. Stattdessen reduziert man die Registrierung auf bestimmte interessierende Aspekte oder fasst einzelne Verhaltensweisen in größeren Verhaltensklassen zusammen. Wir konzentrieren uns im Folgenden auf die zweite Form.

Die Durchführung der Beobachtung geschieht hier mit Hilfe eines *Beobachtungssystems* bzw. *Kodierschemas*, das angibt, was genau registriert werden soll und in welcher Form dies zu geschehen hat (Faßnacht, 1995).

Definition: Beobachtungssystem

Unter einem Beobachtungssystem oder Kodierschema versteht man eine Menge von Regeln, die spezifizieren, welche Verhaltensaspekte jeweils beachtet und registriert werden müssen.

Beobachtungssysteme stellen also die Messinstrumente der Verhaltensbeobachtung dar. Im Wesentlichen bestehen diese Instrumente aus einer Liste von Kennzeichnungen (Kodes) möglichst explizit definierter Verhaltensklassen. Die Aufgabe der Beobachtung besteht in der Erstellung eines Protokolls des Verhaltensstroms, in dem unter Anwendung der Regeln des Beobachtungssystems jedes Verhalten, das einem der vorher festgelegten Kodes entspricht, aufgezeichnet wird.

Ein sehr einfaches Beobachtungssystem für die Erfassung des Blickaustauschs in Dyaden könnte z. B. folgendermaßen aussehen:

Kode	Definition
0	Keiner blickt in die Richtung der Augen des anderen
1	A blickt B an, B aber nicht A
2	B blickt A an, A aber nicht B
3	Blickkontakt, A und B blicken sich gegenseitig an

Bei komplexeren Systemen werden die Regeln in einem Kodiermanual festgehalten. Das Kodiermanual enthält explizite Definitionen der einzelnen Kodes sowie Beispiele und Gegenbeispiele, die deren Anwendung erläutern. Darüber hinaus wird hier die technische Durchführung der Beobachtung geregelt. Generell ergeben sich bei der Erstellung eines Beobachtungssystems zwei Aufgaben: die *Segmentierung* des Verhaltensstroms und die *Klassifikation* der hieraus resultierenden Einheiten (Bakeman & Gottman, 1986).

9.1.3 Segmentierung des Verhaltensstroms

Die Segmentierung betrifft die Aufteilung der Beobachtungsperiode in einzelne Beobachtungseinheiten. Unter Beobachtungseinheiten werden zeitlich oder inhaltlich definierte Abschnitte des Verhaltensstroms verstanden, für die jeweils Kodierungen vorzunehmen sind.

Im einfachsten Fall fungiert die gesamte Beobachtungsperiode als Einheit. Hier wird keine Segmentierung im eigentlichen Sinne vorgenommen. Die traditionelle Form der Protokollierung ist eine simple *Strichliste*, die mit den Kodes oder kurzen Beschreibungen der aufzuzeichnenden Verhaltensklassen versehen ist. Der Beobachter markiert jedes Auftreten einer interessierenden Verhaltensweise mit einem Strich neben dem entsprechenden Kode. Ein

Vorteil dieser früher sehr beliebten Vorgehensweise besteht in der leichten Handhabung. Außerdem kommt die Beobachtung ohne technische Hilfsmittel aus. Nachteilig ist, dass Information über die zeitliche Erstreckung und die Abfolge von Verhaltensweisen verloren geht. Es können lediglich die Häufigkeiten ausgezählt werden, mit der die interessierenden Verhaltensklassen während des Beobachtungszeitraums aufgetreten sind. Die Methode ist daher nur zur Erfassung von Verhaltensweisen geeignet, deren zeitliche Erstreckung kurz oder irrelevant ist. Für die Kodierung des Blickaustauschs im Beispiel oben wäre sie ungeeignet, da die Blickdauer einen nicht zu vernachlässigenden Bestandteil der „visuellen Interaktion" ausmacht.

Echte Segmentierungen sollen die Zeitinformation bewahren. Sie können mit zwei Methoden vorgenommen werden. Bei der einen Methode wird ein *Zeitraster* über den Verhaltensstrom gelegt. Jedem der so entstandenen gleich langen Intervalle wird der Kode zugeordnet, der das in diesem Intervall auftretende Verhalten beschreibt. Im Prinzip sind auch mehrere Eintragungen pro Zeiteinheit möglich, sofern dies die Beobachter nicht überfordert. Diese Methode wird *Intervallkodierung* oder *Zeit-Teil-Methode* genannt. So könnte man beispielsweise für jedes Fünf-Sekunden-Intervall einer Mutter-Kind-Interaktion das Auftreten und den Inhalt der kindbezogenen Äußerungen der Mutter (Loben, Tadeln, Antreiben, Trösten usw.) festhalten.

Wichtig bei der Zeit-Teil-Methode ist die angemessene Wahl der Länge des Intervalls: Das Zeitraster sollte fein genug sein, um jede Verhaltensänderung einfangen zu können: Der Beginn und das Ende eines „Verhaltenszustands" dürfen durch eine zu grobe zeitliche Auflösung nicht maskiert werden. Ist das Zeitraster zu grob, können mehrere zu kodierende Verhaltensweisen in einer Zeiteinheit auftreten oder die gleiche Verhaltensweise kann sich wiederholen. Wird dies nicht gesondert notiert, lässt sich die Häufigkeit der betroffenen Verhaltensweisen nicht mehr bestimmen. Auch der Zeitanteil, der auf einzelne Kodes entfällt, kann bei einem groben Zeitraster nur ungenau geschätzt werden. Für die Kodierung des Blickverhaltens würde man nach Möglichkeit ein Zeitraster von einer Sekunde oder noch feiner verwenden. Bei einer in vivo-Kodierung darf das Zeitraster allerdings nicht zu fein gewählt werden, da hier die Gefahr besteht, die Aufmerksamkeitskapazität der Beobachter zu überfordern, was die Qualität der erhobenen Daten verringert. Liegen Videoaufzeichnungen vor, lässt sich das Zeitraster prinzipiell bis hinunter zur Auflösung einzelner Bilder (sog. *frames*, 24 bis 30 pro Sekunde) verfeinern.

Bei der zweiten Vorgehensweise, der *Ereigniskodierung* oder *Ereignis-Teil-Methode*, wird das Auftreten vorher festgelegter Ereignisse registriert. Bei den Ereignissen kann es sich um diskrete, momentane Verhaltensweisen (z. B. hinweisende Gesten) oder das Einsetzen zeitlich länger erstreckte Zustände (z. B. Kind weint) handeln. Welche Ereignisse dabei relevant sind, wird im Beobachtungssystem festgelegt. Manchmal verwendet man dabei nicht die inhaltlich interessierenden Verhaltensklassen zur Segmentierung, sondern leicht zu identifizierende Marken im Verhaltens- bzw. Interaktionsstrom. Interessiert in erster Linie verbales Verhalten, könnte der Verhaltensstrom etwa durch die Übernahme der Sprecher- bzw. Zuhörerrolle der Interaktionspartner untergliedert werden.

Bei der Zeit-Teil-Methode wird der Beobachter durch eine Zeitmarkierung zur Registrierung veranlasst, bei der Ereignis-Teil-Methode durch eine auftretende Verhaltensänderung. Sofern bei Verwendung der Ereignis-Teil-Methode Zeitpunkt bzw. Dauer der Verhaltensweisen miterfasst werden, liefert diese Strategie genauere Ergebnisse als die Zeit-Teil-Methode. Bei sehr feinem Raster sind die Ergebnisse jedoch äquivalent.

Die Entscheidung für die eine oder andere Methode hängt primär von praktischen Erwägungen ab, wobei besonders die erhebungstechnischen Möglichkeiten einer Untersuchung die zentrale Rolle spielen. Mit dem Einsatz der computergestützten Videoanalyse wird auch die Verwendung der Ereignis-Teil-Methode zunehmen. Die Beobachter kodieren hier die interessierenden Ereignisse durch Drücken definierter Tasten oder Anklicken von Buttons, woraufhin die entsprechenden Kodes zusammen mit der Zeitinformation automatisch aufgezeichnet werden.

Als abgeleitete Maße lassen sich bei beiden Methoden neben den Auftretenshäufigkeiten einzelner Verhaltensweisen auch deren Zeitanteile und mittlere zeitliche Erstreckung bestimmen. Darüber hinaus können Abfolgen zwischen Verhaltensweisen analysiert werden.

9.1.4 Klassifikation des Verhaltens

Die Klassifikation beinhaltet die Zuordnung von Kodes zu den Beobachtungseinheiten nach den im Beobachtungssystem niedergelegten Regeln. Je nach der Art dieser Regeln lassen sich Kategoriensysteme und Zeichensysteme unterscheiden.

Kategoriensysteme unterteilen den jeweils interessierenden Verhaltensbereich erschöpfend („exhaustiv") in einander ausschließende (nichtüberlappende, „disjunkte") Klassen. Für jedes auftretende Verhalten ist ein Kode vorgesehen; kein Verhalten kann simultan mehreren Verhaltensklassen zugeordnet werden. Man erhält damit ein vollständiges Protokoll des Geschehens.

Die oben angesprochene Reduktion besteht hier darin, dass dabei vom konkreten Inhalt abstrahiert wird. Sieht ein System zur Beobachtung von Gruppendiskussionen z. B. die Kategorien „macht Vorschlag" oder „zeigt Antagonismus" vor, so geht bei den entsprechenden Kodierungen im Gegensatz zum Verlaufsprotokoll verloren, worin der Vorschlag oder der Antagonismus bestanden haben. Derartige Abstraktionen können insofern problematisch sein, als z. B. ein Interaktionspartner auf verschiedene Verhaltensweisen, die derselben Kategorie zuzuordnen sind, sehr unterschiedlich reagieren kann. So könnte z. B. eine Kategorie „Mutter tadelt" zur Beschreibung einer Mutter-Kind-Interaktion sowohl Tadel, der eine Abwertung des Kindes beinhaltet („Du bringst aber auch nichts zustande!"), umfassen, als auch Tadel, der eine Rückmeldung über einen Fehler enthält („Diese Aufgabe hast du falsch gerechnet!"). Die psychologische Bedeutung und die Wirkung dieser Tadelarten wird natürlich variieren (vgl. Hock & Krohne, 1989).

Die Definition der Kategorien muss daher jeweils theoretischen Vorstellungen über die Struktur des Untersuchungsbereichs folgen. Dabei sollten wichtige konzeptuelle Differenzierungen nicht verwischt werden. Kategoriensysteme können deshalb meist nicht einfach mechanisch von einer Untersuchung auf die andere übertragen werden (außer, die theoretische Basis ist die gleiche). Trotzdem hat es immer wieder Versuche gegeben, in bestimmten Situationen universell einsetzbare Kategoriensysteme zu entwickeln.

Das bekannteste Beispiel hierfür ist das System von Bales (1951) zur Beschreibung der Interaktion in Gruppen. Das System sieht insgesamt zwölf Kategorien vor, für deren Kodierung Bales (1951) eine elaborierte Handanweisung erstellt hat. Die Kurzbezeichnungen der Kategorien in ▶ **Abb. 9.1** geben einen Eindruck von der Struktur des Systems (vgl. Bales, 1951, S. 9).

Wie ersichtlich, betreffen die Kategorien 1 bis 3 dabei positive sozial-emotionale Verhaltensweisen, die Kategorien 10 bis 12 dagegen negative. Die dazwischen liegenden Kategorien

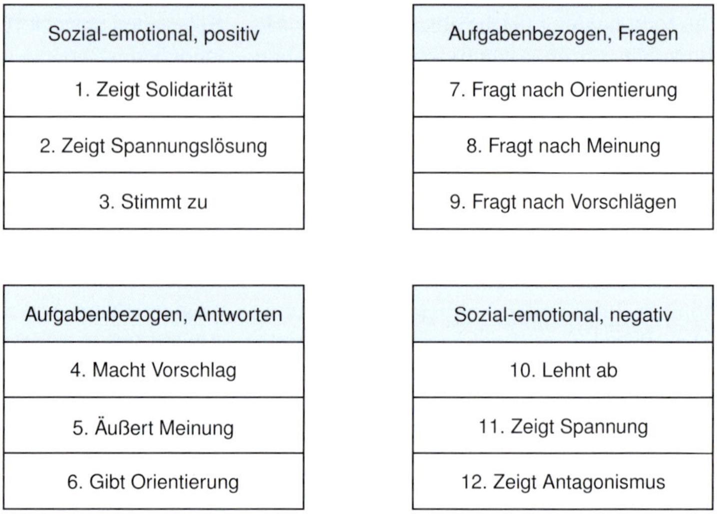
Sozial-emotional, positiv
1. Zeigt Solidarität
2. Zeigt Spannungslösung
3. Stimmt zu
Aufgabenbezogen, Fragen
7. Fragt nach Orientierung
8. Fragt nach Meinung
9. Fragt nach Vorschlägen
Aufgabenbezogen, Antworten
4. Macht Vorschlag
5. Äußert Meinung
6. Gibt Orientierung
Sozial-emotional, negativ
10. Lehnt ab
11. Zeigt Spannung
12. Zeigt Antagonismus

Abb. 9.1 Kategoriensystem zur Interaktionsanalyse von Bales (1951).

beziehen sich auf aufgabenbezogenes Verhalten, wobei die Kategorien 7 bis 9 Fragen, die Kategorien 4 bis 6 dagegen (versuchte) Antworten beinhalten. Zu beachten ist der symmetrische Aufbau des Systems: Die Kategorien 1 und 12, 2 und 11 usw. bezeichnen jeweils Komplemente bzw. Gegenpole. Deutlich ist der Versuch, alle auftretenden Verhaltensweisen positiv zu beschreiben. Es gibt also keine „Restkategorien" (z. B. „sonstiges Verhalten", „nicht kodierbar").

Die mit Kategoriensystemen verbundenen Ansprüche an Vollständigkeit und Geschlossenheit werden bei Zeichensystemen nicht gemacht. Bei *Zeichensystemen* handelt es sich um einfache Listen von Kodes und zugehörigen Definitionen, deren Beziehungen untereinander mehr oder weniger unbestimmt bleiben. Daher ist es hier erlaubt, einer Beobachtungseinheit zugleich mehrere Kodes oder auch gar keinen Kode zuzuordnen. Ebenso wird in Kauf genommen, dass sich evtl. nicht alle Verhaltensweisen, in denen sich die jeweils im Brennpunkt stehende Thematik manifestieren kann, mittels des Beobachtungssystems greifen lassen. Hierfür werden manchmal „offene" Kodierungen vorgesehen, mit denen das vorab festgelegte System nachträglich ergänzt wird. Mit Zeichensystemen sollen zumeist sehr spezifische Merkmale erfasst werden, z. B. nonverbale Verhaltensweisen, die als Erregungssymptome angesehen werden können. Ein solche Liste könnte z. B. „mimische Auffälligkeiten", „Selbststimulationen", „unruhige Sitzhaltung" usw. sowie als offenen Kode „sonstige Erregungsanzeichen" enthalten (Krohne & Hock, 1994).

Im Allgemeinen ist es zweckmäßig, eine kategoriale Erfassung des Verhaltens anzustreben, weil dies den Untersucher zu einer klaren Definition und Strukturierung des Beobachtungssystems zwingt. Zeichensysteme besitzen allerdings praktische Vorteile, da sie einfacher zu erstellen, manchmal auch einfacher zu erlernen und zu handhaben sind. Einsatzmöglichkeiten von Zeichensystemen ergeben sich besonders dort, wo ausgewähltes Verhalten einzelner Personen oder Gruppen interessiert. Dies ist häufig im Bereich der Verhaltensmodifikation oder anderer Interventionen der Fall, wo veränderte Auftretenshäufigkeiten spezifischer Verhaltensweisen (z. B. bestimmter Angstsymptome) etwas über den Behandlungserfolg aussagen können. Demgegenüber sind Kategoriensysteme besonders zur Beschreibung von Verhaltensabfolgen geeignet. Der Einsatz sequenzieller Verfahren der Datenanalyse, die wir im Anschluss besprechen werden, ist an eine kategoriale Gliederung des interessierenden Verhaltensbereichs gebunden. Mit ihrer Hilfe lassen sich z. B. funktionale Beziehungen zwischen dem Verhalten einer Person und den vorausgehenden und nachfolgenden Verhaltensweisen eines Interaktionspartners bestimmen.

Bei der Entwicklung eines Beobachtungssystems beginnt man meist mit einer vorläufigen Liste relevanter Verhaltensweisen, die auf der Basis von Literaturrecherchen, der Sichtung des vorhandenen Materials sowie eigenen theoretischen Konzepten und Ideen erstellt wird. Das resultierende Zeichensystem wird dann nach und nach zu einem oder mehreren Kategoriensystemen elaboriert. Besteht die Möglichkeit, das Material wiederholt zu kodieren, ist es zweckmäßig, die Liste in mehrere, für sich einfach strukturierte Kategoriensysteme aufzuspalten, die separat – also in mehreren Durchläufen – angewendet werden. Man kodiert dann z. B. im ersten Durchlauf das Blickverhalten, im zweiten das vokale Verhalten, im dritten das verbale Verhalten, im vierten Handbewegungen usw. Dies reduziert die Belastung der Beobachter und führt so zu zuverlässigeren Daten. Durch Einlagerung eines Zeitkodes in das Videosignal oder bei Kodierung digitalisierten Materials ist eine nachträgliche Synchronisierung der getrennt kodierten Verhaltensaspekte problemlos möglich.

Die Entwicklung eines Beobachtungssystems, wie auch die vorgeschaltete Auswahl oder Herstellung geeigneter Beobachtungssituationen, wird wesentlich durch den theoretischen Hintergrund, die Fragestellungen und die Hypothesen eines Untersuchungsprogramms bestimmt. Obgleich eine Reihe gut ausgearbeiteter Beobachtungssysteme mit einem relativ breiten Anwendungsbereich existieren, die sich evtl. für die eigenen Untersuchungsziele verwenden oder doch adaptieren lassen (z. B. das oben kurz vorgestellte System von Bales, 1951), erweist es sich in vielen Fällen als notwendig, spezielle Systeme zu konstruieren, die auf die eigenen Fragestellungen zugeschnitten sind. Dies gilt besonders dann, wenn sich die interessierenden Verhaltensweisen nicht auf der Basis klarer und unmissverständlicher physischer Kriterien voneinander abgrenzen lassen (wie es etwa bei der Registrierung von Blickbewegungen der Fall ist), sondern ein gewisses Maß an Schlussfolgerungen und Interpretationsleistungen vom Beobachter verlangen (etwa bei der Einordnung einer an das Kind gerichteten Äußerung einer Mutter als „Unterstützung"). Bakeman und Gottman (1986) sprechen hier von „physically versus socially based coding schemes". Bei letzteren ist eine Neukonstruktion allein schon deshalb angezeigt, weil die jeweiligen konzeptuellen Unterscheidungen des verfolgten theoretischen Ansatzes in das Beobachtungssystem eingetragen werden müssen.

9.1.5 Ratingverfahren

Neben der Bestimmung der Häufigkeit und Dauer von Verhaltensweisen über Zeichen- oder Kategoriensysteme kann für diagnostische Fragestellungen auch die Quantifizierung der Intensität eines Merkmals wichtig sein, etwa bei affektiven Äußerungen. Für die Erfassung von Intensitäten kann man auf Ratingskalen zurückgreifen, wie wir sie bereits in ► **Kap. 3** kennen gelernt haben. Ähnlich wie bei Fragebogen wird die Intensität meist auf einer vier- bis neunstufigen Skala eingeschätzt.

Im Rahmen der systematischen Verhaltensbeobachtung werden Ratingverfahren eher selten eingesetzt, da diese Aufgabe relativ schwierig zu objektivieren ist. Neben der Entdeckung eines Ereignisses muss hier ja noch ein quantitatives Urteil über dessen Intensität gefällt werden. Entsprechend ist die Beobachterübereinstimmung hier im Allgemeinen niedriger als bei Zeichen- oder Kategoriensystemen. Zudem ist mit dem Einfluss einer Reihe von Beurteilungsfehlern zu rechnen, die wir noch kurz behandeln werden (▶ **Kap. 9.3.1**). Sehr häufig werden Ratingverfahren dagegen im Rahmen der noch zu besprechenden Verhaltens*beurteilungen* eingesetzt.

9.1.6 Sequenzielle Analysen

Die Möglichkeit, Verhaltenssequenzen aufzuzeichnen und zu analysieren ist ein wesentliches Charakteristikum von Beobachtungsverfahren. Unter *Sequenzen* versteht man generell Abfolgen diskreter Ereignisse oder Zustände über die Zeit, wie sie mit Kategoriensystemen erhoben werden können. (Bei quantitativen Variablen, spricht man dagegen von *Zeitreihen*. Eine Zeitreihe würde man beispielsweise erhalten, wenn man den Verlauf der Herzfrequenz einer Person über einen gewissen Zeitraum aufzeichnet.) Sequenzielle Analysen ermöglichen es, das Verhalten einer Person oder eines Systems mehrerer interagierender Personen auf früheres Verhalten oder relevante situative Bedingungen zu beziehen. Mit ihrer Hilfe kann die Dynamik des Systems, also die Regelmäßigkeiten seiner Veränderung über die Zeit, untersucht werden.

Zur Illustration sequenzieller Analysen betrachten wir ein Beispiel aus dem Bereich der Erziehungsstilforschung. In einer Untersuchung von Hock und Krohne (1987) sollten Beobachtungsindikatoren mütterlicher Einschränkung gewonnen werden. Unter „Einschränkung" werden Erziehungspraktiken subsumiert, die eine Orientierung des Kindes an vorgegebenen Normen und Autoritätsmeinungen, die Übernahme von Wissensinhalten und fertigen Lösungen sowie die Aufrechterhaltung der Abhängigkeit vom Erzieher begünstigen. Beispiele für einschränkende Erziehung sind: Die Behinderung spielerischer und exploratorischer Aktivitäten des Kindes, das Vorschreiben des Ablaufs und der Gestaltung von Problemlöseversuchen, die Abwertung der Kompetenz des Kindes, das Eingreifen in kindliche Lösungsbemühungen (vgl. Krohne & Hock, 1994).

Da Einschränkung insbesondere während der Vorbereitung und Bewältigung von Problemsituationen durch das Kind relevant wird, wurde für die Erfassung dieses Erziehungsstils eine Beobachtungssituation realisiert, in der das Kind unter Mithilfe seiner Mutter ein Problem bearbeitete. Innerhalb einer festgelegten Zeitspanne von maximal 20 Minuten sollte ein Würfel aus Holzteilen zusammengebaut werden; dabei konnte ein fertiggestelltes Muster sowie ein Bauplan zu Rate gezogen werden. Bei Voruntersuchungen hatte sich gezeigt, dass diese Aufgabe einen hohen Aufforderungscharakter hat und nicht unter einer halben Stunde gelöst werden kann. Aufgrund der Tatsache , dass nur ein Bauobjekt vorhanden ist, eignet sich diese Aufgabe gut zur Beobachtung des mütterlichen Interventionsverhaltens während der Problemlösung.

Für die Beschreibung der Verhaltenssequenz wurde das „Manipulationsverhalten" von Mutter und Kind kodiert. Manipulieren meint dabei Holzteile in die Hand nehmen und betrachten, wenden, zusammenpassen, in das entstehende Gerüst einfügen oder daraus entfernen. Werden die jeweiligen individuellen Zustände von Mutter und Kind (Manipulieren, Nicht-Manipulieren) kombiniert, so ergeben sich vier *Interaktionszustände* (Longabaugh, 1963), durch die das Verhalten der beiden Partner zu jedem Zeitpunkt beschrieben werden kann:

1. Mutter und Kind manipulieren („Beide")
2. Kind manipuliert allein („Kind allein")
3. Mutter manipuliert allein („Mutter allein")
4. Keiner manipuliert („Keiner")

Für die Erstellung der Verhaltensprotokolle wurde die Zeit-Teil-Methode eingesetzt. Die Auflösung des Zeitrasters betrug dabei fünf Sekunden, was in der konkreten Untersuchung fein genug war, um alle Verhaltensänderungen einfangen zu können.

Zur Beschreibung der Dynamik des Systems werden Übergangswahrscheinlichkeiten berechnet. Ausgangspunkt hierfür ist das Protokoll der Interaktionszustände. Ein solches Protokoll könnte bei einer bestimmten Mutter-Kind-Dyade etwa so beginnen:

2221133444422133112224...

Aus dem Protokoll geht hervor, dass das Kind zunächst ca. 15 Sekunden allein arbeitet (Zustand 2). Danach greift die Mutter ein (Zustand 1), woraufhin sich das Kind nach ungefähr zehn Sekunden von der aktiven Problembewältigung zurückzieht (Zustand 3). Es folgt eine Phase von 20 Sekunden, während derer keiner der beiden Interaktionspartner mit Würfelteilen manipuliert (Zustand 4). Anschließend ergreift das Kind wieder die Initiative (Zustand 2) usw.

Auf der Basis des Protokolls werden zunächst die Übergangshäufigkeiten zwischen den Zuständen ausgezählt und in einer Tabelle, der sog. *Übergangshäufigkeitsmatrix*, zusammengefasst. Die Matrix wird üblicherweise so organisiert, dass sich ihre Zeilen auf die vorhergehenden (antezedenten), ihre Spalten auf die nachfolgenden (konsequenten) Verhaltensweisen beziehen. Die umgekehrte Organisation findet sich ebenfalls. Durch einen Pfeil in der oberen linken Spalte der Tabelle kann man kennzeichnen, wie die Matrix zu lesen ist, d. h. was als Antezedenz und was als Konsequenz zu betrachten ist. Für unseren Protokollausschnitt erhalten wir die linke Tabelle in ► **Abb. 9.2**.

Aus ihr geht z. B. hervor, dass der Zustand 1 („Beide") dreimal in sich selbst, einmal in Zustand 2 („Kind allein") und zweimal in Zustand 3 (Mutter allein) übergegangen ist. Die Häufigkeiten in den Diagonalzellen reflektieren hier die mittlere zeitliche Erstreckung der Interaktionszustände: Länger erstreckte Zustände gehen häufiger in sich selbst über als kürzer erstreckte. Die Häufigkeiten außerhalb der Diagonalzellen beziehen sich auf Veränderungen des Systemzustands.

In einem zweiten Schritt werden Übergangswahrscheinlichkeiten berechnet, indem jedes Element der Häufigkeitsmatrix durch seine zugehörige Zeilensumme geteilt wird. Für den Übergang $1 \to 3$ ergibt sich z. B. $2/(3+1+2+0) \approx 0.33$. Übergangswahrscheinlichkeiten geben also die relative Häufigkeit an, mit der ein gegebener antezedenter Zustand in einen bestimmten nachfolgenden Zustand übergegangen ist. Sie summieren sich zeilenweise jeweils zu Eins auf und können daher einfacher interpretiert werden als die absoluten Übergangshäufigkeiten. Die entsprechende tabellarische Darstellung (► **Abb. 9.2**, oben rechts) heißt *Matrix der Übergangswahrscheinlichkeiten*.

Wenn es sich bei den erfassten Verhaltensweisen nicht um momentane Ereignisse handelt, ist es ratsam, die Übergangswahrscheinlichkeiten in etwas anderer Weise zu berechnen. Man sollte dann nämlich alle Übergänge eines Zustands *auf sich selbst* bei der Berechnung der Wahrscheinlichkeiten ausschließen, indem man die Diagonalzellen der Übergangshäufigkeitsmatrix streicht (van Hooff, 1982). Der Grund hierfür liegt darin, dass bei länger erstreckten Zuständen die Häufigkeiten in den Diagonalzellen auch vom jeweils gewählten Zeitraster abhängen. So würde z. B. die Sequenz 222113 bei doppelt so hoher zeitlicher Auflösung als 222222111133 protokolliert werden. Höhere Auflösung bläht damit die Übergangswahrscheinlichkeiten eines Zustands auf sich selbst auf Kosten der anderen Übergangswahrscheinlichkeiten auf. Streicht

Beispielsequenz:
222113344442213311122224...

(a) Häufigkeiten

$\rightarrow$	1	2	3	4
1	3	1	2	0
2	2	5	0	1
3	1	0	2	1
4	0	1	0	3

(b) Wahrscheinlichkeiten, Zeitsegmentierung

$\rightarrow$	1	2	3	4
1	0.50	0.17	0.33	0.00
2	0.25	0.62	0.00	0.12
3	0.25	0.00	0.50	0.25
4	0.00	0.25	0.00	0.75

(c) Wahrscheinlichkeiten, Ereignissegmentierung

$\rightarrow$	1	2	3	4
1	–	0.33	0.67	0.00
2	0.67	–	0.00	0.33
3	0.50	0.00	–	0.50
4	0.00	1.00	0.00	–

Abb. 9.2 Übergangshäufigkeiten und -wahrscheinlichkeiten für die Beispielsequenz.

man die Diagonalzellen aus der Häufigkeitsmatrix, so wird die hieraus resultierende Willkürlichkeit – das Zeitraster hätte ja auch anders gewählt werden können – vermieden. Für den Übergang $1 \rightarrow 3$ erhalten wir hier z. B. $2/(0+1+2+0) \approx 0.67$ (siehe ▶ **Abb. 9.2**, untere Tabelle). Die Übergangswahrscheinlichkeiten repräsentieren in dieser zweiten Variante das Muster der Zustands*veränderungen*, an dem man im Allgemeinen interessiert ist. Hiermit wird eine *zeitliche Segmentierung* im Nachhinein in eine für die Analyse von Zustandsveränderungen besser geeignete *Ereignissegmentierung* transformiert.

Wenden wir uns nun einer realen Übergangsmatrix zu. ▶ **Tab. 9.1** zeigt die über alle 65 untersuchten Mutter-Paare aggregierte Matrix. Die Übergänge eines Interaktionszustands auf sich selbst wurden hier aus dem gerade genannten Grund ausgeschlossen. In der letzten Zeile der Tabelle sind die relativen Häufigkeiten angegeben, mit der die Zustände über den gesamten Zeitraum beobachtet wurden. Sie entsprechen also ungefähr den Zeitanteilen, die auf jeden Zustand entfielen.

Beim Lesen einer solchen Matrix geht man am besten von dem Zustand aus, der am häufigsten vorkommt. Im vorliegenden Fall handelt es sich dabei um den Zustand „Kind allein", auf den 45 % des Beobachtungszeitraums entfielen. Anschließend betrachtet man, von welchem anderen nachfolgenden Zustand dieser Interaktionszustand am ehesten abgelöst wird, indem man die Wahrscheinlichkeiten, die in der Zeile „Kind allein" angegeben sind, analysiert. Hier ergibt sich, dass „Kind allein" mit etwa gleich hoher Wahrscheinlichkeit von „Keiner" (50 %) oder „Beide" (43 %) abgelöst wird.

Verfolgt man diese Zustände in analoger Weise weiter, so wird ersichtlich, dass beide Interaktionszustände jeweils mit hoher Wahrscheinlichkeit (64 % bzw. 56 %) wieder in „Kind allein" einmünden. Hieraus lässt sich schlussfolgern, dass die Interaktion über weite Strecken durch die Abfolge „Kind allein" $\rightarrow$ „Keiner"/„Beide" $\rightarrow$ „Kind allein" gekennzeichnet ist. Eine Betrachtung dieser Matrix deutet also darauf hin, dass das Kind im Allgemeinen der aktivere Part ist. Die Steuerung und Kontrolle der Pro-

Tab. 9.1 Übergangswahrscheinlichkeiten zwischen den Interaktionszuständen in der Untersuchung von Hock und Krohne (1987)

→	(1) Beide	(2) Kind allein	(3) Mutter allein	(4) Keiner
(1) Beide	–	.56	.25	.19
(2) Kind allein	.43	–	.07	.50
(3) Mutter allein	.54	.19	–	.26
(4) Keiner	.20	.64	.17	–
Relative Häufigkeit	.23	.45	.12	.20

blembewältigung geht wesentlich vom Kind aus, während sich die Mutter eher zurückhält.

Das generell festgestellte Muster kann nun als Folie verwendet werden, auf der sich interessierende Unterschiede zwischen den Paaren eintragen lassen. Bei einschränkenden Müttern wird z. B. ein stärkeres Eingreifen erwartet, und zwar in der Weise, dass gleichzeitig ein aktives Bemühen des Kindes um das Problem behindert wird. Diese Erwartung lässt sich in Begriffen der betrachteten Übergangswahrscheinlichkeiten präzisieren: Wenn das *Kind allein* arbeitet, sollte z. B. die Tendenz einschränkender Mütter, sich verstärkt in die Problembewältigung einzumischen, darin sichtbar werden, dass die Übergangswahrscheinlichkeit auf „Beide" erhöht, die auf „Keiner" dagegen erniedrigt ist. Die Erwartung, dass Eingriffe einschränkender Mütter eher dazu geeignet sind, das Kind von der Problembewältigung abzukoppeln, müsste sich darüber hinaus in einer Erhöhung der Wahrscheinlichkeit abrupter Wechsel zwischen „Kind allein" und „Mutter allein" manifestieren. In analoger Weise lassen sich für die anderen drei antezedenten Zustände Hypothesen formulieren (siehe Hock & Krohne, 1987).

Wie das Beispiel verdeutlicht, kann die Analyse von Übergangswahrscheinlichkeiten diagnostisch relevante Information liefern, die mit der Betrachtung einfacher Häufigkeiten oder Zeitanteile nicht gewonnen werden kann (z. B. Hock, 1992). Für sequenzielle Analysen existiert ein reiches Methodeninventar, mit dem sich Abfolgen von Systemzuständen, wechselseitige Abhängigkeiten im Verhalten von Interaktionspartnern und Effekte variierender situativer Bedingungen auf das Verhalten untersuchen lassen (van Hooff, 1982). Dabei können nicht nur unmittelbare, sondern auch zeitlich stärker verschobene Effekte geprüft werden (Sackett, 1978).

Sequenzielle Analysen besitzen eine Reihe diagnostisch vielversprechender Anwendungen, insbesondere für die Untersuchung des Interaktionsverhaltens von Paaren und Gruppen (etwa Familien). Für klinische Fragestellungen lassen sich z. B. Netzwerke steuernder Stimuli bestimmen, die Informationen über geeignete Ansatzpunkte für Modifikationsprogramme bereitstellen können. Im Rahmen der Analyse aversiver Kommunikationen zwischen Eltern und Kindern können z. B. Verhaltensklassen ausgemacht werden, die die nachfolgende Interaktion in ungünstiger Weise beeinflussen, etwa aggressives Verhalten beim Partner auslösen (siehe z. B. Eller & Winkelmann, 1983; Lytton, 1979; Patterson, 1974).

Hier kann zwischen Ereignissen, die einer Verhaltensweise *vorhergehen* und deren Auftreten fördern oder hemmen, und Ereignissen, die einer Verhaltensweise *folgen* und deren weiteres Auftreten akzelerieren (verstärken) oder dezelerieren (abbauen), unterschieden werden (Patterson, 1974). Der Vorteil von Beobachtungsverfahren liegt hier darin, dass sich Muster fördernder, hindernder, akzelerierender und dezelerierender Bedingungen auf der Ebene individueller Systeme (Dyaden, Triaden usw.) in objektiver Weise identifizieren lassen (Westmeyer, Winkelmann & Hannemann, 1988). Auch die Wirkung von Interventionen lässt sich in überzeugender Weise kontrollieren. Aufgrund des erheblichen technischen und analytischen Aufwands werden diese Möglichkeiten zur Zeit allerdings noch nicht im eigentlich wünschenswerten Umfang genutzt.

9.2 Verhaltensbeurteilung

9.2.1 Beobachtung und Beurteilung

Die oben kurz besprochenen Ratingverfahren zur Registrierung beobachteter Intensitäten markieren einen Übergang zwischen Verhaltensbeobachtung und -beurteilung. Generell ist die Grenze zwischen Verhaltensbeobachtung und Verhaltensbeurteilung fließend. Zwei Kriterien sind jedoch zur Differenzierung geeignet (Ellgring, 1996):

Erstens richtet sich Beobachtung auf relativ elementare und eng umgrenzte Sachverhalte, Beurteilung auf komplexere und abstraktere Eigenschaften. Zweitens involviert Beobachtung ein nur geringes Maß an Bewertung, Interpretation und Inferenz; Beurteilung macht dagegen von der menschlichen Fähigkeit, (u. U. weitreichende) Schlussfolgerungen aus Wahrnehmungen zu ziehen, in starkem Maße Gebrauch.

Trotz der fließenden Grenze lassen sich leicht eindeutige Beispiele finden. Als Ergebnis einer *Beobachtung* der Blickzuwendung eines Klienten zu seinem Therapeuten könnte sich etwa ergeben: „Der Klient hat während des 20-minütigen Gesprächs den Therapeuten zweimal für jeweils eine halbe Sekunde angeblickt.“ Das Ergebnis einer *Verhaltensbeurteilung* auf Grundlage der gleichen Datenbasis könnte dagegen lauten: „Der Klient zeigt eine extreme Blickaversion gegenüber dem Therapeuten.“ Beim Beobachten wird also versucht, Wahrnehmung und Inferenz so strikt wie möglich zu trennen; beim Beurteilen sind beide integriert.

Verhaltensbeurteilungen besitzen einen sehr weiten Anwendungsbereich. Sie werden z. B. beim Einstellungsinterview und Assessment Center (► **Kap. 14**), beim klinischen Interview (► **Kap. 15**) oder bei der Befragung von Schülern nach ihrer Wahrnehmung des Unterrichts oder des Schulklimas erhoben (► **Kap. 16**).

9.2.2 Formen systematischer Verhaltensbeurteilung

Für die systematische Verhaltensbeurteilung werden meist Ratingskalen eingesetzt. Sie ermöglichen die ökonomische Erfassung einer Vielzahl von Verhaltensaspekten auf fast beliebigem Abstraktionsniveau (z. B. durchschnittliche Lautstärke der Stimme, Variabilität der Mimik, spontane Aggressivität, Selbstsicherheit, Extravertiertheit). Diesen Vorteilen steht jedoch die geringere Objektivität der resultierenden Daten gegenüber. Verhaltensbeurteilung wird deshalb häufig mit Vorbehalten betrachtet (Faßnacht, 1995). Dennoch existieren für viele Fragestellungen (noch) keine unter praktischen Gesichtspunkten wirklich brauchbaren Alternativen (Ellgring, 1996).

Die Objektivität von Verhaltensbeurteilungen kann erheblich gesteigert werden, wenn man eine interessierende Eigenschaft von vielen Informanten unabhängig voneinander einschätzen lässt und diese Einschätzungen anschließend aggregiert. Durch Mittelung der Einschätzungen können individuelle Beurteilerfehler zumindest teilweise unterdrückt werden (► **Kap. 3**).

Peer-Ratings

Von diesem Prinzip wird bei *Peer-Ratings* Gebrauch gemacht. Hier schätzen Bekannte (Kollegen, Freunde, Mitglieder eines Kurses, einer Schulklasse usw.) das Verhalten einer Person auf vorgegebenen Kategorien oder Skalen ein, z. B. „ist selbstsicher“, „redegewandt“, „leicht erregbar“ usw. (Wiggins, 1973).

Eine Variante solcher Beurteilungen sind *Peer-Nominations*. Mit dieser Technik wird das Verhalten mehrerer Zielpersonen gleichzeitig beurteilt. Jeder Beurteiler erhält einen Bogen wie er in ► **Abb. 9.3** illustriert ist. Die Zeilen des Bogens enthalten eine Reihe beschreibender Feststellungen (Items), seine Spalten die Namen der zu beurteilenden Personen. Die Beurteiler markieren dann für jede Feststellung in den Zellen des Bogens, auf welche Person(en) sie zutrifft. Die Anzahl der Nominierungen pro Feststellung liefert dann die Itemwerte.

Peer-Ratings ermöglichen es, Einsicht in Verhaltensbereiche zu gewinnen, die der systematischen Verhaltensbeobachtung entweder nur mit sehr hohem Aufwand oder überhaupt nicht zugänglich sind. Die Datenqualität hängt hier sehr stark von den herangezogenen Beurteilern und deren Kenntnissen über die Zielpersonen ab. Peer-Ratings lassen sich psychometrisch nach den gleichen Gesichtspunkten wie Fragebogen und Tests auswerten. Konkrete Beispiele für Peer-Ratings und verwandte Verfahren werden wir in Teil V noch darstellen (► **Kap. 14.4.3** und **16.4.3**).

Q-Sort-Verfahren

Das Q-Sort-Verfahren stellt eine Weiterentwicklung der Verhaltensbeurteilung mittels Ratingskalen dar. Die Technik wurde erstmals von dem Intelligenzforscher Burt beschrieben und später von Stephenson (1953) ausgearbeitet. Neuere Versionen wurden besonders durch Block (1978) angeregt.

Beim Q-Sort-Verfahren besteht das Testmaterial aus ca. 50 bis 100 beschreibenden Feststellungen oder Adjektiven, dem sog. „Q-Set“, die im Hinblick auf ihr jeweiliges Zutreffen auf eine Zielperson oder ein Zielobjekt zu sortieren sind. Gewöhnlich werden die Feststellungen auf getrennte Karten geschrieben, so dass die Beurteiler sie leicht handhaben können. Zielobjekt der Beurteilung kann der Beurteiler selbst, eine andere Person oder auch ein Sachverhalt (z. B. „gute Lehre“, „Erfolg als Verkaufsleiter“) sein. Bei der Selbstbeurteilung haben wir es mit Q-Daten, ansonsten mit L-Daten zu tun. Die Items müssen so formuliert sein, dass sie das Zielobjekt hinsichtlich des anvisierten Merkmalsbereichs gut charakterisieren können. Für die Selbstbeschreibung von Persönlichkeitsmerkmalen könnten z. B. Items formuliert werden wie „Ich fasse Entschlüsse, ohne lange zu überlegen“, „Ich neige dazu, schnell zu kapitulieren“ oder „Ein Erfolg lässt mich alle Misserfolge vergessen“ (Frohburg, 1970). Für die Fremdbeschreibung würde man die entsprechenden Formulierungen in die dritte Person übertragen.

Der Beurteiler sortiert die Karten in eine festgelegte Anzahl von Kategorien, meist sieben bis neun. Der ersten Kategorie werden Feststellungen zugeordnet, die für das Beurteilungsobjekt sehr untypisch sind (überhaupt nicht zutreffen), der höchsten Kategorie dagegen Feststellungen, die sehr typisch für das Objekt sind (also genau zutreffen). Die restlichen Kategorien sind für Zwischenstufen vorgesehen, die häufig auch verbal etikettiert sind.

Sie/er ...	Anna	Hans	Heike	Peter
... spielt gerne allein.		√		√
... hat schauspielerisches Talent.	√			
... muss immer andere um sich herum haben.	√		√	
... fängt schnell an zu weinen.			√	√

Abb. 9.3 Illustration einer Peer-Nomination.

Die Anzahl der Karten, mit der jede der Kategorien belegt werden darf, ist meist vorgegeben. In der Regel soll die Zuordnung entweder einer Normalverteilung oder einer Rechteckverteilung folgen. Im ersten Fall müssen die meisten Karten in die mittleren Kategorien einsortiert werden, für die extremen Kategorien sind geringere Besetzungen vorgesehen (bei neun Kategorien und 100 Karten sind die Besetzungen z. B. 1, 4, 11, 21, 26, 21, 11, 4, 1). Im zweiten Fall muss in jede Kategorie die gleiche Zahl von Karten gelegt werden. Die Festlegung einer spezifischen Verteilungsform wird mit der besseren Vergleichbarkeit und Trennschärfe der resultierenden Daten begründet. Eine bei einem Beurteiler evtl. vorhandene Tendenz zu mittleren Urteilen kann hier z. B. nicht zum Tragen kommen. Darüber hinaus soll hiermit eine stärker individuumszentrierte Vergleichsperspektive forciert werden. Sind alle Items in der vorgeschriebenen Weise eingeordnet, ist die eigentliche Q-Sortierung abgeschlossen. Aus den Zuordnungen erhält man dann ein für das beurteilte Objekt spezifisches Profil, an dem man typische und untypische Verhaltensweisen bzw. Merkmale aus dem erfassten Bereich ablesen kann.

Eine Besonderheit des Q-Sort-Verfahrens besteht darin, dass hier *ipsative* Vergleiche vorgenommen werden (▶ **Kap. 3.6.3**). Verglichen werden Feststellungen in Bezug auf ein Objekt (eine Person), nicht dagegen Objekte (Personen) in Bezug auf eine Feststellung. Dies unterscheidet das Q-Sort-Verfahren vom üblichen Vorgehen bei Fragebogen, in denen normative (interindividuelle) Vergleiche im Vordergrund stehen. Wir haben es hier daher mit einem stärker individuumszentrierten Vorgehen zu tun. Allerdings werden für die Sortierung auch interindividuelle Vergleiche, die ein Beurteiler implizit vornimmt, eine maßgebende Rolle spielen, so dass es sich hier eher um eine Mischform zwischen einer individuumszentrierten und einer normativ orientierten Messung handelt (Asendorpf & Neyer, 2012).

Die Vorgabe einer fixierten Verteilung ist nicht ganz unumstritten, da einzelne Feststellungen evtl. anders sortiert werden müssen als dies dem Eindruck eines Beurteilers entspricht. Darüber hinaus wird auf die entstehenden Abhängigkeiten unter den Beurteilungen hingewiesen, die für bestimmte statistische Analysen ungünstig sind (Frohburg, 1970; Göttert & Asendorpf, 1989). Derartige Abhängigkeiten dürften allerdings bei der üblichen (relativ großen) Itemzahl nicht allzu schwer ins Gewicht fallen.

Das Q-Sort-Verfahren besitzt zahlreiche Anwendungsmöglichkeiten. Eine Anwendung im Bereich der *Fremdbeurteilung* hatten wir bereits im Rahmen der Diskusssion der klinischen Urteilsbildung in ▶ **Kap. 5.4** kennengelernt. Wie wir sahen, lassen sich Q-Sort-Verfahren zu Zwecken der Klassifikation von Persönlichkeitsprofilen einsetzen. Hat man viele Personen untersucht, lassen sich die individuellen Rangordnungen der Feststellungen statistisch klassifizieren (durch Clusteranalysen oder spezielle Verfahren der Faktorenanalyse, sog. Q-Technik). Man erhält dann Personengruppen, deren Mitglieder jeweils durch

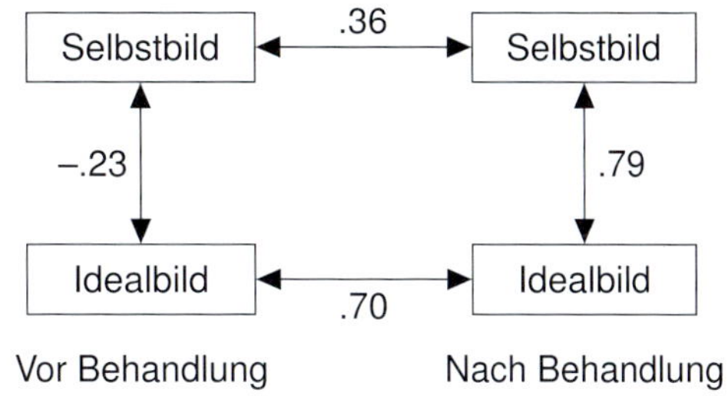

Abb. 9.4
Korrelationen zwischen Selbst- und Idealbild eines Klienten vor und nach einer therapeutischen Behandlung. (Nach Frohburg, 1970, S. 126.)

ein ähnliches Persönlichkeitsprofil charakterisiert sind. Die psychologischen Merkmale dieser Gruppen lassen sich einerseits durch die inhaltliche Betrachtung der Feststellungen gewinnen, die auf sie zutreffen (typische Merkmale) oder nicht zutreffen (untypische Merkmale); andererseits lassen sich diese Gruppen im Hinblick auf testexterne Verhaltens- und Erlebensmuster untersuchen. Neu beurteilte Personen werden derjenigen Gruppe zugeordnet, mit der ihr individuelles Profil die höchste Ähnlichkeit aufweist.

Im Bereich der *Selbstbeurteilung* wird die Technik häufig zur Registrierung der Veränderung des Selbstbildes eines Klienten im Verlauf einer psychotherapeutischen Behandlung verwendet. Veränderungsprozesse im Verlauf einer Behandlung werden dabei erfasst über den Vergleich von Selbst- und Idealbild eines Klienten.

Die Begriffe „Selbstbild" und „Idealbild" spielen eine zentrale Rolle in der auf Rogers (1973) zurückgehenden klientenzentrierten Therapie. Hiernach hat jede Person ein allgemeines Idealbild von sich selbst. Im Idealbild ist formuliert, wie die Person gern sein möchte. Das aus den Erfahrungen der Person resultierende Selbstbild kennzeichnet sie dagegen so, wie sie sich gegenwärtig erlebt. Starke und dauerhafte Diskrepanzen zwischen beiden Bildern sollen charakteristisch für bestimmte psychische Störungen und Fehlanpassungen sein. Diese sollen durch Psychotherapie reduziert werden können, so dass die Abnahme der Diskrepanz zwischen Ideal- und Selbstbild ein Indikator des Therapieerfolgs sein kann.

Technisch wird dabei so verfahren, dass zu verschiedenen Stadien der Intervention, im einfachsten Fall zu Beginn und Ende, der Klient mittels Q-Sortierung sein Selbst- und sein Idealbild darstellt. Die vier resultierenden Profile werden dann miteinander korreliert. ▶ **Abb. 9.4** veranschaulicht ein Korrelationsmuster, das einen positiven Therapieverlauf bei einem Patienten mit sexuellen und sozialen Störungen indiziert (Frohburg, 1970). Wie ersichtlich, gleichen sich Selbst- und Idealbild im Verlauf der Therapie deutlich an ($r = -.23$ vs. .79). Während das Idealbild relativ konstant bleibt (.70), hat sich das Selbstbild deutlich geändert (.36).

Neben der besonders für modifikatorische Interventionen interessanten Interpretation von Ähnlichkeitswerten, die auf Daten einer Person basieren, lässt sich die Q-Sortierung auch zur *Prädiktion bestimmter Kriterien*, also z. B. für Selektionsfragen, heranziehen. So lässt sich ein Q-Set aus Items zusammenstellen, die hoch positiv, niedrig sowie hoch negativ mit einem externen Kriterium korrelieren, z. B. einem Indikator des Erfolgs als Leiter eines Entwicklungsteams. Sodann können Personen, über die Informationen aus diversen Quellen vorliegen, z. B. biographische Daten, Selbsteinschätzungen, Verhaltensbeobachtungen im Rahmen eines Assessment Center usw., mittels dieser Items in einem Q-Sort-Verfahren eingeschätzt werden. Personen, denen die positiv korrelierenden Items in besonderem Maße zu- und die negativ korrelierenden eher abgesprochen werden, müssten dann die Gruppe der „valide positiven“ (geeigneten) Bewerber konstituieren (▶ **Kap. 14**).

Das Q-Sort-Verfahren stellt ein interessantes, wenn auch in der praktischen Realisierung vergleichsweise aufwändiges Verfahren dar. Standardverfahren wurden u. a. von Butler und Haigh (1954) zur Messung von Veränderungen im Rahmen der klientenzentrierten Therapie vorgelegt. Das *California Q-Sort-Deck* (Block, 1978) und das *California Child Q-Sort* (Block & Block, 1980; deutsche Version von Göttert & Asendorpf, 1989) stellen Verfahren zur Erfassung genereller Persönlichkeitsmerkmale dar.

9.3 Gütekriterien

Wie andere diagnostische Datenerhebungsmethoden müssen Verhaltensbeobachtungen und -beurteilungen psychometrischen Gütekriterien genügen. Einige Gesichtspunkte lassen sich dabei aus den für Fragebogen und Tests geltenden Prinzipien übertragen, andere nicht. Bevor wir auf Spezifika bei der Bestimmung von Objektivität, Reliabilität und Validität eingehen, soll zunächst kurz auf Fehlerquellen, die für Beobachtung und Beurteilung relevant sind, hingewiesen werden.

9.3.1 Fehlerquellen

Wissenschaftliche Beobachtung und Beurteilung unterliegt prinzipiell den gleichen Fehlerquellen wie die vorwissenschaftliche Personbeurteilung. Hierbei geht es z. B. um Erwartungs-, Strenge- oder Milde-Effekte, das Vermeiden extremer Kategorien bzw. Skalenwerte oder den Halo-Effekt (hier strahlt ein sehr salientes Merkmal auf die Wahrnehmung oder Beurteilung anderer Merkmale aus). Derartige Fehler lassen sich durch direkte, zeitgleiche (anstelle retrospektiver) Registrierung, die Verwendung möglichst einfacher, klar definierter und verhaltensnaher Kategorien sowie die Minimierung der für die Kodierung erforderlichen Interpretationsleistungen in den Griff bekommen. Wie bereits erwähnt wurde, ist die Verhaltensbeurteilung von derartigen Fehlern in stärkerem Maße betroffen als die Verhaltensbeobachtung. Für die systematische Beobachtung auf der Basis „physisch“ definierter Kategorien (z. B. Blickverhalten, Bewegungen) spielen solche Fehler kaum eine Rolle.

Eine spezifische Fehlerquelle ist der sog. *Beobachterdrift*. Hierunter werden Veränderungen in der Beobachtungsgenauigkeit verstanden, die auf ein Nachlassen an Sorgfalt oder Konzentration oder einen durch das Beobachten selbst bedingten Wandel in der Bedeutung einzelner Kategorien zurückgehen können. Das Vorliegen eines solchen Drifts lässt sich durch von Zeit zu Zeit eingestreute Kontrollen prüfen. Gegebenenfalls wird dann ein Nachtraining der Beobachter erforderlich sein.

Ein weiteres spezielles Problem stellen *Reaktivitätseffekte* dar (Mees, 1977; Pawlik & Buse, 1996). Mit Reaktivität ist das Ausmaß gemeint, mit dem sich das Verhalten der beobachteten Personen unter dem Einfluss der Beobachtung verändert. Im Allgemeinen ist zu erwarten, dass unter Beobachtung die Häufigkeit negativ bewerteter Verhaltensweisen abnimmt und die Häufigkeit positiv bewerteter Verhaltensweisen steigt. Solche Veränderungen können sich einerseits am Wertesystem der beobachteten Personen ausrichten, andererseits an den von der Person vermuteten normativen Erwartungen der Untersucher an ihr Verhalten. Meist wird das Verhalten mehr oder weniger stark „sozial erwünschte“ Züge annehmen. So wird etwa ein Erzieher, der weiß, dass seine Interaktion mit einem Kind aufgezeichnet wird, diesem evtl. mehr Aufmerksamkeit schenken, häufiger positive und seltener negative Rückmeldungen geben als ein Erzieher, der sich unbeobachtet glaubt.

Reaktivitätseffekte lassen sich abschätzen, indem man Verhalten unter informierten Bedingungen (offene Beobachtung) mit Verhalten unter uninformierten Bedingungen (verdeckte Beobachtung) vergleicht. Für die Analyse interindividueller Unterschiede entsteht hier allerdings das Problem, dass sich Reaktivitätseffekte von Person zu Person unterscheiden können. So mögen z. B. manche Erzieher unter Beobachtung zu einer ausgeprägten Inszenierung des eigenen Verhaltens tendieren, während andere ihr Verhalten kaum verändern. Damit werden Vergleiche zwischen Personen oder Gruppen mehr oder weniger verzerrt. Individuelle Differenzen in Reaktivitätseffekten liefern ein starkes Argument für die verdeckte Beobachtung.

Reaktivitätseffekte bedrohen die Repräsentativität der erhobenen Verhaltensstichproben. Ihnen sollte man bei der Planung einer Beobachtung und der Interpretation der anfallenden Daten daher besonderes Augenmerk schenken. Andererseits sollte deren Einfluss auch nicht überschätzt werden. Besonders in Situationen, in denen mehrere Personen interagieren, dürfte Reaktivität nach einer gewissen Eingewöhnungsphase keine allzu große Rolle spielen. Bakeman, Deckner und Quera (2004) weisen darauf hin, dass Video-Equipment zunehmend Bestandteil unserer Alltagserfahrung wird. Sofern die benutzte Technik unauffällig eingesetzt wird, gewöhnen sich Menschen, die in ihre eigenen Aktivitäten involviert sind, oft sehr schnell an die Beobachtungssituation.

9.3.2 Objektivität

Im Rahmen der systematischen Beobachtung wird besonderes Gewicht auf die Replizierbarkeit des Beobachtungsprotokolls gelegt. Verschiedene voneinander unabhängige Beobachter desselben Verhaltensstroms müssen also zu Protokollen gelangen, die im Wesentlichen übereinstimmen. Die Entwicklung eines Beobachtungssystems mit genau spezifizierten Anwendungsregeln stellt *eine* Maßnahme dar, Replizierbarkeit zu gewährleisten. Eine zweite, ebenso wichtige Maßnahme besteht in einem ausführlichen Beobachtertraining, in dem die Beobachter mit der Anwendung des Systems vertraut gemacht werden. Gleiches gilt auch für die Verhaltensbeurteilung.

Die wichtigste Vorgehensweise zur Bestimmung der Objektivität von Beobachtungen und Beurteilungen besteht darin, den Verhaltensstrom von zwei oder mehr unabhängig arbeitenden Personen kodieren zu lassen und deren Übereinstimmung zu prüfen. Alternativ kann man die Übereinstimmung zwischen Beobachtern und einem Normprotokoll prüfen, dessen (hohe) Qualität bereits gesichert ist. Vergleiche zwischen Beobachter- und Normprotokollen werden häufig im Rahmen des Beobachtertrainings zur Kontrolle des Lernfortschritts vorgenommen. Die Übereinstimmungsprüfung kann in beiden Fällen entweder auf der Ebene einzelner Beobachtungseinheiten oder auf höher aggregiertem Niveau (Häufigkeit, Dauer) erfolgen.

Beim erstgenannten Vorgehen werden die Verhaltensprotokolle jeweils zweier Beobachter Einheit für Einheit kreuzklassifiziert. Anschließend wird die Anzahl der übereinstimmend kodierten Einheiten (Diagonalzellen der entstehenden Matrix) durch die Gesamtzahl der Einheiten dividiert. Multipliziert man den Wert mit 100, erhält man die prozentuale Beobachterübereinstimmung. Dieser Index ist sehr anschaulich, weist jedoch eine entscheidende Schwäche auf, die sich am einfachsten anhand eines konkreten Beispiels erkennen lässt.

Nehmen wir an, ein Beobachtungssystem umfasse nur zwei Kategorien A und B, wobei B eine reine „Restkategorie“ ist (A tritt nicht auf). Ein akribischer Beobachter I habe ein

Protokoll erstellt, in dem A 15 Mal, B 85 Mal kodiert sind. Einem unaufmerksamen Beobachter seien alle A-Ereignisse entgangen, sein Protokoll enthält also 100 B-Kodierungen. Die Kreuzklassifikation der Kodierungen ergibt dann eine Matrix, die in ► **Tab. 9.2** gezeigt ist. In diesem Fall würde die Beobachterübereinstimmung 85 % betragen, was dem Augenschein nach hoch ist, realiter aber, wie wir aufgrund des Zustandekommens der Daten wissen, völlige Divergenz bedeutet. Wünschenswert wäre hier ein Index, der in diesem Fall einen Wert von Null liefert.

Tab. 9.2 Beobachterübereinstimmung

		II		
		A	B	
	A	0	15	15
I	B	0	85	85
		0	100	100

Ein solcher Index ist der von Cohen (1960) vorgeschlagene Koeffizient κ (griechischer Buchstabe kappa), der bei der Prüfung der Beobachterübereinstimmung häufig eingesetzt wird. Er korrigiert die beobachtete Übereinstimmung (p_o, der Index steht für *observed*) für die bei Zufall zu erwartende Übereinstimmung (p_c, c für *chance*). Cohens Kappa ist definiert durch

$$\kappa = \frac{p_o - p_c}{1 - p_c}.$$

Für die Bestimmung von p_o berechnet man die relativen Häufigkeiten in den Diagonalzellen der Matrix und summiert sie auf. In unserem Fall erhalten wir $p_o = 0 + 0.85 = 0.85$. Für die Berechnung der bei Zufall zu erwartenden Übereinstimmung multipliziert man für jede der Diagonalzellen die entsprechenden relativen Randhäufigkeiten (die Relativierung geschieht an der Gesamtzahl der Beobachtungseinheiten, hier also 100). In unserem Fall erhalten wir $p_c = 0 \cdot 0.15 + 0.85 \cdot 1 = .85$. Setzen wir nun diese Werte in die Formel für κ ein, erhalten wir einen Wert von 0. Generell wird der Koeffizient immer dann 0, wenn die beobachtete Übereinstimmung gleich der bei Zufall zu erwartenden Übereinstimmung ist. Bei perfekter Übereinstimmung würde κ einen Wert von 1 annehmen.

Für den Koeffizienten existieren diverse Erweiterungen. So ist es z. B. für komplexere Kategoriensysteme möglich, Nicht-Übereinstimmungen (je nach Schwere der Verwechslung) verschieden zu gewichten (Cohen, 1968). Darüber hinaus besteht die Möglichkeit, summarische Indices der Übereinstimmung für mehr als zwei Beobachter zu berechnen (Conger, 1980).

Die Prüfung der Beobachterübereinstimmung kann auch an aggregierten Werten ansetzen, etwa an den für jede beobachtete Person ausgezählten Auftretenshäufigkeiten der Kategorien. In diesem Fall erhält man quantitative Variablen, deren Zusammenhang mit Korrelationstechniken geprüft werden kann. Meist werden dabei sog. Intraklassen-Korrelationen berechnet, weil diese im Gegensatz zur Produkt-Moment-Korrelation sensitiv für Mittelwertsunterschiede zwischen Variablen (hier also Beobachtern) sind. Wenn solche Mittelwertsunterschiede bestehen, fallen Intraklassen-Korrelationen niedriger aus als die entsprechenden Produkt-Moment-Korrelationen. Liegen keine Kategorien-, sondern Ratingsysteme vor, werden ebenfalls Intraklassen-Korrelationen berechnet. Auch für Intraklassen-Korrelationen existieren multivariate (mehr als zwei Beobachter berücksichtigende) Erweiterungen (siehe z. B. McGraw & Wong, 1996; Shrout & Fleiss, 1979).

Übereinstimmungskoeffizienten auf der Basis aggregierter Werte fallen im Allgemeinen höher aus als Koeffizienten auf der Basis der einzelnen Beobachtungseinheiten. Dies liegt daran, dass durch die Aggregierung Details, in denen sich zwei oder mehr Protokolle unterscheiden können, verloren gehen. Generell empfiehlt es sich, beide Methoden zu verwenden und deren Ergebnisse miteinander zu vergleichen. Interessieren im Rahmen einer Untersuchung von vorneherein nur Aussagen über aggregierte Werte, kann die Prüfung auf der Ebene der einzelnen Beobachtungseinheiten evtl. entfallen. Nicht verzichtbar ist diese allerdings für Analysen der Struktur von Verhaltensabfolgen (etwa sequenzielle Analysen). In diesem Fall können Kennwerte, die auf aggregierten Daten beruhen, irreführend sein.

Die Höhe der zu erreichenden Beobachterübereinstimmung hängt von einer Reihe von Faktoren ab. Wichtig sind hier das Ausmaß und die Qualität des Beobachtertrainings, die Komplexität des Beobachtungssystems, die Dauer der Beobachtung (auch trainierte Beobachter unterliegen einem Vigilanzabfall) sowie die Verfügbarkeit technischer Mittel für die Kodierung. Für ein relativ komplexes Beobachtungssystem, das in vivo angewendet werden muss, wird man evtl. schon mit Beobachterübereinstimmungen um .60 zufrieden sein. Für ein relativ einfaches System, bei dessen Anwendung professionelles Videoequipment zur Verfügung steht, wird man dagegen Übereinstimmungen von .90 oder höher erwarten. Für Kappakoeffizienten, die auf der Ebene der einzelnen Beobachtungseinheiten berechnet werden, hat Fleiss (1981) ungefähre Orientierungsrichtlinien gegeben. Danach sind bei relativ komplexen Beobachtungssystemen Übereinstimmungen von .75 und höher als sehr gut, Übereinstimmungen zwischen .60 und .75 als gut und Übereinstimmungen zwischen .40 und .60 als ausreichend anzusehen.

Fällt die Übereinstimmung niedriger aus als erwünscht oder für einen Untersuchungszweck erforderlich und lässt intensiviertes Training keine Erhöhung erwarten, sollte man die Struktur des Beobachtungssystems überdenken und dieses ggf. vereinfachen. Eine solche Vereinfachung lässt sich manchmal auch nachträglich durch Zusammenfassung ähnlicher Kategorien erreichen. Ist man lediglich an aggregierten Werten interessiert, kann man eine Erhöhung der Genauigkeit des Systems auch dadurch erreichen, dass man alle Segmente von mehreren unabhängigen Beobachtern kodieren lässt und die so gewonnenen Variablen mittelt (aggregiert). Die Logik dieses Vorgehens hatten wir bereits diskutiert: Sie entspricht der Erhöhung des Messgenauigkeit eines Tests durch Hinzunahme weiterer Items, die das gleiche Merkmal indizieren (▶ **Kap. 3**). An die Stelle der Items treten hier die einzelnen Beobachter.

9.3.3 Reliabilität

Eine direkte Übertragung der Begriffe und Methoden, die wir in den Kapiteln 3 und 4 für die Bewertung der Reliabilität psychologischer Testverfahren kennen gelernt haben, auf die Verhaltensbeobachtung ist nicht möglich. Hier sind einige Spezifika der Beobachtung als Datenerhebungsmethode zu berücksichtigen.

Wie wir in ▶ **Kap. 3** sahen, bauen Methoden der Reliabilitätsschätzung in der einen oder anderen Form auf dem Gedanken der Messwiederholung mit parallelen Tests oder Itemmengen auf. Situationen, in denen Personen handeln, sind jedoch einmalig; sie wiederholen sich nicht in der gleichen Art und Weise. Selbst wenn sich zwei Ereignisse oder Ereignisabfolgen „physisch gesehen“ vollkommen gleichen, macht die Tatsache der Wiederholung das zweite Ereignis zu einem qualitativ anderen, als es das erste war. Das Verhalten einer Person, die zum wiederholten Mal mit einem bestimmten Ereignis konfrontiert ist, wird auf die Wiederholung abgestimmt sein und entsprechend variieren. Nun ist ein Beobachtungsprotokoll, das diese „Instabilität“ reflektiert, natürlich nicht ungenau.

Bislang ist es noch nicht gelungen, die für die Klassische Testtheorie zentrale Idee paralleler Tests, die den gleichen Personen vorgelegt werden, auf Situationen zu übertragen. Es ist tatsächlich fraglich, ob der Begriff „parallele Situation“ im Kontext von Verhaltensbeobachtung überhaupt in theoretisch oder methodologisch befriedigender Weise zu explizieren ist (Pawlik, 1976). Für eine direkte Übertragung des testtheoretischen Konzepts wäre dies aber erforderlich.

Reliabilität im Sinne der Messpräzision schätzt man daher am besten durch die Beobachterübereinstimmung oder durch Vergleich eines Beobachtungsprotokolls mit einem Normprotokoll. Zu beachten ist, dass damit die Differenzierung zwischen Objektivität und Reliabilität für Beobachtungsverfahren aufgegeben wird. Daher werden die Begriffe im Zusammenhang mit Verhaltensbeobachtung auch meist als austauschbar behandelt. Man spricht z. B. auch von *interrater/observer reliability*.

9.3.4 Validität

Daten aus Beobachtungen und Fremdbeurteilungen korrelieren häufig nicht sehr hoch mit Daten aus anderen Quellen, z. B. aus Selbstberichten oder physiologischen Messungen, auch wenn sich diese jeweils auf das gleiche Konstrukt beziehen. So fanden z. B. Asendorpf, Banse und Mücke (2002) sowie Krohne und Hock (1994) nur Korrelationen um .30 zwischen Beobachtungsindikatoren aktueller Angst in leicht belastenden Situationen und Selbsteinschätzungen der betroffenen Personen. Solche eher niedrigen Zusammenhänge wurden manchmal zum Anlass genommen, der Validität von Beobachtungsdaten skeptisch zu begegnen.

Tatsächlich liegt hier jedoch ein allgemeineres Konvergenzproblem vor, das nicht allein Beobachtungsdaten, sondern z. B. auch physiologische Messungen betrifft (z. B. Fahrenberg, 1987). Divergenzen zwischen Variablen sind im Rahmen multivariater Erhebungen eher die Regel als die Ausnahme. Schwache Assoziationen zwischen Indikatoren aus verschiedenen methodischen Zugängen können jedoch für das betrachtete Phänomen sehr aufschlussreich sein. So können verschiedene Datenquellen etwa unterschiedliche, für sich diagnostisch bedeutsame Aspekte eines komplexen Phänomens erst zugänglich machen.

In der Angst- und Bewältigungsforschung z. B. sind Diskrepanzen zwischen den Angaben einer Person über ihr eigenes Angsterleben und objektiven Daten aus Beobachtungen oder physiologischen Messungen seit langem ein eigenständiges und intensiv erforschtes Thema (Schwerdtfeger & Kohlmann, 2004). Die Diskrepanzen zwischen verschiedenen Datenquellen lassen sich hier teilweise damit erklären, dass es eine Gruppe von Personen gibt, die in bedrohlichen Situationen relativ deutliche behaviorale und physiologische (autonome) Erregung manifestieren, die Wahrnehmung, Verarbeitung und Verbalisierung von Angst aber zu unterdrücken versuchen (sog. Represser oder kognitive Vermeider; vgl. Krohne, 2010). Ein derartiges Muster der Angstreaktion – man spricht hier von verbal-behavioraler bzw. verbal-autonomer Reaktionsdissoziation – kann nur durch die Konfrontation von Daten aus unterschiedlichen Quellen aufgedeckt und diagnostisch nutzbar gemacht werden. Hier von niedriger konvergenter Validität zu sprechen, wäre irreführend. Legitim wäre dies nur, wenn sich die Erhebungsverfahren (Befragung, Beobachtung, physiologische Messungen) – zumindest theoretisch – auf den gleichen Sachverhalt beziehen ließen. Im Bereich der Angst ist dies für Kognition, verbale Mitteilung, Verhaltensmanifestation und autonome Reaktion offensichtlich nicht der Fall.

Neben der häufig festzustellenden Diskrepanz zwischen verschiedenen Datenquellen ist im Zusammenhang mit der Validität von Beobachtungsdaten noch ein zweiter Sachverhalt von zentraler Bedeutung. Er betrifft die Konstruktvalidität von Beobachtungsvariablen, kommt also ins Spiel, wenn von Beobachtungsindikatoren auf die Ausprägung eines zugrunde liegenden latenten Zustands oder Merkmals geschlossen werden soll. Nehmen wir an, dass mittels eines Beobachtungssystems zur Erfassung angstbezogener Erregungs- und Aktivierungsprozesse die Häufigkeit von Selbststimulationen, mimische Auffälligkeiten, Perioden unruhiger oder starrer Körper- und Sitzhaltung sowie weitere Verhaltensklassen kodiert und ausgezählt worden seien. Im Rahmen der Untersuchung sei man nun an einem globalen Maß interessiert, mit dem sich Erregungsunterschiede zwischen Personen in einfacher Weise abbilden und auf andere Variablen beziehen lassen. Es stellt sich dann die Frage, in welcher Weise die evtl. zahlreichen Verhaltensparameter gewichtet und kombiniert werden sollten, um ein optimales Maß der beobachteten Erregung zu erhalten.

Auf diese Frage gibt es zur Zeit noch keine wirklich befriedigende Antwort. Meist muss man sich mit einer pragmatischen Lösung behelfen. Die Häufigkeiten relevant erscheinender Verhaltensklassen werden dabei zunächst z-transformiert und damit auf der gleichen Skala abgebildet. Anschließend werden die resultierenden Werte summiert oder gemittelt. Mit dieser Maßnahme werden alle in die Indikatorbildung eingehenden Kategorien gleich gewichtet, womit man implizit einem „Indifferenzprinzip" folgt.

Die Anwendung eines solchen Prinzips auf Verhaltensdaten ist aus mindestens zwei Gründen problematisch. Erstens können verschiedene Indikatoren oder Parameter (Häufigkeit, Dauer, mittlere Dauer) für das jeweils in Rede stehende Konstrukt unterschiedliche Bedeutung besitzen; evtl. sind es sogar ganz bestimmte Variablen*muster*, die für das Konstrukt besonders indikativ sind. Auf keine dieser beiden Möglichkeiten wird in der genannten simplen Form der Variablenkombination Rücksicht genommen. Ein zweites, noch schwieriger zu lösendes Problem besteht darin, dass sich die Bedeutung einzelner Indikatoren von Person zu Person unterscheiden kann. So kann sich z. B. angstbezogene Erregung bei einer Person primär vokal (z. B. zitternde Stimme), bei einer anderen primär mimisch, bei einer dritten dagegen primär grob-motorisch äußern. Man spricht hier von *individualspezifischen Reaktionsmustern* (Fahrenberg, 1986). Fortschritte in der Lösung dieser Probleme lassen sich vor allem von einem tieferen Verständnis der am Zustandekommen individueller Differenzen in einem Verhaltensbereich beteiligten kognitiven und neurophysiologischen Wirkmechanismen erhoffen.

Wie eingangs dieses Kapitels besprochen wurde, sollen Beobachtungsverfahren einen direkteren Weg zum Verhalten gewähren als Befragungsinstrumente. Wie wir sahen, liefern jedoch auch Beobachtungsdaten keinen „unmittelbaren" und „unverstellten" Zugriff auf die „Verhaltenswirklichkeit". Verhaltensbeobachtung ist, wie jeder Abbildungs- und Messvorgang, grundsätzlich selektiv und abstrahierend; dies gilt selbst für Versuche der isomorphen Deskription. Anders könnte sie ihre Funktion als ein wissenschaftliches Instrument auch gar nicht erfüllen. Bestimmte Ausschnitte des Verhaltens werden mit einer begrenzten Zahl von Begriffen (Kategorien, Zeichen) festgehalten. Die Reichhaltigkeit und Beziehungsvielfalt des konkreten Verhaltens geht dabei weitgehend verloren. Gewonnen wird hierfür die Möglichkeit der Systematisierung und des Vergleichs.

Im Hinblick auf die Validität der Daten muss schließlich berücksichtigt werden, dass Beobachtungsdaten zunächst *situationsspezifisches* Verhalten reflektieren, da sie zumeist auf einzelnen, relativ kurz erstreckten Beobachtungsperioden beruhen. Inwieweit es möglich ist, von solchen Daten – gewissermaßen horizontal – auf andere Situationen oder Zeitpunkte zu generalisieren oder – vertikal – auf psychologische Konstrukte (z. B. Persönlichkeitsmerkmale) zu schließen, muss dabei im Einzelfall geprüft werden. Für Fragen der Generalisierung über Situationen und Zeitpunkte sind Langzeitbeobachtungen ein überzeugender, wenn auch sehr aufwändiger Weg. Fragen der Konstruktvalidierung lassen sich, weniger aufwändig, auch durch Konfrontation mit Daten aus anderen Quellen beantworten (z. B. Testverfahren).

9.4 Beitrag zu praktisch-diagnostischen Fragen

Die in diesem Kapitel dargestellten Verfahren liefern wichtige Beiträge zu praktisch-diagnostischen Fragestellungen. Für Beobachtungsverfahren ist dabei allerdings in Rechnung zu stellen, dass in der diagnostischen Praxis systematische Formen der Verhaltensbeobachtung und -analyse – etwa in Form der Auswertung von Interaktionssequenzen – aufgrund des hohen technischen Aufwands häufig nicht realisierbar sind. Beobachtung wird hier eher informell und als begleitendes Verfahren verwendet.

Auch in dieser Form kann sie jedoch wertvolle Funktionen übernehmen. Im Rahmen der *Formulierung und Überprüfung diagnostischer Hypothesen* (► **Kap. 7**) können z. B. Konkordanzen zwischen verschiedenen Datenarten (etwa Tests und Beobachtungen) stärkere Evidenz bereitstellen, als es nur eine Datenart (etwa zwei Tests) ermöglicht. So könnte ein klinischer Psychologe z. B. versuchen, den Bericht der Eltern über ein spezifisches Problemverhalten des Kindes oder dessen Auslösebedingungen durch Verhaltensbeobachtung am Kind selbst zu stützen. Ebenso aufschlussreich können Divergenzen zwischen verschiedenen Datenquellen sein, im Rahmen einer Paartherapie etwa zwischen dem Selbstbericht einer Person, dem Fremdbericht des Partners und dem vom „außenstehenden" Psychologen beobachteten manifesten Verhalten.

Beobachtungen liefern häufig *Kontextinformationen*, die es erlauben, Daten aus anderen Erhebungsverfahren in angemessener Weise einzuordnen. Beobachtet ein Psychologe z. B. starke Angstanzeichen bei einer Person während der Bearbeitung eines Fähigkeitstests, wird er deren Leistung anders bewerten als bei einer offensichtlich angstfreien Person.

Im Rahmen von Interventionen können Beobachtungsverfahren Information über *Bedingungskonstellationen* liefern, an denen Modifikationsprogramme ansetzen müssen. Auch zur Erfassung von *Interventionseffekten* und deren Verlauf sind Beobachtungsverfahren geeignet. Im Rahmen einer Therapie der Redeängstlichkeit liefern z. B. eigens hergestellte „Auftrittssituationen", in denen der Klient etwa vor laufender Kamera einen kurzen freien Vortrag hält, diagnostisch überzeugendere Daten als die Selbsteinschätzung des Klienten in einem Fragebogen. Solche einfachen Formen der Beobachtung lassen sich auch in der psychologischen Praxis ohne Schwierigkeiten umsetzen. Die resultierenden Videoaufzeichnungen können darüber hinaus auch als Instrumente für Rückmeldungen an den Klienten genutzt werden. Die Konfrontation mit dem eigenen Verhalten stellt z. B. im Rahmen der kognitiven Verhaltenstherapie eine wichtige Technik dar (► **Kap. 15**).

Weiterführende Literatur

Ausführliche Darstellungen der *Verhaltensbeobachtung* geben die Bücher bzw. Herausgeberbände von Bakeman und Gottman (1986), Faßnacht (1995), Grewe und Wentura (1997), Mees und Selg (1977) sowie Sackett (1978). Eine einführende Übersicht sequenzieller Verfahren der Datenanalyse liefert van Hooff (1982). Wertvolle Hinweise für die Erstellung von Beobachtungssystemen, die computergestützte Kodierung und die Verrechnung von Beobachtungsdaten finden sich im Artikel von

Bakeman et al. (2004). Krohne und Hock (1994) sowie Manns, Schultze, Herrmann und Westmeyer (1987) beschreiben und diskutieren konkrete Beobachtungssysteme zur Erfassung des Interaktionsverhaltens in diversen Bereichen. Weitere Information zur *Verhaltensbeurteilung* als differenzieller Methode liefert Ellgring (1996).

Fragen zur Wissenskontrolle

1. Welche zentralen Ziele werden mit dem Einsatz von Beobachtungsverfahren in der Diagnostik verfolgt?
2. Was versteht man unter *systematischer* Verhaltensbeobachtung?
3. Welche Möglichkeiten zur Segmentierung und Klassifikation des Verhaltensstroms lassen sich differenzieren?
4. Was versteht man unter sequenziellen Analysen? Welche Informationen können mit diesen Verfahren gewonnen werden?
5. Wie lassen sich Verhaltensbeobachtung und Verhaltensbeurteilung voneinander abgrenzen?
6. Für welche diagnostischen Zwecke können Q-Sortierungen verwendet werden?
7. Wie lässt sich die Objektivität von Verhaltensprotokollen sichern?

10 Verfahren zur Beschaffung von subjektiven (Q-) Daten

Q-Daten (questionnaire data) werden aus *Selbstbeurteilungen* des Probanden gewonnen. Diese Selbstbeurteilungen können in mehr oder weniger standardisierten Situationen erhoben werden. Eine wenig standardisierte Situation ist beispielsweise das bereits dargestellte Interview (▶ **Kap. 8**), wobei hier, wie erwähnt, nicht nur Selbstauskünfte, sondern auch Beobachtungsdaten registriert werden können. Eine standardisierte Situation zur Gewinnung von Q-Daten ist der *Fragebogen*. Auch das in ▶ **Kap. 9** beschriebene Q-Sort-Verfahren, wenn es mit dem Ziel der Selbstbeurteilung eingesetzt wird, liefert Q-Daten in einer relativ standardisierten Situation. Die in Fragebogen erhobenen Daten können sich auf verschiedene Aspekte des menschlichen Erlebens und Verhaltens beziehen. Der Haupteinsatzbereich ist die Erfassung relativ zeitstabiler Persönlichkeitsmerkmale. Ein weiteres wichtiges Feld bilden die Interessen (z. B. Berufsinteressen) und Einstellungen. Neben zeitstabilen Merkmalen („traits") lassen sich über Selbstauskünfte auch Hinweise auf die momentane Befindlichkeit eines Menschen (Zustände bzw. „states") gewinnen. Unter angewandten (etwa klinischen) Fragestellungen werden über Fragebogen auch Merkmale erhoben, die gewissermaßen im Übergangsbereich von Traits und States stehen, z. B. psychosoziale Belastungen oder Alkoholprobleme (▶ **Kap. 15**).

10.1 Formaler Aufbau

Fragebogen bilden eine Gruppe von Tests, bei denen interessierende Merkmale über Selbstberichte des Probanden gemessen werden. Der Proband soll in seiner Reaktion auf die verbalen Elemente des Tests (Entscheidungsantworten, Zustimmung bzw. Ablehnung von Feststellungen) Auskünfte über sein eigenes Verhalten in der Vergangenheit, über Gefühle, Vorlieben, Abneigungen, Einstellungen u. Ä. geben. Da hier persönliche Stellungnahmen erhoben werden, spricht man auch von *subjektiven* Tests. Im Sinne der formalen Gütekriterien von Tests (▶ **Kap. 3**) sind Fragebogen jedoch meist sehr objektiv. Wie wir anhand der Entwicklungsgeschichte der Persönlichkeitsmessung bereits wissen, ähneln diese Instrumente einem standardisierten Interview (▶ **Kap. 8**). Es werden jeder Person dieselben Fragen in derselben Reihenfolge gestellt, und zwar in der Regel schriftlich.

Hinsichtlich des formalen Aufbaus existiert eine Anzahl von Varianten (▶ **Kap. 3**). Die gebräuchlichste Variante besteht aus der Formulierung einer Feststellung (etwa „Ich habe Herzklopfen") und der Vorgabe einer Reihe von Antwortalternativen (z. B. „fast nie, manchmal, oft, fast immer"), aus denen der Proband dann die zutreffende ankreuzen soll. Im genannten Beispiel variierte bei der Antwort die Häufigkeit. Daneben kann auch der Grad der Intensität (z. B. „überhaupt nicht, ein wenig, ziemlich, sehr") oder der Zustimmung (z. B. „stimmt nicht, stimmt") variieren. Derartige Beantwortungsmodi werden Likert-Skalen genannt. Eine weitere Variante verwendet sog. *Zwangswahlitems* („forced-choice items"), bei denen sich der Proband zwischen mehreren miteinander unvereinbaren Iteminhalten (z. B. Feststellungen) entscheiden muss (▶ **Kap. 3**).

Eine etwas andere Darbietungsform stellen sog. *Situations-Reaktions-Inventare* dar. In ihnen werden verschiedene Situationen vorgegeben (z. B. „Wenn ich an die bevorstehende Prüfung denke ..."), denen dann ein Repertoire von Reaktionsmöglichkeiten zugeordnet wird. Der Proband muss dann zu jeder Reaktion angeben, ob diese in der vorgegebenen Situation bei ihm auftritt oder nicht. Die einzelnen Reaktionen können dabei verschiedenen Dimensionen (z. B. Formen der Stressbewältigung) zugeordnet und entsprechend separat ausgewertet werden.

Im Folgenden befassen wir uns zunächst ausführlich mit Persönlichkeitsfragebogen, den wichtigsten und bekanntesten Instrumenten zur Gewinnung von Q-Daten. Dabei behandeln wir als erstes Instrumente, die eine möglichst umfassende Beschreibung verschiedener Aspekte der Persönlichkeit anstreben. Danach besprechen wir exemplarisch die Erfassung von spezifischen Persönlichkeitsmerkmalen (z. B. Art der Stressbewältigung), Interessen und verschiedenen Zuständen. Instrumente mit einem spezielleren, etwa klinischen, Anwendungsbereich werden in den entsprechenden Kapiteln des Teils V („Anwendungsfelder der Diagnostik") vorgestellt. Zum Abschluss dieses Kapitels behandeln wir dann mögliche Einflüsse auf das Antwortverhalten, die vom Testautor nicht gewünscht sind.

10.2 Persönlichkeitsinventare

Die größte Gruppe von Fragebogen bezieht sich auf Persönlichkeitsdimensionen im engeren Sinne, z. B. Ängstlichkeit oder Extraversion. Nach der Anzahl der Merkmale, die mit einem Verfahren erfasst werden sollen, unterscheidet man zwischen ein- und mehrdimensionalen Instrumenten. *Eindimensional* sind alle jene Fragebogen, die, wie ihr Name schon sagt, eine einzelne Dimension bzw. einen Teilbereich der Persönlichkeit erfassen. Entsprechende Skalen gibt es für unterschiedliche Aspekte der Persönlichkeit, beispielsweise Ängstlichkeit, Feindseligkeit, Typ-A-Verhaltensmuster, Leistungsmotiviertheit oder Kontrollüberzeugung. Bei den *mehrdimensionalen* Inventaren kann man verschiedene Typen unterscheiden, die teilweise auch Abschnitte in der historischen Entwicklung der Fragebogenkonstruktion darstellen (vgl. auch Burisch, 1984): intuitive, internal-induktive, theoriegeleitet-deduktive, external-kriteriumsbezogene sowie kombinierte Konstruktionsstrategien.

10.2.1 Intuitive Fragebogenkonstruktion

In einer ersten Periode wurden Fragebogen konstruiert durch Ausdifferenzierung voneinander verschiedener, jedoch theoretisch wie empirisch nur vage abgegrenzter Persönlichkeitsdimensionen. Häufig waren diese Dimensionen nur vom Typ „angepasst vs. abnorm", wie etwa bei der bereits dargestellten (▶ **Kap. 2**) *Personal Data Sheet* von Woodworth (1918). Ein früher Vertreter dieser Periode ist das *Bernreuter Persönlichkeits-Inventar* (BPI; Bernreuter, 1931), in dem mit Hilfe von 125 Items Dimensionen wie „Neurotische Tendenz", „Selbstständigkeit-Abhängigkeit", „Introversion-Extraversion" oder „Selbstvertrauen" separat erfasst werden. Wesentlich für diese Periode ist also, dass die einzelnen zu messenden Persönlichkeitsdimensionen intuitiv, d. h. weitgehend atheoretisch, gewonnen und nicht aus einer Persönlichkeitstheorie abgeleitet wurden; ferner gilt, dass die einzelnen Skalen nicht empirisch auf ihre Unabhängigkeit voneinander geprüft, sondern die Items ebenfalls intuitiv zu Skalen zusammengefasst wurden.

10.2.2 Internal-induktive Fragebogenkonstruktion

Eine zweite Periode ist dadurch gekennzeichnet, dass die Gliederung von Fragebogen nicht mehr über die Intuition des Konstrukteurs, sondern über die Ergebnisse empirischer Analysen gesteuert wird. Methodische Grundlage der Gliederung bilden hier in der Regel mathematische Verfahren wie z. B. die Faktorenanalyse. Auch dieser zweite Ansatz ist durch eine weitgehend theoriefreie Orientierung gekennzeichnet. Zwar bestehen bei der Auswahl der Items und der Formulierung von Hypothesen über die zu erwartenden Dimensionen gewisse theoretische Vorannahmen, doch wird die Dimensionalität des Inventars letztlich durch das Ergebnis einer statistischen Klassifikation bestimmt (▶ **Kap. 4**). Man spricht deshalb hier von einem „internalen" und „induktiven" Vorgehen, internal, weil die Konstruktion der Einzelskalen ausschließlich aufgrund von Item-Interkorrelationen erfolgt, induktiv, weil die entsprechenden Konstrukte, z. B. Cattells Persönlichkeitsfaktoren (▶ **Übersicht 10.1**, S. 256), erst auf der Basis dieser empirischen Klassifikationen, also ex post facto, definiert werden.

Das erste mit Hilfe faktorenanalytischer Techniken konstruierte mehrdimensionale Persönlichkeitsinventar wurde von Guilford (1940) mit dem *Inventory of Factors STDCR* vorgelegt. Die Buchstaben stehen dabei für die Faktoren Soziale Introversion (S), Gedankliche

Introversion (T), Depression (D), Emotionale Instabilität (C), und Sorglosigkeit (R). Thurstone überprüfte diesen Fragebogen sowie weitere von Guilford und seinem Arbeitskreis publizierte Inventare und entwickelte daraufhin sein eigenes Instrument, die *Thurstone Temperament Schedule* (Thurstone, 1949). Dieses aus 140 Items bestehende Inventar sollte sieben Persönlichkeitsmerkmale erfassen, z. B. aktiv, impulsiv, emotional stabil, konnte sich aber wegen der geringen Reliabilität der einzelnen Subskalen nicht durchsetzen (Aiken, 1999).

Sozusagen im Gegenzug reanalysierte Guilford seine früheren Skalen und legte seinerseits ein umfassendes Inventar vor, das *Guilford-Zimmerman Temperament Survey* (GZTS; Guilford & Zimmerman, 1949). Das Instrument soll zehn Persönlichkeitsmerkmale erfassen (u. a. allgemeine Aktivität, Zurückhaltung, Überlegenheit, emotionale Stabilität, Nachdenklichkeit, Maskulinität). Außerdem liefert es drei Kontrollskalen zur Erfassung unsorgfältigen oder verfälschenden Antwortens. Dieses Inventar wird auch heute noch, wenn auch eher selten, eingesetzt.

Der bekannteste Vertreter faktorenanalytisch begründeter Persönlichkeitsinventare ist sicherlich das von Cattell konstruierte *16 Personality Factor Questionnaire* (kurz: 16-PF-Test; Cattell, Saunders & Stice, 1957). Die derzeit aktuelle fünfte Auflage (Cattell, Cattell & Cattell, 1993) bildet die Grundlage des deutschsprachigen *16-Persönlichkeits-Faktoren-Tests* (Schneewind & Graf, 1998).

Der 16-PF-Test ist eines der weltweit verbreitetsten Verfahren zur Messung von Persönlichkeitseigenschaften. Die derzeit aktuelle deutsche Version (Schneewind & Graf, 1998) enthält 184 Items mit jeweils drei Antwortmöglichkeiten. Diese Items verteilen sich auf 16 Primärfaktorenskalen und eine Kontrollskala zur Erfassung der Tendenz zur sozialen Erwünschtheit („Impression Management"), wobei auf jede Skala 9 bis 13 Items entfallen. Zusätzlich zu den Skalen der 16 Primärfaktoren können Scores für fünf globale Skalen (die Sekundärfaktoren entsprechen) sowie auf zwei weiteren Kontrollskalen Indices zur Abschätzung bestimmter Antworttendenzen erhoben werden. Bei diesen Antworttendenzen handelt es sich um *Akquieszenz* (die Tendenz, Aussagen unabhängig von deren Inhalt zuzustimmen) sowie *Seltenheit* bzw. *Infrequenz* (gehäufte Bejahung von Alternativen bei bestimmten Items, die von der Normstichprobe nur sehr selten, in weniger als 5 % der Antworten, positiv beantwortet wurden). Allerdings werden die Werte auf den drei Kontrollskalen nicht zu einer eventuellen Korrektur der übrigen Skalenwerte herangezogen. In ▶ **Übersicht 10.1** sind die einzelnen Skalen zusammen mit den korrespondierenden Bezeichnungen der deutschen Adaptation dargestellt.

Die Antwortmöglichkeiten zu den Items sind inhaltlich unterschiedlich bestimmt. Bei den 13 Items der Skala Logisches Schlussfolgern wird eine Aufgabe mit drei Alternativen, von denen nur eine richtig ist, dargeboten (Beispiel: „Haus verhält sich zu Zimmer wie Baum zu a. Wald, b. Pflanze, c. Blatt."). Dementsprechend werden die Antworten nach „richtig-falsch" ausgewertet. Bei den restlichen 15 Primärfaktoren-Skalen und den 10 Items der Kontrollskala Impression Management sind die drei Antwortmöglichkeiten inhaltlich unterschiedlich bestimmt. Der mittleren Kategorie ist immer ein Fragezeichen zugeordnet. Die beiden Randkategorien sind bei 100 der diese Skalen definierenden Items durch die Begriffe „stimmt" und „stimmt nicht" gekennzeichnet. Bei den übrigen 71 Items sind diese Antwortalternativen inhaltlich auf die jeweilige Feststellung bezogen. (Beispiel: „Ich sehe es lieber, wenn es bei jemandem zu Hause a. strenge Verhaltensregeln gibt, b. ?, c. nicht zu viele Vorschriften gibt."). Den Antwortalternativen sind, je nach Polung des Items, die Rohwerte 1 bis 3 zugeordnet.

Übersicht 10.1 Die Skalen des 16-PF-Tests.

Primärfaktoren-Skalen

A Wärme: reserviert – warmherzig

B Logisches Schlussfolgern: konkret – abstrakt

C Emotionale Stabilität: labil – stabil

E Dominanz: nachgiebig – dominant

F Lebhaftigkeit: ernsthaft – lebhaft

G Regelbewusstsein: nonkonformistisch – regelorientiert

H Soziale Kompetenz: schüchtern – kontaktstark

I Empfindsamkeit: robust – empfindsam

L Wachsamkeit: vertrauensvoll – misstrauisch

M Abgehobenheit: praktisch – träumerisch

N Privatheit: offen – verschlossen

O Besorgtheit: selbstsicher – besorgt

Q_1 Offenheit für Veränderung: traditionalistisch – offen für Veränderung

Q_2 Selbstgenügsamkeit: sozial orientiert – selbstgenügsam

Q_3 Perfektionismus: unordnungstolerant – perfektionistisch

Q_4 Anspannung: entspannt – angespannt

Globalfaktoren-Skalen

Extraversion: introvertiert – extravertiert
Ängstlichkeit: niedrige vs. hohe Ängstlichkeit
Selbstkontrolle: unbeherrscht – kontrolliert
Unabhängigkeit: angepasst – unabhängig
Unnachgiebigkeit: empfänglich – unnachgiebig

Antworttendenzen-Skalen

Soziale Erwünschtheit
Infrequenz/Seltenheit
Akquieszenz/Ja-Sage-Tendenz

Für die Scores auf den beiden Kontrollskalen Akquieszenz und Infrequenz werden Antwortmuster auf spezifische Items aus dem Gesamtpool herangezogen. Die 100 Items mit dem Antwortmodus „stimmt, ?, stimmt nicht“ bilden die Akquieszenz-Skala, wobei sich der Score aus der Anzahl der angekreuzten Stimmt-Antworten ergibt. Die Infrequenz-Skala wird aus 51 Items gebildet, bei denen in der Normstichprobe eine der drei Antwortmöglichkeiten in weniger als 5 % der Fälle angekreuzt wurde. (Es war dies stets die Alternative „?“.) Der Score ist hier die Anzahl der Zustimmungen zu dieser Alternative.

Aus den Scores von 14 Primärfaktorenskalen können, basierend auf den Ergebnissen von Faktorenanalysen, Werte auf den Skalen der Globalfaktoren berechnet werden. (Die Skalen Logisches Schlussfolgern und Wachsamkeit werden keinem Globalfaktor zugeordnet.) Dabei werden die Rohwerte der Primärfaktoren nach der Stärke ihrer Beziehung zu einzelnen Globalfaktoren mit Werten von 1 bis 7 gewichtet. Die Werte bestimmter Primärfaktorskalen können auf diese Weise zu mehreren Globalfaktorenskalen beitragen, beispielsweise Dominanz mit dem Gewicht 1 zur Extraversion und dem Gewicht 5 zur Unabhängigkeit.

Bei der Reliabilität der Primärfaktorenskalen fallen die Werte für die interne Konsistenz mit Koeffizienten zwischen .64 und .89 (Mittelwert .74) bestenfalls zufriedenstellend aus. Die Werte für die Stabilität liegen mit einem Mittelwert von .83 deutlich höher. Bei den Globalfaktorenskalen sind die entsprechenden Koeffizienten höher. Die internen Konsistenzen variieren hier von .73 bis .87 (Mittelwert .81), die Stabilitäten von .78 bis .90 (Mittelwert .86). Hinsichtlich der konvergenten Validität des Inventars werden bislang im Wesentlichen nur erwartungskonforme Beziehungen zu anderen Selbstbeschreibungsinstrumenten, beispielsweise zum noch darzustellenden *NEO-Fünf-Faktoren-Inventar* (Borkenau & Ostendorf, 1993), berichtet. Überzeugende Angaben zu konvergenten Beziehungen, die mit Daten aus der Ebene der L- und insbesondere der T-Daten gewonnen wurden, stehen noch aus.

Oft in einem Atemzug mit dem Ansatz Cattells werden die von Eysenck konstruierten Persönlichkeitsinventare genannt. Dieses Zusammenfassen ist insofern gerechtfertigt, als auch die von Eysenck vorgelegten Fragebogen letztlich das Ergebnis statistischer (faktorenanalytischer) Klassifikationen darstellen, die Zuordnung von Items zu Einzelskalen also im Wesentlichen internalen Kriterien folgt. Allerdings ist der Ansatz nicht ganz so theoriefrei wie der Cattells, da sich Eysenck von Beginn seiner Arbeiten an die Messung zweier zentraler, von ihm über die Jahre dann auch theoretisch zunehmend elaborierten, Persönlichkeitskonstrukte zum Ziel gesetzt hatte. Es handelt sich bei diesen Merkmalen um den *Neurotizismus* (mit dem sich Eysenck anfangs ausschließlich befasste) und die *Extraversion* (siehe auch Krohne & Tausch, 2014).

Eysenck interessierte sich zunächst für körperliche Beschwerden neurotischer Personen, insbesondere Soldaten, und konstruierte zur Erfassung dieser Symptome das *Maudsley Medical Questionnaire* (MMQ; Eysenck, 1947). Da sich die Items der Neurotizismusskala dieses Tests (neben dieser Skala enthielt der Fragebogen noch eine Kontrollskala zur Erfassung von Verfälschungstendenzen) für die Anwendung auf eine Normalpopulation als wenig geeignet erwiesen hat, erstellte Eysenck mit dem *Maudsley Personality Inventory* (MPI) ein neues Inventar (Eysenck, 1959). Vorbild für die Fragebogenkonstruktion waren die bereits dargestellten Analysen Guilfords (z. B. Guilford, 1940).

Das MPI besteht aus einer Extraversions- und einer Neurotizismusskala mit je 24 Items. Die beiden Skalen des MPI waren jedoch nicht, wie theoretisch postuliert und durch die Itemauswahl angestrebt, unkorreliert, wobei besonders die deutlich negativen Zusammenhänge bei Probanden mit neurotischen Symptomen auffielen (siehe Eysenck, 1959). Deshalb wurden die Items des MPI nochmals überarbeitet und zu einem neuen Inventar, dem *Eysenck Personality Inventory* (EPI; Eysenck & Eysenck, 1968) zusammengestellt. Das EPI enthält neben den beiden, aus jeweils 24 Items bestehenden, Skalen zur Erfassung von Extraversion und Neurotizismus noch eine neun Items umfassende Kontrollskala zur Erfassung von Verfälschungstendenzen, eine sog. „Lügenskala". Außerdem liegt das Inventar in zwei Parallelformen vor (deutsche Bearbeitung durch Eggert, 1983). Die Reliabilitäten der deutschen Version fallen mit Werten von .55 bis .75 für die Extraversion und .74 bis .78 für Neurotizismus allerdings mäßig aus. Die Kontrollskala erscheint mit Koeffizienten zwischen .44 und .55 sogar als unbrauchbar.

Als Konsequenz der zunehmenden Beachtung, die Eysenck dem *Psychotizismus* als drittem Konstrukt in seinem Persönlichkeitssystem widmete, wurde das EPI um eine entsprechende Skala ergänzt und zum *Eysenck Personality Questionnaire* (EPQ; Eysenck & Eysenck, 1975) erweitert (deutsche Version EPQ-R von Ruch, 1999). Psychotizismus wird dabei mit Eigenschaftspaaren wie hartherzig-weich, impulsiv-impulskontrolliert, egozentrisch-sozial oder aggressiv-friedlich näher beschrieben und soll von der Dimension Neurotizismus unabhängig sein (Eysenck, 1970). In der deutschen Version fallen die Reliabilitäten der vier Skalen mit Werten zwischen .81 und .88 deutlich besser aus als beim MPI.

Während Cattells 16-PF-Test vorzugsweise in der Einzelfalldiagnostik eingesetzt wird, beschränkt sich die Anwendung des EPQ und seiner Vorläufer im Wesentlichen auf den Einsatz in der Persönlichkeitsforschung. Aus den Scores auf den beschriebenen Dimensionen sollen also nicht in erster Linie Einzeldiagnosen gewonnen, sondern Vorhersagen über individuelle Differenzen des Verhaltens in experimentellen Situationen überprüft werden (vgl.

u. a. Eysenck & Eysenck, 1985). Allerdings liegen zur deutschen Version geschlechts- und altersspezifische Normen vor, die an über 2 500 Probanden gewonnen wurden, so dass einem Einsatz des EPQ in der Einzelfalldiagnostik unter dem Aspekt der Normierung nichts im Wege steht.

Wie bei der weitgehend theoriefreien Orientierung des internal-induktiven Ansatzes in der Fragebogenkonstruktion nicht anders zu erwarten, lassen verschiedene vorgeschlagene Klassifikationen kein konsistentes Bild einer Gesamtheit „grundlegender" Persönlichkeitsdimensionen erkennen. Dementsprechend kann auch keines der bislang vorgelegten Persönlichkeitsinventare den Anspruch erheben, in verschiedenen Subskalen die Struktur der Persönlichkeit umfassend abzubilden.

Diese fehlende Konsistenz liegt zum einen natürlich an der Auswahl der Items (Variablen), die einer statistischen Klassifikation wie z. B. der Faktorenanalyse unterzogen werden sollen. Bei Cattell resultieren diese Items vorgeblich aus einem „psycholexikalischen" Ansatz, d. h. der Durchsicht entsprechender Wörterbücher nach Eigenschaftswörtern, mit denen man Menschen beschreiben kann. Bei Eysenck dagegen dienten die Items ursprünglich der Beschreibung psychisch auffälliger Probanden, und diese deutlich „psychiatrische" Verankerung haben die Fragebogen Eysencks auch nie ganz abgelegt.

Eine zweite Ursache liegt in den von den jeweiligen Autoren herangezogenen Kriterien für die Bestimmung einer Komponente als interpretierbarer Faktor. So extrahiert Cattell aus vergleichsweise wenigen Eigenschaftsitems eine Vielzahl von Faktoren, was bedeutet, dass auf jedem Faktor nur wenige Items substanziell laden können (es sei denn, man nimmt viele Doppelladungen von Items in Kauf, was aber im Allgemeinen unerwünscht ist). Dies wiederum impliziert, dass einzelne Skalen aus nur sehr wenigen Items bestehen und somit meist eine Einschränkung ihrer Reliabilität (▶ **Kap. 3**) aufweisen. Autoren, die eine höhere Reliabilität ihrer faktoriell gewonnenen Subskalen anstreben, setzen deshalb von vornherein fest, dass eine Komponente nur dann inhaltlich interpretiert werden kann (und damit als Subskala geeignet ist), wenn auf ihr eine bestimmte Mindestzahl von Ausgangsitems (sog. „Markiervariablen") substanziell laden (wobei Doppelladungen in der Regel nicht zugelassen werden).

Trotz dieser Inkonsistenzen hinsichtlich Inhalt und Anzahl vorgeschlagener Komponenten faktoriell konstruierter Persönlichkeitsinventare zeigte sich aber doch, dass zumindest zwei Dimensionen in nahezu allen Ansätzen von zentraler Bedeutung sind. Diese von Wiggins (1968) „big two" genannten Merkmale sind Extraversion (versus Introversion) und Neurotizismus (bzw. die emotionale Labilität versus Stabilität). Diese Übereinstimmung veranlasste verschiedene Autoren, nach weiteren fundamentalen Faktoren im Bereich der Q-Daten zu suchen. So schlugen McCrae und Costa (1983) nach Analyse verschiedener Klassifikationsansätze einen dritten Faktor vor, den sie „open (versus closed) to experience" nannten. Diese Klassifikation führte zur Konstruktion des dreifaktoriellen *NEO-Inventars*, wobei NEO für die Anfangsbuchstaben der drei Faktoren Neurotizismus, Extraversion und Openness (Offenheit) steht.

Bereits vor McCrae und Costa hatten allerdings Forscher wie Fiske (1949), Norman (1963) und Goldberg (1981), die insbesondere das von Cattell vorgelegte Datenmaterial reanalysiert hatten, fünf zentrale Dimensionen zur Erfassung der Persönlichkeit über Selbstberichte vorgeschlagen (Norman, 1963; für deutsche Bezeichnungen siehe Borkenau & Ostendorf, 1989). Diese von Goldberg „big five" genannten Faktoren waren Extraversion, Freundlichkeit/Verträglichkeit (Agreeableness), Gewissenhaftigkeit (Conscientiousness), emotionale Stabilität/Neurotizismus so-

Tab. 10.1 Die Dimensionen und Facetten des NEO-PI-R

Dimensionen	Facetten
N Neurotizismus/Emotionale Stabilität	Ängstlichkeit, Reizbarkeit, Depression, Soziale Befangenheit, Impulsivität, Verletzlichkeit
E Extraversion	Herzlichkeit, Geselligkeit, Durchsetzungsfähigkeit, Aktivität, Erlebnishunger, Frohsinn
O Offenheit für neue Erfahrungen	Offenheit für Phantasie, Ästhetik, Gefühle, Handlungen, Ideen, Offenheit des Normen- und Wertesystems
A Verträglichkeit/Freundlichkeit	Vertrauen, Bescheidenheit, Entgegenkommen, Altruismus, Freimütigkeit, Gutmütigkeit
C Gewissenhaftigkeit	Kompetenz, Selbstdisziplin, Leistungsstreben, Pflichtbewusstsein, Ordentlichkeit, Besonnenheit

wie Kultiviertheit/Offenheit für (neue) Erfahrungen (Culture).

Auf der Grundlage dieser (und eigener) Analysen erweiterten Costa und McCrae (1985) das NEO-Inventar zum fünffaktoriellen *NEO-Personality Inventory* (NEO-PI). Jede der fünf Dimensionen ist dabei nochmals in sechs „Facetten" unterteilt (▶ **Tab. 10.1**). In der revidierten Form (NEO-PI-R; Costa & McCrae, 1992) werden diese insgesamt 30 Persönlichkeitsmerkmale mit 243 Items erfasst (in der deutschen Version 240; Ostendorf & Angleitner, 2004), die auf einer fünfstufigen Skala beantwortet werden.

Die Reliabilitäten der fünf Hauptskalen variieren zwischen .86 und .95, fallen aber für die Facetten naturgemäß niedriger aus (zwischen .56 und.90). Die Stabilitäten (Zeitraum sechs Monate) sind mit Werten zwischen .86 und .91 sehr hoch (Facetten: .66 bis .92). Eine Kurzform des NEO-PI-R, ohne Gliederung in Facetten, ist das *NEO Five-Factor Inventory* (NEO-FFI; Costa & McCrae, 1992; deutsche Version: Borkenau & Ostendorf, 1993). Hier werden die fünf Faktoren nur über insgesamt 60 Items erfasst. Die Reliabilitäten variieren von .74 bis .89. Angaben zur Validität der NEO-Versionen konzentrieren sich im Wesentlichen auf die Analyse konvergenter und diskriminanter Beziehungen zu den Dimensionen anderer Persönlichkeitsinventare. So konnten etwa Borkenau und Ostendorf (1993) zeigen, dass die beiden NEO-Faktoren Neurotizismus und Extraversion eng mit den entsprechenden Faktoren aus dem EPI assoziiert sind, die Faktoren Offenheit für Erfahrung, Verträglichkeit und Gewissenhaftigkeit dagegen eigenständige Komponenten darstellen.

Zumindest hinsichtlich der beiden zentralen Dimensionen Extraversion und Neurotizismus scheint sich also eine gewisse Konvergenz verschiedener faktorenanalytischer Ansätze zu ergeben. Eysenck (1991) stellt nun die Frage, wie weit auch die übrigen Faktoren des NEO auf sein dreifaktorielles Modell bezogen werden können. Er vertritt dabei die Auffassung, dass es sich bei Verträglichkeit und Gewissenhaftigkeit um Komponenten seiner dritten zentralen Dimension, des Psychotizismus, handelt. Diese Überlegung ist nicht unplausibel, denn tatsächlich wird Verträglichkeit über Beschreibungen wie „selbstsüchtig" oder „kalt" (jeweils mit negativer Polung) und Gewissenhaftigkeit über Merkmale wie „ordentlich" und „diszipliniert" erfasst, alles Eigenschaften, die auch zur Bestimmung des Psychotizismus herangezogen werden. Für den Faktor Offenheit für Erfahrung postuliert Eysenck, dass es sich hier eher um ein Merkmal aus dem Intelligenzbereich als um eine Persönlichkeitsdimension i. e. S. handelt. Diese Auffassung ist nun allerdings weniger überzeugend, denn Offenheit für neue Erfahrungen ist ein seit Jahrzehnten untersuchtes Persönlichkeitsmerkmal, für das allerdings unterschiedliche Namen (z. B. „Dogmatismus“, „open versus closed mind“; Rokeach, 1960; oder „kognitive Komplexität“; Krohne, 1977) verwendet werden.

10.2.3 Theoriegeleitet-deduktive Fragebogenkonstruktion

Autoren, deren Tests diesem Ansatz zugerechnet werden, orientieren sich bei der Festlegung ihrer Dimensionen und der Formulierung entsprechender Items an bestimmten Persönlichkeitstheorien. In der Regel sind diese Theorien strukturell ausgelegt, d. h. sie machen Annahmen über die grundlegende Struktur der Persönlichkeit, entweder in Form kontinuierlich variierender Merkmale oder als Typen. Problematisch hierbei ist, dass fast alle diesem Ansatz zuzuordnenden Testverfahren an Theorien orientiert sind, die empirisch schlecht begründet sind und deshalb in der heutigen Persönlichkeitsforschung (wenn überhaupt) nur noch eine historische Rolle spielen.

In diesem Zusammenhang wichtig war die interaktionistische Persönlichkeitstheorie von Murray (1938). In dieser Theorie wird auf der Personseite eine Reihe grundlegender Bedürfnisse angenommen (needs, z. B. need achievement = Leistungsstreben), die den Charakter relativ zeitstabiler Dispositionen (traits) haben sollen. Diese Bedürfnisstruktur bildete die Grundlage für die Konstruktion einer Reihe von Testverfahren. Murray selbst hatte auf der Basis seiner Theorie ein projektives Testverfahren, den *Thematischen Apperzeptionstest* (TAT; Murray, 1938; ▶ **Kap. 11**), entwickelt. Die bekanntesten an dieser Theorie orientierten Persönlichkeitsinventare sind die *Personality Research Form* (PRF; Jackson, 1967) sowie die *Edwards Personality Preference Schedule* (EPPS; Edwards, 1959).

Die PRF existiert in mehreren Varianten mit unterschiedlich vielen Subskalen und Items. Im Folgenden soll die deutsche Adaptation (Stumpf, Angleitner, Wieck, Jackson & Beloch-Till, 1985) dargestellt werden. Das Inventar besteht aus 14 Subskalen, die in zwei Parallelformen mit 16 Items pro Skala vorliegen (▶ **Übersicht 10.2**). Eine zusätzliche Subskala „Infrequenz“, in deren Items extrem seltene Verhaltensweisen angesprochen werden, dient der Kontrolle der Kooperationsbereitschaft des Probanden. Die Items werden zweistufig („richtig, falsch“) beantwortet.

Die Reliabilitäten der Skalen variieren von .66 bis .85, die Stabilitäten (Zeitraum: 1 Jahr) von .67 bis .85. Hinsichtlich der Validität werden zum einen die üblichen konvergenten Beziehungen zu Subskalen anderer Persönlichkeitsinventare (u. a. 16-PF-Test, EPI) berichtet. Darüber hinaus liegen aber auch Korrelationen der einzelnen Subskalen mit entsprechenden Fremdeinschätzungen vor. Relativ eng sind die Beziehungen zwischen diesen beiden Datenquellen für die Subskalen Dominanzstreben, Ordnungsstreben und spielerische Grundhaltung, deutlich schwächer dagegen für Risikomeidung, Impulsivität und Hilfsbereitschaft.

Eine nonverbale Variante der PRF ist das *Nonverbal Personality Questionnaire* (NPQ; Paunonen, Jackson & Keinonen, 1990). Die Items des NPQ bestehen aus Strichzeichnungen, in denen eine zentrale Figur ein eigenschaftsrelevantes Verhalten in einer spezifischen Situation ausführt. Für die Eigenschaft Aggression wird z. B. eine Figur gezeigt, die nach einem verlorenen Ballwechsel im Tennis ihren Schläger zerbricht. Die Probanden sollen auf einer sieben- bzw. neunstufigen Likert-Skala

Übersicht 10.2 Die Skalen der PRF.

Leistungsstreben	Bedürfnis nach Beachtung	Spielerische Grundhaltung
Geselligkeit	Risikomeidung	Soziales Anerkennungsbedürfnis
Aggressivität	Impulsivität	Anlehnungsbedürfnis
Dominanzstreben	Hilfsbereitschaft	Allgemeine Interessiertheit
Ausdauer	Ordnungsstreben	

mit den Endpunkten „extrem unwahrscheinlich" bis „extrem wahrscheinlich" angeben, ob sie selbst das kritische Verhalten ausführen würden. Der Test besteht aus 16 inhaltlichen Skalen, die mit den Dimensionen der PRF korrespondieren (▶ **Übersicht 10.2**). Zusätzlich enthält das NPQ eine Skala „Infrequenz", in deren Zeichnungen sehr seltene Verhaltensweisen angesprochen werden. Jede Skala besteht aus acht Items. Die Reliabilitäten dieser Untertests variieren zwischen .55 und .82, mit einem Mittelwert bei .70, sind also teilweise unzureichend.

Hinsichtlich der Validität werden Korrelationen der NPQ-Skalen mit den korrespondierenden Skalen der PRF für Stichproben aus unterschiedlichen Nationen berichtet (Paunonen, Jackson, Trzebinski & Försterling, 1992). Die Koeffizienten liegen im Mittel bei .50, sind also, berücksichtigt man die niedrigen Reliabilitäten der NPQ-Skalen, recht ausgeprägt. Die Korrelationen zwischen den NPQ-Skalen und entsprechenden Einschätzungen durch Peers sind deutlich niedriger und bleiben selbst bei enger Bekanntschaft zwischen Proband und Fremdbeurteiler unter .40 (Paunonen et al., 1990).

Das Hauptproblem des NPQ besteht darin, dass sich nicht zu jedem Trait Bilder finden lassen, die eindeutig eine traitspezifische Situation repräsentieren. Dabei ist zu berücksichtigen, dass die Darstellung natürlich auch nicht zu eindeutig sein darf, da das Item sonst Antworten im Sinne der sozialen Erwünschtheit provozieren würde. Insbesondere bei Traits wie Leistungsstreben, Anlehnungsbedürfnis oder Interessiertheit (▶ **Übersicht 10.2**) dürfte die bildliche Darstellung schwer fallen. Damit eine Wahrscheinlichkeitsaussage des Probanden aber überhaupt einem bestimmten Trait zugeordnet werden kann, muss sichergestellt werden, dass der Proband die Situation auch in dem Sinne kogniziert, wie sie der Zeichner gemeint hat. So müsste etwa der Sprung einer Figur von einem Fels ins Wasser auch tatsächlich, wie von den Autoren intendiert, vom Probanden als Zeichen von Leistungsstreben aufgefasst werden, und nicht etwa als Abenteuerlust oder Spiel (ebenfalls Skalen im NPQ). Zur Interpretation der Situationen durch die Probanden liegen jedoch keine Informationen vor.

Kritisch ist zu PRF und NPQ die doch recht geringe Reliabilität einiger Subskalen anzumerken. Damit ist zumindest ein Teil der Inventare für die Einzeldiagnostik weniger geeignet. Verwundern muss auch die über die einzelnen Testformen der PRF stark variierende Zahl von Dimensionen (zwischen 14 und 22). Auch wenn man zugesteht, dass es im Modell Murrays, der selbst 35 basale Dimensionen beschrieben hatte, für die Testkonstruktion unterschiedlich relevante Merkmale gibt, so erhält die Umsetzung der Theorie in die Testebene durch diese Variation doch ein Element der Beliebigkeit, zumal auch nirgends *theoretisch begründete* Kriterien für die Auswahl der Testdimensionen geliefert werden.

Das Vorgehen bei der Testkonstruktion ist also nicht wirklich deduktiv, bestenfalls haben die Konstrukteure durch die Theorie eine gewisse Anregung erfahren, ansonsten aber eher eine kombinierte Strategie verfolgt; vgl. auch Aiken, 1999). Mehr als Anregungen können derartige Ansätze allerdings auch kaum liefern, da die jeweiligen Kategorisierungen nach Bedürfnissen oder Temperamenten selbst theoretisch nur schlecht begründet sind. Deshalb haben die besonders in der ersten Hälfte des 20. Jahrhunderts beliebten Auflistungen der verschiedenen Bedürfnisse, für die der Ansatz Murrays ein typisches Beispiel ist, auch kaum einen weitergehenden Einfluss auf die Theoriebildung in der modernen Persönlichkeits- oder Motivationspsychologie gehabt.

Die von Edwards (1959) konstruierte EPPS besteht aus 225 Paaren von Aussagen, die sich auf Vorlieben und Gefühle beziehen. Diese Paare sind Zwangswahlitems, d. h. die Probanden müssen angeben, welche der beiden Aussagen für sie charakteristischer ist. Bei der Testkonstruktion wurde darauf geachtet, dass die soziale Erwünschtheit der beiden Feststellungen in etwa gleich ist. Ein Beispiel für ein derartiges Item ist

a. Ich mache am liebsten Dinge allein.

b. Ich helfe gern anderen, Dinge zu erledigen.

Die Items der EPPS verteilen sich auf 15 Dimensionen, die sich mit denen der PRF allerdings nur teilweise überlappen (▶ **Übersicht 10.2**). Die Reliabilitäten (Testhalbierung und Retest) der einzelnen Scores variieren zwischen .60 und .88. Problematisch für die Auswertung des EPPS ist, dass die Scores der 15 Dimensionen nicht unabhängig voneinander sind, da bei den Zwangswahlitems ja mit der Präferenz für ein Bedürfnis ein anderes zugleich zurückgewiesen wird. Die Scores für jede Dimension sagen also nichts über die absolute Stärke eines Bedürfnisses aus (jemand kann ja eine Präferenz angesichts zweier starker oder zweier schwacher Bedürfnisse äußern), sondern charakterisieren nur das individuelle Bedürfnisprofil. Deshalb ist auch eine normorientierte Auswertung dieser Scores weniger sinnvoll als eine *ipsative*, d. h. am individuellen Profil ausgerichtete Interpretation. Dieser fehlende Normbezug hat dem Test den Weg in die Praxis weitgehend versperrt (Watkins, Campbell, Nieberding & Hallmark, 1995), während er als Forschungsinstrument weiterhin häufig eingesetzt wird.

Naturgemäß haben auch tiefenpsychologische Überlegungen bei der Konstruktion einer Reihe von Testverfahren Pate gestanden. So basiert der *Myers-Briggs Type Indicator* (MBTI; Myers & McCaulley, 1985; deutsche Version von Bents & Blank, 1995) auf der Typologie von C. G. Jung (1921). Ausgangspunkt sind vier bipolare Skalen: Extraversion versus Introversion, Faktenorientierung (Sensing) versus Intuition, Denken versus Fühlen sowie planvolles Handeln (Judging) versus Spontaneität (Perceiving). Die Kombination der Scores (nur hoch versus niedrig) auf jeder dieser Skalen resultiert in 16 „Typen“ (z. B. extravertiert, intuitiv, gefühlsorientiert, spontan). Obwohl die theoretische Basis (z. B. die Bipolarität „Denken versus Fühlen“) eher dubios ist, erfreut sich dieses Verfahren insbesondere in der Personalbeurteilung und -auslese offenbar einer gewissen Beliebtheit (Aiken, 1999).

Der *Gießen-Test* (Beckmann, Brähler & Richter, 1990) orientiert sich ebenfalls an tiefenpsychologischen Überlegungen und erfasst sechs Dimensionen (u. a. soziale Resonanz, Dominanz und soziale Potenz). Über Scores auf diesen Skalen sollen das Selbst- und Idealbild des Probanden sowie das Fremdbild (die Sicht der eigenen Person durch andere) erfasst werden. Der Test wird deshalb besonders in der Paardiagnostik (▶ **Kap. 15**) verwendet (Brähler & Brähler, 1993).

10.2.4 External-kriteriumsbezogene Fragebogenkonstruktion

Eine Vorgehensweise, die von den bislang dargestellten Ansätzen in der Fragebogenkonstruktion unterschieden werden muss, versucht, eine theoretische Orientierung mit einer empirisch gesteuerten Itemauswahl zu verbinden. Gemeint ist damit, dass die Gültigkeit des einzelnen Items einer Testdimension an äußeren Kriterien, die zumindest aus einer Vortheorie des interessierenden Merkmals abgeleitet wurden, überprüft wird. Im Gegensatz zu den erwähnten, internal orientierten, faktorenanalytischen Ansätzen ist diese Vorgehensweise „external". Items gewinnen ihre Bedeutung hier nicht über die interne Teststruktur (also über die Item-Interkorrelationen), sondern über ihre Assoziation mit einem externen Kriterium, also über ihre Fähigkeit, eine Gruppe von Probanden mit einem bestimmten Merkmal (z. B. „klinisch" diagnostizierte Depressive) von einer Gruppe diesbezüglich unauffälliger Probanden statistisch bedeutsam zu trennen. Dementsprechend wird dieser Ansatz auch als „external-kriteriumsorientiert" bezeichnet.

Bekanntester, allerdings nicht ältester, Vertreter dieses Ansatzes ist das *Minnesota Multiphasic Personality Inventory* (MMPI) von Hathaway und McKinley (1943). Vor der Veröffentlichung des MMPI hatten bereits die Brüder Allport mit der *A-S Reaction Study* (Allport & Allport, 1928) ein nach diesem Ansatz konstruiertes Verfahren vorgelegt. Ein dem MMPI sehr ähnliches jüngeres Verfahren, das z. T. auch Items des MMPI verwendet, ist das *California Psychological Inventory* (CPI; Gough, 1957).

Ziel der Konstrukteure des MMPI war ursprünglich die objektive Diagnose psychischer Störungen. Später wurde der Test dann nach Weiterentwicklungen auch für die Diagnose im Normalbereich herangezogen. Entsprechend der zur Zeit der Testkonstruktion vorherrschenden, auf Kraepelin (1909) zurückgehenden, Klassifikation psychischer Störungen wurden als Kategorien die acht Syndromgruppen Hypochondrie, Depression, Hysterie, Psychopathie, Paranoia, Psychasthenie, Schizophrenie und Hypomanie herangezogen. Die Autoren sammelten nun von klinischen Fachleuten, aus Krankenberichten oder Lehrbüchern (aber auch aus bereits existierenden Inventaren; z. B. Humm & Wadsworth, 1935; Woodworth, 1918) Aussagen, die typisch für eine der sie interessierenden Störungen sein sollten. Diese wurden sodann als Items umformuliert, für Paranoia beispielsweise „viele meiner Bekannten führen etwas gegen mich im Schilde".

Anschließend wurden nach dem Urteil klinischer Fachleute bestimmte typische Vertreter jedes Syndroms ausgewählt und in ihrem Antwortverhalten auf diese Items mit diesbezüglich unauffälligen Probanden sowie den Vertretern anderer Syndrome verglichen. Für die Aufnahme eines Items in eine der acht klinischen Skalen wurden die folgenden Kriterien herangezogen. (1) Das Item musste bedeutsam zwischen einer klinischen Gruppe und einer Normalstichprobe trennen. (2) Das Item musste ebenfalls zwischen einer klinischen Gruppe und den kombinierten anderen klinischen Gruppen trennen. (3) Die Ergebnisse mussten in einer Kreuzvalidierung mit neuen Stichproben Bestand haben. Auf diese Weise wurden in die erste Version des MMPI 504 Items aufgenommen, die mit „richtig", „falsch" oder „?" („weiß nicht") zu beantworten waren.

Später wurden dann weitere Skalen hinzugefügt, zunächst eine Skala Maskulinität-Femininität, mit der eine homosexuelle Orientierung identifiziert werden sollte (was nicht gelang), und eine Skala Soziale Introversion. Hierdurch wurde die Anzahl der Items auf 566 erhöht. Zusätzlich enthält das MMPI vier

Kontroll- bzw. Validitätsskalen, mit denen bestimmte Aspekte des Antwortverhaltens des Probanden erfasst werden können. Hierzu zählen die Anzahl der mit „weiß nicht“ beantworteten Items, eine sog. Lügenskala (L) zur Messung der Tendenz, sich übermäßig positiv, also in sozial erwünschter Weise darzustellen (wenn etwa Items vom Typ „ich werde manchmal wütend“ gehäuft abgelehnt werden), eine Infrequenzskala (F), wie wir sie bereits aus dem 16-PF-Test kennen, sowie eine Korrekturskala (K) zur Erfassung defensiver Problemverleugnung (z. B. Ablehnung eines Items wie „manchmal komme ich mir wirklich nutzlos vor“).

Etwa 40 Jahre nach seiner Konstruktion wurde das MMPI einer Revision unterzogen. Diese hatte das Ziel, Items mit nicht mehr zeitgemäßem Inhalt zu verändern oder zu eliminieren, Items für neu ins Blickfeld getretene psychische Problembereiche sowie für nichtklinische Persönlichkeitsmerkmale zu formulieren und neue Normen zu gewinnen. Im Folgenden soll die deutsche Adaptation (Engel, 2000) dieses MMPI-2 (Hathaway & McKinley, 1989) dargestellt werden.

Die deutsche Adaptation beruht auf einer früheren Übersetzung des ursprünglichen MMPI durch Spreen (1963). Aus dieser Form wurden 459 Items in das MMPI-2 übernommen (310 unverändert, 149 umformuliert). Mit dem Ziel, weitere klinisch bedeutsame Bereiche wie Medikamentenmissbrauch, Suizidtendenzen, Typ-A-Verhalten, familiäre Probleme, Essstörungen, Arbeitsstörungen oder Bereitschaft zur psychotherapeutischen Behandlung zu erfassen, wurden 108 Items neu konstruiert. Das Inventar besteht somit aus 567 Items.

Das MMPI-2 gliedert sich in drei Gruppen von Skalen, die *Basisskalen* (bzw. Standardskalen), die *Inhaltsskalen* sowie die *Zusatzskalen* (► **Übersicht 10.3**). Die *Basisskalen* bestehen aus den bereits beschriebenen acht „klassischen“ Skalen, den beiden Skalen Maskulinität-Femininität und Soziale Introversion (diese insgesamt zehn Skalen werden im MMPI-2 als klinisch bezeichnet) sowie den drei Kontroll- bzw. Validitätsskalen Lügenskala (L), Infrequenzskala (F) und Korrekturskala (K). Die meisten klinischen Skalen lassen sich dabei nochmals in Unterskalen aufteilen. Diese 13 Basisskalen sind durch die ersten 370 Items des MMPI-2 definiert. Die restlichen 197 Items beziehen sich auf 15 neu konstruierte *Inhaltsskalen*, von denen zwölf Skalen wiederum in (insgesamt 27) Inhaltskomponenten unterteilt werden können. Für die Scores auf den drei Kontrollskalen, zu denen als vierter Score die Anzahl der unbeantworteten Items („?“) hinzukommt, werden Kriterien angegeben, die dem Testanwender Hinweise darauf geben sollen, ob bzw. in welchem Ausmaß die Werte auf den übrigen Skalen als gültig (im Sinne der Messintention) anzusehen sind.

Bereits im ursprünglichen MMPI wurden aus den Items des Inventars je nach Forschungs- oder klinischen Interessen kontinuierlich neue *Zusatzskalen* gebildet, psychometrisch überprüft und validiert. Derartige Skalen, deren Items somit also Bestandteil mehrerer anderer Skalen sind, beziehen sich u. a. auf Merkmale wie Ängstlichkeit, Verdrängung, Ichstärke, Repression-Sensitization oder (erst im MMPI-2 aufgeführt) Überkontrollierte Feindseligkeit („Overcontrolled Hostility“).

Die Reliabilitäten der Basis- und Inhaltsskalen variieren von .60 für die Lügenskala bis zu .99 für die Skala Schizophrenie. Die meisten Werte liegen bei .75, verweisen also auf eine (noch) zufriedenstellende Reliabilität der Skalen. Die Reliabilität der einzelnen Komponenten der Inhaltsskalen ist deutlich niedriger, lässt diese speziellen Skalen damit also als eher unbrauchbar erscheinen. Das MMPI-2 ist an einer Stichprobe von 958 Personen normiert.

Wie angesichts der großen Popularität des MMPI bei Psychiatern und Klinischen Psycho-

Übersicht 10.3 Die Basis- und Inhaltsskalen des MMPI-2.

Basisskalen

Klinische Skalen

(1) Hd Hypochondrie
(2) D Depression
(3) Hy Hysterie
(4) Pp Psychopathie
(5) Mf Maskulinität – Femininität
(6) Pa Paranoia
(7) Pt Psychasthenie
(8) Sc Schizophrenie
(9) Ma Hypomanie
(0) Si Soziale Introversion

Validitätsskalen

L Lügenskala
F Infrequenzskala
K Korrekturskala (Defensivität)
? „Weiß nicht" (Unbeantwortet)

Inhaltsskalen

ANX Angst
FRS Phobien
OBS Zwanghaftigkeit
DEP Depression
HEA Körperbeschwerden
BIZ Bizarre Angaben
ANG Ärger
CYN Zynismus
ASP Antisoziales Verhalten
TPA Typ A
LSE Negatives Selbstwertgefühl
SOD Soziales Unbehagen
FAM Familiäre Probleme
WRK Berufliche Probleme
TRT Negative Behandlungsindikatoren

logen (insbesondere in den USA) nicht anders zu erwarten, geht die Anzahl der Studien zur Überprüfung der praktischen Brauchbarkeit dieses Inventars inzwischen in die Tausende (Literaturhinweise u. a. in Butcher & Rouse, 1996). Die Zusammenhänge der Basis- und der Inhaltsskalen mit Kriterien, die nicht über Selbstberichte der Probanden erhoben wurden, fielen dabei wenig überzeugend aus. So standen einzelne Skalenwerte kaum in systematischer Beziehung zu entsprechenden psychiatrischen Diagnosen.

Die Testanwender interessierten sich deshalb auch zunehmend weniger für die vielen berichteten Einzelzusammenhänge zwischen bestimmten Skalen und Kriterien, als vielmehr für die Möglichkeit, Probanden anhand ihres Musters aus spezifischen MMPI-Scores einzelnen, für praktische Fragestellungen relevanten, Gruppen zuordnen zu können. Beispiele für derartige Kategorien wären Schizophrene, Neurotiker, rückfallgefährdete Straftäter, posttraumatische Belastungsstörungen oder auch die Wahrscheinlichkeit, von einer bestimmten psychologischen Behandlung zu profitieren. Deshalb trat beim MMPI im Laufe der Zeit auch immer mehr die Profilauswertung, d. h. die Bestimmung und Interpretation des charakteristischen Musters einzelner Skalenwerte, in den Vordergrund. Zur Erleichterung der Interpretation derartiger Muster wurde ein sog. „Atlas" (Hathaway & Meehl, 1951; siehe auch Meehl & Dahlstrom, 1960) entwickelt, der später dann durch entsprechende Computerprogramme ergänzt wurde (u. a. Finney, 1966).

Derartige Kategorisierungen sind allerdings mit einer Reihe von Problemen belastet. Unverzichtbare Voraussetzung für eine zuverlässige und damit gültige Zuordnung von Probanden zu einem Profil, das für eine bestimmte Diagnose (z. B. rückfallgefährdeter Straftäter) charakteristisch sein soll, ist eine hohe Reliabilität der Einzelskalen. Diese ist nicht durchgängig gegeben, so dass sich auch bisher kein konsistentes Bild der Validität einzelner Profilzuordnungen gezeigt hat. Aber selbst wenn eine Diagnose nach einem MMPI-Profil mit einer externen Diagnose (etwa nach einer psychiatrischen Untersuchung) übereinstimmen sollte, so sagt das noch wenig über die Validität der MMPI-Diagnose aus. Wenn wir einmal den (allerdings gar nicht so unwahrscheinlichen) Fall ausschließen wollen, dass sich auch das externe Urteil zumindest teilweise auf Daten aus Fragebogen stützt (was natürlich für jeden Vergleich zuvor geprüft werden müsste), so bleibt immer noch die Möglichkeit, dass sich der externe Diagnostiker bei seinem Urteil auf eine implizite Theorie über den betreffenden Sachverhalt (etwa Paranoia) stützt, von der auch die Testautoren bei der Konstruktion ihres jeweiligen MMPI-Profils ausgegangen sind. Diese Möglichkeit ist durchaus naheliegend, wenn man bedenkt, dass Konstrukteure und Praktiker ja häufig von gleichen Konzeptionen eines Sachverhalts ausgehen.

Eine weitere Schwierigkeit entsteht dadurch, dass auf dem Weg der Profilklassifikation ein großer Teil der Probanden nicht (oder nur mit Einschränkungen) klassifizierbar ist. Das wäre solange kein Problem, wie der Testanwender nur entscheiden muss, ob ein Proband einem spezifischen Profil (etwa dem Profil „Rückfallgefährdung") zuzuordnen ist. Wenn die Richtung der Diagnosestellung aber noch offen ist, dann sind vorgegebene Profile in der Regel weniger hilfreich.

Die Diagnosestellung wird natürlich auch dadurch erschwert, dass die Werte der Probanden auf den Kontrollskalen zu berücksichtigen sind. Streng genommen dürfte für Probanden, die einen kritischen Wert auf diesen Skalen überschritten haben, keine inhaltliche Diagnose erstellt werden, da für diese Probanden die inhaltlichen Skalen nicht valide sind. Dabei müsste natürlich auch die Frage gestellt werden, ob denn die Kontrollskalen für diese Probanden valide sind. Ein Proband, der zur Simulation neigt, wird vermutlich die Messintention von Kontrollitems, etwa „Lügen"-Items, ebenso leicht durchschauen wie die Intention „inhaltlicher" Items, etwa zur Psychopathie. Außerdem müsste natürlich zunächst einmal empirisch geprüft werden, wie denn die Scores auf den Kontrollskalen die Zusammenhänge zwischen den übrigen Skalen und bestimmter Kriterien moderieren, d. h. die Validität dieser Skalen beeinflussen. Erst danach ließe sich vernünftigerweise über die Festsetzung eines kritischen Kontrollwertes, jenseits dessen inhaltliche Werte nicht mehr interpretiert werden sollten, diskutieren.

Derartige empirische Analysen haben, wie ein Blick in das Manual des MMPI zeigt (Engel, 2000), bislang keinen Einfluss auf die diagnostische Verarbeitung der Scores auf Kontrollskalen gehabt. Stattdessen dominiert hier die Intuition der Testkonstrukteure. Dies gilt noch mehr für die Alternative zur Eliminierung bestimmter Probanden aus dem weiteren Diagnoseprozess, nämlich für die „Korrektur" einzelner inhaltlicher Skalenwerte auf der Basis „auffälliger" Scores auf bestimmten Kontrollskalen. Hier wurden verschiedene Formeln vorgeschlagen, nach denen einzelne oder kombinierte Scores auf Kontrollskalen (in erster Linie Scores auf den Skalen K und L) herangezogen werden, um Werte auf bestimmten inhaltlichen Skalen zu verändern. Durch diese „Korrektur" soll die Validität der betreffenden Skalen verbessert werden. Eine konsistente empirische Basis für diese speziellen Formeln besteht allerdings nicht.

Neben Bedenken hinsichtlich der Auswertung und Interpretation der Antworten auf einzelne MMPI-Items wurden zahlreiche Kritikpunkte bereits gegen die Konstruktion des Verfahrens vorgebracht (vgl. u. a. Helmes & Reddon, 1993). Eine erste Gruppe kritischer Einwände richtet sich dabei gegen das Prinzip der *externalen* Skalenkonstruktion.

Nach dieser Strategie sollten Items ja dann in eine bestimmte Skala (z. B. Schizophrenie) aufgenommen werden, wenn sie von Personen mit einer spezifischen externen Diagnose (z. B. schizophren) signifikant häufiger im Sinne des Merkmals beantwortet wurden als von einer Kontrollgruppe diesbezüglich unauffälliger Personen. Wiggins (1973) zeigt nun am Beispiel einiger Items (z. B. „ich höre oft Stimmen, wenn ich allein bin"), dass ein signifikanter Unterschied in der Beantwortungshäufigkeit keineswegs bedeuten muss, dass ein bestimmtes Item von Angehörigen einer „klinischen" Gruppe besonders häufig „positiv" beantwortet wurde. Der Unterschied zwischen beiden Gruppen kommt nämlich in der Regel dadurch zustande, dass ein „kritisches" Item von der Kontrollgruppe fast nie in Richtung des Merkmals beantwortet wurde. Deshalb reicht meist eine Rate von 30 % positiver Reaktionen in der klinischen Gruppe aus, um einen signifikanten Unterschied zu bewirken und das Item in die betreffende Skala aufzunehmen.

Dieser Sachverhalt wäre solange noch nicht kritisch, wie dieselben Probanden, die ein bestimmtes Item positiv beantworten, tendenziell, wenn auch in unterschiedlichem Ausmaß, auch auf die anderen Items der Skala entsprechend reagieren. Wir hätten es im testtheoretischen Sinn dann lediglich mit unterschiedlich schwierigen Items zu tun. Das scheint aber nicht der Fall zu sein. Vielmehr markieren offenbar vergleichsweise separate Untergruppen innerhalb eines Syndroms (wie z. B. Schizophrenie oder Psychopathie) jeweils andere Items als für sich zutreffend. Dieser Umstand führt zu inhomogenen Skalen mit entsprechend geringer Reliabilität. Grund hierfür ist die durch die Forschung inzwischen längst überholte Bestimmung einzelner Syndromkategorien. Neuere Theorien zur Psychopathologie sind weit entwickelter als die Konzepte, die der Konstruktion des MMPI zugrunde lagen (Helmes & Reddon, 1993; ► **Kap. 15**). Leider wurden diese theoretischen Entwicklungen bei der Revision des Verfahrens nicht berücksichtigt. Das MMPI-2 zieht zur Diagnose auf der Grundlage der Basisskalen immer noch dieselben Kategorien heran wie seine Ursprungsform.

Eine zweite Kritik befasst sich mit dem *unklaren Skalenniveau*, das einzelnen MMPI-Diagnosen zugrunde liegt. Die Dimensionen des MMPI gehen von einer kontinuierlichen Ausprägung der mit ihnen jeweils erfassten Sachverhalte aus, stellen somit also metrische (quantitative) Skalen dar. Eine Diagnose wie etwa Schizophrenie würde in diesem Fall auf die Extremausprägung eines universellen latenten Persönlichkeitsmerkmals verweisen. Die psychiatrische Sichtweise, auf der die Konstruktion des MMPI basiert, konzipiert ein Syndrom wie Schizophrenie aber eher als manifeste Krankheit, die bei einer Person entweder vorliegt oder nicht. Hier hätten wir es also mit einer nichtmetrischen (nominalen) Skala mit nur zwei Ausprägungen (krank vs. gesund) zu tun. Wenn aber kontinuierlich variierende Scores, die auf ein (latentes) Konstrukt (z. B. Disposition zur Schizophrenie) verweisen, in Indikatoren einer Klasse manifester diskreter Merkmale (krank, gesund) konvertiert werden, dann wird der wesentliche Unterschied zwischen dimensionalen und kategorialen Merkmals- und Messmodellen übersehen (► **Kap. 15**; Helmes & Reddon, 1993).

Eine dritte Kritik weist auf die hohe Anfälligkeit vieler Items für die Tendenz zum Antworten im Sinne der *sozialen Erwünschtheit* hin. Dieser Umstand ist angesichts der psychopathologischen Thematik dieser Items auch nicht weiter verwunderlich. Derartige Inhalte dürften bei vielen Probanden spontan die Tendenz auslösen, das Vorliegen einer entsprechenden Symptomatik bei sich nicht zuzugeben.

Dieses Problem wird natürlich auch nicht durch den Einsatz von Kontrollskalen wie etwa der Lügenskala entschärft, da mit diesen ja die *interindividuell* variierende Tendenz zur sozialen Erwünschtheit erfasst wird, die Kritik sich aber auf den *Iteminhalt* bezieht. In diesem Zusammenhang konnte Rogers (1971) zeigen, dass sich viele Aspekte der faktoriellen Struktur des MMPI auf die mit sozialer Erwünschtheit verbundenen Iteminhalte zurückführen lassen.

Schließlich wären noch die heterogenen Ergebnisse bei Versuchen der statistischen Klassifikation der MMPI-Items zu erwähnen. Faktorenanalytische Studien ergaben zwischen 6 und 21 Faktoren (Helmes & Reddon, 1993), wobei diese Lösungen auch noch für Männer und Frauen unterschiedlich ausfielen.

Angesichts dieser Vielzahl von Problemen fällt die Bewertung des MMPI, zumindest bei psychometrisch orientierten Autoren, durchweg negativ aus (Aiken, 1999; Helmes & Reddon, 1993). Der Test genügt nicht mehr heutigen psychometrischen Standards (► **Kap. 3**) und sollte deshalb in der Diagnostik nicht länger verwendet werden. Diesem Fazit steht natürlich die nach wie vor ungebrochene Popularität des Verfahrens bei vielen klinisch orientierten Diagnostikern gegenüber. Daraus darf man nun aber nicht den Schluss ziehen, dass zwar von einer Anwendung des MMPI im Bereich der „Normal"-Population abzuraten ist, sein Einsatz bei bestimmten klinischen Fragestellungen aber dennoch sinnvoll sein könnte. Gerade klinische Diagnosen führen ja häufig zu Entscheidungen, die für den betroffenen Probanden oft weitreichende Konsequenzen haben. Deshalb muss hier die wissenschaftliche Basis, auf der diese Entscheidungen beruhen, natürlich besonders solide sein.

10.2.5 Kombinierte Konstruktionsstrategien

Bei der Beschreibung der Konstruktionsgeschichte vieler Inventare war deutlich geworden, dass bei kaum einem dieser Verfahren wirklich nur eine Strategie, etwa die theoriegeleitet-deduktive, Pate gestanden hatte. Fast immer fanden verschiedene strategische Überlegungen, wenn auch in unterschiedlichem Ausmaß, Eingang in die Itemgewinnung und Skalenbestimmung. Die Aufnahme von Items in den Ausgangspool, die Entscheidung für eine bestimmte faktorenanalytische Technik (durch die schon eine gewisse Vorentscheidung über die Anzahl interpretierbarer Dimensionen getroffen wird) sowie die Art der Optimierung der letztlich resultierenden Unterskalen folgten dabei sowohl theoretischen (mindestens vortheoretischen), statistisch-psychometrischen wie auch häufig „pragmatischen" Gesichtspunkten. Unter „pragmatisch" verstehen die betreffenden Testautoren einmal die Festlegung auf Dimensionen, die für sie von besonderem Interesse sind (etwa „gesundheitliche Beschwerden"), zum anderen aber auch die Tatsache, dass der Inhalt einzelner Skalen durch empirische Ergebnisse (meist zur Itemtrennschärfe) mit gesteuert wird.

Als „kombiniert" wird somit also ein Ansatz bezeichnet, in den etwa gleichgewichtig pragmatische, theoretische sowie internal-induktive strategische Überlegungen Eingang gefunden haben. Ein typischer Vertreter dieses Ansatzes ist das im deutschen Sprachraum verbreitete *Freiburger Persönlichkeitsinventar* (FPI; Fahrenberg & Selg, 1970; revidierte Fassung: FPI-R; Fahrenberg, Hampel & Selg, 2001). Bei der Festlegung der Subskalen des FPI und deren Items wirkten pragmatische Gesichtspunkte hinsichtlich angenommener wichtiger Aspekte der Persönlichkeit (z. B. Lebenszufriedenheit, soziale Orientierung, Aggressivität), theoretische Überlegungen zu gesicherten zentralen Dimensionen (Extraversion und Emotionalität) und Rückmeldungen aus statistisch-psychometrischen Analysen zusammen. Im Folgenden wollen wir uns auf die Darstellung dieses Inventars als Beispiel für einen kombinierten Ansatz beschränken.

Die revidierte Form des Tests, das FPI-R, enthält zehn Standard- und zwei Zusatz- bzw. Sekundärskalen (► **Übersicht 10.4**). Die Standardskalen erfassen dabei Aspekte der Persönlichkeit, die für diagnostische Zwecke im Normalbereich (z. B. soziale Orientierung, Leistungsorientierung) wie auch bei psychischen Problemen (z. B. Beanspruchung, Ge-

Übersicht 10.4 Die Skalen des FPI-R.

Standardskalen		**Zusatzskalen**
1 Lebenszufriedenheit	6 Aggressivität	E Extraversion
2 Soziale Orientierung	7 Beanspruchung	N Emotionalität
3 Leistungsorientierung	8 Körperliche Beschwerden	
4 Gehemmtheit	9 Gesundheitssorgen	
5 Erregbarkeit	10 Offenheit	

sundheitssorgen, körperliche Beschwerden) besonders relevant sind. Eine Skala „Offenheit“ (Beispiel: „Ich bin hin und wieder ein wenig schadenfroh“) kann daneben als Indikator der Tendenz zum Antworten im Sinne der sozialen Erwünschtheit und somit als Kontrollskala angesehen werden. Die beiden Sekundärskalen Extraversion und Emotionalität repräsentieren zwei zentrale Dimensionen der Persönlichkeit, wie sie insbesondere im System Eysencks (vgl. u. a. Eysenck & Eysenck, 1985) theoretisch begründet und in vielen Fragebogen (u. a. EPI, 16-PF-Test, NEO-PI-R) als „big two“ (Wiggins, 1968) erfasst werden. Der Test besteht aus 138 Items, die mit „stimmt – stimmt nicht“ zu beantworten sind. Die zehn Standardskalen umfassen jeweils zwölf, die beiden Sekundärskalen je 14 Items. Das bedeutet, dass zehn Items der Sekundärskalen auch Bestandteil einer Standardskala sind.

Die Reliabilitäten der Skalen variieren von .73 bis .83 für die interne Konsistenz und von .69 bis .85 für die Stabilität (Zeitraum vier Wochen). Diese Werte können als befriedigend bezeichnet werden. Zur Bestimmung der Validität wird zunächst einmal der übliche Weg der Korrelation mit anderen Selbstbeschreibungsinstrumenten gewählt. Hier dürfen deutliche Zusammenhänge, beispielsweise zwischen der Skala „Lebenszufriedenheit“ und der Zufriedenheit mit der Familiensituation (Fahrenberg et al. 2001), natürlich nicht überraschen. Bedeutsamer sind dagegen die registrierten signifikanten Beziehungen zwischen den FPI-Skalen und entsprechenden Fremdeinschätzungen (Schmidt & König, 1986). Die bislang berichteten Assoziationen mit experimentellen Daten (T-Daten) liefern dagegen ein wenig konsistentes Bild.

Was die interne Struktur der Standardskalen des FPI-R betrifft, so lassen sich hier allenfalls fünf Komponenten unterscheiden. Lebenszufriedenheit, Erregbarkeit, Beanspruchung und Körperliche Beschwerden bilden eine Komponente, die empirisch stark mit dem NEO-Faktor Neurotizismus assoziiert ist (Borkenau & Ostendorf, 1993). Gehemmtheit korreliert signifikant mit dem NEO-Faktor Extraversion, Soziale Orientierung sowie Aggressivität mit Verträglichkeit und Leistungsorientierung mit Gewissenhaftigkeit. Lediglich die Skala Gesundheitssorgen bildet innerhalb des FPI eine vergleichsweise eigenständige Komponente.

Als Fazit lässt sich festhalten, dass das FPI-R zumindest für Forschungszwecke, also für die Registrierung zentraler Tendenzen in Gruppen von Probanden, recht geeignet ist, da es auch Dimensionen enthält, die in dieser Form in anderen Inventaren nicht auftauchen. Allerdings sind die meisten dieser Dimensionen dann doch mit den fundamentalen Komponenten anderer Inventare assoziiert. Was die Einzelfalldiagnostik betrifft, so sollte für jede Skala geprüft werden, ob die berichteten Reliabilitäten und Validitäten einen entsprechenden Einsatz als angezeigt erscheinen lassen.

10.3 Fragebogen zur Erfassung einzelner Persönlichkeitsmerkmale

Anders als bei den im vorigen Abschnitt dargestellten Inventaren, in denen es um eine möglichst umfassende Diagnostik der Persönlichkeit ging, zielen die nun darzustellenden Fragebogen darauf ab, ein eingegrenztes Konstrukt (oder eine Gruppe eng aufeinander bezogener Merkmale) zu operationalisieren. Verfahren dieser Kategorie sind in der Regel in einer Theorie des interessierenden Sachverhaltes (z. B. der Angstbewältigung) begründet. Fragebogen zu spezifischen Konstrukten sind nicht notwendigerweise eindimensional; ihre Struktur wird in der Regel durch (empirisch überprüfte) Annahmen zum jeweiligen Merkmal vorgegeben.

Die meisten der hier interessierenden Fragebogen haben einen deutlichen Anwendungsbezug, insbesondere für den Bereich der Klinischen Psychologie (z. B. bei Skalen zur Depression). Derartige Verfahren werden in entsprechenden Kapiteln des Teils V vorgestellt. An dieser Stelle wollen wir uns mit diagnostischen Verfahren für solche Konstrukte befassen, die eine bereichsübergreifende Bedeutung haben. Dabei wollen wir uns exemplarisch auf die Merkmale Kontrollüberzeugung (einschließlich des verwandten Konstrukts Optimismus), Leistungsmotiviertheit, Ärgerausdruck und -verarbeitung sowie Ängstlichkeit und Angstbewältigung konzentrieren (für eine Übersicht zu diesen Konstrukten siehe Krohne & Tausch, 2014).

10.3.1 Kontrollüberzeugung

Das Konstrukt der Kontrollüberzeugung wurde von Rotter (1954, 1966) im Rahmen seiner *sozialen Lerntheorie* entwickelt. Wesentlich für diese Theorie sind die Begriffe „Erwartung" und „Verstärkungswert". Von zentraler Bedeutung für das Konstrukt Kontrollüberzeugung ist dabei der Begriff Erwartung.

Erwartungen hinsichtlich des Auftretens bestimmter Ereignisse können sowohl spezifisch als auch generell sein. Spezifische Erwartungen bilden sich durch die Registrierung bestimmter Verhaltens-Verstärkerkontingenzen. Erfahrungen, die in vielen Situationen gewonnen wurden und auf die jeweils vorliegende Situation übertragbar sind, bezeichnet Rotter als generalisierte Erwartungen. Die aktuellen Erwartungen, die das konkrete Verhalten in einer Situation wesentlich mitsteuern, werden sowohl von spezifischen als auch von generalisierten habituellen Erwartungen determiniert. Können für eine bestimmte Situation bereits spezifische Erwartungen herangezogen werden, so haben diese einen großen Einfluss auf die aktuellen Erwartungen. Liegen in einer Situation keine oder nur wenige spezifische Erfahrungen vor, so werden die aktuellen Erwartungen und das Verhalten wesentlich durch entsprechende generalisierte Erwartungen determiniert.

Rotter hat zwei sehr generelle Erwartungshaltungen genauer beschrieben. Diese Erwartungen, die das Verhalten in einer Vielzahl insbesondere neuer und mehrdeutiger Situationen mitbestimmen sollen, sind die „Kontrollüberzeugung" (locus of control of reinforcement) und das „Zwischenmenschliche Vertrauen" (interpersonal trust). Im Folgenden wollen wir uns auf die wesentlich breitere und intensiver erforschte Kontrollüberzeugung konzentrieren.

Kontrollüberzeugung bezieht sich auf die generalisierte Erwartung einer Person, dass sie entweder auf die Folgen ihres Handelns selbst Einfluss nehmen kann, sich also selbst als Verursacher verhaltensabhängiger Verstärker sieht, oder dass die Folgen ihres Verhaltens außerhalb ihrer Einflussmöglichkeiten liegen, also die erfahrenen Verstärkungen anderen Instanzen wie Zufall, Glück, mächtigen Personen oder Organisationen zuzuschreiben sind (vgl. auch Schneewind, 1984).

Im ersten Fall spricht man von der Erwartung *internaler Kontrolle* der Verstärkung, im zweiten Fall von der Erwartung *externaler Kontrolle* der Verstärkung. Dabei muss betont werden, dass es sich bei der internalen vs. externalen Kontrollüberzeugung, wie man auch verkürzt sagt, nicht um zwei distinkte Typen von Überzeugungen bzw. Erwartungen handelt, sondern um ein hinsichtlich der Ausprägung kontinuierlich variierendes bipolares Persönlichkeitsmerkmal.

Rotter (1966) hat zur Erfassung der Kontrollüberzeugung einen Fragebogen entwickelt, der aus 23 Zwangswahlitems besteht. Mit diesen wie auch mit einigen neu entwickelten Skalen wird die Kontrollüberzeugung sehr allgemein, also bereichsunspezifisch, erfasst. Nun ist es aber durchaus denkbar, dass Personen je nach Bereich (z. B. Leistungsverhalten oder Gesundheit) unterschiedliche Kontrollüberzeugungen entwickelt haben. Derartige Erwartungen stehen hinsichtlich ihrer Breite zwischen der generalisierten allgemeinen Kontrollüberzeugung und spezifischen Erwartungen. So gibt es inzwischen Skalen zur Erfassung der Kontrollüberzeugung im Bereich des Leistungsverhaltens, Sozialverhaltens, politischen Verhaltens oder Gesundheitsverhaltens (Übersicht bei Krampen, 2005). Einige Instrumente (z. B. für den Gesundheitsbereich) werden wir im Zusammenhang mit anwendungsbezogenen Testverfahren in Teil V kennenlernen.

Weiterführende Forschungen befassten sich u. a. mit einer genaueren Differenzierung hinsichtlich der Ursachen, auf die Personen die Kontrolle von Verstärkern zurückführen (Levenson, 1974). Im ursprünglichen Ansatz wurden nur zwei Verursacherquellen angenommen: internale und externale Quellen der Verstärkerkontrolle. Nun scheint es sinnvoll, zumindest für die externale Kontrollüberzeugung eine weitere Differenzierung vorzunehmen, nämlich die nach „Kontrolle durch mächtige andere Personen“ (powerful others) und „Kontrolle durch Glück und Zufall“ (chance). Es macht für das weitere Verhalten eines Menschen nämlich durchaus einen Unterschied, ob er die Kontrolle von für ihn wichtigen Verstärkern bei mächtigen anderen Personen oder bei glücklichen (bzw. unglücklichen) Zufällen sieht. Im ersten Fall wird er versuchen, sich solchen mächtigen Personen anzuschließen bzw. ihrem Rat oder Vorbild zu folgen (z. B. bei Ärzten), um bestimmte Verstärker (z. B. Gesundheit) zu erhalten. Im zweiten Fall wird er eher eine resignative Haltung entwickeln. Man spricht deshalb im ersten Fall auch von „sozialer“, im zweiten von „fatalistischer“ Externalität.

Levenson (1974) schlägt deshalb drei Dimensionen zur Erfassung der Kontrollüberzeugung vor: *Internale Kontrollüberzeugung* (I), *soziale Externalität* (P für „powerful others“) sowie *fatalistische Externalität* (C für „chance“). Erfasst werden diese drei Dimensionen mit dem *IPC-Fragebogen* (Levenson, 1974; siehe auch Mielke, 1982), der auch in einer deutschen Version von Krampen (1981) vorliegt. Der Test umfasst dementsprechend drei Subskalen. Jede Skala besteht aus acht Items, die, anders als in der ursprünglichen Version von Rotter, auf einer sechsstufigen Likert-Skala beantwortet werden („sehr falsch … sehr richtig“). Inzwischen liegt mit dem *Fragebogen zu Kompetenz- und Kontrollüberzeugungen* (FKK; Krampen, 1991) eine Erweiterung des IPC um eine vierte Skala *Selbstkonzept eigener Fähigkeiten* vor.

Ein weiteres erwartungsbezogenes Konstrukt ist der *dispositionelle Optimismus* (Scheier & Carver, 1985). Optimismus ist die interindividuell variable Überzeugung, dass Umstände bzw. Ereignisse, denen der Proband ausgesetzt ist, generell einen positiven Ausgang nehmen. Es handelt sich hier also um eine Situations-Ergebniserwartung. Gemessen wird diese Erwartung mit dem *Life Orientation Test* (LOT). In seiner Ursprungsform (Scheier & Carver, 1985) besteht dieser Test aus zwölf Items, von denen allerdings vier als „Füllitems" nicht ausgewertet werden. (Eine deutsche Version wird in Wieland-Eckelmann und Carver, 1990, beschrieben.) Derartige Füllitems (z. B. „It's easy for me to relax") sollen bei Fragebogen gegenüber den Probanden die Messintention verschleiern. Von den acht kritischen Items sprechen je vier einen positiven (z. B. „In uncertain times, I usually expect the best") bzw. negativen Ausgang („I hardly ever expect things to go my way") an. Beantwortet werden die Items auf einer fünfstufigen Skala (von „starke Ablehnung" bis „starke Zustimmung"). Die Werte für die negativen Items werden vor der Verrechnung umgepolt.

Problematisch am LOT ist der Umstand, dass die positiv bzw. negativ formulierten Items häufig auf separaten Faktoren laden (Scheier & Carver, 1985). Dies scheint u. a. daran zu liegen, dass einige positiv formulierte Items eher Bewältigungsstrategien als Optimismus ansprechen (z. B. beim Item „I always look on the bride side of things"). Derartige Items wurden bei einer Revision des Tests (Scheier, Carver & Bridges, 1994) durch neue Items ersetzt. Seine Hauptanwendung findet der LOT bei gesundheitlichen Fragestellungen, etwa bei der Vorhersage des Genesungsprozesses nach Operationen (Übersicht in Scheier & Carver, 1992).

10.3.2 Leistungsmotiviertheit

Bei der Behandlung der theoriegeleitet-deduktiven Strategie der Fragebogenkonstruktion hatten wir bereits auf die Rolle der interaktionistischen Persönlichkeitstheorie Murrays (1938) im Hinblick auf die Konzeption verschiedener Testverfahren hingewiesen. Ein zentrales Persönlichkeitsmerkmal in dieser Theorie ist der „need achievement", d. h. das Bedürfnis, Erfolg haben zu wollen in der Auseinandersetzung mit einem Gütemaßstab (siehe auch McClelland, 1971). Im Deutschen werden hierfür die Begriffe *Leistungsstreben* bzw. *Leistungsmotivation* verwendet.

Murray hatte, wie erwähnt, zur empirischen Erfassung der Konstrukte seiner Theorie ein projektives Verfahren, den *Thematischen Apperzeptionstest* (TAT; Murray, 1938), entwickelt. Speziell zur Messung des Leistungsmotivs und seiner verschiedenen Komponenten hat Heckhausen (1963) einen *Leistungsmotivations-TAT* vorgelegt. Auf den TAT insgesamt wie auch auf dieses spezielle Verfahren wird im ► **Kap. 11** näher eingegangen. Was die Ebene der Q-Daten betrifft, so enthalten die Inventare PRF von Jackson (1967) und EPPS von Edwards (1959) jeweils eine Unterskala zur Erfassung des Leistungsstrebens.

Allerdings haben die umfangreichen Forschungen zum Leistungsmotiv, wie sie insbesondere von McClelland (1971) und Heckhausen (1980) durchgeführt wurden, gezeigt, dass dieses Konstrukt nicht auf eine einzige Dimension reduziert werden kann. Vielmehr müssen mindestens zwei (miteinander assoziierte) Aspekte am Leistungsmotiv unterschieden werden, die *Hoffnung auf Erfolg* und die *Furcht vor Misserfolg*. Diese beiden Merkmale und weitere Differenzierungen werden im *Leistungsmotivationstest* (LMT) von Hermans, Petermann und Zielinski (1978) erfasst.

Der LMT besteht aus zwei Hauptdimensionen, denen jeweils 28 Items zugeordnet sind: *Leistungsmotiv* (L) und *Misserfolgsfurcht* (F). Jede Dimension ist nochmals in zwei Unterskalen gegliedert; für das Leistungsmotiv sind dies das *Leistungsstreben* (L1 mit 15 Items) sowie *Ausdauer und Fleiß* (L2 mit 13 Items), für die Misserfolgsfurcht sind dies *Negative Misserfolgsfurcht* (F– mit 18 Items) und *Positive Misserfolgsfurcht* (F+ mit 10 Items). Leistungsstreben thematisiert besonders die Aspekte Wettbewerb und Orientierung an einem hohen Gütemaßstab (Beispielitem: „Mehr zu leisten als andere, finde ich wichtig"), während es bei Ausdauer und Fleiß um die Persistenz des Leistungsverhaltens geht („Wenn ich mit einer schwierigen Sache beschäftigt bin, bleibe ich meistens dabei"). Die Differenzierung in negative und positive Misserfolgsfurcht basiert auf einer entsprechenden Konzeption, die aus dem *Achievement Anxiety Test* (AAT) von Alpert und Haber (1960) übernommen wurde. Hiernach lässt sich eine leistungsfördernde Komponente der Furcht (F+; Beispielitem: „Wenn ich leicht erregt bin, kann ich besser lernen als sonst") von leistungsmindernder Furcht (F–: „Wenn ich kurz vor einer Prüfung stehe, dann bin ich ziemlich nervös") unterscheiden.

Für die Items, die nach dem Rasch-Modell (▶ **Kap. 4**) analysiert wurden, stehen je nach Unterskala zwei bis vier Antwortalternativen zur Verfügung. Die Reliabilitäten variieren von .62 bis .84 für den Split-half- und von .74 bis .84 für den Retest-Koeffizienten (Intervall sechs Wochen). Die Korrelationen zwischen den Subskalen sind nur mäßig, am höchsten fallen sie aus zwischen F+ und F– mit –.43. Für die Validitätsabschätzung werden Korrelationen mit anderen Maßen der Leistungsmotivation sowie mit Lern- und Leistungswerten berichtet (Petermann & Zielinski, 1979). Zu dem Verfahren existiert auch eine Variante für Jugendliche (LMT-J; Undeutsch & Hermans, 1976), die neben den genannten Dimensionen auch eine Unterskala zur Erfassung der Tendenz zur sozialen Erwünschtheit enthält.

Das *Leistungsmotivgitter* (L-M-Gitter) von Schmalt (1976), formal ein Stimulus-Response-Inventar, ist im strengen Sinne kein Fragebogen, da in ihm keine Selbstauskünfte erhoben werden. Die Antworten werden vielmehr nach einem Prinzip interpretiert – der Identifizierung des Probanden mit dem Hauptakteur einer (meist bildlich dargebotenen) Episode – das wir bei der Darstellung sog. „projektiver" Verfahren (▶ **Kap. 11**) noch genauer kennenlernen werden. Dort wird dann auch das L-M-Gitter behandelt. Das *Leistungsmotivationsinventar* (LMI; Schuler & Prochaska, 2001) unterscheidet 17 Dimensionen (u. a. Beharrlichkeit, Lernbereitschaft, Wettbewerbsorientierung) und dient insbesondere der Berufseignungsdiagnostik und Personalentwicklung (▶ **Kap. 14**).

10.3.3 Ärger und Ärgerausdruck

Ärger, Feindseligkeit und Aggression sind drei eng aufeinander bezogene Konzepte. Sie bezeichnen emotionale (Ärger), kognitive (Feindseligkeit) und verhaltensmäßige (Aggression) Aspekte eines komplexen Geflechts interpersonaler Beziehungen. *Ärger* ist eine emotionale Reaktion, die durch Frustration, d. h. das Erlebnis einer blockierten Zielerreichung bzw. Bedürfnisbefriedigung hervorgerufen werden kann (Izard, 1991). *Feindseligkeit* bezeichnet ein System von Einstellungen, das insgesamt durch eine ausgeprägt negative Haltung zu anderen Personen (teilweise auch Institutionen), insbesondere durch Zynismus, Herabsetzung anderer sowie Argwohn und Ärger ihnen gegenüber gekennzeichnet ist. *Aggression* umfasst alle Verhaltensweisen, die mit der Absicht, andere zu schädigen, ausgeführt werden. Aggression kann zum einen ärgermotiviert sein, d. h. das Ziel verfolgen, eine frustrierende Situation zu beseitigen bzw. den Verursacher der Frustration zu bestrafen. Sie kann aber auch einen „instrumentellen" Charakter haben (Bandura, 1973), d. h. durch andere Motive als den Ärger (z. B. Gewinnstreben) ausgelöst worden sein.

Ärger kann sich in physiologischen, kognitiven oder verhaltensmäßigen Reaktionen ausdrücken (Schwenkmezger & Hodapp, 1993). Dieser Ausdruck wird jedoch durch Strategien der *Ärgerverarbeitung* moderiert. Dabei wird generell zwischen der Tendenz, den Ärger offen (z. B. verbal oder im Ausdrucksverhalten) zu äußern (Anger-out) und der Unterdrückung des Ärgers (bzw. dessen Ausrichtung gegen die eigene Person, Anger-in) unterschieden (Funkenstein, King & Drolette, 1954). Spielberger et al. (1985) haben diese Klassifizierung um die Ärgerkontrolle (Anger Control), d. h. die sozial angemessene Äußerung des Ärgers, erweitert.

Erste Fragebogen, deren Items meistens aus dem MMPI stammen, haben diese Differenzierungen oft nur unzureichend berücksichtigt. Die bekanntesten dieser Verfahren sind die *Cook and Medley Hostility Scale* (HO Scale; Cook & Medley, 1954), das *Hostility and Direction of Hostility Questionnaire* (HDHQ; Foulds, Caine & Creasy, 1960) sowie das *Buss-Durkee Hostility Inventory* (BDHI; Buss & Durkee, 1957; deutsche Version: Kornadt, 1982) mit separaten Komponenten für die Bereiche Aggression (Gewaltanwendung, indirekte Aggression und Reizbarkeit) sowie Feindseligkeit (Ärger/Groll, Argwohn).

Der *Fragebogen zur Erfassung von Aggressivitätsfaktoren* (FAF; Hampel & Selg, 1975) basiert auf dem Inventar von Buss und Durkee. Es unterscheidet die fünf Bereiche Spontane Aggressivität, Reaktive Aggressivität, Erregbarkeit (Wut und Ärger), Selbstaggression und Aggressionshemmung. Die Scores auf den ersten drei Skalen können zu einem Gesamtwert der Aggressivität zusammengefasst werden, der dem Aggressivitätswert aus dem FPI-R (▶ **Übersicht 10.4**, S. 269) entspricht. Außerdem enthält der FAF wie das FPI-R eine Kontrollskala zur Abschätzung der Bereitschaft zur offenen Beantwortung.

Bei vielen dieser und ähnlicher Verfahren wird nicht immer deutlich, ob sie eher dispositionelle oder aktuelle Merkmale erfassen. Dies gilt insbesondere, wenn Komponenten wie Ärger oder Wut thematisiert werden. Dieses Defizit versucht Spielberger (1988) mit dem *State-Trait Anger Expression Inventory (STAXI)* zu beheben.

Das STAXI besteht aus fünf Skalen, die drei Bereichen zugeordnet werden. Der erste Teil enthält die aus zehn Items bestehende Skala zur Erfassung des *aktuellen Ärgerzustands*. Mit der Instruktion, sich so zu beschreiben, wie man sich im Moment fühlt, werden Items wie „Ich bin aufgebracht" auf einer vierstufigen Intensitätsskala (von „überhaupt nicht" bis „sehr") beantwortet. Der zweite Bereich erfasst mit zehn Items die *dispositionelle Ärgerneigung*. Hier werden Items wie „Ich werde schnell ärgerlich" unter der Instruktion, sich so zu beschreiben, wie man sich im Allgemeinen fühlt, auf einer vierstufigen Häufigkeitsskala (von „fast nie" bis „fast immer") beantwortet. Der dritte Teil enthält drei Skalen mit jeweils acht Items zur Erfassung des *dispositionellen Ärgerausdrucks*. Diese Skalen beziehen sich auf die Komponenten *Anger-in*, *Anger-out* und *Anger Control*. Ihre Items werden ebenfalls auf einer vierstufigen Häufigkeitsskala beantwortet.

Eine Weiterentwicklung stellt der STAXI-2 dar (Spielberger, 2000; deutsche Version von Rohrmann et al., 2013). In ihr werden einzelne dieser Komponenten noch einmal getrennt erfasst. So wird beim Ärgerzustand nach dem Ärgergefühl und dem verbalen sowie physischen Ausdruck von Ärger und bei der Ärgerkontrolle zwischen nach innen und nach außen gerichteter Kontrolle unterschieden.

Die Reliabilitäten der Skalen variieren von .71 (für dispositionellen Ärger) bis .95 (für die Zustandsskala). Die Stabilitäten (acht Wochen) liegen zwischen .55 (für Anger Control) und .75 (für dispositionellen Ärger). Hinsichtlich der internen Struktur des Inventars zeigen sich zwischen der Zustandsskala und den drei Skalen des Ärgerausdrucks nur geringe Assoziationen (Schwenkmezger & Hodapp, 1993). Dagegen ist der dispositionelle Ärger hoch mit Anger-out (um .60) und mit Anger Control (um –.40) korreliert. Zwischen Anger-out und Anger Control findet sich eine hohe negative Beziehung (um –.55).

Zur Bestimmung der Validität wurden u. a. Beziehungen mit dem *Freiburger Persönlichkeitsinventar* (FPI), dem *Streßverarbeitungsfragebogen* (SVF; Janke, Erdmann & Kallus, 2002) sowie verschiedenen psychischen Störungen wie Depression, Angstneurose, Migräne (Müller, Bongard, Heiligtag & Hodapp, 2001) analysiert. Dispositioneller Ärger und Anger-out zeigen dabei sehr hohe positive und Anger Control (etwas niedrigere) negative Korrelationen mit den FPI-Skalen Erregbarkeit und Aggressivität, während sich für Anger-in ein deutlich anderes Zusammenhangsmuster, mit einer positiven Beziehung zur Emotionalität, findet. Auch die SVF-Skala Aggression korreliert hoch positiv mit Anger-out und hoch negativ mit Anger Control. Ärgerkontrolle ist außerdem positiv mit den SVF-Skalen (▶ **Übersicht 10.5**, S. 281) Reaktionskontrollversuche und Herunterspielen durch Vergleich mit anderen assoziiert. Anger-in zeigt dagegen eine positive Beziehung zur SVF-Skala Soziale Abkapselung. Wie Korrelationen mit der Tendenz zur sozialen Erwünschtheit (bzw. zur Offenheit im Sinne des FPI) zeigen, sind bis auf Anger-in offenbar alle dispositionellen Skalen anfällig für diese Antworttendenz.

10.3.4 Ängstlichkeit und Angstbewältigung

Das über lange Zeit am häufigsten eingesetzte Instrument zur Messung der *Ängstlichkeit* ist die *Manifest Anxiety Scale* (MAS; Taylor, 1953). Die Skala wurde aus dem Itempool des MMPI entwickelt. Nach verschiedenen Analysen wurden 50 Items ausgewählt, die nach Expertenbeurteilung ängstliche Personen von nichtängstlichen trennen sollten. In einer Vielzahl von Untersuchungen konnte die ausgezeichnete Reliabilität (speziell die interne Konsistenz) der MAS bestätigt werden. Hinsichtlich der Validität zeigten sich durchgängig statistisch bedeutsame Zusammenhänge mit anderen wichtigen Angsttests, mit klinischen Angstdiagnosen sowie angstabhängigen Verhaltensindikatoren. Zusammenfassende Darstellungen zur MAS finden sich bei Finney (1985) sowie Spence und Spence (1966).

Ein Defizit der MAS besteht in der fehlenden Trennung verschiedener Komponenten der Angst. Gerade im Bereich selbstwertrelevanter Situationen (z. B. Prüfungen), in dem sich besonders deutlich Unterschiede im Niveau aktueller Angst als Funktion habitueller Ängstlichkeit beobachten lassen (Spielberger, 1966), hat sich als Minimaldifferenzierung die Trennung in eine kognitive („Besorgnis") und eine emotionale Komponente („Emotionalität") als unverzichtbar erwiesen. Ein weiteres Problem der MAS (wie auch anderer Angsttests) stellt die starke Assoziation mit Indikatoren der Depression dar. Deshalb haben Watson und Clark (1984) diese und weitere damit hoch korrelierende Tests als Indikatoren eines einzigen stabilen Persönlichkeitsmerkmals angesehen, das sie „Negative Affektivität" nennen. Da die MAS also nur ein recht undifferenziertes Maß der Angst bereitstellt, dessen empirische Beziehung zu anderen Merkmalen negativer Befindlichkeit zudem noch unklar ist, wird sie heute in der Forschung wie auch der diagnostischen Praxis kaum noch verwendet. Sie stellt allerdings ohne Zweifel einen wichtigen Schritt in der Entwicklung der Angstmessung dar.

An die Stelle der MAS ist, was die Popularität und Verbreitung betrifft, Spielbergers *State-Trait Anxiety Inventory* getreten (STAI; Spielberger, 1983; Spielberger, Gorsuch & Lushene, 1970; Übersicht bei Spielberger & Sydeman, 1994). Das STAI besteht aus zwei getrennten Skalen zu je 20 Items, von denen eine, analog zum STAXI, über die Instruktion, den „augenblicklichen Gefühlszustand" zu beschreiben, die aktuelle Angst bzw. Zustandsangst („A-State") und die andere über die Anweisung, anzugeben, wie man „sich im Allgemeinen fühlt", die Ängstlichkeit („A-Trait") erfassen soll. Die Items der A-State-Skala enthalten

Formulierungen wie „Ich bin aufgeregt, bekümmert, besorgt, ruhig, gelöst oder nervös" und werden auf einer vierstufigen Intensitätsskala (von „überhaupt nicht" bis „sehr") beantwortet. Items wie „Ich bin gelöst" zeigen, dass die Skala auch „angstnegative" Aussagen enthält (die bei Berechnung des Gesamtscores natürlich umgepolt werden). Die A-Trait-Skala enthält sehr heterogen formulierte Aussagen – von Items, die in dieser Form auch in der A-State-Skala auftauchen („Ich bin zufrieden"), bis hin zu offensichtlich „dispositionellen" Beschreibungen (z. B. „Enttäuschungen nehme ich so schwer, dass ich sie nicht vergessen kann"). Die Skala wird auf einer vierstufigen Häufigkeitsskala („fast nie" bis „fast immer") beantwortet.

Eine wesentliche Voraussetzung für die Verwendung der beiden STAI-Skalen als Indikatoren des Angstzustands bzw. der Ängstlichkeit besteht darin, dass die Scores der A-Trait-Skala bei Messungen in Situationen unterschiedlich hoher Bedrohlichkeit stabil bleiben, während das Niveau der Antworten auf der State-Skala mit dem situativen Bedrohungsgehalt variiert. Die Erfüllung dieser Bedingung konnte empirisch durchgängig gesichert werden (Schwenkmezger, 1985).

Ein Problem des STAI liegt darin, dass in beiden Skalen Aussagen, die Abwesenheit von Angst ansprechen (z. B. „gelöst"), bei der Verrechnung einfach umgepolt werden und auf diese Weise zu einem einzigen Angstscore beitragen. Für dieses Vorgehen werden generell zwei Gründe genannt (Spielberger, 1983): Zum einen soll dieses Testdesign das Instrument hinsichtlich der Messintention für den Probanden weniger durchschaubar machen. Zum anderen sollen die angstpositiv bzw. -negativ formulierten Items in verschiedenen Bereichen der Stressbelastung (negative Items bei niedrigem und positive bei hohem Stress) sensitiv sein (sog. „itemspezifische Sensitivität"), damit die Skala auch in Extrembereichen der Belastung noch zwischen Personen trennt. Allerdings hat sich in verschiedenen Untersuchungen gezeigt, dass sich die angstpositiven und -negativen Items deutlich auf zwei Faktoren aufteilen, deren Scores nicht sehr hoch korreliert sind (u. a. Mook, van der Ploeg & Kleijn, 1992; Spielberger, Vagg, Barker, Donham & Westberry, 1980). Daneben waren die Mittelwerte der negativen Items (nach Umpolung) statistisch signifikant höher als die der angstpositiven Items, wobei dieser Unterschied für die State-Skala deutlicher ausfiel als für die Trait-Skala.

Ein weiteres Problem des STAI besteht darin, dass sich mit Hilfe der A-Trait-Skala in erster Linie Reaktionsunterschiede in selbstwertbedrohlichen Situationen vorhersagen lassen (Laux & Glanzmann, 1996; Schwenkmezger, 1985). Diese Skala ist also gar kein allgemeiner Ängstlichkeitstest, sondern ein, allerdings nicht zu diesem speziellen Zweck konstruiertes, Instrument zur Erfassung von Bewertungsängstlichkeit. Schließlich misst das STAI, ähnlich wie die MAS, nicht nur Angst bzw. Ängstlichkeit, sondern ein Amalgam aus Angst, negativer Affektivität und Depression (Laux & Glanzmann, 1996). Dies ist allerdings, wie bereits erwähnt, ein Problem der meisten Angstfragebogen.

Das *State-Trait-Angst-Depressions-Inventar* (STADI; Laux, Hock, Bergner-Köther, Hodapp & Renner, 2013) versucht, die Vorteile des STAI (ein ökonomisch einsetzbares Verfahren zur Angstmessung) zu bewahren und gleichzeitig dessen Schwächen (u. a. Konfundierung angstrelevanter und depressionsbezogener Inhalte in den Items) zu vermeiden. Das Inventar besteht aus zwei Teilen zur separaten Erfassung von Angst und Depression. Jeder dieser Teile hat wiederum eine State- und eine Traitversion, wobei sich diese Versionen nicht nur in der Instruktion („augenblicklich" vs. „im Allgemeinen"), sondern auch in den Iteminhalten unterscheiden. In beiden Versionen werden jeweils zwei Angst- und Depressionskomponenten separat erfasst, so dass jeder Teil also

Tab. 10.2 Beispielitems zu den einzelnen Skalen des STADI

Skala	Beispielitem
State-Aufgeregtheit	„Mein Herz schlägt schnell"
State-Besorgnis	„Ich grüble über meine Situation"
State-Euthymie	„Ich bin ich bin gut drauf"
State-Dysthymie	„Ich bin schlechter Stimmung"
Trait-Aufgeregtheit	„Ich werde leicht nervös"
Trait-Besorgnis	„Ich fürchte mich vor dem, was auf mich zukommt"
Trait-Euthymie	„Ich genieße das Leben"
Trait-Dysthymie	„Ich bin niedergeschlagen"

aus vier Subskalen besteht, denen jeweils fünf Items zugeordnet sind (▶ **Tab. 10.2**). Für die Angst sind das die bereits genannten Komponenten Aufgeregtheit/Emotionalität und Besorgnis, für die Depression Dysthymie (die allgemeine negative Befindlichkeit) und Euthymie (das Vorhandensein positiver Affekte). Für die Erfassung der Depression werden die Euthymiewerte invertiert, so dass Depression durch die Anwesenheit negativer bei gleichzeitiger Abwesenheit positiver Affekte (Anhedonie) bestimmt wird. Die Antwortskala ist dieselbe wie im STAI.

Exploratorische und konfirmatorische Analysen konnten die Gültigkeit dieser angenommenen vierfaktoriellen Struktur (Aufgeregtheit, Besorgnis, Dysthymie und Euthymie) stützen. Mit Hilfe des Latent-State-Trait-Ansatzes wurde geprüft, ob die Trait-Skalen stabile Persönlichkeitsmerkmale erfassen (hohe Konsistenz), also auf situative Veränderungen vergleichsweise wenig ansprechen (geringe Spezifität), und die State-Skalen umgekehrt situationsspezifische Reaktionen indizieren. Auch diese Voraussetzungen waren beim STADI im Wesentlichen gegeben. Die Reliabilitäten der Einzelskalen fallen mit Werten von über .80 gut aus. Allerdings zeigte auch diese Neuentwicklung, dass zwischen Angst und Depression, wenn diese Merkmale subjektiv erfasst werden, eine substantielle Korrelation besteht. Die konfirmatorischen Analysen konnten dabei nachweisen, dass dieser Befund in erster Linie durch die hohe Assoziation der Angstkomponente Besorgnis mit der Depressionskomponente Dysthymie zustandekommt, was sich auch inhaltlich rechtfertigen lässt.

Ein mehrdimensionales Verfahren zur Angsterfassung ist der *Interaktions-Angst-Fragebogen* (IAF) von Becker (1982). Der IAF setzt sich aus verschiedenen faktorenanalytisch gewonnenen Subskalen zusammen, die sich auf unterschiedliche Situationsklassen beziehen. Die Skalen 1 bis 6, die aus insgesamt 55 Items bestehen, repräsentieren die Primärfaktoren „Angst vor physischer Verletzung" (Skala 1), „... Auftritten" (2), „... Normüberschreitung" (3), „... Erkrankungen und ärztlichen Behandlungen" (4), „... Selbstbehauptung" (5) sowie „... Abwertung und Unterlegenheit" (6). Die Items werden auf einer asymmetrischen siebenstufigen Skala beantwortet, mit den Stufen 1 und 2 für „ziemlich" bzw. „ein wenig angenehm", der neutralen Stufe 3 („weder noch") und dem „unangenehmen" Bereich von 4 („ein wenig") bis 7 („äußerst"). Die Scores der Skalen 1, 4 und 6 bzw. 2 und 5 lassen sich zu zwei weiteren, Sekundärfaktoren entsprechenden, Skalen 7 („Angst vor physischen und psychischen Angriffen") bzw. 8 („Angst vor Bewährungssituationen") zusammenfassen. Die Skala 3 („Normüberschreitungen") wird separat ausgewertet und interpretiert. Für die insgesamt acht Skalen werden Reliabilitätskoeffizienten (interne Konsistenz und Testwiederholung mit Intervallen von fünf Tagen bis zu einem Jahr) zwischen .64 und .91 berichtet. In einer Neuauflage (Becker, 1997) werden diesen noch zwei weitere abgeleitete Skalen hinzugefügt: (9) Angst vor Missbilligung und (10) globale Angstneigung.

Die Anzahl der Situationen oder Objekte, vor denen sich einzelne Menschen fürchten (z. B. Prüfungen, Turnübungen, Operationen, Arzt-, speziell Zahnarztbesuche, Spinnen, Schlangen, Gewitter, Kernreaktoren), ist unüberschaubar groß. Ein Blick in einschlägige Darstellungen klinisch auffälliger (d. h. behandlungsbedürftiger) Angstneigungen (z. B. Strian, 1983) konfrontiert den Leser mit einer Vielfalt mitunter sehr spezifischer Ängste. In diesem Abschnitt sollen exemplarisch einige Verfahren zur Erfassung derartiger *bereichsspezifischer Angstneigungen* vorgestellt werden. Wir konzentrieren uns dabei auf die drei großen Bereiche der *Bewertungsängstlichkeit*, *sozialen Ängstlichkeit* und *Angst vor physischer Verletzung* (Krohne, 2010).

Verfahren zur Messung von *Bewertungsängstlichkeit* treten unter verschiedenen Namen auf, unter denen Termini wie Leistungsangst, Prüfungsangst oder Testangst die häufigsten sind. Es handelt sich hierbei um Angst vor Situationen, in denen es zu einer Bedrohung des Selbstwertgefühls kommen kann (Wine, 1982). Wesentlich für die derzeit in diesem Bereich eingesetzten Messinstrumente ist die von Liebert und Morris (1967) vorgenommene Einteilung der Prüfungsangst in eine Besorgnis- und eine Emotionalitätskomponente (worry und emotionality). Bei der Besorgnis handelt es sich um kognitive Reaktionen, die generell Misserfolgserwartungen zum Inhalt haben (z. B. „Hinsichtlich meiner Prüfungsleistung bin ich nicht sehr zuversichtlich"). Emotionalität bezeichnet demgegenüber die (selbstberichtete) Aufgeregtheit („In Prüfungssituationen gerate ich ins Schwitzen"). Ihren diagnostischen Niederschlag fand diese Differenzierung im *Test Anxiety Inventory* (TAI) von Spielberger (1980) .

Das TAI besteht aus 20 Items, die auf einer vierstufigen Häufigkeitsskala zu beantworten sind. Eine Faktorenanalyse des TAI resultierte in einer Emotionalitäts- und einer Besorgniskomponente, wobei allerdings nur jeweils acht Items einer dieser beiden Subskalen zugeordnet werden konnten. Die restlichen vier Items werden nur bei Berechnung eines Gesamtscores der Prüfungsängstlichkeit berücksichtigt. Die psychometrische Qualität des Inventars ist sehr gut, die Reliabilitäten liegen für die beiden Subskalen durchweg über .85, für die Gesamtskala sogar um .95. Für die Stabilität fanden sich Werte zwischen .62 (sechs Monate) und .81 (ein Monat). Das TAI ist inzwischen ein recht populärer Test geworden, der nicht nur in viele Sprachen übersetzt, sondern auch in zahlreichen Validitätsstudien überprüft wurde (Dokumentationen u. a. in Hagtvet, 1992). Dabei zeigten sich generell negative Beziehungen zwischen den TAI-Skalen und Prüfungsleistungen, die für die Besorgniskomponente etwas, aber in der Regel nicht substanziell, stärker ausfielen als für die Emotionalitätsvariable.

Hodapp, Rohrmann und Ringeisen (2011) haben mit dem Prüfungsangstfragebogen (PAF) inzwischen eine völlige Neukonstruktion des TAI vorgelegt. Durch 80 gezielt ausgewählte Items sollte zunächst der Bereich der *Besorgniskognitionen* differenzierter abgebildet werden. Das wurde erreicht, indem Items aus den Kategorien Besorgtheit über mangelnde Bewältigungsmöglichkeiten, Selbstzweifel sowie Antizipation von negativen Handlungsergebnissen und Ergebniskonsequenzen in den Pool aufgenommen wurden. Darüber hinaus wurden Items aus dem Feld der bisher in derartigen Inventaren vernachlässigten *Zuversichtskognitionen* (Selbstbewertung, Erwartung positiver Handlungsergebnisse und Ergebniskonsequenzen) formuliert. Ein dritter Bereich umfasste die *emotionalen Reaktionen* (ergänzt um

Items, die Ruhe und Entspannung thematisieren). Ein letzter Block bestand aus Kognitionen, die mit aufgabenbezogenen Gedanken *interferieren*.

Mit Hilfe von Faktoren- und Itemanalysen konnten vier Subskalen mit hoher Reliabilität (zwischen .84 und .90) gebildet werden: *Mangel an Zuversicht* („Ich denke, dass ich alles schaffen werde"), *Aufgeregtheit* („Ich zittere vor Aufregung"), *Besorgtheit* („Ich mache mir Sorgen, ob ich auch alles schaffe") und *Interferenz* („Mir schießen plötzlich Gedanken durch den Kopf, die mich blockieren"). Über Rasch-Analysen (▶ **Kap. 4**) konnte dabei die Eindimensionalität des Itempools für drei Skalen gesichert werden. Lediglich für die Skala Besorgtheit musste die Eindimensionalität nach dem Modell von Rasch in Frage gestellt werden. Die Interkorrelationen der Subskalen weisen mit Werten zwischen .34 und .58 ein günstiges Muster auf. Sie sind hoch genug, um jede Skala als Test einer *Ängstlichkeits*komponente zu bezeichnen, aber nicht so hoch, dass nicht mehr von einer für jede Skala spezifischen Varianzaufklärung gesprochen werden kann.

Erste Fragebogen zur Erfassung der *sozialen Ängstlichkeit* gingen von einem einheitlichen Merkmal aus (vgl. die Skala *Soziale Angst und Furcht vor Publikum* von Lück, 1971). Eine Differenzierung vollzogen Vormbrock und Neuser (1983) mit ihren Skalen *Angst vor negativer Bewertung* (SANB) und *Vermeidung sozialer Situationen* (SVSS). Während sich in Faktorenanalysen die SANB (typisches Item: „Ich fürchte, Falsches zu tun oder zu sagen") als faktoriell homogen erwies, ließen sich an der SVSS drei Komponenten unterscheiden: *Vermeidung unbekannter Personen* („Ich fühle mich unwohl, wenn ich mit einer Gruppe von Leuten zusammen bin, die ich nicht gut kenne"), *Befindlichkeit in sozialen Situationen* („In einer Gruppe fühle ich mich entspannt") und *Angst vor großen Gruppen* („In einer großen Gruppe fühle ich mich unwohl"). Dabei fällt auf, dass sämtliche Items des zweiten Faktors in Richtung Entspannung und Wohlbefinden formuliert sind. Die Reliabilitäten der Skalen sind zufriedenstellend, ihre Interkorrelationen mit Werten um .45 nur mittelhoch, was für eine gewisse Unabhängigkeit dieser Aspekte spricht. Allerdings sind die Assoziationen mit dem STAI recht ausgeprägt (um .55). Offenbar steht in allen Skalen das Thema Selbstwertbedrohung im Vordergrund.

Eine wichtige Voraussetzung für die Auslösung von Angst in sozialen Situationen ist die Aufmerksamkeit, die Personen auf die der Allgemeinheit zugänglichen Aspekte des eigenen Selbst richten. Bei diesem *öffentliche Selbstaufmerksamkeit* genannten Phänomen beschäftigt sich die Person mit Fragen wie „Was denken andere von mir?", „Wie wirke ich auf andere?" oder „Könnten andere etwas an mir aussetzen?". Davon zu unterscheiden ist die *private Selbstaufmerksamkeit*, bei der sich die Person auf eigene Stimmungen, Gefühle, Motive, Gedanken, Einstellungen u. Ä. konzentriert. Diese beiden Variablen sind mit unterschiedlichen Verhaltensaspekten verbunden. Personen, die habituell zu vorzugsweise negativ akzentuierter öffentlicher Selbstaufmerksamkeit tendieren, reagieren in interpersonalen Situationen verstärkt mit Angst. Zur Erfassung dispositioneller öffentlicher und privater Selbstaufmerksamkeit haben Fenigstein, Scheier und Buss (1975) die *Self-Consciousness Scale* entwickelt, von der auch eine deutsche Adaptation, der *Fragebogen zur Erfassung dispositioneller Selbstaufmerksamkeit* (SAM) von Filipp und Freudenberg (1989), existiert.

Anders als bei der Bewertungsangst und der mit ihr verwandten sozialen Angst wurden zur Erfassung der *Angst vor physischer Verletzung* bislang nur wenige eigenständige Testverfahren entwickelt. Diese beziehen sich zudem häufig noch auf einen sehr eng umgrenzten Bereich physischer Ängste, z. B. die Angst vor zahnärztlichen Behandlungen. Mack und

Schröder (1977) konstruierten auf faktorenanalytischer Grundlage, jeweils für Erwachsene und Kinder getrennt, eine *Angst-Symptom-Liste* (AL), deren Items sich insbesondere auf physische Gefährdungen beziehen. So erfassen spezifische Unterskalen die Ängste im *medizinischen Bereich* (Spritzen bekommen, bevorstehende Operationen, Blutentnahme), bei *Verkehrsmitteln* (Straße überqueren, Flugzeuge, im Fahrstuhl sein) sowie vor *Tieren und (Natur-) Gewalt* (tote Tiere, Waffen, Blitz). Ein vierter Bereich bezieht sich auf *soziale Ängste*, bei Kindern kommen noch die Felder *Schule* und *Trennung/Unbekanntes* hinzu.

Zur Erfassung der Angst vor *zahnmedizinischer Behandlung* wird häufig die *Dental Anxiety Scale* (DAS) von Corah, Gale und Illig (1978) herangezogen, deren vier Items auf einer fünfstufigen Skala zu beantworten sind. Ein weiteres Instrument ist das aus 20 Items bestehende *Dental Fear Survey* (DFS) von Kleinknecht, Klepac und Alexander (1973).

Stouthard, Mellenbergh und Hoogstraten (1993) unterscheiden in ihrem *Dental Anxiety Inventory* (DAI) vier Zeitabschnitte (zu Hause, auf dem Weg zum Zahnarzt, im Wartezimmer, im Behandlungsstuhl), drei Situationen (einleitende Aspekte, Zahnarzt-Patientinteraktion, aktuelle Behandlung) und drei Reaktionsmodi (subjektive Gefühle, körperliche und kognitive Reaktionen). Durch Kombination dieser Aspekte formulierten sie 36 Items, die auf einer fünfstufigen Skala zu beantworten sind. Die Reliabilitäten dieser Skala wie auch einer aus neun Items bestehenden Kurzform sind sehr hoch.

Die auf Operationen und invasive diagnostische Eingriffe allgemein bezogene dispositionelle und aktuelle Angst kann mit dem Inventar State-Trait-Operations-Angst (STOA; Krohne & Schmukle, 2006) erfasst werden. Dieses Verfahren wird in dem Abschnitt über die Erfassung von Zuständen ausführlicher vorgestellt.

Verfahren zur Erfassung dispositioneller Formen der *Angst-* (bzw. allgemeiner) *Stressbewältigung* lassen sich in drei Kategorien einordnen (Krohne, 2010). Bei *mikroanalytischen* Ansätzen wird eine größere Anzahl sehr spezifischer Reaktionstendenzen erfasst. *Makroanalytisch* orientierte Tests operieren demgegenüber auf einem höheren Aggregationsniveau, betrachten also nur wenige, sehr breite und diesen Einzeltendenzen gewissermaßen übergeordnete Bewältigungsformen. *Prozessorientierte* Ansätze versuchen, das komplexe Zusammenwirken von Belastungssituationen, deren Bewertung durch die betroffene Person, die Auslösung von Bewältigungsreaktionen sowie die Registrierung von Bewältigungseffekten diagnostisch abzubilden.

Zu jeder Kategorie soll ein etabliertes Verfahren exemplarisch dargestellt werden. Für mikroanalytische Ansätze steht der *Streßverarbeitungsfragebogen* (SVF; Janke et al., 1985). Makroanalytisch orientiert ist dagegen das *Angstbewältigungs-Inventar* (ABI) von Krohne und Egloff (1999). Beispiel eines prozessorientierten Verfahrens ist der *Fragebogen zum Umgang mit Belastungen im Verlauf* (UBV; Reicherts & Perrez, 1993).

Der SVF wurde weitgehend ohne Rückgriff auf theoretische Vorannahmen erstellt. Auf die allgemeine Beschreibung einer Belastung („Wenn ich durch irgend etwas oder irgend jemanden beeinträchtigt, innerlich erregt oder aus dem Gleichgewicht gebracht worden bin...") müssen 114 Items (z. B. „...erwarte ich Hilfe von anderen") auf einer fünfstufigen Skala (von „gar nicht" bis „sehr wahrscheinlich") beantwortet werden. Diese Items verteilen sich auf 19 Subtests, welche die in ► **Übersicht 10.5** dargestellten Bewältigungsstrategien operationalisieren sollen. In der revidierten Fassung (SVF 120) tritt noch der Subtest Entspannung mit 6 Items hinzu. Außerdem existiert eine Kurzform mit 13 Skalen (SVF 78) sowie eine Version für Kinder und

Übersicht 10.5 Bewältigungsstrategien des SVF (bzw. SVF 120).

1 Bagatellisierung[2]	11 Vermeidenstendenz
2 Herunterspielen durch Vergleich mit anderen	12 Fluchttendenz
3 Schuldabwehr	13 Soziale Abkapselung[2]
4 Ablenkung von der Situation	14 Gedankliche Weiterbeschäftigung
5 Ersatzbefriedigung	15 Resignation
6 Suche nach Selbstbestätigung[2]	16 Selbstbemitleidung[2]
7 Situationskontrollversuche	17 Selbstbeschuldigung
8 Reaktionskontrollversuche	18 Aggression[2]
9 Positive Selbstinstruktion	19 Pharmakaeinnahme
10 Bedürfnis nach sozialer Unterstützung	20 Entspannung[1, 2]

[1]Nur SVF 120. [2]Nicht im SVF 78.

Jugendliche (SVF-KJ; Hampel, Petermann & Dickow, 2001).

Faktorenanalysen der SVF-Skalen an verschiedenen Stichproben ergaben drei gut definierte Faktoren, während sich zwei bis drei weitere Komponenten auf weniger klar bestimmbare Bereiche bezogen. Die drei Hauptfaktoren ließen sich als „Emotionale Betroffenheit und Aufgeben“, „Aktive Kontrollversuche“ und „Kognitive Bewältigung durch Bewertungsveränderung“ interpretieren.

Die Reliabilitäten der einzelnen Subskalen sind mit Werten von .67 (Pharmakaeinnahme) bis .92 (gedankliche Weiterbeschäftigung) für die interne Konsistenz und .69 (Situationskontrollversuche) bis .86 (Pharmakaeinnahme) für die Testwiederholung (Intervall vier Wochen) zufriedenstellend. Was die Validität betrifft, so finden sich erwartungsentsprechende konvergente und diskriminante Beziehungen zu anderen Persönlichkeitsskalen. Dagegen scheint die Vorhersage aktuellen Bewältigungsverhaltens in realen und vorgestellten Stresssituationen nicht überzeugend zu gelingen (vgl. u. a. Kröner-Herwig & Weich, 1990). Der Grund für diese relativ schwache Vorhersage aktuellen Bewältigungsverhaltens dürfte im mangelnden Situationsbezug des SVF liegen. Die Beschreibung einer Situation als erregend oder beeinträchtigend reicht für einen Probanden in der Regel nicht aus, um die Funktionalität eines bestimmten Verhaltens beurteilen zu können. Entsprechend werden seine Antworten eher unverbindlich bleiben.

Das ABI ist nach dem Vorbild der in der Angstforschung seit langem eingeführten Situations-Reaktions-Inventare konstruiert und dient der separaten Erfassung der beiden zentralen Angstbewältigungsdimensionen *Vigilanz* und *kognitive Vermeidung*. Es hat seine theoretische Grundlage im Modell der Bewältigungsmodi (MBM; Krohne, 2010). Das MBM beschreibt und erklärt individuelle Unterschiede bei der Verhaltens- und Emotionsregulation in belastenden Situationen. Es postuliert, dass Personen, die die in derartigen Situationen ausgelöste emotionale Erregung besonders schlecht ertragen können, vermehrt *kognitiv vermeidende* Bewältigungsstrategien einsetzen. Dagegen sollen Personen, die durch Unsicherheit besonders belastet sind, vermehrt zu *vigilanter* Bewältigung tendieren.

Bei den Dimensionen Vigilanz (VIG) und kognitive Vermeidung (KOV) handelt es sich um separate Persönlichkeitsvariablen (also nicht um die Pole einer Dimension). Das spezifische Ausprägungsmuster einer Person auf beiden Dimensionen wird *Bewältigungsmodus* genannt. Von besonderem diagnostischen Interesse sind dabei die Modi Repression (hohe

Tab. 10.3 Die Situation „Stadt" aus dem ABI-P mit Reaktionsmöglichkeiten

Stellen Sie sich vor, Sie gehen spätabends allein durch die Stadt. Aus einer Seitengasse nähert sich eine Gruppe von Leuten, die Ihnen irgendwie nicht ganz geheuer vorkommt. In dieser Situation ...		
1. ...	bleibe ich ganz ruhig.	KOV
2. ...	überlege ich, was sie vorhaben könnten.	VIG
3. ...	überlege ich, wie ich bei Gefahr Hilfe herbeiholen könnte.	VIG
4. ...	sage ich mir: „Die waren sicher vorher in der Kneipe und gehen jetzt nach Hause".	KOV
5. ...	betrachte ich mir ein Schaufenster.	KOV
6. ...	beobachte ich die Leute genau.	VIG
7. ...	sage ich mir: „ Hier hätte ich auch wirklich nicht langgehen sollen."	VIG
8. ...	tue ich so, als gingen mich die Leute nichts an.	KOV
9. ...	fallen mir ähnliche Situationen ein.	VIG
10. ...	sage ich mir, die Leute sind vermutlich ganz harmlos.	KOV

Anmerkung. KOV = kognitiv vermeidende Strategie, VIG = vigilante Strategie.

kognitive Vermeidung und niedrige Vigilanz) und Sensitization (niedrige kognitive Vermeidung und hohe Vigilanz).

Im ABI werden acht fiktive Bedrohungsszenarien vorgegeben, in die sich der Proband hineinversetzen soll („Stellen Sie sich vor, ..."). Diese Szenarien teilen sich gleichmäßig auf die beiden in der Literatur beschriebenen großen Gruppen von Bedrohung (Ego- bzw. Selbstwertbedrohung und physische Bedrohung; Subtests E und P) auf (▶ **Tab. 10.3**). Sie weisen durchgängig eine erhöhte Bedrohlichkeit auf, variieren aber hinsichtlich der zentralen bewältigungsrelevanten Merkmale Vorhersagbarkeit und Kontrollierbarkeit (Egloff & Krohne, 1998). Jedem Szenarium sind je fünf vigilante und kognitiv vermeidende Bewältigungsstrategien zugeordnet, die in ihrer konkreten Formulierung an die Situationsbeschreibung angepasst sind. Beispiele vigilanter Strategien sind Informationssuche oder Antizipation negativer Ereignisse, Beispiele vermeidender Strategien sind Ablenkung oder Betonung der positiven Aspekte. Der Proband gibt für jede Strategie an, ob er diese in der jeweils vorgegebenen Situation generell nie bzw. selten („trifft nicht zu") oder häufig („trifft zu") einsetzt. Die Antworten auf die Vigilanz- und Vermeidensitems werden innerhalb jedes Subtests getrennt aufsummiert, so dass vier Scores dispositioneller Bewältigung berechnet werden: Vigilanz bei Selbstwertbedrohung (VIG-E) und physischer Bedrohung (VIG-P) sowie kognitive Vermeidung in diesen beiden Bereichen (KOV-E und KOV-P). Die Subtests können auch unabhängig voneinander dargeboten werden. Bei gemeinsamer Darbietung können zusätzlich noch die Gesamtscores VIG-T und KOV-T berechnet werden.

VIG und KOV sind generell moderat negativ assoziiert (um –.25). Hauptkomponentenanalysen der über die acht Szenarien getrennt aufsummierten Antworten auf VIG- und KOV-Strategien ergaben eine Zweifaktorenlösung mit eindeutiger Trennung von VIG- und KOV-Items. Die Reliabilität liegt zwischen .71 (KOV-P) und .86 (VIG-T), die Stabilität (Intervall 1 Woche) zwischen .88 und .92. Das registrierte Netzwerk von Beziehungen zwischen den ABI-Dimensionen und anderen Indikatoren von Angst, Emotionalität und Bewältigung bestätigt die konkurrente und diskriminante Validität des ABI. Vigilanz hängt zusammen mit Ängstlichkeit, Neurotizismus, gedanklicher Weiterbeschäftigung, vermehrtem Symptomberichten sowie externaler Kontrollüberzeugung. Kognitive Vermeidung ist demgegenüber positiv korreliert mit Extraversion, positiver Affektivität, Optimismus, Kompetenzerwartung sowie internaler Kontrollüberzeugung. Weitere Belege für die Validität des ABI liefern Ergebnisse experimenteller Untersuchungen, u. a. zur Emotionsregulation, Informationsverarbeitung oder perioperativer Anpassung (zusammenfassend in Krohne, 2003, 2010; Krohne & Hock, 2011).

Die Autoren des UBV haben sich das Ziel gesetzt, anhand hypothetischer alltagsnaher Belastungssituationen die verschiedenen Komponenten im Umgang mit Stressoren im Verlauf zu erfassen. Sie betrachten dabei die Komponenten *Situationseinschätzungen*, *emotionale Reaktionen*, *Bewältigungsintentionen*, *Bewältigungsverhalten* sowie *Bewertung der Ergebnisse* (speziell unter dem Aspekt der *Ursachenzuschreibung*). Da die hypothetischen Situationen als repräsentative Beispiele für allgemeine alltagsnahe Stressoren angesehen werden, können die jeweiligen Reaktionen über die Situationen aggregiert und somit als Indikatoren *habitueller* Tendenzen des Umgangs mit Stressoren interpretiert werden.

Für die Komponente *Situation* weisen die Autoren darauf hin, dass diese sowohl hinsichtlich ihrer objektiven Charakteristika als auch nach der Art der subjektiven Einschätzung durch die betroffene Person beschrieben werden muss. So kann die Adaptivität eines Bewältigungsverhaltens nicht in erster Linie über den Rückgriff auf die Situationswahrnehmung der Person bestimmt werden, da diese ja selbst bereits durch antizipierte Ergebnisse von Bewältigungsbemühungen mit determiniert sein kann. Als adaptationsrelevante Parameter betrachtet der UBV die *Kontrollierbarkeit* (d. h. die objektive Wahrscheinlichkeit, mit der ein Stressor innerhalb eines definierten Zeitraumes zum Guten beeinflusst werden kann) sowie die *Wandelbarkeit* (die Wahrscheinlichkeit, mit der sich eine Situation auch ohne Zutun der Person zum Guten verändert). Weitere objektive Parameter sind die *Valenz* (bzw. Ereignisintensität), die *Häufigkeit* sowie das Merkmal *Verlust vs. Bestrafung/Aversivität*. (Im erstgenannten Fall entsteht die Belastung durch Wegfall einer angenehmen Komponente, im zweiten Fall durch Hinzufügen eines unangenehmen Tatbestands.) Während die Variable Verlust bzw. Bestrafung zur Klassifikation verschiedener fiktiver Belastungssituationen herangezogen wird, dienen die Parameter Valenz, Kontrollierbarkeit, Wandelbarkeit und Häufigkeit der Konstruktion von Skalen zur Situationseinschätzung.

Die Autoren konstruierten auf diese Weise 18 Belastungsepisoden aus verschiedenen Lebensbereichen, die sie in drei Phasen gliederten: das Auftreten einer Belastung, ihr Fortbestehen und ihr vorläufiger positiver oder negativer Ausgang. Zu jeder Phase erfolgt eine ausführliche Beschreibung der Situation (► **Tab. 10.4**). Nach jeder Phase werden verschiedene *Reaktionsvariablen* erhoben. Zunächst werden auf einer sechsstufigen Skala mit Hilfe dreier Eigenschaftspaare die *emotionalen Reaktionen* Angst, Deprimiertheit und Aggressivität sowie (als zusammengefasster Wert) negative Emotionalität erfasst. Sodann werden die *Situationseinschätzungen* hinsichtlich Wandelbarkeit, Kontrollierbarkeit, negative Valenz und Vertrautheit/Häufigkeit registriert, wobei die Valenz über alle drei, die übrigen Variablen nur für die ersten beiden Phasen erhoben werden. Der dritte Variablenblock operationalisiert *Bewältigungsintentionen*, die nur für die Phasen 1 und 2 erfasst werden. Für alle Situationen werden die Ziele Aufrechterhalten des emotionalen Gleichgewichts und Selbstwertschutz, für Verlustepisoden zusätzlich Verlust abwenden sowie Verlust substitu-

Tab. 10.4 Eine Stressperiode aus dem UBV

Phase	Situation
1. Eintreten	Die vergangenen Tage und Wochen im Zusammenleben mit Ihrem Partner waren nicht leicht. Es gab viele Unstimmigkeiten. Mehrmals haben Sie Vorwürfe gegen Ihren Partner gehegt, sie aber nicht ausgesprochen. Nun macht Ihr Partner in einem Gespräch Andeutungen, das er Sie zur Zeit „sehr schwierig" findet.
2. Fortbestehen	Etwas später wiederholt Ihr Partner seine unbestimmten Anschuldigungen. Sie können nur ahnen, was hinter seinen Bemerkungen steckt. Trotz seiner vorwurfsvollen Haltung bleibt Ihr Partner ausweichend.
3. Negativer Ausgang	Es ist unklar, was Ihr Partner meint. Sie können nur ahnen, worum es geht. Die gegenseitigen Vorwürfe stehen noch immer im Raum.

ieren und für Bestrafungs- bzw. aversive Episoden Stressor beeinflussen sowie Konflikt mit Stressor meiden gemessen.

Im Zentrum des Ansatzes steht die Erhebung von *Bewältigungshandlungen*. Diese werden unterschieden nach selbstbezogener (Informationsunterdrückung, Selbstberuhigung, Informationssuche, Umbewertung, Selbstbekräftigung, Fremd- und Selbstbeschuldigung sowie Suche nach sozialer Unterstützung) und umgebungsbezogener Bewältigung (für Verlustepisoden aktives Verhindern, Passivität und aktive Umorientierung und für aversive bzw. strafende Episoden Passivität, Meiden und aktive Stressorbeeinflussung).

Nicht alle der auf einer fünfstufigen Skala zu beantwortenden Items werden dabei für alle Phasen dargeboten. Zum Abschluss werden *Kausalattributionen* auf den Dimensionen intern (eigenes Verhalten), sozial extern (Verhalten anderer) bzw. fatalistisch extern (Umstände) erhoben. Unabhängig von den 18 Stressepisoden wird am Ende des Fragebogens ein sog. „Palliationsinventar" dargeboten, in dem mit neun fünfstufig zu beantwortenden Items die *Emotionsregulierung* nach den Merkmalen aktive Entspannung, Entlastung oder Alltagsdrogen gemessen wird. Mit Ausnahme der Emotionsregulierung wird jede Reaktionsvariable durch ein mehrstufig zu beantwortendes Item repräsentiert, wobei der Gesamtscore aus den Antworten zu den Situationen, zu denen dieses Item gegeben wurde, gebildet wird.

Die für die Reliabilität der einzelnen Variablen berichteten Werte von ca. .70 bis .90 sind zufriedenstellend. Eine Faktorenanalyse legte eine Lösung mit drei Faktoren nahe. Der erste Faktor, auf dem die Variablen der emotionalen Reaktionen, die negative Valenz sowie Fremd- und Selbstbeschuldigung luden, kann als *affektive Belastungsreaktionen und Beeinträchtigungen* interpretiert werden. Der zweite Faktor lässt sich als *aktives* (*instrumentelles*) *Problemlösen* bezeichnen, während die dritte Komponente Variablen der *emotionszentrierten Bewältigung* vereint.

Der UBV ist ein sehr durchdachtes Verfahren zur systematischen Erfassung der verschiedenen Aspekte des Stress- und Bewältigungsgeschehens. Auch wenn er nur mit fiktiven Stressoren und Stressphasen operiert, kommt er doch der Idee der Prozessmessung in der Bewältigungsforschung recht nahe. Dem routinemäßigen Einsatz in der Einzelfalldiagnostik steht derzeit noch die nur vorläufige Normierung und insbesondere die Länge der Testdurchführung (etwa drei Stunden) entgegen. (Allerdings haben die Autoren auch eine Kurzform mit vier Episoden erstellt, deren Bearbeitung etwa 40 Minuten dauert.) Problematisch ist auch die Vielzahl von Variablen und damit Einzelscores, die eine integrierende Diagnose und damit ggf. die Einleitung gezielter Interventionen schwierig gestalten dürften.

10.4 Interessen und Einstellungen

10.4.1 Definition

Interessen sind vergleichsweise konstante Wünsche nach bestimmten Betätigungen, z. B. nach beruflichen Tätigkeiten, nach Unterhaltung oder künstlerischer Produktivität. *Einstellungen* bezeichnen relativ konstante Haltungen und Meinungen, die sich auf soziale Sachverhalte beziehen, etwa auf andere Völker, bestimmte Berufsgruppen, Religionen oder Fragen der Geburtenkontrolle. Der Ausdruck „relativ konstant" verweist darauf, dass wir es hier mit habitualisierten Determinanten des Verhaltens zu tun haben, also mit Persönlichkeitsmerkmalen, und zwar aus dem Bereich der Motivation (Guilford, 1964). Tests zur Erfassung der individuellen Interessenstruktur wurden insbesondere mit dem Ziel konstruiert, Berufsberatungen diagnostisch abzustützen. Demgegenüber ist die Messung von Einstellungen eher bei sozialpsychologischen Fragestellungen von Bedeutung.

10.4.2 Die Diagnose von Interessen

Die Forschung zur *Struktur der Interessen* hat bislang nicht den gleichen Grad an Differenziertheit erreicht, den wir im Bereich nichtmotivationaler Persönlichkeitsmerkmale kennen gelernt haben. Relativ einflussreich ist das Modell von Holland (1973), in dem sechs, insbesondere berufsbezogene, Interessen unterschieden werden: Realistic (Landwirtschaft, Mechanik), Investigative (Physik, Chemie), Artistic (Musik, Literatur), Social (Erziehung, Beratung), Enterprising (Geschäftsführung, Verkauf) und Conventional (Wirtschaft, Büro). Nach den Anfangsbuchstaben dieser Komponenten wird die Systematik auch RIASEC-Modell genannt. Die Klassifikation des US Employment Service (USES; Jones, 1980) erweitert dieses System auf zwölf Dimensionen, u. a. Protective (Polizei, Wachtdienst), Leading-Influencing (Lehrer) oder Accomodating (Dienstleistung). Im RIASEC-Modell sind die Interessen in Form eines Sechsecks angeordnet (▶ **Abb. 10.1**), wobei nebeneinander liegende Ecken eine engere Beziehung dieser Interessen (z. B. Social und Enterprising) anzeigen als einander gegenüberstehende Ecken (z. B. Artistic und Conventional). Diese und ähnliche Klassifikationen bilden die Grundlage der meisten berufsbezogenen Interessentests. Dabei sind hinsichtlich Konstruktion und Auswertung der Items zwei Messkonzepte zu unterscheiden, ein *normatives* und ein *ipsatives*.

Das *normative* Prinzip hatten wir bereits im Zusammenhang mit der Darstellung anderer Fragebogenverfahren kennen gelernt. Ein Item (z. B. „Reparieren von Fahrrädern") wird auf einer mehrstufigen Skala (etwa von 1 = „mag ich nicht" bis 5 = „mag ich sehr") beantwortet, die Punkte für die Items eines spezifischen Subtests werden addiert und dieser Rohwert dann in einen Standardwert (etwa einen Prozentrang), der aus der Verteilung der Rohwerte einer Referenzpopulation errechnet wurde, umgewandelt. Dieses Vorgehen ist jedoch gerade bei Interessentests problematisch. So könnten Probanden bei Interessentests dazu tendieren, besonders viele Tätigkeiten als „beliebt" anzukreuzen, so dass sich kein klares Bild der Interessenstruktur ergibt. (Den Einfluss dieser Tendenz könnte man evtl. durch

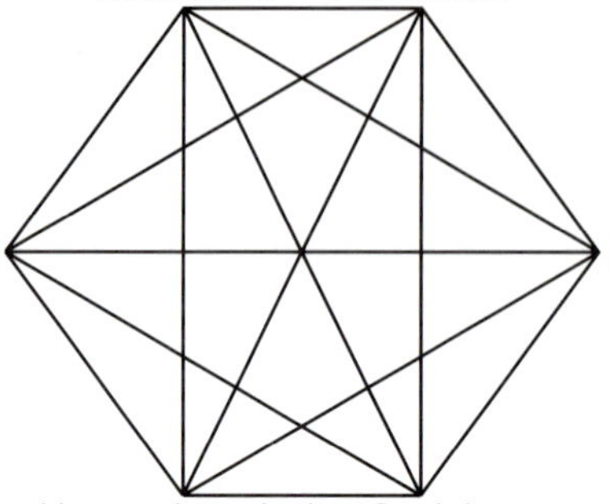

Abb. 10.1
Graphische Darstellung des RIASEC-Modells (nach Holland, 1973).

Einführung einer sehr differenzierten Antwortskala etwas abschwächen. Die bei vielen Interessentests angebotene dreistufige Skala – unbeliebt, neutral, beliebt – ist in jedem Fall zu wenig differenziert.)

Darüber hinaus ist der Normbezug bei der Interpretation individueller Rohwerte häufig überflüssig. Wenn eine Person angibt, dass sie eine bestimmte Tätigkeit gern ausführt, so macht es für die anwendungsorientierte Bewertung dieser Aussage keinen Unterschied, ob 50 % oder 75 % der Referenzpopulation diese Tätigkeit ebenfalls mögen. (Allerdings könnte das Ankreuzen einer allgemein sehr beliebten Tätigkeit als „unbeliebt" in bestimmten Fällen durchaus diagnostisch bedeutsam sein.)

Bei *ipsativer* Messung muss der Proband seine Vorlieben für Tätigkeiten, die verschiedenen Interessenkategorien angehören, innerhalb eines Zwangswahlitems in eine Rangordnung bringen. Ein typisches diesem Messprinzip entsprechendes Item könnte etwa lauten:

> Was mögen Sie am meisten und was am wenigsten:
>
> (a) Ein Vogelhaus bauen.
> (b) Einen Artikel über Vögel schreiben.
> (c) Vogelskizzen zeichnen.

Der beliebten Tätigkeit könnten etwa 2 Punkte, der unbeliebten 0 Punkte und der neutralen 1 Punkt zugeordnet werden. Auf diese Weise ließe sich dann für jede Interessendimension ein Summenwert ermitteln. Im Beispielitem sind die Interessen handwerklich (a), literarisch (b) und künstlerisch (c) vertreten. In der Regel werden in derartigen Tests alle Interessenskalen in den einzelnen Items systematisch kombiniert. Durch den Wahlzwang kann sich hier die mögliche Tendenz eines Probanden, mehr oder weniger alle Tätigkeiten als beliebt anzukreuzen, nicht manifestieren.

Bei der Interpretation dieser Werte ist jedoch Folgendes zu beachten: Da der Proband seine Vorlieben für die aus verschiedenen Dimensionen stammenden Tätigkeiten in eine Rangreihe bringen muss, kennzeichnen die Gesamtwerte auf den einzelnen Interessenskalen zunächst einmal nur deren relative Position in Bezug auf die anderen Dimensionen. Mit diesem Wert wird jedoch nichts über die absolute Stärke eines Interesses ausgesagt. Bei einer ipsativen Messung streuen die einzelnen Scores eines Probanden nur um dessen eigenen Mittelwert. Demgegenüber streuen bei normativer Messung die einzelnen Mittelwerte um den Mittelwert der Population.

Ipsative Messungen lassen damit zunächst einmal nur intraindividuelle Vergleiche zu. Dies geschieht in der Regel in der Aufstellung und Interpretation eines *Interessenprofils*. Ein derartiges Profil ist an sich schon diagnostisch interessant, da es zumindest etwas über die relativen Präferenzen einer Person aussagt. Noch bedeutsamer für angewandte Fragestellungen (z. B. bei der Berufsberatung) ist es, wenn man dieses Profil in standardisierter Form vergleicht mit den Profilen relevanter anderer Personen (z. B. Menschen, die in einem Berufsfeld besonders zufrieden oder erfolgreich sind). Hiervon wird in verschiedenen etablierten Testverfahren Gebrauch gemacht, auf die nun näher eingegangen werden soll.

Interessentests wurden, wie erwähnt, besonders mit dem Ziel der Berufsberatung und Bewerberauswahl entwickelt. Ein Pionier auf diesem Gebiet war Strong mit dem von ihm entwickelten *Strong Vocational Interest Blank* (Strong, 1938). Das Inventar besteht aus 400 Items, die sich jedoch auf mehrere Teile mit sehr unterschiedlicher Itemstruktur verteilen. Die ersten 280 Items bezeichnen Tätigkeiten und Gegenstände, die von Probanden jeweils mit „like", „indifferent" oder „dislike" beantwortet werden müssen. Unter diese Rubrik fallen Berufsbezeichnungen, Schulfächer, Sport- und Spielarten, soziale Tätigkeiten sowie verschiedene „Charakterbezeichnungen" (z. B. der Tatkräftige, der Pessimist). Im nächsten Teil müssen in vier verschiedenen Listen jeweils zehn Begriffe in eine Rangreihe der Beliebtheit gebracht werden (z. B. zehn Tätigkeiten oder bekannte Persönlichkeiten aus verschiedenen Berufen). Im dritten Teil werden 40 verschiedene Paare von Tätigkeiten dargeboten, von denen jeweils die bevorzugte zu markieren ist. Schließlich folgen noch Fragebogenitems und Skalen zu Persönlichkeitsmerkmalen, auf denen sich der Proband selbst einschätzen soll. Diese Struktur ist, bei leicht veränderter Anzahl von Dimensionen und Items, bis zur neuesten Ausgabe, dem *Strong Interest Inventory* (SII; Harmon, Hansen, Borgen & Hammer, 1994), unverändert geblieben.

Der SII wird nach fünf Gruppen von Indikatoren ausgewertet: Administrative Indices, Allgemeine Berufsinteressen, Basale Interessen, Berufsskalen sowie Spezielle Skalen. Unter die Administrativen Indices fallen Kontrollscores wie die Anzahl nicht beantworteter Items oder der Prozentsatz von Like-, Indifferent- oder Dislike-Antworten. Die Allgemeinen Berufsinteressen entsprechen den sechs Themen des RIASEC-Modells von Holland (1973). Jedem dieser Themen sind drei bis fünf Basale Interessenskalen zugeordnet. Bei den Berufsskalen interessiert die Ähnlichkeit zwischen dem Antwortmuster eines Probanden und dem entsprechenden Muster der Antworten von Personen, die in bestimmten Berufen erfolgreich tätig sind. Die Speziellen Skalen beziehen sich schließlich auf Merkmale des Probanden wie Arbeitsstil, Lernsituation, Führungsstil oder Risikobereitschaft.

Während im Interesseninventar von Strong eine Mischung aus ipsativer und normativer Messung realisiert wird, verfolgt die von Kuder (1946) entwickelte *Kuder Preference Record* ausschließlich eine ipsative Strategie. Wie in dem dargestellten Beispiel beschrieben, werden aus zehn Interessengebieten Feststellungen formuliert und jeweils als Dreiergruppe präsentiert, wobei alle Möglichkeiten der Paarung systematisch realisiert werden. In jeder Gruppe muss die am meisten bzw. am wenigsten beliebte Tätigkeit markiert werden, die unmarkierte Tätigkeit wird dann als indifferent gewertet. Die Interessengebiete entfallen dabei auf die Skalen Handwerk, Wirtschaft (Berechnen), Wissenschaft, verbales Überzeugen, Kunst, Literatur, Musik, soziale Dienste, Büroarbeit sowie Arbeit im Freien. Das Inventar wurde inzwischen zu zwei altersspezifischen Tests weiterentwickelt. Das *Kuder General Interest Survey* (KGIS; Kuder, 1988) kann bei Schülern der Klassenstufen 6 bis 12, das *Kuder Occupational Interest Survey* (KOIS; Kuder & Zytowski, 1991) bei Erwachsenen eingesetzt werden (vgl. auch Zytowski, 1992).

Ausgewertet werden diese Inventare durch Vergleich der individuellen Antwortmuster mit den Mustern von Hochschulabsolventen eines bestimmten Fachgebiets sowie von Personen, die für ihren jeweiligen Beruf eine hohe Zufriedenheit angegeben haben. Der Testwert eines Probanden auf *jeder* der zehn Interessenskalen ergibt sich dann aus einer (modifizierten) biseriellen Korrelation der Probandenantwort auf jedes Item einer Skala (beliebt vs. unbeliebt) mit der Prozentzahl der Personen in den genannten Kriteriumsgruppen, die dieses Item als beliebt beantwortet haben. Je positiver dieser Koeffizient ist, desto mehr ähnelt das Interessenmuster des Probanden dem der Kriteriumsgruppe, so dass bei der Interpretation des Testergebnisses insbesondere diese höchsten Koeffizienten beachtet werden.

Die Stabilität des Scores im KGIS und KOIS sind mit Werten von über .80 auch über ein Jahrzehnt noch sehr hoch. Hinsichtlich der prädiktiven Validität zeigte sich für das KOIS, dass mehr als die Hälfte der Personen, die dieses Inventar beantwortet hatten, 12 bis 19 Jahre später einen Beruf ergriffen hatten, der den höchsten Koeffizienten ihres Interessenprofils entsprach (Aiken, 1999).

Von den bekanntesten deutschsprachigen Interessentests realisiert der *Differenzielle Interessen-Test* (DIT; Todt, 1971) die normative, der *Berufs-Interessen-Test II* (BIT II; Irle & Allehoff, 1984) die ipsative Messstrategie.

Der DIT erfasst auf elf Skalen nicht nur Berufs-, sondern auch Freizeitinteressen wie etwa Sport oder Literatur (▶ **Übersicht 10.6**). Die insgesamt 390 Items werden auf einer fünfstufigen Beliebtheitsskala beantwortet (mit einer je nach Iteminhalt variierenden Bezeichnung der Stufen). Die Reliabilitäten der einzelnen Skalen sind mit Werten zwischen .91 und .98 sehr hoch. Auch die Koeffizienten für eine deutlich zeitökonomischere Kurzform liegen nur wenig niedriger (.82 bis .96). Die längerfristige Stabilität ist dagegen mit Werten unter .70 merklich geringer (vgl. u. a. Schmidt, 1984). Eine faktorielle Überprüfung der internen Struktur bestätigte die weitgehende Unabhängigkeit der Interessendimensionen. Lediglich die Skalen TN und MA sowie PW und VW (▶ **Übersicht 10.6**) scheinen stärker assoziiert zu sein. Hinsichtlich der konvergenten Validität werden mittelhohe positive Zusammenhänge mit den entsprechenden Skalen anderer Interessentests berichtet. Angaben zur prädiktiven Validität sind jedoch eher spärlich.

Der BIT II konzentriert sich auf Berufsinteressen. Der Test besteht aus zwei Parallelformen und erfasst neun verschiedene Berufsrichtungen (▶ **Übersicht 10.6**). Zu jeder Richtung wurden jeweils neun konkrete Tätigkeiten formuliert (z. B. „Diätrezepte erproben" für die Richtung Ernährungshandwerk). Diese insgesamt 81 Items werden in zwei Teilen, einem ipsativ und einem normativ orientierten, bearbeitet. Im ipsativen Teil sind jeweils vier, unterschiedlichen Berufsrichtungen entstammende, Tätigkeiten in Form eines Rechtecks angeordnet. Der Proband soll hier die am stärksten (+) und am wenigsten (–) beliebte Tätigkeit markieren und dann zur nächsten Vierergruppe übergehen. Im normativen Teil sind dieselben Tätigkeiten auf einer fünfstufigen Skala (von „sehr ungern" bis „sehr gern") zu beantworten. Die Paralleltest-Reliabilität variiert für den ipsativen Teil zwischen .71 und .89, für den normativen Teil zwischen .60 und .75. Die faktorielle Struktur lässt sich natürlich nur für die normativ zu beantwortenden Items bestimmen, da bei ipsativer Messung einzelne Beantwortungen voneinander abhängig sind. Dabei zeigte sich eine zweifaktorielle Struktur, wobei die Ladungsmuster allerdings für die Geschlechter unterschiedlich ausfielen. Über Untersuchungen zur Konstruktvalidität wird in Allehoff (1984) berichtet.

10.4.3 Einstellungsmessung

Bei *Einstellungen* handelt es sich um Meinungen und Haltungen zu sozialen Sachverhal-

Übersicht 10.6 Die Skalen des DIT und des BIT II.

DIT	BIT II
1. Sozialpflege und Erziehung (SE)	1. Technisches Handwerk (TH)
2. Politik und Wirtschaft (PW)	2. Gestaltendes Handwerk (GH)
3. Verwaltung und Wirtschaft (VW)	3. Technische und naturwissenschaftliche Berufe (TN)
4. Unterhaltung (UN)	4. Ernährungshandwerk (EH)
5. Technik und Naturwissenschaft (TN)	5. Land- und forstwirtschaftliche Berufe (LF)
6. Biologie (BI)	6. Kaufmännische Berufe (KB)
7. Mathematik (MA)	7. Verwaltende Berufe (VB)
8. Musik (MU)	8. Literarische und geisteswissenschaftliche Berufe (LG)
9. Kunst (KU)	9. Sozialpflege und Erziehung (SE)
10. Literatur und Sprache (LS)	
11. Sport (SR)	

ten. An Einstellungen lassen sich drei Komponenten unterscheiden, eine kognitive, eine affektive und eine verhaltensmäßige. Die *kognitive Komponente* äußert sich in bestimmten Meinungen und Überzeugungen hinsichtlich eines sozialen Objekts (z. B. „Die Angehörigen einer Volksgruppe X sind mehrheitlich kriminell"). Die *affektive Komponente* besteht darin, dass die Konfrontation mit einem sozialen Objekt in der betreffenden Person einen bestimmten Gefühlszustand hervorruft (im genannten Beispiel etwa Feindseligkeit, wenn die betreffende Volksgruppe erwähnt wird). Die *Verhaltenskomponente* bezieht sich auf das gegenüber einem Objekt gezeigte offene Verhalten (im Beispiel etwa Ablehnung, Diskriminierung u. Ä.).

In der Regel sind kognitive und affektive Komponente eng miteinander assoziiert (wer zu einem sozialen Objekt eine negative Meinung hat, der empfindet ihm gegenüber meist auch negative Affekte). Demgegenüber ist die Verhaltenskomponente häufig von Kognitionen und Affekten dissoziiert. Eine Person, die zu einem sozialen Objekt negative Meinungen und Affekte äußert, muss dieses Objekt nicht notwendigerweise auch offen ablehnen, wie etwas die klassische Studie von LaPière (1934) zur Diskrepanz zwischen der verbal geäußerten Ablehnung von Angehörigen einer ethischen Minorität durch Geschäftsleute und der gleichzeitig korrekten geschäftlichen Behandlung dieser Personen demonstrierte. Da Einstellungen überwiegend auf der Ebene der Q-Daten gemessen werden, lassen sich an ihnen also nur kognitive und affektive Aspekte erfassen.

An diesen beiden Komponenten wird zunächst einmal die *Richtung* unterschieden, d. h. jemand kann gegenüber einem Objekt eine positive oder negative Meinung bzw. ein positives oder negatives Gefühl haben. Für eine differenzierte Einstellungsmessung ist diese Dichotomie jedoch nicht ausreichend. Deshalb werden bei der Konstruktion entsprechender Testverfahren meistens noch die Aspekte *Ausprägung*, *Intensität* und *Salienz* herangezogen. Mit Ausprägung ist die Extremität einer Überzeugung gemeint, während sich Intensität auf die Stärke des mit einer Überzeugung assoziierten Gefühls bezieht. Salienz schließlich bezeichnet den Stellenwert, den eine bestimmte Einstellung im Leben einer Person hat.

Bei der Konstruktion von Selbstberichtsinstrumenten zur Erfassung von Einstellungen wurden verschiedene messtheoretische Prinzipien zugrunde gelegt. Die drei wichtigsten Ansätze sind die Skalierungen nach Thurstone (1931) und Guttman (1944) sowie die Antwortskalierung nach Likert, die wir bereits in vielen der bisher vorgestellten Fragebogen kennengelernt haben. Von diesen Ansätzen soll hier nur der von Thurstone beschrieben werden.

Bei der von Thurstone entwickelten „Methode der gleich erscheinenden Intervalle" wird zunächst eine größere Menge von Aussagen, in denen eine Einstellung zu einem bestimmten Objekt oder Sachverhalt (z. B. therapeutisches Klonen) zum Ausdruck kommt, gesammelt. Für jede einzelne Aussage wird sodann ermittelt, welchen Wert diese auf einer Skala einnimmt, die sich von sehr negativer bis sehr positiver Einstellung zum Objekt erstreckt. So würde etwa eine Aussage wie „therapeutisches Klonen ist vollständig zu verbieten" eine sehr negative, die Aussage „therapeutisches Klonen muss finanziell gefördert werden" eine sehr positive Einstellung ausdrücken. Zur Ermittlung dieser Werte wird verschiedenen Beurteilern eine Skala vorgelegt, die meist aus neun bis elf Stufen besteht. Auf der untersten Stufe müssen die Beurteiler Aussagen einordnen, die eine sehr ungünstige Einstellung zum Objekt repräsentieren. Der mittleren Stufe wären dann neutrale, der höchsten Stufe sehr positive Aussagen zuzuordnen. In die endgültige Einstellungsskala werden diejenigen Aussagen aufgenommen, bei denen das arithmetische Mittel der Urteile möglichst nahe an einer der vorgegebenen (neun oder elf) Stufen liegt und die Streuung möglichst gering (die Beurteilerübereinstimmung also hoch) ist. Der Proband kreuzt dann auf dieser Skala diejenige Aussage an, die seiner eigenen Auffassung am nächsten kommt. Sein Score ist der durchschnittliche Skalenwert dieser Aussage. Mit einer Skala vom Thurstone-Typ wird also die Ausprägung der Einstellung einer Person (oder einer ganzen Gruppe) zu bestimmten Objekten oder Sachverhalten gemessen.

Thurstone und Mitarbeiter haben nach diesem Ansatz eine Reihe von Einstellungsskalen entwickelt, u. a. zum Krieg, zur Religion, zum Strafvollzug, zur Todesstrafe, Geburtenkontrolle oder Zensur. Diese Skalen sollen dabei Teilaspekte der als grundlegend angesehenen Einstellungsdimensionen Religiosität, Humanität und Nationalismus sein. Die (meist über die Korrelation paralleler Versionen ermittelten) Reliabilitäten dieser Skalen streuen sehr stark. Ferguson (1952) ermittelte einen (durchaus zufriedenstellenden) Durchschnittswert von .77. Allerdings ist dieser Wert wenig aussagekräftig; entscheidender ist es, die Skalen mit den niedrigen Reliabilitäten genauer zu inspizieren, da hier offenbar die Skalenkonstruktion defizient war. Die Validität wurde häufig überprüft, indem man die Mittelwerte von Gruppen mit (vermeintlich) unterschiedlichen Einstellungen zu einem bestimmten Objekt miteinander verglich. Dabei zeigte es sich etwa, dass sich regelmäßige Kirchgänger von Personen, die die Kirche nur gelegentlich oder nie besuchen, signifikant auf verschiedenen Einstellungsskalen unterschieden (Ferguson, 1952).

Obwohl auf diese Weise psychometrisch elaborierte Einstellungsskalen konstruiert werden können, dürfen doch zwei Probleme nicht übersehen werden. Das erste betrifft die Frage, inwieweit bei der Skalenkonstruktion die Einstellungen der Beurteiler deren Einordnungen von Aussagen auf der Positiv-Negativ-Skala beeinflussen. So könnte der Fall eintreten, dass Beurteiler mit einer Extremeinstellung die mittleren (also eher neutralen) Stufen der Skala bei der Einordnung von Aussagen nur selten verwenden. Wenn beispielsweise ein Beurteiler das therapeutische Klonen vollständig ablehnt, so wird er nur Aussagen wie „es ist vollständig zu verbieten" dem Negativpol (Ablehnung) zuweisen. Aussagen, in denen auch nur eine leichte Einschränkung dieses Verbots zum Ausdruck kommt, wird er dagegen nicht den Kategorien „nicht so negativ" zuordnen, sondern eher den Kategorien, die für ihn bereits eine deutlich positive Einstellung (Akzeptierung) zum Beurteilungsobjekt abbilden. Der Einfluss dieses Merkmals lässt sich dadurch etwas kontrollieren, dass man entweder repräsentative oder Zufallsstichproben von Beurteilern rekrutiert und nur Aussagen mit geringer Streuung der Beurteilerantworten in die Skala aufnimmt. Allerdings gibt es kein feststehendes Kriterium dafür, ab wann eine Streuung als hinreichend gering anzusehen ist. Das zweite Problem entsteht durch die Tatsache, dass für Skalen vom Thurstone-Typ nur schwer zu bestimmen ist, ob sie wirklich eindimensional sind, d. h. nur *ein* latentes Merkmal erfassen (► **Kap. 4**).

Skalenkonstruktionen nach dem Ansatz von Thurstone sind relativ aufwändig. Deshalb wird auch bei der Einstellungsmessung, wie bei Fragebogen allgemein, die bereits dargestellte Likert-Skala als Modus der Beantwortung von Aussagen bevorzugt. Bei der Erfassung von Einstellungen wird dabei häufig eine mehrstufige Antwortskala verwendet, die sich von „stimme deutlich zu" bis „lehne deutlich ab" erstreckt. Voraussetzung für dieses Vorgehen ist es jedoch, dass die Aussagen hinsichtlich der in ihnen zum Ausdruck kommenden Einstellung zum Beurteilungsobjekt eindeutig (positiv oder negativ) sind. Mehrdeutige oder neutrale Items sind bei Verwendung einer Likert-Skala unbrauchbar. Ansonsten erfolgt die Auswertung derartiger Instrumente in der Weise, wie wir sie für Fragebogen und Skalen kennengelernt haben.

Einstellungen lassen sich entweder ausschließlich über ein- bzw. mehrdimensionale Fragebogen messen oder über Skalen, die Teil eines umfassenderen Inventars sind. Beispiele für die erste Kategorie sind im deutschen Sprachraum der *Fragebogen zur direktiven Einstellung* (FDE; Bastine, 1977) oder der *Fragebogen zur Messung von Einstellungen gegenüber Schwangerschaft, Sexualität und Geburt* (S-S-G; Lukesch & Lukesch, 1976). Eine in umfassendere Tests eingebettete Messung liegt dagegen vor bei der Erfassung der Einstellung zur Psychotherapie innerhalb des *Multiphasic Sex Inventory* (MSI; deutsche Version, Deegener, 1996), bei der Messung der Einstellung zum Alkoholkonsum im Rahmen des *Münchner Alkoholismus-Tests* (MALT; Feuerlein, Küfner, Ringer & Antons-Volmerg, 1999) oder der Einstellung zur Schule im *Arbeitsverhaltensinventar* (AVI; Thiel, Keller & Binder, 1979).

Bei der Abgrenzung der Einstellungsmessung von der Erhebung von Persönlichkeitsmerkmalen ist zu bedenken, dass man eigentlich nur dann von einer, von Persönlichkeitstests unterschiedenen, Einstellungsskala sprechen kann, wenn hier die Erhebung der Haltung zu einem konkreten und eingegrenzten Einstellungsobjekt (z. B. Ausländer, Schwangerschaftsabbruch, therapeutisches Klonen) im Zentrum steht. Je breiter und allgemeiner das Thema ist, auf dessen Erfassung ein Test zielt (z. B. „direktive" oder „autoritäre" Einstellungen), desto mehr nähert sich das betreffende Instrument einem Persönlichkeitstest an.

10.5 Die Erfassung von Zuständen

Zur Messung von Zuständen auf subjektiver Ebene wurde in den letzten Jahrzehnten eine Fülle von Verfahren entwickelt, so dass an dieser Stelle eine Konzentration auf wenige Ansätze, die stellvertretend für viele andere stehen, notwendig ist.

Mit Hilfe von *Ein-Itemskalen* wird versucht, den aktuellen emotionalen Zustand während einer Intervention auf möglichst ökonomische Weise abzuschätzen. So konstruierten Mowrer, Light, Luria und Zeleny (1953) eine Skala, die den Erfolg einer Psychotherapie beim Abbau von Angst registrieren sollte. Von Schachter (1959) wurde ein sechsstufiges Item entwickelt, in dem Probanden ihre Angst in einer Experimentalsituation angeben sollten („Wie sehr beunruhigt Sie die Möglichkeit, in diesem

Experiment einen elektrischen Schlag zu erhalten?"). Ein entsprechendes Instrument stellt das *Furchtthermometer* von Walk (1956) dar, bei dem der Proband seine Angst angesichts einer bestimmten Situation auf einer zehnstufigen Skala einschätzen muss.

Während einer bestimmten Intervention, z. B. eines Versuchsdurchgangs, ist es oft unzweckmäßig, den Ablauf für die Beantwortung eines schriftlich vorgegebenen Items zu unterbrechen. Andererseits kann bei einer im Anschluss an eine bestimmte Behandlung (retrospektiv) durchgeführten subjektiven Messung nicht mit Sicherheit gesagt werden, auf genau welche Phase der Intervention der Proband seine Selbsteinschätzung bezieht. Für viele Fragestellungen ist es aber unerlässlich, die exakte Kontingenz zwischen Ereignis und Reaktion zu kennen. Zur Lösung dieses Dilemmas wurden sog. *ereignissimultane* Methoden zur Erfassung emotionaler Reaktionen vorgeschlagen. Eine sehr einfache Methode stellt hierbei die von Stevens und Stone (1959) verwendete *Fingerspannenskalierung* dar, die von Birbaumer, Tunner, Hölzl und Mittelstaedt (1973) zur kontinuierlichen Registrierung der Veränderung erlebter emotionaler Zustände weiterentwickelt wurde. Bei dieser subjektiven, aber nonverbalen Messung wird die Stärke eines erlebten Zustands durch die Größe der Spanne zwischen Daumen und Zeigefinger angegeben. Die beiden Finger stecken in einer Art Schere, wobei die jeweilige Öffnungsgröße der Schere elektromechanisch derart konvertiert wird, dass diese von einem Mehrkanalschreiber (Polygraphen) aufgezeichnet werden kann. Urban und Kohlmann (1994) ersetzten diese Vorrichtung durch einen stufenlos verstellbaren Drehknopf mit einer Skala von 0 bis 100. Weitere subjektive nonverbale Verfahren werden bei Vehrs (1986) beschrieben.

Wenn die momentane Befindlichkeit über ein einziges Item erfasst wird, dann ist eine Abschätzung des mit dieser Methode verbundenen Messfehlers nicht möglich. Hinzu kommt, dass die Messintention für den Probanden völlig offensichtlich ist, was u. U. zu Verfälschungstendenzen beim Antworten, z. B. zu einem Herunterspielen der erlebten Erregung, führen kann. *Eigenschaftslisten* versuchen dagegen, die Befindlichkeit des Probanden durch mehrere Items zu erfassen, die den Bedeutungshof eines subjektiven Zustands wie z. B. Angst oder Depression gewissermaßen einkreisen. Hinsichtlich der Erfüllung von Testgütekriterien sind sie somit leichter überprüfbar und deshalb in der Regel auch elaborierter als Ein-Itemskalen. Häufig werden in derartigen Listen verschiedene emotionale Zustände gleichzeitig erfasst, was u. U. die Messintention für den Probanden etwas weniger offensichtlich macht.

Ein häufig eingesetztes Verfahren ist die *Multiple Affect Adjective Check List* (MAACL) von Zuckerman und Lubin (1965). Der Test enthält Unterlisten zur Messung verschiedenartiger affektiver Zustände, wobei die Items der einzelnen Listen jeweils an Außenkriterien validiert wurden. Durch spezielle Instruktionen kann entweder der aktuelle Zustand („Wie fühlen Sie sich heute?") oder die jeweilige Disposition („Wie fühlen Sie sich im Allgemeinen?") erfasst werden. Die Reliabilitäten der aktuellen und habituellen Maße sind mit Werten zwischen .72 und .85 zufriedenstellend. Ein entsprechendes deutsches Instrument ist die *Eigenschaftswörterliste* (EWL) von Janke und Debus (1978). Die Liste besteht aus 123 Adjektiven, die sich auf 14 Skalen verteilen.

Das *Profile of Mood States* (POMS; McNair, Lorr & Droppleman, 1971) besteht aus einer Reihe von Adjektiven oder kurzen Aussagen, mit denen verschiedene Gefühlszustände beschrieben werden. Der Proband gibt das Vorliegen eines Gefühls auf einer fünfstufigen Skala an, wobei wie bei der MAACL die Instruktion „im Augenblick" oder „im Allgemeinen" vorgegeben werden kann. Mit dem POMS werden acht faktorenanalytisch bestimmte Gefühlsdimensionen unterschieden, u. a. Angst, Depression und Ärger. (Für die Analyse einer deutschen Version siehe Bullinger, Heinisch, Ludwig & Geier, 1990.) Ähnliche Verfahren sind die *Mood Adjective Check List* von Nowlis (1965) und die *Differential Emotions Scale* (DES; Izard, 1991).

Das derzeit wohl populärste Instrument zur Erfassung unterschiedlicher affektiver Zustände ist die *Positive and Negative Affect Schedule* (PANAS) von Watson, Clark und Tellegen (1988; deutsche Adaptation von Krohne, Egloff, Kohlmann, & Tausch, 1996). Das Verfahren basiert auf einem Modell emotionaler Reaktionen, in dem die Vielfalt selbstberichteter wie auch fremdbeobachteter Affekte auf zwei unabhängig voneinander variierende Dimensionen reduziert wird: positiver und negativer Affekt (Tellegen, 1985; Watson & Tellegen, 1985). Positiver Affekt (PA) beschreibt das Ausmaß, in dem eine Person enthusiastisch, aktiv und aufmerksam ist. Hoher PA ist mithin durch Energie, Konzentration und freudiges Engagement gekennzeichnet, niedriger PA durch Lethargie und Traurigkeit. Demgegenüber reflektiert negativer Affekt (NA) das Ausmaß negativen Angespanntseins. Hoher NA ist also ein Gefühlszustand, der sich durch Angst, Gereiztheit und Nervosität beschreiben lässt, während niedriger NA Ruhe und Ausgeglichenheit bedeutet (Watson et al., 1988).

Die PANAS besteht aus 20 Adjektiven, von denen je zehn positive (z. B. aufmerksam, aktiv) bzw. negative (bekümmert, ängstlich) Empfindungen und Gefühle beschreiben. Die Probanden schätzen die Intensität eines vorliegenden Affekts auf einer fünfstufigen Skala (von „gar nicht" bis „äußerst") ein. Je nach Zielsetzung der Erhebung kann dieser Itemsatz mit bis zu sechs verschiedenen Instruktionen vorgelegt werden, die sich auf Angaben zu unterschiedlich erstreckten Zeitintervallen beziehen: „Wie fühlen Sie sich *im Moment*?" – „Wie haben Sie sich *heute* gefühlt?" – „*... in den letzten Tagen ...*" – „*... in den letzten Wochen ...*" – „*... in diesem Jahr*?" – „Wie fühlen Sie sich *im Allgemeinen*?"

Eine genauere Betrachtung der PANAS macht deutlich, dass die NA-Subskala eine größere Zahl von Angst- oder Depressionsitems enthält (z. B. erschrocken, nervös, durcheinander, ängstlich, bekümmert). So verwundert es nicht, dass etwa Jolly, Dyck, Kramer und Wherry (1994) Korrelationen der NA mit dem *Beck Anxiety Inventory* (BAI; Beck, Brown, Epstein & Steer, 1988) und dem *Beck Depression Inventory* (BDI; Beck & Steer, 1987) von .79 bzw. .76 registrieren konnten. Niedrige Werte in PA (also wenig aktiv, interessiert, angeregt usw.) verweisen dagegen nicht so sehr auf Angst als vielmehr auf Depression. Dementsprechend korreliert PA nur zu −.38 mit dem BAI, aber zu −.61 mit dem BDI. Generell fällt ferner auf, dass in der PANAS Adjektive, die typische positive Gefühlszustände beschreiben (z. B. glücklich, zufrieden), überhaupt nicht vertreten sind. Stattdessen überwiegen in der PA-Subskala Items, die sich auf Aktivität und Aufmerksamkeit beziehen (vgl. auch Egloff, Schmukle, Burns, Kohlmann & Hock, 2003; Egloff, Tausch, Kohlmann & Krohne, 1995). Eine Übersicht der Forschungen zur PANAS geben Krohne und Tausch (2014).

Um positive und negative affektive Zustände in differenzierterer Weise zu erfassen, haben die Autoren ihre Liste revidiert und eine erweiterte Version (PANAS-X, Watson & Clark, 1984) vorgelegt. In dieser Skala werden mit Hilfe von 60 Adjektiven *Angst*, *Traurigkeit*, *Schuldgefühle* und *Feindseligkeit* als basale negative Emotionen, *Heiterkeit*, *Selbstsicherheit* und *Aufmerksamkeit* als basale positive Emotionen, sowie *Schüchternheit*, *Müdigkeit*, *Gelassenheit* und *Überraschtheit* als weitere affektive Zustände unterschieden.

Für den engeren Bereich der auf Bewertungssituationen bezogenen Angst wurde von Morris, Davis und Hutchings (1981) das *Worry-*

Emotionality Questionnaire (WEQ) zur Erfassung der Zustandsangstkomponenten Besorgnis und Emotionalität entwickelt. Die Reliabilitäten erreichten mit Werten von .81 für die Besorgnis- und .86 für die Emotionalitätsskala eine zufriedenstellende Höhe.

Die Trennung von Besorgnis und Emotionalität ist natürlich keineswegs auf die in selbstwertbedrohlichen Situationen ausgelöste Angst beschränkt. So erlaubt das Inventar *State-Trait-Operations-Angst* (STOA; Krohne & Schmukle, 2006) die Erfassung dieser Angstkomponenten im Kontext chirurgischer oder invasiv-diagnostischer Eingriffe. Das STOA misst auf separaten Skalen die Operationsangst als vergleichsweise überdauerndes Persönlichkeitsmerkmal (Trait, zehn Items) sowie, getrennt nach kognitiver und affektiver Komponente, die aktuelle Angst (State, je fünf Items). Die Ergebnisse exploratorischer und konfirmatorischer Faktorenanalysen belegten die einfaktorielle Struktur der Trait-Angst sowie die postulierte zweifaktorielle Struktur der State-Angst. Die Reliabilitäten aller Skalen sind mit Werten um .90 sehr hoch. Externe Beziehungen konnten zur Ängstlichkeit und Angstbewältigung sowie zur fremdbeobachteten Angst und verschiedenen Indikatoren der perioperativen Anpassung (Befindlichkeit, Schmerzen, Wundheilung) nachgewiesen werden. Verlaufsanalysen der beiden State-Skalen zeigten zudem, dass diese sensitiv, aber unterschiedlich auf situative Veränderungen der erlebten Bedrohung ansprechen.

10.6 Einflüsse auf das Antwortverhalten bei Selbstberichten

Daten, die auf Selbstbeurteilungen beruhen, unterliegen vielfältigen Einflüssen. Diese basieren zum größten Teil auf *kognitiven Prozessen*, die bei der Testbearbeitung im Probanden ablaufen. So leitet der Proband etwa aus bestimmten Testmerkmalen Erwartungen über die Zielsetzung einer Untersuchung ab, zieht aus dem Inhalt und der Form der Items Rückschlüsse auf den Sinn bestimmter Fragen, prüft seine verschiedenen Antworten auf Konsistenz oder verfolgt generell eine bestimmte Strategie, sich im Test auf eine von ihm gewünschte Weise darzustellen. Viele dieser Faktoren können die Validität des jeweiligen Instruments beeinträchtigen. Lange Zeit wurden diese Einflüsse in erster Linie unter dem Aspekt des Operierens von *Verfälschungstendenzen* betrachtet. Mit Cronbach (1990) wurde dabei zwischen absichtlicher („faking") und unabsichtlicher („response set") Verfälschung unterschieden.

Faking liegt vor, wenn Testergebnisse gezielt in eine vom Probanden gewünschte Richtung verändert werden. So wird etwa jemand, der sich einer psychologischen Prüfung auf Kraftfahrertauglichkeit unterziehen muss, kaum Items bejahen, von denen er annimmt, dass sie Aggression, Psychopathie oder Instabilität messen. Umgekehrt könnte ein Mensch, der etwa aus dem Militärdienst entlassen werden möchte, gerade solche Merkmale bei sich herausstellen. Der bei der Erfassung des Therapieerfolgs operierende „Hello-good-bye"-Effekt (► **Kap. 7**) ist ein weiteres Beispiel für den Einfluss des Faking.

Weniger bewusst sind *Response Sets* wie etwa die Tendenzen zu Reaktionen im Sinne der sozialen Erwünschtheit oder zur Zustimmung (Akquieszenz) bzw. Ablehnung. Unter sozialer Erwünschtheit versteht man die Tendenz, sozial erwünschte Verhaltensweisen und Einstellungen, z. B. Ehrlichkeit, Ordnung, Freundlichkeit, als für sich gültig anzukreuzen und ungünstige Merkmale, z. B. emotionale Instabilität, zurückzuweisen. Zustimmungstendenz bezeichnet die Neigung von Personen, Feststellungen unabhängig von ihrem konkreten Inhalt eher zu bejahen (bzw. als für sich zutreffend zu beurteilen), Ablehnungstendenz die entgegengesetzte Neigung, Feststellungen allgemein eher zu verneinen. Weitere Response Sets, die sich besonders auf die Art der Ausnutzung mehrstufiger Antwortskalen beziehen, sind die Tendenzen zur Mitte bzw. zu Extremwerten. Schließlich zählt auch ein unsystematisches oder unsinniges Antwortverhalten zu den Response Sets.

Von Cronbach wurde der Ursprung dieser Einflüsse primär auf der Personseite gesehen; bei den Tendenzen zur sozialen Erwünschtheit oder zur Akquieszenz soll es sich also insbesondere um interindividuell variierende Merkmale handeln. Dementsprechend enthalten, wie wir gesehen haben, viele Fragebogen sog. Kontrollskalen zur Messung dieser Tendenzen. Bei Personen mit in dieser Hinsicht besonders ausgeprägten Neigungen werden die Daten aus dem betreffenden Instrument dann entweder für die Diagnose nicht herangezogen oder die Testwerte werden „korrigiert". Allerdings sind viele dieser Kontrollskalen in ihrer Messintention leicht durchschaubar. Außerdem gibt es keine verbindlichen Regeln, wie denn die Testwerte eines Probanden korrigiert werden müssen. Die Einführung von Kontrollskalen bei der Erhebung von Selbstberichten hat sich deshalb, insgesamt gesehen, als wenig fruchtbar erwiesen.

Die vorzugsweise Verankerung dieser Einflüsse auf der Personseite greift jedoch zu kurz. Tatsächlich lassen sich validitätsmindernde Einflüsse auf das Antwortverhalten sehr verschiedenen Quellen zuordnen (siehe auch Schwarz, 1999): den Testmaterialien (z. B. der Formulierung der Frage oder der Art der Antwortskala), speziellen Kontextbedingungen (etwa den von Probanden wahrgenommenen oder vermuteten Zielen der diagnostischen Untersuchung) sowie Personfaktoren (z. B. Tendenzen zur Selbstdarstellung oder Bedürfnis nach Anerkennung). Dabei ist zu beachten, dass diese einzelnen Faktoren häufig nicht unabhängig voneinander wirken. So dürfte etwa die habituelle Tendenz zur Selbstdarstellung durch verschiedene Kontextbedingungen in unterschiedlichem Maße angeregt werden. Wir wollen uns als erstes mit dem Einfluss der Materialien auf das Antwortverhalten befassen.

Quellen der Einflüsse auf das Antwortverhalten bei Selbstberichten

- Testmaterialien
  - Formulierung der Aussage
    - Eindeutigkeit
    - Affektgeladenheit
    - Satzstruktur
  - Antwortformat
    - Frequenz der Antwortalternativen
    - Polung der Antwortskala
  - Reihenfolge der Items
    - Aktualisierungseffekte
    - Konsistenzeffekte
    - Positionseffekte
- Spezielle Kontexteffekte
  - Vermutete Ziele der Untersuchung
  - Testposition in der Testbatterie
- Personfaktoren
  - Bedürfnis nach Anerkennung
  - Tendenz zur Selbstdarstellung
  - Selbstaufmerksamkeit
  - Selbsteinsicht

Drei Merkmale des *Testmaterials* haben einen besonderen Einfluss auf das Antwortverhalten: die Formulierung der Aussage, das Antwortformat sowie die Reihenfolge der Items. An dieser Stelle soll dabei nur auf Aspekte eingegangen werden, die typisch sind für die Beschaffung subjektiver Daten. Allgemeinere formale Aspekte, die bei der Konstruktion von Items zu berücksichtigen sind, wurden bereits in ▶ **Kap. 3** behandelt.

Bei der *Formulierung der Aussage* spielen die Aspekte Eindeutigkeit, Affektgeladenheit sowie Satzstruktur eine wesentliche Rolle.

Die (oft in Frageform) getroffene Aussage stellt für den Probanden einen Stimulus dar, der sich auf einen bestimmten Sachverhalt (z. B. die Häufigkeit von Kopfschmerzen oder das Anfertigen von Hausaufgaben) bezieht. Der Proband muss also als erstes den Sinn dieser Aussage erfassen. Bezieht sich diese Aussage (wie meistens) auf Ereignisse im Leben des Probanden, so muss er sodann in seinem autobiographischen Gedächtnis bestimmte Informationen suchen und abrufen. Dieser Prozess kann durch mangelnde *Eindeutigkeit* der Aussage beeinträchtigt werden.

Ein häufiger Fehler innerhalb dieser Kategorie besteht darin, dass sich eine Aussage gleichzeitig auf mehrere Sachverhalte bezieht, zu denen man jedoch in unterschiedlicher Weise Stellung nehmen kann. So wird beispielsweise die Aussage „Ich lehne bestimmte Spiele ab, weil ich sie nicht gut kann“ bei vielen Probanden einen Konflikt auslösen. Man lehnt bestimmte Spiele ab, aber nicht, weil man sie nicht gut kann, sondern etwa aus ethischen Gründen. Streng genommen, müsste man also in diesem Fall mit „stimmt nicht“ antworten. Das würde aber für diese Probanden implizieren, dass sie überhaupt keine Spiele ablehnen, was ja wiederum nicht der Fall ist.

Eine weitere Fehlerquelle stellen mehrdeutige Aussagen dar. Bei Aussagen wie „Ich brauche lange für meine Hausaufgaben“, „Ich schließe leicht Freundschaft“ oder „Ich habe körperliche Beschwerden“ sind die Begriffe „lang“, „leicht“ und „körperliche Beschwerden“ mehrdeutig, d. h. das Antwortverhalten hängt in starkem Maße von der Interpretation dieser Begriffe durch den Probanden ab. Dieser Umstand wäre evtl. unproblematisch, wenn es dem Testautor gerade um die Erfassung dieser Interpretation ginge. So könnte etwa die gehäufte und spontane Zustimmung zu dem Item „... körperliche Beschwerden“ auf ein (interessierendes) Merkmal wie Hypochondrie verweisen. Tatsächlich wird man aber meistens davon ausgehen müssen, dass der Testautor an der erfragten Tatsache, also etwa der Länge der Hausaufgabenbearbeitung, interessiert ist. Außerdem darf man wohl unterstellen, dass auch die (meisten) Probanden die Mehrdeutigkeit bestimmter Begriffe erkennen, sich also vor einer Beantwortung die Frage stellen, was denn wohl der Testautor unter „lang“, „leicht“ oder „körperliche Beschwerden“ versteht. Sollen etwa ein morgendliches Husten oder ein gelegentliches Ziehen im Rücken bereits als Beschwerden berichtet werden? Oder ist der Fragesteller nur an massiveren Beschwerden interessiert? Mehrdeutige Formulierungen können beim Probanden die Furcht auslösen, beim Beantworten einen Fehler zu machen, etwa eine Beschwerde zu verschweigen oder ein nicht interessierendes Merkmal zu berichten. Um sich keine Blöße zu geben, wird er deshalb, wo das Antwortformat dies zulässt, unverbindliche Reaktionen abgeben, etwa die Kategorie „manchmal“ ankreuzen.

Eine Aussage wie „die Verhaltensweise X sollte verboten werden“ ist deutlich *affektgeladener* als die sinngemäß gleiche Aussage „sollte nicht erlaubt sein“. Wie empirische Untersuchungen nachgewiesen haben (Rugg, 1941), findet die affektgeladene Alternative meist eine geringere Zustimmung als die eher neutrale Formulierung.

Die *Satzstruktur* kann einen Einfluss auf das Verständnis der Aussage haben. Bei sprachlich weniger differenzierten Probanden erschweren lange und komplizierte Sätze (z. B. Schachtelsätze), passivische Konstruktionen und insbesondere doppelte Verneinungen ein korrektes Verständnis (Tränkle, 1983). Dieses Problem beeinflusst u. a. die Erfassung der Zustimmungstendenz. Um diese Tendenz zu kontrollieren, werden in einigen Fragebogen dieselben Sachverhalte einmal positiv und einmal negativ formuliert. Eine Person mit starker Zustimmungstendenz sollte dann in beiden Fällen mit „ja" antworten. Hier kann jedoch bei der negativen Formulierung das Problem einer doppelten Verneinung auftreten. So könnte etwa die Frage „Sind Sie dagegen, dass das Gesetz X abgeschafft wird?" bei einigen (evtl. unaufmerksamen) Lesern Unklarheiten dahingehend aufkommen lassen, was denn jetzt die Antwort „nein" bedeutet: dass das Gesetz nicht abgeschafft werden soll oder dass man für die Abschaffung ist?

Neben der Formulierung der Aussage hat auch das *Antwortformat* eines Items, d. h. die Definition der vorgegebenen Antwortalternativen, einen wesentlichen Einfluss auf die Reaktionen der Probanden (Schwarz, 1999). Diese Einflüsse werden besonders bei der Erhebung von Einstellungen und Verhaltensgewohnheiten (z. B. bei Umfragen) deutlich, gelten aber auch für Persönlichkeitsfragebogen. Entscheidend ist dabei, welche Zahlenwerte, die für Häufigkeiten oder Intensitäten stehen können, den einzelnen Antwortalternativen bzw. -stufen zugeordnet werden.

Antwortskalen lassen sich danach unterscheiden, ob ihre einzelnen Stufen eher eine hohe oder geringe *Häufigkeit des interessierenden Merkmals* nahelegen. Wenn z. B. nach der Häufigkeit des Auftretens von körperlichen Beschwerden gefragt wird, so wird eine Skala, deren Stufen sich von „weniger als einmal im Jahr" bis „mehr als einmal im Monat" erstrecken, beim Probanden die Erwartung auslösen, dass der Testgeber nur an wirklich schweren Beschwerden (z. B. „hohes Fieber") interessiert ist. Dementsprechend wird er auch nur derartige Ereignisse aus dem autobiographischen Gedächtnis abrufen und zur Grundlage seiner Antwort machen. Würde die Skala dagegen zwischen den Stufen „zweimal im Monat oder weniger" und „mehrmals am Tag" variieren, so wird der Proband seine Aufmerksamkeit verstärkt auf alltägliche Beschwerden (z. B. „außer Atem geraten") lenken.

Intensitäten werden häufig auf Antwortskalen erfragt, deren niedrigster Wert entweder ein Nullpunkt ist, oder bei denen um einen Nullpunkt herum Plus- und Minuswerte auftreten. Der erstgenannte Typ signalisiert dem Probanden, dass dem Testgeber ein unipolares Merkmal vorschwebt, das sich von „nicht oder kaum vorhanden" bis „sehr ausgeprägt" erstreckt. Sollte auf dieser Skala etwa ein Merkmal wie Dominanz beurteilt werden, so würde die Vergabe des niedrigsten Wertes bedeuten, dass dieses Merkmal sehr wenig ausgeprägt ist. Der zweite Typ von Antwortskala verweist dagegen auf ein zugrunde liegendes bipolares Konzept mit konträren Merkmalen. Hier würde die Vergabe des niedrigsten Wertes (z. B. -3) bei Dominanz nicht die weitgehende Abwesenheit dieses Merkmals bedeuten, sondern die starke Ausprägung des Gegensatzes von Dominanz, also Unterwürfigkeit. (Weitere Beispiele und empirische Untersuchungen zum Einfluss des Antwortformats auf die Reaktionen des Probanden finden sich bei Schwarz, 1999.)

Neben der Gestaltung der einzelnen Items kann auch deren *Reihenfolge* einen Einfluss auf das Antwortverhalten haben (Tränkle, 1983). Die Zusammenstellung der für einen Fragebogen ausgewählten Items basiert darauf, dass die Antworten zu den Einzelitems lokal stochastisch voneinander unabhängig sind (► **Kap. 4**). Diese Voraussetzung kann durch Aktualisierungs- und Konsistenzeffekte verletzt werden, da sich der Proband bemühen wird, Zusammenhänge zwischen den Inhalten einzelner Items und seinen Antworten darauf herzustellen.

Aktualisierungseffekte (Tränkle, 1983) liegen vor, wenn ein Iteminhalt bestimmte Inhalte nachfolgender Items stärker hervorhebt. So mag etwa ein Item, in dem nach körperlichen Beschwerden im letzten Jahr gefragt wird, die Aufmerksamkeit des Probanden verstärkt auf dessen körperlichen Zustand lenken. Wird anschließend nach „allgemeiner Lebenszufriedenheit" gefragt, so könnte die Antwort hierauf stärker am berichteten körperlichen Zustand orientiert sein, als dies ohne das vorangegangene Item der Fall gewesen wäre.

Konsistenzeffekte liegen vor, wenn der Proband versucht, auf Items, in denen aus seiner Sicht nach ähnlichen Sachverhalten gefragt wird, „stimmige" Antworten zu geben. Wer sich bei einem bestimmten Item etwa darauf festgelegt hat, verträglich und unaggressiv zu sein, der wird dann auch in entsprechender Weise auf alle Items reagieren, bei denen er vermutet, dass nach diesem Merkmal gefragt wird.

Daneben kann die *Position* eines Items Einfluss auf das Antwortverhalten haben. Insbesondere bei längeren Verfahren wie etwa dem MMPI dürfte gegen Ende des Fragebogens die Motivation des Probanden zum sorgfältigen Mitarbeiten deutlich abnehmen. Damit sollten die Antworten auf Items, die im Fragebogen an einer späteren Position stehen, diagnostisch weniger brauchbar sein.

Bei mehrdimensionalen Inventaren stellt sich die Frage, ob die Items nach der jeweils interessierenden Dimension gruppiert oder in Zufallsfolge dargeboten werden sollen. Die Antwort hierauf hängt u. a. davon ab, ob man die Ziele der Erhebung verschleiern oder offen angeben will. Bei Fragebogen, die Persönlichkeitsmerkmale wie etwa Feindseligkeit, Gewissenhaftigkeit oder Dominanz messen sollen, wird man im Allgemeinen versuchen, die spezielle Zielsetzung der Erhebung zu verschleiern. Dies geschieht nicht nur durch unverfängliche oder nichtssagende Namen, die dem Instrument gegeben werden (häufig Abkürzungen wie MMPI oder STAI), sondern auch dadurch, dass die zu den einzelnen Merkmalen gehörenden Items gut durchmischt werden. Auf diese Weise wird es den Probanden erschwert, eine Hypothese über die Messintention zu entwickeln. Manchmal kann es aber auch sinnvoll sein, Probanden das Erhebungsziel offen mitzuteilen. Dies kann beispielsweise dann gegeben sein, wenn der an einem Modifikationsprogramm teilnehmende Klient in regelmäßigen Abständen Angaben zum Auftreten von Verhaltensweisen machen soll, die Ziele dieser Modifikation sind. In diesem Fall würde sich die offene Kommunikation und die kompakte Darbietung der entsprechenden Items vermutlich günstig auf die Kooperation des Klienten auswirken.

Aus der Art, wie ein Erhebungsinstrument äußerlich gestaltet und in welchen weiteren Kontext es eingebettet ist, leitet der Proband natürlich Rückschlüsse über die vermeintliche Zielsetzung einer Untersuchung ab. Derartige Rückschlüsse können das Antwortverhalten beeinflussen und damit das Erreichen des Untersuchungszieles evtl. behindern. Deshalb enthält das Testformular meist wenig bedeutungshaltige Testnamen. Aber auch weitere Aspekte der Testgestaltung, die wir generell als *Kontexteffekte* bezeichnen, können das Antwortverhalten beeinflussen.

So legten Norenzayan und Schwarz (1999) Probanden einen Fragebogen mit der Beschreibung eines Verbrechens vor und erfragten sodann die Meinung über mögliche Ursachen dieser Tat. Ein Fragebogen enthielt dabei den Verfasserhinweise „Institute for Personality Research", der andere „Institute for Social Research". Es zeigte sich, dass Probanden, die annahmen, einen von Persönlichkeitsforschern entworfenen Fragebogen zu bearbeiten, mehr auf Persönlichkeitsvariablen als Ursachen des Verbrechens zurückgriffen, während Teilnehmer der sozialwissenschaftlichen Bedingung eher soziale Umstände als Bedingungen annahmen.

Bei der dargestellten Untersuchung handelte es sich nicht um eine Erhebung von Persönlichkeitsmerkmalen, sondern eher um eine Meinungsumfrage. Das Ergebnis lässt sich allerdings auf verschiedene Untersuchungsziele verallgemeinern. Probanden bilden offensichtlich Hypothesen über den Arbeitsbereich eines Untersuchers. Dementsprechend geben sie dann im Fragebogen diejenigen Informationen weiter, von denen sie annehmen, dass sie für den Untersucher von besonderem Interesse sind.

Den einflussreichsten Kontextfaktor stellen natürlich die von Probanden unterstellten *generellen Ziele einer Untersuchung* dar. Wie bereits eingangs dieses Abschnitts erwähnt, dürfte das Verhalten des Probanden stark durch die Frage beeinflusst werden, ob für ihn in einer Untersuchung etwas auf dem Spiel steht oder nicht. Wer etwa seinen Führerschein zurückerhalten oder aus dem Militärdienst entlassen werden möchte, der wird sich bei seinen Antworten anders verhalten als derjenige, der einen Fragebogen anonym, „nur zu Forschungszwecken", ausfüllt. Die generellen Ziele einer psychologischen Untersuchung können (und dürfen) dem Probanden in der Regel nicht verheimlicht werden. Der Testgeber muss deshalb bei der Interpretation der erhaltenen Werte, die ja meist anhand der für diesen Test vorliegenden Normen geschieht, sozusagen „Korrekturen" einplanen (Kaminski, 1970). Diese Interpretationen müssen dabei insbesondere berücksichtigen, dass Testnormen ja im Allgemeinen in anonymen und für die Teilnehmer risikolosen Situationen erhoben wurden. Bei der Korrektur muss der Untersucher also den Abstand zwischen der risikolosen Eichsituation und dem jeweiligen Risiko für seinen konkreten Probanden einbeziehen.

Fragebogen werden häufig nicht allein, sondern im Rahmen einer ganzen Batterie dargeboten. Hier ist mit ähnlichen Einflüssen zu rechnen, wie wir sie als *Reihenfolgeeffekte* bei den Einzelitems kennen gelernt haben. Wenn beispielsweise am Anfang dieser Batterie ein anspruchsvoller Leistungstest steht, so werden für den Probanden in der weiteren Erhebung andere Aspekte aktualisiert, als dies bei eher anforderungsfreien Verfahren (etwa einer Spielsituation) am Beginn der Untersuchung der Fall gewesen wäre. Wenn bei einer Untersuchung sowohl stabile Eigenschaften als auch momentane Zustände erhoben werden sollen, so macht es insbesondere für die Erhebung des Zustands einen Unterschied, ob dieser vor oder nach der Messung einer mit diesem Zustand korrespondierenden Eigenschaft registriert wird. Steht am Anfang die Eigenschaft (z. B. Ängstlichkeit), bei der der Proband ja meist aufgefordert wird, anzugeben, wie er sich „generell" fühlt oder verhält, so hat die Instruktion „generell" auch einen deutlichen Einfluss auf den nachfolgenden Bericht des Zustands, etwa der Zustandsangst. Der Proband zieht in diesem Fall eine andere Ereignisstichprobe zur Bestimmung seines Zustands heran, als wenn er seinen Zustand ohne dieses vorangehende Ereignis angeben sollte. Eigenschafts- und Zustandsmessung werden einander also ähnlicher. Der Zusammenhang ist dagegen weniger ausgeprägt, wenn die Messung des Zustands vor der der Eigenschaft erfolgt, weshalb generell diese Sequenz realisiert werden sollte.

Der mögliche Einfluss von *Personfaktoren* auf das Antwortverhalten wurde eingangs dieses Abschnitts bereits kurz im Zusammenhang mit den von Cronbach (1990) beschriebenen Response Sets angesprochen. Vier Faktoren haben sich dabei als besonders einflussreich erwiesen: Bedürfnis nach Anerkennung, Tendenz zur Selbstdarstellung, Selbstaufmerksamkeit und Selbsteinsicht.

Bedürfnis nach Anerkennung („need for approval"; Crowne & Marlowe, 1964) wird meist mit der bereits beschriebenen Tendenz zum Antworten im Sinne der sozialen Erwünschtheit (SE-Tendenz) gleichgesetzt. Dies ist aber nicht ganz korrekt, da sich SE nicht nur auf interindividuelle Unterschiede, sondern auch auf die Eigenschaft von Fragebogenitems beziehen kann, generell, also bei den meisten Menschen, eine sozial erwünschte Reaktion auszulösen (vgl. hierzu Edwards, 1970). So wird etwa ein Item wie „Ich bestrafe Leute, die ich nicht mag“ wohl von nur sehr wenigen Menschen zustimmend beantwortet werden.

Das Ausmaß, in dem Items generell sozial erwünschte Reaktionen auslösen, kann man kontrollieren, indem man diese Tendenz für jedes Item durch Beurteiler einschätzen lässt (vgl. auch Edwards, 1970). Erhalten Items bei dieser Beurteilung sehr hohe Werte, so sind sie für allgemeinere Fragebogen eher ungeeignet. Ein Teil dieser Items könnte aber evtl. dazu dienen, die SE-Tendenz als Persönlichkeitsmerkmal zu erfassen. Derartige Items müssten dabei drei Voraussetzungen erfüllen: einen gewissen, aber nicht zu hohen, Grad sozialer Erwünschtheit ansprechen, Merkmale oder Verhaltensweisen thematisieren, die in der Bevölkerung (bei negativen Sachverhalten) einen hohen bzw. (bei positiven Sachverhalten) einen geringen Verbreitungsgrad haben, und schließlich in ihrer Messintention nicht durchschaubar sein. Personen, die die Mehrzahl derartiger Aussagen (bei unerwünschten Inhalten) als für sich unzutreffend bzw. (bei erwünschten Merkmalen) als zutreffend bezeichnen, sollten dann eine verstärkte SE-Tendenz aufweisen. Nach diesem Prinzip ist das bekannteste Instrument zur Erfassung der SE-Tendenz als Persönlichkeitsmerkmal, die *Marlowe-Crowne Social Desirability Scale* (M-C-SD; Crowne & Marlowe, 1960) konstruiert. Allerdings sind viele ihrer Items, und dies gilt auch für andere SE-Skalen, in ihrer Messintention leicht durchschaubar. (Für eine deutschsprachige Skala zur Erfassung der SE-Tendenz siehe Stöber, 1999.)

Das Bedürfnis nach Anerkennung wie auch die SE-Tendenz werden oft mit dem Merkmal Defensivität gleichgesetzt. Auch dies ist nicht ganz richtig. Das Bedürfnis nach Anerkennung und die SE-Tendenz als Persönlichkeitsdisposition enthalten nämlich zwei Komponenten: die Tendenz, sozial unerwünschte Eigenschaften bei sich abzuleugnen (diese Komponente könnte man Defensivität oder „Verleugnung“ nennen), und die Tendenz, sich sozial erwünschte Merkmale zuzuschreiben („Attribution“; vgl. auch Krohne, 2010). Tatsächlich erfasst die M-C-SD-Skala auch genau diese beiden Aspekte (Ramanaiah, Schill & Leung, 1977). In dieser Konzeption sind allerdings die beiden angenommenen SE-Komponenten in jeweils entgegengesetzter Weise mit der Zustimmungs- bzw. Ablehnungstendenz konfundiert, da „Verleugnung“ nur über Ablehnung, „Attribution“ dagegen nur über Zustimmung zu Feststellungen erfasst wird (Paulhus, 2002).

Eine andere Differenzierung innerhalb der SE-Tendenz wurde von Paulhus (1984) mit den Komponenten „self-deceptive enhancement“ (SDE) und „impression management“ (IM) vorgeschlagen. Die erste Komponente bezeichnet ein Antwortverhalten, das dem Schutz des Selbstbildes und des Selbstwertgefühls dient. Dieses wenig bewusst kontrollierte Verhalten soll primär Selbsttäuschung reflektieren, wobei eine leichte Tendenz zur Selbsttäuschung für gut angepasste und psychisch gesunde Personen kennzeichnend sein soll. Dagegen meint IM die bewusste Verfälschung der Antworten mit dem Ziel, gegenüber einem Publikum ein möglichst günstiges Bild seiner selbst abzugeben.

Beide Tendenzen werden mit dem *Balanced Inventory of Desirable Responding* (BIDR; Paulhus, 1991, 1998; Paulhus & Reid, 1991; deutsche Version: Musch, Brockhaus & Bröder, 2002) erfasst. Das Attribut „balanciert“ verdankt sich der Tatsache, dass in beiden Skalen SE-positive (Zustimmung indiziert SE) *und* SE-negative (Ablehnung indiziert SE) Items eingesetzt werden, so dass das gerade angesprochene Problem der Konfundierung mit Zustimmungs- bzw. Ablehnungstendenzen nicht entsteht. Für SDE bzw. Selbsttäuschung sind hier Items vorgesehen, die eine (übertriebene) Wahrnehmung von Kontrolle, (überhöhte) Zuversicht oder fehlende Einsicht in eigene

Unzulänglichkeiten thematisieren (z. B.. „Der erste Eindruck, den ich von anderen Menschen gewinne, bewahrheitet sich meistens"). Für IM bzw. Fremdtäuschung sind Items enthalten, die erwünschte, aber wenig verbreitete, oder unerwünschte, aber weit verbreitete Verhaltensweisen ansprechen (z. B. „Ich fluche niemals.")

Kontrolle für soziale Erwünschtheit?

Inwieweit man eine oder beide Tendenzen bei der Interpretation der Scores aus anderen Skalen, die hoch mit diesen Tendenzen korrelieren (z.B. Gewissenhaftigkeit), berücksichtigen (und dann entsprechend auch statistische Korrekturen vornehmen) sollte, ist zur Zeit unklar. Eine „vorsichtige" Interpretation der Scores von Personen mit hohen SE-Werten auf anderen Skalen, die deutlich wertbehaftete Merkmale reflektieren, wird häufig empfohlen und ist entsprechend gängige Praxis. Was allerdings die Qualifikation „vorsichtig" hier genau bedeuten soll, wird kaum expliziert. Das zentrale Problem solcher Korrekturen – seien sie nun informell-interpretativ oder statistisch – besteht darin, dass SE nicht nur „stilistische" Varianz im Antwortverhalten, sondern offenbar teilweise auch „wahre" Personvarianz widerspiegelt: Manche Personen antworten also nicht nur sozial erwünscht, sondern verhalten sich auch tatsächlich so. Bei solchen Personen würde eine „Korrektur" zu Fehlern führen. Musch et al. (2002) schlagen auf der Basis experimenteller und korrelativer Befunde vor, nur für IM (Fremdtäuschung), nicht aber für SDE (Selbsttäuschung) zu kontrollieren. Uziel (2010) dagegen hält auch eine Kontrolle von IM für problematisch; er verweist etwa darauf, dass Korrelationen zwischen Selbst- und Fremdbericht auf gängigen Persönlichkeitsskalen nach statistischer Kontrolle von IM nicht konsistent höher, sondern teilweise niedriger ausfallen als ohne Kontrolle. Die Validität der „korrigierten" Werte ist in diesen Fällen niedriger als die der Ausgangswerte. Die empirische Befundlage hierzu ist allerdings keineswegs eindeutig (siehe z. B. Holden & Passey, 2010; Konstabel, Aavi & Allik, 2006; zur Entwicklung des Konstrukts und weitere Differenzierungen vgl. Paulhus, 2002).

Das Bedürfnis nach Anerkennung bzw. die Tendenz, sozial erwünschte Antworten zu geben – besonders im Sinne von IM –, kann man als Teilbereich der generellen *Selbstdarstellung* bezeichnen. Allerdings lässt sich Selbstdarstellung nicht auf das Bedürfnis nach Anerkennung oder SE bzw. IM reduzieren. Selbstdarstellung bezeichnet vielmehr die Tendenz, den Eindruck, den man auf andere macht, in bestimmter Weise zu lenken. Diese Tendenz kann sich erstrecken vom Wunsch, „wahre" Eigenschaften oder Zustände auszudrücken, bis hin zur Täuschung und Verstellung (Laux, 2008; Mummendey, 1995; Schlenker & Weingold, 1992).

Das Verhalten in einer Fragebogenuntersuchung wird, wie jedes Testverhalten, bis zu einem gewissen Grad durch die Tendenz zur Selbstdarstellung beeinflusst. Schließlich bildet eine derartige Untersuchung nur eine Variante des Interviews, also einer sozialen Interaktionssituation, in der Strategien der Selbstdarstellung natürlich in besonderem Maße zum Tragen kommen. Verschiedene Autoren haben deshalb die Annahme formuliert, dass individuelle Eigenschaften, wie sie mit Hilfe von Fragebogen diagnostiziert werden, das Ergebnis der Anwendung bestimmter Selbstdarstellungsstrategien durch den Probanden sind. So versucht etwa Laux (2008), die fünf basalen Persönlichkeitsdimensionen des NEO-FFI als Selbstdarstellungsstile zu interpretieren. Mummendey (1995) konnte in diesem Zusammenhang nachweisen, dass die Art der Selbstdarstellung durch den situativen Kontext deutlich beeinflusst wird („situative Identität“). Je nach situativem Kontext werden unterschiedliche Selbstbilder aus der Gesamtheit der Selbstbilder aktualisiert bzw. einzelne Selbstbilder mehr oder weniger stark zum Ausdruck gebracht (Laux, 2008; für weitere Arbeiten zur Selbstdarstellung, speziell auch im Rahmen sozialer Belastungssituationen, Renner, Laux, Schütz und Tedeschi, 2004.)

Problematisch dürften allerdings Probanden sein, die bei ihrer Selbstdarstellung sozusagen „gemischte“ Strategien einsetzen, also bei gewissen Merkmalen (z. B. „Gewissenhaftigkeit“) um eine authentische Darstellung bemüht sind, bei anderen Merkmalen (z. B. „Verträglichkeit“) aber zu einer Verfälschung im Sinne der sozialen Erwünschtheit tendieren. Um dieses Muster identifizieren zu können, müsste man in Vortests merkmalsspezifische Kontrollinstrumente einsetzen. Aus deren Ergebnissen ließe sich dann erkennen, bei welchem Merkmal der Proband zu der einen bzw. anderen Form der Selbstdarstellung tendiert. Ein derartiger Ansatz, in dem gewissermaßen eine Kontrolldimension den Zusammenhang zwischen Situationseinschätzung durch den Probanden und der Art seiner Selbstdarstellung *moderiert*, existiert allerdings, da auch nur schwer praktisch umsetzbar, bislang nicht.

Die bisher dargestellten Überlegungen gehen grundsätzlich davon aus, dass Personen, wenn sie über sich Auskunft geben, im Prinzip Bescheid wissen, wie es um sie im Hinblick auf die vorgelegte Frage (z. B. „Ich versuche, meine Gefühle für mich zu behalten“) bestellt ist. Das muss aber keineswegs der Fall sein. Tatsächlich setzt eine authentische Selbstdarstellung voraus, dass Personen sich verstärkt selbst beobachten, d. h. bestimmte vergangene Situationen mit Gedanken, gezeigtem Verhalten und erlebten Gefühlen in Verbindung bringen und auf dieser Basis dann auch künftiges Verhalten ausführen. Dieses verstärkte Befassen mit sich selbst wird *Selbstaufmerksamkeit* („self-awareness“) genannt (Wicklund, 1979).

Im Ansatz von Wicklund ist Selbstaufmerksamkeit ein Zustand, der auch experimentell induziert werden kann. Dies geschieht in der Bedingung „hohe Selbstaufmerksamkeit“ beispielsweise dadurch, dass Probanden vor einen Spiegel gesetzt werden, während sie einen Fragebogen bearbeiten. Es wird dabei unterstellt, dass der Blick in den Spiegel gewissermaßen zu einem vermehrten Nachdenken über sich selbst führt. Tatsächlich zeigte sich, dass in dieser Bedingung die Werte in einem Fragebogen (u. a. „Soziabilität“) stärker mit dem entsprechenden, mehrere Tage später registrierten, Verhalten korrelierten als in der Bedingung geringer Selbstaufmerksamkeit (Wicklund, 1979).

Für diagnostische Zwecke interessanter ist die Identifizierung der bereits im Abschnitt über die Ängstlichkeitsmessung beschriebenen Persönlichkeitsdisposition Selbstaufmerksamkeit. Fenigstein et al. (1975) versuchten, Selbstaufmerksamkeit (von ihnen „self-consciousness“, also Selbstbewusstsein, genannt) mit Hilfe eines Fragebogens zu erfassen und fanden dabei drei Faktoren: private Selbstaufmerksamkeit, öffentliche Selbstaufmerksamkeit und soziale Ängstlichkeit. An dieser Stelle interessieren nur die beiden Komponenten der Selbstaufmerksamkeit. Wie erwähnt, beschreibt private Selbstaufmerksamkeit dabei die Tendenz, auf eigene Gefühle, Eigenschaften und Absichten zu achten und darüber nachzudenken. Öffentliche Selbstaufmerksamkeit bezeichnet demgegenüber die Sensitivität für die eigene Wirkung auf andere sowie für den Ausdruck und die Selbstdarstellung anderer in sozialen Situationen. Verbunden mit dieser Sensitivität ist die Tendenz, anhand dieser Hinweise die eigene Darstellung zu gestalten.

Die Dimension öffentliche Selbstaufmerksamkeit hat natürlich besondere Relevanz für die Forschung zur Selbstdarstellung (Laux, 2008). Das Konzept wurde deshalb von Snyder (1987) zu einer Theorie der *Selbstüberwachung* („self-monitoring“) ausgearbeitet. Starke Selbstüberwacher besitzen danach die Fähigkeit, die Befindlichkeiten anderer Personen wahrzunehmen und ihr eigenes Verhalten entsprechend *kontrolliert* darauf abzustellen. Selbstüberwachung stellt somit eine gesteigerte Form der Selbstaufmerksamkeit dar. Erfasst wird diese Tendenz mit einer von Snyder entwickelten eindimensionalen Skala (revidierte Form bei Gangestad & Snyder, 2000; deutsche Version: Nowack & Kammer, 1987; vgl. auch Laux, 2008).

Für die Frage, wieweit eigene Gefühle, Merkmale, Einstellungen oder Absichten dem Probanden, der einen entsprechenden Fragebogen beantworten soll, überhaupt zugänglich sind, dürfte jedoch die Komponente private Selbstaufmerksamkeit bedeutsamer sein. Dieser Ansatz fand deshalb seinen Niederschlag im umfassenderen Konzept der *Selbsteinsicht* („self-insight"; Robins & John, 1997).

Die Forschung zur Selbsteinsicht hat dabei deutlich gemacht, dass die Genauigkeit, mit der Personen eigene Merkmale beschreiben, sowohl von Persönlichkeitsdispositionen als auch von situativen Bedingungen – und der Wechselwirkung zwischen beiden – abhängt (Robins & John, 1997). Zu den situativen Bedingungen gehört beispielsweise auch die – häufig Zeitdruck erzeugende – Instruktion. (Die Items sollen möglichst „zügig" bearbeitet werden.) Dieser Zeitdruck steht evtl. einer gründlicheren Beschäftigung mit eigenen Merkmalen entgegen. Aber selbst bei hoher individueller Selbsteinsicht dürfte immer noch ein erheblicher Bereich an Einstellungen, Gefühlen oder Persönlichkeitsmerkmalen bleiben, die der Introspektion nicht (oder nur sehr schwer) zugänglich und damit über Selbstberichte auch nicht erfassbar sind. Diese Überlegung hat Greenwald und Mitarbeiter (u. a. Greenwald et al., 2002; Greenwald, McGhee & Schwartz, 1998) veranlasst, generell zwischen einer expliziten und einer impliziten Messung derartiger Merkmale zu unterscheiden.

Fragebogen stellen *explizite Messinstrumente* dar. Mit ihnen werden Merkmale erfasst, die der Introspektion zugänglich sind und damit evtl. auch bestimmten Antworttendenzen wie der SE-Tendenz unterliegen. *Implizite Instrumente* erfassen dagegen Prozesse und Merkmale, die außerhalb des Bewusstseins liegen und deshalb für die Introspektion unzugänglich sind. Ein neueres, viel beachtetes, Verfahren zur impliziten Messung von Persönlichkeitsmerkmalen und (insbesondere) Einstellungen ist der *Implizite Assoziationstest* (IAT; Greenwald et al., 1998). Da es sich hier um einen *objektiven Messansatz* handelt, wird dieser Ansatz in ► **Kap. 11** genauer dargestellt.

Es hat also den Anschein, als würden Faktoren wie insbesondere die Tendenz zur sozialen Erwünschtheit das Antworten im Fragebogen so stark beeinflussen, dass das Ziel einer validen Erfassung von Persönlichkeitsmerkmalen über Selbstberichte im Grunde verfehlt wird. Wie wir bereits gesehen hatten (S. 301), wäre eine solche Schlussfolgerung jedoch übertrieben.

Ein vielversprechender Ansatz, der Frage nach verzerrenden Einflüssen auf das Antwortverhalten in Fragebogen näher zu kommen, besteht in der Kontrastierung expliziter und impliziter (oder anderer objektiver) Maße. Dabei kann dann nach Moderatoreffekten von SE oder anderen Tendenzen gefahndet werden, die den Zusammenhang zwischen beiden Maßen potenziell beeinflussen. Für die SE-Tendenz z. B. wäre eine solche moderierende Rolle zu erwarten, d. h. bei Probanden mit schwacher SE-Tendenz müsste der Zusammenhang enger sein als bei Personen mit starker SE-Tendenz. Für das Merkmal Ängstlichkeit konnten Egloff und Schmukle (2003) jedoch in zwei Studien nachweisen, dass die SE-Tendenz diese moderierende Funktion *nicht* besitzt. Die Assoziationen zwischen expliziten und impliziten Maßen fielen durchweg sehr niedrig aus und wurden durch unterschiedliche Ausprägungen der SE-Tendenz nicht bedeutsam beeinflusst (vgl. auch Holden & Passey, 2010). Natürlich ist es denkbar, dass andere Faktoren als die soziale Erwünschtheit, etwa Strategien der Selbstdarstellung oder die Selbstaufmerksamkeit, die Enge des Zusammenhangs zwischen expliziten und impliziten Testverfahren moderieren. Dies müsste in weiteren Forschungen geklärt werden. Dabei wäre auch den angesprochenen Differenzierungen im Bereich der SE genauer nachzugehen. Generell bleibt die Forschung zu nichtintendierten Einflüssen auf das Antwortverhalten in Fragebogen ein wichtiges und gerade in letzter Zeit auch aktiv betriebenes Forschungsfeld der Diagnostik (Ziegler, MacCann & Roberts, 2012).

10.7 Bewertung subjektiver Verfahren

Fragebogen haben gegenüber anderen Verfahren den großen Vorteil, dass sie sehr leicht durchgeführt und ökonomisch ausgewertet werden können. Damit kommt ihnen eine besondere Bedeutung für die psychologische Praxis zu. Diesem großen Vorzug steht die eher unbefriedigende Validität der meisten subjektiven Verfahren entgegen. Diese Validität ist immer dann besonders niedrig, wenn mittels vergleichsweise „allgemeiner" Persönlichkeitsskalen (z. B. zur Ängstlichkeit) das Verhalten in einem sehr spezifischen Bereich (etwa bei einer Prüfung) vorhergesagt werden soll. Deshalb haben sich allgemeine Persönlichkeitsinventare, wenn sie allein eingesetzt werden, auch als wenig geeignet erwiesen, etwa akademische oder berufliche Leistungen zu prädizieren (Cronbach, 1990). Als relativ kostengünstiges Verfahren auf einer frühen Stufe einer sequenziellen Strategie (► **Kap. 6**) oder innerhalb einer Testbatterie zur Erhöhung der Vorhersagevalidität dieser Batterie (inkrementelle Validität) eingesetzt, hat das Persönlichkeitsinventar jedoch in der praktischen Diagnostik durchaus seinen Wert.

Eine höhere Validität wird im Allgemeinen erreicht, wenn bereichsspezifische Fragebogen das Verhalten in entsprechenden Situationen vorhersagen sollen (wenn also etwa ein Test der Leistungsängstlichkeit zur Prädiktion des Prüfungserfolgs herangezogen wird; Krohne, 2010). Dementsprechend finden sich im Bereich der klinischen Diagnostik (► **Kap. 15**) auch eher befriedigende Validitäten für subjektive Verfahren. Hier werden interessierende Merkmale wie Befindlichkeitsstörungen oder Erfolg nach einer Behandlung im Allgemeinen nicht durch breit angelegte Inventare, sondern durch sehr bereichsspezifische klinische Skalen vorhergesagt.

Dass die Validitätswerte für Selbstbeschreibungsinstrumente oft niedrig ausfallen, kann nur denjenigen erstaunen, der sich den Vorgang einer psychologischen Diagnose in Analogie zur Erhebung medizinischer Daten, etwa zur Körpertemperatur oder zum Blutdruck, vorstellt. Tatsächlich sind die Unterschiede zwischen beiden Messprozeduren jedoch erheblich. Während sich medizinische Messungen auf real existierende biologische Vorgänge beziehen, haben psychologische Merkmale (z. B. Ängstlichkeit) nicht im gleichen Sinne eine „reale Existenz". Vielmehr handelt es sich hier um gedankliche (theoretische) Konstruktionen, die nur im Rahmen einer bestimmten Theorie als Ängstlichkeit, Extraversion usw. bezeichnet werden. Psychologische Merkmale sind also Theorieteile, aus denen jeweils abgeleitet werden muss, in welcher Weise bestimmte konkrete Verhaltensweisen in definierten Situationen auftreten werden. Nur bei genauer theoretischer Analyse sind also valide Verhaltensvorhersagen möglich. Diese Analysen müssen die komplexen sozialen Interaktionsprozesse während einer psychologischen Untersuchung, insbesondere auch die Steuerungsversuche des Probanden mit berücksichtigen. Dies gilt im Prinzip für jede diagnostische Erhebung, ganz besonders aber für die Anwendung von Selbstbeschreibungsinstrumenten.

Weiterführende Literatur

Eine grundlegende Übersicht über Persönlichkeitsmessung mit Hilfe von Selbstberichten liefert Aiken (1999). Weitere wichtige Informationen zur Fragebogenkonstruktion finden sich in Cronbach (1990).

Fragen zur Wissenskontrolle

1. Wie sind Q-Daten definiert?
2. Beschreiben Sie die verschiedenen Strategien der Konstruktion mehrdimensionaler Inventare. Geben Sie ein Beispiel für jede Strategie.
3. Welcher Strategie lässt sich das Freiburger Persönlichkeitsinventar (FPI-R) zuordnen? Begründen Sie die Zuordnung.
4. Welchen drei Kategorien lassen sich Verfahren zur Messung von Stressbewältigung zuordnen? Geben Sie ein Beispiel für jede Strategie.
5. Welche Messkonzepte werden bei der Konstruktion und Auswertung von Items zur Messung von Interessen verwendet? Beschreiben Sie Logik sowie Vor- und Nachteile der Konzepte.
6. Beschreiben Sie Thurstones Methode zur Messung von Einstellungen.
7. Welche Einflüsse gehen vom Testmaterial auf das Antwortverhalten in Fragebogen aus?
8. Welche Personmerkmale beeinflussen das Antwortverhalten in Selbstberichten?

11 Verfahren zur Beschaffung von objektiven (T-) Daten

Im vorangegangenen Kapitel wurden Probleme vorgestellt, die mit der Verwendung von Selbstauskünften für diagnostische Zwecke verbunden sind. Das zentrale Problem derartiger Daten besteht darin, dass die *Messintention* für den Probanden relativ leicht durchschaubar ist. Der Proband kann also die von ihm erschlossene Zielsetzung der Erhebung mit seinen eigenen Interessen in der diagnostischen Situation abgleichen (Kaminski, 1970) und so sein Antwortverhalten entsprechend steuern. Ein zweites Problem liegt darin, dass Verfahren zur Erhebung subjektiver Daten *explizite* Messinstrumente darstellen. Damit ist gemeint, dass mit ihnen im Wesentlichen nur solche Sachverhalte erfasst werden können, die introspektiv zugänglich sind, also bewusst verarbeitet und gespeichert werden. Ein weiteres Problem resultiert aus dem Umstand, dass die Diagnose bei subjektiven Verfahren fast ausschließlich über die Analyse *verbalen* Materials erfolgt. Damit kommt semantischen Beziehungen zwischen den Sachverhalten, die in den Items angesprochen werden, beim Antwortverhalten eine große Bedeutung zu, obwohl diese semantischen Beziehungen keineswegs mit den diagnostisch interessierenden Zusammenhängen korrespondieren müssen (D'Andrade, 1965; Shweder, 1982). So registrierten etwa Watson und Clark (1984) für Fragebogen, in denen „negative" Aspekte des Erlebens und Verhaltens angesprochen werden (z. B. Angst, Vigilanz, Ärger, Depression), hohe Korrelationen, die sie auf das Operieren einer übergeordneten Persönlichkeitsdisposition, der Bereitschaft, negative Affekte zu erleben, zurückführten. Tatsächlich lassen sich die angesprochenen Aspekte jedoch sowohl theoretisch als auch empirisch relativ gut separieren. Die registrierten hohen Zusammenhänge sind vermutlich in erster Linie Resultat semantischer Ähnlichkeiten im verwendeten verbalen Material.

Mit dem Einsatz sog. „objektiver" Verfahren zur Erfassung von Persönlichkeitsmerkmalen wird in der Diagnostik versucht, diese Probleme zu vermeiden. Objektive Verfahren erheben den Anspruch, in ihrem Messprinzip intransparent zu sein. Die *Verschleierung des Messprinzips* stellt die zentrale determinierende Eigenschaft objektiver Tests dar. Hiermit soll vermieden werden, dass der Proband sein Antwortverhalten auf der Grundlage eigener Interessen steuern kann. Darüber hinaus sollen objektive Tests Merkmale erschließen, die nicht oder nur partiell bewusst repräsentiert sind. Hierbei spricht man von „impliziten" Merkmalen. Tests, die solche Merkmale fokussieren, werden auch kurz als „implizite Verfahren" bezeichnet. Entsprechend kommt den Selbstauskünften der Probanden in objektiven Tests kein oder allenfalls geringes Gewicht zu.

11.1 Definition von T-Daten

T-Daten sind Resultate von Messungen des Verhaltens, von Leistungen und von psychophysiologischen Reaktionen des Probanden. Geschieht dies im Rahmen standardisierter Testsituationen, so spricht man von „objektiven" Tests. Unter objektiven Persönlichkeitstests werden dabei solche Verfahren zusammengefasst, die das Kriterium der Intransparenz des Messprinzips für den Probanden erfüllen.

Da das Kriterium der Intransparenz des Messprinzips konstitutiv für diese Testgruppe ist, spricht Anastasi (1982) hier auch von „indirekten Tests". Dies ist eine etwas glücklichere Wortwahl, da der Begriff „objektiv" leicht zu Verwechslungen mit dem Testgütekriterium der Objektivität (▶ **Kap. 3**) führen kann. Da sich der Begriff aber nicht durchgesetzt hat, sprechen wir weiterhin von objektiven Tests. Ob im Sinne der Testgüte objektive Tests objektiv sind, muss natürlich in jedem Einzelfall gesondert nachgewiesen werden.

In einigen Darstellungen objektiver Testverfahren werden Verfahren, die psychophysiologische Prozesse erfassen, noch einmal von objektiven Tests i. e. S. unterschieden. Im Sinne der Annahme einer weitgehenden Unbeeinflussbarkeit des Zustandekommens der Testreaktion durch den Probanden lassen sich die beiden Gruppen jedoch zusammenfassen.

Das Kriterium der Intransparenz des Messprinzips erfüllen formal sehr unterschiedliche Testdesigns, die damit grundsätzlich als objektive bzw. indirekte Tests angesprochen werden können, z. B.

1. Leistungstests, soweit sie Persönlichkeitsmerkmale i. e. S. erfassen,
2. Fragebogenverfahren,
3. experimentelle Anordnungen,
4. apparative Verfahren,
5. psychophysiologische Messstrategien,
6. projektive Verfahren.

Bei Leistungstests steht hier bei der Auswertung nicht die Fähigkeitskomponente im Vordergrund, sondern die i. e. S. persönlichkeitsspezifischen, d. h. *stilistischen* Besonderheiten des Individuums. Da hier am Testverhalten nicht die Fähigkeits-, sondern die Stilkomponente interessiert, unterscheidet Cronbach (1990) zwischen „Performance Tests of Ability", das sind Fähigkeitstests, und „Performance Tests of Personality", das sind objektive Persönlichkeitstests.

Was die Fragebogenverfahren betrifft, so entspricht ihr Einsatz dann dem eines objektiven Tests, wenn nicht die Selbsteinschätzung den Testscore konstituiert, wie z. B. beim Summenscore hinsichtlich Ängstlichkeit in der A-Trait-Skala des STAI (► **Kap. 10**), sondern stattdessen ein anderes Testverhalten erfasst werden soll, z. B. die durchschnittliche Reaktionszeit pro Item oder die Präferenz für extreme Antworten.

11.2 Grundlagen objektiver Tests

Versuche zur objektiven Persönlichkeitsmessung (im Sinne der gegebenen Definition) gehen historisch weit zurück (Übersicht bei Häcker, 1982) und sind überall dort zu sehen, wo Information über interindividuelle Differenzen nicht über Selbsteinschätzung oder Fremdbeurteilung, sondern über Verhaltensindikatoren gewonnen wurde. Systematisch ausgebaut wurde die objektive Persönlichkeitsmessung Ende des 19. Jahrhunderts durch Kraepelin (1896). Ziel Kraepelins war es dabei, Klassifikationen von sog. „Geistesstörungen" durch Registrierung von Arbeitsvorgängen (Zeitmessung, Wahlreaktionen, Lernen) zu erreichen. Hierzu gehörte beispielsweise auch ein, später als *Pauli-Test* (Pauli & Arnold, 1951) bekannt gewordener, Rechentest (► **Kap. 12**).

Weitere Stadien der Entwicklung objektiver Tests sind die Formdeuteversuche von Rorschach (1921; ► **Kap. 2**), die Konstruktion von Wahrnehmungsaufgaben vom Typ „verborgene Figuren" durch Gottschaldt (1926), die dann zur Entwicklung eines entsprechenden Tests zur Erfassung „kognitiver Stile" durch Witkin (1950) führte, sowie der Farb-Wort-Interferenzversuch von Stroop (1935).

Bei den objektiven Tests kann man, je nach ihrem Bezug zu grundlegenden Persönlichkeitsmodellen, zwei Gruppen unterscheiden: Tests, die in ein Gesamtsystem der Persönlichkeit eingeordnet sind, sowie Tests, die ein einzelnes Konstrukt, z. B. einen kognitiven Stil, operationalisieren.

11.3 In Gesamtsystemen der Persönlichkeit fundierte objektive Tests

In einem Gesamtsystem der Persönlichkeit fundierte objektive Tests wurden im Wesentlichen in den Arbeitsgruppen von Cattell und Eysenck entwickelt. Zwischen beiden Richtungen bestehen deutliche Unterschiede: Cattell (z. B. Cattell & Warburton, 1967) versuchte, standardisierte Testdesigns zu entwickeln. Eysenck (Übersicht in Eysenck, 1976) wollte interindividuelle Unterschiede dagegen primär in experimentellen Designs und hier besonders mit Hilfe apparativer Techniken erfassen. Es soll zunächst der Ansatz von Cattell näher betrachtet werden.

11.3.1 Cattell

Cattell hat versucht, ein System der Grundeigenschaften der Persönlichkeit aufzustellen, indem er zunächst über verschiedene Reduktionsschritte einen Pool von Eigenschaftsvariablen gewann, die überwiegend in Form von Gegensatzpaaren (z. B. „aufmerksam-geistesabwesend") angeordnet waren. Sein Ziel war es, hieraus faktoriell bestimmte Dimensionen der Persönlichkeit zu ermitteln, die über verschiedene Erhebungsmodi invariant ausfallen und somit den Charakter von Grundeigenschaften („source traits") der Persönlichkeit aufweisen sollen (Cattell, 1946, 1965).

Seine erste Analyse bezog sich auf L-Daten; die erwähnten Eigenschaftspaare wurden also im Sinne der Fremdbeurteilung von Personen eingesetzt. Aus dieser Analyse resultierten zwölf Faktoren, z. B. Dominanz-Unterordnung. In einem nächsten Schritt formulierte er den Pool der Eigenschaftsvariablen in Fragebogenitems (Q-Daten) um und ermittelte anschließend wiederum über Faktorenanalyse die Struktur der Selbstbeschreibung der Persönlichkeit. Die resultierenden 16 Faktoren, die konstitutiv für die Konstruktion des in ► **Kap. 10** beschriebenen 16 PF-Tests wurden, beinhalten die Mehrzahl der zwölf Faktoren aus der L-Daten-Ebene. Die faktorenanalytische Auswertung von objektiven Tests sollte die Systematik der L- und Q-Daten auf T-Daten-Ebene bestätigen. Dabei zog Cattell folgende Gruppen objektiver Tests heran:

1. Fähigkeitstests,
2. allgemeine Leistungstests,
3. Wahrnehmungstests,
4. Gedächtnisproben,
5. psychomotorische Tests,
6. sensumotorische Koordinationsaufgaben,
7. Fragebogen,
8. Tests zu Einstellungen und Haltungen,
9. Aussagen über ästhetische Vorlieben,
10. projektive Tests,
11. Reaktionen in Miniatursituationen,
12. Spieltests,
13. psychophysiologische Parameter.

Ein Beispiel für einen Wahrnehmungstest ist die *Beurteilung der Länge von Linien*. Hierbei wird dem Probanden in verschiedenen Aufgaben jeweils ein Linienpaar dargeboten. Er muss dabei angeben, ob beide Linien gleich lang sind bzw. welche von beiden länger ist. Score ist die Anzahl der in der vorgegebenen Zeit bearbeiteten Paare. In Tests zu Einstellungen und Haltungen würde beispielsweise gefragt werden, ob man lieber mit einem Bekannten einen Wettlauf machen oder allein laufen möchte (wobei nach der Anzahl aufgesuchter Wettbewerbssituationen ausgewertet wird). Psychophysiologische Parameter lassen sich insbesondere in Belastungssituationen erheben, etwa dem (im nächsten Abschnitt genauer beschriebenen) *Cold-pressor test* („Eiswassertest"). Zu den meisten Tests gibt es mehrere Auswertungsvariablen, die aber in der Regel miteinander assoziiert sind. So werden etwa im *psychomotorischen Labyrinthtest* die Geschwindigkeit und Genauigkeit gemessen, mit der ein Proband ein vorgezeichnetes Labyrinth mit einem Stift durchfährt (zur Beschreibung weiterer Testverfahren siehe u. a. Pawlik, 1968). Auffällig an diesen Testbatterien ist die Dominanz von Fragebogen (etwa zwei Drittel aller Tests). Dadurch wird eine der Forderungen an objektive Testverfahren, nämlich den Anteil verbalen Materials möglichst gering zu halten, nicht erfüllt.

Cattell ermittelte aus diesem Variablensatz 21 Dimensionen der Persönlichkeit auf T-Daten-Niveau (► **Tab. 11.1**). Diese T-Daten-Faktoren 1. Ordnung erhielten von ihm die Buchstabenkombination U.I. (Universal Index) und eine Zahl von 16 bis 36 (die Zahlen 1 bis 15 stehen für Fähigkeitsfaktoren). Anders als von Cattell angestrebt, finden sich allerdings nur vereinzelt Beziehungen dieser 21 Faktoren zu den Dimensionen des 16-PF-Tests, und diese Übereinstimmungen bestehen auch nur mit dessen Globalfaktoren (Faktoren 2. Ordnung). So lässt sich etwa U.I.-32 dem Globalfaktor Extraversion, U.I.-24 dem Globalfaktor Ängstlichkeit, U.I.-22 der Selbstkontrolle und U.I.-19 der Unabhängigkeit zuordnen (Pawlik, 1968).

Durch Verwendung faktorenanalytischer Techniken (► **Kap. 4**) gewann Cattell aus objektiven Testdaten zwölf Zustandsfaktoren, denen er die Abkürzung P.U.I. gab (u. a. Wachheit, Anstrengung bei Stress, Angst, vorsichtige vs. sorglose Stimmung). Anschließend versuchte

Tab. 11.1 Die 21 U.I.-Faktoren der Persönlichkeit (nach Schmidt, 1975)

U.I.-Faktor	Benennung
16	Starke Selbstbehauptung vs. Schwache Selbstbehauptung
17	Inhibition vs. Vertrauensseligkeit
18	Lebhaftigkeit vs. Passivität
19	Unabhängigkeit vs. Unterwürfigkeit
20	Konformität vs. Objektivität
21	Überschwenglichkeit vs. Zurückhaltung
22	Kortikale Wachheit vs. Gefühlsbetontheit
23	Energiemobilisierung vs. Regression
24	Angst vs. Anpassung
25	Realismus vs. Angespannte Starrheit
26	Selbstverwirklichung vs. Hausbackenheit
27	Skeptische Zurückhaltung vs. Engagiertheit
28	Asthenie vs. Selbstsicherheit
29	Verständnis vs. Willensschwäche
30	Gleichmut vs. Dissoziierte Frustration
31	Behutsamkeit vs. Impulsive Veränderlichkeit
32	Extraversion vs. Introversion
33	Bestürztheit vs. Zuversichtliches Gleichgewicht
34	Ungeschicktheit vs. Geschicktheit
35	Schläfrigkeit vs. Angeregtheit
36	Starkes Selbstwertgefühl vs. Schwaches Selbstwertgefühl

er, zwischen den Temperaments- (Persönlichkeits-) und den Zustandsdimensionen jeweils im Sinne der Trait-State-Unterscheidung eine Korrespondenz herzustellen. Dies ist auch teilweise gelungen. So korrespondiert beispielsweise der State-Faktor P.U.I.-9 „Angst“ mit dem Trait-Faktor U.I.-24 „Angst“.

Neben der Erfassung von Persönlichkeitsmerkmalen und Zustandsdimensionen mit Hilfe objektiver Testverfahren hat sich Cattell (1957) auch um eine objektive Motivmessung bemüht. Er nahm dabei zwei unabhängige Aspekte des Motivgeschehens an, die *Motivstärke* und die grundlegenden *Dimensionen der Motivinhalte*.

Bei den Komponenten der *Motivstärke* handelt es sich nicht um verschiedene Motive, sondern um voneinander abgrenzbare Energiequellen und Ausdrucksformen jedes einzelnen Motivs. Zur Erfassung dieser Komponenten schufen Cattell und Mitarbeiter (siehe Cattell & Child, 1975) eine Vielzahl von Testanordnungen, beispielsweise zur Registrierung von Variationen bei Wahrnehmungs-, Denk-, Erinnerungs- und Lernprozessen, von physischer und psychischer Aktivierung sowie Wissen und Können.

Eine Faktorenanalyse dieser Variablen resultierte in sieben Faktoren 1. Ordnung, von denen allerdings nur die ersten fünf einigermaßen ausgeprägte Ladungen aufwiesen. Die inhaltliche Interpretation dieser Komponenten, denen die griechischen Buchstaben Alpha bis Epsilon zugeordnet wurden, orientierte sich stark an der psychoanalytischen Terminologie. Die wichtigsten Komponenten sind:

- *Alpha (Bewusstes Es):* Schnelles Entscheiden, Dinge sagen oder tun, ohne auf Kosten zu achten, wenig rationale Kontrolle (Impulsivität).
- *Beta (Ich):* Fähigkeit zur Realisierung von Motiven (planvolles Handeln).
- *Gamma (Über-Ich):* Orientierung am Idealbild (Moralismus).

Zur Aufschlüsselung der Struktur der *Motivinhalte* faktorisierte Cattell eine Vielzahl von Einstellungen. Er gelangte dabei zu zwei verschiedenen Klassen von Motivdimensionen, die er als *Triebe* und *Motivziele* bezeichnete. In den Trieben sah Cattell eine Art biologisch verankerter Antriebe, während er unter Motivzielen sozial und kulturell vermittelte Werthaltungen verstand. Beispiele für Triebe sind Sicherheitssuche, Sexualität, Geselligkeit oder Fürsorge. Dimensionen der Motivziele sind u. a. Selbstkontrolle, Religion, Beruf oder Partnerschaft.

Triebe, Motivziele, Einstellungen und Verhalten lassen sich als vier Ebenen des Motivgeschehens darstellen. Triebe determinieren Motivziele, diese wiederum die Einstellungen und diese schließlich das Verhalten. Dabei sollen die Einheiten auf diesen vier Stufen vielfältig verknüpft sein. Ein Trieb kann mit mehr als einem Motivziel, und dieses wiederum mit mehr als einer verhaltensdeterminierenden Einstellung verbunden sein. Umgekehrt kann ein Motivziel durch eine Reihe von Trieben gespeist werden.

Zur Messung der verschiedenen Persönlichkeitsdimensionen auf T-Daten-Ebene haben Cattell und Mitarbeiter die wichtigsten ihrer objektiven Tests in Form sog. *Objektiv-Analytischer Testbatterien* (OA-Tests) zusammengestellt und für den praktischen Gebrauch publiziert. Derartige Batterien umfassen in der Regel nicht Indikatoren aller U.I.-Faktoren, sondern sind Zusammenstellungen von Tests, die entweder für besonders gut replizierte Faktoren stehen oder thematisch zusammengehören.

Für die erstgenannte Bemühung steht der OA-Test von Cattell und Schuerger (1978), mit dem die zehn stabilsten U.I.-Faktoren (u. a. Unabhängigkeit, Angst, Extraversion und Bestürztheit; ▶ **Tab. 11.1**) erfasst werden sollen. Für Kinder und Jugendliche zwischen 12 und 17 Jahren liegt die *High School Objective-Analytic Personality Battery* (Schuerger & Cattell, 1976) für zwölf U.I.-Dimensionen vor. Im deutschsprachigen Raum wurde mit der *OA-Testbatterie* 75 (Häcker, Schmidt, Schwenkmezger & Utz, 1975) eine Adaptation dieser Tests veröffentlicht. Die OA-Testbatterie 75 besteht aus 50 Einzeltests, aus denen 102 Variablen abgeleitet werden können. (Für eine revidierte und gekürzte Fassung – OA-TB – siehe Schmidt, Häcker, Schwenkmezger & Cattell, 1987.)

Thematischen und damit spezifischen Erhebungszwecken dient u. a. die *OA Anxiety Battery* (Cattell & Scheier, 1960; deutsche Bearbeitung Beyme & Fahrenberg, 1968). Zur Erfassung der im Motivationsbereich identifizierten Triebe und Triebziele wurde der *Motivation Analysis Test* (MAT; Cattell, Horn, Sweney & Radcliffe, 1964) entwickelt, von dem auch eine Version für Schulkinder (Sweney, Cattell & Krug, 1970) existiert. Eine deutsche Adaptation des MAT für Erwachsene wurde von Häcker, Schmidt und Cattell (1977) publiziert. Analog zu dem im vorangegangenen Kapitel beschriebenen Format vieler Interessentests (▶ **Kap. 10.4**) besteht der MAT aus Zwangswahlitems, zu denen die Antworten *ipsativ* ausgewertet werden, so dass jeweils nur die relative Stärke der einzelnen Motivationskomponenten bestimmt werden kann. Zwei typische Items könnten etwa lauten:

1. Wieviel Prozent der Bevölkerung meinen, dass die Stellung eines Menschen sich in

seinem Auftreten widerspiegelt und Kleider Leute „machen“?

80 % — 50 % — 20 % — 0 %

2. Das Weihnachtsgeld könnte man am besten verwenden um:

( ) Schutzvorkehrungen für den Fall eines Krieges zu treffen.

( ) Bedürftige zu unterstützen.

Beim ersten Item würde eine Person, die sehr auf ihr Äußeres bedacht ist, einen hohen Prozentsatz ankreuzen. Beim zweiten Item sollte eine am Idealbild orientierte Person die untenstehende Alternative wählen.

Befunde zu den Gütekriterien der von Cattell und Mitarbeitern konstruierten objektiven Tests bieten ein sehr uneinheitliches Bild. Objektive Tests werden im Allgemeinen nach Standardinstruktionen durchgeführt und ausgewertet, so dass sie das Kriterium der *Objektivität* wohl durchweg erfüllen dürften. Kritisch anzumerken ist, dass sie häufig recht unökonomisch in ihrer Durchführung sind, so dass von hier evtl. ein negativer Einfluss auf ihre Durchführungsobjektivität ausgehen könnte. Leider fehlen für viele Tests noch *Normen*, so dass mit Rohwerten gearbeitet werden muss. Dies erschwert den Einsatz objektiver Tests für die Einzelfalldiagnose natürlich erheblich.

Psychophysiologische Daten weisen eine sehr geringe *Stabilität* auf. Damit erscheinen sie, zumindest im Rahmen der traditionellen eigenschaftszentrierten Diagnostik, als wenig brauchbare Indikatoren von Persönlichkeitsdispositionen. Allerdings sollte hier auch nicht so sehr der einzelne Messwert für diagnostische Zwecke herangezogen, sondern das Muster der Veränderungen mehrerer psychophysiologischer Parameter über unterschiedliche Situationen (z. B. in Ruhe und Anspannung) betrachtet werden. Hierbei muss allerdings das Phänomen der Reaktionsspezifität (Fahrenberg, 1986) beachtet werden, d. h. die selektive Aktivierung einzelner Komponenten des Musters in verschiedenen Personen. Auch für die übrigen objektiven Tests sind die *Retest-Reliabilitäten* noch nicht befriedigend (Häcker et al., 1975; Schmidt, 1975). In der objektiven Angstbatterie scheinen sie jedoch zufriedenstellend auszufallen (Beyme & Fahrenberg, 1968; Cattell & Scheier, 1960).

Entsprechend ihrer Fundierung in einer faktorenanalytischen Persönlichkeitstheorie richteten sich erste Bemühungen der *Validitätsprüfung* auf den Nachweis der Stabilität der gefundenen Faktorenstrukturen. Dieser Nachweis kann bestenfalls als partiell geglückt betrachtet werden (Howarth, 1972; Schmidt, 1975). Tatsächlich scheint ein Großteil der Faktorenstruktur, anders als bei Q-Daten, recht instabil zu sein. Das bedeutet, dass offensichtlich die Höhe der Interkorrelationen der einzelnen Tests sehr stark schwankt.

Anstelle einer faktoriellen (also internen) Validierung treten deshalb zunehmend Versuche der externen Validierung. Insbesondere für den klinischen Bereich zur Unterstützung von Differenzialdiagnosen wurden dabei einige Studien vorgelegt. So gelang es Schmidt, Häcker und Schwenkmezger (1985) mit Hilfe einer Auswahl von 48 objektiven Testvariablen, die diagnostizierten Gruppen der Neurotiker, Alkoholiker und Schizophrenen untereinander und von einer „normalen“ Kontrollgruppe über eine Diskriminanzanalyse zu trennen. (Richtige Klassifikation 83 %, Kreuzklassifikation 59 %; weitere Untersuchungen in Schmidt & Schwenkmezger, 1994; Schwenkmezger, Schmidt & Stephan-Hembach, 1994.) Allerdings wird keine theoretische Begründung geliefert, warum bestimmte Variablen zwischen den Gruppen trennen.

Häcker, Schwenkmezger und Utz (1979) führten Untersuchungen zu der Frage durch, ob das Kriterium der Intransparenz des Messprinzips wirklich in objektiven Tests erfüllt wird. Hierdurch sollten ja Fehlerquellen aus Q-Daten wie Verfälschungs-, Erwünschtheits-

oder Zustimmungstendenz ausgeschaltet werden. Die Autoren variierten dabei die Instruktionen wie auch den situativen Kontext, etwa indem sie einen Test einmal als Forschungsinstrument, ein anderes Mal als Auslesesituation darstellten. Sie fanden, dass die meisten objektiven Tests nicht so resistent gegenüber derartigen situativen Bedingungen sind, wie ursprünglich angestrebt. Dies gilt insbesondere bei Verfahren, die formal wie Fragebogen aufgebaut sind, z. B. bei dem bereits erwähnten Item „Was würden Sie lieber machen? – Mit Bekannten einen Wettlauf machen – Alleine laufen." Auch bestimmte objektive Scores aus Fragebogen, z. B. die Tendenz zu Extremwerten, scheinen für derartige Variationen anfällig zu sein.

Als Fazit bleibt festzuhalten, dass einzelne objektive Tests in der Tradition Cattells im Prinzip brauchbare Instrumente der Persönlichkeitsdiagnostik darstellen. Die Konstruktion faktoriell valider Testbatterien ist bislang nicht gelungen. Der Einsatz objektiver Testbatterien, zusammen mit Tests aus anderen Datenebenen, für die Differenzialdiagnose im klinischen Bereich ist ein gangbarer, wenn auch sehr aufwändiger und damit kostspieliger Weg. Es stellt sich damit die Frage, ob es nicht nützlichere Alternativen zu diesen Testbatterien gibt.

11.3.2 Eysenck

Im Gegensatz zu Cattell, in dessen objektiven Tests in starkem Maße verbales Material dargeboten wird, versuchte Eysenck, seine grundlegenden Dimensionen der Persönlichkeit, Extraversion, Neurotizismus und Psychotizismus, auf der T-Daten-Ebene über experimentelle Anordnungen zu operationalisieren. Allerdings ging es Eysenck dabei weniger um die Konstruktion von Testverfahren, sondern um eine empirische Überprüfung zentraler theoretischer Annahmen zu den drei genannten Konstrukten. Es handelt sich also hier im Sinne der zuvor gegebenen Definition nicht um Tests i. e. S. (so ist z. B. nichts über die Reliabilität dieser Verfahren bekannt). Deshalb sollen an dieser Stelle nur exemplarisch die wichtigsten Verfahren in ihrer Korrespondenz mit den drei Persönlichkeitsdimensionen genannt werden. (Umfassendere Darstellungen finden sich u. a. in Eysenck, 1976.)

Unterschiede auf der Dimension *Extraversion* wurden im Wesentlichen erfasst über Lernkurven, Verläufe des Leistungsabfalls, Figurnachwirkungen, die Bestimmung sensorischer Schwellen und der Schmerzschwelle sowie über Aufmerksamkeits- und Ermüdungsprozesse.

Eine bekannte Aufgabe zur Analyse des Leistungsabfallverlaufs ist die *Pursuit-rotor task*. Die Anordnung besteht aus einer Metallscheibe, die sich auf einem Plattenteller schnell dreht. Aufgabe des Probanden ist es, über einen Metallgriffel möglichst ständig Kontakt mit der Scheibe zu halten. Scores sind die Anzahl und die Länge der Kontaktunterbrechungen. Wie zu erwarten, steigen diese Scores während des (meist fünfminütigen) Durchgangs deutlich an. Gibt man nun den Probanden eine (etwa zehnminütige) Ruhepause und setzt die Aufgabe anschließend fort, so findet sich generell eine deutlich bessere Leistung als am Ende des ersten Durchgangs. Diese ruhebedingte Leistungssteigerung wird *Reminiszenz* genannt. Es konnte nun in vielen Untersuchungen nachgewiesen wurden, dass der Reminiszenz-Score, die Differenz von Leistung nach und vor der Pause, bei Extravertierten höher ist als bei Introvertierten.

Eysenck hatte diese Unterschiede zunächst über die Annahme erklärt, dass Extravertierte, verglichen mit Introvertierten, in derartigen kontinuierlichen Leistungssituationen schneller und stärker eine kortikale Hemmung aufbauen, also leichter ermüden. Wenn das so wäre, dann müssten Extravertierte *vor* der Pause einen stärkeren Leistungsabfall zeigen. Tatsächlich scheinen die Unterschiede im Differenzscore aber hauptsächlich auf bessere Leistungen Extravertierter *nach* der Pause zurückzugehen. Belastend für die Hypothese der kortikalen Hemmung ist auch der Befund, dass sich die Beziehung nach einer längeren (mehrtägigen) Pause umzukehren scheint, d. h. dass nun Introvertierte von der Pause offenbar stärker profitieren. Im Gegensatz zur Lage bei kurzen Ruhepausen sind hier die Befunde allerdings inkonsistent (siehe u. a. Eysenck & Eysenck, 1985).

Auch bei weiteren Untersuchungsanordnungen sollen signifikante Unterschiede zwischen Extravertierten und Introvertierten bestehen (vgl. u. a. Eysenck, 1975). So zeigen Extravertierte bei einfachen Lernaufgaben schlechtere Leistungen, sie weisen ein geringeres Ausmaß an Figurnachwirkungen auf und können stärkere Schmerzen besser ertragen.

Unterschiede auf der Dimension *Neurotizismus* wurden erfasst über die Registrierung der Anfälligkeit gegenüber körperlichem oder psychischem Stress, über Konzentrations- und Suggestibilitätstest, die Erfassung des Anspruchsniveaus sowie über die Registrierung der Flexibilität (vs. Perseveration) im Denken und Wahrnehmen.

Eine bekannte Anordnung zur Registrierung der Stressanfälligkeit ist der bereits erwähnte *Cold-pressor test* („Eiswassertest“). Hierbei soll der Proband seinen Unterarm für eine gewisse Zeitdauer (ca. 1 Minute) in Eiswasser (maximal 4° C) eintauchen. Dabei lassen sich von der Ankündigung bis zur Durchführung dieser Prozedur verschiedene physiologische Parameter erheben. Die registrierten Werte weisen auf eine höhere Anfälligkeit für Stressoren bei Probanden mit hoher Neurotizismustendenz (also bei emotional labilen Personen) hin. In anderen Anordnungen zeigte sich, dass hoher Neurotizismus zusammenhängt mit geringerer Flexibilität im Denken und Wahrnehmen, mangelhafter Konzentration, erhöhter Suggestibilität sowie einem geringen Anspruchsniveau (Eysenck, 1976).

Unterschiede auf der Dimension *Psychotizismus* wurden erfasst über Phantasietests, das Durchhaltevermögen bei verschiedenen Aufgaben sowie die Genauigkeit und Schnelligkeit bei der Aufgabenbearbeitung. Personen mit hohen Werten auf dieser Dimension schneiden dabei besonders gut ab in Aufgaben, in denen Phantasie gefordert ist. Schlechte Leistungen zeigen sie dagegen dann, wenn Durchhaltevermögen, Schnelligkeit und Genauigkeit bei der Aufgabenbearbeitung entscheidend sind.

11.4 Objektive Tests zu einzelnen Konstrukten

11.4.1 Übersicht

Bereits Cattell hatte objektive Tests zur Erfassung von Einzelkonstrukten veröffentlicht, indem er aus seinen umfangreichen Batterien Gruppen spezieller Verfahren herauslöste. Als Beispiel hierfür war im vorangegangenen Abschnitt die *OA Anxiety Battery* (Cattell & Scheier, 1960) genannt worden. Im Gegensatz zur Vielfalt bei der Erfassung von Persönlichkeitsmerkmalen mit Hilfe von Fragebogen (► **Kap. 10**) waren allerdings Versuche, die sich auf die Messung einzelner Persönlichkeitsmerkmale mit Hilfe objektiver Tests richteten, zu der Zeit, als Cattell seine Tests vorlegte, eher selten. Eine Ausnahme hiervon sind die im nächsten Abschnitt darzustellenden projektiven Verfahren. Die Erfassung von Einzelmerkmalen mit Hilfe objektiver Tests konzentriert sich stattdessen zunächst auf den Bereich der *kognitiven Stile*, d. h. auf eine

Gruppe von Konstrukten, die im Übergangsbereich von Fähigkeits- zu Persönlichkeitsmerkmalen i. e. S. angesiedelt ist. Erst mit der Entwicklung sog. „impliziter“ Verfahren, über die in diesem Kapitel noch genauer berichtet wird, wandte sich das Interesse dann wieder zentralen Persönlichkeitsdimensionen wie etwa Ängstlichkeit zu. Im Folgenden sollen zunächst einige etablierte Testverfahren zur Erfassung kognitiver Stile vorgestellt werden.

11.4.2 Kognitive Stile

Kognitive Stile bezeichnen theoretische Konstrukte, mit denen interindividuelle Unterschiede bei verschiedenen Aspekten der Informationsverarbeitung (Aufmerksamkeitsrichtung, Wahrnehmung, Bildung und Prüfung von Hypothesen, Kategorisierung und Speicherung von Information) beschrieben werden (Krohne, 1985b; Sternberg & Grigorenko, 1997). Im Gegensatz zu Parametern kognitiver Fähigkeiten, die sich auf interindividuelle Unterschiede im Niveau bestimmter Leistungen beziehen, sollen Maße kognitiver Stile Unterschiede in der Art und Weise der Verarbeitung von Information erfassen. Cronbach (1990) spricht hier, wie erwähnt, von „Performance Tests of Personality“.

In ▶ **Tab. 11.2** sind wesentliche kognitive Stile aufgeführt. Schon ein kurzer Blick macht deutlich, dass sich einige Stile offenbar doch deutlich auf Fähigkeitsunterschiede beziehen. Sie werden deshalb der ursprünglichen Intention dieses Ansatzes, durch Analyse von Leistungsvariablen Informationen über Persönlichkeitsmerkmale außerhalb des Fähigkeitsbereichs zu erhalten, nur bedingt gerecht. Dieser Überlegung folgend hat Kogan (1973) eine Klassifikation von Stilen nach dem begrifflichen und operationalen Abstand zum Fähigkeitskonzept vorgeschlagen. Stile einer ersten Gruppe lassen sich dabei sowohl von der Definition wie den Messoperationen her (es werden im Wesentlichen die klassischen Leistungsscores Genauigkeit, Fehler und Zeit herangezogen, ▶ **Kap. 12**) eindeutig als Fähigkeitsvariablen identifizieren. Zu ihnen gehören Feldabhängigkeit, Interferenzneigung und Reflexivität-Impulsivität. Eine zweite Gruppe, zu der etwa der analytisch vs. relational-funktionale Stil zählt, unterscheidet sich von der ersten im Wesentlichen nur dadurch, dass hier individuelle Unterschiede auf anderen als den üblichen Fähigkeitsscores erfasst werden. Nur die Stile einer dritten Gruppe, zu denen etwa kategoriale Weite, Leveling-Sharpening oder Scanning gehören, sollen frei von deutlichen Beziehungen zu Fähigkeitsdimensionen sein. Im Folgenden sollen diagnostische Verfahren, die zu den genannten Stilen aus den drei Gruppen entwickelt wurden, kurz beschrieben werden.

Feldabhängigkeit

Ausgangspunkt der Entwicklung des Konstrukts der Feldabhängigkeit waren Arbeiten, in denen das Zusammenwirken visueller mit vestibulärer und kinästhetischer Information bei der Raumorientierung untersucht wurde. Die Orientierung über die Lage unseres Körpers im Raum, etwa eine aufrechte Position, wird von externen Hinweisen (z. B. auf senkrechte Wände, einen waagerechten Boden) sowie internen Reizen (Information aus dem Gleichgewichtssinn) gesteuert. Jede Informationsquelle allein reicht normalerweise für eine korrekte Orientierung im Raum aus. In der Regel sind beide Quellen verfügbar und liefern kongruente Information. Gelegentlich können sich jedoch äußere und innere Hinweisreize widersprechen, etwa bei einem Piloten, der ohne Instrumentenhilfe oberhalb einer nicht waagerechten Wolkendecke fliegt. In diesem Fall liefern das visuelle Feld hinsichtlich der objektiven Horizontale u. U. falsche und das interne Empfinden richtige Informationen. Nicht alle

Tab. 11.2 Ausgewählte kognitive Stile und ihre Messung

Stil	Definition	Test
Feldabhängigkeit	Globales vs. analytisches Herangehen an dargebotene Information	EFT, RFT
Interferenzneigung	Beeinflussbarkeit durch dominierende, aber irrelevante Stimuli bei der Informationsverarbeitung	CWT
Reflexivität-Impulsivität	Geschwindigkeit, mit der bei Problemen mit hoher Antwortunsicherheit Lösungshypothesen in Entscheidungen umgesetzt werden	MFFT
Analytischer vs. relational-funktionaler Stil	Objekte nach Oberbegriffen oder nach funktionalen Beziehungen gruppieren	CST
Kategoriale Weite	Bevorzugung enger (ausschließender) vs. weiter (einschließender) Grenzen	CWS
Leveling-Sharpening	Angleichung neuer Reize an bestehende Eindrücke vs. Betonung der Neuheit	Schematisierungstest
Scanning	Breite Aufmerksamkeitsstreuung vs. Fokussierung der Aufmerksamkeit	Größenschätzaufgabe

Anmerkung. EFT = Embedded Figures Test; RFT = Rod-and-Frame Test; CWT = Color-Word Test; MFFT = Matching Familiar Figures Test; CST = Concept Sorting Task; CWS = Category-Width Scale.

Personen sind jedoch bei derart widersprüchlicher Information in der Lage, den Konflikt korrekt zu lösen und entsprechend fehlerfrei zu handeln.

Erste Daten zu individuellen Unterschieden bei der Verarbeitung derart widersprüchlicher Information wurden mit Hilfe des *Tilted-Room-Tilted-Chair Tests* erhoben (Witkin, 1949). In diesem Test sitzt der Proband auf einem gekippten Stuhl in einem ebenfalls, aber unabhängig vom Stuhl, gekippten Raum. Die Aufgabe besteht darin, den Stuhl in eine senkrechte Position zu bringen. Je stärker sich der Proband dabei auf das visuelle Feld, also die Hinweisreize aus dem Raum, verlässt, desto weniger wird ihm diese Aufgabe gelingen.

Eine Vereinfachung dieser Anordnung stellt der *Rod-and-Frame Test* (RFT; Witkin et al., 1954) dar. Bei diesem Test wird dem Probanden in einem abgedunkelten Raum ein gekippter quadratischer Leuchtrahmen dargeboten, in dessen Mitte ein ebenfalls, unabhängig von der

Neigung des Rahmens, gekippter Stab montiert ist. Der Stab muss durch Fernbedienung so justiert werden, dass er dem Probanden als senkrecht stehend erscheint. Score ist die Abweichung der Stabeinstellung von der Senkrechten. Eine vereinfachte transportable Version des RFT wurde von Oltman (1979) entwickelt. Da die äußeren Hinweisreize hinsichtlich der Senkrechten fehlleitende Information liefern, ist der Proband bei seinem Urteil vollständig auf interne Reize angewiesen. Personen mit großen Abweichungsscores gelingt die Nutzung dieser internen Information offenbar nur schlecht. Bei ihnen soll das *visuelle Feld* (der gekippte Rahmen) über die Information aus dem Gleichgewichtssinn dominieren. Deshalb bezeichnen Witkin et al. (1954) diese Personen als „feldabhängig", während Personen mit geringeren Abweichungswerten „feldunabhängig" sein sollen. Der mit dem RFT erhobene Score ist zeitlich sehr stabil (Retest-Reliabilität für ein Intervall von einem Jahr um r_{tt} = .80; Witkin et al., 1954).

Untersuchungen zur Konsistenz der Feldabhängigkeit über unterschiedliche Wahrnehmungssituationen machten deutlich, dass die registrierten Unterschiede im Abweichungswert nicht in erster Linie auf eine unterschiedliche Sensitivität für vestibuläre Reize zurückzuführen ist. Vielmehr fanden sich entsprechende Unterschiede auch in andersartigen Wahrnehmungsaufgaben. Deshalb nahm Witkin (1950) an, dass Feldabhängige generell größere Schwierigkeiten als Feldunabhängige haben, ein Wahrnehmungsfeld entsprechend der jeweiligen Aufgabenstellung zu restrukturieren. Sie nehmen das Wahrnehmungsfeld so hin, wie es ist, und sind nur schwer in der Lage, fehlleitende Informationen aus diesem Feld zurückzudrängen.

Zur Überprüfung dieser Hypothese entwickelte Witkin (1950) mit dem *Embedded Figures Test* (EFT) ein Testverfahren, das sich vom RFT deutlich unterscheidet. Dieser, auf die Figuren von Gottschaldt (1926) zurückgehende, Test besteht aus Tafeln mit komplexen Mustern, aus denen jeweils eine separat vorgegebene einfache Figur herauszufinden ist (▶ **Abb. 11.1**). Score ist die Zeit bis zur Lösung aller Aufgaben. Der EFT erreicht ähnliche Stabilitätswerte wie der RFT (Witkin, Oltman, Raskin & Karp, 1971).

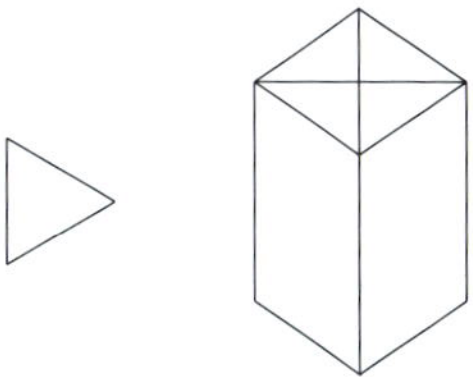

Abb. 11.1 Beispielaufgabe zum Embedded Figures Test.

Die Korrelation zwischen EFT und RFT fällt nur für Männer zufriedenstellend aus (r = .64, n = 46), während sie für Frauen (r = .21, n = 45) unbedeutend ist (Witkin et al., 1954). Eine Faktorenanalyse von Maßen der Intelligenz und der Feldabhängigkeit (Goodenough & Karp, 1961) erbrachte drei interpretierbare Faktoren, von denen der dritte durch den EFT, den RFT sowie die Untertests Bilderergänzen, Mosaiktest, Figurenlegen sowie Allgemeines Verständnis des *Wechsler-Intelligenztests* (▶ **Kap. 12**) bestimmt ist.

Die registrierten Zusammenhänge von EFT und RFT mit Tests spezifischer kognitiver Fähigkeiten führten zu einer Erweiterung der zur Erklärung beobachteter Verhaltensunterschiede formulierten Annahmen. Nach Witkin, Dyk, Faterson, Goodenough und Karp (1962) liegt den Leistungen in allen diesen Tests die Fähigkeit zugrunde, beim Lösen komplexer Probleme den Kontext, der die relevanten Informationen einbettet, zurückzudrängen. Da es sich hierbei jedoch nicht nur um Wahrnehmungs-, sondern allgemeiner um kognitive Aktivitäten handelt, redefinierten Witkin et al. (1962) dieses Konstrukt als „analytisches (artikuliertes) vs. globales Funktionieren". Feldabhängigkeit stellt nunmehr nur noch den Wahrnehmungsaspekt des grundlegenderen analytisch-globalen Stils dar.

Aus der Fülle des, meist mit dem EFT, erhobenen Befundmaterials zu diesem Stil sollen hier nur einige zentrale Zusammenhänge erwähnt werden (ausführlichere Übersicht u. a. in Goodenough, 1978):

Globales Funktionieren bedeutet, das Wahrnehmungsfeld so hinzunehmen, wie es sich darbietet. Damit ist die Tendenz verbunden, nur die jeweils hervorstechenden *Hinweisreize* zu beachten. Demgegenüber beinhaltet eine stärker analytische Orientierung auch die Nutzung subtilerer Reize, etwa beim *Konzeptlernen*. Analytisch orientierte (feldunabhängige) Personen zeigen beim *Prüfen von Hypothesen* ein aktiveres Vorgehen, wobei sie auch differenziertere Strategien einsetzen (sie nehmen eine „Teilnehmerrolle" ein). Globale (feldabhängige) Individuen verhalten sich hier passiver (d. h. sie nehmen eher eine „Zuschauerrolle" ein).

Personen am analytischen Pol des Kontinuums setzen, wenn sie *Ängste und Konflikte bewältigen*, vorzugsweise Strategien der Isolierung und Intellektualisierung ein, trennen also stärker zwischen Kognitionen und Affekten. Global orientierte Personen neigen dagegen vermehrt zu den vergleichsweise einfachen Mechanismen der Verdrängung und Verleugnung. Global orientierte Personen zeigen erhöhte Aufmerksamkeit gegenüber *sozialen Stimuli* (Gesichter, sozialer Rückmeldung). Entsprechend lernen und erinnern sie derartige Reize, verglichen mit analytischen Personen, auch besonders gut. Soziale Reize fungieren bei globalen Personen auch als effektivere Verstärker, was sich u. a. in leichterer *sozialer Beeinflussbarkeit* manifestiert.

Kritisch ist zum Konstrukt zunächst einmal zu bemerken, dass die Korrelationen zwischen den einzelnen Testverfahren nicht sehr ausgeprägt sind. Diese fehlende Konvergenz weist darauf hin, dass es sich beim analytischen vs. globalen Funktionieren nicht um ein einheitliches Merkmal handelt. Dementsprechend muss auch die postulierte Generalität des Merkmals über verschiedene Bereiche kognitiver Aktivitäten mit Zurückhaltung betrachtet werden. Ferner legen die relativ engen Zusammenhänge insbesondere des EFT mit bestimmten Untertests der Intelligenz den Schluss nahe, dass hier nicht in erster Linie ein Stilmerkmal erfasst wird, sondern eine Gruppe perzeptiv-kognitiver Fähigkeiten (Brody, 1972), die Bestandteile der „fluiden" Intelligenz (Cattell, 1963; ► **Kap. 12**) sind.

Interferenzneigung

Standardsituation zur Erfassung der Interferenzneigung ist das unter dem Namen *Color-Word Test* (CWT) von Stroop (1935) entwickelte Verfahren (meist nach seinem Autor einfach Stroop-Test genannt). In der Anordnung sind auf einer Tafel eine Anzahl von Farbadjektiven (blau, rot, grün, gelb) in einer von ihrer Bedeutung abweichenden Farbe gedruckt (das Wort „rot" z. B. in blau). Aufgabe ist die möglichst schnelle Benennung der Druckfarbe. Interferenzscore ist die auf die Leistung in einer Kontrolltafel (in neueren Designs meist die Lesezeit bei farbigen Punkten; MacLeod, 1991) relativierte Zeit für die Benennung der Farben.

Die Lesezeiten für die kritische Tafel sind dabei generell deutlich länger als die Zeiten für das Vorlesen von Kontrolltafeln. Diese Erscheinung, die schon vor der Arbeit Stroops bekannt war, wird auch *Stroop-Effekt* genannt. (Zur Vorgeschichte dieses Effekts siehe u. a. MacLeod, 1991; Stroop, 1935). Die Differenz zwischen den Lesezeiten für kritische und Kontrolltafeln, die Interferenzneigung, weist große interindividuelle Unterschiede auf, die aber zeitlich stabil sind (Dyer, 1973; Jensen & Rohwer, 1966).

Zur Erklärung dieses Effekts wurden vor allem zwei Alternativen betrachtet, die beide auf Überlegungen zurückgehen, die McKeen Cattell (1886) bereits Ende des 19. Jahrhunderts angestellt hatte. Die erste bezieht sich auf Unterschiede in der Geschwindigkeit, mit der Wörter gelesen und Farben benannt werden können. Beide Prozesse, Wort lesen und Farbe benennen, werden im Stroop-Test gleichzeitig angestoßen. Der Prozess „Wort lesen" wird jedoch gewissermaßen schneller abgewickelt als der Prozess „Farbe benennen" und bahnt damit zunächst die falsche Reaktionstendenz. Diese falsche Reaktionstendenz muss unterdrückt werden, was sich in Verzögerungen niederschlägt.

Andere Erklärungsvorschläge betonen demgegenüber die unterschiedliche Automatisierung beider Prozesse (MacLeod, 1991). Diesen Vorschlägen zufolge geht der Effekt primär darauf zurück, dass Lesen ein hochgradig automatisierter Prozess ist, der keine oder nur minimale Aufmerksamkeitsressourcen beansprucht. Demgegenüber ist das Farbenbenennen ein kontrollierter Prozess, der Aufmerksamkeit benötigt. Prozesse, die Aufmerksamkeit benötigen, sind anfällig für Störungen durch automatisierte Prozesse (aber nicht umgekehrt), so dass beim Farbenbenennen Verzögerungen resultieren (nicht jedoch beim Wortlesen).

Die Interferenzneigung ist unabhängig von Intelligenzfaktoren aus dem Wahrnehmungsbereich (Hörmann, 1960), etwa vom Faktor Wahrnehmungsgeschwindigkeit aus dem Intelligenzmodell von Thurstone (1938; ▶ **Kap. 12**). Dagegen ist dieser Stil nicht auf visuelle Darbietungen beschränkt, sondern manifestiert sich auch bei akustischen Aufgaben. So ließ Hörmann (1960) mit lauter Stimme das Wort „leise" sprechen und den Probanden anschließend die Sprachintensität („laut") benennen.

Personen mit niedriger Interferenzneigung ziehen beim Lernen in geringerem Maße als hoch Interferenzgeneigte beiläufige (inzidentelle) Reize heran und konzentrieren sich stattdessen auf das unmittelbar mit der Aufgabe zusammenhängende Material (Amster, 1965). Eine derartige Fokussierung findet sich selbst im Bereich der Einstellungen und Überzeugungen, etwa wenn es darum geht, einen zentralen Sachverhalt, z. B. das Rauchen, mit einer Reihe von Gesundheitsfolgen in Verbindung zu bringen (Wolitzky, 1967). Wenn Individuen mit geringer Interferenzneigung Information, die im Augenblick eher peripher ist, leichter ausblenden können, dann müssten sie auch weniger feldabhängig sein – eine Hypothese, die u. a. von Gardner, Holzman, Klein, Linton und Spence (1959) bestätigt werden konnte. Hörmann (1960) nennt deshalb, Broadbent (1958) folgend, niedrig Interferenzgeneigte „short samplers". Damit ist gemeint, dass derartige Personen in einer Problemsituation generell nur wenig Information berücksichtigen, bevor sie sich entscheiden und handeln. Personen mit hoher Interferenzneigung wären demgegenüber „long samplers".

Der Stroop-Effekt ist nach wie vor ein stark untersuchtes Phänomen der Kognitiven Psychologie. Neuere Ansätze konzentrieren sich dabei besonders auf die Entwicklung von Modellen, mit denen die Verarbeitung von Information aus den zwei Dimensionen (beim CWT Farbe und Wort) erklärt werden kann. Dabei geht es u. a. um die Frage, ob es sich bei dieser Informationsverarbeitung um sequenziell oder parallel organisierte Prozesse handelt. Bei sequenzieller Verarbeitung muss die Information aus jeder Dimension zunächst enkodiert, analysiert und beantwortet werden, bevor zur nächsten Phase übergegangen werden kann. Bei paralleler Verarbeitung vollzieht sich diese Sequenz für beide Dimensionen gleichzeitig (MacLeod, 1991).

Reflexivität-Impulsivität

Das Konstrukt Reflexivität-Impulsivität thematisiert einen zentralen Aspekt des Entscheidungsverhaltens bei komplexen Problemlöseaufgaben. Es bezieht sich auf die Geschwindigkeit und Richtigkeit, mit der Personen angesichts von Problemen mit hoher Antwortunsicherheit Lösungshypothesen in Entscheidungen umsetzen. Reflexive Personen denken vor einer Entscheidung vermehrt über verschiedene Lösungswege nach und weisen entsprechend lange Lösungszeiten und wenige Fehler auf. Umgekehrt folgen Impulsive meist der ersten Lösungshypothese und geben dabei gehäuft – bei kurzen Reaktionszeiten – falsche Antworten (Kagan, 1965).

Messinstrument für diesen besonders bei Kindern untersuchten Stil ist der *Matching Familiar Figures Test* (MFFT; Kagan, Rosman, Day, Albert & Phillips, 1964; deutsche Version bei Wagner, 1973). Der MFFT besteht aus bildlichen Vorlagen, auf denen jeweils eine Musterfigur (z. B. ein Baum) und eine Anzahl einander sehr ähnlicher Varianten dieser Figur dargeboten werden (▶ **Abb. 11.2**). Der Proband soll unter diesen diejenige herausfinden, die mit der Musterfigur *identisch* ist. Gemessen werden die Anzahl der Fehler und die Lösungszeit. Impulsive Personen werden dabei bestimmt durch überdurchschnittlich viele Fehler und unterdurchschnittliche Lösungszeiten, reflexive durch die entgegengesetzte Konfiguration. Da Fehler und Zeit negativ korreliert sind, lassen sich auf diese Weise ca. zwei Drittel der Probanden klassifizieren. Von den beiden zur Gruppenbildung herangezogenen Scores erreicht allerdings nur die Lösungszeit mit einer Reliabilität um .80 eine zufriedenstellende psychometrische Qualität. Die Koeffizienten für die Fehlerzahl sind dagegen deutlich niedriger (um .55; Block, Block & Harrington, 1974; Egeland & Weinberg, 1976).

Reflexives bzw. impulsives Verhalten scheint über verschiedene Aufgabentypen mit hoher Antwortunsicherheit relativ konsistent auszufallen (Kagan et al., 1964). Reflexive Personen arbeiten bei derartigen Aufgaben konzentrierter, sind aufmerksamer, testen das Reizfeld, wie Arbeiten zur Blickbewegung zeigten (Drake, 1970; Wagner & Cimiotti, 1975), systematischer und länger ab und stellen effizientere Fragen, was auf eine elaboriertere Hypothesenbildung schließen lässt. Beim Vorlesen machen sie weniger Fehler, in (insbesondere nonverbalen) Intelligenzaufgaben schneiden sie besser ab als impulsive Personen (Hall & Russell, 1974).

Abb. 11.2 Ein Beispielitem aus dem MFFT (Quelle: Wagner, 1973, S. 290).

Noch stärker als bei den bislang besprochenen Stilen scheint Reflexivität-Impulsivität auf grundlegenden Fähigkeitsunterschieden zu basieren. Impulsive Personen schneiden in fast allen intellektuellen und schulischen Aufgaben schlechter ab als reflexive (vgl. u. a. Brannigan, Ash & Margolis, 1980; Genser, Häfele & Häfele, 1978; Tiedemann, 1983). Lediglich Messer (1976) fand in einer Übersichtsarbeit keine bedeutsamen Beziehungen zwischen diesem kognitiven Stil und Intelligenzvariablen.

Analytischer versus relational-funktionaler Stil

Der von Kagan, Moss und Sigel (1963) beschriebene analytische vs. relational-funktionale Stil bezieht sich auf individuelle Unterschiede, die bei der Begriffsbildung von Kindern, insbesondere Vor- und Grundschulkindern, beobachtet werden können. Im Wesentlichen wird bei diesem Merkmal danach unterschieden, ob Kinder ihnen dargebotene Objekte eher nach abstrakten Attributen (Oberbegriffen, Gemeinsamkeiten) oder nach funktionalen Beziehungen zwischen ihnen (gemeinsames Auftreten an einem Ort, Einwirkung eines Objekts auf das andere) als zusammengehörig kategorisieren. Die abstrakte (analytische) Kategorisierung soll dabei gegenüber der funktionalen einen höheren Grad kognitiver Entwicklung reflektieren. Eine analytische Kategorisierung würde beispielsweise vorliegen, wenn das Kind aus den drei bildhaft vorgelegten Objekten „rauchender Schornstein", „Streichhölzer" und „rauchende Pfeife" den Schornstein und die Pfeife als zusammengehörig auffasst, da „beide rauchen" (Gemeinsamkeit). Funktional wäre demgegenüber die gemeinsame Gruppierung von Streichhölzern und Pfeife, weil „man mit einem Streichholz die Pfeife anzünden kann".

Die zur Erfassung dieses Stils entwickelte *Concept Sorting Task* (CWT; Kagan et al., 1964) bietet dem Probanden in den einzelnen Items eine bildliche Vorlage aus jeweils drei Objekten mit der Instruktion dar, zwei Objekte auszuwählen, „die in irgendeiner Weise ähnlich sind" (► **Abb. 11.3**). Auswerten kann man den Test dann nach der Anzahl analytischer Lösungen. Diese soll mit dem Alter ansteigen (Kagan et al., 1963).

Entsprechend der Konzeption dieses Merkmals als eines zentralen Indikators kognitiver Entwicklung wäre eigentlich zu erwarten, dass Kinder unterhalb eines entsprechenden Entwicklungsniveaus nahezu ausschließlich funktionale und oberhalb dieses Niveaus im Wesentlichen analytische Zuordnungen vornehmen. Lediglich bei Kindern im Übergangsbereich sowie bei Vorlagen, die den Kindern wenig vertraut sind und deshalb zum Raten verleiten, sollte sich eine größere Variabilität der Zuordnungen zeigen. Tatsächlich scheinen aber, zumindest bei Kindern im Alter von fünf bis neun Jahren, analytische und funktionale Lösungen auf allen Altersstufen gehäuft aufzutreten (Nickel, 1984). Im Prinzip stehen also beide Zuordnungsmodalitäten den Kindern dieser Altersstufen zur Verfügung. Das jeweilige Zuordnungsverhalten richtet sich dabei vermutlich eher nach einer Analyse der einzelnen konkreten Bildvorlage als nach allgemeinen Gruppierungsprinzipien.

In diesem Zusammenhang kommt auch der Instruktion Bedeutung zu. Hinweise wie „ähnlich" (engl. „similar") legen eine Kategorisierung nach einem analytischen Prinzip nahe. Unterschiede im Lösungsverhalten könnten somit auch auf ein unterschiedliches Instruktionsverständnis zurückgehen. Damit wäre eine Beziehung des in der CWT berechneten Scores zur Intelligenz hergestellt. Intelligentere Kinder sollten die Instruktion als Forderung auffassen, nach Ähnlichkeiten zwischen den Objekten zu suchen, also ein analytisches Urteil abzugeben. Tatsächlich fanden sich deutlich positive Beziehungen zwischen analytischer Orientierung und Maßen der kognitiven Kompetenz (Nickel, 1984).

Kategoriale Weite

Im Gegensatz zu den meisten der bisher besprochenen Stilvariablen handelt es sich bei der kategorialen Weite tatsächlich um ein bipolares Merkmal. Personen sollen sich beim Einordnen verschiedener Objekte danach unterscheiden lassen, ob sie eher „enge" Kategorien verwenden, also viele Objekte als nicht

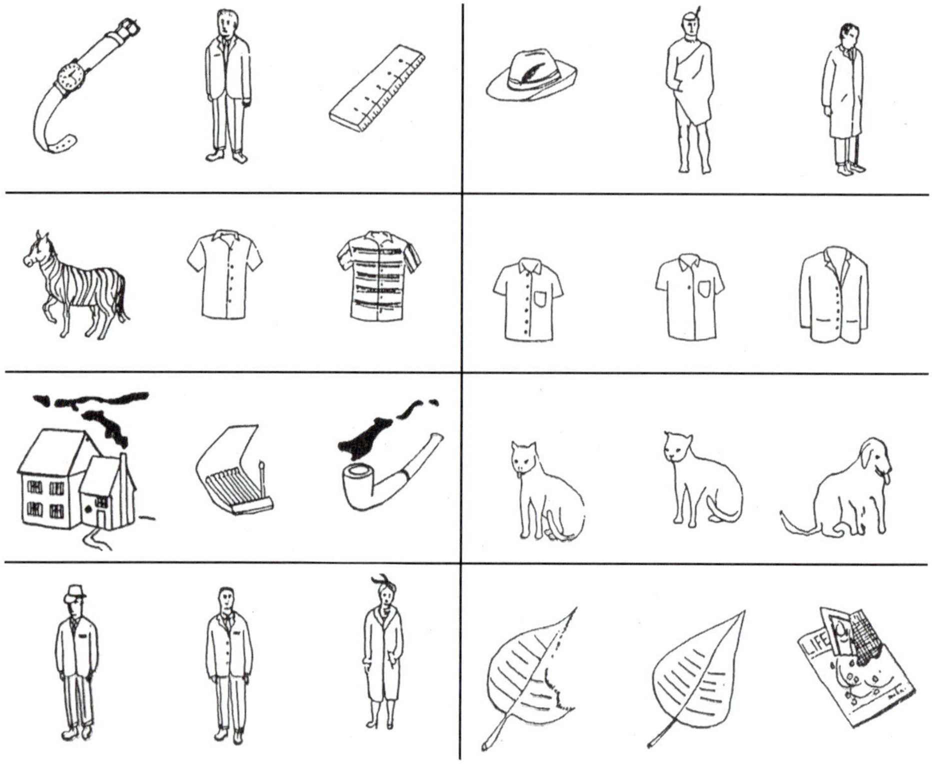

Abb. 11.3 Beispielitems aus der Concept Sorting Task (Quelle: Kagan et al., 1964, S. 2).

zur Kategorie gehörig ausschließen, oder „weite" Kategorien bilden, also viele Objekte als zur Kategorie gehörig einordnen (Pettigrew, 1958).

Standardverfahren zur Messung dieser Stildimension ist die *Category-Width Scale* (CWS; Pettigrew, 1958). In den Items wird für eine bestimmte Klasse von Sachverhalten (z. B. die Fluggeschwindigkeit von Vögeln; ► **Abb. 11.4**) ein Durchschnittswert vorgegeben. Anhand von jeweils vier Alternativen muss der Proband dann angeben, welches seiner Einschätzung nach die höchste und die niedrigste Ausprägung ist, die Elemente dieser Klasse (z. B. die Fluggeschwindigkeiten einzelner Vogelarten) annehmen können. Markierungen der Alternativen, die am weitesten vom Mittelwert entfernt sind, erhalten 3 Punkte. Entsprechend werden für die Alternativen, die am nächsten am Mittelwert liegen, 0 Punkte vergeben. Für jedes Item werden sodann die Werte für die höchste und die niedrigste Ausprägung addiert. Ein hoher Score entspricht also einer weiten Kategorisierung. Die Reliabilitäten der CWS sind zufriedenstellend. Sie liegen für die Testwiederholung (Intervall sechs Wochen) bei .72 und für die interne Konsistenz bei .90.

Das Merkmal der kategorialen Weite scheint bestimmte Aspekte des Risikoverhaltens anzusprechen. Weite Kategorisierer haben eine höhere Toleranz für „Typ-I"-Fehler, d. h. sie riskieren die Aufnahme unpassender Elemente in eine Kategorie, um ein Maximum an positiven Fällen aufzunehmen. Enge Kategorisierer nehmen dagegen eher „Typ-II"-Fehler in Kauf.

Forschungen haben ergeben, dass die durchschnittliche Fluggeschwindigkeit der Vögel etwa 28 km/h beträgt.
Wie groß meinen Sie ist die

a. Höchstgeschwindigkeit des schnellsten Vogels?
   1. 40 km/h (0)   3. 115 km/h (2)
   2. 170 km/h (3)   4. 60 km/h (1)

b. Höchstgeschwindigkeit des langsamsten Vogels?
   1. 16 km/h (1)   3. 22 km/h (0)
   2. 4 km/h (3)   4. 8 km/h (2)

Abb. 11.4 Ein Item aus der Category-Width Scale. 0 bis 3 = Gewichte der Alternativen.

Um auf keinen Fall ein unpassendes Element zu akzeptieren, riskieren sie den Ausschluss vieler passender Elemente. Diese Hypothese konnte empirisch bestätigt werden (Bruner & Tajfel, 1961; Tajfel, Everstine & Richardson, 1964). Auf der Linie dieser Befunde liegt auch die Beobachtung, dass weite Kategorisierer Erwartungen, die sie in einer bestimmten Aufgabensituation aufgebaut haben, eher auf andere Aufgaben übertragen als enge Kategorisierer (Phares & Davis, 1966).

Leveling-Sharpening

Das Merkmal Leveling-Sharpening bezieht sich auf individuelle Unterschiede in der Tendenz, bei sequenziell dargebotenen Reizen die jeweils neuen Reize hinsichtlich wesentlicher Merkmale wie Größe oder Gewicht an die Gedächtnisspuren der bereits verarbeiteten Reize zu assimilieren. Leveler gliedern neue Reize an die Spuren verarbeiteter Reize an, Sharpener halten demgegenüber Gedächtnisspuren früherer Reize und aktuelle Informationen maximal getrennt. Graduelle Veränderungen im Reizfeld werden von Levelern weniger deutlich wahrgenommen als von Sharpenern. Dementsprechend soll bei Levelern das Reizfeld auch weniger differenziert gegliedert sein. Holzman und Gardner (1959) sprechen bei ihnen von einer geringeren Artikulation der Erinnerung.

Wesentliches Messverfahren ist der *Schematisierungstest* (Gardner et al., 1959). Der Proband soll Schätzungen der Seitenlänge von Quadraten abgeben, die sequenziell mit leicht zunehmender Größe dargeboten werden. Der Größenzuwachs ist dabei unsystematisch, d. h. in einer Sequenz werden immer wieder auch Quadrate präsentiert, die leicht kleiner sind als das gerade zuvor dargebotene. Als Score fungieren einmal die Anzahl korrekt benannter Rangplätze in einer Sequenz von fünf Quadraten, zum anderen das Ausmaß, in dem die Größenschätzung des Probanden mit dem tatsächlichen Größenanstieg der Quadrate schritthält. Beide Scores sind leicht, aber signifikant korreliert. Die Scores weisen eine hohe Reliabilität auf (um .90; Gardner et al., 1959).

In Übereinstimmung mit der Annahme einer geringeren Artikulation der Erinnerung bei Levelern fand sich, dass diese Personen Geschichten, die ihnen erzählt worden waren, vereinfachter und ungenauer wiedergaben als Sharpener (Gardner et al., 1959). Gardner et al. (1959) vermuten, dass die geringe Artikulation des Gedächtnisses mit der vorzugsweisen Verwendung des Abwehrmechanismus der Verdrängung bei Levelern verbunden ist. Die von ihnen zur Stützung der Hypothese vorgelegten empirischen Daten sind allerdings nicht überzeugend. Leveling-Sharpening scheint nicht mit Maßen kognitiver Fähigkeiten assoziiert zu sein (Gardner, Jackson & Messick, 1960).

Scanning

Mit der Variable Scanning werden individuelle Unterschiede in der Extensität und Intensität der Aufmerksamkeitszuwendung zu den verschiedenen Merkmalen einer Aufgabe beschrieben (Holzman, 1966). Scanner richten ihre Aufmerksamkeit auf viele Bereiche eines Wahrnehmungsfeldes, während Nichtscanner eine enge Aufmerksamkeitsausrichtung haben, also nur wenige, besonders hervorstechende, Aspekte beachten.

Gemessen wird dieser Stil u. a. durch eine *Größenschätzaufgabe* (Gardner et al., 1959; Schlesinger, 1954). Der Proband soll die Größe unterschiedlich großer und schwerer Scheiben, die ihm in die linke Hand gelegt werden, auf einem beleuchteten Bildschirm einstellen. Wichtigster Score ist der über eine Reihe von Urteilen gemittelte Fehler.

Personen mit einem geringen Fehler (Scanner) sollen besonders aufmerksam für inzidentelle Reize in einem Aufmerksamkeitsfeld sein (Holzman & Klein, 1956). Sie erinnern derartige Reize auch besser als Nichtscanner (Holzman, 1966). Paranoide Schizophrene zeigen hohe Scanningwerte, während nichtparanoide Schizophrene eher Nichtscanner sind (Silverman, 1964).

Bewertung der Theoriebildung und Testentwicklung

Ein Überblick über die Veröffentlichungen zu kognitiven Stilen macht deutlich, dass die Hochzeit empirischer Arbeiten, einschließlich der Entwicklung diagnostischer Verfahren, zwischen 1955 und 1975 liegt. Danach lässt sich ein Abklingen von Veröffentlichungen in diesem Bereich registrieren. Eine Ausnahme bildet das Konstrukt der Interferenzneigung. Hier ist der Anschluss an die neuere Forschung zur Informationsverarbeitung (MacLeod, 1991) gelungen.

Im Allgemeinen verschwinden theoretische Ansätze aus der wissenschaftlichen Diskussion, wenn sich ihre empirische Basis, einschließlich der Operationalisierung zentraler Konstrukte, als unzulänglich erweist. Bei den kognitiven Stilen scheint es nun genau umgekehrt zu sein. Hier zeigen viele der konstruierten Testverfahren eine durchaus zufriedenstellende psychometrische Qualität, allein die theoretische Fundierung ist häufig brüchig. Dies wird besonders deutlich am Beispiel der Feldabhängigkeit, genauer des Stils analytisches vs. globales Funktionieren. Das zu diesem Stil entwickelte diagnostische Verfahren, der *Embedded Figures Test*, ist zwar von der Reliabilität hier durchaus akzeptabel, zeigt aber nur ein geringes Ausmaß konstruktspezifischer Zusammenhänge. Kritiker haben deshalb hier von einem „Test auf der Suche nach einer Theorie" (Zigler, 1963) gesprochen.

Das zentrale Problem der Forschung zu den kognitiven Stilen liegt also offenbar weniger in der Testentwicklung als in der Elaboration einer tragfähigen theoretischen Basis. Die theoretischen Konzepte, die zur Erklärung der in Begriffen variabler Stilmerkmale beschriebenen Unterschiede zwischen Personen entwickelt wurden, basieren auf Ansätzen, die in der heutigen Kognitionsforschung kaum noch eine Rolle spielen (jedenfalls nicht in ihrer ursprünglichen Konzeption). Die Arbeiten aus den Kreisen um Witkin und Kagan (Feldabhängigkeit, Reflexivität-Impulsivität, analytischer vs. relational-funktionaler Stil) sind dabei dem von Werner (1948) vorgelegten Konzept der „Differenzierung" verpflichtet. Die Stile kategoriale Weite, Leveling-Sharpening und Scanning leiten sich dagegen aus Annahmen zur Funktion sog. „kognitiver Kontrollen" her, die wiederum auf psychodynamischen Überlegungen basieren (Gardner et al., 1959). Das Konzept der kognitiven Kontrolle bezeichnet eine funktionale Interpretation kognitiver Stile. Kontrollen werden als Persönlichkeitsmerkmale aufgefasst, die die Triebmanifestation im

Hinblick auf bestimmte Forderungen aus der Umwelt steuern (Gardner et al., 1960).

Einige kognitive Stile und ihre Messverfahren, und dies gilt besonders für die auf dem Konzept der Differenzierung basierenden Konstrukte, sind inzwischen in Ansätzen zur Messung kognitiver Fähigkeiten (▶ **Kap. 12**) aufgegangen und spielen somit keine eigenständige Rolle mehr. Für andere Stile, insbesondere für die Interferenzneigung, aber evtl. auch für Leveling-Sharpening und Scanning, könnte sich eine Rekonzeptualisierung in Begriffen neuer Ansätze zur Informationsverarbeitung (speziell Aufmerksamkeitsorientierung, Enkodierung und Elaboration) aber durchaus lohnen. (Für einen derartigen Neuansatz siehe etwa Sternberg und Grigorenko, 1997.)

11.5 Projektive Verfahren

11.5.1 Definition und Grundlagen

Neben den Fragebogen gelten, insbesondere bei klinisch orientierten Psychologen, die projektiven Verfahren als die „klassischen" Instrumente der Persönlichkeitsdiagnostik. Die meisten projektiven Verfahren konfrontieren den Probanden mit einer mehrdeutigen Vorlage und der Aufforderung, diese zu disambiguieren, also mit einer „Deutung" zu versehen. Dies kann, wie beim *Rorschach-Test* (▶ **Kap. 2**), dadurch geschehen, dass der Proband angibt, was das mehrdeutige Gebilde „sein könnte", oder, wie beim *Thematischen Apperzeptionstest* (TAT), dass eine kleine Geschichte zur Reizvorlage generiert wird. Dementsprechend ist das Antwortformat meist „offen" (▶ **Kap. 3**), d. h. der Proband unterliegt in seinen Reaktionen nur vergleichsweise geringen Einschränkungen. Im Rorschach-Test ist z. B. nicht einmal die Zahl der Deutungen pro Vorlage vorgeschrieben.

Bei dieser Kategorienbildung für Tests fällt Folgendes auf (Hörmann, 1982): Der Begriff „projektives Verfahren" definiert Tests nach der *Art der Beziehung* zwischen Testmerkmal (dem Index) und daraus zu erschließendem Persönlichkeitsmerkmal (dem Indizierten). Das ist eine ungewöhnliche Bereichsbildung innerhalb der Psychologischen Diagnostik, denn in der Regel werden Tests nach dem gruppiert, was sie messen sollen (z. B. Intelligenztests, Interessentests) oder nach äußerlichen formalen Kriterien (z. B. Fragebogen, Ratingskalen). Der Begriff „projektiv" impliziert jedoch, dass das Testverhalten auf eine ganz bestimmte Art, nämlich durch Projektion, zustande gekommen ist und dementsprechend auch diagnostisch interpretiert werden kann. Im Zentrum projektiver Verfahren steht demnach die Projektionshypothese (Frank, 1948; vgl. auch Hörmann, 1982):

> Projektive Verfahren sind „Methoden, welche die Persönlichkeit dadurch untersuchen, dass sie den Probanden mit einer Situation konfrontieren, auf welche er entsprechend der Bedeutung reagiert, die diese Situation für ihn besitzt. … Das Wesen eines projektiven Verfahrens liegt darin, dass es etwas hervorruft, was auf verschiedene Art Ausdruck der Eigenwelt, des Persönlichkeitsprozesses des Probanden ist." (Frank, 1948, S. 42, 46).

Ausgangspunkt für die Formulierung dieser Hypothese ist der Projektionsbegriff Freuds (1911/1973). Projektion ist hiernach ein Abwehrmechanismus, durch den Eigenschaften oder Impulse, die das Ich bedrohen, in der eigenen Person nicht wahrgenommen, dafür aber einer Person oder einem Objekt der Außenwelt zugeschrieben werden. Allerdings hat Freud neben dieser engen Formulierung (der sog. „klassischen" Projektion) auch eine weiter gefasste (und damit weniger präzise) Definition vorgelegt (Freud, 1913/1974), die der Projektionshypothese Franks näher steht. Der in dieser erweiterten Konzeption angesprochene Mechanismus wird auch „assimilative" Projektion (Lilienfeld, Wood & Garb, 2000) genannt. Gemeint ist damit die (relativ unstrittige) Tatsache, dass die Erfahrungen, Erwartungen und Bedürfnisse einer Person deren Interpretation mehrdeutiger Reize wesentlich mitbestimmen.

Wenn der klassische Projektionsbegriff das Prinzip wäre, nach dem projektive Verfahren funktionieren, dann wäre die Entstehung des Testverhaltens deutlich und dadurch auch die diagnostische Interpretation nachvollziehbar. Wenn beispielsweise ein Proband in einem projektiven Test, z. B. im TAT, der Hauptfigur seiner Geschichte Aggressivität zuschreibt, so entspräche das eigener verdrängter Aggressivität (Hörmann, 1982).

Leider ist dieser präzisere Projektionsbegriff jedoch nicht Grundlage für das Funktionieren aller projektiven Verfahren, ja nicht einmal der meisten. Vielmehr wird, wie wir in der Definition Franks gesehen haben, das Verhalten in projektiven Verfahren eher nach dem Mechanismus der „assimilativen" Projektion erklärt. In dieser weiter gefassten Projektionshypothese, erkennbar in dem Satzteil „auf verschiedene Art", wird jedoch die Beziehung zwischen dem, was im Test als Merkmal erscheint, und dem, was sich in diesem Merkmal ausdrücken soll, nicht näher bestimmt. Offenbar existiert kein Projektionsprinzip, welches das Zustandekommen des Verhaltens in auch nur der Mehrzahl der projektiven Verfahren erklären könnte. Es ist deshalb notwendig, sich die verschiedenen Untergruppen dieser Verfahren genauer anzuschauen.

11.5.2 Einteilungsgesichtspunkte

Eine verbreitete Einteilung (Lindzey, 1959) ist die in Assoziations-, Konstruktions-,

Tab. 11.3 Untergruppen projektiver Tests

Gruppe	Beispiel
Assoziation	Rorschach-Test
Konstruktion	Thematischer Apperzeptionstest
Vervollständigung	Satzergänzungstests
Auswahl	Farbwahltests (Farben müssen hinsichtlich ihrer Beliebtheit in eine Rangreihe gebracht werden)
Ausdruck	Puppenspiel

Vervollständigungs-, Auswahl- und Ausdrucksverfahren (▶ **Tab. 11.3**). Innerhalb dieser Kategorien sind der Rorschach-Test (ein Assoziationsverfahren) und der Thematische Apperzeptionstest (ein Konstruktionsverfahren) die bei weitem bekanntesten und am häufigsten eingesetzten Tests. Auf sie soll sich deshalb auch die nachfolgende Behandlung projektiver Verfahren konzentrieren.

11.5.3 Der Rorschach-Test

Das von Hermann Rorschach (1921) entwickelte Verfahren besteht aus zehn tintenklecksähnlichen Vorlagen (fünf schwarzen und fünf farbigen), die auf separaten Karten eine nach der anderen dargeboten werden (▶ **Abb. 11.5**). Der Proband soll jeweils angeben, was die Vorlage darstellen könnte. Die Testdarbietung dauert ungefähr 45 Minuten, die anschließende Auswertung und Interpretation bis zu 2 Stunden.

Die Antworten des Probanden können nach mehr als 100 Aspekten ausgewertet werden. Für diese Auswertung (in der Rorschach-Terminologie „Signierung") hat Rorschach drei Hauptkategorien entwickelt, denen zahlreiche Unterkategorien zugeordnet sind: (1)

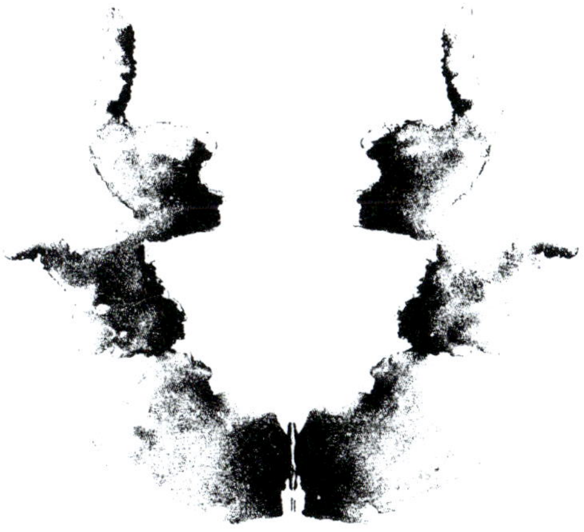

Abb. 11.5 Eine Vorlage aus dem Rorschach-Test (Quelle: Rorschach, 1992).

Lokation: Bezieht sich die Antwort auf das Gebilde als Ganzes oder nur auf einzelne Teile? (2) *Determinanten:* Kommt die Antwort eher durch die Form des Gebildes, durch die Farbe, durch Schatten oder gesehene Bewegung zustande? Unterschieden wird dabei noch einmal, ob eine Form in der Antwort gut getroffen ist oder die Vorlage nur schlecht wiedergegeben wird. (3) *Inhalt:* Was wird gesehen, Personen, Teile von Personen, sexuelle Inhalte oder Sachen?

Im Laufe der Jahre wurden viele Hypothesen über das Zustandekommen bestimmter Antwortkategorien formuliert. So soll z. B. gehäuftes Sehen von Bewegung ein Anzeichen höherer Intelligenz, theoretischer Orientierung und stärkerer Introvertiertheit sein. Hinsichtlich der Validierung dieser Hypothesen sind die Befunde uneinheitlich; insgesamt ist der Bestätigungsgrad gering. Das darf auch nicht verwundern, wenn man bedenkt, dass diese und ähnliche Hypothesen meist ohne Rekurs auf eine auch nur einigermaßen abgesicherte Theorie, etwa der Introversion-Extraversion, formuliert wurden. Hinzu kommt, dass der Rorschach-Test über viele Jahrzehnte Standardanforderungen an diagnostische Instrumente nicht erfüllte. Es existierten weder eine Standardisierung der Testdarbietung noch Normen; Auswertungs- und Interpretationsobjektivität waren gering und dementsprechend die Reliabilität und Validität unzureichend (Dawes, 1994).

Dieses negative Bild änderte sich (scheinbar), als Exner (1974) sein „Comprehensive System" (CS) für die Rorschach-Auswertung vorlegte (Revisionen u. a. in Exner, 1993). Dieses primär für klinische Diagnosen aufgestellte System geht von den herkömmlichen Kategorien aus, fasst diese aber zu spezifischen Clustern zusammen, die jeweils Index für ein klinisch relevantes Problem sein sollen. Wichtige Indices sind etwa Egozentrismus, D-Index, Depression, Schizophrenie oder Suizid. Ein Index wird gebildet, indem Antworten in jeweils ausgewählten Kategorien nach einem spezifischen Algorithmus zu einem Wert kombiniert werden (Bewegungs-, Farb-, Schatten- und Farbantworten auf Schwarzweiß-Tafeln etwa zum D-Index, der Hinweise auf die Art der Stressbewältigung liefern soll). Ausgewählt werden die in einen Index eingehenden Einzelvariablen danach, ob sie zwischen einer kritischen Probandengruppe, z. B. Personen, die einen Suizid versucht haben, und Kontrollgruppen bedeutsam trennen. Allerdings werden auch Einzelvariablen zur Diagnose herangezogen (gehäufte „Nahrungs"-Antworten etwa als Hinweis auf eine Abhängigkeitsproblematik).

Exners CS-Indices wurden hinsichtlich ihrer psychometrischen Qualität mehreren Überprüfungen unterzogen. Analysiert wurden Auswertungsobjektivität, Reliabilität und Validität, darüber hinaus der Einfluss der Antworthäufigkeit auf die CS-Scores sowie die faktorielle Struktur dieser Scores (Übersicht hierzu in Lilienfeld et al., 2000).

Acklin, McDowell, Verschell und Chan (2000) ermittelten für 95 CS-Scores die *Auswertungs-*

objektivität. Die Koeffizienten variierten zwischen .20 und 1.00, mit einem Median knapp über .80. Da für die Zwecke der Individualdiagnostik, wie sie ja im klinischen Bereich die Regel ist, Variablen mit Werten von unter .80 als problematisch gelten (Lilienfeld et al., 2000), muss mithin ein Großteil der von Exner vorgeschlagenen Indices mit Vorbehalt betrachtet werden. So scheinen etwa zwei zentrale Indices des Exnerschen Systems, der Schizophrenie-Index und der D-Index, mit Werten zwischen .45 und .56 bzw. .53 und .68 für die Einzelfalldiagnostik nicht geeignet zu sein.

Die Bestimmung der *Reliabilität* ist bei einem Verfahren wie dem Rorschach-Test (und dies gilt auch für die meisten anderen projektiven Verfahren) naturgemäß problematisch. Sie lässt sich weder über die interne Konsistenz noch über die Testwiederholung befriedigend bestimmen. Die interne Konsistenz kann nicht ermittelt werden, weil die einzelnen Vorlagen (Tafeln) inhaltlich und formal heterogen sind. Testwiederholung ist ebenfalls keine sinnvolle Strategie, da sich die Probanden wohl meist an die zuvor gegebene Antwort erinnern. Dementsprechend existieren bislang auch nur spärliche Angaben zur Reliabilität, und diese konzentrieren sich auch nur auf einen kleinen Bereich von Indices. Dabei berichten Proponenten des Rorschach-Tests (z. B. Meyer, 1997) zufriedenstellende (um r_{tt} =.80), unabhängige Forscher jedoch eher niedrige Werte (Lilienfeld et al., 2000).

Analysen zur psychometrischen Qualität konzentrieren sich in der Regel auf die *Validität* eines Verfahrens. Die Ergebnisse der kaum überschaubaren Fülle entsprechender Studien zum Rorschach-Test können an dieser Stelle nicht wiedergegeben werden. Stattdessen soll nur auf die Befunde einiger Metaanalysen eingegangen werden (Übersicht in Lilienfeld et al., 2000). Nach diesen Analysen scheinen zumindest vier Indices substanzielle Beziehungen zu entsprechenden Kriteriumsvariablen aufzuweisen: Thought Disorder Index (TDI; ein Indikator für Denkstörungen bei Schizophrenen und Borderline-Patienten), Prognostic Rating Scale (PRS; ein Indikator für einen erfolgreichen Behandlungsverlauf), Oral Dependency (OD; als Indikator von Dependenzproblemen) und der bereits genannte Schizophrenie-Index, der bedeutsam zwischen psychotischen und nichtpsychotischen Patienten diskriminiert. Allerdings ist nur der letztgenannte Index Bestandteil des Systems von Exner.

Hinsichtlich möglicher konvergenter Beziehungen zu anderen Testvariablen wurden insbesondere die Korrelationen mit verschiedenen MMPI-Skalen analysiert. Dabei fanden sich generell nur minimale Zusammenhänge zwischen den Scores beider Tests (Übersicht u. a. in Archer & Krishnamurthy, 1993). Dieser Befund darf jedoch nicht ohne Weiteres als Hinweise auf eine mangelnde Validität der Rorschach-Indices aufgefasst werden. Beim MMPI handelt es sich, wie in ► **Kap. 10** dargestellt, um ein *explizites* Verfahren zur Erfassung von Persönlichkeitsmerkmalen. Der Rorschach-Test repräsentiert demgegenüber einen *impliziten* Ansatz (siehe hierzu den folgenden Abschnitt dieses Kapitels). Beide Instrumente messen offenbar unterschiedliche Aspekte der Persönlichkeit, selbst wenn diese denselben Namen tragen (vgl. z. B. Egloff & Schmukle, 2002).

Wenn zwei Verfahren sich auf denselben Merkmalsbereich beziehen, ohne substanziell zu korrelieren, so ist diese Konstellation besonders geeignet, die *inkrementelle Validität* eines Verfahrens zu bestimmen. Für den Rorschach-Test liefern entsprechende Studien eine gemischte Befundlage (Übersicht in Lilienfeld et al., 2000). Eine Reihe von Studien zeigte keinen nennenswerten Zuwachs an Varianzaufklärung im Kriterium, wenn Rorschach-Variablen zu den Prädiktoren hinzugefügt wurden. Immerhin scheinen aber einige Rorschach-Scores einen bedeutsamen Beitrag zur Vorhersage des Kriteriums zu leisten. So verbesserte sich die Vorhersage künftiger psychotischer Symptome bei Patienten, wenn den Daten aus einem klinischen Interview der Thought Disorder Index hinzugefügt wurde. Die Prognose des Behandlungserfolgs ließ sich präzisieren, wenn zum IQ und der MMPI-Skala Ich-Stärke die Prognostic Rating Scale hinzukam. Schließlich ließ sich die Diagnose Schizophrenie signifikant verbessern, wenn verschiedene MMPI-Scores um den Schizophrenie-Index ergänzt wurden.

Die *Anzahl der Antworten* auf die Rorschach-Tafeln hat einen bedeutsamen Einfluss auf verschiedene Indices. So fand Meyer (1993), dass mehrere Indices signifikant mit der Antworthäufigkeit (R) korrelieren. Der stärkste Zusammenhang (r = .60) fand sich für den Hypervigilanz-Index, einem Indikator paranoider Störungen. Da R jedoch zugleich mit einer Anzahl nichtpathologischer Variablen korreliert (u. a. Intelligenz, Bildungsniveau, kulturelles Umfeld), kann es leicht zu Fehlklassifikationen kommen. Einen Ausweg bietet hier die Beschränkung auf *eine* Antwort pro Tafel (bei gleichzeitiger Erhöhung der Anzahl der Tafeln), wie es etwa in einer psychometrisch elaborierten Variante des Rorschach-Tests, der *Holtzman Inkblot Technique* (HIT; Holtzman, Thorpe, Schwartz & Herron, 1961) realisiert wird.

Faktorenanalysen der Einzelvariablen des Rorschach-Tests erbrachten zwei bemerkenswerte Befunde (vgl. u. a. Meyer, 1992). Zum einen ließ sich ein erster Faktor sichern, der substanziell durch die Variable R definiert war. Damit wurde die Beobachtung bestätigt, dass viele Rorschach-Scores bedeutsam mit der Antworthäufigkeit korrelieren. Zum anderen fanden sich für Variablen, für die theoretisch ein Zusammenhang zu erwarten war (z. B. Scores, die für negative Affektivität stehen), keine Ladungen auf einem gemeinsamen Faktor.

Eine *zusammenfassende Bewertung* der bislang zu den CS-Indices und verwandten Indices vorgelegten Befunde vermittelt ein zwiespältiges Bild. Angesichts der niederschmetternden Ergebnisse zur psychometrischen Qualität der „klassischen" Rorschach-Variablen schien der von Exner entwickelte Ansatz eine Verbesserung und damit Neubelebung der Rorschach-Diagnostik zu versprechen. Diese Erwartungen konnten bisher nicht erfüllt werden (Wood, Lilienfeld, Garb & Nezworski, 2000; Wood, Nezworski, Lilienfeld & Garb, 2003). Zwar scheinen einige Indices durchaus Perspektiven für die Identifizierung und Prognose psychopathologischer Störungen zu besitzen, doch steht einer breiten Anwendung in der Einzelfalldiagnostik derzeit noch die oft mangelhafte psychometrische Qualität dieser Scores entgegen. Dieses Defizit resultiert zum einen aus einer zu geringen Auswertungsobjektivität und Reliabilität vieler Einzelvariablen, zum anderen aus dem unkontrollierten Einfluss der Antworthäufigkeit auf die Scores.

11.5.4 Der Thematische Apperzeptionstest

Bei dem auf die interaktionistische Persönlichkeitstheorie Murrays (1938) zurückgehenden Thematischen Apperzeptionstest (TAT; Murray, 1943, 1991) soll der Proband zu einer Bildvorlage, auf der eine nicht ganz eindeutige soziale Situation dargestellt ist, eine Geschichte erzählen und dabei besonders auf folgende Aspekte achten: (a) Was ist passiert? (b) Wie ist es dazu gekommen? (c) Wie geht es weiter? (d) Was denken und fühlen die Figuren in der Darstellung?

Der TAT besteht insgesamt aus 31 Tafeln (▶ **Abb. 11.6**), von denen eine (Nr. 16) – sozusagen als Extremform der Mehrdeutigkeit – völlig leer ist. Murray empfiehlt, dass je nach Zielsetzung einer Untersuchung aus diesem Satz etwa 20 Tafeln ausgewählt werden. Tatsächlich werden aber meist nur zwischen fünf und zwölf Tafeln herangezogen (Vane, 1981). Obwohl sich für den Inhalt der TAT-Geschichten keine bedeutsamen Geschlechtsunterschiede sichern ließen (Katz, Russ & Overholser, 1993), wurde empfohlen, einige Tafeln geschlechtsspezifisch zu verwenden. Es existieren Versionen für unterschiedliche Altersgruppen, von denen die von Bellak und Bellak (1949) entwickelte Kinderform, der *Children's Apperception Test* (CAT; deutsche Version: Bellak, Bellak & Moog, 1995), die bekannteste ist.

Abb. 11.6 Eine Bildvorlage aus dem TAT (Quelle: Murray, 1943).

Im TAT tritt ein Testverhalten auf, dessen Zustandekommen scheinbar leicht über den klassischen Projektionsbegriff erklärt werden kann. Die abgefasste Geschichte müsste z. B. nach Themen wie etwa „Aggression" durchgesehen werden. Deren Zustandekommen könnte dann auf eine verdeckte Aggression des Probanden hinweisen. Dieser Art der theoretischen Fundierung entsprechend geschieht die Auswertung thematischer Verfahren weitgehend impressionistisch, d. h. die Geschichten werden auf interessierende Themen hin durchgesehen. Allerdings gibt es auch Versuche der Quantifizierung des Testverhaltens, z. B. hinsichtlich der Dimensionen Aggressivität, Neurotizismus oder Leistungsmotiviertheit. Viele dieser Systeme wurden jedoch nur ad hoc entworfen und nur unzureichend auf ihre psychometrische Qualität hin überprüft (Übersicht u. a. in Vane, 1981).

Die Befundlage zur psychometrischen Qualität verschiedener TAT-Variablen ist noch negativer als die zum Rorschach-Test. Generell finden sich nur vereinzelt bedeutsame Zusammenhänge mit Kriteriumsvariablen, und selbst diese Ergebnisse konnten meist nicht repliziert werden. Auch Hinweise auf eine inkrementelle Validität einzelner TAT-Scores sind eher spärlich (Übersicht u. a. in Lilienfeld et al., 2000). Für diese unbefriedigende Situation scheinen insbesondere drei Umstände verantwortlich zu sein:

1. Das Fehlen eines umfassenden, verbindlichen Auswertungssystems, wie es für den Rorschach-Test von Exner (1974) entwickelt wurde.
2. Die sowohl nach Anzahl wie Inhalt von Untersuchung zu Untersuchung variierenden Vorlagen.
3. Das Fehlen klarer, theoretisch begründeter und empirisch überprüfter Vorstellungen über das Zustandekommen und damit die Interpretation der Reaktionen im TAT (vgl. u. a. Hörmann, 1982; Vane, 1981).

Besonders die im letzten Punkt angesprochene *Unschärfe des Projektionsbegriffs* hat sich bislang als Hindernis bei der Etablierung des TAT als eines seriösen Instruments wissenschaftlicher Diagnostik erwiesen.

Da, wie erwähnt, der klassische Projektionsbegriff Freuds nicht ausreicht, um das Zustandekommen aller interessierenden Verhaltensweisen in sämtlichen projektiven Verfahren zu erklären, wurden neben diesem Projektionsbegriff weitere Konzepte von Projektion vorgeschlagen, insbesondere die attributive, die autistische und die rationalisierende Projektion (Murstein & Pryer, 1959).

Das Konzept *attributiv* entspricht im Wesentlichen der bereits beschriebenen assimilativen Projektion. Diese liegt dann vor, wenn jemand seine Motive, Einstellungen, Gefühle oder typischen Verhaltensweisen, die durchaus nicht verdrängt sein müssen, anderen zuschreibt. Wer beispielsweise bestimmte Verhaltensweisen vorzugsweise aus Gewinnstreben begeht, mag auch bei anderen dieses als primäres Motiv ihres Handelns annehmen. *Autistische* Projektion liegt vor, wenn die Wahrnehmung bestimmter Personen, Situationen oder Objekte von den eigenen Bedürfnissen stark beeinflusst wird. Wer etwa starke Angst vor Überfällen hat, mag bei einem Gang durch bestimmte Stadtviertel in jeder zufällig herumstehenden Person den typischen Straßenräuber sehen. Bei der *rationalisierenden* Projektion versucht das Individuum, eigene Verhaltensweisen (z. B. eine aggressive Handlung) durch Rationalisierung (etwa Unterstellung aggressiver Absichten oder Handlungen bei anderen) zu rechtfertigen.

Wenn man angesichts dieser unterschiedlichen Projektionskonzepte die Frage stellt, welche Beziehung denn eigentlich zwischen dem im TAT erhobenen Merkmal und der erschlossenen Eigenschaft existiert, so zeigt sich, dass das Testverhalten auf unterschiedlichen Ebenen stehen kann. (1) Es kann verdrängten Eigenschaften, Motiven oder Impulsen im Sinne Freuds entsprechen. (2) Es verweist auf generelle Motive, Einstellungen, oder typische Verhaltensweisen, also bewusst erlebte Sachverhalte. (3) Es verweist auf aktuelle Zustände, z. B. Angst. (4) Es dient der rationalisierenden Erklärung eigener Verhaltensumstände.

Leider kann man es jedoch dem Testverhalten selbst nicht ansehen, wie es zustandegekommen und auf welcher Ebene es demzufolge zu interpretieren ist (Hörmann, 1982). Deshalb wäre die Ausarbeitung einer Theorie gefordert, die besagt, wann, unter welchen Umständen und bei wem welche dieser Ebenen ins Spiel kommt (Murstein & Pryer, 1959). Aus einer solchen Theorie müssten dann Erhebungsverfahren entwickelt werden, die im Sinne von Vortests für einen Probanden bestimmen, auf welcher Ebene dieser in einer spezifischen Situation funktioniert, bzw. ob er beispielsweise überhaupt zu einer Projektion neigt. Erst danach könnten projektive Tests wie der TAT eingesetzt und interpretiert werden (Hörmann, 1982). Voraussetzung hierfür wäre allerdings, dass der Proband die Ebenen im Testverlauf nicht wechselt. Eine derartige Theorie existiert derzeit nicht. Dies ist auch nicht weiter verwunderlich, stellt doch bereits der Nachweis der klassischen Projektion im Sinne Freuds so große Probleme, dass bislang ein methodisch akzeptabler Beweis für deren Existenz nicht geliefert werden konnte (Holmes, 1968, 1978). Eine Weiterentwicklung des Ansatzes könnte sich jedoch aus einer Reformulierung des Konzepts der Abwehrmechanismen auf der Basis von Forschungen zur sozialen Kognition ergeben (Newman, Duff & Baumeister, 1997; vgl. auch Baumeister, Dale & Sommer, 1998; Newman, Caldwell, Chamberlin & Griffin, 2005).

Immerhin existieren auch Auswertungssysteme, die weitgehend auf einen dieser Projektionsbegriffe verzichten und sich stattdessen auf kognitionspsychologische Annahmen zur Informationsverarbeitung stützen. Die bekanntesten unter diesen Ansätzen, die eine gewisse Perspektive für eine diagnostisch sinnvolle Anwendung des TAT erkennen lassen, sind die Messung des *Leistungsmotivs* sowie die Erhebung von *Objektbeziehungen*.

Ausgehend von dem von McClelland, Atkinson, Clark und Lowell (1953) entwickelten Auswertungssystem zur Erfassung des *Leistungsmotivs* (need achievement) in der Persönlichkeitstheorie Murrays (1938), legten McClelland, Koestner und Weinberger (1989) eine Reinterpretation des Zustandekommens entsprechender Reaktionen im TAT vor. Die Autoren postulieren, dass der TAT *implizite Motive* erfasst (d. h. Motive, die im Erleben der Person nicht repräsentiert sind), während Fragebogen (▶ **Kap. 10**) *selbstzugeschriebene Motive* messen (also Motive, die der Introspektion zugänglich sind). Implizite Motive, wie sie sich in TAT-Maßen niederschlagen sollen, liefern eher eine generelle Orientierung auf bestimmte Typen von Zielen, etwa Dinge besonders gut zu machen. Selbstzugeschriebene Motive reflektieren dagegen soziale Normen, die den Bereich genauer abstecken, z. B. eine konkrete Prüfungssituation, in dem diese Ziele umgesetzt werden. Dementsprechend nehmen die Autoren an, dass beide Instrumente mit unterschiedlichen Kriterien assoziiert sind, miteinander aber nur gering korrelieren. TAT-basierte Indices sollen am besten Verhaltensindikatoren vorhersagen, die in nur geringem Maße durch aktuellen Druck aus der Umwelt bestimmt werden. Solche Indikatoren finden sich bei längerfristigen Leistungsmaßen, etwa dem beruflichen Erfolg. Demgegenüber sollen Selbstberichtsinstrumente am besten ein Verhalten vorhersagen, das unter der Kontrolle strukturierter aktueller Stimuli steht, etwa den Erfolg beim Lösen von Aufgaben im Laborexperiment, z. B. Anagrammaufgaben. Die Autoren unterscheiden ferner zwischen Aufgabenanreizen (die einer Leistungssituation inhärent sein sollen) und sozialen Anreizen (die einer derartigen Situation von Dritten, z. B. dem Versuchsleiter, hinzugefügt werden). Indikatoren impliziter Motive sollen dabei besonders auf Aufgabenanreize, Indikatoren selbstzugeschriebener Motive auf soziale Anreize ansprechen.

Eine Metaanalyse von 105 Studien, die sich speziell mit der Überprüfung dieser Hypothesen befassten (Spangler, 1992), fand schwache Hinweise auf eine Gültigkeit der Annahmen von McClelland et al. (1989). Problematisch an vielen Studien war, dass der Einfluss der Intelligenz unkontrolliert blieb. Der IQ korreliert jedoch positiv sowohl mit den TAT-Maßen des Leistungsmotivs als auch mit Kriteriumsvariablen wie Berufserfolg (Lilienfeld et al., 2000).

Ein dem TAT ähnliches Verfahren zur Messung des Leistungsmotivs ist das *Leistungsmotivgitter* (L-M-Gitter; Schmalt, 1976). In ihm werden in sechs leistungsthematischen Bereichen (manuelle, musikalische, schulische, selbstbehauptende, Hilfe gewährende, sportliche Tätigkeiten) je drei TAT-ähnliche Bilder dargeboten. Anders als beim TAT ist das Antwortformat zu diesen Vorlagen jedoch nicht offen, sondern gebunden (▶ **Kap. 3**). Zu jedem Bild werden die immer gleichen 18 Aussagen dargeboten. Der Proband soll angeben, ob diese Aussagen zu dem jeweiligen Bildinhalt passen.

Die einzelnen Aussagen repräsentieren, neben einigen Füllitems, die zentralen Konstrukte der Leistungsmotivationsforschung (Heckhausen, 1963; ▶ **Kap. 10**): *Furcht vor Misserfolg* und *Hoffnung auf Erfolg*, zu denen dann noch einmal Unterkategorien bestehen (z. B. Misserfolgsmeidung als Unterkategorie der Furcht vor Misserfolg). Eine auf Furcht vor Misserfolg bezogene Aussage wäre etwa *Er denkt: „Ob auch nichts falsch ist?“*, während eine Aussage wie *Er denkt: „Ich will das einmal können“* Hoffnung auf Erfolg repräsentiert.

Die jeweils 18 Bilder und Aussagen lassen sich in einer Matrix anordnen (deshalb „Gitter“), wobei jede Zelle mit einer positiven Eintragung eine Bejahung dieser Aussage für dieses Bild bedeutet. Die Anzahl verschiedenartiger bejahter Aussagen pro Bild soll dabei den *Intensitäts*aspekt der Leistungsmotivation repräsentieren, während die Anzahl gleicher Aussagen, die zu verschiedenartigen Bildern bejaht werden, für den *Extensitäts*aspekt steht.

Die Koeffizienten für die Reliabilität dieser Verfahren liegen deutlich über den für den TAT berichteten Werten. So konnte Schmalt (1976) für Intervalle von zwei bis acht Wochen Stabilitäten zwischen .67 und .85 ermitteln. Eine Überprüfung der *faktoriellen Struk-*

tur des L-M-Gitters erbrachte drei Faktoren: Misserfolgsmeidung, Hoffnung auf Erfolg und Furcht vor Misserfolg (Schmalt, 1976).

Validitätsuntersuchungen wurden in Situationen durchgeführt, die thematisch sein sollen für eine Manifestation des Erfolgs- bzw. Misserfolgsmotivs: Anspruchsniveausetzung, Aufgabenwahl und Ausdauer. So fand Schmalt (1976), wie nach theoretischen Überlegungen zur Leistungsmotivation (Heckhausen, 1963) zu erwarten, dass Personen mit hoher Hoffnung auf Erfolg Aufgaben mit mittlerem, Personen mit Furcht vor Misserfolg dagegen Aufgaben mit extremem (hohem oder niedrigem) Schwierigkeitsgrad bevorzugen.

Hinsichtlich des Reizmaterials, das eine Antwort auslösen soll, gleicht das L-M-Gitter dem TAT. Der Antwortmodus ähnelt dagegen dem einiger subjektiver Verfahren, beispielsweise dem des in ▶ **Kap. 10** beschriebenen *Angstbewältigungs-Inventars* (ABI; Krohne & Egloff, 1999). Wie dieses repräsentiert es den Typ der Situations-Reaktions-Inventare, nur dass beim L-M-Gitter die Situationen bildliche Darstellungen, beim ABI verbal beschriebene Szenarien sind.

Westen (1991a) hat mit der *Social Cognition and Object Relations Scale* (SCORS) ein TAT-basiertes Auswertungssystem zur Erfassung von *Objektbeziehungen* (der mentalen Repräsentation anderer Personen; Westen, 1991b) entwickelt. Die SCORS erfasst Objektbeziehungen auf vier Dimensionen: (a) Komplexität der Repräsentation, (b) Affektgeladenheit der Beziehung, (c) Emotionales Engagement bei Beziehungen und moralische Standards sowie (d) Verstehen sozialer Verursachungen. In einer Revision wurde die dritte Dimension in Emotionales Engagement und Moralische Standards aufgespalten und die Dimensionen Aggression, Selbstwertgefühl und Selbstkohärenz hinzugefügt (Conklin & Westen, 2001).

Die psychometrische Qualität der mit diesem System gewonnenen Variablen ist derzeit noch nicht befriedigend (Übersicht in Lilienfeld et al., 2000). Die *Durchführungsobjektivität* leidet darunter, dass nicht verbindlich festgelegt ist, welche TAT-Tafeln dargeboten werden sollen. Die *Auswertungsobjektivität* ist dagegen mit Werten um .90 gut. Die *Reliabilität* wurde bislang nur über die interne Konsistenz bestimmt und fällt mit Werten von .59 bis .77 für die einzelnen Dimensionen eher schwach aus.

Zur Überprüfung der *Validität* wurde die SCORS bislang vor allem eingesetzt, um verschiedene Patientengruppen voneinander und von Kontrollgruppen zu trennen. Dabei zeigte sich mehrfach, dass Patienten mit der Diagnose „Borderline-Persönlichkeitsstörung" auf den vier ursprünglichen Dimensionen der SCORS besonders niedrige Werte erreichten, also wenig komplexe und affektiv negativ getönte Objektbeziehungen aufwiesen (Westen, 1991b). Allerdings fielen mehrere Beziehungen über verschiedene Studien inkonsistent aus. Hinzu kommt, dass einzelne Scores mit dem IQ und der Anzahl der in den Antworten verwendeten Wörter positiv korreliert (Lilienfeld et al., 2000). Der Einfluss dieser Variablen auf den Zusammenhang der SCORS-Werte mit Kriteriumsvariablen wurde aber bislang kaum kontrolliert.

11.5.5 Bewertung

Trotz einiger Bemühungen, besonders defiziente Aspekte projektiver Verfahren (beispielsweise die häufig impressionistische Auswertung der Antworten) zu verbessern, muss die psychometrische Qualität zumindest der beiden in der Praxis mit Abstand am häufigsten eingesetzten Verfahren, des Rorschach-Tests und des TAT, immer noch als so mangelhaft bezeichnet werden, dass sich ein Einsatz in der Individualdiagnostik, auf deren Grundlage ja häufig weitreichende Entscheidungen über die Betroffenen gefällt werden, verbietet. Damit ein im Test gezeigtes Verhalten überhaupt als „auffällig" und damit evtl. behandlungsbedürftig bezeichnet werden kann, müssten die projektiven Verfahren zumindest die Minimalstandards erfüllen, wie sie heutzutage an die Güte von Tests gelegt werden (Hörmann, 1982; Lilienfeld et al., 2000). Hierzu gehören an einer repräsentativen Stichprobe gewonnene Normen und die Standardisierung der Testdarbietung und -auswertung (▶ **Kap. 3**).

Tatsächlich existieren bis heute weder zu den verschiedenen Signierungen und Indices des Rorschach-Tests noch zu den TAT-Variablen befriedigende *Normdaten*. Wo solche Daten mitgeteilt werden, beruhen sie in der Regel nicht auf repräsentativen Stichproben. Unberücksichtigt bleibt auch, dass sich bestimmte Minoritäten (für die aber vergleichsweise häufig psychologischer Beratungs- und Behandlungsbedarf besteht) in ihrem Antwortverhalten deutlich von der Bevölkerungsmehrheit unterscheiden (Lilienfeld et al., 2000). Die Standardisierung der *Testdurchführung* ist zumindest beim TAT immer noch unzureichend. Die *Auswertungsobjektivität* scheint für einige Scores und Indices akzeptabel zu sein, bleibt aber für die Mehrzahl der Testvariablen unbefriedigend. Die Bestimmung der *Reliabilität* stellt angesichts der Heterogenität der Vorlagen und der Schwierigkeit, Testwiederholungen durchzuführen, nach wie vor ein Problem dar. Zu einigen Variablen werden immerhin vielversprechende *Validitäts*werte berichtet, die aber nur selten repliziert werden konnten.

Die Bestimmung der Validität leidet natürlich darunter, dass das Projektionskonzept zur Erklärung des Zustandekommens der einzelnen Indices nichts beiträgt. Es existieren aber auch keine andersartigen, empirisch gesicherten, theoretischen Vorstellungen, die die Beziehung zwischen Index und Indizierten erklären könnten. Derzeit erfolgt die Bestimmung der Validität projektiver Verfahren in der Regel als Kriteriumsvalidität (▶ **Kap. 3**), d. h. über die rein empirisch gesteuerte Berechnung der Enge des Zusammenhangs zwischen Testvariablen und interessierenden Kriterien (meist aus dem Bereich der Psychopathologie). Auf eine theoretische Abstützung dieser Analysen wird dabei weitgehend verzichtet. Dieses Vorgehen birgt natürlich Probleme für eine Replikation und Generalisierung der beobachteten Zusammenhänge.

Immerhin existieren eine Reihe von Ansätzen, in denen versucht wird, das Geschehen in der Testsituation mit Konzepten neuerer kognitionspsychologischer Modelle zu erklären (vgl. u. a. McClelland et al., 1989; Newman et al., 1997; Westen, 1991b). Im Verlauf der Ausarbeitung derartige Ansätze müsste dann insbesondere auch versucht werden, die immer noch ungeklärte Rolle zu analysieren, die zum einen die – meist mehrdeutigen – Teststimuli, zum anderen die soziale Interaktion in der Testsituation (die sich ja anhand der Darbietung dieser mehrdeutigen Vorlagen entfaltet) spielen. (Zum Einfluss des Teststimulus und der sozialen Interaktion auf das Antwortverhalten siehe Hörmann, 1982.)

11.6 Kognitiv-experimentelle (implizite) Verfahren

In den letzten Jahren wurde eine Reihe experimenteller Verfahren, die zunächst zur Beantwortung allgemeinpsychologischer Fragen konzipiert worden waren, für persönlichkeitsdiagnostische Zwecke adaptiert und weiterentwickelt. Die Verfahren, die auf Paradigmen (experimentellen Versuchsanordnungen) der Kognitionsforschung basieren, teilen die eingangs dieses Kapitels beschriebenen generellen Merkmale und Zielsetzungen objektiver Tests. Deutlich betont wird dabei die Intention, verhaltenssteuernde Prozesse und Strukturen offen zu legen, die unserer bewussten Kognition nicht oder nur partiell zugänglich sind. Die Verfahren werden deshalb, im Anschluss an die dargestellten TAT-Analysen von

McClelland et al. (1989), als implizite Tests bezeichnet.

Aus Sicht der Probanden besitzen die meisten impliziten Tests einen klaren leistungsthematischen Charakter. Von wenigen Ausnahmen abgesehen, handelt es sich um computergesteuerte Verfahren, in denen die Probanden ähnlich wie bei Konzentrationstests (▶ **Kap. 12**) möglichst schnell und genau auf bestimmte Reizkonstellationen antworten müssen. Durch spezifische experimentelle Arrangements können die anfallenden Leistungsdaten, im Allgemeinen Reaktionszeiten, manchmal auch Fehler oder kombinierte Maße, so verwertet werden, dass sie Aufschluss über dispositionelle (in erster Linie emotionale und motivationale) Merkmale liefern.

Hinsichtlich des diagnostischen Anspruchs lassen sich zwei Arten kognitiv-experimenteller Verfahren unterscheiden. Einige Verfahren zielen auf sehr spezifische Verarbeitungsmerkmale. Bestimmt werden soll z. B. das Ausmaß, in dem affektive Stimuli Aufmerksamkeit auf sich ziehen, kognitive Ressourcen binden oder mentale Prozesse in eine bestimmte Richtung lenken. Die erhobenen Variablen sind Indikatoren sehr elementarer Vorgänge und damit enger umgrenzt als Eigenschaften, die üblicherweise mit Persönlichkeitstests erfasst werden. Sie lassen sich jedoch als Modellbausteine verstehen, mit deren Hilfe sich die personspezifische Art der Verarbeitung bestimmter Reizklassen charakterisieren lässt.

Eine zweite Verfahrensgruppe richtet sich auf globalere Eigenschaften, etwa Einstellungen oder Aspekte des Selbstkonzepts einer Person (Greenwald, McGhee & Schwartz, 1998; Greenwald & Nosek, 2001). Hinsichtlich der Weite des jeweils zu erfassenden Merkmals ist diese Gruppe mit gängigen Persönlichkeitsinventaren vergleichbar. Allerdings fokussieren sie andere Merkmale als die entsprechenden expliziten Verfahren. Ein impliziter Tests zur Erfassung von Einstellungen gegenüber Ausländern würde seiner Intention nach auf automatische, spontane Bewertungen oder Verhaltenstendenzen abheben, die nicht notwendigerweise identisch mit den bewusst repräsentierten Einstellungskomponenten sein müssen, sondern ihnen im Einzelfall sogar entgegenlaufen können.

Beide Gruppen beinhalten eine Vielzahl unterschiedlicher Verfahren und Varianten (für Übersichten siehe z. B. Bar-Haim, Lamy, Lee, Bakermans-Kranenburg & van Ijzendoorn, 2007; Becker & Rinck, 2000; Fazio & Olson, 2003; Hangarter, Schmitt & Ebert, 2001; Williams, Watts, MacLeod & Mathews, 1997). Wir beschreiben im Folgenden exemplarisch zwei Verfahren zur Erfassung spezifischer Merkmale der Reizverarbeitung, die *„emotionale“ Variante des Stroop-Tests* (vgl. Williams, Mathews & MacLeod, 1996) und das *Visual Dot-Probe-Paradigma* (MacLeod, Mathews & Tata, 1986). Als Beispiel für ein Verfahren, das sich auf globalere Merkmale richtet, stellen wir den *Impliziten Assoziationstest* vor (Greenwald et al., 1998).

11.6.1 Verfahren zur Messung spezifischer Prozessmerkmale

Emotionaler Stroop-Test

Die emotionale Variante des Stroop-Tests entstammt der klinischen Forschung (Gotlib & McCann, 1984; Williams & Nulty, 1986). Mit ihr soll das Ausmaß bestimmt werden, in dem die Präsenz aufgabenirrelevanter affektiver Reizmerkmale gerade ablaufende Verarbeitungsprozesse beeinträchtigt. Wie in der bereits dargestellten Originalversion des Tests sind in der Variante die Farben, in der Wörter gedruckt sind, möglichst schnell zu benennen (oder, bei Computerdarbietung, per Tastendruck zu identifizieren). Im Unterschied zum Original handelt es sich bei den Wörtern jedoch nicht um Farbnamen, sondern vielmehr um affektiv konnotierte oder neutrale Wörter (z. B. „Verlust", „bedroht"; „Termin", „gefärbt"). Anstelle von Wörtern werden hier auch farbige (bzw. farbig hinterlegte) Zeichnungen verwendet (die Zeichnungen stellen z. B. Gesichter mit unterschiedlichem Emotionsausdruck dar; Eschenbeck, Kohlmann, Heim-Dreger, Koller & Leser, 2004). Für die Berechnung der interessierenden Interferenzeffekte werden die Benennungszeiten für neutrale Reize von den Benennungszeiten für affektive Reize subtrahiert; eine deutliche Verlangsamung bei affektiven Reizen manifestiert sich entsprechend in hohen Werten des Interferenzindex.

Williams et al. (1996) konnten in ihrer Übersichtsarbeit zum emotionalen Stroop-Test auf die Ergebnisse von mehr als 50 Studien zurückgreifen, in denen u. a. Zusammenhänge mit klinischer Angst, Ängstlichkeit, posttraumatischen Stressstörungen, Panik, Zwangsneurosen, Phobien und Depression analysiert wurden. Dabei zeigte sich, dass diese Störungen im Allgemeinen (wenn auch nicht ausnahmslos) mit verstärkten Interferenzeffekten aversiver Reize verbunden sind.

Hinsichtlich des Wirkmechanismus ist die gängigste Annahme, dass Interferenzeffeke das Ausmaß reflektieren, in dem affektive Reize Verarbeitungskapazität binden. Affektive Reize verbrauchen viel Ressourcen, weil sie Wissensstrukturen, die persönlich relevante Information repräsentieren, vergleichsweise stark ansprechen. Zu Verzögerungen in der Farbbenennung kommt es dann bei Personen, die nicht in der Lage sind, die ablenkenden Effekte aufdringlicher Reizaspekte effizient zu hemmen.

Unter den Ansätzen zur Erfassung affektiver Einflüsse auf die Informationsverarbeitung stellt der emotionale Stroop-Test aufgrund seiner Einfachheit und Ökonomie das bei weitem beliebteste Verfahren dar. Diese Vorteile werden jedoch auch mit einem Nachteil erkauft. Die emotionale Variante des Stroop-Tests ist sensitiv für eine Reihe unterschiedlicher Einflüsse. Dies betrifft u. a. Expositions- und Übungseffekte sowie kompensatorische Wirkungen verstärkter Anstrengung. Das Verfahren ist also recht unspezifisch, da individuelle Unterschiede in Reaktionsverzögerungen auf verschiedene Quellen zurückgehen können (Williams et al., 1996; vgl. auch Bar-Haim et al., 2007).

Visual Dot-Probe-Paradigma

Das Visual Dot-Probe-Paradigma (VDP) wurde von MacLeod et al. (1986) zur Erfassung der Aufmerksamkeitsausrichtung auf bedrohungsassoziierte Reize entwickelt. Mit dem Verfahren sollten Hypothesen der klinischen Angst- und Depressionsforschung (Williams et al. 1997) getestet werden, wonach ängstliche, nicht aber depressive Personen durch schnell einsetzende, automatisch wirksame vigilante Verhaltenstendenzen gegenüber Bedrohungen gekennzeichnet sind. Ängstliche Personen orientieren ihre Aufmerksamkeit dieser Hypothese zufolge verstärkt auf Bedrohungssignale.

Im VDP werden vertikal angeordnete Wortpaare in rascher Abfolge (500 ms pro Wort) auf einem Computermonitor dargeboten (► **Abb. 11.7**). Die Probanden müssen das obere Wort jeweils laut lesen, was einen konsistenten Aufmerksamkeitsfokus am Beginn jedes Durchgangs sichern soll. Gelegentlich erscheint entweder an der Stelle des oberen oder unteren Worts ein kleiner Punkt. Die Hauptaufgabe ist es, eine Taste zu drücken, sobald der Punkt erscheint. In Messdurchgängen wird jeweils ein bedrohungsassoziiertes (z. B. „Versagen", „kritisiert", „Krankheit") und ein affektiv neutrales Wort gezeigt, von denen eines durch den Punkt ersetzt wird. Bedrohungs-

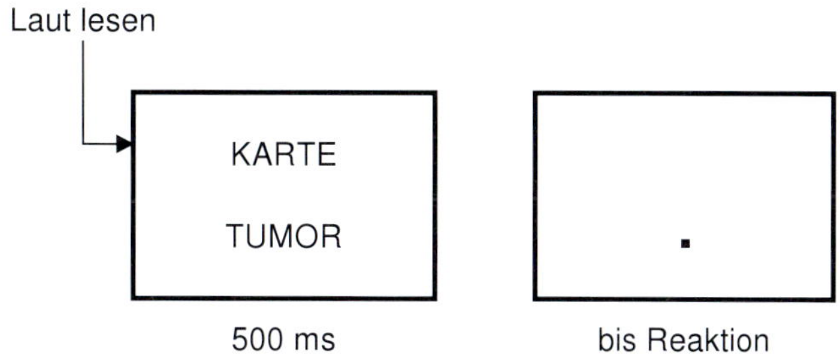

Abb. 11.7 Das Visual Dot-Probe-Paradigma (MacLeod et al., 1986).

und Punktposition werden dabei systematisch variiert, so dass sich vier Versuchsbedingungen ergeben. Die Reaktionszeiten in den Messdurchgängen liefern die interessierenden Daten.

Die Aufmerksamkeitsverteilung auf die beiden Reizklassen wird durch einen Vergleich der Reaktionszeiten zwischen den vier durch Punkt- und Bedrohungsposition definierten Versuchsbedingungen bestimmt: Vigilanz, also eine verstärkte Aufmerksamkeitsorientierung auf bedrohliche Reize, manifestiert sich in schnellen Reaktionen, wenn Bedrohungs- und Punktposition identisch sind (der Punkt also an der Stelle eines bedrohlichen Worts auftaucht), und entsprechend in langsamen Reaktionen, wenn Punkt- und Bedrohungsposition divergieren (der Punkt also an der Stelle eines neutralen Worts auftaucht). In diesen Fällen wird die Aufmerksamkeit durch einen bedrohlichen Reiz entweder gebunden oder auf ihn gelenkt. Eine kognitiv vermeidende Aufmerksamkeitsorientierung (Abwendung von bedrohlichen Reizen) zeigt sich entsprechend im umgekehrten Reaktionszeitmuster.

Die Differenz der Reaktionszeiten unter beiden Bedingungen („Punkt ersetzt neutrales Wort" minus „Punkt ersetzt bedrohliches Wort") liefert deshalb einen Index für unmittelbare Aufmerksamkeitsreaktionen auf bedrohungsbezogene Reize: Positive Werte des Vigilanzindex ergeben sich bei verstärkter Zuwendung, negative Werte bei verstärkter Abwendung von bedrohlichen Wörtern. Indifferenz schlägt sich in einem Indexwert nahe Null nieder.

Eine bemerkenswerte Eigenschaft des Paradigmas besteht darin, dass sich eine verstärkte Aufmerksamkeitsausrichtung auf Bedrohungen sowohl in Reaktions*verlangsamungen* als auch in Reaktions*beschleunigungen* bemerkbar macht, je nachdem, ob Punkt- und Bedrohungsposition identisch sind oder nicht. Dieses symmetrische Arrangement gewährleistet die Gewinnung vergleichsweise reiner Indikatoren der Aufmerksamkeitsausrichtung, da generelle beeinträchtigende (störende) oder fördernde (aktivierende) Effekte emotionaler Reize über die vier Versuchsbedingungen ausgeglichen werden. Hierin besteht ein wesentlicher Unterschied zum emotionalen Stroop-Test, in dem sich die interessierenden Wirkungen bedrohungsbezogener Reize allein in Reaktions*verlangsamungen* niederschlagen (für eine Diskussion methodischer Gesichtspunkte bei der Messung von Aufmerksamkeitsprozessen siehe Clarke, Macleod & Guastella, 2013).

MacLeod et al. (1986) konnten mit dem VDP deutliche Unterschiede zwischen klinisch ängstlichen Personen und einer nichtklinischen Kontrollgruppe finden. Während ängstliche Personen erwartungsgemäß vigilant reagierten, manifestierte die Kontrollgruppe eine Tendenz zur Vermeidung der bedrohungsassoziierten Reize. Bei depressiven Personen zeigten sich keine Hinweise auf Vigilanz (für eine ausführliche Diskussion siehe Williams et al. 1997).

Auch für Fragestellungen außerhalb der klinischen Forschung ist das Verfahren von Interesse (z. B. Mogg & Bradley, 1998, 1999). Hier ist natürlich zunächst an die persönlichkeitspsychologische Forschung zur Angst und Angstbewältigung zu denken (vgl. Krohne & Hock, 2008, 2011). Automatisch wirksame vigilante Verhaltenstendenzen könnten ein wesentliches Merkmal ängstlicher Personen sein, das als Vulnerabilitätsfaktor eventuell auch zur Ausbildung klinisch relevanter Störungen beiträgt (Bar-Haim et al., 2007). Darüber hinaus ist das Verfahren natürlich nicht unbedingt an die Verwendung bedrohlicher oder aversiver Reize gebunden. Es kann vielmehr immer eingesetzt werden, wenn Hypothesen über Veränderungen des Aufmerksamkeitsfokus angesichts bestimmter Reizklassen vorliegen bzw. geprüft werden sollen. Derartige Hypothesen lassen sich auch für andere Persönlichkeitsmerkmale, etwa längerfristige Interessen oder Motive, formulieren.

Bewertung

Validitätsbelege für den emotionalen Stroop-Test und das VDP stützen sich in erster Linie auf die Tatsache, dass die Verfahren zwischen klinischen Gruppen und nichtklinischen Kontrollgruppen diskriminieren. Hier sind die Ergebnisse recht einheitlich (Mogg & Bradley, 1998; Williams et al., 1996, 1997). Anwendungen der Verfahren im „Normalbereich" erbrachten jedoch inkonsistente Befunde, deren Grundlage zur Zeit noch unklar ist (siehe z. B. Mogg, Bradley, de Bono & Painter, 1997; Mogg et al., 2000).

Auch die Messpräzision der Verfahren kann noch nicht genau beurteilt werden. Die wenigen veröffentlichten Studien zur Konsistenz und Stabilität der Tests bieten hierfür noch keine hinreichende Datengrundlage, zumal die Zuverlässigkeit für die diversen Varianten der Aufgaben (z. B. Computer- vs. Tafelversion des Stroop-Tests) unterschiedlich ausfallen können. Bislang vorliegende Untersuchungen, die sich auf nichtklinische Stichproben (Studierende) stützten, verweisen allerdings durchweg auf enttäuschend geringe Reliabilitäten, die sich teilweise im Bereich von Null bewegen (Stroop-Test: Eide, Kemp, Silberstein, Nathan & Stough, 2002; Kindt, Bierman, Brosschot, 1996; Siegrist, 1997; VDP: Schmukle, 2005). Möglicherweise sind die gemessenen Aufmerksamkeitsaspekte bei Personen ohne massives Angst- oder Depressionsproblem zu unsystematisch, um zu befriedigenden Reliabilitäten der Indexwerte zu führen. Ob sich die Verfahren so modifizieren lassen, dass evtl. auch im nichtklinischen Bereich existierende Unterschiede erfasst werden können, ist offen. Generell ist die Frage, inwieweit die Verfahren eher Einflüsse aktueller Emotionen oder Einflüsse längerfristig stabiler Persönlichkeitsmerkmale widerspiegeln, noch nicht beantwortet.

Angesichts dieser Fragen, die andere Adaptationen kognitiv-experimenteller Paradigmen in ähnlicher Weise betreffen, sind die Verfahren für praktische diagnostische Anwendungen derzeit noch nicht zu empfehlen. Vielmehr sind sie als weiterzuentwickelnde Forschungsinstrumente speziell für die klinisch-psychologische und die persönlichkeitspsychologische Grundlagenforschung interessant (Egloff & Hock, 2001, 2003).

11.6.2 Impliziter Assoziationstest

Der von Greenwald et al. (1998) vorgestellte Implizite Assoziationstest (IAT) richtet sich im Unterschied zu den beiden gerade dargestellten Verfahren auf relativ weite Merkmale. Der IAT knüpft dabei an die Idee sog. *Priming-Aufgaben* an. Hierbei handelt es sich um eine variantenreiche Klasse experimenteller Paradigmen, die Aufschluss über die Stärke assoziativer Verknüpfungen zwischen kognitiven

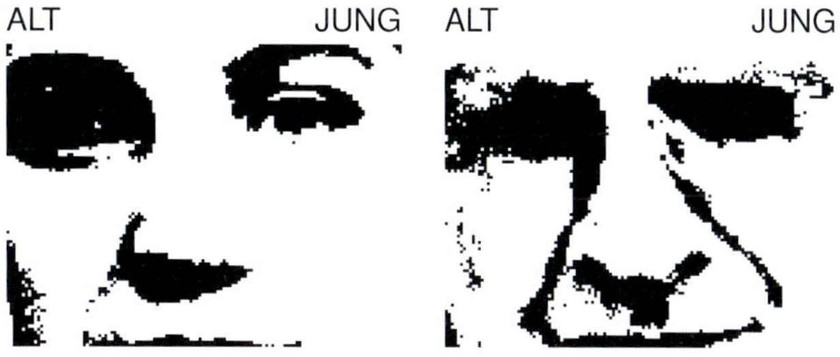

Abb. 11.8
Beispiele für Stimuli im Alters-IAT.

Repräsentationen ermöglichen sollen (Neely, 1991; Wentura, 1997). Der Begriff Priming lässt sich mit „Bahnung“ oder „Voraktivierung“ übersetzen. Primingeffekte liegen vor, wenn die Konfrontation mit einem Reiz A die Verarbeitung eines gleichzeitig oder nachfolgend dargebotenen Reizes B beeinflusst.

Ziel des von Greenwald et al. konstruierten IAT ist es, individuelle Unterschiede automatischer Bewertungen bestimmter Konzepte oder Kategorien zu messen, die auf der Grundlage ihrer Assoziation mit bestimmten Attributen, die den Konzepten zu- oder abgesprochen werden können, zustandekommen. Aufgedeckt werden sollen z. B. wertbehaftete Einstellungen gegenüber Frauen und Männern, farbigen und weißen Menschen oder Inländern und Ausländern. Wir illustrieren das Verfahren an einem Beispiel, das automatische Bewertungen für die Zielkonzepte „jung“ und „alt“ messen soll. Es geht hier um positive oder negative Einstellungen gegenüber älteren und jüngeren Personen. Die Aufgabe heißt „Alters-IAT“ und gliedert sich wie die meisten anderen Mitglieder der IAT-Familie in fünf Abschnitte. (Diese und weitere Aufgaben finden sich im Internet unter https://implicit.harvard.edu/implicit/.)

Im ersten Abschnitt werden die interessierenden *Zielkonzepte* eingeführt. Hierfür klassifizieren die Probanden per Tastendruck eine Reihe von Fotos älterer und jüngerer Menschen als alt oder jung (▶ **Abb. 11.8**). Die Fotos erscheinen einzeln auf einem Computerbildschirm. Die Probanden sollen möglichst schnell die linke Taste drücken, wenn das Foto eine ältere Person darstellt, und die rechte Taste, wenn es sich um eine jüngere Person handelt. Die Aufgabe ist sehr einfach, da die Bilder so ausgewählt sind, dass sie eindeutig einer der beiden Kategorien zugeordnet werden können. Der Sinn dieser Teilaufgabe ist es, eine Reiz-Reaktions-Assoziation zu etablieren, nämlich „alt“ mit „links“ und „jung“ mit „rechts“ zu verknüpfen. In die eigentliche Messung geht diese Teilaufgabe nicht ein.

Das gleiche gilt für den zweiten Versuchsabschnitt. Hier werden die *Bewertungsattribute* eingeführt, deren Assoziation mit den Zielkonzepten gemessen werden soll. In diesem Abschnitt werden eine Reihe deutlich positiv oder negativ konnotierter Begriffe gezeigt, die als „gut“ oder „schlecht“ klassifiziert werden sollen, z. B. „Vergnügen“, „Freude“, „schrecklich“, „Friede“, „Qual“ usw. Auch hier geht es nur darum, eine Verknüpfung zwischen Attribut und Reaktion aufzubauen. Im Beispiel wird „schlecht“ mit „links“ und „gut“ mit „rechts“ verknüpft.

Die Abschnitte 1 und 2 sind also Lernphasen. Die eigentliche Messung beginnt im dritten Abschnitt des Experiments, der ersten Messphase. Hier werden beide Klassifikationen übereinandergelegt – was die eigentliche Pointe des Paradigmas ausmacht. Gezeigt werden abwechselnd Gesichter und affektiv konnotierte Begriffe, wobei die Probanden die linke Taste drücken sollen, wenn das Gesicht „alt“ oder der Begriff „schlecht“ ist, die rechte Taste, wenn das Gesicht „jung“ oder der Begriff „gut“

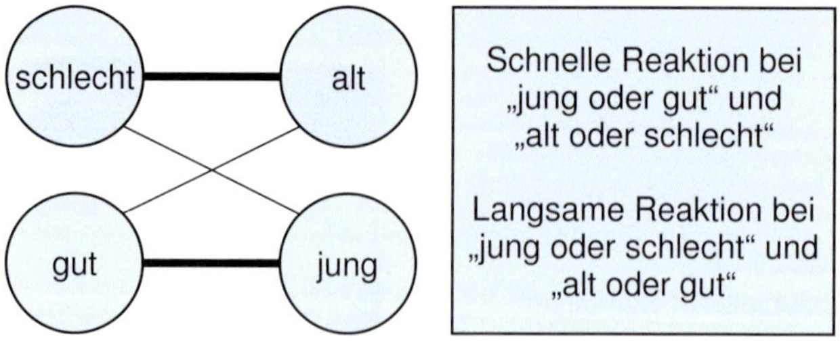

Abb. 11.9 Verknüpfung zwischen Konzepten bei einer Person mit starken impliziten Präferenzen für „jung“.

ist. Die Reiz-Reaktions-Zuordnungen entsprechen also dem, was die Probanden in den vorhergehenden Abschnitten gelernt haben. Die Reaktionszeiten in diesen Durchgängen liefern einen Teil der zur Messung benötigten Daten.

Der vierte Abschnitt ist wiederum eine reine Lernphase, die zur Vorbereitung der anschließenden zweiten Messphase dient. Hier werden die Reaktionszuordnungen für die Zielkonzepte umgestellt, so dass jetzt „jung“ mit „links“ und „alt“ mit „rechts“ verknüpft wird.

Im fünften Abschnitt, der zweiten Messphase, werden die Zielkonzepte und Attribute wiederum kombiniert. Das Vorgehen ist also analog zum dritten Abschnitt, nur dass hier für die Zielkonzepte die umgekehrte Reaktionszuordnung benutzt wird (die im vorangehenden Abschnitt aufgebaut wurde): Die Person drückt die linke Taste, wenn Gesicht bzw. Begriff „jung“ oder „schlecht“ ist, andernfalls, bei „alt“ oder „gut“, die rechte Taste. Die Attributzuordnung bleibt hier die gleiche und muss daher nicht neu aufgebaut oder verstärkt werden.

Der Grundgedanke des Verfahrens ist der Folgende: Wenn die Zielkonzepte, im Beispiel „alt“ bzw. „jung“, in unterschiedlicher Weise mit den Attributen „gut“ bzw. „schlecht“ assoziiert sind, muss eine der beiden kombinierten Aufgaben deutlich schwieriger zu bewältigen sein als die andere. Nehmen wir als Extremfall an, bei einer Person bestünden starke implizite Assoziationen zwischen „jung“ und „gut“ einerseits, „alt“ und „schlecht“ andererseits, wie dies in ▶ **Abb. 11.9** angedeutet ist. In diesem Fall sind die im ersten Messabschnitt vorzunehmenden Klassifikationen gewissermaßen evaluativ kompatibel: individuell leicht vereinbare Konzepte und Attribute sind der gleichen Reaktion zugeordnet, was die Aufgabe für den Probanden relativ einfach macht. In der zweiten Messphase werden jedoch für diese Person inkompatible Kombinationen der gleichen Reaktion zugeordnet. Daher entstehen hier Irritationsmomente, die sich in Reaktionsverzögerungen niederschlagen. Allgemein formuliert, liefert der Kontrast der Reaktionszeiten unter beiden Bedingungen ein Maß für die Stärke der Assoziation zwischen den verwendeten Zielkonzepten und Attributen, in der Interpretation der Autoren einen Index für die Stärke automatischer Präferenzen für „alt“ bzw. „jung“. Verfahrensbedingt sind hier allerdings nur relative, keine absoluten Aussagen möglich: In unserem Fall reflektiert der Index das „Bewertungsgefälle“ zwischen alt und jung, nicht das absolute Ausmaß der zugrunde liegenden impliziten Einstellungen.

In ihrer Untersuchung konnten Greenwald et al. (1998) nachweisen, dass das Verfahren nicht nur universelle Bewertungstendenzen, sondern auch bestimmte Gruppen- und individuelle Unterschiede sensitiv abbildet. Mittels des IAT ließen sich z. B. ethnische Einstellungen von Koreanern und Japanern zur jeweils anderen Gruppe teilweise besser voneinander diskriminieren als mit expliziten Maßen (also Fragebogen). Der IAT hat trotz seiner noch kurzen Geschichte eine außergewöhnliche Resonanz gefunden und wird zur Zeit von vielen Forschungsgruppen erprobt (siehe z. B. Bosson, Swann & Pennebaker, 2000; Fazio & Olson, 2003). Die Attraktivität des Verfahrens hat vor allem drei Gründe:

Erstens ist es – trotz seiner diversen Lern- und Messphasen – ausgesprochen ökonomisch. Die vorgestellte Version des Alters-IAT z. B. nimmt nur etwa fünf Minuten in Anspruch. Zweitens gibt es Hinweise darauf, dass der IAT hinsichtlich seiner Diskriminationsstärke anderen kognitiv-experimentellen Verfahren deutlich überlegen ist. Drittens soll das Verfahren nach dem Anspruch der Autoren automatisierte Bewertungen und Präferenzen aufdecken können, die von der betroffenen Person selbst eventuell gar nicht wahrgenommen oder sogar bestritten werden, aber trotzdem ihr Verhalten determinieren. Für die Anziehungskraft des Verfahrens dürfte der dritte Punkt der wichtigste sein.

Der Anwendungsbereich des IAT wurde sehr bald über das Feld impliziter Einstellungen hinaus erweitert. Persönlichkeitsdiagnostisch relevante Adaptationen liegen etwa für die Messung des Selbstwertgefühls (Greenwald & Farnham, 2000), der Schüchternheit (Asendorpf, Banse & Mücke, 2002) und der Angst (Egloff & Schmukle, 2002) vor. Eine Methode, das Verfahren für die Messung „selbstbezogener" Merkmale anzupassen, besteht darin, als Zielkonzepte Wörter zu verwenden, die entweder auf die eigene Person (z. B. „ich", „mein") oder auf andere Personen (z. B. „sie", „ihre") Bezug nehmen. Als Attribute fungieren persönlichkeitsbeschreibende Adjektive, die das zu messende Konzept oder dessen Gegenpol repräsentieren (für Angst z. B. „furchtsam", „nervös" vs. „ruhig", „gelassen"). Asendorpf et al. sowie Egloff und Schmukle fanden, dass implizite Maße der Schüchternheit bzw. Angst spontane expressive Verhaltensweisen in dispositionsanregenden Belastungssituationen besser vorhersagten als die korrespondierenden expliziten Maße. Die sich hier andeutende Validität für Verhaltensbereiche, die relativ geringer bewusster Steuerung und Überwachung unterliegen, erschließt vielversprechende diagnostische Möglichkeiten. Auch für Effekte von Selbstdarstellungsstrategien (► **Kap. 10**) oder willentlicher Verfälschung scheinen implizite Tests weniger anfällig zu sein als explizite Verfahren.

Bemerkenswert ist, dass die Zusammenhänge zwischen expliziten und impliziten Verfahren des gleichen Merkmalsbereichs häufig gering ausfallen (im Mittel um $r = .20$; Hofmann, Gawronski, Gschwendner, Le & Schmitt, 2005). Dies entspricht den bereits diskutierten (nur schwachen) Beziehungen, die zwischen projektiven Tests und Fragebogen festgestellt wurden (McClelland et al., 1989). Solche Dissoziationen entsprechen theoretischen Modellen, in denen (mindestens) zwei „Ebenen" oder „Prozesstypen" der Informationsverarbeitung postuliert werden, die, was ihre Verhaltenseffekte betrifft, nicht oder allenfalls lose miteinander verknüpft sind. (Für Beispiele solcher Modelle siehe z. B. Epstein, 1994; Greenwald et al., 2002; Hofmann, Friese, Müller & Strack, 2011; Wilson, Lindsley & Schooler, 2000.)

IAT-Verfahren erreichen im Allgemeinen Reliabilitäten um .80 oder sogar höher, schneiden für experimentelle Verfahren also ausgesprochen gut ab. Die Stabilitäten liegen mit ca. .60 niedriger (Übersicht bei Egloff, Schwerdtfeger & Schmukle, 2005). Interessanterweise scheint das Zeitintervall für die Höhe der Koeffizienten keine allzu große Rolle zu spielen. Egloff et al. (2005) z. B. fanden für den Angst-IAT Stabilitätskoeffizienten von .58 (Intervall: eine Woche), .62 (ein Monat) und .47 (ein Jahr).

Vor der praktischen Anwendung des IAT für individualdiagnostische Zwecke sind wie bei den anderen besprochenen experimentellen Verfahren noch eine Reihe offener Punkte zu klären. Dies betrifft u. a. die Abhängigkeit der Testwerte von Situations- und Kontextmerkmalen (z. B. De Houwer, 2001) sowie die hiermit verknüpfte Frage, inwieweit die Werte stabile Merkmale oder aktuelle Zustände reflektieren (Schmukle & Egloff, 2004). Auch die Grundlage der gemessenen Assoziationsstärken wird noch diskutiert. Die Sachverhalte etwa, dass viele farbige Menschen eine implizite Präferenz für Weiß (Nosek, Banaji & Greenwald, 2002), und viele Raucher eine implizite Aversion gegen das Rauchen aufweisen (Swanson, Rudman & Greenwald, 2001), deutet auf eine gewisse Sensitivität des Verfahrens für pure Expositionseffekte hin (etwa durch Medien oder soziale Kontakte). Die gemessenen Assoziationsstärken entsprechen dann nicht unbedingt den (impliziten) individuellen Einstellungen (für kritische Untersuchungen zur Validität des IAT siehe Mierke & Klauer, 2003; Rothermund & Wentura, 2004). Trotz dieser Punkte stellen der IAT und seine Verwandten wertvolle Bereicherungen der Diagnostik dar, die unter den vorgestellten experimentellen Verfahren das höchste Potenzial besitzen, explizite Tests in sinnvoller Weise zu ergänzen.

11.7 Bewertung objektiver Testverfahren

Das Programm der objektiven Persönlichkeitsdiagnostik ist von zwei zentralen Zielen geprägt. Erstens sollen Verfahren entwickelt werden, die frei von kontaminierenden Einflüssen im Sinne von Antwortstilen, Selbstdarstellungstendenzen oder bewussten Täuschungsmanövern sind. Zweitens soll Information über latente Prozesse und Mechanismen gewonnen werden, die individuellen Verhaltensunterschieden zugrunde liegen. Die für objektive Tests charakteristische Verschleierung des Messprinzips dient primär dem ersten, die Konfrontation mit mehrdeutigen Reizen (bei projektiven Verfahren) oder die Realisierung spezifischer experimenteller Arrangements (bei impliziten Verfahren) in erster Linie dem zweiten Ziel. Es ist offensichtlich, dass beide Zielsetzungen für praktisch-diagnostische Fragen eine außerordentlich hohe Bedeutung besitzen. Darüber hinaus wurde das Programm von der Hoffnung getragen, Merkmalsbereiche zugänglich zu machen, die anderen diagnostischen Methoden (z. B. Befragung oder Verhaltensbeobachtung) verschlossen bleiben. Besonders die im Rahmen der Forschung zu kognitiven Stilen besprochenen Konstrukte liefern hierfür Beispiele.

Angesichts dieser Tatsachen mag es erstaunen, dass objektive Tests – mit Ausnahme der projektiven Verfahren – kaum Eingang in die diagnostische Praxis gefunden haben. Die Gründe hierfür liegen teilweise in den besprochenen Mängeln vieler Tests. Hierher gehören die manchmal nur geringe Ökonomie, das Fehlen von Normen sowie unzureichende Reliabilität und Stabilität. Auch überzeugende Belege für die konvergente und diskriminante Validität werden häufig vermisst. Bei einigen ursprünglich als kognitive Stile konzipierten Variablen wurde insbesondere die teilweise recht deutliche Überlappung mit Fähigkeitsmerkmalen moniert. Auch die Frage, inwieweit die Verfahren aktuelle Zustände oder längerfristig stabile Persönlichkeitsmerkmale reflektieren, ist, wie wir sahen, bei manchen Tests offen.

Projektive Verfahren schneiden psychometrisch betrachtet keineswegs besser ab. Neben Reliabilität und Validität sind hier zusätzlich noch die Standardisierung sowie die Objektivität der Auswertung und Interpretation kritisch. Die relative Beliebtheit projektiver Tests verdankt sich primär deren Anbindung an psychodynamische Vorstellungen der traditionellen klinischen Diagnostik. Immerhin existieren einige Versuche, die Durchführung, Auswertung und Interpretation der Tests zu vereinheitlichen. Der starke Einfluss der sozialen Interaktion zwischen Untersucher und Untersuchtem auf die Antworten dürfte jedoch eine erhebliches Manko dieser Verfahren bleiben.

Der im Rahmen der strukturanalytischen Persönlichkeitsforschung – und hier besonders von Cattell (1965) und seinen Nachfolgern – unternommene Versuch, eine überschaubare Kartographie objektiv gemessener Persönlichkeitsdimensionen zu erstellen – analog etwa zu Faktorenmodellen auf subjektiver Ebene (▶ **Kap. 10**) – ist bislang nicht gelungen. Mitverantwortlich hierfür dürfte sein, dass die Verfahren ohne klare theoretische Vorstellungen über das Was und Wie der Messung konzipiert wurden. Man hat vielmehr versucht, alles zu sammeln, was sich relativ ökonomisch (mit Papier und Bleistift) „objektiv" erfassen lässt, und darauf gehofft, dass statistische Klassifikationstechniken den Gegenstandsbereich im Nachhinein gewissermaßen von selbst ordnen und gliedern. Was objektive Tests anbelangt, ist dieses rein induktiv-klassifikatorische Vorgehen gescheitert. Es bleibt abzuwarten, ob der künftigen Forschung, etwa auf der Basis experimenteller Verfahren, in diesem wichtigen Punkt mehr Erfolg beschieden sein wird.

Durch die Adaptation von Paradigmen aus der allgemeinpsychologischen Kognitionsforschung erleben objektive Verfahren in neuerer Zeit eine Renaissance. Dieser Trend wird sich aufgrund der zunehmenden „Computerisierung" der Diagnostik vermutlich weiter fortsetzen. Im Unterschied zu vielen älteren (insbesondere projektiven) Verfahren bestehen für diese Tests vergleichsweise genaue Vorstellungen über das Funktionieren der Messung und die jeweils abgebildeten Prozesse, deren Validierung allerdings noch geleistet werden muss. Die Verankerung in der Kognitionspsychologie lässt hoffen, dass sich solche Modelle der Testaufgaben, die für einige Verfahren in Ansätzen vorliegen (siehe z. B. Krohne & Hock, 2011; Williams et al., 1996), in Zukunft weiter präzisieren und empirisch absichern lassen. Für die Begründung der Persönlichkeitsdiagnostik wäre dies ein wesentlicher Fortschritt.

Offene Fragen betreffen hier die psychometrischen Eigenschaften von Paradigmen zur Erfassung spezifischer Merkmale der Reizverarbeitung, insbesondere deren Reliabilität, den Einfluss zeitlich variabler und stabiler Merkmale auf die Messwerte sowie die Validität der Verfahren für die anvisierten impliziten Eigenschaften. Generell wäre eine Anwendung der Tests für praktisch folgenreiche Entscheidungen zur Zeit verfrüht. Sie sind vielmehr als Forschungsinstrumente zu verstehen, deren Anspruch, latente Strukturen und Prozesse aufzudecken, erst noch belegt werden muss. Auch die Grundlage der häufig festgestellten Diskrepanzen zwischen objektiven (impliziten) und subjektiven (expliziten) Maßen sowie deren diagnostische Bedeutung bedarf weiterer Forschung (Greenwald, Poehlman, Uhlmann & Banaji, 2009; Hofmann et al., 2005).

Weiterführende Literatur

Allgemeine Übersichten zu objektiven Tests finden sich in Häcker (1982) und Pawlik (1968), zu Cattell bzw. Eysenck in Cattell (1965) und Eysenck und Eysenck (1985). Eine Übersicht über kognitive Stile und deren Messung bietet Krohne (1985b). Die projektiven Verfahren und deren Probleme werden in Hörmann (1982), Lilienfeld et al. (2000), Murstein und Pryer (1959) sowie Wood et al. (2000) dargestellt. Beschreibungen und Diskussionen kognitiv-experimenteller Verfahren finden sich in Bar-Haim et al. (2007), Cisler und Koster (2010), Clarke et al. (2013), Williams et al. (1997) sowie Yiend (2010), zum IAT in Greenwald et al. (1998, 2002, 2009).

Fragen zur Wissenskontrolle

1. Welches ist das zentrale gemeinsame Kriterium objektiver Tests?
2. Unter welchem Namen hat Cattell seine wichtigsten objektiven Tests zusammengefasst?

3. Welche Tests wurden zur Erfassung des kognitiven Stils Feldabhängig entwickelt? Was ist das zentrale Problem dieser Tests?
4. Wie ist der Stroop-Test aufgebaut und welches Merkmal erfasst er?
5. Welches sind die zentralen Defizite projektiver Verfahren?
6. Welches ist der Unterschied zwischen impliziten und selbstzugeschriebenen Motiven und mit welchem Verfahren lassen sich die jeweiligen Motive messen?
7. Welches ist die Logik des Visual Dot-Probe-Paradigmas?
8. Wie ist der Implizite Assoziationstest aufgebaut und wie lassen sich mit dieser Anordnung beispielsweise Einstellungen erfassen?

12 Fähigkeits- und Leistungstests

Persönlichkeitsmerkmale können zwei großen Domänen zugeordnet werden, nämlich einer Persönlichkeitsdomäne im engeren Sinn und einer Fähigkeits- und Leistungsdomäne. Persönlichkeitsdiagnostik im engeren Sinn beschäftigt sich mit emotionalen und motivationalen Merkmalen, also z. B. Temperamentseigenschaften, Motiven, Interessen, zentralen Einstellungen oder Werten. Im Leistungsbereich geht es dagegen um Merkmale wie Intelligenz, Kreativität oder Konzentrationsvermögen.

Wie wir bereits in ▶ **Kap. 3** bemerkt hatten, entspricht diese Differenzierung der von Cronbach (1990) geprägten Unterscheidung zwischen Tests des typischen und Tests des maximalen Verhaltens (im Englischen *tests of typical response* und *tests of maximum performance*). Im ersten Bereich sind wir an der typischen, normalen Ausprägung bestimmter Erlebens- und Verhaltensmuster interessiert, im zweiten an der maximal möglichen Ausprägung von Leistungen. In diesem Kapitel beschäftigen wir uns mit dem zweiten Bereich, also mit Fähigkeits- und Leistungstests.

Fähigkeiten sind Persönlichkeitsmerkmale, die Leistungen zugrunde liegen. Sie verhalten sich zu Leistungen also wie Konstrukte zu deren Indikatoren. Für konkrete Leistungen sind neben Fähigkeiten natürlich auch noch andere, z. B. motivationale Faktoren ausschlaggebend. Fähigkeiten bestimmen das maximale Leistungsniveau, das eine Person in einem bestimmten Bereich erzielen kann. Dies muss nicht unbedingt dem Niveau entsprechen, das sie typischerweise erreicht.

Leistungen werden an bestimmten Gütemaßstäben gemessen. Hierauf gehen wir im ersten Abschnitt dieses Kapitels ein. Im zweiten Abschnitt stellen wir gebräuchliche Einteilungen von Fähigkeits- und Leistungstests dar. Die nachfolgenden Abschnitte beschäftigen sich mit zwei zentralen Bereichen der Fähigkeits- und Leistungsdiagnostik, nämlich mit der Messung der Intelligenz sowie der Messung von Konzentration und Vigilanz.

12.1 Leistungsmaßstäbe

Ein genuines Merkmal von Leistungstests besteht darin, dass das Verhalten der Probanden an Gütemaßstäben der Richtigkeit, Qualität oder Schnelligkeit gemessen wird. Der *Richtigkeitsmaßstab* kennt nur zwei Werte: Die Lösung einer Aufgabe ist korrekt oder inkorrekt. Bei einem *Qualitätsmaßstab* liegen mehr als zwei Stufen vor: Eine Lösung oder ein Lösungsvorschlag kann mehr oder weniger gut oder angemessen sein. Beim *Schnelligkeitsmaßstab* zählt das Tempo, mit dem eine Lösung generiert wird. Für die Bewertung einer Leistung lassen sich Richtigkeits- bzw. Qualitäts- und Schnelligkeitsmaßstäbe auch kombinieren.

Solche Maßstäbe sind den Probanden natürlich aus dem Alltagsleben vertraut. Dies impliziert jedoch nicht unbedingt, dass sich alle Probanden den Maßstab, auf den es bei einem Verfahren ankommt, in der Testsituation auch zu eigen machen. Für die Interpretierbarkeit der Testresultate ist dies jedoch unabdingbar: Die aktuelle Leistung (Performanz) ist allein dann ein guter Indikator der zugrunde liegenden Fähigkeit (Kompetenz), wenn die Probanden die Maßstäbe, anhand derer die Leistung bewertet wird, übernehmen und bereit sind, „ihr Bestes zu geben“. Da die Sicherung beider Bedingungen nicht immer einfach ist, spricht man hier vom *Kompetenz-Performanz-Problem*.

Bei der Durchführung von Leistungstests kommt es deshalb darauf an, das jeweilige Gewicht, das unterschiedlichen Gütemaßstäben beizumessen ist, genau zu vermitteln. Bei einer Reihe von Tests steht dabei die Richtigkeit oder Qualität der Lösung im Vordergrund. Dies ist bei sog. *Niveautests* (engl. *power tests*) der Fall. Niveautests sind dadurch definiert, dass die Probanden auch ohne Zeitbegrenzung nicht alle Aufgaben lösen können. Manche Intelligenztests sind reine Niveautests, die ohne Zeitbegrenzung bearbeitet werden. Üblicherweise werden hier die Aufgaben nach Schwierigkeit gestaffelt. Von Interesse ist, wieviele bzw. welche Aufgaben die Probanden lösen können.

Anders ist dies bei *Schnelligkeitstests* (engl. *speed tests*). Hier interessiert primär die Geschwindigkeit, mit der die Probanden die Items bearbeiten. Die Items selbst sind meist so einfach, dass bei genügend Zeit (fast) alle Probanden alle Aufgaben lösen könnten. Eine Differenzierung zwischen Personen wird hier häufig über eine Begrenzung der Bearbeitungszeit erreicht; in anderen Varianten von Schnelligkeitstests wird die Zeit gemessen, die für die Bearbeitung der Items benötigt wird. Beispiele für Schnelligkeitstests sind Verfahren zur Messung des Konzentrationsvermögens.

Viele Fähigkeitstests stellen *Mischformen* dar, in denen es auf Richtigkeit *und* Geschwindigkeit ankommt. Dabei überwiegt allerdings jeweils die eine oder die andere Komponente.

Für die Interpretierbarkeit der Testergebnisse ist es wesentlich, dass der Maßstab, anhand dessen die Leistung bewertet wird, den Probanden klar ist. Es muss also erläutert werden, welche Art von Reaktion als „positiv" gewertet wird. Darüber hinaus ist es häufig sinnvoll, auch auf mögliche Fehler hinzuweisen (Fay & Stumpf, 1995). Ansonsten orientieren sich Probanden eventuell am „falschen" Maßstab. Ein Proband, der z. B. in einem Schnelligkeitstest zu viel Zeit in die Fehlerkontrolle investiert, wird eventuell viel weniger Aufgaben bearbeiten als er es bei einem weniger strikten Richtigkeitskriterium könnte; folglich werden ihm niedrigere Leistungswerte attestiert, als es seinem Fähigkeitsniveau eigentlich entspricht. Die Übermittlung der relevanten Maßstäbe sollte durch die Instruktion und durch geeignete Übungsaufgaben gesichert werden. Dies ist nicht immer leicht, da Teile des Lösungswegs hierbei natürlich nicht mitgeteilt werden dürfen.

Auch die Gewährleistung maximaler Anstrengungsbereitschaft ist manchmal schwer zu erreichen, insbesondere wenn vom Testausgang für die Probanden nicht viel abhängt. Problematisch ist dies besonders im Rahmen der Normierung von Tests. Im Allgemeinen bearbeiten die Personen der Eichstichprobe den Test aus Gefälligkeit oder gegen Bezahlung. Die Testung erfolgt häufig anonym und die Testergebnisse selbst besitzen für die Personen keine weiteren Konsequenzen. Diese Situation ist hinsichtlich des situativen Drucks in Richtung maximaler Anstrengung nicht mit einer „Ernstfallsituation" vergleichbar, in der beispielsweise eine neue Arbeitsstelle oder das berufliche Fortkommen vom Testresultat abhängen. Man kann im Rahmen der Normierung nur versuchen, Bedingungen herzustellen, die geeignet sind, zu maximaler Anstrengung zu motivieren. Dies kann zum Beispiel durch ansprechende Testgestaltung, abwechslungsreiches Arrangement der Untertests, Vermeiden von Über- oder Unterforderung oder In-Aussicht-Stellen von Gratifikationen geschehen. Gelingt dies nicht, liefert der Tests in der späteren Anwendung zu hohe Normwerte, da sich die Personen mehr anstrengen, wenn die Resultate persönliche Konsequenzen besitzen.

12.2 Einteilung von Fähigkeits- und Leistungstests

Fähigkeits- und Leistungstests können nach unterschiedlichen Gesichtspunkten geordnet werden (Fay & Stumpf, 1995). Naheliegende Aspekte, die häufig auch in der Benennung von Testverfahren zum Ausdruck kommen, sind das mit dem Test zu erfassende Merkmal (Intelligenz, sensorische Leistungen, praktisch-technisches Verständnis usw.), sein diagnostischer Zweck (Berufseignung, Studieneignung) oder der anvisierte Personenkreis (z. B. Vorschulkinder, Schulkinder, Erwachsene, Hochbegabte usw.). Eine im deutschen Sprachraum gebräuchliche Einteilung wurde von Brickenkamp (1975; vgl. auch Brähler, Holling, Leutner & Petermann, 2002) vorgelegt. In seinem Handbuch psychologischer und pädagogischer Tests unterscheidet er

1. Intelligenztests,
2. Entwicklungstests,
3. allgemeine Leistungstests,
4. Schultests,
5. spezielle Funktionsprüfungs- und Eignungstests.

Eine etwas andere Einteilung, die häufig verwendet wird, geht auf Cronbach (1990) zurück, der zwischen Tests zur Erfassung allgemeiner und spezifischer Fähigkeiten differenziert, von denen er nochmals Eignungstests und zwei Arten von Leistungstests, nämlich *proficiency tests* und *achievement tests*, abhebt.

Intelligenztests sind oft als *allgemeine Fähigkeitstests* angelegt. Allgemeine Fähigkeitstests sollen Leistungsvoraussetzungen erfassen, die bei vielen Aufgaben- und Problemtypen zum Tragen kommen. Entsprechend wird hier eine größere Zahl inhaltlich heterogener Aufgaben gestellt.

Auch bei *Entwicklungstests* ist dies häufig der Fall. Sie lassen sich primär durch ihre Zielsetzung – die Erfassung des Entwicklungsstands eines Kindes in bestimmten Verhaltensbereichen – von anderen Leistungstests abgrenzen. Daher werden Intelligenz- und Leistungstests, die für Kinder konzipiert sind, manchmal auch in diese Kategorie eingeordnet.

Andere Intelligenz- bzw. Entwicklungstests sind *Tests spezifischer Fähigkeiten*. Im Unterschied zu allgemeinen Fähigkeitstests wird hier nur ein limitierter Verhaltensbereich diagnostiziert, z. B. Gedächtnis, sprachliche Fähigkeiten oder räumliches Vorstellungsvermögen.

Eine allgemein akzeptierte Definition der Intelligenz existiert zur Zeit nicht. Weitgehende Einigkeit besteht jedoch darüber, dass die Fähigkeit, Probleme aufzudecken und zu lösen, zum Kernbereich der Intelligenz gehört. Intelligenz involviert schnelles und korrektes Erkennen von Zusammenhängen, schlussfolgerndes Denken sowie den effizienten Erwerb und die adäquate Nutzung von Wissen. Ihre wesentliche Funktion besteht in der Anpassung an situative Bedingungen sowie in der aktiven Gestaltung der Umwelt im Hinblick auf persönlich hoch bewertete Ziele (siehe z. B. Neisser et al., 1996; Sternberg, 1985).

Unter *allgemeinen Leistungstests* werden Tests zur Erfassung von Aufmerksamkeit, Konzentration, Aktiviertheit oder Vigilanz verstanden. Die Qualifikation „allgemein" soll dabei wiederum hervorheben, dass es hier um Merkmale geht, die für ein sehr weites Anforderungsspektrum wichtig sind (Bartenwerfer, 1964). Von Intelligenztests heben sich allgemeine Leistungstests dadurch ab, dass sehr einfache Aufgaben gegeben werden, bei denen nicht die Lösung, sondern die Bearbeitungsgeschwindigkeit interessiert.

Schultests umfassen eine recht heterogene Gruppe von Verfahren, deren gemeinsames Merkmal in ihrem Einsatzfeld liegt. Hier geht es etwa um Fragen der Schulfähigkeit oder um die Diagnose des Wissensstands in bestimmten Schulfächern (► **Kap. 16**).

Auch Tests zur Erfassung *spezieller Funktionen und Eignungen* sind sehr vielfältig. Sie beziehen sich auf Fähigkeiten, die jeweils nur in bestimmten Bereichen oder angesichts bestimmter Anforderungen relevant sind (► **Kap. 14**). Erfasst werden beispielsweise das mechanische Verständnis, musikalische Fähigkeiten, absolutes Gehör oder Fingergeschicklichkeit. Auch eine große Palette von Tests zur Bestimmung eng umgrenzter sensorischer oder motorischer (visueller, auditiver, kinästhetischer, taktiler usw.) Leistungen, die mit psychophysikalischen Methoden gemessen werden, gehört in diese Gruppe.

Eignungstests (engl. *aptitude tests*) dienen der Vorhersage des Erfolgs bei einer bestimmten Tätigkeit (z. B. Studienerfolg in Ingenieurwissenschaften, Eignung zum Kraftfahrer). Sie werden je nach dem zu prädizierenden Kriterium aus allgemeinen Fähigkeitstests, Tests spezifischer Fähigkeiten und weiteren Tests zusammengesetzt. Dabei werden häufig auch Persönlichkeits-, Motivations- und Interessentests herangezogen. Die Art der Zusammensetzung einer speziellen Eignungstestbatterie aus diversen Untertests und die Art der Kombination der einzelnen Testscores hängt vom Anforderungsprofil einer Tätigkeit ab und muss empirisch validiert werden (► **Kap. 14**).

Wie angedeutet, werden im englischen Sprachraum zwei spezifische Arten von Leistungstest voneinander abgehoben: Proficiency- und Achievement-Tests. Beide messen das aktuelle Leistungsniveau einer Person bei einer bestimmten Aufgabe oder Tätigkeit, z. B. Autofahren, Klavierspielen, englische Literatur lesen, Texte verarbeiten, Differentialgleichungen lösen oder einen Streit zwischen Kindern schlichten. Die Zielsetzung von *Achievement-Tests* besteht dabei darin, den Erfolg nach einer Intervention (z. B. einer Unterrichtseinheit) zu messen. Beispiele hierfür wären Klassenarbeiten, Fahrprüfungen usw. Solche Leistungstests sind also lehrzielorientierte Tests. Sie sollen Fortschritte in Lernprozessen abbilden (► **Kap. 16**).

Proficiency-Tests dienen dagegen primär der Vorhersage künftiger Leistungen bei bestimmten beruflichen Tätigkeiten. Ihr Charakteristikum besteht darin, dass die Testsituation der Struktur der realen Anforderung nachgebildet wird. Mit dem Test werden Probeleistungen erhoben. So muss beispielsweise eine Dolmetscherin einen Vortrag simultan übersetzen. Die Zielsetzung von Proficiency-Tests entspricht also der Zielsetzung von Eignungstests. Der Unterschied besteht darin, dass in Eignungstests Aufgaben verwendet werden, die nicht mit den künftigen Aufgaben identisch sind: die Eignung zum Piloten wird z. B. nicht dadurch geprüft, dass man einen Bewerber ein Flugzeug über den Atlantik steuern lässt. Die Aufgaben des Tests werden vielmehr aufgrund theoretischer Überlegungen und empirischer Befunde hinsichtlich der für eine bestimmte Tätigkeit notwendigen Merkmale ausgewählt und validiert. Für Eignungstests ist dabei die Kriteriumsvalidität ausschlaggebend. In Proficiency-Tests wird die Eignung über *Arbeitsproben* geprüft. Hier erfolgt die Auswahl der Aufgaben nach inhaltlichen und praktischen Überlegungen. Die Aufgaben werden so gestaltet, dass sie die Anforderungen des künftigen Tätigkeitsfelds so gut wie möglich abbilden. Hier ist also die Frage nach der Inhaltsvalidität zentral.

Wir konzentrieren uns im Folgenden auf allgemeine Fähigkeits- und Leistungstests, da diese für die Mehrzahl diagnostischer Fragen am wichtigsten sind. Dabei stellen wir die Grundlagen der Verfahren, zentrale Begriffe und einige illustrative Testbeispiele vor. Anwendungsbezogene Interpretationen und weitere Verfahren, die im Kontext arbeits- und organisationspsychologischer, klinischer oder pädagogischer Aufgaben interessieren, werden in den Kapiteln 16 bis 18 behandelt.

12.3 Grundlagen der Intelligenzdiagnostik

12.3.1 Klassifikation von Fähigkeitsunterschieden

Wie wir in ► **Kap. 2** besprochen hatten, waren es bis um die Wende zum 20. Jahrhundert vor allem Galton und Binet, die einen nachhaltigen Einfluss auf die Entwicklung der Intelligenzforschung und -diagnostik ausübten. Galton und seine Nachfolger, die die sog. „britische Schule" der Intelligenzforschung begründeten, gingen von einem einheitlichen und weiten Intelligenzbegriff aus. Intellektuelle Leistungsunterschiede reflektieren danach im Wesentlichen *ein* Merkmal, das zudem weitgehend genetisch determiniert sein soll. Intelligenz ist diesem Verständnis zufolge in der Geschwindigkeit und Effizienz der neuronalen Reizverarbeitung fundiert (Eysenck, 1980). Wichtig für die Entwicklung der Intelligenzforschung waren Galtons Anstöße zur Entwicklung statistischer Techniken für die Untersuchung interindividueller Differenzen, die von seinen Schülern aufgegriffen und elaboriert wurden. Zu nennen sind hier insbesondere Pearson, der die Produkt-Momentkorrelation entwickelte, sowie Spearman, der die Grundlagen der Faktorenanalyse schuf. Wegweisende Verdienste Binets, der im Unterschied zu Galton die Bedeutung von Umwelteinflüssen auf die intellektuelle Entwicklung betonte, betrafen die Konstruktion von Aufgaben, die zur Erfassung von Intelligenz geeignet waren sowie die Idee, Testleistungen relativ zu einer definierten Bezugsgruppe zu lokalisieren.

Binets Vorgehensweise bei der Messung der Intelligenz, die auf die Bestimmung des Intelligenzalters (IA) hinausläuft, hatten wir bereits in ▶ **Kap. 2** beschrieben. Wir hatten auch gesehen, dass der in der Nachfolge Binets vorgeschlagene Vergleich zwischen Intelligenzalter (IA) und Lebensalter (LA) nur eine ungefähre Klassifikation intellektueller Leistungen als durchschnittlich, über- oder unterdurchschnittlich erlaubt. Weitergehende Aussagen, insbesondere auch Vergleiche der IA – LA Differenzen bei Kindern verschiedenen Lebensalters, sind mit dieser simplen Größe nicht möglich. Der Grund hierfür liegt darin, dass die Bedeutung einer gegebenen Differenz (sagen wir: zwei Jahre) mit zunehmenden Alter des Kindes geringer zu veranschlagen ist. So ist z. B. die Wahrscheinlichkeit, dass ein vierjähriges Kind ein Intelligenzalter von sechs erreicht, ziemlich niedrig, nämlich sehr viel kleiner als 1 %. Die Wahrscheinlichkeit, dass ein zwölfjähriges Kind ein Intelligenzalter von 14 aufweist, ist demgegenüber sehr viel höher und fast noch im Normalbereich anzusiedeln (etwa 15 % der Zwölfjährigen erreichen oder übersteigen diesen Wert).

Um dieses Defizit zu beseitigen, hatte Stern (1912) vorgeschlagen, anstelle der Differenz IA – LA, den Quotienten IA / LA zur Charakterisierung der Intelligenz von Kindern zu verwenden. Um nicht mit Dezimalstellen arbeiten zu müssen, wurde dieser Quotient noch mit 100 multipliziert, was zur klassischen Definition des Intelligenzquotienten IQ führt:

$$IQ = 100 \cdot IA / LA.$$

Tatsächlich macht der IQ die Werte von Kindern verschiedener Altersstufen besser vergleichbar, zumindest innerhalb des Altersbereichs von etwa vier bis zwölf Jahren, in dem eine näherungsweise lineare Zunahme des durchschnittlichen kognitiven Entwicklungsstands zu registrieren ist. Das vierjährige Kind mit einem Intelligenzalter von 6 würde nach Stern einen IQ von 150 erreichen, das zwölfjährige Kind mit einem Intelligenzalter von 14 dagegen „nur" einen IQ von 117.

Da die kognitive Leistungsfähigkeit (soweit sie mit gängigen Intelligenztest erfasst wird) ab etwa 16 bis 20 Jahren ein Plateau erreicht (also nicht weiter steigt), ist eine Anwendung des Vorschlags von Sterns für die Intelligenzbestimmung bei Erwachsenen allerdings nicht möglich: Während das Intelligenzalter gewissermaßen stehen bleibt, steigt das Lebensalter weiter linear an, was zu sinnlosen IQ-Werten führt. Der IQ im Sinne der Definition Sterns wird deshalb heute nicht mehr eingesetzt.

Durchgesetzt hat sich der Vorschlag Wechslers (1939), die Intelligenz über die Abweichung der Leistung einer Person vom Mittelwert ihrer Bezugsgruppe zu bestimmen. Die Bezugsgruppe ist dabei die Gruppe gleichaltriger Personen. Wie wir in ▶ **Kap. 3** bereits dargestellt hatten, werden hierfür zunächst standardisierte Werte (z-Werte) berechnet, die anschließend nach

$$IQ = 100 + 15 \cdot z$$

in IQ-Werte umgerechnet werden. Diese Umrechnung, die im Prinzip nicht nötig wäre, soll etwas handlichere Werte liefern, die (für Kinder) mit Sterns IQ vergleichbar bleiben. Gewährleistet wird diese Vergleichbarkeit durch die Multiplikation der z-Werte mit 15, was ungefähr der empirisch festgestellten Streuung der IQ-Werte nach Stern entspricht. Zu beachten ist, dass die Bezeichnung IQ (also Quotient) für Wechslers Bestimmungsvorschlag zwar etwas irreführend, im Sinne historischer Kontinuität jedoch verständlich ist. Wechslers IQ hat per Definition in jeder Bezugsgruppe einen Mittelwert von 100 und eine Standardabweichung von 15.

Üblicherweise werden Werte zwischen 85 und 115 (also Mittelwert plus/minus eine Standardabweichung) als „durchschnittlich" bezeichnet. In diesem Bereich liegen etwa zwei Drittel aller Personen. Andere Einteilungsvorschläge fassen den Durchschnittsbereich mit 90 bis 110 IQ-Punkten etwas enger; ab 110 wird hier von „leicht überdurchschnittlicher", ab 120 Punkten von „überdurchschnittlicher" und ab 130 Punkten von „weit überdurchschnittlicher" Intelligenz gesprochen. Ganz entsprechend wird im unterdurchschnittlichen Bereich differenziert.

Zu berücksichtigen ist, dass derartige Auszeichnungen im Grunde arbiträr sind. Man könnte die Grenzen für den „Normalbereich" durchaus weiter oder auch enger setzen. Die Präferenz für den genannten Bereich verdankt sich allein einer gewissen Fixierung auf die Glockenkurve als Verteilungsmodell für Intelligenztestwerte und einer Präferenz für durch 5 oder 10 teilbare Zahlen. Im Sinne einer Vereinheitlichung diagnostischer Urteile wäre es naheliegend, den Durchschnittsbereich auf ±1 *SD* fixieren, was sich in neuerer Zeit immer mehr durchzusetzen scheint (▶ **Kap. 3.6.1**, S. 78).

In manchen älteren Testmanualen werden recht plakative Etiketten für die verbale Klassifikation von Intelligenzleistungen angeboten. So hatte Terman (1916) z. B. vorgeschlagen, IQ-Werte kleiner als 70 als „ausgesprochen schwachsinnig", IQ-Werte größer als 140 als „genial" zu beschreiben. Solche und andere Kategorisierungsvorschläge, die sich teilweise obsoleter psychiatrischer Termini bedienen und einen deutlich wertenden Charakter aufweisen, besitzen kein solides wissenschaftliches Fundament. Tatsächlich sind sie irreführend und sollten in jedem Fall vermieden werden.

▶ **Tab. 12.1** zeigt die Klassifikation von Intelligenzminderungen, wie sie von der Weltgesundheitsorganisation vorgenommen wird (ICD-10; Dilling, Mombour & Schmidt, 2013). Kernkriterien für die Diagnose „Intelligenzminderung" sind (a) die kognitiven Fähigkeiten einer Person und (b) deren soziale Kompetenzen. Die kognitiven Fähigkeiten werden anhand der Ergebnisse von Intelligenztests beurteilt. Wie ersichtlich, wird ab IQ-Werten kleiner als 70 von einer „Intelligenzminderung" gesprochen, die dann nach verschiedenen Schweregraden weiter differenziert wird. Ebenfalls angegeben wird das Intelligenzalter, das den jeweiligen IQ-Bereichen entspricht. Derartige Angaben intendieren, Laien ein Gefühl für die Bedeutung der jeweiligen IQ-Werte zu vermitteln, werden also gewissermaßen „in guter Absicht" gemacht. Wie wir bereits besprochen hatten (▶ **Kap. 3**), stehen jedoch viele Diagnostiker solchen Angaben mit Reserviertheit gegenüber (z. B. Cronbach, 1990). Die Angabe eines Intelligenzalters, sagen wir 9 Jahre für eine Person mit einem IQ-Testwert von 50, könnte für Laien nahelegen, dass sich die Person in allen oder doch in wesentlichen Aspekten ihres „geistigen Lebens" auf dem Entwicklungsstand eines neunjährigen Kindes befindet, was jedoch völlig falsch wäre. Die Ergebnisse von Intelligenztests beschreiben Leistungen von Personen bei der Bearbeitung bestimmter kognitiver Aufgaben, nicht mehr.

Bei der Bewertung von Testresultaten ist immer der Messfehler des Verfahrens bzw. der Skala zu berücksichtigen. Es ist üblich, hier ein 95 %- oder 90 %-Konfidenzintervall mit anzugeben (▶ **Kap. 3.4.2**). Bei größeren Intelligenztestbatterien beträgt ein 95 %-Konfidenzintervall etwa ± 7 IQ-Punkte.

Eine Mitteilung globaler IQ-Werte, Prozentränge oder entsprechender Intelligenzklassifikationen an betroffene Laien wird von vielen Autoren als problematisch angesehen, weil die Bedeutung solcher Werte leicht fehleingeschätzt werden kann. Wurde zur Intelligenzdiagnose eine Testbatterie oder ein mehrdimensionales Verfahren gegeben, so bietet es sich stattdessen an, ein ipsativiertes Profil rückzumelden, das über Stärken und Schwächen in unterschiedlichen Fähigkeitsbereichen informiert (Jäger, Süß & Beauducel, 1997). Hier-

Tab. 12.1 Klassifikation von Intelligenzminderungen nach ICD-10

Minderung	IQ	Intelligenzalter	Hinweise
leicht	50–69	9 bis unter 12	Lernschwierigkeiten in der Schule; viele Erwachsene können arbeiten, gute soziale Beziehungen unterhalten und ihren Beitrag zur Gesellschaft leisten
mittelgradig	35–49	6 bis unter 9	Deutliche Entwicklungsverzögerung in der Kindheit; die meisten können aber ein gewisses Maß an Unabhängigkeit erreichen und eine ausreichende Kommunikationsfähigkeit und Ausbildung erwerben; Erwachsene brauchen in unterschiedlichem Ausmaß Unterstützung im täglichen Leben und bei der Arbeit
schwer	20–34	3 bis unter 6	andauernde Unterstützung ist notwendig
schwerst	unter 20	unter 3	die eigene Versorgung, Kontinenz, Kommunikation und Beweglichkeit sind hochgradig beeinträchtigt

Anmerkung. Neben einer Beurteilung der kognitiven Fähigkeiten (über Intelligenztests) ist für die Diagnose „Intelligenzminderung" auch eine Beurteilung der sozialen Kompetenzen der Person ausschlaggebend.

von dürften die betroffenen Personen mehr profitieren als von einer globalen Klassifikation ihrer intellektuellen Fähigkeiten.

12.3.2 Faktoren intellektueller Leistungen

Spearman

Der Test von Binet und Simon (1905) lieferte *einen* Wert, was es nahelegt, dass die Autoren Intelligenz als ein einheitliches Merkmal konzipierten. Tatsächlich ist dies nicht zutreffend (► **Kap. 2**). Binet war der Überzeugung, dass in intellektuellen Leistungen mehrere, verschiedenartige Fähigkeiten zum Ausdruck kommen, für deren Ausprägung bei einer Person zu einem substanziellen Teil Umwelt- bzw. Lerneinflüsse verantwortlich sind. Als Pädagoge war er darüber hinaus stark daran interessiert, wie sich diese Fähigkeiten durch psychologische Intervention erhöhen lassen. Eine konsequente Weiterentwicklung der Position, die Binet selbst nicht mehr vornahm, bestünde also darin, die einzelnen Fähigkeiten zu klassifizieren und durch die Entwicklung separater Tests messbar zu machen.

Wieviele und welche Einzelfähigkeiten müssen unterschieden werden? Oder ist es sinnvoll, von einem generellen Merkmal auszugehen, das sich in allen oder doch den meisten intellektuellen Anforderungen manifestiert? Um diese Fragen zu beantworten, ist es aus heutiger Sicht natürlich sehr naheliegend, die Kovariationen von Leistungen bei unterschiedlichen Aufgaben zu betrachten und mit Faktorenanalysen oder verwandten statistischen Techniken zu untersuchen. Im Rahmen solcher Modelle können die Fragen präzisiert werden:

(a) Wie viele Faktoren müssen zur Erklärung interindividueller Differenzen in intellektuellen Leistungen angenommen werden? (b) Wie sind die Faktoren inhaltlich zu charakterisieren?

Wesentliche Beiträge zur Beantwortung dieser Fragen lieferten Spearmans (z. B. 1927) Arbeiten. Sie stellten auch das Fundament für die Entwicklung faktorenanalytischer Techniken bereit, so wie wir sie heute kennen. Die damals vertretenen Positionen zur Frage nach der Zahl unterscheidbarer Einzelfähigkeiten bzw. Faktoren hat Spearman sehr anschaulich zusammengefasst. Zur kurzen Kennzeichnung der Positionen benutzte er metaphorisch verschiedene Regierungsformen.

Zwei Extrempositionen beschrieb er als „monarchistisches" und „anarchistisches" Modell. Dem *monarchistischen Modell* zufolge können alle kognitiven Leistungen, die der Intelligenz zugerechnet werden, durch *einen* Faktor erklärt werden. Es gibt hier nur ein dominierendes Merkmal, von dem alle interindividuellen Leistungsunterschiede im Intelligenzbereich abhängen. Dieser allgemeine Faktor wird häufig kurz g-Faktor oder einfach g (für *general factor*) genannt. Im *anarchistischen Modell* wird die Existenz eines g-Faktors bestritten. Vielmehr wird angenommen, dass Leistungsunterschiede durch mehrere, enger umgrenzte und voneinander unabhängige Faktoren zustande kommen. Kandidaten für solche Faktoren wären etwa bestimmte sprachliche oder numerische Fähigkeiten. Das monarchistische Modell – Intelligenz ist ein einheitliches und allgemeines Merkmal – geht meist mit einer „nativistischen" Position Hand in Hand, der zufolge Intelligenzunterschiede primär genetisch determiniert sind. Das anarchistische Modell – Intelligenz ist lediglich ein Sammelbegriff für viele voneinander unabhängige spezifische Fähigkeiten – wird dagegen meist von „Lerntheoretikern" favorisiert, weil sich durch interindividuell variierende Lernprozesse verschiedene Spezialisierungen ausbilden sollten. Diese Koppelung ist allerdings nicht unbedingt zwingend. Neben beiden Extrempositionen wurde noch ein drittes Modell vertreten, das *oligarchische* Modell. Wie im anarchistischen Modell wird hier angenommen, dass intelligente Leistungen unterschiedliche Teilfähigkeiten reflektieren. Diese Teilfähigkeiten sind jedoch weiter (es gibt also weniger) und hängen überdies korrelativ zusammen. Das oligarchische Modell stellt also gewissermaßen eine Kompromissposition dar.

Bereits Anfang des 20. Jahrhunderts zeichnete sich ab, dass verschiedene Tests, die unterschiedliche Aspekte intelligenten Verhaltens messen, weder sehr hoch korreliert, noch ganz unabhängig sind. Die Ergebnisse widersprechen damit sowohl der monarchistischen Konzeption, der zufolge hohe Korrelationen zu erwarten wären, als auch der anarchistischen Konzeption, bei deren Gültigkeit Korrelationen nahe Null resultieren müssten. Das Korrelationsmuster scheint besser mit der oligarchischen Kompromisskonzeption vereinbar zu sein.

Spearman zog diese Schlussfolgerung jedoch nicht; er nahm vielmehr eine *eklektische Position* ein, welche die beiden Extrempositionen der Monarchisten und Anarchisten miteinander verband. Seiner Theorie zufolge lässt sich das Korrelationsmuster am einfachsten so erklären, dass kognitive Leistungen in einem konkreten Test durch jeweils zwei Faktoren determiniert werden: Der erste Faktor ist die allgemeine Intelligenz (g). Die allgemeine Intelligenz macht sich in *allen* Tests bemerkbar, die kognitive Leistungen messen. Sie (und sie allein) stiftet die Korrelationen zwischen den entsprechenden Leistungen. Dies ist das monarchistische Moment des Modells. Der zweite Faktor ist für den vorliegenden und gleichartige Tests *spezifisch*. Er reflektiert eine enger umgrenzte Fähigkeit, die nur bei dem jeweils in Rede stehenden Aufgabentyp zum Tragen kommt (z. B. Rechenaufgaben). Die spezifischen Faktoren sollen untereinander wie auch von g unabhängig sein. Dies ist das anarchistische Moment der Theorie. Da jeweils zwei Faktoren das Abschneiden bei einem Aufgabentyp determinieren, wird das Modell auch als Zwei-Faktoren-Modell bezeichnet (obwohl sehr viel mehr als zwei Intelligenzfaktoren postuliert werden).

Aus welchem Grund verwarf Spearman die oligarchische Konzeption zugunsten seines eklektischen Modells? Sein entscheidendes Argument war der Nachweis, dass die Höhe der Korrelation zweier Tests durch deren Reliabilitäten begrenzt wird. Die Korrelation zwischen zwei (latenten) Merkmalen ist höher als die Korrelation ihrer mit Messfehlern behafteten (manifesten) Indikatoren. Da nun Tests nicht perfekt reliabel sind, wird der Zusammenhang zwischen den zugrunde liegenden Merkmalen durch die Korrelation der entsprechenden Testleistungen unterschätzt. Spearman ist es gelungen, eine exakte Formel abzuleiten, mit der sich der Zusammenhang zwischen zwei Merkmalen aus der Korrelation fehlerbehafteter Messwerte bestimmen lässt. Diese Formel, die Spearman-Brown-Formel zur Minderungskorrektur, hatten wir in ▶ **Kap. 3** bereits kennengelernt. Spearman zufolge zeigt die Anwendung dieser Minderungskorrektur auf die Korrelationen von Testleistungen, dass der wirkliche Zusammenhang zwischen Leistungen bei unterschiedlichen Aufgaben zwar immer noch nicht perfekt wird, was gegen die monarchistische Doktrin spricht, andererseits aber nicht so niedrig ist, dass das Konzept einer allgemeinen Intelligenz aufgegeben werden müsste, wie es die anarchistische und die oligarchische Doktrin fordern.

Spearman (1927) versuchte auch, *inhaltlich* zu spezifizieren, was die allgemeine Intelligenz ausmacht, die intellektuellen Leistungen zugrunde liegen soll. Spearman zufolge manifestiert sich die allgemeine Intelligenz in Problemen, deren Lösung durch die Person neu generiert werden muss. Die Bewältigung von Routineaufgaben oder reine Reproduktionsleistungen sagen deshalb nichts über die Ausprägung der allgemeinen Intelligenz aus. Die Kernpunkte der Intelligenz sah Spearman in dem, was er „eduction of relations" und „eduction of correlates" nannte, zu Deutsch also etwa „Herleiten von Beziehungen" und „Herleiten von Korrelaten":

> ... when a person has in mind two or more ideas, he has more or less power to bring to mind any relations that essentially hold between them [eduction of relations] ... when a person has in mind any idea together with a relation, he has more or less power to bring up to mind the correlative idea [eduction of correlates] ... (Spearman, 1927, S. 165f.)

Wesentlich für die allgemeine Intelligenz ist also das Erkennen von Beziehungen zwischen „Ideen" (Gedanken, Begriffen, Kognitionen, deren Gegenständen) und die Generierung neuer Gedanken oder Begriffe, die bestimmten vorgegebenen Relationen entsprechen. Aufgaben vom Typ der Analogieprobleme entsprechen dieser Explikation der allgemeinen Intelligenz sehr gut. Derartige Aufgaben sind nach dem Schema „A verhält sich zu B wie C zu ...?" aufgebaut, z. B.

Hund zu Rudel wie Baum zu ?

(a) Fichte (b) Förster (c) Wald (d) Menge (e) Pflanze.

Hier muss die Beziehung zwischen zwei Elementen erkannt (Hund und Rudel) und auf ein drittes Element (Baum) übertragen werden. Aufgaben dieser Art finden sich in praktisch allen größeren Intelligenztests. In einigen Intelligenztests, die wir unten noch kurz besprechen, wurde versucht, Aufgaben zu konstruieren, die das Erkennen und Übertragen von Relationen besonders gut messen (▶ **Kap. 12.4.5**).

Thurstone

Das g-Faktormodell ist nicht unwidersprochen geblieben. Ein alternativer, für die Intelligenzdiagnostik wichtiger Ansatz wurde von dem Amerikaner Thurstone 1938 formuliert. Thurstones ursprüngliches Modell beruht auf der Analyse der Leistungen von Studierenden bei einer Vielzahl kognitiver Aufgaben, die er faktorenanalytisch klassifizierte. Thurstone selbst hat viel zur Entwicklung dieser Technik beigetragen. Er erweiterte Spearmans Ein-Faktoren-Modell zur multiplen (mehr als nur eine Komponente umfassenden) Faktorenanalyse. Auf ihn geht auch das Konzept der Einfachstruktur zurück, das die Interpretierbarkeit von Faktoren erleichtern soll. Eine Einfachstruktur liegt vor, wenn die Variablen, die einer Faktorenanalyse unterzogen werden, relativ „reine" Ladungen aufweisen, also nur auf einem Faktor hoch und auf allen anderen niedrig laden. Thurstone formulierte mathematische Kriterien, die es ermöglichen, Faktoren so zu bilden (zu „rotieren"), dass sie der Forderung nach Einfachstruktur möglichst nahe kommen (► **Kap. 4**).

Thurstones erste Ergebnisse standen in scharfem Kontrast zu Spearmans Modell: Seine Analysen lieferten nicht einen, sondern vielmehr mehrere voneinander relativ unabhängige Faktoren. Er verwarf entsprechend die Vorstellung einer allgemeinen Intelligenz und postulierte die Existenz einer Reihe unabhängiger Fähigkeitsmerkmale, die er *primary mental abilities* nannte. Damit schuf er die Grundlage der „amerikanischen Tradition" der Intelligenzforschung.

► **Tab. 12.2** zeigt die Primärfähigkeiten oder Primärfaktoren, die Thurstone und Kollegen in der ersten und nachfolgenden Untersuchungen relativ übereinstimmend sichern konnten. Diese Faktoren sollen in jeweils unterschiedlicher Gewichtung bei der Lösung kognitiver Aufgaben beteiligt sein. Thurstones Liste der Primärfaktoren, die er selbst vorsichtig als „crudest first map" des Intelligenzbereichs bezeichnete, war für die Konstrukteure von Intelligenztests, wie wir später noch sehen werden, außerordentlich anregend.

Der Widerspruch zwischen Thurstones Ergebnissen, die der anarchistischen Doktrin entsprechen, und Spearmans Modell hatte einen recht einfachen Grund: Thurstone erhob die Daten, auf denen seine ursprüngliche Annahme unabhängiger Faktoren fußte, an einer hoch selektierten Gruppe, nämlich Studierenden einer amerikanischen Elite-Universität mit überdurchschnittlichen intellektuellen Fähigkeiten. Diese Personen unterschieden sich primär hinsichtlich spezifischer Fähigkeiten, dagegen nicht sehr stark hinsichtlich ihrer allgemeinen Intelligenz. Die Auswahl einer merkmalshomogenen Gruppe bewirkt generell, dass die Korrelationen zwischen Tests wesentlich geringer ausfallen als bei einer unausgelesenen und hinsichtlich der Intelligenz repräsentativen Stichprobe. Die Zusammenhänge zwischen Leistungen lassen sich also bei Studierenden oder anderen Gruppen mit relativ homogener allgemeiner Intelligenz recht gut durch unabhängige Primärfaktoren aufklären, nicht aber generell. Werden unselektierte Stichproben verwendet, fallen die Korrelationen höher aus und man findet entsprechend Hinweise auf einen g-Faktor (Vernon, 1965).

Thurstone stellte dies später selbst fest, als er seinen Primary Mental Abilities-Test bei Schulkindern durchführte (Thurstone & Thurstone, 1941) . Hier fand er, dass unabhängige Faktoren den Daten nicht gerecht wurden. Für die angemessene mathematische Darstellung der Testergebnisse mussten korrelierte Faktoren zugelassen werden. Wenn die Primärfaktoren aber korreliert sind, ist es ist möglich, einen oder mehrere übergeordnete Faktoren zu bilden, die deren Zusammenhänge reflektieren. Man erhält dann Faktoren höherer Ordnung. Thurstone stellte bei seinen Daten fest, dass *ein* Faktor zweiter Ordnung hierfür hinreichte. Es ist klar, dass ein solcher Faktor Spearmans g recht gut entspricht.

Tab. 12.2 Primärfaktoren nach Thurstone

Fähigkeit	Inhaltliche Bestimmung	Tests
Wortverständnis	Die Bedeutung von Wörtern und deren Beziehung untereinander kennen; Wörter angemessen verwenden	Wortschatztest
Wortflüssigkeit	Schnelles Produzieren von Wörtern nach bestimmten Vorgaben	Anagramme; Produzieren von Wörtern mit den gleichen Anfangsbuchstaben
Numerische Fähigkeit	Schnelligkeit und Fehlerlosigkeit bei einfachen Rechenaufgaben	Rechenaufgaben (Addition, Subtraktion, Multiplikation, Division)
Räumliche Fähigkeit	Lösen von Aufgaben, die räumliches Vorstellen und Orientieren erfordern sowie das Erkennen von Objekten unter veränderten räumlichen Beziehungen	Vergleich von Würfeln aus verschiedenen Blickwinkeln; Verfolgen mechanischer Abläufe (z. B. ineinander greifender Zahnräder)
Gedächtnis	Behalten gelernter Assoziationen	Behalten von Paaren aus Wörtern, Symbolen, Zahlen u. ä.
Wahrnehmungsgeschwindigkeit	Visuelle Details (Ähnlichkeiten und Unterschiede) schnell und richtig erkennen	Anstreichen von Symbolen; Erkennen von Ähnlichkeiten und Unterschieden
Schlussfolgerndes Denken	Fähigkeit, eine Regel oder ein Prinzip zu erkennen und korrekt auf die Lösung eines Problems anzuwenden	Reihen fortsetzen; Analogietests

Moderne Faktorenmodelle

Moderne Faktorenmodelle der Intelligenz verknüpfen die Ideen von Spearman und Thurstone. Aus Spearmans Modell wird dabei die Vorstellung des g-Faktors übernommen. Dies ist darin begründet, dass intellektuelle Leistungen positiv korreliert sind. Wie sich jedoch zeigte, ist ein g-Faktor allein unzureichend zur Aufklärung der Zusammenhänge unter kognitiven Aufgaben (Carroll, 1993). Wird eine hinreichend vielfältige Aufgabenmenge gegeben, bleiben nach Bildung (Extraktion) des ersten Faktors Restkorrelationen übrig, für deren Aufklärung weitere, allerdings enger definierte Faktoren eingeführt werden. Spearmans spezifische Faktoren können ja zur Aufklärung dieser Restkorrelationen nichts beitragen, da sie jeweils nur eine Aufgabe beeinflussen. Diese enger umgrenzten Faktoren, die zur Aufklärung der Korrelationen benötigt werden, die g „übrig lässt", repräsentieren das Thurstonesche Moment moderner Faktorenmodelle.

Es gibt unterschiedliche Möglichkeiten, solche Modelle mathematisch zu formulieren und darzustellen (Gignac, 2008). Eine Möglichkeit besteht in einen hierarchischen (Bifaktor-) Modell, wie wir es in ► **Kap. 4** (S. 106) kennengelernt haben. Ein weitere besteht in einer Anordnung mit mehreren Ebenen, bei der Faktoren der höheren Ebene Faktoren auf darunterliegenden Ebenen beeinflussen und damit Kovariationen zwischen den untergeordneten

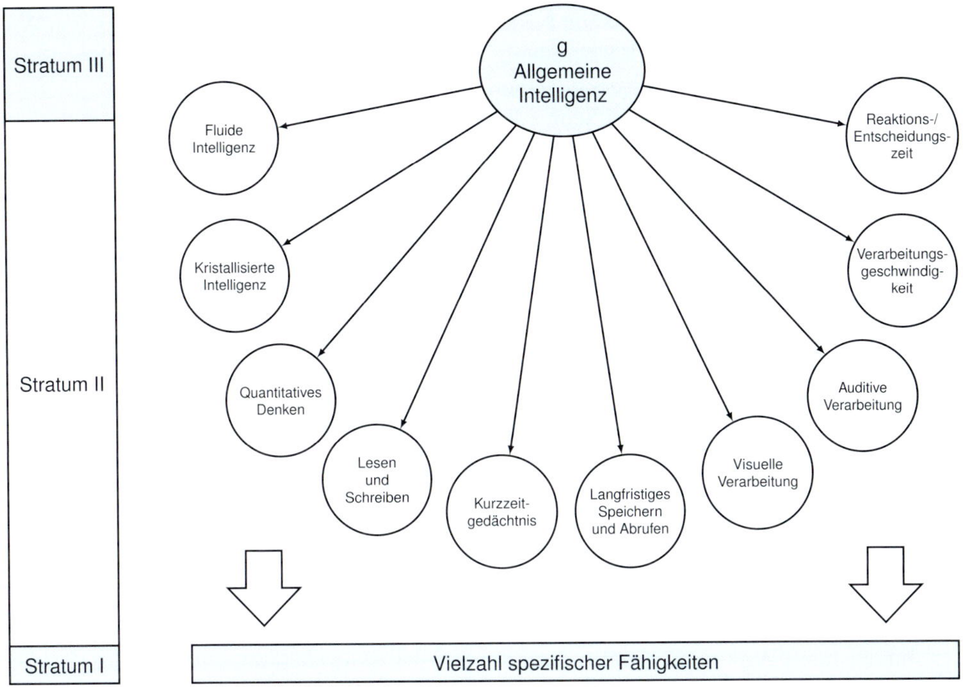

Abb. 12.1 Cattell-Horn-Carroll-Modell der Intelligenz (McGrew, 1997).

Faktoren stiften. Solche Modelle mit Faktoren höherer und niedrigerer Ordnung werden manchmal ebenfalls als hierarchisch bezeichnet.

An der Spitze der Hierarchie steht hier der g-Faktor, der das weiteste und abstrakteste Intelligenzmerkmal repräsentiert. Auf der zweiten Ebene finden sich enger umgrenzte Faktoren, die bestimmte Gruppen von Fähigkeiten umfassen und daher (wie beim Bifaktor-Modell) „Gruppenfaktoren" genannt werden. Die Gruppenfaktoren sind (im Unterschied zum Bifaktor-Modell) korreliert, da sie von g abhängen. Andererseits sind sie insofern eigenständig, als zwischen Aufgaben, die einen Gruppenfaktor betreffen, engere Zusammenhänge bestehen als zwischen Aufgaben, die unterschiedlichen Gruppenfaktoren zuzuordnen sind. Die Gruppenfaktoren lassen sich auf einer dritten Ebene weiter differenzieren, diese weiter auf einer vierten, usw., bis wir schließlich bei spezifischen Faktoren angelangt sind, die nur einen ganz bestimmten Aufgabentyp betreffen. Generell werden in solchen Modellen also zwischen die Ebene von Spearmans g (die abstrakteste Ebene) und die seiner spezifischen Faktoren (die konkreteste Ebene) weitere Ebenen eingeschoben.

▶ Abb. 12.1 zeigt ein vielbeachtetes Beispiel für ein solches Modell. Es handelt sich um das Cattell-Horn-Carroll oder kurz CHC-Modell (McGrew, 1997) und stellt eine Fusion der Intelligenztheorie von Cattell und Horn (Cattell, 1987; Horn & Cattell, 1966; Horn, 1994) mit der Theorie von Carroll (1993) dar. Wie ersichtlich ist, werden hier drei Ebenen angenommen, die nach Carroll als „Strata" bezeichnet werden. Die Strata werden von unten nach oben nummeriert, so dass die allgemeine Intelligenz auf dem dritten Stratum liegt. Auf der zweiten Ebene werden zehn sehr weite Faktoren postuliert. Eine detaillierte Beschreibung des CHC-Modells und Vorschläge zu seiner Weiterentwicklung finden sich bei Schneider und McGrew (2012).

Den beiden ersten Faktoren, der fluiden und kristallisierten Intelligenz, kommt dabei eine besonders große Bedeutung zu. Die Differenzierung zwischen fluider und kristallisierter Intelligenz stammt aus der Theorie von Cattell und Horn (Cattell, 1987; Horn & Cattell, 1966; Horn, 1994) und wird von vielen Intelligenzforschern als theoretisch und diagnostisch wichtige Unterscheidung akzeptiert.

Fluide Intelligenz meint die Fähigkeit, neuartige Probleme zu lösen, die keine oder nur minimale Anforderungen an spezifisches Wissen stellen. In Tests oder Skalen zur Messung der fluiden Intelligenz wird nur das Grundwissen vorausgesetzt, über das jede Person verfügt. Bestimmt wird die fluide Intelligenz durch Aufgaben, in denen logisch-deduktives oder induktives Denken gefragt ist, was z. B. bei Analogieproblemen der Fall ist.

Kristallisierte Intelligenz bezieht sich dagegen auf die Fähigkeit, erworbenes Wissen für Problemlösungen zu nutzen. Sie manifestiert sich bei der Bearbeitung von Problemen, für deren Lösung Erfahrung benötigt wird, z. B. Transferleistungen. Praktisch erfasst wird die kristallisierte Intelligenz jedoch meist über reine Wissensfragen, z. B. „Wer schrieb den Faust?" Begründet wird dies damit, dass Menschen mit hoher Intelligenz im Lauf ihres Lebens mehr Wissen erwerben, da sie leichter lernen und Information in effektiverer Weise organisieren und speichern als weniger intelligente Personen. Deshalb seien auch reine Wissensfragen relativ gute Intelligenzindikatoren (Eysenck, 1980). Offenbar hängen solche Leistungen jedoch auch von nichtintellektuellen Faktoren und Bedingungen ab, etwa den Lernmöglichkeiten und -angeboten, welche die Umwelt einer Person bietet. Die Verwendung von Wissensfragen in Intelligenztests ist daher strittig.

12.4 Intelligenztests

In den folgenden Abschnitten besprechen wir zunächst eine Reihe konkreter Verfahren zur Messung der Intelligenz und einzelner Intelligenzfaktoren. Die hier getroffene Auswahl kann angesichts der Vielzahl und Heterogenität vorliegender Tests nicht repräsentativ sein. Intendiert ist also kein Überblick etablierter Verfahren. Vielmehr soll der Aufbau von Intelligenztests anhand einiger häufig verwendeter Verfahren illustriert werden. Wir konzentrieren uns auf einige Klassiker, wie die Wechsler- und die Raven-Tests sowie einige vielversprechende neuere Entwicklungen, wie das Adaptive Intelligenz Diagnostikum und den Berliner Intelligenzstruktur-Test. Im Anschluss an die Vorstellung der Tests gehen wir nochmals auf Gesichtspunkte zur Interpretation von Intelligenztestwerten ein. Im letzten Unterabschnitt werden Probleme und Perspektiven der Intelligenzdiagnostik behandelt.

12.4.1 Wechsler-Intelligenztests

Eines der ältesten und international am häufigsten eingesetzten Verfahren zur Messung der allgemeinen Intelligenz in der „Nach-Binet-Ära" ist der Wechsler-Intelligenztest. In Deutschland wurde dieses Verfahren lange Zeit unter dem Namen Hamburg-Wechsler-Intelligenztest (HAWI) veröffentlicht. Er basiert auf Skalen, die David Wechsler Ende der dreißiger Jahre des letzten Jahrhunderts in den USA konzipiert hatte und die anschließend in vielen Ländern adaptiert wurden. Die erste veröffentlichte Version des Tests war die *Wechsler-Bellevue-Intelligence-Scale* (Wechsler, 1939). Der zunächst für Erwachsene konzipierte Test wurde in den vierziger Jahren um eine Version für Kinder ergänzt, die *Wechsler Intelligence Scale for Children* (WISC; Wechsler, 1949). In den fünfziger Jahren folgte eine revidierte Erwachsenenversion, die *Wechsler Adult Intelligence Scale* (WAIS; Wechsler, 1955). Beide Verfahren sind bis heute in aktualisierten Varianten im Einsatz.

Der in den dreißiger Jahren in den USA populärste Intelligenztest war die von Terman revidierte Form des Binet-Tests, der sog. *Stanford-Binet* (SB; Terman, 1916; Terman & Merrill, 1937). Wechsler, der als klinischer Psychologe am Bellevue Hospital in New York tätig und hier vor allem mit der Persönlichkeitsdiagnostik Erwachsener betraut war, wollte ein Instrument konstruieren, das sich für diese Altersgruppe besser eignete als der SB. Darüber hinaus strebte er an, die im SB vorherrschenden verbalen Items um Aufgaben zu ergänzen, die weitere Fähigkeitsmerkmale zu erschließen versprachen, insbesondere solche, die eine Differenzialdiagnose verschiedener klinischer Störungen und Hirntraumata erlauben. Dies schlug sich in einer Testgliederung nieder, die neben einem „Verbalteil" mit vornehmlich sprachlichen Aufgaben auch einen „Handlungsteil" mit nonverbalen, praktischen Aufgaben umfasste. Diese zweiteilige Konzeption war lange Zeit das „Markenzeichen" des Verfahrens und wurde erst in neuerer Zeit revidiert.

Die Interpretation der beiden Teile, für die separate Scores, nämlich ein „Verbal-IQ" und ein „Handlungs-IQ" angeboten wurden, war allerdings alles andere als klar. Die manchmal vorgeschlagene Interpretation des Verbal-IQ als „sprachliche" Intelligenz war wenig überzeugend, da zum Verbalteil auch Aufgaben zum kurzfristigen Reproduzieren vorgesprochener Zahlen sowie Rechenaufgaben gehörten, die üblicherweise nicht den sprachlichen Fähigkeiten i. e. S. zugeordnet werden. Auch die Interpretation der Leistung im Handlungsteil als „praktische" Intelligenz war wenig erhellend, zumal die Aufgaben nichts mit anderen Konzepten zur praktischen Intelligenz (► **Kap. 12.4.7**) zu tun hatten, sondern eher Spearmans g-Konzeption entsprachen.

Wechsler selbst gab an, sich an Spearmans Modell orientiert zu haben, was jedoch aus dem Aufbau des Tests, der Score-Bildung und der Auswahl der einzelnen Aufgabentypen nicht ersichtlich war. Tatsächlich wurde der Test weitgehend ohne Fundierung in einem Intelligenzmodell auf der Grundlage von Plausibilitätserwägungen und praktischem Ausprobieren von Aufgabentypen konstruiert. Bemerkenswert ist, dass Wechsler nicht unbedingt eine Zwei-Faktoren-Struktur der mit dem Test gemessenen Fähigkeiten im Auge hatte, wie es die Einteilung der Aufgaben ja eigentlich nahelegte. Er notierte, dass die Untertests verschiedene Maße der Intelligenz, nicht Maße verschiedener Intelligenzarten lieferten; zudem stelle die Unterscheidung zwischen einem verbalen und einem Handlungsbereich nur eine von mehreren Möglichkeiten dar, die Untertests zu gruppieren (Wechsler, 1958, S. 64).

Die Möglichkeit alternativer Gruppierungen wurde bereitwillig aufgegriffen und erprobt (siehe z. B. Coalson & Weiss, 2002; Kaufman, 2000). Die Forschung hierzu beeinflusste auch die Konstruktion neuer Aufgabentypen, die in spätere Versionen des Tests aufgenommen wurden.

In den aktuellen Versionen des Verfahrens wird die Gliederung in zwei Bereiche aufgegeben, stattdessen werden neben dem Gesamt-IQ vier weitere, faktorenanalytisch begründete, Indexwerte gebildet, die als

- Sprachverständnis (SV),
- wahrnehmungsgebundenes logisches Denken (WLD),
- Arbeitsgedächtnis (AGD) und
- Verarbeitungsgeschwindigkeit (VG)

bezeichnet werden (► **Tab. 12.3**). In der Revision des Verfahrens ist das Bemühen erkennbar, an in der Intelligenzforschung etablierte

Konstrukte, z. B. Arbeitsgedächtnis, und an neuere Intelligenzmodelle anzuschließen, z. B. das CHC-Modell.

Arbeitsgedächtnis

Unter dem Arbeitsgedächtnis wird ein kognitives System verstanden, das für die Verarbeitung und kurzfristige Speicherung aufgabenrelevanter Information zuständig ist (Baddeley, 1990, 2000). Im Unterschied zur älteren Konzeption des Kurzzeitgedächtnisses stellt das Arbeitsgedächtnis keinen passiven Informationsspeicher dar, vielmehr handelt es sich um einen „aktiven Informationsverarbeiter". Zudem wird angenommen, dass das Arbeitsgedächtnis aus mehreren Subsystemen besteht, nämlich einer übergeordneten Kontrolleinheit (zentrale Exekutive) und drei Subsystemen für die Verarbeitung visuell-räumlicher, sprachlich-symbolischer und episodischer Information. Die Kapazität des Arbeitsgedächtnisses ist begrenzt, so dass es einen Abgleich zwischen Verarbeitungs- und Speicherungsanforderungen gibt (Baddeley & Hitch, 1974). Je komplexer die Verarbeitungsanforderungen sind, desto weniger Raum steht für die Speicherung von Informationseinheiten zur Verfügung. Als ein guter Indikator der Arbeitsgedächtniskapazität gilt Zahlennachsprechen rückwärts (vorgesprochene Ziffern sind hier in der umgekehrten Reihenfolge unmittelbar zu reproduzieren). Personen erreichen beim Zahlennachsprechen rückwärts ein bis zwei Ziffern weniger als beim Zahlennachsprechen vorwärts, da hier neben der Speicherung auch kognitive Operationen zum Umsortieren der Ziffern erforderlich sind.

Der Wechsler-Test existiert in einer Form für Kinder und Jugendliche (neuere deutsche Versionen sind: HAWIK-III; Tewes, Rossmann & Schallberger, 1999; HAWIK-IV: Petermann & Petermann, 2007; WISC-IV: Petermann & Petermann, 2011) und einer Form für Erwachsene (HAWIE-R; Tewes, 1991; WAIS-IV: Petermann, 2012). Die beiden jeweils als Einzeltests konzipierten Formen sind sich sehr ähnlich, Inhalte und Schwierigkeiten der Aufgaben sind aber an das Fähigkeitsniveau von Kindern bzw. Erwachsenen angepasst.

▶ **Tab. 12.3** illustriert den Aufbau anhand der Kinderversion (HAWIK-IV bzw. WISC-IV; beide Versionen besitzen den gleichen Aufbau), die im Alterbereich von 6 bis 16 Jahren eingesetzt wird. Das Verfahren besteht aus zehn Subtests, die standardmäßig gegeben werden, den sog. Kerntests, und fünf optionalen Subtests für spezifische Einsatzzwecke. Die Scores auf den vier genannten Skalen (SV, WLD, AGD, VG), die als Indexwerte bezeichnet werden, basieren allein auf den Kerntests. Wie zu erwarten, sind die Indexwerte deutlich korreliert (überwiegend zwischen .4 und .7), so dass auch die Bildung eines Gesamt-IQ als Indikator für die Ausprägung des g-Faktors vorgesehen wird. Das Verfahren wird im Einzelversuch durchgeführt, der etwa 60 bis 90 Minuten in Anspruch nimmt.

Die Aufgaben innerhalb der Subtests sind wie üblich nach ihrer Schwierigkeit gestaffelt. Für die meisten Untertests sind altersspezifische Startpunkte vorgesehen, ältere Kinder beginnen also mit schwierigeren Aufgaben als jüngere. Löst ein Kind die zuerst vorgelegten Aufgaben nicht, greifen „Umkehrregeln", es wird dann zeitweilig auf leichtere Aufgaben zurückgegriffen. Um die Probanden nach Misserfolgen nicht allzu sehr zu entmutigen, wird ein Subtest abgebrochen, wenn mehrere aufeinanderfolgende Aufgaben inkorrekt beantwortet wurden und eine erfolgreiche Bearbeitung der nachfolgenden schwierigeren Aufgaben sehr unwahrscheinlich ist.

Für jede gelöste Aufgabe wird ein Punkt vergeben, wobei in manchen Untertests für besonders treffende Antworten oder besonders

Tab. 12.3 Skalen und Subtests des Wechsler-Tests (HAWIK/WISC-IV)

Skala, Subtest	Beschreibung, Beispiel
Sprachverständnis (SV)	
Gemeinsamkeiten finden	Was haben Käse und Sahne gemeinsam?
Wortschatz-Test	Abgebildete Gegenstände benennen oder Wörter erklären (Was versteht man unter einem Ritual?)
Allgemeines Verständnis	Weshalb soll man an einer roten Ampel stehen bleiben?
Allgemeines Wissen*	Was ist die Hauptstadt von Schweden?
Begriffe erkennen*	Begriffe auf der Basis vorgelesener Hinweise herausfinden
Wahrnehmungsgebundenes logisches Denken (WLD)	
Mosaik-Test	Vorgegebene mosaikartige Muster mit farbig bedruckten Würfeln nachlegen
Bildkonzepte	Aus mehreren vorgelegten Bilderreihen eine Gruppe von Bildern mit einem gemeinsamen Merkmal zusammenstellen
Matrizen-Test	Fehlende Teile in einem unvollständigen Muster aus mehreren vorgegebenen Möglichkeiten auswählen
Bilder ergänzen*	Details identifizieren oder benennen, die auf vorgelegten Bildern fehlen
Arbeitsgedächtnis (AGD)	
Zahlennachsprechen	Vorgelesene Zahlenreihen vorwärts und rückwärts nachsprechen
Buchstaben-Zahlen-Folgen	Vorgelesene Zahlenreihen in aufsteigender oder Buchstabenfolgen in alphabetischer Reihenfolge wiederholen
Rechnerisches Denken*	Wieviele Minuten braucht ein Fahrradfahrer für 6 km, wenn er 18 km in der Stunde fährt?
Verarbeitungsgeschwindigkeit (VG)	
Zahlen-Symbol-Test	Symbole nachzeichnen, die Ziffern oder geometrischen Figuren zugeordnet sind
Symbolsuche	Identifizieren eines Zielsymbols in einer Gruppe von Symbolen
Durchstreich-Test*	Bestimmte Zielbilder in zufällig oder strukturiert präsentierten Bildervorlagen durchstreichen

*Optionaler Subtest

schnell gelöste Aufgaben Bonuspunkte zu erhalten sind. Die resultierenden Rohpunktwerte pro Untertest werden dann zunächst in altersspezifisch standardisierte Werte umgerechnet (sog. „Wertpunkte", $M = 10$, $SD = 3$). Die standardisierten Werte werden anschließend über die Subtests einer Skala addiert und in IQ-Werte transformiert. Schließlich wird ein Gesamt-IQ gebildet, in den die Scores (Wertpunkte) aller Kerntests eingehen. Die Reliabilitäten der Indexwerte streuen zwischen .87 und .94, fallen also sehr hoch aus. Gleiches gilt für den Gesamt-IQ, der eine Reliabilität von .97 erreicht (Petermann & Petermann, 2011). Die Reliabilitäten der Erwachsenenversion bewegen sich im gleichen Bereich (Petermann, 2012).

Die Anzahl der Untersuchungen zu den Korrelaten des Wechsler-Tests ist aufgrund der Popularität des Verfahrens kaum überschaubar. Die Manuale der neueren Versionen beschränken sich allerdings auf recht elementare Validitätsbelege, z. B. deutliche Zusammenhänge mit der schulischen Bildung, Leistungsminderungen in hohem Alter sowie einige weitere Gruppenunterschiede. Für die Kinderversion werden darüber hinaus Korrelationen um .45 mit Schulnoten und um .60 mit Lehrerbeurteilungen der Intelligenz berichtet (Tewes et al., 1999).

Das Hauptproblem des Wechsler-Tests ist das Fehlen einer theoretischen Fundierung in einem explizit formulierten Intelligenzkonzept, aus dem sich die Gliederung des Verfahrens und die Auswahl der Aufgabentypen ableiten oder doch begründen ließen. (Dieses Problem teilt der Test allerdings mit vielen anderen Intelligenztests.) Die Auswahl der Untertests und damit auch die Gewichtung einzelner Aufgabentypen in ihrem Beitrag zum Testwert bleiben damit recht willkürlich. Der Verzicht auf die alte Gliederung in einen Verbal- und einen Handlungsteil sowie die Orientierung an den Ergebnissen von Faktorenanalysen zur Bildung der Skalen ist in dieser Hinsicht allerdings als deutlicher Fortschritt zu werten. Auch dem an den älteren Versionen häufig monierten starken Einfluss bildungsabhängiger Inhalte auf den Gesamt-IQ wird mit der Neugliederung des Verfahrens effektiv begegnet. Die Interpretation von Profilen der vier Indexwerte bzw. von Diskrepanzen zwischen den einzelnen Werten bleibt wegen des Fehlens klarer theoretischer Konzepte und darauf aufbauender empirischer Befunde allerdings weitgehend impressionistisch. Zur psychologischen Bedeutung von Profilen bzw. Diskrepanzen zwischen Indexwerten werden in den derzeit aktuellen Manualen weder Hinweise noch empirische Evidenz präsentiert. Inwieweit der Test über die Messung der allgemeinen Intelligenz hinaus brauchbar ist, bleibt damit unklar. (Auch dies ist übrigens ein Manko, das der Wechsler-Test mit den meisten anderen mehrdimensionalen Intelligenztests teilt.)

Trotz einer Reihe teilweise im Alter der Testkonzeption begründeter Schwächen stellt der Wechsler-Test ein Instrument dar, das sich für die Intelligenzdiagnostik in pädagogischen, klinisch- und medizinisch-psychologischen Kontexten praktisch sehr bewährt hat. Die immer noch aktive Weiterentwicklung des Verfahrens lässt erwarten, dass er auch in Zukunft eines der am häufigsten eingesetzten Intelligenzdiagnostika bleiben wird.

12.4.2 Adaptives Intelligenz Diagnostikum

Der Wechsler-Test war kritischer Ausgangspunkt einer Reihe jüngerer Verfahren, die im Hinblick auf Testgliederung, erfasste Fähigkeitsmerkmale oder Messkonzept neue Wege einschlugen. Eines dieser Verfahren ist das *Adaptive Intelligenz Diagnostikum* (AID bzw. AID 2: Kubinger & Wurst, 1998, 2000; die aktuelle Version ist der AID 3: Kubinger & Holocher-Ertl, 2014). Das AID ist ein Einzeltest, der für den Einsatz bei Kindern und Jugendlichen im Alter von 6 bis 15 Jahren konzipiert wurde. Die einzelnen Aufgabentypen und deren Gliederung lehnen sich an den Wechsler-Test an, wurden aber um mehrere Untertests, insbesondere um Skalen zur Erfassung des Einprägens und Erinnerns von Information, erweitert. Für die Durchführung des AID existieren verschiedene Varianten, u. a. auch eine Version für türkischstämmige Kinder. Je nach interessierenden Kennwerten müssen hierfür 30 bis 85 (im Mittel ca. 75) Minuten veranschlagt werden.

Die Grobgliederung des AID orientiert sich an der traditionellen Einteilung der Skalen des Wechsler-Tests in einen verbalen und einen Handlungsteil. Die erste Aufgabengruppe, im

AID mit „Verbal-akustische Fähigkeiten" betitelt, enthält die sechs Subtests „Alltagswissen" (hier sind Wissensfragen zu beantworten), „Angewandtes Rechnen" (Textaufgaben lösen), „Unmittelbares Reproduzieren – numerisch" (Zahlennachsprechen), „Synonyme Finden", „Funktionen Abstrahieren" (Benennen der wesentlichen gemeinsamen Funktion zweier vorgegebener Objekte) sowie „Soziales Erfassen und sachliches Reflektieren" (geprüft wird, inwieweit dem Kind gesellschaftliche Zusammenhänge und sozial angepasste Verhaltensweisen geläufig sind). Die zweite Aufgabengruppe, „Manuell-visuelle Fähigkeiten", besteht aus den sechs Untertests „Realitätssicherheit" (fehlende Details in Bildern erkennen), „Soziale und sachliche Folgerichtigkeit" (Bilder ordnen), „Kodieren und Assoziieren" (Zuordnen von Objekten, z. B. Stuhl, Regenschirm zu Symbolen), „Antizipieren und Kombinieren – figural" (Bildteile zusammensetzen), „Analysieren und Synthetisieren – abstrakt" (mit Hilfe farbiger Würfel sollen vorgegebene geometrische Muster nachgelegt werden) und „Formale Folgerichtigkeit" (eine Reihe geometrischer Figuren ist zu ergänzen). Hinzu treten fünf Zusatztests, von denen drei auf das Einprägen und Erinnern von Material fokussieren (Unmittelbares Reproduzieren – figural/abstrakt, Einprägen durch Wiederholung – lexikalisch, Lernen und langfristiges Merken – figural/räumlich, Antonyme Finden, Strukturieren – visumotorisch).

Zwei zentrale Innovationen betreffen die Skalenkonstruktion und die Itemvorgabe. Die meisten Untertests des AID sind nach Prinzipien des Rasch-Modells konstruiert worden, besitzen also eine messtechnisch sehr hohe Qualität. Die Itemvorgabe ist adaptiv (► **Kap. 6.7**). Realisiert wurde dabei das sog. *branched testing* (verzweigte Testen). Die Aufgaben der Untertests sind in Blöcken zu jeweils fünf Aufgaben eingeteilt. Je nachdem, wie viele Aufgaben des Einstiegsblocks ein Kind löst, wird anschließend zu einem ähnlich schwierigen, leichteren oder schwierigeren Aufgabenblock verzweigt. Für eine genaue Schätzung des Fähigkeitsniveaus kann anschließend zu einem weiteren Aufgabenblock verzweigt werden. Die Verzweigungen erfolgen dabei so, dass die Aufgabenblöcke maximal informativ über die Fähigkeitsausprägung sind. Schätzungen dieser Ausprägungen werden aus dem Lösungsmuster nach ein oder zwei Verzweigungen gewonnen. Diese Schätzungen lassen sich in skalenspezifische T-Werte transformieren, die mehrheitlich sehr gute Reliabilitäten (größer als .90) erreichen.

Für die Charakterisierung intellektueller Leistungen favorisieren die Autoren eine Betrachtung des Leistungsprofils in allen Untertests, die über spezifische Stärken und Schwächen eines Kindes in verschiedenen Fähigkeitsbereichen Auskunft geben soll. Dies entspricht der „pragmatischen" Konzeption des Tests als „Hilfe für das Kind" (vgl. Holocher-Ertl & Kubinger, 2009). Gegen die Berechnung eines Gesamt-IQ bringen sie Vorbehalte ein. Ihre Ablehnung eines über alle Tests gemittelten Intelligenzwerts begründen die Autoren mit dem Hinweis, dass Kompensationsmöglichkeiten zwischen verschiedenen intellektuellen Fähigkeiten, z. B. verbalen und numerischen, im Allgemeinen nicht gegeben seien, eine sinnvolle Mittelung solche Kompensationsmöglichkeiten aber voraussetze.

Dennoch werden auch im AID globale Kennwerte angeboten, wobei wiederum neue Wege beschritten werden. Für die globale Beschreibung der Intelligenz wird nicht, wie in anderen Tests, über die Subskalen aggregiert, vielmehr wird das Leistungsminimum und -maximum, das ein Kind in den Untertests erreicht, herangezogen. Das Leistungsminimum – *Intelligenzquantität* genannt – wird als kognitive Mindestfähigkeit interpretiert, die Differenz zwischen Maximum und Minimum – also die *Spannweite* der Subtestwerte – als Grad der Differenziertheit des erfassten Fähigkeitsspektrums.

Uns erscheint diese Art einer globalen Kennzeichnung jedoch mehr Probleme aufzuwerfen als sie löst. Zunächst kann man in vielen Alltagssituationen, die intelligentes Handeln erfordern, ja durchaus Schwächen in einem Bereich durch Stärken in einem anderen Bereich ausgleichen. Derartige Kompensationsmöglichkeiten sind bereits bei relativ einfach strukturierten kognitiven Aufgaben nachgewiesen worden, die sich mit unterschiedlichen Strategien angehen und lösen lassen.

Zum Beispiel lassen sich kognitive Elementaraufgaben, in denen möglichst schnell entschieden werden soll, ob ein visuelles Muster wie $\overset{+}{*}$ der Aussage „Kreuz über Stern“ entspricht, sowohl visuell-anschaulich (hier wird die Aussage zunächst visuell kodiert und anschließend mit dem Bild verglichen) als auch verbal-logisch lösen (hier wird das Bild in eine verbale Repräsentation überführt und anschließend mit der Aussage verglichen; siehe MacLeod, Hunt & Mathews, 1978). Dies gilt umso mehr für komplexe und vielschichtige Alltagsprobleme, die häufig mit ganz unterschiedlichen Strategien bewältigt werden können.

Problematischer erscheinen jedoch drei weitere Sachverhalte: Erstens wird mit den Kennwerten ein Kind, das viele überdurchschnittliche Leistungen (etwa T = 60) und einen einzelnen „Einbruch“ (T = 40) aufweist, in gleicher Weise behandelt wie ein Kind, das viele unterdurchschnittliche Leistungen (T = 40) und nur eine Spitze (T = 60) manifestiert. Zweitens bedeuten die Kennwerte bei Kindern mit verschiedenen Schwächen und Stärken Unterschiedliches: Die Intelligenzquantität z. B. reflektiert bei einem Kind die Leistung im angewandten Rechnen, beim anderen die Leistung beim Einprägen von Information. Drittens liegen die Reliabilitäten der globalen Werte in einem Bereich, der konventionellerweise als inakzeptabel bezeichnet wird (für die Quantität z. B. beträgt die Reliabilität .63; Kubinger & Wurst, 1998).

Die Autoren scheinen nicht zu sehen, dass durch die übliche Art der Aggregierung diagnostisch aufschlussreiche Konstruktindikatoren gebildet werden können, die auf einem höheren Abstraktions- bzw. Generalitätsniveau angesiedelt sind (▶ **Kap. 3** und folgender Abschnitt). Dies ist erstaunlich, da die Autoren selbst Faktorenanalysen ihrer Skalen durchführen, die resultierenden Ergebnisse jedoch nicht systematisch weiter verwenden. Immerhin werden, gewissermaßen als Konzession an die gängige Praxis, seit dem AID 2 auch Berechnungsmöglichkeiten für einen traditionellen globalen IQ-Score offeriert.

Die Validierung des AID umfasst Gruppenvergleiche, die Prüfung konvergenter und diskriminanter Beziehungen der einzelnen Skalen zu anderen Fähigkeits- und Leistungstests sowie die Analyse von Zusammenhängen mit Persönlichkeitsinventaren (u. a. aus den Bereichen Angst und Attribution) und dem Erziehungsverhalten. Darüber hinaus werden Korrelationen mit Schulnoten berichtet. Auf eine empirische Validierung der beiden vorgeschlagenen globalen Kennwerte (Intelligenzquantität und -spannweite) verzichten die Autoren.

Insgesamt stellt der AID eine messtechnisch interessante Weiterentwicklung des Wechsler-Tests dar. Mitimportiert wurde dabei allerdings die im Wesentlichen atheoretische Konzeption des Vorbilds. Der Anspruch des Tests, spezifische diagnostische Aussagen auf der Basis des Leistungs*profils* einer Person zu ermöglichen, bedarf noch erheblicher Forschungsbemühungen (vgl. Renner, Baur & Lischke, 2003). Hierfür müssten besonders die Möglichkeiten von Faktorenanalysen (oder mehrdimensionalen Item-Response-Modellen) stärker genutzt werden. Bevor die vorgeschlagen Kennwerte der Intelligenzquantität und -spannweite überzeugen können, müssen empirische Belege für deren Aussagekraft – insbesondere auch hinsichtlich der inkrementellen Validität gegenüber konventionellen Aggregatwerten – erbracht werden.

12.4.3 Berliner Intelligenzstruktur-Test

Im Unterschied zum Wechsler-Test und zum AID handelt es sich beim *Berliner Intelligenzstruktur-Test* (BIS-Test; Jäger et al., 1997) um einen Gruppentest, der zur Intelligenzdiagnostik bei Jugendlichen und Erwachsenen eingesetzt werden kann. Der BIS-Test, von dem auch eine Version für hochbegabte Kinder und Jungendliche vorliegt (BIS-HB; Jäger et al., 2006), erlaubt mit seinen insgesamt 45 unterschiedlichen Aufgabentypen eine sehr umfassende und differenzierte Bestimmung intellektueller Fähigkeiten. Bei der Auswahl und Zusammenstellung der Aufgaben versuchten die Autoren, ein möglichst repräsentatives Spektrum an Anforderungen abzudecken. Hierfür wurden mehr als 2000 Aufgabentypen, die in der Forschung zur Intelligenz bislang verwendet wurden, gesichtet. Die Erfassung einer großen Bandbreite intellektueller Leistungen bedingt eine relative lange Bearbeitungszeit: Für die Durchführung des BIS-Test werden insgesamt 150 Minuten benötigt; in dieser Zeit sind zwei zehnminütige Pausen enthalten.

Der BIS-Test wurde auf der Basis des Berliner Intelligenzstrukturmodells (Jäger, 1984) entwickelt. Die Kernannahmen des Modells besagen, (a) dass an Intelligenzleistungen alle intellektuellen Fähigkeiten beteiligt sind, allerdings je nach Aufgabe mit unterschiedlichem Gewicht. Diese Fähigkeiten lassen sich (b) auf diversen Generalitäts- bzw. Abstraktionsebenen betrachten und (c) nach verschiedenen Aspekten ordnen.

Im BIS-Test werden dabei zwei Ebenen fokussiert, die in ▶ **Abb. 12.2** illustriert sind. Die erste Ebene entspricht der allgemeinen Intelligenz (g). Die zweite Ebene umfasst sieben relativ weite Fähigkeiten, die nach zwei Ordnungsgesichtspunkten, im Modell Modalitäten genannt, klassifiziert werden, nämlich nach operativen und inhaltlichen Merkmalen (vgl. Guilford & Hoepfner, 1971).

Die *operative Modalität* beinhaltet vier Fähigkeitskonstrukte: *Verarbeitungskapazität* (Beziehungen stiften, logisches Denken, sachgerechtes Beurteilen von Information bei komplexen Aufgaben), *Einfallsreichtum* (flexible Ideenproduktion, Vorstellungsreichtum, Sehen verschiedener Seiten von Sachverhalten), *Merkfähigkeit* (Einprägen, kurzfristiges Wiedererkennen oder Reproduzieren von Information) und *Bearbeitungsgeschwindigkeit* (Tempo und Konzentriertheit beim Lösen einfacher Aufgaben). Auf der Seite der *inhaltlichen Modalität* werden *verbale* (sprachliche), *numerische* (zahlengebundene) und *figural-bildhafte* (anschauungsgebundene, räumlich-visuelle) Fähigkeiten differenziert. Die rautenförmige Anordnung in ▶ **Abb. 12.2** deutet an, dass es sich hier jeweils um korrelierte Komponenten der Intelligenz handeln soll.

Dem Modell zufolge unterscheiden sich die beiden Ebenen lediglich im Grad der Differenzierung, mit der der jeweils gleiche Gegenstandsbereich betrachtet wird. Die allgemeine Intelligenz nimmt man gewissermaßen bei Betrachtung aus großer Distanz (mit geringer Auflösung) wahr, die spezifischeren Fähigkeiten bei Betrachtung aus geringerer Distanz (mit höherer Auflösung). Das Modell ist explizit offen für die Einführung weiterer Ebenen und weiterer Fähigkeitsmerkmale innerhalb der Ebenen.

Kreuzklassifiziert man die beiden Modalitäten, wie dies in ▶ **Abb. 12.2** angedeutet ist, erhält man zwölf Zellen, die spezifische Kombinationen operativer und inhaltlicher Merkmale repräsentieren. Im BIS-Test wird jede der zwölf Zellen mit drei bis fünf Aufgabentypen besetzt. Entsprechend werden die sieben Fähigkeiten der zweiten Ebene mit neun bis 15 Aufgabenarten erfasst. Für jede operative Fähigkeit wird dabei über verbale, numerische und figural-bildhafte Aufgaben aggregiert, für

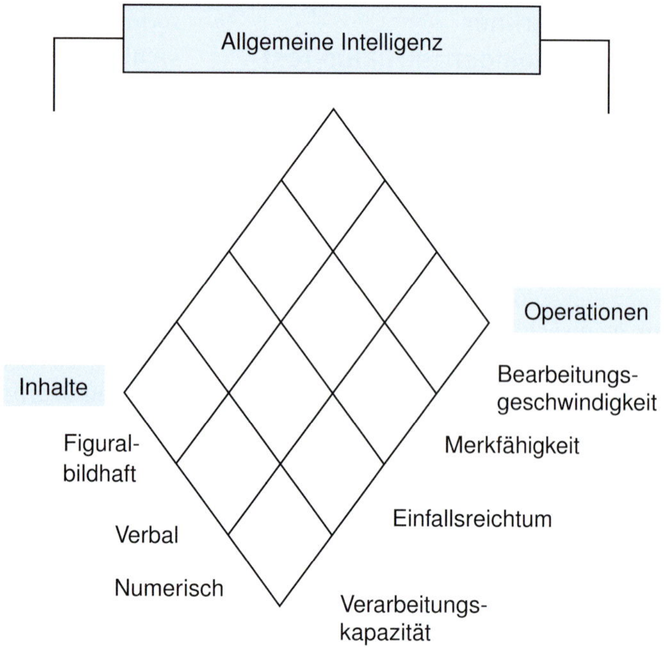

Abb. 12.2 Berliner Intelligenzstrukturmodell (nach Jäger et. al., 1997, S. 5)

jede inhaltsgebundene Fähigkeit über Aufgaben zur Erfassung der Verarbeitungskapazität, des Einfallsreichtums, der Merkfähigkeit und der Bearbeitungsgeschwindigkeit. Die Bestimmung der allgemeinen Intelligenz erfolgt durch Aggregierung der Leistungen in allen 45 Aufgabentypen.

Die zugrunde liegende Idee ist dabei, dass jeder Aufgabentyp drei Merkmale indiziert: neben der allgemeinen Intelligenz nämlich jeweils eine operative Fähigkeit und eine inhaltliche Fähigkeit. So äußert sich z. B. in der Lösung von Zahlenreihenaufgaben die allgemeine Intelligenz, die Verarbeitungskapazität und die numerische Fähigkeit. Durch Aggregation werden nun jeweils nichtintendierte Varianzanteile unterdrückt bzw. ausbalanciert und intendierte Varianzanteile fokussiert bzw. hervorgehoben. Bei der Bestimmung der operativen Fähigkeiten werden die inhaltlichen Varianzanteile ausbalanciert, bei der Bestimmung der inhaltsgebundenen Fähigkeiten die operativen Varianzanteile.

Betrachten wir zur Veranschaulichung die Bestimmung der Operationskomponente „Verarbeitungskapazität". Für deren Bestimmung werden im BIS-Test insgesamt 15 Untertestwerte herangezogen. Hierbei handelt es sich um jeweils fünf Subtests mit

- figuralen (z. B. figurale Analogien),
- verbalen (z. B. Wortanalogien) und
- numerischen (z. B. Zahlenreihen)

Aufgaben. Durch Aggregation über diese drei inhaltlich variierenden, aber operativ homogenen Aufgabenklassen wird die inhaltsgebundene Varianz ausbalanciert, so dass ein inhaltsunabhängiges Maß der allen Aufgaben gemeinsamen operativen Komponente gewonnen wird.

In ganz analoger Weise wird bei der Bestimmung der inhaltlichen Fähigkeitsaspekte verfahren. Für die Bestimmung figuraler Fähigkeiten etwa wird über figurale Aufgaben zur Bearbeitungsgeschwindigkeit (z. B. möglichst rasch einen bestimmten Buchstaben in einer Buchstabenfolge durchstreichen), Gedächtnis (z. B. einen in einem Stadtplanausschnitt eingezeichneten Weg einprägen und danach reproduzieren), Einfallsreichtum (z. B. möglichst viele graphische Embleme für eine Anzeige eines kleinen Ladens entwerfen) und Verarbeitungskapazität (figurale Analogien) aggregiert.

Ein besonderes Merkmal des BIS-Tests liegt in dem Versuch, bestimmte Aspekte der Kreativität mitzuerfassen. Tatsächlich beinhalten die meisten gängigen Intelligenztests allein oder vorwiegend Aufgaben zum konvergenten Denken. *Konvergentes* („auf einen Punkt zulaufendes“) Denken manifestiert sich in Aufgaben, die nur eine korrekte oder bestmögliche Lösung und im Allgemeinen nur einen optimalen Lösungsweg aufweisen. Kreative Leistungen erfordern dagegen *divergentes* („in unterschiedliche Richtungen verlaufendes“) Denken. Geeignete Aufgaben besitzen daher mehrere, eventuell ganz unterschiedliche, gleich gute Lösungen, die auf unterschiedlichen Wegen erreichbar sind.

Im BIS-Test wird versucht, *einen* Aspekt kreativer Leistungen, nämlich den Einfallsreichtum (Flüssigkeit), anhand verbaler, figuraler und numerischer Aufgaben zu erfassen. Beispieltests hierfür sind

- „Anwendungsmöglichkeiten“ (ein verbaler Test: innerhalb einer begrenzten Zeitspanne sollen möglichst viele Verwendungsmöglichkeiten für ein gegebenes Objekt genannt werden),
- „Objekt-Gestaltung“ (ein figuraler Test: vorgegebene geometrische Figuren sind zeichnerisch so zu kombinieren, dass möglichst viele verschiedene reale Objekte entstehen) und
- „Divergentes Rechnen“ (ein numerischer Test: es sollten möglichst viele verschiedene Kombinationen von Zahlen gefunden werden, die nach einer vorgegebenen Abfolge mathematischer Operationen ein bestimmtes Resultat erbringen).

Mit der im BIS-Test realisierten Form der Aggregierung wird absichtlich eine gewisse (allerdings begrenzte) Heterogenität der Operations- und Inhaltsskalen in Kauf genommen, die jedoch deren Validität steigern soll. Dieses Verfahren dürfte nicht nur in der Fähigkeitsdomäne, sondern auch in anderen diagnostischen Bereichen vielversprechend sein, obwohl dessen testtheoretische Grundlage bislang noch nicht befriedigend ausgearbeitet ist. Trotz des Konstruktionsprinzips erreichen die sieben Skalen mit Werten um .80 zufriedenstellende interne Konsistenzen; die Konsistenz der Gesamtskala beträgt .89.

Die umfangreichen Analysen zur Binnenstruktur des Verfahrens belegen die Übereinstimmung der Teststruktur mit den zugrunde liegenden Modellannahmen. Im Manual werden darüber hinaus eine Reihe von Untersuchungen über Zusammenhänge mit grundwissenschaftlich interessierenden Konstrukten, etwa zum Arbeitsgedächtnis oder komplexen Problemlösen referiert. Zur Abschätzung der Kriteriumsvalidität wurden u. a. Zusammenhänge mit Schulnoten geprüft. Für naturwissenschaftliche Fächer erwiesen sich dabei Verarbeitungskapazität und numerische Fähigkeiten als beste Prädiktoren (r zwischen .40 und .60), für sprachliche Fächer verbale Fähigkeiten. Die Korrelationen mit Einfallsreichtum fielen gering aus.

Insgesamt stellt der BIS, was seine theoretische Fundierung, Konstruktion und Gliederung betrifft, ein international einzigartiges und für die weitere Forschung wegweisendes Verfahren dar. Defizite bestehen noch hinsichtlich der Validierung im Hinblick auf externe Kriterien. Auch die Normierung an einer repräsentativen Stichprobe steht noch aus.

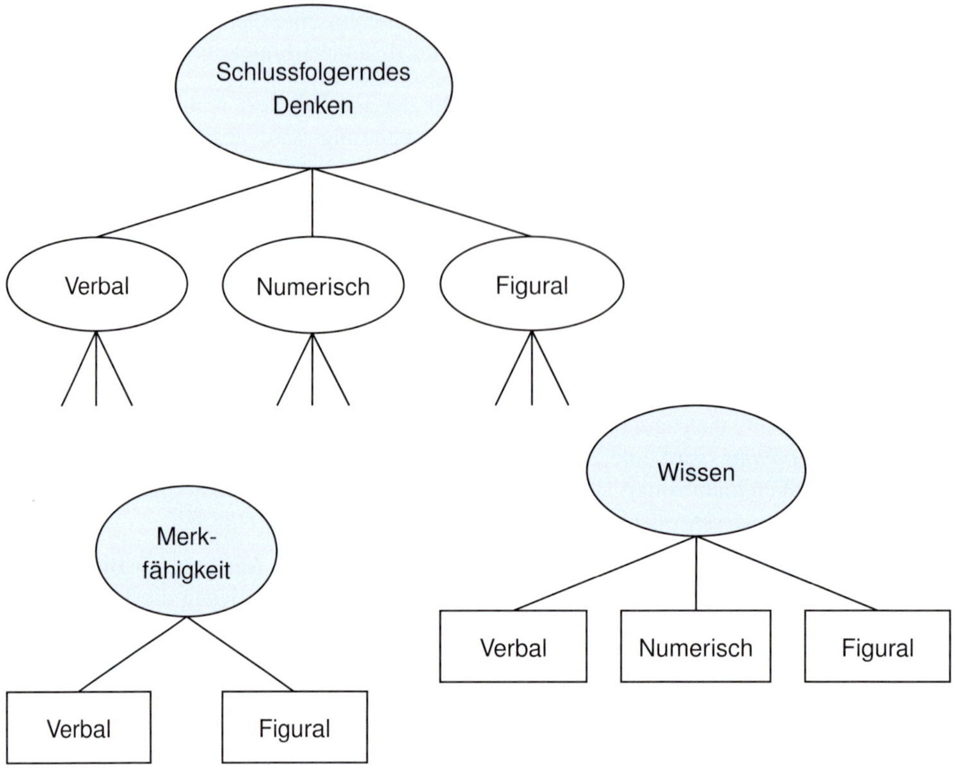

Abb. 12.3 Testkonzeption des I-S-T 2000 R.

12.4.4 Intelligenz-Struktur-Test

Der *Intelligenz-Struktur-Test* (I-S-T bzw. I-S-T 70; Amthauer, 1955, 1973) gehört zu den im deutschen Sprachraum am häufigsten eingesetzten Intelligenztests. Wie beim BIS-Test handelt es sich um ein Gruppenverfahren, das zur Intelligenzdiagnostik bei Jugendlichen und Erwachsenen verwendet werden kann. Bei der Konzeption des Tests orientierte sich Amthauer an Thurstones Primärfaktoren-Modell. In der derzeit aktuellen Version des Verfahrens (I-S-T 2000 R; Liepmann, Beauducel, Brocke & Amthauer, 2007), die wir im Folgenden darstellen, wurde der Versuch unternommen, Anschluss an neuere Intelligenzmodelle zu gewinnen. Insbesondere soll das Verfahren nun separate Indikatoren für fluide und kristallisierte Intelligenz liefern. Mit diesen Konzepten übernehmen die Autoren ein zentrales Bestimmungsstück der Theorie von Horn und Cattell (1966).

Der Test enthält insgesamt 14 Aufgabengruppen, die der Erfassung der Intelligenz auf zwei Generalitäts- bzw. Hierarchie-Ebenen dienen (siehe ► **Abb. 12.3**). Auf der unteren Ebene werden Fähigkeitsaspekte nach Inhaltsbereichen gegliedert. Wie beim BIS-Test wird hier zwischen verbalen, numerischen und figuralen Fähigkeiten differenziert. Auf der übergeordneten zweiten Ebene wird zwischen schlussfolgerndem Denken und Wissen unterschieden. Eine dritte Aufgabengruppe dient der Messung der Merkfähigkeit. Hierfür sind lediglich verbale und figurale Aufgaben vorgesehen. Die einzelnen Subtests sind in ► **Tab. 12.4** beschrieben. Das Verfahren kann in verschie-

Tab. 12.4 Aufgabengruppen des I-S-T 2000 R

Skala	Beschreibung, Beispiel
Schlussfolgerndes Denken	
Verbal	
Satzergänzungen	Sätze um ein fehlendes Wort ergänzen Das Gegenteil von Hoffnung ist ...?
Analogien	eine Relation zwischen zwei Begriffen erkennen und auf einen dritten Begriff übertragen dunkel : hell = nass : ?
Gemeinsamkeiten	aus einer Reihe von Wörtern die beiden herausfinden, die einen gemeinsamen Oberbegriff besitzen Messer Butter Zeitung Brot Zigarre Armband
Numerisch	
Rechenaufgaben	Grundrechenarten, Gleichungen, Wurzel ziehen usw. 60 – 10 = A, A = ?
Zahlenreihen	Regelmäßigkeiten in Zahlenfolgen erkennen 2 4 6 8 10 12 14 ?
Rechenzeichen	fehlende Rechenzeichen in Gleichungen einsetzen 6 ? 2 ? 3 = 5
Figural	
Figurenauswahl	in mehrere Stücke zerschnittene Figuren den entsprechenden ganzen Figuren zuordnen
Würfelaufgaben	Würfel, auf deren Flächen verschiedene Muster abgebildet sind, identischen Würfeln in veränderter Lage zuordnen
Matrizen	Figuren werden in einer matrixförmigen Anordnung gezeigt, die nach einer bestimmten Regel aufgebaut ist; ein fehlendes Element der Matrix soll herausgefunden werden
Merkfähigkeit	
Verbal	Wörter und deren Zuordnung zu Oberbegriffen einprägen
Figural	Figurenpaare einprägen
Wissen	Fragen zu diversen Wissensgebieten beantworten; verbal: z. B. Autor eines Buches nennen; numerisch: Jahreszahl eines historischen Ereignisses angeben; figural: Bedeutung eines Symbols angeben

denen Varianten durchgeführt werden, die unterschiedlich zeitaufwändig sind. Die sog. *Grundmodul-Kurzform* umfasst lediglich die Aufgaben zum schlussfolgernden Denken, für deren Durchführung etwa 90 Minuten benötigt werden. Das *vollständige Grundmodul* beinhaltet zusätzlich die Merkaufgaben, für die weitere 20 Minuten zu veranschlagen sind. Bei Einbeziehung der Wissenstests, die das *Erweiterungsmodul* ausmachen, steigt die Zeit für die Durchführung des gesamten Verfahrens auf 2 Stunden und 30 Minuten.

Anhand der Grundmodul-Kurzform lassen sich die Ausprägungen der verbalen, numerischen und figuralen Intelligenz im Rahmen des schlussfolgernden Denkens erfassen. Auf der Grundlage dieser Werte kann zusätzlich ein Gesamtwert für *schlussfolgerndes Denken* gebildet werden, der von den inhaltsspezifischen Aspekten der Subskalen frei ist. Dieser Gesamtwert soll primär die Fähigkeit zum formal-logischen induktiven und deduktiven Denken reflektieren. Die Skala *Merkfähigkeit* des vollständigen Grundmoduls liefert Information über die Fähigkeit zum aktiven Einprägen und kurzfristigen Wiedererkennen von Sachverhalten. Mit Hilfe des Erweiterungsmoduls lassen sich Werte für verbales, numerisches und figurales *Wissen* gewinnen. Wie beim Grundmodul können die Ergebnisse zu einem Gesamtwert „Wissen" integriert werden. Damit liefert der vollständige Test neun Kennwerte zur Beschreibung der Intelligenz. Auf die Berechnung eines g-Werts wird hier verzichtet.

Darüber hinaus ist es möglich, Schätzwerte für die Ausprägung der fluiden und kristallisierten Intelligenz zu berechnen. Die Indikatoren basieren auf den Aufgaben zum schlussfolgernden Denken und Wissen, erfordern also die Bearbeitung des Grund- und des Erweiterungsmoduls. Fluide Intelligenz wird bestimmt, indem aus den Werten zum schlussfolgernden Denken Varianzanteile, die auf Wissensunterschiede zurückgehen, statistisch herausgenommen (auspartialisiert) werden. Ganz analog wird die kristallisierte Intelligenz bestimmt, indem aus den Wissenswerten Varianzanteile, die auf schlussfolgerndes Denken zurückgehen, auspartialisiert werden. Technisch geschieht dies durch Schätzung von Faktorwerten, die im Manual als „schlussfolgerndes Denken/gf" bzw. „Wissen/gc" angesprochen werden. In diese Faktorwerte gehen die Einzelskalen zum schlussfolgernden Denken und Wissen in jeweils spezifischer Gewichtung ein.

Die Autoren favorisieren eine Heranziehung dieser Faktorwerte für die Intelligenzdiagnostik. Sie argumentieren, dass Aufgaben zum schlussfolgernden Denken, mit denen die fluide Intelligenz erfasst werden soll, meist auch Wissensanforderungen enthalten und daher teilweise von der kristallisierten Intelligenz abhängen (Amthauer et al., 2001, S. 64). Umgekehrt erfordern Wissensaufgaben immer auch ein gewisses Minimum an schlussfolgerndem Denken, also fluide Intelligenz. Mit der statistischen Kontrolle von Wissensanteilen beim Lösen von Aufgaben zum schlussfolgernden Denken und Anteilen schlussfolgernden Denkens beim Lösen von Wissensaufgaben verbinden die Autoren die Hoffnung, reinere Indikatoren der fluiden und kristallisierten Intelligenz zu gewinnen als mit den Ausgangsskalen. Insbesondere soll der Schätzwert für fluide Intelligenz Fähigkeitskomponenten erfassen, die in geringerem Maße von Sozialisationseinflüssen abhängig sind als die Werte für schlussfolgerndes Denken. Dieser Kennwert wird daher besonders für die Diagnose des Entwicklungspotenzials einer Person empfohlen.

Die Reliabilitäten der Skalen erreichen Werte zwischen .87 und .96, fallen also sehr hoch aus. Mit Hilfe von Faktorenanalysen und anderen dimensionsanalytischen Verfahren konnte die angenommene Teststruktur untermauert werden. Weitere Validitätshinweise betreffen u. a. niedrige Korrelationen des schlussfolgernden Denkens mit Konzentrationsleistungen (um .20), was die Autoren als Hinweis auf diskriminante Validität werten. Korrelationen zwischen schlussfolgerndem Denken und anderen Intelligenztests, die das gleiche Konstrukt erfassen sollen, betragen ca. .65. Schlussfolgerndes Denken korreliert im mittleren Bereich mit Schulnoten in Mathematik und naturwissenschaftlichen Fächern (um −.40), dagegen relativ niedrig mit den Noten in Deutsch und Englisch (um −.12). Für verbale Fähigkeiten sind die Zusammenhänge etwas enger, wenn auch geringer als zu erwarten (um –.22). Die Kennwerte für fluide Intelligenz weisen ein ähnliches Korrelationsmuster auf wie die zum schlussfolgernden Denken. Kristallisierte Intelligenz dagegen korreliert primär mit anderen Wissenstests (um .60) und Noten in Schulfächern wie Geschichte oder Erdkunde (um –.35).

Insgesamt handelt es sich um eine vielversprechende Weiterentwicklung eines im deutschen Sprachraum gut etablierten Gruppenverfahrens zur Intelligenzbestimmung. Dennoch haben Rezensenten auf eine Reihe kritischer Punkte aufmerksam gemacht. Kersting (2000) und Schmidt-Atzert (2002) weisen auf die teilweise nicht ganz überzeugende theoretische Begründung des zugrunde gelegten Modells hin. So bleibt etwa unklar, warum fluide und kristallisierte Intelligenz allein über Aufgaben zum schlussfolgernden Denken und zum Wissen operationalisiert werden. Generell weisen Validitätsbelege für das Verfahren noch einige Lücken auf, was in erster Linie die diskriminante Validität und hier besonders die Bereiche Wissen und Merkfähigkeit betrifft (Schmidt-Atzert & Rauch, 2008). Auch empirische Belege für den diagnostischen Nutzen der Faktorwerte zur Bestimmung der fluiden und kristallisierten Intelligenz stehen noch aus.

12.4.5 Nonverbale Tests

In vielen Intelligenztests werden Aufgaben verwendet, in denen sprachliche und bildungsabhängige Inhalte im Vordergrund stehen. Solche Aufgaben erfassen primär die kristallisierte Intelligenz. Es wurde argumentiert, dass Personen, deren Umwelt nur geringe Lern- und Bildungsmöglichkeiten bietet, in derartigen Tests benachteiligt werden. Aus diesem Grund wurden nonverbale Tests konstruiert, welche die fluide Intelligenzkomponente besser abbilden sollen.

Ein Klassiker in diesem Bereich sind die von Raven (1938) konstruierten Matrizenaufgaben (vgl. Raven, Raven & Court, 2000). Wie in ▶ **Abb. 12.4** gezeigt, werden in dem Test visuelle Elemente in einer Matrixanordnung dargeboten, wobei ein Feld freigelassen wird. Die Probanden müssen das Konstruktionsprinzip der Matrix erkennen und dasjenige Element, das nach logischen Gesichtspunkten in das freie Feld gehört, aus einer von mehreren vorgegebenen Möglichkeiten auswählen. Die Raven-Tests, die nach ihrem Konstruktionsprinzip „Progressive Matrizen" genannt werden, wurden mit der Zielsetzung konzipiert, eine relative reine Erfassung von Spearmans g-Faktor zu ermöglichen. Im Unterschied zu den oben behandelten Verfahren liefern sie daher nur *einen* Kennwert.

Die Raven-Tests liegen in unterschiedlichen Schwierigkeitsvarianten vor. Neben der Standardform (*Standard Progressive Matrices*, SPM; Heller, Kratzmeier & Lengfelder, 1998a; Horn, 2009) wurde eine Form für jüngere Kinder und Personen mit unterdurchschnittlichen Fähigkeiten (*Coloured Progressive Matrices*, CPM; Bulheller & Häcker, 2002; die Elemente sind hier farbig gestaltet) sowie eine Form für Personen mit überdurchschnittlichen Fähigkeiten (*Advanced Progressive Matrices*, APM; Bulheller & Häcker, 1998; Heller, Kratzmeier & Lengfelder, 1998b) konstruiert.

Die Standardform besteht aus fünf Aufgabensets zu je zwölf Aufgaben. Die Komplexität der Anforderungen nimmt dabei über die Sets zu. Für die Lösung der Aufgaben des ersten Sets genügen z. B. visuelle Vergleiche, da die Vorlage hier aus einem durchgehenden Muster besteht. Für die Lösung der anderen Aufgabengruppen sind zunehmend komplexere induktive Strategien erforderlich. Auch innerhalb der einzelnen Sets sind die Aufgaben (zumindest ungefähr) nach Schwierigkeit

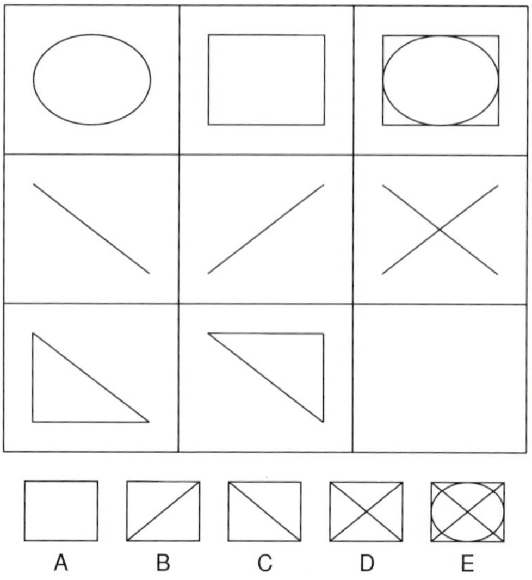

Abb. 12.4
Beispiel für eine Matrizenaufgabe. (Nach Lohman, 2000, S. 286, Abbildung 14.1.)

geordnet. Die SPM wurden ursprünglich als reine Powertests durchgeführt, also ohne Zeitbegrenzung vorgegeben. Heute legt man im Allgemeinen eine Obergrenze von 45 Minuten fest, was es den meisten Personen erlaubt, den Test ohne Zeitdruck abzuschließen (Heller et al., 1998a).

Reliabilitätskennwerte, die im Rahmen der deutschen Normierung für Schüler und Studierende durch Heller et al. (1998a) bestimmt wurden, fallen überwiegend gut aus (um .85, in einigen Stichproben sogar deutlich höher). Auch die Stabilität (Zeitabstand 3 Monate) ist mit Werten um .90 hoch. Angaben zur Validität betreffen konvergente Beziehungen zu anderen Fähigkeitstests und Zusammenhänge mit schulischen Leistungen. Für letztere werden die höchsten Korrelationen mit der Mathematiknote berichtet (.40). Die Korrelationen mit sprachlichen Fächern fallen erwartungsgemäß niedriger aus.

Matrizenaufgaben gelten als gutes Maß für g und die fluide Intelligenz (Carroll, 1993). Die Beiträge untergeordneter Faktoren sind dagegen noch nicht ganz klar. Neben induktivem Denken dürften die Testwerte zu einem Teil auch visuell-anschauliche Fähigkeiten reflektieren, was die Art der verwendeten Aufgaben bereits nahelegt. Carpenter et al. (1990) legten eine umfassende empirische Analyse der Aufgabenanforderungen vor. Sie kommen zu der Schlussfolgerung, dass die Raven-Tests zwei Dimensionen erfassen: (a) die Fähigkeit, Regeln auf der Basis von Ähnlichkeiten und Unterschieden zwischen Elementen zu abstrahieren; (b) die Fähigkeit, eine Aufgabe in Teilprobleme zu zerlegen, die sukzessive abgearbeitet werden können. Die Formulierung und das Abarbeiten von Teilproblemen stellt Anforderungen an das Arbeitsgedächtnis, da eine Hierarchie aus Zielen und Unterzielen gebildet und präsent gehalten werden muss. Überdies müssen die Resultate von Teilschritten gespeichert und aufeinander sowie auf die Ziele bezogen werden.

Diagnostisch wichtige Anwendungsmöglichkeiten bieten Taxonomien der Aufgabenanforderungen (Hornke & Habon, 1984; Hornke, Küppers & Etzel, 2000; vgl. auch Carpenter, Just & Shell, 1990). In derartigen Taxonomien wird angegeben, welche kognitiven Operationen zur Lösung einer Aufgabe erforderlich sind. Sie erlauben es, Aufgaben mit a priori spezifizierten Anforderungsmerkmalen zu generieren. Die Perspektive der Forschung zu Aufgabentaxonomien ist es, Tests mit vorab festgelegter Schwierigkeit und Zuverlässigkeit automatisch erstellen zu können (Hornke et al., 2000). Derartige Überlegungen liegen z. B. dem von Formann, Waldherr und Piswanger (2011) vorgelegten *Wiener Matrizen-Test-2* zugrunde, einer auf der Basis des Rasch-Modells konstruierten Weiterentwicklung des Raven-Tests.

Neben den Raven-Tests finden die von Cattell und Kollegen konzipierten „Culture fair"-Intelligenztests breite Anwendung, die speziell die Erfassung der fluiden Intelligenz intendieren, z. B. die *Grundintelligenztest Skala 1 – Revision* (CFT 1-R; Weiß & Osterland, 2012) für Kinder zwischen fünf und elf Jahren oder die *Grundintelligenztest Skala 2 – Revision* (CFT 20-R; Weiß, 2008) für Kinder und Jugendliche zwischen acht und 19 Jahren. Diese Tests enthalten neben Matrizenaufgaben weitere figurale Aufgaben zum schlussfolgernden Denken, z. B. Reihen fortsetzen und Klassifikationen.

Die Raven-Tests und andere nonverbale Intelligenztests werden in der diagnostischen Praxis häufig dann eingesetzt, wenn es um die Absicherung eines unterdurchschnittlichen Intelligenzbefunds geht und der Verdacht besteht, dass hierfür mangelnde Lern- und Bildungsmöglichkeiten mitverantwortlich sind. In diesem Fall wären deutliche Diskrepanzen zwischen einem verbalen Test (niedrige Werte) und einem nonverbalen Test (höhere Werte) zu erwarten (▶ **Kap. 16**).

Mit dem Einsatz nonverbaler Verfahren wurde ursprünglich die Hoffnung verbunden, Schätzwerte intellektueller Fähigkeiten zu erhalten, die unabhängig von Sprache, Kultur, Ethnie, Nationalität oder sozialem Status sind. Man hat solche Verfahren wie etwa beim CFT daher auch mit dem Etikett „kultur-fair" versehen. Dieser Anspruch ist jedoch überzogen (siehe z. B. Neisser et al. 1996). Tatsächlich finden sich auch hier erhebliche Unterschiede in den durchschnittlichen Leistungen kulturell, ethnisch oder sozial definierter Gruppen, deren Grundlagen noch nicht aufgeklärt sind.

Bei der Anwendung des Tests ist dies besonders bei der Bewertung der Leistung erst kurz in Deutschland lebender ausländischer Kinder zu beachten. Der Abstand zu muttersprachlich deutschen sowie ausländischen Kindern, die länger als zwei Jahre in Deutschland leben, beträgt mehr als eineinhalb Standardabweichungen, ist also massiv (Heller et al., 1998a). Die Testergebnisse hängen deutlich mit den Deutschkenntnissen der Kinder zusammen. Mit zunehmender Aufenthaltsdauer verringern sich die Unterschiede zwischen den Gruppen jedoch.

12.4.6 Interpretation von Intelligenztestwerten

Intelligenztests wurden zunächst für die Vorhersage des Erfolgs von Bildungsmaßnahmen konstruiert. Dieses Kriterium sagen sie auch recht gut vorher (Jäger, 1986). Die Korrelationen mit den Noten in den Hauptfächern der Grundschule betragen etwa 0.50. Mit der Abiturnote sind die gefundenen Zusammenhänge etwas geringer (ca. 0.30), was dadurch erklärt werden kann, dass es sich hier um eine stärker selektierte Gruppe von Personen handelt. Für das im Erwachsenenalter erreichte höchste Bildungsniveau fallen die Zusammenhänge mit ca. 0.70 höher aus, da das Bildungsniveau eine recht hoch aggregierte Variable darstellt (Asendorpf & Neyer, 2012). Korrelationen ähnlicher Höhe (0.50 bis 0.70) finden sich für den beruflichen Status, bestimmt über das mit einer Stellung verknüpfte soziale Prestige. Die Zusammenhänge mit Erfolgsindikatoren innerhalb einer Berufssparte sind jedoch relativ gering (zwischen 0.10 und 0.30). Berücksichtigt man die Reliabilitäts- und Validitätsdefizite der Erfolgsindikatoren, lässt sich insgesamt feststellen, dass sich substanzielle Korrelationen zeigen, solange unausgelesene Gruppen untersucht werden (siehe z. B. Ree, Earles & Teachout, 1994; Schmidt & Hunter, 1998). Die Höhe der Kovariation bietet jedoch einen weiten Spielraum für andere Einflussgrößen. Das ist nicht erstaunlich, da Schul-, Studien- und Berufserfolg von zahlreichen nichtintellektuellen Faktoren abhängen.

Die genannten Zusammenhänge können für globale Intelligenzwerte erwartet werden, die auf umfangreicheren Testbatterien basieren. Hinsichtlich der Validität einzelner Skalen bestehen bei vielen Verfahren Defizite. Dies betrifft besonders deren diskriminante Validität im Hinblick auf spezifische Fähigkeitsbereiche, zu denen häufig keine aussagekräftigen Untersuchungen vorliegen. Vor der Interpretation eines Intelligenzprofils muss im Einzelfall anhand der Angaben der Autoren im Manual oder weiterer einschlägiger Literatur geprüft werden, inwieweit die Werte spezifischer Skalen oder Diskrepanzen zwischen Werten verschiedener Skalen empirisch gesicherte Aussagen zulassen. Keinesfalls sollte man sich hier allein auf die Benennungen der Skalen stützen. Dies gilt umso mehr, als die Auswahl und Zusammenstellung der Aufgaben oft primär historisch-praktisch oder pragmatisch motiviert, aber nicht in einer Theorie intellektueller Leistungen fundiert ist. Eine genaue inhaltliche Definition und Begründung der mit den Untertests abgedeckten Messbereiche fehlt häufig. Was den letzten Punkt betrifft, stellt der Berliner Intelligenz-Struktur-Test eine der wenigen Ausnahmen dar.

Was ist bei der Interpretation von Intelligenztestergebnissen noch zu berücksichtigen? Zunächst muss man sich vor Augen halten, dass verschiedene Intelligenztests Unterschiedliches messen, auch wenn sie mit gleichem oder doch ähnlichem Geltungsanspruch auftreten. Die allgemeinen Intelligenzwerte, die man mit umfangreicheren Testbatterien gewinnen kann, sind allerdings meist sehr hoch miteinander korreliert. Dennoch können sich im Einzelfall durchaus Diskrepanzen ergeben, die auf die jeweils spezifische Auswahl und Zusammenstellung von Aufgaben zurückzuführen sind.

Der „IQ" ist, wie wir sahen, kein testunabhängiges Merkmal einer Person, sondern vielmehr eine testabhängige Skala, auf der intellektuelle Leistungen lokalisiert werden können. Die für Laien vielleicht naheliegende gegenteilige Vermutung – der IQ ist ein testunabhängiges Merkmal wie Gewicht oder Körpergröße – hat zu dem Vorschlag geführt, auf den Begriff IQ ganz zu verzichten (z. B. Cronbach, 1990). Entsprechend werden in manchen neuen Intelligenztests andere Standardskalen verwendet. In jedem Fall ist die Abhängigkeit der Testresultate vom jeweils eingesetzten Verfahren zu bedenken. Besonders wenn sprachliche und bildungsabhängige Inhalte in einem Test sehr deutlich vertreten sind, kann es sinnvoll sein, zur Prüfung unterdurchschnittlicher Ergebnisse ein weiteres, nonverbales Verfahren zu verwenden.

Die von Fähigkeitstests zur Verfügung gestellten Normen besitzen ein gewisses Verfallsdatum. Wenn die Normwerte für eine diagnostische Entscheidung wichtig sind, ist es deshalb essenziell, auf die Verfügbarkeit möglichst aktueller und repräsentativ gewonnener Normen zu achten. Die DIN 33430 zur Eignungsdiagnostik (Kersting, 2008) verlangt eine Prüfung der Normierung (und der anderen essenziellen Gütekriterien) spätestens alle acht Jahre.[1] Auch die exakte Einhaltung der in der Eichstichprobe gegebenen Durchführungsbedingungen ist in diesem Fall natürlich sehr wichtig.

Wie wir sahen, werden einige Tests (z. B. der Wechsler-Test) im Einzelversuch durchgeführt, während mit anderen Tests (z. B. IST 2000 R) Gruppenuntersuchungen realisierbar

[1] Ein Überblick zu dieser Norm findet sich unter http://www.psychologie.de/ueber/gremien/din-33430/.

sind. Gruppenverfahren sind natürlich ökonomischer, evtl. auch objektiver als Einzeltests, bei denen stets auch die Interaktion mit dem Testleiter eine gewisse Rolle für die Ergebnisse spielen dürfte. Dafür bieten Einzeltests größere Variationsmöglichkeiten hinsichtlich des eingesetzten Materials. Darüber hinaus kann die Beobachtung des Probanden beim Umgang mit einer herausfordernden Situation diagnostisch wertvolle Information liefern, die zur angemessenen Interpretation der Testresultate beiträgt. Besonders bei Tests mit Kindern und Jugendlichen, von denen weitreichende Entscheidungen abhängen, ist eine Einzeltestung zu empfehlen oder sogar geboten, um mögliche ungünstige motivationale und emotionale Einflüsse auf das Testergebnis angemessen beurteilen zu können (Woolfolk, 2008).

12.4.7 Probleme und Perspektiven

Intelligenztests fokussieren *analytische Fähigkeiten* (Neisser et al., 1996): Die zu bearbeitenden Probleme sind vorgegeben, klar definiert und besitzen genau eine korrekte Lösung. Viele Probleme, mit denen wir im Alltag konfrontiert werden, sind dagegen schlecht definiert, erfordern aktive Informationssuche und besitzen eine Vielzahl akzeptabler Lösungen. Die hierbei relevanten kreativen und praktischen Fähigkeiten werden in Intelligenztests nicht oder allenfalls in kleinen Ausschnitten erfasst.

Angeregt durch die Pionierarbeiten des Intelligenzforschers Guilford (1950, 1967), gab es eine Reihe von Versuchen, auch *kreative Leistungen*, die divergentes Denken erfordern, über Testverfahren zu bestimmen. ▶ **Tab. 12.5** listet einige der von Guilford beschriebenen Facetten des divergenten Denkens zusammen mit zugehörigen Operationalisierungsvorschlägen auf. Die Konstruktion geeigneter Testverfahren erwies sich als ein sehr schwieriges Unterfangen (Weisberg, 1989). Tatsächlich sind wesentliche Merkmale der Kreativität – das Aufdecken von Problemen, das Finden überraschender Einsichten sowie die Generierung origineller, aber brauchbarer Lösungen – mit dem herkömmlichen Test- und Aufgabenformat wahrscheinlich nicht in zufriedenstellender Weise messbar. Daher beschränken sich gängige Tests im Allgemeinen auf den Ausschnitt divergenten Denkens, der noch am ehesten erfassbar ist, nämlich den der Flüssigkeit, wie wir bei der Darstellung des BIS gesehen hatten. Wichtigere Aspekte wie Sensitivität für Probleme und offene Fragen, Originalität oder Flexibilität, werden nicht berücksichtigt. Dies ist insofern als Manko zu bewerten, als Problemlösungen im Alltag zumeist konvergentes *und* divergentes Denken erfordern.

Gleiches gilt für *praktische Fähigkeiten*, die sich in der Bewältigung von Alltagsproblemen manifestieren, die intelligentes Handeln erfordern. Praktische Intelligenz involviert die zielgerichtete Anpassung, Formung und Selektion von Umwelten, die für das Leben einer Person bedeutsam sind (Sternberg, 1986). Sternberg vermutet, dass praktische Fähigkeiten zu einem großen Teil auf implizitem, prozeduralem Wissen („tacit knowledge") basieren und inzidentell (beiläufig, ohne Instruktion oder Lernabsicht) im Umgang mit bestimmten Aufgabenfeldern, die persönliche Relevanz besitzen, aufgebaut werden (▶ **Kap. 14**).

Welche Einzelfähigkeiten der Intelligenz zugerechnet werden sollen, ist immer noch kontrovers. Besonders Gardner (1983, 1999) hat in neuerer Zeit sehr nachhaltig für eine Erweiterung des traditionellen Intelligenzbegriffs plädiert. Gardner spricht von *multiplen Intelligenzen*, nicht von *der* Intelligenz. Er argumentiert, dass die bisherige Forschung, die vor allem um logisch-mathematisches Denken, räumliches Vorstellungsvermögen und sprachliche Fähigkeiten kreist, eine Reihe ebenso wichtiger Intelligenzmerkmale fast voll-

Tab. 12.5 Facetten des divergenten Denkens (der Kreativität) nach Guilford

Aspekte	Faktoren	Tests
Flüssigkeit	Figurale Flüssigkeit	Aus einer einfachen, mehrmals wiederholten Figur (z. B. Kreis) verschiedene Gebilde herstellen.
	Wortflüssigkeit	Aus Vier-Wort-Kombinationen, bei denen für jedes Wort nur der Anfangsbuchstabe gegeben ist, verschiedene Sätze bilden.
	Gedankenflüssigkeit	Verschiedene Anwendungsmöglichkeiten eines Alltagsgegenstands aufzählen.
	Assoziationsflüssigkeit	Für vorgegebene Wörter Synonyme finden.
	Ausdrucksflüssigkeit	Mehrere Sätze schreiben, von denen jeder vier bestimmte Wörter enthalten muss.
Flexibilität	Spontane Flexibilität	Unübliche Verwendungsmöglichkeiten von Alltagsgegenständen finden.
	Adaptive Flexibilität (Originalität)	Aus Streichhölzern wird eine Anzahl aneinander grenzender Quadrate oder Dreiecke gelegt. Nun soll eine bestimmte Zahl von Streichhölzern fortgenommen werden, damit eine definierte Anzahl von Dreiecken oder Quadraten übrig bleibt. Kein Streichholz darf einzeln liegen bleiben.
Elaboration	Figurale Elaboration	Gegeben sind Möbel in Umrissskizzen. Dekorative Linien und Markierungen sind hinzuzufügen.
	Semantische Elaboration	Gegeben ist eine Arbeitsskizze. Sie ist mit Einzelheiten so zu vervollständigen, dass danach gearbeitet werden kann.
	Symbolische Elaboration	Gegeben sind zwei Wörter. Aus allen in ihnen vorkommenden Buchstaben sollen neue Wortpaare gebildet werden.

ständig vernachlässigt hat. Es handelt sich hierbei um die musikalische Intelligenz, die körperlich-kinästhetische Intelligenz (sie manifestiert sich in der Kontrolle von Bewegungen, etwa beim Tanzen oder beim Sport) sowie die intra- und interpersonale Intelligenz. Bei den beiden personalen Intelligenzen geht es um die Fähigkeit, Gefühle bei sich (intrapersonal) und bei anderen (interpersonal) zu erkennen bzw. zu unterscheiden und zum Verständnis und zur Planung des eigenen Verhaltens zu nutzen. In neueren Arbeiten postuliert Gardner (1999) zusätzlich eine naturalistische Intelligenz, die im Umgang mit Lebewesen zum Ausdruck kommen soll.

Gardner liefert mit seiner Theorie der multiplen Intelligenzen eine sehr umfassende Zusammenstellung relevanten Materials aus disparaten Quellen. Ihm kommt außerdem das Verdienst zu, in detaillierter Weise Vorschläge für Kriterien entwickelt zu haben, die es gestatten, unterschiedliche Dimensionen intelligenten Verhaltens zu identifizieren. Neben den in der psychometrischen Intelligenzforschung naturgemäß sehr stark fokussierten Befunden aus statistischen Klassifikationsverfahren nennt er als Kennzeichen für eine eigenständige Intelligenz: (a) selektive Beeinträchtigung oder Verlust einer Fertigkeit nach Hirntraumata bei Intaktheit anderer intellektueller Fähigkeiten; (b) die Existenz von Personen mit einer hervorstechenden Spezialbegabung; (c) das Vorliegen einer universellen und distinkten ontogenetischen Entwicklungssequenz; (d) eine eigene Evolutionsgeschichte; (e) identifizierbare kognitive Kernoperationen (hierzu würden auch faktorenanalytische Befunde zählen); (f) minimale Interferenz zwischen Aufgaben, für deren Bearbeitung unterschiedliche Fähigkeiten erforderlich sind; (g) Enkodierung in einem spezifischen System von Symbolen (z. B. Sprache, mathematische Symbolik, musikalische Notation). Diese Kriterien dienen als Raster zur Identifizierung differenzierbarer Fähigkeiten, wobei allerdings nicht alle Kriterien für jede Intelligenz gegeben sein müssen.

Strittig an Gardners Konzeption ist vor allem die Einordnung körperlich-kinästhetischer, naturalistischer und personaler Fähigkeiten unter den Intelligenzbegriff. Sicherlich sollten diese Bereiche in einer umfassenden Fähigkeitstheorie berücksichtigt werden. Bezweifelt wird jedoch, ob es wirklich sinnvoll ist, solche Fähigkeiten als „Intelligenzen" zu klassifizieren: Wenn wir etwa Talent in der Kontrolle und Ausführung von Körperbewegungen oder Geschick und Einfühlungsvermögen beim Umgang mit Tieren zur Intelligenz rechnen, machen wir den Begriff so vage, dass er als wissenschaftliches Instrument untauglich wird (Rost, 2008; Weber & Westmeyer, 2001).

Gardners personale Intelligenzen haben sich inzwischen in der Forschung zur *emotionalen Intelligenz* verselbstständigt (Mayer & Salovey, 1997; Salovey & Mayer, 1990). Im Kern dieses Konstrukts stehen vier Fähigkeitsbereiche, die jeweils Teilprozesse unterschiedlicher Komplexität umfassen. Die Fähigkeitsbereiche sind (a) genaue Wahrnehmung und Bewertung sowie angemessener Ausdruck von Emotionen, (b) Nutzung von Emotionen zur Unterstützung von Denkvorgängen, (c) Verstehen und Analysieren von Emotionen und (d) reflexive Emotionsregulation (z. B. die Fähigkeit, für Gefühle offen zu bleiben oder Gefühle bei sich oder anderen beeinflussen zu können).

Für die Bestimmung praktischer und emotionaler Fähigkeiten werden zur Zeit Messmöglichkeiten diskutiert und erprobt (für einen Überblick siehe Neubauer & Freudenthaler, 2001). So wurde z. B. der sehr bekannte *Mayer-Salovey-Caruso Emotional Intelligence Test* von Steinmayr, Schütz, Hertel und Schröder-Abé (2011) für den deutschen Sprachraum adaptiert. Mit der Konstruktion solcher Verfahren wird die Hoffnung verbunden, die Prädiktion psychologisch relevanter Kriterien (z. B. Berufserfolg) weiter verbessern zu können. Inwieweit die Verfahren inkrementell valide sind, also Kriterienvariation aufklären, die nicht bereits mit traditionellen Verfahren gebunden wird, ist noch eine offene Frage.

12.5 Konzentration und Vigilanz

Neben Verfahren zur Messung von Intelligenz und Kreativität gehören Tests zur Bestimmung von Aufmerksamkeitsleistungen seit langem zum Standardrepertoire der psychologischen Diagnostik. Auch mit diesen Tests sollen allgemeine, d. h. bei vielen Aufgaben wichtige, Leistungsvoraussetzungen geprüft werden. Sie werden deshalb auch als *allgemeine Leistungstests* bezeichnet und von *speziellen Leistungstests*, z. B. Tests zur Prüfung bestimmter sensorischer Fähigkeiten, abgegrenzt (Bartenwerfer, 1983; ▶ **Kap. 14**).

Während Aufgaben in Intelligenztests überwiegend „intellektuell herausfordernde" Probleme darstellen, zu deren Lösung man mehr oder weniger angestrengt nachdenken muss, sind Aufgaben, die in Aufmerksamkeitstests verwendet werden, extrem einfach. In einem seit langen etablierten Verfahren, dem Pauli-Test, müssen z. B. einstellige Zahlen addiert werden (Arnold, 1975; Christiansen, 1983). Tatsächlich interessiert beim Pauli-Test nicht die Lösung der Rechenaufgaben – es wird vorausgesetzt, dass alle Probanden alle Aufgaben lösen können –, sondern die Geschwindigkeit, mit der die Aufgaben bearbeitet werden können.

Der Begriff „Aufmerksamkeit" ist weit und wird in der Literatur in unterschiedlicher Weise gebraucht. Wir verwenden ihn hier schlicht als Oberbegriff für Leistungen, in denen die gezielte Zuwendung zu definierten Reizen oder das Überwachen von Ereignissen im Vordergrund stehen. Bei der Diagnostik von Aufmerksamkeitsleistungen wird zwischen Konzentrations- und Vigilanztests differenziert (Fay & Stumpf, 1995). *Konzentrationstests* sollen die Fähigkeit messen, sich aufgabenrelevanten Reizen selektiv und über einen längeren Zeitraum ununterbrochen zuzuwenden und diese Reize schnell und korrekt zu analysieren. Verlangt wird dabei die Abschirmung gegenüber gleichzeitig vorhandenen irrelevanten Reizen (Distraktoren). In entsprechenden Tests steht man unter Zeitdruck, kann aber das Arbeitstempo prinzipiell selbst bestimmen. Mit *Vigilanztests* wird demgegenüber die Fähigkeit erfasst, geringfügige Veränderungen im Wahrnehmungsfeld, die in unregelmäßigen Abständen auftreten, zu identifizieren und auf diese Veränderungen schnell zu reagieren. Die relativ seltenen Veränderungen treten vor einem „monotonen Hintergrund" auf und sind zeitlich nicht vorhersagbar. Im Unterschied zu Konzentrationstests sind die Probanden bei solchen Überwachungsaufgaben lange Zeit passiv. Darüber hinaus wird der „Arbeitstakt" allein durch die Reizgegebenheiten determiniert (Brickenkamp & Karl, 1986; Bartenwerfer, 1983). Wir betrachten im Folgenden einige illustrative Beispiele für Konzentrations- und Vigilanztests.

12.5.1 Konzentrationstests

Wie gerade erwähnt, wird die Konzentrationsfähigkeit über die Bearbeitung einer Reihe sehr einfacher Aufgaben erfasst. Einfach bedeutet hier, dass eine Einzelaufgabe aus dieser Reihe ohne Schwierigkeiten von (fast) jedem Probanden gelöst werden kann. Leistungsrelevante Unterschiede lassen sich dadurch registrieren, dass eine Vielzahl derartiger Aufgaben unter erschwerten Bedingungen (in der Regel Zeitdruck) bearbeitet werden muss. Die Anzahl der während eines Zeitabschnitts bearbeiteten Aufgaben bzw. der hierbei auftretenden Fehler gilt als Maß der Konzentrationsfähigkeit. In Tests der Konzentrationsfähigkeit werden verschiedene Aufgabentypen realisiert. Die geläufigsten sind Durchstreichen bzw. Markieren, Rechnen und Sortieren.

Ein weit verbreitetes *Durchstreichverfahren* zur Messung der Konzentration ist der *Aufmerksamkeits- und Konzentrationstest d2-R* (Brickenkamp, Schmidt-Atzert & Liepmann, 2010; früher veröffentlicht unter den Namen *Aufmerksamkeits-Belastungs-Test d2*; Brickenkamp, 2002), der sowohl bei Kindern (ab 9 Jahren) als auch bei Erwachsenen einsetzbar ist.

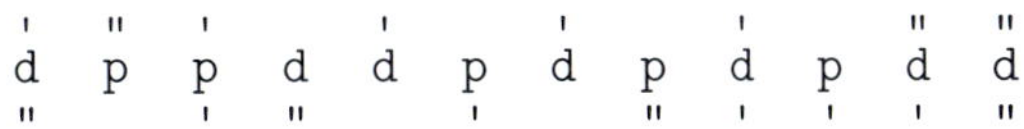

Abb. 12.5
Beispiel für einen Zeilenanfang im Test d2.

Der Test besteht aus vierzehn Zeilen mit je 57 Zeichen. Bei den Zeichen handelt es sich um die Buchstaben d oder p, die jeweils mit einem bis vier Strichen versehen sind, wie in ▶ **Abb. 12.5** dargestellt. Aufgabe der Probanden ist es, alle ds, die mit zwei Strichen versehen sind (die Zielreize), zu identifizieren und durchzustreichen; alle anderen Zeichen, die als Distraktoren fungieren, sollen ignoriert werden. Die Probanden werden instruiert, möglichst schnell zu arbeiten, Fehler jedoch zu vermeiden. Für die Bearbeitung jeder Zeile haben die Probanden 20 Sekunden Zeit. Nach Ablauf dieser Zeit gibt der Versuchsleiter ein Signal, woraufhin die Probanden zur nächsten Zeile übergehen.

Als basale Leistungsindikatoren werden im d2-R die Anzahl der bearbeiteten Zielreize (BZO = bearbeitete Zielobjekte) sowie der Anteil an Auslassungs- und Verwechslungsfehlern an den bearbeiteten Zielreizen (F%) bestimmt. Auslassungsfehler liegen vor, wenn ein Zielreiz übersehen wurde, Verwechslungsfehler liegen vor, wenn ein Distraktor markiert wurde. BZO ist ein Maß des Arbeitstempos, F% ein Maß für die Sorgfalt, mit der eine Person vorgegangen ist. Als Gesamtmaß der Konzentration wird der sog. Konzentrationsleistungswert (KL) bestimmt, der sich aus der Differenz der Zahl bearbeiteter Zielreize (BZO) und der Zahl der Fehler (Verwechslungs- und Auslassungfehler) ergibt.

In älteren Versionen des d2 wurden für die Bestimmung der bearbeiteten Zeichen nicht die markierten Zielreize ausgezählt, vielmehr wurde einfach das letzte in einer Zeile angekreuzte Zeichen betrachtet. Oehlschlägel und Moosbrugger (1991) wiesen darauf hin, dass dieses Vorgehen problematisch ist, weil damit Probanden begünstigt werden, die aus Unkonzentriertheit oder absichtlich instruktionswidrigem Verhalten Zeichen überspringen. Solchen Probanden werden die übersprungenen Distraktoren als bearbeitete Zeichen gutgeschrieben. In ihrem eigenen Verfahren, dem *Frankfurter Aufmerksamkeitsinventar* (FAIR; Moosbrugger & Oehlschlägel, 1996) realisierten die Autoren daher im Unterschied zum d2 das „vollständige Markierungsprinzip". Hier sind alle Items zu markieren, was ein Überspringen von Zeichengruppen verhindert oder doch erkennbar macht.

Als Reize werden hier Kreise und Quadrate verwendet, die zwei oder drei Punkte enthalten. In einer Variante des Tests werden Kreise mit zwei Punkten und Quadrate mit drei Punkten als Zielreize definiert, die beiden anderen Itemarten dienen als Distraktoren. In einer zweiten Variante des Tests ist dies umgekehrt. Aufgabe der Probanden ist es, einen durchgehenden Strich unter alle Items einer Zeile zu ziehen und bei den Zielreizen einen Zacken in die Items hineinzuzeichnen. Der Test, der für Personen ab 14 Jahren normiert ist, enthält insgesamt 32 Zeilen mit je 20 Zeichen, die auf zwei Seiten verteilt sind. Für die Bearbeitung einer Seite stehen jeweils drei Minuten zur Verfügung. Wie beim d2 wird hier ein fehlerbereinigter Leistungswert berechnet, der über die Menge der konzentriert bearbeiteten Items Auskunft gibt. Weitere Kennwerte erfassen das angemessene Befolgen der Instruktion, die Sorgfalt beim Arbeiten und die kontinuierlich aufrechterhaltene Konzentration.

Der d2 und der FAIR sind Beispiele für Konzentrationstests, die als Durchstreich- oder Markierverfahren bezeichnet werden. Daneben werden, wie erwähnt, in Konzentrationstests zwei weitere Anforderungstypen realisiert: einfache Rechenaufgaben bearbeiten und Objekte nach vorgegebenen Kriterien sortieren.

Ein Beispiel für ein *Rechenverfahren* ist die *Arbeitskurve*, auch *Pauli-Test* genannt (Arnold, 1975; Christiansen, 1983). Hier müssen die Probanden eine Stunde lang einstellige Zahlen addieren. Bei einem weiteren Rechenverfahren, dem *Konzentrations-Leistungs-Test* (KLT-R; Düker & Lienert, 2001), werden etwas höhere Anforderungen gestellt, da auch das Arbeitsgedächtnis belastet wird. Hier erhält die Person pro Item zwei Rechenaufgaben, etwa $9 - 4 + 3$ und $8 + 1 - 3$, deren Ergebnisse sie sich merken muss. Ist das erste Ergebnis größer als das zweite müssen die Resultate subtrahiert werden, ist das zweite Ergebnis größer als das erste, müssen die Resultate addiert werden. Als Problem dieses Aufgabentyps wird häufig darauf hingewiesen, dass auch die individuelle Rechenfähigkeit einen Einfluss auf die Testleistung haben könnte. Tatsächlich korreliert der KLT-Score mit der Schulnote in Mathematik. Angesichts der Einfachheit der KLT-Aufgaben stellt sich allerdings umgekehrt die Frage, ob die Schulnote nicht auch durch die Konzentrationsfähigkeit beeinflusst wird.

Ein Beispiel für ein *Sortierverfahren* liefert der *Konzentrations-Verlauf-Test* (KVT; Abels, 1974). Die Probanden müssen hier 60 Karten durchgehen, die mit jeweils 36 zweistelligen Zahlen bedruckt sind. Die Karten sind jeweils in eines von vier Feldern einzusortieren. Für die Sortierung sind dabei die Zahlen 43 und 63 relevant. Sortiert wird danach, ob die Karte keine, nur eine der Zahlen oder beide vorgegebene Zahlen enthält. Bestimmt wird hier die Zeit, die für die Sortierung benötigt wird sowie die dabei begangenen Fehler.

Für die Messung von Konzentrationsleistungen bieten sich natürlich *computerbasierte* Verfahren an. Ein sehr elaboriertes Verfahren dieser Art ist der *Frankfurter Adaptive Konzentrationsleistungs-Test* (FAKT: Moosbrugger & Heyden, 1997; überarbeitete Version FAKT II: Moosbrugger & Goldhammer, 2007), der bei Kindern ab zehn Jahren sowie bei Erwachsenen eingesetzt werden kann und ca. zehn Minuten in Anspruch nimmt. Die Itemvorgabe erfolgt hier auf einem Computermonitor, die Antworten werden durch Drücken einer von zwei Reaktionstasten gegeben. In der Voreinstellung des Programms werden die Items des FAIR als Zielreize und Distraktoren benutzt.

Die computergesteuerte Darbietung ermöglicht ein adaptives Vorgehen. Die Itemdarbietung passt sich dem vom Probanden erreichbaren Bearbeitungstempo an. Das im Testverlauf kontinuierlich errechnete und aktualisierte „liminale“ Tempo entspricht der Darbietungsgeschwindigkeit, bei der ein Proband 50 % der Items korrekt bearbeiten kann. Mit der Anpassung der Darbietungsgeschwindigkeit – und damit der Schwierigkeit der Items – an die individuelle Konzentrationsleistung wird eine ungefähr gleiche Beanspruchung von Personen mit unterschiedlichem Konzentrationsvermögen erreicht. Das liminale Testtempo dient gleichzeitig als Schätzer der Konzentrationsleistung.

Der FAKT kann in drei verschiedenen Vorgabemodalitäten durchgeführt werden. In einer Form werden die Items jeweils einzeln auf dem Bildschirm präsentiert. In dieser Modalität besteht für den Probanden eine relativ hohe situative Belastung. In einer zweiten Modalität mit mittlerer Belastung werden simultan zehn Items dargeboten. In einer dritten Form mit niedriger situativer Belastung wird auf die Adaptivität des Testtempos verzichtet. Als Testwerte werden hier die Reaktionszeiten für die Itembearbeitung ermittelt. Der FAKT repräsentiert insgesamt den „state of the art“ der Konzentrationsleistungsmessung.

Die beschriebenen Konzentrationstests weisen durchweg hohe Reliabilitäten auf (im Allgemeinen .90 und höher). Auch die Stabilität der zentralen Kennwerte ist meist zufriedenstellend. Die Korrelationen des d2 und des FAIR mit Maßen der Intelligenz sind durchweg niedrig. Für den d2 liegen sehr umfangreiche Validitätsuntersuchungen vor. In verschiedenen anwendungsbezogenen Fragestellungen hat sich der Test als guter Leistungsprädiktor erwiesen, etwa im Hinblick auf das Führen von Kraftfahrzeugen oder die Kontrolle bei der Herstellung technischer Geräte. Was ihre Validitätsbelege angeht, hinken neuere Verfahren wie FAIR und FAKT dem d2 noch deutlich hinterher (siehe hierzu die Rezensionen von Petermann, 2011, sowie Weis & Nuerk, 2010).

12.5.2 Vigilanztests

Im Unterschied zu Konzentrationsleistungen, wie wir sie bislang besprochen hatten, lässt sich Vigilanz nur mit apparativen Anordnungen bestimmen. Die Testbearbeitung nimmt hier mehr Zeit in Anspruch, da für die Bestimmung von Vigilanz Reaktionen auf relativ selten auftretende kritische Signale erfasst werden müssen.

Ein klassisches Beispiel für einen Vigilanztest ist der *Uhrtest* (Mackworth, 1957). Die Probanden beobachten hier zwei Stunden lang einen Uhrzeiger, der in der Regel jede Sekunde 12 Winkelminuten weiterspringt. Das zu beantwortende Signal besteht in gelegentlichen Doppelsprüngen des Zeigers (24 Winkelminuten), die während der Sitzung insgesamt 48 Mal (also im Durchschnitt alle zweieinhalb Minuten) auftreten. In neueren Computerversionen des Uhrtests wird die Bearbeitungszeit im Allgemeinen geringer angesetzt (auf 30 bis 90 Minuten), Doppelsprünge treten häufiger auf.

Vigilanztests existieren in vielen Variationen, die jedoch nach den gleichen Grundprinzipien funktionieren (Brickenkamp & Karl, 1986). Ein Signal, manchmal auch mehrere kritische Signale (eventuell in unterschiedlichen Modalitäten), sind von Rauschen bzw. unkritischen Ereignissen abzuheben. Auf das Auftreten der Signale ist möglichst rasch zu reagieren. Falsche Alarme, also „Signalreaktionen" auf unkritische Ereignisse sind zu vermeiden. Diagnostisch verwertet werden die Zahl der Treffer (korrekt identifizierte Signale), die Zahl der falschen Alarme, die Reaktionszeiten auf die Signale, manchmal auch deren Streuungen über die Bearbeitungszeit. Darüber hinaus interessieren auch Verlaufsmerkmale des Überwachungsverhaltens, insbesondere das Phänomen des Vigilanzabfalls. Hierunter versteht man ein temporäres Absinken der Entdeckungsleistung, das nach etwa 15 bis 30 Minuten eintritt (Warm, Parasuraman & Matthews, 2008). Während die Reliabilitäten (Konsistenzen) der verwendeten Indexwerte meist recht hoch sind (größer als .80), mangelt es in der Regel an Validierungsstudien für konkrete Verfahren sowie repräsentativen Normen, weshalb die Verfahren eher für Forschungszwecke als für die praktische Einzelfalldiagnostik in Frage kommen. Einige Verfahren werden auf Basis des Hogrefe Testsystems[2] sowie des Wiener Testssystems[3] angeboten. Freie Implementierungen finden sich als Module der Psychology Experiment Building Language[4] (Mueller & Piper, 2014).

12.5.3 Interpretation von Aufmerksamkeitsleistungen

Wegen des manchmal recht monotonen Charakters der Aufgaben ist es bei Konzentrations- und Vigilanztests essenziell, günstige motivationale Bedingungen zur Sicherung einer kontinuierlichen Anstrengungsbereitschaft zu schaffen. Dies dürfte insbesondere bei längeren Verfahren wie dem Pauli-Test nicht

[2] http://www.testzentrale.de/hogrefe-testsystem
[3] http://www.schuhfried.at/wiener-testsystem-wts
[4] http://pebl.sourceforge.net

immer im eigentlich wünschbaren Ausmaß zu bewerkstelligen sein. Allgemein erlauben Aufmerksamkeitstests lediglich Rückschlüsse über die minimal mögliche Leistung; ihre Resultate reflektieren vielleicht eher die „typische" als die „maximale" Leistung. Wie Bartenwerfer (1983) bemerkt, sollte die Tatsache, dass nur eine Mindestschätzung vorliegt, zu Zurückhaltung bei der Interpretation niedriger Leistungswerte Anlass geben. Neben tatsächlich geringer Konzentrationsfähigkeit können niedrige Werte auch auf situative, motivationale oder emotionale Faktoren (inklusive eines Widerstands gegen den Test) zurückzuführen sein.

Die Interpretation von Testwerten als Indikatoren von Konzentrationsleistungen setzt voraus, dass alle Probanden in den verwendeten Aufgabentypen ein gleich hohes (maximales) Übungsniveau aufweisen. Besonders für Rechenverfahren, für die sich allgemein positive Korrelationen mit Skalen zur Erfassung der numerischen Intelligenz finden, wird dies bezweifelt. Auch andere Testarten dürften nicht ganz unabhängig von entsprechenden inhaltsgebundenen Fähigkeiten sein, etwa der visuellen Diskrimination, die u. a. vom täglichen Umgang einer Person mit bestimmten Aufgabenarten abhängen. Für eine Reihe von Konzentrationstests werden substanzielle Übungsgewinne berichtet (Fay & Stumpf, 1995), die sich vermutlich auch bei weiteren Tests aufweisen ließen. Durch Training eines Aufgabentyps kann die Leistung also massiv gesteigert werden.

Neben den besprochenen Leistungs- und Genauigkeitswerten bieten viele Aufmerksamkeitstests die Berechnung weiterer Kenngrößen an. Dies betrifft z. B. Maße der intraindividuellen Variation als Indikator für Schwankungen der Aufmerksamkeit während der Testdurchführung. Manchmal wird auch eine Inspektion des zeitlichen Verlaufs der Konzentrationsleistung angeregt. (Dies ist der Grund, warum die Probanden im d2-Test nach jeweils 20 Sekunden in die nächste Zeile springen sollen.)

Die Einbeziehung und diagnostische Verwertung solcher Größen ist im Bereich der Aufmerksamkeitsmessung natürlich sehr naheliegend. Die Reliabilität dieser Kennwerte ist jedoch meist niedrig. Zudem existieren so gut wie keine empirischen Belege für die Brauchbarkeit der Variablen. So lange dies so bleibt, ist eine generelle Nutzung von Streuungs- oder Verlaufskennwerten nicht empfehlenswert. Dies gilt in ganz besonderem Maße für den etwa im Pauli-Test (Christiansen, 1983) gemachten Versuch, verschiedene Verlaufsmuster „charakterologisch" zu interpretieren (vgl. hierzu die Kritik von Kubinger, 1984).

Konzentrationstests sollen allgemeine Leistungsvoraussetzungen prüfen, die sich in einer Vielzahl von Tätigkeiten bemerkbar machen, u. a. auch bei intellektuell anspruchsvollen Aufgaben, wie sie in Intelligenztests verwendet werden. Die Lösung der meisten Intelligenzaufgaben erfordert konzentriertes Arbeiten. Mit hoher Konzentration alleine sind Intelligenzaufgaben jedoch im Allgemeinen nicht zu lösen. Ein Mindestmaß an Konzentration ist also eine notwendige, aber keine hinreichende Bedingung für ein gutes Abschneiden in einem Intelligenztest. Daher sind von vorneherein moderat positive Korrelationen zwischen den Ergebnissen von Konzentrations- und Intelligenztests zu erwarten, die sich auch empirisch zeigen (z. B. Bäumler & Weiss, 1966; Westhoff & Kluck, 1983; Wiese & Kroj, 1972).

Konzeptuell wird der Zusammenhang zwischen Konzentration und Intelligenz unterschiedlich bewertet. Autoren von Konzentrationstests sehen es in der Regel positiv, wenn ihr Verfahren keine allzu hohen Zusammenhänge mit Intelligenzskalen aufweist und interpretieren dies als Hinweis auf die diskriminante Validität ihres Tests. Auf der anderen Seite nehmen z. B. Jäger et al. (1997) die

Bearbeitungsgeschwindigkeit explizit als Operationsmerkmal in ihr Intelligenzmodell auf und messen sie mit Aufgaben, die auch in reinen Konzentrationstests vorkommen könnten. Im Rahmen von Intelligenzkonzeptionen, die Geschwindigkeit und Effizienz der Reizverarbeitung betonen oder als zentrale Facette der Intelligenz ansehen, ist dies natürlich nur konsequent. Problematisch für Aufmerksamkeitstests sind tatsächlich weniger Zusammenhänge mit der allgemeinen Intelligenz als vielmehr hohe Korrelationen mit spezifischeren Faktoren, die neben der Konzentrationsleistung in die Messwerte eingehen, etwa numerische Fähigkeiten bei Rechenverfahren. Ein Versuch, solche und andere ungewollte Variationsquellen wie beim BIS auszubalancieren, wurde unseres Wissens noch nicht unternommen.

Wie wir bereits für Intelligenztests festgestellt hatten, sind auch die Ergebnisse verschiedener Konzentrationsverfahren nicht als austauschbar zu behandeln. Die empirisch ermittelten Zusammenhänge fallen für reliable Tests jedoch substanziell aus, insbesondere wenn das gleiche Testprinzip (z. B. Rechen- oder Markierverfahren) verwendet wird (Westhoff & Kluck, 1984).

Weiterführende Literatur

Zur Vertiefung der Themen dieses Kapitels eignen sich die Bücher von Holling, Preckel und Vock (2004) zur Intelligenzdiagnostik sowie Heubrock und Petermann (2001) sowie Westhoff und Hagemeister (2005) zur Diagnostik von Aufmerksamkeit und Konzentration.

Besprechungen einer Vielzahl einschlägiger deutschsprachiger Tests finden sich Brähler, Holling, Leutner und Petermann (2002). Für eine Übersicht verfügbarer veröffentlichter Verfahren ist der Katalog der Testzentrale Göttingen sehr nützlich (http://www.testzentrale.de). Unter dieser Internetadresse ist auch eine Liste veröffentlichter Testrezensionen durch unabhängige Gutachter zu finden.

Fragen zur Wissenskontrolle

1. Worin besteht das sog. Kompetenz-Performanz-Problem?
2. Was versteht man unter Niveau- und Schnelligkeitstests (power, speed)? Geben Sie typische Beispiele.
3. Wie lassen sich Fähigkeits- und Leistungstests einteilen?
4. Warum ist es problematisch, den IQ verbal zu klassifizieren?
5. Nennen Sie die Kernannahmen der „britischen“ und „amerikanischen“ Tradition in der Intelligenzforschung.
6. Was beinhaltet die Unterscheidung zwischen fluider und kristallisierter Intelligenz?
7. Nennen Sie repräsentative Aufgabenarten, mit denen in gängigen Verfahren intellektuelle Leistungsunterschiede gemessen werden.
8. Mit welchen Arten von Tests können Konzentrationsleistungen erfasst werden?

13 Integration diagnostischer Befunde und Gutachtenerstellung

Im handlungstheoretischen Modell des Diagnostizierens (Kaminski, 1970; ▶ **Kap. 7**) war deutlich geworden, dass nach Abschluss der Erhebung diagnostischer Daten zwei weitere Aufgaben zu erledigen sind: die Bewertung der diagnostischen Daten und die Planung und Durchführung der praktischen Phase. Die Aufgabe des Bewertens besteht darin, festzustellen, ob die Daten die formulierten Hypothesen (zum Eingangszustand und seinen Bedingungen sowie zum Zielzustand und des Weges dorthin) soweit stützen, dass eine tragfähige Grundlage für die praktische Arbeit besteht. Wenn dies der Fall ist, dann wird die „diagnostische Schleife" verlassen und die Arbeit in der „praktischen Schleife" beginnt (siehe ▶ **Abb. 7.2**, S. 194).

„Praktisch" bedeutet jedoch nicht, dass diese Arbeit ausschließlich (oder auch nur überwiegend) in einer modifikatorischen Intervention (etwa einer Familientherapie) besteht. Kaminski (1970, S. 66ff) weist vielmehr darauf hin, dass auch alle Auskünfte des Psychologen, die dann zu irgendeiner Form von Intervention durch zuständige Dritte (also etwa Selektions- oder Klassifikationsentscheidungen oder die Durchführung einer Modifikation) führen können, praktische Arbeit darstellen.

13.1 Definition der diagnostischen Begutachtung

Auskünfte des Psychologen an zuständige Dritte über eine oder mehrere Personen oder (im weitesten Sinne) Situationen auf der Basis diagnostischer Daten werden als *diagnostische Begutachtung* bezeichnet. Ein Gutachten ist eine

> … für einen Gutachtenempfänger (Auftraggeber) erarbeitete zusammenfassende Darstellung der psychodiagnostischen Vorgehensweise, der Befunde und Schlussfolgerungen im Bezug auf eine hinsichtlich einer konkreten Fragestellung zu begutachtende Person, Institution oder Situation, basierend auf einem der Fragestellung gemäßen, angemessen komplexen diagnosti-

schen Prozess. Mit Hilfe des Gutachtens soll sein Empfänger Entscheidungen in seinem System (seinem diagnostischen Prozess) fundierter treffen können (Schmidt, 1995, S. 468).

Wenn also eine Begutachtung durchzuführen ist, so ist auch diese Tätigkeit ein Teil der praktischen Phase (► **Kap. 7**). Sie wird deshalb, ebenso wie etwa eine Verhaltensmodifikation, anhand theoretischer Überlegungen und einer darauf basierenden Erhebung diagnostischer Daten geplant und durchgeführt. Nach Kaminski (1970, S. 66) stellt die Begutachtung (z. B. hinsichtlich der Eignung für eine bestimmte berufliche Tätigkeit) lediglich eine Sonderform des „Änderns" dar. Jede diagnostische Tätigkeit orientiert sich an einem Zielzustand (Z2, z. B. Beseitigung der Lernunlust eines Schülers und damit Verbesserung seiner schulischen Leistung, Bestehen des Abiturs nach einer Empfehlung zum Besuch des Gymnasiums oder erfolgreiche berufliche Tätigkeit nach einer entsprechenden Einstellungsempfehlung). Dieser Zielzustand ist jedoch nicht bereits dann erreicht und damit die Tätigkeit des Psychologen abgeschlossen, wenn das Gutachten dem Auftraggeber (z. B. den Eltern eines Schülers oder dem Personalleiter eines Betriebes) abgeliefert worden ist. Im Sinne der „praktischen Schleife" im handlungstheoretischen Modell des Diagnostizierens stellt die Abfassung eines Gutachtens nur eine Zwischentätigkeit dar. In ihr gibt der Gutachter Empfehlungen an den Auftraggeber ab, welche praktischen Maßnahmen (Durchführung einer bestimmten Therapie, Besuch des Gymnasiums, Beschäftigung einer Person auf einer bestimmten Position) ergriffen werden müssen, um einen angestrebten Zielzustand zu erreichen. Streng genommen endet die Tätigkeit des Gutachters also erst mit der Prüfung der Frage, ob der Zielzustand erreicht wurde (wenn diese Prüfung auch auf Grund der Tatsache, dass sie häufig deutlich später als die Gutachtenerstellung erfolgen müsste, in den meisten Fällen unterbleiben dürfte).

13.2 Allgemeine Merkmale der Begutachtung

Beim Gutachten handelt es sich um eine *zusammenfassende* schriftliche Darstellung einer Fragestellung, einzelner Befunde und der diagnostischen Methoden, die zu deren Erhebung geführt haben, sowie um – wissenschaftlich begründete – Schlussfolgerungen im Hinblick auf die konkrete Fragestellung. Da das Gutachten in der Regel an Nichtpsychologen übermittelt wird, müssen diese Aussagen in einer für Nichtfachleute verständlichen Form aufbereitet werden, wobei sichergestellt werden muss, dass der Empfänger die Aussage in genau der Weise versteht, wie sie vom Verfasser gemeint ist. Dies stellt für die schriftliche Form, in der ja im Allgemeinen keine Möglichkeit zur Rückmeldung oder Rückfrage besteht, ein Problem dar.

Nicht als Gutachten bezeichnet werden Antworten zu Detailfragen (z. B. zur Integration eines Schülers in die Klassengemeinschaft) sowie Stellungnahmen (z. B. zu anderen Gutachten), die nicht auf Befunden beruhen, die der Psychologe *selbst erhoben* hat. Vom Gutachten zu unterscheiden ist auch der Befund. Bei ihm handelt es sich um einen Abschnitt innerhalb der Gutachtenerstellung, in dem die zu einer bestimmten Fragestellung (z. B. ob die schlechte Schulleistung eines Kindes auf eine zu geringe Intelligenz zurückzuführen ist) erhobenen Information zu einer Aussage integriert wird (z. B. alle Daten aus den entsprechenden Test indizieren eine durchschnittliche Intelligenz). Der Befund selbst enthält noch keine Empfehlungen.

Aus diesen allgemeinen Bestimmungen leitet sich eine Reihe allgemeiner Merkmale des

Gutachtens ab. Hierzu gehören Sorgfalt, Transparenz, das Einhalten ethischer Standards und rechtlicher Normen, die Klärung der Frage, wer in das Gutachten Einsicht nehmen darf, sowie die formale Gestaltung des Gutachtens.

Zur *Sorgfalt* gehört, dass der Psychologe bei einer an ihn herangetragenen Fragestellung zunächst klärt, ob er über das für die Bearbeitung dieser Frage notwendige Expertenwissen verfügt. Ferner sollte er nur auf wissenschaftlich fundierte diagnostische Erhebungsverfahren zurückgreifen und bei der Formulierung seiner Hypothesen (und der darauf aufbauenden Darstellung seiner Schlussfolgerungen) nach Möglichkeit nur empirisch begründetes Wissen (Bedingungs- und Änderungswissen; ▶ **Kap. 7**, insbesondere ▶ **Abb. 7.2**, S. 194) heranziehen. Die Äußerung der privaten Meinung des Psychologen gehört nicht in das Gutachten.

Transparenz bedeutet, dass der Adressat über die Verfahren, die zur Gewinnung bestimmter Befunde geführt haben, angemessen informiert wird. Ferner müssen alle Teilschritte im diagnostischen Prozess, von der Formulierung der Fragestellung bis zur Entscheidung, für ihn nachvollziehbar sein. Hierzu gehört auch, dass die Grundlagen einzelner Schlussfolgerungen, soweit sie sich dem Adressaten nicht ohne Weiteres erschließen, deutlich gemacht werden.

Zu den *ethischen* und *rechtlichen Standards* gehört, dass der Psychologe stets die Interessen der zu untersuchenden Person und des Auftraggebers gegeneinander abwägt. Dabei muss er als erstes feststellen, ob der Klient die Untersuchung freiwillig anstrebt (in diesem Fall sind Auftraggeber und Klient meist ein und dieselbe Person) oder ob diesem die Situation mehr oder weniger aufgezwungen wurde (etwa bei Sorgerechtsfällen oder forensischen Begutachtungen). Angesichts der Unterschiedlichkeit der Auftraggeber, Fragestellungen und Interessenlagen der Klienten lassen sich kaum allgemeinverbindliche ethische Regeln für die Begutachtung aufstellen. Kaminski (1970) repräsentiert in seinem handlungstheoretischen Modell das Wissen des einzelnen Psychologen hinsichtlich der zu berücksichtigenden Interessen der an der Begutachtung beteiligten Personen und der unbedingt einzuhaltenden ethischen Standards durch einen speziellen Speicher „Gewissen" (▶ **Abb. 7.2**, S. 194). In jedem Fall muss das *allgemeine Persönlichkeitsrecht* aller direkt oder indirekt Beteiligten gewahrt werden. Verletzungen dieses Rechts können zu einem Schadenersatz- oder Schmerzensgeldanspruch führen. So dürfen etwa keine sog. „persönlichen Geheimnisse" (etwa Informationen zu bestimmten finanziellen Verhältnissen) weitergegeben werden. Ferner ist bei der Abfassung des Gutachtens darauf zu achten, dass nur wertneutrale Formulierungen verwendet werden. (Begriffe wie etwa „Lügner" verbieten sich damit von selbst.) Darüber hinaus sind die jeweils gültigen gesetzlichen Bestimmungen (vgl. u. a. Kühne, 1987; Zier, 2002) sowie die Grundsätze und Standards der zuständigen Berufsverbände zu beachten (Föderation Deutscher Psychologenvereinigungen, 1988; Westhoff et al., 2010).

Empfänger und damit *Einsichtsberechtigter* des Gutachtens ist zunächst einmal nur der Auftraggeber. Mit ihm muss vorab geklärt werden, ob und in welcher Form auch andere Personen (z. B. der Klient) über Inhalte des Gutachtens informiert werden. Dabei kann es durchaus zu unterschiedlichen Auffassungen zwischen Gutachter und Auftraggeber kommen, etwa wenn der Psychologe es für richtig hält, dass die untersuchte Person in bestimmtem Umfang über die Ergebnisse der Untersuchung informiert werden sollte, der Auftraggeber dies aber ablehnt. Falls hier keine Einigung zu erzielen ist, müsste der Psychologe die Bearbeitung des Auftrages ablehnen. Falls sich Gutachter und Auftraggeber darüber verständigt haben, dass keine Einsichtnahme möglich ist, dann muss die zu begutachtende

Person darüber zuvor informiert werden. Generell sollte jedoch die begutachtete Person über die Ergebnisse der diagnostischen Erhebungen informiert werden. Zur eigenen Absicherung sollte der Diagnostiker beim Klienten stets das schriftliche Einverständnis einholen, dass die erhobenen Daten an den Auftraggeber weitergegeben werden.

Da das Gutachten der Kommunikation zwischen einem Experten und einem nicht fachlich ausgebildeten Auftraggeber dient, muss seine Gestaltung auch bestimmte *formale Standards* erfüllen. Formale Informationen, die auch bereits auf dem Deckblatt des Gutachtens aufgelistet werden, beziehen sich auf den Untersucher, die Fragestellung, den Adressaten, die untersuchte Person sowie das Datum der Untersuchung und der Gutachtenerstellung. Inhaltlich gliedert sich das Gutachten in die folgenden Abschnitte (Westhoff & Kluck, 2008), auf die weiter unten noch genauer eingegangen wird:

1. Untersuchungsanlass
2. Fragestellung
3. Vorgeschichte
4. Psychologische Fragen
5. Untersuchungsmethode
6. Befund
7. Stellungnahme (Schlussfolgerungen)
8. Maßnahmenvorschläge
9. Anhang mit Literatur u. Ä.

13.3 Arten diagnostischer Gutachten

Gutachten können sich entweder auf vergangene Prozesse beziehen oder in Vorschlägen münden, aus denen sich praktische Folgerungen für künftig durchzuführende Maßnahmen ableiten lassen. *Vergangenheitsbezogen* sind beispielsweise Gutachten, die die Glaubhaftigkeit eines Zeugen beurteilen (z. B. eines Kindes in einem Strafverfahren zum sexuellen Missbrauch). Auch Fragen der Schuldfähigkeit sowie der Anwendung des Jugend- oder Erwachsenenstrafrechts bei Heranwachsenden gehören in diese Kategorie. Wie schon diese Beispiele zeigen, ist ein Großteil dieser Gutachten in der Forensischen Psychologie verankert, wobei der Psychologe in der Regel (nach einem formellen Gerichtsbeschluss) als Sachverständiger fungiert. In diesem Feld gibt es starke Überschneidungen der psychologischen Begutachtung mit z. B. der Tätigkeit psychiatrischer Sachverständiger, so dass hier eine enge Kooperation zwischen diesen beiden Disziplinen geboten ist. (Zur psychologischen und psychiatrischen Begutachtung im Rahmen forensischer Fragestellungen vgl. u. a. Greuel et al., 1998; Steller & Volbert, 1997; Tondorf, 2005; für forensische Begutachtung bei Kindern und Jugendlichen siehe Klüber, Terlinden-Arzt & Westhoff, 2010; Terlinden-Arzt, Klüber & Westhoff, 2004; Warnke, Trott & Remschmidt, 1997).

Weitere Gutachten werden mit der Zielsetzung erstellt, Empfehlungen für die Durchführung *künftiger* Maßnahmen auszusprechen. Diese Maßnahmen müssen sich dabei nicht nur auf Einzelpersonen beziehen (z. B. als Empfehlung zur Durchführung einer bestimmten Therapie), sondern können auch Familien (Salzgeber, 2001) oder Situationen i. w. S. ansprechen, etwa bei Fragen der Städte- oder Verkehrsplanung. ► **Tab. 13.1** gibt eine Übersicht über mögliche Adressaten von Gutachten (vgl. auch Schmidt, 1995).

13.4 Aufbau eines psychologischen Gutachtens

13.4.1 Vorüberlegungen

Im Sinne einer handlungstheoretischen Konzeption des Diagnostizierens ist die Erstellung

Tab. 13.1 Adressaten und Fragestellungen von Gutachten

Adressat	Fragestellungen
Schule	Schulfähigkeit, Schullaufbahnberatung, Leistungsstörungen, Verhaltensauffälligkeiten.
Gerichte	Vormundschafts-, Familien-, Jugend-, Arbeits-, Sozial-, Verwaltungs- oder Strafgericht sowie Strafvollzug.
Versicherungsträger	Fragen der Berentung, Berufsunfähigkeit, Therapie oder Rehabilitation.
Wirtschaft	Personalentscheidungen, betriebliche Organisation oder Arbeitsplatzgestaltung.
Öffentliche Verwaltung und Verkehr	Städteplanung, Verkehrsfragen, Stellungnahmen zu Medien.
Gesundheitswesen	Fragen aus Psychiatrie und Neurologie, Geschlechtsumwandlung, Sterilisation.

eines Gutachtens Teil der praktischen Phase, genauer: das Gutachten ist Teil der taktischen Planung hinsichtlich der Gestaltung einer Änderungssituation (Kaminski, 1970). In ▶ **Kap. 7** wurde die taktische Planung als Teil der diagnostischen Phase beschrieben. In ihr geht es um die Beantwortung der Frage, durch welche Maßnahmen der Psychologe am besten an die auf Grund der formulierten Hypothesen als notwendig erachtete Information gelangt. Entsprechend geht es im Gutachten also um die Beantwortung der Frage, wie dieses beschaffen sein muss, damit die vom Psychologen intendierten Änderungsprozesse (etwa die Aufnahme einer bestimmten Therapie, die Einstellung eines geeigneten Bewerbers oder die Beurteilung eines Zeugen als glaubhaftig) realisiert werden.

13.4.2 Die Abschnitte eines Gutachtens

Angesichts der Notwendigkeit, die diagnostische und die praktische Phase einer Intervention jeweils anhand der formulierten Hypothesen zu planen und zu gestalten, verbietet sich das Aufstellen eines generellen Schemas für das Abfassen eines Gutachtens. Bestenfalls kann ein allgemeiner Rahmen vorgegeben werden, innerhalb dessen dann jeweils die hypothesengeleitete individuelle Gestaltung des Gutachtens erfolgt. Ein derartiger Rahmen könnte etwa die in ▶ **Tab. 13.2** beschriebene Form haben (Fisseni, 1982; Westhoff & Kluck, 2008).

Die *Fragestellung* für eine psychologische Begutachtung ist nicht identisch mit der Gesamtheit der psychologischen Fragen bzw. Hypothesen, die den Prozess der Erhebung diagnostischer Daten steuern. Die Fragestellung wird vielmehr von außen (vom Auftraggeber) an den Psychologen herangetragen. Eine derartige Fragestellung könnte beispielsweise lauten:

> „Durch welche erzieherischen und therapeutischen Maßnahmen können bei dem Jugendlichen A (16 Jahre), der neu in das Heim aufgenommen wurde, Tendenzen zu aggressivem und delinquentem Verhalten abgebaut werden?"

Bevor der Psychologe mit der Bearbeitung des Falles beginnen kann, muss er eine Reihe von Prüfprozessen durchführen (Kaminski, 1970;

Tab. 13.2 Rahmen für die Gestaltung eines Gutachtens

Abschnitte		**Inhalte**
1.	Fragestellung und formale Merkmale	Fragestellung, Auftraggeber, Klient, Untersucher, Untersuchungstermine, Untersuchungsverfahren.
2.	Vorgeschichte	Informationen, die der Gutachter zu Beginn der Untersuchung vorgefunden hat (mit Quellenangabe).
3.	Hypothesen	Planung des diagnostischen Vorgehens im Sinne der Beantwortung der Fragestellung.
4.	Untersuchungsplan	Beschreibung und Begründung der in der Untersuchung herangezogenen Informationsquellen im Sinne der Prüfung der Hypothesen.
5.	Ergebnisdarstellung	Nach festgelegten Regeln werden für jede Informationsquelle alle Informationen, die der Beantwortung der Fragestellung dienen, dargestellt.
6.	Befund	Beantwortung der Fragestellung und der daraus abgeleiteten Hypothesen durch Zusammenstellen aller Informationen zu jeder Hypothese und deren Kombination zu einer Antwort.
7.	Stellungnahme	Ausarbeitung von Vorschlägen hinsichtlich der sich – im Sinne der Fragestellung – anbietenden Möglichkeiten, der Bedingungen für deren Verwirklichung, der damit zu erreichenden Ziele und eventuellen Folgen jeder Möglichkeit.

Westhoff & Kluck, 2008). Er muss zunächst einmal prüfen, ob er die Fragestellung korrekt verstanden hat. Dies betrifft häufig auch den Umfang der zu bearbeitenden Thematik. In vielen Fällen stellt sich diese dem Psychologen schon auf den ersten Blick differenzierter dar als dem Auftraggeber. Dies wäre etwa der Fall, wenn, wie in ▶ **Kap. 7** angesprochen, eine Mutter Auskunft darüber erbittet, durch welche Maßnahmen das in letzter Zeit deutlich abgesunkene Leistungsniveau ihres Sohnes wieder angehoben werden kann, der Psychologie aber vermutet, dass hier zunächst andere problematische Bedingungen verändert werden müssen, bevor man sich mit dem schulischen Leistungsverhalten befassen kann.

Als nächstes stellt sich dann die Frage, ob zur Bearbeitung des Falls psychologisches Wissen vorhanden ist und wer der für diese Bearbeitung zuständige Experte ist. Schließlich müssen die bereits angesprochenen (▶ **Kap. 13.2**) ethischen und rechtlichen Fragen geklärt werden. Diese Fragestellung (mit eventuellen Zusatzvereinbarungen) ist der erste Gliederungspunkt eines Gutachtens. Sie wird vollständig und wörtlich so wiedergegeben, wie sie mit dem Auftraggeber vereinbart wurde.

Bei der weiteren Formulierung des Gutachtens ist die Person des *Auftraggebers* (und damit Lesers) des Gutachtens im Auge zu behalten. Dabei ist nicht nur das naheliegende Problem zu berücksichtigen, dass eine Reihe von Begriffen, die aus der Wissenschaft stammen (z. B. Intelligenz, Hysterie oder Neurotizismus), auch in der Umgangssprache verwendet werden, allerdings häufig mit veränderter (meist vager) Bedeutung. Damit der Empfänger das im Gutachten übermittelte Wissen auch adäquat aufnehmen, d. h. in die konkrete Wirklichkeit seiner Arbeit mit der begutachteten Person (z. B. dem aggressiven und delinquenten Jugendlichen) integrieren kann, muss dieses Wissen in operationalisierter Form, also in einem Bezugssystem verankert, übermittelt werden. Eine derartige Verankerung wird durch eine – noch genauer darzustellende – präzise Beschreibung der Erhebungsinstrumente und der Datenauswertung erreicht.

Generell muss sich der Psychologe bei der Formulierung des Gutachtens von der Frage leiten lassen, wie der Empfänger (z. B. ein Heimerzieher) sein Verhalten gegenüber dem Klienten (etwa einem jugendlichen Heimbewohner) ausrichten muss, damit bei diesem eine gewünschte Änderung (etwa Abbau von Aggressionen und delinquentem Verhalten) erfolgen kann (Kaminski, 1970; S. 589ff). Geändert werden beim Empfänger durch das Gutachten ja zunächst einmal (wenn überhaupt) nur Kognitionen (also etwa die Art und Weise, wie der Erzieher das problematische Verhalten, dessen Funktion und Bedingungen sieht). Angestrebt sind aber beim Empfänger und der Umgebung insgesamt bestimmte Veränderungen, die dann zu zielbezogenen Modifikationen bei der betroffenen Person (z. B. dem erwähnten Jugendlichen) führen sollen.

Bei der Erstellung des Gutachtens ist auch im Auge zu behalten, dass der Psychologe meist kein (oder nur recht vages) Feedback vom Empfänger erhält. Läge dieses Feedback vor, dann entspräche die Tätigkeit des Psychologen der in ▶ **Kap. 7** beschriebenen praktischen Phase mit ihren Prüfprozessen und eventuellen feedbackgesteuerten Modifikationen des praktischen Vorgehens (siehe ▶ **Abb. 7.2**, S. 194). Gutachten sind aber in der Regel einmalige Akte. Das bedeutet, dass die vom Psychologen ermittelten Tatbestände im Gutachten derart in Worte gefasst werden, dass der Empfänger darauf hin sein Verhalten so steuern kann, wie es im Gutachten vorgesehen ist.

Im handlungstheoretischen Modell des Diagnostizierens war als erstes die Phase der „Eingangsdaten" beschrieben worden. Diese Daten, die als *Vorgeschichte* zusammengefasst werden, können aus sehr unterschiedlichen Quellen stammen, etwa aus Fragestellungen von außen (z. B. Klagen oder Wünschen), Berichten, Zeugnissen, Protokollen u. Ä. Sie bilden die Grundlage für das Tätigwerden des Psychologen, sind aber noch nicht der Auftrag selbst.

Diese Vorinformationen werden vom Psychologen nach mindestens zwei aufeinander bezogenen Gesichtspunkten bewertet. Zum einen müssen sie hinsichtlich ihrer Quellen gewichtet werden; zum anderen dienen sie der Formulierung erster Hypothesen und damit der Planung des weiteren diagnostischen und praktischen Tuns. Aufeinander bezogen sind diese beiden Gesichtspunkte insofern, als die Güte einer Informationsquelle natürlich die Hypothesenbildung mitbestimmt. Deshalb ist bei der Prüfung der Qualität dieser Quellen besondere Sorgfalt geboten. Diese ist auch deshalb angezeigt, weil bestimmte Vorinformationen im Gutachten ja auch, neben den vom Psychologen eigenständig und hypothesengeleitet erhobenen Daten, aufgeführt werden. Dementsprechend ist im Gutachten auch eine Dokumentation der Vorinformationen und ihrer Quellen notwendig.

Der nächste im Gutachten darzustellende Schritt besteht in der Bildung und Beurteilung von *Hypothesen* (bzw. „psychologischen Fragen",Westhoff & Kluck, 2008). Diese steuern nicht nur das weitere diagnostische und praktische Vorgehen, sondern machen den gesamten Prozess der Begutachtung auch zugleich für den Empfänger transparent und nachprüfbar. Art und Inhalt dieser Hypothesen sowie der Prozess ihrer Generierung und Beurteilung waren in ▶ **Kap. 7** besprochen worden.

Der *Untersuchungsplan* dient der Überprüfung der auf der Grundlage der bisher vorliegenden Daten formulierten Hypothesen. Wie in ▶ **Kap. 7** dargestellt, muss es sich bei der Erstellung eines derartigen Planes keineswegs um einen einmaligen Akt handeln. Vielmehr ist diese Planung feedbackgesteuert. Die „diagnostische Schleife" wird so lange durchlaufen (d. h. der Untersuchungsplan entsprechend modifiziert), bis sich eine Aussage formulieren lässt, die eine Entscheidung (etwa eine Selektionsempfehlung oder die Durchführung einer bestimmten Modifikation) begründen kann.

Der in der anschließenden Untersuchung zu realisierende Plan besteht aus zwei Teilen, der Grob- und der Feinplanung (Westhoff & Kluck, 2008). Die Grobplanung enthält die auf die Hypothesen bezogenen und durch diese begründeten Erhebungsverfahren. Diese können aus psychologischen Tests, Interviews, Verhaltensbeobachtungen oder von Dritten eingeholten Informationen (Ergebnisse ärztlicher Untersuchungen, Zeugnisse u. Ä.) bestehen. Im Gutachten wird jede dieser Informationsquellen in einer für den Empfänger verständlichen Form beschrieben und ihr Bezug zu den Hypothesen dargestellt. Die nur für den internen Untersuchungsablauf relevante, und damit im Gutachten nicht darzustellende, Feinplanung regelt den Ablauf des Geschehens. (Bei wem, wann und auf welche Weise Daten bzw. Informationen erhoben werden.)

Schließlich gehört zu jedem Plan noch eine Kosten-Nutzen-Analyse. Diese wird für jede Informationsquelle sowie für den Klienten, den Auftraggeber, den Gutachter und sonstige Betroffene erstellt. Im Sinne der beschriebenen sequenziellen Strategien (▶ **Kap. 6**) ist dabei ggf. insbesondere auch zu prüfen, wie, unter Berücksichtigung der Testgüte, das Verhältnis von Kosten und Nutzen optimiert werden kann.

In der *Ergebnisdarstellung* werden alle Informationen, die der Beantwortung der zuvor formulierten psychologischen Fragen dienen, aufgeführt. Dies geschieht aus Gründen der Übersichtlichkeit zweckmäßigerweise gegliedert nach den einzelnen Quellen (Tests, Interviews, Verhaltensbeobachtungen, Akten u. Ä.; für eine Beispieldarstellung vgl. Westhoff & Kluck, 2008).

Da die einzelnen Verfahren mit den speziellen Fragen, zu deren Beantwortung sie eingesetzt wurden, bereits im Untersuchungsplan dargestellt wurden, genügt an dieser Stelle eine Nennung der Datenquelle. Die Ergebnisse normierter Tests werden in der Regel als Standardwerte angegeben (IQ, T-Wert, Prozentrang usw.; ▶ **Kap. 3**), wobei im Manual zu diesen Tests häufig mehrere derartige Werte aufgeführt werden (etwa T-Werte und Prozentränge). Wo immer dies möglich ist, sollten die Ergebnisse im Gutachten auch als Prozentränge ausgedrückt werden, da diese dem psychologischen Laien leichter zu veranschaulichen sind als etwa T-Werte. In vielen Untersuchungen stammen wesentliche Informationen aus dem psychologischen Gespräch. Diese werden zweckmäßigerweise nach Themen getrennt dargestellt, z. B. Interessen, Wünsche, Ziele; Lernen und Arbeitsstil; emotionale Befindlichkeit; soziale Beziehungen; Gesundheit (vgl. auch Westhoff & Kluck, 2008). In der Ergebnisdarstellung wird auch das Verhalten der Klienten während der Untersuchung beschrieben (Erscheinungsbild, sprachlicher Ausdruck, allgemeines Verhalten u. Ä.).

Von der reinen Ergebnisdarstellung zu trennen ist die *Interpretation* bzw. Bewertung dieser Ergebnisse. Dabei muss einerseits die Messgenauigkeit der einzelnen Verfahren berücksichtigt, andererseits auf die Rahmenbedingungen, unter denen die jeweiligen Daten erhoben wurden, eingegangen werden. So kann beispielsweise ein Wert in einem Leistungstest Unterschiedliches bedeuten, je nachdem, ob er an zentraler Stelle innerhalb einer Eignungsuntersuchung erhoben wurde oder im Rahmen einer umfassenderen, nicht speziell eignungsdiagnostisch orientierten Untersuchung.

Im *Befund* werden die zu jeder psychologischen Frage erhobenen Informationen zusammengestellt und zu einer Aussage integriert. Dabei ist es wichtig, auch auf eventuelle Widersprüche zwischen einzelnen Daten einzugehen. So könnte ein Schüler etwa vergleichsweise schlecht im Handlungsteil eines Intelligenztests abschneiden und zugleich eine gute Leistung bei der Lösung eines praktischen Problems in einer Beobachtungssituation zeigen. Der Untersucher müsste diese Diskrepanz nicht nur registrieren, sondern auch Hypothesen zu ihrem Auftreten aufstellen und diagnostisch prüfen.

Bei der Formulierung des Befundes sind die Interessen aller Beteiligten angemessen zu berücksichtigen. Dass sich Aussagen verbieten, die eine starke Abwertung des Klienten beinhalten, versteht sich von selbst. Wo auf Defizite eingegangen werden muss, sollte nach Möglichkeit auch immer das evtl. vorhandene Potenzial, das durch gezielte Intervention entwickelt werden könnte, beschrieben werden. Dies gilt nicht nur für den Leistungsbereich, sondern beispielsweise auch für Kompetenzen zur Bewältigung von Belastungs- oder Konfliktsituationen. Globale, verabsolutierende Aussagen (z. B. „ der Klient kann sich nicht konzentrieren"), die nicht auf spezifische Bedingungen eingehen, sind zu vermeiden. Dies gilt auch für Darstellungen, die den Vorstellungen einer spezifischen psychologischen „Schule" entspringen, etwa zu bestimmten „Entwicklungsstufen" bei Kindern.

Die Verwendung von Fachtermini lässt sich oft nicht vermeiden. Um die Verständlichkeit der Aussage für den Empfänger zu gewährleisten, genügt es allerdings nicht, diese Begriffe nur einfach zu übersetzen. Vielmehr muss hierbei, wie erwähnt, das kognitive System des Empfängers (Auftraggebers) berücksichtigt werden. In dieses sollten die Aussagen des Gutachters ja derart integriert werden, dass der Auftraggeber sein Verhalten gegenüber dem Klienten in einer vom Psychologen intendierten Weise ausrichtet. (Für weitere Formulierungen, die zu vermeiden bzw. anzustreben sind, Schmidt, 1995.)

Die einzelnen Befunde werden im Gutachten Schritt für Schritt so dargestellt, dass sich aus ihnen die *Stellungnahme* (Entscheidung, Empfehlung u. Ä.) für den Auftraggeber logisch nachvollziehen lässt. In diesem abschließenden Teil des Gutachtens werden die Einzelbefunde also so integriert, dass die Beantwortung der Ausgangsfrage auf den Hintergrund der erhobenen Daten und damit die Erarbeitung entsprechender Vorschläge für eine Intervention möglich werden. Derartige Interventionen müssen sich dabei nicht nur, wie erwähnt, auf Einzelpersonen beziehen, sondern können auch Umweltvariablen (z. B. Arbeitsplätze) zum Ziel haben.

Empfehlungen müssen immer von dem Potenzial ausgehen, das Personen bzw. Situationen im Hinblick auf eine Veränderung bieten (bzw., umgekehrt, die Stabilität einzelner Einflussfaktoren berücksichtigen). Wo jedoch auf Grund theoretisch fundierten Änderungswissens (► **Kap. 7**) Eingriffsmöglichkeiten gesehen werden, beschreibt die Stellungnahme diese Möglichkeiten, die Bedingungen, die für deren Realisierung hergestellt werden müssen, die Ziele, die mit dieser Intervention im Sinne des Auftrags erreicht werden sollen, sowie eventuelle (unintendierte) Folgen der Intervention.

Damit sich die wichtigsten Informationen aus dem Gutachten dem Empfänger einprägen, empfiehlt sich eine abschließende *Zusammenfassung* der Fragestellung, der zentralen Befunde sowie der Vorschläge für eine Intervention.

Weiterführende Literatur

Hinweise, Übersichten und Beispiele zur Abfassung von Gutachten finden sich in Fisseni (1982) sowie Westhoff und Kluck (2008).

Fragen zur Wissenskontrolle

1. Was versteht man unter einer psychologischen Begutachtung?
2. Welche allgemeinen Voraussetzungen sind bei der Abfassung eines Gutachtens zu berücksichtigen?
3. Welche Arten diagnostischer Gutachten lassen sich unterscheiden?
4. An welche Adressaten kann sich ein Gutachten richten?
5. Wie unterscheidet sich die Fragestellung in einem Gutachten von den „psychologischen Fragen"?
6. Welcher Unterschied besteht zwischen den diagnostischen Ergebnissen und dem Befund?
7. Welche Funktion hat die Stellungnahme innerhalb des psychologischen Gutachtens?

V Anwendungsfelder der Diagnostik

14 Arbeits- und organisationspsychologische Diagnostik

Gegenstand der arbeits- und organisationspsychologischen Diagnostik ist die Messung des Verhaltens und Erlebens von Menschen in Arbeit, Beruf und Organisationen. Sie gehört damit zur Methodik der Personalpsychologie, eines Teilgebiets der Arbeits- und Organisationspsychologie.

Die Personalpsychologie betrachtet dabei das „Individuum in seinen Verhaltens-, Befindens-, Leistungs- und Entwicklungszusammenhängen …, insbesondere in dessen Funktion als Mitarbeiter … einer Organisation“ (Schuler, 2014b, S. 14).

Da diese Zusammenhänge sowohl aus der Perspektive des Individuums als auch aus der der Organisation betrachtet werden, muss entsprechend die Messung bei der Person um eine Diagnose bei der Situation bzw. den Bedingungen (Arbeitsplatz, Arbeitsgruppe, Organisation) ergänzt werden.

Tab. 14.1 Diagnostische Tätigkeiten in Organisationen

	Intervention	
Implementierung	Selektion/Platzierung	Modifikation
Situation	Arbeits- und Anforderungsanalyse	Arbeitsgestaltung (Indikation und Evaluation)
Person	Eignungsdiagnostik	Trainingsmaßnahmen (Indikation und Evaluation)

14.1 Diagnostische Tätigkeiten in Organisationen

Wenn wir bei der psychologischen Arbeit in Organisationen die beiden zentralen Interventionsstrategien der Selektion bzw. Platzierung und der Modifikation unterscheiden und bei der Richtung der Implementierung dieser Strategien nach Situationen bzw. Bedingungen und Personen differenzieren (▶ **Kap. 1**), dann kommen wir zu den in ▶ **Tab. 14.1** aufgelisteten vier verschiedenen Tätigkeitsfeldern in Organisationen. In allen diesen Feldern ist auch Diagnostizieren gefordert, sei es mit der Zielsetzung der Feststellung individueller Eignung oder – bei modifikatorischen Interventionen (z. B. einem Verhaltenstraining) – der Indikation und Evaluation.

Allerdings stellen die in ▶ **Tab. 14.1** benannten Anwendungsperspektiven keine vollständig voneinander getrennten Einheiten dar. Die Schnittstelle zwischen Situation bzw. Bedingung und Person ist die Arbeitsaufgabe. So ist die der Selektion und Platzierung dienende Eignungsdiagnostik natürlich primär personzentriert. Da es allerdings hier darum geht, für eine spezifische Bedingung (z. B. einen Arbeitsplatz mit seinen Aufgaben) aus einer Reihe von Bewerbern den bestgeeigneten auszusuchen (Selektion) bzw. für eine bestimmte Person aus einer Reihe von Bedingungen die passende zu finden (Platzierung; vgl. auch Pawlik, 1976), muss zuvor eine Diagnostik bei der Situation bzw. den Bedingungen (z. B. der einzelnen Arbeitsaufgabe oder dem Arbeitsplatz) durchgeführt werden.

Die Verschränkung von diagnoserelevanten Merkmalen der Situation und korrespondierenden Eigenschaften der Person sind in ▶ **Tab. 14.2** dargestellt. Das Kapitel beginnt mit der Analyse der Anforderungen, die durch Arbeitsaufgabe und Arbeitsplatz an den Tätigen gestellt werden. Daran schließt sich die Darstellung der Aufgaben und Methoden für die Diagnostik bei der Person an. Im Sinne der in ▶ **Tab. 14.2** genannten Elemente geht es hier zunächst um eine Erhebung genereller erfolgsrelevanter Eigenschaften einer Person, um deren tätigkeitsspezifische Fertigkeiten, Fähigkeiten und Kenntnisse sowie um eine Diagnose ihrer Interessen, Bedürfnisse und Werthaltungen, wie sie durch eine Tätigkeit am Arbeitsplatz nach Möglichkeit befriedigt werden sollen. Die Diagnostik bei der Person schließt mit der Beurteilung der Leistungen, die Mitarbeiter in der Organisation erbracht haben. Nach der Einzelperson werden größere Einheiten betrachtet, d. h. es werden diagnostische Erhebungsmöglichkeiten im Rahmen der Arbeitsgruppe, bei der Führung und – als umfassendste Einheit – der Organisation selbst beschrieben.

14.2 Arbeits- und Anforderungsanalyse

Im Zentrum der arbeits- und organisationspsychologischen Diagnostik steht zweifellos die

Tab. 14.2 Situationsmerkmale, Eigenschaften der Person und Kriterien der Passung von Situation und Person (nach Schuler, 2014a, S. 64)

Situation	Person	Kriterium
Tätigkeitsspezifische Anforderungen	Fähigkeiten Fertigkeiten Kenntnisse	Arbeitsleistung
Tätigkeitsübergreifende Anforderungen	Generelle erfolgsrelevante Eigenschaften (z. B. Allgemeine Intelligenz, Gewissenhaftigkeit)	Berufserfolg
Befriedigungspotenzial	Interessen Bedürfnisse Werthaltungen	Arbeits- und Leistungszufriedenheit Beruflicher Einsatz

Feststellung der *Eignung* potenzieller bzw. aktueller Mitarbeiter. Diese Diagnostik dient der Selektion bzw. der Platzierung (▶ **Tab. 14.1**). Selektion und Platzierung sind natürlich nur dort sinnvoll, wo man annehmen muss, dass die Anforderungen des Arbeitsplatzes nicht von jedem Beliebigen zufriedenstellend erfüllt werden können, bzw. wo man davon ausgeht, dass die Verfahren, auf die sich Entscheidungen zur Auswahl von Personen stützen, nicht mehr Kosten verursachen, als die Arbeit dieser Personen später für die Organisation an Gewinn einbringt (für eine Berechnung des Nutzens diagnostischer Strategien ▶ **Kap. 6**).

Erwartet man jedoch, dass die Einstellung eines geeigneten Bewerbers (bzw. die korrekte Platzierung eines Mitarbeiters) einen deutlichen Gewinn für die Organisation erbringt, so ist vor der eigentlichen eignungsdiagnostischen Tätigkeit zunächst eine Arbeits- und Anforderungsanalyse zu leisten. Auf diese Weise soll bestimmt werden, *für welche Tätigkeit* eine Person besonders geeignet ist.

Arbeitstätigkeit wird durch Ziele bestimmt, die sich aus den Oberzielen der Organisation ableiten. Diese Ziele verleihen der Tätigkeit Aufgabencharakter. Neben den Zielen werden die Arbeitsaufgaben auch durch bestimmte Informationen determiniert, etwa durch Anweisungen oder Vorschriften. Schließlich ist die Aufgabe natürlich auch noch durch das vorliegende Material, d. h. Werkzeuge, technische Einrichtungen u. Ä. bestimmt.

▶ **Abb. 14.1** zeigt ein von Hackman (1970, S. 213) vorgeschlagenes Schema zur psychologischen Analyse der Arbeitstätigkeit. Ausgangspunkt sind die objektiven Merkmale einer Arbeitsaufgabe, also die Materialien, die Ziele und die aufgabenbezogenen Informationen. Diese Merkmale erfahren zunächst durch den Tätigen eine kognitive Verarbeitung im Sinne einer Redefinition. Das subjektive Verständnis der Aufgabe löst sodann die Hypothesenbildung und damit den eigentlichen Arbeitsprozess aus.

Für diesen Prozess sind Sollwerte vorgegeben, ferner erfolgt eine Bewertung der Aufgabenbearbeitung und ihrer Ergebnisse von außen wie auch durch die Person selbst. Der Prozess läuft auf dem Hintergrund spezifischer personaler Bedingungen beim Arbeitstätigen ab, welche die Redefinition (etwas das Verstehen und Akzeptieren eines Auftrags) sowie die Aufgabenbearbeitung und deren Bewertung determinieren. Die Bedingungen besitzen auch Einfluss darauf, ob die mit der Tätigkeit verbundenen Belastungen die Person überfordern oder nicht.

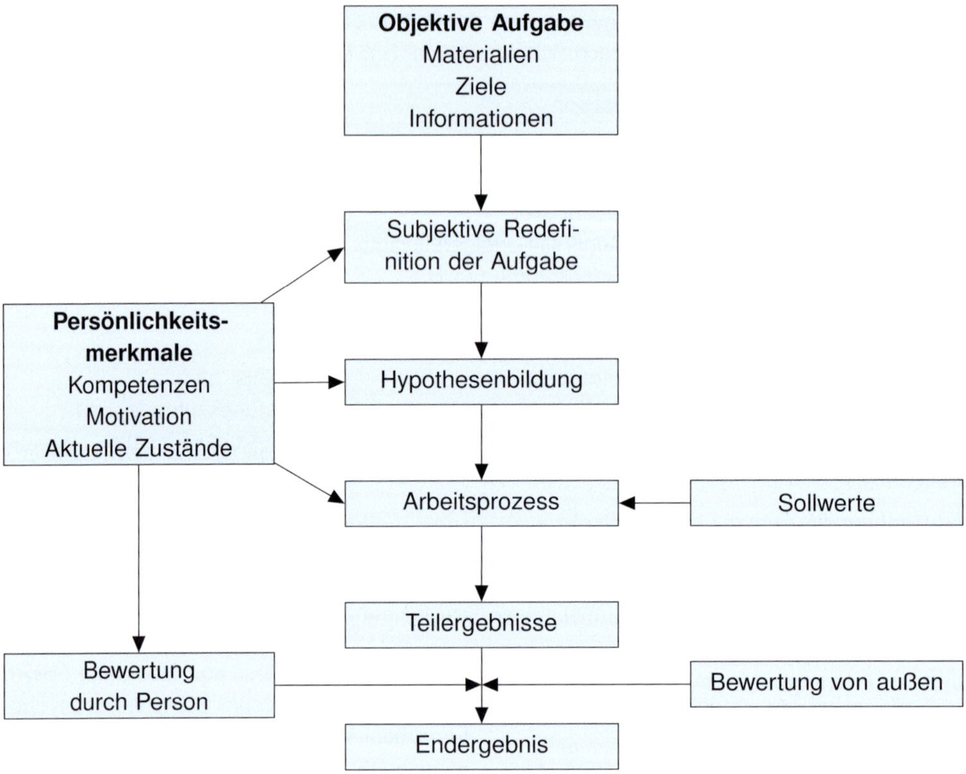

Abb. 14.1 Schema zur psychologischen Analyse der Arbeitstätigkeit (nach Hackman, 1970).

Die drei genannten Aspekte der Arbeitstätigkeit – Materialien, Ziele, Informationen – lassen sich als Arbeitsmerkmale und Anforderungen zusammenfassen. Entsprechend dient die Arbeits- und Anforderungsanalyse dazu, diejenigen Merkmale von Arbeitsvollzügen festzustellen, die an den Mitarbeiter einer Organisation als *erfolgreich zu bewältigende Anforderungen* gestellt werden.

Obwohl in der englischsprachigen Literatur wie auch in einigen deutschen Texten (z. B. Weinert, 1987) meist nur ein Begriff („job analysis“, Arbeitsanalyse) verwendet wird, scheint es doch sinnvoll, zwischen Arbeitsanalyse und Anforderungsanalyse zu unterscheiden (vgl. auch Schuler, 2014a). *Arbeitsanalyse* ist bedingungsorientiert und bezieht sich damit auf die Beschreibung der Arbeitssituation, und zwar entweder auf die objektive Aufgabe im Sinne Hackmans oder auf den Arbeitsplatz, also auf die systematische Zusammenfassung einer Anzahl von Aufgaben. So bestimmen etwa Aufgaben wie Informieren, Textverarbeitung, Planung und Terminüberwachung den Arbeitsplatz der Sekretärin.

Demgegenüber spiegelt sich in der eher personorientierten *Anforderungsanalyse* die Verzahnung von Situation und Person wider. In ihr geht es um eine möglichst detaillierte Beschreibung des an einem Arbeitsplatz durchzuführenden Verhaltens, die Registrierung seiner Ausführungsbedingungen sowie die Bestimmung der zur Verhaltensausführung notwendigen Qualifikationen. Dabei muss allerdings betont werden, dass bestimmte Verfahren, z. B. die bekannte *Methode der kritischen Ereignisse* (Flanagan, 1954), sowohl bedingungs- als auch personorientierte Elemente enthalten. Deshalb schlägt Schuler (2014a) eine differenziertere Analyse nach den drei Ebenen Aufgabe, Verhalten und Eigenschaften vor. Während die erste Ebene eindeutig situationsorientiert und die dritte Ebene personorientiert ist, markiert die Verhaltensebene die enge Verzahnung von Situation und Person in der Anforderungsanalyse.

Mit der Durchführung von Arbeits- und Anforderungsanalysen werden in Organisationen die folgenden Ziele verfolgt (Ash, 1988; Schuler, 2014a; Weinert, 1987):

- Gewinnen von Information über Materialien und Arbeitsabläufe;
- Analyse von Arbeitsprozessen und Unfallursachen;
- Koordination der Verantwortlichkeiten in Arbeitsgruppen und der Organisation;
- Bestimmung der Anforderungen zwischen Organisationsteilen und -ebenen;
- Kriterien zur Selektion und Platzierung (einschließlich Beförderung) von Mitarbeitern;
- Kriterien zur Einstufung der Arbeitsleistung, der Be- und Entlohnung;
- Personalplanung;
- Erstellung von Trainingsprogrammen zur Personalentwicklung.

In unserer Darstellung folgen wir der Einteilung von Schuler und beginnen mit der Analyse auf Aufgabenebene. Sodann folgen die Verhaltens- und die Eigenschaftsebene. Nicht dargestellt werden Ansätze zur Analyse umfassender Arbeitssysteme, da hier der Bereich der psychologischen Diagnostik verlassen wird.

Bei der Analyse auf *Aufgabenebene* werden die objektiven Tätigkeiten und deren Elemente beschrieben. Dies geschieht mit Hilfe sog. Aufgabeninventare, in denen Aufgaben nach Merkmalen wie Häufigkeit, Schwierigkeit, Ausführungsbedingungen u. Ä. beurteilt werden. Bei der Erstellung derartiger Inventare besteht ein Konflikt zwischen den Forderungen nach möglichst hoher Detailliertheit der Beschreibung einerseits und möglichst universeller Einsetzbarkeit der Verfahren andererseits. Je detaillierter eine Tätigkeitsanalyse ausfällt, desto stärker ist ihr Einsatz auf spezielle Branchen oder Tätigkeitsklassen begrenzt.

Vergleichsweise universell einsetzbar ist das *Arbeitswissenschaftliche Erhebungsverfahren zur Tätigkeitsanalyse* (AET) von Rohmert und Landau (1979). Es bewertet Arbeitstätigkeit nach den Bereichen Arbeitsformen (z. B. Informieren), Arbeitsobjekten und -mitteln, Umgebungseinflüssen wie z. B. Lärm oder Arbeitssicherheit sowie organisatorischen und wirtschaftlichen Aspekten der Tätigkeit. Möglichst detaillierte (und damit auch nur begrenzt einsetzbare) Beschreibungen sind dort gefordert, wo die Ziele Personalplanung und Training im Vordergrund stehen. Ein allgemeines, für verschiedene Tätigkeitsklassen konkretisierbares, Analyseschema stellt die *Hierarchische Aufgabenanalyse* von Annett und Duncan (1967) dar. Ein Beispiel für eine hierauf basierende Analyse einer konkreten Tätigkeit (Diagnose einer elektrischen Störung an einer Maschine) wird in Schuler (2014a) gegeben.

Bei der Analyse auf *Verhaltensebene* lassen sich verschiedene Ansätze unterscheiden. Den unmittelbarsten Zugang liefert die *direkte Beobachtung* des Tätigen bei der Arbeit mit dem Ziel der Identifizierung der anfallenden Arbeitselemente und Anforderungen. Im Prinzip können derartige Beschreibungen auch vom ausführenden Mitarbeiter geliefert werden. Ferner kann der Analytiker die Tätigkeit eigenständig – sozusagen im Selbstversuch – durchführen und anschließend detailliert beschreiben. Weitere Erhebungsmöglichkeiten sind – am Mitarbeiter durchzuführende – *Interviews* und *Fragebogen*. Eine Kombination von Beobachtung und Interview bzw. Fragebogen stellen die *standardisierten Beobachtungsinterviews* dar. Hierbei handelt es sich um Fragebogen, deren einzelne Items im Anschluss an Beobachtungen von Experten beantwortet werden.

Das klassische, auch heute noch weit verbreitete, Verfahren zur *direkten Beobachtung* der Arbeitstätigkeit ist die bereits erwähnte *Methode der kritischen Ereignisse* („critical incident technique", CIT) von Flanagan (1954). Hierbei geht es um die direkte Erfassung und Beschreibung von Schlüsselelementen bzw. -ereignissen für effiziente oder ineffiziente Arbeitsweisen (z. B. Verwenden von Ressourcen, Fällen von Entscheidungen, Lösen von Problemen) durch qualifizierte Beobachter. Die Prozedur ist halbstandardisiert und daher an verschiedene Arbeitsplätze adaptierbar. In der Regel wird sie zur Analyse von Arbeitsprozessen in Führungspositionen verwendet. Sie besteht aus den folgenden Schritten (Schuler, 2014a):

1. Bestimmung der Ziele der Tätigkeit;
2. Training von Beobachtern, die das Arbeitsverhalten in Bezug auf die Zielerreichung beurteilen sollen;
3. Erhebung von „critical incidents", die zu einer guten bzw. schlechten Arbeitsausführung beitragen;
4. Auswertung und Interpretation;
5. ggf. modifikatorische Interventionen (Personalentwicklung, Training, Situationsmodifikation).

Ein vom Stelleninhaber zu beantwortender *Fragebogen* ist das *Job Diagnostic Survey* (JDS; Hackman & Oldham, 1975). Da es hier um subjektive Reaktionen geht, wird dieses Verfahren besonders dazu verwendet, Arbeitsbedingungen zu identifizieren, die ein hohes bzw. niedriges Motivationspotenzial besitzen. Die Reaktionen des Mitarbeiters lassen sich dabei den folgenden Dimensionen zuordnen:

1. Dimensionen der Stelle (z. B. Variation, Autonomie, Aufgabensignifikanz, Identifizierbarkeit der Aufgabe);
2. psychische Auswirkung der Stelle auf den Inhaber (z. B. Sinngehalt, Verantwortung für Ergebnisse, Kenntnis der Ergebnisse);
3. affektive Reaktionen auf die Stelle (z. B. Arbeitszufriedenheit, Arbeitsmotivation);
4. Entwicklungsbedürfnis (Bedürfnis, eine intrinsisch motivierende Arbeit zu tun);
5. Motivationspotenzial (Anreizwert) der Stelle.

Das bekannteste Beispiel für ein *standardisiertes Beobachtungsinterview* ist das *Position Analysis Questionnaire* (PAQ; McCormick & Jeanneret, 1988). Im PAQ werden mit 194 auf Arbeitselemente bezogenen Items sechs Hauptsektionen des Arbeitsverhaltens erfasst. Diese Sektionen sind für eine große Anzahl von Berufen und Positionen relevant:

1. Informationsaufnahme (Quellen der Information);
2. Informationsverarbeitung und -abruf (Quellen von Urteilen und Entscheidungen);
3. Arbeitsmittel;
4. Interpersonelle Aktivitäten (persönliche Kontakte, Beaufsichtigung, Anleitung, Koordination);
5. Arbeitssituation (physiologische, psychologische und soziale Aspekte);
6. diverse Aspekte (Arbeitszeit, Be- und Entlohnung, Anforderungen, Verantwortung).

Eine deutsche Bearbeitung einer Vorform des PAQ (McCormick, Jeanneret & Mecham, 1972) ist der *Fragebogen zur Arbeitsanalyse* (FAA; Frieling & Hoyos, 1978). Im Gegensatz zum PAQ erfasst der FAA nur vier inhaltliche Bereiche: Informationsaufnahme und -verarbeitung, Arbeitsausführung, arbeitsrelevante Beziehungen, Umgebungseinflüsse und besondere Bedingungen. In 221 Items wird die Bedeutung einzelner Arbeitselemente im Arbeitsprozess erhoben, z. B. die Nutzung gedruckten Materials als Element des Bereichs

Informationsaufnahme und -verarbeitung. Dabei werden auf mehrstufigen Skalen an den einzelnen Elementen verschiedene Aspekte beurteilt, z. B. Häufigkeit, Wichtigkeit oder Zeitdauer des einzelnen Elements. So wird etwa die Häufigkeit der Verwendung gedruckten Materials zur Arbeitsinformation auf einer fünfstufigen Skala eingeschätzt.

Bei der Anforderungsanalyse auf *Eigenschaftsebene* geht es um die Frage, welche Merkmalsausprägungen (im Bereich der in ▶ **Tab. 14.2** aufgelisteten Personmerkmale) ein Stelleninhaber aufweisen muss, um den Anforderungen eines Arbeitsplatzes gerecht zu werden. Bei dem Versuch, aus der Analyse der an einem Arbeitsplatz durchzuführenden Tätigkeiten zur Bestimmung von Eignungsanforderungen zu kommen, wurden verschiedene Wege beschritten.

Wenig brauchbar ist dabei ein Vorgehen, bei dem Personen, die irgendwie (z. B. als Vorgesetzte) mit der Besetzung einer Stelle befasst sind, intuitiv ein Anforderungsprofil für diese Stelle zusammenstellen. Kaum erfolgversprechender ist eine quasi-empirische Methode, bei der (relativ global) Merkmalsausprägungen typischer oder erfolgreicher Stelleninhaber als Anforderungsprofil festgelegt werden. Brauchbarer ist dagegen ein rationaler Ansatz, die sog. „synthetische Validierung" (siehe u. a. McCormick, DeNisi & Shaw, 1979).

Bei der *synthetischen Validierung* geht es darum, auf möglichst ökonomische Weise Testbatterien zusammenzustellen, aus denen sich die Eignung von Personen für verschiedene Arbeitstätigkeiten (z. B. als Verkäufer, Sachbearbeiter, Bankangestellter) vorhersagen lässt. Ökonomie wird dabei dadurch erreicht, dass eine bestimmte Testbatterie nur für *eine* derartige Tätigkeit validiert werden muss und die ermittelten Validitätswerte dann auf weitere – ähnlich strukturierte – Tätigkeiten generalisiert werden können.

Das Vorgehen bei der synthetischen Validierung vollzieht sich in mehreren Schritten. In *Schritt 1* wird eine bestimmte Arbeitstätigkeit in Cluster homogener Arbeitselemente zerlegt. Bei diesem Vorgehen empfiehlt sich eine mittlere Ebene der Detailliertheit. Bei einer zu groben Kategorisierung dürfte es schwer fallen, Testverfahren zu finden, die möglichst genau die zur Ausführung dieser Arbeitselemente notwendigen personalen Voraussetzungen (Fähigkeiten, Kenntnisse, Interessen u. Ä.) erfassen. Bei einer zu feinen Kategorisierung wird dagegen eine Generalisierung der bestimmten Elemente auf andere Tätigkeiten schwierig. Als geeignetes Instrument zur Analyse von Arbeitstätigkeiten auf mittlerer Detailebene haben sich das PAQ bzw. seine deutsche Version, der FAA, erwiesen.

In *Schritt 2* werden, etwa mit Hilfe des PAQ (FAA), die *Wichtigkeit* einzelner Arbeitselemente und der diesen zugeordneten personalen Voraussetzungen für diese Arbeitstätigkeiten bestimmt. Diese Festlegung geschieht über die Berechnung von drei Matrizen (▶ **Abb. 14.2**; vgl. Schuler, 2014a). In Matrix I wird für m Arbeitstätigkeiten die Wichtigkeit von n Arbeitselementen bestimmt. In Matrix II wird für jedes dieser n Elemente die Wichtigkeit von p Persönlichkeitsmerkmalen im Hinblick auf eine erfolgreiche Arbeitsausführung angegeben. Wenn man diesen Merkmalen jeweils spezifische Testverfahren zuordnet, so stellen diese Werte im Prinzip Validitätsangaben dar. Matrix III ist das Produkt aus I und II. Ihre Werte geben also an, wie wichtig bestimmte Persönlichkeitsmerkmale (und damit Testverfahren) zur Prognose des Erfolgs bei bestimmten Arbeitstätigkeiten sind.

Durch Inspektion der Matrix I lassen sich nun Arbeitstätigkeiten finden, die einander hinsichtlich ihrer Arbeitselemente sehr ähnlich sind (sog. „job families"; Colbert & Taylor, 1978). Wenn man davon ausgeht, dass die erfolgreiche Ausführung eines Arbeitselements

AT \ AE	1	2	3	4
1	4	2	1	5
2	3	5	2	1
3	1	0	5	4

Matrix I

AE \ PM	1	2
1	5	3
2	1	2
3	3	1
4	4	2

Matrix II

AT \ PM	1	2
1	45	27
2	30	23
3	36	16

Matrix III

In Matrix I ist für drei Arbeitstätigkeiten (AT) die Wichtigkeit von vier Arbeitselementen (AE) angegeben. In Matrix II ist für jedes der vier AE die Wichtigkeit von zwei Persönlichkeitsmerkmalen (PM) bestimmt. Die Elemente der Matrix III sind das Produkt aus den entsprechenden Elementen der Matrizen I und II und geben an, wie wichtig ein bestimmtes PM (bzw. der zugeordnete Test) zur Prognose des Erfolgs bei einer bestimmten AT ist. Beispiel: PM1 hat bei der Prognose des Erfolgs bei AT1 den Wert 45. Dieser wird gebildet aus (4 x 5) + (2 x 1) + (1 x 3) + (5 x 4) = 45.

Abb. 14.2 Bestimmung der Wichtigkeit einzelner Arbeitselemente und der diesen zugeordneten personalen Voraussetzungen für einzelne Arbeitstätigkeiten im Rahmen der synthetischen Validierung (nach Schuler, 2014a, S. 81).

stets von denselben personalen Voraussetzungen bestimmt wird, unabhängig davon, in welcher konkreten Arbeitstätigkeit dieses Element auftaucht, so bedeutet dies, dass ein diagnostisches Verfahren, das einem bestimmten Element zugeordnet ist, im Prinzip nur einmal validiert werden muss. Danach kann es dann zur Prognose des Erfolgs bei allen Tätigkeiten verwendet werden, bei denen dieses Element eine ähnlich hohe Wichtigkeit hat. Testbatterien müssen also nicht für jeden Tätigkeitsbereich neu validiert werden, sondern ihre Validität kann aus den bereits bekannten Validitäten der auf Einzelelemente bezogenen Testverfahren synthetisiert werden.

Problematisch an der synthetischen Validierung ist, dass die Generalisierung der Validität eines Eignungstests eigentlich nur dort möglich ist, wo einfache und standardisierte Anforderungen gestellt werden. Häufig spielen hier motorische oder andere physische Eignungsmerkmale eine zentrale Rolle, wie auch die meisten Untersuchungen zeigen, in denen die Brauchbarkeit dieses Ansatzes überprüft wurde (Übersicht in Dunnette, 1976). Sobald Tätigkeiten komplexer werden, d. h. auch der Kontext, in dem sie sich vollziehen, stärker wechselt (wie dies etwa in den serviceorientierten Berufen der Fall ist), dürfte dieser Ansatz zur Anforderungsanalyse auf Eigenschaftsebene nur noch begrenzt brauchbar sein.

14.3 Diagnostik bei der Person

14.3.1 Überblick

Die im vorangegangenen Abschnitt behandelten Ansätze zur Anforderungsanalyse auf Eigenschaftsebene bilden den Übergang zur nun darzustellenden Diagnostik bei der Person. Im organisationspsychologischen Kontext handelt es sich hierbei um *Berufseignungsdiagnostik*. Diese Eignungsdiagnostik ist allerdings keineswegs auf die Erhebung von Fähigkeiten, Fertigkeiten oder Kenntnissen beschränkt. Neben diesen *kognitiven* und *motorisch-physischen* Merkmalen haben sich auch *motivationale* Charakteristika wie Motive, Interessen oder Einstellungen sowie

Persönlichkeitseigenschaften i. e. S., z. B. Extraversion, Gewissenhaftigkeit oder affektiven Dispositionen, als Prädiktoren beruflicher Leistung erwiesen.

In der Alltagssprache besitzen die Begriffe Eignung, Fähigkeit, Fertigkeit, Kenntnisse und Leistung Bedeutungshöfe, die einander zum Teil überlappen. An dieser Stelle bestimmen wir *Fähigkeit* (ability) im Sinne des in ▶ **Kap. 12** dargestellten Intelligenzkonzepts, wobei wir zwischen allgemeiner Intelligenz (dem Intelligenzfaktor *g*) und spezifischen Fähigkeiten (von denen viele, aber nicht alle Komponenten der allgemeinen Intelligenz sind) unterscheiden.

Der Begriff *Fertigkeit* (skill) wird meist verwendet, um spezielle Aspekte der motorischen oder physischen Leistungsfähigkeit einer Person zu beschreiben. Derartige Fertigkeiten können sehr eng angelegt sein (z. B. Fingergeschicklichkeit) oder einen weiteren Bereich von Merkmalen umfassen (wie sie z. B. für die Bedienung und Überwachung einer Maschine gefordert werden). Im letztgenannten Fall können dann auch kognitive Fähigkeiten (z. B. Konzentrationsfähigkeit oder Wahrnehmungsgeschwindigkeit) zu Fertigkeiten beitragen.

Kenntnis (knowledge) bezieht sich auf den jeweiligen arbeitsbezogenen Wissensstand (z. B. hinsichtlich der Regeln für Rechtschreibung, Zeichensetzung und Formatierung von Schriftstücken bei der Arbeit einer Sekretärin).

Eignung (aptitude) meint immer „Eignung wofür?". Damit wird also die Struktur personaler Merkmale beschrieben, die Voraussetzung für die erfolgreiche Ausführung einer bestimmten Arbeitstätigkeit ist. Eignung bezieht sich dabei fast nie auf nur ein spezifisches Personmerkmal (etwa Verbalfähigkeit), sondern meist auf die Kombination oft sehr unterschiedlicher Merkmale (z. B. spezifische Fähigkeiten, Fertigkeiten, Kenntnisse und Persönlichkeitseigenschaften).

Leistung bezeichnet das – meist nach einer bestimmten Einarbeitungszeit oder einem Training erreichte – momentane Niveau der Arbeitsausführung.

Dementsprechend ist ein wesentliches Kennzeichen der Berufseignungsdiagnostik ihr *multimethodisches* Vorgehen. Eignungsdiagnosen beruhen so gut wie nie auf einem einzigen Testverfahren (etwa einem Intelligenztest) oder auch nur auf einer einzigen Klasse diagnostischer Verfahren (etwa verschiedenen Fähigkeitstests). Stattdessen werden zur Prognose in der Regel mehrere, oft sehr unterschiedliche diagnostische Ansätze realisiert (etwa Fähigkeitstest, Persönlichkeitsfragebogen, simulationsorientierte Verfahren). Hierbei stellt sich natürlich zum einen die Frage nach dem Verhältnis von Aufwand und Ertrag und zum anderen das Problem der optimalen Kombination der Testdaten zur Gewinnung eines aussagekräftigen Scores zur Vorhersage beruflichen Erfolgs (▶ **Kap. 5** und **6**; für eine Übersicht zu eignungsdiagnostischen Verfahren siehe auch Sarges & Wottawa, 2004).

In Deutschland werden jährlich etwa 30 bis 50 Millionen Personalentscheidungen gefällt. Um die wissenschaftliche Qualität der Eignungsbeurteilungen, auf denen diese Entscheidungen beruhen, zu gewährleisten, wurden die Anforderungen, denen Verfahren und deren Einsatz bei Eignungsbeurteilungen genügen müssen, in der *DIN 33430* festgelegt (Westhoff et al., 2010). Diese Norm dient als Leitfaden für die Planung und Durchführung derartiger Beurteilungen, liefert den Maßstab für die Bewertung berufsbezogener Eignungsfeststellungen, trägt bei zur Qualitätssicherung und -optimierung von Personalentscheidungen und schützt schließlich auch den Kandidaten vor der unsachgemäßen Anwendung von Verfahren zur Eignungsdiagnostik.

Eignungsdiagnostische Ansätze lassen sich nach verschiedenen Gesichtspunkten klassifizieren. So unterscheiden etwa Schuler und Höft (2007) zwischen eigenschafts-, simulations- und biographieorientierten Verfahren. Diese Einteilung orientiert sich an den im vorangegangenen Abschnitt beschriebenen Ebenen der Anforderungsanalyse und den damit verbundenen unterschiedlichen Zugängen zur Bestimmung der Validität der jeweiligen Verfahren. So werden eigenschaftsorientierte Verfahren primär nach den Maßstäben der Kriteriums- bzw. Konstruktvalidität geprüft, simulationsorientierte Verfahren (z. B. Arbeitsproben) dagegen nach denen der Inhaltsvalidität (▶ **Kap. 3**). In biographieorientierten Ansätzen werden meist Vorgehensweisen aus unterschiedlichen Kategorien realisiert. Wir übernehmen die Einteilung von Schuler und Höft und differenzieren darüber hinaus noch einmal (insbesondere bei den eigenschaftsorientierten Verfahren) nach Verfahren zur Erhebung von kognitiven Fähigkeiten, Kenntnissen sowie motorisch-physischen, motivationalen und persönlichkeitsspezifischen Merkmalen.

14.3.2 Eigenschaftsorientierte Verfahren

Mit eigenschaftsorientierten Verfahren werden sehr unterschiedliche Merkmale erfasst, u. a. Personmerkmale (wie z. B. allgemeine Intelligenz, Konzentrationsfähigkeit, Gewissenhaftigkeit oder Leistungsmotiviertheit), die nicht speziell für die Vorhersage des Erfolgs bei einer bestimmten beruflichen Tätigkeit konzipiert wurden. Dementsprechend wurden die meisten dieser Verfahren auf der Basis der Klassischen Testtheorie (▶ **Kap. 3**) konstruiert, wobei transsituative und transtemporale Stabilität von Personmerkmalen vorausgesetzt wurde. Ihre Bedeutung im Kontext arbeits- und organisationspsychologischer Diagnostik erhielten diese Verfahren durch eine Fülle empirischer Forschungen, in denen ihre Qualität zur Prognose beruflichen Erfolgs nachgewiesen wurde (für eine Übersicht und Metaanalyse siehe u. a. Schmidt und Hunter, 1998). Bis in die jüngste Zeit hinein wurde dabei der Analyse der Beziehung zwischen kognitiven Merkmalen (speziell Fähigkeiten) und Leistung das größte Gewicht eingeräumt, während andere Persönlichkeitsvariablen bzw. Kriterien relativ wenig Aufmerksamkeit erfuhren (Murphy, 1996a)

Kognitive Merkmale. Verfahren, mit denen kognitive Merkmale erhoben werden sollen, werden nach Tests der allgemeinen kognitiven Fähigkeit und Tests spezifischer Fähigkeitsaspekte unterschieden. Der Begriff der allgemeinen kognitiven Fähigkeit entspricht dabei dem der allgemeinen Intelligenz („*g*"; ▶ **Kap. 12**). Obwohl sich von den verschiedenen Modellen der Intelligenz, die im Laufe der Jahre entwickelt wurden, bislang keines durchsetzen konnte, besteht innerhalb der entsprechenden Testverfahren doch insofern Übereinstimmung, als praktisch alle Tests (unabhängig von ihrer theoretischen Fundierung) die Messung einer allgemeinen Intelligenz (ausgedrückt im Intelligenzquotienten, IQ) gestatten. Darüber hinaus erlauben die meisten Verfahren die getrennte Bestimmung spezifischer Unterklassen der allgemeinen Intelligenz wie etwa Verbalfähigkeit oder räumliches Vorstellungsvermögen.

Tests der allgemeinen Intelligenz gehören (neben Arbeitsproben) zu den besten Prädiktoren beruflichen Erfolgs (vgl. u. a. Ree, Earles & Teachout, 1994; Schmidt & Hunter, 1998). Die allgemeine Fähigkeit beeinflusst dabei direkt Geschwindigkeit und Ausmaß des Erwerbs von Arbeitswissen, das wiederum die Güte der späteren (technischen) Leistung determiniert (Hunter, 1983). Wenn man beim Arbeitswissen noch einmal nach *deklarativem* Wissen (Fakten, Regeln, Prinzipien und Vorgehensweisen) und *prozeduralem* Wissen (Wissen, was jeweils zu tun ist) differenziert (Kanfer & Ackerman, 1989), so scheinen Fähigkeitstests besonders das deklarative Wissen vorherzusagen (McCloy, Campbell & Cudeck, 1994).

Ansätze zur Erfassung der allgemeinen Intelligenz und ihrer zentralen Komponenten werden in ▶ **Kap. 12** ausführlich behandelt. An dieser Stelle können wir uns deshalb auf die Messung spezifischer Fähigkeiten, wie sie besonders für die Prognose des beruflichen Erfolgs relevant sind, konzentrieren.

Diagnostische Verfahren zur Erhebung von Fähigkeiten werden mit Cronbach (1990) als Tests der Maximalleistung klassifiziert und damit Tests des typischen Verhaltens, mit denen Persönlichkeitsmerkmale i. e. S. erfasst werden sollen, gegenübergestellt (▶ **Kap. 3**). Diese Beschreibung mag für die eigentlichen Testverfahren gelten, sie gilt aber nicht notwendigerweise für die Kriterien (z. B. die Leistung am Arbeitsplatz), die diese Tests vorhersagen sollen und an denen sie letztlich validiert werden. So scheint etwa gerade für vergleichsweise einfache Leistungsmerkmale (z. B. Arbeitsgeschwindigkeit und -genauigkeit) eine Diskrepanz zu bestehen zwischen der Leistung, die ein Tätiger maximal erbringen kann, und der Leistung, die er typischerweise am Arbeitsplatz zeigt. Dementsprechend sind Indikatoren beider Aspekte meist nur niedrig korreliert (Sackett, Zedeck & Fogli, 1988). Dieser Sachverhalt muss natürlich bei der Validierung von Fähigkeitstests berücksichtigt werden.

Neben dem Umstand, dass bei Leistungskriterien jeweils geprüft werden muss, ob diese eher maximale oder eher typische Leistung erfassen, muss auch festgelegt werden, was als Leistungskriterium herangezogen bzw. in welcher Situation es erfasst werden soll. So scheinen Kombinationen von Tests spezifischer Fähigkeiten die Leistung am Arbeitsplatz etwas besser vorherzusagen als den Erfolg nach einem Training (Ree et al., 1994). Eine differenzierte Analyse der Beziehungen zwischen einzelnen Fähigkeitstests und Indikatoren der Leistung am Arbeitsplatz könnte auch – über die reine Erfolgsprognose hinaus – etwas zum Verständnis der Struktur der Arbeitsleistung beitragen.

Einen wesentlichen Anstoß zur inhaltlichen Bestimmung spezifischer Fähigkeiten lieferten Modelle, die eine multifaktorielle Struktur der Intelligenz unterstellten. So entwickelte Guilford (1967) ein komplexes Modell, das besondere Bedeutung für die Erfassung kreativen bzw. divergenten Denkens und die Entwicklung einer Reihe entsprechender Testverfahren erlangt hat (▶ **Kap. 12**).

Die auf der Grundlage multifaktorieller Intelligenzmodelle (z. B. Thurstone, 1938) beschriebenen spezifischen Fähigkeiten sind ein Beispiel für kognitive Merkmale in der Eignungsdiagnostik, die direkt anhand herkömmlicher mehrdimensionaler Intelligenztests (▶ **Kap. 12**) gemessen werden können. Die verschiedenen Aspekte der Kreativität wie auch der komplexen Informationsverarbeitung repräsentieren dagegen einen Bereich kognitiver Fähigkeiten, der durch die meisten Intelligenzmodelle und -tests nicht abgedeckt wird. (Eine Ausnahme bildet hier der *Berliner Intelligenzstruktur-Test*, BIS, von Jäger, Süß und Beauducel, 1997.) Dabei fällt auf, dass die verschiedenen Testaufgaben, die zur Erfassung dieser Fähigkeiten entworfen wurden, zwar in einschlägigen Darstellungen (u. a. Guilford, 1967) ausführlich beschrieben werden, über ihre psychometrische Qualität aber meist wenig Information geliefert wird. Dies ist wohl einer der Gründe dafür, dass dieser Bereich kognitiver Fähigkeiten, obwohl zweifellos für eine Reihe organisationspsychologischer Fragestellungen relevant, in der Eignungsdiagnostik bislang unterrepräsentiert ist.

Dieses Bild ist anders bei einer Reihe kognitiver Fähigkeiten, die zwar ebenfalls in herkömmlichen Intelligenzmodellen nicht (oder kaum) berücksichtigt werden, aber trotzdem durch elaborierte Einzeltests erfasst werden können. Es handelt sich hier um Fähigkeiten, die unter dem Oberbegriff Aufmerksamkeit zusammengefasst werden (▶ **Kap. 12**). In dieser Kategorie werden zwei Gruppen von Verfahren unterschieden: Bei *Konzentrationstests* muss der Proband ständig aktiv sein, da er kontinuierlich entscheiden muss, ob ein Zielreiz vorliegt oder nicht. Demgegenüber wird in *Vigilanztests* die Fähigkeit geprüft, minimale Veränderungen in der Umwelt, die selten und eher zufällig auftreten, korrekt zu identifizieren.

Kenntnisse. Arbeitsbezogene Kenntnisse (job knowledge) vermitteln die Beziehung zwischen spezifischen Fähigkeiten und der Arbeitsleistung. Dies gilt besonders dann, wenn es sich um Einzelfähigkeiten mit einem hohen Wissensanteil handelt (Olea & Ree, 1994). Im Sinne des Modells der Primärfähigkeiten von Thurstone (▶ **Kap. 12**) wäre dies etwa beim Wortverständnis, der Wortflüssigkeit und der numerischen Fähigkeit der Fall. Im Modell der fluiden und kristallisierten allgemeinen Intelligenz von Cattell (Horn & Cattell, 1966; ▶ **Kap. 12**) sind diese Einzelfähigkeiten Teil der kristallisierten Intelligenz.

Hinsichtlich einer Strukturierung von Kenntnissen war bereits auf die Unterscheidung von deklarativem und prozeduralem Wissen hingewiesen worden. Sternberg, Wagner, Williams und Horvath (1995) fügen diesem Bereich mit ihrem Konzept des *stillen Wissens* („tacit knowledge") einen weiteren wichtigen Aspekt hinzu. Stilles Wissen bezeichnet handlungsbezogene Kenntnisse (also prozedurales Wissen), die ohne formales Training, längere Arbeitserfahrungen oder die gezielte Hilfe durch andere Personen erworben wurden. Stilles Wissen dient darüber hinaus dem Erreichen von Zielen, die für die betreffende Person sehr wichtig sind, ist also praktisch sehr brauchbar und deshalb von hohem Interesse für den Einzelnen. Für Sternberg et al. macht dieses stille Wissen die „praktische Intelligenz" aus, die durch herkömmliche Intelligenztests kaum erfasst werden soll.

In Verfahren zur Erfassung des stillen Wissens werden dem Probanden verschiedene arbeitsbezogene Szenarien geschildert, denen jeweils ein Satz von Handlungsmöglichkeiten zugeordnet ist (Übersicht in Hossiep & Schulte, 2013). Der Proband muss nun zu jeder Möglichkeit auf einer mehrstufigen Skala angeben, wie wichtig er diese für die Lösung des Problems hält. Auf diese Weise soll er seine Prioritäten bei der Problembearbeitung auflisten (für Details siehe Williams & Sternberg, 1995). Derartige Tests nähern sich stark den Arbeitsproben an, auf die bei den simulationsorientierten Verfahren noch näher eingegangen wird.

Bei Tests zur Erfassung beruflicher Eignung ist es nicht unüblich, Elemente zur Erfassung kognitiver Fähigkeiten (z. B. Verbalfähigkeit) mit solchen zur Erhebung des Wissenstands (z. B. Rechtschreibkenntnisse) zu kombinieren. Ein Beispiel hierfür ist der *Allgemeine Büroarbeitstest* (ABAT) von Lienert (1967; revidierte Fassung ABAT-R von Lienert & Schuler, 1994). Im Folgenden soll dieser Test etwas ausführlicher dargestellt werden.

Der ABAT-R besteht aus zwei Parallelformen mit jeweils sechs Untertests: Kundenbriefe sortieren (KS), Adressen prüfen (AP), Summen prüfen (SP), Rechtschreibung korrigieren (RK), Textaufgaben lösen (TL) sowie Zeichen setzen (ZS). Für jeden Untertest ist eine Zeitbegrenzung gegeben. Der ABAT-R kann bei Jugendlichen ab 14 Jahren eingesetzt werden. Er dient damit sowohl der Berufsberatung als auch der Personalauslese (evtl. auch der Indikation und Evaluation von Trainingsmaßnahmen).

Die Interkorrelationen zwischen den einzelnen Subtests sind teilweise recht hoch. So korreliert etwa der Untertest KS mit den übrigen Untertests zwischen .45 und .59. (Teilweise noch höhere Werte werden von Schmidt, 1993, berichtet.) Dementsprechend resultierten aus Faktorenanalysen zwei Komponenten: ein Verbalfaktor mit ca. 40 % Varianzaufklärung und ein numerischer Faktor mit ca. 18 % aufgeklärter Gesamtvarianz. Deshalb wird vorgeschlagen, statt die Untertests einzeln auszuwerten, jeweils Summenscores für die Tests verbaler und numerischer Fähigkeiten zu berechnen (Lienert & Schuler, 1994). Schmidt (1993) kommt auf Grund einer eigenen Untersuchung über den Zusammenhang der Scores im ABAT mit den Ergebnissen verschiedener Intelligenz- und Leistungstests allerdings zu dem Schluss, dass sich in den Untertests eher die Komponenten Bearbeitungsgeschwindigkeit und Schulkenntnisse trennen lassen.

Eine deutlich stärkere Orientierung an unterschiedlichen Wissensfeldern (z. B. Kunst, Geschichte, Wirtschaft, Technik) zeigt der Bochumer Wissenstest (BOWIT; Hossiep & Schulte, 2007). Seine insgesamt elf Facetten lassen sich faktoriell zwei Komponenten zuordnen, naturwissenschaftlich-technisches sowie gesellschafts- und geisteswissenschaftliches Wissen.

Motorisch-physische Merkmale. Man könnte meinen, dass die Leistungsfähigkeit im Bereich der Motorik und weiterer physischer Merkmale (z. B. körperlicher Kraft) im modernen Arbeitsleben nicht mehr die Rolle spielt, die ihr bis vor wenigen Jahrzehnten noch zukam (vgl. etwa die Übersichten bei Dunnette, 1976; Fleishman & Reilly, 1992). Das ist jedoch keineswegs der Fall. Sie bildet auch heute noch für viele Tätigkeiten (z. B. bei Sekretärinnen, Feinmechanikern, Automechanikern oder Polizisten) einen wichtigen Aspekt beruflicher Eignung (Borman, Hanson & Hedge, 1997). Der Grund hierfür liegt in der immer fortgeschritteneren Ausrüstung der Betriebe. Damit wird auch die Investitionssumme pro Arbeitnehmer höher, was höhere Kosten bei Unterbrechungen im Arbeitsprozess nach sich zieht. Dies wiederum bedeutet, dass die Fähigkeit, derartige Ausrüstungen effizient zu bedienen, zu warten und zu reparieren, zunehmend kritisch wird (Cascio, 1995).

Bei motorischen Fertigkeiten geht es um die Leistungsfähigkeiten beim Manipulieren unterschiedlicher Objekte. Diesen ähnlich, aber doch von ihnen unterscheidbar, sind physische Merkmale. Hier handelt es sich um eine Gruppe von Fertigkeiten, die generell die körperliche Leistungsfähigkeit (physical fitness) bei einer Reihe von Anforderungen (Kraft, Schnelligkeit, Ausdauer u. Ä.) beschreiben. Fleishman (1972) hat mit Verfahren zur Erfassung motorischer und physischer Fertigkeiten umfangreiche Analysen durchgeführt und dabei für den motorischen Bereich elf und für physische Merkmale neun Gruppen unterschieden. Von diesen sollen im Folgenden die wichtigsten kurz genannt werden.

Bei den *motorischen Fertigkeiten* zeigt sich *Kontrollgenauigkeit* bei solchen Aufgaben, die fein abstimmte Muskelbewegungen erfordern, z. B. einen Stab in eine bestimmte Position manövrieren. *Koordination mehrerer Gliedmaßen* bezieht sich auf die aufeinander abgestimmte Bewegung mehrere Gliedmaßen, z. B. beider Hände beim Einpacken. *Handgeschick* beinhaltet geschickte Bewegungen von Arm und Hand beim Umgang mit größeren Objekten unter Zeitdruck, z. B. Gegenstände schnell in vorgegebene Behälter füllen. *Arm-Hand-Stetigkeit* bezieht sich auf die Fähigkeit, sehr präzise Arm-Hand-Bewegungen, die weder Kraft noch Schnelligkeit erfordern, auszuführen, z. B. einen Faden in ein Nadelöhr einfädeln.

Unter den *physischen Fertigkeiten* beschreibt die *statische Stärke* die maximale Kraft, die gegen externe Objekte ausgeübt und mit dem Dynamometer-Test erfasst werden kann. Demgegenüber ist *dynamische Stärke* die Kraft, die von Muskeln ausgeht, um den Körper zu bewegen oder zu halten, wie z. B. bei Liegestützen. *Explosive Stärke* beinhaltet schließlich die effiziente Mobilisierung kurzfristiger muskulärer Anstrengung, z. B. bei Sprints oder Sprüngen. *Dynamische Flexibilität* bezeichnet die Fähigkeit, wiederholte und schnelle Beugungen des Rumpfes durchzuführen. Weitere Fähigkeiten beziehen sich auf das *Halten des Gleichgewichts* oder *Ausdauer bei starker kardiovas-*

kulärer Belastung, z. B. beim Intervalltraining über 1000 Meter (abwechselnd laufen und gehen).

Der hohe Differenziertheitsgrad der von Fleishman ermittelten Strukturen weist darauf hin, dass es sich bei motorischen und physischen Fertigkeiten um sehr spezifische Merkmale handelt. Das hat natürlich unmittelbare Konsequenzen für die Verwendung entsprechender Batterien in der Eignungsdiagnostik: (a) Die Kriteriumsleistung lässt sich im Allgemeinen nicht ausschließlich auf eine (oder wenige) dieser Fertigkeiten beziehen. Stattdessen stellt sie meist ein Konglomerat verschiedener motorischer und physischer Leistungen dar. Dabei ist es ausgesprochen schwer, das Gewicht der Einzelfertigkeiten bei der Prädiktion der Kriteriumsleistung angemessen zu bestimmen. (b) Diese Bestimmung fällt auch deshalb so schwer, weil die Kriteriumsleistung ja offensichtlich nicht nur von Eignungsvoraussetzungen, sondern ganz wesentlich auch von der Geübtheit des einzelnen Mitarbeiters abhängt. Wenn also Zusammenhänge zwischen Maßen der individuellen Fertigkeit und der Leistung am Arbeitsplatz interessieren, dann muss zuvor festgelegt werden, welches Ausmaß an Übungsmöglichkeiten die Tätigen aufweisen sollen. (c) Für die Vorhersage der Eingangsleistung (ohne größere Übung) scheinen andere Variablen geeignet zu sein als für die Prädiktion der Leistung nach einem Training. Dabei ist die Vorhersage der Leistung nach einem Training für die Eignungsdiagnostik von besonderem Interesse (Fleishman, 1972).

Motivationale Merkmale. Neben kognitiven und motorisch-physischen Merkmalen bildet die Messung berufsbezogener Motive, Interessen und Einstellungen einen weiteren zentralen Bereich der Berufseignungsdiagnostik. Die Erfassung solcher Merkmale war bereits in ► **Kap. 10** und **11** besprochen worden. Motive sind vergleichsweise dauerhafte Verhaltensbereitschaften bzw. Dispositionen, die durch (äußere oder innere) Ereignisse angeregt werden und sich dann im Erleben und Verhalten manifestieren. Ein wichtiger Zugang zu den individuellen Motiven stellen die Ziele einer Person dar sowie die Ausdauer und Intensität, mit der diese verfolgt werden. Im Zentrum berufsbezogener *Motive* steht zweifellos das Leistungsmotiv. Weitere Motive mit Bedeutung für die Arbeitswelt sind das Dominanzstreben, die Bedürfnisse nach Beachtung und sozialer Anerkennung, das Anlehnungsbedürfnis sowie die Risikomeidung und das Ordnungsstreben. Diese Motive sind Teil der von Murray (1938) konzipierten Struktur grundlegender Bedürfnisse und können mit der *Personality Research Form* (PRF; Stumpf et al., 1985) oder der *Edwards Personality Preference Schedule* (EPPS; Edwards, 1959) gemessen werden.

Auf die Bedeutung der Erfassung von *Interessen* für die Berufsberatung und Bewerberauswahl wurde bereits eingegangen (► **Kap. 10.4**). Interessen determinieren dabei zum einen die Selbstselektion (für welche beruflichen Positionen sich jemand interessiert und letztlich bewirbt), zum anderen die spätere Berufszufriedenheit.

Berufsbezogene *Einstellungen* bezeichnen die Art und Weise, wie Menschen Gegebenheiten ihres Arbeitslebens auffassen (kognitive Komponente), bewerten (affektive Komponente) und behandeln (verhaltensmäßige Komponente). Die affektive Komponente ist dabei eine zentrale Determinante der *Arbeitszufriedenheit* (AZ), während die verhaltensmäßige Komponente Merkmale wie organisationsbezogenes Engagement, Pflichtbewusstsein oder Hingabe beeinflusst. Diese Aspekte ergänzen als sog. „kontextuelle" Leistung (Borman & Motowidlo, 1993) die eigentliche Aufgabenleistung („task performance"; was durch die Stellenbeschreibung erwartet wird).

Die kontextuellen Leistungen werden in ihrer Bedeutung für den Berufserfolg wie auch für den Erfolg der Arbeitsgruppe und der Organisation insgesamt zunehmend erkannt und unter den Begriffen *Organizational Citizenship Behavior* (OCB; Organ, 1988) oder *Work Commitment* (Cooper-Hakim & Viswesvaran, 2005) erforscht. AZ und OCB sollen im Folgenden ausführlicher behandelt werden.

Bei der AZ handelt es sich um die, meist durch affektive, teilweise aber auch durch kognitive Reaktionen gekennzeichnete, bewertende Komponente der Einstellung zu einer bestimmten Arbeitstätigkeit und deren Kontext. Diese Einstellung kann sich, stark vereinfacht, als Unzufriedenheit, Zufriedenheit oder Indifferenz äußern. Diese Beschreibung scheint es nahezulegen, AZ als ein eindimensionales Konstrukt zu betrachten. Dieser Auffassung stehen allerdings empirische Untersuchungen entgegen, die die unterschiedlichen Facetten der Arbeitstätigkeit analysieren und auf dieser Grundlage eher zu einer mehrdimensionalen Konzeption von AZ gelangen (z. B. Neuberger & Allerbeck, 1978).

Ergebnisse der Zwillingsforschung deuten auf einen Erbeinfluss auf die Ausprägung dieses Merkmals hin. So erhoben Arvey, Bouchard, Segal und Abraham (1989) die AZ bei eineiigen Zwillingen, die von Geburt an getrennt aufgewachsen waren, und fanden, dass der genetische Einfluss 31 % der Variabilität der AZ-Scores aufklärte. Die Autoren erklären die hohe Übereinstimmung bei Zwillingen durch individuelle Unterschiede in positiver und negativer Affektivität. Für dieses Merkmal konnte eine deutlich genetische Determination nachgewiesen werden (Krohne & Tausch, 2014; Tellegen et al., 1988). Nach Arvey et al. sollen diese affektiven Persönlichkeitsmerkmale einen Einfluss darauf haben, wie Menschen günstige oder ungünstige Umstände ihrer Arbeitstätigkeit auffassen, bewerten und erinnern. (Zur Beziehung zwischen Persönlichkeitsmerkmalen und Beschreibungen der eigenen Arbeitssituation siehe auch Schallberger, 1995.)

Herzberg, Mausner und Snyderman (1959) gründeten ihre Konzeption von AZ ebenfalls auf die beiden zentralen Aspekte der positiven und negativen Valenz, die eine Tätigkeit haben kann. Ausgangspunkt ihrer Analyse waren situative Bedingungen, die zum Entstehen von Zufriedenheit bzw. Unzufriedenheit führen und dadurch eine positive bzw. negative Valenz erlangen. Über die bereits dargestellte Methode der kritischen Ereignisse wurden beim Arbeitnehmer kritische Ereignisse, Situationen oder Bedingungen des Berufslebens erhoben, die mit dem Gefühl der Zufriedenheit bzw. Unzufriedenheit verbunden waren. Folgende Ereignisgruppen, die Herzberg et al. „Zufriedenmacher“ oder „Motivatoren“ nannten, waren mit dem Gefühl der *Zufriedenheit* verbunden: Leistungen vollbringen, Anerkennung finden, eine interessante Arbeit ausüben, Verantwortung haben. Da sich alle diese Ereignisse auf Arbeitsinhalte bezogen, sprachen die Autoren hier von *Inhaltsfaktoren*. Mit *Unzufriedenheit* waren folgende Ereignisgruppen, die sog. „Unzufriedenmacher“ bzw. „Hygienefaktoren“, verbunden: Die Unternehmenspolitik und -organisation, die Art der Führung und Überwachung, die Beziehung zu Vorgesetzten und Kollegen, äußere Arbeitsbedingungen. Da sich die Merkmale auf den Arbeitskontext bezogen, bezeichneten die Autoren sie als *Kontextfaktoren*. Die Entlohnung war sowohl mit Zufriedenheit als auch mit Unzufriedenheit verbunden, stellte jedoch eher einen Kontext- bzw. Hygienefaktor dar.

Zufriedenheit vermittelt sich hiernach also primär über Leistung, Anerkennung und den Arbeitsinhalt, Unzufriedenheit über die Unternehmenspolitik, den Führungsstil, Arbeitsbedingungen und andere kontextuelle Faktoren. Zufriedenheit und Unzufriedenheit scheinen hiernach, da durch sehr unterschiedliche Sachverhalte bedingt, nicht einfach die Gegenpole eines eindimensionalen Kontinuums zu sein. Entsprechend konzipierten Herzberg et al. eine Zweifaktorentheorie der Arbeitszufriedenheit mit den unabhängig voneinander variierenden Dimensionen Zufriedenheit-Nichtzufriedenheit (bzw. Indifferenz) und Unzufriedenheit-Nichtunzufriedenheit (Indifferenz).

Die Theorie ist besonders im Hinblick auf zwei Punkte kritisiert worden (Locke, 1976): Zum einen wurde bemängelt, dass es sich hier letztlich nur um das Resultat einer bestimmten Erhebungsmethode handelt. Wenn man Arbeitnehmer in der von Herzberg et al. vorgenommenen Weise befragt, erhält man weniger tatsächliche Ereignisse im Zusammenhang mit Zufriedenheit bzw. Unzufriedenheit, sondern typische Kausalattributionsmuster. Unzufriedenheit wird externen Ursachen zugeschrieben (z. B. der Unternehmenspolitik, zu geringem Gehalt), Zufriedenheit eher einer internen Verursachung (z. B. eine Leistung vollbracht zu haben).

Der zweite Kritikpunkt bezieht sich auf den geringen Grad empirischer Bestätigung. Wo empirische Untersuchungen durchgeführt wurden, zeigte sich regelmäßig, dass sowohl Inhalts- als auch Kontextfaktoren zur Zufriedenheit und zur Unzufriedenheit beitragen. Das ist auch unmittelbar einsichtig. Wer eine ausgesprochen uninteressante Arbeit verrichtet oder wenig berufliche Anerkennung findet, der wird nicht mit Indifferenz, sondern mit Unzufriedenheit reagieren. Umgekehrt ist nicht einzusehen, warum gute Arbeitsbedingungen bestenfalls zur Indifferenz, nicht aber zur Zufriedenheit führen sollen.

Tests zur Erfassung von AZ gehen durchweg von einer vieldimensionalen Struktur des Konstrukts aus. Grundlage für die Strukturierung sind dabei verschiedene (im Prinzip auch bei Herzberg et al. aufgeführte) Aspekte der Arbeit, zu denen Mitarbeiter unterschiedliche Einstellungen haben können. So gehen Neuberger und Allerbeck (1978) in ihrem *Arbeitsbeschreibungsbogen* (ABB) von neun Aspekten (Dimensionen) der AZ aus:

1. Kollegen
2. Unmittelbarer Vorgesetzter
3. Eigene Tätigkeit
4. Äußere Arbeitsbedingungen
5. Gesamtorganisation und deren Leitung
6. Qualifikations- und Entwicklungschancen
7. Finanzielle Entlohnung
8. Arbeitszeitregelung
9. Arbeitsplatzsicherheit

Es wurde bereits darauf hingewiesen, dass die AZ neben der affektiven auch eine kognitive Komponente enthält. So würde man immer dann, wenn das Organisationsmitglied bestimmte Aspekte seiner Arbeitssituation mit einem Referenzwert vergleicht, von einer eher kognitiven Reaktion sprechen. Dies wäre etwa gegeben, wenn das Mitglied seine eigenen Qualifikations- und Entwicklungschancen in der Organisation mit den Chancen von Freunden und Bekannten in anderen Betrieben vergleicht. Eine eher affektive Reaktion würde dagegen vorliegen, wenn sich ein Arbeitnehmer z. B. häufig durch seinen unmittelbaren Vorgesetzten ungerecht behandelt fühlt. Diese Unterscheidung ist insofern wichtig, als diese beiden Komponenten offenbar unterschiedlich stark mit relevanten Aspekten des organisationsbezogenen Verhaltens assoziiert sind (Moorman, 1993). Dabei scheint die kognitive Komponente das – im nächsten Abschnitt genauer beschriebene – Organizational Citizenship Behavior besser vorherzusagen als die affektive Komponente.

Dieses Befundmuster macht es notwendig, Instrumente zur Erfassung von AZ genauer hinsichtlich ihrer jeweiligen Zusammensetzung aus kognitiven und affektiven Items zu analysieren (Brief & Roberson, 1989). Offensichtlich deutlich auf die Erhebung affektiver Reaktionen ausgerichtet sind alle Instrumente, in deren Items Begriffe wie „langweilig", „anregend", „belastend" oder „ärgerlich" auftauchen. Häufig basieren derartige Skalen auf den Items der Positive and Negative Affect Schedule (PANAS; Watson et al., 1988), so

z. B. die *Job Affect Scale* (JAS; Brief, Burke, George, Robinson & Webster, 1988). Kognitive Reaktionen werden dagegen etwa dann erhoben, wenn die bestehende Arbeitssituation an einem Bezugssystem gemessen wird. Hier wird danach gefragt, wieviel von einem bestimmten Aspekt der Arbeitssituation (z. B. Aufstiegschancen) eine Person für sich erwartet und wieviel sie meint tatsächlich zu erhalten (z. B. bei Porter, 1962). In diesem Ansatz wird allerdings nicht unterschieden, was eine Person idealiter für sich wünscht und was sie realiter für sich erwartet. Unberücksichtigt bleibt auch, dass nicht alle Diskrepanzen für eine Person gleichermaßen bedeutsam sind.

Problematisch am derzeitigen Stand der Messung von AZ ist auch, dass gleiche gemessene Niveaus der AZ auf sehr unterschiedlichen Entstehungsbedingungen beruhen und mit sehr verschiedenartigen Ergebnissen hinsichtlich des weiteren Verhaltens in der Organisation verbunden sein können. So unterscheiden Bruggemann, Groskurth und Ulich (1975) mehrere Qualitäten der Arbeitszufriedenheit bzw. -unzufriedenheit, die auf den jeweiligen Ergebnissen des Vergleichs persönlicher Erwartungen und aktueller Arbeitssituation sowie der dadurch ausgelösten Bewältigungsprozesse beruhen. Zu den Bewältigungsmaßnahmen gehören in erster Linie Veränderungen des Anspruchsniveaus und der Einsatz kognitiver (z. B. Umdeutung des Situation) sowie verhaltensmäßiger (z. B. konstruktive Problemlösung) Strategien. Nach ihrer Qualität unterscheiden die Autoren etwa eine „stabilisierte" von einer „resignativen" AZ. Diese beiden Qualitäten mögen auf herkömmlichen Instrumenten nicht unterscheidbar sein (in beiden Fällen würden sich die Arbeitnehmer etwa als „im Großen und Ganzen zufrieden" schildern), beruhen jedoch auf verschiedenen Entwicklungsprozessen. Bei der stabilisierten AZ fiel der Vergleich von Erwartung und aktueller Lage günstig aus. Der Arbeitnehmer hat sich daraufhin in seiner Organisation sozusagen „eingerichtet" und sein bisheriges Anspruchsniveau aufrechterhalten (d. h. nicht, was ja bei diesem Vergleich auch denkbar wäre, gesteigert). Bei der resignativen AZ fiel der Vergleich ungünstig aus, der Arbeitnehmer hat daraufhin sein Anspruchsniveau gesenkt und seine AZ über eine Art „Dienst nach Vorschrift" erreicht.

Die Unterscheidung zwischen diesen und weiteren von den Autoren beschriebenen Formen der Arbeitszufriedenheit bzw. -unzufriedenheit ist besonders für die Organisationsentwicklung wichtig. So ist etwa die Behebung technischer oder sozialer Defizite in der Arbeitsituation schwierig, wenn man diese über eine direkte Befragung der Arbeitnehmer hinsichtlich ihrer Arbeitszufriedenheit identifizieren will, die Mitarbeiter aber weitgehend eine resignative AZ manifestieren. Mit dem Fragebogen zur Erhebung von *Arbeitszufriedenheitstypen* (FEAT) hat Ferreira (2009) deshalb ein Instrument zur Identifizierung dieser verschiedenen Formen der AZ vorgelegt.

Das *Organizational Citizenship Behavior* (OCB) reflektiert die verhaltensmäßige Komponente berufs- bzw. organisationsbezogener Einstellungen. Ein ähnliches, wenn auch breiteres Konstrukt als das OCB stellt das von Cooper-Hakim und Viswesvaran (2005) beschriebene und analysierte *Work Commitment* dar. Organ (1988) ging bei der Entwicklung dieses Konzepts von der Beobachtung aus, dass generell eher schwache Beziehungen zwischen Maßen der AZ und Indikatoren der Arbeitsleistung bestehen. Dies soll jedoch nicht bedeuten, dass kaum Zusammenhänge zwischen diesen beiden Bereichen existieren, sondern dass man bislang die falschen Kriterien zur Erfassung der Arbeitsleistung herangezogen hat. Nach Organ sollte die Arbeitsleistung auch über Verhaltensweisen gemessen werden, die er als OCB zusammenfasst. Hierbei handelt es sich um Verhalten, das zwar nicht direkt aus der Stellenbeschreibung gefordert wird, aber dennoch instrumentell für ein effektives Funktionieren des Systems ist. Nach Organ handelt es sich hier um Verhalten, das (a) vom Organisationsmitglied nach eigener Entscheidung (also ohne äußeren Druck) erbracht wird, (b) im formellen Belohnungssystem der Organisation nicht direkt aufgeführt ist und (c) in seiner Gesamtheit das effektive Funktionieren der Organisation fördert. Dieses OCB soll deutlicher durch Maße der AZ vorhergesagt werden als die „technische" Arbeitsleistung (Organ, Podsakoff & MacKenzie, 2006). Zur Erfassung dieses Verhaltens konstruierten Smith, Organ und Near (1983) den Organizational-Citizenship-Behavior-Questionnaire (OCBQ; deutsche Version, GOCBQ, Bierhoff, Müller & Küpper, 2000)

In Abgrenzung von der rein auf die Aufgabe bezogenen Leistung (task performance) bezeichnen Borman und Motowidlo (1993) die als OCB zusammengefassten Verhaltensweisen auch als *umfeldbezogene Leistung* (contextual performance). Sie beschreiben dabei fünf Kategorien dieser Leistung: (1) Freiwillig Aufgaben erledigen, die nicht formell Bestandteil der Arbeitsleistung sind. (2) Besondere Hingabe bei der Durchführung eigener Aufgabenerledigungen. (3) Mit anderen Organisationsmitgliedern kooperieren und ihnen helfen. (4) Von der Organisation vorgegebenen Regelungen folgen, auch wenn das persönlich unbequem ist. (5) Zu den Zielen der Organisation stehen und diese verteidigen (vgl. auch Lohaus & Schuler, 2014).

Gemessen werden diese Kategorien mit einer aus 16 Items bestehenden Skala, die von Vorgesetzten zu beantworten ist (vgl. auch Motowidlo & Van Scotter, 1994). Unter der allgemeinen Beschreibung „while performing his or her job, how likely is it that this person would…" müssen auf einer Fünf-Punkte-Skala von 1 (= much below average) bis 5 (= much above average) Verhaltensweisen wie „cooperate with others in the team", „persist in overcoming obstacles to complete a task" oder „volunteer for additional duty" beurteilt werden. In einer nachfolgenden Studie haben Van Scotter und Motowidlo (1996) zwei Facetten kontextueller Leistung identifiziert, die interpersonelle Orientierung (interpersonal facilitation) und die Hingabe an die Arbeit (job dedication). Eine deutschsprachige Entsprechung ist der Fragebogen zur Erfassung des leistungsbezogenen Arbeitsverhaltens (FELA; Staufenbiel & Hartz, 2000).

Persönlichkeitseigenschaften. Bei der Messung kognitiver Merkmale ging es darum, Reaktionen des Probanden nach einem *Gütemaßstab* (richtig, gut, brauchbar) zu bewerten (▶ **Kap. 12**). Im Bereich motivationaler Merkmale wurden dagegen *Orientierungen* von Menschen (Bedürfnisse, Werte, Vorlieben) erhoben. Bei der Erfassung von Persönlichkeitseigenschaften interessiert nun das *typische Verhalten* von Personen. Dieses Verhalten wird zum einen auf sehr breite Konstrukte bezogen (z. B. Extraversion, Neurotizismus), die individuelle Unterschiede in einer Vielzahl von Verhaltensweisen erklären sollen. Zum anderen spielen in der neueren Persönlichkeitsforschung und -messung zunehmend auch engere Merkmale, sog. affektive Dispositionen, eine Rolle, deren Bedeutung gerade für das Funktionieren von Arbeitsgruppen und Organisationen immer deutlicher erkannt wird (George, 1996).

Die meisten dieser Variablen und der ihnen zugeordneten Testverfahren waren bereits in den einschlägigen Kapiteln (insbesondere ▶ **Kap. 10** und **11**) besprochen worden. Deshalb soll an dieser Stelle nur noch einmal eine Übersicht über diejenigen Merkmale gegeben werden, die sich für die Eignungsdiagnostik als besonders relevant erwiesen haben.

Bei den zentralen, d. h. breiten Persönlichkeitsmerkmalen konzentrieren sich Forschung und Diagnostik in den letzten Jahren auf das sog. Fünf-Faktoren-Modell der Persönlichkeit (Costa & McCrae, 1985). Dessen Dimensionen – Extraversion, emotionale Stabilität/Neurotizismus, Kultiviertheit/Offenheit für (neue) Erfahrungen, Verträglichkeit/Freundlichkeit und Gewissenhaftigkeit – werden mit Hilfe des *NEO-Personality Inventory* (NEO-PI-R; deutsche Version von Ostendorf & Angleitner, 2004) bzw. seiner Kurzform, des *NEO Five-Factor Inventory* (NEO-FFI; deutsche Version von Borkenau & Ostendorf, 1993), erfasst. Diese Tests wurden in ▶ **Kap. 10** ausführlich beschrieben. Im Folgenden wollen wir uns darauf beschränken, die kriteriumsbezogene Validität dieser Dimensionen im Rahmen organisationspsychologischer Untersuchungen zu analysieren (vgl. auch Lord, 2011).

Zahlreiche Metaanalysen befassen sich mit der Validität dieser Variablen hinsichtlich Arbeitsleistung, Führungseffektivität oder Arbeitszufriedenheit (Barrick & Mount, 1991; Judge, Bono, Ilies & Gerhardt, 2002; Judge, Heller & Mount, 2002; Mount, Barrick & Steward, 1998; Salgado, 1997, 1998; Tett, Jackson & Rothstein, 1991). Überblicke über die Ergebnisse verschiedener Metaanalysen finden sich in Barrick, Mount und Judge (2001), Hough und Schneider (1996), Matthews (1997) sowie Vinchur, Schippmann, Switzer und Roth (1998). Bevor jedoch ausgewählte Ergebnisse dargestellt werden, müssen einige kritische Vorbehalte gegen einzelne dieser Analysen formuliert werden (vgl. auch Hough & Oswald, 2000; Schuler & Höft, 2007).

1. Nicht alle Variablen, die in den Metaanalysen als Repräsentanten einer Dimension des Fünf-Faktoren-Modells standen, wurden auch über eine entsprechende NEO-Skala gemessen. Erst von den Autoren der Metaanalyse wurden diese – über andere Verfahren als den NEO erfassten – Variablen einer bestimmten NEO-Dimension zugeordnet, ohne dass allerdings die Zuordnungsregeln immer explizit gemacht wurden.
2. Ähnlich wurde auf der Seite der Kriterien verfahren. Hier wurden globale und spezifische, „technische“ (z. B. Arbeitsproduktivität) und „kontextuelle“ Variablen (z. B. wahrgenommene Führung) oft ohne Unterschied zu einem Kriterium („Erfolg“) vereint.
3. Es wurde zu wenig nach relevanten Stichprobenmerkmalen, z. B. einzelnen Berufsgruppen, differenziert und damit die Möglichkeit vergeben, festzustellen, ob signifikante Zusammenhänge vielleicht nur für Untergruppen, z. B. bestimmte Berufe, bestehen. Ebenso wurde auf der Seite der fünf NEO-Dimensionen zu wenig Gebrauch gemacht von der weiteren Unterteilung dieser Skalen in Facetten (▶ **Tab. 10.1**, S. 259). So könnte etwa eine spezifische Kombination von Facetten aus unterschiedlichen NEO-Skalen eine höhere kriteriumsbezogene Validität besitzen als jede der fünf Hauptdimensionen (Hough & Oswald, 2000).
4. Häufig werden die Validitätskoeffizienten aus den analysierten Einzelstudien hinsichtlich Einschränkungen der Varianz sowie der Prädiktor- und Kriteriumsreliabilitäten korrigiert (d. h. erhöht; ▶ **Kap. 3**). Dieser erhöhte Wert darf aber nicht mit der faktischen Validität des Tests verwechselt werden.
5. Anders als bei der Beziehung zwischen Fähigkeitsmaßen und „technischen“ Kriteriumsvariablen (z. B. Arbeitsleistung), für die die Annahme eines linearen Zusammenhangs zumindest nicht unplausibel ist, lassen sich für die Domäne der Persönlichkeitseigenschaften auch komplexere Beziehungen annehmen (Murphy, 1996a). Diese könnten etwa asymptotisch sein, d. h. nur bis zu einer bestimmten Ausprägung eines Persönlichkeitsmerkmals steigt auch ein Kriteriumswert an, danach wird ein Plateau erreicht. Denkbar wären aber auch umgekehrt u-förmige Beziehungen. So könnten

z. B. sowohl ein Zuwenig als auch Zuviel an Extraversion mit einem ineffizienten Funktionieren in einer Arbeitsgruppe verbunden sein.

Was nun die *Vorhersagevalidität* der Dimensionen des Fünf-Faktoren-Modells betrifft, so weist eine Reihe von Analysen darauf hin, dass *Gewissenhaftigkeit* offenbar ein valider Prädiktor über verschiedene Typen von Organisationen, Berufen (Akademiker, Polizisten, Manager, Verkäufer, Handwerker), Situationen und Kriterien (Arbeitsleistung, Trainingserfolg, beruflicher Karriere) ist (Barrick & Mount, 1991; Dilchert & Ones, 2013; Salgado, 1997, 1998). Ein weiterer stabiler, wenn auch weniger starker, Prädiktor scheint die *emotionale Stabilität* zu sein (Barrick et al., 2001). Das Kriterium Führungseffizienz wird dagegen offenbar eher durch *Extraversion* vorhergesagt (Judge, Bono et al., 2002). Hohe Extraversion prädiziert auch, zusammen mit dem Faktor *Offenheit für neue Erfahrungen*, gute Leistungen in einem Trainingsprogramm (Barrick & Mount, 1991).

Andere Autoren stellen jedoch auf Grund ihrer Befunde die durchgängige Prädiktionsstärke des Faktors Gewissenhaftigkeit in Frage (Hough, 1992). So weisen Hough und Oswald (2000) darauf hin, dass Gewissenhaftigkeit dort bei der Vorhersage des Erfolgs versagt, wo es um Kreativität und Innovationsfähigkeit geht. Abweichend von den o. g. Befunden (z. B. Barrick & Mount, 1991) fanden Tett et al. (1991) in ihrer Metaanalyse, dass die berufliche Leistung eher mit Merkmalen wie Verträglichkeit, emotionaler Stabilität und Offenheit für Erfahrungen zusammenhängt als mit Gewissenhaftigkeit. Die Autoren konnten darüber hinaus, ebenfalls abweichend von den o. g. Befunden, zeigen, dass die Stärke der jeweiligen Zusammenhänge durch die Art des Berufs oder des Kriteriums moderiert wird.

Einen moderierenden Einfluss der Art des Belohnungssystems auf den Zusammenhang zwischen Extraversion und Erfolg konnte Stewart (1996) nachweisen. Vertreter einer Organisation hatten die beiden Aufgaben, neue Kunden zu gewinnen sowie die Mitgliedschaft alter Kunden aufrechtzuerhalten. Einige Abteilungen der Organisation belohnten (durch ein spezifisches Bonussystem) in erster Linie die Gewinnung neuer Kunden, andere dagegen das Behalten alter Kunden. Während die Leistung introvertierter Vertreter unabhängig vom Belohnungssystem auf einem mittleren Niveau lag, waren extravertierte Vertreter bei der jeweils belohnten Aufgabe besonders erfolgreich und bei der wenig belohnten Aufgabe eher erfolglos. (Für weitere Moderatoren siehe auch Hough & Schneider, 1996.)

Die Dimensionen Gewissenhaftigkeit, emotionale Stabilität und Verträglichkeit sind wesentliche Bestandteile der in den letzten Jahren in der organisationspsychologischen Diagnostik vermehrt eingesetzten *Integrity-Tests* (Ones & Viswesvaran, 1998b, 2001; Ones, Viswesvaran & Schmidt, 1993; Sackett & Wanek, 1996). Diese Verfahren zielen auf die Identifizierung von Mitarbeiterverhalten, das im Hinblick auf die Erreichung von Organisationszielen kontraproduktiv ist (generell niedriges Verantwortungsbewusstsein, das sich etwa ausdrückt in Unpünktlichkeit und häufigem Fehlen, in Diebstahl am Arbeitsplatz, Unehrlichkeit, Substanzmissbrauch während der Arbeit oder Streit und Gewalttätigkeit im Betrieb; Marcus, 2000). Ein deutscher Integrity-Test ist das Inventar berufsbezogener Einstellungen und Selbsteinschätzungen (IBES; Marcus, 2006), in dem u. a. Einschätzungen der Verbreitung derartigen Verhaltens erhoben werden.

Umfassende Metaanalysen einer Vielzahl von Prädiktoren des Berufserfolgs konnten zeigen, dass durch Hinzunahme von Integrity-Tests zusätzlich zu Tests der allgemeinen kognitiven Fähigkeit, die stets mit Abstand die stärksten Prädiktoren beruflicher Leistung waren, ein deutlicher Zuwachs an kriteriumsbezogener Valdität (inkrementelle Validität, ► **Kap. 3**) stattfand (Berry, Ones & Sackett, 2007; Ones & Viswesvaran, 1998b; Schmidt & Hunter, 1998). Der stärkste Einzelprädiktor war dabei die Gewissenhaftigkeit. Eine ähnlich hohe inkrementelle Validität wie Integrity-Tests scheinen auch strukturierte Einstellungsinterviews (▶ **Kap. 8**) zu besitzen (Schmidt & Hunter, 1998). Dies ist vermutlich darauf zurückzuführen, dass in derartigen Interviews in starkem Maße Sachverhalte erfragt werden, die auch Thema von Integrity-Tests sind.

Es ist allerdings nicht zu erwarten, dass bei der Vorhersage beruflicher Leistung Integrity-Tests in der Domäne der Persönlichkeitseigenschaften die gleiche Bedeutung erlangen, die Intelligenztests im Bereich kognitiver Fähigkeiten erreicht haben. So korreliert etwa Kreativität – ein wichtiger Prädiktor des Erfolgs bei innovativen Tätigkeiten – negativ mit dem Gesamtwert aus Integrity-Tests. Auch die Leistung von Managern scheint eher unabhängig von ihren Werten in derartigen Tests zu sein (Hough, 1992). Bestimmte Formen kontraproduktiven Verhaltens (z. B. Gewalttätigkeit oder Substanzmissbrauch) werden darüber hinaus offenbar durch spezifische Maße (z. B. Aggressivitätstest) besser vorhergesagt als durch Integrity-Tests.

Die Überlegung, dass spezifische Maße die Leistung in bestimmten Tätigkeitsfeldern besser vorhersagen als globale Persönlichkeitsskalen, fand ihren Niederschlag in der Definition einer Reihe anforderungsbasierter Konstrukte, die hinsichtlich ihrer Bedeutung zunehmend zur Integrität aufschließen (Hough & Schneider, 1996). Es handelt sich dabei um die Konstrukte *Dienstleistungsorientierung* (customer service orientation), *Managementeignung* (management potential) und *Verkaufseignung* (sales potential).

Hogan und Hogan (1992) haben ein Inventar entwickelt, mit dem u. a. diese Konstrukte erfasst werden können. Bemerkenswert ist dabei, dass die einzelnen Facetten der NEO-Dimensionen (▶ **Tab. 10.1**, S. 259) deutlich unterschiedlich mit den betreffenden Skalen von Hogan und Hogan korrelieren. So ist die *Dienstleistungsorientierung* innerhalb des Faktors emotionale Stabilität/Neurotizismus substanziell mit der Reizbarkeit (r = –.62), aber nur schwach mit der Verletzlichkeit (r = –.22; Costa & McCrae, 1995) korreliert. Innerhalb des Faktors Verträglichkeit/Freundlichkeit korrelieren Entgegenkommen am höchsten (r = .52) und Vertrauen am niedrigsten (r = .21) mit dieser Orientierung. Bei der Gewissenhaftigkeit sind Pflichtbewusstsein und Besonnenheit signifikant (r = .35 bzw. .30) mit diesem Merkmal assoziiert, Leistungsstreben dagegen nicht (r = –.01). Für die *Managementeignung* fand Hough (1992), dass die „Stärke"-Komponente der Extraversion (Durchsetzungsfähigkeit, Aktivität) mit diesem Merkmal deutlicher korreliert war als die „soziale" Komponente (Herzlichkeit, Geselligkeit, Frohsinn). Die *Verkaufseignung* wurde zwar von den NEO-Dimensionen Extraversion, Offenheit für Erfahrungen und Verträglichkeit vorhergesagt, aber nicht von allen Facetten. Keine Prädiktoren waren Geselligkeit, Erlebnishunger sowie Offenheit des Normen- und Wertesystems.

Eine zweite Kritik an der Verwendung des NEO in der Eignungsdiagnostik (jedenfalls an seiner Kurzform ohne Differenzierung nach Facetten, NEO-FFI; ▶ **Kap. 10**) richtet sich nicht gegen die Globalität der Dimensionen, sondern bemängelt, dass fünf Faktoren nicht ausreichen, um den Erfolg in wesentlichen Berufsfeldern vorherzusagen (siehe u. a. Hough & Schneider, 1996). Weiterführende Ansätze sind deshalb u. a. dadurch gekennzeichnet, dass diese die NEO-Dimensionen aufspalten, teilweise einzelne Facetten neu zuordnen und die eine oder andere neue Dimension hinzufügen. Von der Aufspaltung und Neuzuordnung ist in besonderem Maße die Extraversion betroffen, was nicht weiter verwundert, da dieser

Faktor deutlich globaler, und damit auch heterogener, als die restlichen vier Dimensionen ist (Krohne & Tausch, 2014). Ein Kandidat für die Neuaufnahme ist meist die Kontrollüberzeugung (▶ **Kap. 10**).

Ein deutschsprachiges Beispiel für diese Strategie ist das *Bochumer Inventar zur berufsbezogenen Persönlichkeitsbeschreibung* (BIP; Hossiep & Paschen, 2003). In vier Bereichen persönlicher Eignungsvoraussetzungen (berufliche Orientierung, Arbeitsverhalten, soziale Kompetenzen, psychische Konstitution) werden insgesamt 14 Dimensionen unterschieden. Einige dieser Dimensionen stimmen weitgehend mit den globalen NEO-Faktoren überein, etwa die Dimension Gewissenhaftigkeit aus dem Arbeitsverhalten oder die Dimension emotionale Stabilität aus der psychischen Konstitution. Andere Dimensionen korrespondieren mit NEO-Facetten, etwa Leistungsmotivation aus der beruflichen Orientierung mit Leistungsstreben, Soziabilität und Durchsetzungsstärke aus sozialen Kompetenzen mit Geselligkeit und Durchsetzungsfähigkeit oder Belastbarkeit aus der psychischen Konstitution mit Verletzlichkeit. Andere Dimensionen wie Flexibilität (eine Komponente der Kreativität) oder Handlungsorientierung aus dem Arbeitsverhalten sind dagegen neu. Das *BIP – 6F* erweitert diesen Ansatz auf sechs Dispositionen: Engagement, Disziplin, Dominanz, Stabilität, Kooperation und Soziale Kompetenz (Hossiep & Krüger, 2012).

Eine Ergänzung hat der NEO-Ansatz auch durch die verstärkte Beachtung der Rolle gefunden, die *Affekte* in Organisationen spielen (Brief & Weiß, 2002). Affekte haben einen wichtigen Einfluss auf die soziale Urteilsbildung (Forgas, 1992) wie auch auf das Verhalten in Organisationen (Isen & Baron, 1991). Dabei ist für die Diagnose von Affekten nicht nur die naheliegende Differenzierung nach positiven und negativen Affekten wichtig, sondern auch die Unterscheidung nach affektiven Zuständen und Dispositionen (George, 1996). Eine detaillierte Beschreibung von Instrumenten zur Erfassung dieser verschiedenen Aspekte wird in ▶ **Kap. 10** gegeben.

Die meisten Übersichtsdarstellungen zur Messung von Persönlichkeitseigenschaften mit Hilfe von Selbstberichten (Q-Daten) thematisieren mögliche subjektive Einflüsse auf das Antwortverhalten von Probanden. Diese Einflüsse werden in erster Linie unter dem Aspekt sog. „Verfälschungstendenzen" betrachtet (Hough & Schneider, 2004; Schuler Höft & Hell, 2014), obwohl natürlich viele unterschiedliche Einflüsse existieren (▶ **Kap. 10.6**). Besonders intensiv untersucht wurde aus naheliegenden Gründen die Tendenz zum Antworten im Sinne der sozialen Erwünschtheit (S-E-Tendenz). Im Kontext der organisationspsychologischen Diagnostik ist darunter die Tendenz zu verstehen, in Auswahlsituationen eine beschönigende Selbstdarstellung zu liefern.

Es ist einleuchtend, dass durch diese Tendenz besonders das Antwortverhalten in Integrity-Tests und entsprechenden Passagen von Einstellungsinterviews beeinflusst wird. So konnten Ones und Viswesvaran (1998a) in einer Metaanalyse an einer sehr großen Stichprobe zeigen, dass die S-E-Tendenz substanziell mit den Kernvariablen von Integrity-Tests (Gewissenhaftigkeit, emotionale Stabilität, Verträglichkeit) korreliert ist. Allerdings fand sich auch, dass die Stärke des Zusammenhangs zwischen den Werten in Integrity-Tests und Maßen des Berufserfolgs durch die S-E-Tendenz nicht beeinflusst wurde.

Dieser auf den ersten Blick etwas überraschende Befund könnte damit zusammenhängen, dass es sich bei der S-E-Tendenz nicht um ein einheitliches Merkmal handelt. In ▶ **Kap. 10** war bereits dargestellt worden, dass diese Tendenz zwei Komponenten enthält: die Tendenz, sozial unerwünschte Eigenschaften bei sich abzuleugnen (Defensivität), und die Tendenz, sich sozial erwünschte Merkmale zuzuschreiben (Attribution). Es könnte nun sein, dass beide Tendenzen gegenläufige Effekte auf bestimmte Erfolgskriterien ausüben. Die Attributionstendenz könnte für die Leistung in bestimmten Berufen, in denen die erfolgreiche Gestaltung sozialer Beziehungen ausschlaggebend ist, einen fördernden Einfluss haben. Eine hohe Ausprägung in dieser Tendenz bedeutet nämlich, sich an den Erwartungen Anderer zu orientieren und damit insgesamt eine positive soziale Interaktion zu erreichen. Defensive Personen befassen sich dagegen in sozialen Situationen primär mit eigenen Defiziten und versuchen, diese vor anderen zu verbergen. Dadurch sind sie weniger offen für soziale Hinweisreize und erreichen somit insgesamt eine schlechtere soziale Anpassung.

Diese im Hinblick auf Erfolgskriterien gegenläufigen Tendenzen konnten von Diemand und Schuler (1991) für das Abschneiden in einem Assessment Center (AC; vgl. hierzu den nachfolgenden Abschnitt zu den simulationsorientierten Verfahren) nachgewiesen werden. Während Teilnehmer mit einer erhöhten attributiven (bei Diemand & Schuler „assertiven") Selbstdarstellungstendenz im AC besser abschnitten als Teilnehmer mit einer diesbezüglich niedrigen Tendenz, waren defensive Personen deutlich erfolgloser als nichtdefensive (vgl. hierzu auch Blickle, Momm, Schneider, Gansen & Kramer, 2009; Marcus, 2003; Uziel, 2010).

14.3.3 Simulationsorientierte Verfahren

Eignungstests dienen, wie dargestellt, der Vorhersage des Erfolgs bei einer bestimmten Tätigkeit oder nach einer bestimmten Ausbildung. In den im vorangegangenen Abschnitt beschriebenen eigenschaftsorientierten Verfahren wird diese Eignung über Items (bzw. Aufgaben) geprüft, die im Prinzip nicht mit den Aufgaben am künftigen Arbeitsplatz identisch sein, ja diesen nicht einmal ähneln müssen. So wird etwa die Eignung zum Flugzeugführer nicht dadurch geprüft, dass man diesen probeweise ein Flugzeug steuern lässt. Die Items eigenschaftsorientierter Eignungstests sind vielmehr auf Grund theoretischer Überlegungen und empirischer Befunde hinsichtlich der für eine bestimmte Tätigkeit notwendigen personalen Voraussetzungen ausgewählt worden. Im Beispiel des Flugzeugführers würden zu diesen Voraussetzungen etwa Merkmale wie räumliches Vorstellungsvermögen, Feldunabhängigkeit, Konzentrationsfähigkeit sowie emotionale Stabilität und Belastbarkeit gehören. Ihre Brauchbarkeit zur Vorhersage von Erfolg müssen derartige Verfahren über die Kriteriums- bzw. Konstruktvalidierung nachweisen.

In simulationsorientierten Verfahren wird die Eignung dagegen über das augenblickliche Leistungsniveau bei bestimmten Aufgaben bzw. Tätigkeiten geprüft. Diese sollen für die am künftigen Arbeitsplatz anfallenden Tätigkeiten repräsentativ sein, d. h. diese so genau wie möglich abbilden. Beim Typ der *Arbeitsprobe* ist dabei die Übereinstimmung perfekt. So wird etwa ein Bewerber um den Posten eines Simultandolmetschers probeweise genau die Übersetzungen vorzunehmen haben, die auch an seinem künftigen Arbeitsplatz anfallen. Häufig ist es jedoch zu aufwändig, eine spätere Tätigkeit insgesamt probeweise ausführen zu lassen. In diesem Fall würde man sich mit einer möglichst realitätsnahen Simulation begnügen, etwa wenn man einen künftigen Kundenberater in einem Rollenspiel mit einem „schwierigen Kunden" interagieren lässt. Die Güte der Übereinstimmung derartiger Aufgaben mit dem Geschehen am realen Arbeitsplatz wird von Experten im Sinne der Inhaltsvalidierung (▶ **Kap. 3**) geprüft. Natürlich kann man anschließend die Güte derartiger eignungsdiagnostischer Verfahren etwa für die Vorhersage beruflichen Erfolgs auch im Sinne der Kriteriums- bzw. Vorhersagevalidierung bestimmen.

Bei den simulationsorientierten Ansätzen lassen sich Einzelverfahren und kombinierte Strategien unterscheiden. Zu den Einzelverfahren gehören Arbeitsproben, Computer-Szenarien, das Postkorb-Verfahren, Präsentationsaufgaben, Rollenspiele und Gruppendiskussionen. Kombiniert werden diese und mehrere eignungsdiagnostische Ansätze im Assessment Center. Im Folgenden sollen kurz die Einzelverfahren dargestellt werden. Im nächsten Abschnitt wird dann etwas ausführlicher auf das Assessment Center eingegangen.

Arbeitsproben. Es handelt sich hier um standardisierte, inhaltlich valide Aufgaben, d. h. um eine durch Expertenurteil gesicherte repräsentative Stichprobe des geforderten beruflichen Verhaltens. Arbeitsproben sind nicht nur standardisiert, sondern können auch normiert sein, so dass sie den an einen Test i. e. S. zu stellenden Anforderungen genügen („work sample tests"). Arbeitsproben beziehen sich vorzugsweise auf manuell-motorische Tätigkeiten, jedoch kann im Prinzip, wie das Beispiel des Dolmetschers zeigte, jedes gut strukturierte und eingrenzbare Arbeitsverhalten über eine Arbeitsprobe geprüft werden. Der Einsatz einer Arbeitsprobe setzt allerdings voraus, dass der Proband bereits Vorerfahrung mit der durchzuführenden Tätigkeit hat. Bei Berufsanfängern könnte man alternativ die Schnelligkeit und Güte prüfen, mit der diese Tätigkeit im Rahmen eines Trainingsprogramms gelernt wird.

Schmidt und Hunter (1998) konnten in ihrer Metaanalyse zeigen, dass Arbeitsproben eine hohe kriteriumsbezogene Validität aufweisen. Dies ist bei inhaltsvaliden Tests natürlich auch nicht anders zu erwarten. Arbeitsproben besitzen für Testanwender und Probanden eine hohe Augenscheinvalidität („face validity"), was wiederum zu einer guten Akzeptanz dieser Erhebungsstrategie bei den betroffenen Personen führt.

Nachteilig an den Arbeitsproben ist der hohe Aufwand bei ihrer Konstruktion, Durchführung und Auswertung. Da Arbeitsproben zudem für die jeweilige berufliche Tätigkeit „maßgeschneidert" werden müssen, können sie kaum auf andere Tätigkeitsfelder übertragen werden. Bei, durch die Einführung neuer Technologien bedingten, Veränderungen der jeweiligen Tätigkeiten werden die bestehenden Verfahren unbrauchbar.

Computer-Szenarios. „Szenarios sind spezielle, auf Computern implementierte Aufgaben, die die Kontrolle und Steuerung komplexer dynamischer Systeme oder Prozesse verlangen, welche mit einer mehr oder weniger realitätsnahen Rahmenhandlung versehen sind" (Höft & Funke, 2006, S. 151). Eine bekannte Computer-Simulation ist das Szenario „Lohhausen" (Dörner, Kreuzig, Reither & Stäudel, 1983). Wie schon die Definition von Höft und Funke andeutet, stellen derartige Simulationen komplexe und vernetzte Probleme dar, d. h. es ist eine große Anzahl von Systemvariablen, die durch multiple Wirkrelationen miteinander verbunden sind, gleichzeitig zu beachten. Die Problemlösung wird noch zusätzlich dadurch erschwert, dass die Information über die Systemvariablen und die Art ihres Zusammenwirkens (zunächst) unzugänglich ist und das System zudem dynamisch angelegt ist. Das bedeutet, dass sich das System einerseits auf Grund äußerer Eingriffe ändert, aber auch ohne Eingriffe eigendynamische Veränderungen vollzieht.

Geprüft werden sollen mit derartigen Szenarios Prozesse der Informationsverarbeitung, also etwa die Art der Beschaffung, Bewertung und Reduktion von Information zum Zwecke des strategischen Handelns. Es ist offensichtlich, dass derartige Designs zunächst einmal für die kognitionspsychologische Grundlagenforschung entwickelt wurden. Ob sie auch in der Eignungsdiagnostik, in der es ja um die Registrierung stabiler individueller Differenzen und die Vorhersage von Erfolg geht, verwendbar sind, muss sich in Studien zur psychometrischen Qualität erweisen. Alle bisherigen entsprechenden Untersuchungen (Übersichten u. a. in Funke, 1999) haben gezeigt, dass die bei derartigen Simulationen erhobenen Kennwerte nicht stabil sind und kaum mit Maßen der allgemeinen kognitiven Fähigkeiten korrelieren. Dementsprechend kann man schließen, dass derartige grundlagenbezogene Computer-Simulationen für die Zwecke der Eignungsdiagnostik derzeit kaum verwendbar sind. Deutlicher praxisbezogene Szenarios simulieren in der Regel komplexe Managemententscheidungen, etwa das Führen eines mittelständischen Unternehmens mit dem Ziel einer deutlichen Verbesserung des Betriebsergebnisses (Höft & Funke, 2006; Stumpf, 2013; für Übersichten über verschiedene Szenarios siehe auch Funke, 1995; Kleinmann & Strauß, 1998; zu den Gütekriterien siehe auch Streufert, Pogash & Piasecki, 1988).

Problematisch an der Verwendung von Computer-Szenarios für die Zwecke der Eignungsdiagnostik ist natürlich die in einem derartigen System bestehende Dynamik. Jeder Eingriff der Probanden (auch ein Nichthandeln) führt zu spezifischen Veränderungen des Systems. Dadurch entstehen unterschiedlich schwierige Problemlagen, die einen Vergleich der weiteren Handlungen einzelner Probanden kaum zulassen. Deshalb ist es auch sehr schwierig, die aus der Testkonstruktion her bekannten Gütekriterien (▶ **Kap. 3**) für derartige Verfahren einzuschätzen. Allenfalls lässt sich noch die Paralleltest-Reliabilität bestimmen. Darüber hinaus lassen sich für einzelne Parameter, die am Verhalten des Probanden in derartigen Szenarios isoliert werden können (z. B. Informationssuche, Steuerungsleistung), Hinweise zur kriteriumsbezogenen Validität (etwa Übereinstimmungen mit Vorgesetztenbeurteilungen) gewinnen. (Eine Übersicht zu verschiedenen Validitätsstudien liefert Funke, 1995.) Dabei muss allerdings berücksichtigt werden, dass bei der Vielfalt korrelierter Variablen schon rein zufällig eine Anzahl signifikanter Beziehungen zwischen Prädiktoren und Kriterien zu erwarten ist. Einzelne signifikante Korrelationen dürfen also nicht überinterpretiert werden. Wichtig ist hier eine Kreuzvalidierung der registrierten Zusammenhänge.

Insgesamt gesehen sind Computer-Szenarios derzeit noch kein gangbarer Weg zur Erfassung komplexer Persönlichkeitsmerkmale, wie etwa Informationsverarbeitungs- oder Problemlösefähigkeit. Allerdings eröffnen sich durch derartige Simulationen gute Perspektiven für das Personaltraining (Stumpf, 2013).

Postkorb-Verfahren. Bei diesem Verfahren handelt es sich im Prinzip um eine Arbeitsprobe, allerdings nicht aus dem Bereich manuell-motorischer, sondern aus dem administrativer Tätigkeiten. „Beim Postkorb-Verfahren werden von den Probanden schriftliche Materialien bearbeitet, die einen typischen Postkorb einer Führungs- oder Fachkraft in einer Organisation abbilden sollen“ (Höft & Funke, 2006, S. 157). Die Materialien bestehen aus Briefen, Notizen (z. B. über Anrufe), Ausschnitten aus Zeitungen, internen Rundschreiben u. Ä. Wie in einem normalen Postkorb sind diese Materialien unterschiedlich komplex, wichtig oder eilbedürftig.

Zu jedem dieser Materialien muss der Proband eine Entscheidung treffen (z. B. anrufen, zügig beantworten, zurückstellen, einen Termin vereinbaren, Mitarbeiter beauftragen). Dabei ist ein Zeitlimit (meist eine Stunde) vorgegeben. Ausgewertet wird das Entscheidungsverhalten nach einer Reihe von Anforderungsdimensionen, z. B. Anzahl der getroffenen Entscheidungen, Wahrnehmung von Zusammenhängen zwischen den Materialien, Delegieren von Aufgaben.

Problematisch an diesem Verfahren ist zum einen die Existenz vieler Varianten (was einen Vergleich empirischer Untersuchungen erschwert), zum anderen der oft geringe Grad ihrer Standardisiertheit. Dies betrifft sowohl die Durchführung als auch die Auswertung. Dementsprechend ist die Objektivität, bestimmt als Beurteilerübereinstimmung, eher mäßig (Schippmann, Prien & Katz, 1990). Da aus den beurteilten Merkmalen Rückschlüsse auf vergleichsweise überdauernde Eigenschaften der Probanden gezogen werden sollen, müsste zusätzlich zur Beurteilerübereinstimmung in jedem Fall die Stabilität der Testwerte geprüft werden (▶ **Kap. 3**).

Was die Validität betrifft, so konnte Frederiksen (1962) in einer Faktorenanalyse von 70 Anforderungsdimensionen drei Faktoren höherer Ordnung identifizieren: „preparing for action“ (entscheidungsvorbereitende Handlungen; z. B. Informationssuche, Prioritäten setzen), „amount of action“ (Anzahl der Handlungen) und „seeking guidance“ (Beratungssuche). Die kriteriumsbezogene Validität einzelner Dimensionen variiert sehr stark, von negativen zu deutlich positiven Zusammenhängen (Höft & Funke, 2006). Metaanalysen, mit deren Hilfe eine generelle Effektstärke dieser Einzelvariablen abgeschätzt werden könnte, sind allerdings kaum möglich, da in den verschiedenen Studien recht unterschiedliche Varianten des Verfahrens verwendet wurden. Was die Korrelationen von Einzeldimensionen mit Kriterumsvariablen betrifft, so gilt auch hier das für die Computer-Szenarios Gesagte: Angesichts der Vielzahl berechneter Beziehungen sollten einige von ihnen auch rein zufällig signifikant werden.

Neben Reliabilitäts- und Validitätsmängeln ist das Postkorb-Verfahren auch durch Defizite bei der Auswertung und Interpretation belastet. Es existieren hierzu kaum explizite Regeln, so dass man den Postkorb als ein typisches Beispiel für die in ▶ **Kap. 5** ausführlich (und kritisch) dargestellte Art der Datenkombination nach der klinischen Vorhersage ansehen kann.

Präsentationsaufgaben. Bei diesem Verfahren bekommt der Proband ein Problem vorgelegt (z. B. gegenüber Kunden eine Preiserhöhung für eine bestimmte Dienstleistung vertreten), zu dem er sich, nach einer Vorbereitungszeit, in einem (meist mündlichen) Vortrag von definierter Dauer (etwa 15 Minuten) äußern soll. Der Einsatz von Präsentationsmedien ist dabei möglich. Ausgewertet wird der Vortrag nach formalen, inhaltlichen und darstellungsmäßigen Gesichtspunkten. Formal interessiert etwa die Strukturierung des Vortrags, inhaltlich geht es um die Überzeugungskraft der Argumente und die Qualität des Lösungsweges, bei der Darstellung werden Anschaulichkeit, Sprache sowie Mimik und Gestik bewertet (Freimuth & Sieland, 2013).

Die Auswertung des Verhaltens bei Präsentationen erfolgt wie beim Postkorb-Verfahren weitgehend impressionistisch. Dementsprechend sind die Beurteilerübereinstimmungen mäßig (Höft & Funke, 2006); Validitätsangaben finden sich kaum. Positiv an einer Präsentationsaufgabe könnte immerhin sein, dass von ihr, auf Grund ihrer hohen Augenscheinvalidität, eine gewisse Motivierung für den Probanden ausgeht. Deshalb sollte man sie, wenn man wie im Assessment Center eine Sequenz von Verfahren durchführt, möglichst am Anfang darbieten.

Rollenspiel. Neben der Organisationspsychologie hat dieser Verfahrenstyp auch in der sozialpsychologischen Forschung und insbesondere der klinisch-therapeutischen Praxis Bedeutung. In Organisationen dienen Rollenspiele der Personalauswahl und -entwicklung. „Eignungsdiagnostische Rollenspiele simulieren üblicherweise Interaktionssituationen von zwei Personen im innerbetrieblichen Kontext oder in einer Kundensituation. Der Inhalt der Interaktion wird direkt aus der durchgeführten Arbeits- und Anforderungsanalyse abgeleitet“ (Höft & Funke, 2006, S. 157). Beim Rollenspiel geht es um die Erfassung von Kompetenzen zur Meisterung problematischer Situationen, z. B. das Eingehen auf Kundenbeschwerden, das Beheben von Konflikten mit Untergebenen oder das Überzeugen von Kollegen hinsichtlich bestimmter Lösungswege. Wie diese Beispiele aufzeigen, können die Interaktionssituationen konfrontativ oder kooperativ angelegt sein. Die zweite Rolle in der Interaktion wird von einem Mitglied des Auswahlteams gespielt, das häufig zugleich auch als einer der Auswerter fungiert.

Wie die bisher vorgestellten Simulationen mit Ausnahme der Arbeitsprobe i. e. S. (und evtl. der Präsentation) leidet auch das Rollenspiel darunter, dass es nur schwer standardisiert werden kann. Das liegt natürlich an der Dynamik der sozialen Interaktionssituation, in der der eine Partner jeweils auf das Verhalten des anderen reagieren muss. Immerhin lassen sich Rollenspiele durch eine genaue Beschreibung des zu bearbeitenden Problems und Vorgabe schriftlicher Materialien an den Probanden (z. B. Beschwerdebriefe eines Kunden, bisherigen Stellungnahmen der Firma) stärker strukturieren und damit in ihrem Ablauf besser standardisieren, wodurch zumindest ansatzweise der für eine Personalauswahl notwendige Vergleich zwischen den Leistungen verschiedener Probanden ermöglicht wird. Ein Beispiel für ein strukturiertes Rollenspiel geben Höft und Funke (2006, S. 158).

Ausgewertet werden die Rollenspiele nach den Dimensionen, die aus den jeweiligen Arbeits- und Anforderungsanalysen abgeleitet wurden. Studien zur Beurteilerübereinstimmung bei diesen Dimensionen weisen für strukturierte Rollenspiele – zumindest für vergleichsweise globale Merkmale wie z. B. verkäuferische Fähigkeiten oder Kundenkontakt – zufriedenstellende Werte (bis zu $r = .80$) aus. Stabilitätsangaben fehlen weitgehend. Die Koeffizienten für die kriteriumsbezogene Validität (erfasst z. B. über Vorgesetztenbeurteilung oder Verkaufserfolg) liegen selten über $r = .30$ (Höft & Funke, 2006).

Gruppendiskussion. Bei diesem Verfahrenstyp wird in einer Kleingruppe (meist sechs Teilnehmer, die alle auch Probanden sind) ein vorgegebenes Problem so diskutiert, dass am Ende ein von allen Teilnehmern akzeptierter Beschluss resultiert. Varianten dieses Verfahrens entstehen dadurch, dass die Gruppe entweder geführt oder führerlos ist, und die Rollen vorgegeben oder frei sind. Je nach zu bearbeitendem Problem ist die Gruppensituation eher auf Kooperation (wenn z. B. eine Gruppe in eine Notsituation geraten ist und mit ihren vorhandenen Möglichkeiten aus dieser Lage herauskommen muss) oder auf Wettbewerb angelegt (wenn z. B. in einem Betrieb Ressourcen zu verteilen sind). Häufig sind auch beide Aspekte vorhanden und die Teilnehmer müssen sich zwischen kooperativen und kompetitiven Strategien entscheiden.

Wie beim Rollenspiel wird das von den einzelnen Teilnehmern gezeigte Verhalten von Beobachtern hinsichtlich festgelegter Anforderungsdimensionen bewertet. Mit den meisten der bisher besprochenen Simulationen teilt die Gruppendiskussion die Schwäche mangelnder Standardisiertheit. Zusätzlich ist sie noch durch ein zweites Defizit gekennzeichnet. Höft und Funke (2006) weisen darauf hin, dass es durchaus fraglich ist, ob es sich bei der Gruppendiskussion überhaupt um eine Simulation des betrieblichen Alltagsgeschehens handelt, d. h. ob die bei diesem Verfahren beobachteten Verhaltensweisen überhaupt repräsentativ sind für die am künftigen Arbeitsplatz anfallenden Tätigkeiten, die aber ihrerseits die Erfolgskriterien wesentlich beeinflussen. Die Situation im Betrieb ist nämlich zumindest für die Ebene, zu der eine Personalauswahl durch Gruppendiskussion durchgeführt wird, eher durch Einzelarbeit und dyadische Interaktionen als durch Gruppendiskussionen gekennzeichnet.

Nun könnte argumentiert werden, dass in der Gruppendiskussion nicht bloß Verhaltensweisen (z. B. wie oft ergreift ein Teilnehmer das Wort) beobachtet, sondern aus diesen Beobachtungen auf überdauernde Eigenschaften des Teilnehmers wie Kooperations-, Entscheidungs- oder Durchsetzungsfähigkeit „geschlossen" werden soll. Damit dieser diagnostische Schluss aber trägfähig ist, müsste die Gruppendiskussion den Gütekriterien (insbesondere hinsichtlich der Stabilität der Testwerte) genügen, die heutzutage bei der Konstruktion diagnostischer Verfahren angelegt werden müssen (▶ **Kap. 3**). Diese Kriterien werden aber durchweg nicht erfüllt. Zwar weist ein früher Überblick von Bass (1954) zufriedenstellende Koeffizienten für Beurteilerübereinstimmung und Stabilität aus, doch kommen spätere Studien mit sophistizierteren Analysemethoden zu deutlich niedrigeren Werten (Übersicht in Höft & Funke, 2006).

14.3.4 Das Assessment Center

Das Assessment Center (AC, zu deutsch etwa „Beurteilungszentrum") ist ein Gruppenprüfverfahren, bei dem mehrere Teilnehmer über eine längere Zeitstrecke in unterschiedlichen Situationen und mit verschiedenartigen Verfahren untersucht und dabei von mehreren Beobachtern beurteilt werden. Ziel des AC ist die Gewinnung von Information zur Absicherung von Entscheidungen für die Personalauswahl und -entwicklung bei höher qualifizierten Positionen, meist Führungskräften. Daneben haben AC einige weitere innerbetriebliche Funktionen (Kleinmann, 2013): (1) Einen Überblick über die Qualifikationen der Mitarbeiter in führenden Positionen gewinnen. (2) Eventuelle Leistungsdefizite im Unternehmen aufdecken. (3) Bei den Organisationsmitgliedern gemeinsame Standards für Anforderungen und Leistungen setzen. (4) Die Bedeutung der Personalplanung und -entwicklung nach außen wie auch innerhalb der Organisation hervorheben. (5) Beobachter schulen, die ihre Fähigkeiten dann auch im Berufsalltag einsetzen können.

Bei den *Teilnehmern* handelt es sich meist um Nachwuchskräfte, die sich entweder für eine qualifizierte Position beworben haben oder – als Organisationsmitglieder – für eine bestimmte Entwicklungsmaßnahme ausgewählt werden sollen. Ihre Anzahl übersteigt selten zwölf Personen, die etwa vier Gruppen zu je drei Teilnehmern zugewiesen werden können.

Die *Durchführung* eines AC erstreckt sich über mindestens einen vollen Tag, kann aber auch zwei Tage oder länger dauern. Dabei stellt die Durchführung nur einen Teil des AC dar. Hinzu kommen noch die Eingangsphase der Konzeptualisierung und die abschließende Nachbereitung (Höft & Funke, 2006).

Bei der Bestimmung der Eignungsdiagnostik war eingangs als wesentliches Kennzeichen ihr *multimethodisches Vorgehen* genannt worden. Das AC kann als *das* Musterbeispiel für diese Orientierung angesehen werden. Die Methodenvielfalt wird heutzutage oft auf den Einsatz verschiedener – in den vorangegangenen Abschnitten dargestellter – Simulationsverfahren beschränkt (so in den vom Arbeitskreis Assessment Center, 1995, festgelegten Standards). Diese Eingrenzung auf letztlich einen – wenn auch in sich sehr vielfältigen – Methodentyp ist jedoch keineswegs zwingend. Das AC basiert auf einem Verfahren zur Offiziersauswahl, das die deutsche Reichswehr in den 1920er Jahren eingeführt hatte. Dieses Verfahren wurde vom britischen und amerikanischen Militär für eigene Auswahlzwecke genutzt und gelangte von dort nach dem 2. Weltkrieg in die amerikanische Wirtschaft. Bekannt geworden ist hierbei die „Management Progress Study", eine Langzeitstudie der amerikanischen Firma AT&T an über 400 Managern (Bray, Campbell & Grant, 1974). Diese frühen AC umfassten neben Simulationsaufgaben (wie Präsentationen, Gruppendiskussionen oder Rollenspielen) auch viele nichtsituative Verfahren (z. B. Interviews, Fähigkeits- und Leistungstests, ja sogar projektive Verfahren). Auch aktuell durchgeführte AC greifen durchaus auf einige dieser Verfahren zurück.

Bei den *Beobachtern* handelt es sich in der Regel um speziell geschulte Mitglieder der Organisation, deren eigene Position meist zwei Ebenen über der Zielposition liegt. Psychologen werden häufig als Berater hinzugezogen. Das Verhältnis von Teilnehmern zu Beobachtern liegt typischerweise bei 2:1, d. h. in jeder Situation muss ein Beobachter simultan zwei Teilnehmer beurteilen. Damit jeder Beobachter Gelegenheit erhält, alle Teilnehmer zu beurteilen, wird die Zuordnung im Anschluss an jede Situation nach einem festgelegten Rotationsschema geändert.

Obwohl, wie erwähnt, im AC durchaus Fähigkeits-, Leistungs- und Persönlichkeitstests eingesetzt werden können, stehen die eher „technischen" Fähigkeiten und Leistungen sowie Persönlichkeitsmerkmale i. e. S. hier nicht im Zentrum des Interesses. Im Fokus des AC stehen vielmehr einerseits sehr komplexe Merkmale wie etwa „Systematisches Denken und Handeln" (Fisseni & Fennekels, 1995). Hierbei handelt es sich um ein, unscharf definiertes, Amalgam aus kognitiven Fähigkeiten (z. B. schlussfolgerndes Denken) und Persönlichkeitseigenschaften (z. B. Gewissenhaftigkeit, Organisiertheit). Andererseits interessieren besonders sog. „soft skills", das sind neben den personalen Voraussetzungen für die bereits beschriebenen kontextuellen Leistungen (Teamfähigkeit, soziales Verhalten; vgl. u. a. Borman & Motowidlo, 1993) insbesondere Führungsfähigkeit und Stressresistenz.

Welche Merkmalsaspekte im Einzelnen in einem AC erhoben werden sollen, muss zuvor durch eine Arbeits- und Anforderungsanalyse geklärt werden. Hierbei können alle Verfahren zum Einsatz kommen, die wir im Abschnitt 14.2 bereits kennengelernt haben. Die Ergebnisse dieser Analyse werden dann zu *Anforderungsdimensionen* aggregiert. Diese Dimensionen sind vergleichsweise global und heterogen (z. B. „Persönlichkeitsformat" oder „Planungs- und Organisationsverhalten"), werden aber durch Subdimensionen (z. B. Terminplanung, Delegieren, Prioritäten setzen oder Kontrollieren als Subdimensionen des Planungs- und Organisationsverhaltens; Höft & Funke, 2006) etwas präzisiert. Die Simulationsorientierung der meisten AC zeigt sich darin, dass diese Dimensionen nahezu ausschließlich durch verhaltensnahe Indikatoren (z. B. „delegiert gezielt an einzelne Mitarbeiter") operationalisiert werden. Allerdings muss schon an dieser Stelle darauf hingewiesen werden, dass diese Indikatoren wenig mit der Feinheit und operationalen Genauigkeit der Beobachtungssysteme in der systematischen diagnostischen Verhaltensbeobachtung (▶ **Kap. 9**) zu tun haben. Tatsächlich geht es im AC auch weniger um Verhaltens*beobachtung* als um Verhaltens*beurteilung*.

Die Zuordnung der Einzelverfahren zu den Anforderungsdimensionen erfolgt in einer *Anforderungs-Verfahrens-Matrix*. Im Sinne der Multitrait-Multimethod-Analyse von Campbell und Fiske (1959; ▶ **Kap. 3**) sollte jede Anforderungsdimension durch mindestens zwei von einander unabhängigen Verfahren operationalisiert werden, um so konvergente und diskriminante Validitäten innerhalb der Matrix aufzudecken. Problematisch ist dabei im AC die Basis für diese Zuordnung. Nach den insbesondere in den Kapiteln 3 und 4 beschriebenen Gütestandards des Diagnostizierens müsste diese Zuordnung einerseits theoriegeleitet, andererseits durch die Ergebnisse vorangegangener Validitätsstudien gesteuert werden. Ein Beispiel für ein derartiges Vorgehen ist die in Abschnitt 14.2 beschriebene synthetische Validierung. Im AC wird aber offenbar weniger dieser rationale, als vielmehr ein intuitiver Weg der Zuordnung beschritten.

Von größter Wichtigkeit für die Bewertung der Brauchbarkeit des AC ist eine Analyse der Position des *Beobachters*. Es versteht sich von selbst, dass Beobachter im AC intensiv trainiert werden müssen. Zu diesem Training gehört zunächst einmal die Unterscheidung von Beobachtung und Beurteilung. Dass z. B. ein Teilnehmer in einer 30-minütigen Gruppendiskussion insgesamt 15 Minuten gesprochen hat, ist eine Beobachtung. Dass er die Diskussion zu dominieren versucht, ist eine Beurteilung. Als nächstes muss der Beobachter mit den Dimensionen und deren Skalierung vertraut gemacht werden. Dabei ist es wichtig, dass die einzelnen Stufen der Skalen durch mehrere Beispiele verdeutlicht werden. Schließlich muss der Beobachter für typische Fehler bei der Registrierung des Verhaltens wie Halofehler, Mildefehler, Kontrastfehler oder Tendenzen zur Skalenmitte oder den Extremwerten sensibilisiert werden. (Für Übersichten zum Beobachtertraining siehe u. a. Niermeyer, 1999; Renner, 2013.)

Für die Gewinnung einer Prognose bzw. Diagnose müssen die Bewertungen, die jeder Beurteiler über einen Teilnehmer abgegeben hat, integriert werden (► **Kap. 5**). Beim AC wird dabei in der Regel so vorgegangen, dass zunächst nach jeder Einzelsituation (bzw. -aufgabe) das Teilnehmerverhalten von den zuständigen Beobachtern auf jeder Anforderungsdimension *gemeinsam*, etwa in Form eines numerischen Urteils, bewertet wird. Am Ende des Gesamt-AC geben sodann alle Beobachter über jeden Teilnehmer ein Urteil ab. Diese Urteile werden im Rahmen einer Beobachterkonferenz zu einer Gesamtbewertung integriert, die einen (numerischen) Vergleich der einzelnen Bewerber zulässt.

Sowohl die Beschreibung der Datengewinnung über Beobachter als auch die Integration der so gewonnenen Daten zu einem Gesamturteil zeigen, dass wir es beim AC mit einem typischen Beispiel für eine klinische Vorhersage (► **Kap. 5**) zu tun haben. Statt auf eine – durchaus mögliche – statistische Integration der Einzelinformationen nach einem expliziten und in vorangegangenen Studien validierten Algorithmus wird das Urteil auf einen in seinem Zustandekommen nur schwer nachvollziehbaren (wer dominiert z. B. die Beobachterkonferenz?) Konsenswert gestützt.

Zielsetzung eines AC ist die Einschätzung der aktuellen Kompetenzen oder des Entwicklungspotenzials einer beurteilten Person. Die Brauchbarkeit des AC-Ansatzes im Hinblick auf die Erreichung dieser Ziele hängt von einer Reihe von Bedingungen ab, die wir abschließend besprechen wollen. Wir konzentrieren uns dabei zunächst auf die etablierten Gütekriterien psychologischer Testverfahren, werden im Anschluss daran aber auch auf weitere Aspekte der AC-Situation, von denen ein Einfluss auf die Brauchbarkeit ausgehen könnte, eingehen. Bei den Gütekriterien werden wir zunächst die Objektivität, sodann die Reliabilität (Stabilität) und anschließend die verschiedenen Formen der Validität besprechen. Dabei können wir uns größtenteils auf die Befunde stützten, die wir bereits bei den simulationsorientierten Verfahren, aus denen ja im Wesentlichen ein AC besteht, dargestellt hatten.

Die *Objektivität* (bzw. Beurteilerübereinstimmung) variiert über einzelne Studien (aber auch innerhalb einer Studie über die Situationen) sehr stark. Was die Variation über verschiedene Situationen betrifft, so haben der Grad der Standardisiertheit einer Aufgabe und die Genauigkeit der Definition zu beobachtender Verhaltenseinheiten einen direkten Einfluss auf die Objektivität. Bei einer vergleichsweise gut standardisierbaren Aufgabe mit deutlich distinkten und gut operationalisierbaren Beobachtungseinheiten (wie dies im Prinzip beim Postkorb-Verfahren erreichbar ist, allerdings oft nicht erreicht wird) sollte die Beobachterübereinstimmung höher ausfallen als bei eher unstandardisiert ablaufenden Situationen mit z. T. einander überlappenden Beobachtungskategorien (z. B. in der Gruppendiskussion).

Die Variation der Objektivität über die einzelnen Studien dürfte auch durch die Qualität der Beobachter bedingt sein. Zwar fanden Arthur, Woehr und Maldegen (2000) in einer umfangreichen empirischen Studie, dass die Gesamtvarianz von neun Beurteilungsdimensionen in vier Aufgaben nur zu einem geringen Teil (11 %) durch die Art der Aufgaben und die verschiedenen Beurteiler aufgeklärt wurde, doch kommen Metaanalysen bzw. kritische Sichtungen einzelner Studien (z. B. Lievens, 1998; Thornton, Gaugler, Rosenthal & Bentson, 1987) zu anderen Schlussfolgerungen. Danach moderiert die Variable Beobachter die Enge des Zusammenhangs zwischen Beobachtungs- und Kriteriumsvariablen (d. h. die prädiktive Validität des AC).

Wichtige Faktoren auf der Seite des Beobachtens sind dabei die Qualität des Trainings. Auf einige Aspekte, auf die bei einem Beobachtertraining zu achten ist, sind wir bereits eingegangen (für weitere Einzelheiten vgl. Höft & Funke, 2006, und insbesondere Niermeyer, 1999). Ein weiterer Faktor ist die berufliche Position des Beobachters (trainierte Manager aus dem Betrieb vs. Psychologen). Thornton et al. (1987) empfehlen die Nutzung beider Quellen, da der Manager die Arbeitsanforderungen und den Unternehmenskontext genau kennt, der Psychologe aber der unabhängigere und kompetentere Beobachter ist.

Eine dritte Variationsquelle liegt schließlich in Persönlichkeitsmerkmalen des Beobachters. So fanden etwa Bartels und Doverspike (1997), dass die Milde und damit Vorteilhaftigkeit der Beurteilung („leniency“) signifikant mit einer Reihe von Persönlichkeitsmerkmalen des Beobachters (erfasst mit dem *16-PF-Test*, ▶ **Kap. 10**) assoziiert ist. – Insgesamt gesehen sollte es nach diesen Befunden aber möglich sein, die Objektivität der Beurteilungen durch die Entwicklung geeigneter Beobachtungssysteme und ein entsprechendes Training der Beobachter auf ein akzeptables Niveau anzuheben.

Anders liegt der Fall bei der *Reliabilität*. Eine Bestimmung der internen Konsistenz verbietet sich auf Grund der Heterogenität und der Dynamik innerhalb der einzelnen Aufgaben. Zwischen den aufeinander folgenden Verhalteneinheiten bestehen Abhängigkeiten, die die Anwendung von Techniken der Itemanalyse (▶ **Kap. 3**) nicht zulassen. Obwohl, wie erwähnt, eine zufriedenstellende Stabilität der Verhaltensindikatoren Voraussetzung für einen Schluss auf zugrunde liegend gedachte Merkmale der Person und die sich darauf gründende Prognose ist, gibt es – aus guten Gründen – kaum Stabilitätsanalysen. Die Durchführung eines AC bewirkt bei jedem Teilnehmer Veränderungen, allein schon dadurch, dass die Teilnehmer nach Abschluss des AC eine detaillierte Rückmeldung über verschiedene Aspekte ihrer Leistung erhalten. Dementsprechend fanden Kelbetz und Schuler (2002), dass die AC-Dimensionen übungsanfällig sind und damit die Stabilität eher mäßig ausfällt ($r = .41$ für den AC-Durchschnitt; Intervall 2 Jahre).

Zur Bestimmung der *Validität* der auf den Ergebnissen der Einzelverfahren bzw. auf der Gesamtbeurteilung der AC-Leistung gründenden Diagnosen werden unterschiedliche Zugänge realisiert. Simulationsorientierte Verfahren werden, wie erwähnt, zunächst einmal hinsichtlich ihrer *Inhaltsvalidität* geprüft. Experten beurteilen, ob die einzelnen Verfahren ein repräsentatives Abbild der Aufgaben und Tätigkeiten sind, die bei der Zielposition anfallen (▶ **Kap. 3**). Hierzu könnte man kritisch anmerken, dass das Geschehen in vielen Simulationen nicht unbedingt repräsentativ ist für das spätere Tätigkeitsfeld. Durch den verstärkten Einsatz von Rollenspielen oder Gruppendiskussionen wird vergleichsweise viel Gewicht gelegt auf die Interaktion in Gruppen, während der Einzelne als Problemlöser und Entscheider eher zurücktritt. Aber auch generell ist das Geschehen in Simulationen nicht wirklich repräsentativ für die alltägliche Arbeit in der Zielposition. Stattdessen wird in ihnen eher der Umgang mit problematischen (kritischen) Situationen geprüft, die gelegentlich auftreten können und dann auch für eine erfolgreiche Tätigkeit durchaus relevant sind.

Da die vorherzusagenden Kriterien (Arbeitsleistung, Potenzial, Karriereentwicklung) aber viel mehr beinhalten als das in der Simulation erfasste Verhalten, reicht eine Inhaltsvalidierung zur Bestimmung der Testgüte natürlich nicht aus. Wie erwähnt, findet auch im AC ein diagnostischer Schluss statt, in dem von einem (eingeschränkten) manifesten Merkmal (dem beobachteten Verhalten) auf eine (umfassendere) latente Disposition (von der letztlich die Leistung im Kriterium wesentlich determiniert wird) geschlossen wird (▶ **Kap. 1**). Die Tragfähigkeit dieses Schlusses wird über die kriteriumsbezogene bzw. Konstruktvalidität geprüft.

Was die *Konstruktvalidität* betrifft, so lassen sich die Zusammenhänge zwischen den im AC über unterschiedliche Verfahren erhobenen Anforderungsdimensionen mit Hilfe des Multitrait-Multimethod-Ansatzes (MTMM; Campbell & Fiske, 1959; ▶ **Kap. 3**) analysieren. Die einzelnen Anforderungsdimensionen (z. B. Delegieren, Analysefähigkeit, interpersonales Geschick) bilden in der entsprechenden Matrix die Traits, während die unterschiedlichen Verfahren (z. B. Postkorb, Präsentation, Gruppendiskussion) die Methoden darstellen. Eine hohe Konstruktvalidität eines entsprechend aufgebauten AC müsste sich in hohen Interkorrelationen der Indikatoren einer spezifischen Anforderungsdimension über die verschiedenen Verfahren hinweg manifestieren (konvergente Validität). Gleichzeitig müssten die Interkorrelationen der verschiedenen Anforderungsdimensionen innerhalb eines Verfahrens vergleichsweise niedrig ausfallen (diskriminante Validität).

Eine inzwischen klassische Arbeit zur Bestimmung der Konstruktvalidität stammt von Sackett und Dreher (1982). Die Ergebnisse weisen eindeutig auf eine fehlende Konstruktvalidität der von den Autoren analysierten AC hin. Entweder war in den Studien keine konvergente Validität gegeben, dafür aber ein erheblicher Methodeneffekt (hohe Interkorrelationen der einzelnen Anforderungsdimensionen innerhalb eines Verfahrens = fehlende diskriminante Validität). Oder es gab Hinweise auf konvergente Zusammenhänge, der Methodeneffekt war aber immer noch stärker ausgeprägt. In jedem Fall wurden aber die in der MTMM-Analyse festgelegten Kriterien für Konstruktvalidität deutlich verfehlt. (Für weitere Arbeiten zur Konstruktvalidität siehe u. a. Fleenor, 1996; Lievens, 1998.)

Die Ergebnisse von Studien zur *kriteriumsbezogenen Validität* fallen nicht besser aus als die zur Konstruktvalidierung berichteten (Becker, Höft, Holzenkamp & Spinath, 2011). So bestimmten Schmidt und Hunter (1998) in ihrer bereits mehrfach erwähnten umfassenden Metaanalyse, welchen Validitätszuwachs (inkrementelle Validität) im Hinblick auf das Kriterium der beurteilten Arbeitsleistung einzelne eignungsdiagnostische Verfahren über den generell vorhersagestärksten Prädiktor der kognitiven Fähigkeiten hinaus besitzen. Während Arbeitsproben (Validitätszuwachs 24 %), Integrity-Tests (27 %) und strukturierte Einstellungsgespräche (24 %) bei diesem Vergleich gut abschnitten, wurde für das AC nur ein Validitätszuwachs von 4 % registriert. Dieser Wert lag noch unter dem unstrukturierter Einstellungsgespräche (8 % Zuwachs) und nur wenig höher als der für graphologische Gutachten, der – erwartungsgemäß – bei 0 % lag. Die Autoren vermuten, dass die in vielen Studien gefundenen höheren *direkten Zusammenhänge* zwischen AC-Indikatoren und Kriteriumsvariablen darauf zurückzuführen sind, dass die meisten Aufgabenmaße im AC hoch mit Tests der allgemeinen kognitiven Fähigkeit korrelieren.

Die Metaanalyse von Schmidt und Hunter ist hinsichtlich mehrerer Punkte kritisiert worden (siehe u. a. Schuler & Höft, 2007; zur Technik der Metaanalyse vgl. auch Hedges & Okin, 1985). Moniert wurden u. a. die Schätzung der Validität einzelner Verfahren bei Befunden mit divergierenden Validitätsangaben, die Aufnahme von Primärstudien, die hinsichtlich verschiedener Randbedingungen kaum zu parallelisieren waren, sowie die Wahl des Merkmals Vorgesetztenbeurteilung als Erfolgskriterium. Diese Kritikpunkte mögen im Einzelnen durchaus berechtigt sein, es ist aber nicht erkennbar, wieso das Vorgehen der Autoren ausgerechnet das AC benachteiligt haben sollte. Ganz im Gegenteil kommt das Kriterium Vorgesetztenbeurteilung, wie wir weiter unten sehen werden, dem AC besonders entgegen.

Eine weitere detaillierte Metaanalyse, allerdings ohne Vergleich mit alternativen eignungsdiagnostischen Verfahren, wurde von Thornton et al. (1987) durchgeführt. Die Primärstudien wurden hinsichtlich unterschiedlicher Leistungskriterien analysiert, u. a. Leistungsbeurteilung, Potenzialeinschätzung, Leistung in Trainingsprogrammen oder Karriereentwicklung. Die Validitätskoeffizienten der insgesamt 50 analysierten Studien variierten zwischen −.25 und .78. Die Autoren errechneten für die Gesamtstichprobe (d. h. aggregiert über alle Leistungskriterien) einen Validitätskoeffizienten von $r = .37$. Dieser Wert entspricht exakt dem von Schmidt und Hunter (1998) berichteten direkten Zusammenhang von AC-Leistung und Kriterium. Dementsprechend ist zu vermuten, dass eine Kontrolle der Korrelationen zwischen allgemeiner kognitiver Fähigkeit und AC-Leistung bzw. Kriteriumswert auch den von Thornton et al. gefundenen Koeffizienten deutlich verringern würde. Die Bedeutung der Analyse von Thornton et al. liegt weniger in der Berechnung von Validitätswerten als in der Identifizierung von Variablen, die den Zusammenhang zwischen AC-Dimensionen und Kriteriumswerten moderieren. Ein derartiger Moderator ist die Art des geforderten Urteils. So scheint etwa die Potenzialprognose etwas besser zu gelingen als die aktuelle Leistungsdiagnose.

Dieser letztgenannte Befund leuchtet unmittelbar ein, wenn man unterstellt, dass Prädiktoren (AC-Anforderungsdimensionen) und Kriteriumsvariablen (meist auf direkten oder indirekten Beurteilungen der Vorgesetzten beruhende Werte) nicht voneinander unabhängig, sondern vielfach konfundiert sind. So werden Vorgesetzte kaum geneigt sein, ein Organisationsmitglied, das aus sehr vielen Bewerbern in einem sehr aufwändigen Verfahren ausgewählt wurde, später als „Versager" einzustufen. Auch das häufig verwendete Kriterium der Karriereentwicklung wird natürlich indirekt durch derartige Vorgesetztenbewertungen, etwa im Rahmen der „systematischen Personbeurteilung", beeinflusst. Insofern ist es nachvollziehbar, dass jede Potenzialprognose mit der AC-Leistung zusammenhängt, während dies für vergleichsweise objektive Leistungsdiagnosen nicht von vorneherein zu erwarten ist.

Eine zweite Konfundierung ist dadurch gegeben, dass die Teilnehmer eine detaillierte Rückmeldung über verschiedene Aspekte ihres Verhaltens im AC erhalten. Dadurch erfahren sie natürlich auch, welche Erwartungen die Organisation an ihre Tätigkeit knüpft. Es ist naheliegend, dass sich die erfolgreichen AC-Teilnehmer bei ihrer künftigen Arbeit an diesen Erwartungen orientieren werden. Damit haben spätere positive Leistungsbewertungen durch Vorgesetzte stark den Charakter einer Sich-selbst-erfüllenden-Prophezeiung.

Die vorliegenden Befunde zur Testgüte des AC (Objektivität, Reliabilität und Validität) weisen diesen Ansatz der Eignungsdiagnostik als unzulänglich aus. Hinzu kommt, dass – wie wir in ▶ **Kap. 6** gesehen haben – die Testgüte immer auch auf die Kosten eines Verfahrens zu beziehen ist. Eine derart kostspielige Prozedur wie das AC müsste schon eine extrem hohe Testgüte aufweisen (d. h. zu einem sehr hohen

Anteil valide Positiver unter den Akzeptierten führen), um für die Organisation als nützlich eingestuft zu werden. (Im Prinzip müssten in eine derartige Analyse auch – was aus naheliegenden Gründen natürlich nicht möglich ist – Informationen über die weitere Bewährung der abgewiesenen Bewerber einbezogen werden.) Das AC schneidet bei dieser Nutzenberechnung ausgesprochen schlecht ab.

Die mangelnde Testgüte der AC-Aufgaben ist natürlich auch vielen AC-Anwendern nicht verborgen geblieben. Generell wird daraufhin so argumentiert, dass durch die Methodenvielfalt und den Einsatz mehrerer Beurteiler sozusagen ein Fehlerausgleich stattfindet, so dass am Ende doch ein brauchbares Gesamtergebnis resultiert. Diese Erwartung würde sich aber – wenn überhaupt – nur erfüllen, wenn die einzelnen Fehlerquellen (Verfahren, Beurteiler) *unabhängig* voneinander variieren. Das ist aber, wie wir gesehen haben, nicht der Fall. Die Beurteiler unterliegen nicht nur gleichen Fehlertendenzen, sondern werden zudem aufgefordert, ihre Einschätzungen miteinander zu diskutieren und abzugleichen. Auch die Fehlertendenzen bei den Verfahren (z. B. die Trainierbarkeit des Verhaltens) sind korreliert.

Damit stellt sich abschließend die Frage, warum sich ein Verfahren, das nach psychometrischen und entscheidungstheoretischen Kriterien eher als defizient zu bewerten ist, bei vielen Organisationen einer so großen Beliebtheit erfreut. Als mögliche Antworten sollen drei Argumente betrachtet werden: (1) Das AC ist in seinen Zielsetzungen transparent und wird von den Beteiligten in diesen Zielsetzungen akzeptiert. (2) Das Auswahlverfahren nach dem AC sorgt dafür, dass Bewerber, die in die Organisation „passen", eingestellt werden. (3) Das AC dient der Selbstdarstellung der Organisation.

Transparenz des AC. Als Stärke des AC, die sozusagen seine psychometrischen Schwächen kompensieren soll, wird häufig die Transparenz der Anforderungen und die hohe Akzeptanz durch die Beteiligten genannt (so z. B. Obermann, 1992). Herkömmlicherweise bezieht man beide Aspekte zunächst einmal auf den Probanden. Was die Akzeptanz betrifft, so ist es sicherlich von Vorteil, wenn der Proband die diagnostische Situation positiv bewertet und damit auch zur Mitarbeit motiviert ist. Es ist durchaus eine Schwäche vieler etablierter Testverfahren, diesem Aspekt zu wenig Beachtung zu schenken. Hinsichtlich der Transparenz ist es natürlich notwendig, bei Verfahren, die die maximale Leistung des Probanden erfassen sollen, die Anforderungen möglichst eindeutig bekannt zu machen. Diese Bedingungen versuchen aber alle Verfahren zur Messung maximaler Leistung zu erfüllen, das AC bildet hier also keine positive Ausnahme. Ob Verfahren, die typisches Verhalten erheben, ebenfalls transparent sein sollen, muss von Fall zu Fall, d. h. abhängig von der jeweiligen Messintention, entschieden werden. Häufig dürfte hohe Transparenz im Hinblick auf eine valide Erfassung des intendierten Merkmals jedoch eher kontraproduktiv sein.

Etwas anders liegt der Fall, wenn man diese Aspekte nicht in erster Linie auf den Probanden, sondern auf den Testanwender bezieht. Transparenz bedeutet hier, dass das AC offenbar in allen seinen Phasen für den Anwender eine hohe *Augenscheinvalidität* besitzt. Dadurch erhöht sich bei ihm die Urteilssicherheit. Die Sicherheit, eine richtige Entscheidung (z. B. bei der Personalauswahl) getroffen zu haben, wirkt sich vermutlich positiv auf das nachfolgende Verhalten gegenüber dem akzeptierten Mitarbeiter aus, z. B. im Sinne einer verstärkten Förderung. Weiter vorn hatten wir diesen Zusammenhang zwischen Prognose (anhand der Bewertung im AC) und späterer Bewährung (operationalisiert über das Vorgesetztenurteil) als Konfundierung im Sinne einer Sich-selbst-erfüllenden-Prophezeiung kritisiert. Wenn man jedoch die Bedeutung berücksichtigt, die die Förderung gerade des

Nachwuchses für eine Organisation hat, so kann man diesem Zusammenhang auch eine positive Seite abgewinnen.

Die Transparenz des Verfahrens erhöht auch dessen Akzeptanz durch den Anwender. Häufig handelt es sich ja hier, wie erwähnt, nicht um Fachpsychologen. Derartige Personen stehen nur voll hinter den diagnostischen Verfahren, den sich darauf gründenden Diagnosen und anschließenden Entscheidungen, wenn das Verfahren für sie in allen seinen Abläufen transparent ist und sie seine Logik akzeptieren. Dies ist bei vielen traditionellen Testverfahren nur sehr eingeschränkt der Fall. So stehen viele Praktiker etwa der Vorstellung, dass man mit Intelligenztests das erfassen kann, was sie unter allgemeiner kognitiver Kompetenz verstehen, eher skeptisch gegenüber. Und schon gar nicht verstehen sie, wie aus der Vielzahl der Probandenantworten am Ende ein Wert wie der IQ resultiert. Dies ist beim AC anders. Hier sind Ablauf des Verfahrens und die Logik der Diagnosestellung, auch wenn unter testtheoretischen Gesichtspunkten anfechtbar, für den Praktiker nachvollziehbar.

Einstellung „passender" Bewerber. Es ist offenbar ein wichtiger – impliziter – Gesichtspunkt bei der personellen Ergänzung des höheren Managements, dass ein einzustellender Mitarbeiter zur Organisation „passt", d. h. zentrale Werte der Organisation und entsprechende Vorstellungen der führenden Personen teilt und darüber hinaus auch ähnlich „denkt" wie die anderen Mitglieder des Managements. Man kann dieses Kriterium unter dem Aspekt kritisieren, dass die Innovationsfähigkeit einer Organisation insbesondere auch von der Gewinnung von Personen abhängt, die neue Ideen mitbringen. Für die Führung ist aber offenbar der Gesichtspunkt der Sicherheit und des Vertrauens der ausschlaggebendere. Wenn man weiß, wie die Person, mit der man bei Entscheidungen zusammenarbeiten muss, denkt und insgesamt „funktioniert", dann erhöht dies die Sicherheit und evtl. das gegenseitige Vertrauen, was wiederum die Entscheidungsfindung erleichtert. Offenbar glauben die AC-Anwender, aus dem Verhalten der Bewerber in den verschiedenen Übungen des AC Hinweise auf dieses Kriterium gewinnen zu können.

Selbstdarstellung der Organisation. Die Information, dass Führungskräfte mit Hilfe des AC ausgewählt werden, dient wesentlich der Selbstdarstellung einer Organisation. So könnte man zugespitzt formulieren, dass das AC bei großen Unternehmen nicht *trotz* seiner Kosten so beliebt ist, sondern *weil es so teuer* ist. Es wird gewissermaßen als Aushängeschild der Organisation, sozusagen als Werbemaßnahme genutzt, die man sich etwas kosten lässt. Es indiziert so positiv besetzte Begriffe wie Modernität, Gründlichkeit und Kompetenz. In der Öffentlichkeit und damit auch beim Kunden wird der Eindruck erzeugt, dass ein Unternehmen, das seine Mitarbeiter so aufwändig, so differenziert, nach dem neusten Stand der Wissenschaft auswählt, einfach gute Leute haben und deshalb auch gute Produkte oder Dienstleistungen anbieten muss.

14.3.5 Biographieorientierte Verfahren

Die Erhebung biographieorientierter Informationen (Biodaten) zählt zu den populärsten Methoden der Personalauswahl (Überblick in Stokes, Mumford & Owens, 1994). Sie folgt dem eigenschaftsorientierten Konsistenzprinzip der Diagnostik, nach dem Verhalten und Leistung in der Vergangenheit die besten Prädiktoren künftigen (Leistungs-)Verhaltens sind. Generell stehen drei Quellen zur Erhebung von Biodaten zur Verfügung: Bewerbungsunterlagen, biographische Fragebogen und Einstellungsinterviews.

Bewerbungsunterlagen. Im Sinne des handlungstheoretischen Modells von Kaminski

Übersicht 14.1 Auswertbare Einzelunterlagen einer Bewerbung

1. Anschreiben
2. Lichtbild
3. Lebenslauf (ausführlich oder tabellarisch)
4. Zeugnisse (mit Noten)
   (a) Schulzeugnisse
   (b) Examenszeugnisse
   (c) Ausbildungszeugnisse
5. Nachweise und Bescheinigungen
   (a) Arbeitszeugnisse
   (b) Praktikumsnachweise
   (c) Sonstige Bescheinigungen
   (d) Berufsbedingte Auslandsaufenthalte
   (e) Referenzen
6. Spezialkenntnisse
   (a) Sprachen
   (b) EDV
   (c) Lehrgänge
   (d) Zusatzausbildung
7. Personalfragebogen
   (falls zuvor verschickt)

(► **Kap. 7**) stellen Informationen aus Bewerbungsunterlagen (Hollmann, 2013) Daten dar, die am Anfang eines mehrstufigen Auswahlprozesses sozusagen „von selbst" eingehen. In ► **Übersicht 14.1** sind die Einzelunterlagen, die eine Bewerbung enthalten sollte, aufgelistet. Diese Unterlagen lassen sich nach formalen und inhaltlichen Aspekten auswerten.

Formale Aspekte spielen ganz am Anfang des Auswahlprozesses eine wichtige Rolle, wenn es um die Feststellung der Eignungsvoraussetzungen für eine bestimmte Position geht. Zu diesen Aspekten gehören die Fehlerfreiheit des Anschreibens und die Vollständigkeit der Unterlagen, Format und Qualität des Lichtbildes, Lückenlosigkeit des Lebenslaufs sowie der Nachweis der notwendigen Ausbildung und der geforderten Prüfungen. Im Sinne eines Screening sollen durch Überprüfung dieser Aspekte offensichtlich ungeeignete Bewerber (valide Negative) ausgeschieden und damit die Anzahl der Bewerber, die in den nachfolgenden – aufwändigeren – Stufen des Prozesse zu untersuchen sind, deutlich reduziert werden. Wichtig ist in dieser Phase die Festlegung des Cutoff-Wertes (► **Kap. 6**). Dieser sollte so gewählt werden, dass möglichst wenige geeignete Bewerber bereits auf dieser Stufe ausgeschieden werden (d. h. der Prozentsatz falscher Negativer sollte sehr gering sein). Dagegen ist es weniger problematisch, wenn ein ungeeigneter Bewerber zunächst noch im Auswahlverfahren bleibt (falscher Positiver), da sich dieser auf einer späteren Stufe vermutlich noch identifizieren lässt.

Die *inhaltlichen* Gesichtspunkte, die zur Auswertung von Bewerbungsunterlagen herangezogen werden, sind vielfältig, da das Material dieser Unterlagen sehr heterogen ist. Beim *Lichtbild* hat offensichtlich die physische Attraktivität der Person einen gewissen Einfluss auf die Vorauswahl (Marlowe, Schneider & Nelson, 1996). Attraktive Personen werden als intelligenter beurteilt als unattraktive. Aus der *Präsentation* des Bewerbers in Anschreiben, Lebenslauf u. Ä. werden Rückschlüsse auf Persönlichkeitseigenschaften wie Intelligenz, Organisiertheit oder Gewissenhaftigkeit gezogen. Von ganz besonderer Bedeutung für die Vorauswahl sind natürlich alle *leistungs- und arbeitsbezogenen Informationen* (Schulnoten, Studienleistungen, Arbeitszeugnisse, Spezialkenntnisse, Berufserfahrung, Auslandsaufenthalte u. Ä.).

Zur Bestimmung der *kriteriumsbezogenen Validität* dieser Daten liegen zahlreiche Untersuchungen vor, die in einer Reihe von Metaanalysen zusammengefasst wurden. So wiesen Schmidt und Hunter (1998) in ihrer Metaanalyse für Biodaten nur eine inkrementelle Validität (Zuwachs durch Hinzufügen dieser Daten zu Tests der allgemeinen kognitiven Fähigkeit) von 2 % nach. Demgegenüber konnten in verschiedenen Metaanalysen für leistungs- und arbeitsbezogene Informationen, und hier besonders für die Schulnoten (Gesamtnote, Mathematiknote), deutliche Zusammenhänge mit dem Ausbildungserfolg (Abschlussnoten bei der Berufsausbildung bzw. dem Studium) nachgewiesen werden ($r \approx .40$; Schuler, 1998). Auch das Ausmaß der Berufserfahrung (Dauer und Art der Erfahrung, Anzahl bisher übertragener Aufgaben, Erfahrungen mit spezifischen Tätigkeiten) ist ein signifikanter Prädiktor des Berufserfolgs (Quiñones, Ford & Teachout, 1995; Schmidt & Hunter, 1992).

Biographische Fragebogen. Die Eignung der verschiedenen Auswertungsaspekte von Bewerbungsunterlagen als Datenquelle für die Personalauswahl ist durch deren mangelnde Standardisiertheit stark eingeschränkt. Weder ist im Einzelnen festgelegt, welche Informationen in den Unterlagen geliefert werden sollen, noch folgt die Auswertung dieser Informationen verbindlichen Regeln. Stattdessen vollziehen sich die Beurteilung der Daten und deren Integration zu einem Gesamturteil eher impressionistisch, d. h. nach dem bereits dargestellten Schema der klinischen Urteilsbildung (▶ **Kap. 5**). Es ist klar, dass auf diese Weise die Gütestandards diagnostischer Erhebungsmethoden nicht erfüllt werden können.

Einen ersten Schritt in Richtung einer besseren Standardisierung des Vorgehens stellt der Einsatz von *Personalfragebogen* dar, die den Bewerbern von den Betrieben zur Beantwortung zugeschickt und anschließend den Bewerbungsunterlagen beigelegt werden. Allerdings erfolgt die Auswahl der gestellten Fragen weitgehend intuitiv und entsprechend den jeweiligen Bedürfnissen der Betriebe. Außerdem unterliegt der Bereich zu stellender Fragen rechtlichen Einschränkungen. Eine Weiterentwicklung dieses Ansatzes in Richtung einer überbetrieblichen, standardisierten und auf voranalysierten Items beruhenden Form der Datenerhebung stellt der biographische Fragebogen dar (Marcus, 2013).

Der Typ des biographischen Fragebogens unterscheidet sich im Prinzip nicht von den Inventaren, die in ▶ **Kap. 10** als Verfahren zur Beschaffung subjektiver Daten beschrieben worden waren. Was die Konstruktionsprinzipien betrifft, so finden sich auch hier die vorgestellten Typen (vgl. auch Burisch, 1984): intuitiv, internal-induktiv, theoriegeleitet-deduktiv, external-kriteriumsbezogen sowie kombiniert (Breaugh, 2009).

Besonders beliebt ist die *external-kriteriumsbezogene Strategie* der Itemgewinnung und Skalenkonstruktion. Ähnlich wie beim MMPI, dem klassischen Vertreter dieses Ansatzes, erfolgt die Itemselektion über den Vergleich zweier (oder auch mehrerer) Gruppen von Personen, die sich hinsichtlich ihres beruflichen Erfolges unterscheiden (Hogan, 1994). Ein Item gilt dann als brauchbar, wenn es von den Gruppen der Erfolgreichen und Erfolglosen signifikant unterschiedlich beantwortet wird. Auf das mit einer ausschließlichen Abstützung auf das Signifikanzniveau bei der Analyse von Beantwortungshäufigkeiten verbundene Problem wurde in ▶ **Kap. 10** eingegangen.

Die ebenfalls zur Skalenkonstruktion herangezogene *internal-induktive* (d. h. in der Regel faktorenanalytische) Strategie leidet darunter, dass hieraus meist eine große Anzahl varianzschwacher und wenig generalisierbarer Komponenten resultiert (vgl. u. a. Hough & Paullin, 1994). Das ist angesichts der Heterogenität von Biodaten natürlich auch nicht anders zu erwarten. Versuche, diese Vielfalt zugunsten varianzstärkerer, besser generalisierbarer Faktoren zu reduzieren, führten meist zu Dimensionen, die aus der Persönlichkeits- oder Interessendiagnostik (▶ **Kap. 10**) bereits bekannt sind, z. B. Extraversion, emotionale Stabilität oder bestimmte Interessen (vgl. u. a. Mumford & Owens, 1987).

Rein *theoriegeleitet-deduktive* Strategien werden bei der Konstruktion von biographischen Fragebogen kaum verwendet. An ihre Stelle tritt ein *rational* genannter *kombinierter* Ansatz. Items werden von Experten nach den Prinzipien der Inhaltsvalidität formuliert und zu Skalen zusammengesetzt. Anschließend werden diese Skalen in empirischen Analysen anhand teststatistischer Kriterien (Itemtrennschärfe, interne Konsistenz) optimiert und hinsichtlich ihrer kriteriumsbezogenen Validität geprüft (vgl. u. a. Mumford, Costanza, Connelly & Johnson, 1996).

Vergleiche der Güte verschiedener Skalentypen bei der Vorhersage von Erfolgskriterien (u. a. Verkaufserfolg, Kundenkontakt) haben keine großen Unterschiede zwischen den einzelnen Ansätzen ergeben. Die Koeffizienten waren durchweg bedeutsam, wenn auch nicht sehr ausgeprägt (meist zwischen $r = .30$ und $.40$), wobei die external-kriteriumsbezogene Strategie etwas schlechter abschnitt als die beiden anderen Ansätze (Hough & Paullin, 1994; Stokes & Searcy, 1999).

Trotz ihrer Vorhersagequalität werden biographische Fragebogen bei der Personalauswahl nur zögerlich eingesetzt. Der Grund liegt darin, dass Fragen nach bestimmten Informationen (u. a. familiäre und finanzielle Situation, religiöser oder ethnischer Status) rechtlich problematisch sind. Darüber hinaus scheinen einzelne Skalen auch auf unterschiedliche Bevölkerungsgruppen (z. B. mit bestimmtem ethnischen Status) nicht gleich gut anwendbar zu sein (siehe Hough & Oswald, 2000).

Einstellungsinterviews. Das Interview als eigenständige Methode zur Gewinnung diagnostisch relevanter Information in verschiedenen Anwendungsfeldern der Psychologie wurde bereits ausführlich in ▶ **Kap. 8** dargestellt. Deshalb sollen an dieser Stelle nur einige Punkte, die für den organisationspsychologischen Kontext wesentlich sind, behandelt werden. (Eine umfassende Darstellung findet sich in Schuler, 2002.)

Interviews werden in Organisationen für unterschiedliche Zielsetzungen eingesetzt: Auswahl und Platzierung von Personal, Beurteilung und Beratung von Mitarbeitern, Arbeitsanalyse, Konfliktlösung sowie Organisationsentwicklung. Die weitaus größte Bedeutung hat diese Methode als Einstellungsinterview in der Personalauswahl. Dieses Interview bietet Gelegenheit zum Austausch personen-, arbeits- und organisationsbezogener Informationen (Schuler, 2002).

Strukturierte Einstellungsinterviews sind unstrukturierten nach allen psychometrischen Qualitätskriterien deutlich überlegen (vgl. u. a. Campion, Palmer & Campion, 1997; Dipboye, 1997). So konnte etwa in Metaanalysen nachgewiesen werden, dass bei der Auswertung unstrukturierter Interviews nur eine durchschnittliche Beurteilerübereinstimmung von $r = .34$ erreicht wird, während dieser Wert für stärker strukturierte Interviews immerhin auf $r = .67$ steigt (Conway, Jako & Goodman, 1995). Ungeachtet dieser Tatsache präferieren die meisten Betriebe jedoch nach wie vor die unstrukturierte Form (Graves & Karren, 1996).

Ein stärker strukturiertes Interview, das Vorbild für eine Reihe späterer Verfahren wurde, ist das *Behavior Description Interview* (BDI; Janz, Hellervik & Gilmore, 1986). Mit Hilfe der bereits dargestellten Methode der kritischen Ereignisse (Flanagan, 1954) wurden für die jeweilige Organisation positive und negative Vorkommnisse gesammelt (z. B. Streit des Verkaufspersonals mit einem Kunden, der sich in unsachlicher Form über den Service beschwert). Die verschiedenen Ereignisse werden zu Kategorien gruppiert, die sich aus den einzelnen Aufgabenfeldern einer Organisation ergeben. Zu jeder Kategorie werden Fragen und Folgefragen gestellt, durch die der Umgang des Bewerbers mit dem kritischen Ereignis und seinen möglichen Konsequenzen immer genauer eingegrenzt wird.

Im BDI wird versucht, die Eignung eines Bewerbers für die Bewältigung künftiger Aufgaben aus der Art zu erschließen, wie er in der

Übersicht 14.2 Die diagnoserelevanten Einheiten des Multimodalen Interviews (siehe Schuler, 1992).

Schritt 2	*Selbstvorstellung des Bewerbers.* Bewertung hinsichtlich anforderungsbezogener Dimensionen.
Schritt 3	*Berufsorientierung und Organisationswahl.* Standardisierte Fragen zu Berufswahl und -interessen, Bewerbungsmotivation, ggf. Fachwissen. Auswertung auf definierten Skalen.
Schritt 4	*Freier Gesprächsteil.* Offene Fragen auf der Basis der Bewerbungsunterlagen und Selbstvorstellung. Summarische Auswertung.
Schritt 5	*Biographiebezogene Fragen.* Standardisierte Darbietung und Auswertung.
Schritt 7	*Situative Fragen.* Nach der Methode der kritischen Ereignisse konstruierte Fragen. Standardisierte Auswertung.

Vergangenheit mit kritischen Ereignissen umgegangen ist. Im *Situativen Interview* (SI; Latham, 1989) werden dagegen mögliche künftige kritische Situationen geschildert und die Bewerber aufgefordert, ihr Lösungsverhalten zu berichten. Diese Antworten werden anschließend auf mehrstufigen Skalen im Hinblick auf ihre Effizienz zur Lösung des Problems bewertet. Zur Erleichterung der Einstufung und damit Erhöhung der Beurteilerübereinstimmung werden einzelne Stufen dieser Skalen durch Beispielantworten verdeutlicht.

Ein Interview für den deutschsprachigen Raum ist das *Multimodale Interview* (MMI; Schuler, 1992). Das Interview besteht aus einer vorgegebenen Abfolge von acht Einheiten, von denen fünf zur Eignungsdiagnose herangezogen werden. Drei Einheiten (Nr. 1 Gesprächsbeginn, Nr. 6 Realistische Tätigkeitsinformationen – Informationen aus der Organisation für den Bewerber –, Nr. 8 Gesprächsabschluss) werden nicht inhaltlich ausgewertet. Durch den Einbau dieser – aus der Sicht des Bewerbers – freien Gesprächsteile wird der Eindruck eines schematischen Vorgehens gegenüber dem Interviewten vermieden. In ▶ **Übersicht 14.2** sind die diagnoserelevanten Einheiten dargestellt (vgl. auch Schuler, 1992). Die einzelnen Einheiten werden unterschiedlich ausgewertet (von eher unstandardisierten, summarischen Auswertungen – etwa bei Einheit 4 – bis zur Einstufung auf verhaltensverankerten Skalen bei den Einheiten 3, 5 und 7). So werden etwa die Antworten auf die situative Frage (Einheit 7) ähnlich ausgewertet wie die Antworten beim SI (siehe Schuler & Höft, 2007, für eine Frage mit Auswertungsbeispielen).

Was die Validität von Interviews betrifft, so war bereits in ▶ **Kap. 8** darauf hingewiesen worden, dass bestenfalls strukturierte Interviews in einem substanziellen Bezug zu verschiedenen Erfolgskriterien stehen. So fanden Schmidt und Hunter (1998) in ihrer Metaanalyse für strukturierte Einstellungsinterviews eine Steigerung der Validität durch Hinzufügen dieser Daten zu Tests der allgemeinen kognitiven Fähigkeit um 24 % (was exakt der inkrementellen Validität von Arbeitsproben entspricht). Demgegenüber betrug der Zuwachs bei unstrukturierten Interviews nur 8 % (was aber noch über der inkrementellen Validität des AC lag). McDaniel, Whetzel, Schmidt und Maurer (1994) stellten in ihrer Metaanalyse ähnliche Unterschiede zwischen strukturierten und unstrukturierten Interviews fest. Der höchste Koeffizient für das Kriterium Berufserfolg ergab sich mit $r = .50$ für strukturierte situative Interviews. Einen ähnlichen Wert und eine bedeutsame inkrementelle Validität des strukturierten Interviews gegenüber kognitiven Tests registrierten Campion, Campion und Hudson (1994). Allerdings resultierte dieser Wert nur für biographiebezogene Fragen, während der Koeffizient für situative (zukunftsbezogene) Fragen niedriger ausfiel ($r = .39$).

Auch für das MMI konnten bedeutsame Zusammenhänge mit Erfolgskriterien (z. B. in der beruflichen Ausbildung) nachgewiesen werden (r zwischen .30 und .50; Schuler & Moser, 1995). Ferner konnte ein Validitätszuwachs gegenüber Tests der allgemeinen kognitiven Fähigkeit gesichert werden (Schuler, 2002; Schuler, Moser, Diemand & Funke, 1995).

14.4 Leistungsbeurteilung

14.4.1 Funktionen der Leistungsbeurteilung

Neben der zum Zwecke der Personalauswahl betriebenen Feststellung der Eignung von Bewerbern stellt die Beurteilung der Leistung von Mitarbeitern ein zweites großes Feld diagnostischer Tätigkeiten im Bereich von Organisationen dar. Berufliche Leistung kann als Beitrag des einzelnen Beschäftigten zu den Zielen der Organisation bestimmt werden (Lohaus & Schuler, 2014). Anders als die Eignungsdiagnostik ist die Leistungsbeurteilung (LB) durch mehrere Funktionen gekennzeichnet (siehe ▶ **Übersicht 14.3**). Nicht bei allen Zielsetzungen steht dabei die Einzelperson im Mittelpunkt, auch Arbeitsgruppen oder Organisationsteile können Objekt der LB sein. Allerdings bezieht sich die Mehrzahl der Ansätze auf die Leistung des Einzelnen, weshalb diese Orientierung auch bei der folgenden Darstellung den Schwerpunkt bildet.

Die Durchführung von LB gehört zu den zentralen Führungsaufgaben. Neben der reinen Beurteilung besteht diese Aufgabe auch aus dem Treffen von Entscheidungen und dem anschließenden Mitarbeitergespräch, in dem diese Entscheidung mitgeteilt und begründet wird oder – falls keine unmittelbaren Entscheidungen anstehen – dem Mitarbeiter auf der Grundlage der LB Feedback gegeben wird. Für die Gestaltung des Mitarbeitergesprächs ist der Umstand zu beachten, dass einzelne Zielsetzungen der LB (z. B. Lohnfestsetzung und Motivierung durch Feedback) miteinander in Konflikt geraten können.

14.4.2 Kriterien

Basis der LB sind die Elemente der Arbeits- und Anforderungsanalyse. Diese setzen die Standards der an einem Arbeitsplatz zu erbringenden Leistung. Das bedeutet, dass sich mit veränderten Anforderungen an die Arbeitstätigkeit auch der Inhalt der LB ändern muss (Cascio, 1995). Inhaltlich kann sich eine LB auf drei Kriterien beziehen, Leistungsergebnisse, Leistungsverhalten und Leistungspotenzial. *Leistungsergebnisse* sind Grundlage der Regelbeurteilung, wie sie etwa im Rahmen der „systematischen Personbeurteilung" in regelmäßigen Abständen (etwa einmal im Jahr) durchgeführt wird. Das *Leistungsverhalten* erschließt sich über alltägliche oder systematische Verhaltensbeobachtungen und liefert die Basis für häufigere, unsystematische, Rückmeldungen („Day-to-day-Feedback"). Die Beurteilung des *Leistungspotenzials* ist stärker eigenschaftszentriert, berücksichtigt aber auch Leistungsergebnisse und -verhalten. Ihre Zielsetzung ist eignungsdiagnostisch, etwa in Hinblick auf die Qualifizierung für bestimmte Förderungsprogramme oder die Übertragung wichtiger neuer Aufgaben.

Jedes dieser Kriterien ist im Hinblick auf seine Verwendung im Rahmen einer LB problematisch. *Ergebniskriterien* (z. B. Verkaufszahlen, Fehlzeiten) erfreuen sich großer Popularität,

Übersicht 14.3 Funktionen der Leistungsbeurteilung

- Personelle Entscheidungen
  auf individuellem Niveau: Platzierung, Beförderung, Versetzung, Übernahme, Entlassung, Lohnfestsetzung
  auf kollektiver Ebene: Personalplanung
- Personalentwicklung
  auf individuellem Niveau: Aufgabenerweiterung, Schulungsmaßnahmen, Fort- und Weiterbildung
  auf kollektiver Ebene: Ausbildungs- und Personalplanung
- Individuelle Beratung und Förderung
  Feedback, Verhaltenssteuerung, Motivierung
- Verbesserung von Führungskompetenz
- Gestaltung von Arbeitsbedingungen
  Arbeitsplatz, Arbeitsumgebung
- Evaluierung von Selektions- und Trainingsmaßnahmen
- Betonung der Existenz von Anforderungen und Standards in verschiedenen Bereichen der Arbeitstätigkeit, Validierung von Eignungstests
- Betonung der Bedeutung der Personalentwicklung in der Organisation
- Dokumentation der Grundlagen personeller Entscheidungen

da sie scheinbar gut registrierbar und quantifizierbar sind. Allerdings orientieren sich Ergebniskriterien nicht primär an der Arbeits- und Anforderungsanalyse, sondern in erster Linie an den Organisationszielen (z. B. Steigerung der Verkaufszahlen). Bei Führungskräften versucht man, diese beiden Größen durch die Formulierung von Zielvereinbarungen zu verbinden. Zu bedenken ist auch, dass Ergebnisse vielfachen Einflüssen unterliegen, von denen ein Teil außerhalb der Kontrolle des Mitarbeiters liegt. Schließlich haben Viswesvaran, Ones und Schmidt (1996) gezeigt, dass die Messgüte für viele Ergebnisdimensionen (z. B. Produktivität) keineswegs so hoch ist wie intuitiv vermutet.

Ein Problem der Erhebung von *Verhaltenskriterien* ist das ihrer eingeschränkten Beobachtbarkeit. In der Regel wird das kritische Verhalten von denjenigen Organisationsmitgliedern, die eine LB abgeben (meist Linienvorgesetzte), nicht direkt beobachtet. Stattdessen werden häufig Selbst- oder Fremdberichte herangezogen. Ferner muss natürlich vor der Verwendung derartiger Kriterien jeweils empirisch geklärt werden, wie ein bestimmter Verhaltensaspekt mit dem globalen Kriterium des beruflichen Erfolgs zusammenhängt. Immerhin scheinen Verhaltensmerkmale geeignetere Kriterien für einen LB zu liefern als Leistungsergebnisse (Locke & Latham, 1990). Diese Merkmale eignen sich auch besser für Rückmeldungen an den Mitarbeiter, da sie stärker dessen Kontrolle unterliegen und somit auch von ihm leichter verändert werden können.

Die Beurteilung des *Leistungspotenzials* erfolgt im Prinzip nach den gleichen Maßstäben, die auch in der Eignungsdiagnostik angelegt werden. Es werden mit Hilfe der bereits beschriebenen Verfahren Personmerkmale wie Fähigkeiten, Interessen oder Eigenschaften i. e. S. (z. B. Gewissenhaftigkeit) registriert und für Potenzialentscheidungen genutzt.

14.4.3 Dimensionen beruflicher Leistung

Die meisten Ansätze zur Erforschung beruflicher Leistung gehen von einer Multidimensionalität dieses Konstrukts aus (Arvey & Murphy, 1998). Borman und Brush (1993) analysierten eine Vielzahl von Studien zur Leistung von Managern und kamen auf dieser Basis zu 15 Leistungsfaktoren (u. a. Planen und Organisieren, Coaching, Potenzialentwicklung bei Mitarbeitern, technische Leistung; vgl. auch Staufenbiel, 2013). Eine derartige Differenziertheit ist natürlich im Hinblick auf die Notwendigkeit, auf der Basis einer LB eine spezifische Entscheidung zu treffen (z. B. wer von den Mitarbeitern soll befördert werden?), wenig praktikabel.

Campbell, McCloy, Oppler und Sager (1993) bestimmten acht Dimensionen beruflichen Leistungsverhaltens (u. a. Kompetenz bei der Aufgabenerfüllung, Kommunikation, Disziplin, Anstrengung, Kooperation und Unterstützung, Mitarbeiterführung, Management und Verwaltung). Die Ausprägung auf diesen Dimensionen geht jedoch auf drei – multiplikativ verknüpfte – individuelle Determinanten zurück: auf die bereits in Abschnitt 14.3.2 beschriebenen kognitiven Merkmale *deklarativen Wissens* (Fakten, Regeln, Prinzipien und Vorgehensweisen) und *prozedurales Wissen und Fertigkeiten* (Wissen, was jeweils zu tun ist und wie man es macht) sowie auf den Faktor *Motivation* (Leistungsorientierung, Anstrengung, Ausdauer). Eine konfirmatorische Prüfung (McCloy, Campbell & Cudeck, 1994) lieferte eine gewisse empirische Stützung dieses Modells. In Analogie zu Theorien kognitiver Fähigkeiten (▶ **Kap. 12**) formulierte Arvey (1986) ein hierarchisches Modell beruflicher Leistung, mit einem Generalfaktor *p* (performance) an der Spitze.

Auf die von Borman und Motowidlo (1993) getroffene grundlegende inhaltliche Differenzierung beruflicher Leistung in kontextuelle Leistung und Aufgabenleistung war bereits im Zusammenhang mit motivationalen Personmerkmalen eingegangen worden (Conway, 1999). Hunt (1996) analysierte speziell den Bereich kontextueller Leistung (von ihm „generic work behavior“ genannt), von dem er annimmt, dass er einen eigenständigen Beitrag zur generellen Arbeitsleistung liefert. Auf der Basis der Vorgesetztenbeurteilungen von über 15 000 Mitarbeitern unterschiedlicher Ebenen identifizierte er neun Dimensionen kontextueller Leistung:

1. Befolgen unbequemer Regeln;
2. Fleiß;
3. Gründlichkeit;
4. Flexibilität bei Plänen;
5. Erreichbarkeit;
6. Leistungen außerhalb der vorgeschriebenen Aufgabe;
7. Widerspenstigkeit;
8. Diebstahl;
9. Substanzmissbrauch.

Motowidlo und Van Scotter (1994) konnten nachweisen, dass kontextuelle und Aufgabenleistung unabhängig voneinander zur allgemeinen Arbeitsleistung beitragen, und dass Persönlichkeitsvariablen i. e. S. gute Prädiktoren der kontextuellen Leistung sind (vgl. auch Motowidlo, Borman & Schmidt, 1997, für ein Modell des Zusammenhangs kognitiver und nichtkognitiver Merkmale der Person mit verschiedenen Aspekten der Arbeitsleistung).

14.4.4 Quellen und Verfahren der Leistungsbeurteilung

Die Quellen der LB können objektiver oder subjektiver Natur sein. Objektiv sind etwa Produktionsaufzeichnungen (Stückzahlen, Vertragsabschlüsse u. Ä.), die Arbeitsqualität (z. B. Ausschuss, Fehler) oder Kundenbeschwerden. Subjektive Quellen der LB können der Vorgesetzte, Gleichgestellte, Untergebene, der zu Beurteilende selbst oder Außenstehende (z. B. Kunden) sein.

Die wichtigsten Beurteiler sind natürlich die *Vorgesetzten*. Problematisch an dieser Quelle ist die oft nicht ausreichende Vertrautheit der Vorgesetzten mit Details der Arbeitsaufgabe, insbesondere mit der Schwierigkeit und dem erforderlichen Zeitaufwand. Hinzu kommt, dass Vorgesetzte häufig nur wenig Gelegenheit zur direkten Verhaltensbeobachtung haben. Zudem verfolgen Vorgesetzte vielfach auch Eigeninteressen bei der Abgabe einer LB. So wollen sie etwa die Motivation des Mitarbeiters durch eine – von der Sache her an sich gerechtfertigte – kritische Beurteilung nicht untergraben oder aber ihre eigene Abteilung innerhalb der Organisation nicht durch negative Urteile in ein schlechtes Licht stellen.

Gleichgestellte (z. B. enge Kollegen) als Beurteiler haben den Vorteil, dass sie mit der zu beurteilenden Arbeitstätigkeit in der Regel gut vertraut sind und diese auch meist gut beobachten können. Dafür ist diese Quelle aber mit anderen Defiziten belastet. Das gravierendste Problem ist der erlebte Konflikt zwischen der Rolle eines solidarischen und vertrauenswürdigen Kollegen und der eines gerechten und kompetenten Beurteilers. Eine weitere Schwierigkeit könnte darin bestehen, dass bei der Kollegenbeurteilung affektive Faktoren (Sympathie, Antipathie, Missgunst) einen stärkeren Einfluss haben können, als dies bei Vorgesetzten der Fall ist (Varma, DeNisi & Peters, 1996). Diese Datenquelle gilt deshalb auch als wenig objektiv und zuverlässig (Viswesvaran et al., 1996).

Beurteilungen durch *Untergebene* werden aus naheliegenden Gründen durchweg nur in anonymisierter Form erhoben. Sie dienen nicht in erster Linie der Einschätzung der sachbezogenen Aufgabenerfüllung, sondern der Beurteilung der Mitarbeiterführung. Hier liefern sie dann weniger die Grundlage für spätere Personalentscheidungen als vielmehr für Verhaltensrückmeldungen (sog. „upward feedback").

Der *Selbstbericht* des zu Beurteilenden unterliegt natürlich den gleichen Einflussfaktoren, die wir für subjektive Daten allgemein (▶ **Kap. 10**) bereits beschrieben haben. An erster Stelle besteht hier der Vorbehalt, dass es beim Selbstbericht zu absichtlichen Verfälschungen im Sinne einer positiven Selbstdarstellung kommen kann. Dieser Tendenz kann man evtl. dadurch entgegenwirken, dass der zu beurteilende Mitarbeiter zuvor darüber informiert wird, dass seine Selbsteinschätzung mit dem Inhalt von Fremdurteilen (z. B. durch den Vorgesetzten) abgeglichen wird. Tatsächlich ist eine bewusste Verfälschung („faking") nicht das Hauptproblem der Datenquelle Selbstbericht. Entscheidender dürfte der im Kontext der LB kaum zu kontrollierende Einfluss von Personfaktoren wie Bedürfnis nach Anerkennung, Tendenz zur Selbstdarstellung, Selbstaufmerksamkeit oder Selbsteinsicht sein (▶ **Kap. 10**).

Ein Problem wird auch dann entstehen, wenn man im Rahmen der LB Selbst- und Fremdberichte vergleicht. Hier muss beachtet werden, dass Akteur (die Person, die sich selbst beurteilt) und Beobachter (der Fremdbeurteiler) für ihre Urteile unterschiedliche Informationen heranziehen und auf dieser Basis für ein bestimmtes Ereignis (z. B. eine Verspätung bei einem Kundentermin) unterschiedliche Kausalattributionen vornehmen (Jones & Nisbett, 1971). Akteure richten ihre Aufmerksamkeit vorzugsweise auf die Situation, entnehmen ihr saliente Hinweisreize und attribuieren ihr Verhalten und dessen Ergebnisse in erster Linie auf die Situation. Akteure sehen ihr Verhalten also weniger durch eigene Eigenschaften als vielmehr durch situative Merkmale determiniert. Beobachter richten ihre Aufmerksamkeit dagegen eher auf den Handelnden, der für sie gewissermaßen einen salienten Aspekt ihrer Umwelt darstellt. Sie vollziehen deshalb in erster Linie eine Kausalattribuierung auf den

Handelnden, d. h. sie erklären dessen Verhalten und Verhaltensergebnisse weniger durch situative Umstände als vielmehr durch die Eigenschaften des Handelnden (Taylor & Fiske, 1978). Es ist naheliegend, dass aus diesem Unterschied Konflikte resultieren können, die dann u. a. auch Einfluss auf die LB haben. – Immerhin können differenzierte Selbstbeschreibungen Aufschluss über selbstwahrgenommene Stärken und Schwächen geben. Sie sollten deshalb weniger für administrative Personalentscheidungen herangezogen werden als vielmehr für Maßnahmen der Personalentwicklung.

Die Beurteilung durch *Außenstehende* erfolgt meist auf dem Wege einer schriftlichen Befragung der Kunden eines Betriebs. Das Problem ist hier die Zugänglichkeit dieser Datenquelle sowie die Repräsentativität der Teilnehmer. (Teilnehmen dürften in erster Linie solche Kunden, die sich entweder beschweren oder etwas besonders Positives lobend hervorheben wollen.)

Daten aus den einzelnen Quellen zeigen nur sehr mäßige Zusammenhänge. Während die unterschiedlichen Fremdberichte immerhin noch in Höhe von r = .20 bis .30 interkorrelieren, finden sich zwischen Selbst- und Fremdbeurteilungen kaum substanzielle Zusammenhänge (Conway & Huffcutt, 1997). Vorgesetzten- und Kollegenurteile weisen im Hinblick auf die Vorhersage des Berufserfolgs etwa die gleiche Validität auf. Diese variiert zwischen $r \approx .50$ für Statusänderungen und $r \approx .20$ für die Gehaltsentwicklung (Schuler & Höft, 2007).

In den letzten Jahren wurde unter dem Begriff *360-Grad-Feedback* der Versuch unternommen, alle verwertbaren Quellen systematisch zu einer umfassenden Beurteilung zu integrieren (Scherm, 2013; Scherm & Sarges, 2002). Dabei wird insbesondere auch Wert gelegt auf die Einbeziehung standardisierter Erhebungsinstrumente (Scherm, 2004).

14.4.5 Beurteilungsverfahren

Obwohl in vielen Betrieben nach wie vor die freie Eindrucksschilderung das einzige Verfahren der LB ist, sollen in diesem Abschnitt nur formalisierte Verfahren, die ausschließlich der LB dienen, behandelt werden. Bei diesen Verfahren werden drei Gruppen unterschieden. Kennzeichnungs-, Rangordnungs- und Einstufungsverfahren. Beim *Kennzeichnungsverfahren* muss der Beurteiler einer vorgegebenen Aussage zustimmen bzw. diese ablehnen. In einer erweiterten Fassung kann er auch aufgefordert werden, nach dem Prinzip der Zwangswahlitems (▶ **Kap. 3**) aus einer Reihe von Alternativen die zutreffendste auszuwählen. Die Items beziehen sich meist auf erfolgskritische Merkmale und Verhaltensweisen, die etwa nach der Methode der kritischen Ereignisse gesammelt wurden (z. B. „Liefert Vorlagen ab, die ohne weitere Korrekturen oder Veränderungen reproduziert werden können"). Auf der Basis von Skalierungsverfahren (z. B. Paarvergleichen) lässt sich für jedes Item ein Gewichtsfaktor berechnen, der die Erfolgsrelevanz des betreffenden Merkmals bzw. Verhaltens repräsentiert. Dieses Gewicht, das dem Beurteiler natürlich nicht bekannt ist, geht in die Berechnung des Gesamtscores ein.

Beim *Rangordnungsverfahren* müssen mehrere Personen global oder hinsichtlich spezifischer Beurteilungskategorien (z. B. Belastbarkeit, Sorgfalt, Fachkenntnisse) in eine Rangreihe gebracht werden. Die Arbeit wird dem Beurteiler erleichtert und damit die Beurteilung zuverlässiger, wenn man diese Rangreihe nicht in einem Durchgang, sondern über einen vollständigen Paarvergleich herstellen lässt. Eine interessante Variante dieses Verfahrens ist das *Verhaltensrangprofil* (Lohaus & Schuler, 2014). Hier werden Aussagen über Merkmale und Verhaltensweisen für jede Person in eine Rangreihe des Zutreffens gebracht. Korrespondierend dazu lässt sich auch eine Rangreihe der Tätigkeitsanforderungen, denen jede Person ausgesetzt ist, aufstellen. Aus dem Vergleich dieser beiden Rangreihen lässt sich dann bestimmen, wie gut die Person und ihr Arbeitsplatz zueinander passen.

Beim *Einstufungsverfahren* wird vom Beurteiler die Intensität oder Häufigkeit skaliert, mit der ein bestimmtes Merkmal oder eine Verhaltensweise beim zu Beurteilenden vorliegen. Dieses Verfahren entspricht also dem in ▶ **Kap. 9** beschriebenen Rating. Da insbesondere dieses Verfahren vom Beurteiler eine erhebliche Differenzierungsleistung erfordert, ist es für das Erreichen einer zufriedenstellenden psychometrischen Qualität förderlich, wenn bestimmte Stufen dieser Skala durch Ankerbeispiele verdeutlicht werden (statt, wie häufig, nur die Pole verbal zu beschreiben, z. B. mit „fast nie" und „fast immer"). Beispiele für Skalen mit ausformulierten Ankerbeispielen sind die *Behaviorally Anchored Rating Scales* (BARS; Smith & Kendall, 1963) sowie die *Behavior Observation Scales* (BOS; Latham & Wexley, 1977). Die BARS sind dabei nach der im Zusammenhang mit der Einstellungsmessung (▶ **Kap. 10.4**) bereits beschriebenen Methode der gleich erscheinenden Intervalle (Thurstone, 1931) konstruiert, während die Items der BOS nach der aus den meisten Persönlichkeitsfragebogen her bekannten Methode von Likert skaliert sind.

14.4.6 Ausblick: Formale Systeme der Leistungsbeurteilung

Die LB erfolgt in vielen Betrieben immer noch intuitiv oder anhand ad hoc konstruierter, hinsichtlich ihrer Brauchbarkeit aber nur selten überprüfter, Systeme. Schuler (2004) schlägt deshalb ein Schema für den Prozess der Entwicklung eines empirisch begründeten und überprüften Beurteilungssystems vor (▶ **Übersicht 14.4**). Er weist dabei insbesondere auf die Notwendigkeit hin, bei dieser Entwicklung die Interessenvertreter der Beschäftigten einzubeziehen und eine Partizipation der Betroffenen, die sich günstig auf die Akzeptanz dieses Systems im Betrieb auswirken sollte, anzustreben.

14.5 Diagnostik bei der Situation

Wie bereits eingangs dargestellt, lassen sich an einer Organisation mehrere mögliche Ebenen unterscheiden: die Einzelperson, die Gruppe, die Abteilung und die Gesamtorganisation. Im Zentrum der bisherigen Darstellung stand die Einzelperson mit den Anforderungen ihres Arbeitsplatzes und ihrer Arbeitstätigkeit. Wenn wir nun die auf das Individuum gerichtete Perspektive verlassen, so ändern wir unsere diagnostische Zielsetzung von der Messung von Eignungsvoraussetzungen und individuellen Leistungsmerkmalen hin zur Organisationsdiagnostik. Diese zielt auf die „Erfassung, Analyse und Darstellung des in einer Organisation oder einem abgegrenzten Organisationsteil regelhaft auftretenden Verhaltens und Erlebens ihrer Mitglieder einschließlich ihrer Wirkzusammenhänge" (Kühlmann & Franke, 1989, S. 632).

Wir beginnen unsere Darstellung mit dem „abgegrenzten Organisationsteil" der Arbeitsgruppe, da diese sozusagen das Scharnier bildet zwischen dem Individuum und seiner Organisation. Besonderes Gewicht erhält hier die Diagnostik bei der zentralen Rolle innerhalb einer Gruppe, der Führung. Danach wenden wir uns der Gesamtorganisation zu und beschreiben Methoden zur Diagnose von Organisationsmerkmalen.

14.5.1 Diagnostik bei der Arbeitsgruppe

Die anderen Personen, mit denen ein Individuum interagiert, haben natürlich einen starken

Übersicht 14.4 Konstruktionsprozess für ein formales Beurteilungssystem (nach Schuler, 2004, Tabelle 5).

1. Bestandsaufnahme vorhandener Verfahren und Bedingungen.
2. Formulierung der wichtigsten Funktionen.
3. Kosten-Nutzen-Kalkulation.
4. Bestimmung der Beurteiler und der Beurteilten.
5. Arbeits- und Anforderungsanalyse.
6. Bestimmung der Beurteilungskriterien.
7. Wahl der Beurteilungsverfahren.
8. Konstruktion und psychometrische Prüfung der Beurteilungsskalen.
9. Erprobung des Beurteilungssystems an repräsentativen Gruppen; ggf. Modifikation.
10. Beurteilertraining.

Einfluss auf das Denken, Fühlen und Handeln dieses Individuums. In diesem Abschnitt geht es um die Diagnose dieser Interaktionen innerhalb einer Gruppe oder genauer – da unser Gegenstand die Organisation ist – der Arbeitsgruppe. Derartige Gruppen bestehen aus „zwei oder mehr Personen, die über eine gewisse Zeit eine gemeinsame, aus mehreren Teilaufgaben bestehende Aufgabenstellung zusammen bearbeiten, gemeinsame Ziele verfolgen, unterschiedliche Rollen und gemeinsame Spielregeln entwickeln und sich als Gruppe wahrnehmen" (Antoni & Bungard, 2004, S. 134.)

Nicht unter diese Definition fallen Organisationsformen, bei denen entweder unabhängig voneinander und räumlich getrennt arbeitende Personen einem Vorgesetzten zugeordnet sind (eine Abteilung) oder ähnliche, aber ebenfalls voneinander unabhängige Tätigkeiten räumlich zusammengefasst werden, wie etwa beim Großraumbüro (sog. Kolonnenarbeit). Wesentlich für Gruppen ist dagegen, dass viele Aufgaben *arbeitsteilig* ausgeführt werden. Dies stellt erhebliche Anforderungen an die Kooperation zwischen den Mitgliedern, die in dieser Form bei Kolonnenarbeit nicht gegeben sind.

Arbeitsgruppen lassen sich danach unterscheiden, ob sie ein dauerhafter Bestandteil der regulären Arbeitsorganisation sind, Arbeitsaufträge also in kontinuierlicher Zusammenarbeit erledigt werden (*kontinuierliche Arbeitsgruppen*), oder ob sie nur zu bestimmten Zwecken eingerichtet wurden und ihre Mitglieder nur von Fall zu Fall zur Bearbeitung spezifischer Aufgaben zusammen kommen (*temporäre Arbeitsgruppen*). Zur temporären Form der Gruppenarbeit gehören die Qualitätszirkel und die Projektgruppen, während bei kontinuierlicher Gruppenarbeit klassische Arbeitsgruppen, Fertigungsteams und teilautonome Arbeitsgruppen unterschieden werden.

Der Begriff *Qualitätszirkel* bezeichnet eine Gruppe von Mitarbeitern, die sich regelmäßig und freiwillig treffen, um für von ihnen selbst definierte Probleme innerhalb der Organisation (z. B. Konflikte zwischen einzelnen Abteilungen) Lösungsvorschläge zu erarbeiten. *Projektgruppen* bestehen aus Experten verschiedener Arbeitsbereiche, die vorgegebene – neuartige und komplexe – Problemstellungen (z. B. die Entwicklung einer neuen Software) bearbeiten. *Klassische Arbeitsgruppen* führen eine gemeinsame Aufgabe funktions- und arbeitsteilig durch und stehen dabei unter der Kontrolle eines Vorgesetzten (Meisters). Die Mitglieder eines *Fertigungsteams* arbeiten in der taktgebundenen Fließbandfertigung. Diese Arbeit besteht aus verschiedenen Stationen, die miteinander technisch verkoppelt sind. Jedes Mitglied muss die Arbeit an mehreren Stationen beherrschen, seine eigene und die Arbeit der vorgeschalteten Station kontrollieren und ggf. Fehler direkt beheben. *Teilautonome Arbeitsgruppen* erstellen ein komplettes Produkt oder eine Dienstleistung weitgehend eigenverantwortlich. Dies impliziert auch, dass sie Arbeitsabläufe selbst regulieren. (Zu einer ausführlicheren Beschreibung der verschiedenen Formen von Arbeitsgruppen siehe auch Antoni & Bungard, 2004.)

Die Erfassung der *Gruppenleistung* orientiert sich natürlich an den Aufgaben und Zielen der Gruppe. Diese sind von den Organisationszielen bestimmt. Deshalb wird die Gruppenleistung auch an den Kriterien gemessen, die für den Erfolg der gesamten Organisation im Mittelpunkt stehen. Hierbei handelt es sich generell um die Produktivität, die Effizienz und die Innovationsfähigkeit (Brodbeck & Guillaume, 2010).

Zur Bewertung der Gruppenleistung müssen die Merkmale Leistung, Erfolg und Effektivität unterschieden werden. *Leistung* bezeichnet in diesem Zusammenhang das Ausmaß des Einsatzes von Verhaltensweisen, die für die Zielerreichung relevant sind. *Erfolg* ist das Ausmaß, in dem die Resultate des Leistungsverhaltens den vorgegebenen Zielen entsprechen. *Effektivität* meint das Ausmaß der Zielerreichung bezogen auf die verbrauchten Ressourcen (Brodbeck & Guillaume, 2010). Sowohl Erfolg als auch Effektivität hängen nicht nur von gruppeninternen Merkmalen, sondern auch von Kontextfaktoren ab, also von Bedingungen, die außerhalb der Gruppe existieren.

Das aus der Perspektive der Gesamtorganisation entscheidende Kriterium zur Bewertung der Leistung einer Arbeitsgruppe ist natürlich die Effektivität. Indikatoren der Effektivität lassen sich auf Individual- und Gruppenebene bestimmen. Auf Individualebene gehören hierzu etwa Arbeitszufriedenheit, Vermeidensverhalten (z. B. Fehlzeiten, Kündigungsabsichten, Fluktuation), die Befriedigung individueller Bedürfnisse sowie die Entwicklung und Qualifizierung von Gruppenmitgliedern. Indikatoren auf Gruppenebene wären etwa Produktivitätsfaktoren wie Qualität, Quantität, Störungen im Arbeitsablauf, Fehler oder Unfälle, Gruppenmerkmale wie Kohäsion, Gruppenzusammensetzung (z. B. homogen vs. heterogen), Kooperation, Partizipation und kollektive Kompetenzerwartung sowie Innovationen innerhalb der Gruppe.

Empirische Befunde zur Effektivität von Arbeitsgruppen basieren auf Metaanalysen, experimentellen Felduntersuchungen, Fallstudien oder Expertenbefragungen. Die Daten zu diesen Analysen stammen entweder aus der Q-Daten-Ebene (z. B. aus Fragebogen zum wahrgenommenen Teamklima, van Dick & West, 2005), oder aus der Ebene der Beobachtungs- bzw. L-Daten. Beobachtungsdaten sind unverzichtbar, wenn es um die objektive Analyse von Gruppenprozessen geht (z. B. um die Diagnose der Kommunikation in der Gruppe). Die aus Beobachtungen gewonnenen Daten können aggregiert weiterverwendet werden, wenn etwa der Zusammenhang zwischen der Häufigkeit aufgabenbezogener Kommunikationen und dem Gruppenerfolg analysiert werden soll. In vielen Fällen interessiert aber nicht nur die reine Quantität eines Ereignisses, sondern auch die Abfolge, in der die einzelnen Gruppenmitglieder zu einem Ereignis beitragen. So macht es beispielsweise für die Beschreibung der Diskussion in einer Gruppe einen Unterschied, ob – bei gleicher Gesamtlänge der individuellen Diskussionsbeiträge – die Gruppenmitglieder einmalig nacheinander einen Beitrag „abliefern", oder ob sie sich in steter Interaktion zu den einzelnen Punkten äußern (Brodbeck & Guillaume, 2010).

In vielen Ansätzen gelten die Produktivitätsfaktoren (z. B. die Anzahl der Arbeitsstunden zur Fertigung eines Produkts) als das entscheidende Effektivitätskriterium und andere Individual- und Gruppenmerkmale (z. B. Arbeitszufriedenheit, Kohäsion) als Faktoren, die dieses Kriterium beeinflussen. Dementsprechend richten sich viele Programme, die auf eine Verbesserung der Gruppeneffektivität zielen, dann auch auf diese Einflussfaktoren (vgl. u. a. Guzzo & Dickson, 1996).

Die registrierten Ergebnisse zu einzelnen Faktoren sind nicht ganz eindeutig. Dies gilt in besonderem Maße für Metaanalysen (Übersichten in Antoni & Bungard, 2004; Guzzo & Dickson, 1996). Vergleichsweise deutlich ist noch der positive Einfluss der Kohäsion auf die Gruppeneffektivität (z. B. Evans & Dion, 1991; Mullen & Copper, 1994). Auch die kollektive Kompetenzerwartung der Gruppe steht in positiver Beziehung zur Gruppenleistung (Hyatt & Ruddy, 1997; Little & Madigan, 1997). Beim Merkmal Gruppenzusammensetzung scheint die Heterogenität positiv mit der Gruppenleistung bei Entscheidungs- und Kreativitätsaufgaben assoziiert zu sein (Jackson, 1996). Gruppenkonflikte führen (erwartungsgemäß) zu einer Beeinträchtigung der Gruppenleistung. Dabei muss allerdings zwischen Aufgaben- und Beziehungskonflikten unterschieden werden. Obwohl beide deutlich korreliert sind (um $r = .50$), geht doch von Beziehungskonflikten der wesentlich negativere Effekt aus (De Dreu & Weingart, 2003).

Generell scheint die Beziehung zwischen Gruppenmerkmalen und Effektivität von zahlreichen Kontextfaktoren abzuhängen. Zur genaueren Bestimmung von Gruppenmerkmalen und Kontextfaktoren unterscheiden Campion, Medsker und Higgs (1993) fünf Kategorien (mit jeweils weiteren Unterkategorien): Arbeitsorganisation (z. B. Ausmaß der Selbstregulation in der Gruppe), Interdependenz unter den Gruppenmitgliedern, Heterogenität der Mitglieder, Intragruppenprozesse und Kontextfaktoren (z. B. Unterstützung durch das Management). Einige dieser Faktoren beziehen sich auf ein Merkmal, das Antoni und Bungard (2004) Gruppendesign nennen. Daneben beschreiben diese Autoren im Anschluss an Hackman (1987) noch drei weitere Arten von Einflussfaktoren: Kontextfaktoren, Gruppensynergien und Gruppenprozesse.

Zum Faktor *Gruppendesign* gehören die Aufgabenstruktur (bzw. die Arbeitsorganisation), die Zusammensetzung sowie Gruppennormen und -ziele. *Kontextfaktoren* beziehen sich auf das Belohnungssystem (z. B. Gruppenprämien vs. individuelle Entlohnung), das Angebot an Trainingsmaßnahmen, Informationssysteme, die der Gruppe zur Verfügung stehen, sowie die Art der Gruppenführung. Im Bereich *Gruppensynergien* werden Prozessgewinne und -verluste der Gruppenarbeit analysiert. Ein Prozessgewinn könnte beispielsweise darin bestehen, dass leistungsschwächere Mitglieder von stärkeren „mitgezogen“ werden oder sich selbst, um den Gruppenerfolg nicht zu gefährden, besonderes anstrengen. Prozessverluste entstehen, wenn die Gruppenleistung nur unvollkommen und der eigene Beitrag praktisch überhaupt nicht bewertet werden. Die bekanntesten Faktoren sind das soziale Faulenzen („social loafing“), das Trittbrettfahren („free-riding“) und das Nicht-der-Dumme-sein-wollen („sucker“). Kriterien von *Gruppenprozessen* sind das Teamklima, die Kohäsion und die Kompetenzerwartung der Gruppe.

Zur Erfassung jeweils ausgewählter Gruppenmerkmale wurden in den letzten Jahren einige Testverfahren – meist in Fragebogenform – entwickelt. Der *Fragebogen zur Arbeit im Team* (FAT; Kauffeld, 2004) besteht aus vier Subskalen und zielt speziell auf die Diagnose der Merkmale Zielorientierung, Aufgabenbewältigung, Zusammenhalt sowie Verantwortungsübernahme. Zusätzlich wird die Tendenz zur sozialen Erwünschtheit erfasst. Allerdings sind die Skalen sehr kurz (soziale Erwünschtheit wird beispielsweise nur mit zwei Items gemessen), so dass die Reliabilitäten teilweise unbefriedigend sind (unter .70). Eine ähnliche Zielsetzung wie der FAT verfolgt das *Teamklima-Inventar* (TKI; Brodbeck, Anderson & West, 2001; amerikanische Originalversion in Anderson & West, 1996). Es besteht ebenfalls aus vier Subskalen (Vision, Aufgabenorientierung, Partizipative Sicherheit und Unterstützung für Innovation) und erreicht mit Werten von α = .80 bis .82 eine befriedigende Reliabilität.

Wenn man *zusammenfassend* die auf die Arbeitsgruppe gerichteten diagnostischen Ansätze bewerten will, so muss man – verglichen etwa mit der Eignungsdiagnostik – ein wenig befriedigendes Niveau registrieren. Zu einem ähnlichen Eindruck kommen Ilgen, Hollenbeck, Johnson und Jundt (2005) in einer Bewertung der Arbeitsgruppenliteratur. Während die Entwicklung im Bereich der Theorien von den Autoren als durchweg positiv bewertet wird, fällt ihr Urteil über den Stand der empirischen Forschung deutlich negativer aus. Generell wird ein zu geringer Bezug der empirischen Forschung auf die Theorieentwicklung bemängelt. Nach unserer Auffassung gilt dies auch für den diagnostischen Bereich. Alle neueren theoretischen Ansätze betonen den Aspekt der Dynamik von Gruppenprozessen, also die Interaktion vieler Parameter über die Zeit. Diese Dynamik lässt sich nicht über Fragebogen erfassen, die nach der Vorstellung stabiler individueller Eigenschaften konstruiert wurden. Stattdessen muss verstärkt auf die Methode der Beobachtung von Gruppenprozessen und die Gewinnung und statistische Weiterverarbeitung entsprechender Interaktionsdaten gesetzt werden (▶ **Kap. 9**).

14.5.2 Führungsdiagnostik

Wir hatten bereits beim Überblick zur Diagnostik bei der Situation betont, dass Führung die zentrale Rolle innerhalb einer Gruppe ist. Diese sozialpsychologische Bestimmung erfährt in der Organisationspsychologie jedoch eine deutliche Erweiterung. Organisationen sind durch eine Hierarchie der Verantwortung (d. h. durch eine Asymmetrie in der sozialen Einflussnahme) und durch arbeitsteilige Aktivitäten ihrer Mitglieder gekennzeichnet. An diesen Charakteristika setzt auch die Funktion von Führung an. Hierbei geht es um die Koordination der arbeitsteiligen Aktivitäten und die Ausrichtung der Einzelpersonen oder Gruppen in einer Organisation auf die Ziele der Organisation.

Diese Funktion muss nicht notwendigerweise von Personen, sondern kann auch von bestimmten Strukturen (sog. Führungssubstituten) ausgeübt werden, z. B. von einem bürokratischen System von Tätigkeitsbeschreibungen und Vorschriften (Weber, 1921). In der Diagnostik interessiert natürlich nur die Führung durch Personen. Diese personale Führung wird definiert als „unmittelbare, absichtliche und zielbezogene Einflussnahme von bestimmten Personen – in der Regel Vorgesetzte – auf andere Personen – in der Regel Untergebene – mit Hilfe der Kommunikationsmittel" (von Rosenstiel & Kaschube, 2014, S. 680).

In der Führungsforschung lassen sich normative und deskriptive Ansätze unterscheiden. In normativen Ansätzen, etwa dem Entscheidungsmodell von Vroom und Yetton (1973), erhält der Vorgesetzte Ratschläge, welche spezifischen Führungsverhaltensweisen (z. B. Partizipation der Mitarbeiter an einer Entscheidung versus Alleinentscheidung) er unter welchen situativen Bedingungen realisieren soll. Derartige Ansätze sind für die Führungsdiagnostik weniger interessant. Ihr Hauptanwendungsgebiet liegt in der Entwicklung von Trainingsprogrammen für optimales Führungsverhalten. Deskriptive Ansätze befassen sich demgegenüber mit der Vorhersage des, über sehr unterschiedliche Kriterien bestimmten, Führungserfolgs aus Persönlichkeitsmerkmalen von Führungspersonen, ihren Führungsstilen sowie dem Führungsverhalten (einschließlich der Interaktion von situativen Merkmalen und Verhalten). Die Ergebnisse dieser Forschungen sind einerseits relevant für die Diagnostik, im Hinblick auf die Auswahl geeigneter

Führungskräfte, andererseits für die Formulierung von Lernzielen für die Führungsschulung. (Einen Überblick gibt der Sammelband von Sarges, 2013b.)

Sowohl beim psychologischen Laien als auch in der organisationspsychologischen Führungsforschung spielt die Vorstellung eine Rolle, dass *Persönlichkeitsmerkmale* der Führungsperson direkt (etwa über ihr „Charisma") oder indirekt (über das Verhalten) den Führungserfolg bestimmen. Erste Übersichtsdarstellungen zu empirischen Befunden (z. B. Mann, 1959; Stogdill, 1948) haben diese Auffassung stark relativiert. Zwar fanden sich zwischen den unterschiedlichsten Merkmalen des Führers (u. a. Alter, Körpergröße und -gewicht, Intelligenz, Dominanz, Extraversion oder Selbstbeherrschung) und den verschiedenartigsten Erfolgskriterien durchaus bedeutsame Beziehungen, doch fielen diese Werte eher mäßig aus und zeigten zudem erhebliche Streuungen. So korrelierte etwa Intelligenz mit verschiedenen Erfolgskriterien im Durchschnitt nur zu .26. Werte in ähnlicher Höhe fanden sich bemerkenswerterweise für Körpergröße sowie -gewicht.

In einer Metaanalyse des Datenmaterials dieser frühen Untersuchungen, in der auch die Reliabilitätseinschränkungen der Messinstrumente berücksichtigt wurden, konnten Lord, De Vader und Allinger (1986) für die Intelligenz allerdings höhere Werte sichern (um .40), wobei sie als Kriterium für Führungserfolg nur die Akzeptanz durch die Gruppe heranzogen. Neuere Studien und Metaanalysen fanden generell einen substanziellen Zusammenhang zwischen Intelligenz und verschiedenen Kriterien des Führungserfolgs (vgl. u. a. von Rosenstiel & Kaschube, 2014).

Neben kognitiven Merkmalen wurden auch Motivationsdispositionen und Persönlichkeitseigenschaften i. e. S. als Prädiktoren des Führungserfolgs analysiert. Im Bereich der Motivation wurden insbesondere das Leistungsmotiv, das Machtmotiv und das Anschlussmotiv analysiert. Wie generell bei Motiven spielt hier allerdings die „Passung" zwischen Motivinhalt und situativen Bedingungen für die Erfolgsprognose eine wesentliche Rolle. So ist etwa das Machtmotiv dort besonders erfolgsrelevant, wo in einer Gruppe ein Gefälle hinsichtlich Status, Ressourcen oder Kompetenzen besteht (McClelland & Boyatzis, 1982; zur Messung dieser Dispositionen siehe Sokolowski, Schmalt, Langens & Puca, 2002; ▶ **Kap. 10**).

Persönlichkeitseigenschaften i. e. S. rückten mit dem Aufkommen des Fünf-Faktoren-Modells der Persönlichkeit erneut in das Blickfeld der Führungsforschung. (Zu den Variablen dieses Modells ▶ **Kap. 10** sowie in diesem Kapitel den Abschnitt „Persönlichkeitseigenschaften".) Judge, Higgins, Thoresen und Barrick (1999) erfassten in einer Längsschnittstudie das Kriterium Führungserfolg indirekt über die Karriere (Status, Einkommen) einer Person. (Wer es also nach der Logik der Autoren zur Position eines höheren Vorgesetzten gebracht hat, muss ein erfolgreicher Führer sein.) Das Kriterium Karriere hing dabei relativ deutlich zusammen mit den NEO-Dimensionen Gewissenhaftigkeit ($r = .41$) und emotionale Stabilität ($r = .34$) zusammen. Eine substanzielle Beziehung fand sich auch für die Offenheit für neue Erfahrungen ($r = .26$), während Extraversion und Verträglichkeit nicht mit der Karriere assoziiert waren. Dieses Muster entspricht im Wesentlichen den bereits berichteten Befunden aus der Eignungsdiagnostik, wobei lediglich der insignifikante Zusammenhang zwischen Verträglichkeit und Erfolg überrascht. (Für eine signifikante Beziehung zwischen Verträglichkeit und Erfolg siehe Tett et al., 1991.)

Hogan, Curphy und Hogan (1994) argumentieren, dass die NEO-Dimensionen zu undifferenziert seien, um den Führungserfolg mit seinen verschiedenen Aspekten befriedigend vorherzusagen. In ähnlicher Weise hatten wir ja weiter vorn darauf hingewiesen, dass es eher die Facetten als die fünf globalen NEO-Dimensionen sind, die (evtl. in neuer Kombination) den Berufserfolg vorhersagen. Hogan et al. (1994) plädieren dabei nicht nur für den Einsatz von sehr spezifischen Vorhersageinstrumenten, sondern auch für die Beachtung von Faktoren, die, wie etwa Feindseligkeit, Arroganz oder Selbstsucht, dem Führungserfolg abträglich sind. Sie empfehlen zur Erfassung dieser Merkmale Verfahren der klinisch-psychologischen Diagnostik (► **Kap. 15**). Judge, Piccolo und Kosalka (2009) weisen zudem darauf hin, dass sog. „positive" Eigenschaften (z. B. Gewissenhaftigkeit, Verträglichkeit) auch negative Seiten (etwa mangelnde Flexibilität) und „negative" Eigenschaften (z. B. Dominanzstreben) auch positive Seiten (etwa starke Leistungsbereitschaft) haben können.

Das Konzept der *Führungsstile* stellt die Verbindung dar zwischen dem Versuch, erfolgsrelevante Eigenschaften von Führungspersonen zu bestimmen, und der Analyse des Zusammenhangs zwischen bestimmten Aspekten des Führungsverhaltens und dem Führungserfolg (Krohne, 2013). Führungsstile bezeichnen sehr globale Muster typischer, d. h. situationsübergreifender und zeitlich stabiler führungsbezogener Verhaltensweisen. Populär geworden ist in diesem Feld die auf experimentelle Forschungen von Lewin, Lippitt und White (1939) zurückgehende Dichotomie von „autoritärem" versus „demokratischem" (bzw. kooperativem) Stil.

Organisationspsychologische Untersuchungen zu diesen Stilen gingen besonders der Frage nach der Überlegenheit des einen oder anderen Stils im Hinblick auf bestimmte Kriterien nach. Dabei konnte für das Kriterium Gruppenleistung keine Überlegenheit eines Stils nachgewiesen werden, während sich für das Merkmal Arbeitszufriedenheit (zumindest tendenziell) eine Überlegenheit des kooperativen Stils sichern ließ (Übersicht in Neuberger, 1972).

Noch von der Idee der Führungsstile ausgehend, aber schon mit einer deutlich verhaltensorientierten Perspektive, wurden Mitte des vorigen Jahrhunderts zwei Ansätze entwickelt, die unter den Namen *Ohio-* und *Michigan-Studien* (benannt nach den Universitäten der beiden Forschergruppen) populär wurden. Während dabei die Michigan-Gruppe (u. a. Likert, 1967) in der Tradition der Konzeptbildung von Lewin et al. (1939) eine eindimensional-bipolare Auffassung des Führungsverhaltens – variierend zwischen den Extremen Mitarbeiterorientierung und Leistungsorientierung – vertrat, entwickelten die Forscher der Ohio-Gruppe (Fleishman, 1957; Hemphill, 1950) ein differenzierteres Modell des Führungsverhaltens. Da diese Studien auch eine Reihe brauchbarer diagnostischer Instrumente hervorgebracht haben, wollen wir uns im Folgenden auf den Ansatz der Ohio-Gruppe beschränken.

Die Forscher dieser Gruppe gingen zunächst von neun Apriori-Dimensionen des Führungsverhaltens aus. Zur Erfassung dieser Komponenten ließen sie das Verhalten von militärischen Vorgesetzten auf einer Vielzahl von Items durch die Untergebenen beschreiben. Typische Feststellungen lauteten etwa: „Er gibt nicht nach, wenn andere eine abweichende Meinung haben" oder „Er fordert von seinen Untergebenen mehr, als diese leisten können". Aus anschließenden Faktorenanalysen resultierten jedoch nur vier Faktoren, von denen sich zwei als varianzstark und über verschiedenen Untersuchungen stabil erwiesen (Halpin & Winer, 1957). Der erste Faktor wurde von den Autoren „Consideration" (Rücksichtnahme) genannte. Er ist definiert über Verhaltensweisen wie freundliche Zuwendung, Vertrauen, Respekt und Wärme, stellt also einen *mitarbeiterorientierten* Stil dar. Der zweite, von der ersten Komponente unabhängige, Faktor wurde als „Initiating structure" (*Aufgaben-*

und Leistungsorientierung) bezeichnet. Er ist definiert durch Verhaltensweisen, mit denen der Vorgesetzte die Aktivitäten der Untergebenen definiert und organisiert und dabei auch seine Beziehung zu den Untergebenen festlegt. Konzeptuell haben diese beiden Dimensionen große Ähnlichkeit mit den von Bales für Kleingruppen beschriebenen Rollen des „sozial-emotionalen" und des „aufgabenorientierten" Führers (Bales & Slater, 1955). Die beiden restlichen Faktoren, „Production emphasis" (Ergebnisorientierung) und „Sensitivity" (Sensitivität für Gruppenprozesse) klärten deutlich weniger Varianz auf und spielten in der weiteren Testentwicklung keine Rolle.

Gemessen werden die beiden zentralen Führungsmerkmale über zwei verschiedene Zugänge. In *Leader Behavior Description Questionnaire* (LDBQ; Halpin, 1957) werden Untergebene aufgefordert, das Verhalten ihrer Vorgesetzten auf einer Reihe von Items zu beschreiben. (Eine erweiterte Version ist der LDBQ, Form XII; Stogdill, 1963.) Im *Leader Opinion Questionnaire* (LOQ; Fleishman, 1957) sollen Vorgesetzte angeben, wie sich eine Führungsperson in bestimmten Situationen idealerweise verhalten würde.

Eine deutsche Version des LDBQ wurde unter dem Namen *Fragebogen zur Vorgesetzten-Verhaltensbeschreibung* (FVVB; Fittkau-Garthe & Fittkau, 1971) vorgelegt. Der FVVB misst Führungsverhalten auf fünf Dimensionen: Freundliche Zuwendung und Respektierung (Consideration), mitreißende und zur Arbeit stimulierende Aktivität (Initiating structure), Mitbestimmung und Beteiligung, Kontrolle sowie Freundlichkeit und Aktivität. Problematisch am FVVB ist zunächst einmal, dass die drei letztgenannten Dimensionen nicht unabhängig voneinander und von den beiden großen Komponenten des Führungsverhaltens sind. Daneben ist auch die Übereinstimmung zwischen den Beurteilungen verschiedener Untergebener ausgesprochen niedrig (Nachreiner, 1970), so dass man vermuten kann, dass hier eher Merkmale des Beurteilers (etwa Zufriedenheit mit dem Führungsverhalten) als Merkmale der beurteilten Führungsperson erfasst werden. Eine andere Erklärung wäre, dass sich Vorgesetzte gegenüber den einzelnen Untergebenen unterschiedlich verhalten und dementsprechend auch unterschiedlich beurteilt werden.

Generell lässt sich am diagnostischen Vorgehen der Ohio-Gruppe kritisieren, dass in den Items nur wenig Bezug zu konkretem, situationsspezifischem Verhalten besteht. Stattdessen werden sehr allgemeine Stellungnahmen eingeholt. Damit ist die Gefahr gegeben, dass hier gar nicht die tatsächliche Struktur des Führungsverhaltens erfasst wird, sondern vielmehr die *implizite Theorie* von Führern und Geführten über diese Struktur. Ein weiteres Problem besteht darin, dass die Items der erwähnten Fragebogen recht heterogene Verhaltensweisen erfassen, so dass die Möglichkeit besteht, dass die Items einer Skala in unterschiedlichen Beziehungen zu Kriterien der Führungseffektivität stehen. Schließlich scheinen die beiden zentralen Dimensionen, entgegen der ursprünglichen Konzeption, deutlich positiv miteinander zu korrelieren (Fleishman & Harris, 1962).

Trotz dieser Schwierigkeiten konnten über eine große Zahl von Untersuchungen bedeutsame, wenn auch stark variierende, Beziehungen der beiden Dimensionen des Führungsverhaltens zu verschiedenen Erfolgskriterien nachgewiesen werden. (Für eine Metaanalyse dieser Zusammenhänge siehe Judge, Piccolo & Ilies, 2004.) Dabei zeigte sich generell, dass Consideration positiv mit Kriterien assoziiert ist, die die Zufriedenheit der Untergebenen reflektieren (Zufriedenheit mit dem Vorgesetzten, Arbeitszufriedenheit, Motiviertheit). Die Beziehungen zwischen Initiating structure und verschiedenen Kriterien fallen niedriger und gleichförmiger aus als die für Consideration registrierten, mit einem leichten Akzent bei der eingeschätzten Führungseffektivität. Die Gruppenleistung korreliert dagegen, entgegen der Erwartung, nur schwach mit Initiating structure. Überraschenderweise war in der Metaanalyse von Judge et al. (2004) Consideration immer noch deutlich stärker mit Führungseffektivität assoziiert als Initiating structure. Die Validität variierte über verschiedene Maße des Führungsverhaltens, wobei LDBQ und LDBQ, Version XII, generell zufriedenstellende Werte erreichten.

Neben Haupteffekten dieser beiden Dimensionen des Führungsverhaltens auf die Kriterien scheinen hier auch interaktive Beziehungen zu bestehen. So konnten Fleishman und Harris (1962) zeigen, dass niedrige Consideration generell mit schlechten und hohe Consideration generell mit guten Effektivitätswerten (hier Beschwerderate) verbunden ist, unabhängig vom Ausmaß der Initiating structure. Bei mittlerer Consideration steigt jedoch die Beschwerderate signifikant mit der Stärke von Initiating structure an. Dieser Befund legt den Schluss nahe, dass Consideration ein Führungsstil ist, der die Beziehungen zwischen anderen Merkmalen des Führungsverhaltens (insbesondere hinsichtlich Aufgaben- und Leistungsorientierung) moderiert.

Die unterschiedlichen Beziehungen zwischen Merkmalen der Führung und verschiedenen Kriterien der Effektivität, die in Untersuchungen gefunden wurden, weisen auf einen systematischen Effekt hin. Offenbar ist der Erfolg bestimmter Führer bzw. ihres jeweiligen Verhaltens abhängig von spezifischen situativen Bedingungen. Ein erster größerer theoretischer Ansatz zur Erforschung dieser *Kontingenz* wurde von Fiedler (1964) vorgelegt.

Grundannahme der Theorie ist, dass in verschiedenartigen Gruppen *unterschiedliche* Führungsstrategien realisiert werden müssen, wenn diese Gruppen erfolgreich sein sollen. Ausgangspunkt zur Erfassung dieser Strategien ist das von Fiedler entwickelte *LPC-Maß* („least preferred coworker"). Auf einem semantischen Differential mit 18 Dimensionen wie „angenehm-unangenehm", „freundlich-unfreundlich", „unkooperativ-kooperativ" soll der Führer auf einer Acht-Punkte-Skala denjenigen Mitarbeiter beurteilen, mit dem er in seiner bisherigen Führungstätigkeit am schlechtesten zusammengearbeitet hat. Das LPC-Maß ist der Summenwert der Einschätzungen und gibt an, ob der Führer diesen Mitarbeiter insgesamt noch positiv (hoher LPC-Wert) oder negativ beschreibt. Die Bedeutung dieses LPC-Maßes ist in vielen Studien untersucht worden. Fiedler interpretiert den Wert als Indikator für eine bestimmte Motivationsstruktur des Führers, also durchaus im Sinne herkömmlicher eigenschaftsorientierter Ansätze. Führer mit hohem LPC-Wert sollen demnach eher mitarbeiterorientiert, solche mit geringem Wert eher aufgabenorientiert sein.

In einem nächsten Schritt wird nun jedoch nicht, wie bei den zuvor dargestellten Ansätzen, die direkte Beziehung dieser Variable zu Erfolgsmaßen untersucht, sondern der Einfluss verschiedener *situativer Variablen* auf die *Größe* und *Richtung* dieser Beziehung. Als situative moderierende Faktoren bestimmte Fiedler die folgenden Merkmale: Die *Einstellung* der Mitarbeiter zum Führer; den Grad der *Strukturiertheit* der Aufgabe; als strukturiert gelten dabei Aufgaben, bei denen das Ziel und der Weg dahin bekannt und die Zielerreichung überprüfbar sind; die *Positionsmacht* des Führers in seiner Gruppe. Diese Teilvariablen fasste er, mit unterschiedlicher Gewichtung (4:2:1), zur Gesamtvariable *„situative Günstigkeit"* zusammen. Diese ist hoch, wenn die Einstellung der Mitarbeiter positiv, die Aufgabe gut strukturiert und die Positionsmacht groß ist.

Ziel der zahlreichen Untersuchungen von Fiedler und Mitarbeitern war es nun, Höhe und Richtung der Beziehung zwischen dem LPC-Maß als Indikator des Führungsstils einerseits und Effektivitätsmaßen andererseits für unterschiedliche Stufen situativer Günstigkeit zu bestimmen. Dabei fand sich, dass bei hoher wie auch bei geringer situativer Günstigkeit LPC-Maß und Effektivität negativ korrelieren, d. h. ein mitarbeiterorientierter Stil ist eher ungünstig, ein aufgabenorientierter dagegen effektiv. Bei mittlerer situativer Günstigkeit gilt der entgegengesetzte Zusammenhang, d. h. ein mitarbeiterorientierter Stil ist günstig. Bei Situationen mittlerer Günstigkeit wird ein Führer die Leistung seiner Mitarbeiter also umso mehr steigern können, je mitarbeiterorientierter er sich verhält. Bei günstigen und ungünstigen Situationen greift dieser Stil nicht, bei günstigen wohl deshalb nicht, weil Mitarbeiterorientierung hier, anders als vermutlich Leistungsansporn, nichts zur Verbesserung der Motivation beiträgt; bei ungünstigen Situationen vermutlich nicht, weil hier die Mitarbeiter nicht auf das entsprechende Führungsverhalten eingehen werden.

Die Theorie hat eine intensive Debatte und Forschungstätigkeit ausgelöst. Es wurden sowohl theoriekonforme als auch abweichende Befunde vorgelegt. Unter den zahlreichen kritischen Argumenten sollen nur die folgenden, für die Diagnostik relevanten, erwähnt werden: Es ist nach wie vor unklar, was der LPC-Test misst. Der Test weist strukturell eine große Ähnlichkeit mit dem von Bieri et al. (1966) konstruierten Verfahren zur Erfassung der *kognitiven Komplexität* auf. In diesem Verfahren erzielen Personen, die andere Menschen auf einer Anzahl von Beurteilungsdimensionen *gleichartig* einschätzen, einen niedrigen Wert in Richtung kognitiver Komplexität. (Für Details zu diesem Verfahren siehe Krohne, 1973.) Personen mit niedrigen LPC-Werten würden demnach ihren am wenigsten geschätzten Mitarbeiter undifferenziert negativ beurteilen, Personen mit hohem Wert würden diesen Mitarbeiter dagegen differenzierter (d. h. auf einigen Dimensionen auch etwas positiver) beschreiben. Diese Annahme würde die geschilderten Zusammenhänge u. U. besser erklären. Sehr günstige wie auch sehr ungünstige Situationen sind beide, wenn auch auf unterschiedliche Weise, wenig komplex. Solche Situationen sollten von kognitiv einfach strukturierten Führern besser bewältigt werden. Situationen mittlerer Günstigkeit sind demgegenüber mehrdeutiger und erfordern eine höhere kognitive Komplexität des Führers.

Ferner ist die mangelnde theoretische Fundierung der Beziehungen zu kritisieren. Dieses Manko findet seinen Niederschlag u. a. in der oberflächlichen Festlegung von Effektivitätskriterien wie auch in der theoretisch nicht begründeten Auswahl von Variablen zur Operationalisierung von situativer Günstigkeit. Auch die Art der gewichteten Zusammenfassung bleibt unbegründet, wobei noch zusätzlich kritisch anzumerken ist, dass die Variablen „Einstellung der Mitarbeiter zum Führer“ und das LPC-Maß vermutlich nicht unabhängig voneinander sind.

Wenn auch die empirischen Befunde zur Theorie Fiedlers im Einzelnen kritisch zu bewerten sind, so bleibt als wesentliches Ergebnis doch die Erkenntnis, dass es im Hinblick auf Erfolgskriterien nicht *den* günstigsten Führungsstil gibt. Vielmehr hängt die Effektivität einzelner Führungsverhaltensweisen von der Passung (der Kontingenz) zwischen situativen Merkmalen und bestimmten Aspekten dieses Verhaltens ab. Deshalb legen alle neueren Führungstheorien großes Gewicht auf die Analyse des Zusammenhangs von Führungsverhalten und Situation im Hinblick auf den Führungserfolg.

Kaum eine dieser Theorien hat allerdings zu diagnostischen Verfahren geführt, die wesentlich über die bereits vorgestellten Instrumente hinausgehen. Eine Ausnahme bildet der von Bass (1985, 1997) vorgelegte Ansatz zur Beschreibung und Messung transaktionalen und transformationalen Führungsverhaltens.

Ausgangspunkt ist die Theorie der *charismatischen* Führung von House (1977), die auf Annahmen der *Weg-Ziel-Theorie* der Führung basiert (Evans, 1970; House, 1971). Die Weg-Ziel-Theorie sieht die Hauptfunktion des Führungshandelns darin, Mitarbeitern den Weg zum Ziel und die Attraktivität des Zieles zu verdeutlichen. Weg und Ziel sind wesentliche Determinanten der Arbeitszufriedenheit des Mitarbeiters. Indem der Führer diese Determinanten beeinflusst, fungiert er in erster Linie in der Rolle des Motivators. Effektives Führungsverhalten heißt also maximale Motivierung der Mitarbeiter, das gesetzte Ziel zu erreichen. Welche Verhaltensweisen dieser Motivierung besonders gut dienen, hängt von Merkmalen des Mitarbeiters, der Arbeitsaufgabe sowie der allgemeinen Situation ab.

Charismatische Führer sollen nun in ganz besonderem Maße dazu in der Lage sein, die Motiviertheit ihrer Mitarbeiter positiv zu beeinflussen. Derartige Führer sind nach House (1977) durch eine Reihe von Persönlichkeitsmerkmalen gekennzeichnet: Selbstvertrauen, Dominanz, Entschlossenheit, Maskulinität und wahrgenommene Intelligenz. Die Effektivität charismatischer Führung zeigt sich besonders dann, wenn es darum geht, die negativen Effekte ungünstiger Arbeitsbedingungen der Geführten aufzufangen.

Transaktionale Führer erkennen, welche Befriedigung die Geführten aus ihrer Arbeit ziehen möchten und bemühen sich um deren Erfüllung, wenn dies die Leistung der Geführten rechtfertigt. Sie mobilisieren also Anstrengung bei den Geführten, indem sie auf deren bereits bestehenden Interessen und Bedürfnisse reagieren. Dieser Prozess folgt weitgehend den Annahmen der Weg-Ziel-Theorie.

Transformationale Führer, zu denen auch der charismatische Führer gehört, motivieren dagegen ihre Gefolgsleute derart, dass sie mehr tun und mehr erreichen wollen, als sie selbst von sich wie auch andere von ihnen ursprünglich erwartet hatten. Transformationale Führer verwandeln also die Geführten in ihrem Verhalten und ihrem Selbstbild. Sie erreichen dies, indem sie erstens bei den Geführten das Bewusstsein dafür stärken, dass es wichtige und wertvolle Ergebnisse der Organisationsarbeit gibt, sowie Wege, um diese Ziele zu erreichen, zweitens die Geführten dazu bringen, ihre eigenen Interessen und Bedürfnisse zurückzustellen zugunsten der Gruppe bzw. der Organisation, und schließlich generell das Bedürfnisniveau ihrer Gefolgsleute anheben bzw. den Bereich der Bedürfnisse und Wünsche erweitern.

Zur Erfassung transaktionaler und transformationaler Führung wurde von Bass und Avolio (1995) das *Multifactor Leadership Questionnaire* (MLQ) entwickelt. Auf der Basis einer Sequenz von Faktorenanalysen konzipierten Bass und Avolio acht Skalen mit insgesamt 141 Items. Vier dieser Skalen erfassen *transformationale* Führung: *Charisma* thematisiert Respekt und Vertrauen gegenüber dem Führer (Beispielitem: „ich bin stolz darauf, mit ihm/ihr zusammenzuarbeiten"); *Inspirierende Motivierung* bezieht sich auf anspornende und aktivierende Zukunftsvisionen („er/sie hat eine Zukunftsvision, die mich anspornt"); *Intellektuelle Stimulierung* repräsentiert eine Führung, die innovatives Verhalten und das Aufbrechen eingefahrener Denkmuster fördert („er/sie ermöglicht es mir, alte Probleme in einem neuen Licht zu sehen"); *Individuelle Wertschätzung* bezeichnet das Eingehen auf den einzelnen Geführten sowie das Bereitstellen von Anleitungen und Hilfen im Arbeitsprozess („er/sie berät, fördert und unterstützt mich, falls es notwendig ist").

Drei weitere Skalen messen das Ausmaß *transaktionaler* Führung: *Bedingte Belohnung* bezieht sich auf positive und negative Rückmeldung als Funktion des Grades der Zielerreichung („er/sie weist mich darauf hin, was ich erhalten werde, wenn ich die Anforderungen erfülle"); *Active Management by Exception* beschreibt ein Verhalten, bei dem der Vorgesetzte die Leistung des Geführten überwacht und Maßnahmen ergreift, sobald eine Abweichung vom Standard auftritt („er/sie besteht auf der Einhaltung von Vorschriften, um Fehler zu vermeiden"); *Passive Management by Exception* bezeichnet ein Verhalten, bei dem der Führer erst dann in den Arbeitsprozess eingreift, wenn negative Abweichungen vorliegen („er/sie vermeidet Eingriffe, außer wenn ich gesteckte Ziele nicht erreiche"). Eine achte, von den beiden beschriebenen Führungsarten unabhängige, Skala thematisiert eine Führung (*Laissez-Faire*), bei der sich der Führer nur wenig um die Arbeitsresultate seiner Untergebenen kümmert („er/sie kümmert sich nicht um unsere Arbeit").

Judge und Piccolo (2004) führten eine Metaanalyse zur Bestimmung der Validität der MLQ-Dimensionen durch. Von den zahlreichen bedeutsamen Zusammenhängen sollen an dieser Stelle nur die folgenden erwähnt werden: Die Kriterien *Führungseffektivität* und *Zufriedenheit der Geführten mit dem Führer* wiesen eine enge positive Beziehung zu den Dimensionen transformationaler und eine ebenso enge negative Beziehung zum Stil Laissez-Faire auf. Der Zusammenhang mit der transaktionalen Führung durch Bedingte Belohnung war hier weniger ausgeprägt. Dagegen waren die *Arbeitszufriedenheit* der Geführten sowie die *Leistung* der Untergebenen enger mit Bedingter Belohnung als mit transformationaler Führung assoziiert. Laissez-Faire korrelierte negativ mit Arbeitszufriedenheit.

Geyer und Steyrer (1998) entwickelten eine deutsche Adaptation des MLQ, in der allerdings die beiden Komponenten des Management by Exception (aktiv und passiv) zu einer Dimension zusammengefasst werden. Inspirierende Motivierung besteht dabei aus sieben, die übrigen Skalen aus je zehn Items, die auf einer fünfstufigen Skala („überhaupt nicht" bis „häufig oder immer") beantwortet werden. Die Reliabilitäten dieser Adaptation fallen für fünf Skalen mit Werten von .90 sehr gut aus; nur die Skalen Management by Exception (α = .77) und Laissez-Faire (α = .71) schneiden deutlich schlechter ab. Die mittleren Übereinstimmungen zwischen den beurteilenden Untergebenen sind mit Werten zwischen .77 und .82 zufriedenstellend.

In einer Erhebung mit über 1 500 Mitarbeitern von Sparkassen, die insgesamt mehr als 200 Vorgesetzte zu beurteilen hatten, fanden Geyer und Steyrer (1998) allerdings sehr hohe Interkorrelationen zwischen den meisten der sieben Skalen der deutschen Adaptation. So variierten die Koeffizienten für die Skalen Charisma, Inspirierende Motivierung, Intellektuelle Stimulierung, Individuelle Wertschätzung und Bedingte Belohnung zwischen .67 und .85. Lediglich zu den Skalen Management by Exception und Laissez-Faire fielen die Korrelationen etwas niedriger aus, waren allerdings mit Werten zwischen −.60 und −.26 immer noch substanziell.

Auf Grund dieser Befundlage unternahmen die Autoren eine Neubestimmung der internen Struktur des MLQ mit Hilfe explorativer und konfirmatorischer Faktorenanalysen, die zu vier Faktoren führte. Diese Struktur bildete die Grundlage der deutschen Version des MLQ. Eine *erste Komponente* enthält Items der Skalen Intellektuelle Stimulierung, Inspirierende Motivierung, Charisma und Individuelle Wertschätzung und wird *Core-Transformationale Führung* genannt (α = .93). Die *zweite Komponente* vereint Items der Skalen Individuelle Wertschätzung und Charisma, in denen eine positive Beziehung zwischen Führer und Geführten zum Ausdruck kommt. Sie wird dementsprechend als *Individuelle Wertschätzung* identifiziert (α = .92). Die *dritte Komponente* besteht aus Items der Skalen Bedingte Belohnung und Individuelle Wertschätzung, in denen insbesondere positives Feedback des Vorgesetzten angesprochen wird. Sie wird als *Core-Transaktionale Führung* bezeichnet (α

= .93). Die *vierte Komponente* enthält Items der Skala Management by Exception (MBE), in denen passives Führungsverhalten beschrieben wird, sowie zwei Items der Skala Laissez-Faire. Sie wird dementsprechend *MBE-passiv/Laissez-Faire* genannte (α = .85).

Auch in dieser Revision sind die Korrelationen zwischen den drei erstgenannten Skalen noch substanziell (r = .58 bis .70). Nur die vierte Skala, die sich auf passives Führungsverhalten bezieht, ist von den anderen Komponenten weitgehend unabhängig. Zur Bestimmung der Validität zogen die Autoren Daten zum kurzfristigen bzw. langfristigen Verkaufserfolg der einzelnen Sparkassen heran. Dabei zeigte sich, dass transaktionale Führung ein signifikanter Prädiktor des Verkaufserfolgs ist, dass transformationale Führung aber einen zusätzlichen positiven Effekt auf den Erfolg ausübt, der über den der transaktionalen Führung hinausgeht. Bemerkenswert ist, dass Individuelle Wertschätzung zum kurzfristigen Erfolg in positiver, zum längerfristigen Erfolg aber in negativer Beziehung steht. Dieses Führungsverhalten enthält offensichtlich Elemente (Beispielitem: „steht mir mit Rat zur Seite, wenn ich es brauche"), die Defizite in der Qualifikation des Mitarbeiters ansprechen. Dieses Verhalten mag deshalb kurzfristig zur Problemlösung beitragen, reicht aber längerfristig offenbar zur Erfolgssicherung nicht aus.

Felfe und Goihl (2002) legten eine alternative deutsche Version des MLQ, das MLQ 5 x, vor. Dieses Verfahren, das sich etwas enger als der Test von Geyer und Steyrer an das amerikanische Vorbild anlehnt, unterscheidet bei der transformationalen Führung zwei Dimensionen. Außerdem wird noch mit zwei Skalen passive Führung (Laissez-Faire) erfasst. Die Reliabilitäten dieser insgesamt zehn Skalen sind, mit Ausnahme der beiden Dimensionen transaktionaler Führung, gut (zwischen .81 und .92; für transaktionale Führung .63 bis .70; für eine transformationale Skala .73; siehe auch Felfe, 2006; für eine weitere deutsche Übersetzung des MLQ siehe Rowold, 2005).

Als Fazit unserer Darstellung der Führungsdiagnostik lässt sich die Existenz zweier Ansätze konstatieren. Ein älterer – neuerdings aber offenbar wieder aktueller (siehe u. a. Hogan et al., 1994; Müller, Garrett, Pikal & Reedwisch, 2002) – Ansatz zielt darauf, erfolgreiche und erfolglose Führer nach einer Reihe von *Persönlichkeitseigenschaften* zu unterscheiden. Zur Erfassung dieser Eigenschaften kann im Prinzip das bei der Eignungsdiagnostik vorgestellte Instrumentarium herangezogen werden. Ein zweiter Ansatz versucht, meist über eine Befragung der Geführten, bestimmte *Aspekte des Führungsverhaltens* objektiv und reliabel zu messen (Übersicht u. a. in Jöns, 1995). Als zentrale Merkmale wurden dabei die Dimensionen Aufgaben- und Mitarbeiterorientierung sowie transaktionale und transformationale Führung identifiziert. Mehrere Testverfahren zur Erfassung dieser Komponenten und einiger weiterer Nebenaspekte der Führung wurden entwickelt. Dabei fällt allerdings auf, dass die zentralen Dimensionen der Führung, und dies gilt insbesondere für transaktionale und transformationale Führung, substanziell korreliert sind. Dieser Umstand erschwert natürlich die Bestimmung der diskriminanten Validität der entsprechenden Skalen.

Großes Gewicht legen alle neueren Ansätze auf die Bestimmung von Einflüssen aus dem situativen Kontext auf den Erfolg eines spezifischen Führungsverhaltens. Empirische Ergebnisse zu derartigen Zusammenhängen liefern eine wichtige Grundlage für die Schulung von Führungskräften. Allerdings ist die Befundlage hierzu derzeit noch widersprüchlich, was wohl in erster Linie auf das Fehlen von Taxonomien zur Bestimmung der relevanten Situationsvariablen zurückzuführen ist.

14.5.3 Diagnostik bei der Organisation

Diagnostische Interventionen bei der Organisation sind ein wichtiges Mittel, um Manager und Berater bei der Planung, Umsetzung und Bewertung von Veränderungsprozessen zu unterstützen. Im Sinne des im ▶ **Kap. 7** dargestellten handlungstheoretischen Modells wird Organisationsdiagnostik benötigt bei der Indikation, d. h. Diagnose und Bewertung von Organisationsproblemen, bei der Durchführung von Veränderungen zur Kontrolle dieses Prozesses sowie bei der Evaluation der Ergebnisse einer Modifikation.

Organisationsdiagnostik vollzieht sich auf verschiedenen Ebenen: beim Individuum und seiner Arbeitstätigkeit, bei Gruppen und Abteilungen sowie bezogen auf die Gesamtorganisation (Kühlmann & Franke, 1989). Dabei lässt sich eine strukturelle von einer prozessualen Orientierung unterscheiden. Bei der ersten geht es um die Entwicklung von Beschreibungsmerkmalen für die Struktur von Gruppen und Organisationen. Bei der zweiten steht die Frage im Vordergrund, wie die Gruppe oder Organisation von ihren Mitgliedern erlebt wird und auf diese Weise auf das Verhalten wirkt. Wichtige Konstrukte sind hier Organisationsklima und die bereits weiter vorn in anderem Zusammenhang dargestellte Arbeitszufriedenheit.

Charakteristisch für die *strukturelle* Orientierung sind die von der Aston-Gruppe (Payne & Pugh, 1976; Pugh, 1973) entwickelten Messverfahren, deren Items (die meist im Rahmen von Interviews zu beantworten sind) zunächst zu fünf apriorischen Dimensionen kategorisiert wurden: (1) *Spezialisierung*, d. h. Aufgliederung der Tätigkeiten in spezialisierte Rollen; (2) *Standardisierung*, d. h. Determination der Tätigkeit durch Routineverfahren; (3) *Formalisierung*, d. h. schriftliche Fixierung; (4) *Zentralisierung*, d. h. Grad der Konzentration von Entscheidungsprozessen; (5) *Konfiguration*; eine Sammelkategorie, die sich etwa auf die Zahl der Ebenen, den Anteil von Verwaltung und Produktion bzw. Dienstleistung u. Ä. bezieht.

Faktorenanalysen (u. a. Pugh, Hickson, Hinings & Turner, 1976) konnten diese Apriori-Struktur nicht vollständig replizieren. Während sich die Dimension Zentralisierung empirisch sichern ließ und sich Konfiguration in zwei Subdimensionen (Linienkontrolle des Arbeitsflusses sowie unterstützende Aktivitäten) aufspaltete, scheinen Spezialisierung, Standardisierung und Formalisierung empirisch assoziiert zu sein und einen einzigen Faktor, „Strukturierung der Aktivitäten“, zu bilden. Somit kann man also von vier empirisch gesicherten Dimensionen der Organisationsstruktur ausgehen. Allerdings scheint diese Struktur abhängig zu sein von Rahmenbedingungen wie Größe der Organisation, Technologie, Abhängigkeit von anderen Unternehmen, geographische Lage sowie Unternehmenspolitik (Übersicht in Kieser & Kubicek, 1992).

Im Zentrum der prozessualen (erlebnisdeskriptiven) Orientierung stehen Konstrukte wie Organisationskultur oder Organisationsklima. Unter *Organisationskultur* wird das Muster grundlegender Annahmen und Überzeugungen verstanden, die von den Organisationsmitgliedern geteilt werden und festlegen, wie die Organisation sich selbst und ihre Umwelt erlebt (Hofstede, 1998; Schein, 1985). Das *Organisationsklima* beschreibt die Art und Weise, wie eine Organisation in ihren objektiv gegebenen Strukturmerkmalen in übereinstimmender Weise von den Organisationsmitgliedern wahrgenommen wird (Schneider, 1975). Dieses Konstrukt ist zu unterscheiden von dem besonders in der deutschen Forschung verwendeten Begriff des Betriebsklimas. Hiermit ist der Zustand der variablen Zufriedenheit der Mehrheit der Organisationsmitglieder gemeint, der in definierbaren Merkmalen innerhalb der Or-

Übersicht 14.5 Dimensionen des Organisationsklimas nach Neuberger (1980).

1. *Strukturierung*: Organisatorische Regelungen, Vorschriften, Praktiken.
2. *Autonomie*: Unabhängigkeit, Entscheidungsfreiheit, spontane Entfaltungsmöglichkeit.
3. *Wärme und Unterstützung*: Qualität der sozialen Beziehungen.
4. *Leistungsorientierung*: Leistung, Zielorientierung, Begeisterung, „Schwung".
5. *Zusammenarbeit*: Integration des einzelnen Mitgliedes, Loyalität, konstruktive Zusammenarbeit.
6. *Belohnungshöhe und -fairness*: Verhältnis von Investition der Arbeitnehmer und Gegenleistung der Organisation.
7. *Innovation und Entwicklung*: Erwünschtheit von Veränderungen und Möglichkeit zu persönlicher Entwicklung.
8. *Hierarchisierung und Kontrolle*: Betonung von Rang-, Status- und Einflussunterschieden.

ganisation seine Ursachen hat (von Rosenstiel, 1972).

Im Folgenden soll beispielhaft die Messung des Organisationsklimas dargestellt werden. Zwar wurde in verschiedenen Studien eine unterschiedlich große Anzahl von Dimensionen des Organisationsklimas beschrieben (siehe u. a. Hemphill, 1956; James & James, 1989; Payne & Pugh, 1976; Pritchard & Karasick, 1973), doch besteht zwischen den meisten Ansätzen eine deutliche Übereinstimmung hinsichtlich der Inhalte zentraler Dimensionen. Neuberger (1980) beschreibt acht Dimensionen des Organisationsklimas, die gewissermaßen einen Querschnitt aus verschiedenen Ansätzen darstellen (► **Übersicht 14.5**).

Da das Organisationsklima naheliegenderweise über Befragungen der Mitarbeiter erfasst wird, besteht die Gefahr, dass es zu Konfundierungen zwischen Indikatoren kommt, die sich auf unterschiedliche Konstrukte beziehen sollen. So fanden sich z. B. zwischen einzelnen Skalen der Arbeitszufriedenheit und des Organisationsklimas derart hohe Korrelationen, dass verschiedene Autoren hier von einem einheitlichen Bereich ausgehen (Organisationsklima als Aspekt der Arbeitszufriedenheit; Guion, 1973).

Sowohl strukturelle als auch prozessuale Organisationsdiagnostik muss also auf unterschiedlichen Datenquellen basieren, um zu tragfähigen Bestimmungen zu gelangen. Büssing (2004) listet sieben Datenquellen der Organisationsdiagnostik auf:

1. Dokumentenanalyse;
2. organisations- und betriebswirtschaftliche Statistiken;
3. Befragung von Schlüsselpersonen und Experten, die organisatorische Regelungen planen, erlassen und kontrollieren;
4. Mitarbeiterbefragung;
5. Beobachtungen am Arbeitsplatz;
6. Gruppengespräche;
7. Interaktions- und Netzwerkanalysen.

14.6 Ausblick

Lange Zeit stand die Einzelperson im Zentrum arbeits- und organisationsdiagnostischer Bemühungen. An ihr interessierte insbesondere die Eignung zur Erfüllung der Anforderungen, die durch Arbeitsaufgabe und Arbeitsplatz gestellt wurden. Dementsprechend hatte auch die Arbeits- und Anforderungsanalyse früh Bedeutung erlangt, was sich u. a. in der wegweisenden Entwicklung der Methode der kritischen Ereignisse durch Flanagan manifestierte. In der Eignungsdiagnostik selbst dominierten zunächst die individuellen Fähigkeiten und Fertigkeiten, die entweder über etablierte Testverfahren oder Situationssimulationen (Arbeitsproben) erfasst wurden.

In den letzten 20 Jahren ist nun eine deutliche Erweiterung der arbeits- und organisationspsychologischen Diagnostik in mehrere Richtungen zu beobachten. In der Eignungsdiagnostik trat neben die Messung von Fähigkeiten und Fertigkeiten die Erfassung relevanter Persönlichkeitsmerkmale wie etwa Gewissenhaftigkeit, Extraversion oder Verträglichkeit. Diese Entwicklung wurde wesentlich vorangetrieben durch die Erkenntnis, dass nicht allein die „technische" Arbeitsleistung der einzelnen Mitarbeiter den Erfolg der Gesamtorganisation bestimmt, sondern auch deren „kontextuelle Leistungen", d. h. freiwilliges Übernehmen von Aufgaben und besondere Hingabe bei deren Durchführung, Kooperation, Regelbefolgung sowie Identifikation mit der Organisation (Borman & Motowidlo, 1993). Verwandte Konzepte, die in der Diagnostik zunehmend an Bedeutung gewinnen, sind Organizational Citizenship Behavior (Organ, 1988) und Work Commitment (Cooper-Hakim & Viswesvaran, 2005).

Eine zweite Richtung der Weiterentwicklung liegt in den simulationsorientierten Verfahren der Eignungsdiagnostik und hier insbesondere im Assessment Center (AC). Dieses komplexe Verfahren dominiert eindeutig die Diskussion der letzten Jahre in der arbeits- und organisationspsychologischen Diagnostik. Stärken und Schwächen des Ansatzes wurden ausführlich vorgestellt. Zieht man ausschließlich das Kriterium der prädiktiven, an mehr oder weniger objektiven Erfolgswerten orientierten, Validität heran, so überzeugt das AC nicht. Auch bei Kostenanalysen schneidet es, verglichen mit anderen eignungsdiagnostischen Ansätzen, eher schlecht ab. Seine Popularität hat offensichtlich damit zu tun, dass die für die Auswahl von Führungspersonen in einer Organisation Verantwortlichen sich vom AC mehr erhoffen als nur die Vorhersage der „technischen" Leistung. Am Verhalten des Bewerbers im AC glaubt man offenbar zu erkennen, ob dieser in die Organisation „passt" oder nicht. Diese „Passung" scheint ein wichtiges Kriterium für personelle Ergänzungen im Management zu sein. Sie schafft Vertrautheit und erhöht damit die Sicherheit beim Treffen von Entscheidungen.

Ansätze zur Diagnostik bei Gruppen und der Gesamtorganisation sind nach wie vor defizient. Eine Ausnahme könnte die Situation bei der Führungsdiagnostik sein. Allerdings lässt die Rückkehr einer eigenschaftszentrierten Diagnostik in Gestalt des charismatischen und transformationalen Führers noch keine klaren Aussagen über einen Fortschritt entsprechender diagnostischer Bemühungen zu. Verglichen mit der Führungsdiagnostik ist die Diagnostik von Strukturen und Prozessen in Gruppen und Organisationen unterentwickelt. Dies hängt offensichtlich mit dem subjektiven Zugang bei der Erhebung entsprechender Daten zusammen. Information über Strukturen und Prozesse wird fast ausschließlich über Aussagen der involvierten Mitglieder gewonnen. Damit kommt es aber zu einer Konfundierung der Daten, die diese Prozesse und Strukturen indizieren sollen, mit Variablen, die diese Daten entweder prädizieren oder von diesen abhängen sollen. (Zum Problem derartiger Konfundierung siehe Krohne, 1990.) Wenn beispielsweise postuliert wird, dass das Organisationsklima die Arbeitszufriedenheit der Mitarbeiter beeinflusst, dann darf man diese beiden Merkmale nicht ausschließlich durch Berichte der Betroffenen erheben. Hier ist von vorneherein, und dies wird noch durch die Ausrichtung der entsprechenden Fragebogen verstärkt, mit einer Überlappung der einzelnen subjektiven Stellungnahmen und damit einem positiven Zusammenhang zwischen den beiden Merkmalen zu rechnen.

Subjektive Berichte, die Informationen über Strukturen und Prozesse in Gruppen und Organisationen liefern sollen, müssen deshalb zumindest ergänzt (wenn nicht ersetzt) werden, durch Daten aus objektiven Quellen, speziell aus der Beobachtung (L-Daten). Im Zentrum sollte hier die Registrierung von Kommunikationsprozessen stehen. Wenn man dieses Vorgehen mit der Technik der kritischen Ereignisse kombiniert, dann ließe sich beispielsweise feststellen, wie (insbesondere auch wie schnell) Kommunikationsprozesse angesichts derartiger Ereignisse in Gruppen und Organisationen ablaufen. Dies würde wichtige Informationen über strukturelle Aspekte (z. B. Hierarchisierung) wie auch Prozesse (z. B. Flexibilität, Engagement) liefern.

Weiterführende Literatur

Darstellungen wichtiger Bereiche der arbeits- und organisationspsychologischen Diagnostik finden sich in den Herausgeberbänden von Fleishman und Reilly (1992), Murphy (1996b), Sarges (2013b), Schmitt und Borman (1993), Schuler und Moser (2013) sowie Schuler und Kanning (2014). Wichtige Testverfahren werden in Sarges und Wottawa (2004) vorgestellt.

Fragen zur Wissenskontrolle

1. Welches sind die spezifischen Ziele der Arbeits- und der Anforderungsanalyse?
2. Aus welchen Schritten besteht die Methode der kritischen Ereignisse?
3. Welche Zielsetzung hat die synthetische Validierung?
4. Wie ist Arbeitszufriedenheit definiert und welche Aspekte lassen sich an ihr unterscheiden?
5. Was versteht man unter Assessment Center (AC) und welche Ziele hat das AC?
6. Welche Funktion hat die Leistungsbeurteilung?
7. Was versteht man unter Organizational Citizenship Behavior?
8. Was ist mit den beiden zentralen Führungsdimensionen Consideration und Initiating structure gemeint und wie können diese gemessen werden?
9. Wie ist Organisationsklima definiert und welche Komponenten lassen sich hier unterscheiden?

15 Klinische und gesundheitspsychologische Diagnostik

15.1 Aufgaben der Klinischen Psychologie und der Gesundheitspsychologie

Nachdem es im vorangegangenen Kapitel um die Diagnostik des Verhaltens und Erlebens von Menschen in Arbeit, Beruf und Organisation gegangen war, befassen wir uns nun mit der Messung dieser Merkmale im Bereich von Krankheit und Gesundheit. Zwei Disziplinen der Psychologie widmen sich – mit unterschiedlicher Schwerpunktsetzung – dieser Aufgabe, die Klinische Psychologie und die Gesundheitspsychologie.

Die Gesundheitspsychologie ist die jüngere dieser beiden Disziplinen. Sie befasst sich mit der Analyse und Beeinflussung gesundheits- und krankheitsrelevanter Verhaltensweisen und Kognitionen des einzelnen Menschen sowie mit gesellschaftlichen Normen, die sich auf Gesundheitsbewusstsein und -gewohnheiten auswirken. Dabei liefert sie empirisch begründetes Änderungswissen für gesundheitsbezogene Maßnahmen auf individueller, sozialer, institutioneller und politischer Ebene. Ausgehend von der Definition Matarazzos (1980) lassen sich die einzelnen Aufgaben der Gesundheitspsychologie wie folgt beschreiben:

1. Förderung und Erhaltung von Gesundheit;
2. Prävention, Früherkennung und Beeinflussung von Krankheitsfaktoren;
3. Bestimmung von Risikoverhaltensweisen und anderen ätiologischen und

diagnostischen Korrelaten von Gesundheit bzw. Krankheit und damit zusammenhängenden Fehlfunktionen;
4. Rehabilitation;
5. Analyse und Verbesserung des Systems gesundheitlicher Aufklärung, Vorsorge und Versorgung.

Im Zentrum der Betrachtung der Gesundheitspsychologie steht der *körperliche und psychische* Gesundheitsstatus. Der Schwerpunkt ihrer Bemühungen liegt dabei auf der *Prävention* von Beeinträchtigungen dieses Status. Dabei befasst sie sich eher mit dem *Kollektiv* als mit der Einzelperson.

Demgegenüber beschäftigt sich die Klinische Psychologie traditionellerweise mit der *Behandlung* von *Erkrankungen* bzw. *Störungen* und nicht mit dem Thema Gesundheit (vgl. u. a. Reinecker, 2003). Dabei konzentriert sie sich auf die *Einzelperson* und deren *psychische Merkmale*. Körperliche Probleme werden nur am Rande betrachtet, und zwar in erster Linie in ihrer Funktion als Auslöser oder Konsequenzen (meist als Konsequenzen) psychischer Störungen.

In jüngster Zeit bemüht sich aber auch die Klinische Psychologie in einzelnen Ansätzen um eine stärkere Integration körperlicher und psychischer Vorgänge. Dies wird etwa deutlich bei der Diagnose und Behandlung chronischer Schmerzen. Bei dieser Erkrankung, die zunehmend einen Schwerpunkt klinisch-psychologischer Forschung und Praxis bildet, ist das Zusammenspiel psychischer und körperlicher Faktoren ja ganz offensichtlich. Ähnliches gilt für Themen wie Krankheitsbewältigung oder die psychologische Behandlung von Risikopersonen (z. B. mit Bluthochdruck oder Übergewicht). Entsprechend werden wir zwischen den beiden Bereichen der klinisch-psychologischen und gesundheitspsychologischen Diagnostik eine gewisse Überlappung zu erwarten haben, wobei sich die Klinische Psychologie aber nach wie vor primär um die Diagnose und Behandlung psychischer Störungen (z. B. Depressionen, Ängste, psychische Konflikte) bei der Einzelperson kümmern wird, während es der Gesundheitspsychologie in erster Linie um die Prävention geht.

Klinische Psychologie	Gesundheits-psychologie
zentrieren	sich auf
Behandlung	Prävention
psychische Störungen	psychophysischen Gesundheitsstatus
Einzelperson	Kollektiv

15.2 Klinisch-psychologische Diagnostik

15.2.1 Zielsetzung

Diagnostik im Bereich der Klinischen Psychologie hat die folgenden Aufgaben (vgl. Bastine & Tuschen, 1996):

1. Psychische Störungen qualitativ und quantitativ zu beschreiben,
2. sie zum Zwecke der Indikation bestimmten Klassen zuzuordnen,
3. ihre Entstehungsgeschichte bzw. die Bedingungen ihres Auftretens aufzuklären,
4. ihren weiteren Verlauf bzw. die therapeutische Erfolgswahrscheinlichkeit vorherzusagen sowie
5. Information über den Behandlungserfolg zu liefern.

Diese Aufgaben der klinisch-psychologischen Diagnostik korrespondieren mit den zentralen Bestimmungsstücken des handlungstheoretischen Modells von Kaminski (1970), das ja in besonderem Maße – aber nicht ausschließlich – für die Diagnostik im Rahmen modifikatorischer Interventionen konzipiert worden war

(► **Kap. 7**). Nach diesem Modell war die diagnostische Tätigkeit eng auf die Formulierung und Überprüfung von vier Hypothesen bezogen: (1) zum Eingangszustand (Z1) des Klienten, (2) zu den Bedingungen dieses Zustands, (3) zum durch eine modifikatorische Intervention angestrebten Zielzustand (Z2) sowie (4) zum Weg von Z1 nach Z2.

Dementsprechend zielt die klinisch-psychologische Diagnostik auf die Gewinnung von Information zur Klärung von vier – mit diesen Hypothesen korrespondierenden – Fragestellungen (vgl. auch Bastine & Tuschen, 1996):

1. Auf die Definition und Identifikation psychischer Störungen und Probleme, d. h. auf die Gewinnung von Information zur Z1-Hypothese.
2. Auf die Feststellung der Entstehungsbedingungen dieser Probleme und Störungen, also auf Hypothesen zu den Bedingungen von Z1.
3. Auf die Vorhersage des künftigen Entwicklungsverlaufs einer Störung bzw. eines Problems, insbesondere auch im Hinblick auf den Einfluss, den eine modifikatorische Intervention auf den problematischen Eingangszustand (Z1) im Sinne einer Veränderung in Richtung eines erwünschten Zielzustands (Z2) haben könnte. Diese prognostische Funktion bezieht sich also auf Hypothesen zu Z2 und zum Weg dorthin.
4. Auf die Evaluation einer psychologischen Behandlung, also auf die Prüfung, ob eine modifikatorische Intervention mit den formulierten Hypothesen konkordant verläuft (Verlaufskontrolle), und ob das Zielkriterium erreicht wurde (Erfolgskontrolle; siehe ► **Abb. 7.2**, S. 194).

Bei der Verfolgung dieser Ziele muss die klinische Diagnostik besonders drei Sachverhalte berücksichtigen (vgl. Bastine & Tuschen, 1996): *Erstens* müssen normative Aspekte einbezogen werden, also die Tatsache, dass die Definition eines Merkmals als behandlungsbedürftige Störung (z. B. Alkoholkonsum) auch von der Verteilung des betreffenden Verhaltens in der Bevölkerung abhängt. Bastine und Tuschen weisen allerdings darauf hin, dass hier nicht allein statistische Normwerte, sondern auch der Kontext eines Verhaltens berücksichtigt werden müssen. So wird etwa der Alkoholkonsum eines ehemaligen Alkoholabhängigen anders zu bewerten sein als das entsprechende Verhalten einer Person ohne bisherige Alkoholprobleme. – *Zweitens* müssen die speziellen messtheoretischen Implikationen, die mit der Erfassung von Veränderungen des interessierenden Merkmals (Beschwerden, Störungen oder Symptome) im Rahmen einer modifikatorischen Intervention verbunden sind, berücksichtigt werden. – *Drittens* besteht die Notwendigkeit, einerseits sehr differenzierte und spezifische, andererseits aber auch weniger eindeutig definierte Störungen diagnostisch zu erfassen. Die klinische Forschung und Praxis der letzten Jahre ist durch eine zunehmende Ausdifferenzierung sehr unterschiedlicher Störungen (z. B. Lernstörungen, Panikattacken), für die jeweils spezifische Diagnoseinstrumente zu entwickeln waren, gekennzeichnet. Diesen Störungen stehen aber nach wie vor weniger klar definierte Störungen gegenüber (z. B. Selbstwertprobleme), die in der Regel nicht über spezifische Verfahren diagnostiziert werden, sondern mit Hilfe allgemeinerer Instrumente, wie wir sie z. T. in vorangegangenen Kapiteln kennengelernt haben.

15.2.2 Systematisierung

Klinisch-diagnostische Ansätze lassen sich nach einer Reihe von Gesichtspunkten ordnen (vgl. auch Bastine & Tuschen, 1996): (1) der zeitliche Rahmen, auf den sich die Verfahren beziehen; (2) die Art der Daten, die mit diesen Verfahren erfasst werden; (3) die Frage, ob der diagnostische Ansatz der Identifikation und Beschreibung oder der Klassifikation von Störungen dient.

Unter dem Gesichtspunkt des *zeitlichen Rahmens* stehen natürlicherweise Methoden zur Erhebung der *gegenwärtigen psychosozialen Situation* des Klienten im Vordergrund. Hierzu gehören alle Verfahren zur Erfassung von Merkmalen wie Angst, Depression u. Ä., und zwar sowohl als überdauernde Disposition (Trait) wie auch als aktueller Zustand (State; ▶ **Kap. 10**). Integriert werden verschiedene dieser Merkmale in Form von Beschwerdelisten oder Befindlichkeitsskalen. Daneben existiert eine Vielzahl speziellerer Instrumente, z. B. zur Erfassung von Stress- oder Krankheitsbewältigung, erlebter sozialer Unterstützung oder Familienbeziehungen, die sich z. T. auch auf sehr eingegrenzte Bereiche beziehen, beispielsweise die Protokollierung von Schmerzen mittels sog. Schmerztagebücher oder die Erhebung von Essstörungen.

Vergangenheitsbezogene Ansätze dienen der Erhebung von Entstehungsgeschichte und -verlauf einer Störung. Hierzu gehören biographieorientierte Verfahren, in denen es um die Lebensgeschichte des Klienten geht, die Anamnese, die sich auf die Entwicklungsgeschichte eines Problems konzentriert (▶ **Kap. 8**), sowie die Erfassung kritischer Lebensereignisse. Soweit die erhobenen Daten – was in der Regel der Fall sein wird – aus Selbstberichten des Klienten stammen, muss mit bestimmten Verzerrungstendenzen gerechnet werden, die u. a. aus dem aktuellen Zustand des Klienten herrühren. So wird etwa eine Person ihre Lebensgeschichte unterschiedlich rekonstruieren und berichten, je nachdem, ob sie sich aktuell in einem depressiven Zustand befindet oder nicht (▶ **Kap. 10**).

Zukunftsorientierte Verfahren gewinnen in zunehmendem Maße an Bedeutung, und zwar noch stärker in der Gesundheitspsychologie als in der Klinischen Psychologie. Im Zentrum steht dabei die Erhebung persönlicher Zielsetzungen und Erwartungen, von denen angenommen wird, dass sie einen wesentlichen Einfluss auf die Steuerung des aktuellen Verhaltens haben (vgl. Brunstein & Maier, 1996). So hängt beispielsweise die Ausübung eines gesundheitsförderlichen Verhaltens (z. B. Bewegung) bzw. die Unterlassung eines Risikoverhaltens (z. B. Rauchen) wesentlich von der Hierarchie persönlicher Ziele ab. Auch die Erfassung der vom Klienten erwünschten Ergebnisse einer Behandlung (im Sinne der Bestimmung von Z2) gehört in den Bereich zukunftsorientierter Diagnostik.

Mit Hilfe klinisch-diagnostischer Ansätze können Daten erhoben werden, die den bereits dargestellten *Ebenen* der L-, Q-, T- sowie Fähigkeits- und Leistungsdaten zugeordnet werden können. Dabei muss ein bestimmtes Verfahren keineswegs nur Daten einer Ebene liefern. So lassen sich, wie erwähnt (▶ **Kap. 8**), mit Hilfe des klinischen Interviews Selbstauskünfte (Q-Daten) wie auch Beobachtungsdaten (L-Daten) erheben. Auch die Durchführung von Fähigkeitstests liefert – gerade bei klinischen Fragestellungen (z. B. Lernstörungen) – nicht nur Fähigkeits- oder Leistungsdaten, sondern auch relevante Information aus der Verhaltensbeobachtung (L-Daten; zu Methoden des Verhaltensbeobachtung ▶ **Kap. 9**).

Die Erhebung von T-Daten beschränkte sich lange Zeit auf die Darbietung (inzwischen weitgehend obsolet gewordener) projektiver Verfahren oder (für den praktischen Einsatz wenig geeigneter) objektiver Tests (▶ **Kap. 11**). Inzwischen hat sich das Bild aber durch die Entwicklung von Verfahren, die an der experimentellen Kognitionsforschung orientiert sind, sowie durch den verstärkten Einsatz von neuro- und psychophysiologischen Methoden in der klinischen Praxis deutlich zum Positiven gewandelt. Bei den kognitiv-experimentellen Verfahren sei besonders auf den Impliziten Assoziationstest (IAT) sowie den *Stroop-Test* verwiesen. (Für eine ausführlicherer Beschreibung dieser Ansätze ▶ **Kap. 11**.)

Die einzelnen diagnostischen Methoden in der Klinischen Psychologie (etwa ein klinisches Interview oder eine Befindlichkeitsskala) dienen natürlich in jedem Fall der *Identifikation einer psychischen Störung*. Die Frage ist nur, wie mit den erhobenen Daten weiterverfahren wird. Im Sinne des handlungstheoretischen Modells von Kaminski (1970) können die Daten dazu dienen, Hypothesen zu überprüfen, die der Praktiker auf der Grundlage seines psychologischen Wissens (aus den Speichern Bedingungs- und Änderungswissen) formuliert hat (▶ **Kap. 7**). So könnte der Psychologe etwa bei einem Kind mit Schulproblemen die Hypothese aufgestellt haben, dass es sich hier um ein erworbenes Vermeidungsverhalten handelt. Wenn diese Hypothese durch weitere, gezielt gesuchte, Daten gestützt wird, so kann er darauf seine Behandlung aufbauen.

Die, insbesondere durch klinische Interviews gewonnenen, Daten können jedoch auch genutzt werden, um den Klienten in eine feste, von außen durch ein etabliertes *Klassifikationssystem von Störungen* vorgegebene, Kategorie einzuordnen. Die Kategorien derartiger Systeme, die später noch genauer vorgestellt werden, sind gewollt theorielos, d. h. ohne Rückgriff auf ein Bedingungswissen aufgestellt worden und werden durch die Angabe operationaler Kriterien (welches Merkmal muss bzw. darf nicht vorliegen) präzise bestimmt. Auch die anschließende Behandlung richtet sich nach dem zu einer bestimmten Kategorie jeweils vorliegenden Änderungswissen und nicht nach den spezifischen Hypothesen, die der Praktiker selbst auf der Basis seiner grundwissenschaftlich orientierten Erarbeitung des vorliegenden Problems aufgestellt hat.

Im Folgenden wollen wir zunächst Verfahren zur Identifikation und Beschreibung einer psychischen Störung vorstellen. Dabei legen wir den Schwerpunkt auf die Erfassung abgegrenzter, eindeutig definierter Störungen, zu denen wir allerdings nur jeweils einige ausgewählte diagnostische Verfahren vorstellen. (Zu umfassenderen Dokumentationen klinisch-psychologischer Diagnoseinstrumente siehe insbesondere Brähler, Holling, Leutner & Petermann, 2002; Brähler, Schumacher & Strauß, 2003; CIPS, 2005; Röhrle, Caspar & Schlottke, 2008; Schumacher, Klaiberg & Brähler, 2003.) Bei den weniger eindeutig bestimmten Störungen verweisen wir auch auf Instrumente, die bereits in den einschlägigen Kapiteln des Teils IV ausführlicher vorgestellt worden waren. Bei der Abfolge der Darstellung folgen wir der Systematik, die in diesem Teil vorgegeben wurde, wir differenzieren also nach Interview, L-, Q- und T-Daten (einschließlich fähigkeits- und leistungsorientierter Verfahren). Im Anschluss daran stellen wir dann Systeme zur *Klassifikation* psychischer Störungen vor.

15.2.3 Das klinische Interview

Eine wichtige diagnostische Methode ist das klinische Interview. Grundstruktur und Zielsetzung dieser Methode hatten wir bereits kennengelernt (▶ **Kap. 8**). Das klinische Interview befasst sich mit der Vorgeschichte des konkreten Problems (Anamnese) oder der Krankheitsgeschichte des Klienten, es nimmt Bezug auf die Biographie und die Lebensverhältnisse des Klienten, fragt nach kritischen Lebensereignissen sowie Gefühlen und Kognitionen in Bezug auf diese Ereignisse, erkundet die Therapiemotivation und die Therapieziele des Klienten und spricht schließlich dessen Erwartungen an die Behandlung und den Therapeuten an.

In ▶ **Kap. 8** war dargelegt worden, dass im Sinne einer hypothesengeleiteten Planung der Beschaffung diagnostischer Daten einem unstrukturierten (an der jeweiligen Auswertung der bisher erhaltenen Antworten orientierten) Vorgehen im Gespräch der Vorzug vor der Anwendung eines vorstrukturierten Frageschematismus zu geben ist. Gleichzeitig war allerdings auch auf die mangelnde psychometrische Qualität unstrukturierter Interviews hingewiesen worden. Deshalb sind die meisten der derzeit in der klinischen Praxis durchgeführten Interviews halb- oder vollstrukturiert.

Inhalte des klinischen Interviews

- Vorgeschichte des Problems
- Krankengeschichte des Klienten
- Biographie und Lebensverhältnisse
- Kritische Lebensereignisse
- Gefühle und Kognitionen in Bezug auf kritische Lebensereignisse
- Therapiemotivation und Therapieziele
- Erwartungen an die Behandlung
- Erwartungen an den Therapeuten

Eines der ersten strukturierten Interviews war das bereits in ▶ **Kap. 8** beschriebene *Present State Examination* (PSE; Wing et al., 1974; deutsche Bearbeitung durch von Cranach, 1978). Klinische Interviews lassen sich danach unterscheiden, ob sie einen weiten Bereich von Störungsbildern erkunden (wie z. B. im PSE, in dem aus 140 erfragten Symptomen Information zu 38 Störungsbildern gewonnen werden kann) oder sich auf eine einzelne Störung konzentrieren (wie z. B. im *Strukturierten Tinnitus-Interview* von Goebel & Hiller, 2001). Sie lassen sich ferner danach differenzieren, ob sie sich eher an Erwachsene oder Kinder und Jugendliche (bzw. deren Eltern) wenden. Schließlich kann man strukturierte Interviews noch einmal danach unterscheiden, ob sie sich an herkömmlichen (meist auf vortheoretischen psychiatrischen Konzepten basierenden) Einordnungen von Störungsbildern orientieren oder Information für diagnostische Entscheidungen im Rahmen eines der beiden großen Klassifikationssysteme für psychische Störungen liefern sollen, dem *Diagnostic and Statistical Manual of Mental Disorders* (DSM; aktuelle Versionen: DSM-IV-TR und DSM-5; APA, 2000, 2013) oder der *International Statistical Classification of Diseases* (ICD; aktuelle Version: ICD-10; WHO, 1993a). Im Grenzbereich von Interview und Fremdbeurteilung stehen die *Checklisten*. Auch diese dienen der Erfassung von Störungen, die meist nach den Kriterien etablierter Klassifikationssysteme, in der Regel des DSM oder der ICD, definiert wurden. Als Informationsquellen für Einordnungen auf derartigen Checklisten dienen Daten aus Patientengesprächen und Interviews, Verhaltensbeobachtungen oder Angaben Dritter. ▶ **Tab. 15.1** gibt eine Übersicht über einige halb- und vollstrukturierte Interviews für Erwachsene. (Für eine Übersicht über diese Erhebungsverfahren vgl. auch Strauß & Schumacher, 2005.)

15.2.4 Klinische Diagnostik auf der Basis von L-Daten

Wie bereits dargestellt (▶ **Kap. 9**), stammen L-Daten aus zwei Quellen: objektiven Lebensdaten (wozu auch bisher erlittene Krankheiten gehören) und Fremdbeobachtungen bzw. -beurteilungen. In der klinischen Diagnostik interessiert vor allem diese zweite Datenquelle. In der Praxis wird die Methode der Verhaltensbeobachtung so gut wie nie allein verwendet, sondern meistens mit einer Exploration kombiniert. In dieser Kombination dient sie vor allem zwei Zielsetzungen: Erstens der Gewinnung von Information zur Beantwortung von Checklisten. Wir können hier von einer *psychiatrischen Orientierung* sprechen. Zweitens der Diagnostik der Auftretenshäufigkeit problematischen Verhaltens sowie der Registrierung funktionaler Zusammenhänge zwischen antezedenten Bedingungen, problematischen Merkmalen und Konsequenzen im Rahmen

Tab. 15.1 Ausgewählte deutschsprachige klinische Interviews für Erwachsene

Kurzname	Beschreibung
AMDP	Arbeitsgemeinschaft für Methodik und Dokumentation in der Psychiatrie (AMDP, 2007). Auf Fremdbeurteilung beruhende Dokumentation anamnestischer Daten sowie psychopathologischer und somatischer Symptome.
DIA-X/M-CIDI	Composite International Diagnostic Interview (Wittchen & Pfister, 1997). Modulares System mit drei Komponenten: Screening, standardisiertes Interview (CIDI), computergestütztes Diagnoseverfahren.
IPDE	International Personality Disorder Examination (Loranger & WHO, 1996; deutsch: Mombour et al., 1996). Strukturiertes Interview nach den Kriterien des ICD-10 und DSM-IV.
IRAOS	Interview für die retrospektive Erfassung des Erkrankungsbeginns und -verlaufs bei Schizophrenie und anderen Psychosen (Häfner, Löffler, Maurer, Riecher-Rössler & Stein, 1999). Halbstrukturiertes Interview; Befragung von Patienten, Angehörigen und Klinikpersonal.
SKID	Strukturiertes Klinisches Interview für DSM-IV (Wittchen, Zaudig & Fydrich, 1997). Halbstrukturiertes Interview zur Erfassung von Achse I- und Achse II-Störungen nach den Kriterien des DSM-IV.

einer modifikatorischen Intervention (*verhaltenstherapeutische Orientierung*).

Ein Beispiel für eine kombinierte Vorgehensweise mit psychiatrischer Orientierung ist die *Internationale Diagnosen Checkliste für Persönlichkeitsstörungen* (IDCL-P; Bronisch, Hiller, Mombour & Zaudig, 1995). Mit Hilfe der IDCL-P sollen Persönlichkeitsstörungen nach den Definitionen des DSM-IV oder der ICD-10 erfasst werden. Grundlage für die Einordnung in entsprechende Kategorien sind Verhaltensbeobachtungen, Information aus der Exploration und evtl. Angaben Dritter. Die Daten werden dann nach Kriterien, die direkt aus den entsprechenden Definitionen der beiden genannten Klassifikationssysteme abgeleitet wurden, zur Diagnose einer entsprechenden Störung verwendet.

Im Gegensatz zu Checklisten erfordert die Durchführung klinischer Interviews mehr Aufwand. Ein wichtiges Verfahren ist hier das *Diagnostische Interview bei psychischen Störungen* (DIPS; Schneider, In-Albon & Margraf, 2011). Das DIPS orientiert sich an den Kategorien des DSM-IV-TR. Weitere strukturierte klinische Interviews sind in ► **Tab. 15.1** zusammengestellt.

Bei Checklisten werden sowohl Exploration als auch Beobachtung in der Regel nicht systematisch, d. h. einer verbindlichen Struktur folgend, durchgeführt. Häufig kann man nicht einmal von Exploration oder Beobachtung sprechen, sondern es werden lediglich Daten aus Fremdbeurteilungen (Ärzte, Psychologen, Pflegepersonal oder Angehörige) zur Beantwortung der Checkliste herangezogen.

Deutlich anders ist die Situation in der verhaltenstherapeutisch orientierten Diagnostik. Hier finden sich alle Grade der Systematisierung, wobei allerdings die *systematische Verhaltensbeobachtung* mit ihrer Festlegung der Rahmenbedingungen der Beobachtung und des Beobachtungssystems (► **Kap. 9**) als der beste Weg angesehen wird, um im Prozess einer Verhaltensmodifikation relevante Information zu erhalten (vgl. Schulte & Kemmler, 1974).

Verhaltenstherapeutisch orientierte Diagnostik ist ein zentrales Beispiel für die Erweiterung der Aufgabenstellungen und Ansätze in der modernen Diagnostik (▶ **Kap. 1**). Ging es in der traditionellen Diagnostik im Wesentlichen um die zuverlässige Registrierung der Unterschiede zwischen Menschen und deren Bezug auf stabile latente Persönlichkeitsmerkmale (Hörmann, 1964), d. h. um eine am *Eigenschaftsmodell* orientierte Diagnostik (Pawlik, 1988), so zielt die verhaltenstherapeutisch orientierte Diagnostik auf die Gewinnung von Information zur Bestimmung der Angemessenheit und Effizienz modifikatorischer Interventionen im Einzelfall (Diagnostik nach dem *Modifikationsmodell*, Pawlik, 1988). Diese Diagnostik ist nicht in erster Linie an stabilen Persönlichkeitsmerkmalen interessiert (obwohl diese im Sinne der Interaktion von Person und Situation durchaus eine Rolle spielen können), sondern an verhaltenstheoretisch orientierten *Prozessanalysen* der verhaltensauslösenden Situationsmerkmale, der in einer bestimmten Situation auftretenden Reaktionen sowie der Konsequenzen dieses Verhaltens (Schulte, 1976).

Da alle wesentlichen Merkmale der Datenerhebungsmethode Verhaltensbeobachtung in ▶ **Kap. 9** eingehend vorgestellt wurden, sollen an dieser Stelle nur einige, für die Beobachtung bei klinischen Fragestellungen relevante, Spezialfälle erwähnt werden. In *Verhaltenstests* wird das problematische Verhalten dadurch provoziert und beobachtet, dass der Klient in der Realität oder der Vorstellung eine Situation aufsucht, in der normalerweise das problematische Verhalten auftritt. Es kann sich dabei um reale Alltagssituationen wie auch um gestellte Szenarien handeln. Der Therapeut hat zum einen die Möglichkeit, den Klienten in einer derartigen Situation direkt zu beobachten. Zum anderen kann er den Klienten aber auch gezielt nach Äußerungen des problematischen Verhaltens sowie nach weiteren kognitiven, affektiven, körperlichen oder motorischen Reaktionen befragen. Eine Spezialform dieser Tests sind die *Vermeidenstests*, in denen der Grad der Annäherung bzw. Vermeidung angstauslösender Situationen durch den Klienten und die Stärke seiner Angstreaktionen gemessen werden können.

Eine weitere diagnostische Methode im Rahmen der klinischen Verhaltensbeobachtung ist das *Rollenspiel*. Der Klient kann hier seine eigene Rolle in einer bestimmten kritischen Situation spielen, z. B. in einem Prüfungsgespräch. Er kann auch die Rolle einer anderen Person seiner sozialen Umgebung einnehmen und schließlich Mitspieler, z. B. den Therapeuten, in ihre Rollen einweisen und mit ihnen interagieren. In diesem Fall würde der Therapeut zugleich als teilnehmender Beobachter (▶ **Kap. 9**) fungieren.

Bei der Darstellung von Gesichtspunkten zur Systematisierung klinisch-diagnostischer Ansätze war auf einige an der experimentellen Kognitionsforschung orientierte Verfahren hingewiesen worden (z. B. IAT; Stroop-Test), mit deren Hilfe störungsrelevante Daten erfasst werden können. Diese Verfahren sind für den Klienten in ihrem Messprinzip (wahrscheinlich) nicht durchschaubar und liefern somit T-Daten (▶ **Kap. 11**). Sozusagen eine Vorstufe zu diesen experimentellen Verfahren stellen Techniken zur Diagnose störungs- und therapierelevanter *Kognitionen* dar. Hierzu gehört etwa die Technik des Gedankenauflistens (thought-listing procedure; Cacioppo & Petty, 1981), die anschließend noch genauer beschrieben wird. Da hier das Messprinzip für die meisten Probanden vermutlich durchschaubar ist, kann man die erhaltenen Informationen nicht im engeren Sinn als T-Daten bezeichnen. Von den, im nächsten Abschnitt zu behandelnden, Selbstauskünften (Q-Daten) sind sie aber ebenfalls unterschieden, und zwar durch ihre geplante Einbettung in eine unter strukturierten Bedingungen ablaufende Verhaltensanalyse. Dieser Gesichtspunkt legt es nahe, sie im Zusammenhang mit Verhaltenstests zu behandeln.

Generell ist allen *Techniken zur Erhebung störungs- und therapierelevanter Kognitionen* gemeinsam, dass sie immer auf ein konkretes Ereignis bezogen sind. Zu diesem Ereignis soll der Klient unter standardisierten Bedingungen Kognitionen produzieren, die dann in strukturierter Form (z. B. nach ihrer zeitlichen Abfolge) registriert werden. Die bekanntesten Verfahren sind die Technik des Nachspielens (cognitive rehearsal), des Gedankenauflistens (thought listing) und des lauten Denkens (für eine Übersicht vgl. Bastine & Tuschen, 1996).

Bei der *Technik des Nachspielens* wird der Klient gebeten, eine Problemsituation so nachzuspielen, als ob sie sich gerade ereignet. Dabei kann er, je nach Instruktion, zur Produktion von Kognitionen unterschiedlicher Art aufgefordert werden, etwa situationsbezogene Gedanken, selbstzentrierte Kognitionen, affektive Reaktionen, Empfindungen oder Berichte über körperliche Prozesse. Der erfragte Inhalt der Kognitionen richtet sich nach dem Störungsbild, zu dem weitere Informationen erhoben werden sollen.

Beim *Gedankenauflisten* wird der Klient aufgefordert, in Bezug auf eine definierte Situation diejenigen Gedanken aufzulisten, die ihm hierzu durch den Kopf gehen. Dieses Verfahren lässt sich besonders gut standardisieren. So kann man etwa die Anzahl der aufzulistenden Gedanken begrenzen (z. B. auf zehn). Man kann dabei die Auflistung schriftlich durchführen lassen und zudem noch die Zeitverhältnisse bei der Gedankenproduktion registrieren. (Ein Gedanke, der sich besonders schnell einstellt, hat u. U. eine andere diagnostische Bedeutung als ein Gedanke, der erst spät auftritt.) Diese Gedanken lassen sich dann nach zuvor festgelegten Kategorien auswerten, etwa nach positiven, negativen oder neutralen Gedanken, nach Kognitionen, die auf die Problemsituation bezogen sind bzw. sich nicht damit befassen, sowie nach dem Ausmaß des Selbstbezugs dieser Kognitionen. Wenn die Kategorien präzise bestimmt werden, so lässt sich hierbei auch eine hohe Beurteilerübereinstimmung erzielen. (Für ein entsprechendes System zur Auswertung von Gedankenauflistungen vgl. Krohne, Pieper, Knoll & Breimer, 2002). Von besonderem Interesse ist auch die Analyse der Gedankenabfolge. So fanden etwa Josephson, Singer und Salovey (1996), dass nichtdepressive Personen auf ein negatives Ereignis hin (z. B. einen Misserfolg) zunächst negative, dann aber im Sinne der „Stimmungsreparatur" (mood repair; vgl. Clark & Isen, 1982) positive Gedanken auflisten. Depressive Personen scheinen dagegen zu dieser „Reparatur" weniger fähig zu sein, d. h. sie fahren fort, negative Gedanken zu produzieren.

Bei der Methode des *lauten Denkens* wird der Klient aufgefordert, alle Gedanken, die ihm in einer aktuellen Situation (z. B. bei der Bearbeitung einer schwierigen Aufgabe) durch den Kopf gehen, laut zu äußern (vgl. Genest & Turk, 1981). Diese Gedanken können dann aufgezeichnet und anschließend nach verschiedenen Gesichtspunkten ausgewertet werden. Der Vorteil dieser Methode liegt in ihrem unmittelbaren Situationsbezug; ein Nachteil besteht zunächst darin, dass sie nur auf Einzelsituationen, nicht aber auf soziale Interaktionen anwendbar ist. Eine mögliche Lösung dieses Problems könnte die Technik der *Videorekonstruktion* (vgl. Kalbermatten, 1984) bieten. Hier wird eine soziale Situation aufgezeichnet, und der Klient kommentiert anschließend diese Videoaufzeichnung (vgl. Bastine & Tuschen, 1996).

Eine weitere Einsatzmöglichkeit von L-Daten liegt in der Fremdbeurteilung des Geschehens innerhalb einer modifikatorischen Intervention. Das *Kodiersystem zur Interaktion in der Psychotherapie* (CIP; Schindler, 1989) ist ein Instrument, mit dessen Hilfe das Verhalten von

Therapeut und Klient systematisch erfasst werden kann. Im CIP wird das interpersonale Geschehen innerhalb der Therapie über Merkmale beschrieben, die insbesondere in der klientzentrierten Gesprächstherapie (Rogers, 1973) von zentraler Bedeutung für einen erfolgreichen Therapieverlauf sein sollen, also etwa „Gefühlsansprache" und „Verständnis" beim Therapeuten sowie „Selbstöffnung" beim Klienten. Daneben existieren noch verschiedene Nachbefragungsbogen zum Therapieverlauf. Da hier das Geschehen jedoch über Selbstauskünfte (des Klienten bzw. Therapeuten) erfasst wird, soll auf diese Verfahren im Zusammenhang mit der Behandlung von Q-Daten eingegangen werden.

Das Ausmaß, in dem die vor Beginn einer Therapie festgelegten Ziele der Modifikation erreicht wurden, soll vom Therapeuten mittels der *Zielerreichungsskalierung* („Goal Attainment Scaling", GAS; vgl. Bolm, 1994; Kiresuk, Lund & Larsen, 1982) beurteilt werden. Generell werden zwischen drei und fünf Ziele formuliert, die sich auf den Abbau unerwünschten oder den Aufbau erwünschten Verhaltens (oder beides) beziehen. Diese Ziele müssen realistisch, d. h. nicht zu leicht oder zu schwer erreichbar sein. Experten sollten diese Kriterien beurteilen. Für jedes Ziel wird nun während und nach Ende der Therapie das Ausmaß der Zielerreichung eingeschätzt. Dies geschieht in der Regel auf einer bipolaren Skala, die sich von „viel weniger als erwartet" (–2), über „etwas weniger als erwartet" (–1) bis „etwas mehr als erwartet" (+1) und „viel mehr als erwartet" (+2) erstreckt. Der Wert 0 wird vergeben, wenn das Ziel wie erwartet erreicht wurde. Es wird empfohlen, zum Zwecke der Qualitätssicherung eine Follow-up-Erhebung von unabhängigen Beurteilern durchführen zu lassen. Zur Qualitätssicherung gehört schließlich auch eine sorgfältige Dokumentation diagnose- und behandlungsrelevanter Merkmale (soziodemographische Variablen, Anamnese, Diagnosen, Behandlungsparameter und -ergebnis; vgl. Broda, Dahlbender, Schmidt, von Rad & Schors, 1993).

15.2.5 Klinische Diagnostik auf der Basis von Q-Daten

Die am häufigsten genutzte Quelle zur Erlangung diagnostisch relevanter Information im klinischen Kontext sind die Selbstauskünfte des Klienten. Bereits in den vorangegangenen Abschnitten über Interviews und Beobachtung war deutlich geworden, dass kaum eine diagnostische Vorgehensweise in der Klinischen Psychologie auf derartige Selbstauskünfte verzichten kann. In diesem Abschnitt sollen allerdings nicht Selbstauskünfte allgemein, sondern die Gewinnung entsprechender Daten auf der Basis etablierter, d. h. standardisierter Instrumente (Skalen oder Fragebogen) behandelt werden.

Verfahren zur Gewinnung von Selbstauskünften lassen sich im Prinzip nach denselben Gesichtspunkten einteilen, die allgemein für subjektive Daten (▶ **Kap. 10**) entwickelt worden waren (umfassende Inventare, Skalen für einzelne Konstrukte, Selbstbericht von Zuständen). Dabei ergibt sich allerdings insofern eine weitere Unterteilung, als in der klinischen Diagnostik innerhalb dieser Kategorien sowohl Instrumente mit allgemeiner Anwendung eingesetzt werden (z. B. NEO-PI oder STADI), als auch auf Verfahren zurückgegriffen wird, die speziell für die klinische Diagnostik konstruiert wurden (z. B. Beschwerdelisten oder Befindlichkeitsskalen). Der folgende Kasten zeigt eine Übersicht.

Selbstberichtsinstrumente in der klinischen Diagnostik

Umfassende Inventare

- Persönlichkeitstest
- Störungsübergreifende Verfahren

Einzelne Bereiche

- Generelle Konstrukte
- Spezielle Störungen

Zustände

- Allgemeine Skalen
- Klinisch relevante Zustände

Umfassende Inventare

Aus dem Bereich der *Persönlichkeitstests* erfreute sich das MMPI in der klinischen Diagnostik lange Zeit großer Beliebtheit. Wegen seiner zahlreichen gravierenden methodischen Probleme, insbesondere der Konzentration auf wenig reliable Profile, die auch in der derzeit aktuellen Version MMPI-2 nicht behoben wurden (► **Kap. 10**), wird dieses Verfahren derzeit aber nicht mehr sehr häufig eingesetzt. An seine Stelle sind im deutschsprachigen Raum die NEO-Inventare (NEO-PI-R und NEO-FFI) sowie das FPI-R getreten (► **Kap. 10**). Dabei muss allerdings darauf hingewiesen werden, dass derzeit nur wenige Studien zu klinisch relevanten Fragestellungen existieren, in denen – über die unbestrittene Bedeutsamkeit der Dimension emotionale Labilität-Stabilität hinaus – die Validität einzelner Haupt- oder Unterdimensionen nachgewiesen werden konnte.

Störungsübergreifende Verfahren können zum einen vergangenheitsbezogen sein und befassen sich dann mit der Lebensgeschichte des Klienten (z. B. der *Fragebogen zur Lebensgeschichte*; Zimmer & Echelmeyer, 1978), oder sie werden gegenwartsbezogen als Symptominventare oder Beschwerdelisten dargeboten. Subjektiv empfundene körperliche und psychische Beschwerden können mit Hilfe der *Symptom Checklist 90-R* (SCL-90-R; Derogatis, 1994; deutsche Version SCL-90-S, Franke, 2013) erfasst werden. Hierzu existiert auch eine Kurzfassung, das *Brief Symptom Inventory* (BSI; Franke, 2000). Die Antworten zu 90 Items werden neun Skalen (u. a. Somatisierung, Zwanghaftigkeit, Depressivität, Ängstlichkeit, phobische Angst) zugeordnet. Drei globale Kennwerte geben darüber hinaus Auskunft über die allgemeine psychische Belastung und die Anzahl und Intensität der Symptome. Einer ähnlichen Zielsetzung dient die *Beschwerden-Liste* (B-LR, von Zerssen & Petermann, 2011). Die *Freiburger Beschwerdenliste* (FBL; Fahrenberg, 1994) und der *Gießener Beschwerdebogen* (GBB-24; Brähler Hinz & Scheer, 2008) konzentrieren sich dagegen stärker auf körperliche oder psychosomatische Beschwerden. Vom GBB-24 existiert auch eine Fassung für Kinder und Jugendliche (GBB-KJ; Barkmann & Brähler, 2009).

Einzelne Bereiche

Bei der Erfassung *genereller*, d. h. über die Beschreibung und Erklärung klinischer Störungen hinausgehender, *Konstrukte* interessieren in der Klinischen Psychologie besonders die *Bereiche* Angst, Ärger und Depression. Die einschlägigen Fragebogen hierzu waren bereits in den entsprechenden Abschnitten des Kapitels 12 vorgestellt worden (vgl. auch Krohne & Tausch, 2014). Während die empirische Erfassung von Angst und Ärger auch außerhalb der klinischen Diagnostik eine bedeutsame Rolle spielt, ist Depression ein Thema, das vorzugsweise im klinischen Bereich behandelt wird. Dementsprechend weisen hier die meisten Tests auch eine deutlich klinische Orientierung auf. Bekanntestes Instrument in diesem Bereich ist das *Beck Depression Inventory* (BDI; revidierte Form BDI-II; Beck, Steer & Brown, 1996; deutsche Version: Hautzinger, Keller & Kühner, 2006).

Das BDI ist eine aus 21 Items bestehende Skala, die kognitive (z. B. Versagensgefühle), verhaltensmäßige (z. B. sozialer Rückzug), affektive (z. B. Traurigkeit) und somatische (z. B. Appetitverlust) Komponenten der Depression misst. Jedes Item umfasst vier nach ihrer Intensität angeordnete Feststellungen (von „nicht vorhanden" bis „starke Ausprägung"), aus denen der Proband diejenige auswählen soll, die am genauesten seine Befindlichkeit während der letzten beiden Wochen vor der Erhebung beschreibt. Je nach Antwort werden für jedes Item 0 bis 3 Punkte vergeben. Scores unter 10 gelten als „normal", Werte zwischen 10 und 18 sollen auf eine „milde", zwischen 19 und 29 auf eine „moderate" und über 29 auf eine „schwere" Depression verweisen. Tatsächlich ist die Verteilung der BDI-Werte jedoch schief (mit einer Konzentration der Werte im „Normal"-Bereich), so dass bestenfalls Personen mit einer extremen Ausprägung klinischer Symptome von Personen ohne Beschwerden zuverlässig unterschieden werden können. Der Test ist also nur für klinische Fragestellungen, nicht aber für die Diagnostik im nichtklinischen Bereich geeignet. Die Reliabilität variiert stark (zwischen .73 und .95), was offenbar mit dem Anteil nichtdepressiver Personen an der analysierten Stichprobe zusammenhängt. Die Stabilität liegt für ein Intervall von zwei Wochen bei .68. Dieser vergleichsweise niedrige Wert muss nicht notwendigerweise dem Instrument angelastet werden, sondern kann auch auf eine eingeschränkte Stabilität des Merkmals verweisen. Eine weitere Skala zur Erfassung von Depression ist die *Allgemeine Depressionsskala* (ADS; Hautzinger, Bailer, Hofmeister & Keller, 2012).

Neben den erwähnten Schwächen sind die bisher dargestellten Depressionsskalen insbesondere durch zwei Probleme belastet: die mangelnde Abgrenzung zu Merkmalen der Angst sowie die bislang nicht systematisch betriebene Analyse der Frage, ob mit derartigen Skalen eher eine stabile Persönlichkeitseigenschaft (Trait) oder ein variabler aktueller Zustand (State) erfasst wird. Dass die meisten Angst- und Depressionsskalen große Überlappungen hinsichtlich ihres Iteminhalts aufweisen, ist seit langem bekannt (vgl. u. a. Krohne & Tausch, 2014; Watson & Clark, 1984) und ein Grund für die hohen Korrelationen der Skalen aus beiden Bereichen. Zur besseren konzeptuellen und operationalen Abgrenzung von Angst und Depression haben Clark und Watson (1991) ein Modell mit drei Anteilen (tripartite model) vorgeschlagen. Danach ist Depression insbesondere durch niedrigen positiven Affekt (Anhedonie), Angst dagegen speziell durch hohe physiologische Erregung gekennzeichnet. Diese beiden – gut unterscheidbaren – Komponenten sollen dann einem allgemeineren, nichtspezifischen, Faktor negativer Affekt untergeordnet sein. Offenbar erfassen die meisten bisher entwickelten Angst- und Depressionsskalen eher diesen nichtspezifischen Faktor als die jeweils spezifischen Komponenten.

Was die Trennung von Trait und State betrifft, so richtet sich die Instruktion der meisten Depressionsskalen auf den Selbstbericht bestimmter Beschwerden, also – in der Regel – auf länger erstreckte Zustände. Eine systematische statistisch gesteuerte Differenzierung von State- und Trait-Skalen bei der Konstruktion von Instrumenten zur Messung von Depression ist also, ähnlich wie bei der Konstruktion von Angstinventaren, wünschenswert. (Für erste Versuche siehe u. a. Dumenci & Windle, 1996.) Eine Neuentwicklung in diesem Bereich, die nicht nur eine Trennung von Trait und State, sondern auch von Depression und Angst gestattet, wurde in Kapitel 10 mit dem STADI (Laux et al., 2013) vorgestellt.

Zur Diagnose *spezieller Störungen* existiert natürlich eine Vielzahl von Messinstrumenten. An dieser Stelle sollen nur einige Bereiche mit ausgewählten Verfahren aufgeführt werden.

Essstörungen (Anorexie und Bulimie) werden ein zunehmend bedeutsameres Feld für modifikatorische Interventionen (Jacobi, Thiel & Paul, 1995). Das international eingeführte Standardverfahren zur mehrdimensionalen

Erfassung von Essstörungen ist das *Eating Disorder Inventory* (derzeit gültige deutsche Version: *Eating Disorder Inventory 2*, EDI-2; Paul & Thiel, 2004). Die elf Skalen des EDI-2 erfassen Dimensionen wie Schlankheitsstreben, Bulimie, Unzufriedenheit mit dem Körper, Interozeptive Wahrnehmung oder Angst vor dem Erwachsenwerden. Speziell mit dem Verhalten befasst sich der *Fragebogen zum Essverhalten* (FEV; Pudel & Westenhöfer, 1989).

Ein weiterer zentraler Störungsbereich ist der *Alkoholismus* (Petry, 1996). Das *Trierer Alkoholismusinventar* (TAI; Funke, Funke, Klein & Scheller, 1987) zielt speziell auf die Gewinnung behandlungsrelevanter Information bei alkoholabhängigen Personen. In sieben Skalen werden Auslöser und Konsequenzen exzessiven Alkoholkonsums erhoben, z. B. Verlust der Verhaltenskontrolle, Soziales Trinken, Süchtiges Trinken oder Partnerprobleme (als Ursache wie auch Folge des Trinkens). Der *Münchner Alkoholismus-Test* (MALT; Feuerlein, Küfner, Ringer & Antons-Volmerg, 1999) dient dagegen eher der Diagnose alkoholgefährdeter Personen. Er enthält deshalb einen Selbstbeurteilungsteil (MALT-S) und einen Fremdbeurteilungsteil für Psychologen oder Ärzte (MALT-F).

Denk- und Handlungszwänge spielen speziell im Bereich neurotischer Störungen eine wesentliche Rolle. Ihrer Diagnose dient das *Hamburger Zwangsinventar* (HZI; Zaworka, Hand, Jauernig & Lünenschloß, 1983; Kurzform HZI-K von Klepsch, Zaworka, Hand, Lünenschloß & Jauernig, 1993). Das HZI besteht aus sechs, sich auf spezielle Zwänge beziehende Subskalen, u. a. Kontrollhandlungen, Waschen, Ordnen oder zwanghafte Vorstellungen.

Neben allgemeiner oder bereichsspezifischer Angst, wie sie etwa mit Hilfe des STADI oder des IAF erfasst werden können, spielen in der Klinischen Psychologie auch *generelle* und *spezielle Angststörungen* eine wichtige Rolle (Übersicht in Hoyer, Helbig & Margraf, 2005). Generelle Angststörungen (generalized anxiety disorder, GAD) werden im Kontext der noch vorzustellenden Klassifikationssysteme (ICD-10 oder DSM-IV) behandelt. Zu den speziellen Angststörungen gehören etwa Panikstörungen, auf spezifische Objekte oder Umstände bezogene Ängste, angstbezogene Kognitionen oder das Erleben von chronischem Stress.

Zur Erfassung von *Panikstörungen* wurde die *Panik- und Agoraphobie-Skala* (PAS; Bandelow, 1997) entwickelt. Die Skala, die sowohl zur Selbst- wie zur Fremdbeurteilung eingesetzt werden kann, umfasst die fünf Bereiche Panikattacken, agoraphobe Vermeidung, antizipatorische Angst, Einschränkung im täglichem Leben sowie Gesundheitssorgen. Allerdings werden diese Bereiche nur durch jeweils zwei bis drei Items operationalisiert, so dass die PAS eher einem Furchtinventar als einer mehrdimensionalen Skala ähnelt. Furchtinventare werden in der Verhaltenstherapie eingesetzt, um im Sinne eines Screenings Personen zu identifizieren, die mit sehr starker (phobischer) Angst auf bestimmte Objekte oder Situationen reagieren. Ein bekanntes Furchtinventar ist die *Fear Survey Schedule II* (FFS II; Geer, 1965).

Eng verbunden mit der Auslösung von Panikattacken ist offenbar eine verstärkte Wahrnehmung bestimmter körperinterner Vorgänge (z. B. einer erhöhten Herzrate). Diese werden bei entsprechend disponierten Personen als Vorboten schwerer körperlicher Beeinträchtigungen (z. B. eines Herzanfalls) angesehen und entsprechend mit verstärkter Angst beantwortet (vgl. Ehlers & Breuer, 1992). Dieser Prozess kann von körperlichen Vorgängen auf die Wahrnehmung angstbezogener Emotionen generalisieren und damit zu einer „Angst vor der Angst“ bzw. *Angstsensitivität* (Reiss, 1991) führen.

Zur Erfassung dieser Sensitivität konstruierten McNally und Kollegen den *Anxiety Sensiti-*

vity Index (ASI; vgl. McNally, 1990, 1996; Peterson & Reiss, 1992). Zinbarg, Barlow und Brown (1997) analysierten die 16 Items dieses Fragebogens und fanden eine hierarchische Struktur. Unterhalb eines allgemeinen Faktors Angstsensitivität lassen sich drei Komponenten identifizieren: Körperliche Besorgnis („Es macht mir Angst, wenn ich starkes Herzklopfen verspüre"), soziale Besorgnis („Es ist mir wichtig, nicht nervös zu erscheinen") und Sorgen über mentale Beeinträchtigung („Wenn ich nervös bin, befürchte ich, dass ich seelisch krank sein könnte"). Patienten, die unter Panikstörungen leiden, weisen besonders hohe Werte bei körperlicher Besorgnis auf. Patienten mit sozialen Phobien haben dagegen eine stärkere soziale Besorgnis, während generelle Angststörungen (GAD) mit einer allgemein erhöhten Angstsensitivität assoziiert sind. Eine auf 36 Items erweiterte Version, der ASI-R, wurde von Taylor und Cox (1998) vorgelegt (deutsche Version: Kemper, Lutz, Bähr, Rüddel & Hock, 2012; Kemper, Ziegler & Taylor, 2009).

Eine ähnliche Zielsetzung wie der ASI verfolgen die von Chambless und Mitarbeitern konstruierten Skalen (Chambless, Caputo, Bright & Gallagher, 1984). Im deutschsprachigen Raum fasst der *Fragebogen zu körperbezogenen Ängsten, Kognitionen und Vermeidung* (AKV; Ehlers, Margraf & Chambless, 2001) diese Skalen zu einem Inventar zusammen. Die Items des AKV dienen der Identifizierung interner Angstauslöser, zentraler Befürchtungen und darauf aufbauenden Vermeidensverhaltens.

Körperbezogene Befürchtungen können auch als *irrationale Kognitionen* bezeichnet werden. Die Modifikation derartiger Kognitionen spielt in der kognitiven Verhaltenstherapie eine wichtige Rolle. Diagnostisch erfassen lassen sie sich u. a. mit dem *Fragebogen Irrationaler Einstellungen* (FIE; Klages, 1989). Der FIE misst derartige Einstellungen über die vier Skalen Negative Selbstbewertung, Abhängigkeit, Internalisierung von Misserfolg sowie Irritierbarkeit.

Eine wesentliche Quelle für psychische und physische Erkrankungen sind *belastende Umstände (Stressoren)*, denen Personen über längere Zeit ausgesetzt sind. Die von Holmes und Rahe (1967) entwickelte *Social Readjustment Rating Scale* (SRRS) zielt auf die Registrierung derartiger Stressoren. Die SRRS besteht aus 43 Items, die sich auf einen weiten Bereich persönlicher (z. B. Pensionierung), familiärer (z. B. Ehestreitigkeiten) oder beruflicher Ereignisse (z. B. Entlassung) beziehen und nach dem Ausmaß ihres Einflusses auf das tägliche Leben gewichtet werden. Jedem Item ist ein Gewicht zugeordnet, das auf Antworten einer Normstichprobe basiert, die jedes kritische Lebensereignis nach dem Ausmaß seiner relativen Intensität sowie der vom Betroffenen geforderten sozialen Reorientierung eingeschätzt hatte. Die Gewichte aller vom Klienten positiv beantworteten Ereignisse werden aufaddiert und ergeben so den Wert für Gesamtbelastung durch Stressoren.

Die Skala war in den ersten Jahren nach ihrer Veröffentlichung sehr populär, wird aber heute nur noch selten eingesetzt. Neben der Kritik an der eindimensionalen Konzeption des Konstruktes „kritische Lebensereignisse" wurde insbesondere die fehlende Situationsbewertung durch die jeweils betroffene Person bemängelt. Ein Ereignis wie etwa „Scheidung" erhält ein bestimmtes Stressgewicht, obwohl die einzelnen Betroffenen dieses in sehr unterschiedlichem Maße als Stressor erleben können.

Das *Trierer Inventar zum chronischen Stress* (TICS; Schulz, Schlotz & Becker, 2004) hat die Idee kritischer Lebensereignisse weiterentwickelt hin zur Erfassung erlebter länger erstreckter (chronischer) Belastungen. Es verfolgt dabei einen mehrdimensionalen Ansatz und differenziert chronischen Stress nach zehn

Dimensionen (u. a. Arbeitsüberlastung, Soziale Überlastung, Soziale Spannungen oder Soziale Isolation). Eine separate Screening-Skala soll ein Globalmaß für erlebten Stress liefern.

Eine Hauptgruppe innerhalb der länger anhaltenden Belastungen sind familiäre Probleme, insbesondere *Schwierigkeiten in der Partnerschaft*. Der *Fragebogen zur Partnerschaftsdiagnostik* (FPD; Hahlweg, 1996) dient der Erfassung derartige Probleme für Fragen der Beratung (Ehe- und Lebensberatung) oder Modifikation (Ehetherapie). Er besteht aus drei Instrumenten: einem Partnerschaftsfragebogen zur Bestimmung der partnerschaftlichen Qualität, einer Problemliste zur Erfassung von Konfliktbereichen in der Partnerschaft sowie einem Fragebogen zur Anamnese.

Die *Paarklimaskalen* (PKS) von Schneewind und Kruse (2002) zielen auf die Diagnose der gesamten Partnerbeziehung, wobei Konflikte nur eine Unterkategorie bilden. In der Langform wird die Paarbeziehung über 54 Items auf neun Primärskalen bestimmt (u. a. Zusammenhalt, Offenheit, Konfliktneigung, Selbstständigkeit oder Kontrolle). Eine Kurzform misst über 24 Items die Ausprägung auf drei faktoriell bestimmten Sekundärskalen: Verbundenheit, Unabhängigkeit sowie Anregung und Aktivität. Ein weiteres Instrument zur Paardiagnostik ist der bereits beschriebene *Gießen-Test* (GT-PAAR; Brähler & Brähler, 1993; ▶ **Kap. 10**).

Neben der Erfassung von Störungsbildern ist es für die Planung einer modifikatorischen Intervention auch wichtig, *protektive Faktoren* zu identifizieren. Hierzu gehören vor allem individuelle Formen der Stressbewältigung sowie das Vorhandensein sozialer Unterstützung. Subjektive Verfahren zur Messung verschiedener Formen der *Stressbewältigung* waren bereits an anderer Stelle (▶ **Kap. 10**) besprochen worden. Verwiesen sei hier auf den SVF (Janke et al. , 2002), den UBV (Reicherts & Perrez, 1993) sowie das ABI (Krohne & Egloff, 1999). Die Bewältigung spezieller belastender Lebensumstände wie etwa Erkrankung oder Behinderung ist eher ein Thema der Gesundheitspsychologie und wird deshalb dort behandelt.

Am Merkmal *soziale Unterstützung* werden verschiedene Typen unterschieden. Eine allgemein akzeptierte Klassifikation (Thoits, 1985) differenziert nach emotionaler Unterstützung (die verbale und nonverbale Übermittlung von Anteilnahme und Hilfsbereitschaft), informationeller Unterstützung (die Verbesserung des Kontrollerlebens einer Person durch Informieren über Möglichkeiten, wie mit einem belastenden Umstand umgegangen werden kann) sowie instrumenteller Unterstützung (die Bereitstellung von Dienstleistungen und materiellen Gütern). Bei der Erfassung dieser Aspekte interessiert insbesondere das Erleben des Empfängers, also die wahrgenommene bzw. antizipierte Unterstützung aus dem sozialen Umfeld.

Der *Fragebogen zur sozialen Unterstützung* (F-SozU; Fydrich, Sommer & Brähler, 2007) erfasst mit 54 Items Ausprägungen auf den Dimensionen Emotionale Unterstützung, Praktische Unterstützung, Soziale Integration, Belastung aus dem sozialen Netzwerk, Reziprozität, Verfügbarkeit einer Vertrauensperson sowie Zufriedenheit mit sozialer Unterstützung. Außerdem stehen zwei faktorenanalytisch bestimmte Kurzskalen mit 14 bzw. 22 Items zur Verfügung.

Wichtig für die Planung einer modifikatorischen Intervention könnte auch die Erfassung der *Therapiemotivation* des Patienten sein. Der *Fragebogen zur Messung der Psychotherapiemotivation* (FMP; Schneider, Basler & Beisenherz, 1989) unterscheidet zwischen Krankheitserleben als affektiver und Krankheitsverarbeitung als kognitiver Komponente dieser Motivation. Diese Merkmale werden über vier Subskalen operationalisiert: Krankheitserleben (Leidensdruck und Krankheitsgewinn) sowie drei (kognitive) Dimensionen der Krankheitsverarbeitung (Laienätiologie, allgemeine Behandlungserwartungen und -einstellungen, Erfahrungen mit psychotherapeutischen Behandlungsmodellen).

Die bisher vorgestellten Verfahren sind für Erwachsene konzipiert (evtl. noch für Jugendliche ab ca. 16 Jahren). Viele der genannten Merkmale spielen jedoch auch bei *Kindern* eine Rolle. Für ihre Erfassung müssen in der Regel Instrumente eingesetzt werden, die speziell für diese Altersgruppe konstruiert und normiert wurden. Dabei sind auch Tests von Bedeutung, in denen Bezugspersonen (Eltern, Verwandte, Erzieher) bestimmte kindbezogene Merkmale einschätzen. Obwohl es sich hier häufig nicht um Selbstberichte, sondern um Fremdbeurteilungen (L-Daten) handelt, sollen einschlägige Verfahren zusammenfassend in diesem Abschnitt aufgeführt werden. ▶ **Übersicht 15.1** führt klinisch relevante Testverfahren für Kinder und Jugendliche auf.

Zustände

Die Erfassung von *Zuständen* (unterschiedlicher zeitlicher Erstreckung) spielt in der klinischen Praxis in zweifacher Hinsicht eine wichtige Rolle. Zum einen kann sie im Sinne des Diagnostikmodells von Kaminski (1970; ▶ **Kap. 7**) bereits bei der taktischen Planung der Datenerhebung innerhalb der sog. „diagnostischen Schleife“ gefordert sein, wenn der Diagnostiker den Eindruck hat, dass ein bestimmter Zustand des Klienten (z. B. eine stark erhöhte Angst) der Gewinnung wichtiger Daten (etwa aus der Lebensgeschichte) im Wege steht. Der Praktiker muss in diesem Fall einen derartigen Zustand diagnostizieren und sodann abschätzen, inwieweit dieser seine eigentliche diagnostische Zielsetzung gefährdet. Gegebenenfalls muss er dann bereits innerhalb der diagnostischen Schleife eine Änderung dieses Zustands versuchen.

Zum anderen ist die Feststellung der Veränderung von Zuständen natürlich von zentraler Bedeutung für die Abschätzung des Therapieverlaufs und -erfolgs, d. h. zur Beantwortung der Frage, ob eine Modifikation im Hinblick auf das Erreichen von Zwischen- und Endzielen wie geplant verläuft.

Die Zustandskonstrukte, die über die im entsprechenden Abschnitt des Kapitels 12 beschriebenen *allgemeinen* (d. h. nicht speziell für die Zwecke der modifikatorischen Praxis konstruierten) *Skalen* (z. B. die PANAS) operationalisiert werden, stehen nicht eigentlich im Zentrum der klinischen Diagnostik. Als zeitlich relativ kurz erstreckte Zustände interessieren sie, wie erwähnt, bestenfalls bei der taktischen Planung der Datenerhebung (evtl. auch für bestimmte Aspekte der Therapieplanung). Zentrale Aufgabe der Klinischen Psychologie ist ja die *Veränderung* von Beschwerden, Störungen und Symptomen sowie – als Ursache oder Konsequenz dieser Merkmale – Einstellungen und Verhalten. Hier handelt es sich um vergleichsweise lang erstreckte chronische (z. B. Depression oder bestimmte Schmerzen) bzw. intermittierend auftretende (z. B. Panikattacken) Zustände. Deshalb konzentriert sich die Diagnostik von Zuständen auch auf derartige *klinisch relevante Merkmale*.

Zur Registrierung von Veränderungen psychophysischer Merkmale im zeitlichen Verlauf stehen im Prinzip drei Wege offen: der Prä-Post-Vergleich, die Messung von Verläufen sowie die Erhebung der erlebten Veränderung (als Selbstbericht des Klienten oder als Fremdbericht, z. B. von Eltern über ihr Kind).

Zur Registrierung von Veränderungen über den Weg des *Prä-Post-Vergleichs* wird in der Regel ein Differenzscore gebildet, indem von der Ausprägung eines Merkmals am Ende der Therapie der Wert für dasselbe Merkmal zu Therapiebeginn abgezogen wird. Dieser Ansatz wird in der Klinischen Psychologie be-

Übersicht 15.1 Fragebogen und Interviews für Kinder und Jugendliche

Bereichsübergreifend, Erhebung beim Kind	
SPS-J-II (RAASI)	Screening psychischer Störungen im Jugendalter (Hampel & Petermann, 2012)
Kinder-DIPS	Diagnostisches Interview bei psychischen Störungen im Kindes- und Jugendalter (Unnewehr, Schneider & Margraf, 2009)[1]
Bereichsspezifisch, Erhebung beim Kind	
DIKJ	Depressionsinventar für Kinder und Jugendliche (Stiensmeier-Pelster, Braune-Krickau, Schürmann & Duda, 2014)
DTK	Depressionstest für Kinder (Rossmann, 2005)
SSKJ 3-8	Fragebogen zur Erhebung von Stress und Stressbewältigung im Kindes- und Jugendalter (Lohaus, Eschenbeck, Kohlmann & Klein-Heßling, 2006)
SVF-KJ	Streßverarbeitungsfragebogen von Janke und Erdmann angepasst für Kinder und Jugendliche (Hampel, Petermann & Dickow, 2001)
MSI-J	Multiphasic Sex Inventory für Jugendliche (Gruber, Waschlewski & Deegener, 2003)
SPAIK	Sozialphobie und -angstinventar für Kinder (Melfsen, Florin & Warnke, 2001)
IBS-KJ	Interview zu Belastungsstörungen bei Kindern und Jugendlichen (Steil & Füchsel, 2005)
Bereichsübergreifend, Erhebung bei den Eltern	
CBCL/4-18	Elternfragebogen über das Verhalten von Kindern und Jugendlichen (Arbeitsgruppe Deutsche Child Behavior Checklist, 1998)
VBV 3-6	Verhaltensbeurteilungsbogen für Vorschulkinder (Döpfner, Berner, Fleischmann & Schmidt, 1993)[2]
MEI	Mannheimer Elterninterview (Esser, Blanz, Geisel & Laucht, 1989)
Bereichsübergreifend, Daten aus unterschiedlichen Quellen	
CASCAP-D	Clinical Assessment Scale for Child and Adolescent Psychopathology (Döpfner, Berner, Flechtner, Lehmkuhl & Steinhausen, 1999)
DISYPS-II	Diagnostik-System für psychische Störungen nach ICD-10 und DSM-IV für Kinder und Jugendliche-II (Döpfner, Görtz-Dorten & Lehmkuhl, 2008)[3]

[1] Es existiert auch eine parallele Elternversion. [2] Daten können auch bei Erzieherinnen erhoben werden. [3] Erhebungen bei Kindern, Eltern und Erzieherinnen.

sonders häufig für die Abschätzung der Veränderungen bei Störungen, die fast schon den Charakter stabiler Persönlichkeitsmerkmale haben (z. B. Depressivität oder Zwangsverhalten), herangezogen. Ein Prä-Post-Vergleich birgt jedoch erhebliche psychometrische Probleme. Diese rühren insbesondere daher, dass wir es hier mit einer wiederholten *Statusdiagnose* (► **Kap. 1**) zu tun haben. Instrumente zur Statusdiagnostik sind aber nicht auf die Erfassung wahrer Veränderungen hin konstruiert worden. Dieser Umstand bedeutet wiederum, dass es unter bestimmten Bedingungen zu einer deutlichen Minderung der Reliabilität dieses Differenzscores im Vergleich zu den beiden Ausgangswerten kommen kann.

Die *Verlaufsmessung* stellt eine Erweiterung des Prä-Post-Vergleichs zu einem dreifaktoriellen Modell Personen × Störungen × Zeitpunkte dar. Je nach getroffener Annahme über die zu erwartenden Effekte lassen sich acht

Modelle unterscheiden. Das einfachste Modell nimmt an, dass alle behandelten Personen bei allen in Frage stehenden Störungen den gleichen Behandlungserfolg zeigen. Dieses *Haupteffektmodell* ist jedoch angesichts der Therapierealität wenig plausibel. Das nächste Modell nimmt eine *Wechselwirkung* zwischen Personen und Zeit an, d. h. einzelne Patienten verändern sich im Therapieverlauf unterschiedlich. Man könnte diese individuellen Therapieverläufe beispielsweise darstellen, indem man für jede Person jede Woche den betreffenden Störungswert aufzeichnet. Die übrigen sechs Veränderungsmodelle ergeben sich durch Berücksichtigung weiterer Wechselwirkungen, beispielsweise zwischen Störungen und Zeit. (Zur Abschätzung dieser einzelnen Effekte etwa mit Hilfe des Rasch-Modells vgl. Rost, 2004; ▶ **Kap. 4**.)

Während beim Prä-Post-Vergleich praktisch alle Instrumente eingesetzt werden können, die der Klient vernünftigerweise mehrfach bearbeiten kann, werden an Instrumente zur Verlaufsmessung besondere Ansprüche gestellt. Da es sich hier nicht um Status-, sondern um Zustandsdiagnostik handelt, müssen die Items dieser Instrumente *veränderungssensitiv* sein, d. h. es muss in experimentellen Studien nachgewiesen werden, dass die Items (z. B. zur Erfassung von Zustandsangst) sensitiv und systematisch auf veränderte situative Bedingungen (z. B. des Bedrohungsgehalts einer Situation) ansprechen. Dies ist für die entsprechend konstruierten Zustandsskalen (▶ **Kap. 10**) im Allgemeinen der Fall. Für Verfahren mit speziell klinischer Orientierung (z. B. Symptomlisten oder Tagebuchverfahren wie etwa Schmerztagebücher) ist dies jedoch meist nicht geprüft worden, wenn die Annahme einer Veränderungssensitivität auch für bestimmte Instrumente (etwa Schmerztagebücher) nicht unplausibel ist.

Auf Grund der messtheoretischen Probleme bei der Registrierung von Veränderungen wird als Alternative in zunehmendem Maße auf die Erfassung der *subjektiv erlebten Veränderung* zurückgegriffen (vgl. Stieglitz, 1994). Hierbei wird eine Veränderung, die im Verlauf einer Modifikation stattgefunden haben kann, von einer Person unmittelbar (in Form eines Vergleichs – besser, schlechter – mit einem früheren Zustand) eingestuft. Verfahren, die bei dieser Form der Veränderungsdiagnostik eingesetzt werden, sind etwa der *Veränderungsfragebogen des Erlebens und Verhaltens* (VEV; Zielke & Kopf-Mehnert, 1978), der *Veränderungsprozessbogen* (VPB; Grawe, 1982) oder der *Fragebogen zur erlebten gesundheitlichen Veränderung* (Krampen & von Delius, 1981).

Bei der Einschätzung der Validität dieser Verfahren muss allerdings berücksichtigt werden, dass hier nicht eigentlich die Veränderung im interessierenden Merkmal (z. B. Essstörungen), sondern Kognitionen über diese Veränderungen erfasst werden. Diese Unterscheidung ist insofern wichtig, als sich Veränderungen als Konsequenz einer modifikatorischen Intervention meist auf *mehreren Ebenen*, allerdings in der Regel nicht synchron, vollziehen. Kognitive Faktoren, also etwa das Wissen, was man für eine Regulierung des Essverhaltens tun sollte, ändern sich meist schneller als das betreffende (gestörte) Verhalten. Aussagen über erlebte Veränderungen spiegeln deshalb nicht notwendigerweise das Ausmaß der bereits tatsächlich vollzogenen Veränderung wider. Diese Überlegung ist insbesondere im Hinblick auf die Abschätzung der Zielerreichung einer Therapie wichtig.

Dem Zustandskonzept in einem weiteren Sinne können auch *interpersonale Beziehungen in der Behandlungssituation* zugeordnet werden (vgl. Bastine & Tuschen, 1996). Als wesentliches interpersonales Merkmal kann das im Rahmen der klientzentrierten Gesprächstherapie (Rogers, 1973) entwickelte Konstrukt der *Empathie* angesehen werden. Als zentrale Bestimmung dieses komplexen Merkmals gilt das einfühlende Verstehen auf Seiten des Therapeuten. An der Empathie werden vier

Komponenten unterschieden, die mit Hilfe des *Relationship Inventory* (RI; Barrett-Lennard, 1962, 1986; deutsche Übertragung in Tausch, 1973) gemessen werden. Jede dieser Komponenten wird über 16 Items operationalisiert, mit denen der Klient den Therapeuten sowie dieser sich selbst auf einer sechsstufigen Skala einschätzen kann. Die einzelnen Komponenten sind: Wertschätzung und emotionale Wärme (positive regard; Beispielitem: „Ich fühle, dass er mich wirklich schätzt"), Unbedingtheit von Wertschätzung und emotionaler Wärme (unconditionality; „Seine Gefühle zu mir hängen nicht davon ab, wie ich ihm gegenüber empfinde"), Verbalisierung emotionaler Erlebnisinhalte (empathetic understanding; „Gewöhnlich spürt oder erkennt er, was ich fühle"); Echtheit-Selbstkongruenz (congruence; „Er drückt mir gegenüber seine wahren Eindrücke und Gefühle aus"). Ähnliche Merkmale sind auch in Fragebogen enthalten, in denen Klient und Therapeut die Qualität der Therapie (oder einzelner Sitzungen) retrospektiv beurteilen (vgl. Grawe, Caspar & Ambühl, 1990).

15.2.6 Klinische Diagnostik auf der Basis von T-Daten

Im Prinzip können alle in ▶ **Kap. 11** vorgestellten objektiven Testverfahren auch in der Klinischen Psychologie eingesetzt werden. Allerdings finden sich hier doch einige Schwerpunktsetzungen, die von der in ▶ **Kap. 11** gegebenen Übersicht abweichen. Die, insbesondere auf dem Ansatz von Cattell basierenden, Testbatterien (z. B. die *OA-Testbatterie 75*; Schmidt, Häcker, Schwenkmezger & Cattell, 1987; ▶ **Kap. 11**) werden bei klinischen Fragestellungen kaum eingesetzt, bestenfalls in der Forschung zur Diskriminierung bestimmter Störungsbilder (vgl. Schmidt et al., 1985). Die große Gruppe von Verfahren zur Operationalisierung kognitiver Stile findet aus naheliegenden Gründen ebenfalls kaum Verwendung in der klinischen Diagnostik. Kognitive Stile sind, von Ausnahmen abgesehen (etwa der Impulsivität bei Kindern), für die modifikatorische Praxis wenig interessant. Die projektiven Verfahren spielten dagegen in der klinischen Diagnostik lange Zeit eine herausragende Rolle. So bezeichnete Klopfer, einer der Hauptvertreter der projektiven Diagnostik, den *Rorschach-Test* als eine „Röntgenaufnahme des Seelenlebens" (Klopfer, 1940). Nicht nur wegen dieser naiven Auffassung, sondern in erster Linie auf Grund ihrer unzulänglichen psychometrischen Qualität werden projektive Verfahren in der diagnostischen Praxis heute sehr skeptisch betrachtet. Dafür erlangen Gruppen von Ansätzen zunehmendes Interesse, die in Übersichten zu objektiven Verfahren (bislang) eher marginale Positionen einnahmen: Verhaltenstests, kognitiv-experimentelle Verfahren und biologische Messstrategien. Auf diese Ansätze wollen wir uns im Folgenden konzentrieren.

Mit *Verhaltenstests* lassen sich Daten aus unterschiedlichen Bereichen gewinnen. Im Zentrum steht natürlich die Beobachtung problematischen Verhaltens, über die L-Daten erzeugt werden. Deshalb wurde dieser Ansatz auch bereits in dem entsprechenden Abschnitt behandelt. Daneben lassen sich hiermit auch Selbsteinschätzungen (Q-Daten) erheben, etwa wenn ein Patient mit einer speziellen Phobie seine Angst bei der Annäherung an das gefürchtete Objekt auf einer Skala von 0 bis 100 einstufen soll. Schließlich lassen sich in diesem Kontext auch T-Daten erzeugen, wenn z. B. dieser Patient bei seiner Annäherung nicht nur Selbstauskünfte, sondern auch physiologische Daten liefert (etwa die über einen entsprechenden tragbaren Apparat gemessene Herzrate).

Kognitiv-experimentelle Verfahren waren bereits in ▶ **Kap. 11** besprochen worden. Erinnert sei hier an den *emotionalen Stroop-Test* zur Erhebung unterschiedlicher klinischer Störungen (Ängste, Phobien, Zwangsstörungen,

Panik, posttraumatische Belastungsstörungen; Übersicht in Williams et al., 1996), die *Visual Dot-Probe* zur Messung der Aufmerksamkeitsorientierung bei ängstlichen Personen (vgl. MacLeod et al., 1986) oder den *Impliziten Assoziationstest* (IAT) zur Erfassung von u. U. klinisch relevanten Persönlichkeitsmerkmalen wie Selbstwertgefühl bzw. Depressivität (Gemar, Segal, Sagrati & Kennedy, 2001; Greenwald & Farnham, 2000), Angst (Egloff & Schmukle, 2002), Emotionsregulation (Mauss, Evers, Wilhelm & Gross, 2006) oder Schüchternheit (Asendorpf et al., 2002). Weitere experimentell orientierte Methoden zur Gewinnung von T-Daten, die für die klinische Diagnostik von Interesse sind, werden in Bastine und Tuschen (1996) beschrieben.

Biologische Messstrategien werden in der klinischen Praxis wegen ihres erheblichen apparativen Aufwands (außer evtl. bei stationärer Behandlung) nur selten eingesetzt. Eine zunehmend größere Rolle spielen sie dagegen in der klinischen Forschung. Bei diesen Strategien lassen sich peripherphysiologische Verfahren, zentralnervöse Messmethoden und Testbatterien mit neuropsychologischer Orientierung unterscheiden.

Unter den *peripherphysiologischen Parametern* sind besonders *kardiovaskuläre Maße* (Herzfrequenz, Blutdruck, Durchblutungsstärke bzw. Hauttemperatur verschiedener Körperteile), *Maße der Muskelaktivität* sowie die *elektrodermale Aktivität* für die klinische Diagnostik relevant. Kardiovaskuläre Maße und Parameter der elektrodermalen Aktivität (etwa die Hautleitfähigkeit) werden besonders bei der Kontrolle der Behandlung von Angststörungen herangezogen, während die Registrierung der Muskelaktivität (mittels eines Elektromyogramms, EMG) speziell bei der Biofeedback-Behandlung chronischer Schmerzen wichtig ist.

Das wichtigste Verfahren zur Registrierung *zentralnervöser Parameter* ist das *Elektroenzephalogramm* (EEG). Hierbei wird über Elektroden, die auf der Kopfhaut angebracht sind, die elektrische Aktivität des Gehirns abgeleitet und aufgezeichnet. Diese Daten können zur Diagnose neurologischer Störungen herangezogen werden (z. B. bei der Epilepsie), aber etwa auch zur Beobachtung von Schlafstörungen und deren Therapie. An die Seite des EEG treten in jüngster Zeit bildgebende Verfahren, mit deren Hilfe anatomische und funktionelle Abbilder des Gehirns und seiner Aktivität gewonnen werden können.

Die wichtigsten Verfahren sind die *Computer-Tomographie* (CT), die *funktionelle Magnetresonanz-Tomographie* (fMRI; früher auch Kernspin-Tomographie genannt) und die *Positronenemissions-Tomographie* (PET). Während die CT vor allem in der medizinischen Diagnostik wichtig ist (zur Lokalisierung anatomischer Veränderungen, z. B. Tumore, im Gehirn), werden fMRI und PET auch bei psychologischen Fragestellungen eingesetzt. Im Zentrum steht dabei die Registrierung unterschiedlicher Aktivitäten in verschiedenen Hirnarealen bei der Verarbeitung emotional valenter (z. B. bedrohlicher) Reize. (Ausführlichere Darstellungen biologischer Messstrategien finden sich in Birbaumer & Schmidt, 2010.)

Die bekannteste Testbatterie mit *neuropsychologischer Orientierung* ist die *Tübinger Luria-Christensen Neuropsychologische Untersuchungsreihe* (TÜLUC; Hamster, Langner & Mayer, 1980). Die TÜLUC erfasst psychische Funktionen von der Psychomotorik bis zu Denkprozessen und soll somit eine Differenzialdiagnose neuropsychologischer Störungen (z. B. Aphasie) auf der Basis von Fähigkeits- und Leistungsdaten erlauben. Sie gliedert sich dabei in zehn Bereiche, in denen jeweils Aufgaben steigender Komplexität dargeboten werden. Wichtige Bereiche sind etwa motorische Funktionen, akustisch-motorische Koordination, kinästhetische Funktionen, visuelle Funktionen, verschiedene sprachliche Funktionen, Rechnen und Erinnern.

15.2.7 Systeme zur Klassifikation psychischer Störungen

Die präzise Definition einer psychischen Störung ist für die Klinische Psychologie unter verschiedenen Gesichtspunkten unverzichtbar: in der Forschung zur Bestimmung von Korrelaten psychischer Störungen und damit zur Entwicklung differenzialdiagnostischer Systeme und störungsspezifischer Therapien, in der klinischen Praxis zur angemessenen Planung und Durchführung modifikatorischer Interventionen und schließlich bei der Versorgung von Patienten zur Bestimmung der jeweiligen Versicherungsleistungen bei definierten Krankheitsbildern.

> Zur Feststellung des Vorliegens einer psychischen Störung müssen in der Regel mehrere Kriterien gleichzeitig erfüllt sein, insbesondere erhebliches persönliches Leiden, die (statistische, gesellschaftliche oder individuelle) Abweichung von Normen, Behinderung oder Funktionseinschränkung sowie Selbst- oder Fremdgefährdung (vgl. Reinecker, 2003).

Ein erster Ansatz zur Klassifikation psychischer Störungen wurde von Kraepelin (1899) entwickelt. Er fasste die Vielfalt psychiatrischer Krankheitsbilder in einer Systematik zusammen, die sich aus der Registrierung einzelner Symptome und deren Integration zu Syndromen ergab. Seine Aufgliederung der Psychosen in die manisch-depressive Erkrankung und die Dementia praecox (die Gruppe der Schizophrenien) war über viele Jahrzehnte Richtschnur für die Entwicklung von Klassifikationssystemen für psychische Störungen.

Als Mitte des vorigen Jahrhunderts immer wirksamere Methoden zur Behandlung psychischer Störungen entwickelt wurden, zeigte sich, dass diese Systeme als diagnostische Basis für die Durchführung derartiger Behandlungen wenig tragfähig waren. Insbesondere zwei Defizite wurden kritisch hervorgehoben: *Erstens*, die Orientierung der einzelnen Kategorien und damit der Diagnosen an problematischen Krankheitsbildern, in die in starkem Maße ätiologie- und schulengebundene diagnostische Begriffe eingingen (u. a. Stengel, 1959). *Zweitens*, die geringe Übereinstimmung der Diagnosen verschiedener Psychiater bei einem vorliegenden Störungsbild (u. a. Spitzer & Fleiss, 1974). In neueren Ansätzen hat man versucht, diese Kritik zu berücksichtigen, indem man die problematischen Kategorien der Vorläufersysteme durch sehr differenzierte (ätiologie- und schulenungebundene) Klassifikationen ersetzte und außerdem die Übereinstimmung der Diagnosen durch explizite operationale Definition der jeweiligen Kriterien erhöhte.

Das Resultat dieser Bemühungen war die 1980 erschienene dritte Auflage des *Diagnostic and Statistical Manual of Mental Disorders* (DSM-III) der American Psychiatric Association (APA), insbesondere die unmittelbare Revision des DSM-III, das DSM-III-R. Die derzeit aktuelle deutschsprachige Version ist das DSM-IV (APA, 2000; Saß, Wittchen, Zaudig & Houben, 2003). Eine weitere Revision, das DSM-5 (APA, 2013), liegt auf Deutsch noch nicht vor.

Das zweite wichtige Klassifikationssystem wurde von der World Health Organization (WHO) entwickelt. Die derzeit aktuelle Version ist die ICD-10 (WHO, 1993a; deutsche Version u. a. Dilling, Mombour & Schmidt, 2013).

Bei DSM und ICD handelt es sich um *Systeme zur Klassifikation* psychischer Störungen, nicht um *Instrumente zur Diagnose* dieser Merkmale. Parallel zu diesen Systemen wurden deshalb *Erhebungsinstrumente* (standardisierte Interviews und Checklisten, siehe ▶ **Tab. 15.1**) entwickelt, in denen für jedes Symptom oder Kriterium sehr spezifische Fragen vorgegeben werden. Durch diese Standardisierung soll eine hohe Beurteilerübereinstimmung bei der Diagnose und anschließenden Klassifikation von Störungen erreicht werden. Symptomchecklisten werden dabei in der Regel nach einem Gespräch mit dem Klienten (evtl. unter Hinzuziehung weiterer Angaben und Beobachtungen) ausgefüllt.

Demgegenüber wird in standardisierten Interviews das gesamte diagnostische Gespräch vorstrukturiert. Derartige Erhebungsinstrumente stehen für den Gesamtbereich psychischer Störungen zur Verfügung (z. B. das *Composite International Diagnostic Interview*, CIDI; Wittchen & Pfister, 1997) wie auch für ausgewählte Störungsgruppen (z. B. die *International Personality Disorder Examination*, IPDE; Loranger & WHO, 1996).

Obwohl sich DSM und ICD in ihren neuesten Versionen stark angenähert haben, bestehen doch weiterhin gewisse Unterschiede in der Zielsetzung. Der WHO ging es mit der Entwicklung des ICD-Systems im besonderen Maße darum, die in verschiedenen Kulturkreisen bestehenden unterschiedlichen Ansätze bei der Diagnose und Klassifikation psychischer Störungen zu vereinheitlichen, um damit die Kommunikation zwischen den Fachleuten zu erleichtern und die Diagnosen vergleichbarer zu machen.

Im Zentrum der Bemühungen bei der Entwicklung und Verbesserung des ICD-Systems stand also dessen *internationale Anwendbarkeit*. Für die amerikanische Psychiatrie war dieser Aspekt weniger bedeutsam. Bei der Entwicklung des DSM ging es vielmehr darum, die unterschiedlichen ätiologischen (und damit auch diagnostischen) Vorstellungen einzelner wissenschaftlicher Schulen auf einen Nenner zu bringen. Damit zusammenhängend hatte das DSM-System immer schon eine stärkere *Orientierung an der Forschung* als die ICD.

Trotz dieser Unterschiede wird in DSM-IV und ICD-10 eine Reihe gemeinsamer Prinzipien realisiert (vgl. auch Freyberger & Stieglitz, 1997):

1. *Atheoretischer, rein deskriptiver Ansatz:* Bei der Beschreibung von Störungen wurde weitgehend auf ätiologische Modelle, d. h. theoretische Vorstellungen zu den Ursachen einer Störung, verzichtet. Dies hat beispielsweise dazu geführt, dass der Begriff endogene Erkrankung vollständig aufgegeben wurde und somit nicht länger zwischen neurotischen und endogenen Störungen unterschieden wird. Die rein deskriptive Orientierung wird auch darin deutlich, dass nahezu jede Diagnose mit dem Begriff „Störung" (disorder) versehen wird. Bestimmte (objektiv bestimmbare) Zeichen und Symptome werden als Manifestationen einer aktuellen Dysfunktion im Verhalten, Denken, Fühlen oder in biologischen Prozessen angesehen und nicht als Ergebnis des Zusammenwirkens verschiedener Faktoren aus Veranlagung, Lerngeschichte oder erlebten Belastungen.

2. *Kriteriumsorientierter Ansatz:* Als Konsequenz aus der reinen Orientierung an Zeichen und Symptomen wurde ein Kodierungssystem entwickelt, das sich an einfach zu beobachtenden bzw. explorierenden Kriterien orientiert. Alle komplexeren Merkmale (z. B. des Erlebens), die einen höheren Grad an theoretisch abgestützter Interpretation erfordern, wurden aus diesem System eliminiert. Um jedoch auch komplexere und untypische Symptombilder erfassen zu können, mussten zu den einzelnen Störungskategorien immer feinere Kodierungen entwickelt werden. Hierzu gehören auch Restkategorien und Schweregradunterteilungen. Dies führte zu einer Erhöhung der Anzahl diagnostischer Kategorien von ca. 250 im DSM-III auf rund 400 im DSM-IV.

Übersicht 15.2 Die Achsen des DSM-IV.

Achse I	Psychische Störungen, Zustandsbilder von klinischer Relevanz
Achse II	Persönlichkeitsstörungen, spezifische Entwicklungsstörungen, Intelligenzminderung
Achse III	Körperliche Störungen und Zustände
Achse IV	Psychosoziale und umgebungsbezogene Belastungen
Achse V	Höchstes Niveau der sozialen Anpassung im letzten Jahr (erfasst mit der Global Assessment of Functioning Scale, GAF)
Optional	• Skala zur Erfassung des Abwehrniveaus • Global Assessment of Relational Functioning Scale (GARF) • Social and Occupational Functioning Assessment Scale (SOFAS)

3. *Orientierung an der Beurteilerübereinstimmung:* In die Systeme sollten nach Möglichkeit nur solche diagnostischen Kategorien aufgenommen werden, für die eine hohe Beurteilerübereinstimmung zu erzielen war. Hierzu liegen inzwischen umfangreiche Studien vor (für ICD-10 u. a. Sartorius, Ustun, Korten, Cooper & van Drimmelen, 1995; für DSM III bzw. DSM-III-R u. a. Spitzer, Forman & Nee, 1979; Williams et al., 1992).

4. *Das Komorbiditätsprinzip:* Die Ablösung der globalen psychiatrischen Diagnosen (z. B. „psychovegetative Dysregulation"), für die nur geringe Beurteilerübereinstimmungen zu erreichen waren, durch wesentlich engere, dafür aber besser operationalisierte Klassifikationssysteme brachte es zwangsläufig mit sich, dass die Komplexität eines Symptombildes in der Regel nicht länger durch eine einzige Kategorie abgebildet werden konnte. Deshalb wurde das Prinzip der Komorbidität eingeführt, das die Vergabe von mehreren Diagnosen erlaubt, wenn die entsprechenden Kriterien erfüllt sind. Danach müssen für jeden Patienten so viele Diagnosen gestellt werden, wie für die vollständige Abbildung der Symptomatik notwendig sind. Dabei ist das Stellen einer Hauptdiagnose (die Kategorie mit der größten klinischen Bedeutung) möglich.

5. *Der multiaxiale Ansatz:* Um bei der Gesamtbeschreibung der Problematik eines Patienten auch Aspekte zu berücksichtigen, die nicht direkt mit den Kriterien der Störungskategorien zu tun haben, wurde das Prinzip der multiaxialen Diagnostik eingeführt. In getrennten diagnostischen Feldern (sog. „Achsen", siehe ▶ **Übersicht 15.2**) werden Aspekte separat abgebildet, die sich auf Ätiologie, Pathogenese, belastende Lebensumstände sowie Therapieverlauf und Prognose beziehen.

Neben diesen Gemeinsamkeiten weisen ICD-10 und DSM-IV aber auch eine Reihe von *Unterschieden* auf. So umfasst das System der ICD-10 nur drei Achsen, wobei auf Achse I alle psychiatrischen, medizinischen und persönlichkeitsbezogenen Diagnosen aufgeführt werden. Das System des DSM-IV besteht dagegen aus fünf Achsen, von denen zwei Achsen für psychiatrische bzw. psychologische Diagnosen und eine weitere Achse für medizinische Befunde verwendet werden. Außerdem kodiert die ICD-10 die einzelnen Störungen differenzierter als das DSM-IV.

Das DSM-IV beurteilt den Patienten anhand der fünf in ▶ **Übersicht 15.2** aufgeführten Achsen. Achse I erfasst die Mehrzahl der psychischen Störungen. Zudem werden auch Merkmale beurteilt, die gesondert beachtet werden müssen, da aus ihnen psychische Störungen resultieren können. Psychische Störungen werden nach 15 Hauptkategorien klassifiziert, z. B. Schizophrenie und andere psychotische Störungen, Angststörungen, Essstörungen oder Anpassungsstörungen. Zu den – klinisch evtl. relevanten – zusätzlichen Merkmalen zählen etwa Eltern-Kind-Probleme, Partnerschaftsprobleme oder Schulschwierigkeiten.

Auf Achse II werden neben der geistigen Behinderung zehn Kategorien von Persönlichkeitsstörungen kodiert, u. a. paranoide, schizoide, antisoziale, borderline oder zwanghafte Persönlichkeitsstörung. Achse III dient der Klassifikation körperlicher Störungen und Zustände, die im Zusammenhang mit der zu behandelnden psychischen Störung stehen, z. B. Diabetes. Diese drei Achsen konstituieren die offizielle klinische Diagnose.

Die Achsen IV und V ermöglichen es dem Diagnostiker, zusätzliche Informationen niederzulegen. Auf Achse IV werden dabei psychosoziale und umgebungsgebundene Stressoren kodiert, die im Hinblick auf die gegenwärtige Erkrankung von Bedeutung sein könnten. Hierzu gehören u. a. Probleme in Familie, Beruf, Wohnsituation, Finanzen sowie juristische Schwierigkeiten. Auf Achse V wird das Niveau angepassten Funktionierens eingeschätzt, das der Patient während des letzten Jahres erreicht hat. Die Einschätzung wird auf einer Skala (*Global Assessment of Functioning*, GAF) abgegeben, die zwischen „schweren Funktionseinschränkungen" (Kodierung 1 bis 10) und „hervorragender psychischer Gesundheit" (Kodierung 91 bis 100) variiert. Zusätzlich wird der Zeitraum angegeben, auf den sich die Beobachtung bezieht.

Die ICD-10-Klassifikation gliedert den Gesamtbereich von Erkrankungen und Störungen in 21 Kapitel. Für die – der DSM-IV-Klassifikation entsprechenden – psychischen Störungen ist das Kapitel V relevant (vgl. Dilling, et al., 2013). Jede Störung aus dem Kapitel V trägt den Kennbuchstaben F. Diesem folgt eine mehrstellige Zahl. Die erste Zahl gibt die Hauptkategorie an, beispielsweise 3 für „affektive Störungen". Die nächste Zahl bezeichnet diese Störung genauer, z. B. 2 für depressive Episode. Die nächsten, nach einem Dezimalpunkt anzugebenden, Zahlen beziehen sich auf den Schweregrad einer Störung oder spezielle zusätzliche Aspekte, z. B. 0 für leicht, 1 für mittel und 2 für schwer. Weitere Zahlen können dann nochmals das Vorhandensein weiterer Symptome anzeigen. So bedeutet beispielsweise der Kode F32.00 eine „leichte depressive Episode ohne somatische Symptome", der Kode F 32.11 eine „mittelgradige depressive Episode mit somatischen Symptomen", der Kode F 32.8 eine „sonstige depressive Episode" oder der Kode F 41.1 eine „generalisierte Angststörung".

Alle diese Kodes werden in der ICD-10 auf der Achse I niedergelegt (genauer auf der Achse Ia, die Achse Ib enthält somatische Diagnosen nach anderen Kapiteln des ICD-10). Achse II gibt das Ausmaß psychosozialer Funktionseinschränkungen wieder. Dieses wird mit Hilfe der *WHO-Disability Diagnostic Scale* (WHO-DDS; WHO, 1993b) erfasst. Achse III kodiert Faktoren der sozialen Umgebung und der individuellen Lebensbewältigung gemäß Kapitel XXI (Kennbuchstabe Z) der ICD-10 (► **Übersicht 15.3**).

Verglichen mit der recht willkürlichen und wenig standardisierten, an empirisch oft unzureichend fundierten Vorstellungen über psychische Krankheitsbilder orientierten traditionellen psychiatrischen Diagnostik, stellt die Einführung der DSM- und ICD-Klassifikationssysteme eindeutig einen Fortschritt dar. Dementsprechend ist in Deutschland in der gesetzlichen Krankenversorgung auch die Abgabe einer nach ICD-10 kodierten Diagnose vorgeschrieben. Dennoch hat dieser Ansatz auch substanzielle Kritik

Übersicht 15.3 Die Achsen des ICD-10

Achse Ia	Diagnose der psychische Störungen (nach Kapitel V)
Achse Ib	Somatische Diagnosen (nach anderen Kapiteln)
Achse II	Ausmaß der psychosozialen Funktionseinschränkungen (nach der WHO Disability Diagnostic Scale, WHO-DDS; WHO, 1993b)
Achse III	Faktoren der sozialen Umgebung und der individuellen Lebensbewältigung (nach Kapitel XXI). Problemfelder: • Erziehung, negative Kindheitserlebnisse • Ausbildung • primäre Bezugsgruppe • soziale Umgebung • Wohn- und Finanzverhältnisse • Berufstätigkeit, Arbeitslosigkeit • Umweltbelastungen • psychosoziale und juristische Situation • Krankheit und Behinderung in der Familie • Lebensführung • Lebensbewältigung

hervorgerufen, und zwar sowohl innerhalb der Psychiatrie als auch ganz besonders von Seiten der Psychologie. Von diesen Kritikpunkten sollen im Folgenden nur einige zentrale genannt werden. (Für eine detailliertere Kritik einzelner Punkte vgl. u. a. Blashfield, 1998; Hartung & Widiger, 1998; Kirk & Kutchins, 1992, 1994; Nathan & Langenbucher, 1999; Scotti & Morris, 2000; Widiger, 1993). Dabei konzentrieren wir uns auf die folgenden Themen: die psychometrische Qualität der auf den Klassifikationssystemen beruhenden Diagnosen, die Anwendbarkeit der Systeme in der psychiatrischen und psychologischen Praxis, das Problem der Komorbidität sowie die Kontroverse kategoriale versus dimensionale Diagnoseansätze.

Bei der Bestimmung der *psychometrischen Qualität* wollen wir uns zunächst mit der *Beurteilerübereinstimmung* befassen (die in den meisten Publikationen als Reliabilität bezeichnet wird, obwohl es sich testtheoretisch gesehen um das Kriterium der Objektivität handelt; ▶ **Kap. 3**). Verglichen mit der noch recht unzulänglichen Übereinstimmung der Diagnosen nach dem DSM-III (vgl. Kirk & Kutchins, 1994; Spitzer, Forman & Nee, 1979), sind die Werte bei den neuesten Versionen (DSM-III-R, DSM-IV, ICD-10) offenbar deutlich verbessert und erreichen ein akzeptables Niveau (vgl. Nathan & Langenbucher, 1999). Diese Einschätzung gilt allerdings nicht in gleichem Maße für die *Stabilität*. Hier fallen die Werte deutlich niedriger aus, insbesondere für Diagnosen aus dem Spektrum der Schizophrenien, der Persönlichkeitsstörungen und einiger Störungen der Kindheit und Adoleszenz (Mattanah, Becker, Levy, Edell & McGlashan, 1995). Es stellt sich hier allerdings die Frage, inwieweit Stabilitätswerte für *alle* Kategorien des DSM überhaupt gleichermaßen Auskunft über die psychometrische Qualität des Instruments geben. Während für einige Diagnosen (z. B. geistige Behinderung) natürlich eine hohe Stabilität erwartet werden muss, stellen etwa Patienten mit psychotischen Störungen eine diagnostisch sehr instabile Gruppe dar, für die keine diesbezüglich hohen Werte zu erwarten sind.

Ergebnisse zur *Validität* der Diagnosen müssen nach verschiedenen Störungsklassen getrennt betrachtet werden. Für Störungen aus dem Schizophrenie-Spektrum zeigen sich zumindest für die beiden Endpunkte des Spektrums (Schizophrenie vs. psychotisch-affektive Erkrankungen) gute Übereinstimmungen mit externen Kriterien (z. B. Gehirnuntersuchungen mit bildgebenden Verfahren, Gur et al., 1994, oder Familienuntersuchungen, Kendler, Neale & Walsh, 1995). Anders als bei den Diagnosen der Endpunkte des Schizophreniespektrums scheint es für die Diagnosen der verschiedenen Subtypen depressiver Störungen nur schwer möglich zu sein, diese auch anhand externer Kriterien zu differenzieren (vgl. McCullough et al., 2000).

Für den Bereich der Angststörungen konnten Zinbarg und Barlow (1996) bei ambulanten Angstpatienten eine gute Übereinstimmung zwischen den Diagnosen nach einem, auf dem DSM-III-R basierenden, halbstrukturierten Interview und den Daten aus verschiedenen Angstfragebogen finden. Ein allgemeiner Angstfaktor differenzierte dabei Patienten von Personen ohne Störungen, während verschiedene untergeordnete Faktoren zwischen einzelnen Angststörungen unterschieden.

Was die Trennung von depressiven Störungen und Angststörungen betrifft, so scheint eine Differenzierung auf der Basis des bereits erwähnten hierarchischen Modells dreier Anteile (tripartite model) von Clark und Watson (1991) zumindest partiell möglich zu sein. So verglichen Clark, Beck und Beck (1994) DSM-Diagnosen verschiedener Subtypen depressiver und angstbezogener Störungen (Major Depression, Dysthymie, Generalisierte Angststörung, Panikstörung) mit Fragebogenmaßen dieser Merkmale und fanden für die Diagnosen Major Depression und Panikstörung gute, für Dysthymie und Generalisierte Angststörung jedoch nur schwache Übereinstimmungen zwischen beiden Datenquellen.

Als problematisch für die Validität der DSM-Diagnosen müssen auch die deutlichen Geschlechtsunterschiede in den einzelnen Kategorien angesehen werden. Hartung und Widiger (1998) weisen darauf hin, dass für DSM-IV bei 101 der 125 aufgelisteten psychischen Störungen (81 %) unterschiedliche Prävalenzen (d. h. Auftretenshäufigkeiten) für die Geschlechter berichtet werden. (Für die restlichen Störungen liefert das DSM-IV keine Angaben.) Forschungen über die Ursachen dieser Geschlechtsdifferenzen fehlen derzeit noch weitgehend. Solange derartige Informationen aber nicht vorliegen, muss auch mit – validitätsmindernden – Fehlern bei der Erstellung und Überprüfung des Klassifikationssystems gerechnet werden. In ihrer Übersichtsarbeit behandeln Hartung und Widiger (1998) zwei Arten derartiger Fehler: mangelnde Repräsentativität bei der Zusammenstellung der Stichproben sowie ein Geschlechts-Bias bei der Festlegung der diagnostischen Kriterien. Diese Kriterien müssten u. a. berücksichtigen, dass sich die gleiche Störung in den Geschlechtern unterschiedlich äußern kann.

Bei der Einschätzung der *Anwendbarkeit der Systeme in der psychiatrischen und psychologischen Praxis* muss zwischen den hochtrainierten Beurteilern in den großen – meist internationalen – Studien zur Überprüfung der Qualität der Klassifikationssysteme (z. B. Williams et al., 1992) und den standardmäßig ausgebildeten Psychiatern und Psychologen in der Praxis unterschieden werden (Kirk & Kutchins, 1994). Unter den Spezialisten mag noch eine zufriedenstellende Beurteilerübereinstimmung (zumindest für eine Reihe von Kategorien) erreichbar sein, ob dies aber auch für die

Praxis gilt, in der letztlich die den Einzelnen betreffenden Entscheidungen gefällt werden, muss bezweifelt werden. Kirk und Kutchins weisen darauf hin, dass umfassende Studien zur Übereinstimmung in der Alltagspraxis bislang fehlen.

Die operationalisierten Klassifikationssysteme bestehen aus hunderten von – eng gefassten – diagnostischen Kategorien mit jeweils spezifischen Kriterienlisten. Die Komplexität eines Symptombildes lässt sich in der Regel kaum mit einer einzigen Kategorie bzw. Diagnose abbilden. Deshalb müssen meist mehrere Diagnosen vergeben werden, wenn die betreffenden Kriterien erfüllt sind (Komorbiditätsprinzip). Im klinischen Alltag lässt sich die sorgfältige simultane Anwendung der verschiedenen Kriterienlisten schon allein aus Zeit- und Kostengründen kaum erfüllen. Der Praktiker wird also wohl häufig im Bezug auf das Störungsbild zu wenige Diagnosen vergeben, mit entsprechend ungünstigen Folgen für die anschließende Therapie.

Allerdings scheinen die jeweiligen Kriterienlisten auch bei der Diagnose einzelner Störungsbilder unterschiedlich gut genutzt zu werden. So fand Westen (1997), dass sich Praktiker zur Diagnose von Störungen, die auf Achse I des DSM-IV gelistet sind, vergleichsweise eng an die Listen operationalisierter Kriterien halten. Zur Diagnose der – weniger spezifischen – Persönlichkeitsstörungen auf Achse II ziehen sie dagegen eher ihre Eindrücke aus Beobachtungen und Gesprächen mit den Patienten heran. Es ist offensichtlich, dass hierunter die Zuverlässigkeit der Diagnose leiden muss.

Damit lässt sich zusammenfassend festhalten, dass die Beurteilerübereinstimmung – als Grundlage der Gesamtqualität der Klassifikationssysteme – bei Heranziehung von Experten gerade noch als gesichert angesehen werden kann. Ob dies allerdings auch für die Praktiker im klinischen Alltag gilt, muss bezweifelt werden.

Die Überlegungen zur praktischen Anwendbarkeit der Klassifikationssysteme hatten u. a. deutlich gemacht, dass die Art, wie das Konzept der *Komorbidität* in der DSM- bzw. ICD-Diagnostik gehandhabt wird, eine Reihe von Problemen nach sich zieht. Ursprünglich bedeutet Komorbidität, dass ein Patient mehrere, gut unterscheidbare – wenn auch häufig miteinander zusammenhängende – Krankheitsbilder aufweist, z. B. Diabetes und Durchblutungsstörungen. Der therapeutische Gewinn einer Komorbiditätsdiagnose liegt darin, dass die Behandlung einer Erkrankung u. a. abhängt vom Vorliegen oder der Ausprägung einer anderen Störung. So fanden etwa Sherbourne, Wells, Meredith, Jackson und Camp (1996), dass Patienten, die hinsichtlich Bluthochdruck, Diabetes, Herzerkrankung oder Depression behandelt wurden und gleichzeitig eine Angststörung aufweisen, generell schlechtere Werte auf verschiedenen Anpassungsparametern aufwiesen als Patienten ohne komorbide Angst.

Bei dieser Konzeption von Komorbidität ist die Frage, wie eng oder weit die Kategorien für die Diagnose einer spezifischen Störung sind, relativ unerheblich für die Komorbiditätsdiagnose. Die Enge der Kategorien ist aber bei den Diagnosen nach ICD-10 und DSM-IV die entscheidende Ursache für gehäufte Komorbiditätsdiagnosen. Da die diagnostischen Kategorien unter der Zielsetzung der besseren Operationalisierbarkeit der Kriterien immer enger gefasst wurden, sich die Komplexität der zugehörigen Störungsbilder aber natürlich nicht änderte, mussten logischerweise immer mehr Diagnosen simultan vergeben werden, was dann als Komorbidität bezeichnet wurde. Man kann hier von einer *Scheinkomorbidität* sprechen. Daneben existiert innerhalb der DSM- bzw. ICD-basierten Diagnostik aber natürlich auch „echte" Komorbidität, beispielsweise zwischen Alkoholismus und Persönlichkeitsstörungen (Morgenstern, Langenbucher, Labouvie & Miller, 1997).

Gerade in den vielen Komorbiditätsdiagnosen zeigt sich die Schwäche des atheoretischen Klassifikationssystems. Die einzelnen Kategorien sind nicht auf Grund empirischer Forschung (in die ja auch immer theoretische Annahmen einfließen) bestimmt, sondern durch Übereinkunft, orientiert an dem Ziel möglichst hoher Beurteilerübereinstimmung. Wichtig wäre es aber gewesen, nach gemeinsamen Determinanten innerhalb wie zwischen den Störungsbildern zu suchen. Diese könnten etwa in bestimmten psychologischen Faktoren liegen, etwa einem vermeidenden Stil der Stressbewältigung, oder in biologischen Prozessen, z. B. Störungen im Serotoninstoffwechsel (vgl. u. a. Krohne & Tausch, 2014).

Sowohl für die Komorbiditätsforschung wie für die diagnostische Praxis ist die Vermischung der beiden Formen von Komorbidität kontraproduktiv. In der Forschung erschwert sie die Unterscheidung trivialer Zusammenhänge, die sich aus der Differenzierung eines einheitlichen Störungsbildes ergeben, von theoretisch interessanten, d. h. in künftigen Studien verstärkt zu untersuchenden, Beziehungen, z. B. zwischen bestimmten Persönlichkeitsstörungen und spezifischen Arten von Substanzmissbrauch. In der Praxis belastet bereits das Erstellen mehrerer Diagnosen im Sinne des Komorbiditätsprinzips der DSM- und ICD-Klassifikationen die Kapazität des Diagnostikers, insbesondere dann, wenn diese Diagnosen alle auf einer Achse (etwa der Achse I des DSM-IV) zu lokalisieren sind. Dies könnte dann dazu führen, dass nach weiteren sinnvollen Zusammenhängen (etwa über Diagnosen auf der Achse II des DSM-IV) nicht mehr mit der nötigen Sorgfalt gesucht wird.

Neben der atheoretischen Orientierung wird von Psychologen am DSM-IV und ICD-10 am heftigsten die *kategoriale Einordnung* von Störungen („vorhanden vs. nicht vorhanden") kritisiert. Diese Art des Diagnostizierens entspricht klassischem medizinischem Denken, nach dem eine Person entweder eine Krankheit hat oder nicht hat. Die Kategorisierung nach krank oder gesund stammt aus einer Zeit, in der sich die Medizin schwerpunktmäßig mit der Diagnose und Behandlung infektiöser Erkrankungen befassen musste und war dort sicherlich angebracht. Schon bei den modernen – häufig verhaltensabhängigen – Erkrankungen (z. B. Bluthochdruck, Störungen des Bewegungsapparats) stößt der kategoriale Ansatz jedoch bereits an seine Grenzen. Unangemessen ist er bei psychischen Merkmalen, bei denen die Kategorisierung nach krank und gesund ja dann häufig auch noch durch das Gegensatzpaar „auffällig (bzw. unangepasst) vs. unauffällig (angepasst)" ersetzt wird. Gerade dieses Gegensatzpaar macht deutlich, dass es sich bei psychiatrischen Klassifikationen häufig um die in eine pseudowissenschaftliche Terminologie gegossene Fortführung von Alltagskategorisierungen handelt. In diesem Zusammenhang stellt sich auch die Frage der Behandlungsrelevanz kategorialer Diagnosesysteme. Welchen *praktischen* Nutzen haben hochdifferenzierte Systeme zur Klassifikation psychischer Störungen, wenn diesen nur eine sehr begrenzte Zahl unterschiedlicher Behandlungsmöglichkeiten gegenübersteht?

Als Alternative (zumindest gewichtige Ergänzung) zum kategorialen Ansatz wird deshalb ein *dimensionales Modell* der Klassifikation in Spiel gebracht (z. B. Widiger, 1993). Statt immer verfeinertere Kategorien zu entwickeln, was letztlich zu einem nahezu unbegrenzten theorielosen Datensammeln mit dem Zwang zu vielen simultanen Diagnosen führt, sollte vermehrt auf theoretisch begründete und reliabel erfassbare Dimensionen bei der Diagnostik von Störungen zurückgegriffen werden, zumindest für den Bereich der Persönlichkeitsstörungen (Achse II im DSM-IV). So macht es z. B. wenig Sinn, eine „vermeidende Persönlichkeitsstörung" danach zu diagnostizieren, ob sie vorliegt oder nicht. Hier ist ganz offensichtlich eine dimensional begründete Diagnostik angemessener.

Widiger und Samuel (2005) schlagen vor, als theoretische Grundlage dieser Diagnostik das Fünf-Faktoren-Modell der Persönlichkeit (Costa & McCrae, 1985) und als Instrumente die entsprechenden *NEO-Inventare* (▶ **Kap. 10**) heranzuziehen. Dieser Vorschlag könnte wegweisend sein, insbesondere dann, wenn man – wie bereits in der Eignungsdiagnostik praktiziert (▶ **Kap. 14**) – die Facetten der fünf Dimensionen betrachtet und hier dann auch, durch prognostische Validitätsstudien gestützt, spezifische Kombinationen von Facetten zur Diagnose von Störungsbildern heranzieht. Neben der wesentlich stärkeren theoretischen Fundierung hat der dimensionale Ansatz den Vorteil, dass differenzierte Daten über die Ausprägung einzelner Merkmalsbereiche geliefert werden, dass diese Daten reliabel erfasst werden und statistisch gut weiterverarbeitet werden können. Immerhin finden sich im DSM-IV erste Ansätze zur dimensionalen Diagnostik, allerdings meist nur im Anhang, etwa zur Diagnose von Schizophrenie nach den Dimensionen psychotische Symptome (Wahn, Halluzinationen), Desorganisiertheit und negative Symptome.

Das DSM-5 hat hier allerdings nicht die erwarteten Fortschritte gebracht. In erster Linie wurde der Bereich der Störungsbilder (wie bei jeder früheren DSM-Revision) reorganisiert, neue Störungen wurden hinzugefügt, andere neu eingeordnet und die Diagnosekriterien verändert (etwa hinsichtlich der Länge des Zeitraums, in dem ein Störungsbild vorliegen muss, damit eine Diagnose gestellt werden darf).

Immerhin wurde die erwähnte Enge der Kategorien als Schwäche erkannt und als möglicher Ausweg die Zusammenfassung einzelner Störungen zu Clustern ermöglicht. Eine derartige Einordnung könnte etwa die Gruppierung der Störungen nach Internalisierung und Externalisierung bilden. Internalisierende Störungen sind hiernach Angst, Depressionen und somatische Symptome, externalisierende Störungen wären Impulsivität, Verhaltensstörungen und Substanzmissbrauch. Von dieser relativ groben Kategorisierung ist es allerdings immer noch ein weiter Weg bis zu einer wirklich theoriegeleiteten Konzeption klinisch auffälligen Verhaltens mit der Möglichkeit einer kontinuierlichen Messung der jeweiligen Ausprägungen.

15.3 Gesundheitspsychologische Diagnostik

15.3.1 Fragestellungen der Gesundheitspsychologie

Anhand der bereits in ▶ **Kap. 15.1** beschriebenen Inhalte der Gesundheitspsychologie stellen sich für die praktische Arbeit mindestens die folgenden Aufgaben:

1. Aufklärung über gesundheitsförderliche und gesundheitsgefährdende Bedingungen in der Umwelt sowie im eigenen Verhalten;
2. Entwicklung und Durchführung spezifischer Programme zur Verhinderung des Erwerbs gesundheitsschädigender Lebensstile (Primärprävention), zum Abbau schädlichen Verhaltens (Sekundärprävention) sowie zur Verhinderung des Rückfalls nach Aufgabe derartiger Gewohnheiten (Rückfallprävention);
3. Förderung von Kompetenzen zur Verhinderung der Entwicklung bzw. zur Beeinflussung des Verlaufs von Erkrankungen, z. B. Aufbau von sozialen Kompetenzen, Kompetenzerwartungen und internalen Kontrollüberzeugungen sowie effizienten Strategien der Stressbewältigung;

4. Schaffung eines hilfreichen sozialen Netzwerkes als eines gesundheitsprotektiven Faktors;
5. Beseitigung oder Verringerung gesundheitsgefährdender Stressoren in der Umwelt;
6. Durchführung diagnostischer Maßnahmen (einschließlich Evaluation) in allen Feldern der Gesundheitspsychologie.

15.3.2 Ziele und Bereiche der gesundheitspsychologischen Diagnostik

Daten, die zur Bearbeitung dieser Aufgaben benötigt werden, können im Prinzip mit dem gesamten Spektrum diagnostischer Verfahren erhoben werden. Aus der Art der Ziele wird aber deutlich, dass die Erhebung subjektiver Stellungnahmen (speziell mit Hilfe von Fragebogen) dominiert. Daneben interessiert die Registrierung krankheits- bzw. gesundheitsbezogenen Wissens und sog. „traditioneller" Risikofaktoren (z. B. Übergewicht, Bluthochdruck oder erhöhtes LDL-Cholesterin). Angesichts der Notwendigkeit, häufig auch Daten heranzuziehen, die nicht an Einzelpersonen erhoben werden können, muss verstärkt auch auf in der Psychologie weniger gebräuchliche Daten zurückgegriffen werden, z. B. auf Archivmaterial oder epidemiologische Statistiken. Innerhalb dieser allgemeinen Aufgabenstellungen sind insbesondere die in ► **Übersicht 15.4** aufgelisteten Bereiche für die Diagnostik von besonderer Bedeutung. Im Folgenden sollen für einige dieser Bereiche diagnostische Verfahren vorgestellt werden. (Für eine umfassendere Darstellung vgl. u. a. Jerusalem & Kohlmann, 2011; Schumacher et al., 2003; Westhoff, 1993).

Lebensqualität

Bis vor wenigen Jahren war Lebensqualität kein eigenständiges Thema psychologischer Forschung und Praxis. Wenn überhaupt, dann wurde Lebensqualität über die Abwesenheit von Krankheit oder, bei chronischen Erkrankungen (z. B. Diabetes oder Krebs), über die Qualität medizinischer Maßnahmen und die Länge der Überlebenszeit bestimmt. Tatsächlich sind diese Indikatoren aber nur mäßig mit der Qualität korreliert, die Patienten selbst ihrem Leben zuschreiben (vgl. Taylor, 2003). Das hängt u. a. damit zusammen, dass Lebensqualität verschiedene Komponenten umfasst, die in unterschiedlicher Beziehung zu medizinischen Variablen stehen. Die wichtigsten Aspekte sind der körperliche Zustand, das psychische Wohlbefinden, die soziale Funktionsfähigkeit sowie die erkrankungs- bzw. behandlungsbezogene Symptomatik (vgl. Taylor, 2003).

Zur Erfassung dieser Komponenten wurde eine Reihe diagnostischer Verfahren (meist Fragebogen) entwickelt (Böhmer & Ravens-Sieberer, 2005). Diese Instrumente sind entweder *krankheitsübergreifend* konzipiert, d. h. sie erfassen die gesundheitsbezogene Lebensqualität von Patienten allgemein, oder sie zielen auf die Lebensqualität bei *spezifischen* Erkrankungen. Die Lebensqualität wird natürlich auch stark bestimmt von der Art der kognitiven oder verhaltensmäßigen Maßnahmen, die Patienten im Umgang mit ihrer Erkrankung einsetzen. Deshalb gehören auch Verfahren zur Erfassung der *Krankheitsverarbeitung* bzw. *-bewältigung* in diesen Bereich.

Eines der ersten Inventare mit *krankheitsübergreifender* Orientierung war das *Sickness Impact Profile* (SIP; Bergner, Bobbitt, Carter & Gilson, 1981). Es erfasst die Funktionsfähigkeit in den Bereichen körperliche, psychosoziale und weitere Funktionen (z. B. Schlafen, Essen, Arbeiten, Erholen). Der Test reagiert sensitiv auf Veränderungen bei der medizinischen Behandlung sowie auf den Verlauf chronischer Erkrankungen. Eine Entsprechung im deutschsprachigen Raum stellt das *Profil der Lebensqualität Chronisch Kranker*

Übersicht 15.4 Bereiche der gesundheitspsychologischen Diagnostik.

Lebensqualität
- allgemein
- erkrankungsspezifisch
- Krankheitsbewältigung

Verhalten, z. B.
- Bewegung
- Ernährung
- Schlaf
- Hygiene
- Rauchen
- Substanzmissbrauch
- Risikoverhalten

Persönlichkeitsmerkmale, z. B.
- Typ-A-Muster, Ärger, Feindseligkeit
- Kontrollüberzeugung
- Hardiness
- Optimismus, Kompetenzerwartung
- Stressbewältigung
- Vulnerabilität, negative Affektivität
- Symptomwahrnehmung und -berichte

Konzepte und Wissen
- bei Gesundheitsfachleuten
- bei Gesundheitslaien
- bei spezifisch Erkrankten

Soziale Unterstützung

(PLC; Siegrist, Broer & Junge, 1996) dar. Auf 40 Items wird die Lebensqualität in sechs Bereichen eingeschätzt: Leistungsvermögen, Genuss- und Entspannungsfähigkeit, Positive Stimmung, Negative Stimmung, Kontaktvermögen und Zugehörigkeitsgefühl. Zusätzlich wird die krankheitsspezifische Symptombelastung gemessen. (Zur Normierung siehe Laubach, Schröder, Siegrist & Brähler, 2001).

Ein weitverbreitetes Instrument ist das *36-Item Health Survey* (RAND Health Services Program, 1992), das acht Dimensionen umfasst. Hierzu existiert auch eine deutsche Adaptation, der *SF-36 Fragebogen zum Gesundheitszustand* (SF-36; Bullinger & Kirchberger, 1998). Seine acht Unterskalen beziehen sich auf Körperliche Funktionsfähigkeit, Körperliche Rollenfunktion, Körperliche Schmerzen, Allgemeine Gesundheitswahrnehmung, Vitalität, Soziale Funktionsfähigkeit, Emotionale Rollenfunktion und Psychisches Wohlbefinden. Der Test ist an fast 3 000 Patienten unterschiedlicher Altersstufen und Erkrankungen normiert und erreicht in seinen Unterskalen Reliabilitäten zwischen .57 und .94. Es existiert auch eine Kurzform mit zwölf Items. Ein entsprechendes Verfahren für Kinder und Jugendliche ist der Fragebogen KINDL (Ravens-Sieberer & Bullinger, 1998).

Die bisher vorgestellten Fragebogen erfassen die Lebensqualität (bzw. das Wohlbefinden) auf verschiedenen Dimensionen, vom körperlichen Wohlbefinden über die Qualität psychosozialer Funktionen bis zu affektiven Reaktionen. Der *Marburger Fragebogen zum habituellen Wohlbefinden* (MFHW; Basler, 1999) konzentriert sich dagegen mit seinen sieben Items auf einen einzigen Aspekt, den man als positive Gestimmtheit und Lebenszufriedenheit umschreiben könnte (Itembeispiel: „Ich habe mein Leben genießen können"). Die sehr homogene Skala ($\alpha \approx .90$) kann sowohl generell zur Erfassung des Wohlbefindens eingesetzt werden als auch bei Patienten mit speziellen chronischen Erkrankungen, z. B. chronischen Schmerzen (vgl. Basler, 1999). Der Fragebogen erhebt damit im Wesentlichen dieselben Informationen, die auch mit Hilfe der bereits beschriebenen PANAS (▶ **Kap. 10**) gewonnen werden können.

Eine Reihe von Verfahren versucht dagegen, auch die *erkrankungsspezifische* Lebensqualität multidimensional zu erfassen. Beispielhaft sollen an dieser Stelle nur drei Bereiche herausgegriffen werden: Krebs, Asthma und Diabetes. (Für eine Übersicht über verschiedene Bereiche und Instrumente siehe Bowling, 1995, sowie Schumacher et al., 2003.)

Ein verbreitetes Instrument zur Abschätzung der Lebensqualität bei Krebspatienten ist das *Cancer Inventory of Problem Situations* (CIPS; Schag, Heinrich, Aadland & Ganz, 1990). Das Ausmaß an Lebensqualität wird dabei über das Vorhandensein alltäglicher Probleme sowie die Erfüllung von Bedürfnissen erfasst, die mit der Rehabilitation verbunden sind. Auf der Basis von Faktorenanalysen wurden fünf Globalfaktoren bestimmt, die sich auf die Problembereiche Körperlichkeit, psychosoziale Beziehungen, medizinische Behandlung, Partnerschaft und Sexualität beziehen.

Der von der *European Organization for Research and Treatment of Cancer* (EORTC) entwickelte Fragebogen zur Lebensqualität liegt in elf Sprachen (darunter Deutsch) vor und erfasst mit 30 Items die Dimensionen psychisches Befinden, körperliche Beschwerden, funktionale Kompetenz und soziale Unterstützung (Aaronson et al., 1993). In einer Zusatzskala werden krankheits- und therapiespezifische Aspekte verschiedener Krebserkrankungen erfasst.

Die *Fragen zur Lebenszufriedenheit* (FLZ) basiert auf der Annahme, dass die globale Bewertung der Lebensqualität sich aus Dimensionen zusammensetzt, die jedoch bei der Bildung des entsprechenden Index individuell gewichtet werden müssen (Henrich & Herschbach, 1995, 2000). Die FLZ bestehen derzeit aus drei Modulen, dem allgemeinen Modul (das acht allgemeine Lebensbereiche umfasst), dem Gesundheitsmodul (das sich auf acht diagnoseunabhängige Aspekte der Gesundheit bezieht) und dem erkrankungsspezifischen Modul (in dem auf die spezifische Krebserkrankung, z. B. ein gastrointestinaler Tumor, eingegangen wird).

Der *Fragebogen für Asthmapatienten* (FAP-R; Schandry & Duschek, 2003) erfasst die Lebensqualität dieser Patientengruppe auf fünf Dimensionen: Körperliche Asthmasymptome, Allgemeines Wohlbefinden, Einschränkungen im persönlichen und sozialen Bereich, Emotion sowie Asthmaspezifisches Vermeidensverhalten. Die Reliabilitäten dieser Subskalen fallen mit Werten von .82 bis .94 sehr gut aus.

Zur Erfassung der Lebensqualität bei Diabetikern entwickelten Bradley und Lewis (1990) ein *Well-being Questionnaire*, das ausschließlich kognitive Aspekte von Angst, Depression und positiver Stimmung anspricht (vgl. auch Kohlmann & Lißmann, 2003). Auf die Erhebung körperlicher Indikatoren wird verzichtet, da diese Symptome auch durch die aktuelle Blutzuckerlage bedingt sein können. Der Fragebogen erfasst mit jeweils zwei Skalen negative und positive Aspekte des Wohlbefindens; für den negativen Bereich sind dies Depression und Angst, für den positiven psychische Energie und Wohlbefinden.

Die Items wurden allerdings offenbar intuitiv und nicht auf Grund statistischer Klassifikationen oder theoretischer Ableitungen zu Skalen zusammengefasst. (Für verschiedene Strategien zur Konstruktion von Fragebogen ▶ **Kap. 10**.) Diese Vorgehensweise lässt sich zum einen daran erkennen, dass die Zuordnung bestimmter Items zu einzelnen Skalen überhaupt nicht nachvollziehbar ist (z. B. das Thema Schlaflosigkeit zur Angstskala). Zum anderen finden sich Items mit fast identischen Formulierungen in unterschiedlichen Skalen (z. B. zum Thema Niedergeschlagenheit in der Depressions- und der Energieskala; zu dieser und weiterer Kritik vgl. Hermanns und Kulzer, 1995).

Hermanns und Kulzer (1995) führten deshalb eine Faktorenanalyse der 22 Items einer deutschen Adaptation des Fragebogens durch und konnten – erwartungsgemäß – zwei Faktoren sichern. Die erste Komponente umfasste alle

Items positiver, die zweite Komponente alle Items negativer Befindlichkeit. Zusätzlich fand sich, dass die Items der ersten Komponente zeitlich länger erstreckte, also vergleichsweise stabile Befindlichkeiten ansprechen („Mein tägliches Leben ist ausgefüllt von Dingen, die mich interessieren"). Demgegenüber thematisieren die Items der negativen Befindlichkeit eher kürzer erstreckte Zustände („Ich fühle mich nervös und ängstlich").

Die Ergebnisse zum Fragebogen von Bradley und Lewis haben einen Umstand verdeutlicht, der auch auf die meisten anderen Inventare zur Lebensqualität bzw. zum Wohlbefinden zutrifft, wenn diese auf die Situation chronisch Kranker angewendet werden. Wenn man hier auf Information zum körperlichen Zustand und zur erkrankungs- bzw. behandlungsbezogenen Symptomatik verzichtet, dann reduziert sich das Inventar im Wesentlichen auf einen Test positiver und negativer Emotionalität. Diese Merkmale können aber etwa mit der PANAS (Watson et al., 1988) präziser erfasst werden, insbesondere dann, wenn man am positiven Affekt nochmals die beiden Komponenten Aktivation und positive Gestimmtheit unterscheidet (vgl. Egloff et al., 2003). Wenn derartige Inventare einen praktischen Beitrag zur Behandlung von Patienten leisten wollen, dann dürfen sie sich also nicht auf die emotionale Befindlichkeit konzentrieren, sondern müssen vordringlich Merkmale wie den selbsteingeschätzten körperlichen Zustand, die erlebte Symptomatik (insbesondere als Konsequenz bestimmter Behandlungen, z. B. einer Chemotherapie) sowie die Gestaltung sozialer Aktivitäten thematisieren.

Lebensqualität und Wohlbefinden chronisch Kranker hängen zum Teil von der individuellen Art des Umgangs mit der Krankheit ab. Auch im Bereich der *Krankheitsverarbeitung* bzw. *-bewältigung* lassen sich krankheitsübergreifende und spezifische Ansätze unterscheiden. Zwei bekannte Verfahren mit *allgemeiner* Orientierung sind der *Freiburger Fragebogen zur Krankheitsverarbeitung* (FKV; Muthny, 1989) und die *Trierer Skalen zur Krankheitsbewältigung* (TSK; Klauer & Filipp, 1993).

Der FKV existiert in einer ausführlichen Version mit 102 Items und zwölf Skalen (FKV 102) sowie zwei Kurzformen mit jeweils 35 Items zur Selbst- und Fremdbeschreibung (FKV-LISSE und FKV-LIS-FE). In der Langform realisiert Muthny im Sinne der in ▶ **Kap. 10** getroffenen Unterscheidung einen mikroanalytischen Ansatz, unterscheidet also, ähnlich wie der SVF (Jahnke et al., 2002), eine größere Anzahl von Bewältigungsstrategien. In diesen Strategien kommen entweder verhaltensbezogene Operationen (z. B. Problemanalyse und Lösungsverhalten) oder kognitive (z. B. kognitive Vermeidung und Dissimulation oder Relativierung durch Vergleich) bzw. emotionale Reaktionen (depressive Verarbeitung, Misstrauen und Pessimismus) zum Ausdruck.

Die Reliabilitäten erreichen allerdings nur für einzelne Skalen Werte von über .80, fallen damit also zum Teil mäßig aus. Dies gilt naturgemäß in besonderem Maße für die Kurzformen. Von deren Skalen (depressive Verarbeitung, aktives problemorientiertes Coping, Ablenkung und Selbstaufbau, Religiosität und Sinnsuche, Bagatellisierung und Wunschdenken) scheinen nur depressive Verarbeitung und aktives problemorientiertes Coping eine zufriedenstellende psychometrische Qualität aufzuweisen (vgl. Hardt et al., 2003).

Das Inventar TSK entwickelte sich aus Forschungen zur Krankheitsbewältigung bei Krebspatienten (vgl. Filipp, Klauer, Ferring & Freudenberg, 1990). Es basiert auf einem Modell, das Bewältigungsstrategien nach drei unabhängigen Gesichtspunkten klassifiziert: Richtung der Aufmerksamkeit (auf die Erkrankung zentriert oder von ihr abgewandt), Ebene der Bewältigungsreaktion (offen vs. intrapsychisch) sowie soziale Einbindung der Bewältigungsbemühungen (hoch vs. niedrig). Aus der Kreuzklassifikation dieser Gesichtspunkte resultierten acht verschiedene Gruppen von Bewältigungsstrategien, zu denen jeweils acht Items formuliert wurden.

Faktorenanalysen dieses *Fragebogens zur Erfassung von Formen der Krankheitsbewältigung* (FEKB) konnten diese Apriori-Struktur jedoch nicht replizieren (Klauer, Filipp & Ferring, 1989). Stattdessen ließen sich fünf Dimensionen sichern, aus denen dann der neue Fragebogen TSK gebildet wurde: Rumination, Suche nach sozialer Einbindung, Bedrohungsabwehr, Suche nach Information und Erfahrungsaustausch sowie Suche nach Halt in der Religion. Der TSK besteht nur noch aus 37 Items und weist für seine Unterskalen Reliabilitäten zwischen .76 und .82 aus.

Die Inventare FKV und TSK sind so angelegt, dass sie auf Bewältigungsprozesse bei einer Vielzahl von Erkrankungen anwendbar sind. Diese Orientierung ist besonders dann sinnvoll, wenn Erkrankungen (wie z. B. Herz-Kreislauf- oder Tumorerkrankungen) komplex sind und vielfältige Äußerungsformen haben. In diesem Fall würden zu spezifische Fragen (etwa zur Bewältigung bei Brustkrebs) dann nicht für andere Bereiche dieser Erkrankungsgruppe gelten. Deshalb wurden die Items der TSK, die ursprünglich für die Bewältigung bei Tumorpatienten konzipiert worden waren (und dort auch nach wie vor ihr Haupteinsatzfeld haben), so formuliert, dass sie auch auf andere schwere Erkrankungen angewendet werden können.

Nun gibt es daneben chronische Erkrankungen, die zwar weit verbreitet sind, sich aber vergleichsweise spezifisch äußern. In diesen Fällen ist die Konstruktion *krankheitsspezifischer* Bewältigungsinventare sinnvoll. Als Beispiele sollen hier chronische Schmerzen und Hauterkrankungen besprochen werden.

Der *Fragebogen zur Schmerzregulation* (FSR; Schermelleh-Engel, 1995) wurde nach einer kombinierten Strategie (► **Kap. 10**) konstruiert, also unter Rückgriff auf theoretische Vorstellungen zur Schmerzregulation sowie über statistische Analysen zur Bestimmung der Eindimensionalität der Skalen. Der FSR besteht aus 56 Aussagen, die sich auf sieben Skalen verteilen: Kompetenz, Schmerzintensität, Angst, Depressivität, Vermeidung, Resignation und Ablenkung. Die Reliabilitäten variieren zwischen .70 und .86, fallen damit also teilweise etwas niedrig aus.

Der *Fragebogen zur Erfassung der Schmerzverarbeitung* (FESV; Geissner, 2001) geht von drei Komponenten aus, von denen sich zwei auf Schmerzbewältigung und eine auf schmerzbedingte psychische Beeinträchtigungen beziehen. Jede Komponente umfasst drei Subskalen. Zur kognitiven Schmerzbewältigung gehören die Skalen Handlungskompetenzen, kognitive Umstrukturierung und Kompetenzerleben, zur behavioralen Schmerzbewältigung die Dimensionen mentale Ablenkung, gegensteuernde Aktivitäten sowie Ruhe und Entspannung und zur Beeinträchtigung die Skalen schmerzbedingte Hilflosigkeit und Depression, schmerzbedingte Angst sowie schmerzbedingter Ärger. Die internen Konsistenzen der neun Skalen bewegen sich im gleichen Bereich wie die des FSR.

Der *Fragebogen zur Bewältigung von Hauterkrankungen* (FBH; Stangier, Ehlers & Gieler, 1996) stellt eine Fragebogenbatterie dar, deren Einzeltests sich mit unterschiedlichen Problemen von Hauterkrankungen befassen. Der *Marburger Hautfragebogen* (MHF) ist für alle chronischen Hautkrankheiten konzipiert (z. B. Akne, Psoriasis), während der *Marburger Neurodermitis-Fragebogen* (MNF) speziell auf Probleme und Bewältigungsmöglichkeiten bei Neurodermitis zielt. Beide Fragebogen erfassen die folgenden Bereiche: Soziale Ängste und Vermeidensverhalten, Juckreiz-Kratz-Zirkel, Hilflosigkeit auf Grund von Kontrollverlust, Ängstlich-depressive Stimmung, Einschränkung der Lebensqualität sowie Informationssuche. Speziell für juckende Hauterkrankungen enthält der FBH noch den *Juckreiz-Kognitions-Fragebogen* (JKF). Er thematisiert krankheitsbezogene Kognitionen wie Katastrophisieren oder über konkrete Bewältigungsmöglichkeiten nachdenken. Der *Fragebogen für Eltern von Kindern mit Neurodermitis* (FEN) wendet sich an Eltern von Kindern mit Neurodermitis und erfasst die folgenden Bereiche: Aggression/Hilflosigkeit im Umgang mit Kratzen des Kindes, Protektion, Kontrolle von Kratzen sowie Demoralisierung bezüglich der Behandlung. Die Reliabilitäten der vier Fragebogen des FBH liegen zwischen .62 und .93, fallen also zumindest zum Teil unbefriedigend aus.

Die Skala FEN aus dem Fragebogen zur Bewältigung von Hautkrankheiten weist darauf hin, dass Krankheitsbewältigung oft nicht nur eine Aufgabe des unmittelbar Betroffenen, sondern auch seiner Angehörigen ist. Dies gilt in besonderem Maße für die Eltern erkrankter Kinder.

Das *Coping Health Inventory for Parents* (CHIP; McCubbin et al., 1983) erfasst mit 45 Items die Aussagen von Eltern schwer erkrankter oder chronisch kranker Kinder zur Gestaltung des Familienlebens unter dem Einfluss dieser Belastung. Die Items verteilen sich auf drei faktorenanalytisch bestimmte Subskalen: Aufrechterhalten der familiären Integration und Kooperation sowie einer optimistischen Sichtweise der Situation; Aufrechterhalten von sozialer Unterstützung, Selbstwertgefühl und psychologischer Stabilität; Verstehen der medizinischen Situation durch Kommunikation mit anderen Eltern und medizinischem Personal.

Schon ein Blick auf die Benennung der drei Komponenten macht deutlich, dass die Subskalen offenbar inhaltlich recht inhomogen sind. Dieser Eindruck wird – wie oft bei rein faktorenanalytisch bestimmten Skalen – durch den Umstand verstärkt, dass die Zuordnung einzelner Items zu Subskalen kaum nachvollziehbar ist. Dementsprechend fallen die Reliabilitäten mit Werten zwischen .71 und .79 auch eher mäßig aus. Eine deutschsprachige Version des CHIP mit gleicher Struktur und psychometrischer Qualität wie die Originalversion, der *Fragebogen zur elterlichen Krankheitsbewältigung*, wurde von McCubbin, McCubbin, Cauble und Goldbeck (2001) vorgelegt. Empirische Befunde zur Bewältigung in Familien chronisch kranker Kinder werden in Seiffge-Krenke et al. (1996) berichtet.

Verhalten

Bestimmte Verhaltensweisen stehen in ausgeprägter Beziehung zum Gesundheitsstatus. Dieses Verhalten kann entweder gesundheitsfördernd sein (z. B. regelmäßig und ausreichend schlafen oder sportlich aktiv sein) oder negative Konsequenzen für die Gesundheit haben (z. B. Rauchen, starker Alkoholkonsum oder übermäßige und fette Ernährung). Wenn derartige Verhaltensweisen fest im Verhaltensrepertoire verankert sind und oft (meist ohne bewusste Kontrolle) ausgeführt werden, haben sie den Status von Gewohnheiten („health habits") erworben. Solche (fördernde oder schädigende) Gewohnheiten entwickeln sich meist während der Kindheit und stabilisieren sich (je nach Art des Verhaltens) etwa ab dem 12. Lebensjahr. Sie werden gewöhnlich über beobachtendes Lernen (mit Eltern oder Peers als Vorbildern) übernommen und auf dem Weg der Bekräftigung etabliert; ob sie dann aber aufrecht erhalten werden, hängt nicht mehr von diesen Lernbedingungen ab, sondern vom Vorhandensein bestimmter Umweltbedingungen, mit denen sie assoziiert sind (z. B. einem bestimmten Essensangebot).

In einer inzwischen klassischen Untersuchung, der Alameda County-Studie (Berkman & Breslow, 1989), konnte die Bedeutung bestimmter Gewohnheiten für den Gesundheitsstatus nachgewiesen werden. Die Autoren der

Studie definierten sieben positive Gesundheitsgewohnheiten, die sie bei ca. 7 000 Personen erfassten:

1. Jede Nacht 7 bis 8 Stunden schlafen.
2. Nicht rauchen.
3. Nicht mehr als zwei alkoholische Getränke pro Tag konsumieren.
4. Regelmäßig Sport treiben.
5. Nicht zwischen den Mahlzeiten essen.
6. Nicht mehr als 10 % Übergewicht haben.

Mit diesen Gewohnheiten sind auch schon die für die Diagnostik des Gesundheitsverhaltens wichtigen Bereiche bestimmt. So misst der *Fragebogen zur Erfassung des Gesundheitsverhaltens* (FEG; Dlugosch & Krieger, 1995) gesundheitsbezogene Verhaltensweisen und Einstellungen in acht Bereichen: Ernährung, Rauchen, Alkohol, Bewegung, Medikamente, Schlaf, Allgemeines Wohlbefinden/Psychosoziale Probleme sowie Umgang mit Gesundheit und Krankheit. Zu einzelnen Bereichen existieren mehrere Skalen, zur Ernährung beispielsweise Konsum vom Diätprodukten, Konsum traditioneller (risikoreicher, z. B. süßer oder ballaststoffarmer) Nahrungsmittel, Konsum gesundheitsförderlicher Nahrungsmittel (z. B. Vollkornprodukte, Obst, Gemüse) und Unkontrolliertes Essverhalten (z. B. zwischen den Mahlzeiten essen). Die Reliabilitäten der Unterskalen variieren von .60 bis .91, sind also teilweise unzureichend. Dieses Ergebnis verwundert nicht, wenn man bedenkt, dass einzelne Bereiche (z. B. Bewegung) durch recht unterschiedliche Verhaltensweisen konstituiert werden.

Auch die zahlreichen Inventare zur Erfassung des *Lebensstils* enthalten in der Regel Sektionen, in denen gesundheitsbezogene Risikomerkmale registriert werden. So erfragt das *Lifestyle Appraisal Questionnaire* (LAQ; Craig, Hancock & Craig, 1996) mit 21 Items Merkmale wie Alkoholkonsum pro Tag, Rauchen, Blutdruck, Übergewicht, Drogen (außer Alkohol und Nikotin), körperliche Aktivität, Ernährung, Entspannung, Schlaf, Stress, Koffeinkonsum sowie Familiengeschichte verhaltensbezogener Erkrankungen. Auch der *Leipziger Lebensstilfragebogen für Jugendliche* (LLfJ; Becker-Zieglschmid & Brähler, 2007) erfasst in seinen Teilen Lebensstil und Ernährung spezifische Formen des Gesundheitsverhaltens wie etwa Sporttreiben oder Essgewohnheiten.

Der Fragebogen zum Gesundheitsverhalten von Kindern (GEKI; Meier, Eschenbeck & Kohlmann, 2013) konzentriert sich auf zwei Bereiche des Gesundheitsverhaltens: Schutz und Ernährung. Jeder dieser Bereiche wird über drei Skalen erfasst. Für das Schutzverhalten sind dies Sicherheit im Straßenverkehr, Sonnenschutz und Zahnhygiene und für die Ernährung Ungesunde Ernährung, Gesunde Ernährung sowie Schulfrühstück. Außerdem kann für jeden Bereich aus den Items der jeweiligen Einzelskalen ein Gesamtscore gebildet werden. Hinsichtlich der Validität des GEKI zeigte sich u. a., dass die Skala Sicherheit im Straßenverkehr signifikant mit dem Ergebnis der theoretischen Fahrradprüfung korrelierte (während die beiden anderen Skalen zum Schutzverhalten nicht mit diesem Kriterium assoziiert waren). Für das Ernährungsverhalten fanden sich u. a. bedeutsame Zusammenhänge der Skala Gesunde Ernährung mit dem Ernährungswissen und der Qualität des Pausenbrots. Auch die Skala Schulfrühstück korreliert mit diesem Kriterium.

Neben diesen auf die umfassende Erhebung des Gesundheitsverhaltens ausgerichteten Inventare existieren auch Tests, die sich auf ein spezielles Verhalten konzentrieren. Im Zentrum steht hier das *Essverhalten*, das etwa mit dem *Fragebogen zum Essverhalten* (FEV; Pudel & Westenhöfer, 1989; amerikanische Originalversion: Stunkard & Messick, 1985) differenziert erfasst werden kann. Der FEV besteht aus drei Unterskalen: kognitive Kontrolle des Essverhaltens, gezügeltes Essen (Beispielitem: „Ich esse bewusst nicht so viel, bis ich völlig satt bin"); Störbarkeit des Essverhaltens (durch emotionale und situative Auslöser; „Wenn ich andere Leute essen sehe, bekomme ich auch Appetit"); Erlebte Hungergefühle („Oft kommt mir mein Magen wie ein Fass ohne Boden vor"). Die einzelnen Skalen, die mit Reliabilitäten zwischen .74 und .87 befriedigende Werte aufweisen, korrelieren differenziell mit verringerter bzw. vermehrter Nahrungsaufnahme und stehen in einer interaktiven Beziehung zum Körpergewicht. So konnten Westenhöfer, Pudel, Maus und Schlaf (1987) in einer Erhebung bei 35 000 Leserinnen einer Frauenzeitschrift zeigen, dass geringe Kontrolle und hohe Störbarkeit mit dem höchsten, hohe kognitive Kontrolle und geringe Störbarkeit mit dem niedrigsten Körpergewicht verbunden waren.

Anders als das Essverhalten, bei dem es sich über weite Strecken um die Manifestation automatisierten Verhaltens handelt, stellt der Bereich der *Bewegung*, insbesondere wenn hierunter *sportliche Aktivität* verstanden wird, ein zum größten Teil geplantes Verhalten dar. Dementsprechend haben wir es hier mit dem Einfluss sehr unterschiedlicher Faktoren zu tun, insbesondere mit Motiven und persönlichen Zielen, Erwartungen, wahrgenommenen Barrieren sowie Erfolgsbewertungen.

Diagnostische Verfahren im Bereich Bewegung spiegeln diese Komplexität insofern wider, als sie sich in der Regel jeweils nur auf einzelne Gruppen von Konzepten beziehen (z. B. Motive zum Sporttreiben). Dabei haben sie meist den Status forschungsorientierter Verfahren, sind also noch nicht auf die Einzelfalldiagnostik ausgerichtet. Eine Übersicht über Verfahren in den einzelnen Bereichen und deren theoretische Grundlagen gibt Thiex (2006).

Wichtig für die Planung von Interventionen zur Erhöhung der sportlichen Aktivität ist zunächst einmal die Erhebung *sportbiographischer Informationen*. Im Zentrum steht hier die Registrierung des derzeitigen Aktivitätsniveaus nach motivationalen (Verhaltensintentionen) und behavioralen (Verhaltensregelmäßigkeiten) Merkmalen. Den fünf Stadien des transtheoretischen Modells der Verhaltensänderung von Prochaska und DiClemente (1983) entsprechend, entwickelte Cardinal (1995) ein fünfstufiges Item. Stufe 1 enthält die Aussage „Ich treibe momentan keinen regelmäßigen Sport, und beabsichtige nicht, in den nächsten sechs Monaten damit zu beginnen". Personen, die dieser Aussage zustimmen, befinden sich nach Prochaska und DiClemente im Stadium der Präkontemplation (in dem also noch keine Intentionsbildung hinsichtlich einer Verhaltensänderung stattgefunden hat). Die Zustimmung zur Aussage „Ich treibe momentan keinen regelmäßigen Sport, aber ich beabsichtige, in den nächsten sechs Monaten damit zu beginnen" charakterisiert dagegen die beginnende Intentionsbildung (Kontemplationsstadium). Das nächste Stadium der Verhaltensänderung, die Präparation, ist durch die Aussage „Ich treibe Sport, aber nur unregelmäßig" gekennzeichnet. Die beiden letzten Aussagen beziehen sich auf Personen, die eine regelmäßige Handlung aufgenommen haben (Aktionsstadium) bzw. diese bereits über sechs Monate ausführen (Stadium der Aufrechterhaltung).

Mit der Ausübung sportlicher Aktivität können sehr unterschiedliche Ziele, von denen nicht alle gesundheitsbezogen sind, verbunden sein. Das *Exercise Motivation Inventory* (EMI; Markland & Ingledew, 1997) dient der Erfassung derartiger Ziele. Es besteht aus 51 auf einer sechsstufigen Skala zu beantwortenden Items, in denen nach persönlichen Gründen gefragt wird, die die betreffende Person dazu veranlassen könnten, sportlich aktiv zu sein (z. B. „um abzunehmen"). Das EMI gliedert sich in 14 faktoriell gewonnene Subskalen (z. B. Stress management, Enjoyment, Affiliation, Ill-health avoidance oder Weight management). Thiex (2006) führte anhand der Daten von 469 Teilnehmern eine Faktorenanalyse einer deutschen Adaptation des EMI durch und konnte dabei sechs Komponenten sichern: soziale Anerkennung (Beispielitem: „Um meine Fähigkeiten mit denen anderer Menschen zu vergleichen"), Psychologische Ziele („Weil Sport mich belebt und aufbaut"), Prävention und Gesundheitsförderung („Um meine Beweglichkeit zu erhalten"), Körperbezogene Ziele („Um mein Gewicht zu kontrollieren"), Affiliation („Um Zeit mit Freunden zu verbringen") sowie Gesundheitlicher Druck („Weil mein Arzt mir Sport empfohlen hat"). Mit Ausnahme der letztgenannten Skala, die bei drei Items nur eine Reliabilität von .66 erreicht, sind die Werte der anderen fünf Skalen mit Koeffizienten zwischen .87 und .92 ausgezeichnet.

Die *Goal Systems Assessment Battery* (GSAB; Karoly & Ruehlman, 1995) erfasst die individuelle Repräsentation verschiedener Aspekte von Zielen, die Gegenstand einer geplanten Verhaltensänderung sind. Es handelt sich dabei um die Aspekte Richtung, Regulation, Kontrolle und Aktivierung. In der deutschen Adaptation (GSAB-d; Pöhlmann, 1999) werden diese Aspekte durch neun Skalen mit jeweils vier Items, die fünfstufig zu beantworten sind, abgedeckt. Dem Aspekt Richtung (d. h. die Orientierung auf ein Ziel hin) sind die Skalen Wert (Beispielitem: „Dieses Ziel ist lohnend") und Selbstwirksamkeit („Ich bin fähig, dieses Ziel zu erreichen") zugeordnet. Zur Regulation der Zielerreichung gehören die Skalen Sozialer Vergleich („Ich bewerte meinen Erfolg bezüglich dieses Ziels daran, wie gut andere Menschen dieses Ziel erreichen") und Self-Montioring („Ich achte auf Hindernisse, die meinem Erfolg im Wege stehen könnten"). Beim Aspekt Kontrolle werden mit drei Skalen unterschiedliche Strategien der Zielverfolgung erfasst: Planung/Stimuluskontrolle („Ich plane die Schritte im Voraus, die notwendig sind, um dieses Ziel zu erreichen"), Selbstbelohnung („Ich gönne mir etwas besonderes, wenn ich bei diesem Ziel Fortschritte mache") sowie Selbstkritik („Ich bin sehr selbstkritisch, wenn ich keine Fortschritte bei diesem Ziel mache"). Im Bereich Aktivierung werden mit zwei Skalen affektive Prozesse erhoben, die bei der Zielverfolgung eine Rolle spielen können. Es handelt sich dabei um Negative („Es beunruhigt mich, an dieses Ziel zu denken") und Positive Aktivierung („Auf dieses Ziel hinzuarbeiten macht mir Freude"). Zusätzlich zu diesen Skalen enthält die GSAB-d noch eine Skala Zielkonflikt („Wenn ich dieses Ziel verfolge, muss ich andere Ziele zurückstecken"). Die Reliabilitäten der Skalen fallen mit Ausnahme der Zusatzskala Zielkonflikt ($\alpha = .63$) mit Werten zwischen .73 und .91 zufriedenstellend aus.

Die GSAB lässt sich natürlich überall dort einsetzten, wo Personen über die Formulierung spezifischer Ziele eine Verhaltensänderung anstreben. Dies gilt für die Klinische Psychologie (etwa bei der Zielsetzung der Überwindung eines phobischen Vermeidensverhaltens) ebenso wie für den Bereich des Gesundheitsverhaltens (z. B. bei der Ernährungsumstellung). Bei der Zielsetzung der Erhöhung der sportlichen Aktivität ist die Erfassung der verschiedenen Aspekte der Zielrepräsentation jedoch besonders sinnvoll, da es sich hier, zumindest in den ersten Stadien der Verhaltensänderung, um ein stark geplantes und kontrolliertes Verhalten handelt, so dass Störungen im Prozess der Veränderung (etwa durch Zielkonflikte) auch relativ gut lokalisiert werden können (vgl. Thiex, 2006).

Persönlichkeitsmerkmale

Wir konzentrieren uns an dieser Stelle auf Merkmale, die entweder explizit für den Gesundheitsbereich konzipiert (z. B. das Typ A-Verhaltensmuster) oder – bei allgemeineren Merkmalen – speziell an den Gesundheitsbereich angepasst wurden (z. B. erkrankungsspezifische Kontrollüberzeugungen).

Für den medizinischen Laien scheint es offensichtlich zu sein, dass die „Persönlichkeit" eines Menschen seinen Gesundheitsstatus beeinflusst. Ein „nervöser" Mensch soll etwa eher Magenprobleme entwickeln als eine „ruhige" Person, ein „aufbrausender Charakter" eher Gefahr laufen, einen Schlaganfall zu erleiden als jemand, der emotional „ausgeglichen" ist. Dementsprechend stellt sich für den Laien gar nicht erst die Frage, auf welchen Wegen sich dieser Einfluss denn äußert.

Tatsächlich sind die Verbindungswege zwischen Persönlichkeit und Erkrankung jedoch komplex und häufig nur vage definiert. Generell lassen sich zwei Wege bzw. zwei Arten von Effekten unterscheiden. Beim *direkten Effekt* initiieren oder verstärken die *physiologischen Korrelate* bestimmter Persönlichkeitsprozesse einen Erkrankungsprozess. Unter Persönlichkeitsprozessen verstehen wir dabei eine Reihe verhaltenssteuernder kognitiv-emotionaler Prozesse (z. B. aktuelle Erwartungen, Bewertungen, Anstrengungen zur Selbstregulation oder emotionale Reaktionen), die einerseits durch bestimmte Persönlichkeitsdispositionen, andererseits durch aktuelle situative Merkmale (z. B. die Konfrontation mit einer gefährlichen Situation) angestoßen werden (vgl. Mischel & Shoda, 1995). Beim *indirekten* Effekt interagieren Umwelt- und Persönlichkeitsfaktoren hinsichtlich der Ausübung gesundheitsschädigenden bzw. -fördernden *Verhaltens*, das dann seinerseits den Gesundheitsstatus beeinflusst.

Entsprechend dieser Unterscheidung zwischen einem direkten, über physiologische Prozesse verlaufenden, und einem indirekten, über Verhaltensprozesse vermittelten, Einfluss der Persönlichkeit auf den Gesundheitsstatus lassen sich auch zwei Gruppen gesundheitsbezogener Persönlichkeitsmerkmale unterscheiden. *Emotionsbezogene* Persönlichkeitsmerkmale (z. B. negative Affektivität, Feindseligkeit, Emotionsunterdrückung) sollen über spezifische emotionale Reaktionen und deren physiologische Korrelate einen direkten Einfluss auf den Gesundheitsstatus ausüben. Von *verhaltensbezogenen* Persönlichkeitsmerkmalen soll über die Ausübung bzw. Unterlassung bestimmter Verhaltensweisen (z. B. Teilnahme an Vorsorgemaßnahmen, Präventivverhalten wie die Benutzung von Sonnencremes, gesundheitsschädigendes Verhalten wie Rauchen oder Risikoverhalten) ein indirekter Weg zur Entwicklung spezifischer Erkrankungen (z. B. Haut- oder Lungenkrebs, koronare Herzerkrankung oder AIDS) führen (vgl. Adler & Matthews, 1994; Kohlmann, 2003; Weber, 2005).

Ein zentrales Thema verhaltensbezogener Persönlichkeitsmerkmale ist die von der betreffenden Person erlebte *Kontrolle*, und zwar über das eigene Verhalten, über dessen Konsequenzen sowie über situative Umstände. Wichtige Persönlichkeitsdispositionen dieser Gruppe sind deshalb die Kontrollüberzeugungen, die Selbstwirksamkeitserwartung oder der Optimismus (▶ **Kap. 10**).

Allerdings darf man sich die Unterscheidung zwischen direktem und indirektem Effekt bzw. emotions- und verhaltensbezogenen Persönlichkeitsmerkmalen nicht im Sinne einander ausschließender Kategorien vorstellen. So schließen die Begriffe direkter Effekt bzw. Emotionsbezug eine Vermittlung über Verhaltensprozesse nicht aus. Emotionen wie Angst, Ärger, Trauer oder Freude sind eingebettet in Bedeutungszuweisungen und zusammen mit diesen mit bestimmten Handlungstendenzen verbunden, etwa aktiver Annäherung bei Freude und Ärger oder passiver Vermeidung bei Trauer. Diese Aktivitäten sollten auch das gesundheitsbezogene Verhalten beeinflussen.

Umgekehrt sind verhaltensbezogene Merkmale wie etwa Optimismus nicht nur mit dem Gesundheitsverhalten, sondern auch mit physiologischen Prozessen verbunden (vgl. u. a. Räikkönen, Matthews, Flory, Owens & Gump, 1999; Scheier & Carver, 1992). Schließlich lässt sich eine bestimmte Gruppe gesundheitsbezogener Persönlichkeitsmerkmale, nämlich die Dispositionen der Stressbewältigung (etwa Vigilanz und kognitive Vermeidung; vgl. Krohne, 2010; ► **Kap. 10**), weder der einen noch der anderen Gruppe zuordnen. So ist etwa kognitive Vermeidung sowohl mit unmittelbaren physiologischen Prozessen verbunden, etwa Blutdruckerhöhung (King, Taylor, Albright & Haskell, 1996) oder verminderter Immunkompetenz (Esterling, Antoni, Kumar & Schneiderman, 1990), als auch mit gesundheitsbezogenen Verhaltensweisen, beispielsweise der Nichtteilnahme an Maßnahmen der Vorsorge und Überwachung im Hinblick auf Krebserkrankungen (Miller, 1995).

Viele globale Persönlichkeitskonstrukte stehen in direkter oder indirekter Beziehung zum Gesundheitsstatus (Krohne & Tausch, 2014) . Hierzu gehören zum einen die eher emotionsbezogenen Merkmale Ängstlichkeit, Ärgerneigung (einschließlich der Feindseligkeit) und Depressivität, wobei sich Ängstlichkeit und Depressivität nochmals zur negativen Affektivität zusammenfassen lassen. Bei den eher verhaltensbezogenen Konstrukten haben insbesondere die Kontrollüberzeugung und der dispositionelle Optimismus einen deutlichen Gesundheitsbezug. Merkmale der Regulation von Emotionen bzw. der Bewältigung belastender Situationen können, wie erwähnt, über emotionale Prozesse einen direkten wie auch über das Verhalten einen indirekten Einfluss auf die Gesundheit ausüben. Hierzu gehören die unter die Begriffe Stressbewältigung und Ärgerausdruck subsumierten Konstrukte (z. B. kognitive Vermeidung, Ärgerunterdrückung).

Daneben existiert eine Reihe begrifflich „engerer" Persönlichkeitsmerkmale, die speziell für den Bereich der Gesundheit entwickelt wurden. Die bekanntesten Merkmale sind hier das Typ-A-Verhaltensmuster, das Symptomberichten (Pennebaker, 1982) und (als gesundheitsprotektiver Faktor) die Hardiness (Kobasa, 1979).

An dieser Stelle interessiert nur die diagnostische Erfassung solcher Dispositionen, die speziell für den Gesundheitsbereich entwickelt wurden. (Für diagnostische Verfahren zu globaleren Dispositionen mit Relevanz für die Gesundheit ► **Kap. 10** und **11**.) Das bedeutet aber nicht, dass globalere Konstrukte an dieser Stelle ausgeblendet werden. Für viele derartige Merkmale hat sich nämlich gezeigt, dass bestimmte Indikatoren in einem eingegrenzten Bereich besser von *bereichsspezifischen* als von allgemeinen Tests dieses Konstruktes vorhergesagt werden können. Dies gilt in besonderem Maße für den Gesundheitsbereich. So lässt sich nach Rotter (1966) das Verhalten in Lebensbereichen, in denen Menschen noch wenig Erfahrung haben, am besten von ihrer allgemeinen Kontrollüberzeugung, wie sie mit dem *IPC-Fragebogen* erfasst wird, vorhersagen. In Bereichen, in denen Personen jedoch schon intensive Erfahrungen erworben haben (z. B. bei einer chronischen Erkrankung), sollten bereichsspezifische Tests bessere Prädiktoren sein. Dementsprechend lässt sich das Kontrollerleben hinsichtlich verschiedener Aspekte der eigenen Gesundheit bzw. einer Erkrankung (z. B. Diabetes) besser durch einen Test der erkrankungs- bzw. gesundheitsspezifischen Kontrollüberzeugung vorhersagen als durch Skalen der generellen Kontrollüberzeugung (vgl. Kohlmann et al., 1991).

Bei der Konstruktion von Verfahren zur Erfassung gesundheitsbezogener Persönlichkeitsmerkmale lassen sich also zwei Prinzipien unterscheiden. Zum einen haben wir es mit Tests zu tun, die Konstrukte operationalisieren, die speziell für den Gesundheitsbereich konzipiert wurden. Zum anderen liegen Tests vor, die im Zusammenhang mit der Adaptation eines globalen Konstrukts an den Bereich Gesundheit bzw. Erkrankung entwickelt wurden. Zu jedem Prinzip wollen wir ein Konstrukt und seine diagnostische Erfassung genauer vorstellen. Für die gesundheitsspezifischen Dispositionen ist dies das Typ-A-Verhaltensmuster und für die an den Erkrankungs- bzw. Gesundheitsbereich adaptierten Konstrukte die erkrankungsspezifische Kontrollüberzeugung.

Das *Typ-A-Verhaltensmuster* wurde Anfang der 1970er Jahre von den amerikanischen Kardiologen Friedman und Rosenman als psychologischer Risikofaktor für Koronarerkrankungen identifiziert. Friedman und Rosenman (1974, S. 67) definierten dieses Muster als einen „handlungsbezogenen und emotionalen Stil, der durch ein aggressives, nie nachlassendes Bemühen gekennzeichnet ist, mehr und mehr in immer kürzerer Zeit, oft gegen den Widerstand oder in Wettstreit mit anderen Personen und Kräften, zu erledigen". Personen mit hoher Typ-A-Ausprägung sind also durch folgende Merkmale gekennzeichnet: ein starkes, insbesondere wettbewerbsorientiertes Leistungsstreben, das ausgeprägte Gefühl, unter Zeitdruck zu stehen, sowie Aggressivität und Feindseligkeit. Das entgegengesetzte Muster wird als Typ B bezeichnet.

Erfasst wird das Typ-A-Muster entweder über ein *Strukturiertes Interview* (SI; Rosenman, 1978) oder über einen Fragebogen, den *Jenkins Activity Survey* (JAS; Jenkins, Zyzanski & Rosenman, 1979). Weitere, allerdings weniger häufig eingesetzte Instrumente sind die *Framingham Type A Scale* (Haynes, Feinleib & Kannel, 1980) sowie die *Bortner Rating Scale* (Bortner & Rosenman, 1967).

Das SI besteht aus etwa 25 Fragen, die Personen auffordern, über ihre charakteristische Art des Reagierens auf Situationen zu berichten, die bei Typ-A-Personen Ungeduld, Feindseligkeit oder Wettstreit hervorrufen sollen. So werden Probanden etwa gebeten, ihre Reaktionen beim Arbeiten mit einem langsamen Partner oder beim Warten in einer langen Schlange darzustellen. Andere Fragen eruieren, ob Partner oder enge Freunde den Interviewten als hart arbeitend und wettbewerbsorientiert beschreiben würden. Wichtig ist dabei, dass einige dieser Fragen auf eine Weise gestellt werden, die charakteristisches Typ-A-Verhalten (z. B. in der Art des Sprechens) provozieren soll. So mag eine Frage mit offensichtlicher Antwort etwa in zögernder und langsamer Art gestellt werden. Die Typ-A-Person würde den Sprecher in diesem Fall wahrscheinlich unterbrechen und antworten, bevor dieser noch zu Ende gesprochen hat. Oder der Interviewer äußert Zweifel an der Korrektheit einer Antwort, um auf diese Weise bei entsprechend disponierten Personen aggressiv-feindselige Reaktionen hervorzurufen.

Das Interviewprotokoll wird nach einer Reihe von Gesichtspunkten (ca. 40) ausgewertet, die sich drei Kategorien zuordnen lassen: Die *Inhaltsratings* werden auf einer fünfstufigen Skala abgegeben und bewerten die Antwortinhalte hinsichtlich ihrer Beziehung zum Typ-A-Muster, z. B. „ist mit seinem derzeitigen Leistungsniveau unzufrieden", „beschwert sich, wenn er hinter einem langsamen Auto herfahren muss", „greift ein, wenn andere zu langsam arbeiten", „isst schnell" oder „ist im Sport sehr wettbewerbsorientiert". Die *Sprachratings* bewerten die Art des Sprechens, z. B. bestimmte Sprechgeräusche oder ein Unterbrechen des Interviewers. Die *Klinischen Ratings* beziehen sich u. a. auf die Manifestation von Feindseligkeit. Faktorenanalysen dieser Variablen erbrachten vier Faktoren: Sich-unter-Druck-setzen (insbesondere Zeitdruck), Klinische Ratings, Ärger sowie Wettbewerbsorientierung (Matthews, Krantz, Dembroski & MacDougall, 1982).

Der JAS existiert in mehreren Varianten; die häufig eingesetzte Form B besteht aus 54 Items, die den Fragen aus dem SI entsprechen (z. B. „Wenn Sie jemandem zuhören und diese Person braucht zu lange, um zur Sache zu kommen, wie häufig möchten Sie diese Person zur Eile anhalten?"). Die Antwort erfolgt auf einer dreistufigen Skala, z. B. „oft – manchmal – nie". Die Items werden bei der Auswertung gewichtet, und zwar anhand der Diskriminanzfunktionen, die in einer Serie von Analysen die nach dem SI bestimmten Typ-A- und Typ-B-Personen optimal trennten. Diese Scores werden standardisiert. Neben einem Gesamtscore für Typ A lassen sich drei faktoriell gewonnene Unterskalen bestimmen: Konkurrenzstreben, Tempo und Ungeduld sowie Berufliches Engagement. Der Gesamtwert weist eine Stabilität (Intervall 1 bis 4 Jahre) von .60 bis .70 auf (Jenkins et al., 1979; deutsche Adaptation bei Badura et al., 1987; vgl. auch Myrtek, Schmidt & Schwab, 1984).

Nachdem durch eine größere Zahl von Untersuchungen (vgl. u. a. Matthews, 1982) deutlich geworden war, dass nicht alle im SI und JAS erfassten Komponenten gleichermaßen geeignet sind, das Risiko für Koronarerkrankungen zu bestimmen, erfolgte eine Umorientierung hinsichtlich der Definition des Typ-A-Musters, fort von einer aktionalen hin zu einer stärker kognitiven Bestimmung (vgl. Contrada, Cather & O'Leary, 1999). Zurück traten Wettbewerbsorientierung und Leistungsstreben, die noch im Zentrum der Definition von Friedman und Rosenman (1974) gestanden hatten, und in den Vordergrund trat die Feindseligkeit (vgl. u. a. Miller, Smith, Turner, Guijarro & Hallet, 1996).

Diese stärkere Orientierung an Feindseligkeitskognitionen wird besonders in der sozialen Lerntheorie des Typ-A-Verhaltens von Price (1982) deutlich. Typ-A-Personen sind hiernach durch drei Kernüberzeugungen gekennzeichnet: Der Selbstwert hängt ab vom Erbringen extern anerkannter Leistungen; es gibt keine universellen moralischen Gesetze; alle Ressourcen sind knapp. – Die beiden letzten Überzeugungen konstituieren dabei die feindselige Weltsicht: Es herrscht ein Kampf aller gegen alle ums Überleben und Fortkommen; in diesem Kampf setzen die anderen alle Mittel (auch unfaire) ein, um ihre selbstsüchtigen Ziele zu erreichen.

Situative Faktoren wie Anforderungen, Einschränkungen der Freiheit, mehrdeutige Leistungsrückmeldung oder interpersonelle Konflikte aktivieren diese Überzeugungen. Typ A-Personen sind dabei in besonderem Maße für Feindseligkeitshinweise sensitiviert, da sie generell in verstärktem Maße Strategien zur Entdeckung derartiger Hinweise einsetzen. Die aktivierten Überzeugungen führen zu einer Reihe von Bedrohungsbewertungen, z. B. „meine Freiheit ist bedroht" oder „ich werde ausgebeutet, getäuscht und manipuliert". Diese Bewertungen sind mit spezifischen Verhaltenskonsequenzen, etwa aggressiver Gegenreaktion, sowie affektiven, z. B. Ärger, und physiologischen Reaktionen, u. a. Blutdrucksteigerungen, verbunden, die wiederum teilweise als pathogen angesehen werden können.

Diese interaktive Konzeption könnte insbesondere auch für die Diagnostik des Feindseligkeitspotenzials und damit für die Prädiktion pathophysiologischer Prozesse von Bedeutung sein. Generell wird Feindseligkeit anhand der *Cook-Medley-Skala* (Cook & Medley, 1954) oder über die Feindseligkeitsratings aus dem SI gemessen. Dabei scheinen die Ratings aus dem SI, trotz geringerer psychometrischer Qualität, bessere Vorhersagen physiologischer Reaktionen zu liefern (vgl. Räikkönen, Matthews, Flory & Owens, 1999). Auf dem Hintergrund des interaktiven Modells von Price (1982) ist dieser Befund gut erklärbar. Während sich mit Hilfe der Cook-Medley-Skala bestenfalls generelle, d. h. situativ nicht aktuell aktivierte, Überzeugungen erfassen lassen, liefern die in einer sozialen Interaktionssituation gewonnenen Ratings des SI Hinweise auf die durch die – teilweise aversive – Situation aktivierten kognitiven Prozesse und die ihnen zugeordneten verhaltensmäßigen und affektiven Reaktionen. Das SI erlaubt somit eine vergleichsweise direkte Registrierung der relevanten Person-Situation-Interaktion.

Verfahren zur Messung der Dimensionen der *Kontrollüberzeugung* waren bereits in

▶ Kap. 10 vorgestellt worden. Es ist offensichtlich, dass die drei zentralen Dimensionen dieser Überzeugung, Internalität sowie soziale und fatalistische Externalität, unmittelbare Relevanz für die Ausübung gesundheitsbezogenen Verhaltens besitzen. So sollten Personen mit internaler Kontrollüberzeugung eher als Externale bereit sein, ein Verhalten auszuführen, von dem sie sich direkte positive Konsequenzen für ihre Gesundheit oder die Kontrolle ihrer Erkrankung erwarten. Bei Personen mit externaler Kontrollüberzeugung sollten solche mit sozialer Orientierung anders reagieren als fatalistisch Externale. So sollte bei sozial-externaler Kontrollüberzeugung eine wesentlich stärkere Bereitschaft bestehen, Anweisungen und Ratschlägen medizinischer Fachleute zu folgen, als bei fatalistischer Überzeugung.

Der auf der *Multidimensional Health Locus of Control Scale* (MHLC; Wallston, Wallston & DeVellis, 1978) basierende *Fragebogen zur Erhebung von Kontrollüberzeugungen zu Krankheit und Gesundheit* (KKG; Lohaus & Schmitt, 1989) misst Kontrollüberzeugung auf den drei genannten Dimensionen. Zu jeder Subskala existieren sieben Items, zur Internalität beispielsweise „Wenn ich mich körperlich nicht wohl fühle, dann habe ich mir das selbst zuzuschreiben“, zur sozialen Externalität „Wenn ich Beschwerden habe, suche ich gewöhnlich einen Arzt auf“ und zur fatalistischen Externalität „Ob meine Beschwerden länger andauern, hängt vor allem vom Zufall ab“.

Die Reliabilitäten der Skalen fallen mit Werten um .70 bestenfalls befriedigend aus. Hinsichtlich der Validität konnten Schmitt, Lohaus und Salewski (1989) zeigen, dass die Kontrollüberzeugungen mit der Art der Kontrollerfahrungen, die chronische Erkrankungen bieten, variieren. Je stärker die erlebten Einflussmöglichkeiten sind, desto höher ist die internale und desto geringer die externale Kontrollüberzeugung.

Der Umstand, dass die individuelle Ausprägung der Kontrollüberzeugung offenbar von der generellen Kontrollierbarkeit einer Erkrankung abhängt, legt es nahe, den Begriff Bereichsspezifität noch etwas enger zu fassen und krankheitsspezifische Tests zu entwickeln. Kohlmann, Küstner, Schuler und Tausch (1994) haben in diesem Sinne einen Fragebogen zur Erfassung der Kontrollüberzeugungen beim Diabetes, einer der verbreitetsten chronischen Erkrankungen, entwickelt. (Zu psychologischen Aspekten des Diabetes siehe auch Bradley, 1994; Kohlmann & Kulzer, 1995.)

Der *IPC-Diabetes-Fragebogen* (IPC-D1) wurde als Variante des bereits beschriebenen *IPC-Fragebogens* (▶ **Kap. 10.3.1**) speziell für Typ-I-Diabetiker entwickelt. Diese Spezialisierung auf den sog. „juvenilen“ Diabetes schien den Autoren notwendig, da derartige Patienten in wesentlich stärkerem Maße als die Typ-II-Diabetiker (sog. „Altersdiabetes“) zur Durchführung und lebenslangen Aufrechterhaltung einer anspruchsvollen Therapie genötigt sind.

Ausgehend von einer Hauptkomponentenanalyse mit 45 Items wurden nach mehreren Zwischenschritten vier faktoriell gewonnene Skalen mit insgesamt 29 Items bestimmt: Internalität (I) mit acht Items (Beispiel: „Wenn ich mich richtig verhalte, habe ich meinen Diabetes unter Kontrolle“), arztbezogene Externalität (P; sieben Items, „Damit meine Therapie Aussicht auf Erfolg hat, verlasse ich mich völlig auf die Therapiepläne der Experten“), Unvorhersehbarkeit (CU; neun Items, „Ich habe schon oft festgestellt, dass mein Blutzucker sich unvorhersehbar verändert“) sowie Glück und Zufall (CG; fünf Items, „Ob Komplikationen mit meinem Diabetes länger andauern, hängt vor allem vom Zufall ab“).

Die Reliabilitäten der Skalen liegen mit Werten um .80 höher als beim KKG; auch die

Stabilitäten (Zeitraum 7 bis 13 Monate) fallen mit Werten um .75 zufriedenstellend aus. Validitätsstudien wurden u. a. im Hinblick auf die Diabetes-Therapieform und das Diabetes-Wissen durchgeführt (vgl. Kohlmann et al., 1994). So zeigen Patienten mit konventioneller Therapie (regelmäßige Mahlzeiten sowie eine morgendliche und abendliche Injektion einer vom Arzt festgelegten Mischung unterschiedlich schnell wirkender Insuline) eine höhere arztbezogene Kontrollüberzeugung als Patienten mit intensivierter oder Pumpentherapie. (Diese beiden Formen verlangen vom Patienten ein höheres Maß eigenständiger Mitwirkung, bieten dafür aber auch größere Freiheit in der Gestaltung des Tagesablaufs.) Das diabetesbezogene Wissen der Patienten korrelierte signifikant negativ mit deren Werten auf den Dimensionen der Externalität.

Weitere in ▶ **Übersicht 15.4** genannte gesundheitsbezogene Persönlichkeitsmerkmale sollen hinsichtlich ihrer diagnostischen Erfassung hier nur kursorisch behandelt werden (für eine ausführlichere Beschreibung siehe Jerusalem & Kohlmann, 2011). *Hardiness* ist ein Amalgam aus den Komponenten internale Kontrollüberzeugung, Engagement (Commitment) und Ansporn bzw. Herausforderung (Challenge). Erfasst wurden diese drei Komponenten zunächst durch unterschiedliche, jeweils spezifische Skalen (vgl. Kobasa, 1979), deren Items später zu einer revidierten dreidimensionalen Hardiness-Skala (Maddi, 1987) zusammengefasst wurden.

Optimismus lässt sich mit Hilfe des in ▶ **Kap. 10** beschriebenen *Life Orientation Test* (LOT; Wieland-Eckelmann & Carver, 1990) messen. *Kompetenzerwartung* (bzw. Selbstwirksamkeitserwartung) lässt sich als generalisierte Erwartung erfassen, etwa mit Hilfe der entsprechenden Skala aus dem *Fragebogen zu Kompetenz- und Kontrollüberzeugungen* (FKK; Krampen, 1991) oder gesundheitsspezifisch, z. B. im Hinblick auf Ernährungsverhalten und Raucherabstinenz. Beispiele für verschiedene Skalen werden in Schwarzer (1996) gegeben.

Zur Erfassung dispositioneller und aktueller *Stressbewältigung* wurde eine Vielzahl von Verfahren entwickelt, von denen eine Auswahl bereits in ▶ **Kap. 10** vorgestellt wurde und deshalb hier nicht mehr abgehandelt werden muss (für weitere Verfahren vgl. auch Krohne, 2010). Dasselbe gilt für den spezielleren Bereich der Krankheitsbewältigung, den wir ebenfalls weiter oben kennengelernt hatten.

Bekanntestes Verfahren zur Messung der *Vulnerabilität* bzw. *negativen Affektivität* ist die bereits in ▶ **Kap. 10** beschriebene *PANAS* (Watson et al., 1988). Speziell für gesundheitspsychologische Fragestellungen und Diagnosezwecke wurde das Konzept der negativen Affektivität inzwischen zur „Distressed Personality“ (Typ D) weiterentwickelt (Denollet, 2000). Typ-D-Personen sollen dabei durch die Tendenz gekennzeichnet sein, häufig negative Emotionen wie Angst oder Depression zu erleben und gleichzeitig deren Ausdruck in sozialen Situationen zu unterdrücken (soziale Inhibition).

Zur Messung von Typ D entwickelte Denollet (2005) die Typ-D-Skala (DS 14) mit 14 Items und den beiden Subskalen Negative Affektivität und Soziale Inhibition. Eine deutsche Version dieser Skala wurde von Grande et al. (2004) vorgestellt. Die Skala hat sich u. a. als guter Prädiktor kardialer Ereignisse (Infarkt, Mortalität) über eine Periode von zehn Jahren erwiesen (Denollet & Brutsaert, 1998). Über Zusammenhänge mit Ärger und Feindseligkeit, die ja, als zentrale Komponenten des Typ-A-Konstrukts, ebenfalls Prädiktoren kardialer Ereignisse sind, berichten Denollet et al. (2010) sowie Perbandt, Hodapp, Wendt und Jordan (2006).

Zur Messung der habituellen Tendenz zum *Symptomberichten* entwickelte Pennebaker (1982) das *Pennebaker Inventory of Limbic Languidness* (PILL). Die Skala besteht aus 54

Items, die eine Vielzahl von Symptomen beschreiben (z. B. tränende Augen, Klingeln im Ohr, Juckreiz, Schwindelgefühle oder Übelkeit). Kohlmann (1997) hat eine deutsche Adaptation des PILL faktoriell analysiert und konnte dabei acht Komponenten sichern. Von diesen weisen allerdings nur vier eine ausreichende Reliabilität ($\alpha > .75$) auf: Schwäche (u. a. Schwächegefühle, Kopfschmerzen, Frösteln), Erkältung (laufende Nase, Husten), Magen/Darm (Verdauungsbeschwerden, Sodbrennen, Verstopfung) sowie Muskeln/Gelenke (steife Gelenke, Muskelschmerzen). Da allerdings der erste, unrotierte, Faktor deutlich varianzstärker war als alle anderen Komponenten, empfiehlt sich auch die Verwendung des PILL-Gesamtwertes.

Konzepte

Beim Ausbruch einer Krankheit tritt in der Regel eine Reihe von Problemen auf, die allerdings von Patient zu Patient sehr unterschiedlich ausfallen können, selbst wenn objektiv das gleiche Krankheitsbild vorliegt. Die individuelle Problembelastung hängt u. a. von dem Ausmaß ab, in dem der Patient Kontrolle über seine Erkrankung erlebt. Diese Kontrolle kann verhaltensmäßiger Art sein, also über die Ausführung bestimmter Maßnahmen die Erkrankung beeinflussen, oder zumindest informationell, sich also auf subjektives Wissen über die Krankheit und ihren Verlauf stützen. Zur Verbesserung des Kontrollerlebens bilden deshalb Patienten eigene Konzepte bzw. Modelle einer Erkrankung.

Leventhal und Mitarbeiter (Leventhal & Diefenbach, 1991; Leventhal, Nerentz & Steele, 1984) haben eine Theorie der Selbstregulation entwickelt, in der sie verschiedene Dimensionen der subjektiven Erkrankungsmodelle unterscheiden. Die Dimension *Identität* bezieht sich auf die Vorstellungen, die Patienten insgesamt über die Natur einer Erkrankung (z. B. AIDS) sowie über die dabei auftretenden Symptome und deren Zusammenhang besitzen. *Verursachung* bezeichnet subjektive Theorien über die Ursachen einer Erkrankung (z. B. Krebs wird durch Umwelteinflüsse verursacht), *Zeit* erfasst die Vorstellungen über die zeitlichen Verhältnisse bei einer Erkrankung. Eine Krankheit kann hiernach als akut und kurz erstreckt, als chronisch oder zyklisch-episodisch eingeschätzt werden. *Konsequenz* reflektiert die individuelle Einschätzung der Schwere einer Erkrankung und ihres möglichen Einflusses auf den körperlichen, sozialen und psychischen Zustand. *Heilung* erfasst Überzeugungen über die Wirkung von Behandlungsmaßnahmen auf die Erkrankung.

Zur Erfassung dieser Komponenten entwickelten Weinman, Petrie, Moss-Morris und Horne (1996) das *Illness Perception Questionnaire* (IPQ). Den Dimensionen der Theorie von Leventhal et al. (1984) entsprechend, besteht es aus fünf Subskalen. Zunächst werden die Items der Identitätsskala dargeboten. Es handelt sich dabei um Symptome (z. B. Übelkeit, Gewichtsverlust, Kopfschmerzen, Magenprobleme), deren Auftretenshäufigkeit der Patient auf einer vierstufigen Skala (von „ständig" bis „nie") einschätzen muss. Je nach Art der Erkrankung kann diese Liste durch weitere Symptome ergänzt werden. Die Items der restlichen vier Skalen werden in durchmischter Abfolge präsentiert und auf einer fünfstufigen Skala (von „stimme völlig zu" bis „lehne völlig ab") beantwortet. Ein Beispielitem für Verursachung ist „Umweltverschmutzung hat meine Krankheit verursacht". Die Dimension Zeit wird durch Items wie „Meine Erkrankung wird lange anhalten", Konsequenz u. a. durch „Meine Erkrankung hat ernste finanzielle Konsequenzen" und Heilung u. a. durch „Die Behandlung, die ich erhalte, wird meine Krankheit wirksam heilen" repräsentiert.

Mit Ausnahme der Skala Verursachung, deren Itembeantwortungen einzeln betrachtet werden, werden die Items der übrigen Skalen (zum Teil nach Invertierung) addiert und bilden somit Scores für Symptombelastung (Identität), Dauer (Zeit), Schwere (Konsequenz) und Heilungschancen (Heilung). Die Reliabilitäten dieser Skalen variieren zwischen .73 und .82, die Stabilitäten sind für das Intervall von einem Monat (mit Ausnahme der Skala Zeit) vergleichsweise hoch (zwischen .68 und .84), nehmen nach sechs Monaten aber deutlich ab.

Inzwischen haben Moss-Morris et al. (2002) eine revidierte Fassung des Fragebogens (IPQ-R) vorgelegt, in der einige der Dimensionen aufgeteilt und eine neue Komponente (Emotionale Repräsentationen, Beispielitem: „Ich werde depressiv, wenn ich über meine Krankheit nachdenke") hinzugefügt wurde. So wurde Verursachung in psychologische Attributionen, Risikofaktoren, Immunität sowie Zufall aufgeteilt. Bei der Zeit wurden akut-chronische und zyklische Verläufe unterschieden; bei der Heilung persönliche und Behandlungskontrolle. Außerdem wurden einige Items neu hinzugefügt. Die Reliabilitäten sind für zehn der nunmehr zwölf Subskalen gut (zwischen .77 und .89). Lediglich für die sehr kurzen Skalen Immunität und Zufall erreichen sie keine akzeptablen Werte. Auch die Stabilitäten (Intervalle drei Wochen bzw. sechs Monate) sind überwiegend zufriedenstellend. Ähnliche Zielsetzungen wie das IPQ verfolgt der deutschsprachige *Patiententheoriefragebogen* (PATEF; Zenz, Bischoff & Hrabal, 1996).

Weitere Bereiche

In ► **Übersicht 15.4** waren als weitere, für die Diagnostik relevante Bereiche Wissen und soziale Unterstützung aufgeführt worden. Die Diagnostik *sozialer Unterstützung* war bereits im Zusammenhang mit der klinisch-psychologischen Diagnostik behandelt worden.

Das *Wissen* über gesundheits- bzw. krankheitsrelevante Sachverhalte spielt bei der Risikowahrnehmung und der Ausübung eines entsprechenden Vorsorgeverhaltens (z. B. im Hinblick auf die Verhinderung einer HIV-Infektion; vgl. Bengel, 1993) sowie bei der Gesundheitsförderung (speziell bei Kindern und Jugendlichen; vgl. Lohaus, 1993; Lohaus, Jerusalem & Klein-Heßling, 2006) eine zentrale Rolle. Dabei kann man dieses Wissen als Teil einer allgemeinen *Gesundheitskompetenz* („health literacy"; Nutbeam, 2000). betrachten. Dieser Umstand hat aber bisher nicht zur Etablierung umfassender Wissenstests geführt. Wenn Wissen erhoben wird, dann in der Regel anhand selbstkonstruierter Instrumente im Rahmen empirischer Untersuchungen (speziell zur Überprüfung des Effekts bestimmter Gesundheitsprogramme bzw. Schulungsmaßnahmen; vgl. z. B. Lohaus, 1993). Lediglich für spezifische chronische Erkrankungen, bei denen Wissen wesentlich ist für die Mitarbeit des Patienten bei der Behandlung (z. B. beim Diabetes), existieren ausgearbeitetere Wissenstest.

So haben Roth, Kulzer, Teupe und Borkenstein (1996) einen *Diabetes-Wissens-Test: Typ I* (DWT Typ-I) entwickelt. Zu elf Wissensbereichen (z. B. Insulin, Insulinwirkung; Insulininjektion, -lagerung; Ernährung; Hyperglykämie; Hypoglykämie; Folgeschäden) werden unterschiedlich viele Problemstellungen (Items) dargeboten, mit denen jeder Typ-I-Diabetiker konfrontiert werden kann. (In der Langform handelt es sich um insgesamt 66, in der Kurzform um 30 Items.) Zu jeder Problemstellung werden drei Lösungen angeboten, von denen entweder eine, zwei oder alle richtig sein können. Ausgewertet werden die Antworten entweder auf der Ebene der einzelnen Lösungen oder des Gesamtitems. Auf der Ebene der Einzellösung wird für jede Akzeptierung einer richtigen und Zurückweisung einer falschen Lösung ein Punkt vergeben (maximaler Score in der Langform also 198). Auf

Übersicht 15.5 Aspekte bei der Evaluation von Programmen

Zielrichtung der Evaluation	Objekt der Evaluation	Zeitpunkt der Evaluation
• Praxisorientierung	• Input	• Antizipatorisch
• Entwicklungsorientierung	• Compliance	• Prozess
• Theorieorientierung	• Output	• Ergebnis

der Ebene des Items wird nur dann ein Punkt vergeben, wenn *alle* drei Lösungen korrekt beantwortet wurden (maximaler Score in der Langform 66).

Die internen Konsistenzen beider Auswertungsvarianten sind sowohl für die Lang- wie für die Kurzform sehr hoch ($\alpha \approx .90$). Für die elf Wissensbereiche (in denen die Anzahl der Items zwischen drei und zwölf variiert) sind sie naturgemäß deutlich niedriger (zwischen .40 und .81). Hinsichtlich der Validität des Tests konnte ein signifikanter Zuwachs an Wissen nach einmaliger systematischer Schulung im Vergleich zu einer Kontrollgruppe festgestellt werden (vgl. Roth & Kulzer, 1995). Der Test scheint damit geeignet zu sein, gesundheitliche Schulungsmaßnahmen zu evaluieren.

15.3.3 Evaluation gesundheitspsychologischer Maßnahmen

Anders als in der Klinischen Psychologie spielt in der Gesundheitspsychologie die Durchführung von Maßnahmen zur Gesundheitsförderung bzw. Erkrankungsprävention eine zentrale Rolle. Diagnostisch schlägt sich dies in der Notwendigkeit der Evaluation entsprechender, auf eine größere Gruppe innerhalb der Bevölkerung zielender Programme nieder. Bei Evaluationsmaßnahmen lassen sich dabei die Aspekte Zielrichtung, Objekt und Zeitpunkt unterscheiden (▶ **Übersicht 15.5**; vgl. auch Dlugosch & Wottawa, 1994).

Die *Zielrichtung* der Evaluation kann entweder praxis-, entwicklungs- oder theorieorientiert sein. Bei der Praxisorientierung geht es um die Bewertung konkreter Maßnahmen, z. B. um die Prüfung des Erfolgs einer im Kindergarten durchgeführten Kampagne zur Verbesserung der Zahnpflege. Entwicklungsorientierte Maßnahmen sind dagegen weiterreichend. Hier geht es darum, für spätere Programme zur Gesundheitsvorsorge die Grundlagen zu schaffen, also etwa aus bisher durchgeführten Maßnahmen brauchbare Aspekte zu integrieren bzw. zu modifizieren oder differenzielle Aspekte (d. h. unterschiedliche Wirkungen bei verschiedenen Personengruppen, z. B. mit unterschiedlichem ethnischem Hintergrund) zu berücksichtigen. Bei der theorieorientierten Evaluation wird die praktische Bewährung theoretischer Ansätze, z. B. das im Zusammenhang mit dem gesundheitsbezogenen Verhalten erwähnte Modell von Prochaska und DiClemente (1983), über eine Vielzahl von Studien, meist in Form von Metaanalysen, geprüft.

Das *Objekt* der Evaluation kann entweder der Input sein, z. B. die Bewertung der Güte verwendeter Lehrmaterialien, die Compliance, also die Akzeptanz des Programms bzw. einzelner Teile (z. B. Nahrungsangebot in einem Ernährungsprogramm) durch die Teilnehmer (evtl. auch die Öffentlichkeit, z. B. bei Programmen zur Sexualerziehung), oder der Output, d. h. die Bewertung des angestrebten Ergebnisses (z. B. Gewichtsabnahme, Nebenwirkungsanalyse).

Beim Aspekt *Zeitpunkt* werden antizipatorische, Prozess- und Ergebnisevaluation unterschieden. Antizipatorisch müssen bei vielen Programmen die Konsequenzen bestimmter Maßnahmen bewertet werden, z. B. die Konsequenzen der Freigabe sog. „weicher" Drogen. Bei der Prozessevaluation werden Maßnahmen kontinuierlich begleitet, um im Falle eines ungünstigen Verlaufs sofort eingreifen zu können, etwa bei einem Programm zum Antigewalt-Training in der Schule. Ergebnisevaluation meint insgesamt die Wirksamkeitsbeurteilung einer Maßnahme. Hierzu gehören insbesondere auch Kosten-Nutzen-Analysen.

Weiterführende Literatur

Informationen zu speziellen Testverfahren finden sich u. a. in Brähler et al. (2002), Brähler et al. (2003), Jerusalem und Kohlmann (2011), Schumacher et al. (2003), Strauß und Schumacher (2005) sowie Westhoff (1993).

Fragen zur Wissenskontrolle

1. Welche unterschiedlichen Zielrichtungen haben Klinische Psychologie und Gesundheitspsychologie?
2. Welche Zielsetzungen hat die klinisch-psychologische Diagnostik?
3. Was sind die typischen Inhalte des klinischen Inventars?
4. Nennen Sie die derzeit wichtigsten Systeme zur Klassifikation psychischer Störungen. Nach welchen gemeinsamen Prinzipien sind sie konstruiert?
5. Was sind die zentralen Kritikpunkte an diesen Systemen?
6. Welche Zielsetzungen hat die gesundheitspsychologische Diagnostik?
7. Was unterscheidet emotionsbezogene von verhaltensbezogenen Persönlichkeitsmerkmalen?
8. Welche Umorientierung hat das Konstrukt des Typ-A-Verhaltens erfahren?

16 Pädagogisch-psychologische und Erziehungsdiagnostik

Zum Kernbereich der pädagogisch-psychologischen Diagnostik gehört die Analyse der Bedingungen, des Verlaufs und der Ergebnisse institutionalisierter Lehr-Lern-Prozesse. Ihr wesentliches Ziel ist es, Information zu gewinnen, die für eine Optimierung individuellen Lernens benötigt wird (Ingenkamp & Lissmann, 2008). Traditionellerweise fokussiert die pädagogisch-psychologische Diagnostik dabei den schulischen Bereich und setzt dort primär an den einzelnen Lernenden an. Zwei zentrale Aufgabenfelder sind hier die Erfassung von Lernresultaten sowie das Bereitstellen von Entscheidungshilfen für die Wahl verschiedener Schullaufbahnen oder Bildungswege. Weiter gefasste Definitionen beziehen Aufgaben außerhalb des schulischen oder universitären Bildungssystems mit ein, insbesondere die berufliche Aus- und Weiterbildung in Unternehmen und Organisationen (z. B. Traineeprogramme) sowie die Erziehungsberatung. Darüber hinaus wird auch die Beschreibung von Lern- und Entwicklungs*umwelten* zum Aufgabenspektrum der pädagogisch-psychologischen Diagnostik gerechnet (Wild & Krapp, 2001). Dies ist sinnvoll, da pädagogisch-psychologische Maßnahmen Umweltbedingungen des Lehrens und Lernens immer berücksichtigen müssen – auch wenn sie im Einzelfall nicht direkt auf diese einwirken.

In ▶ **Kap. 1** hatten wir mit Pawlik (1976) zwischen Modifikations- und Auswahlstrategien (Selektion bzw. Klassifikation) als grundlegender Handlungsalternativen unterschieden, die sich jeweils in Richtung auf Personen (hier: Lernende) oder Bedingungen (Umweltmerkmale von Lernenden) implementieren lassen. Mit dem resultierenden Vier-Felder-Schema lassen sich auch viele Aufgaben im Bereich der pädagogisch-psychologischen Diagnostik nach ihren jeweiligen Schwerpunkten ordnen.

- Diagnostik im Rahmen einer *Personmodifikation* könnte sich z. B. darauf richten, mit Hilfe spezieller Testverfahren Teilleistungsschwächen eines Schülers zu eruieren, an denen ein Interventionsprogramm erfolgversprechend ansetzen kann.
- *Personklassifikation* würde etwa bei der Zuordnung von Schülern zu Kursen, die unterschiedliche Vorkenntnisse voraussetzen, vorliegen. Die diagnostische Aufgaben bestünde hier in der Messung des Kenntnisstands der einzelnen Schüler; ggf. müssen hier auch die Anforderungsmerkmale der unterschiedlichen Kurse analysiert werden.
- *Bedingungsmodifikationen* im pädagogischen Bereich betreffen z. B. Veränderungen der Lernumwelt von Schülern, wie die Einführung neuer Lehrmaterialien oder die Erprobung alternativer Formen der Unterrichtskommunikation. Eine diagnostische Aufgabe bestünde hier in der Beschreibung und Evaluation der Effekte dieser Veränderungen für Erleben und Verhalten der betroffenen Schüler und Lehrer.
- Diagnostik für eine *Bedingungsselektion* liegt z. B. vor, wenn die Wahl eines Studienfachs oder eines beruflichen Ausbildungsweges durch die Prüfung von Eignungen und Interessen mittels psychologischer Testverfahren unterstützt wird.

Im Rahmen der Bildungs- und Erziehungsberatung lassen sich verschiedene allgemeine Interventionstypen ausmachen, in denen diagnostische Tätigkeit notwendig wird.

- Um *Einzelfallhilfe* bei erzieherischen Fragen wird meist von Eltern oder Lehrkräften nachgefragt, die mit individuellen Problemen von Kindern konfrontiert sind, z. B. Lern- und Leistungsschwierigkeiten oder Verhaltensauffälligkeiten.
- Auch die *Schullaufbahn-, Studien-* und *Berufslaufbahnberatung* richten sich an einzelne Personen. Hier werden Orientierungs- und Entscheidungshilfen für die Realisierung von Bildungszielen bereitgestellt.
- Die *Systemberatung* fokussiert dagegen auf Lehr-Lernprozesse und institutionelle Rahmenbedingungen, die für die Verbesserung des Lehrens und Lernens relevant sind. Sie umfasst Maßnahmen bei der Planung, Umsetzung, Evaluation und Modifikation solcher Prozesse oder Bedingungen.

Da die für diagnostische Aufgaben im beruflichen Bereich relevanten Gesichtspunkte bereits in ▶ **Kap. 14** besprochen wurden, konzentrieren wir uns in diesem Kapitel weitgehend auf die Schule. Wir beschreiben zunächst diagnostische Verfahren zur Bestimmung *individueller* Merkmale und Verhaltensweisen von Lernenden. Dabei werden allgemeine kognitive Lernvoraussetzungen, also Fähigkeits- und Leistungsmerkmale, emotionale und motivationale Eigenschaften sowie Lernstrategien betrachtet. Anschließend wird die Erfassung von *Lernresultaten* diskutiert. Im dritten Abschnitt dieses Kapitels stellen wir als Beispiel für praktisch-diagnostische Aufgaben einige Fragen dar, die sich im Rahmen der *Schullaufbahnberatung* ergeben. Der vierte Abschnitt behandelt die Erfassung von *Umwelt- und Systemmerkmalen* im Bereich der Schule. Im fünften Abschnitt werden Methoden zur Beschreibung des *Erziehungsverhaltens* und der Beziehungen unter den Mitgliedern einer Familie skizziert.

16.1 Diagnostik individueller Merkmale

16.1.1 Kognitive Lernvoraussetzungen

Ein wichtiges Aufgabenfeld der pädagogisch-psychologischen Diagnostik ist die Feststellung von Lernvoraussetzungen für schulische oder berufliche Bildung. Die Diagnose von Lernvoraussetzungen stützt sich zu einem erheblichen Teil auf Fähigkeits- und Leistungstests (▶ **Kap. 12**). Im schulischen Bereich sind darüber hinaus auch Merkmale der sozialen und emotionalen Entwicklung eines Kindes relevant. Wir besprechen in diesem Abschnitt zunächst Verfahren zur Bestimmung der intellektuellen Entwicklung von Kindern. Im Anschluss wird das Prinzip sog. Lerntests ausführlicher erläutert. Solche Tests zielen auf die Erfassung des Lern- und Entwicklungspotenzials von Personen und sind daher für die pädagogisch-psychologische Diagnostik besonders relevant. Darüber hinaus ist auch das Konzentrationsvermögen eine wichtige allgemeine Lernvoraussetzung, auf die wir kurz eingehen.

Intellektuelle Entwicklung

Die Vorhersage des Lernerfolgs an Schulen ist der originäre Anwendungszweck von Intelligenztests. Neben den bereits in ▶ **Kap. 12** besprochenen Verfahren wurden hierfür Tests konzipiert, die bereits in der frühen Kindheit eingesetzt werden können. Derartige Tests sollen die Diagnose des Entwicklungsstands in einem oder mehreren Funktionsbereichen erlauben. Sie werden daher auch als *Entwicklungstests* bezeichnet.

Während sich Entwicklungsdiagnostik im weiteren Sinn auf alle lebenslaufbezogenen Veränderungen im Erleben und Verhalten richtet, konzentrieren sich Entwicklungstests im engeren Sinn auf Fähigkeiten und Leistungen im Kindesalter. Häufige Ziele, die mit dem Einsatz derartiger Tests verknüpft sind, bestehen in der Identifikation von Risiken und Defiziten sowie der Bestimmung persönlicher Ressourcen, an denen Fördermaßnahmen ansetzen können. Unterschieden wird dabei zwischen Entwicklungsscreenings, allgemeinen Entwicklungstests und spezifischen Entwicklungstests (Petermann & Macha, 2005).

Entwicklungsscreenings liefern eine ökonomische (meist nur 10–20 Minuten dauernde), dafür aber auch nur grobe Orientierung über Auffälligkeiten, denen dann ggf. mit allgemeinen oder spezifischen Verfahren nachgegangen wird. Hierbei wird manchmal auch auf Informationen von Eltern oder Lehrkräften zurückgegriffen. Mit *allgemeinen Entwicklungstests* ist eine differenziertere und genauere Diagnostik eines breiteren Spektrums an Merkmalen (z. B. Motorik, Wahrnehmung, soziale Entwicklung) möglich. Die Durchführung und Auswertung dieser Tests nimmt entsprechend mehr Zeit in Anspruch. *Spezifische Entwicklungstests* dienen der präzisen Erfassung von Leistungen und deren Grundlagen in eng umschriebenen Bereichen (z. B. Lesen, Rechnen).

Ein illustratives Beispiel für einen allgemeinen Entwicklungstest ist der *Wiener Entwicklungstest* (WET; Kastner-Koller & Deimann, 2012). Beim WET handelt es sich um ein Breitbanddiagnostikum, das den Entwicklungsstand

Tab. 16.1 Skalen- und Aufgabenbeispiele des Wiener Entwicklungstests

Bereich	Beispieltest und -aufgabe
Motorik	Lernbär: Einem Teddybär ist mit einer Kordel ein Halsband zu binden
Visuelle Wahrnehmung/Visumotorik	Nachzeichnen: Abzeichnen von Vorlagen (z. B. ein Kreuz)
Lernen und Gedächtnis	Schatzkästchen: verschiedene in Schubladen versteckte Spielgegenstände sind wiederzufinden (geprüft wird unmittelbar und 20 Minuten nach dem Lernen)
Kognition	Muster legen: Muster mit Mosaiksteinen nach Vorlagen legen
Sprache	Puppenspiel: Verbal geschilderte Sachverhalte (z. B. „Der Hund beißt den Vater, der das Mädchen festhält") mit Puppen nachstellen
Sozial-emotionale Fähigkeiten	Fotoalbum: Erkennen und Verstehen mimischer Gefühlsausdrücke auf Fotos

drei- bis sechsjähriger Kinder in den Bereichen Motorik, visuelle Wahrnehmung und Visumotorik, Lernen und Gedächtnis, Kognition, Sprache sowie sozial-emotionale Fähigkeiten mit insgesamt 13 Subtests erfasst. Die Verhaltensbereiche sind für Entwicklungstests recht typisch. ► **Tab. 16.1** führt einige Beispiele auf. Altersentsprechend sind die Aufgaben spielerisch gestaltet, was sich auch in der Benennung der Subtests niederschlägt. Die Durchführung des Tests mit dem Kind nimmt etwa eine Stunde in Anspruch. Zusätzlich ist ein Fragebogen zur Einschätzung der Selbstständigkeit des Kindes von den Eltern auszufüllen. Die Skalen wurden auf der Basis von Item-Response-Modellen optimiert und erreichen überwiegend zufriedenstellende Reliabilitäten (um .85).

Der WET erlaubt die Berechnung eines Gesamtwerts zur globalen Kennzeichnung des Entwicklungsstands eines Kindes. Für die meisten diagnostischen Fragestellungen ist allerdings die von den Autoren favorisierte Betrachtung des Skalenprofils sinnvoller. Hierdurch können sich Aufschlüsse darüber ergeben, in welchen Bereichen bei einem Kind Förderung sinnvoll ansetzen kann. Die für Entwicklungstests zu erwartenden Leistungssteigerungen mit dem Alter konnten für alle Subskalen nachgewiesen werden. Faktorenanalysen bestätigten die Einteilung in Funktionsbereiche zwar nicht vollständig, aber doch mit akzeptabler Passung.

Für die Diagnose allgemeiner kognitiver Lernvoraussetzungen im Vorschulalter existieren auch Varianten gängiger Intelligenztests. Tabelle ► **Tab. 16.2** führt einige gebräuchliche Verfahren zusammen mit ihrem Altersbereich auf. K-ABC und WPPSI sind sehr umfassende Verfahren – der WPPSI ist eine angepasste Form der bereits ausführlich behandelten Wechsler-Tests –, beim CFT und dem SON-R handelt es sich dagegen um nonverbale Intelligenztests, welche primär die fluide Intelligenz fokussieren (► **Kap. 12.4**). Von den aufgeführten Tests existieren auch Versionen für ältere Kinder und Jugendliche.

Als Breitbanddiagnostika eignen sich der WET, die K-ABC oder die WPPSI vor allem zur Gewinnung eines Überblicks im Hinblick

Tab. 16.2 Intelligenztests für Kinder im Vorschulalter

Verfahren	Altersbereich (Jahre)
K-ABC (Melchers & Preuß, 2009)	2;6 – 12;5
WPPSI-III (Petermann, 2011)	3 – 7;2
CFT 1-R (Weiß & Osterland, 2012)	5;3 – 11;11
SON-R 2½-7 (Tellegen, Laros & Petermann, 2007)	2;6 – 7;11

K-ABC = Kaufman Assessment Battery for Children; WPPSI = Wechsler Preschool and Primary Scale of Intelligence-III; CFT = Grundintelligenztest Skala 1 – Revision; SON-R = Nonverbaler Intelligenztest 2½-7.

auf die Entwicklung in verschiedenen Fähigkeitsbereichen. Für eine genauere Diagnose einzelner Bereiche kann auf eine Vielzahl *spezifischer Tests* für Kinder im Vorschul- und Schulalter zurückgegriffen werden, die enger umgrenzte Fähigkeitskonstrukte, Wissen oder schulrelevante Fertigkeiten und deren Voraussetzungen (z. B. Hörverstehen, Lesen, Rechtschreibung, fachspezifische Vorkenntnisse) abdecken (Lissmann, 2010; Lukesch, 1998).

Ein wichtiger Bereich besteht hier in der Diagnostik von Vorläuferfähigkeiten für Kompetenzen, die in der Schule erworben werden sollen, insbesondere Lesen, Schreiben und Rechnen. Ein Beispiel für einen solchen Test ist das *Bielefelder Screening zur Früherkennung von Lese-Rechtschreibschwierigkeiten* (BISC; Jansen, Mannhaupt, Marx & Skowronek, 2002), das bei Kindern im letzten Vorschuljahr zur Identifizierung des Risikos für die Entwicklung von Lese-Rechschreibschwierigkeiten eingesetzt werden kann (Steinbrink & Lachmann, 2014). Das 20 bis 30 Minuten in Anspruch nehmende Screening erfasst mit insgesamt neun Subtests phonologische Bewussheit sowie Merkmale der visuellen Aufmerksamkeit und des Gedächtnisses.

Zur Erfassung der phonologischen Bewusstheit wird im BISC beispielsweise die Fähigkeit geprüft, bestimmte Laute in vorgesprochenen Wörtern zu erkennen (z. B. *au* in *Auto*; Subtest Laut-zu-Wort), Wörter in Silben zu gliedern (Subtest Silben-Segmentieren) oder die Klangähnlichkeit von Wortpaaren (z.B. Wind–Kind) zu beurteilen (Subtest Reimen). Die Stabilität des BISC-Gesamtscores über ein halbes Jahr ist mit .82 sehr hoch, Validitätsuntersuchungen belegen, dass das BISC schulische Lese-Rechtschreibleistungen bis zur zweiten Klasse gut prognostizieren kann.

Definition phonologische Bewussheit

Unter phonologischer Bewusstheit wird die Fähigkeit verstanden, sich von der Bedeutung sprachlicher Äußerungen zu lösen und die Aufmerksamkeit auf deren lautliche Struktur zu lenken (Wagner & Torgesen, 1987). Phonologische Bewussheit gilt als zentrale Vorbedingung für das Erlernen von Lesen und Schreiben.

Bei der Bewertung der Ergebnisse von Fähigkeitstests für jüngere Kinder ist die in diesem Alter starke intraindividuelle Dynamik der kognitiven Entwicklung zu berücksichtigen. Auch interindividuelle Unterschiede sind hier noch recht labil. Vorhersagen über längere Zeiträume sind daher mit sehr viel größerer Unsicherheit behaftet als bei Jugendlichen oder Erwachsenen. Für relativ kurzfristige Prognosen, etwa im Rahmen von Einschulungsempfehlungen, sind solche Verfahren jedoch geeignet.

Lernpotenzial – Lerntests

Lerntests wurden als Alternative zur klassischen Entwicklungs- bzw. Intelligenzdiagnostik konzipiert.

> **Definition Lerntest**
>
> Lerntests sind dynamische Testverfahren zur Messung der Intelligenz. Die Qualifikation *dynamisch* meint dabei, dass im Verlauf der Testprozedur gezielt Verhaltensänderungen hervorgerufen und für die Diagnose intellektueller Fähigkeiten nutzbar gemacht werden.

Ziel ist es dabei, nicht nur etwas über den aktuellen Stand einer Fähigkeit zu erfahren, sondern vielmehr auch die Entwicklungsmöglichkeiten, d. h. das Lernpotenzial in dem vom Test zu erfassenden Merkmalsbereich offen zu legen. Es sollen also Aussagen über Eigenschaftsausprägungen *und* deren Veränderbarkeit getroffen werden. Mit der Anwendung von Lerntests wird die Hoffnung verbunden, zu valideren und faireren Urteilen über die Entwicklungsmöglichkeiten einer Person zu gelangen als mit traditionell konzipierten Intelligenztests. Dies betrifft etwa Kinder, die ethnischen Minoritäten angehören oder Kinder, die ungünstigen materiellen oder sozialen Entwicklungsbedingungen ausgesetzt waren (Guthke, Beckmann & Wiedl, 2003; Guthke & Wiedl, 1996).

Der diagnostische Anspruch von Lerntests kann auf der Basis einer Differenzierung dreier Ebenen erläutert werden, auf denen sich Intelligenz betrachten lässt (Guthke & Wiedl, 1996). Die drei Ebenen werden kurz mit Intelligenz A, B und C notiert (▶ **Abb. 16.1**). Die erste und fundamentale Ebene – Intelligenz A – ist die hauptsächlich genetisch determinierte neurobiologische „Basisaustattung" einer Person. Sie wird als allgemeines Potenzial eines Individuums angesehen, aus Erfahrungen zu lernen (Thorndike, 1922) und entspricht damit dem Konzept der fluiden Intelligenz (▶ **Kap. 12**). Intelligenz A bildet die Grundlage für die Intelligenzen B und C, determiniert diese jedoch nicht vollständig. Die zweite Ebene – Intelligenz B – beschreibt die aktuelle intellektuelle Leistungsfähigkeit, wie sie sich beim Problemlösen im Alltag manifestiert. Intelligenz B ist das Produkt der Interaktion zwischen Genotyp und Umwelt; sie markiert gewissermaßen den jeweils aktuellen Stand der intellektuellen Persönlichkeitsentwicklung. Während Intelligenz A und B latente Größen darstellen, repräsentiert Intelligenz C die beobachtbare Performanz einer Person in einem Intelligenztest.

Wie in ▶ **Abb. 16.1** angedeutet, existieren auf jeder der Ebenen bestimmte beeinträchtigende Faktoren. Für Intelligenz A sind dies z. B. Hirntraumata oder bestimmte Krankheiten. Die Ausschöpfung der Kapazität A kann durch Umweltmerkmale behindert werden. Mangel an Anregung und Unterstützung oder defizitäre materielle Lernbedingungen können Intelligenz B mindern. Die Transmission von Intelligenz B in Intelligenz C kann durch ungünstige situative Gegebenheiten, evtl. im Verein mit affektiven Merkmalen wie z. B. Bewertungsangst in Testsituationen, gestört werden.

Mit Lerntests wird nun versucht, das Potenzial einer Person dadurch aufzudecken, dass Lernmöglichkeiten in die Prozedur eingebaut werden. Dies kann durch Rückmeldungen, Vermittlung von Heuristiken oder Einbau Trainingsstrecken geschehen. Es werden also Lernsituationen geschaffen, die Aussagen über bislang noch nicht manifest gewordene intellektuelle Reserven ermöglichen sollen (vgl. Kliegl & Baltes, 1987). Im Fokus der Diagnostik steht hier die Fähigkeit, von derartigen Lernanregungen zu profitieren.

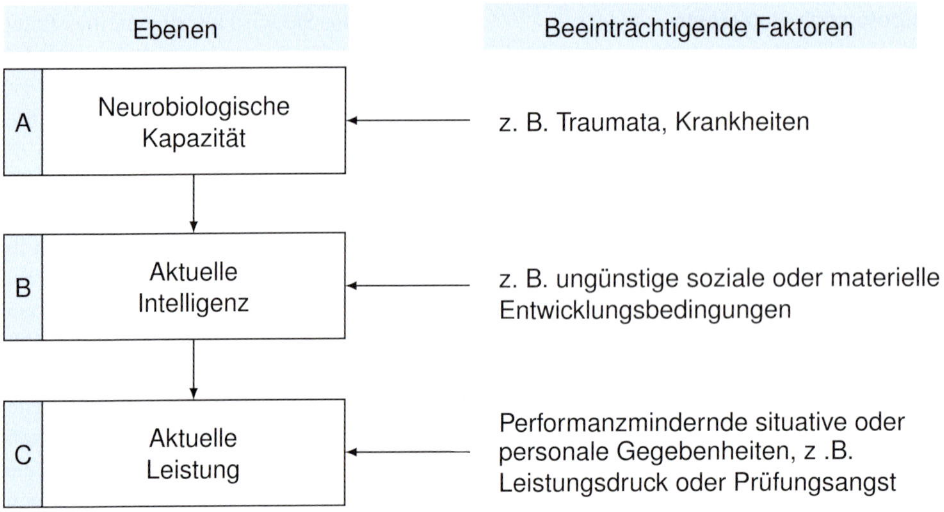

Abb. 16.1 Drei Betrachtungsebenen der Intelligenz.

Verfahrenstechnisch wird dabei zwischen Langzeit- und Kurzzeit-Lerntests unterschieden. *Langzeit-Lerntests* folgen einem Prätest-Intervention-Posttest-Design. Ein Beispiel hierfür ist der *Lerntest Schlussfolgerndes Denken* (LTS; Guthke, Jäger & Schmidt, 1983), der induktive Fähigkeiten bei Schülern der Klassenstufen 6 bis 9 erfassen soll. Zur Bestimmung des Ausgangsniveaus wird zunächst ein Prätest durchgeführt. Es folgen zwei an unterschiedlichen Tagen terminierte Trainingssitzungen, in denen den Schülern in standardisierter Form Lösungsstrategien vermittelt werden. Sechs Tage nach dem Prätest wird der Posttest, eine parallele Variante des Prätests, gegeben. Vom traditionellen Testen unterscheidet sich diese Form also durch das Trainingsprogramm sowie durch die Tatsache, dass zweimal getestet wird.

In *Kurzzeit-Lerntests* wird die Trainingsphase in die Testprozedur hinein verlagert, so dass hier nur eine Sitzung erforderlich ist. Der resultierende Zeitgewinn war ein wesentliches Motiv für die Entwicklung von Kurzzeit-Lerntests. In ihnen werden den Probanden Rückmeldungen über die Richtigkeit oder Angemessenheit der Lösungsvorschläge gegeben oder es werden explizite Lösungshinweise bzw. auf die Fehlerart abgestimmte Hilfen formuliert. Konstruiert wurden Kurzzeit-Lernformen z. B. für die Raven-Tests (▶ **Kap. 12**). In der von Carlson und Wiedl (1979) vorgestellten Form erhalten die Probanden bei inkorrekten Lösungsvorschlägen detaillierte Rückmeldungen darüber, welche Aspekte der Aufgabe richtig und welche falsch gesehen wurden. Auch bei korrekten Lösungen werden die jeweils relevanten Aufgabenmerkmale hervorgehoben. Eine weitere Form, der *Raven-Lerntest* von Frohriep (1978) verwendet ein abgestuftes Hilfesystem, in dem bei inkorrekten Lösungen zunehmend massivere Unterstützung gewährt wird. Zur besseren Veranschaulichung werden dabei nicht gelöste Aufgaben zusätzlich in Puzzle-Form präsentiert.

Inhaltlich werden in Lerntests bevorzugt Aufgaben herangezogen, die der fluiden Intelligenz zuzurechnen sind. Dies ist in dem Wunsch begründet, Bildungsvoraussetzungen der Items minimal zu halten. Darüber hinaus lassen sich Lösungsheuristiken einfacher und rascher vermitteln als Faktenwissen, das zur

Beantwortung von Aufgaben aus dem Bereich der kristallisierten Intelligenz notwendig ist.

Lerntests sollen validere Aussagen über das intellektuelle Potenzial erlauben als herkömmliche Fähigkeitstests. Validitätsgewinne verspricht man sich besonders für Personen, die ungünstigen Lern- und Entwicklungsbedingungen ausgesetzt waren oder aus anderen Gründen bei traditionellen Tests oder schulischen Prüfungen vergleichsweise schlecht abschneiden. Auch die Tatsache, dass im Verlauf der Testprozedur Unterschiede in der Vorerfahrung von Personen mit den jeweiligen Aufgaben- oder Problemtypen zumindest partiell ausgeglichen werden, soll zur Validität beitragen. Dieser Anspruch wird durch eine Reihe vorliegender Befunde gestützt (für Übersichten siehe z. B. Guthke et al., 2003; Guthke & Wiedl, 1996). Hessels (2000) fand z. B., dass sich der Lernfortschritt von Schulkindern, der über ein halbes Jahr mit Hilfe von Schulleistungstest verfolgt wurde, mit einem dynamischen Verfahren besser vorhersagen ließ als mit einem traditionellen Intelligenztest. Dies galt vor allem für Kinder im unteren Leistungsbereich. Insgesamt bedarf die Annahme inkrementeller Validität von Lerntests gegenüber traditionellen Verfahren jedoch noch weiterer empirischer Untermauerung (Guthke & Wiedl, 1996).

In der diagnostischen Praxis werden Lerntests zur Zeit selten eingesetzt. Gründe hierfür sind u. a. darin zu suchen, dass deren Durchführung mit einem relativ hohen Aufwand verknüpft ist und viele Verfahren wegen fehlender bzw. nur vorläufiger Normierung und Validierung eher für die Forschung geeignet erscheinen. Auch zentrale konzeptuelle und methodische Fragen sind noch nicht zufriedenstellend beantwortet. Dies betrifft insbesondere messtechnische Probleme, die eine reliable Erfassung von Veränderungen aufwirft. Auch im Hinblick auf Einflüsse nichtintellektueller Faktoren (z. B. Leistungsmotivation oder Prüfungangst) auf die Ergebnisse von Lerntests besteht noch Forschungsbedarf (Beckmann, 2004; Meijer, 2001). Gleiches gilt für die Frage nach der optimalen inhaltlichen und zeitlichen Gestaltung von Trainings- und Rückmeldungsphasen (Kormann, 1982).

Insgesamt stellt der Ansatz des dynamischen Testens jedoch eine vielversprechende Alternative zur klassischen Ein-Punkt-Messung intellektueller Fähigkeiten dar, die Ansprüchen an eine individualisierte und förderungsorientierte Diagnostik und Intervention entgegenkommt. Im Rahmen des pädagogisch-psychologischen Bereichs diskutieren Guthke und Wiedl (1996) Anwendungsmöglichkeiten für curriculare Fragestellungen, bei Kindern mit besonderem Förderungsbedarf, Kindern aus ethnischen Minoritäten sowie bei der Studien- und Berufsberatung.

Aufmerksamkeit und Konzentration

Aufmerksamkeits- und Konzentrationsleistungen sind wichtige Vorbedingungen für erfolgreiches Lernen. Tatsächlich nehmen Konzentrationsschwierigkeiten einen Spitzenplatz unter den von Lehrkräften berichteten schulischen Problemen von Kindern ein. Phänomenal kann dabei unterschieden werden zwischen einer hyperaktiven Form, die durch motorische Unruhe, leichte Ablenkbarkeit, Nicht-Abwarten-Können, Nicht-Zu-Ende-Führen begonnener Tätigkeiten und schnellen Wechsel zwischen verschiedenen Aktivitäten gekennzeichnet ist, und einer hypoaktiven, ruhigen Form, die durch sehr langsames Arbeiten, Verträumt-Sein und Trödeln charakterisiert ist (Kinze, Barchmann & Ettrich, 1985).

Gebräuchliche Testverfahren zur Bestimmung des Konzentrationsvermögens, die wir bereits dargestellt hatten (▶ **Kap. 12.5**), messen primär die Fähigkeit einer Person, ihre Aufmerksamkeit über einen vergleichsweise kurzen

Zeitraum auf sehr spezifische Reize oder Reizaspekte zu fokussieren. Die mit diesen Verfahren verknüpfte Anforderung zur kurzfristigen „maximalen Anspannung“ der Aufmerksamkeit steht beim Lernen – und generell bei der Informationsaufnahme und -verarbeitung – jedoch häufig nicht im Vordergrund. Mit der *Testreihe zur Prüfung der Konzentrationsfähigkeit* (TBK; Kurth & Büttner, 1999) wurde der Versuch unternommen, ein stärker an Konzentrationsanforderungen in der Schule orientiertes Verfahren zu konstruieren. Das dreiteilige Verfahren, das für Kinder der 2. bis 6. Klassenstufe normiert ist, besteht aus einer Abschreibaufgabe (hier ist ein vorgegebener Text zu kopieren), einer Aufgabe zur rezeptiven Aufmerksamkeit (es wird eine Geschichte vorgelesen, die Kinder sollen sich die darin vorkommenden Tierarten merken und später aufschreiben) und einfachen Rechenaufgaben. Das Verfahren ist sehr reliabel (um .90 für die zentralen Kennwerte) und weist eine recht hohe Stabilität auf (.80 für ein Intervall von 2 Monaten). Mit anderen Konzentrationstest korreliert es nur moderat bis mittelhoch (zwischen .34 und .63), was angesichts der unterschiedlichen inhaltlichen Anforderungen allerdings nicht überrascht. Zum Urteil von Lehrkräften zeigt sich eine substanzielle Assoziation (r = .59).

Für die Erfassung der Aufmerksamkeitsverteilung in Klassen wurden Beobachtungsverfahren konzipiert, mit denen sich verschiedene Aspekte aufmerksamen (aufgabenorientierten) und unaufmerksamen Verhaltens (z. B. Dösen, mit dem Nachbarn boxen) während des Unterrichts protokollieren lassen (z. B. Helmke & Renkl, 1992). Im Unterschied zu Konzentrationstests wird hier die Aufmerksamkeitsorientierung auf unterrichtsrelevante oder -irrelevante Gegenstände bestimmt. Erfasst wird also kein Fähigkeitsmerkmal (Maximalleistung sensu Cronbach, 1990), sondern eher typisches (volitionales) Verhalten. Obwohl sich mit Beobachtungsverfahren auch Hinweise auf individuelle Merkmale gewinnen lassen, sind sie in diesem Bereich in erster Linie für Gruppenvergleiche geeignet, in denen es z. B. um Unterschiede in der Nutzung von Lernmöglichkeiten während des Unterrichts in verschiedenen Klassen geht.

16.1.2 Emotionale und motivationale Merkmale

Neben Fähigkeitsmerkmalen ist für viele pädagogisch-psychologische Fragen auch die Diagnostik emotionaler und motivationaler Eigenschaften wichtig. Hierbei handelt es sich zwar nicht um persönliche Lernvoraussetzungen im engeren Sinne, aber doch um Faktoren, die individuelles Lernen wie auch Lernprozesse in Gruppen massiv beeinflussen können. Relevant sind insbesondere Ängstlichkeit, Selbstwirksamkeitserwartungen, Selbstkonzept, Leistungsmotivation, Kontrollüberzeugungen und Stressbewältigung, auf die wir uns in diesem Abschnitt konzentrieren. Eine gewisse Sonderstellung nimmt hier aggressives Verhalten ein, das offenbar nicht direkt lern- bzw. leistungsrelevant ist. Auf die Diagnostik von Aggression gehen wir dennoch kurz ein.

Emotionale und motivationale Merkmale beeinflussen die von Schülern *aufgewendete* Lernzeit (Harnishfeger & Wiley, 1976). Intelligenz und Konzentration bestimmen dagegen die *benötigte* Lernzeit. Bei massiven Diskrepanzen zwischen benötigter und aufgewendeter Lernzeit sind Schulleistungsprobleme zu erwarten (Zielinski, 1980). Überdies determinieren diese Merkmale wesentlich das Verhalten und Erleben in Prüfungen und können sich hier leistungsbeeinträchtigend oder leistungsfördernd bemerkbar machen.

Ein zentrales leistungsbeeinträchtigendes Persönlichkeitsmerkmal ist hohe *Ängstlichkeit* und dabei besonders die Prüfungangst (alternative Begriffe sind Bewertungs- und Leistungsangst). Wie bereits besprochen wurde, muss bei der Prüfungsangst mindestens zwischen einer Besorgnis- und einer Aufgeregtheitskomponente unterschieden werden (▶ **Kap. 10.3.4**). Leistungsmindernde Effekte gehen primär vom Grad der Besorgnis in einer Prüfungssituation aus (Krohne, 2010).

Ein etabliertes Verfahren zur Messung leistungsbezogener Angst ist der *Angstfragebogen für Schüler* (AFS; Wieczerkowski, Nickel, Janowski, Fittkau & Rauer, 1981), der Skalen zur Erfassung der Prüfungsangst, allgemeinen Angst, Schulunlust und (als Kontrollskala) sozialen Erwünschtheit enthält. Die Reliabilitäten der Skalen streuen zwischen .67 und .85, die Stabilitäten für ein Intervall von einem Monat zwischen .67 und .77. Mittels einer dem Test beigelegten Einschätzskala für den Lehrer lassen sich zudem Selbst- und Fremdeinschätzungen miteinander vergleichen. Neuere Inventare, die differenziertere Diagnosen im Bereich der Leistungsangst ermöglichen, wurden bereits in ▶ **Kap. 10** skizziert.

Als protektiver Faktor für die Auslösung von Angst in Prüfungssituationen gelten starke *Selbstwirksamkeitserwartungen* (Bandura, 1977; hierfür wird auch die Bezeichnung „Kompetenzerwartung" gebraucht). Selbstwirksamkeitserwartungen betreffen Einschätzungen hinsichtlich effektiver Handlungsmöglichkeiten in einer Problemsituation. Von ihrer Ausprägung soll die Initiierung problemlösender Handlungen, das Ausmaß investierter Anstrengung und die Persistenz angesichts eintretender Schwierigkeiten und Rückschläge abhängen. Starke Selbstwirksamkeitserwartungen fördern explorative und erprobende Tätigkeiten und tragen damit auch zum Aufbau von Kompetenzen bei, während schwache Selbstwirksamkeitkeitserwartung hierfür hinderlich sind. Schüler mit Lernschwierigkeiten sind häufig dadurch gekennzeichnet, dass sie die ihnen zugestandene Lernzeit nicht hinreichend nutzen. Die mangelhafte Ausnutzung von Lernzeiten kann darin begründet sein, dass Schüler die Erfolgschancen eigener Handlungsmöglichkeiten in einer speziellen Lernsituation aufgrund ihrer bisherigen Erfahrungen als gering einschätzen, so dass sie Eigeninitiative als nicht aussichtsreich erleben. Mit Verfahren zur Erfassung von Selbstwirksamkeitserwartungen lassen sich solche Probleme abklären (Schwarzer, 1994; Schwarzer & Jerusalem, 2002). Eine Reihe von Skalen zur Erfassung verschiedener Facetten der Selbstwirksamkeit bei Schülern und Lehrkräften wurden von Schwarzer und Jerusalem (1999) dokumentiert und (online) verfügbar gemacht. Diese nützliche Ressource enthält neben den Items auch Angaben zu psychometrischen Kennwerten der Skalen zur Selbstwirksamkeit und ähnlicher Konstrukte.

Verwandt mit dem Konstrukt der Selbstwirksamkeitserwartung ist das der *Kontrollüberzeugung*. Wie wir in ▶ **Kap. 10.3.1** sahen, beziehen sich internale Kontrollüberzeugungen auf die generalisierte Erwartung, dass bestimmte Ergebnisse Konsequenz eigener Verhaltensweisen sind. Externale Kontrollüberzeugungen beziehen sich dagegen auf die Erwartung, dass Ergebnisse von situativen Umständen abhängen, z. B. vom Verhalten anderer Personen (soziale Externalität) oder vom Zufall (fatalistische Externalität). Kontrollüberzeugungen und Selbstwirksamkeitserwartungen müssen nicht immer Hand in Hand gehen. So mag eine internale Person beispielsweise davon überzeugt sein, dass intensives Lernen vor einer Prüfung zu einer guten Note führt (hohe Kontrollerwartung), sich aber nicht zutrauen, über längere Zeit angestrengt zu lernen (geringe Selbstwirksamkeitserwartung). Umgekehrt könnte eine externale Person sich durchaus in der Lage fühlen, angestrengt zu lernen, gleichzeitig aber davon überzeugt sein, dass die Prüfungsnote letztlich doch von anderen Umständen (Glück mit den Prüfungsaufgaben, Laune des Prüfers usw.) abhängt. Verfahren zur Erfassung von Kontrollüberzeugungen werden in Krampen (1989) dargestellt.

Unter dem *Selbstkonzept* werden kognitiv-affektive Repräsentationen verstanden, die eine Person von sich selbst aufbaut. Diese Repräsentationen umfassen Beschreibungen und Bewertungen eigener Merkmale, die sich auf unterschiedliche Erlebens- und Verhaltensbereiche beziehen, z. B. intellektuelle Fähigkeiten, sportliche Leistungen, soziale Akzeptanz oder physische Erscheinung. Die bewertenden Komponenten des Selbstkonzepts determinieren wesentlich die globale Selbstwertschätzung (das Selbstwertgefühl) einer Person, wobei die Bedeutung einzelner Bereiche von Person zu Person variieren kann (Moschner & Dickhäuser, 2006; Schütz, 2003). Bei einer Person kann sich das Selbstwertgefühl etwa primär aus intellektuellen Leistungen, bei einer anderen primär aus der Akzeptanz durch Bekannte speisen. Selbstwirksamkeitserwartungen können als Bestandteile des fähigkeitsbezogenen Selbstkonzepts aufgefasst werden. Viele Verfahren zur Bestimmung des Selbstkonzepts sind jedoch breiter angelegt und können damit Aufschluss über Merkmale liefern, die mit Skalen zur Selbstwirksamkeit nicht aufgedeckt werden.

Ein Beispiel für ein solches Verfahren ist das *Frankfurter Kinder-Selbstkonzept-Inventar* (FKSI; Deusinger, 2002), mit dem zentrale Facetten des Selbstkonzepts bei drei- bis 13-jährigen Kindern gemessen werden können. Der Test wird bei jüngeren Kindern als Fragespiel durchgeführt, bei älteren kann er als Gruppentest angewendet werden. Die erfassten Bereiche beziehen sich auf (a) körperliche Aspekte (z. B. Erscheinungsbild), (b) Stimmung, Angst und Selbstsicherheit, (c) moralische Selbstwertschätzung, (d) Leistung und (e) soziale Interaktion (Selbstbehauptung, Durchsetzung, Wertschätzung durch andere, Kontakt- und Umgangsfähigkeit). Für den Gesamttest, der Reliabilitäten um .88 erreicht, sind 60 Minuten zu veranschlagen.

Ein Verfahren, das sich speziell auf den Bereich schulischer Leistungen konzentriert, ist das *Differentielle Schulische Selbstkonzept-Gitter (DISK-Gitter) mit Skala zur Erfassung des Selbstkonzepts schulischer Leistungen und Fähigkeiten (SKSLF-8)* von Rost, Sparfeldt und Schilling (2007). Mit diesem Fragebogen ist es möglich, neben dem allgemeinen schulischen Selbstkonzept auch fachspezifische Ausprägungen des Selbstkonzepts bei Kindern der 7. bis 10. Klassenstufe zu erheben. Für die fachspezifischen Selbstkonzepte liegen separate Skalen für Mathematik, Deutsch, Geschichte, Physik, Englisch und Biologie vor. Die Reliabilitäten sind generell recht hoch (größer als .80 für das allgemeine Selbstkonzept, größer als .90 für die fachspezifischen Selbstkonzepte), die Stabilitäten über vier bis acht Wochen variieren zwischen .71 und .91. Zur konvergenten und diskriminanten Validität liegen recht umfangreiche und überzeugende Befunde vor.

Unter den für Lernen und Leistung relevanten Motiven ist das *Leistungsmotiv* das wichtigste und entsprechend am intensivsten erforschte (Brunstein & Heckhausen, 2010; Heckhausen, 1980). Wie bereits dargestellt wurde, können Komponenten des Leistungsmotivs (z. B. Hoffnung auf Erfolg, Furcht vor Misserfolg) mit projektiven Tests (▶ **Kap. 11**) oder Befragungsverfahren (▶ **Kap. 10**) erfasst werden. Konzeptuell bestehen hier deutliche Überlappungen mit Variablen aus dem Angstbereich, die sich auch in substanziellen Korrelationen manifestieren. In neuerer Zeit werden in der pädagogisch-psychologischen Theoriebildung und Diagnostik zunehmend Konzepte zur Zielorientierung wichtig (z. B. Elliot, 1999). Diese Konzepte können als Fortführung der klassischen Forschung zur Leistungsmotivation angesehen werden.

Zielorientierungen sind situativ angeregte dispositionelle Präferenzen für bestimmte Arten von Zielen in Lern- und Leistungssituationen. Grundlegend wird dabei zwischen Lernzielen und Leistungszielen differenziert. Bei der

Lernzielorientierung richtet sich Lern- und Leistungsverhalten auf die Erweiterung der eigenen Kompetenzen. Bei der *Leistungszielorientierung* geht es der Person dagegen entweder darum, die eigenen Fähigkeiten vor anderen zu demonstrieren – diese Form heißt *Annäherungs-Leistungszielorientierung* – oder darum, eigene Schwächen vor anderen zu verbergen – hierbei handelt es sich um die *Vermeidungs-Leistungszielorientierung*. Personen können sich dabei durchaus an mehreren Zielen gleichzeitig orientieren. Für langfristig effektives Lernen wird eine ausgeprägte Lernzielorientierung als besonders günstig angesehen, während die Orientierung an Vermeidungs-Leistungszielen ungünstig sein soll. Bei ausgeprägten Annäherungs-Leistungszielen werden – wie bei der Lernzielorientierung – positive, im Unterschied zu ihr allerdings eher *kurzfristige* Effekte auf Leistungen erwartet.

Spinath, Stiensmeier-Pelster, Schöne und Dickhäuser (2012) haben mit den *Skalen zur Erfassung der Lern- und Leistungsmotivation (SELLMO)* ein Verfahren vorgelegt, mit dem sich Zielorientierungen messen lassen. Entsprechend der genannten Differenzierung bietet das mit 31 Items sehr ökonomische Verfahren drei Skalen zur Bestimmung von Zielorientierungen an, nämlich

- Orientierung an Lernzielen (Itembeispiel: „In der Schule/im Studium geht es mir darum, etwas Interessantes zu lernen"),
- Annäherungs-Leistungszielen („... dass andere denken, dass ich klug bin.") und
- Vermeidungs-Leistungszielen („... dass niemand merkt, wenn ich etwas nicht verstehe.")

Die Antworten werden mit einer fünfstufigen Antwortskala versehen. Mit einer vierten Skala wird zusätzlich die Tendenz zur Arbeitsvermeidung („... zu Hause keine Arbeiten erledigen zu müssen.") erfasst.

Die SELLMO sind für Kinder der Klassenstufen 3 bis 10 normiert, können aber auch für die Erfassung der Motivation bei Studierenden eingesetzt werden. Die Reliabilitäten der Skalen streuen zwischen .73 und .78, die Stabilitäten (Zeitintervall 6 Monate) bewegen sich zwischen .54 und .63. Mit schulischen Leistungen (Noten) zeigen sich erwartungskonform gerichtete, allerdings eher niedrige Korrelationen (im Mittel um −.20, dies ist für Motivskalen nicht unüblich), die für Lernziele und Arbeitsvermeidung deutlicher ausfallen als für die beiden anderen Skalen.

Wichtig im Bereich der Motivationsdiagnostik ist die Erfassung von *Attributionsmustern* für Erfolg und Misserfolg. Es sollte also geklärt werden, auf welche Ursachen Schüler mit Lern- oder Leistungsschwierigkeiten Misserfolge zurückführen. Häufig attribuieren Schüler mit Leistungsproblemen eigene Misserfolge auf mangelnde Fähigkeiten, also eine stabile internale Ursache. Derartige Attribuierungen sind ungünstig für das Engagement beim Lernen. Für die Erfassung von Attribuierungstendenzen bei Kindern und Jugendlichen ist z. B. der Fragebogen *Kausalattribuierungen in Leistungssituationen* (FKL; Keßler, 1988; Reliabilitäten zwischen .70 und .86; Stabilität für 10 Wochen zwischen .54 und .68.; einsetzbar ab 13 Jahre) sowie der *Attributionsstil-Fragebogen für Kinder und Jugendliche* (AFS-KJ; Stiensmeier-Pelster, Schürmann, Eckert, Pelster, 1994; einsetzbar bei Acht- bis Sechzehnjährigen) geeignet, dessen Subkskalen allerdings nicht durchgängig die für eine Einzelfalldiagnostik notwendige Reliabilität erreichen (Reliabilitäten zwischen .52 und .81, Stabilitäten für vier Wochen zwischen .49 und .65).

Alltagsbelastungen im Kontext der Schule stellen mitunter erhebliche Ansprüche an die Bewältigungsfähigkeit von Kindern. Als Belastungsquellen sind dabei nicht nur Leistungsanforderungen, sondern auch soziale Probleme mit Mitschülern (z. B. Ausgrenzung durch andere) anzusehen. Ein Verfahren zur Erhebung solcher Belastungen und entsprechender Bewältigungsreaktionen ist der *Fragebogen zur Erhebung von Stress und Stressbewältigung im Kindes- und Jugendalter* (SSKJ; Lohaus, Eschenbeck, Kohlmann & Klein-Heßling, 2006), der bei Kindern und Jugendlichen der dritten bis achten Klasse eingesetzt werden kann (Durchführungszeit: 30–40 Minuten). Erfasst werden die *Stressvulnerabilität* (Ausmaß des Belastungsempfindens im Leistungs- und sozialen Bereich), Präferenzen für bestimmte *Stressbewältigungsstrategien* (die Subskalen sind: Suche nach sozialer Unterstützung, problemorientierte Bewältigung, vermeidende Bewältigung, konstruktiv-palliative Emotionsregulation, destruktiv-ärgerbezogene Emotionsregulation) sowie die *Stresssymptomatik* (physische Symptomatik, psychische Symptomatik mit den Subskalen Ärger, Traurigkeit und Angst). Die Reliabilitäten der Skalen streuen zwischen .66 und .89, die Stabilitäten für ein Intervall von zwei Wochen zwischen .56 und .82. Ein weiteres Verfahren zur Erfassung des Bewältigungsverhaltens bei Kindern und Jugendlichen ist die von Hampel, Petermann und Dickow (2001) vorgenommene Adaptation des bereits dargestellten *Streßverarbeitungsfragebogens* (Janke, Erdmann & Kallus, 1985; ▶ **Kap. 10**).

Zur Diagnostik von *Aggression* liegt der *Erfassungsbogen für aggressives Verhalten in konkreten Situationen* (EAS; Petermann & Petermann, 2000) vor, der bei Kindern im Alter von 9 bis 12 Jahren eingesetzt werden kann. Der Fragebogen ist als Situations-Reaktionsinventar konzipiert. Es werden insgesamt 22 Situationen geschildert, die alltägliche Konflikte zwischen Kindern, Aggressionen gegen Gegenstände und Autoaggression thematisieren (z. B. „Ich komme in die Schule und stelle fest, dass Holger sich auf meinen Platz gesetzt hat. Bei uns in der Klasse hat aber jeder meistens seinen festen Platz"). Die Beschreibungen wurden geschlechtsspezifisch angepasst und dabei jeweils mit Zeichnungen konkretisiert. Die Kinder wählen aus einer von drei vorgegebenen Reaktionsoptionen, die aggressives oder sozial erwünschtes (nicht-aggressives) Verhalten beschreiben, die auf sie am besten zutreffende aus (im Beispiel: „Ich kippe von hinten den Stuhl um und setze mich auf meinen alten Platz." – „Ich gehe zum Lehrer und sage ihm, dass Holger mir meinen Platz weggenommen hat." – „Ich suche mir einen freien Platz."). Der Aggressionsscore ist mit .87 sehr reliabel und über zwei Monate recht stabil (.71). Der Versuch der Autoren, zusätzlich unterschiedliche Formen bzw. Aggressionstypen mit Hilfe der Angaben im Fragebogen zu identifizieren, ist sicherlich nachvollziehbar und wichtig, bleibt aufgrund fehlender empirischer Evidenz jedoch wenig überzeugend. Die Zeichnungen, die aus der ersten Auflage des Verfahrens stammen, wirken inzwischen veraltet und hätten bei einer Neuauflage und -normierung des Tests eine Anpassung verdient.

Als spezifische Form der Aggression im Schulkontext ist *Bullying* ein wichtiges Thema geworden (Scheithauer, Hayer & Bull, 2007). Unter Bullying wird wiederholtes und über einen längeren Zeitraum hin auftretendes aggressives und schikanierendes Verhalten (einer Gruppe) von Schülern (den „Bullies") gegenüber einzelnen Mitschülern (den Opfern, „Victims") verstanden, bei dem sich die Opfer aufgrund eines starken Machtgefälles zu den Tätern nicht effektiv zur Wehr setzen können. Unterschieden wird zwischen direkten und indirekten bzw. relationalen Formen des Bullyings. Bei der direkten Form, die sich z. B. in physischer Gewalt, verbalen Drohungen oder Beschimpfungen äußert, findet eine offene Konfrontation zwischen Täter und Opfer statt. Bei der indirekten oder relationalen Form vollzieht sich Bullying dagegen oft hinter dem Rücken des Opfers, es wird z. B. von gemeinsamen Aktivitäten ausgeschlossen oder es werden Gerüchte gestreut. In der neueren Forschung wird Bullying als Gruppenphänomen betrachtet (Schäfer, 2008). Bullying und Viktimisierung stellen also keine individuellen Eigenschaften dar, vielmehr beschreiben sie Rollen innerhalb eines sozialen Systems (Salmivalli, 1999; Scheithauer et al., 2007). Hierin besteht ein wichtiger Unterschied zu den anderen im vorliegenden Abschnitt beschriebenen Verhaltensbereichen.

Der von Marées und Petermann (2010) konzipierte *Bullying- und Viktimisierungsfragebogen (BVF)* erfasst die Häufigkeit, mit der Kinder als Opfer von Bullying betroffen sind bzw. mit der sie selbst als Täter agieren. Das Instrument kann bei Kindern im Alter zwischen 4 und 11 Jahren angewendet werden. Der BVF liegt in einer Selbstbeurteilungsversion für Kinder (BVF-K; jüngere Kinder beantworten die Fragen mündlich im Einzelinterview) sowie in einer Fremdbeurteilungsversion für Lehrkräfte oder Erzieher (BVF-L) vor, die das Verhalten der von ihnen betreuten Kinder einschätzen. Damit ist ein diagnostisch sehr aufschlussreicher Vergleich zwischen Selbst- und Fremdurteil möglich.

Beide Versionen enthalten eine Opfer- und eine Täterskala. Beim BVF-K werden dabei jeweils direkte und indirekte Formen der Aggression erfasst (z. B. direkt/Opfer: „Wie oft tun andere Kinder dir absichtlich weh?"; direkt/Täter: „Wie oft sagst du gemeine Dinge zu anderen Kindern?"; indirekt/Opfer: „Wie oft lassen andere Kinder dich nicht mitspielen?" indirekt/Täter: „Wie oft sagst du zu einem anderen Kind, wenn du nicht tust, was ich will, bist du nicht mehr mein Freund?"). Beim BVF-L wird für die Opferskala zwischen primären und sekundären Opferanzeichen differenziert, bei der Täterskala zwischen proaktiver und reaktiver Aggression (z. B. primär/Opfer: „Das Kind wird oft gehänselt und/oder schikaniert."; sekundär/Opfer: „Das Kind hat wenig oder keine engen Freunde und ist oft allein."; proaktiv/Täter: „Das Kind bedroht oder schikaniert andere um seinen/ihren Willen durchzusetzen."; reaktiv/Täter: „Wenn das Kind geärgert wurde, wird es leicht wütend und schlägt zurück."). Das pro Kind etwa fünf Minuten in Anspruch nehmende Verfahren erreicht zufriedenstellende bis gute Reliabilitäten (interne Konsistenzen zwischen .76 und .91). Haupteinsatzgebiete sind die Erhebung der Prävalenz von Bullying in einer Gruppe (z. B. Schulklasse), die Identifizierung von Kindern, die an solchen Prozessen beteiligt sind, sowie die Evaluation von Maßnahmen gegen Bullying.

Die bislang dargestellten Tests sind jeweils auf umgrenzte Verhaltensbereiche spezialisiert, die in pädagogischen Kontexten bedeutsam sind. Daneben existieren viele Breitband-Diagnostika, die eine ganze Palette pädagogisch relevanter Eigenschaften erfassen sollen, ähnlich wie die in ► **Kap. 10.2** vorgestellten Fragebogen. Mit der Verwendung solcher Verfahren müssen natürlich Einbußen an Spezifität in Kauf genommen werden, was für manche Fragestellungen (z. B. Screening-Untersuchungen) jedoch akzeptabel ist.

Ein „Klassiker" in diesem Bereich ist der *Hamburger Persönlichkeitsfragebogen für Kinder* (HAPEF-K; Wagner & Baumgärtel, 1978). Der HAPEF-K ist für neun- bis 13-jährige Kinder konzipiert und nimmt ca. 25 Minuten Durchführungzeit in Anspruch. Er besteht aus insgesamt sechs Skalen, deren Reliabilitäten zwischen .82 und .90 variieren. Die Skalen messen (a) emotional bedingte Leistungsstörungen (Gefühle der Unsicherheit und Unzulänglichkeit, mangelnde Konzentrationsfähigkeit bei Leistungsanforderungen), (b) Angst und somatische Beschwerden (angstbezogene Erwartungen und deren somatische Begleitsymptome), (c) Aggression, (d) Neurotizismus, (e) Reaktion auf Misserfolg (Leistungsmotivation, neurotische Reaktionen auf Misserfolgserlebnisse) und (f) Extraversion (soziale Aktivität, Kontaktbereitschaft, Selbstständigkeit im Handeln). Ein neueres Breitbandverfahren ist der von Seitz und Rausche (2004) konzipierte *Persönlichkeitsfragebogen für Kinder zwischen 9 und 14 Jahren (PFK 9-14)*, mit dem diverse Verhaltensstile, Motive und Facetten des Selbstbilds mit insgesamt 15 Skalen abgebildet werden können. Die Durchführung des umfangreichen Verfahrens benötigt ca. 45 Minuten.

Auch projektive Verfahren werden bei Kindern eingesetzt. Beliebt ist z. B. der *Rosenzweig Picture Frustration Test* für Kinder (PFT; Rosenzweig, 1957), der bei Jungen und Mädchen im Alter von sieben bis 14 Jahren angewendet werden kann. Die Durchführung dauert etwa 20 Minuten. Gemessen wird die Belastbarkeit (Frustrationstoleranz) in sozialen Konfliktsituationen. Das Verfahren besteht aus 24 Zeichnungen. Dargestellt sind jeweils Situationen, in denen eine Person frustrierende Äußerungen an eine zweite Person richtet. Die Antwort der zweiten Person ist vom Kind assoziativ zu ergänzen und wird anschließend im Hinblick auf diverse Reaktionsklassen kodiert, z. B. Aggression, Selbstbeschuldigung, Resignation, Ausweichen, Eigeninitiative. Die Probleme projektiver Tests hatten wir bereits besprochen (▶ **Kap. 11**).

Verfahren zur Messung emotionaler und motivationaler Merkmale werden in pädagogischen Kontexten u. a. zur Objektivierung von Eindrücken über Eigenschaften des Kindes, zur Identifikation personaler Risikofaktoren oder zur Untersuchung von Hypothesen über Zusammenhänge zwischen Lernumwelt oder Erziehungspraktiken mit der Persönlichkeitsentwicklung verwendet. Von ihrem alleinigen Einsatz für individualdiagnostische Entscheidungen ist aufgrund der in den ▶ **Kap. 10** und ▶ **Kap. 11** geschilderten Schwierigkeiten abzuraten. Zur Messung affektiver Persönlichkeitsmerkmale bei Kindern werden seit einigen Jahren auch kognitiv-experimentelle Verfahren erprobt (▶ **Kap. 11**). Diese Verfahren sind zur Zeit jedoch allein für Forschungszwecke geeignet.

16.1.3 Arbeitsverhalten und Lernstrategien

Eng auf Motivation bezogen – und für schulische Leistungen essenziell – sind Merkmale des Lern- und Arbeitsverhaltens. Ein für die Erfassung solcher Merkmale häufig verwendetes Verfahren ist das von Keller und Thiel (1998) konzipierte *Lern- und Arbeitsverhaltensinventar* (LAVI), das bei Kindern der 5. bis 10. Klasse eingesetzt werden kann. Das Verfahren enthält 58 Items, die das Verhalten in diversen Lern- bzw. Arbeitssituationen erfragen. Die drei faktorenanalytisch gebildeten Skalen des Inventars umfassen

1. die *Arbeitshaltung*, worunter die grundsätzliche Bereitschaft zum konzentrierten Lernen und Problemlösen verstanden wird,
2. die *Stressbewältigung*, hier geht es um die Fähigkeit, Störungen und Misserfolge beim Lernen und bei Prüfungen zu meistern, und
3. *Lerntechniken*, definiert als die Fähigkeit zur wirksamen Verarbeitung des Lernstoffs.

Für jedes Item werden drei Antwortalternativen formuliert, von denen das Kind eine wählt. Für diese Antworten werden – je nach (durch Experten eingeschätzter) Angemessenheit – 1 Punkt („unbefriedigend"), 2 Punkte („teilbefriedigend") oder 3 Punkte („vollbefriedigend") Punkte vergeben. ▶ **Übersicht 16.1** zeigt Beispiele für die Items und Antwortoptionen.

Die Reliabilitäten der Skalen sind zufriedenstellend bis gut (Arbeitshaltung: .90, Stressbewältigung: .81, Lerntechnik: .72), die Stabilitäten über 7 Monate sind relativ hoch (um

Übersicht 16.1 Beispielitems des LAVI.

Skala Arbeitshaltung

Ein Aufgabentext lässt sich schwer verstehen.
a) Ich lasse die Aufgabe aus.
b) Ich lese ihn nochmals durch, vielleicht verstehe ich ihn dann.
c) Ich mache ihn mir verständlich, indem ich ihn in eigene Worte übersetze oder durch eine Zeichnung verdeutliche.

Skala Stressbewältigung

Du hast eine schlechte Note erhalten.
a) Ich bin niedergeschlagen.
b) Ich versuche, den Misserfolg zu vergessen.
c) Der Misserfolg wirft mich nicht um. Auf die nächste Arbeit werde ich mich gründlich vorbereiten.

Skala Lerntechniken

Du musste Dir ein schwieriges Fachwort (z. B. in Biologie) einprägen.
a) Ich merke es mir über eine Eselsbrücke.
b) Ich schaue es mir an und sage es mir dann mehrmals vor.
c) Ich schaue es mir an.

.75). Auch der Zusammenhang mit schulischen Leistungen (ermittelt über die Durchschnittsnote aus Deutsch, Englisch und Mathematik) fällt relativ hoch aus (multiple Korrelation .47) – er geht hauptsächlich auf die Skala Arbeitshaltung zurück – und bleibt nach der Kontrolle der Intelligenz (offenbar) substanziell. Die Validitätsanalysen sind recht spärlich und nur unzureichend dokumentiert. So fehlen z. B. Angaben zur durchgeführten Faktorenanalyse der Items vollständig. Über die Korrelationen der drei Skalen erfährt der Leser nichts, obwohl dies für die Interpretation der Testergebnisse wichtig wäre. Unterschiede zwischen Schularten, Klassenstufen und Geschlechtern wurden zwar analysiert, die Ergebnisse werden aber nicht berichtet und auch nicht bei der Erstellung von Normtabellen verwendet. Immerhin bietet der Test gute Möglichkeiten, Ansatzpunkte für Förderziele und -maßnahmen abzuleiten, wozu im Testhandbuch auch sinnvolle Empfehlungen gegeben werden.

Unter *Lernstrategien* werden Verhaltensweisen verstanden, die Lernende aktiv für Zwecke des Wissenserwerbs einsetzen (Wild, 2006, S. 427). Das Konzept spielt in Modellen zum selbstgesteuerten Lernen eine wichtige Rolle (Schiefele & Pekrun, 1996), die theoretische Grundlagen für die Verbesserung des Lernverhaltens schaffen sollen. Lernstrategien werden im Allgemeinen in drei Kategorien unterteilt: Informationsstrategien, Kontrollstrategien und Ressourcenmanagement (Wild & Schiefele, 1994; Pintrich, 1989).

Informationsstrategien betreffen die unmittelbare Verarbeitung aufgenommener Information. Zu ihnen zählen

1. das *Wiederholen* von Fakten, Regeln und Zusammenhängen,
2. das *Elaborieren* des Materials (Aktivitäten, die der Integration neuer Information in bereits bestehendes Wissen dienen, z. B. Herstellen von Querverbindungen zu bereits Bekanntem, Finden von Alltagsbeispielen; Anreichern aufgenommener Information mit neuer, z. B. Bilden von Analogien; Paraphrasieren),
3. das *kritische Prüfen* von Aussagen (z. B. durch Analyse ihrer Begründung oder Kontrastierung mit konkurrierenden Hypothesen) sowie
4. das *Organisieren*, in dem vorliegende Information in eine leichter zu verarbeitende Form überführt wird (z. B. Reduzieren umfangreichen Materials auf wesentliche Punkte, Zusammenfassen in Form von Tabellen, Graphiken, Mind Maps).

Elaborieren, Prüfen und Organisieren sollen für das Verstehen von Bedeutungszusammenhängen besonders förderlich sein.

Kontrollstrategien oder *metakognitive Strategien* richten sich auf die Planung und inhaltliche Vorbereitung von Lernphasen (z. B. Fragen zum Text stellen), die Überwachung des Lernfortschritts sowie Handlungen beim Auftreten von Schwierigkeiten (z. B. eine Pause einlegen und anschließend den Stoff noch einmal neu angehen). *Ressourcenmanagement* bezeichnet lernunterstützende Verhaltensweisen, die auf die Optimierung der inneren (z. B. Konzentration, Anstrengungsbereitschaft) und äußeren Lernbedingungen (z. B. Gestaltung des Arbeitsplatzes) zielen. Sie werden auch als *Stützstrategien* bezeichnet.

Ein Fragebogen zur Erfassung der genannten Lernstrategien im Hochschulbereich wurde von Wild und Schiefele (1994) vorgelegt. Artelt (1999) berichtet über ein stärker am konkreten Verhalten orientiertes Verfahren für den Schulbereich, in dem Schüleräußerungen nach einer Lernepisode mit Hilfe eines Kategoriensystems kodiert und zur Bestimmung des Strategieeinsatzes genutzt werden. Derartige Verfahren können helfen, die unzureichende Nutzung von Strategien oder den Einsatz wenig effektiver Formen des Wissenserwerbs aufzudecken.

Im Hinblick auf die zentrale Frage nach der Effektivität von Lernstrategien und besteht noch erheblicher Forschungsbedarf. Es zeigt sich, dass ein vermehrter Einsatz elaborativer und organisatorischer Strategien nicht immer mit höherem Prüfungserfolg assoziiert ist (Baumert & Köller, 1996). Ganz offenbar müssen hier weitere Faktoren moderierend wirken (Artelt, 1999). Zu denken ist dabei z. B. an Fähigkeits- oder Vorwissensunterschiede (sehr kompetente Personen könnten in geringerem Maße auf den Einsatz von Lernstrategien angewiesen sein) oder an die Art der jeweils vorherrschenden Prüfungsanforderungen (für bestimmte Prüfungsinhalte kann das Auswendiglernen isolierter Fakten tatsächlich die effektivste Form der Vorbereitung darstellen; Wild, 1996).

16.2 Lernresultate

16.2.1 Prüfungen

Am weitaus häufigsten werden Lernresultate durch die von Lehrenden an Schulen und Hochschulen konzipierten schriftlichen und mündlichen Prüfungen erfasst. Deren Ergebnisse werden in Form von Zensuren und Zeugnissen dokumentiert, über die evtl. wichtige Weichen für den weiteren Lebensweg einer Person gestellt werden. Diesem Sachverhalt ist es zu verdanken, dass das schulische Beurteilungssystem auch außerhalb der Profession immer wieder Gegenstand kritischer Auseinandersetzungen wird.

Tatsächlich deckten empirische Untersuchungen der Notenvergabe quer über die Fächer gravierende Objektivitäts- und Reliabilitätsmängel auf (Lukesch, 1998). Festgestellt wurden (a) starke Streuungen der Beurteilungen derselben Prüfungsarbeit durch verschiedene Lehrer, (b) starke Streuungen zwischen Erst- und Zweitbeurteilung einer Arbeit durch die gleichen Lehrer nach einer gewissen Zeitspanne sowie (c) Einflüsse diverser sachfremder Faktoren auf die Beurteilung (z. B. Status der Eltern, Handschrift, Beliebtheit des Schülers, Einsatz von Noten zu Disziplinierungszwecken).

Die Ursachen dieser Defizite sind vielfältig. Offensichtlich ist, dass Prüfungsanforderungen hinsichtlich Inhalt und Schwierigkeit zwischen Lehrenden, Schulen und Regionen stark differieren. Darüber hinaus legen verschiedene Lehrende unterschiedliche Bewertungsmaßstäbe an Leistungen an. Viele Lehrende adjustieren z. B. die Noten am durchschnittlichen Leistungsniveau der Klasse, so dass Arbeiten in Klassen mit objektiv hohem Leistungsniveau oft strenger beurteilt werden als in Klassen mit niedrigem Niveau (Orientierung der Notenvergabe an einem klasseninternen Bezugssystem). Die genannten Faktoren beeinträchtigen die Vergleichbarkeit der Noten von

Schülern aus unterschiedlichen Einrichtungen. Problematisch ist dies, wenn – wie in unserem Bildungssystem – Studienmöglichkeiten und spätere Berufsperspektiven auch von schulischen Beurteilungen abhängen.

16.2.2 Schulleistungstests

Schulleistungstests bieten eine Alternative zur traditionellen schulischen Leistungsbeurteilung. Sie werden mit der Zielsetzung konstruiert, die Ergebnisse schulischen Lernens objektiver, reliabler und valider abzubilden als dies mit herkömmlichen Prüfungen möglich ist. Im Sinne der in ▶ **Kap. 9** vorgestellten Einteilung handelt es sich um *achievement tests* (Kenntnistests), mit denen Fortschritte in Lernprozessen erfasst werden sollen. Dabei lassen sich formelle und informelle Tests gegenüberstellen (Ingenkamp & Lissmann, 2008).

Formelle Schulleistungstests werden mit Hilfe psychometrischer Modelle und Methoden konstruiert. Die Tests werden anhand allgemein geltender Zielvorgaben von Lehrplänen erstellt. Das Kriterium der Inhaltsvalidität spielt für die Auswahl der Aufgaben entsprechend eine wichtige Rolle. Die meisten Tests sind für Klassenstufen und Schularten normiert und erlauben es daher, den Leistungsstand einzelner Schüler oder das allgemeine Leistungsniveau in Klassen oder Schulen an überregionalen Standards zu messen. Bei der Interpretation der Ergebnisse solcher an Bezugsgruppen orientierter Vergleiche müssen natürlich evtl. vorliegende lokale Besonderheiten berücksichtigt werden, etwa die Betonung ganz spezieller Lehrziele oder didaktischer Vermittlungsformen von Inhalten, aber auch gehäufter Unterrichtsausfall oder andere ungünstige Schulsituationen (z. B. große Klassen).

Inhaltlich konzentrieren sich viele Schulleistungstests auf ein bestimmtes Fach (z. B. Deutsch, Mathematik) oder einzelne fachspezifische Kompetenzen (z. B. Lesen, Rechtschreibung, Wortschatz). Einige Tests sind breiter angelegt und erfassen Kenntnisse und Fertigkeiten in verschiedenen Gebieten. In neueren Verfahren wird verstärkt Wert auf eine differenzierte Diagnose einzelner Wissenskomponenten gelegt. Mit diesen Tests lassen sich z. B. Bereiche identifizieren, in denen Schüler noch verstärkter Förderung bedürfen. Mit manchen Verfahren – etwa dem *Diagnostischen Rechtschreibtest (DRT)*, von dem Varianten für diverse Klassenstufen vorliegen (z.B. Müller 2003) – sind qualitative Fehleranalysen möglich. Hier werden Fehler nicht nur ausgezählt, sondern auch nach inhaltlichen Gesichtspunkten kategorisiert, was wichtige Hinweise für gezielte individuelle Maßnahmen liefern kann. Auch zur Evaluation des Effekts von Unterrichtseinheiten oder didaktischer Vorgehensweisen sind solche Tests geeignet. Schließlich können sie Anhaltspunkte für die Bewertung der Angemessenheit schulischer Leistungsbeurteilungen bereit stellen (für Übersichten siehe Lissmann, 2010, und Lukesch, 1998).

Die Konstruktion und Normierung eines formellen Schulleistungstests verlangt einen erheblichen methodischen und finanziellen Aufwand, der von Lehrenden im Allgemeinen nicht zu leisten ist. Lehrende können sich jedoch durchaus eigene Verfahren bauen, die auf ihre spezifischen Anliegen und Lehrinhalte abgestimmt sind. Man spricht hier von *informellen Schulleistungstests* oder *informellen Lernkontrolltests*. Im Englischen ist hierfür auch die Bezeichnung *teacher-made test* gebräuchlich, die hervorhebt, dass es sich um Verfahren handelt, die von Lehrenden selbst, gegebenenfalls mit psychologischer Unterstützung, für wiederkehrende Anliegen zusammengestellt werden. Sie informieren Lehrende über das Wissensniveau von Gruppen oder einzelner Schüler und dienen damit der Lehrvorbereitung und -planung sowie der Bestimmung von

Lehreffekten. Aus ihren Ergebnissen lassen sich – wie bei formellen Tests – geeignete Ansatzpunkte für spezifische pädagogische Maßnahmen ableiten (z. B. verstärkte Förderung einzelner Schüler, Abstimmung der Lehrinhalte und -methoden auf die spezifischen Voraussetzungen einer Klasse). Die Konstruktion informeller Tests orientiert sich an der ihrer formellen Vorbilder. Informelle Tests können entsprechend durchaus Testgütekriterien genügen. Von formellen Tests unterscheiden sie sich im Wesentlichen durch ihren an einen Lehrenden gebundenen Einsatzzweck und die fehlende (repräsentative) Normierung. Auch systematische psychometrische Analysen liegen (verständlicherweise) meist nicht vor.

16.2.3 Erfassung des Erreichens von Lehrzielen

Informelle Tests dienen primär der Optimierung des Unterrichts, indem sie Rückmeldungen für Lehrende liefern. Darüber hinaus ist es in unserem Bildungssystem vorgesehen, das Erreichen oder Verfehlen von Lehrzielen bei Schülern oder Studierenden festzustellen und mittels Punkt- oder Notensystemen zu bewerten. Auf wesentliche Gesichtspunkte hierfür soll in diesem Abschnitt eingegangen werden.

In ► **Kap. 3** hatten wir verschiedene Bezugssysteme für die Einordnung von Testwerten diskutiert. Dabei wurde u. a. zwischen normorientierten und kriteriumsorientierten Bezugssystemen unterschieden. Normorientierte Vergleiche beziehen Leistungen auf die Testwertverteilung in einer Referenzgruppe. Bei kriteriumsorientierten Vergleichen geht es demgegenüber um die Frage, ob – und evtl. in welchem Maße – Leistungen einem vorab festgelegten Standard genügen. Für schulische Beurteilungen kommt kriteriumsorientierten Vergleichen naturgemäß eine zentrale Rolle zu. Da es sich bei den Kriterien im vorliegenden Kontext um Lehrziele handelt, werden entsprechend spezialisierte Verfahren auch als *lehrzielorientierte* Tests bezeichnet. Wir verwenden den Begriff „lehrzielorientierter Test" im Folgenden in einem weiten Sinne, der auch Klausuren oder andere testähnliche Prüfungen im Schulbereich umfasst, da die hier behandelten Gesichtspunkte für die Zusammenstellung von Aufgaben und die Feststellung der Zielerreichung im Prinzip auch für Prüfungen gelten oder doch auf sie übertragbar sind.

Bei der Konstruktion lehrzielorientierter Tests kommt der *Inhaltsvalidität* eine besonders große Bedeutung zu. Die Aufgaben des Tests müssen also für die Lehrziele relevant sein und sie in ihrer Gesamtheit möglichst gut repräsentieren. Wie wir sahen, ist die Repräsentativität der Items für den durch einen Tests anvisierten Verhaltensbereich generell ein wichtiger Gesichtspunkt (► **Kap. 3**). Bei lehrziel- und anderen kriteriumsorientierten Verfahren muss darüber hinaus festgelegt werden, wie gut die Aufgaben beherrscht werden müssen, damit ein Erreichen des Ziels attestiert werden kann. Benötigt wird also ein Kompetenzkriterium, anhand dessen über die Zielerreichung entschieden werden kann. Dieser zweite Gesichtspunkt ist für kriteriumsorientierte Verfahren spezifisch.

Für die *Definition einer repräsentativen Aufgabenmenge* ist das Erstellen einer *Verhaltens-Inhalts-Matrix* zweckmäßig. Es handelt sich um eine Kreuztabelle, deren erste Dimension mit Verhaltensweisen gefüllt wird, die im Rahmen einer Unterrichtseinheit aufgebaut werden sollen. Hierbei werden meist breite, inhaltsunspezifische Verhaltenskategorien verwendet, die unterschiedliche Anforderungen oder gestufte Anforderungsebenen repräsentieren, z. B. Reproduktion oder Transfer. Die zweite Dimension wird durch die behandelten Inhalte bzw. Themen aufgespannt. Die Zellen der Matrix enthalten dann Kombinationen von Verhaltensaspekten und Inhalten, für die jeweils konkrete Aufgaben formuliert werden.

Die Füllung der Verhaltensdimension kann sich auf Klassifikationschemata für Lehrziele, sog. Lehrzieltaxonomien, stützen. Ein recht einfaches Schema unterscheidet z. B. auf einer globalen Ebene zwischen (a) kognitiven, (b) affektiven und (c) psychomotorischen Lehrzielen. Diese Kategorien können jeweils weiter differenziert werden. Sehr bekannt ist die von Bloom, Engelhart, Furst, Hill und Krathwohl (1956) für den kognitiven Bereich vorgelegte Taxonomie, in der die Kategorien Wissen, Verständnis, Anwendung, Analyse, Synthese und Beurteilung unterschieden werden. Wie die Bezeichnungen vermuten lassen, sind die sechs Kategorien im Sinne zunehmender Komplexität der Anforderung geordnet. Das Schema von Bloom et al. wird in vielen Lehrbüchern der Pädagogischen Psychologie genauer dargestellt und diskutiert (z. B. Gage & Berliner, 1996).

Ein Revision und Erweiterung der Taxonomie wurde von Krathwohl und Kollegen vorgelegt (Überblick bei Krathwohl, 2002). Hier werden die aus der Bloomschen Taxonomie im Wesentlichen übernommenen Kategorien mit grundlegenden Wissenarten (Faktenwissen, konzeptuelles Wissen, prozedurales Wissen, metakognitives Wissen) kreuzklassifiziert, so dass eine Matrix entsteht, mit deren Hilfe sich Lehrziele und -aktivitäten sehr detailliert beschreiben lassen.

Für schulische Prüfungen werden einfachere Schemata mit drei oder vier Kategorien bevorzugt, die eine möglichst eindeutige Zuordnung von Aufgaben oder Teilaufgaben zu Verhaltensklassen gewährleisten sollen. Die Verhaltensklassen und entsprechenden Anforderungsebenen lassen sich beschreiben als (a) Reproduktion, (b) Reorganisation und Transfer sowie (c) Problemlösen.

Reproduktion bezieht sich auf die Kenntnis behandelter Daten, Fakten, Regeln usw. sowie auf die Beschreibung und Verwendung geübter Techniken und Verfahrensweisen. Hier geht es also um reines Wiederholen oder Nachvollziehen von Sachverhalten oder die Demonstration von Fertigkeiten in bereits bekannten Zusammenhängen. *Reorganisation* meint das selbstständige Auswählen, Anordnen, Verarbeiten und Darstellen bekannter Sachverhalte, *Transfer* die Übertragung von Gelerntem auf neue, aber dem Übungszusammenhang vergleichbare Situationen. *Problemlösung* bezieht sich auf das kreative Bearbeiten neuer Aufgaben mit dem Ziel, selbstständig zu Lösungen, Folgerungen und Bewertungen zu gelangen sowie auf das selbstständige Auswählen und Anpassen von Methoden und Verfahren in neuartigen Situationen (die Erläuterungen entstammen den „Einheitlichen Prüfungsanforderungen in der Abiturprüfung" für das Fach Mathematik, KMK, 2002, S. 11–13).

Das systematische Zusammenstellen von Verhaltensanforderungen und Inhalten ist ein Mittel, mit dem sichergestellt werden kann, dass alle essenziellen Lehrziele mit angemessenem Gewicht durch Aufgaben im Test vertreten sind. Auch für die Unterrichtsplanung sind Verhaltens-Inhalts-Matrizen nützliche Instrumente. Wie Gage und Berliner (1996, S. 32) bemerken, tendieren Lehrende manchmal dazu, sich primär mit den Inhalten einer Unterrichtseinheit zu beschäftigen und das, was die Schüler mit diesen Inhalten anfangen sollen, zu vernachlässigen. Legen Lehrende von vornherein Verhaltensweisen fest, die im Rahmen einer Einheit aufgebaut oder geübt werden sollen, können sie dieser Einseitigkeit effektiv begegnen.

Eine kritische Aufgabe bei der Anwendung lehrzielorientierter Tests betrifft die *Festlegung eines Kompetenzkriteriums* (Trenn-, Cut-off-Werts). Es muss festgelegt werden, wie gut die Aufgaben beherrscht werden müssen, damit ein Erreichen des Lehrziels festgestellt werden kann. Im einfachsten Fall geht es hier um eine dichotome Klassifikation: Wurde das Lehrziel X von Schüler Y erreicht oder verfehlt? Für eine Bewertung mit Zensuren interessiert darüber hinaus eine Quantifizierung des Grads der Zielerreichung. In diesem Fall müssen mehrere Trennwerte festgelegt werden, die polytome (mehr als zwei Klassen differenzierende) Einteilungen ermöglichen. Für eine sachgerechte Festlegung von Trennwerten existieren unterschiedliche Vorgehensweisen, die wir hier nur kurz illustrieren wollen (siehe Crocker & Algina, 1986, sowie Klauer, 1987, für detaillierte Diskussionen). Wir konzentrieren uns dabei auf dichotome Klassifikationen (Kriterium erreicht oder verfehlt).

In manchen Fällen können Trennwerte *apriorisch* bzw. *rational* festgesetzt werden. Eine solche Festlegung könnte z. B. darin bestehen, dass die Schüler alle Wörter, die im Rahmen einer fremdsprachlichen Unterrichtseinheit durchgenommen wurden, aktiv und passiv beherrschen sollen. In einem entsprechenden Vokabeltest würde man dann das Kriterium auf 100 % abzüglich einer gewissen Fehlertoleranz (5–10 %) setzen.

Wie die Kennzeichnung „apriorisch" andeutet, nimmt diese Prozedur in ihrer reinen Form keinerlei Rücksicht auf die faktisch zu erwartende Verteilung der Testwerte bei den zu prüfenden Schülern. Kriterien, die deutlich unterhalb der Marke perfekten Beherrschens liegen, sind damit schwer zu begründen. Die Methode ist daher primär bei inhaltlich eng umgrenzten und einfach zu operationalisierenden Lehrzielen anwendbar, deren vollständiges Erreichen erwartet wird, etwa Beherrschung der Grundrechenarten oder Lösen von Gleichungen mit einer Unbekannten. Liegen komplexere Lehrziele vor und sollen zudem gestufte Leistungsbewertungen vorgenommen werden, ist es unumgänglich, sich auch daran zu orientieren, was Schüler einer bestimmten Klassenstufe faktisch erreichen können.

Eine zweite Familie von Prozeduren stützt sich auf *empirisch festgestellte Verteilungen* der Testwerte. In einer extremen Variante wird das Problem, ein sachlich begründetes Kriterium festlegen zu müssen, dadurch eliminiert, dass man die durchschnittliche Leistung und deren Streuung bei den geprüften Schülern zum Maßstab macht. Hier werden Leistungen im Durchschnittsbereich als „befriedigend" deklariert, Abweichungen nach oben oder unten entsprechend als „gut", „ausreichend" usw. Ein Beispiel liefern „Standardschulnoten", die nach der Formel $3 - z$ (z repräsentiert dabei standardisierte Werte) berechnet werden (Lienert & Raatz, 1994, S. 285). Das Problem dieses Vorgehens ist offensichtlich: In einer Klasse, in der alle Schüler das festgesetzte Lehrziel erreicht haben, erhält man den gleichen Notendurchschnitt und die gleiche Notenstreuung wie in einer Klasse, in der alle Schüler das Ziel verfehlt haben. Selbst bei einer repräsentativen Normierung des Tests würden die Noten prinzipiell nichts über die Zielerreichung aussagen. Ein gewisse Zahl unterdurchschnittlicher Leistungen z. B. würde methodenbedingt immer als „mangelhaft" qualifiziert werden, auch wenn diese Leistungen eventuell deutlich über einem sachlich angemessenen Kriterium liegen.

Ein zweites Beispiel für ein auf Testwertverteilungen gestütztes Vorgehen ist die Methode der *Gruppenkontrastierung*, in der die Testleistungen zweier Gruppen miteinander verglichen werden. Die eine Gruppe besteht aus Schülern, die das Kompetenzkriterium erfüllen; diese Gruppe konstituiert die sog. *Masters*. Die zweite Gruppe besteht aus Schülern, die es (noch) nicht erfüllen; die Mitglieder dieser Gruppe heißen *Nonmasters*. Der Test wird zunächst beiden Gruppen gegeben. Anschließend wird der kritische Trennwert nach entscheidungstheoretischen Gesichtspunkten festgelegt. Grundlage hierfür sind die Häufigkeitsverteilungen der Testwerte in beiden Gruppen, wie sie in ► **Abb. 16.2** beispielhaft illustriert sind. Als Trennwert wird derjenige Wert (also Punkt auf der Abszisse) gewählt, an dem sich die beiden Verteilungen schneiden. Jenseits dieses Punkts ist die Wahrscheinlichkeit, dass

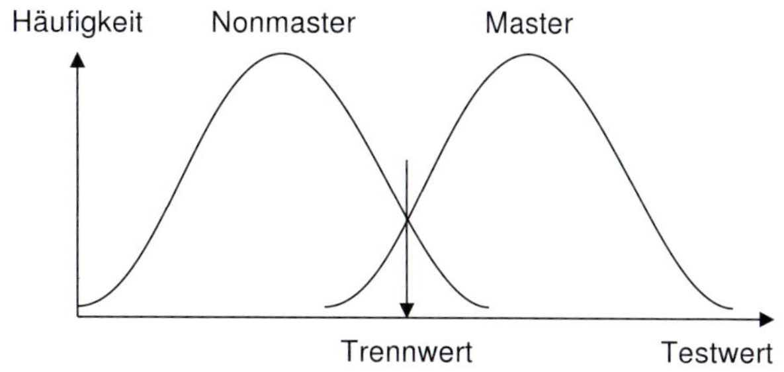

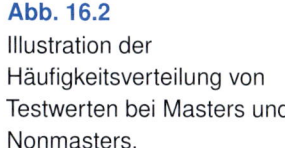

Abb. 16.2
Illustration der Häufigkeitsverteilung von Testwerten bei Masters und Nonmasters.

eine Person zur Mastergruppe gehört höher als die, dass sie zur Nonmastergruppe gehört und umgekehrt. Neben diesem Gesichtspunkt können auch die evtl. unterschiedlichen Kosten verschiedener Arten von Fehlklassifikationen (falsch Positive, falsch Negative; ► **Kap. 6**) berücksichtigt werden. Dies würde zu einer Verschiebung des Trennwerts nach links oder rechts führen. Neben dem relativ hohen Aufwand besteht ein praktisches Problem dieser Vorgehensweise in der sicheren Identifizierung von Masters und Nonmasters. Die Angemessenheit des ermittelten Trennwerts steht und fällt mit der Reliabilität und Validität der Gruppenzuordnung.

Eine dritte Klasse von Prozeduren stützt sich bei der Festlegung kritischer Trennwerte auf *Experteneinschätzungen*. Weit verbreitet ist eine von Angoff (1971) beschriebene Methode. Hier werden Experten (zumeist Lehrende) gebeten, sich eine Gruppe von Schülern vorzustellen, die das Lernziel *gerade eben noch* erreicht haben. Die Experten schätzen dann unabhängig voneinander für jede einzelne Aufgabe ein, wieviel Prozent dieser „auf der Kippe stehenden" Schüler die Aufgabe wohl lösen werden. Den kritischen Grenzwert erhält man dann durch Summierung der entsprechenden relativen Häufigkeiten und anschließende Mittelung der Summe über die Experten. Die Angoff-Methode kann auch für polytome Klassifikationen herangezogen werden, wie sie beispielsweise bei der Vergabe von Zensuren vorgenommen werden. Eingeschätzt werden dann nicht die Lösungshäufigkeiten für „Grenzfälle", sondern die von gerade noch sehr guten, guten Leistungen usw. Vorteile der Methode liegen in ihrer Einfachheit und Transparenz. Voraussetzung für die Gewinnung sinnvoller Trennwerte ist allerdings eine substanzielle Übereinstimmung der Expertenurteile, die in jedem Fall zu prüfen ist.

Besonders für Tests, mit denen die Erreichung komplexerer Lehrziele erfasst werden soll und von deren Ergebnissen folgenreiche Entscheidungen für die geprüften Personen abhängen, ist die Festsetzung von Trennwerten ein nach wie vor ein intensiv diskutiertes Thema. Die Erprobung geeigneter Methoden, die zu fairen Entscheidungen führen, bleibt mithin ein wichtiger Forschungsgegenstand. Sinnvoll erscheint in jedem Fall eine Kombination rationaler und empirisch gestützter Verfahrensweisen, wie sie etwa im Rahmen von Weiterentwicklungen der Angoff-Methode erwogen werden (Ricker, 2006).

16.3 Diagnostik bei der Schullaufbahnberatung

Durch den Einsatz diagnostischer Verfahren bei der Schullaufbahnberatung soll u. a. geprüft werden, ob Lernvoraussetzungen von Kindern schulischen Anforderungen entsprechen. Hierdurch sollen frustrierende Erfahrungen durch schulische Über- bzw. Unterforderung vermieden werden. Wir skizzieren in diesem Abschnitt drei Bereiche, in denen Beratungsbedarf besteht: Schuleintritt, Sonder-

bzw. Förderschulüberweisung und Übertritt in weiterführende Schulen.

16.3.1 Schuleintritt

Mittels Schuleingangstests (andere Bezeichnungen sind: Schulreifetests, Schulfähigkeitstests, Schuleignungstests) soll geprüft werden, ob Kinder im Einschulungsalter am Anfangsunterricht erfolgreich teilnehmen können. Durch ihren Einsatz bereits vor Schuleintritt soll eine Überforderung noch nicht schulfähiger Kinder verhindert werden.

Ein wesentlicher Impuls für die Konstruktion von Eingangstests ist einer Monographie von Kern (1951) mit dem Titel „Sitzenbleiberelend und Schulreife" zu verdanken. Kern argumentierte, dass die damals sehr hohe Sitzenbleiberquote nicht auf mangelnde Begabung, sondern primär auf eine zu früh terminierte Einschulung vieler Kinder zurückzuführen sei. Er empfahl deshalb, noch nicht schulfähige Kinder mit Hilfe spezifischer Testverfahren zu identifizieren und von der Einschulung zurückzustellen. Kern war der Auffassung, dass der adäquate Zeitpunkt der Einschulung von der Entwicklung der visuellen Differenzierungsfähigkeit („Gliederungsfähigkeit") bei einem Kind abhänge, die Voraussetzung für das Erlernen der Schriftsprache sei. Diese solle primär durch Reifungsprozesse determiniert, damit nicht trainierbar und überdies relativ begabungsunabhängig sein. Entsprechend warb er für den Einsatz von Verfahren zur Messung der visuellen Differenzierungsfähigkeit.

In neuerer Zeit wird anstelle des Begriffs der Schulreife meist der Begriff der Schulfähigkeit oder Schuleignung verwendet. Der terminologische Wandel soll hervorheben, dass die erfolgreiche Teilnahme am Unterricht nicht allein eine Frage genetisch bedingter Reifungsprozesse ist, sondern auch von den Anregungen und Lernmöglichkeiten der Umwelt eines Kindes bestimmt wird. Darüber hinaus werden außer der perzeptuellen Entwicklung weitere Merkmale als relevant erachtet. Neben basalen physischen (z. B. Ossifikation, Dentition, motorische Entwicklung) und kognitiven Faktoren (z. B. Wahrnehumgsdifferenzierung, Sprachbeherrschung, Konzentration) ist auch die Berücksichtigung motivationaler (z. B. Leistungsbereitschaft, Belastbarkeit, Misserfolgstoleranz) und sozialer Merkmale (z. B. Loslösung von Bezugspersonen, Bereitschaft zum Kontakt mit Fremden) für eine angemessene Einschulungsentscheidung wichtig (Kammermeyer, 2010).

Ihre Blüte hatten Schuleingangstests in der Mitte der 1970er Jahre, in denen ca. 60–70 % aller Schulanfänger getestet wurden. Häufig benutzt wurden z. B. die *Weilburger Testaufgaben für Schulanfänger* (WTA; Hetzer & Tent, 1971), die mit zehn Aufgabengruppen (z. B. Zeichnen, Begriffsbildung, Einprägen, Wiedererkennen, Mengenerfassung) ein relativ breites Verhaltensspektrum abbilden. Danach ist dieser Anteil deutlich zurückgegangen (auf ca. 10 %).

Gegen den „flächendeckenden" Einsatz von Testverfahren spricht die inzwischen sehr hohe Basisquote von Schülern, denen ein Erfolg am Ende des ersten Schuljahres attestiert wird. Laut Angaben des Statistischen Bundesamts betrug der Anteil an Wiederholern im Schuljahr 2007/2008 in der ersten Klassenstufe 1.4 % (Statistisches Bundesamt, 2010). In den nachfolgenden Jahren wurden wegen der Einführung flexibler Eingangsphasen für die ersten beiden Klassenstufen keine Wiederholer mehr aufgeführt. Es existiert aber ein erheblicher Anteil verspätet eingeschulter Kinder (im Schuljahr 2012/13 betrug dieser ca. 7 %: Statistisches Bundesamt, 2013). Der Anteil korrekter Entscheidungen auf der Grundlage von Schuleingangstests liegt bei etwa 90 %; ihr Einsatz verspricht damit gegenüber der Aufnahme aller Kinder keinen generellen Zuwachsnutzen (Tiedemann, 1974). Zweckmäßig ist der Einsatz solcher Verfahren in Zweifelsfällen. Schuleingangsdiagnostik kann ungünstige Folgen einer Überforderung für die Persönlichkeitskeitsentwicklung durch falsch positive Entscheidungen – hierauf konzentrieren sich ja die Fehler bei Einschulung aller – verhindern.

Vermutlich mitbedingt durch den Rückgang der Nachfrage mangelt es zur Zeit an aktuell normierten und validierten Schuleingangstests. Die Normierung der meisten Tests liegt inzwischen 20 Jahre oder mehr zurück. Bei entsprechenden Fragestellungen wird man daher auf Entwicklungs- bzw. Intelligenztests ausweichen oder Testverfahren verwenden, die den Entwicklungsstand von Vorläuferfähigkeiten für Kompetenzen messen, die in der Grundschule erworben werden sollen.

16.3.2 Sonderpädagogischer Förderbedarf

Als sonderpädagogisch unterstützungsbedürftig gelten Kinder, die an allgemeinen Schulen in ihren Bildungs-, Entwicklungs- und Lernmöglichkeiten nicht hinreichend gefördert werden können (Kultusministerkonferenz, 1994, 1999). In Deutschland wurden zehn verschiedene Sonder- bzw. Förderschulformen eingerichtet, in denen Kinder von speziell ausgebildeten Lehrenden mit Methoden und Materialien unterrichtet werden, die auf die jeweilige Art der Beeinträchtigung abgestimmt sind. Hierher gehören Schulen, die für diverse physische Beeinträchtigungen (z. B. Blindheit oder Gehörlosigkeit), Verhaltensstörungen, geistige Behinderungen oder Lernbehinderungen spezialisiert sind (Witt-Brummermann, 2010).

Unter *Verhaltensstörungen* werden markante und längerfristig stabile Abweichungen im sozialen Verhalten verstanden. Hierunter fallen einerseits Hemmung und Schüchternheit, andererseits aggressives Verhalten (▶ **Kap. 15**).

Geistige Behinderungen umfassen eine heterogene Gruppe von Beeinträchtigungen, die durch massive Lerndefizite charakterisiert sind. Geistige Behinderungen werden im Allgemeinen durch Hirnschädigungen oder Hirnfunktionsstörungen hervorgerufen und manifestieren sich bei Kindern in deutlichen Entwicklungsrückständen in den Bereichen Wahrnehmung, Motorik, Sprache und Kognition.

Lernbehinderungen stellen die größte Gruppe dar. Auch bei Kindern mit Lernbehinderungen stehen deutliche Lerndefizite im Vordergrund, die jedoch nicht so schwerwiegend sind wie bei geistig behinderten Kindern. Lernbehinderungen werden im Kontext der Schule eher institutionell-pragmatisch, denn psychologisch definiert (Orthmann, 2006). Wie Kanter und Scharff (2005, o. S.) feststellen,

> ... ist Lernbehinderung keine eindeutig umrissene, definierte Behinderungsform wie etwa Sinnes- oder Körperbehinderungen, für die bestimmte physische oder psychische Ursachen zu benennen sind (...). Vielmehr handelt es sich um einen Arbeitsbegriff, durch den ein Anspruch auf spezifische Hilfestellung für junge Menschen signalisiert wird, die längerfristig erheblichen Beeinträchtigungen in ihren Entwicklungs-, Lern- und Bildungsmöglichkeiten unterliegen (...). Dabei wird [...] in einem Feststellungsverfahren stets im Einzelfall entschieden werden müssen, ob und in welcher Weise besondere Hilfe zu leisten ist.

Das „Feststellungsverfahren“ wird im Allgemeinen von einem Sonderpädagogen durchgeführt, der an der in Frage kommenden Schulform unterrichtet. Das Verfahren selbst ist recht uneinheitlich; es hängt u. a. von den konkreten Problembereichen ab, die von der meldenden Instanz (meist die allgemeine Schule) beschrieben werden. Grundlage des Gutachtens sind dabei Beobachtungen, etwa im Rahmen eines Probeunterrichts, aber auch informelle Tests und psychologische Testverfahren. Unter den psychologischen Testverfahren ist meist ein Intelligenztest vertreten, um das Gutachten rechtlich abzusichern.

Hauptkriterium für die Zuweisung zu einer Schule für Lernbehinderte ist ein Leistungsrückstand von mehr als einem Jahr, der durch Maßnahmen in der allgemeinen Schule nicht kompensiert werden kann. Für eine objektive Bestimmung des Rückstands bietet sich der Einsatz standardisierter Schulleistungstests an. Dabei muss allerdings sichergestellt werden, dass ein eventuell festgestellter Rückstand nicht auf Merkmale der Lernumwelt (etwa Unterrichtsausfall, lokale Besonderheiten des Lernstoffs) zurückzuführen ist. Nach den Empfehlungen des Bildungsrats (1973) soll zudem die allgemeine Intelligenz des Kindes, gemessen mit einem validen Intelligenztest, unter einem IQ-Wert von 85 liegen (zwischen 55 und 85). Der Wert liegt im Normalbereich und deutlich über dem Kriterium, das die WHO als Grenze für eine „leichte Intelligenzminderung" (IQ = 70) festgelegt hat. Der Zweck der Intelligenzdiagnose liegt darin, einer Überweisung von Kindern, die zwar Schulleistungsdefizite aufweisen, in ihrer Lernfähigkeit aber nicht beeinträchtigt sind, vorzubeugen (Kautter, 1978). Hierfür werden besonders nonverbale Verfahren empfohlen (▶ **Kap. 12**). Auch für Lerntests, wie wir sie oben besprochen hatten, wäre dies ein genuiner Einsatzbereich.

Die Überweisung von Schülern in eine Schule für Lernbehinderte gehört zu den kritischen Aufgaben im Rahmen der Schullaufbahnberatung. Ausführliche Diskussionen der Problematik finden sich z. B. bei Ingenkamp (1997) oder (für den amerikanischen Bereich) bei Cronbach (1990). Hasselhorn und Gold (2013) geben eine transparente Darstellung der mit den Begriffen Lernstörung bzw. -behinderung verknüpften Mehrdeutigkeiten.

16.3.3 Übertritt in weiterführende Schulen

Schullaufbahnberatung beim Übergang auf weiterführende Schulen (Hauptschule. Realschule, Gymnasium, Gesamtschule) soll über schulische Bildungsmöglichkeiten orientieren sowie Entscheidungshilfen für die Wahl der Schulart bereitstellen. Im Zentrum der diagnostischen Tätigkeit stehen dabei Eignungsuntersuchungen, wie wir sie für den Kontext der Arbeits-, Betriebs- und Organisationspsychologie bereits kennen gelernt haben (▶ **Kap. 14**).

Grundlage sind die bisherigen schulischen Leistungen, Empfehlungen der Lehrkräfte sowie Einschätzungen, Erwartungen und Interessen der Schüler und ihrer Eltern. Darüber hinaus liefern die Ergebnisse von Fähigkeits- und Leistungstests Daten, die für die anstehende Entscheidung relevant sind. Speziell zu diesem Zweck wurden sog. *Übertrittstests* konstruiert, die im Allgemeinen wie mehrdimensionale Intelligenztests aufgebaut sind. Die Aufgaben sind jedoch auf den Einsatz in der vierten bzw. fünften Klasse zugeschnitten.

Ein Beispiel für einen Übertrittstest sind die *Aufgaben zum Nachdenken* (AzN 4+; Hylla & Kraak, 1976). Die insgesamt fünf Subtests des Verfahrens umfassen u. a. Rechenaufgaben, Zahlenreihen, Analogien und Satzergänzungen (▶ **Kap. 12**), die sich auf den Dimensionen rechnerisch-logisches Denken und sprachlogische Fähigkeit ordnen lassen. Wie andere Intelligenztests ist das Verfahren mit Reliabilitätskoeffizienten um .90 sehr zuverlässig. Die prognostische Validität für Maße des Schulerfolgs nach einem Jahr ist mit $r = .60$ recht hoch. Bei längerfristigen Prognosen fallen die Zusammenhänge mit Schulzensuren allerdings deutlich ab (Heller et al., 1978). Zur Zeit liegen keine aktuell normierten, speziell als Übertrittstests gekennzeichneten, Fähigkeitstests vor. Daher werden Intelligenz- oder Schulleistungstests verwendet, wenn entsprechende diagnostische Fragen vorliegen. In manchen Tests werden schulartspezifische Normen geliefert, was Empfehlungen für die eine oder andere Schulart unterstützen kann. Dabei ist besonders auf die Aktualität der Normen zu achten, da der Anteil an Kindern und Jugendlichen, die höhere Schulen besuchen, steigt. Das damit zu erwartende Sinken der durchschnittlichen Intelligenz an diesen Schulen wird durch den Flynn-Effekt (▶ **Kap. 3.6.1**) vermutlich nicht vollständig kompensiert.

Ein Problem für Vorhersagen des Schulerfolgs ist die bereits angesprochene messtechnische Qualität der Kriterienmaße, also vornehmlich Noten oder anderer schulischer Leistungsbeurteilungen. Die Lernanforderungen, Leistungserwartungen und Bewertungsmaßstäbe differieren erheblich zwischen Regionen, Schulen und Lehrern, so dass das Kriterium „Schulerfolg" mit einem erheblichen Fehler (im testtheoretischen Sinn) belastet ist. Die Variation von Anforderungen und Maßstäben begrenzt den prognostischen Wert von Übertritts- oder anderen Fähigkeitstests für Zensuren. Überdies hängen schulische Leistungen nicht nur von intellektuellen Fähigkeiten ab, wie sie mit Intelligenztests gemessen werden, sondern auch von einer Vielzahl nichtintellektueller Faktoren (Leistungsmotivation, Ängstlichkeit, Unterstützung des sozialen Umfelds usw.), die für Übertrittsempfehlungen und unterstützende Maßnahmen ebenfalls zu berücksichtigen sind.

16.4 Diagnostik von Umwelt- und Systemmerkmalen

Eigenschaften der schulischen Umwelt sind für die kognitive, emotionale und soziale Entwicklung von Kindern wesentlich. Diagnostische Verfahren zur Erfassung schulischer Umweltmerkmale konzentrieren sich vor allem auf drei Bereiche: (a) Schul- bzw. Klassenklima, (b) Lehrerverhalten und Lehrer-Schüler-Interaktion, (c) Beziehungen unter Schülern (Lukesch, 1998).

16.4.1 Schul- und Klassenklima

Die Begriffe Schul- bzw. Klassenklima beziehen sich auf die Wahrnehmung und Bewertung materieller, sozialer und personaler Bedingungen an einer Schule bzw. in einer Klasse durch Lehrer oder Schüler. Entsprechende „Klimakognitionen" (Pekrun, 1985) können alle Merkmale betreffen, die für die Mitglieder einer Schule oder Klasse bedeutsam sind (Eder, 2006, S. 622). Hauptziel der Forschung zum Schul- oder Klassenklima ist die Bestimmung der Effekte spezifischer Merkmale der Lernumwelt auf die Leistungen und das soziale Verhalten von Schülern (Übersicht bei Schnabel, 2001).

Gesichtspunkte, die bei der Diagnostik des Klimas in Organisationen wichtig sind, wurden bereits diskutiert (▶ **Kap. 14**). Wir beschränken uns daher beispielhaft auf ein Verfahren zur Erfassung des Klassenklimas, die *Landauer Skalen zum Sozialklima* (LASSO; von Saldern & Littig, 1985, 1987). Wie die Testbezeichnung hervorhebt, thematisiert das Verfahren primär den Aspekt der sozialen Beziehungen in der Klasse. Von Saldern und Littig (1987, S. 13) definieren das soziale Klima wie folgt:

> **Definition soziales Klima**
>
> Das soziale Klima bezieht sich auf die subjektiven Wahrnehmungen, die subjektive Beurteilung und das subjektive Erleben schul- und unterrichtsbezogener Aspekte durch den Schüler. Von sozialem Klima wird erst dann gesprochen, wenn ein gewisses Maß an Übereinstimmung zwischen den Angaben der Schüler festzustellen ist.

Der Fragebogen ist bei Schülern ab der vierten Klasse anwendbar und nimmt ca. eine Stunde Durchführungszeit in Anspruch. Mit insgesamt 17 Skalen werden diverse Merkmale der Lehrer-Schüler-Interaktion, der Schüler-Schüler-Beziehungen sowie allgemeiner Merkmale des Unterrichts recht umfassend abgebildet:

- Lehrer-Schüler-Beziehungen
  1. Fürsorglichkeit des Lehrers
  2. Aggressionen gegen den Lehrer
  3. Zufriedenheit mit dem Lehrer
  4. Autoritärer Führungsstil des Lehrers
  5. Bevorzugung und Benachteiligung durch den Lehrer
- Schüler-Schüler-Beziehungen
  6. Ausmaß der Cliquenbildung
  7. Hilfsbereitschaft der Mitschüler
  8. Aggressionen gegen Mitschüler
  9. Diskriminierung von Mitschülern
  10. Zufriedenheit von Mitschülern
  11. Konkurrenzverhalten von Mitschülern
- Allgemeine Merkmale des Unterrichts
  12. Leistungsdruck
  13. Zufriedenheit mit dem Unterricht
  14. Disziplin und Ordnung
  15. Fähigkeit des Lehrers zur Vermittlung von Lerninhalten
  16. Resignation
  17. Reduzierte Unterrichtsanteilnahme

Zur Erfassung des Klimas werden die Einschätzungen der erfragten Gegebenheiten über alle Schüler einer Klasse aggregiert, so dass die Skalenwerte die durchschnittliche Sicht des Klassenverbands repräsentieren. Die Skalen erreichen recht gute Reliabilitäten (zwischen .76 und .89). Die Stabilitäten (Abstand 9 Monate) fallen demgegenüber deutlich ab (zwischen .29 und .52).

Das Verfahren kann in drei Varianten durchgeführt werden: In der Standardvariante (sog. REAL-Variante) wird nach der Wahrnehmung faktischer Gegebenheiten durch die Schüler gefragt. Die IDEAL-Variante befasst sich mit der Frage, wie die Umwelt nach der Ansicht der Schüler beschaffen sein sollte. In der LEHRER-Variante beurteilt der Lehrer die faktischen Verhältnisse in der Klasse.

Ein weiteres etabliertes Verfahren ist der *Linzer Fragebogen zum Schul- und Klassenklima*, der in Versionen für die 4. bis 8. (LFSK 4-8; Eder & Mayr, 2000) sowie für die 8. bis 13. Klassenstufe (Eder, 1998) vorliegt. Das Verfahren nimmt 15 bis 20 Minuten in Anspruch und erfasst die Dimensionen

- Sozial- und Leistungsdruck,
- Schülerzentriertheit,
- Kohäsion und
- Disziplin.

Die Reliabilitäten für dieser Skalen variieren auf der Ebene einzelner Schüler zwischen .64 und .88, auf der Klassen- bzw. Schulebene werden Konsistenzen zwischen .81 und .96 erreicht. Für Grundschulkinder kann der *Fragebogen zur Erfassung emotionaler und sozialer Schulerfahrungen (FEESS)* eingesetzt werden, der in Versionen für die 1. und 2. sowie die 3. und 4. Klassenstufe vorliegt (Rauer & Schuck, 2003, 2004).

Mit genannten und vergleichbaren Fragebogen lassen sich relativ globale Merkmale der Lernumwelt abbilden, so wie sie sich aus der subjektiven Sicht der Schüler darstellen. Für eine objektive Bestimmung des konkreten Unterrichtsablaufs ist der Einsatz von Beobachtungsmethoden notwendig.

16.4.2 Lehrerverhalten und Lehrer-Schüler-Interaktion

Zur Erfassung des Lehrerverhaltens und der Lehrer-Schüler-Interaktion bieten sich systematische Beobachtungsverfahren an, auf deren Basis das Unterrichtsgeschehen im Hinblick formale und inhaltliche Gesichtspunkte analysiert werden kann.

Ein wichtiger *formaler* Gesichtspunkt ist die Verteilung von Sprechakten bei Lehrern und Schülern. Untersuchungen zur Häufigkeit und zeitlichen Erstreckung von Lehrer- und Schüleräußerungen während des Unterrichts weisen auf eine deutliche Asymmetrie zwischen Lehrern und Schülern hin. Tausch (1962) z. B. fand, dass im Mittel ca. 60 % der während einer Unterrichtstunde gesprochenen Wörter vom Lehrer stammen. Damit ergibt sich ein Verhältnis von etwa 45:1 zwischen Lehreräußerungen und Äußerungen einzelner Schüler. Untersuchungen neueren Datums erbringen ähnliche Zahlen (Ahlers, Oberst & Nentwig, 2009; Stigler, Gonzales, Kawanaka, Knoll & Serrano, 1999). Im Ausmaß dieser Asymmetrie bestehen jedoch deutliche und relativ stabile Unterschiede zwischen verschiedenen Lehrenden. Im Gegensatz zu einer verbreiteten Auffassung hängt die „sprachliche Dominanz" von Lehrern nur in relativ geringem Maß von der jeweils unterrichteten Klasse oder dem Unterrichtsfach ab (Baumann, 1974). Generell unterschätzen Lehrende den Anteil ihrer Äußerungen (Wieczerkowski, 1965).

Untersuchungen von Sprechzeiten geben ungefähre Hinweise auf das Ausmaß der Lenkung des Unterrichts durch den Lehrer und das Fördern oder Einschränken von Schülerbeteiligungen am Unterrichtsgeschehen. Für genauere Analysen müssen *inhaltliche* Merkmale der Interaktion berücksichtigt werden. Hierfür wurden eine Reihe von Kategoriensystemen konzipiert, die sich meist an die Interaktionsprozessanalyse nach Bales (1951) anlehnen (▶ **Kap. 9**). Ein bekanntes Beispiel sind die *Flanders Interaction Categories* (FIAC; Flanders, 1970; Hanke, Mandl & Prell, 1974), die zur Kodierung des verbalen Verhaltens von Lehrern und Schülern konzipiert sind. Das System sieht eine zeitliche Segmentierung des Interaktionsstroms vor, wobei alle drei Sekunden eine der folgenden Kategorien notiert wird:

- Lehreräußerungen
  1. akzeptiert Gefühle
  2. lobt und ermutigt
  3. akzeptiert oder verwendet Gedanken der Schüler
  4. stellt Fragen
  5. Lehrervortrag
  6. gibt Anweisungen
  7. kritisiert oder rechtfertigt die eigene Autorität
- Schüleräußerungen
  8. Antworten
  9. Initiativen

Wie ersichtlich sind sieben der Kategorien für die Kodierung des Lehrerverhaltens reserviert, zwei für die des Schülerverhaltens. Eine zehnte Kategorie (Schweigen und Durcheinander) ist für nicht kodierbare Abschnitte vorgesehen. Neben der Auszählung von Kategorienhäufigkeiten sind mit dem Verfahren auch sequenzielle Analysen möglich, die Aufschluss über die Abfolge von Verhaltensweisen im Unterricht geben.

Das Schülerverhalten wird in Flanders System nur sehr undifferenziert abgebildet. Um das Schülerverhalten differenzierter zu erfassen, redefinierte Ober (1968; vgl. Hanke, Mandl & Prell, 1974) die Kategorien 1 bis 9 in der Weise, dass sie auf Lehrer- und Schüleräußerungen gleichermaßen anwendbar sind. Die redefinierten Kategorien lauten:

1. trägt zur „Erwärmung" der Klassenatmosphäre bei
2. akzeptiert
3. erweitert die Beiträge eines anderen
4. fordert heraus, provoziert
5. gibt Antwort
6. legt nahe, bringt in Gang
7. steuert, ordnet an
8. korrigiert
9. trägt zur „Abkühlung" der Klassenatmosphäre bei
10. Schweigen oder Durcheinander

Verfahren auf der Basis des Systems von Bales sind recht vielseitig anwendbar, treffen mit ihren relativ breiten und unspezifischen Kategorien jedoch selten den eigentlichen Kern einer Untersuchungsfrage. Deshalb ist es häufig zweckmäßig, eigene Systeme zu erstellen, deren Kategorien auf die jeweils vorliegenden Fragen und Hypothesen abgestimmt sind. Bei Beobachtungsverfahren bieten sich – im Unterschied zu Testverfahren – Neukonstruktionen oder Modifikationen bestehender Systeme auch deshalb an, weil im Allgemeinen keine Normierung vorliegt oder verfügbare Verteilungsdaten nicht auf den jeweils aktuellen Kontext übertragbar sind. Allerdings kann die Erstellung und Erprobung eines neuen Systems mit einem erheblichen Aufwand verknüpft sein.

Sinnvolle und ökonomisch vertretbare Einsatzmöglichkeiten von Beobachtungsverfahren bestehen außerhalb der Forschung vor allem bei der Aus- und Weiterbildung von Lehrenden, etwa im Rahmen supervidierter Schulpraktika. Die (angehenden) Lehrer erhalten hierdurch recht genaue Rückmeldungen über ihr eigenes Verhalten und dessen unmittelbare Wirkungen auf die Schüler. Hierdurch können sich wertvolle Anhaltspunkte für ggf. notwendige Verhaltensänderungen ergeben.

Neben Beobachtungsverfahren können für die Erfassung des Lehrerverhaltens oder der Unterrichtsinteraktion auch Beurteilungsmethoden verwendet werden (▶ **Kap. 9**). Verhaltensbeurteilung ist, wie wir sahen, einfacher durchzuführen als die systematische Verhaltensbeobachtung, dafür allerdings auch anfälliger für Verzerrungen, die sich aus der subjektiven Perspektive der jeweiligen Beurteiler ergeben. Fremdbeurteilungen können durch Experten (z. B. Kollegen des Lehrers) auf der Grundlage von Unterrichtsbeobachtungen vorgenommen werden. Darüber hinaus können Fremdbeurteilungen bei Schülern erhoben werden. Schließlich kann der Lehrer sein Verhalten auch selbst beurteilen.

In vielen Verfahren zur Fremdbeurteilung wurden Konzepte aus der klientenzentrierten Therapie (Rogers, 1973) oder Konstrukte aus der Forschung zum elterlichen Erziehungsverhalten (z. B. Unterstützung, Strenge) adaptiert. Einige Verfahren bemühen sich, auch methodisch-didaktische Aspekte des Lehrverhaltens zu berücksichtigen. Ein Beispiel hierfür ist das *Lehrerverhaltensinventar* (LVI; Lukesch, Haenisch, Kischkel & Fend, 1982). Mit dem LVI sollen Dimensionen des Lehrerverhaltens erfasst werden, die als gute Prädiktoren der Lehreffektivität gelten. Das Verfahren ist für die Schülerbeurteilung vorgesehen und beinhaltet die Skalen

1. Strukturiertheit vs. Unstrukturiertheit,
2. Strenge vs. Schülerorientierung,
3. Monitoring,
4. Zeitverschwendung vs. Zeitnutzung.

Die Skala *Strukturiertheit* erfasst die Transparenz des Unterrichts und der Anforderungen, das Geben von Erklärungen und Hilfen, die Gliederung des Unterrichts sowie das Zusammenfassen und Wiederholen wichtiger Punkte. Die Skala *Strenge vs. Schülerorientierung* bezieht sich auf die affektive Komponente des Lehrerverhaltens. Hohe Schülerorientierung ist z. B. durch Geduld, Wertschätzung und Ermutigung gekennzeichnet. *Monitoring* meint den Überblick über das Klassengeschehen, bezieht sich also auf Verhaltensweisen wie Überwachen von Lernwegen, Antizipation von Schwierigkeiten, Prävention von Störungen sowie Konsequenz bei Entscheidungen und Maßnahmen. Die Skala *Zeitverschwendung vs. Zeitnutzung* umfasst Merkmale des Zeitmanagements, z. B. pünktlicher Unterrichtsbeginn. Die recht kurzen Skalen (jeweils 10 Items) erreichen Reliabilitäten zwischen .80 und .88.

Mit Hilfe des LVI und anderer Verfahren zur Fremdbeurteilung können Lehrende Rückmeldungen über die Sichtweise anderer auf ihr Verhalten gewinnen. Diese Rückmeldungen können Anlass für Korrekturen sein, deren Effekte sich durch Wiederholung des Verfahrens bestimmen lassen. Weitere Einsatzmöglichkeiten bestehen im Rahmen von Untersuchungen zur Indikation und Erfolgskontrolle von Interventionen zur Verbesserung der Effektivität von Lehre. Die Erfassung des Lehrerbilds von Schülern kann zudem für individuelle Beratungen, etwa bei Vorliegen von Lehrer-Schüler-Konflikten sinnvoll sein. Auch vergleichende Untersuchungen von Unterrichtsmerkmalen können mit Hilfe von Schülerbeurteilungen vorgenommen werden (Lukesch, 1998).

16.4.3 Beziehungen unter den Schülern

Allgemeine Merkmale der Beziehungen unter den Schülern können mit Verfahren wie dem LASSO oder dem LFSK erhoben werden, wie wir oben sahen. Für eine detailliertere Untersuchung der Beziehungsstrukturen von Gruppen bieten sich soziometrische Verfahren an, die auf Wahlen (*peer nominations*; ▶ **Kap. 9**) basieren. Solche Verfahren wurden vor allem durch Moreno (1934/1996) populär. Sehr bekannt geworden ist das *Soziogramm*, in dem die Struktur einer Gruppe in der Form eines Netzwerks aus Knoten und Kanten dargestellt wird. Die Knoten repräsentieren dabei die Mitglieder einer Gruppe, die Kanten die Beziehungen zwischen den Personen. Voraussetzung für die Erstellung eines Soziogramms ist, dass sich alle beteiligten Personen kennen; sie müssen sich zumindest hinsichtlich der jeweils interessierenden Beziehungsmerkmale einschätzen können. Bei Schulklassen oder Arbeitsgruppen kann man dies voraussetzen.

Das Verfahren wird mit dem Ziel eingesetzt, die affektive Qualität der Beziehungen innerhalb einer Gruppe, also das Muster aus Sympathien, Antipathien oder Indifferenzen, zu veranschaulichen. Hierzu werden die Gruppenmitglieder – zumeist im Rahmen einer schriftlichen Befragung – gebeten, Personen ihrer Gruppe im Hinblick auf ein bestimmtes Kriterium auszuwählen. Die Kriterien werden oft in Frageform formuliert, z. B. „Neben wem möchtest du gerne sitzen?" oder „Mit wem möchtest du gerne die Ferien verbringen?" Neben positiven Wahlen, die Zuneigung ausdrücken, können auch negative Wahlen, die Abneigung ausdrücken, erfasst werden, z. B. „Neben wem möchtest Du *auf keinen Fall* sitzen?"

Die Wahlen werden in der Form einer Matrix dargestellt, deren Zeilen die wählenden und deren Spalten die gewählten Personen repräsentieren. Die Matrix heißt *Soziomatrix*. In ihre Zellen werden die Wahlen eingetragen. In dem in ▶ **Abb. 16.3** gezeigten einfachen Beispiel sind positive Wahlen mit +, negative Wahlen mit – gekennzeichnet. Person A nominiert hier die Personen B und C positiv, Person D dagegen negativ.

Im rechten Teil der Abbildung ist die Matrix in Soziogrammform übertragen. Positive Wahlen werden – wie hier – oft mit durchgezogenen Pfeilen, negative Wahlen mit gestrichelten Pfeilen vom „Sender" zum „Empfänger" gekennzeichnet. Wechselseitige (reziproke) Nominierungen werden durch Doppelpfeile symbolisiert.

Für die Anordnung der Elemente gibt es verschiedene Möglichkeiten. Eine, die sog. „Zielscheiben"-Anordnung, sieht vor, Personen, die viele positive Wahlen auf sich vereinigen, in die Mitte des Diagramms, Personen, die wenige oder keine Nominierungen erhalten, an dessen Peripherie zu setzen. Andere Anordnungen können jedoch übersichtlicher sein. Für die Beziehungsstruktur potenziell relevante Merkmale der Gruppenmitglieder können mit speziellen Symbolen gekennzeichnet werden. So könnte man z. B. Mädchen mit

Wählende	Gewählte A	B	C	D	E	F
A		+	+	-		
B	+		+	-		
C	+	+			-	
D	-				+	
E		-		+		
F			+		+	
+	2	2	3	1	2	0
-	1	1	0	2	1	0

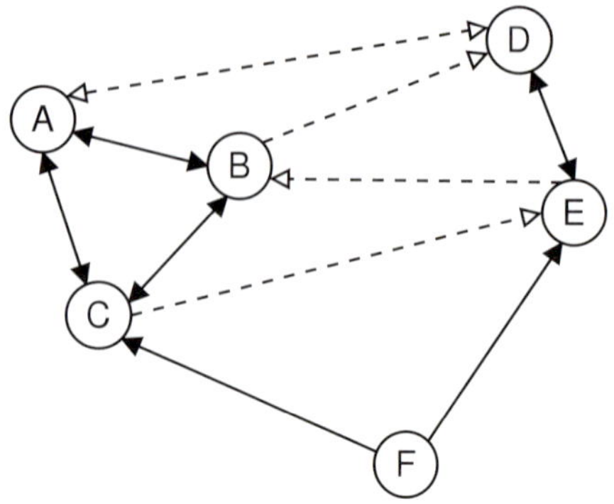

Abb. 16.3 Soziomatrix und zugehöriges Soziogramm.

Kreisen, Jungen mit Rechtecken symbolisieren.

Durch Auszählung positiver und negativer Wahlen, die auf die einzelnen Personen entfallen, lassen sich die Gruppenmitglieder im Hinblick auf ihren *Beziehungsstatus* klassifizieren. Diese Summen sind in den beiden Zeilen unter der Matrix angegeben. Um die Klassifikation über Gruppen unterschiedlicher Größe und Wahlbereitschaft besser vergleichbar zu machen, hat Petillon (1980) die Berechnung zweier Indices vorgeschlagen, die über den (positiven) Wahl- bzw. Ablehnungsstatus informieren. Der Wahlstatusindex wird berechnet durch

$$1 + \frac{W_i - M}{N - 1},$$

wobei W_i die Anzahl der positiven Wahlen repräsentiert, die auf eine Person entfallen, M die mittlere Anzahl positiver Wahlen in der Gruppe. Im Nenner steht die Anzahl von Wahlen, die eine Person maximal erreichen kann. Ein Wahlstatus von 1 wäre damit durchschnittlich. Der Ablehnungsstatus wird in gleicher Weise berechnet, nur dass hier positive durch negative Wahlen zu ersetzen sind.

Der Beziehungsstatus lässt sich auf Grundlage beider Kennwerte auch verbal etikettieren: *Stars* oder *populäre Personen* konzentrieren viele positive und keine oder nur sehr wenige negative Wahlen auf sich; *Ausgestoßene* erhalten viele negative, aber kaum positive Wahlen usw. Neben Indices, die soziale Merkmale einzelner Personen beschreiben, lassen sich auch Kennwerte bilden, die Gruppen als ganzes charakterisieren. Für den Gruppenzusammenhalt wurden z. B. *Kohäsionsindices* vorgeschlagen, die eine Funktion der Anzahl reziproker (positiver) Wahlen sind.

Bemerkenswert ist, dass die Strukturen, die mit soziometrischen Verfahren aufgedeckt werden, auch bei jüngeren Kindern relativ stabil sind, besonders für Wahlen, die Gruppenmitglieder des eigenen Geschlechts betreffen (siehe z. B. Petillon, 1981).

Die Technik eignet sich sowohl zur Feststellung der aktuellen Gruppenstruktur als auch zur Diagnose von Veränderungen in den Beziehungen der Mitglieder, etwa einer Arbeitsgruppe oder einer Schulklasse. Informativ kann auch ein Vergleich von Soziogrammen der gleichen Gruppe sein, das auf unterschiedlichen Kriterien basiert. Bei der Wahl der Kriterien ist man nicht auf affektive Merkmale im engeren Sinne beschränkt, vielmehr lassen sich beispielsweise auch aufgabenbezogene Kriterien verwenden (z. B. „Wer kann dich bei XY am besten unterstützen?“).

Insgesamt handelt es sich um ein vielseitiges und einfach anzuwendendes Instrument, das wertvolle (und manchmal überraschende) Aufschlüsse über die Struktureigenschaften einer Gruppe liefern kann. Besonders im Hinblick auf Maßnahmen zur sozialen Integration einzelner Kinder oder der Kohäsion innerhalb der Klasse sind soziometrische Verfahren sehr nützlich. Für weitergehende Auswertungen von Soziomatrizen existieren viele statistische Analysemöglichkeiten (Dollase, 1976). Ein Verfahren zur Anwendung im Schulbereich wurde von Petillon (1980) vorgelegt.

16.5 Familiale Interaktion und Erziehungsverhalten

Die Diagnostik der familialen Interaktion – und dabei insbesondere die des elterlichen Erziehungsverhaltens – ist in pädagogisch-psychologischen Kontexten von Interesse, wenn es um die Abklärung möglicher *Ursachen für problematisches Kindverhalten* geht. Hierbei kann es sich um emotionale, motivationale und soziale Auffälligkeiten handeln, aber auch um Kompetenzdefizite, von denen vermutet wird, dass sie durch das Erziehungsverhalten oder andere Merkmale der Familienumwelt des Kindes mitverursacht oder stabilisiert werden (z. B. intensive Strafen, überhöhte Leistungsanforderungen, Vernachlässigung). Darüber hinaus kommt der elterlichen Erziehung als *Quelle von Konflikten* zwischen den Familienmitgliedern mitunter eine wichtige Rolle zu. Die Erfassung der Erziehung liefert hier Information für gegebenenfalls einzuleitende *korrektive* Maßnahmen, die am Verhalten der Eltern, Eigenschaften der Eltern-Kind-Interaktion oder der Beziehung zwischen den Eltern ansetzen.

Auch im Rahmen *präventiver* Zielsetzungen ist die Diagnose bestimmter Charakteristika der Familieninteraktion wichtig. Hier kann es z. B. um die Identifikation von Risikofaktoren für Verhaltensprobleme gehen, die selbst noch nicht manifest geworden sind, sich aber – bei spezifischer Ausprägung der Risiken – mit hoher Wahrscheinlichkeit entwickeln werden. So ist z. B. ein Erziehungsverhalten, das durch häufige negative Rückmeldung und Inkonsistenz gekennzeichnet ist, als Risikofaktor für die Entwicklung von Ängstlichkeit beim Kind anzusehen (Krohne & Hock, 1994; Krohne & Rogner, 1981).

Schließlich ist Erziehungsdiagnostik für die *Evaluation* und *individuelle Effektkontrolle* bei Interventionsprogrammen zur Verbesserung der Eltern-Kind-Beziehung notwendig. Mit derartigen Programmen sollen erziehungspsychologisches Wissen sowie Erziehungsstrategien und -fertigkeiten vermittelt werden. Die Programme richten sich auch an Eltern, deren Kinder aktuell kein Problemverhalten manifestieren, aber an einer Erweiterung ihrer erzieherischen Kompetenz, etwa im Hinblick auf manchmal kritische Übergangspunkte in der Entwicklung (z. B. Schuleintritt, Beginn der Pubertät), interessiert sind (Übersicht bei Fuhrer, 2009).

Bei der Darstellung von Instrumenten zur Erfassung der familialen Interaktion konzentrieren wir uns im Folgenden auf den gut definierten Bereich des elterlichen Erziehungsverhaltens, da diesem für pädagogisch-psychologische Interventionen eine besonders wichtige Rolle zukommt. Bevor wir Verfahren zur Diagnostik des Erziehungsverhaltens vorstellen, ist es zweckmäßig, einige wichtige Begriffe zu erläutern.

16.5.1 Klassifikation des Erziehungsverhaltens

Bei der Beschreibung des Erziehungsverhaltens hat sich das Konzept des elterlichen Erziehungsstils als nützlich erwiesen.

Definition Erziehungsstil

Erziehungsstile sind interindividuell variable, aber intraindividuell vergleichsweise stabile Tendenzen von Eltern, bestimmte Erziehungspraktiken zu manifestieren (vgl. Krohne & Hock, 1994, S. 5).

Erziehungsstile beziehen sich auf Praktiken, also manifestes Verhalten, nicht auf Wissen, Einstellungen, Ziele oder instrumentelle Überzeugungen zur Erziehung. So bezeichnet z. B. der Erziehungsstil „Strenge" die bei verschiedenen Eltern unterschiedlich ausgeprägte (d. h. „variable"), aber für einzelne Eltern charakteristische („stabile") Tendenz, ein Verhalten des Kindes zu bestrafen, das sie als unerwünscht einschätzen (Stapf, Herrmann, Stapf & Stäcker, 1973). Die Qualifikation „variabel" kann sich dabei sowohl auf die Häufigkeit beziehen, mit der Verhaltensweisen auftreten, die einem bestimmten Erziehungsstil (z. B. Strenge) zugeordnet werden, als auch auf deren Intensität oder Konsistenz (d. h. das Ausmaß ihrer Vorhersagbarkeit aus gegebenen situativen Umständen). Damit lassen sich am Erziehungsgeschehen *inhaltlich* einzelne Verhaltenstendenzen wie z. B. Strenge, Unterstützung oder Einschränkung differenzieren, an denen *formal* u. a. die Aspekte Häufigkeit, Intensität und Konsistenz unterschieden werden können.

Information über das Erziehungsverhalten wird durch Befragung oder Beobachtung gewonnen. Dabei kann auf verschiedene Datenquellen zurückgegriffen werden. Am häufigsten ist die Befragung des Kindes nach der von ihm erlebten Erziehung. Daneben können die Eltern oder andere Erziehende selbst Auskunft über das eigene Erziehungsverhalten geben. Schließlich können auch außenstehende Dritte über die bei den Zielpersonen beobachtete Erziehung befragt werden (vgl. Stapf, 1980). In der diagnostischen Praxis seltener verwendet wird die systematische Verhaltensbeobachtung oder Kombinationen von Beobachtungs- und Befragungsmethoden. Dies hat keine sachlichen Gründe, es liegt vielmehr allein an dem erhöhten Aufwand, der mit der Realisierung solcher Methoden verbunden ist. Da Beobachtungsmethoden in ▶ **Kap. 9** bereits anhand eines Beispiels aus dem Erziehungsbereich illustriert wurden, konzentrieren wir uns hier auf die exemplarische Darstellung von Befragungsverfahren zur Erziehung.

16.5.2 Verfahren

Ältere Verfahren

Einer der ersten bekannt gewordenen Erziehungsstilfragebogen ist das *Parent Attitude Research Instrument* (PARI; Schaefer & Bell, 1958). Das PARI besteht aus insgesamt 23 Skalen (zu je fünf Items), die sich drei Faktoren zuordnen lassen: „Autoritäre Kontrolle", „Feindseligkeit" und „Demokratische Einstellung" (Schaefer, 1961). Mit dem PARI werden allerdings weniger Erziehungspraktiken als vielmehr vergleichsweise globale und stereotype Erziehungseinstellungen bei den Eltern erfasst (z. B. „Es sollte Kindern erlaubt sein, ihren Eltern zu widersprechen, wenn sie glauben, bessere Ideen zu haben." – „Aufmerksame Eltern sollten bemüht sein, alle Gedanken ihres Kindes zu kennen.").

Anders als das PARI ist das von Bronfenbrenner und Mitarbeitern konstruierte *Parent Behavior Questionnaire* (PBQ) stärker auf die Erfassung der Erziehungspraxis hin orientiert (Devereux, Bronfenbrenner & Suci, 1962; siehe auch Siegelman, 1965). Diese Erziehungspraxis wird in der vom Kind erlebten Form registriert. (Beispielitem: „Zur Strafe verbietet er/sie mir, mit meinen Freunden zu spielen.") Faktorenanalysen der insgesamt 15 Teilskalen (zu je drei Items) ergaben drei Komponenten, die sich als „Liebevolle Zuwendung", „Bestrafungstendenz" und „Anforderungen stellen" interpretieren lassen. Herrmann, Stapf und

Krohne (1971) haben das PBQ zum Ausgangspunkt der von ihnen konstruierten *Marburger Skalen* gemacht (vgl. auch Stapf, Herrmann, Stapf & Stäcker, 1972), mit denen Unterstützung und Strenge als unabhängige Dimensionen erfasst werden können.

Wir stellen im Folgenden drei neuere Verfahren, die einen differenzierteren Ansatz verfolgen, etwas näher vor: das Erziehungsstil-Inventar, das Familiendiagnostische Testsystem sowie den Familien-Kindergarten-Interaktionstest.

Das Erziehungsstil-Inventar

Das *Erziehungsstil-Inventar* (ESI; Krohne & Pulsack, 1990) ist ein Fragebogenverfahren zur Messung der vom Kind erlebten elterlichen Erziehung. Es kann bei Kindern ab acht Jahren eingesetzt werden. Das Inventar besteht aus sechs Skalen zur Erfassung der Erziehungsstile Unterstützung, Einschränkung, Lob (positive Rückmeldung), Tadel, Strafintensität und Inkonsistenz. Die drei letzten Skalen erfassen verschiedene Parameter negativer Rückmeldung. Im Unterschied zu vielen anderen Verfahren ist das ESI auf der Basis eines explizit formulierten Modells (des Zweiprozess-Modells; Krohne, 1985a) konstruiert worden, in dem der Einfluss der Erziehung auf die Ausbildung angstbezogener Erwartungshaltungen, Bewältigungsstrategien und Kompetenzen beschrieben wird (Krohne & Hock, 1994).

Der Erziehungsstil *Unterstützung* umfasst Maßnahmen der Eltern, die dem Kind beim Aufbau von Problemlösestrategien helfen (z. B. Mithilfe beim Üben von Fertigkeiten, bei der Strukturierung von Problemen u. ä.), materielle Voraussetzungen für den Kompetenzerwerb schaffen (z. B. Herstellen von Situationen, die die Erprobung von Fertigkeiten gestatten) sowie motivationale und emotionale Bedingungen für erfolgreiches Problemlösen bieten (z. B. Interesse an der Tätigkeit des Kindes, Stärkung seiner Erfolgszuversicht u. ä.). *Einschränkung* bezeichnet Erziehungsmaßnahmen, die eine Orientierung des Kindes an vorgegebenen Normen und Autoritätsmeinungen, die Übernahme von Wissensinhalten und fertigen Lösungen sowie die Aufrechterhaltung der Abhängigkeit vom Erzieher begünstigen. Unterstützung und Einschränkung sollen zwei voneinander unabhängige Merkmale sein. Verschiedene Eltern können also gleichzeitig erhöhte Unterstützung und Einschränkung, ausschließlich vermehrt Unterstützung bzw. Einschränkung oder insgesamt wenig Unterstützung und Einschränkung in ihrem Erziehungsverhalten zeigen. Das letzte Muster verweist auf eine insgesamt vernachlässigende Erziehung.

Positive und *negative Rückmeldung* werden definiert als die Tendenzen der Eltern zur Belohnung erwünschten bzw. zur Bestrafung unerwünschten Kindverhaltens. Für Rückmeldungen werden jeweils drei Parameter unterschieden: Die *Häufigkeit* der Rückmeldung („Lob" bezeichnet dabei die Häufigkeit positiver, „Tadel" die Häufigkeit negativer Rückmeldung); die *Intensität* der Rückmeldung (hier interessiert besonders die Intensität negativer Rückmeldung, die als „Strafintensität" bezeichnet wird) sowie das Ausmaß der *Inkonsistenz* der Rückmeldung. Inkonsistenz macht das Elternverhalten für das Kind schwer prädizierbar, so dass es z. B. dessen Konsequenzen oder die Folgen eigener Handlungen nicht genau absehen kann. Wie Unterstützung und Einschränkung sollen auch positive und negative Rückmeldung relativ unabhängig voneinander variieren. So bilden z. B. häufiges Loben und intensives Strafen keine Gegenpole *einer* Dimension, vielmehr können sie durchaus gemeinsam auftreten. ▶ **Tab. 16.3** zeigt Itembeispiele für die Skalen.

Das ESI besteht aus einer Mutter- und einer Vaterversion, die bis auf die angegebenen Zielpersonen identisch formuliert sind. Die Durch-

Tab. 16.3 Skalen und Itembeispiele des ESI

Skala	Itembeispiel
Unterstützung	Meine Mutter (mein Vater) zeigt mir, wie Dinge funktionieren, mit denen ich umgehen möchte.
Einschränkung	Meine Mutter (mein Vater) sagt mir, dass ich für bestimmte Dinge, die ich gern tun möchte, noch zu jung bin.
Lob	Meine Mutter (mein Vater) freut sich, wenn ich bei einer Arbeit geholfen habe.
Tadel	Meine Mutter (mein Vater) wird ärgerlich, wenn ich Widerworte gebe.
Inkonsistenz	Meine Mutter (mein Vater) lässt sich lange Zeit nicht anmerken, dass sie (ihn) etwas ärgert, wird dann aber plötzlich richtig wütend.
Strafintensität	Wenn ich nicht pünktlich nach Hause komme ... • nimmt sie (er) es mir nicht übel. • zeigt sie (er) mir, dass ich ihr (ihm) Kummer gemacht habe. • schimpft sie (er) mit mir. • verbietet sie (er) mir meine Lieblingsbeschäftigung (z. B. Fernsehen, Rad fahren). • gibt sie (er) mir Stubenarrest. • schlägt sie (er) mich.

führung des ESI dauert etwa 20 Minuten pro Version. Mit Ausnahme der Strafintensität sind die Reliabilitäten der Skalen mit Werten zwischen .77 und .92 zufriedenstellend bis gut.

Für das ESI liegen zahlreiche Untersuchungen vor, in denen die Skalen mit Tests zur Erfassung von Persönlichkeitsmerkmalen bei Erzieher und Kind sowie Beobachtungsindikatoren der Erzieher-Kind-Interaktion konfrontiert wurden (Übersicht bei Krohne & Hock, 1994). Für die im Zweiprozess-Modell zentralen Variablen der allgemeinen Ängstlichkeit und der Prüfungsängstlichkeit des Kindes konnten besonders deutliche Assoziationen mit elterlicher Inkonsistenz, negativer Rückmeldung und Einschränkung aufgewiesen werden. Leistungsvariablen (aus Fähigkeitstests oder Schulnoten) lassen sich besonders gut durch elterliche Unterstützung (gute Leistung) und Einschränkung (schlechte Leistungen) vorhersagen.

Das Familiendiagnostische Testsystem

Auch beim *Familiendiagnostischen Testsystem* (FDTS; Schneewind, Beckmann & Hecht-Jackl, 1985) handelt es sich um ein Fragebogeninventar, das familiäre Beziehungsaspekte aus der Perspektive der beteiligten Familienmitglieder erfasst. Es ist für Familien mit Kindern zwischen neun und 14 Jahren konzipiert. Das FDTS erlaubt eine sehr umfassende Bestimmung erziehungsrelevanter Variablen auf drei verschiedenen „Systemebenen", die in ▶ **Abb. 16.4** veranschaulicht sind: (a) Eltern-Kind-Beziehungen, (b) Ehepartnerbeziehung und (c) Familienklima.

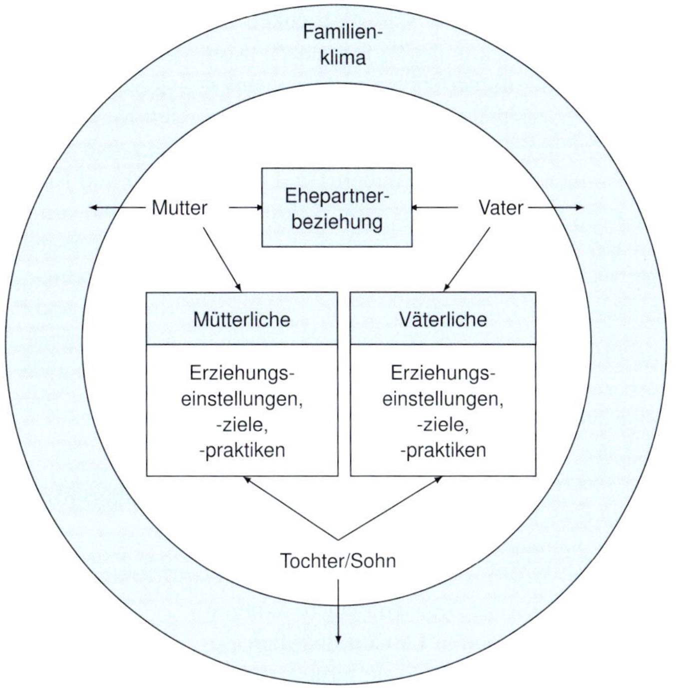

Abb. 16.4 Struktur des Familiendiagnostischen Testsystems. Die Pfeile deuten an, über welchen Bereich ein Familienmitglied berichtet. (Nach Schneewind, 1999, S. 190, Abbildung 5.7.)

Auf der Ebene der *Eltern-Kind-Beziehung*, die besonders differenziert betrachtet wird, werden Erziehungseinstellungen, -ziele und -praktiken jeweils mit separaten Tests gemessen. Für jeden der drei Bereiche liegen acht Verfahren vor. Die Zahl acht ergibt sich daraus, dass z. B. Erziehungseinstellungen der Mutter oder des Vaters gegenüber Tochter oder Sohn aus der Sicht des Erziehenden (Selbstperzeption) oder aus der des betroffenen Kindes (Fremdperzeption) erfasst werden. Ein Test betrifft z. B. Erziehungseinstellungen der Mutter gegenüber ihrem Sohn aus der Sicht des Kindes.

Erziehungseinstellungen umfassen u. a. die Skalen Permissivität (Gewährenlassen des Kindes, Vertrauen in die kindliche Autonomie), Selbstkritik (Eingestehen von Schwierigkeiten in der Beziehung zum Kind; sich gelegentlich überfordert, inkonsequent, unbeherrscht fühlen), autoritäre Rigidität (konsequente Durchsetzung elterlicher Normen), Behütung (emotionale Bedeutung des Kindes für die Eltern), Gelassenheit und Souveränität, Experimentieren (Bereitschaft, sich über Erziehungsfragen zu informieren und Neues zu probieren), Inkonsistenz und Offenheit (Ausmaß, in dem Mutter bzw. Vater dem Kind eigene Gedanken und Gefühle anvertrauen).

Erziehungsziele betreffen u. a. die Orientierung an religiösen Normen, Leistungsehrgeiz, häusliche Entlastungsforderungen (Selbstständigkeit und Mitverantwortung bei Arbeiten im Haushalt), Selbstständigkeit und Aufgeschlossenheit, Bildungsanspruch und Konformität (Anpassung und Konfliktvermeidung).

Erziehungspraktiken umfassen unterschiedliche Formen positiver und negativer Rückmeldung (z. B. liebevolle Zuwendung, materielle Belohnung, Liebesentzug, Ärger und Geringschätzung, körperliche Bestrafung).

Für die Ebene der *Ehepartnerbeziehung* sind separate Tests für die beiden Partner vorgesehen. Die Unterskalen sind Zärtlichkeit (erlebte Zufriedenheit in der Partnerschaft), Konflikt (Ausmaß offener ehelicher Auseinandersetzungen), resignative Unzufriedenheit (eheliche Probleme, die sich in einer resignativen Wendung nach innen äußern) und Unterdrückung (bei Frauen eher eine Haltung der Aufopferung und des Nachgebens, bei Männern auch eine Vorwurfshaltung gegenüber der Dominanz der Partnerin).

Die Ebene des *Gesamtsystems* wird mit drei Tests zum *Familienklima* beschrieben, die sich auf Einschätzungen der Mutter, des Vaters oder des Kindes stützen. Die Tests, bei denen es sich um eine deutsche Adaptation der *Family Environment Scale* von Moos (1974) handelt, beinhalten jeweils zehn Skalen. Drei der Skalen erfassen das Ausmaß, in dem die Familienmitglieder Beziehungen zu anderen aufbauen und erhalten können, nämlich Zusammenhalt, Offenheit (Tolerierung spontaner Gefühlsäußerungen) und Konfliktneigung. Fünf weitere Skalen beziehen sich auf Möglichkeiten der Selbstverwirklichung und persönlichen Entwicklung. Es sind dies die Skalen Selbstständigkeit, Leistungsorientierung, kulturelle Orientierung (Aufgeschlossenheit für intellektuelle und kulturelle Inhalte), aktive Freizeitgestaltung und religiöse Orientierung. Die beiden letzten Skalen umfassen systemerhaltende bzw. -verändernde Faktoren, nämlich Organisation (Ordnung, Planung und Regelung von Verantwortlichkeiten innerhalb der Familie) und Kontrolle (Umfang und Verbindlichkeit von familieninternen Regeln).

Die insgesamt 29 Einzeltests wurden faktorenanalytisch konstruiert, wobei die Skalen sowie die Zuordnung von Items zu Skalen zum Teil für die jeweilige Kombination aus beurteiltem Elternteil, Kindgeschlecht und Informant spezifisch sind. Die Reliabilitäten der Skalen streuen recht deutlich, sind mit Werten um .80 im Allgemeinen aber befriedigend. Das Bearbeiten eines einzelnen Tests nimmt ca. 15 bis 30 Minuten in Anspruch.

Das FTDS ist modular aufgebaut; je nach diagnostischer Fragestellung können also interessierende Tests zur Untersuchung herausgegriffen werden, wobei die Informationsbasis ggf. sukzessive erweitert werden kann. Schneewind und Kollegen haben mit dem FTDS eine Reihe von Studien durchgeführt, in denen Veränderungen familialer Beziehungen sowie Zusammenhänge zwischen dem Erziehungsverhalten und Persönlichkeitsmerkmalen des Kindes untersucht wurden (Schneewind, Beckmann & Engfer, 1983; Schneewind, Ruppert & Harrow, 1998).

Familien-Kindergarten-Interaktionstest

Das ESI und das FTDS sind erst ab einem Alter von acht bis neun Jahren einsetzbar. Ein Test zur Erfassung des wahrgenommenen Erziehungsverhaltens bei jüngeren Kindern ist der *Familien-Kindergarten-Interaktionstest* (FIT-KIT; Sturzbecher & Freytag, 2000). Der FIT-KIT lässt sich bei Kindern zwischen vier und acht Jahren zur Untersuchung entwicklungsrelevanter Merkmale der Interaktion zwischen Kind und Erziehenden verwenden. Als Erziehende kommen dabei nicht nur die Eltern, sondern auch pädagogisches Personal an Kindergärten oder anderen Erziehungseinrichtungen in Frage.

Altersgemäß ist die Testprozedur, die etwa 20–30 Minuten in Anspruch nimmt, spielerisch gestaltet. Nach einer Einleitungs- und Aufwärmphase, in der der Test als „Oft-manchmal-selten-oder-nie-Spiel" eingeführt und die Spielregeln erklärt und geübt werden, beschreibt der Testleiter dem Kind einen bestimmten Situationstyp. Eine der Situationen (Problemsituationen) wird z. B. so eingeführt:

> Wenn du malst oder baust oder bastelst, gelingt dir dabei immer alles? Also mir ist es schon oft passiert, dass ich etwas basteln wollte, und es hat gar nicht geklappt.

Tab. 16.4 FIT-KIT-Skalen zum Erzieher- (erste acht Skalen) und Kindverhalten (letzte drei Skalen).

Skala	Beschreibung
Kooperation	Berücksichtigung kindlicher Handlungsintentionen, Förderung der zumindest partiellen Realisierung dieser Intentionen durch Integration in gemeinsames Handeln in Kooperations- und Konfliktsituationen
Hilfe	Erklären, Demonstrieren, Übernahme von Teilhandlungen in Hilfesituationen
Abweisung	Zurückhalten von Unterstützung, Entmutigung und Geringschätzung in Problem- und Kooperationssituationen
Restriktion	Strafe, Liebesentzug, Drohungen in Konfliktsituationen
Bekräftigung	Aufgeschlossenheit für kindliche Vorschläge, emotionale Wertschätzung in Ideensituationen
Trösten	Anteilnahme, Trösten, Ablenken in Kummersituationen
Emotionale Abwehr	Indifferente und zurückweisende Reaktionen in Ideen- und Kummersituationen
Faxen und Toben	„Zweckfreie", emotional positiv getönte Interaktion in Spasssituationen
Hilfesuche	Nachsuchen von Unterstützung in Problemsituationen
Diplomatie	Erkunden und Infragestellen elterlicher Intentionen, Aushandeln von Kompromissen in Konfliktsituationen
Renitenz	Opponieren gegen oder ignorieren, überspielen, überhören von Forderungen in Konfliktsituationen

Kennst du das auch? ... (Sturzbecher & Freytag, 2000, S. 117.)

Danach wird die Häufigkeit bestimmter Kind- und Erzieherverhaltensweisen in dieser Situation erfragt, z. B. „Wenn dir etwas nicht gelingt, erzählt du es dann X?" oder „Wenn dir etwas nicht gelingt, macht X dir dann vor, wie du es besser machen könntest?" (X ist hier durch die Zielperson zu ersetzen.) Die Fragen, die dem Kind vom Testleiter vorgelesen werden, sind auf Kärtchen gedruckt, die vom Kind in den „Oft-Kasten", „Manchmal-Kasten" oder „Selten-oder-nie-Kasten" geworfen werden. Die Kästen sind mit unterschiedlich vielen gelben Punkten versehen, um dem Kind die Sortierung zu erleichtern. Im Verlauf des Verfahrens werden sechs Situationstypen geschildert, für die insgesamt 63 Items (Karten) zu sortieren sind. Die Situationstypen sind:

1. Problemsituationen (es treten Schwierigkeiten bei einer Tätigkeit auf, so dass das Kind Hilfe durch die Erziehungsperson benötigt),
2. Kooperationssituationen (das Kind möchte in eine interessante Tätigkeit des Erziehenden einbezogen werden),
3. Konfliktsituationen (es treten Diskrepanzen zwischen den Zielen und Wünschen des Kindes und den Erwartungen oder Forderungen des Erziehers auf),
4. Ideensituationen (das Kind äußert eine Idee und erwartet eine Reaktion des Erziehers),
5. Kummersituationen (das Kind erlebt aversive Emotionen, z. B. weil es sich verletzt hat oder ihm etwas misslungen ist),

6. Spasssituationen (Zusammensein mit dem Erzieher).

Die Items wurden auf der Basis von Faktorenanalysen zu elf Skalen zusammengefasst, von denen sich acht auf das Erzieherverhalten, drei auf das Kindverhalten beziehen. Die Skalen sind in ▶ **Tab. 16.4** zusammengefasst. In einige Skalen gehen dabei Antworten auf mehrere Situationstypen ein, die wir in der Tabelle mit angeben.

Die Reliabilitäten der Skalen streuen zwischen .49 und .79 (Mittel: .66) und erreichen damit überwiegend nicht die für eine Einzelfalldiagnostik erforderliche Höhe. Neben dem Alter der befragten Kinder dürfte hierfür auch die geringe Itemzahl der Skalen (zwischen vier und acht) verantwortlich sein. Korrelationen mit Fähigkeitstests fallen entsprechend niedrig aus (der stärkste Zusammenhang ergibt sich mit abweisendem Mutterverhalten, $r = -.24$), sind jedoch durchweg erwartungskonform gerichtet. Im Hinblick auf Validitätsbelege besteht noch Forschungsbedarf.

16.5.3 Probleme und Perspektiven

In den vorangehenden Abschnitten wurden drei Verfahren vorgestellt, die einen Eindruck von Zugangsweisen zur elterlichen Erziehung auf der Befragungsebene vermitteln sollten. Solche Befragungsdaten sind, wie wir bereits sahen (▶ **Kap. 10**), mit einer Reihe von Problemen behaftet, die deren Validität beeinträchtigen. Hierbei geht es z. B. um die Tendenzen, im Sinne sozial erwünschten Verhaltens zu antworten, ein insgesamt harmonisches Familienklima zu präsentieren, familiale Konfliktsituationen herunterzuspielen (evtl. auch zu akzentuieren) oder sich als kompetenter Erzieher zu präsentieren.

Im Hinblick auf die Validität von Befragungsdaten zur Erziehung ist es bemerkenswert, dass in bisher vorliegenden Studien nur ausgeprochen geringe Konvergenzen zwischen verschiedenen Datenquellen (z. B. Mutter, Vater, Kind, Bruder bzw. Schwester) festgestellt wurden (Helmke & Kischkel, 1980; Schwarz, Barton-Henry & Pruzinsky, 1985). Dies ist insofern erstaunlich, als die Familienmitglieder ja keine im strikten Sinne „unabhängigen Beobachter" des Erziehungsgeschehens darstellen, man also mit einer gewissen Angleichung der Vorstellungen über diesen Verhaltensbereich rechnen könnte. Das Zustandekommen dieser Diskrepanzen ist noch ungeklärt. Aufschlussreich ist in diesem Zusammenhang, dass Kinder das Erziehungsverhalten der beiden Eltern als sehr ähnlich darstellen: Die Korrelationen der kindberichteten mütterlichen und väterlichen Erziehung sind deutlich höher als die Angaben der Eltern selbst. Die Perspektive des jeweiligen Informanten spielt beim Zustandekommen von Urteilen über das Erziehungsverhalten und deren Kovariationsmuster also eine weitaus größere Rolle, als man zunächst vermuten würde. In der diagnostischen Praxis bietet es sich an, im Einzelfall vorliegende deutliche Diskrepanzen selbst zum Thema zu machen (Schneewind, 1999).

Zusammenhänge mit Persönlichkeitsmerkmalen des Kindes fallen für die kindberichtete Erziehung im Allgemeinen etwas höher aus als für die elternberichtete. Aus diesem Befund allein lässt sich jedoch nicht ableiten, dass das Kind die validere Datenquelle darstellt. Die stärkeren Assoziationen mit dem Kindbericht könnten z. T. auch darauf zurückgehen, dass Persönlichkeitsmerkmale des Kindes dessen Wahrnehmung des Erziehungsverhaltens prägen. So könnte etwa eine hohe Korrelation zwischen Ängstlichkeit des Kindes und dem kindberichteten elterlichem Strafverhalten in einer erhöhten Sensitivität ängstlicher Kinder für negative Rückmeldungen mitbegründet sein.

Vorsicht ist besonders bei Daten geboten, die – wie beim FIT-KIT – von jüngeren Kindern stammen. Die Angaben dieser Kinder dürften deutlicher von kurz zurückliegenden Ereignissen beeinflusst werden als die von Jugendlichen und Erwachsenen. Darüber hinaus werden diese Angaben stärker von der jeweiligen Ausgestaltung der Interaktion zwischen Untersucher und Kind determiniert sein. Kinder sind anfälliger für suggestive Fragestellungen. Darüber hinaus ist die Möglichkeit von Loyalitätskonflikten, die durch die Befragung ausgelöst werden können, zu berücksichtigen. Generell ist bei jungen Kinder mit einer weniger differenzierten Wahrnehmung des Erziehungsverhaltens zu rechnen. Man muss sich hier immer fragen, wie realistisch solche Daten die Erziehungspraxis widerspiegeln.

Empfehlenswert ist es, subjektive Angaben mit Daten aus Beobachtungen zu konfrontieren. Grotevant und Carlson (1987) berichten über eine Reihe von Beobachtungsverfahren, die sich für die Erfassung von Merkmalen der Familieninteraktion eignen. Hierbei werden den Mitgliedern bestimmte Aufgaben gestellt, die im Hinblick auf eine diagnostische Frage besonders aufschlussreich erscheinen, z. B. einen gemeinsamen Urlaub unter Einhaltung bestimmter Vorgaben planen. Damit soll ein situativer Rahmen geschaffen werden, der Verhaltenssyteme aus dem Alltagsleben in Gang bringt und dennoch eine gewisse Vergleichbarkeit verschiedener Gruppen gewährleistet. Die Daten werden aufgezeichnet und anschließend im Hinblick auf diagnostisch relevante Verhaltenskategorien kodiert und ausgewertet. Wie wir bereits angesprochen hatten, sind Normen für solche Verfahren im Allgemeinen nicht zugänglich. Dennoch kann sich hier Information ergeben, die für die Prüfung spezifischer diagnostischer Hypothesen, besonders auch hinsichtlich der angesprochenen Divergenzen zwischen verschiedenen Familienmitgliedern, sehr wertvoll sein kann.

Weiterführende Literatur

Darstellungen der pädagogisch-psychologischen Diagnostik finden sich in den Lehrbüchern von Ingenkamp und Lissmann (2008) sowie Lukesch (1998). Lukesch stellt auch deutschsprachige Testverfahren, die für diagnostische Zwecke im pädagogischen Bereich einschlägig sind, zusammen. Eine Aufstellung aktueller schulbezogener Tests findet sich bei Lissmann (2010). Familiendiagnostik wird ausführlich im Herausgeberband von Cierpka (2008) behandelt. Möglichkeiten zur Erfassung des Erziehungsverhaltens durch Beobachtungsverfahren werden von Krohne und Hock (1994) beschrieben.

Fragen zur Wissenskontrolle

1. Welche allgemeinen Aufgaben ergeben sich im Rahmen der pädagogisch-psychologischen Diagnostik?
2. Welche diagnostischen Verfahrensweisen werden bei Lerntests realisiert?
3. Wie lassen sich Lernstrategien einteilen?
4. Welche grundlegenden Gesichtspunkte sind bei der Konstruktion lehrzielorientierter Verfahren zu berücksichtigen?
5. Wie werden Trennwerte für die Feststellung des Erreichens von Lehrzielen bei der sog. Angoff-Methode gesetzt?
6. Wie lässt sich das „Klassenklima“ bestimmen?
7. Was versteht man unter „Erziehungsstilen“?
8. Welche Erfassungsebenen der Familiendiagnostik unterscheiden Schneewind und Kollegen?

Literatur

A

Aaronson, N. K. (1993). The European Organization for Research and Treatment of Cancer QLQ-C30: A quality-of-life instrument for use in international clinical trials in oncology. *Journal of the National Cancer Institute, 85,* 365–376.

Abels, D. (1974). *Konzentrations-Verlauf-Test (KVT).* Göttingen: Hogrefe.

Acklin, M. W., McDowell, C. J., Verschell, M. S. & Chan, D. (2000). Interobserver agreement, intraobserver reliability, and the Rorschach Comprehensive System. *Journal of Personality Assessment, 74,* 15–47.

Adler, N. & Matthews, K. A. (1994). Health psychology: Why do some people get sick and some stay well? *Annual Review of Psychology, 45,* 229–259.

Ahlers, T., Oberst, T. & Nentwig, P. (2009). Redeanteile von Lehrern und Schülern im Chemieunterricht nach ChiK. *Zeitschrift für Didaktik der Naturwissenschaften, 15,* 331–342.

Aiken, L. R. (1999). *Personality assessment. Methods and practices* (3rd rev. ed.). Seattle, WA: Hogrefe & Huber.

Allehoff, W. (1984). *Berufswahl und berufliche Interessen.* Göttingen: Hogrefe.

Allport, G. W. (1942). *The use of personal documents in psychological science.* Social Science Research Council Bulletin No 49.

Allport, G. W. & Allport, F. H. (1928). *The A-S Reaction Study.* Boston, MA: Houghton Mifflin.

Alpert, R. & Haber, R. N. (1960). Anxiety in academic achievement situations. *Journal of Abnormal and Social Psychology, 61,* 207–215.

Ambady, N., Hallahan, M. & Rosenthal, R. (1995). On judging and being judged in zero-acquaintance situations. *Journal of Personality and Social Psychology, 69,* 518–529.

Ambady, N. & Rosenthal, R. (1992). Thin slices of expressive behavior as predictors of interpersonal consequences: A meta-analysis. *Psychological Bulletin, 111,* 256–274.

Ambady, N. & Rosenthal, R. (1993). Half a minute: Predicting teacher evaluations from thin slices of nonverbal behavior and physical attractiveness. *Journal of Personality and Social Psychology, 64,* 431–441.

AMDP. Arbeitsgemeinschaft für Methodik und Dokumentation in der Psychiatrie (2007). *Das AMDP-System. Manual zur Dokumentation psychiatrischer Befunde* (8. Aufl.). Göttingen: Hogrefe.

Amster, H. (1965). The relation between intentional and incidental concept learning as a function of type of multiple stimulation and cognitive style. *Journal of Personality and Social Psychology, 1,* 217–223.

Amthauer, R. (1955). *Intelligenz-Struktur-Test (I-S-T)* (2. Aufl.). Göttingen: Hogrefe.

Amthauer, R. (1973). *Intelligenz-Struktur-Test 70 (I-S-T 70).* Göttingen: Hogrefe.

Anastasi, A. (1982). *Psychological testing* (5th ed.). New York: Macmillan.

Anderson, N. & West, M. A. (1996). The Team Climate Inventory: Development of the TCI and its applications in teambuilding for innovativeness. *European Journal of Work and Organizational Psychology, 5,* 53–66.

Angoff, W. H. (1971). Scales, norms and equivalent scores. In R. L. Thorndike (Ed.), *Educational measurement* (2nd ed., pp. 508–600). Washington, DC: American Council on Education.

Annett, J. & Duncan, K. D. (1967). Task analysis and training design. *Occupational Psychology, 41,* 211–221.

Antoni, C. H. & Bungard, W. (2004). Arbeitsgruppen. In H. Schuler (Ed.), *Enzyklopädie der Psychologie: Wirtschafts-, Organisations- und Arbeitspsychologie: Band 4. Organisationspsychologie – Gruppe und Organisation* (pp. 129–191). Göttingen: Hogrefe.

APA. American Psychiatric Association (2000). *Diagnostic and Statistical Manual of Mental Disorders* (4th ed., text revision, DSM-IV-TR). Washington, DC: Author.

APA. American Psychiatric Association (2013). *Diagnostic and Statistical Manual of Mental Disorders* (5th ed., DSM-5). Washington, DC: Author.

Arbeitsgruppe Deutsche Child Behavior Checklist (1998). *Elternfragebogen über das Verhalten von Kindern und Jugendlichen. (Dt. Bearbeitung der Child Behavior Checklist. CBCL/4–18)* (2. Aufl.). Köln: Arbeitsgruppe Kinder-, Jugendlichen- und Familiendiagnostik.

Arbeitskreis Assessment Center (1995). Standards der Assessment-Center-Technik. In Arbeitskreis Assessment Center (Ed.), *Das Assessmenter Center in der betrieblichen Praxis: Erfahrungen und Perspektiven* (pp. 58–68). Hamburg: Windmühle.

Archer, R. P. & Krishnamurthy, R. (1993). A review of MMPI and Rorschach interrelationships in adult samples. *Journal of Personality Assessment, 61,* 277–293.

Arnheim, R. (1928). Experimentell-psychologische Untersuchungen zum Ausdruckproblem. Untersuchungen zur Lehre von der Gestalt. *Psychologische Forschung, 11,* 2–132.

Arnold, W. (1975). *Der Pauli-Test.* Berlin: Springer.

Artelt, C. (1999). Lernstrategien und Lernerfolg – Eine handlungsnahe Studie. *Zeitschrift für Entwicklungspsychologie und Pädagogische Psychologie, 31,* 86–96.

Arthur, W., Woehr, D. J. & Maldegen, R. (2000). Convergent and discrimant validity of assessment center dimensions: A conceptual and empirical reexamination of the assessment center construct-related validity paradox. *Journal of Management, 26,* 813–835.

Arvey, R. D. (1986). General ability in employment: a discussion. *Journal of Vocational Behavior, 29,* 415–420.

Arvey, R. D., Bouchard, T. J., Segal, N. L. & Abraham, L. M. (1989). Job satisfaction: Environmental and genetic components. *Journal of Applied Psychlogy, 74,* 187–192.

Arvey, R. D. & Murphy, K. R. (1998). Performance evaluation in work settings. *Annual Review of Psychology, 49,* 141–168.

Asch, S. E. (1946). Forming impressions of personality. *Journal of Abnormal and Social Psychology, 41*, 258–290.

Asendorpf, J. B. (1989). *Soziale Gehemmtheit und ihre Entwicklung*. Heidelberg: Springer.

Asendorpf, J. B., Banse, R. & Mücke, D. (2002). Double dissociation between implicit and explicit personality self-concept: The case of shy behavior. *Journal of Personality and Social Psychology, 83*, 380–393.

Asendorpf, J. B. & Neyer (2012). *Psychologie der Persönlichkeit* (5. Aufl.). Berlin: Springer.

Ash, R. A. (1988). Job analysis in the world of work. In S. Gael (Ed.), *The job analysis handbook for business, industry, and government* (pp. 3–13). New York: Wiley.

B

Baddeley, A. (2000). The episodic buffer: A new component of working memory? *Trends in Cognitive Sciences, 4*(11), 417–423.

Baddeley, A. D. (1990). *Human memory: Theory and practice*. Boston, MA: Allyn & Bacon.

Baddeley, A. D. & Hitch, G. (1974). Working memory. In G. H. Bower (Ed.), *The psychology of learning and motivation: Advances in research and theory* (Vol. 8, pp. 47–89). New York: Academic Press.

Badura, B. et al. (1987). *Leben mit dem Herzinfarkt. Eine sozialepidemiologische Studie*. Berlin: Springer.

Bailey, A. et al. (1995). Autism as a strongly genetic disorder: Evidence from a British twin study. *Psychological Medicine, 25*, 63–78.

Bakeman, R., Deckner, D. F. & Quera, V. (2004). Analysis of behavioral streams. In D. M. Teti (Ed.), *Handbook of research methods in developmental psychology* (pp. 394–420). Oxford, UK: Blackwell.

Bakeman, R. & Gottman, J. M. (1986). *Observing interaction. An introduction to sequential analysis*. Cambridge, UK: Cambridge University Press.

Bales, R. F. (1951). *Interaction process analysis. A method for the study of small groups*. Cambridge, MA: Addison-Wesley.

Bales, R. F., Cohen, S. P. & Williamson, S. A. (1979). *SYMLOG: A system for the multiple level observation of groups*. New York: Free Press.

Bales, R. F. & Slater, P. (1955). Role differentiation in small decision-making groups. In T. Parsons & R. F. Bales (Eds.), *Family, socialization, and interaction processes* (pp. 259–306). Glencoe, IL: Free Press.

Bandelow, B. (1997). *Panik- und Agoraphobie-Skala (PAS)*. Göttingen: Hogrefe.

Bandura, A. (1973). *Aggression: A social learning analysis*. Englewood Cliffs, NJ: Prentice-Hall.

Bandura, A. (1977). Self-efficacy: Toward a unifying theory of behavioral change. *Psychological Review, 84*, 191–215.

Bandura, A. (1986). *Social foundations of thought and action. A social cognitive theory*. Englewood Cliffs, NJ: Prentice-Hall.

Bank, L., Duncan, T., Patterson, G. R. & Reid, J. (1993). Parent and teacher ratings in the assessment and prediction of antisocial and delinquent behaviors. *Journal of Personality, 61*, 699–709.

Bar-Haim, Y., Lamy, D., Lee, P., Bakermans-Kranenburg, M. & van Ijzendoorn, M. (2007). Threat-related attentional bias in anxious and nonanxious individuals: A meta-analytic study. *Psychological Bulletin, 133*, 1–24.

Barker, R. G. & Wright, H. F. (1951). *One boy's day: a specimen record of behavior*. New York: Harper & Row.

Barkmann, C. & Brähler, E. (2009). *Gießener Beschwerdebogen für Kinder und Jugendliche (GBB-KJ)* (2. Aufl.). Bern: Huber.

Barrett-Lennard, G. T. (1962). Dimensions of therapist response as causal factors in therapeutic change. *Psychological Monographs: General and Applied, 76*, (43, Whole No. 562).

Barrett-Lennard, G. T. (1986). The Relationship Inventory now: Issues and advances in theory, method, and use. In L. S. Greenberg & W. M. Pinsof (Eds.), *The psychotherapeutic process. A research handbook* (pp. 439–476). New York: Guilford.

Barrick, M. R. & Mount, M. K. (1991). The big five personality dimensions and job performance: A meta-analysis. *Personnel Psychology, 44*, 1–26.

Barrick, M. R., Mount, M. K. & Judge, T. A. (2001). Personality and performance at the beginning of the new millenium: What do we know and where do we go next? *International Journal of Selection and Assessment, 9*, 9–30.

Bartels, L. K. & Doverspike, D. (1997). Assessing the assessor: The relationship of assessor personality to leniency in assessment center ratings. *Journal of Social Behavior and Personality, 12*, 179–190.

Bartenwerfer, H. (1964). Allgemeine Leistungstests. In R. Heiss (Ed.), *Handbuch der der Psychologie: Band 6. Psychologische Diagnostik* (pp. 385–410). Göttingen: Hogrefe.

Bartenwerfer, H. (1983). Allgemeine Leistungsdiagnostik. In K.-J. Groffmann & L. Michel (Eds.), *Enzyklopädie der Psychologie: Psychologische Diagnostik: Band 2. Intelligenz- und Leistungsdiagnostik* (pp. 482–521). Göttingen: Hogrefe.

Barthel, E. & Schuler, H. (1989). Nutzenkalkulation eignungsdiagnostischer Verfahren am Beispiel eines biographischen Fragebogens. *Zeitschrift für Arbeits- und Organisationspsychologie, 33*, 73–83.

Basler, H.-D. (1999). Marburger Fragebogen zum habituellen Wohlbefinden – Untersuchungen an Patienten mit chronischem Schmerz. *Schmerz, 13*, 358–391.

Bass, B. M. (1954). The leaderless group discussion. *Psychological Bulletin, 51*, 465–492.

Bass, B. M. (1985). *Leadership and performance beyond expectations*. New York: Free Press.

Bass, B. M. (1997). Does the transactional-transformational leadership paradigm transcend organizational and national boundaries? *American Psychologist, 52*, 130–139.

Bass, B. M. & Avolio, B. J. (1995). *The Multifactor Leadership Questionnaire (MLQ): Technical Report*. Redwood City, CA: Mind Garden.

Bastine, R. (1977). *Fragebogen zur direktiven Einstellung (FDE)* (2. Aufl.). Göttingen: Hogrefe.

Bastine, R. & Tuschen, B. (1996). Klinisch-psychologische Diagnostik. In A. Ehlers & K. Hahlweg (Eds.), *Enzyklopädie der Psychologie: Klinische Psychologie: Band 1. Grundlagen der Klinischen Psychologie* (pp. 195–268). Göttingen: Hogrefe.

Baumann, H. U. (1974). *Methoden zur quantitativen Erfassung des Unterrichtsverhaltens*. Bern: Huber.

Baumeister, R. F., Dale, K. & Sommer, K. L. (1998). Freudian defense mechanisms and empirical findings in modern social psychology: Reaction formation, projection, displacement, undoing, isolation, sublimation, and denial. *Journal of Personality, 66*, 1081–1124.

Baumert, J. & Köller, O. (1996). Lernstrategien und schulische Leistungen. In J. Möller & O. Köller (Eds.), *Emotionen, Kognitionen und Schulleistung* (pp. 137–154). Weinheim: Beltz PVU.

Bäumler, G. (1974). *Lern- und Gedächtnistest (LGT 3)*. Göttingen: Hogrefe.

Bäumler, G. & Weiss, R. (1966). Über den Zusammenhang der Paulitestleistung mit Intelligenztestleistungen (IST-Amthauer,

CFT-Cattell). *Psychologie und Praxis, 10*, 27–36.

Beauducel, A., & Wittmann, W. W. (2005). Simulation study on fit indexes in CFA based on data with slightly distorted simple structure. *Structural Equation Modeling, 12*, 41–75.

Beaujean, A. A. (2014). *Latent variable modeling using R: A step-by-step guide.* New York: Routledge.

Beauregard, K. S. & Dunning, D. (1998). Turning up the contrast: Self-enhancement motives prompt egocentric contrast effects in social judgments. *Journal of Personality and Social Psychology, 74*, 606–621.

Beck, A. T., Brown, G., Epstein, N. & Steer, R. A. (1988). An inventory for measuring clinical anxiety: Psychometric properties. *Journal of Consulting and Clinical Psychology, 55*, 893–897.

Beck, A. T. & Steer, R. A. (1987). *Manual of the revised Beck Depression Inventory.* New York: Psychological Corporation.

Beck, A. T., Steer, R. A. & Brown, G. K. (1996). *Beck Depression Inventory II - Manual.* San Antonio, TX: Psychological Corproation.

Becker, E. S. & Rinck, M. (2000). Aufmerksamkeit und Gedächtnis bei Angst und Depression. *Psychologische Rundschau, 51*, 67–74.

Becker, N., Höft, S., Holzenkamp, N. & Spinath, F. M. (2011). The predictive validity of assessment centers in German-speaking regions - A meta-analysis. *Journal of Personnel Psychology, 10*, 61–69.

Becker, P. (1982). *Interaktions-Angst-Fragebogen (IAF).* Weinheim: Beltz-Test.

Becker, P. (1997). *Interaktions-Angst-Fragebogen IAF* (3. Aufl.). Weinheim: Beltz-Test.

Becker, W. C. (1960). A comparison of the factor structure and other properties of the 16.P.F. and the Guilford-Martin personality inventories. *Educational and Psychological Measurement, 21*, 393–404.

Becker-Zieglschmid, C. & Brähler, E. (2007). *Der Leipziger Lebensstilfragebogen für Judendliche (LLfJ).* Göttingen: Vandenhoek & Ruprecht.

Beckmann, D., Brähler, E. & Richter, H.-E. (1990). *Gießen-Test (GT).* Bern: Huber.

Beckmann, N. (2004). *Differentielle Effekte von Feedback in Intelligenztests.* Unveröffentlichte Dissertation, Heinrich-Heine-Universität, Düsseldorf.

Bellak, L. & Bellak, S. (1949). *Children's Apperception Test.* Larchmont, NY: CPS.

Bellak, L., Bellak, S. S. & Moog, W. (1995). *CAT. Kinder-Apperzeptions-Test.* Göttingen: Hogrefe.

Bengel, J. (1993). *Gesundheit, Risikowahrnehmung und Vorsorgeverhalten. Untersuchungen am Beispiel der HIV-Infektion.* Göttingen: Hogrefe.

Bents, R. & Blank, R. (1995). *Myers-Briggs Typenindikator (MBTI)* (2. Aufl.). Weinheim: Beltz Test.

Bergner, M., Bobbitt, R. A., Carter, W. B. & Gilson, B. S. (1981). The sickness impact profile: Development and final revision of a health status measure. *Medical Care, 19*, 787–805.

Berkman, L. F. & Breslow, L (1983). *Health and ways of living: The Alameda County Study.* London: Oxford University Press.

Bernreuter, R. G. (1931). *The Personality Inventory.* Stanford, CA: Stanford University Press.

Berry, C. M., Ones, D. S. & Sackett, P. R. (2007). Interpersonal deviance, organizational deviance, and their common correlates: A review and meta-analysis. *Journal of Applied Psychology, 92*, 410–424.

Berry, D. S. (1990). Taking people at face value: Evidence for the kernel of truth hypothesis. *Social Cognition, 8*, 343–361.

Berry, D. S. & Finch Wero, J. L. (1993). Accuracy in face perception: A view from ecological psychology. *Journal of Personality, 61*, 497–520.

Berry, D. S. & McArthur, L. Z. (1986). Perceiving character in faces: The impact of age-related craniofacial changes on social perception. *Psychological Bulletin, 100*, 3–18.

Beyme, F. & Fahrenberg, J. (1968). Zur deutschen Bearbeitung der Anxiety-Tests von R. B. Cattell. *Diagnostica, 14*, 39–44.

Bierhoff, H. W., Müller, G. F. & Küpper, B. (2000). Prosoziales Arbeitsverhalten: Entwicklung und Überprüfung eines Meßinstruments zur Erfassung des freiwilligen Arbeitsengagements. *Gruppendynamik und Organisationsberatung, 31*, 141–153.

Bieri, J. et al. (1966). *Clinical and social judgment: The discrimination of behavioral information.* New York: Wiley.

Binet, A. & Henri, V. (1895). La psychologie individuelle. *Année Psychologique, 2*, 411–465.

Binet, A. & Simon, T. (1905). Méthodes nouvelles pour le diagnostic du niveau intellectuel des anormaux. *Année Psychologique, 11*, 191–244.

Binet, A. & Simon, T. (1908). Le développement de l'intelligence chez les enfants. *Année Psychologique, 14*, 1–94.

Binet, A. & Simon, T. (1911). La mésure du développement de l'intelligence chez les jeunes enfants. *Bulletin de la Société Libre pour l'Etude Psychologique de l' Enfant*, 187–248.

Birbaumer, N. & Schmidt, R. F. (2010). *Biologische Psychologie* (7. Aufl.). Heidelberg: Springer.

Birbaumer, N., Tunner, W., Hölzl, R. & Mittelstaedt, L. (1973). Ein Gerät zur kontinuierlichen Messung subjektiver Veränderungen. *Zeitschrift für experimentelle und angewandte Psychologie, 20*, 173–181.

Blashfield, R. K. (1998). Diagnostic models and systems. In C. R. Reynolds (Ed.), *Comprehensive clinical psychology: Vol. 4. Assessment* (pp. 57–86). Oxford, UK: Pergamon.

Blickle, G., Momm, T., Schneider, P. B. Gansen, D. & Kramer, J. (2009). Does acquisitive self-presentation in personality self-ratings enhance validity? Evidence from two experimental field studies. *International Journal of Selection and Assessment, 17*, 142–153.

Block, J. (1978). *The Q-sort method in personality assessment and psychiatric research.* Palo Alto, CA: Consulting Psychologists.

Block, J. & Block, J. H. (1980). The role of ego-control and ego-resiliency in the organization of behavior. In W. A. Collins (Ed.), *Minnesota Symposium on Child Psychology* (Vol. 13, pp. 39–101). Hillsdale, NJ: Erlbaum.

Block, J., Block, J. H. & Harrington, D. M. (1974). Some misgivings about the Matching Familiar Figures Test as a measure of reflection-impulsivity. *Developmental Psychology, 10*, 611–632.

Bloom, B. S., Engelhart, M. D., Furst, E. J., Hill, W. H. & Krathwohl, D. R. (1956). *Taxonomy of educational objectives: The classification of education goals.* New York: McKay.

Bobertag, O. (1911). Über Intelligenzprüfungen nach der Methode von Binet und Simon. I. Methodik und Ergebnisse der einzelnen Tests. *Zeitschrift für Angewandte Psychologie, 5*, 105–203.

Böhmer, S. & Ravens-Sieberer, U. (2005). Das Konzept der Lebensqualität in der gesundheitspsychologischen Forschung. In R. Schwarzer (Ed.), *Enzyklopädie der Psychologie: Gesundheitspsychologie: Band 1. Gesundheitspsychologie* (pp. 369–386). Göttingen: Hogrefe.

Bolm, W. (1994). Goal Attainment Scaling: Gütemaß und praktische Erfahrungen bei 397 psychiatrischen Behandlungsverläufen. *Zeitschrift für Klinische Psychologie, Psychopathologie und Psychotherapie, 42*, 128–138.

Bond, M. H. & Smith, P. B. (1996). Cross-cultural social and organizational psychology. *Annual Review of Psychology, 47*, 205–235.

Borg, I. (2000). *Führungsinstrument Mitarbeiterbefragung. Theorien, Tools und Praxiserfahrungen* (2. Aufl.). Stuttgart: Verlag für Angewandte Psychologie.

Borkenau, P. & Liebler, A. (1992). Trait inferences: Sources of validity at zero acquaintance. *Journal of Personality and Social Psychology, 62*, 645–657.

Borkenau, P. & Liebler, A. (1993). Consensus and self-other agreement for trait inferences from minimal information. *Journal of Personality, 61*, 477–496.

Borkenau, P. & Ostendorf, F. (1989). Descriptive consistency and social desirability in self- and peer reports. *European Journal of Personality, 3*, 31–45.

Borkenau, P. & Ostendorf, F. (1993). *NEO-Fünf-Faktoren Inventar (NEO-FFI) nach Costa und McCrae*. Göttingen: Hogrefe.

Borman, W. C. & Brush, D. H. (1993). More progress toward a taxonomy of managerial performance requirements. *Human Performance, 6*, 1–21.

Borman, W. C., Hanson, M. A. & Hedge, J. W. (1997). Personnel selection. *Annual Review of Psychology, 48*, 299–337.

Borman, W. C. & Motowidlo, S. J. (1993). Expanding the criteria domain to include elements of contextual performance. In N. Schmitt & W. C. Borman (Eds.). *Personnel selection in organizations* (pp. 71–98). San Francisco, CA: Jossey-Bass.

Bortner, R. W. & Rosenman, R. H. (1967). The measurement of pattern A behavior. *Journal of Chronic Diseases, 20*, 525–533.

Bosson, J. K., Swann, W. B. & Pennebaker, J. W. (2000). Stalking the perfect measure of implicit self-esteem: The blind men and the elephant revisited? *Journal of Personality and Social Psychology, 79*, 631–643.

Boudreau, J. W. (1991). Utility analysis for decisions in human resource management. In M. D. Dunnette & L. M. Hough (Eds.), *Handbook of industrial and organizational psychology* (2nd ed., Vol. 2, pp. 621–745). Palo Alto, CA: Consulting Psychologists.

Bowling, A. (1995). *Measuring health. A review of disease-specific quality of live measurement scales*. Buckingham, UK: Open University Press.

Bradley, C. (Ed.). (1994). *Handbook of psychology and diabetes: A guide to psychological measurement in diabetes research and practice*. Chur, Schweiz: Harwood.

Bradley, C. & Lewis, K. S. (1990). Measures of psychological well-being and treatment satisfaction developed from responses of people with tablet-treated diabetes. *Diabetic Medicine, 7*, 445–451.

Brähler, E. & Brähler, C. (1993). *Paardiagnostik mit dem Gießen-Test*. Bern: Huber.

Brähler, E., Hinz, A. & Scheer, J. W. (2008). *Der Gießener Beschwerdebogen (GBB)* (3. Aufl.). Bern: Huber.

Brähler, E., Holling, H., Leutner, D. & Petermann, F. (Eds.). (2002). *Brickenkamp Handbuch psychologischer und pädagogischer Tests* (3. Aufl., 2 Bände). Göttingen: Hogrefe.

Brähler, E., Schumacher, J. & Strauß, B. (Eds.). (2003). *Diagnostische Verfahren in der Psychotherapie* (2. Aufl.). Göttingen: Hogrefe.

Brannigan, G. G., Ash, T. & Margolis, H. (1980). Impulsivity-reflectivity and children's intellectual performance. *Journal of Personality Assessment, 44*, 41–43.

Bray, D. W., Campbell, R. J. & Grant, D. L. (1974). *Formative years in business: A long-term AT&T study of managerial lives*. New York: Wiley.

Breaugh, J. A. (2009). The use of biodata for employee selection: Past research and future directions. *Human Resource Management Review, 19*, 219–231.

Brickenkamp, R. (2002). *Test d2: Aufmerksamkeits-Belastungs-Test* (9. Aufl.). Göttingen: Hogrefe.

Brickenkamp, R. (Ed.). (1975). *Handbuch psychologischer und pädagogischer Tests*. Göttingen: Hogrefe.

Brickenkamp, R. & Karl, G. A. (1986). Geräte zur Messung von Aufmerksamkeit, Konzentration und Vigilanz. In R. Brickenkamp (Ed.), *Handbuch apparativer Verfahren in der Psychologie* (pp. 195–211). Göttingen: Hogrefe.

Brief, A. P., Burke, M. J., George, J. M., Robinson, B. S. & Webster, J. (1988). Should negative affectivity remain an unmeasured variable in the study of job stress? *Journal of Applied Psychology, 73*, 193–198.

Brief, A. P. & Roberson, L. (1989). Job attitude organization: an exploratory study. *Journal of Applied Social Psychology, 19*, 717–727.

Brief, A. P. & Weiss, H. M. (2002). Organizational behavior: Affect in the workplace. *Annual Review of Psychology, 53*, 279–307.

Bristol, M. M. et al. (1996). State of the science in autism: Report to the National Institutes of Health. *Journal of Autism and Developmental Disorders, 26*, 121–154.

Broadbent, D. E. (1958). *Perception and communication*. London: Pergamon.

Broda, M., Dahlbender, R. W., Schmidt, J., von Rad, M. & Schors, R. (1993). DKPM Basisdokumentation. Eine einheitliche Basisdokumentation für die stationäre Psychosomatik und Psychotherapie. *Psychotherapie Psychosomatik Medizinische Psychologie, 43*, 214–223.

Brodbeck, F. C., Anderson, N. & West, M. A. (2001). *Teamklima Inventar (TKI)*. Göttingen: Hogrefe.

Brodbeck, F. C. & Guillaume, Y. R. F. (2010). Arbeiten in Gruppen. In U. Kleinbeck & K.-H. Schmidt (Eds.), *Enzyklopädie der Psychologie: Wirtschafts-, Organisations- und Arbeitspsychologie: Band 1. Arbeitspsychologie* (pp. 215–286). Göttingen: Hogrefe.

Brody, N. (1972). *Personality. Research and theory*. New York: Academic Press.

Brogden, H. E. (1949). When testing pays off. *Personnel Psychology, 2*, 171–183.

Bronisch, T., Hiller, W., Mombour, W. & Zaudig, M. (1995). *Internationale Diagnosen Checkliste für Persönlichkeitsstörungen (IDCL-P)*. Bern: Huber.

Bruggemann, A., Groskurth, P. & Ulich, E. (1975). *Arbeitszufriedenheit*. Bern: Huber.

Bruner, J. S. (1951). Personality dynamics and the process of perceiving. In R. R. Blake & G. V. Ramsey (Eds.), *Perception: An approach to personality* (pp. 121–147). New York: Ronald.

Bruner, J. S. & Postman, L. (1947). Emotional selectivity in perception and reaction. *Journal of Personality, 16*, 69–77.

Bruner, J. S. & Tajfel, H. (1961). Cognitive risk and environmental change. *Journal of Abnormal and Social Psychology, 62*, 231–241.

Brunstein, J. C. & Maier, G. W. (1996). Persönliche Ziele: Ein Überblick zum Stand der Forschung. *Psychologische Rundschau, 47*, 146–160.

Brunstein, J. & Heckhausen, H. (2010). Leistungsmotivation. In J. Heckhausen & H. Heckhausen (Eds.), *Motivation und Handeln* (pp. 145–191). Berlin: Springer.

Buck, R., Miller, R. E. & Caul, W. F. (1974). Sex, personality, and physiological variables in the communication of affect via facial expression. *Journal of Personality and Social Psychology, 30*, 587–596.

Bühner, M. (2011). *Einführung in die Test- und Fragebogenkonstruktion (3. Aufl.)*. München: Pearson.

Bulheller, S. & Häcker H.O. (Eds.) (1998). *Advanced Progressive Matrices (APM). Deutsche Bearbeitung und Normierung nach J. C. Raven*. Frankfurt: Pearson Assessment.

Bulheller, S. & Häcker H.O. (Eds.) (2002). *Coloured Progressive Matrices (CPM). Deutsche Bearbeitung und Normierung nach J. C. Raven*. Frankfurt: Pearson Assessment.

Bullinger, M., Heinisch, M., Ludwig, M. & Geier, S. (1990). Skalen zur Erfassung des Wohlbefindens: Psychometrische Analysen zum „Profile of Mood States" (POMS) und zum „Psychological General Wellbeing Index" (PGWI). *Zeitschrift für Differentielle und Diagnostische Psychologie, 11*, 53–61.

Bullinger, M. & Kirchberger, I. (1998). *Der SF-36 Fragebogen zum Gesundheitszustand (SF-36)*. Göttingen: Hogrefe.

Burisch, M. (1984). Approaches to personality inventory construction. *American Psychologist, 39*, 214–227.

Buss, A. H. & Durkee, A. (1957). An inventory for assessing different kinds of hostility. *Journal of Consulting Psychology, 21*, 343–349.

Büssing, A. (2004). Organisationsdiagnose. In H. Schuler (Ed.), *Lehrbuch Organisationspsychologie* (pp. 557–599). Göttingen: Hogrefe.

Butcher, J. N. & Rouse, S. V. (1996). Personality: Individual differences and clinical assessment. *Annual Review of Psychology, 47*, 87–111.

Butler, J. M. & Haigh, G. V. (1954). Changes in the relation between self-concepts and ideal concepts consequent upon client-centered counseling. In C. R. Rogers & R. F. Dymond (Eds.), *Psychotherapy and personality change* (pp. 55–76). Chicago: University of Chicago Press.

C

Cacioppo, J. T. & Petty, R. E. (1981). Social psychological procedures for cognitive response assessment: The thought-listing technique. In T. V. Merluzzi, C. R. Glass & M. Genest (Eds.), *Cognitive assessment* (pp. 309–342). New York: Guilford.

Campbell, D. T. & Fiske, D. W. (1959). Convergent and discriminant validation by the multitrait-multimethod matrix. *Psychological Bulletin, 56*, 81–105.

Campbell, J. P., McCloy, R. A., Oppler, S. H. & Sager, C. H. (1993). A theory of performance. In N. Schmitt & W. C. Borman (Eds.), *Personnel selection in organizations* (pp. 35–70). San Francisco, CA: Jossey-Bass.

Campion, M. A., Campion, J. E. & Hudson, P. J. (1994). Structured interviewing: A note on incremental validity and alternative question types. *Journal of Applied Psychology, 79*, 998–1002.

Campion, M. A., Medsker, G. J. & Higgs, A. C. (1993). Relations between work group characteristics and effectiveness: implications for designing effective work groups. *Personnel Psychology, 46*, 823–850.

Campion, M. A., Palmer, D. K. & Campion, J. E. (1997). A review of structure in the selection interview. *Personnel Psychology, 50*, 655–702.

Cardinal, B. J. (1995). The stages of exercise scale and stages of exercise behavior in female adults. *Journal of Sports Medicine and Physical Fitness, 35*, 87–92.

Carlson, J. S. & Wiedl, K. H. (1979). Toward a differential testing approach: Testing-the-limits employing the Raven matrices. *Intelligence, 3*, 323–344.

Carpenter, P. A., Just, M. A. & Shell, P. (1990). What one intelligence test measures: a theoretical account of the processing in the Raven Progressive Matrices Test. *Psychological Review, 97*, 404–431.

Carroll, J. B. (1993). *Human cognitive abilities: A survey of factor-analytical studies*. New York: Cambridge University Press.

Cascio, W. F. (1995). Whither industrial and organizational psychology in a changing world of work? *American Psychologist, 50*, 928–939.

Cascio, W. F. & Ramos, R. A. (1986). Development and application of a new method for assessing job performance in behavioral/economic terms. *Journal of Applied Psychology, 71*, 20–28.

Cattell, J. McK. (1886). The time it takes to see and name objects. *Mind, 11*, 63–65.

Cattell, J. McK. (1890). Mental tests and measurement. *Mind, 15*, 373–381.

Cattell, R. B. (1946). *Description and measurement of personality.* Yonkers, NY: Word Book.

Cattell, R. B. (1950). *Personality: a systematic, theoretical, and factual study*. New York: McGraw-Hill.

Cattell, R. B. (1957). *Personality and motivation structure and measurement*. Yonkers, NY: World Book.

Cattell, R. B. (1963). Theory of fluid and crystallized intelligence: A critical experiment. *Journal of Educational Psychology, 54*, 1–22.

Cattell, R. B. (1965). *The scientific analysis of personality*. Harmondsworth, UK: Penguin.

Cattell, R. B. (1987). *Intelligence: Its structure, growth, and action*. New York: Elsevier.

Cattell, R. B., Cattell, A. K. & Cattell, H. E. (1993). *Sixteen Personality Factor Questionnaire* (5th ed.). Champaign, IL: Institute for Personality and Ability Testing.

Cattell, R. B. & Child, D. (1975). *Motivation and dynamic structure*. New York: Halsted.

Cattell, R. B., Horn, J. L., Sweney, A. B. & Radcliffe, J. A. (1964). *Handbook for the Motivation Analysis Test (MAT)*. Champaign, IL: Institute for Personality and Ability Testing.

Cattell, R. B. & Kline, P. (1977). *The scientific analysis of personality and motivation*. London: Academic Press.

Cattell, R. B., Saunders, D. R. & Stice, C. (1957). *Handbook for the Sixteen Personality Factor Questionnaire*. Champaign, IL: Institute for Personality and Ability Testing.

Cattell, R. B. & Scheier, I. H. (1960). *Handbook for the Objective-Analytic (O-A) Anxiety Battery*. Champaign, IL: Institute for Personality and Ability Testing.

Cattell, R. B. & Schuerger, J. M. (1978). *Personality theory in action: Handbook for the O-A (Objective- Analytic) Test Kit*. Champaign, IL: Institute for Personality and Ability Testing.

Cattell, R. B. & Warburton, F. W. (1967). *Objective personality and motivation tests*. Urbana, IL: University of Illinois Press.

Chambless, D. L., Caputo, G. C., Bright, P. & Gallagher, R. (1984). Assessment of fear in agoraphobics: The Body Sensations Questionnaire and the Agoraphobic Cognitions Questionnaire. *Journal of Consulting and Clinical Psychology, 52*, 1090–1097.

Child, I. L. (1968). Personality in culture. In E. F. Borgatta & W. W. Lambert (Eds.), *Handbook of personality theory and research* (pp. 82–145) Chicago: Rand McNally.

Christiansen, E. R. (1983). *Die Arbeitskurve nach E. Kraepelin und R. Pauli. Mainzer Revision*. Weinheim: Beltz.

Cierpka, M. (Ed.). (2008). *Handbuch der Familiendiagnostik* (3. Aufl.). Berlin: Springer.

CIPS. Collegium Internationale Psychiatriae Scalarum (Eds.). (2005). *Internationale Skalen für Psychiatrie* (5. Aufl., bearbeitet von G. Meng). Göttingen: Hogrefe.

Cisler, J.M. & Koster, E.H. (2010). Mechanisms of attentional biases towards threat in anxiety disorders: An integrative review. *Clinical Psychology Review, 30*, 203–216.

Clark, L. A., Beck, A. T. & Beck, J. S. (1994). Symptom differences in major depression, dysthymia, panic disorder, and generalized anxiety disorder. *American Journal of Psychiatry, 151*, 205–209.

Clark, L. A. & Watson, D. (1991). Tripartite model of anxiety and depression: Psychometric evidence and taxonomic implications. *Journal of Abnormal Psychology, 100*, 316–336.

Clark, M. S. & Isen, A. M. (1982). Toward understanding the relationship between feeling states and social behavior. In

A. H. Hastorf & A. M. Isen (Eds.), *Cognitive social psychology* (pp. 73–108). New York: Elsevier.

Clarke, P. J. F., Macleod, C. & Guastella, A. J. (2013). Assessing the role of spatial engagement and disengagement of attention in anxiety-linked attentional bias: a critique of current paradigms and suggestions for future research directions. *Anxiety, Stress, and Coping, 26,* 1–19.

Cline, V. B. (1964). Interpersonal perception. In B. A. Maher (Ed.), *Progress in experimental personality research* (Vol. 1, pp. 222–284). New York: Academic Press.

Clum, G. A. (1975a). Intrapsychic variables and the patient's environment as factors in prognosis. *Psychological Bulletin, 82,* 413–431.

Clum, G. A. (1975b). Relations between biographical data and patient symptomatology. *Journal of Abnormal Psychology, 84,* 80–83.

Coalson, D. & Weiss, L. (2002). The evolution of Wechsler Intelligence Scales in historical perspective. *Assessment Focus, 11*(11), 1-3.

Cohen, J. (1960). A coefficient of agreement for nominal scales. *Educational and Psychological Measurement, 20,* 37–46.

Cohen, J. (1968). Weighted Kappa: Nominal scale agreement with provision for scaled disagreement or partial credit. *Psychological Bulletin, 70,* 213–220.

Colbert, G. A. & Taylor, L. R. (1978). Empirically derived job families as a foundation for the study of validity generalization. Study III. Generalization of selection test validity. *Personnel Psychology, 31,* 355–364.

Colvin, C. R. (1993). Childhood antecedents of young-adult judgability. *Journal of Personality, 61,* 621–635.

Colvin, C. R. & Funder, D. C. (1991). Predicting personality and behavior: A boundary on the acquaintanceship effect. *Journal of Personality and Social Psychology, 60,* 884–894.

Conger, A. J. (1980). Integration and generalization of kappas for multiple raters. *Psychological Bulletin, 88,* 322–328.

Conklin, A. & Westen, D. (2001). Thematic Apperception Test. In W. Dorfman & M. Hersen (Eds.), *Understanding psychological asessment: Perspectives on individual differences* (pp. 107–133). New York: Kluwer.

Contrada, R. J., Cather, C. & O'Leary, A. (1999). Personality and health: Dispositions and processes in disease susceptibility and adaptation to illness. In L. A. Pervin & O. P. John (Eds.), *Handbook of personality: Theory and research* (2nd ed., pp. 576–604). New York: Guilford.

Conway, J. M. (1999). Distinguishing contextual performance from task performance for managerial jobs. *Journal of Applied Psychology, 84,* 3–13.

Conway, J. M. & Huffcutt, A. I. (1997). Psychometric properties of multi-source performance ratings: A meta-analysis of subordinate, supervisor, peer, and self-ratings. *Human Performance, 10,* 331–360.

Conway, J. M., Jako, R. A. & Goodman, D. F. (1995). A meta-analysis of interrater and internal consistency reliability of selection interviews. *Journal of Applied Psychology, 80,* 565–579.

Cook, W. W. & Medley, D. M. (1954). Proposed hostility and pharisaic-virtue scales for the MMPI. *Journal of Applied Psychology, 38,* 414–418.

Cooper-Hakim, A. & Viswesvaran, C. (2005). The construct of work commitment: Testing an integrative framework. *Psychological Bulletin, 131,* 241–259.

Corah, N. L., Gale, E. N. & Illig, S. J. (1978). Assessment of a dental anxiety scale. *Journal of the American Dental Association, 97,* 816–819.

Costa, P. T. & McCrae, R. R. (1985). *The NEO Personality Inventory: Manual.* Odessa, FL: Psychological Assessment Resources.

Costa, P. T. & McCrae, R. R. (1992). *Revised NEO Personality Inventory (NEO PI-R) and the NEO Five-Factor Inventory (NEO-FFI) professional manual.* Odessa, FL: Psychological Assessment Resources.

Costa, P. T. & McCrae, R. R. (1995). Domains and facets: Hierarchical personality assessment using the Revised NEO Personality Inventory. *Journal of Personality Assessment, 64,* 21–50.

Cox, D. R. & Wermuth, N. (1996). *Multivariate dependencies: models, analysis and interpretation.* London: Chapman & Hall.

Craig, A., Hancock, K. & Craig, M. (1996). The Lifestyle Appraisal Questionnaire: A comprehensive assessment of health and stress. *Psychology and Health, 11,* 331–343.

Crocker, L. & Algina, J. (1986). *Introduction to classical and modern test theory.* Fort Worth, TX: Holt, Rinehart & Winston.

Cronbach, L. J. (1951). Coefficient Alpha and the internal structure of tests. *Psychometrika, 16,* 297–334.

Cronbach, L. J. (1955). Processes affecting scores on „understanding of others" and „assumed similarity". *Psychological Bulletin, 52,* 177–193.

Cronbach, L. J. (1957). The two disciplines of scientific psychology. *American Psychologist, 12,* 671–684.

Cronbach, L. J. (1990). *Essentials of psychological testing* (5th ed.). New York: Harper & Row.

Cronbach, L. J. & Furby, L. (1970). How should we measure „change" – or should we? *Psychological Bulletin, 74,* 68–80.

Cronbach, L. J. & Gleser, G. C. (1965). *Psychological tests and personnel decisions* (2nd ed.). Urbana, IL: University of Illinois Press.

Cronbach, L. J. & Meehl, P. E. (1955). Construct validity in psychological tests. *Psychological Bulletin, 52,* 281–302.

Cronbach, L. J. & Snow, R. E. (1977). *Aptitudes and instructional methods.* New York: Irvington.

Crowne, D. P. & Marlowe, D. (1960). A new scale of social desirability independent of psychopathology. *Journal of Consulting Psychology, 24,* 349–354.

Crowne, D. P. & Marlowe, D. (1964). *The approval motive.* New York: Wiley.

D

D'Andrade, R. G. (1965). Trait psychology and componential analysis. *American Anthropologist, 67,* 215–228.

Davidson, K. W. (1993). Suppression and repression in discrepant self-other ratings: Relations with thought control and cardiovascular reactivity. *Journal of Personality, 61,* 669–691.

Dawes, R. M. (1994). *House of cards: Psychology and psychotherapy built on myth.* New York: Free Press.

De Dreu, C. W. K. & Weingart, L. R. (2003). Task versus relationship conflict, team performance, and team member satisfaction: a meta-analysis. *Journal of Applied Psychology, 88,* 741–749.

De Houwer, J. (2001). A structural and process analysis of the implicit association test. *Journal of Experimental Social Psychology, 37,* 443–451.

Dearborn, G. (1897). Blots of ink in experimental psychology. *Psychological Review, 4,* 390–391.

Deegener, G. (1996). *Multiphasic Sex Inventory (MSI).* Göttingen: Hogrefe.

Deinzer, R., Steyer, R., Eid, M., Notz, P., Schwenkmezger, P., Ostendorf, F. & Neubauer, A. (1995). Situational effects in trait assessment: The FPI, NEO-FFI, and EPI questionnaires. *European Journal of Personality, 9,* 1–23.

Dellas, M. & Gaier, E. L. (1970). Identification of creativity: The individual. *Psychological Bulletin, 73,* 55–73.

Denollet, J. (2000). Type D personality. A potential risk factor refined. *Journal of Psychosomatic Research, 49,* 255–266.

Denollet, J. (2005). Standard assessment of Negative Affectivity, Social Inhibition, and Type D Personality. *Psychosomatic Medicine, 67*, 89–97.

Denollet, J. et al. (2010). Anger, suppressed anger, and risk of adverse events in patients with coronary artery disease. *American Journal of Cardiology, 105,* 1555–1560.

Denollet, J. & Brutsaert, D. L. (1998). Personality, disease severity, and the risk of long-term cardiac events in patients with a decreased ejection fraction after myocardial infarction. *Circulation, 97*, 167–173.

DePaulo, B. M. (1992). Nonverbal behavior and self-presentation. *Psychological Bulletin, 111*, 203–243.

Derogatis, L. R. (1994). *SCL-90-R: Symptom Checklist-90-R: Administration, scoring, and procedural manual* (3rd ed.). Minneapolis, MN: National Computer Systems.

Deusinger, I. M. (2002). *Frankfurter Kinder-Selbstkonzept-Inventar (FKSI).* Frankfurt a. M.: Johann Wolfgang Goethe-Universität, Institut für Psychologie.

Deutscher Bildungsrat (1973). *Empfehlungen der Bildungskommission. Zur pädagogischen Förderung behinderter und von Behinderung bedrohter Kinder und Jugendlicher.* Bonn: Bundesdruckerei.

Devereux, E. C., Bronfenbrenner, U. & Suci, G. (1962). Patterns of parent behavior in the United States of America and the Federal Republic of Germany: A cross-national comparison. *International Social Science Journal, 14*, 488–506.

Dickens, W. T. & Flynn, J. R. (2001). Heritability estimates versus large environmental effects: the IQ paradox resolved. *Psychological Review, 108*(2), 346–369.

Diemand, A. & Schuler, H. (1998). Sozial erwünschtes Verhalten in eignungsdiagnostischen Situationen. In H. Schuler & U. Funke (Eds.), *Eignungsdiagnostik in Forschung und Praxis* (pp. 135–145). Göttingen: Hogrefe.

Dilchert, S. & Ones, D. S. (2013). Gewissenhaftigkeit. In W. Sarges (Ed.), *Management-Diagnostik* (4. Aufl., pp. 323–332). Göttingen: Hogrefe.

Dilling, H., Mombour, W. & Schmidt, M. H. (2013). *Internationale Klassifikation psychischer Störungen ICD-10 Kapitel V (F). Klinisch-diagnostische Leitlinien* (9. Aufl.). Bern: Huber.

Dipboye, R. (1997). Stuctured selection interviews: Why do they work? Why are they underutilized? In N. Anderson & P. Herriot (Eds.), *International handbook of selection and assessment* (Vol. 13, pp. 455–473). Chichester, UK: Wiley.

Dlugosch, G. E. & Krieger, W. (1995). *Fragebogen zur Erfassung des Gesundheitsverhaltens (FEG).* Frankfurt a. M.: Swets Test.

Dlugosch, G. E. & Wottawa, H. (1994). Evaluation in der Gesundheitspsychologie. In P. Schwenkmezger & L. R. Schmidt (Eds.), *Lehrbuch der Gesundheitspsychologie* (pp. 149–168). Stuttgart: Enke.

Dollase, R. (1976). *Soziometrische Techniken.* Weinheim: Beltz.

Döpfner, M., Berner, W., Flechtner, H., Lehmkuhl, G. & Steinhausen, H.-C. (1999). *Psychopathologisches Befund-System für Kinder und Jugendliche. (Dt. Bearbeitung der Clinical Assessment Scale for Child and Adolescent Psychopathology. CASCAP-D).* Göttingen: Hogrefe.

Döpfner, M., Berner, W., Fleischmann, T. & Schmidt, M. H. (1993). *Verhaltensbeurteilungsbogen für Vorschulkinder (VBV 3–6).* Göttingen: Hogrefe.

Döpfner, M., Görtz-Dorten, A. & Lehmkuhl, G. (2008). *Diagnostik-Sytem für psychische Störungen nach ICD-10 und DSM-IV für Kinder und Jugendliche – II (DISYPS-II).* Bern: Huber.

Dörner, D. (1987). *Problemlösen als Informationsverarbeitung* (3. Aufl.). Stuttgart: Kohlhammer.

Dörner, D., Kreuzig, H. W., Reither, F. & Stäudel, T. (1983). *Lohhausen. Vom Umgang mit Unbestimmtheit und Komplexität.* Bern: Huber.

Dowaliby, F. J. & Schumer, H. (1973). Teacher-centered versus student-centered mode of college classroom instruction as related to manifest anxiety. *Journal of Educational Psychology, 64,* 125–132.

Drake, D. M. (1970). Perceptual correlates of impulsive and reflective behavior. *Developmental Psychology, 5*, 202–214.

DuBois, P. H. (1970). *A history of psychological testing.* Boston, MA: Allyn & Bacon.

Dudycha, A. L. & Naylor, J. C. (1966). Characteristics of the human inference process in complex choice behavior situations. *Organizational Behavior and Human Performance, 1*, 110–128.

Düker, H. & Lienert, G. A. (2001). *Konzentrations-Leistungs-Test – Revidierte Fassung (KLT-R)* (Neubearbeitung von H. Lukesch & S. Mayrhofer). Göttingen: Hogrefe.

Dumenci, L. & Windle, M. (1996). A latent trait-state model of adolescent depression using the Center for Epidemiologic Studies-Depression Scale. *Multivariate Behavioral Research, 31*, 313–330.

Dunnette, M. D. (1976). Aptitudes, abilities, and skills. In M. D. Dunnette (Ed.), *Handbook of industrial and organizational psychology* (pp. 473–520). Chicago, IL: Rand McNally.

Dweck, C. S. (1975). The role of expectations and attributions in the alleviation of learned helplessness. *Journal of Personality and Social Psychology, 31*, 674–685.

Dweck, C. S. & Wortman, C. B. (1982). Learned helplessness, anxiety, and achievement motivation. Neglected parallels in cognitive, affective, and coping responses. In H. W. Krohne & L. Laux (Eds.), *Achievement, stress, and anxiety* (pp. 93–125). Washington, DC: Hemisphere.

Dyer, F. N. (1973). The Stroop phenomenon and its use in the study of perceptual, cognitive, and response processes. *Memory and Cognition, 1*, 106–120.

E

Ebbinghaus, H. (1885). *Über das Gedächtnis. Untersuchungen zur experimentellen Psychologie.* Leipzig: Duncker & Humblot.

Ebbinghaus, H. (1897). Über eine neue Methode zur Prüfung geistiger Fähigkeiten und ihre Anwendung bei Schulkindern. *Zeitschrift für Psychologie, 13*, 401–459.

Eckensberger, L. H. & Reinshagen, H. (1979). Überlegungen zu einem Strukturmodell der Entwicklung des moralischen Urteils. In L. Montada (Ed.), *Brennpunkte der Entwicklungspsychologie* (pp. 267–280). Stuttgart: Kohlhammer.

Eder, F. (1998). *Linzer Fragebogen zum Schul- und Klassenklima für die 8. bis 13. Klassenstufe (LSFK 8–13).* Göttingen: Hogrefe.

Eder, F. (2010). Schul- und Klassenklima. In D. H. Rost (Ed.), *Handwörterbuch Pädagogische Psychologie* (4. Aufl., pp. 694–704). Weinheim: Beltz PVU.

Eder, F. & Mayr, J. (2000). *Linzer Fragebogen zum Schul- und Klassenklima für die 4. bis 8. Klassenstufe (LSFK 4–8).* Göttingen: Hogrefe.

Eder, R. W. & Ferris, G. R. (Eds.). (1989). *The employment interview: Theory, research, and practice.* Newbury Park, CA: Sage.

Edwards, A. L. (1959). *Manual for the Edwards Personal Preference Schedule* (rev. ed.). New York: Psychological Corporation.

Edwards, A. L. (1970). *The measurement of personality traits by scales and inventories.* New York: Holt, Rinehart and Winston.

Egeland, B. & Weinberg, R. A. (1976). The Matching-Familiar-Figures Test: A look at its psychometric credibility. *Child Development, 47*, 483–491.

Eggert, D. (1983). *Eysenck-Persönlichkeits-Inventar (EPI)* (2. Aufl.). Göttingen: Hogrefe.

Egloff, B. & Hock, M. (2001). Interactive effects of state anxiety and trait anxiety on emotional Stroop interference. *Personality and Individual Differences, 31*, 875–882.

Egloff, B. & Hock, M. (2003). Assessing attentional bias toward threat-related stimuli: A comparison of the emotional Stroop and the attentional probe task. *Personality and Individual Differences, 35*, 475–483.

Egloff, B. & Krohne, H. W. (1998). Die Messung von Vigilanz und kognitiver Vermeidung: Untersuchungen mit dem Angstbewältigungs-Inventar (ABI). *Diagnostica, 44*, 189–200.

Egloff, B. & Schmukle, S. C. (2002). Predictive validity of an Implicit Association Test for assessing anxiety. *Journal of Personality and Social Psychology, 83*, 1441–1455.

Egloff, B. & Schmukle, S. C. (2003). Does social desirability moderate the relationship between implicit and explicit anxiety measures? *Personality and Individual Differences, 35*, 1697–1706.

Egloff, B., Schmukle, S. C., Burns, L. R., Kohlmann, C.-W. & Hock, M. (2003). Facets of dynamic positive affect: Differentiating joy, interest, and activation in the Positive and Negative Affect Schedule (PANAS). *Journal of Personality and Social Psychology, 85*, 528–540.

Egloff, B., Schwerdtfeger, A. & Schmukle, S. C. (2005). Temporal stability of the Implicit Association Test – Anxiety. *Journal of Personality Assessment, 84*, 82–88.

Egloff, B., Tausch, A., Kohlmann, C.-W. & Krohne, H. W. (1995). Relationships between time of day, day of the week, and positive mood: Exploring the role of the mood measure. *Motivation and Emotion, 19*, 99–110.

Ehlers, A. & Breuer, P. (1992). Increased cardiac awareness in panic disorder. *Journal of Abnormal Psychology, 101*, 371–382.

Ehlers, A., Margraf, J. & Chambless, D. L. (2001). *Fragebogen zu körperbezogenen Ängsten, Kognitionen und Vermeidung (AKV)* (2. Aufl.). Göttingen: Beltz-Test.

Eid, M., Gollwitzer, M., & Schmitt, M. (2011). *Statistik und Forschungsmethoden* (2. Aufl.). Weinheim: Beltz.

Eid, M. & Schmidt, K. (2014). *Testtheorie und Testkonstruktion*. Göttingen: Hogrefe.

Eide, P., Kemp, A., Silberstein, R. B., Nathan, P. J. & Stough, C. (2002). Test-retest reliability of the emotional Stroop task; Examining the paradox of measurement change. *Journal of Psychology, 136*, 514–520.

Ekman, P. (1984). Expression and the nature of emotion. In P. Ekman & K. R. Scherer (Eds.), *Approaches to emotion* (pp. 319–343). Hillsdale, NJ: Erlbaum.

Eller, F. & Winkelmann, K. (1983). *Entwicklung und Evaluierung eines Beobachtungssystems zur sequentiellen Beschreibung und verhaltenstheoretischen Analyse von Eltern-Kind-Interaktionen*. Frankfurt a. M.: R. G. Fischer.

Ellgring, H. (1996). Verhaltensbeurteilung als Methode in der Differentiellen Psychologie. In K. Pawlik (Ed.), *Enzyklopädie der Psychologie: Differentielle Psychologie und Persönlichkeitsforschung: Band 1. Grundlagen und Methoden der Differentiellen Psychologie* (pp. 395–425). Göttingen: Hogrefe.

Embretson, S. E. & Reise, S. P. (2000). *Item response theory for psychologists*. Mahwah, NJ: Erlbaum.

Endler, N. S. & Magnusson, D. (Eds.). (1976). *Interactional psychology and personality*. Washington, DC: Hemisphere.

Engel, R. (2000). *MMPI-2. Minnesota Multiphasic Personality Inventory (deutsche Adaptation)*. Bern: Huber.

Entwistle, N. J. & Ramsden, P. (1983). *Understanding student learning*. London: Croom Helm.

Epstein, S. (1994). Integration of the cognitive and psychodynamic unconscious. *American Psychologist, 49*, 709–724.

Erdelyi, M. H. (1985). *Psychoanalysis. Freud's cognitive psychology*. New York: Freeman.

Erdman, H. P., Klein, M. H. & Greist, J. H. (1985). Direct patient computer interviewing. *Journal of Consulting and Clinical Psychology, 53*, 760–773.

Eschenbeck, H., Kohlmann, C.-W., Heim-Dreger, U., Koller, D. & Leser, M. (2004). Processing bias and anxiety in primary school children: A modified emotional Stroop colour-naming task using pictorial facial expressions. *Psychology Science, 46*, 451–465.

Esquirol, J. E. D. (1838). *Die Geisteskrankheiten in Beziehung zur Medizin und Staatsarzneikunde* (2 Bände). Berlin: Voss'sche Buchhandlung.

Esser, G., Blanz, B., Geisel, B. & Laucht, M. (1989). *Mannheimer Elterninterview (MEI)*. Weinheim: Beltz-Test.

Esterling, B. A, Antoni, M. H., Kumar, M. & Schneiderman, N. (1990). Emotional repression, stress disclosure responses, and Epstein-Barr viral capsid antigen titers. *Psychosomatic Medicine, 52*, 397–410.

Estes, S. G. (1938). Judging personality from expressive behavior. *Journal of Abnormal and Social Psychology, 33*, 217–236.

Evans, C. R. & Dion, K. L. (1991). Group cohesion and performance: A meta-analysis. *Small Group Research, 22*, 175–186.

Evans, M. G. (1970). The effects of supervisory behavior on the path-goal relationship. *Organizational Behavior and Human Performance, 5*, 277–298.

Exner, J. E. (1974). *The Rorschach: A Comprehensive System. Vol. 1*. New York: Wiley.

Exner, J. E. (1993). *The Rorschach: A Comprehensive System. Vol. 1: Basic Foundations* (3rd ed.). New York: Wiley.

Eysenck, H. J. (1947). *Dimensions of personality*. London: Routledge & Kegan Paul.

Eysenck, H. J. (1959). *Manual of the Maudsley Personality Inventory*. London: University of London Press.

Eysenck, H. J. (1970). *EPI Eysenck Personality Inventory*. London: University of London Press.

Eysenck, H. J. (1975). The measurement of emotion: Psychological parameters and methods. In L. Levi (Ed.), *Emotions: Their parameters and measurement* (pp. 439–467). New York: Raven.

Eysenck, H. J. (1980). *Intelligenz. Struktur und Messung*. Berlin: Springer.

Eysenck, H. J. (1991). Personality, stress, and disease: An interactionist perspective. *Psychological Inquiry, 2*, 221–232.

Eysenck, H. J. (Ed.). (1976). *The measurement of personality*. Lancaster, UK: Medical & Technical Publishers.

Eysenck, H. J. & Eysenck, M. W. (1985). *Personality and individual differences. A natural science approach*. New York: Plenum.

Eysenck, H. J. & Eysenck, S. B. G. (1968). *Manual of the Eysenck Personality Inventory*. London: University of London Press.

Eysenck, H. J. & Eysenck, S. B. G. (1975). *Manual of the Eysenck Personality Questionnaire*. London: Hodder & Stoughton.

F

Fahrenberg, J. (1986). Psychophysiological individuality: A pattern analytic approach to personality research and psychosomatic medicine. *Advances in Behaviour Research and Therapy, 8*, 43–100.

Fahrenberg, J. (1987). Zur psychophysiologischen Methodik: Konvergenz, Fraktionierung oder Synergismen? *Diagnostica, 33*, 272–287.

Fahrenberg, J. (1994). *Die Freiburger Beschwerdenliste (FBL)*. Göttingen: Hogrefe.

Fahrenberg, J., Hampel, R. & Selg, H. (2001). *Freiburger Persönlichkeitsinventar (FPI-R)* (7. Aufl.). Göttingen: Hogrefe.

Fahrenberg, J., Myrtek, M., Pawlik, K. & Perrez, M. (2007). Ambulantes Assessment: Verhalten im Alltagskontext erfassen. *Psychologische Rundschau, 58*, 12–13.

Fahrenberg, J. & Selg, H. (1970). *Das Freiburger Persönlichkeits-Inventar FPI*. Göttingen: Hogrefe.

Farrell, A. D. (1993). Computers and behavioral assessment: Current applications, future possibilities, and obstacles to routine use. *Behavioral Assessment, 13*, 159–170.

Faßnacht, G. (1995). *Systematische Verhaltensbeobachtung. Eine Einführung in die Methodologie und Praxis* (2. Aufl.). München: Reinhardt.

Fay, E. & Stumpf, H. (1995). Leistungsdaten. In R. S. Jäger & F. Petermann, *Psychologische Diagnostik* (pp. 380–396). Weinheim: Beltz PVU.

Fazio, R. H. & Olson, M. A. (2003). Implicit measures in social cognition research: Their meaning and use. *Annual Review of Psychology, 54*, 297–327.

Fechner, G. T. (1860). *Elemente der Psychophysik*. Leipzig: Breitkopf & Härtel.

Feingold, A. (1992). Good-looking people are not what we think. *Psychological Bulletin, 111*, 304–341.

Felfe, J. (2006). Validierung einer deutschen Version des „Multifactor Leadership Questionnaire" (MLQ Form 5 x Short) von Bass und Avolio (1995). *Zeitschrift für Arbeits- und Organisationspsychologie, 50*, 61–78.

Felfe, J. & Goihl, K. (2002). Transformational leadership and commitment. In J. Felfe (Ed.), *Organizational development and leadership* (pp. 87–124). Frankfurt a. M.: Lang.

Fenigstein, A., Scheier, M. F. & Buss, A. H. (1975). Public and private self-consciousness: Assessment and theory. *Journal of Clinical and Consulting Psychology, 43*, 522–527.

Ferguson, L. W. (1952). *Personality measurement*. New York: McGraw-Hill.

Ferreira, Y. (2009). FEAT - Fragebogen zur Erhebung von Arbeitszufriedenheitstypen. *Zeitschrift für Arbeits- und Organisationspsychologie A & O, 53*, 177–193.

Feuerlein, W., Küfner, H., Ringer, C. & Antons-Volmerk, K. (1999). *Münchner Alkoholismustest (MALT)* (2. Aufl.). Göttingen: Beltz-Test.

Fiedler, F. E. (1964). A contingency model of leadership effectiveness. In L. Berkowitz (Ed.), *Advances in experimental social psychology* (Vol. 1, pp. 146–190). New York: Academic Press.

Filipp, S.-H. & Freudenberg, E. (1989). *Fragebogen zur Erfassung dispositionaler Selbstaufmerksamkeit (SAM)*. Göttingen: Hogrefe.

Filipp, S.-H., Klauer, T., Ferring, D. & Freudenberg, E. (1990). Coping with life-threatening disease: some research problems and selected findings. In L. R. Schmidt, P. Schwenkmezger, J. Weinman & S. Maes (Eds.), *Theoretical and applied aspects of health psychology* (pp. 385–398). Chur, Schweiz: Harwood.

Finney, J. C. (1966). Programmed interpretation of MMPI and CPI. *Archives of General Psychiatry, 15*, 75–81.

Finney, J. C. (1985). Anxiety: Its measurement by objective personality tests and self-report. In A. H. Tuma & J. D. Maser (Eds.), *Anxiety and the anxiety disorders* (pp. 645–673). Hillsdale, NJ: Erlbaum.

Fischer, G. H. (1974). *Einführung in die Theorie psychologischer Tests: Grundlagen und Anwendungen*. Bern: Huber.

Fischer, G. H. (1988). Spezifische Objektivität: Eine wissenschaftstheoretische Grundlage des Rasch-Modells. In K. D. Kubinger (Ed.), *Moderne Testtheorie – Ein Abriß samt neuesten Beiträgen*. München: Psychologie Verlags Union.

Fiske, D. W. (1949). Consistency of the factorial structures of personality ratings from different sources. *Journal of Abnormal and Social Psychology, 44*, 329–344.

Fisseni, H.-J. (1982). *Persönlichkeitsbeurteilung. Zur Theorie und Praxis des psychologischen Gutachtens*. Göttingen: Hogrefe.

Fisseni, H.-J. & Fennekels, G. (1995). *Das Assessment-Center. Einführung für Praktiker*. Göttingen: Hogrefe.

Fittkau-Garthe, H. & Fittkau, B. (1971). *Fragebogen zur Vorgesetzten-Verhaltensbeschreibung (FVVB)*. Göttingen: Hogrefe.

Flanagan, J. C. (1954). The critical incident technique. *Psychological Bulletin, 51*, 327–358.

Flanders, N. A. (1970). *Analyzing teaching behavior*. Reading, MA: Addison.

Fleenor, J. W. (1996). Constructs and developmental assessment centers: Further troubling empirical findings. *Journal of Business and Psychology, 10*, 319–335.

Fleishman, E. A. (1957). The Leader Opinion Questionnaire. In R. M. Stogdill & A. E. Coons (Eds.), *Leader behavior: Its description and measurement* (pp. 120–133). Columbus, OH: Bureau of Business Research, Ohio State University.

Fleishman, E. A. (1972). On the relation between abilities, learning, and human performance. *American Psychologist, 27*, 1017–1032.

Fleishman, E. A. & Harris, E. F. (1962). Patterns of leadership behavior related to employee grievances and turnover. *Personnel Psychology, 15*, 43–56.

Fleishman, E. A. & Reilly, M. E. (Eds.). (1992). *Handbook of human abilities. Definitions, measurements, and job task requirements*. Palo Alto, CA: Consulting Psychologists.

Fleiss, J. L. (1981). *Statistical methods for rates and proportions*. New York: Wiley.

Flynn, J. R. (1987). Massive IQ gains in 14 nations: What IQ tests really measure. *Psychological Bulletin, 101*, 171–191.

Föderation Deutscher Psychologenvereinigungen (1988). *Richtlinien für die Erstellung psychologischer Gutachten*. Bonn: Deutscher Psychologenverlag.

Forgas, J. P. (1992). Affect in social judgments and decisions: a multi-process model. In M. Zanna (Ed.), *Advances in experimental social psychology* (pp. 227–275). San Diego, CA: Academic Press.

Formann, A. K., Waldherr, K. & Piswanger, K. (2011). *Wiener Matrizen-Test-2 (WMT-2): Ein Rasch-skalierter sprachfreier Kurztest zur Erfassung der Intelligenz*. Göttingen: Hogrefe.

Försterling, F. (1985). Attributional retraining: A review. *Psychological Bulletin, 98*, 495–512.

Foulds, G. A., Caine, T. M. & Creasy, M. A. (1960). Aspects of extra- and intropunitive expression in mental illness. *Journal of Mental Science, 106*, 599–609.

Frank, L. K. (1948). *Projective methods*. Springfield, IL: Thomas.

Franke, G. H. (2002). *SCL-90-R – Die Symptom-Checkliste von L.R. Derogatis. Deutsche Version* (2. Aufl.). Göttingen: Beltz-Test.

Franke, G. H. (2013). *Symptom-Checklist-90-Standard. SCL-90-S*. Göttingen: Hogrefe.

Frederiksen, N. R. (1962). Factors in in-basket performance. *Psychological Monographs: General & Applied, 76* (22, Whole No. 541).

Freimuth, J. & Sieland, J. (2013). Vorträge und Präsentationen. In W. Sarges (Ed.), *Management-Diagnostik* (4. Aufl., pp. 668–676). Göttingen: Hogrefe.

Freud, S. (1973). Psychoanalytische Bemerkungen über einen autobiographisch beschriebenen Fall von Paranoia (Dementia paranoides). In A. Mitscherlich, A.

Richards & J. Strachey (Eds.), *Sigmund Freud Studienausgabe: Band 7. Zwang, Paranoia und Perversion* (pp. 133–203). Frankfurt a. M.: S. Fischer. (Erstveröffentlichung 1911)

Freud, S. (1974). Totem und Tabu. (Einige Übereinstimmungen im Seelenleben der Wilden und der Neurotiker). In A. Mitscherlich, A. Richards & J. Strachey (Eds.), *Sigmund Freud Studienausgabe: Band 9. Fragen der Gesellschaft. Ursprünge der Religion* (pp. 287–444). Frankfurt a. M.: S. Fischer. (Erstveröffentlichung 1913)

Frey, A. (2008). Adaptives Testen. In H. Moosbrugger & A. Kelava (Eds.), *Testtheorie und Fragebogenkonstruktion* (pp. 261–278). Heidelberg: Springer.

Freyberger, H. J. & Stieglitz, R.-D. (1997). Krankheitsbilder, Klassifikation, Dokumentation. In W. Senf & M. Broda (Eds.), *Praxis der Psychotherapie. Theoretische Grundlagen von Psychoanalyse und Verhaltenstherapie* (pp. 16–23). Stuttgart: Thieme.

Fridlund, A. J. (1991). Emotion and facial action in reflex, social motive, and paralanguage. *Biological Psychology, 32*, 3–100.

Friedman, H. S. & Miller-Herringer, T. (1991). Nonverbal display of emotion in public and private: Self-monitoring, personality, and expressive cues. *Journal of Personality and Social Psychology, 61*, 766–775.

Friedman, H. S. & Rosenman, R. H. (1974). *Type A behavior and your heart.* New York: Knopf.

Friedrich, H. F. & Mandl, H. (1992). Lern- und Denkstrategien – ein Problemaufriss. In H. Mandl & H. F. Friedrich (Eds.), *Lern- und Denkstrategien. Analyse und Intervention* (pp. 3–54). Göttingen: Hogrefe.

Frieling, E. & Hoyos, C. Graf (1978). *Fragebogen zur Arbeitsanalyse (FAA). Deutsche Bearbeitung des Position Analysis Questionnaire (PAQ).* Bern: Huber.

Frohburg, I. (1970). Zur psychodiagnostischen Erfassung von Persönlichkeitsveränderungen mit Hilfe der Q-Sortierungstechnik. In H.-D. Rösler, H. D. Schmidt & H. Szewczyk (Eds.), *Persönlichkeitsdiagnostik* (pp. 119–133). Berlin: Deutscher Verlag der Wissenschaften.

Frohriep, K. (1978). Einige Ergebnisse zur psychodiagnostischen Validität eines neu entwickelten Kurzzeit-Lerntests für die Differentialdiagnostik entwicklungsrückständiger Vorschulkinder im Vergleich mit konventionellen Verfahren und Langzeit-Lerntests. In G. Clauß, J. Guthke & G. Lehwald (Eds.), *Psychologie und Psychodiagnostik lernaktiven Verhaltens* (pp. 67–72). Berlin: Gesellschaft für Psychologie.

Fuhrer, U. (2009). *Lehrbuch Erziehungspsychologie.* (2. Aufl.) Bern: Huber.

Funder, D. C. (1987). Errors and mistakes: Evaluating the accuracy of social judgment. *Psychological Bulletin, 101*, 75–90.

Funder, D. C. & West, S. G. (1993). Consensus, self-other agreement, and accuracy in personality judgment: An introduction. *Journal of Personality, 61*, 457–476.

Funke, J. (Ed.). (1999). Themenheft. Komplexes Problemlösen. *Psychologische Rundschau, 50*, 194–233.

Funke, U. (1995). Szenarien in der Eignungsdiagnostik und im Personaltraining. In B. Strauß & M. Kleinmann (Eds.), *Computersimulierte Szenarien in der Personalarbeit* (pp. 145–216). Göttingen: Hogrefe.

Funke, U. & Barthel, E. (1990). Nutzen und Kosten von Personalentscheidungen. In W. Sarges (Ed.), *Management-Diagnostik* (pp. 647–658). Göttingen: Hogrefe.

Funke, W., Funke, J., Klein, M. & Scheller, R. (1987). *Trierer Alkoholismusinventar (TAI). Handanweisung.* Göttingen: Hogrefe.

Funkenstein, D. H., King, S. H. & Drolette, M. E. (1954). The direction of anger during a laboratory stress-inducing situation. *Psychosomatic Medicine, 16*, 404–413.

Fydrich, T., Sommer, G. & Brähler, E. (2007). *Fragebogen zur Sozialen Unterstützung (F-SozU).* Göttingen: Hogrefe.

G

Gage, N. L. & Berliner, D. C. (1996). *Pädagogische Psychologie.* (5. Aufl.). Weinheim: Beltz.

Galton, F. (1869). *Hereditary genius. An inquiry into its laws and consequences.* London: Macmillan.

Galton, F. (1883). *Inquiries into human faculty and its development.* London: Macmillan.

Galton, F. (1884). Measurement of character. *Fortnightly Review, 36*, 179–185.

Gangestad, S. W. & Snyder, M. (2000). Self-monitoring: Appraisal and reappraisal. *Psychological Bulletin, 126*, 530–555.

Gardner, H. (1983). *Frames of mind. The theory of multiple intelligences.* New York: Basic Books.

Gardner, H. (1999). *Intelligence reframed: Multiple intelligences for the 21st century.* New York: Basic Books.

Gardner, K. E. & Williams, A. P. O. (1973). A twenty-five year follow-up of an extended interview selection procedure in the Royal Navy. *Occupational Psychology, 47*, 1–13.

Gardner, R. W., Holzman, P. S., Klein, G. S., Linton, H. B. & Spence, D. P. (1959). Cognitive control: A study of individual consistencies in cognitive behavior. *Psychological Issues, 1* (4, Monograph No. 4).

Gardner, R. W., Jackson, D. N. & Messick, S. J. (1960). Personality organization in cognitive controls and intellectual abilities. *Psychological Issues, 2* (4, Monograph No.8).

Gaskill, P. C., Fenton, N. & Porter, J. P. (1927). Judging the intelligence of boys from their photographs. *Journal of Applied Psychology, 11*, 394–403.

Geer, J. H. (1965). The development of a scale to measure fear. *Behaviour Research and Therapy, 3*, 45–53.

Geissner, E. (2001). *Fragebogen zur Erfassung der Schmerzverarbeitung (FESV).* Göttingen: Hogrefe.

Gemar, M. C., Segal, Z. V., Sagrati, S. & Kennedy, S. J. (2001). Mood-induced changes in the Implicit Association Test in recovered depressed patients. *Journal of Abnormal Psychology, 110*, 282–289.

Genest, M. & Turk, D. C. (1981). Think-aloud approaches to cognitive assessment. In T. V. Merluzzi, C. R. Glass & M. Genest (Eds.), *Cognitive assessment* (pp. 233–269). New York: Guilford.

Genser, B., Häfele, A. & Häfele, M. (1978). Reflexivität-Impulsivität: Fähigkeit oder kognitiver Stil? *Zeitschrift für Entwicklungspsychologie und Pädagogische Psychologie, 10*, 114–123.

George, J. M. (1996). Trait and state affect. In K. R. Murphy (Ed.), *Individual differences and behavior in organizations* (pp. 145–171). San Francisco, CA: Jossey-Bass.

Geyer, A. & Steyrer, J. (1998). Messung und Erfolgswirksamkeit transformationaler Führung. *Zeitschrift für Personalforschung, 12*, 377–401.

Gignac, G. E. (2008). Higher-order models versus direct hierarchical models: g as superordinate or breadth factor? *Psychology Science Quarterly, 50*(1), 21–43.

Goebel, G. & Hiller, W. (2001). *Strukturiertes Tinnitus-Interview (STI).* Göttingen: Hogrefe.

Goldberg, L. R. (1965). Diagnosticians versus diagnostic signs: The diagnosis of psychosis versus neurosis from the MMPI. *Psychological Monographs, 79* (9, Whole No. 602).

Goldberg, L. R. (1970). Man versus model of man: A rationale plus some evidence for a method of improving on clinical inferences. *Psychological Bulletin, 73*, 422–432.

Goldberg, L. R. (1981). Language and individual differences: the search for universals in personality lexicons. *Review of Personality and Social Psychology, 2*, 141–165.

Goodenough, D. R. (1978). Field dependence. In H. London & J. E. Exner (Eds.), *Dimensions of personality* (pp. 165–216). New York: Wiley.

Goodenough, D. R. & Karp, S. A. (1961). Field dependence and intellectual functioning. *Journal of Abnormal and Social Psychology, 63*, 241–246.

Gotlib, I. H. & McCann, C. D. (1984). Construct accessibility and depression: An examination of cognitive and affective factors. *Journal of Personality and Social Psychology, 47*, 427–439.

Göttert, R. & Asendorpf, J. B. (1989). Eine deutsche Version des California-Child-Q-Sort. *Zeitschrift für Entwicklungspsychologie und Pädagogische Psychologie, 21*, 70–82.

Gottschaldt, K. (1926). Über den Einfluß der Erfahrung auf die Wahrnehmung von Figuren. I. Über den Einfluß gehäufter Einprägung von Figuren auf ihre Sichtbarkeit in umfassenden Konfigurationen. *Psychologische Forschung, 8*, 261–317.

Gough, H. G. (1957). *California Psychological Inventory*. Palo Alto, CA: Consulting Psychologists.

Grande, G. et al. (2004). Evaluation der deutschen Typ-D-Skala (DS14) und Prävalenz der Typ-3-Persönlichkeit bei kardiologischen und psychosomatischen Patienten sowie Gesunden. *Psychotherapie Psychosomatik Medizinische Psychologie, 54*, 413–422.

Graves, L. M. & Karren, R. J. (1996). The employee selection interview: A fresh look at an old problem. *Human Resources Management Journal, 35*, 163–180.

Grawe, K. (1992). Der Veränderungsprozeßbogen. In M. Zielke (Ed.), *Diagnostik in der Psychotherapie* (pp. 231–252). Stuttgart: Kohlhammer.

Grawe, K., Caspar, F. & Ambühl, H. (1990). Die Berner Therapievergleichsstudie: Prozeßvergleich. *Zeitschrift für Klinische Psychologie, 19*, 316–337.

Grawe, K., Donati, R. & Bernauer, F. (1994). *Psychotherapie im Wandel – Von der Konfession zur Profession* (2. Aufl.). Göttingen: Hogrefe.

Green, B. F. Jr. (1968). Descriptions and explanations: a comment on the papers by Hoffman and Edwards. In B. Kleinmuntz (Ed.), *Formal representation of human judgement* (pp. 91–98). New York: Wiley.

Greenwald, A. G. et al. (2002). A unified theory of implicit attitudes, stereotypes, self-esteem, and self-concept. *Psychological Review, 109*, 3–25.

Greenwald, A. G. & Farnham, S. D. (2000). Using the Implicit Association Test to measure self-esteem and self-concept. *Journal of Personality and Social Psychology, 79*, 1022–1038.

Greenwald, A. G., McGhee, D. E. & Schwartz, J. L. K. (1998). Measuring individual differences in implicit cognition: the Implicit Association Test. *Journal of Personality and Social Psychology, 74*, 1464–1480.

Greenwald, A. G. & Nosek, B. A. (2001). Health of the Implicit Association Test at Age 3. *Zeitschrift für Experimentelle Psychologie, 48*, 85–93.

Greenwald, A. G., Poehlman, T. A., Uhlmann, E. L. & Banaji, M. R. (2009). Understanding and using the Implicit Association Test: III. Meta-analysis of predictive validity. *Journal of Personality and Social Psychology, 97*, 17–41.

Greuel, L. et al. (1998). *Glaubhaftigkeit der Zeugenaussage. Theorie und Praxis der forensisch-psychologischen Begutachtung*. Weinheim: Beltz PVU.

Grewe, W. & Wentura, D. (1997). *Wissenschaftliche Beobachtung*. Weinheim: Beltz.

Groffmann, K.-J. (1983). Die Entwicklung der Intelligenzmessung. In K.-J. Groffmann & L. Michel (Eds.), *Enzyklopädie der Psychologie: Psychologische Diagnostik: Band 2. Intelligenz- und Leistungsdiagnostik* (pp. 1–103). Göttingen: Hogrefe.

Grotevant, H. D. & Carlson, C. I. (1987). Family interaction coding system: A descriptive review. *Family Process, 26*, 49–74.

Grove, W. M. & Meehl, P. E. (1996). Comparative efficiency of informal (subjective, impressionistic) and formal (mechanical, algorithmic) prediction procedures: The clinical-statistical controversy. *Psychology, Public Policy, and Law, 2*, 293–323.

Grove, W. M., Zald, D. H., Lebow, B. S., Snitz, B. E. & Nelson, C. (2000). Clinical versus mechanical prediction: a meta-analysis.. *Psychological Assessment, 12*, 19–30.

Gruber, T., Waschlewski, S. & Deegener, G. (2003). *Multiphasic Sex Inventory für Jugendliche (MSI-J)*. Göttingen: Hogrefe.

Guilford, J. P. (1940). *An inventory of factors STDCR*. Beverly Hills, CA: Sheridan.

Guilford, J. P. (1950). Creativity. *American Psychologist, 5*, 444–454.

Guilford, J. P. (1964). *Persönlichkeit*. Weinheim: Beltz.

Guilford, J. P. (Ed.). (1967). *The nature of human intelligence*. New York: McGraw-Hill.

Guilford, J. P. & Hoepfner, R. (1971). *The analysis of intelligence*. New York: McGraw-Hill.

Guilford, J. P. & Zimmerman, W. S. (1949). *The Guilford-Zimmerman Temperament Survey. Manual of instructions and interpretations*. Beverly Hills, CA: Sheridan.

Guion, R. M. (1973). A note on organizational climate. *Organizational Behavior and Human Performance, 9*, 120–125.

Gur, R. E. et al. (1994). Clinical subtypes of schizophrenia: differences in brain and CSF volume. *American Journal of Psychiatry, 151*, 343–350.

Guthke, J., Beckmann, J. F. & Wiedl, K. H. (2003). Dynamik im dynamischen Testen. *Psychologische Rundschau, 54*, 225–232.

Guthke, J., Jäger, C. & Schmidt, I. (1983). *Lerntestbatterie „Schlussfolgerndes Denken" (LTS)*. Berlin: Humboldt-Universität, Psychodiagnostisches Zentrum.

Guthke, J. & Wiedl, K. H. (1996). *Dynamisches Testen. Zur Psychodiagnostik der intraindividuellen Variabilität*. Göttingen: Hogrefe.

Guttman, L. (1944). A basis for scaling qualitative data. *American Sociological Review, 9*, 139–150.

Guzzo, R. A. & Dickson, M. W. (1996). Teams in organizations: Recent research on performance and effectiveness. *Annual Review of Psychology, 47*, 307–338.

H

Häcker, H. (1982). Objektive Tests zur Messung der Persönlichkeit. In K.-J. Groffmann & L. Michel (Eds.): *Enzyklopädie der Psychologie: Psychologische Diagnostik: Band 3. Persönlichkeitsdiagnostik* (pp. 132–185). Göttingen: Hogrefe.

Häcker, H., Schmidt, L. R. & Cattell, R. B. (1977). *MAT. Experimenteller Motivations Analyse Test*. Weinheim: Beltz.

Häcker, H., Schmidt, L. R., Schwenkmezger, P. & Utz, H. E. (1975). *Objektive Testbatterie OA-TB 75. Manual*. Weinheim: Beltz.

Häcker, H., Schwenkmezger, P. & Utz, H. E. (1979). Über die Verfälschbarkeit von Persönlichkeitsfragebogen und objektiven Persönlichkeitstests unter SD-Instruktion und in einer Auslesesituation. *Diagnostica, 25*, 7–23.

Hackman, J. R. (1970). Tasks and task performance in research on stress. In J. E. McGrath (Ed.), *Social and psychological factors in stress* (pp. 202–237). New York: Holt, Rinehart and Winston.

Hackman, J. R. (1987). The design of work teams. In J. W. Lorsch (Ed.), *Handbook of organizational behavior* (pp. 315–342). Englewood Cliffs, NJ: Prentice-Hall.

Hackman, J. R. & Oldham, G. R. (1975). Development of the job diagnostic survey. *Journal of Applied Psychology, 60*, 159–170.

Häfner, H., Löffler, W., Maurer, K., Riecher-Rössler, A. & Stein, A. (1999). *Interview für die retrospektive Erfassung des Erkrankungsbeginns und -verlaufs bei Schizophrenie und anderen Psychosen (IRAOS)*. Bern: Huber.

Hagtvet, K. A. (Ed.). (1992). *Advances in test anxiety research* (Vol. 7). Lisse, Niederlande: Swets & Zeitlinger.

Hahlweg, K. (1996). *Fragebogen zur Partnerschaftsdiagnostik (FPD)*. Göttingen: Hogrefe.

Hall, G. S. (1891). The contents of children's minds on entering school. *Pedagogical Seminary and Journal of Genetic Psychology, 1*, 139–173.

Hall, V. & Russell, W. J. (1974). Multitrait-multimethod analysis of conceptual tempo. *Journal of Educational Psychology, 66*, 932–939.

Halpin, A. W. (1957). *Manual for the Leader Behavior Description Questionnaire*. Columbus, OH: Bureau of Business Research, Ohio State University.

Halpin, A. W. & Winer, B. J. (1957). A factorial study of the leader behavior descriptions. In R. M. Stogdill & A. E. Coons (Eds.), *Leader behavior: Its description and measurement* (pp. 39–51). Columbus, OH: Bureau of Business Research, Ohio State University.

Hambleton, R. K., Swaminathan, H. & Rogers, H. J. (1991). *Fundamentals of item response theory*. Newbury Park, CA: Sage.

Hampel, P. & Petermann, F. (2012). *Screening psychischer Störungen im Jugendalter (SPS-J). (Dt. Adaptation des Reynolds Adolescent Adjustment Screening Inventory. RAASI)* (2. Aufl.). Göttingen: Hogrefe.

Hampel, P., Petermann, F. & Dickow, B. (2001). *Streßverarbeitungsfragebogen von Janke und Erdmann angepaßt für Kinder und Jugendliche (SVF-KJ)*. Göttingen: Hogrefe.

Hampel, R. & Selg, H. (1975). *Fragebogen zur Erfassung von Aggressivitätsfaktoren (FAF)*. Göttingen: Hogrefe.

Hamster, W., Langner, W. & Mayer, K. (1980). *Tübinger Luria-Christensen Neuropsychologische Untersuchungsreihe (TÜLUC)*. Weinheim: Beltz-Test.

Hangarter, M., Schmitt, M. & Ebert, D. (2001). *Aufmerksamkeits- und Gedächtnisindikatoren zur Konstruktvalidierung von sozial- und persönlichkeitspsychologischen Eigenschafts- und Zustandsmaßen* (Berichte aus der Arbeitsgruppe „Verantwortung, Gerechtigkeit, Moral" Nr. 142). Trier: Universität Trier, Fachbereich I – Psychologie.

Hanke, B., Mandl, H. & Prell, S. (1974). *Soziale Interaktion im Unterricht*. München: Oldenbourg.

Hardt, J. et al. (2003). Was mißt der FKV? Eine Überprüfung des Freiburger Fragebogens zur Krankheitsverarbeitung bei Patienten mit unterschiedlichen Erkrankungen. *Zeitschrift für Klinische Psychologie und Psychotherapie, 32*, 41–50.

Harmon, L. W., Hansen, J.-I. C., Borgen, F. H. & Hammer, A. L. (1994). *Strong Interest Inventory: Applications and technical guide*. Palo Alto, CA: Consulting Psychological Press.

Harnishfeger, A. & Wiley, D. E. (1976). The teaching-learning process in elementary schools. *Curriculum Inquiry, 6*, 5–43.

Harper, G. & Kember, D. (1989). Interpretation of factor analyses from the Approaches to Studying Inventory. *British Journal of Educational Psychology, 59*, 66–74.

Hartung, C. M. & Widiger, T. A. (1998). Gender differences in the diagnosis of mental disorders: conclusions and controversies of DSM-IV. *Psychological Bulletin, 123*, 260–278.

Hasselhorn, M. & Gold, A. (2013). *Pädagogische Psychologie* (3. Aufl.). Stuttgart: Kohlhammer.

Hastie, R. & Rasinski, K. A. (1988). The concept of accuracy in social judgment. In D. Bar-Tal & A. W. Kruglanski (Eds.), *The social psychology of knowledge* (pp. 193–208). New York: Cambridge University Press.

Hathaway, S. R. (1948). Some considerations relative to nondirective counseling as therapy. *Journal of Clinical Psychology, 4*, 226–231.

Hathaway, S. R. & McKinley, J. C. (1943). *Manual for the Minnesota Multiphasic Personality Inventory*. New York: Psychological Corporation.

Hathaway, S. R. & McKinley, J. C. (1989). *MMPI-2*. Minneapolis, MN: University of Minnesota Press.

Hathaway, S. R. & Meehl, P. E. (1951). *An atlas for the clinical use of the MMPI*. Minneapolis, MN: University of Minnesota Press.

Hautzinger, M., Bailer, M., Hofmeister, D. & Keller, F. (2012). *Allgemeine Depressions Skala (ADS)* (2. Aufl.). Göttingen: Hogrefe.

Hautzinger, M., Keller, F. & Kühner, C. (2006). *Beck-Depressions-Inventar (BDI-II). Revision*. Frankfurt a. M.: Harcourt.

Haynes, S. G., Feinleib, M. & Kannel, W. B. (1980). The relationship of psychosocial factors to coronary heart disease in the Framingham Study: III. Eight-year incidence of coronary heart disease. *American Journal of Epidemiology, 11*, 37–58.

Heatherton, T. F. & Vohs, K. D. (2000). Interpersonal evaluations following threats to self: Role of self-esteem. *Journal of Personality and Social Psychology, 78*, 725–736.

Heckhausen, H. (1963). *Hoffnung und Furcht in der Leistungsmotivation*. Meisenheim: Hain.

Heckhausen, H. (1980). *Motivation und Handeln*. Berlin: Springer.

Heckhausen, H. & Rheinberg, F. (1980). Lernmotivation im Unterricht, erneut betrachtet. *Unterrichtswissenschaft, 8*, 7–47.

Hedges, L. V. & Okin, I. (1985). *Statistical methods for meta-analysis*. New York: Academic Press.

Heller, K. A. & Geisler, H. J. (1983). *Kognitiver Fähigkeitstest für 1. bis 3. Klassen (KFT 1–3)*. Weinheim: Beltz.

Heller, K. A., Kratzmeier, H. & Lengfelder, A. (1998a). *Matrizen-Test-Manual, Band 1. Ein Handbuch mit deutschen Normen zu den Standard Progressive Matrices von J. C. Raven*. Göttingen: Beltz-Test.

Heller, K. A., Kratzmeier, H. & Lengfelder, A. (1998b). *Matrizen-Test-Manual, Band 2. Ein Handbuch mit deutschen Normen zu den Advanced Progressive Matrices von J. C. Raven*. Göttingen: Beltz-Test.

Heller, K. A. & Perleth, C. (2000). *Kognitiver Fähigkeitstest für 4. bis 12. Klassen, Revision. (KFT 4–12+ R)*. Göttingen: Hogrefe.

Helmes, E. & Reddon, J. R. (1993). A perspective on developments in assessing psychopathology: A critical review of the MMPI and MMPI-2. *Psychological Bulletin, 113*, 453–471.

Helmke, A. & Kischkel, K.-H. (1980). Zur Wahrnehmung elterlichen Erziehungsverhaltens durch Eltern und ihre Kinder und dessen Erklärungswert für kindliche Persönlichkeitsmerkmale. In H. Lukesch, M. Perrez & K. A. Schneewind (Eds.), *Familiäre Sozialisation und Intervention* (pp. 81–105). Bern: Huber.

Helmke, A. & Renkl, A. (1992). Das Münchener Aufmerksamkeitsinventar (MAI): Ein Instrument zur systematischen Verhaltensbeobachtung der Schüleraufmerksamkeit im Unterricht. *Diagnostica, 38*, 130–141.

Hemphill, J. K. (1950). Relations between the size of the group and the behavior of „superior" leaders. *Journal of Social Psychology, 32*, 11–22.

Hemphill, J. K. (1956). *Group dimensions: A manual for their measurement*. Columbus, OH: Bureau of Business Research, Ohio State University.

Henrich, G. & Herschbach, P. (1995). Fragen zur Lebenszufriedenheit (FLZ) – ein Gewichtungsmodell. In R. Schwarz, J.

Bernhard, H. Flechtner, T. Küchler & C. Hürny (Eds.), *Lebensqualität in der Onkologie II* (pp. 77–93). München: Zuckschwerdt.

Henrich, G. & Herschbach, P. (2000). Questions on Life Satisfaction (FLZM) – A short questionnaire for assessing subjective quality of life. *European Journal of Psychological Assessment, 16*, 150–159.

Hermanns, N. & Kulzer, B. (1995). Die Messung von Wohlbefinden bei Diabetikern: Evaluation des Wohlbefinden-Fragebogens von Bradley. In C.-W. Kohlmann & B. Kulzer (Eds.), *Diabetes und Psychologie. Diagnostische Ansätze* (pp. 34–50). Bern: Huber.

Hermans, H. J. M., Petermann, F. & Zielinski, W. (1978). *Leistungsmotivationstest (LMT)*. Amsterdam, NL: Swets & Zeitlinger.

Herrmann, T., Stapf, A. & Krohne, H. W. (1971). Die Marburger Skalen zur Erfassung des elterlichen Erziehungsstils. *Diagnostica, 17*, 118–131.

Hersen, M. & van Hasselt, V. B. (Eds.). (1998). *Basic interviewing: A practical guide for counselors and clinicians*. Mahwah, NJ: Erlbaum.

Herzberg, F., Mausner, B. & Snyderman, B. (1959). *The motivation to work*. New York: Wiley.

Hessels, M. G. P. (2000). The learning potential test for ethnic minorities: A tool for standardized assessment of children in kindergarten and the first years of primary school. In C. S. Lidz & J. Elliott (Eds.), *Dynamic assessment: Prevailing models and applications*. New York: Elsevier.

Hetzer, H. & Tent, L. (1971). *Weilburger Testaufgaben für Schulanfänger (WTA)*. Weinheim: Beltz.

Heubrock, D. & Petermann, F. (2001). *Aufmerksamkeitsdiagnostik*. Göttingen: Hogrefe.

Heymans, G. & Wiersma, E. (1906). Beiträge zur speziellen Psychologie auf Grund einer Massenuntersuchung. *Zeitschrift für Psychologie, 42*, 81–127.

Hock, M. (1992). Exchange of aversive communicative acts between mother and child as related to perceived child-rearing practices and anxiety of the child. In K. A. Hagtvet (Ed.), *Advances in test anxiety research* (Vol. 7, pp. 156–174). Lisse, The Netherlands: Swets and Zeitlinger.

Hock, M. & Krohne, H. W. (1987). Interaktionszustände von Mutter und Kind bei einer Problemlöseaufgabe als Indikatoren mütterlicher Erziehungsstile. *Psychologische Beiträge, 29*, 315–348.

Hock, M. & Krohne, H. W. (1989). Mütterliches Erziehungsverhalten während einer Hausaufgabenanfertigung und Ängstlichkeit beim Kind. *Zeitschrift für Pädagogische Psychologie, 3*, 169–180.

Hodapp, V. (1991). Das Prüfungsängstlichkeitsinventar TAI-G: Eine erweiterte und modifizierte Version mit vier Komponenten. *Zeitschrift für Pädagogische Psychologie, 5*, 121–130.

Hodapp, V. (1996). The TAI-G: A multidimensional approach to the assessment of test anxiety. In C. Schwarzer & M. Zeidner (Eds.), *Stress, anxiety, and coping in academic settings* (pp. 95–130). Tübingen: Francke.

Hodapp, V. & Benson, J. (1997). The multidimensionality of test anxiety: a test of different models. *Anxiety, Stress, and Coping, 10*, 219–244.

Hodapp, V., Glanzmann, P. & Laux, L. (1995). Theory and measurement of test anxiety as a situation-specific trait. In C. D. Spielberger & P. R. Vagg (Eds.), *Test anxiety: Theory, assessment, and treatment* (pp. 47–58). Washington, DC: Taylor & Francis.

Hodapp, V., Rohrmann, S. & Ringeisen, T. (2011). *Prüfungsangstfragebogen PAF*. Göttingen: Hogrefe.

Hoffman, P. J. (1960). The paramorphic representation of clinical judgment. *Psychological Bulletin, 57*, 116–131.

Hoffman, P. J. (1968). Cue-consistency and configurality in human judgment. In B. Kleinmuntz (Ed.), *Formal representation of human judgment* (pp. 53–90). New York: Wiley.

Hofmann, W., Friese, M., Müller, J. & Strack, F. (2011). Zwei Seelen wohnen, ach, in meiner Brust. *Psychologische Rundschau, 62*, 147–166.

Hofmann, W., Gawronski, B., Gschwendner, T., Le, H., & Schmitt, M. (2005). A meta-analysis on the correlation between the implicit association test and explicit self-report measures. *Personality and Social Psychology Bulletin, 31*, 1369–1385.

Hofstede, G. (1998). Attitudes, values and organizational culture: Desentangling the concepts. *Organizational Studies, 19*, 477–493.

Höft, S. & Funke, U. (2006). Simulationsorientierte Verfahren der Personalauswahl. In H. Schuler (Ed.), *Lehrbuch der Personalpsychologie* (2. Aufl., pp. 145–188). Göttingen: Hogrefe.

Hogan, J. B. (1994). Empirical keying of background data measures. In G. S. Stokes, M. D. Mumford & W. A. Owens (Eds.), *Biodata handbook: Theory, research, and use of biographical information in selection and performance prediction* (pp. 69–107). Palo Alto, CA: Consulting Psychologists.

Hogan, R., Curphy, G. J. & Hogan, J. B. (1994). What we know about leadership: Effectiveness and personality. *American Psychologist, 49*, 493–504.

Hogan, R. & Hogan, J. B. (1992). *Hogan Personality Inventory manual*. Tulsa, OK: Hogan Assessment Systems.

Holden, R. R. & Passey, J. (2010). Socially desirable responding in personality assessment: Not necessarily faking and not necessarily substance. *Personality and Individual Differences, 49*(5), 446–450. doi: 10.1016/j.paid.2010.04.015

Holland, J. L. (1973). *Making vocational choices: A theory of careers*. Englewood Cliffs, NJ: Prentice-Hall.

Holling, H. & Melles, T. (2004). Entscheidung und Nutzen. In H. Schuler (Ed.), *Enzyklopädie der Psychologie: Wirtschafts-, Organisations- und Arbeitspsychologie: Band 4. Organisationspsychologie – Gruppe und Organisation* (pp. 335–381). Göttingen: Hogrefe.

Holling, H., Preckel, F. & Vock, M. (2004). *Intelligenzdiagnostik*. Göttingen: Hogrefe.

Holling, H. & Reiners, W. (1999). Monetärer Nutzen verschiedener Selektionsstrategien in Assessment Centern. In H. Holling & G. Gediga (Eds.), *Evaluationsforschung*. Göttingen: Hogrefe.

Hollmann, H. (2013). Dokumentenanalysen. In W. Sarges (Ed.), *Management-Diagnostik* (4. Aufl., pp. 742–751). Göttingen: Hogrefe.

Holmes, D. S. (1968). Dimensions of projection. *Psychological Bulletin, 69*, 248–268.

Holmes, D. S. (1978). Projection as a defense mechanism. *Psychological Bulletin, 85*, 677–688.

Holmes, T. H. & Rahe, R. H. (1967). The Social Readjustment Rating Scale. *Journal of Psychosomatic Research, 11*, 213–218.

Holocher-Ertl, S., & Kubinger, K. D. (2009). Hochbegabungsdiagnostik: Das Wiener Diagnosemodell zum Hochleistungspotenzial. *Report Psychologie, 34*, 116–126.

Holt, R. R. (1958). Clinical *and* statistical prediction: a reformulation and some new data. *Journal of Abnormal and Social Psychology, 56*, 1–12.

Holtzman, W. H., Thorpe, J. S., Swartz, J. D. & Herron, E. W. (1961). *Inkblot perception and personality: Holtzman Inkblot Technique*. Austin, TX: University of Texas Press.

Holzkamp, K. (1965). Zur Geschichte und Systematik der Ausdruckstheorien. In R. Kirchhoff (Ed.), *Handbuch der Psychologie: Band 5. Ausdruckspsychologie* (pp. 39–113). Göttingen: Hogrefe.

Holzman, P. S. (1966). Scanning: a principle of reality contact. *Perceptual and Motor Skills, 23*, 835–844.

Holzman, P. S. & Gardner, R. W. (1959). Leveling and repression. *Journal of Abnormal and Social Psychology, 59*, 151–155.

Holzman, P. S. & Klein, G. S. (1956). Intersensory and visual field forces in size estimation. *Perceptual and Motor Skills, 6*, 37–41.

Hörmann, H. (1960). *Konflikt und Entscheidung. Experimentelle Untersuchungen über das Interferenzphänomen.* Göttingen: Hogrefe.

Hörmann, H. (1964). *Aussagemöglichkeiten psychologischer Diagnostik.* Göttingen: Hogrefe.

Hörmann, H. (1982). Theoretische Grundlagen der projektiven Verfahren. In K.-J. Groffmann & L. Michel (Eds.), *Enzyklopädie der Psychologie: Psychologische Diagnostik: Band 1. Grundlagen psychologischer Diagnostik* (pp. 173–247). Göttingen: Hogrefe.

Hörmann, H. (Org.). (1967). Die Beziehungen zwischen psychologischer Diagnostik und Grundlagenforschung. In F. Merz (Ed.), *Bericht über den 25. Kongreß der Deutschen Gesellschaft für Psychologie in Münster 1966* (pp. 101–131). Göttingen: Hogrefe.

Horn, J. L. (1994). Theory of fluid and crystallized intelligence. In R. J. Sternberg (Ed.), *Encyclopedia of human intelligence* (pp. 443–451). New York: MacMillan.

Horn, J. L. & Cattell, R. B. (1966). Refinement and test of the theory of fluid and crystallized general intelligences. *Journal of Educational Psychology, 57*, 253–270.

Horn, R. (Ed.). (2009). *Standard Progressive Matrices (SPM). Deutsche Bearbeitung und Normierung nach J. C. Raven.* (2. Aufl.). Frankfurt: Pearson Assessment.

Horn, W. (1983). *Leistungsprüfsystem (LPS).* Göttingen: Hogrefe.

Horn, W., Lukesch, H., Kormann, A. & Mayrhofer, S. (2002). *Prüfsystem für Schul- und Bildungsberatung für 4. bis 6. Klassen – revidierte Fassung (PSB-R 4–6).* Göttingen: Hogrefe.

Horn, W., Lukesch, H., Mayrhofer, S. & Kormann, A. (2003). *Prüfsystem für Schul- und Bildungsberatung für 6. bis 13. Klassen – revidierte Fassung (PSB-R 6–13).* Göttingen: Hogrefe.

Hornke, L. F. (1976). *Grundlagen und Probleme antwortabhängiger Testverfahren.* Frankfurt a. M.: Haag und Herchen.

Hornke, L. F. (1977). Antwortabhängige Testverfahren: Ein neuartiger Ansatz psychologischen Testens. *Diagnostica, 23*, 1–14.

Hornke, L. F. & Habon, M. (1984). Erfahrungen zur rationalen Konstruktion von Testaufgaben. *Zeitschrift für Differentielle und Diagnostische Psychologie, 5*, 203–212.

Hornke, L. F., Küppers, A. & Etzel, S. (2000). Konstruktion und Evaluation eines adaptiven Matrizentests. *Diagnostica, 46*, 182–188.

Horowitz, R. & Murphy, L. B. (1938). Projective methods in the psychological study of children. *Journal of Experimental Education, 7*, 133–140.

Hossiep, R. & Krüger, C. (2012). *Bochumer Inventar zur berufsbezogenen Persönlichkeitsbeschreibung – 6 Faktoren (BIP-6F).* Göttingen: Hogrefe.

Hossiep, R. & Paschen, M. (2003). *Bochumer Inventar zur berufsbezogenen Persönlichkeitsbeschreibung (BIP)* (2. Aufl.). Göttingen: Hogrefe.

Hossiep, R. & Schulte, M. (2007). *BOWIT. Bochumer Wissenstest.* Göttingen: Hogrefe.

Hossiep, R. & Schulte, M. (2013). Wissenstests. In W. Sarges (Ed.), *Management-Diagnostik* (4. Aufl., pp. 628–636). Göttingen: Hogrefe.

Hough, L. M. (1992). The „Big Five" personality variables-construct confusion: description versus prediction. *Human Performance, 5*, 139–155.

Hough, L. M. & Oswald, F. L. (2000). Personnel selection: Looking toward the future – Remembering the past. *Annual Review of Psychology, 51*, 631–664.

Hough, L. M. & Paullin, C. (1994). Construct-oriented scale constuction: The rational approach. In G. S. Stokes, M. D. Mumford & W. A. Owens (Eds.), *Biodata handbook: Theory, research, and use of biographical information in selection and performance prediction* (pp. 109–145). Palo Alto, CA: Consulting Psychologists.

Hough, L. M. & Schneider, R. J. (1996). Personality traits, taxonomies, and applications in organizations. In K. R. Murphy (Ed.), *Individual differences and behavior in organizations* (pp. 31–88). San Francisco, CA: Jossey-Bass.

House, R. J. (1971). A path goal theory of leader effectiveness. *Administrative Science Quarterly, 16*, 321–338.

House, R. J. (1977). A 1976 theory of charismatic leadership. In J. G. Hunt & L. L. Larson (Eds.), *Leadership: The cutting edge* (pp. 189–207). Carbondale, IL: Southern Illinois University Press.

Howarth, E. (1972). A factor analysis of selected markers for objective personality factors. *Multivariate Behavioral Research, 7*, 451–476.

Hoyer, J., Helbig, S. & Margraf, J. (2005). *Diagnostik der Angststörungen.* Göttingen: Hogrefe.

Hu, L., & Bentler, P. M. (1999). Cutoff criteria for fit indexes in covariance structure analysis: Conventional criteria versus new alternatives. *Structural Equation Modeling, 6*(1), 1–55.

Huarte, J. (1968). *Prüfung der Köpfe zu den Wissenschaften.* München: Fink (Erstveröffentlichung 1575).

Huffcutt, A. I. & Arthur, W. (1994). Hunter and Hunter (1994) revisited: Interview validity for entry level jobs. *Journal of Applied Psychology, 79*, 184–190.

Huffcutt, A. I., Conway, J. M., Roth, P. L. & Klehe, U.-C. (2004). The impact of job complexity and study design on situational and behavior description interview validity. *International Journal of Selection and Assessment, 12*, 262–273.

Huffcutt, A. I. & Culbertson, S. S. (2011). Interviews. In S. Zedeck (Ed.), *APA Handbook of industrial and organizational psychology: Vol. 2. Selecting and developing members for the organization* (pp. 185–203). Washington, DC: American Psychological Association.

Hull, C. L. (1928). *Aptitude testing.* Yonkers, NY: World Book.

Humm, D. G. & Wadsworth, G. W. (1935). The Humm-Wadsworth Temperament Scale. *American Journal of Psychiatry, 92*, 163–200.

Hunt, S. T. (1996). Generic work behavior: an investigation into the dimensions of entry-level, hourly job performance. *Personnel Psychology, 49*, 51–83.

Hunter, J. E. (1983). A causal analysis of cognitive ability, job knowledge, job performance, and supervisor ratings. In F. Landy, S. Zedeck & J. Cleveland (Eds.), *Performance measurement and theory* (pp. 257–266). Hillsdale, NJ: Erlbaum.

Hunter, J. E. & Hunter, R. F. (1984). Validity and utility of alternative predictors of job performance. *Psychological Bulletin, 96*, 72–98.

Hyatt, D. E. & Ruddy, T. M. (1997). An examination of the relationship between work group characteristics and performance: Once more into the breech. *Personnel Psychology, 50*, 553–585.

Hylla, E. (1927). *Testprüfungen der Intelligenz.* Braunschweig: Westermann.

Hylla, E. & Kraak, B. (1976). *Aufgaben zum Nachdenken (AzN 4+).* Weinheim: Beltz.

I

Ilgen, D. R., Hollenbeck, J. R., Johnson, M. & Jundt, D. (2005). Teams in organizations: From input-process-output models to IMOI models. *Annual Review of Psychology, 56*, 517–543.

Ingenkamp, K. (1997). *Lehrbuch der Pädagogischen Diagnostik* (4. Aufl.). Weinheim: Beltz.

Ingenkamp, K. & Lissmann, U. (2008). *Lehrbuch der Pädagogischen Diagnostik* (6. Aufl.). Weinheim: Beltz.

Irle, M. & Allehoff, W. (1984). *Berufs-Interessen-Test II (BIT II)*. Göttingen: Hogrefe.

Isen, A. M. & Baron, R. A. (1991). Positive affect as a factor in organizational behavior. In B. M. Staw & L. L. Cummings (Eds.), *Research in organizational behavior* (Vol. 13, pp. 1–53). Greenwich, CT: JAI Press.

Izard, C. E. (1991). *The psychology of emotions*. New York: Plenum.

J

Jackson, D. N. (1967). *Manual for the Personality Research Form*. London, Canada: University of Western Ontario.

Jackson, S. E. (1996). The consequences of diversity in multidisciplinary work teams. In M. A. West (Ed.), *Handbook of work group psychology* (pp. 53–76). Chichester, UK: Wiley.

Jacobi, C., Thiel, A. & Paul, T. (1995). *Kognitive Verhaltenstherapie bei Anorexia und Bulimia nervosa*. Weinheim: Psychologie Verlags Union.

Jäger, A. O. (1986). Validität von Intelligenztests. *Diagnostica, 32*, 272–289.

Jäger, A. O. (1986). Zwischenbilanz und Perspektiven der Intelligenzdiagnostik – ein Vorwort. *Diagnostica, 32*, 269–271.

Jäger, A. O. & Althoff, K. (1994). *Wilde-Intelligenz-Test (WIT)* (2. rev. Aufl.). Göttingen: Hogrefe.

Jäger, A. O., Holling, H., Preckel, F., Schulze, R., Vock, M., Süß, H.-M. & Beauducel, A. (2006). *Berliner Intelligenzstruktur-Test für Jugendliche: Begabungs- und Hochbegabungsdiagnostik (BIS-HB*. Göttingen: Hogrefe.

Jäger, A. O., Süß, H.-M. & Beauducel, A. (1997). *Berliner Intelligenzstruktur-Test (BIS-Test. Form 4)*. Göttingen: Hogrefe.

James, L. A. & James, L. R. (1989). Integrating work environment perceptions: Explorations into the measurement of meaning. *Journal of Applied Psychology, 74*, 739–751.

Janke, W. & Debus, G. (1978). *Die Eigenschaftswörterliste (EWL-K) – Ein Verfahren zur Erfassung der Befindlichkeit*. Göttingen: Hogrefe.

Janke, W., Erdmann, G. & Kallus, W. (2002). *Streßverarbeitungsfragebogen mit SVF 120 und SVF 78* (3. Aufl.). Göttingen: Hogrefe.

Jansen, H., Mannhaupt, G., Marx, H. & Skowronek, H. (2002). *Bielefelder Screening zur Früherkennung von Lese-Rechtschreibschwierigkeiten (BISC)* (2. Aufl.). Göttingen: Hogrefe

Janz, T., Hellervik, L. & Gilmore, D. C. (1986). *Behavior Description Interviewing*. Newton, MA: Allyn & Bacon.

Jenkins, C. D., Zyzanski, S. J. & Rosenman, R. H. (1979). *Jenkins Activity Survey*. New York: Psychological Corporation.

Jensen, A. R. & Rohwer, W. D. (1966). The Stroop Color-Word Test: a review. *Acta Psychologica, 25*, 36–93.

Jerusalem, M. & Kohlmann, C.-W. (2011). Gesundheitspsychologische Diagnostik. In L. F. Hornke, M. Amelang & M. Kersting (Eds.), *Enzyklopädie der Psychologie: Psychologische Diagnostik: Band 1. Grundfragen und Anwendungsfelder psychologischer Diagnostik* (pp. 479–616). Göttingen: Hogrefe.

John, O. P. & Robins, R. W. (1993). Determinants of interjudge agreement on personality traits: The Big Five domains, observability, evaluativeness, and the unique perspective of the self. *Journal of Personality, 61*, 521–551.

Jolly, J. B., Dyck, M. J., Kramer, T. A. & Wherry, J. N. (1994). Integration of positive and negative affectivity and cognitive content-specificity: Improved discrimination of anxious and depressive symptoms. *Journal of Abnormal Psychology, 103*, 544–552.

Jones, E. E. (1990). *Interpersonal perception*. New York: Freeman.

Jones, E. E. & Davis, K. E. (1965). From acts to dispositions: The attribution process in person perception. In L. Berkowitz (Ed.), *Advances in experimental social psychology* (Vol. 2, pp. 219–266). New York: Academic Press.

Jones, E. E. & Nisbett, R. E. (1971). The actor and the observer: Divergent perceptions of the causes of behavior. In E. E. Jones et al. (Eds.), *Attribution: Perceiving the causes of behavior* (pp. 79–94). Morriston, NJ: General Learning Press.

Jones, L. K. (1980). Holland's typology and the new guide for occupational exploration: Bridging the gap. *Vocational Guidance Quarterly, 29*, 70–76.

Jöns, I. (1995). Entwicklung der Beurteilungsinstrumente. In K. Hofmann, R. Köhler & V. Steinhoff (Eds.), *Vorgesetztenbeurteilung in der Praxis* (pp. 37–55). Weinheim: Psychologie Verlags Union.

Josephson, B. R., Singer, J. A. & Salovey, P. (1996). Mood modulation and memory: Repairing sad moods with happy memories. *Cognition and Emotion, 10*, 437–444.

Judge, T. A., Bono, J. E., Ilies, R. & Gerhard, M. W. (2002). Personality and leadership: A qualitative and quantitative review. *Journal of Applied Psychology, 87*, 765–780.

Judge, T. A., Heller, D. & Mount, M. K. (2002). Five-factor model of personality and job satisfaction: A meta-analysis. *Journal of Applied Psychology, 87*, 530–541.

Judge, T. A., Higgins, C. A., Thoresen, C. J. & Barrick, M. R. (1999). The Big Five personality traits, general mental ability, and career success across the life span. *Personnel Psychology, 52*, 621–652.

Judge, T. A. & Piccolo, R. F. (2004). Transformational and transactional leadership: A meta-analytic test of their relative validity. *Journal of Applied Psychology, 89*, 755–768.

Judge, T. A., Piccolo, R. F. & Ilies, R. (2004). The forgotten ones? The validity of consideration and initiating structure in leadership research. *Journal of Applied Psychology, 89*, 36–51.

Judge, T. A., Piccolo, R. F. & Kosalka, T. (2009). The bright and dark sides of leader traits: A review and theoretical extension of the leader trait paradigm. *The Leadership Quarterly, 20*, 855–875.

Jung, C. G. (1910). The association method. *American Journal of Psychology, 31*, 219–269.

Jung, C. G. (1919). *Studies in word association*. New York: Moffat.

Jung, C. G. (1921). *Psychologische Typen*. Zürich: Rascher.

Jungermann, H., Pfister, H. R. & Fischer, K. (2005). *Die Psychologie der Entscheidung*. München: Elsevier, Spektrum.

K

Kagan, J. (1965). Impulsive and reflective children: Significance of conceptual tempo. In J. Krumboltz (Ed.), *Learning and the educational process* (pp. 133–161). Chicago: Rand McNally.

Kagan, J., Moss, H. A. & Sigel, I. E. (1963). Psychological significance of styles of conceptualization. In J. C. Wright & J. Kagan (Eds.), Basic cognitive process in children. *Monographs of the Society for Research in Child Development, 28* (2, Serial No. 86).

Kagan, J., Rosman, B. L., Day, D., Albert, J. & Phillips, W. (1964). Information processing in the child: Significance of analytic and reflective attitudes. *Psychological Monographs, 78* (1, Whole No. 578).

Kalbermatten, U. (1984). Selbstkonfrontation. Eine Methode zur Erhebung kognitiver Handlungsrepräsentationen. In H. Lenk (Ed.), *Handlungstheorien interdisziplinär: Band 3, 2. Halbband. Verhaltenswissenschaftliche und psychologische Handlungstheorien* (pp. 659–679). München: Fink.

Kaminski, G. (1970). *Verhaltenstheorie und Verhaltensmodifikation*. Stuttgart: Klett.

Kaminski, G. (1976). Rahmentheoretische Überlegungen zur Taxonomie psychodiagnostischer Prozesse. In K. Pawlik (Ed.), *Diagnose der Diagnostik* (pp. 45–70). Stuttgart: Klett.

Kaminski, G. (1981). Überlegungen zur Funktion von Handlungstheorien in der Psychologie. In H. Lenk (Ed.), *Handlungstheorien interdisziplinär: Band 3, 1. Halbband. Verhaltenswissenschaftliche und psychologische Handlungstheorien* (pp. 93–121). München: Fink.

Kaminski, G. (1988). Ökologische Perspektiven in psychologischer Diagnostik? *Zeitschrift für Differentielle und Diagnostische Psychologie, 9*, 155–168.

Kammermeyer, G. (2010). Schulreife und Schulfähigkeit. In D. H. Rost (Ed.), *Handwörterbuch Pädagogische Psychologie* (4. Aufl., pp. 718–728). Weinheim: Beltz PVU.

Kanfer, R. & Ackerman, P. L. (1989). Motivation and cognitive abilities: An integrative/aptitude-treatment interaction approach to skill acquisition. *Journal of Applied Psychology Monograph, 74* (4), 657–690.

Kant, I. (1963). Metaphysische Anfangsgründe der Naturwissenschaft. In W. Weischedel (Ed.), *Immanuel Kant Werke in sechs Bänden: Band V. Kritik der Urteilskraft und Schriften zur Naturphilosophie* (pp. 7–135). Darmstadt: Wissenschaftliche Buchgesellschaft. (Erstveröffentlichung 1786)

Kanter, G. O. & Scharff, G. (2005). *Lernbehinderung*. Elektronisches Dokument, verfügbar unter http://www.ausbildungberufchancen.de/handbuch/vollversionen/lernbehinderung

Karoly, P. & Ruehlman, L. S. (1995). Goal cognition and its clinical implications: Development and preliminary validation of four motivational assessment instruments. *Assessment, 2*, 113–129.

Kastner-Koller, U. & Deimann, P. (2012). *Wiener Entwicklungstest (WET). Ein Verfahren zur Erfassung des allgemeinen Entwicklungsstandes bei Kindern von 3 bis 6 Jahren* (3. Aufl.). Göttingen: Hogrefe.

Katz, H. E., Russ, S. W. & Overholser, J. C. (1993). Sex differences, sex roles, and projection on the TAT: Matching stimulus to examinee gender. *Journal of Personality Assessment, 60*, 186–191.

Kauffeld, S. (2004). *Fragebogen zur Arbeit im Team (FAT)*. Göttingen: Hogrefe.

Kaufman, A. S. (2000). Tests of intelligence. In R. J. Sternberg (Ed.), *Handbook of intelligence* (pp. 445–476). New York: Cambridge University Press.

Kautter, H. (1978). Der Übergang zu Sonderschulen. In K. J. Klauer, *Handbuch der Pädagogischen Diagnostik* (Band 4, pp. 977–988). Düsseldorf: Schwann.

Keith, N., Hodapp, V., Schermelleh-Engel, K. & Moosbrugger, H. (2003). Cross-sectional and longitudinal confirmatory factor models for the German Test Anxiety Inventory: a construct validation. *Anxiety, Stress, and Coping, 16*, 251–270.

Kelava, A. & Schermelleh-Engel, K. (2008). Latent-State-Trait-Theorie (LST-Theorie). In H. Moosbrugger & A. Kelava (Eds.), *Testtheorie und Fragebogenkonstruktion* (pp. 343–360). Heidelberg: Springer.

Kelbetz, G. & Schuler, H. (2002). Verbessert Vorerfahrung die Leistung im Assessment Center? *Zeitschrift für Personalpsychologie, 1*, 4–18.

Keller, G. & Thiel, R.-D. (1998). *Lern- und Arbeitsverhaltensinventar (LAVI)*. Göttingen: Hogrefe.

Kemper, C. J., Lutz, J., Bähr, T., Rüddel, H. & Hock, M. (2012). Construct validity of the Anxiety Sensitivity Index-3 in clinical samples. *Assessment, 19*(1), 89–100.

Kemper, C. J., Ziegler, M. & Taylor, S. (2009). Überprüfung der psychometrischen Qualität des Angstsensitivitätsindex-3. *Diagnostika, 55*, 223–233.

Kendler, K. S., Neale, M. C. & Walsh, D. (1995). Evaluating the spectrum concept of schizophrenia in the Roscommon Family Study. *American Journal of Psychiatry, 152*, 749–754.

Kenny, D. A. (1991). A general model of consensus and accuracy in interpersonal perception. *Psychological Review, 98*, 155–163.

Kenny, D. A. (1993). A coming-of-age for research on interpersonal perception. *Journal of Personality, 61*, 789–807.

Kenny, D. A. (2004). PERSON: A general model of interpersonal perception. *Personality and Social Psychology Review, 8*, 265–280.

Kenny, D. A. & Albright, L. (1987). Accuracy in interpersonal perception: A social relations analysis. *Psychological Bulletin, 102*, 390–402.

Kern, A. (1951). *Sitzenbleiberelend und Schulreife*. Freiburg: Herder.

Kersting, M. (2000). Rezension des „Intelligenz-Struktur-Test 2000" von R. Amthauer, B. Brocke, D. Liepmann und A. Beauducel. *Zeitschrift für Arbeits- und Organisationspsychologie, 44*, 96–101.

Kersting, M. (2006). Zur Beurteilung der Qualität von Tests: Resümee und Neubeginn. *Psychologische Rundschau, 57*, 243–253.

Kersting, M. (Ed.). (2008). *Qualität in der Diagnostik und Personalauswahl – der DIN-Ansatz*. Göttingen: Hogrefe.

Keßler, B. H. (1982). Biographische Diagnostik. In K.-J. Groffmann & L. Michel (Eds.), *Enzyklopädie der Psychologie: Psychologische Diagnostik: Band 3. Persönlichkeitsdiagnostik* (pp. 1–56). Göttingen: Hogrefe.

Keßler, M. (1988). *Fragebogen zur Kausalattribuierung in Leistungssituationen (FKL)*. Weinheim: Beltz.

Kieser, A. & Kubicek, H. (1992). *Organisation* (3. Aufl.). Berlin: deGruyter.

Kindt, M., Bierman, D. & Brosschot, J. F. (1996). Stroop versus stroop: Comparison of a card format and a single-trial format of the standard color-word stroop task and the emotional stroop task. *Personality and Individual Differences, 21*, 653–661.

King, A. C., Taylor, C. B., Albright, C. A. & Haskell, W. L. (1990). The relationship between repressive and defensive coping styles and blood pressure responses in healthy, middle-aged men and women. *Journal of Psychosomatic Research, 34*, 461–471.

Kinze, W., Barchmann, H. & Ettrich, K.-U. (1985). Möglichkeiten der Therapie von Konzentrationsstörungen im Kindesalter. *Psychologie in Erziehung und Unterricht, 32*, 14–20.

Kiresuk, T. J., Lund, S. H. & Larsen, N. E. (1982). Measurement of goal attainment in clinical and health care programs. *Drug Intelligence and Clinical Pharmacy, 16*, 145–153.

Kirk, S. A. & Kutchins, H. (1992). *The selling of DSM: The rhetoric of science in psychiatry*. Hawthorne, NY: Aldine-de Gruyter.

Kirk, S. A. & Kutchins, H. (1994). The myth of the reliability of DSM. *Mind and Behavior, 15*, 71–86.

Klages, U. (1989). *Fragebogen irrationaler Einstellungen (FIE)*. Göttingen: Hogrefe.

Klauer, K. J. (1987). *Kriteriumsorientierte Tests*. Göttingen: Hogrefe.

Klauer, T. & Filipp, S.-H. (1993). *Trierer Skalen zur Krankheitsbewältigung (TSK)*. Göttingen: Hogrefe.

Klauer, T., Filipp, S.-H. & Ferring, D. (1989). Der „Fragebogen zur Erfassung von Formen der Krankheitsbewältigung" (FEKB): Skalenkonstruktion und erste Befunde zu Reliabilität, Validität und Stabilität. *Diagnostica, 35*, 316–335.

Kleinknecht, R. A., Klepac, R. K. & Alexander, L. D. (1973). Origins and characteristics of dental fear. *Journal of the American Dental Association, 86*, 842–848.

Kleinmann, M. (2013). *Assessment-Center* (2. Aufl.). Göttingen: Hogrefe.

Kleinmann, M. & Strauß, B. (1998). Validity and application of computer-simulated scenarios in personnel assessment. *International Journal of Selection and Assessment, 6*, 97–106.

Klepsch, R., Zaworka, W., Hand, I., Lünenschloß, K. & Jauernig, G. (1993). *Hamburger Zwangsinventar – Kurzform (HZI-K)*. Weinheim: Beltz-Test.

Kliegl, R. & Baltes, P. B. (1987). Theory-guided analysis of development and aging mechanisms through testing-the-limits and research on expertise. In C. Schooler & K. W. Schaie (Eds.), *Cognitive functioning and social structures over the life course* (pp. 95–119). Westport, CT: Ablex.

Klopfer, B. (1940). Personality aspects revealed by the Rorschach method. *Rorschach Research Exchange, 4*, 26–29.

Klüber, A., Terlinden-Arzt, P. & Westhoff, K. (2010). Psychologisches Gutachten für das Familiengericht – Die Kinder Ludmilla, 13 Jahre, Katerina, 11 Jahre und Mitja, 6 Jahrte. In K. D. Kubinger & T. Ortner (Eds.), *Psychologische Diagnostik in Fallbeispielen* (pp. 192–219). Göttingen: Hogrefe.

Kobasa, S. C. (1979). Stressful life events, personality, and health: An inquiry into hardiness. *Journal of Personality and Social Psychology, 37*, 1–11.

Kogan, N. (1973). Creativity and cognitive style: A life-span perspective. In P. B. Baltes & K. W. Schaie (Eds.), *Life-span developmental psychology: Personality and socialization* (pp. 145–178). New York: Academic Press.

Kohlmann, C.-W. (1997). *Persönlichkeit und Emotionsregulation: Defensive Bewältigung von Angst und Streß*. Bern: Huber.

Kohlmann, C.-W. (2003). Gesundheitsrelevante Persönlichkeitsmerkmale. In M. Jerusalem & H. Weber (Eds.), *Psychologische Gesundheitsförderung. Diagnostik und Prävention* (pp. 39–55). Göttingen: Hogrefe.

Kohlmann, C.-W. et al. (1991). Der „IPC-Diabetes-Fragebogen“: Ein Instrument zur Erfassung krankheitsspezifischer Kontrollüberzeugungen bei Typ-I-Diabetikern. *Diagnostica*, 37, 252–270.

Kohlmann, C.-W. & Kulzer, B. (Eds.). (1995). *Diabetes und Psychologie. Diagnostische Ansätze*. Bern: Huber.

Kohlmann, C.-W., Küstner, E., Schuler, M. & Tausch, A. (1994). *Der IPC-Diabetes-Fragebogen (IPC-DI): Ein Inventar zur Erfassung krankheitsspezifischer Kontrollüberzeugungen bei Typ-I-Diabetes mellitus*. Bern: Huber.

Kohlmann, C.-W. & Lißmann, I. (2003). Well-Being Questionnaire (W-BQ): Fragebogen zum Wohlbefinden von Diabetespatienten. In J. Schumacher, A. Klaiberg & E. Brähler (Eds.), *Diagnostische Verfahren zu Lebensqualität und Wohlbefinden* (pp. 319–323). Göttingen: Hogrefe.

Kohlmann, C.-W., Weidner, G. & Messina, C. (1996). Avoidant coping style and verbal-cardiovascular response dissociation. *Psychology and Health, 11*, 371–384.

Köhnken, G. (1990). *Glaubwürdigkeit: Untersuchungen zu einem psychologischen Konstrukt*. München: Psychologie Verlags Union.

Konstabel, K., Aavik, T. & Allik, J. (2006). Social desirability and consensual validity of personality traits. *European Journal of Personality, 20*(7), 549–566.

Kormann, A. (1982). Möglichkeiten von Lerntests für Diagnose und Optimierung von Lernprozessen. In K. Ingenkamp, R. Horn & R. S. Jäger (Eds.), *Tests und Trends 1982. Jahrbuch der pädagogischen Diagnostik* (Band 2, pp. 97–118). Weinheim: Beltz.

Kornadt, H.-J. (1982). *Aggressionsmotiv und Aggressionshemmung: Bd. 1. Empirische und theoretische Untersuchungen zu einer Motivationstheorie der Aggression und zur Konstruktvalidierung eines Aggressions-TAT*. Bern: Huber.

Kraepelin, E. (1896). Der psychologische Versuch in der Psychiatrie. In E. Kraepelin (Ed.), *Psychologische Arbeiten* (Band 1, pp. 1–91). Leipzig: Engelmann.

Kraepelin, E. (1899). *Psychiatrie. Ein Lehrbuch für Studierende und Ärzte* (6. Aufl., 2 Bände). Leipzig: Barth.

Kraepelin, E. (1909). *Psychiatrie. Ein Lehrbuch für Studierende und Ärzte: I. Band. Allgemeine Psychiatrie* (8. Aufl.). Leipzig: Barth.

Krampen, G. (1981). *IPC-Fragebogen zu Kontrollüberzeugungen*. Göttingen: Hogrefe.

Krampen, G. (1991). *Fragebogen zu Kompetenz- und Kontrollüberzeugungen (FKK)*. Göttingen: Hogrefe.

Krampen, G. (2005). Psychology of control and personality. In W. Greve, K. Rothermund und D. Wentura (Eds.), *The adaptive self: Personal continuity and intentional self-development* (pp. 97–115). Cambridge, MA: Hogrefe & Huber.

Krampen, G. (Ed.). (1989). *Diagnostik von Attributionen und Kontrollüberzeugungen*. Göttingen: Hogrefe.

Krampen, G. & von Delius, A. (1981). Zur direkten Messung subjektiv erlebter gesundheitlicher Veränderungen. *Medizinische Psychologie, 7*, 166–174.

Krathwohl, D. R. (2002). A revision of Bloom's taxonomy: An overview. *Theory Into Practice, 41*(4), 212–218.

Krieger, W. (1997). *CEPAR: Ein computergestütztes Verfahren zur Exploration psychosozialer Anforderungen und Ressourcen*. Frankfurt a. M.: Swets Test.

Krohne, H. W. (1973). Psychologischer Stress, Angstkontrolle und Differenziertheit der Personwahrnehmung. *Zeitschrift für Sozialpsychologie, 4*, 87–102.

Krohne, H. W. (1985a). Entwicklungsbedingungen von Ängstlichkeit und Angstbewältigung: Ein Zweiprozeß-Modell elterlicher Erziehungswirkung. In H. W. Krohne (Ed.), *Angstbewältigung in Leistungssituationen* (pp. 135–160). Weinheim: edition psychologie.

Krohne, H. W. (1985b). Kognitive Stile. In T. Herrmann & E.-D. Lantermann (Eds.), *Persönlichkeitspsychologie. Ein Handbuch in Schlüsselbegriffen* (pp. 338–347). München: Urban & Schwarzenberg.

Krohne, H. W. (1990). Personality as a mediator between objective events and their subjective representation. *Psychological Inquiry, 1*, 26–29.

Krohne, H. W. (2003). Individual differences in emotional reactions and coping. In R. J. Davidson, H. H. Goldsmith & K. R. Scherer (Eds.), *Handbook of affective sciences* (pp. 698–725). New York: Oxford University Press.

Krohne, H. W. (2010). *Psychologie der Angst. Ein Lehrbuch*. Stuttgart: Kohlhammer.

Krohne, H. W. (2013). Führungsstile und Führungsverhalten. In W. Sarges (Ed.), *Management-Diagnostik* (4. Aufl., pp. 419–427). Göttingen: Hogrefe.

Krohne, H. W. & Egloff, B. (1999). *Das Angstbewältigungs-Inventar (ABI)*. Frankfurt a. M.: Swets Test.

Krohne, H. W., Egloff, B., Kohlmann, C.-W. & Tausch, A. (1996). Untersuchungen mit einer deutschen Version der „Positive and Negative Affect Schedule“ (PANAS). *Diagnostica, 42*, 139–156.

Krohne, H. W. & Hock, M. (1994). *Elterliche Erziehung und Angstentwicklung des Kindes. Untersuchungen über die Entwicklungsbedingungen von Ängstlichkeit und Angstbewältigung*. Bern: Huber.

Krohne, H. W. & Hock, M. (2008). Vigilante und kognitiv vermeidende Stressbewältigung. In M. Schmitt-Daffy, G. Debus, & W. Janke (Eds.), *Experimentelle Emotionspsychologie: Methodische Ansätze, Probleme und Ergebnisse* (pp. 809–819). Lengerich: Pabst.

Krohne, H. W. & Hock, M. (2011). Anxiety, coping strategies, and the processing of threatening information: Investigations with cognitive-experimental paradigms. *Personality and Individual Differences, 50,* 916–925.

Krohne, H. W., Pieper, M., Knoll, N. & Breimer, N. (2002). The cognitive regulation of emotions: The role of success versus failure experience and coping dispositions. *Cognition and Emotion, 16,* 217–243.

Krohne, H. W. & Pulsack, A. (1990). *Das Erziehungsstil-Inventar (ESI): Manual* (2. Aufl. 1995). Weinheim: Beltz-Test.

Krohne, H. W. & Rogner, J. (1981). Prävention von Ängstlichkeit durch ein Elterntrainingsprogramm. In G. Zimmer (Ed.), *Persönlichkeitsentwicklung und Gesundheit im Schulalter. Gefährdungen und Prävention* (pp. 309–319). Frankfurt a. M.: Campus.

Krohne, H. W. & Schmukle, S. C. (2006). *Das Inventar State-Trait Operations-Angst (STOA). Manual.* Frankfurt a. M.: Harcourt.

Krohne, H. W. & Tausch A. P. (2014). *Persönlichkeit und Emotionen. Individuelle Unterschiede im emotionalen Erleben und Verhalten.* Stuttgart: Kohlhammer.

Kröner-Herwig, B. & Weich, K.-W. (1990). Erlaubt die Kenntnis habitueller Streßverarbeitungsstrategien (SVF) die Vorhersage von Bewältigungsverhalten in vorgestellten Problemsituationen? *Diagnostica, 36,* 329–339.

Kruglanski, A. W. (1989). The psychology of being „right": The problem of accuracy in social perception and cognition. *Psychological Bulletin, 106,* 395–409.

Kubinger, K. D. (1984). Die Arbeitskurve nach Emil Kraepelin und Richard Pauli: Mainzer Revision (Testrezension). *Zeitschrift für Differentielle und Diagnostische Psychologie, 5,* 169–170.

Kubinger, K. D. & Holocher-Ertl, S. (2014). *Adaptives Intelligenz Diagnostikum - Version 3.1 (AID 3).* Göttingen: Beltz.

Kubinger, K. D. & Wurst, E. (1988). *Adaptives Intelligenz Diagnostikum (AID). Manual* (2. Aufl.). Weinheim: Beltz.

Kubinger, K. D. & Wurst, E. (2000). *Adaptives Intelligenz Diagnostikum 2 (AID-2). Manual.* Weinheim: Beltz.

Kuder, F. (1946). *Manual to the Kuder-Preference-Record.* Chicago: Science Research Associates.

Kuder, F. (1988). *Kuder E General Interest Survey, general manual.* Chicago: Science Research Associates.

Kuder, F. & Zytowski, D. G. (1991). *Kuder Occupational Interest Survey Form DD, general manual.* Monterey, CA: California Test Bureau.

Kühlmann, T. M. & Franke, J. (1989). Organisationsdiagnose. In E. Roth (Ed.), *Enzyklopädie der Psychologie: Wirtschafts-, Organisations- und Arbeitspsychologie: Band 3. Organisationspsychologie* (pp. 631–651). Göttingen: Hogrefe.

Kühne, H. H. (Ed.). (1987). *Berufsrecht für Psychologen.* Baden-Baden: Nomos.

Kultusministerkonferenz (1994). *Empfehlungen zur sonderpädagogischen Förderung in Schulen der Bundesrepublik Deutschland. Beschluss der Kultusministerkonferenz vom 06.05.1994.* Bonn: Sekretariat der ständigen Konferenz der Kultusminister der Länder in der Bundesrepublik Deutschland.

Kultusministerkonferenz (1999). *Empfehlungen zum Förderschwerpunkt Lernen. Beschluss der Kultusministerkonferenz vom 01.10.1999.* Bonn: Sekretariat der ständigen Konferenz der Kultusminister der Länder in der Bundesrepublik Deutschland.

Kurth, E. & Büttner, G. (1999). *Testreihe zur Prüfung der Konzentrationsfähigkeit* (2. Aufl.). Göttingen: Hogrefe.

L

Lankes, W. (1915). Perseveration. *British Journal of Psychology, 7,* 387–419.

LaPière, R. T. (1934). Attitudes vs. actions. *Social Forces, 13,* 230–237.

Latham, G. P. (1989). The reliability, validity, and practicability of the situational interview. In R. W. Eder & G. R. Ferris (Eds.), *The employment interview: Theory, research, and practice* (pp. 169–182). Newbury Park, CA: Sage.

Latham, G. P. & Sue-Chan, C. (1999). A meta-analysis of the situational interview: An enumerative review of the reasons for its validity. *Canadian Psychology, 40,* 56–67.

Latham, G. P. & Wexley, K. N. (1977). Behavioral observation scales for performance appraisal purposes. *Personnel Psychology, 30,* 255–268.

Laubach, W., Schröder, C., Siegrist, J. & Brähler, E. (2001). Normierung der Skalen „Profil der Lebensqualität Chronisch Kranker" an einer repräsentativen deutschen Stichprobe. *Zeitschrift für Differentielle und Diagnostische Psychologie, 22,* 100–110.

Laux, L. (2008). *Persönlichkeitspsychologie* (2. Aufl.). Stuttgart: Kohlhammer.

Laux, L. & Glanzmann, P. (1996). Angst und Ängstlichkeit. In M. Amelang (Ed.), *Enzyklopädie der Psychologie: Differentielle Psychologie und Persönlichkeitsforschung: Band 3. Temperaments- und Persönlichkeitsunterschiede* (pp. 107–151). Göttingen: Hogrefe.

Laux, L., Hock, M., Bergner-Köther, R., Hodapp, V. & Renner, K.-H. (2013). *Das State-Trait-Depressions-Inventar STADI.* Göttingen: Hogrefe.

Laux, L. & Renner, K.-H. (2002). Self-monitoring und Authentizität: Die verkannten Selbstdarsteller. *Zeitschrift für Differentielle und Diagnostische Psychologie, 23,* 129–148.

Laux, L. & Weber, H. (1993). *Emotionsbewältigung und Selbstdarstellung.* Stuttgart: Kohlhammer.

Lazarus, R. S. (1991). *Emotion and adaptation.* New York: Oxford University Press.

Lenk, H. (Ed). (1981). *Handlungstheorien interdisziplinär: Band 3, 1. Halbband. Verhaltenswissenschaftliche und psychologische Handlungstheorien.* München: Fink.

Lenk, H. (Ed). (1984). *Handlungstheorien interdisziplinär: Band 3, 2. Halbband. Verhaltenswissenschaftliche und psychologische Handlungstheorien.* München: Fink.

Leutner, D. (1992). *Adaptive Lehrsysteme: Instruktionspsychologische Grundlagen und experimentelle Analysen.* Weinheim: Beltz PVU.

Levenson, H. (1974). Activisms and powerful others: Distinctions within the concept of internal-external control. *Journal of Personality Assessment, 38,* 377–383.

Leventhal, H. & Diefenbach, M. (1991). The active side of illness cognition. In J. A. Skelton & R. T. Croyle (Eds.), *Mental representation in health and illness* (pp. 247–272). New York: Springer.

Leventhal, H., Nerenz, D. R. & Steele, D. J. (1984). Illness representations and coping with health threats. In A. Baum, S. E. Taylor & J. E. Singer (Eds.), *Handbook of psychology and health: Vol. 4. Social psychological aspects of health* (pp. 219–252). Hillsdale, NJ: Erlbaum.

Lewin, K., Lippitt, R. & White, R. K. (1939). Patterns of aggressive behavior in experimentally created social climates. *Journal of Social Psychology, 10,* 271–299.

Liebert, R. M. & Morris, L. W. (1967). Cognitive and emotional components of test anxiety: A distinction and some initial data. *Psychological Reports, 20,* 975–978.

Lienert, G. A. (1967). *Allgemeiner Büroarbeitstest (A-B-A-T).* Göttingen: Hogrefe.

Lienert, G. A. & Raatz, U. (1994). *Testaufbau und Testanalyse* (5. Aufl.). Weinheim: Beltz PVU.

Lienert, G. A. & Schuler, H. (1994). *Revidierter Allgemeiner Büroarbeitstest (ABAT-R)* (3. Aufl.). Göttingen: Hogrefe.

Liepmann, D., Beauducel, A., Brocke, B. & Amthauer, R. (2007). *Intelligenz-Struktur-Test 2000 R (I-S-T 2000 R)* (2. Aufl.). Göttingen: Hogrefe.

Lievens, F. (1998). Factors which improve the validity of assessment centers: A review. *International Review of Selection and Assessment, 6*, 141–152.

Likert, R. (1967). *The human organization: Its management and value*. New York: McGraw-Hill.

Lilienfeld, S. O., Wood, J. M. & Garb, H. N. (2000). The scientific status of projective techniques. *Psychological Science in the Public Interest, 1*(2), 27–66.

Lindzey, G. (1959). On the classification of projective techniques. *Psychological Bulletin, 56*, 158–168.

Lissmann, U. (2010). Schultests. In D. H. Rost (Ed.), *Handwörterbuch Pädagogische Psychologie* (4. Aufl, pp. 737–751). Weinheim: Beltz PVU.

Lissmann, U. (2010). Schultests. In D. H. Rost (Ed.), *Handwörterbuch Pädagogische Psychologie* (4. Aufl., pp. 737–751). Weinheim: Beltz PVU.

Little, B. L. & Madigan, R. M. (1997). The relationship between collective efficacy and performance in manufacturing work teams. *Small Group Research, 28*, 517–534.

Locke, E. A. (1976). The nature and causes of job satisfaction. In M. D. Dunnette (Ed.), *Handbook of industrial and organizational psychology* (pp. 1297–1349). Chicago, IL: Rand McNally.

Locke, E. A. & Latham, G. P. (1990). *A theory of goal setting and task performance*. Englewood Cliffs, NJ: Prentice-Hall.

Lohaus, A. (1993). *Gesundheitsförderung und Krankheitsprävention im Kindes- und Jugendalter*. Göttingen: Hogrefe.

Lohaus, A., Eschenbeck, H., Kohlmann, C.-W. & Klein-Heßling, J. (2006). *Fragebogen zur Erhebung von Streß und Streßbewältigung im Kindes- und Jugendalter (SSKJ 3–8)*. Göttingen: Hogrefe.

Lohaus, A., Jerusalem, M. & Klein-Heßling, J. (Eds.). (2006). *Gesundheitsförderung im Kindes- und Jugendalter*. Göttingen: Hogrefe.

Lohaus, A. & Schmitt, G. M. (1989). *Fragebogen zur Erhebung von Kontrollüberzeugungen zu Krankheit und Gesundheit (KKG)*. Göttingen: Hogrefe.

Lohaus, D. & Schuler, H. (2014). Leistungsbeurteilung. In H. Schuler & U. P. Kanning (Eds.), *Lehrbuch der Personalpsychologie* (3. Aufl., pp. 357–411). Göttingen: Hogrefe.

Lohman, D. F. (2000). Complex information processing and intelligence. In R. J. Sternberg (Ed.), *Handbook of intelligence* (pp. 285–340). New York: Cambridge University Press.

Longabaugh, R. (1963). A category system for coding interpersonal behavior as social exchange. *Sociometry, 26*, 319–344.

Loranger, A. W. (1995). *International Personality Disorder Examination (IPDE)*. Odessa, FL: Psychological Assessment Resources.

Loranger, A. W. & WHO. World Health Organization (1996). *International Personality Disorder Examination (IPDE)*. Bern: Huber.

Lord, F. M. & Novick, M. R. (1968). *Statistical theories of mental test scores*. Reading, MA: Addison-Wesley.

Lord, R. G., De Vader, C. L. & Allinger, G. M. (1986). A meta-analysis of the relationship between personality traits and leadership perceptions: An application of validity generalization procedures. *Journal of Applied Psychology, 71*, 402–410.

Lord, W. (2011). *Das NEO-Persönlichkeitsinventar in der berufsbezogenen Anwendung. Interpretation und Feedback*. Göttingen: Hogrefe.

Lovaas, O. I. (1987). Behavioral treatment and normal educational and intellectual functioning in young autistic children. *Journal of Consulting and Clinical Psychology, 55*, 3–9.

Lück, H. E. (1971). Entwicklung eines Fragebogens zur Messung der Angst in sozialen Situationen (SAP). *Diagnostica, 17*, 53–59.

Lück, H. E. & Guski-Leinwand, S. (2014). *Geschichte der Psychologie* (7. Aufl.). Stuttgart: Kohlhammer.

Lüer, G. & Kluck, M.-L. (1983). Diagnostische Urteilsbildung. In H. Feger & J. Bredenkamp (Eds.), *Enzyklopädie der Psychologie: Forschungsmethoden der Psychologie: Band 3. Messen und Testen* (pp. 727–798). Göttingen: Hogrefe.

Lukesch, H. (1998). *Einführung in die pädagogisch-psychologische Diagnostik*. Regensburg: Roderer.

Lukesch, H., Haenisch, H., Kischkel, K.-H. & Fend, H. (1982). *LVI – Lehrerverhaltensinventar* (Arbeitsberichte zur Pädagogischen Psychologie Nr. 10). Regensburg: Universität, Institut für Psychologie.

Lukesch, H. & Lukesch, M. (1976). *Fragebogen zur Messung von Einstellungen zu Schwangerschaft, Sexualität und Geburt (S-S-G)*. Göttingen: Hogrefe.

Lytton, H. (1971). Observation studies of parent-child interaction: A methodological review. *Child Development, 42*, 651–684.

M

Mack, B. & Schröder, G. (1977). Entwicklung ökonomischer Angst-Symptom-Listen für die klinische Diagnostik. *Psychologische Beiträge, 19*, 426–445.

Mackworth, N. H. (1957). Some factors affecting vigilance. *Advancement of Science, 53*, 389–393.

MacLeod, C. M. (1991). Half a century of research on the Stroop effect: An integrative review. *Psychological Bulletin, 109*, 163–203.

MacLeod, C. M., Hunt, E. B. & Mathews, N. N. (1978). Individual differences in the verication of sentence-picture relationships. *Journal of Verbal Learning and Verbal Behavior, 17*, 493–507.

MacLeod, C., Mathews, A. & Tata, P. (1986). Attentional bias in emotional disorders. *Journal of Abnormal Psychology, 95*, 15–20.

Maddi, S. R. (1987). Hardiness training at Bell Telephone. In J. Opatz (Ed.), *Health promotion evaluation* (pp. 121–158). Stephens Point, WI: Natural Wellness.

Mann, R. D. (1959). A review of the relationships between personality and performance in small groups. *Psychological Bulletin, 56*, 241–270.

Manns, M., Schultze, J., Herrmann, L. & Westmeyer, H. (1987). *Beobachtungsverfahren in der Verhaltensdiagnostik*. Salzburg: Otto Müller.

Marcus, B. (2000). *Kontraproduktives Verhalten im Betrieb*. Göttingen: Hogrefe.

Marcus, B. (2003). *Persönlichkeitstests in der Personalauswahl: Sind „sozial erwünschte" Antworten wirklich nicht wünschenswert?* Zeitschrift für Psychologie, 211, 138–148.

Marcus, B. (2006). IBES. *Inventar berufsbezogener Einstellungen und Selbsteinschätzungen*. Göttingen: Hogrefe.

Marcus, B. (2013). Biografische Fragebögen. In W. Sarges (Ed.), *Management-Diagnostik* (4. Aufl., pp. 570–575). Göttingen: Hogrefe.

Markland, D. & Ingledew, D. K. (1997). The measurement of exercise motives: Factorial validity and invariance across gender of a revised Exercise Motivation Inventory. *British Journal of Health Psychology, 2*, 361–376.

Marlowe, C. M., Schneider, S. L. & Nelson, C. E. (1996). Gender and attractiveness biases in hiring decisions: Are more experienced managers less biased? *Journal of Applied Psychology, 81*, 11–21.

Matarazzo, J. D. (1980). Behavioral health and behavioral medicine. Frontiers for a new health psychology. *American Psychologist, 35*, 807–817.

Matarazzo, J. D. (1984). Behavioral immunogenes and pathogens in health and illness. In B. L. Hammonds & C. J. Scheirer (Eds.), *Psychology and health* (pp. 5–44). Washington, DC: American Psychological Association.

Mattanah, J. K., Becker, D. F., Levy, K. N., Edell, W. S. & McGlashan, T. H. (1995). Diagnostic stability in adolescents followed up 2 years after hospitalization. *American Journal of Psychiatry, 152*, 889–984.

Matthews, G. (1997). The Big Five as a framework for personality assessment. In N. Anderson & P. Herriot (Eds.), *International handbook of selection and assessment* (Vol. 13, pp. 475–492). Chichester, UK: Wiley.

Matthews, K. A. (1982). Psychological perspectives on the Type A behavior pattern. *Psychological Bulletin, 91*, 293–323.

Matthews, K. A., Krantz, D. S., Dembroski, T. M. & MacDougall, J. M. (1982). Unique and common variance in Structured Interview and Jenkins Activity Survey measures of Type A behavior pattern. *Journal of Personality and Social Psychology, 42*, 303–313.

Mauss, I. B., Evers, C., Wilhelm, F. H. & Gross, J. J. (2006). How to bite your tongue without blowing your top: Implicit evaluation of emotion regulation predicts affective responding to anger provocation. *Personality and Social Psychology Bulletin, 32*, 589–602.

Mayer, J. D. & Salovey, P. (1997). What is emotional intelligence? In P. Salovey & D. Sluyter (Eds.), *Emotional development and emotional intelligence: implications for educators* (pp. 3–31). New York: Basic Books.

McArthur, L. Z. & Baron, R. M. (1983). Toward an ecological theory of social perception. *Psychological Review, 90*, 215–238.

McClelland, D. C. (1971). *Assessing human motivation*. New York: General Learning Press.

McClelland, D. C., Atkinson, J. W., Clark, R. A. & Lowell, E. L. (1953). *The achievement motive*. New York: Appleton-Centruy-Crofts.

McClelland, D. C. & Boyatzis, R. E. (1982). Leadership motive pattern and long-term success in management. *Journal of Applied Psychology, 67*, 737–743.

McClelland, D. C., Koestner, R. & Weinberger, J. (1989). How do self-attributed and implicit motives differ? *Psychological Review, 96*, 690–702.

McCloy, R. A., Campbell, J. P. & Cudeck, R. (1994). A confirmatory test of a model of performance determinants. *Journal of Applied Psychology, 79*, 493–505.

McCormick, E. J., DeNisi, A. S. & Shaw, J. B. (1979). The use of the Position Analysis Questionnaire for establishing the job component validity of tests. *Journal of Applied Psychology, 64*, 51–56.

McCormick, E. J. & Jeanneret, P. R. (1988). Position Analysis Questionnaire (PAQ). In S. Gael (Ed.), *The job analysis handbook for business, industry, and government* (pp. 825–842). New York: Wiley.

McCormick, E. J., Jeanneret, P. R. & Mecham, R. C. (1972). A study of job characteristics and job dimensions as based on the Position Analysis Questionnaire (PAQ). *Journal of Applied Psychology Monograph, 56*(4), 347–368.

McCrae, R. R. & Costa, P. T. (1983). Joint factors in self-reports and ratings: neuroticism, extraversion, and openness to experience. *Personality and Individual Differences, 4*, 245–256.

McCubbin, H. I. et al. (1983). CHIP – Coping Health Inventory for Parents: An assessment of parental coping patterns in the care of the chronically ill child. *Journal of Marriage and the Family, 45*, 359–370.

McCubbin, H. I., McCubbin, M. A., Cauble, E. & Goldbeck, L. (2001). Fragebogen zur elterlichen Krankheitsbewältigung: Coping Health Inventory for Parents (CHIP) – Deutsche Version. *Kindheit und Entwicklung, 10*, 28–35.

McCullough, J. P. et al. (2000). Comparison of DSM-III-R chronic major depression and major depression superimposed on dysthymia (double depression): Validity of the distinction. *Journal of Abnormal Psychology, 109*, 419–427.

McDaniel, M. A., Whetzel, D. L., Schmidt, F. L. & Maurer, S. D. (1994). The validity of employment interviews: A comprehensive review and meta-analysis. *Journal of Applied Psychology, 79*, 599–616.

McDonald, R. P. (1999). *Test theory: a unified treatment*. Mahwah, NJ: Erlbaum.

McGraw, K. O. & Wong, S. P. (1996). Forming inferences about some intraclass correlation coefficients. *Psychological Methods, 1*, 30–46.

McGrew, K. S. (1997). Analysis of the major intelligence batteries according to a proposed comprehensive Gf-Gc framework. In D. P. Flanagan, J. L. Genshaft & P. L. Harrison (Eds). *Contemporary intellectual assessment: Theories, tests, and issues* (pp. 151–180). New York: Guilford.

McNair, D. M., Lorr, M. & Droppleman, L. F. (1971). *Manual: Profile of mood states*. San Diego, CA: Educational and Industrial Testing Services.

McNally, R. J. (1990). Psychological approaches to panic disorder: a review. *Psychological Bulletin, 108*, 403–419.

McNally, R. J. (1996). Anxiety sensitivity is distinguishable from trait anxiety. In R. M. Rapee (Ed.), *Current controversies in the anxiety disorders* (pp. 214–227). New York: Guilford.

Meehl, P. E. (1954). *Clinical versus statistical prediction: A theoretical analysis and a review of the evidence*. Minneapolis, MN: University of Minnesota Press.

Meehl, P. E. (1956). Wanted – a good cookbook. *American Psychologist, 11*, 263–272.

Meehl, P. E. (1959). A comparison of clinicians with five statistical methods of identifying psychotic MMPI profiles. *Journal of Counseling Psychology, 6*, 102–109.

Meehl, P. E. (1965). Seer over sign: The first good example. *Journal of Experimental Research in Personality, 1*, 27–32.

Meehl, P. E. (1978). Theoretical risks and tabular asterisks: Sir Karl, Sir Ronald, and the slow progress of soft psychology. *Journal of Consulting and Clinical Psychology, 46*, 806–834.

Meehl, P. E. & Dahlstrom, W. G. (1960). Objective configural rules for discriminating psychotic from neurotic MMPI profiles. *Journal of Consulting Psychology, 24*, 375–387.

Mees, U. (1977). Einführung in die systematische Verhaltensbeobachtung. In U. Mees & H. Selg (Eds.), *Verhaltensbeobachtung und Verhaltensmodifikation* (pp. 14–32). Stuttgart: Klett.

Mees, U. & Selg, H. (Eds.). (1977). *Verhaltensbeobachtung und Verhaltensmodifikation*. Stuttgart: Klett.

Meier, S., Eschenbeck, H. & Kohlmann, C.-W. (2013). *GEKI. Fragebogen zum Gesundheitsverhalten von Kindern. Manual.* Göttingen: Hogrefe.

Meijer, J. (2001). Learning potential and anxious tendency: Test anxiety as a bias factor in educational testing. *Anxiety, Stress, and Coping, 14*, 337–362.

Meili, R. (1961). *Lehrbuch der psychologischen Diagnostik* (4. Aufl.). Bern: Huber.

Melchers, P. & Preuss, U. (2009). *Kaufman Assessment Battery for Children – Deutsche Version (K-ABC)* (8. Aufl.). Frankfurt am Main: Pearson.

Melfsen, S., Florin, I. & Warnke, A. (2001). *Sozialphobie und -angstinventar für Kinder (SPAIK)*. Göttingen: Hogrefe.

Merz, F. (1984). Die biologische Funktion individueller Differenzen. In M. Amelang & H.-J. Ahrens (Eds.), *Brennpunkte der Persönlichkeitsforschung* (Band 1, pp. 191–209). Göttingen: Hogrefe.

Messer, S. B. (1976). Reflection-impulsivity: A review. *Psychological Bulletin, 83*, 1026–1052.

Meyer, G. J. (1992). The Rorschach's factor structure: A contemporary investigation and historical review. *Journal of Personality Assessment, 59*, 117–136.

Meyer, G. J. (1993). The impact of response frequency on the Rorschach constellation indices and on their validity with diagnostic and MMPI-2 criteria. *Journal of Personality Assessment, 60*, 153–180.

Meyer, G. J. (1997). Assessing reliability: Critical corrections for a critical examination of the Rorschach Comprehensive System. *Psychological Assessment, 9*, 480–489.

Mielke, R. (Ed.). (1982). *Interne / externe Kontrollüberzeugung. Theoretische und empirische Arbeiten zum Locus of Control-Konstrukt.* Bern: Huber.

Mierke, J. & Klauer, K. C. (2003). Method-specific variance in the Implicit Association Test. *Journal of Personality and Social Psychology, 85*, 1180–1192.

Miller, S. M. (1995). Monitoring versus blunting styles of coping with cancer influence the information patients want and need about their disease: Implications for cancer screening and management. *Cancer, 76*, 167–177.

Miller, T. Q., Smith, T. W., Turner, C. W., Guijarro, M. L. & Hallet, A. J. (1996). A meta-analytic review of research on hostility and physical health. *Psychological Bulletin, 119*, 322–348.

Mischel, W. & Shoda, Y. (1995). A cognitive-affective system theory of personality: Reconceptualizing situations, dispositions, dynamics, and invariance in personality structure. *Psychological Review, 102*, 248–268.

Mogg, K. et al. (2000). Trait anxiety, defensiveness and selective processing of threat: An investigation using two measures of attentional bias. *Personality and Individual Differences, 28*, 1063–1077.

Mogg, K. & Bradley, B. P. (1998). A cognitive-motivational analysis of anxiety. *Behaviour Research and Therapy, 36*, 809–848.

Mogg, K. & Bradley, B. P. (1999). Selective attention and anxiety: A cognitive-motivational perspective. In M. Power & T. Dalgleish (Eds.), *Handbook of cognition and emotion* (pp. 145–170). Chichester, UK: Wiley.

Mogg, K., Bradley, B. P., de Bono, J. & Painter, M. (1997). Time course of attentional bias for threat information in nonclinical anxiety. *Behaviour Research and Therapy, 35*, 297–303.

Mombour, W. et al. (Eds.). (1996). *International Personality Disorder Examination (IPDE).* Bern: Huber.

Mook, J., van der Ploeg, H. M. & Kleijn, W. C. (1992). Symptom-positive and symptom-negative items in the State-Trait Anxiety Inventory: A comparison and replication. *Anxiety, Stress, and Coping, 5*, 113–123.

Moorman, R. H. (1993). The influence of cognitive and affective based job satisfaction measures on the relationship between satisfaction and organizational citizenship behavior. *Human Relations, 46*, 759–776.

Moos, R. H. (1974). *Family Environment Scale.* Palo Alto, CA: Consulting Psychologists.

Moosbrugger, H. & Goldhammer, M. (2007). *Frankfurter Adaptiver Konzentrationsleistungs-Test (FAKT-II).* Bern: Huber.

Moosbrugger, H. & Heyden, M. (1997). *Frankfurter Adaptiver Konzentrationsleistungs-Test (FAKT).* Bern: Huber.

Moosbrugger, H. & Kelava, A. (Eds.). (2008). *Testtheorie und Fragebogenkonstruktion.* Heidelberg: Springer.

Moosbrugger, H. & Oehlschlägel, J. (1996). *FAIR – Frankfurter Aufmerksamkeits-Inventar.* Bern: Huber.

Moosbrugger, H., Oehlschlägel, J. & Steinwascher, M. (2011). *Frankfurter Aufmerksamkeits-Inventar 2 (FAIR-2).* Bern: Huber.

Moreno, J.L. (1996). *Die Grundlagen der Soziometrie.* Opladen: Leske und Budrich. (Erstveröffentlichung 1934)

Morgenstern, J., Langenbucher, J. W., Labouvie, E. & Miller, K. J. (1997). The comorbidity of alcoholism and personality disorders in a clinical population: prevalence rates and relation to alcohol typology variables. *Journal of Abnormal Psychology, 106*, 74–84.

Morris, L. W., Davis, M. A. & Hutchings, C. H. (1981). Cognitive and emotional components of anxiety: Literature review and a revised worry-emotionality scale. *Journal of Educational Psychology, 73*, 541–555.

Moschner, B. & Dickhäuser, O. (2006). Selbstkonzept. In D. H. Rost (Ed.), *Handwörterbuch Pädagogische Psychologie* (3. Aufl., pp. 685–692). Weinheim: Beltz PVU.

Moscoso. S. (2000). Selection interview: A review of validity evidence, adverse impact and application reactions. *International Journal of Selection and Assessment, 8*, 237–247.

Moss-Morris, R. et al. (2002). The Revised Illness Perception Questionnaire (IPQ-R). *Psychology and Health, 17*, 1–16.

Motowidlo, S. J., Borman, W. C. & Schmidt, M. J. (1997). A theory of individual differences in task and contextual performance. *Human Performance, 10*, 71–83.

Motowidlo, S. J. & Van Scotter, J. R. (1994). Evidence that task performance should be distinguished from contextual performance. *Journal of Applied Psychology, 79*, 475–480.

Mount, M. K., Barrick, M. R. & Stewart, G. L. (1998). Five-factor model of personality and performance in jobs involving interpersonal interactions. *Human Performance, 11*, 145–165.

Mowrer, O. H., Light, B. H., Luria, Z. & Zeleny, M. P. (1953). Tension changes during psychotherapy, with special reference to resistance. In O. H. Mowrer (Ed.), *Psychotherapy. Theory and research* (pp. 546–640). New York: Ronald.

Mueller, S. T., & Piper, B. J. (2014). The Psychology Experiment Building Language (PEBL) and PEBL Test Battery. *Journal of Neuroscience Methods, 222*, 250–259.

Mullen, B. & Copper, C. (1994). The relation between group cohesiveness and performance: An integration. *Psychological Bulletin, 115*, 210–227.

Müller, D., Bongard, S., Heiligtag, U. & Hodapp, V. (2001). Das State-Trait-Ärgerausdrucks-Inventar in der klinischen Anwendung: Reliabilität und faktorielle Validität. *Zeitschrift für Klinische Psychologie und Psychotherapie, 30*, 172–181.

Müller, G. F., Garrett, M., Pikal, E. & Reedwisch, N. (2002). Führungskräfte mit unternehmerischer Verantwortung. Selbstständigkeitsrelevante Persönlichkeitsausprägungen im Vergleich zu anderen führungsgeeigneten Angestellten und freien Unternehmern oder Angestellten. *Zeitschrift für Personalpsychologie, 1*, 19–26.

Müller, R. (2003). *Diagnostikscher Rechtschreibtest für 2. Klassen (DRT 2)* (2. Aufl.). Göttingen: Beltz Test.

Müller, R. (2003). *Diagnostischen Rechtschreibtest für 1. Klassen (DRT 1)* (2. Aufl.). Göttingen: Hogrefe.

Mumford, M. D., Costanza, D. P., Connelly, M. S. & Johnson, J. F. (1996). Item generation procedures and background data scales: Implications for construct and criterion-related validity. *Personnel Psychology, 49*, 361–398.

Mumford, M. D. & Owens, W. A. (1987). Methodology review: Principles, procedures, and findings in the application of background data measures. *Applied Psychological Measurement, 11*, 1–31.

Mummendey, D. H. (1995). *Psychologie der Selbstdarstellung* (2. Aufl.). Göttingen: Hogrefe.

Murphy, K. R. (1996a). Individual differences and behavior in organizations. Much more than *g*. In K. R. Murphy (Ed.), *Individual differences and behavior in organizations* (pp. 3–30). San Francisco, CA: Jossey-Bass.

Murphy, K. R. (Ed.). (1996b). *Individual differences and behavior in organizations*. San Francisco, CA: Jossey-Bass.

Murray, H. A. (1938). *Explorations in personality*. New York: Oxford.

Murray, H. A. (1943). *Thematic Apperception Test manual*. Cambridge, MA: Harvard University Press.

Murray, H. A. (1991). *TAT. Thematic Apperception Test* (3rd ed.). Cambridge, MA: Cambridge University Press.

Murstein, B. I. & Pryer, R. S. (1959). The concept of projection: A review. *Psychological Bulletin, 56*, 353–374.

Muthny, F. A. (1989). *Freiburger Fragebogen zur Krankheitsverarbeitung (FKV)*. Göttingen: Hogrefe.

Myers, I. B. & McCaulley, M. H. (1985). *Manual: A guide to the development and use of the Myers-Briggs Type Indicator*. Palo Alto, CA: Consulting Psychologists.

Myrtek, M., Schmidt, T. H. & Schwab, G. (1984). Untersuchungen zur Reliabilität und Validität der deutschen Version des Jenkins Activity Survey (JAS). *Zeitschrift für klinische Psychologie, 13*, 322–337.

N

Nachreiner, F. (1978). *Die Messung des Führungsverhaltens*. Bern: Huber.

Nathan, P. E. & Langenbucher, J. W. (1999). Psychopathology: Description and classification. *Annual Review of Psychology, 50*, 79–107.

Neely, J. H. (1991). Semantic priming effects in visual word recognition: A selective review of current findings and theories. In D. Besner & G. W. Humphreys (Eds.), *Basic processes in reading: Visual word recognition* (pp. 264–336). Hillsdale, NJ: Erlbaum.

Neisser, U. et al. (1996). Intelligence: Knowns and unknowns. *American Psychologist, 51*, 77–101.

Nering, M. L. & Ostini, R. (Eds.). (2010). *Handbook of polytomous item response models*. New York: Routlegde.

Neubauer, A. C. & Freudenthaler, H. H. (2001). Emotionale Intelligenz: Ein Überblick. In E. Stern & J. Guthke (Eds.), *Perspektiven der Intelligenzforschung* (pp. 205–232). Lengerisch: Pabst.

Neuberger, O. (1972). Experimentelle Untersuchungen von Führungsstilen. *Gruppendynamik, 3*, 192–219.

Neuberger, O. (1980). Organisationsklima als Einstellung zur Organisation. In C. Graf Hoyos, W. Kroeber-Riel, L. von Rosenstiel & B. Strümpel (Eds.), *Grundbegriffe der Wirtschaftspsychologie* (pp. 128–136). München: Kösel.

Neuberger, O. & Allerbeck, M. (1978). *Messung und Analyse von Arbeitszufriedenheit*. Bern: Huber.

Newman, L. S., Caldwell, T. L., Chamberlin, B. & Griffin, T. (2005). Thought suppression, projection, and the development of stereotypes. *Basic and Applied Social Psychology*, 27, 259–266.

Newman, L. S., Duff, K. J. & Baumeister, R. F. (1997). A new look at defensive projection: Thought suppression, accessibility, and biased person perception. *Journal of Personality and Social Psychology, 72*, 980–1001.

Nickel, H. (1984). *Begriffsbildung im Kindesalter*. Bern: Huber.

Niermeyer, R. (1999). Beobachterkompetenz. In W. Jochmann (Ed.), *Innovationen im Assessment Center* (pp. 157–179). Stuttgart: Schäffer-Poeschel.

Norenzayan, A. & Schwarz, N. (1999). Telling what they want to know: Participants tailor causal attributions to researchers' interests. *European Journal of Social Psychology, 29*, 1011–1020.

Norman, W. T. (1963). Toward an adequate taxonomy of personality attributes: Replicated factor structure in peer nomination personality ratings. *Journal of Abnormal and Social Psychology, 66*, 574–583.

Nosek, B. A., Banaji, M. R. & Greenwald, A. G. (2002). Harvesting implicit group attitudes and beliefs from a demonstration website. *Group Dynamics, 6*, 101–115.

Nowack, W. & Kammer, D. (1987). Self-presentation: Social skills and inconsistency as independent facets of self-monitoring. *European Journal of Personality, 1*, 61–77.

Nowlis, V. (1965). Research with the Mood Adjective Check List. In S. S. Tomkins & C. E. Izard (Eds.), *Affect, cognition, and personality* (pp. 352–389). New York: Springer.

Nussbeck, F. W., Eid, M., Geiser, C., Courvoisier, D. S. & Cole, D. A. (2008). Konvergente und diskriminante Validität über die Zeit: Integration von Multitrait-Multimethod-Modellen und der Latent-State-Trait-Theorie. In H. Moosbrugger & A. Kelava (Eds.), *Testtheorie und Fragebogenkonstruktion* (pp. 361–388). Heidelberg: Springer.

Nutbeam, D. (2000). Health literacy as a public health goal: A challenge for contemporary health education and communication strategies in the 21st century. *Health Promotion International, 15*, 259–267.

O

Ober, R. L. (1968). *The reciprocal category system (RCS): an observational system designed to assess teacher-student classroom verbal interaction*. College of Education, University of South Florida, Tampa, FL.

Obermann, C. (1992). *Assessment Center*. Wiesbaden: Gabler.

Oehlschlägel, J. & Moosbrugger, H. (1989). Konzentrationsleistung ohne Konzentration? Zur Schätzung wahrer Leistungswerte im Aufmerksamkeits-Belastungs-Test d2. *Diagnostica, 37*, 42–51.

Olea, M. M. & Ree, M. J. (1994). Predicting pilot and navigator criteria: not much more than *g*. *Journal of Applied Psychology, 79*, 845–851.

Olson, C. A. & Becker, B. E. (1983). A proposed technique for the treatment of restriction of range in selection validation. *Psychological Bulletin, 93*, 137–148.

Oltman, P. K. (1979). *Procedure for Rod and Frame Apparatus, adults*. Chicago, IL: Stoelting.

Ones, D. S. & Viswesvaran, C. (1998a). The effects of social desirability and faking on personality and integrity assessment for personnel selection. *Human Performance, 11*, 245–269.

Ones, D. S. & Viswesvaran, C. (1998b). Integrity testing in organizations. In R. W. Griffin, A. O'Leary-Kelly & J. M. Collins (Eds.), *Dysfunctional behavior in organizations: Vol. 2. Nonviolent behaviors in organizations* (pp. 243–276). Greenwich, CT: JAI.

Ones, D. S. & Viswesvaran, C. (2001). Integrity tests and other criterion-fucused occupational personality scales (COPS) used in personnel selection. *International Journal of Selection and Assessment, 9*, 3–39.

Ones, D. S., Viswesvaran, C. & Schmidt, F. L. (1993). Comprehensive meta-analysis of integrity test validities: Findings and implications for personnel selection and theories of job performance. *Journal of Applied Psychology Monograph, 78*(4), 679–703.

Organ, D. W. (1988). *Organizational citizenship behavior: The good soldier syndrome*. Lexington, MA: Lexington Books.

Organ, D. W., Podsakoff, P. M. & MacKenzie, S. B. (2006). *Organizational citizenship behavior. Its nature, antecendents, and consequences*. Beverly Hills, CA: Sage.

Orthmann, D. (2006). Lernschwierigkeiten. In D. H. Rost (Ed.), *Handwörterbuch Pädagogische Psychologie* (3. Aufl., pp. 421–427). Weinheim: Beltz PVU.

Ostendorf, F. & Angleitner, A. (2004). *NEO-Persönlichkeitsinventar nach Costa und McCrea. Revidierte Fassung (NEO-PI-R)*. Göttingen: Hogrefe.

P

Patterson, G. R. (1974). A basis for identifying stimuli which control behaviors in natural settings. *Child Development, 45*, 900–911.

Paul, T. & Thiel, A. (2004). *Eating Disorder Inventory-2 (EDI-2). Deutsche Version*. Göttingen: Hogrefe.

Paulhus, D. L. (1984). Two-component models of socially desirable responding. *Journal of Personality and Social Psychology, 46*, 598–609.

Paulhus, D. L. (1991). Measurement and control of response bias. In J. P. Robinson, P. Shaver & L. S. Wrightsman (Eds.), *Measures of personality and social psychological attitudes* (pp. 17–59). San Diego: Academic Press.

Paulhus, D. L. (1994). *Balanced Inventory of Desirable Responding: Reference manual for BIDR version 6*. Unpublished manuscript, University of British Columbia, Vancouver, Canada.

Paulhus, D. L. (1998). *The Balanced Inventory of Desirable Responding*. Toronto/Buffalo: Multi-Health Systems.

Paulhus, D. L. (2002). Socially desirable responding: The evolution of a construct. In H. I. Braun, D. N. Jackson & D. E. Wiley (Eds.), *The role of constructs in psychological and educational measurement* (pp. 49–69). Mahwah NJ: Lawrence Erlbaum.

Paulhus, D. L., & Reid, D. B. (1991). Enhancement and denial in socially desirable responding. *Journal of Personality and Social Psychology, 60*, 307–317

Pauli, R. & Arnold, W. (1951). *Der Pauli-Test*. München: Barth.

Paunonen, S. V., Jackson, D. N. & Keinonen, M. (1990). The structured nonverbal assessment of personality. *Journal of Personality, 58*, 481–502.

Paunonen, S. V., Jackson, D. N., Trzebinski, J. & Försterling, F. (1992). Personality structure across cultures: A multimethod evaluation. *Journal of Personality and Social Psychology, 62*, 447–456.

Pawlik, K. (1968). *Dimensionen des Verhaltens*. Bern: Huber.

Pawlik, K. (1976). Modell- und Praxisdimensionen psychologischer Diagnostik. In K. Pawlik (Ed.), *Diagnose der Diagnostik* (pp. 13–43). Stuttgart: Klett.

Pawlik, K. (1988). Psychodiagnostik zwischen Allgemeiner und Differentieller Psychologie. *Zeitschrift für Differentielle und Diagnostische Psychologie, 9*, 147–153.

Pawlik, K. & Buse, L. (1996). Verhaltensbeobachtung in Labor und Feld. In K. Pawlik (Ed.), *Enzyklopädie der Psychologie: Differentielle Psychologie und Persönlichkeitsforschung: Band 1. Grundlagen und Methoden der Differentiellen Psychologie* (pp. 360–394). Göttingen: Hogrefe.

Payne, R. L. & Pugh, D. S. (1976). Organizational structure and climate. In M. D. Dunnette (Ed.), *Handbook of industrial and organizational psychology* (pp. 1125–1174). Chicago, IL: Rand McNally.

Pearson, K. (1896). Mathematical contributions to the theory of evolution: regression, heredity, and panmixia. *Philosophical Transactions of the Royal Society of London, 187A*, 253–318.

Pekrun, R. (1985). Schulklima. In W. Twellmann (Ed.), *Handbuch Schule und Unterricht* (Band 7.1, pp. 524–547). Düsseldorf: Schwann.

Pennebaker, J. W. (1982). *The psychology of physical symptoms*. New York: Springer.

Perbandt, K., Hodapp, V., Wendt, T. & Jordan, J. (2006). Die „Distressed Personality“ (Typ D) – Zusammenhänge mit Ärger, Aggression und Feindseligkeit. *Psychotherapie Psychosomatik Medizinische Psychologie, 56*, 310–317.

Perrez, M. & Zbinden, M. (1996). Lernen. In A. Ehlers & K. Hahlweg (Eds.), *Enzyklopädie der Psychologie: Klinische Psychologie: Band 1. Grundlagen der Klinischen Psychologie* (pp. 301–349). Göttingen: Hogrefe.

Petermann, F. (1995). Kontrollierte Praxix. In R. S. Jäger & F. Petermann, *Psychologische Diagnostik* (pp. 147–154). Weinheim: Beltz PVU.

Petermann, F. (2011). Frankfurter Aufmerksamkeits-Inventar 2 (FAIR-2) (Testbesprechung). *Zeitschrift für Psychiatrie, Psychologie Und Psychotherapie, 59*(4), 325–326.

Petermann, F. (Ed.). (2011). *Wechsler Preschool and Primary Scale of Intelligence-III (WPPSI-III)* (2. Aufl.). Frankfurt am Main: Pearson Assessment.

Petermann, F. (Ed.). (2012). *WAIS-IV*. Frankfurt am Main: Pearson Assessment.

Petermann, F. & Petermann, U. (2000) *Erfassungsbogen für aggressives Verhalten in konkreten Situationen (EAS)* (4. Aufl.). Göttingen: Hogrefe.

Petermann, F. & Petermann, U. (Eds.) (2007). *HAWIK-IV*. Bern: Huber.

Petermann, F. & Petermann, U. (Eds.) (2011). *WISC-IV*. Frankfurt am Main: Pearson Assessment.

Petermann, F. & Zielinski, W. (1979). Der LMT – ein Verfahren zur Erfassung der Leistungsmotivation. *Diagnostica, 25*, 351–364.

Peterson, R. A. & Reiss, S. (1992). *Anxiety Sensitivity Index, Revised. Manual*. Worthington, OH: International Diagnostic Systems.

Petillon, H. (1980). *Soziometrischer Test für 3. bis 7. Klassen (ST 3–7)*. Weinheim: Beltz.

Petillon, H. (1981). Validität und Reliabilität des soziometrischen Tests. In K. Ingenkamp (Ed.), *Wert und Wirkung von Beurteilungsverfahren*. Weinheim: Beltz.

Petry, J. (1996). *Alkoholismustherapie. Vom Einstellungswandel zur kognitiven Therapie* (3. Aufl.). München: Psychologie Verlags Union.

Pettigrew, T. F. (1958). The measurement and correlates of category width as a cognitive variable. *Journal of Personality, 26*, 532–544.

Phares, E. J. & Davis, W. L. (1966). Breadth of categorization and the generalization of expectancies. *Journal of Personality and Social Psychology, 4*, 461–464.

Pintrich, P. R. (1989). The dynamic interplay of student motivation and cognition in the college classroom. In C. Ames & M. Maehr (Eds.), *Advances in motivation and achievement: Motivating enhancing environments* (Vol. 6, pp. 117–160). Greenwich, CT: JAI Press.

Pöhlmann, K. (1999). Persönliche Ziele: Ein neuer Ansatz zur Erfassung von Therapiezielen. *Praxis Klinische Verhaltensmedizin und Rehabilitation, 45*, 14–20.

Porter, L. (1962). Job attitudes in management: I. Perceived deficiencies in need fulfillment as a function of job level. *Journal of Applied Psychology, 46*, 375–384.

Price, V. A. (1982). *Type A behavior pattern: A model for research and practice*. New York: Academic Press.

Pritchard, R. D. & Karasick, B. W. (1973). The effects of organizational climate on managerial job performance and job satisfaction. *Organizational Behavior and Human Performance, 9*, 126–146.

Prochaska, J. O. & DiClemente, C. C. (1983). Stages and processes of self-change of smoking: Toward an integrative model of change. *Journal of Consulting and Clinical Psychology, 51*, 390–395.

Pudel, V. & Westenhöfer, J. (1989). *Fragebogen zum Eßverhalten (FEV)*. Göttingen: Hogrefe.

Pugh, D. S. (1973). The measurement of organization structures: Does context determine form? *Organizational Dynamics, 1*, 19–34.

Pugh, D. S., Hickson, D. J., Hinings, C. R. & Turner, C. (1968). Dimensions of organization structure. *Administrative Science Quarterly, 13*, 65–105.

Q

Quiñones, M. A., Ford, J. K. & Teachout, M. S. (1995). The relationship between work experience and job performance: A conceptual and meta-analytic review. *Personnel Psychology, 48*, 887–910.

R

Räikkönen, K., Matthews, K. A., Flory, J. D. & Owens, J. F. (1999). Effects of hostility on ambulatory blood pressure and mood during daily living in healthy adults. *Health Psychology, 18*, 44–53.

Räikkönen, K., Matthews, K. A., Flory, J. D., Owens, J. F. & Gump, B. B. (1999). Effects of optimism, pessimism, and trait anxiety on ambulatory blood pressure and mood during everyday life. *Journal of Personality and Social Psychology, 76*, 104–113.

Ramanaiah, N. V., Schill, T. & Leung, L. S. (1977). A test of the hypothesis about the two-dimensional nature of the Marlowe-Crowne Social Desirability Scale. *Journal of Research in Personality, 11*, 251–259.

RAND Health Services Program (1992). *36-item health survey*. Santa Monica, CA: Author.

Rasch, G. (1960). *Probabilistic models for some intelligence and attainment tests*. Kopenhagen, Dänemark: Danish Institute for Educational Research.

Rauer, W. & Schuck, K.-D. (2003). *Fragebogen zur Erfassung emotionaler und sozialer Schulerfahrungen von Grundschulkindern dritter und vierter Klassen (FEESS 3–4)*. Göttingen: Beltz Test.

Rauer, W. & Schuck, K.-D. (2004). *Fragebogen zur Erfassung emotionaler und sozialer Schulerfahrungen von Grundschulkindern erster und zweiter Klassen (FEESS 1–2)*. Göttingen: Beltz Test.

Raven, J. C. (1938/1965). *Progressive Matrices*. New York: Psychological Corporation.

Raven, J., Raven, J. C. & Court, J. H. (2000). *Manual for Raven's Progressive Matrices and Vocabulary Scales*. Oxford, UK: Oxford Psychologists Press.

Ravens-Sieberer, U. & Bullinger, M. (1998). Assessing health-related quality of life in cronically ill children with the German KINDL: First psychometric and content analytic results. *Quality of Life Research, 7*, 399–407.

Ree, M. J., Earles, J. A. & Teachout, M. S. (1994). Predicting job performance: not much more than g. *Journal of Applied Psychology, 79*, 518–524.

Reichenbach, H. (1938). *Experience and prediction*. Chicago, IL: University of Chicago Press.

Reicherts, M. & Perrez, M. (1993). *Fragebogen zum Umgang mit Belastungen im Verlauf (UBV)*. Bern: Huber.

Reilly, R. R. & Chao, G. T. (1982). Validity and fairness of some alternative employee selection procedures. *Personnel Psychology, 35*, 1–62.

Reinecker, H. (Ed.). (2003). *Lehrbuch der Klinischen Psychologie und Psychotherapie* (4. Aufl.). Göttingen: Hogrefe.

Reise, S. P. (2012). The rediscovery of bifactor measurement models. Multivariate Behavioral Research, 47(5), 667–696.

Reiss, S. (1991). Expectancy model of fear, anxiety, and panic. *Clinical Psychology Review, 11*, 141–153.

Remschmidt, H. & Kamp-Becker, I. (2005). Neuropsychologie autistischer Störungen. *Fortschritte der Neurologie, Psychiatrie, 73*, 654–663.

Renner, G., Baur, H., & Lischke, B. (2003). Testbesprechung zum Adaptiven Intelligenz Diagnostikum 2. *Report Psychologie, 28*(11), 668–676.

Renner, K.-H. (2013). Verhaltensbeobachtung, Beobachtungsfehler und Beobachtertraining. In W. Sarges (Ed.), *Management-Diagnostik* (4. Aufl., pp. 656–663). Göttingen: Hogrefe.

Renner, K.-H., Laux, L., Schütz, A. & Tedeschi, J. T. (2004). The relationship between self-presentation styles and coping with social stress. *Anxiety, Stress, and Coping, 17*, 1–22.

Rheinberg, F. & Fries, S. (2010). Bezugsnormorientierung. In D. H. Rost (Ed.), *Handwörterbuch Pädagogische Psychologie* (4. Aufl., pp. 61–68). Weinheim: Beltz PVU.

Richter, L. & Kruglanski, A. W. (1997). The accuracy of social perception and cognition: Situationally contingent and process-based. *Swiss Journal of Psychology, 56*, 62–81.

Ricker, K. L. (2006). Setting cut-scores: a critical review of the Angoff and modified Angoff methods. *The Alberta Journal of Educational Research, 52*, 53–64.

Rieger, C. (1888). *Beschreibung der Intelligenzstörung in Folge einer Hirnverletzung nebst dem Entwurf zu einer allgemein anwendbaren Methode der Intelligenzprüfung*. Würzburg: Stahel.

Robins, R. W. & John, O. P. (1997). The quest for self-insight. Theory and research on accuracy and bias in self-perception. In R. Hogan, J. Johnson & S. Briggs (Eds.), *Handbook of personality psychology* (pp. 649–679). San Diego, CA: Academic Press.

Rogers, C. R. (1973). *Die klientbezogene Gesprächstherapie*. München: Kindler.

Rogers, T. B. (1971). The process of responding to personality items: Some issues, a theory and some research. *Multivariate Behavioral Monographs, 6*, 1–66.

Rohmert, W. & Landau, K. (1979). *Das Arbeitswissenschaftliche Erhebungsverfahren zur Tätigkeitsanalyse (AET)*. Bern: Huber.

Röhrle, B. Caspar, F. & Schlottke, P. F. (2008). *Lehrbuch der klinisch-psychologischen Diagnostik*. Stuttgart: Kohlhammer.

Rohrmann, S. et al. (2013). *Das State-Trait-Ärgerausdrucks-Inventar-2 (STAXI-2). Deutschsprachige Adaptation des State-Trait Anger Expression Inventory-2 (STAXI-2) von Charles D. Spielberger.* Bern: Huber.

Rokeach, M. (1960). *The open and closed mind*. New York: Basic Books.

Rorschach, H. (1921). *Psychodiagnostik*. Bern: Bircher.

Rorschach, H. (1992). *Rorschach-Psychodiagnostik* (11. Aufl., hrsg. von W. Morgenthaler). Bern: Huber.

Rosenfeld, P., Doherty, L. M., Vicino, S. M., Kantor, J. & Greaves, J. (1989). Attitude assessment in organizations: Testing three microcomputer-based survey systems. *Journal of General Psychology, 116*, 145–154.

Rosenman, R. H. (1978). The interview method of assessment of the coronary-prone behavior pattern. In T. M. Dembroski, S. M. Weiss, J. L. Shields, S. G. Haynes & M. Feinleib (Eds.), *Coronary-prone behavior* (pp. 55–70). New York: Springer.

Rosenthal, R. & Jacobson, L. (1968). *Pygmalion in the classroom: Teacher expectations and student intellectual development*. New York: Holt, Reinhart & Winston.

Rosenzweig, S. (1957). *Rosenzweig P-F Test, Form für Kinder* (hrsg. von E. Duhm & J. Hansen). Göttingen: Hogrefe.

Rossmann, P. (2005). *Depressionstest für Kinder (DTK)* (2. Aufl.). Göttingen: Hogrefe.

Rost, D. H. (2008). Multiple Intelligenzen, multiple Irritationen. *Zeitschrift für Pädagogische Psychologie, 22*(2), 97–112.

Rost, D. H. & Schermer, F. J. (1987). Auf dem Wege zu einer differentiellen Diagnostik der Leistungsangst. *Psychologische Rundschau, 38*, 14–36.

Rost, D. H., Sparfeldt, J. R. & Schilling, S. R. (2007). *Differentielles Schulisches*

Selbstkonzept-Gitter mit Skala zur Erfassung des Selbstkonzepts schulischer Leistungen und Fähigkeiten (DISK-Gitter mit SKSLF-8). Göttingen: Hogrefe.

Rost, J. (1999). Was ist aus dem Rasch-Modell geworden? *Psychologische Rundschau, 50,* 140–156.

Rost, J. (2004). *Lehrbuch Testtheorie – Testkonstruktion* (2. Aufl.). Bern: Huber.

Rost, J. & Langeheine, R. (Eds.). (1997). *Applications of latent trait and latent class models in the social sciences.* Münster: Waxmann

Roth, P. L., Bobko, P. & Mabon, H. (2001). Utility analysis: a review and analysis at the turn of the century. In N. Anderson, D. S. Ones, H. K. Sinangil & C. Viswesvaran (Eds.), *Handbook of industrial, work and organizational psychology. Vol. 1: Personnel psychology* (pp. 363–384). London: Sage.

Roth, R. & Kulzer, B. (1995). Die Erfassung des Theorie- und Behandlungswissens zum Typ-I-Diabetes: Der Diabetes-Wissens-Test: Typ-I (DWT: Typ I). In C.-W. Kohlmann & B. Kulzer (Eds.), *Diabetes und Psychologie. Diagnostische Ansätze* (pp. 125–139). Bern: Huber.

Roth, R., Kulzer, B., Teupe, B. & Borkenstein, M. (1996). *Diabetes-Wissens-Test: Typ-I (DWT TYP-I).* Göttingen: Hogrefe.

Rothermund, K. & Wentura, D. (2004). Underlying processes in the Implicit Association Test: Dissociating salience from associations. *Journal of Experimental Psychology: General, 133,* 139–165.

Rotter, J. B. (1954). *Social learning and clinical psychology.* Englewood Cliffs, NJ.: Prentice-Hall.

Rotter, J. B. (1966). Generalized expectancies for internal versus external control of reinforcement. *Psychological Monographs: General and Applied, 80,* (1, Whole No. 609).

Rotter, J. B., Chance, J. E. & Phares, E. J. (Eds.). (1972). *Applications of a social learning theory of personality.* New York: Holt, Rinehart & Winston.

Rowold, J. (2005). *Multifactor Leadership Questionnaire. Psychometric properties of the German translation by Jens Rowold.* Redwood City, CA: Mind Garden.

Ruch, W. (1999). Die revidierte Fassung des Eysenck Personality Questionnaire und die Konstruktion des deutschen EPQ-R bzw. EPQ-RK. *Zeitschrift für Differentielle und Diagnostische Psychologie, 20,* 1–24.

Rugg, D. (1941). Experiments in wording questions. *Public Opinion Quarterly, 5,* 91–92.

S

Sackett, G. P. (Ed.). (1978). *Observing behavior: Vol. 2. Data collection and analysis methods.* Baltimore, MD: University Park Press.

Sackett, P. R. & Dreher, G. F. (1982). Constructs and assessment center dimensions: Some troubling empirical findings. *Journal of Applied Psychology, 67,* 401–410.

Sackett, P. R. & Wanek, J. E. (1996). New developments in the use of measures of honesty, integrity, conscientiousness, dependability, trustworthiness, and reliability for personnel selection. *Personnel Psychology, 49,* 787–829.

Sackett, P. R., Zedeck, S. & Fogli, L. (1988). Relations between measures of typical and maximum job performance. *Journal of Applied Psychology, 73,* 482–486.

Saldern, M. v. & Littig, K. E. (1985). Die Konstruktion der Landauer Skalen zum Sozialklima (LASSO). *Zeitschrift für Entwicklungspsychologie und pädagogische Psychologie, 17,* 138–149.

Saldern, M. v. & Littig, K. E. (1987). *Landauer Skalen zum Sozialklima 4.-13. Klassen (LASSO 4–13).* Weinheim: Beltz.

Salgado, J. F. (1997). The five factor model of personality and job performance in the European Community. *Journal of Applied Psychology, 82,* 30–43.

Salgado, J. F. (1998). Big Five personality dimensions and job performance in army and civil occupations: A European perspective. *Human Performance, 11,* 271–288.

Salgado, J. F. & Moscoso, S. (2002). Comprehensive meta-analysis of the construct validity of the employment interview. *European Journal of Work and Organizational Psychology, 11,* 299–324.

Salmivalli, C. (1999). Participant role approach to school bullying: Implications for interventions. *Journal of Adolescence, 22,* 453–459.

Salovey, P. & Mayer, J. D. (1990). Emotional intelligence. *Imagination, Cognition and Personality, 9,* 185–211.

Salzgeber, J. (2001). *Familienpsychologische Gutachten. Rechtliche Vorgaben und sachverständiges Vorgehen* (3. Aufl.). München: C.H. Beck.

Sarbin, T. R. (1941). Clinical psychology – art or science. *Psychometrika, 6,* 391–400.

Sarbin, T. R. (1942). A contribution to the study of actuarial and individual methods of prediction. *American Journal of Sociology, 48,* 592–602.

Sarbin, T. R. (1944). The logic of prediction in psychology. *Psychological Review, 51,* 210–228.

Sarges, W. (2013a). Interviews. In W. Sarges (Ed.), *Management-Diagnostik* (4. Aufl., pp. 575–592). Göttingen: Hogrefe.

Sarges, W. (Ed.). (2013b). *Management-Diagnostik* (4. Aufl.). Göttingen: Hogrefe.

Sarges, W. & Wottawa, H. (Eds.). (2004). *Handbuch wirtschaftspsychologischer Testverfahren: Band 1. Personalpsychologische Instrumente* (2. Aufl.). Lengerich: Pabst.

Sartorius, N., Ustun, T. B., Korten, A., Cooper, J. E. & van Drimmelen, J. (1995). Progress toward achieving a common language in psychiatry, II: results from the international field trial of the ICD-10 diagnostic criteria for research for mental and behavioral disorders. *American Journal of Psychiatry, 152,* 1427–1437.

Saß, H., Wittchen, H.-U., Zaudig, M. & Houben, I. (2003). *Diagnostisches und Statistisches Manual Psychischer Störungen – Textrevision (DSM-IV-TR).* Göttingen: Hogrefe.

Sawyer, J. (1966). Measurement *and* prediction, clinical *and* statistical. *Psychological Bulletin, 66,* 178–200.

Schachter, S. (1959). *The psychology of affiliation.* Stanford, CA: Stanford University Press.

Schaefer, E. S. (1961). Converging conceptual models for maternal behavior and for child behavior. In J. C. Glidewell (Ed.), *Parental attitudes and child behavior* (pp. 124–146). Springfield, IL: Thomas.

Schaefer, E. S. & Bell, R. Q. (1958). Development of a parental attitude research instrument. *Child Development, 29,* 339–361.

Schäfer, M. (2008). Mobbing im Klassenzimmer. In W. Schneider & M. Hasselhorn (Eds.), *Handbuch der Pädagogischen Psychologie* (pp. 515–526). Göttingen: Hogrefe.

Schag, C. A., Heinrich, R. L., Aadland, R. L. & Ganz, P. A. (1990). Assessing problems of cancer patients: psychometric properties of the cancer inventory of problem situations. *Health Psychology, 9,* 83–102.

Schallberger, U. (1995). Die Persönlichkeitsabhängigkeit von Beschreibungen der eigenen Arbeitssituation. *Zeitschrift für Experimentelle Psychologie, 42,* 111–131.

Schandry, R. & Duschek, S. (2002). *Fragebogen für Asthmapatienten – revidierte Fassung (FAP-R).* Frankfurt a. M.: Harcourt.

Scheier, M. F. & Carver, C. S. (1985). Optimism, coping, and health: Assessment and implications of generalized outcome expectancies. *Health Psychology, 4,* 219–247.

Scheier, M. F. & Carver, C. S. (1992). Effects of optimism on psychological and physical well-being: Theoretical overview and empirical update. *Cognitive Therapy and Research, 16*, 201–228.

Scheier, M. F., Carver, C. S. & Bridges, M. W. (1994). Distinguishing optimism from neuroticism (and trait anxiety, self-mastery, and self-esteem): A reevaluation of the Life Orientation Test. *Journal of Personality and Social Psychology, 67*, 1063–1078.

Schein, E. H. (1985). *Organizational culture and leadership*. San Francisco: Jossey-Bass.

Scheithauer, H., Hayer, T. & Bull, H. D. (2007). Gewalt an Schulen am Beispiel von Bullying. *Zeitschrift für Sozialpsychologie, 38*(3), 141–152.

Scherer, K. R. & Wallbott, H. G. (1990). Ausdruck von Emotionen. In K. R. Scherer (Ed.), *Enzyklopädie der Psychologie: Motivation und Emotion: Band 3. Psychologie der Emotion* (pp. 345–422). Göttingen: Hogrefe.

Scherm, E. & Sarges, W. (2002). *360°-Feedback*. Göttingen: Hogrefe.

Scherm, M. (2004). Response 360°-Feedback. In W. Sarges & H. Wottawa (Eds.), *Handbuch wirtschaftspsychologischer Testverfahren: Band 1. Personalpsychologische Instrumente* (2. Aufl., pp. 683–689). Lengerich: Pabst.

Scherm, M. (2013). 360-Grad-Beurteilungen. In W. Sarges (Ed.), *Management-Diagnostik* (4. Aufl., pp. 864–872). Göttingen: Hogrefe.

Schermelleh-Engel, K. (1995). *Fragebogen zur Schmerzregulation (FSR)*. Frankfurt a. M.: Swets.

Schermelleh-Engel, K., Moosbrugger, H. & Müller, H. (2003). Evaluating the fit of structural equation models: Test of significance and descriptive goodness-of-fit measures. *Methods of Psychological Research - Online, 8*(2), 23–74.

Schermelleh-Engel, K. & Schweizer, K. Multitrait-Multimethod-Analysen. (2008). In H. Moosbrugger & A. Kelava (Eds.), *Testtheorie und Fragebogenkonstruktion* (pp. 325–341). Heidelberg: Springer.

Schiefele, U. & Pekrun, R. (1996). Psychologische Modelle des selbstgesteuerten und fremdgesteuerten Lernens. In F. E. Weinert (Ed.), *Enzyklopädie der Psychologie: Pädagogische Psychologie: Band 2. Psychologie des Lernens und der Instruktion* (pp. 249–278). Göttingen: Hogrefe.

Schindler, L. (1989). Das Codiersystem zur Interaktion in der Psychotherapie (CIP): Ein Instrument zur systematischen Beobachtung des Verhaltens von Therapeut und Klient im Therapieverlauf. *Zeitschrift für Klinische Psychologie, 18*, 68–79.

Schippmann, J. S., Prien, E. P. & Katz, J. A. (1990). Reliability and validity of in-basket performance measure. *Personnel Psychology, 43*, 837–859.

Schlenker, B. R. & Weingold, M. F. (1992). Interpersonal processes involving impression regulation and management. *Annual Review of Psychology, 43*, 133–168.

Schlesinger, H. J. (1954). Cognitive attitudes in relation to susceptibility to interference. *Journal of Personality, 22*, 354–374.

Schmalt, H.-D. (1976). *Das L-M-Gitter. Handanweisung*. Göttingen: Hogrefe.

Schmidt, F. L. & Hunter, J. E. (1983). Individual differences in productivity: an empirical test of estimates derived from studies of selection procedure utility. *Journal of Applied Psychology, 68*, 407–414.

Schmidt, F. L. & Hunter, J. E. (1992). Development of causal models of processes determining job performance. *Current Directions in Psychological Science, 1*, 89–92.

Schmidt, F. L. & Hunter, J. E. (1998). The validity and utility of selection methods in personnel psychology: Practical and theoretical implications of 85 years of research findings. *Psychological Bulletin, 124*, 262–274.

Schmidt, F. L., Hunter, J. E., McKenzie, R. C. & Muldrow, T. W. (1979). Impact of valid selection procedures on work-force productivity. *Journal of Applied Psychology, 64*, 609–626.

Schmidt, F. L., Hunter, J. E. & Pearlman, K. (1981). Task differences as moderators of aptitude test validity in selection: a red herring. *Journal of Applied Psychology, 66*, 166–185.

Schmidt, J. A. (1993). Der Allgemeine Büroarbeitstest (ABAT) – mehr als ein Bürotest? *Diagnostica, 39*, 151–168.

Schmidt, J. U. (1984). Stabilität der Interessen von Oberschülern nach Ende der Schulzeit. *Psychologie und Praxis. Zeitschrift für Organisationspsychologie, 28*, 26–31.

Schmidt, J. U. & König, F. (1986). Untersuchungen zur Validität der revidierten Form des Freiburger Persönlichkeitsinventars (FPI-R). *Diagnostica, 32*, 197–208.

Schmidt, K. H. & Metzler, P. (1992). *Wortschatztest (WST)*. Weinheim: Beltz.

Schmidt, L. R. (1975). *Objektive Persönlichkeitsmessung in diagnostischer und klinischer Psychologie*. Weinheim: Beltz.

Schmidt, L. R. (1995). Psychodiagnostisches Gutachten. In R. S. Jäger & F. Petermann (Eds.), *Psychologische Diagnostik* (3. Aufl., pp. 468–479). Weinheim: Beltz PVU.

Schmidt, L. R., Häcker, H. & Schwenkmezger, P. (1985). Differentialdiagnostische Untersuchungen mit objektiven Persönlichkeitstests und Fragebogen im psychiatrischen Bereich. *Diagnostica, 31*, 22–37.

Schmidt, L. R., Häcker, H., Schwenkmezger, P. & Cattell, R. B. (1987). *Objektive Testbatterie (OA-TB). Revidierte und gekürzte Fassung*. Weinheim: Beltz-Test.

Schmidt, L. R. & Schwenkmezger, P. (1994). Differentialdiagnostische Untersuchungen mit objektiven Persönlichkeitstests und Fragebogen im psychiatrischen Bereich: Neue empirische Ergebnisse. *Diagnostica, 40*, 27–41.

Schmidt-Atzert, L. (2002). Intelligenz-Struktur-Test 2000 R (Testrezension). *Zeitschrift für Personalpsychologie, 1*, 50–56.

Schmidt-Atzert, L. & Rauch, W. (2008). Intelligenz-Struktur-Test 2000 R (IST 2000 R). 2. Auflage (Testrezension). *Report Psychologie, 33*(6), 303–304.

Schmitt, G. M., Lohaus, A. & Salewski, C. (1989). Kontrollüberzeugungen und Patienten-Compliance: Eine empirische Untersuchung am Beispiel von Jugendlichen mit Diabetes mellitus, Asthma bronchiale und Alopecia areata. *Psychotherapie Psychosomatik Medizinische Psychologie, 39*, 33–40.

Schmitt, N. & Borman, W. C. (Eds.). (1993). *Personnel selection in organizations*. San Francisco, CA: Jossey-Bass.

Schmukle, S. C. (2005). Unreliability of the dot probe task. *European Journal of Personality, 19*, 595–605.

Schmukle, S. C. & Egloff, B. (2004). Does the Implicit Association Test for assessing anxiety measure trait and state variance? *European Journal of Personality, 18*, 483–494.

Schnabel, K. (2001). Psychologie der Lernumwelt. In A. Krapp & B. Weidenmann (Eds.), *Pädagogische Psychologie* (4. Aufl., pp. 467–511). Weinheim: Beltz PVU.

Schneewind, K. A. (1984). *Persönlichkeitstheorien II. Organismische und dialektische Ansätze*. Darmstadt: Wissenschaftliche Buchgesellschaft.

Schneewind, K. A. (1999). *Familienpsychologie* (2. Aufl.). Stuttgart: Kohlhammer.

Schneewind, K. A., Beckmann, M. & Engfer, A. (1983). *Eltern und Kinder*. Stuttgart: Kohlhammer.

Schneewind, K. A., Beckmann, M. & Hecht-Jackl, A. (1985). *Das Familiendiagnostische Testsystem (FDTS): Konzeption und Überblick*. (Forschungsberichte aus dem Institutsbereich Persönlichkeitspsychologie und Psychodiagnostik, No. 1).

München: Universität München, Institut für Psychologie.

Schneewind, K. A. & Graf, J. (1998). *16-Persönlichkeits-Faktoren-Test. Revidierte Fassung (16PF-R)*. Bern: Huber.

Schneewind, K. A. & Kruse, J. (2002). *Paarklimaskalen (PKS)*. Bern: Huber.

Schneewind, K. A., Ruppert, S. & Harrow, J. (1998). *Personality and family development: An intergenerational longitudinal comparison*. Mahwah, NJ: Erlbaum.

Schneider, B. (1975). Organizational climates: An essay. *Personnel Psychology, 28*, 447–479.

Schneider, S., In-Albon, T. & Margraf, J. (Eds.). (2011). *Diagnostisches Interview bei psychischen Störungen (DIPS)* (4. Aufl.). Berlin: Springer.

Schneider, W. J. & McGrew, K. (2012). The Cattell-Horn-Carroll model of intelligence. In D. P. Flanagan & P. L. Harrison (Eds.), *Contemporary Intellectual Assessment: Theories, Tests, and Issues* (3rd ed.) (pp. 99–144). New York: Guilford.

Schneider, W., Basler, H.-D. & Beisenherz, B. (1989). *Fragebogen zur Messung der Psychotherapiemotivation (FMP)*. Weinheim: Beltz-Test.

Schuerger, J. M. & Cattell, R. B. (1976). *The High School Objective-Analytic Personality Battery*. Champaign, IL: Institute for Personality and Ability Testing.

Schuler, H. (1991). Leistungsbeurteilung – Funktionen, Formen und Wirkungen. In H. Schuler (Ed.), *Beurteilung und Förderung beruflicher Leistung* (pp. 11–40). Göttingen: Hogrefe.

Schuler, H. (1992). Das Multimodale Einstellungsinterview. *Diagnostica, 38*, 281–300.

Schuler, H. (1998). Noten und Studien- und Berufserfolg. In D. H. Rost (Ed.), *Handwörterbuch Pädagogische Psychologie* (pp. 370–374). Weinheim: Psychologie Verlags Union.

Schuler, H. (2002). *Das Einstellungsinterview. Ein Arbeits- und Trainingsbuch*. Göttingen: Hogrefe.

Schuler, H. (2004). Leistungsbeurteilung - Gegenstand, Funktionen und Formen. In H. Schuler (Ed.). *Beurteilung und Förderung beruflicher Leistung* (2. Aufl., pp. 1-23). Göttingen: Hogrefe.

Schuler, H. (2014a). Arbeits- und Anforderungsanalyse. In H. Schuler & U. P. Kanning (Eds.), *Lehrbuch der Personalpsychologie* (3. Aufl., pp. 61–97). Göttingen: Hogrefe.

Schuler, H. (2014b). Gegenstand und Aufgaben der Personalpsychologie. In H. Schuler & U. P. Kanning (Eds.), *Lehrbuch der Personalpsychologie* (3. Aufl., pp. 13–23). Göttingen: Hogrefe.

Schuler, H. & Görlich, Y. (2007). *Kreativität. Ursachen, Messung, Förderung und Umsetzung in Innovation*. Göttingen: Hogrefe.

Schuler, H. & Höft, S. (2007). Diagnose beruflicher Eignung und Leistung. In H. Schuler (Ed.), *Lehrbuch Organisationspsychologie* (4. Aufl., pp. 289–343.). Bern: Huber.

Schuler, H., Höft, S. & Hell, B. (2014). Eigenschaftsorientierte Verfahren der Personalauswahl. In H. Schuler & U. P. Kanning (Eds.), *Lehrbuch der Personalpsychologie* (3. Aufl., pp. 195–213). Göttingen: Hogrefe.

Schuler, H. & Kanning, U. P. (Eds.). (2014). *Lehrbuch der Personalpsychologie* (3. Aufl.). Göttingen: Hogrefe.

Schuler, H. & Moser, K. (1995). Die Validität des Multimodalen Interviews. *Zeitschrift für Arbeits- und Organisationspsychologie, 39*, 2–12.

Schuler, H., Moser, K., Diemand, A. & Funke, U. (1995). Validität eines Einstellungsinterviews zur Prognose des Ausbildungserfolgs. *Zeitschrift für Pädagogische Psychologie, 9*, 45–54.

Schuler, H. & Prochaska, M. (2001). *Leistungsmotivationsinventar (LMI)*. Göttingen: Hogrefe.

Schulte, D. (1976). Psychodiagnostik zur Erklärung und Modifikation von Verhalten. In K. Pawlik (Ed.), *Diagnose der Diagnostik* (pp. 149–176). Stuttgart: Klett.

Schulte, D. & Kemmler, L. (1974). Systematische Beobachtung in der Verhaltenstherapie. In D. Schulte (Ed.), *Diagnostik in der Verhaltenstherapie* (pp. 152–195). München: Urban & Schwarzenberg.

Schulz, P., Schlotz, W. & Becker, P. (2004). *Trierer Inventar zum chronischen Stress (TICS)*. Göttingen: Hogrefe.

Schumacher, J., Klaiberg, A. & Brähler, E. (Eds.). (2003). *Diagnostische Verfahren zu Lebensqualität und Wohlbefinden*. Göttingen: Hogrefe.

Schütz, A. (2003). *Psychologie des Selbstwertgefühls* (2. Aufl.). Stuttgart: Kohlhammer.

Schwarz, J. C., Barton-Henry, M. & Pruzinsky, T. (1985). Assessing child-rearing behaviors: A comparison of ratings made by mother, father, child, and sibling on the CRPBI. *Child Development, 56*, 462–479.

Schwarz, N. (1999). How the questions shape the answers. *American Psychologist, 54*, 93–105.

Schwarzer, R. (1994). Optimistische Kompetenzerwartung: Zur Erfassung einer personellen Bewältigungsressource. *Diagnostica, 40*, 105–123.

Schwarzer, R. (1996). *Psychologie des Gesundheitsverhaltens* (2. Aufl.). Göttingen: Hogrefe.

Schwarzer, R. & Jerusalem, M. (2002). Das Konzept der Selbstwirksamkeit. *Zeitschrift für Pädagogik, 44*, 28–53.

Schwarzer, R. & Jerusalem, M. (Eds.). (1999). *Skalen zur Erfassung von Lehrer- und Schülermerkmalen. Dokumentation der psychometrischen Verfahren im Rahmen der Wissenschaftlichen Begleitung des Modellversuchs Selbstwirksame Schulen*. Verfügbar unter http://www.ewi-psy.fu-berlin.de/einrichtungen/arbeitsbereiche/gesund/psychomess/lehrermerkmale.html

Schwenkmezger, P. (1985). *Modelle der Eigenschafts- und Zustandsangst: Theoretische Analysen und empirische Untersuchungen zur Angsttheorie von Spielberger*. Göttingen: Hogrefe.

Schwenkmezger, P. & Hodapp, V. (1993). Theorie und Messung von Ärgerausdruck. In V. Hodapp & P. Schwenkmezger (Eds.), *Ärger und Ärgerausdruck* (pp. 35–69). Bern: Huber.

Schwenkmezger, P., Schmidt, L. R. & Stephan-Hembach, G. (1994). Angst, Ärger und Ärgerausdruck bei psychiatrischen und psychosomatischen Patientengruppen: Objektive Persönlichkeitstests und Fragebogenverfahren. *Zeitschrift für Klinische Psychologie, 23*, 163–177.

Schwerdtfeger, A. & Kohlmann, C.-W. (2004). Repressive coping style and the significance of verbal-autonomic response dissociations. In U. Hentschel, G. Smith, J. G. Draguns & W. Ehlers (Eds.), *Defense mechanisms. Theoretical, research and clinical perspectives* (pp. 239–278). Amsterdam: Elsevier.

Scotti, J. R. & Morris, T. M. (2000). Diagnosis and classification. In M. Hersen & R. T. Ammerman (Eds.), *Advanced abnormal child psychology* (2nd ed., pp. 15–32). Mahwah, NJ: Erlbaum.

Seiffge-Krenke, I. et al. (1996). *Chronisch kranke Jugendliche und ihre Familien. Belastung, Bewältigung und psychosoziale Folgen*. Stuttgart: Kohlhammer.

Seitz, W. & Rausche, A. (2004). *Persönlichkeitsfragebogen für Kinder zwischen 9 und 14 Jahren (PFK 9–14)* (4. Aufl.). Göttingen: Hogrefe.

Seligman, M. E. P. (1975). *Helplessness. On depression, development, and death*. San Francisco, CA: Freeman.

Shapiro, D. & Tagiuri, R. (1958). Some effects of response context on trait inferences. *Journal of Personality, 26*, 42–50.

Shedler, J. & Westen, D. (1998). Refining the Measurement of Axis II: A Q-Sort Procedure for Assessing Personality Pathology. *Assessment, 5*, 333–353.

Sherbourne, C. D., Wells, K. B., Meredith, L. S., Jackson, C. A. & Camp, P. (1996). Comorbid anxiety disorder and the functioning and well-being of chronically ill patients of general medical providers. *Archives of General Psychiatry, 53*, 889–895.

Shrout, P. E. & Fleiss, J. L. (1979). Intraclass correlation: uses in assessing rater reliability. *Psychological Bulletin, 86*, 420–428.

Shweder, R. A. (1982). Fact and artifact in trait perception: The systematic distorsion hypothesis. In B. A. Maher & W. B. Maher (Eds.), *Progress in experimental personality research* (Vol.11, pp. 65–100). San Diego, CA: Academic Press.

Siegelman, M. (1965). Evaluation of Bronfenbrenner's questionnaire for children concerning parental behavior. *Child Development, 36*, 163–174.

Siegrist, J., Broer, M. & Junge, A. (1996). *Profil der Lebensqualität Chronisch Kranker (PLC)*. Göttingen: Beltz-Test.

Siegrist, M. (1997). Test-retest reliability of different versions of the Stroop test. *Journal of Psychology, 131*, 299–306.

Silverman, J. (1964). Scanning-control mechanism and „cognitive filtering" in paranoid and nonparanoid schizophrenia. *Journal of Consulting Psychology, 28*, 385–393.

Smith, C. A., Organ, D. W. & Near, J. P. (1983). Organizational citizenship behavior: Its nature and antecedents. *Journal of Applied Psychology, 68*, 653–663.

Smith, P. C. & Kendall, L. M. (1963). Retranslation of expectations: An approach to the construction of unambigous anchors for rating scales. *Journal of Applied Psychology, 47*, 149–155.

Snow, R. E. (1989). Aptitude-treatment interaction as a framework for research on individual differences in learning. In P. L. Ackerman, R. J. Sternberg & R. Glaser, *Learning and individual differences: Advances in theory and research* (pp. 13–59). New York: Freeman.

Snyder, M. (1987). *Public appearances, private realities: The psychology of self-monitoring*. New York: Freeman.

Snyder, M., Tanke, E. D. & Berscheid, E. (1977). Social perception and interpersonal behavior: On the self-fulfilling nature of stereotypes. *Journal of Personality and Social Psychology, 35*, 656–666.

Sokolowski, K., Schmalt, H.-D., Longens, T. A. & Puca, R. M. (2000). Assessing achievement, affiliation, and power motives all at once – the Multi-Motive-Grid (MMG). *Journal of Personality Assessment, 74*, 126–145.

Spada, H. & Reimann, P. (1988). Wissensdiagnostik auf kognitionspsychologischer Basis. *Zeitschrift für Differentielle und Diagnostische Psychologie, 9*, 183–192.

Spangler, W. D. (1992). Validity of questionnaire and TAT measures of need for achievement: Two meta-analyses. *Psychological Bulletin, 112*, 140–154.

Spearman, C. (1904). „General intelligence", objectively determined and measured. *American Journal of Psychology, 15*, 201–292.

Spearman, C. (1927). *The abilities of man: their nature and measurement*. London: Macmillan.

Spence, J. T. & Spence, K. W. (1966). The motivational components of manifest anxiety: Drive and drive stimuli. In C. D. Spielberger (Ed.), *Anxiety and behavior* (pp. 291–326). New York: Academic Press.

Spielberger, C. D. (1966). Theory and research on anxiety. In C. D. Spielberger (Ed.), *Anxiety and behavior* (pp. 3–20). New York: Academic Press.

Spielberger, C. D. (1972). Anxiety as an emotional state. In C. D. Spielberger (Ed.), *Anxiety: Current trends in theory and research* (Vol. 1, pp. 23–49). New York: Academic Press.

Spielberger, C. D. (1975). Anxiety: State-trait-process. In C. D. Spielberger & I. G. Sarason (Eds.), *Stress and anxiety* (Vol. 1, pp. 115–143). Washington, DC: Hemisphere.

Spielberger, C. D. (1980). *Test Anxiety Inventory (TAI)*. Palo Alto, CA: Consulting Psychologists.

Spielberger, C. D. (1983). *State-Trait Anxiety Inventory: A comprehensive bibliography*. Palo Alto, CA: Consulting Psychologists.

Spielberger, C. D. (1988). *Manual for the State-Trait Anger Expression Inventory (STAXI)*. Odessa, FL: Psychological Assessment Resources.

Spielberger, C. D. (2000). *State-Trait Anger Expression Inventory 2 (STAXI-2)*. Odessa, Fl.: Psychological Assessment Resources.

Spielberger, C. D., et al. (1985). The experience and expression of anger: Construction and validation of an Anger Expression Scale. In M. A. Chesney & R. H. Rosenman (Eds.), *Anger and hostility in cardiovascular and behavioral disorders* (pp. 5–30). New York: Hemisphere.

Spielberger, C. D., Gorsuch, R. L. & Lushene, R. E. (1970). *STAI Manual for the State-Trait Anxiety Inventory*. Palo Alto, CA: Consulting Psychologists.

Spielberger, C. D. & Sydeman, S. J. (1994). State-Trait Anxiety Inventory and State-Trait Anger Expression Inventory. In M. E. Maruish (Ed.), *The use of psychological tests for treatment planning and outcome assessment* (pp. 292–321). Hillsdale, NJ: Erlbaum.

Spielberger, C. D., Vagg, P. R., Barker, L. R., Donham, G. W. & Westberry, L. G. (1980). The factor structure of the State-Trait Anxiety Inventory. In I. G. Sarason & C. D. Spielberger (Eds.), *Stress and anxiety* (Vol. 7, pp. 95–109). Washington, DC: Hemisphere.

Spinath, B., Stiensmeier-Pelster, J., Schöne, C. & Dickhäuser, O. (2012). *Skalen zur Erfassung der Lern- und Leistungsmotivation (SELLMO)* (2. Aufl.). Göttingen. Hogrefe.

Spitzer, R. L. & Fleiss, J. L. (1974). A re-analysis of the reliability of psychiatric diagnosis. *British Journal of Psychiatry, 125*, 341–347.

Spitzer, R. L., Forman, J. & Nee, J. (1979). DSM-III field trials: I. Initial interrater diagnostic reliability. *American Journal of Psychiatry, 136*, 818–820.

Spray, J. A. & Reckase, M. D. (1996). Comparison of SPRT and sequential Bayes procedures for classifying examinees into two categories using a computerized test. *Journal of Educational and Behavioral Statistics, 21*, 405–414.

Spreen, O. (Ed.). (1963). *MMPI Saarbrücken*. Bern: Huber.

Stangier, U., Ehlers, A. & Gieler, U. (1996). *Fragebogen zur Bewältigung von Hautkrankheiten (FBH)*. Göttingen: Hogrefe.

Stapf, K. H. (1980). Methoden und Verfahrenstechniken im Bereich der Erziehungsstilforschung. In K. A. Schneewind & T. Herrmann (Eds.), *Erziehungsstilforschung. Theorien, Methoden und Anwendung der Psychologie elterlichen Erziehungsverhaltens* (pp. 89–120). Bern: Huber.

Stapf, K. H., Herrmann, T., Stapf, A. & Stäcker, K. H. (1972). *Psychologie des elterlichen Erziehungsstils*. Bern, Stuttgart: Huber, Klett.

Statistisches Bundesamt (2010). *Bildung und Kultur. Allgemeinbildende Schulen. Schuljahr 2007/08*. Fachserie 11, Reihe 1. www.destatis.de.

Staufenbiel, T. (2013). Probleme der Messung von Management-Leistung. In W. Sarges (Ed.), *Management-Diagnostik* (4. Aufl., pp. 962–969). Göttingen: Hogrefe.

Staufenbiel, T. & Hartz, C. (2000). Organizational Citizenship Behavior: Entwicklung und erste Validierung eines Meßinstruments. *Diagnostica, 46*, 73–83.

Stegmüller, W. (1973). *Probleme und Resultate der Wissenschaftstheorie und analytischen Philosophie. Erster Halbband: Personelle Wahrscheinlichkeit und Rationale Entscheidung*. Berlin: Springer.

Steil, R. & Füchsel, G. (2005). *Interviews zu Belastungsstörungen bei Kindern und Jugendlichen (IBS-KJ)*. Göttingen: Hogrefe.

Steinbrink, C. & Lachmann, T. (2014). *Lese-Rechtschreibstörung. Grundlagen, Diagnostik, Intervention.* Berlin: Springer VS.

Steinmayr, R., Schütz, A., Hertel, J. & Schröder-Abé, M. (2011). *Mayer-Salovey-Caruso Emotional Intelligence Test (MSCEIT).* Bern: Huber.

Steller, M. & Volbert, R. (Eds.). (1997). *Psychologie im Strafverfahren. Ein Handbuch.* Bern: Huber.

Stemmler, G., Hagemann, D., Amelang, M. & Bartussek, D. (2011). *Differentielle Psychologie und Persönlichkeitsforschung* (7. Aufl.). Stuttgart: Kohlhammer.

Stengel, E. (1959). Classification of mental disorders. *Bulletin of the World Health Organization, 21,* 601–663.

Stephenson, W. (1953). *The study of behavior: Q-technique and its methodology.* Chicago, IL: University of Chicago Press.

Stern, W. (1912). Die psychologischen Methoden der Intelligenzprüfung. In F. Schumann (Ed.), *Bericht über den 5. Kongreß für Experimentelle Psychologie in Berlin 1912* (pp. 1–109). Leipzig: Barth.

Stern, W. (1920). *Intelligenzprüfungen an Kindern und Jugendlichen.* Leipzig: Barth.

Sternberg, R. J. (1984). Toward a triarchic theory of human intelligence. *The Behavioral and Brain Sciences, 7,* 269–315.

Sternberg, R. J. (1985). *Beyond IQ. A triarchic theory of human intelligence.* Cambridge, UK: Cambridge University Press.

Sternberg, R. J. (1986). *Intelligence applied. Understanding and increasing your intellectual skills.* San Diego, CA: Harcourt Brace Jovanovich.

Sternberg, R. J. (1998). *Erfolgsintelligenz. Warum wir mehr brauchen als IQ und EQ.* München: Lichtenberg.

Sternberg, R. J. & Grigorenko, E. L. (1997). Are cognitive styles still in style? *American Psychologist, 52,* 700–712.

Sternberg, R. J., Wagner, R. K., Williams, W. M. & Horvath, J. A. (1995). Testing common sense. *American Psychologist, 50,* 912–927.

Stevens, S. S. & Stone, G. (1959). Finger span: Ratio scale, category scale, and jnd scale. *Journal of Experimental Psychology, 57,* 91–95.

Stewart, G. L. (1996). Reward structure as a moderator of the relationship between extraversion and sales performance. *Journal of Applied Psychology, 81,* 619–627.

Steyer, R. & Eid, M. (1993). *Messen und Testen.* Berlin: Springer.

Steyer, R., Ferring, D. & Schmitt, M. (1992). States and traits in psychological assessment. *European Journal of Psychological Assessment, 2,* 79–98.

Steyer, R., Ferring, D. & Schmitt, M. J. (1992). States and traits in psychological assessment. *European Journal of Psychological Assessment, 8,* 79–98.

Steyer, R. & Schmitt, M. (1990). Latent state-trait models in attitude research. *Quality and Quantity, 24,* 427–445.

Steyer, R., Schmitt, M. & Eid, M. (1999). Latent state-trait theory and research in personality and individual differences. *European Journal of Personality, 13,* 389–408.

Steyer, R., Schmitt, M. & Eid, M. (1999). Latent state-trait theory and research in personality and individual differences. *European Journal of Personality, 13,* 389–408.

Stieglitz, R.-D. (1994). Selbst- und Fremdbeurteilung in der psychologisch-psychiatrischen Diagnostik und Therapieforschung. In P. L. Janssen & W. Schneider (Eds.), *Diagnostik in Psychotherapie und Psychosomatik* (pp. 37–64). Stuttgart: Gustav Fischer.

Stiensmeier-Pelster, J. Braune-Krickau, M., Schürmann, M. & Duda, K. (2014). *Depressionsinventar für Kinder und Jugendliche (DIKJ)* (3. Aufl.). Göttingen: Hogrefe.

Stiensmeier-Pelster, J., Schürmann, M., Eckert, C., Pelster, A. (1994). *Attributionsstil-Fragebogen für Kinder und Jugendliche* (AFS-KJ). Göttingen: Hogrefe.

Stigler, J. W., Gonzales, P., Kawanaka, T., Knoll, S. & Serrano, A. (1999). *The TIMSS videotape classroom study: Methods and findings from an exploratory research project on eighth-grade mathematics instruction in Germany, Japan, and the United States.* Washington, DC: U.S. Government Printing Office. Retrieved from http://nces.ed.gov/timss.

Stöber, J. (1999). Die Soziale-Erwünschtheits-Skala-17 (SES-17): Entwicklung und erste Befunde zu Reliabilität und Validität. *Diagnostica, 45,* 173–177.

Stogdill, R. M. (1948). Personal factors associated with leadership: A survey of the literature. *Journal of Personality, 25,* 35–71.

Stogdill, R. M. (1963). *Manual for the Leader Behavior Description Questionnaire, Form XII.* Columbus, OH: Bureau of Business Research, Ohio State University.

Stokes, G. S., Mumford, M. D. & Owens, W. A. (Eds.). (1994). *Biodata handbook: Theory, research, and use of biographical information in selection and performance prediction.* Palo Alto, CA: Consulting Psychologists.

Stokes, G. S. & Searcy, C. A. (1999). Specification of scales in biodata form development: rational vs. empirical and global vs. specific. *International Journal of Selection and Assessment, 7,* 72–85.

Stouthard, M. E. A., Mellenbergh, G. J. & Hoogstraten, J. (1993). Assessment of dental anxiety: A facet approach. *Anxiety, Stress, and Coping, 6,* 89–105.

Strauß, B. & Schumacher, J. (Eds.). (2005). *Klinische Interviews und Ratingskalen.* Göttingen: Hogrefe.

Streufert, S., Pogash, R. & Piasecki, M. (1988). Simulation-based assessment of managerial competence: Reliability and validity. *Personnel Psychology, 41,* 537–557.

Strian, F. (Ed.). (1983). *Angst. Grundlagen und Klinik.* Heidelberg: Springer.

Strobel, A. & Westhoff, K. (2009). *DIPA – Diagnoseinstrument zur Erfassung von Interviewerkompetenz in der Personalauswahl.* Frankfurt a. M.: Pearson.

Strobl, C. (2012). *Das Rasch-Modell* (2. Aufl.). München: Rainer Hampp.

Strong, E. K. (1938). *Vocational interest blank.* Stanford, CA: Stanford University Press.

Stroop, J. R. (1935). Studies of interference in serial verbal learning. *Journal of Experimental Psychology, 18,* 643–661.

Stumpf, H., Angleitner, A., Wieck, T., Jackson, D. N. & Beloch-Till, H. (1985). *Deutsche Personality Research Form (PRF).* Göttingen: Hogrefe.

Stumpf, H. & Fay, E. (1983). *Schlauchfiguren – Ein Test zur Beurteilung des räumlichen Vorstellungsvermögens.* Göttingen: Hogrefe.

Stumpf, S. (2013). Planspiele. In W. Sarges (Ed.), *Management-Diagnostik* (4. Aufl., pp. 700–709). Göttingen: Hogrefe.

Stunkard, A. J. & Messick, S. (1985). The three factor eating questionnaire to measure dietary restraint, disinhibition, and hunger. *Journal of Psychosomatic Research, 29,* 71–83.

Sturzbecher, D. & Freytag, R. (2000). *Familien- und Kindergarten-Interaktionstest (FIT-KIT).* Göttingen: Hogrefe.

Swann, W. B. (1984). Quest for accuracy in person perception: A matter of pragmatics. *Psychological Review, 91,* 457–477.

Swanson, J. E., Rudman, L. A. & Greenwald, A. G. (2001). Using the Implicit Association Test to investigate attitude-behavior consistency for stigmatized behavior. *Cognition and Emotion, 15,* 207–230.

Sweney, A. B., Cattell, R. B. & Krug, S. (1970). *The School Motivation Analysis Test.* Champaign, IL: Institute for Personality and Ability Testing.

Swets, J. A., Dawes, R. M. & Monahan, J. (2000). Psychological science can improve diagnostic decisions. *Psychological Science in the Public Interest, 1*, 1–26.

T

Tack, W. H. (1976). Diagnostik als Entscheidungshilfe. In K. Pawlik (Ed.), *Diagnose der Diagnostik* (pp. 103–130). Stuttgart: Klett.

Taft, R. (1955). The ability to judge people. *Psychological Bulletin, 52*, 1–23.

Tagiuri, R. (1969). Person perception. In G. Lindzey & E. Aronson (Eds.), *The handbook of social psychology: Vol. 3. The individual in a social context* (pp. 395–449). Reading, MA: Addison-Wesley.

Tajfel, H., Everstine, L. & Richardson, A. (1964). Individual judgment consistencies in conditions of risk taking. *Journal of Personality, 32*, 550–565.

Tausch, R. (1962). Merkmalsbeziehungen und psychologische Vorgänge in der Sprachkommunikation des Unterrichts. *Zeitschrift für experimentelle und angewandte Psychologie, 9*, 474–508.

Tausch, R. (1973). *Gesprächspsychotherapie* (5. Aufl.). Göttingen: Hogrefe.

Taylor, H. C. & Russell, J. T. (1939). The relationship of validity coefficients to the practical effectiveness of tests in selection: discussion and tables. *Journal of Applied Psychology, 23*, 565–578.

Taylor, J. A. (1953). A personality scale of manifest anxiety. *Journal of Abnormal and Social Psychology, 48*, 285–290.

Taylor, S. E. (2003). *Health psychology* (5th ed.). New York: McGraw-Hill.

Taylor, S. E. & Fiske, S. T. (1978). Salience, attention and attribution: Top of the head phenomena. In L. Berkowitz (Ed.), *Advances in experimental social psychology* (Vol. 11, pp. 249–288). New York: Academic Press.

Taylor, S. & Cox, B. J. (1998). An expanded Anxiety Sensitivity Index: Evidence for a hierarchical structure in a clinical sample. *Journal of Anxiety Disorders, 12*, 463–483.

Tellegen, A. (1985). Structures of mood and personality and their relevance to assessing anxiety, with an emphasis on self-report. In A. H. Tuma & J. D. Maser (Eds.), *Anxiety and the anxiety disorders* (pp. 681–706). Hillsdale, NJ: Erlbaum.

Tellegen, A. et al. (1988). Personality similarity in twins reared apart and together. *Journal of Personality and Social Psychology, 54*, 1031–1039.

Tellegen, P. J., Laros, J. A. & Petermann, F. (2007). *Non-verbaler Intelligenztest (SON-R 2½-7)*. Göttingen: Hogrefe.

Terlinden-Arzt, P., Klüber, A. & Westhoff, K. (2004). Die Planung entscheidungsorientierter psychologischer Begutachtung für das Familiengericht. *Praxis der Rechtspsychologie, 14*, 22–31.

Terman, L. M. (1916). *The measurement of intelligence: An explanation of and a complete guide for the use of the Stanford revision and extension of the Binet-Simon Intelligence Scale.* Boston, MA: Houghton Mifflin.

Terman, L. M. & Merrill, M. A. (1937). *Measuring intelligence.* Boston, MA: Houghton Mifflin.

Testkuratorium der Föderation Deutscher Psychologenvereinigungen (2009). TBS-TK. Testbeurteilungssystem des Testkuratoriums der Föderation Deutscher Psychologenvereinigungen. Revidierte Fassung vom 09. September 2009. *Report Psychologie, 34*, 470–478, sowie *Psychologische Rundschau*, 2010, *61*, 52–56.

Tett, R. P., Jackson, D. N. & Rothstein, M. (1991). Personality measures as predictors of job performance: A meta-analytic review. *Personnel Psychology, 44*, 704–742.

Tewes, U. (1991). *Hamburg-Wechsler Intelligenztest für Erwachsene. Revision 1991.* Bern: Huber.

Tewes, U., Rossmann, P. & Schallberger, U. (1999). *HAWIK-III. Hamburg-Wechsler-Intelligenz-Test für Kinder. Übersetzung und Adaptation der WISC-III Wechsler Intelligence Scale for Children.* Bern: Huber.

Thiel, R. D., Keller, G. & Binder, A. (1979). *Arbeitsverhaltensinventar (AVI).* Braunschweig: Westermann.

Thiex, D. (2006). *Persönliche Ziele als Motivatoren und Regulatoren im Sport.* Unveröffentlichte Dissertation, Johannes Gutenberg-Universität, Mainz.

Thoits, P. A. (1985). Social support and psychological well-being: Theoretical possibilities. In I. G. Sarason & B. R. Sarason (Eds.), *Social support: Theory, research, and applications* (pp. 51–72). Dordrecht, The Netherlands: Martinus Nijhoff.

Thorndike, E. L. (1922). Practice effects in intelligence tests. *Journal of Experimental Psychology, 5*, 101–107.

Thornton, G. C., Gaugler, B. B., Rosenthal, D. & Bentson, C. (1987). Die prädiktive Validität des Assessment Centers: Eine Metaanalyse. In H. Schuler & W. Stehle (Eds.), *Assessment Center als Methode der Personalentwicklung* (pp. 36–60). Stuttgart: Verlag für Angewandte Psychologie.

Thurstone, L. L. (1931). The measurement of attitudes. *Journal of Abnormal and Social Psychology, 26*, 249–269.

Thurstone, L. L. (1938). *Primary mental abilities.* Chicago, IL: University of Chicago Press.

Thurstone, L. L. (1947). *Multiple-factor analysis.* Chicago, IL: University of Chicago Press.

Thurstone, L. L. (1949). *Thurstone Temperament Schedule.* Chicago, IL: Science Research Associates.

Thurstone, L. L. & Thurstone, T. G. (1941). *Factorial structure of intelligence.* Chicago: University of Chicago Press.

Tiedemann, J. (1974). Die Problematik der Schuleingangsdiagnostik unter entscheidungstheoretischem Aspekt. *Zeitschrift für Entwicklungspsychologie und Pädagogische Psychologie, 6*, 124–132.

Tiedemann, J. (1983). Der kognitive Stil Impulsivität-Reflexivität: Eine kritische Bestandsaufnahme. *Zeitschrift für Entwicklungspsychologie und Pädagogische Psychologie, 15*, 66–74.

Todt, E. (1971). *Differentieller Interessen-Test (DIT)* (2. Aufl.). Bern: Huber.

Tondorf, G. (2005). *Psychologische und psychiatrische Sachverständige im Strafverfahren. Verteidigung bei Schuldfähigkeits- und Prognosebegutachtung* (2. Aufl.). Heidelberg: C. F. Müller.

Tränkle, U. (1983). Fragebogenkonstruktion. In H. Feger & J. Bredenkamp (Eds.), *Enzyklopädie der Psychologie: Forschungsmethoden der Psychologie: Band 2. Datenerhebung* (pp. 222–301). Göttingen: Hogrefe.

Trost, G. (1986). Die Bedeutung des Interviews für die Diagnose der Studieneignung. Darstellung der internationalen Forschungsergebnisse. In R. Lohölter, K. Hinrichsen, G. Trost & S. Drolshagen (Eds.), *Das Interview bei der Zulassung zum Medizinstudium* (pp. 49–80). Stuttgart: Schattauer.

U

Uhlenhut, E. H. (1985). The measurement of anxiety: Reply to Finney. In A. H. Tuma & J. D. Maser (Eds.), *Anxiety and the anxiety disorders* (pp. 675–679). Hillsdale, NJ: Erlbaum.

Undeutsch, U. & Hermans, H. J. M. (1976). *Leistungsmotivationstest für Jugendliche (LMT-J).* Amsterdam, NL: Swets & Zeitlinger.

Unnewehr, S., Schneider, S. & Margraf, J. (2009). *Diagnostisches Interview bei psychischen Störungen im Kindes- und Jugendalter (Kinder-DIPS) (2.Aufl.).* Berlin: Springer.

Urban, T. & Kohlmann, C.-W. (1994). Vigilante Streßbewältigung und der Umgang mit Unsicherheit. *Zeitschrift für Differentielle und Diagnostische Psychologie, 15*, 49–62.

Uziel, L. (2010). Rethinking social desirability scales: From impression management to interpersonally oriented self-control. *Perspectives on Psychological Science, 5*, 243–262.

Uziel, L. (2010). Rethinking social desirability scales: From impression management to interpersonally oriented self-control. *Perspectives on Psychological Science, 5*(3), 243–262.

V

van der Linden, W. J., & Glas, C. A. W. (Eds.). (2010). *Elements of adaptive testing*. New York: Springer.

van Dick, R. & West, M. A. (2005). *Teamwork, Teamdiagnose, Teamentwicklung*. Göttingen: Hogrefe.

van Hooff, J. A. R. A. M. (1982). Categories and sequences of behavior: Methods of description and analysis. In K. R. Scherer & P. Ekman (Eds.), *Handbook of methods in nonverbal behavior research* (pp. 362–439). Cambridge, UK: Cambridge University Press.

Van Scotter, J. R. & Motowidlo, S. J. (1996). Interpersonal facilitation and job dedication as separate facets of contextual performance. *Journal of Applied Psychology, 81*, 525–531.

Vane, J. R. (1981). The Thematic Apperception Test: A review. *Clinical Psychology Review, 1*, 319–336.

Varma, A., DeNisi, A. S. & Peters, L. H. (1996). Interpersonal affect and performance appraisal: A field study. *Personnel Psychology, 49*, 341–360.

Varner, G. F. (1922). Can teachers select bright and dull pupils? *Journal of Educational Research, 6*, 126–132.

Vehrs, W. (1986). *Nicht-verbale Erlebnisbeschreibung*. Göttingen: Hogrefe.

Vernon, P. E. (1933). Some characteristics of the good judge of personality. *Journal of Social Psychology, 4*, 42–57.

Vernon, P. E. (1965). Ability factors and environmental influences. *American Psychologist, 20*, 723–733.

Vinchur, A. J., Schippmann, J. S., Switzer, F. S. & Roth, P. L. (1998). A meta-analytic review of predictors of job performance for salespeople. *Journal of Applied Psychology, 83*, 586–597.

Viswesvaran, C., Ones, D. S. & Schmidt, F. L. (1996). Comparative analysis of the reliability of job performance ratings. *Journal of Applied Psychology, 81*, 557–574.

Vohs, K. D. & Heatherton, T. F. (2001). Self-esteem and threats to self: Implications for self-construals and interpersonal perceptions. *Journal of Personality and Social Psychology, 81*, 1103–1118.

von Marées, N. & Petermann, F. (2010). *Bullying- und Viktimisierungsfragebogen (BVF)*. Göttingen: Hogrefe.

von Rosenstiel, L. (1972). *Motivation im Betrieb*. München: Goldmann.

von Rosenstiel, L. & Kaschube, J. (2014). Führung. In H. Schuler & U. P. Kanning (Eds.), *Lehrbuch der Personalpsychologie* (3. Aufl., pp. 677–724). Göttingen: Hogrefe.

von Zerssen, D., Barthelmes, H. et al. (1998). The Biographical Personality Interview (BPI) – a new approach to the assessment of premorbid personality in psychiatric research. Part II: Psychometric properties. *Journal of Psychiatric Research, 32*, 25–35.

von Zerssen, D. & Petermann, F. (2011). *B-LR. Beschwerden-Liste – Revidierte Fassung*. Göttingen: Hogrefe.

von Zerssen, D., Possl, J. et al. (1998). The Biographical Personality Interview (BPI) – a new approach to the assessment of premorbid personality in psychiatric research. Part I: Development of the instrument. *Journal of Psychiatric Research, 32*, 19–25.

Vormbrock, F. & Neuser, J. (1983). Konstruktion zweier spezifischer Trait-Fragebogen zur Erfassung von Angst in sozialen Situationen (SANB und SVSS). *Diagnostica, 29*, 165–182.

Vroom, V. H. & Yetton, P. (1973). *Leadership and decision-making*. Pittsburgh, PA: University of Pittsburgh Press.

W

Wagner, H. & Baumgärtel, F. (1978). *Hamburger Persönlichkeitsfragebogen für Kinder (HAPEF-K)*. Göttingen: Hogrefe.

Wagner, I. (1973). Trainingsversuche mit kognitiv impulsiven Kindern. *Archiv für Psychologie, 125*, 288–316.

Wagner, I. & Cimiotti, E. (1975). Impulsive und reflexive Kinder prüfen Hypothesen: Strategien beim Problemlösen, aufgezeigt an Blickbewegungen. *Zeitschrift für Entwicklungspsychologie und Pädagogische Psychologie, 7*, 1–15.

Wagner, R. K. & Torgesen, J. K. (1987). The nature of phonological processing and its causal role in the acquisition of reading skills. *Psychological Bulletin, 101*, 192–212.

Wald, A. (1947). *Sequential analysis*. New York: Wiley.

Walk, R. D. (1956). Self ratings of fear in a fear-invoking situation. *Journal of Abnormal and Social Psychology, 52*, 171–178.

Wallston, K. A., Wallston, B. S. & DeVellis, R. (1978). Development of the multidimensional health locus of control (MHLC) scales. *Health Education Monographs, 6*, 161–170.

Walters, G. C. & Grusec, J. E. (1977). *Punishment*. San Francisco: Freeman.

Warm, J. S., Parasuraman, R., & Matthews, G. (2008). Vigilance requires hard mental work and is stressful. *Human Factors, 50*(3), 433–441.

Warnke, A., Trott, G.-E. & Remschmidt, H. (Eds.). (1997). *Forensische Kinder- und Jugendpsychiatrie. Ein Handbuch für Klinik und Praxis*. Bern: Huber.

Watkins, C. E., Campbell, V. L., Nieberding, R. & Hallmark, R. (1995). Contemporary practice of psychological assessment by clinical psychologists. *Professional Psychology: Research and Practice, 26*, 54–60.

Watson, D. & Clark, L. A. (1984). Negative affectivity: The disposition to experience aversive emotional states. *Psychological Bulletin, 96*, 465–490.

Watson, D., Clark, L. A. & Carey, G. (1988). Positive and negative affect and their relationship to anxiety and depressive disorders. *Journal of Abnormal Psychology, 97*, 346–353.

Watson, D., Clark, L. A. & Tellegen, A. (1988). Development and validation of brief measures of positive and negative affect: The PANAS scales. *Journal of Personality and Social Psychology, 54*, 1063–1070.

Watson, D. & Tellegen, A. (1985). Toward a consensual structure of mood. *Psychological Bulletin, 98*, 219–235.

Weber, H. (2005). Persönlichkeit und Gesundheit. In R. Schwarzer (Ed.), *Enzyklopädie der Psychologie: Gesundheitspsychologie. Band 1. Gesundheitspsychologie* (pp. 129–147). Göttingen: Hogrefe.

Weber, H. & Westmeyer, H. (2001). Die Inflation der Intelligenzen. In E. Stern & J. Guthke (Eds.). *Perspektiven der Intelligenzforschung* (pp. 251–266). Lengerich: Pabst.

Weber, M. (1921). *Wirtschaft und Gesellschaft. Grundriß der verstehenden Soziologie* (2. Aufl.). Köln: Kiepenheuer und Witsch.

Wechsler, D. (1939). *The measurement of adult intelligence*. Baltimore, MD: Williams & Wilkins.

Wechsler, D. (1949). *Manual for the Wechsler Intelligence Scale for Children*. New York: Psychological Corporation.

Wechsler, D. (1955). *Manual for the Wechsler Adult Intelligence Scale*. New York: Psychological Corporation.

Wechsler, D. (1991). *Wechsler intelligence scale for children (WISC-III)* (3rd ed.). San Antonio, TX: Psychological Corporation.

Wechsler, D. (1997). *Wechsler adult intelligence scale* (3rd ed.). San Antonio, TX: Psychological Corporation.

Weinert, A. B. (1987). *Lehrbuch der Organisationspsychologie* (2. Aufl.). München: Psychologie Verlags Union.

Weinman, J., Petrie, K. J., Moss-Morris, R. & Horne, R. (1996). The Illness Perception Questionnaire: A new method for assessing the cognitive representation of illness. *Psychology and Health, 11*, 431–445.

Weis, S. & Nuerk, H.-C. (2010). TBS-TK Rezension: „FAKT-II. Frankfurter Adaptiver Konzentrationsleistungs-Test". *Report Psychologie, 36,* 219–221.

Weisberg, R. W. (1989). *Kreativität und Begabung: Was wir mit Mozart, Einstein und Picasso gemeinsam haben.* Heidelberg: Spektrum der Wissenschaft.

Weiß, R. H. (2006). *Grundintelligenztest Skala 2 – Revision (CFT 20-R).* Göttingen: Hogrefe.

Weiß, R. H. (2008). *Grundintelligenztest Skala 2 – Revision (CFT 20-R) mit Wortschatztest und Zahlenfolgetest – Revision (WS/ZF-R).* Göttingen: Hogrefe.

Weiß, R. H. & Osterland, J. (2012). *Grundintelligenztest Skala 1 – Revision (CFT 1-R).* Göttingen: Hogrefe.

Wentura, D. (1997). Zur mentalen Repräsentation affektiv-evaluativer Komponenten: Die Netzwerkmetapher und das Paradigma des „affektiven" Primings. In H. Mandl (Ed.), *Bericht über den 40. Kongress der Deutschen Gesellschaft für Psychologie in München 1996* (pp. 964–971). Göttingen: Hogrefe.

Werner, H. (1948). *Comparative psychology of mental development* (2nd ed.). Chicago, IL: Follett.

Westen, D. (1991a). Clinical assessment of object relations using the TAT. *Journal of Personality Assessment, 56,* 56–74.

Westen, D. (1991b). Social cognition and object relations. *Psychological Bulletin, 109,* 429–455.

Westen, D. (1997). Divergences between clinical and research methods for assessing personality disorders: implications for research and the evolution of Axis II. *American Journal of Psychiatry, 154,* 895–903.

Westen, D., Lohr, N., Silk, K. R., Gold, L. & Kerber, K. (1990). Object relations and social cognition in borderlines, major depressives, and normals: A Thematic Apperception Test analysis. *Psychological Assessment, 2,* 355–364.

Westen, D. & Weinberger, J. (2004). When clinical description becomes statistical prediction. *American Psychologist, 59,* 595–613.

Westen, D. & Weinberger, J. (2005). In praise of clinical judgment: Meehl's forgotten legacy. *Journal of Clinical Psychology, 61,* 1257–1276.

Westenhöfer, J., Pudel, V., Maus, N. & Schlaf, G. (1987). Das kollektive Diätverhalten deutscher Frauen als Risikofaktor für Eßstörungen. *Aktuelle Ernährungsmedizin, 12,* 154–159.

Westhoff, G. (Ed.). (1993). *Handbuch psychosozialer Meßinstrumente. Ein Kompendium für epidemiologische und klinische Forschung zu chronischer Krankheit.* Göttingen: Hogrefe.

Westhoff, K. (Ed.). (2013). *The Decision-Oriented Interview (DOI) as a selection interview.* Lengerich: Pabst.

Westhoff, K. et al. (Eds.). (2010). *Grundwissen für die berufsbezogene Eignungsbeurteilung nach DIN 33430* (3. Aufl.). Lengerich: Pabst.

Westhoff, K. & Hagemeister, C. (2005). *Konzentrationsdiagnostik.* Lengerich: Pabst.

Westhoff, K. & Kluck, M.-L. (1983). Zusammenhang zwischen Intelligenz und Konzentration. *Diagnostica, 29,* 310–319.

Westhoff, K. & Kluck, M.-L. (1984). Ansätze einer Theorie konzentrativer Leistungen. *Diagnostica, 30,* 167–183.

Westhoff, K. & Kluck, M.-L. (2008). *Psychologische Gutachten schreiben und beurteilen* (5. Aufl.). Berlin: Springer.

Westhoff, K. & Strobel, A. (2011). Interview. In L. F. Hornke, M. Amelang & M. Kersting (Eds.), *Enzyklopädie der Psychologie: Psychologische Diagnostik: Band 2. Methoden der psychologischen Diagnostik* (pp. 371–413). Göttingen: Hogrefe.

Westhoff, K. & Strobel, A. (2013). Structuring a selection interview. In K. Westhoff (Ed.), *The Decision-Oriented Interview (DOI) as a selection interview.* (pp. 76–82). Lengerich: Pabst.

Westmeyer, H., Winkelmann, K. & Hannemann, J. (1988). Intrasituationale dynamische Interaktion. *Zeitschrift für Differentielle und Diagnostische Psychologie, 9,* 241–256.

WHO. World Health Organization (1993a). *International Classification of Diseases and Related Health Problems* (10th rev., ICD-10). Genf, Schweiz: Author.

WHO. World Health Organization (1993b). *WHO Disability Diagnostic Scale (WHO-DDS).* Genf, Schweiz: Author.

Wicklund, R. A. (1979). The influence of self-awareness on human behavior. *American Scientist, 67,* 187–193.

Widiger, T. A. (1993). The DSM-III-R categorical personality disorder diagnoses: a critique and an alternative. *Psychological Inquiry, 4,* 75–90.

Widiger, T. A. & Samuel, D. B. (2005). Diagnostic categories or dimensions? A question for the Diagnostic and Statistical Manual of Mental Disorders – Fifth Edition. *Journal of Abnormal Psychology, 114,* 494–504.

Wieczerkowski, W. (1965). Einige Merkmale des Sprachverhaltens von Lehrern und Schülern im Unterricht. *Zeitschrift für experimentelle und angewandte Psychologie, 12,* 502–520.

Wieczerkowski, W., Nickel, H., Janowski, A., Fittkau, B. & Rauer, W. (1973). *Angstfragebogen für Schüler (AFS).* Göttingen: Hogrefe.

Wieland-Eckelmann, R. & Carver, C. S. (1990). Dispositionelle Bewältigungsstile, Optimismus und Bewältigung: Ein interkultureller Vergleich. *Zeitschrift für Differentielle und Diagnostische Psychologie, 11,* 167–184.

Wiersma, E. (1902). Die Ebbinghaussche Kombinationsmethode. *Zeitschrift für Psychologie, 30,* 196–222.

Wiese, W. & Kroj, F. (1972). Untersuchung über den Zusammenhang zwischen Intelligenz (Wechsler) und Konzentrationsfähigkeit (Test d2 nach Brickenkamp). *Zeitschrift für experimentelle und angewandte Psychologie, 19,* 690–699.

Wiesner, W. H. & Cronshaw, S. F. (1988). A meta-analytic investigation of the impact of interview format and degree of structure on the validity of the employment interview. *Journal of Occupational Psychology, 61,* 275–290.

Wiggins, J. S. (1968). Personality structure. *Annual Review of Psychology, 19,* 293–350.

Wiggins, J. S. (1973). *Personality and prediction: Principles of personality assessment.* Reading, MA: Addison-Wesley.

Wiggins, N. & Hoffman, P. J. (1968). Three models of clinical judgment. *Journal of Abnormal Psychology, 73,* 70–77.

Wild, K.-P. (1996). Beziehungen zwischen Belohnungsstrukturen der Hochschule, motivationalen Orientierungen der Studierenden und individuellen Lernstrategien beim Wissenserwerb. In J. Lompscher & H. Mandl (Eds.), *Lehr-Lern-Probleme im Studium. Bedingungen und Veränderungsmöglichkeiten* (pp. 54–69). Bern: Huber.

Wild, K.-P. (2006). Lernstrategien und Lernstile. In D. H. Rost (Ed.), *Handwörterbuch Pädagogische Psychologie* (3. Aufl., pp. 427–432). Weinheim: Beltz PVU.

Wild, K.-P. & Krapp, A. (2001). Pädagogisch-psychologische Diagnostik. In A. Krapp & B. Weidenmann (Eds.),

Pädagogische Psychologie (4. Aufl., pp. 513–563). Weinheim: Beltz PVU.

Wild, K.-P. & Schiefele, U. (1994). Lernstrategien im Studium: Ergebnisse zur Faktorenstruktur und Reliabilität eines neuen Fragebogens. *Zeitschrift für Differentielle und Diagnostische Psychologie, 15*, 185–200.

Williams, J. B. W. et al. (1992). The Structured Clinical Interview for DSM-III-R (SCID) II: Multi-site test-retest reliability. *Archives of General Psychiatry, 49*, 630–636.

Williams, J. M. G., Mathews, A. & MacLeod, C. (1996). The emotional Stroop task and psychopathology. *Psychological Bulletin, 120*, 3–24.

Williams, J. M. G. & Nulty, D. D. (1986). Construct accessibility, depression, and the emotional stroop task: Transient mood or stable structure? *Personality and Individual Differences, 7*, 485–491.

Williams, J. M. G., Watts, F. N., MacLeod, C. & Mathews, A. (1997). *Cognitive psychology and emotional disorders* (2nd ed.). Chichester, UK: Wiley.

Williams, W. M. & Sternberg, R. J. (1995). *Success acts for managers*. Orlando, FL: Harcourt Brace.

Wilson, T. D., Lindsley, S. & Schooler, T. Y. (2000). A model of dual attitudes. *Psychological Review, 107*, 101–126.

Wine, J. D. (1982). Evaluation anxiety: A cognitive-attentional construct. In H. W. Krohne & L. Laux (Eds.), *Achievement, stress, and anxiety* (pp. 207–219). Washington, DC: Hemisphere.

Wing, J. K., Cooper, J. E. & Sartorius, N. (1974). *Description and classification of psychiatric symptoms*. Cambridge, UK: Cambridge University Press.

Wissler, C. (1901). The correlation of mental and physical tests. *Psychological Review Monograph Supplement, 3*, No. 16.

Witkin, H. A. (1949). Perception of body position and of the position of the visual field. *Psychological Monographs, 63* (7, Whole No. 302).

Witkin, H. A. (1950). Individual differences in ease of perception of embedded figures. *Journal of Personality, 19*, 1–15.

Witkin, H. A. et al. (1954). *Personality through perception*. New York: Harper.

Witkin, H. A., Dyk, R. B., Faterson, H. F., Goodenough, D. R. & Karp, S. A. (1962). *Psychological differentiation. Studies of development*. New York: Wiley.

Witkin, H. A., Oltman, P. K., Raskin, E. & Karp, S. A. (1971). *A manual for the embedded figures test*. Palo Alto, CA: Consulting Psychologists.

Witt-Brummermann, M. (2010). Sonderschulbedürftigkeit. In D. H. Rost (Ed.), *Handwörterbuch Pädagogische Psychologie* (4. Aufl., pp. 788–793). Weinheim: Beltz PVU.

Wittchen, H.-U. & Pfister, H. (1997). *Instruktionsmanual zur Durchführung von DIA-X-Interviews*. Frankfurt a. M.: Swets Test.

Wittchen, H.-U., Saß, H., Zaudig, M. & Koehler, K. (1989). *DSM-III-R: Diagnostisches und statistisches Manual psychischer Störungen*. Weinheim: Beltz.

Wittchen, H.-U., Zaudig, M. & Fydrich, T. (1997). *Strukturiertes Klinisches Interview für DSM-IV. Achse I und II (SKID)*. Göttingen: Hogrefe.

Wittmann, W. W. & Matt, G. E. (1986). Aggregation und Symmetrie. Grundlagen einer multivariaten Reliabilitäts- und Validitätstheorie, dargestellt am Beispiel der differentiellen Validität des Berliner Intelligenzstrukturmodells. *Diagnostica, 32*, 309–329.

Wolitzky, D. L. (1967). Cognitive control and cognitive dissonance. *Journal of Personality and Social Psychology, 5*, 486–490.

Wood, J. H., Nezworski, M. T., Lilienfeld, S. O. & Garb, H. (2003). *What's wrong with the Rorschach?* San Francisco: Jossey-Bass.

Wood, J. M., Lilienfeld, S. O., Garb, H. N. & Nezworski, M. T. (2000). The Rorschach Test in clinical diagnosis: A critical review, with a backward look at Garfield (1947). *Journal of Clinical Psychology, 56*, 395–430.

Wood, W. (2000). Attitude change: Persuasion and social influence. *Annual Review of Psychology, 51*, 539–570.

Woodworth, R. S. (1918). *Personal data sheet*. Chicago, IL: Stoelting.

Woolfolk, A. (2008). *Pädagogische Psychologie* (10. Aufl.). München: Pearson.

Wottawa, H. (1987). Hypotheses agglutination (HYPAG): A method for configuration based analysis of multivariate data. *Methodika, 1*, 68–92.

Wottawa, H. & Echterhoff, K. (1982). Formalisierung der diagnostischen Urteilsfindung: ein Vergleich von linearen und auf Psychologenaussagen gestützten konfiguralen Ansätzen. *Zeitschrift für Differentielle und Diagnostische Psychologie, 3*, 301–309.

Wottawa, H. & Hossiep, R. (1987). *Grundlagen psychologischer Diagnostik*. Göttingen: Hogrefe.

Wottawa, H. & Hossiep, R. (1997). *Anwendungsfelder psychologischer Diagnostik*. Göttingen: Hogrefe.

Wottawa, H., Krumpholz, D. & Mooshage, B. (1982). Explizite Erfassung der Entscheidungsregeln als Grundlage der Verbesserung diagnostischer Urteilsfindung. *Diagnostica, 28*, 185–194.

Y

Yiend, J. (2010). The effects of emotion on attention: A review of attentional processing of emotional information. *Cognition and Emotion, 24*, 3–47.

Yoakum, C. S. & Yerkes, R. M. (1920). *Army mental tests*. New York: Holt.

Z

Zaworka, W., Hand, I., Jauernig, G. & Lünenschloß, K. (1983). *Hamburger Zwangsinventar (HZI)*. Weinheim: Beltz-Test.

Zenz, H., Bischoff, C. & Hrabal, V. (1996). *Patiententheorienfragebogen (PATEF)*. Göttingen: Hogrefe.

Ziegler, M., MacCann, C., & Roberts, R. (2012). New perspectives on faking in personality assessments. New York: Oxford University Press.

Ziehen, T. (1897). *Die Prinzipien und Methoden der Intelligenzprüfung*. Berlin: Karger.

Zielinski, W. (1980). *Lernschwierigkeiten*. Stuttgart: Kohlhammer.

Zielke, M. & Kopf-Mehnert, C. (1978). *Veränderungsfragebogen des Erlebens und Verhaltens (VEV)*. Weinheim: Beltz-Test.

Zier, J. (2002). *Recht für Diplom-Psychologen. Eine Einführung*. Stuttgart: Kohlhammer.

Zigler, E. (1963). A measure in search of a theory? *Contemporary Psychology, 8*, 133–135.

Zimmer, D. & Echelmeyer, I. (1978). *Fragebogen zur Lebensgeschichte*. Tübingen: DGVT.

Zinbarg, R. E. & Barlow, D. H. (1996). Structure of anxiety and the anxiety disorders: a hierarchical model. *Journal of Abnormal Psychology, 105*, 181–193.

Zinbarg, R. E., Barlow, D. H. & Brown, T. A. (1997). Hierarchical structure and general factor saturation of the Anxiety Sensitivity Index: Evidence and implications. *Psychological Assessment, 9*, 277–284.

Zinbarg, R. E., Revelle, W., Yovel, I., & Li. W. (2005). Cronbach's α, Revelle's β, and McDonald's ω_H: Their relations with each and two alternative conceptualizations of reliability. *Psychometrika. 70*, 123–133.

Zuckerman, M., DePaulo, B. M. & Rosenthal, R. (1981). Verbal and nonverbal communication of deception. In L. Berkowitz (Ed.), *Advances in experimental social psychology* (Vol. 14, pp. 1–59). New York: Academic Press.

Zuckerman, M. & Lubin, B. (1965). *Manual for the multiple affect adjective check list*. San Diego, CA: Educational and Industrial Testing Service.

Zytowski, D. G. (1992). Three generations: The continuing evolution of Frederic Kuder's interest inventories. *Journal of Counseling and Development, 71*, 245–248.

Index

C

D

E

F

G

H

I

J

K

L

M

T

U

V

W

Z

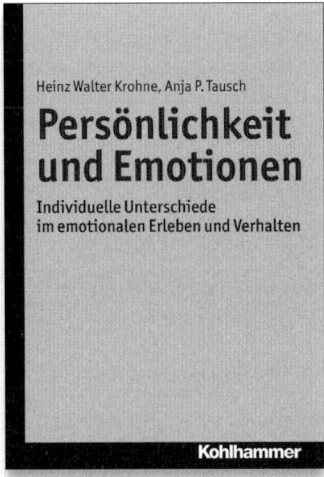